Friedrich Gundolf
Goethe. Eine Biografie

SEVERUS Verlag

ISBN: 978-3-95801-062-8
Druck: SEVERUS Verlag, 2015

Der SEVERUS Verlag ist ein Imprint der Diplomica Verlag GmbH.
Bibliografische Information der Deutschen Nationalbibliothek:
Die Deutsche Nationalbibliothek verzeichnet diese Publikation in der Deutschen Nationalbibliografie; detaillierte bibliografische Daten sind im Internet über http://dnb.d-nb.de abrufbar.

© SEVERUS Verlag, 2015
http://www.severus-verlag.de
Printed in Germany
Alle Rechte vorbehalten.
Der SEVERUS Verlag übernimmt keine juristische Verantwortung oder irgendeine Haftung für evtl. fehlerhafte Angaben und deren Folgen.

Friedrich Gundolf

Goethe

Eine Biografie

INHALT

EINLEITUNG 1
ERSTER TEIL: SEIN UND WERDEN
    ANFÄNGE 31
    ERSTE BILDUNGSMÄCHTE 49
    LEIPZIG 53
    STRASSBURG 82
    HERDER 88
    SHAKESPEARE 94
    NEUE LYRIK 98
    TITANISMUS 106
    FAUST 129
    HUMOR UND SATIRE 151
    WERTHER 162
    EGMONT 184
    LILI 197
    GESELLIGKEIT UND FREUNDSCHAFT . . . 207
    PHYSIOGNOMIK 223
    WEIMAR 234
    GESELLSCHAFT 237
    LANDSCHAFT 243

ZWEITER TEIL: BILDUNG
    VORSTUFEN UND ÜBERGÄNGE ZU ITALIEN . . . 251
    KARL AUGUST 255
    ANFÄNGE DER WISSENSCHAFT 261
    CHARLOTTE VON STEIN 272
    RESÜMIERENDE LYRIK 285
    HUMANITÄT 295
    IPHIGENIE 304
    ELPENOR 319
    TASSO 323
    WILHELM MEISTERS THEATRALISCHE SENDUNG . 335
    ITALIEN 362
    NATUR 376
    KULTUR 381

KUNST	384
ABENTEUER UND BEKANNTSCHAFTEN	386
DICHTUNG	394
GESCHICHTE UND POLITIK	400
MATHEMATIK	413
RÜCKKEHR	417
CHRISTIANE	422
ELEGIEN	426
EPIGRAMME UND EPISTELN	451
KLASSIZISMUS UND RATIONALISMUS	459
THEATER	466
DIE REVOLUTION	467
SCHILLER	475
GESELLSCHAFTSKRITIK	484
THEORIE UND SCHAFFEN	494
HERMANN UND DOROTHEA	500
DIE GROSSEN BALLADEN	504
WILHELM MEISTERS LEHRJAHRE	513

DRITTER TEIL: ENTSAGUNG UND VOLLENDUNG

DER ALTE GOETHE	525
NAPOLEON	536
BETTINA	544
BEETHOVEN	546
DIE WAHLVERWANDTSCHAFTEN	548
SONETTE	576
PANDORA	579
DICHTUNG UND WAHRHEIT	603
HISTORISCHE UND BIOGRAPHISCHE WERKE	629
WESTÖSTLICHER DIVAN	638
ALTERSLYRIK	671
WELTLITERATUR	681
MARIENBADER ELEGIE	707
WILHELM MEISTERS WANDERJAHRE	714
NOVELLE	743
ECKERMANN	744
FAUST II	747

REGISTER	789

EINLEITUNG

DAS nachfolgende Buch ist betitelt »Goethe«, ohne weiteren Zusatz. — Es ist daraus schon zu entnehmen worauf es wesentlich ankommt: auf die Darstellung von Goethes gesamter Gestalt, der größten Einheit worin deutscher Geist sich verkörpert hat. Die bloße Biographie hätte es nur zu tun mit einer Bewegung, einem Ablauf, falls sie nicht etwa gar, wie es gewöhnlich geschieht, ein bloßes Nacheinander von einzelnen Fakten gibt: jedenfalls ist der Schwerpunkt einer Goethe-biographie nicht seine Form, sondern seine Entwicklung, nicht was sich entwickelt, sondern wie sichs entwickelt. Die Werke aber haben als abgelöste Gebilde ihre eigenen Formen, ihre eigenen Gesetze, sie haben keine darstellbare Entwicklung. Was man meist Entstehungsgeschichte eines Werkes nennt, ist etwas völlig anderes als Entwicklung. Was wir an Werken fassen und geschichtlich darstellen können ist ein Machen, ein Hervortreten, nicht das Werden eines Gebildes: wir müssen uns bei den Werken an das Sein halten. Nur der Mensch selbst, die menschliche Gestalt ist uns zugleich als Werden und als Sein, als geprägte Form und als lebendige Entwicklung faßbar: denn der geistige, vor allem der schöpferische Mensch tut und erleidet nichts, bewegt und entwickelt nichts was nicht ein Bild von ihm machte, was nicht seine Gestalt ewig festlegte, und er hinterläßt kein Gebild, kein Werk, kein Bild von sich worin nicht seine Lebensbewegung fühlbar und wirksam wäre. Für den Biographen sind die Werke Zeugnisse eines Ablaufs, Mittel zu seiner Erkenntnis, für den Ästhetiker ist das Leben Stoff zum Aufbau der Werke, für den Betrachter der Gestalt sind Leben und Werk nur die verschiedenen Attribute einer und derselben Substanz, einer geistig leiblichen Einheit, die zugleich als Bewegung und als Form erscheint.

Für diese Betrachtungsart gibt es nicht ein Vorher und ein Nachher zwischen Erlebnis und Werk. Sie fragt nicht doppelt: was hat der so und so beschaffene Mensch erstens erlebt und zweitens daraus gemacht? Man kann zweifellos die Dinge so ansehen, und muß es sogar, sobald man die Kunst als eine individuelle, willkürliche Beschäftigung betrachtet, als einen Gegenstand menschlicher Betätigung. Wem aber die Kunst nicht Gegenstand, Folge oder Zweck menschlichen Daseins bedeutet, sondern einen urprünglichen Zustand des Menschentums, der wird auch in den Werken der großen Künstler nicht die Auslösungen, die Abbildungen, die Erläuterungen ihres Lebens sehen, sondern den Ausdruck, die Gestalt, die Form ihres Lebens selbst, d. h. also nicht etwas das diesem Leben folgt, sondern etwas das in und mit und über ihm ist, ja was dies Leben selbst ist. Die Werke sind dann nicht die Zeichen welche ein Leben bedeuten, sondern die Körper welche es enthalten. Der Künstler existiert nur insofern er sich im Kunstwerk ausdrückt.

Man hätte also kein wissenschaftliches Recht das Leben der großen Künstler außerhalb ihrer Kunst zu erforschen? Nun, man hat gar nicht die Möglichkeit es zu tun! Denn das was man gemeinhin das Leben eines Künstlers nennt, oder neuerdings das Erleben, ist bereits von vornherein eingetaucht in seine Kunst, ist derselbe Trieb und dieselbe Kraft wie sein Werk. Der nichtkünstlerische Mensch glaubt, der Künstler, der Dichter erlebe ungefähr dasselbe wie er und auf dieselbe Art, vielleicht ein bißchen abenteuerlicher oder fremdartiger, nur habe er außerdem als ein zufälliges Akzidens die Gabe diese Erlebnisse in Bildern, Gedichten, Musikstücken herausstellen zu können: das sogenannte „Talent". Das gilt auch für die überwältigende Mehrzahl der Hersteller von Bildern, Gedichten, Musikstücken — es gilt nicht für den wirklichen Künstler, den wirklichen Dichter, der alle hundert Jahre einmal auftritt. Dieser erlebt schon in einer so völlig anderen Sphäre und in einer so völlig anderen Form als der unkünstlerische Mensch (in unserer Welt also, als der Bürger aller Stände) daß sein Erleben und der Ausdruck seines Erlebens (beides ist wesentlich eines) von diesem nie verstanden werden kann, auch wo es ihn überwältigt und beherrscht durch seine größere Wirklichkeit. Es ist einer der Unterschiede zwischen Dichtkunst und Literatur, daß jene Ausdruck einer eigenen, von der fertigen Welt unabhängigen Wirklichkeit, diese Abbild, Nachbild einer fertigen Wirklichkeit ist, einerlei ob ein naturalistisches, romantisches oder idealisierendes Abbild. Da der Banause nur eine Wirklichkeit, seine eigene kennt, so meint er überall wo er Wirklichkeit spürt seine eigene wiederzufinden, auch wenn es eine völlig andere ist. So hält er zum Beispiel Shakespeare für einen guten Schilderer der Wirklichkeit. Darauf beruht auch die ganze Theorie von der Kunst als Nachahmung oder die neuere der Einfühlung. Kunst ist weder die Nachahmung eines Lebens noch die Einfühlung in ein Leben, sondern sie ist eine primäre Form des Lebens, die daher ihre Gesetze weder von Religion, noch Moral, noch Wissenschaft, noch Staat, anderen primären oder sekundären Lebensformen, empfängt: keinen anderen Sinn hat der Satz l'art pour l'art.

Goethe ist das größte verewigte Beispiel der modernen Welt, daß die bildnerische Kraft eines Menschen, mag sie als Instinkt oder als bewußter Wille wirken, den gesamten Umfang seiner Existenz durchdrungen hat: Goethes Bildnerkraft hat alle seine zufälligen Begegnisse in Schicksal, d. h.

in ihm zugehörige, sinnvolle, notwendige Wendung seiner Lebensbewegung verwandelt.. und eben diese Bildnerkraft hat alle seine Eigenschaften, alle von der Natur ihm als Rohstoff mitgegebnen Anlagen, in Kultur, in lebendige Bildung verwandelt, in Lebensgestalt: seine Vitalität in Produktivität. Über Goethes Schicksal waltet das was er selbst das Dämonische genannt hat.. das ist vielleicht von Gott aus gesehen oder gedeutet dasselbe was vom Menschen aus gesehen eben jene heimlich bildende Gewalt ist, jene Bildnerkraft die eine Gestalt schafft und den Raum, das Gesetz für diese Gestalt: dieser Raum und dies Gesetz der Gestalt ist bei den größten Menschen nichts anderes als ihr Schicksal. Das Schicksal ist die Atmosphäre ihrer Natur, und die schöpferische Kraft der großen Menschen gehört deshalb nicht ihnen allein, ist nicht in ihnen beschlossen, sondern reicht über sie hinaus. Das Gefühl daß dem so sei, daß er selbst nur das Zentrum einer überpersönlichen Gewalt sei, Gottes, des Schicksals oder der Natur, daß sein Wesen selbst nicht ein Schicksal habe, sondern ein Schicksal sei, all das drückt Goethe mit dem ahnungsvollen Wort vom Dämonischen aus (wie Cäsar von seinem Glück und Napoleon von seinem Stern spricht). Das Dämonische ist nicht eine von außen eingreifende Macht, es ist mit dem Charakter des Menschen untrennbar verknüpft, ähnlich wie der verwandte Begriff Genie. Auch mit diesem Wort wird eine Begnadung durch irgendein Überpersönliches ausgedrückt, nur scheint das Dämonische mehr dem Schicksal anzugehören, d. h. dem was der Mensch erleidet und tut, und das Genie mehr der Natur, dem was er lebt und ist. Aber je höher ein Mensch steht, desto weniger sind sein Schicksal und seine Natur zu trennen: das Schicksal gehört zum Charakter, wie ja auch der Charakter schon ein Schicksal ist, das unentrinnbarste aller Schicksale.

So ist denn auch Goethes bildnerische Kraft und das Dämonische das über seinem Leben waltete untrennbar, es sind zwei Formen der einen Kraft (mag man sie nun seinem Glück oder seinem Charakter, seinem Schicksal oder seiner Natur zuschreiben) jener einen Kraft die aus seiner Zeit alles ihn Hemmende, Verkümmernde ausschied und wählerisch umbildete, daß aus fremden Zufällen Goethische Schicksale werden, und aus seinem Raum, seinem Wirkungskreis, alles Widerspenstige, Stockige, Unreine ausschied und wählerisch umbildete, so daß daraus Gestalt und Form wurde. Denn der Zufall ist für das Leben in der Zeit, was der Rohstoff für das Gestalten im Raum ist, das Fremde, Unnotwendige, Willkürliche, Unfreie und Unfreimachende, was ausgeschieden, bewältigt, geformt, angeeignet, anverwandelt werden muß. Das Resultat das hervorgeht aus der Anverwandlung der Zufälle ist das Schicksal des Menschen.. das Resultat das hervorgeht aus der Anverwandlung des räumlichen Rohstoffs, wie ihn die Natur bietet, ist Gestalt oder Werk.

Wie nur große Menschen wirklich eine eigene Gestalt und ein eigenes Werk haben, so haben auch nur große Menschen ein eigenes Schicksal. Der gewöhnliche Mensch hat bloße Eigenschaften, Meinungen, Beschäftigungen und Erfahrungen die von außen bedingt, nicht von innen erbildet sind. Ebenso hat der gewöhnliche Mensch nur Zufälle, Ereignisse, Begebenheiten von denen er sich treiben oder beeinflussen läßt. Je weiter die umbildende auswählende Kraft eines Menschen in das Chaos der Zeit und des Raums hinausreicht, desto weniger ist in seinem Leben Zufall, desto weniger in seinem Werk Rohstoff, desto weniger in seiner Gestalt bloße vitale Privateigenschaft, desto schicksalhafter, desto produktiver, desto vorbildlicher ist er. Das Zusammenstimmen dieser drei Fälle, so daß sie nur einer sind — eigenes Schicksal, eigene Schöpferkraft, eigene Gestalt — macht erst den klassisch großen Mann: sonst bleibt bloße Laufbahn, bloße Leistung, bloßes Genie übrig, wo der Hintergrund nicht zum Charakter, das Schicksal nicht zum Genie, das Werk nicht zum Leben gehört.

Goethe ist der einzige Deutsche der jene Harmonie völlig erreicht hat, er ist deshalb unser vorzugsweise klassischer Mensch. Darum ist bei ihm weniger als bei irgendeinem anderen modernen Menschen nötig, seine Werke aus seinem Leben zu erklären, hinter seine Werke zu greifen, um sein Leben zu erfassen: denn sie selbst sind sein Leben. Was er als eine Mahnung für Naturforscher aufstellt das gilt auch für den Goetheforscher: „Man suche ja nicht hinter den Phänomenen, sie selbst sind die Lehre." Und weil er das wußte, hat er sein Leben selber als Werk, sein Werk selber als Ausdruck seines Daseins, als Form seines Lebens dargestellt, sein eigenes Wesen als Gestalt zu fassen und zu verewigen gesucht: kurz, die Lehre seiner Existenz selbst als Phänomen gegeben. Dies, und gerade dies bedeutet Dichtung und Wahrheit. Und doch hat man es fertig gebracht, dies Werk als die Begründung und Rechtfertigung für die sogenannte Goethephilologie in Anspruch zu nehmen, für denjenigen Teil der Goethe-philologie welcher durch Aufzeigen von Modellen und Quellen der Genesis Goethischer Werke und Erlebnisse näher kommen will. Es gibt dafür mancherlei Begründung und Rechtfertigung, aber gerade auf Dichtung und Wahrheit dürfen sich die Vertreter dieses Verfahrens nicht berufen, überhaupt nicht auf Goethes eigenen Vorgang bei der Deutung seines Lebens und seines Werkes. Denn Dichtung und Wahrheit ist nicht als Quelle für Goethes Leben, nicht als Kommentar zu Goethes Dichten gemeint, und wenn man sich gewöhnt hat es so aufzufassen und zu benutzen, so können

Enttäuschungen und sogar törichte Stoßseufzer oder stupider Entdecker=
jubel über Goethische „Irrtümer" und „Fälschungen" nicht ausbleiben.
Dichtung und Wahrheit gibt Goethes Leben nicht als Stoff seines Werks,
sondern als eine selbstgenugsame Form. Darum gibt es zwar von Goethes
Leben, welches zugleich Gestalt und Produktivität war, eine klarere An=
schauung als alle Kommentare zusammen, aber keine Erklärung. Denn
eine Anschauung ist keine Erklärung, wie ein Wesen nie sein Begriff ist.

Goethes Worte über sein Leben sind selber Formen dieses Lebens, sie
treten nicht daraus heraus. Er gibt uns immer nur verschiedene Sprach=
und Denkstufen desselben Erlebens, und zwischen seiner Produktivität
und seiner Betrachtung, seiner Erlebens= und seiner Denkart sind nur In=
tensitäts=, aber keine Artunterschiede.

Um seine Selbstzeugnisse als Erklärungsmittel zu benutzen, müßten wir
sie selber wieder erklären und so in infinitum. Was uns seine Selbstzeug=
nisse, von unwillkürlichen Gesprächen und Briefen angefangen bis hinauf
zu dem bewußten Umformen seines Lebens in ‚Dichtung und Wahrheit'
bieten können ist immer nur Anschauung, nie Analyse dieses Daseins.
Wir haben es bei ihm immer mit Sachen von Goethe, nicht mit Sachen
über Goethe zu tun. Wir haben es immer mit derselben bildnerischen
Kraft zu tun, ob er nun aus seinem Erlebnis heraus Sprache formt, oder
von außen her über sein Erlebnis berichtet: sein Leben äußert sich immer
als formendes, ob er es nun als Stoff unmittelbar aus seiner Gegenwart
gestaltet, oder als ein vergangenes, bereits geformtes gedanklich spiegelt.

Wenn wir nun einen Wesensunterschied zwischen Goethes Erlebnis
und Goethes Produktion nicht anerkennen mögen, und bei ihm nicht nur
den Zusammenhang zwischen Leben und Dichten betonen, sondern die
Einheit beider, die wir ja nur hinterher begrifflich trennen, so werden wir
freilich zugeben daß sein Erleben und sein Dichten in den mannigfaltigsten
Stufen und Graden waltet, und daß zwar in allem was von ihm ausge=
gangen ist die nämliche geprägte Form die lebend sich entwickelt wahr=
zunehmen ist, aber keineswegs überall in der gleichen Stärke, keineswegs
überall mit der gleichen Dichte und Deutlichkeit, oder der gleichen sinn=
lich faßbaren, sinnbildlichen Gewalt.

Wir müssen die Punkte fassen wo Goethe am meisten seine Gestalt
gibt, und wir sollen, eh wir darüber urteilen können wo er das tut, eh
wir wählen und werten können an den unermeßlichen Schichtungen seines
Schaffens, zunächst selber einen festen Punkt außerhalb seines Werkes
haben, der es uns gestattet sein Werk als ein Ganzes, eben als einen Goethe
zu überschauen. Man muß Goethe als ein Ganzes erlebt haben, eh man

es wagen darf seine einzelnen Leistungen einzureihen, zu deuten oder zu benutzen als Formen seines Lebens. Ich wende mich damit ausdrücklich gegen den psychologischen Relativismus der in jede Äußerung hineinzukriechen versucht und sie als psychologisches Bekenntnis ausbeuten will, verführt durch Goethes eigenes Wort daß seine Werke Beichten seien. Goethe hatte das Recht seine Werke so zu empfinden, denn er lebte in ihnen und löste die Fülle die ihn bedrängte zu seiner Erleichterung als sprachliche Gebilde von sich ab. Wenn er sie „Beichten" nannte, so drückte er damit nicht das Wesen der Werke, nicht ihren Gehalt aus, sondern nur sein Verhältnis zu ihnen, unter dem Gesichtspunkt eines ganz bestimmten Erlebens, das die Produktion ihm verschaffte: nämlich das Gefühl der Erleichterung. Beichten ist ein Akt, kein Gebild, und von seinem Schaffen als einem Akt allein sprach er, ohne damit über das Erlebnis selbst etwas auszusagen um dessentwillen er beichtete. Keinesfalls haben wir das Recht die Goethischen Werke unter dem Gesichtspunkt der Beichte zu werten. Das ‚Beichten' verhält sich zum Werk, wie das Gebären zum Kind. Wenn Psychologie Seelenkunde heißen soll, so kann sie für den Historiker keinen anderen Sinn haben als aus dem was uns in der Geistesgeschichte allein gegeben wird, aus Person, Gebärde, Gebild, Wort die darin verkörperte Seele, das heißt die geheime, unsichtbare, wirkende und einheitliche Kraft wieder zu vernehmen, in unserer Sprache zu vernehmen. Das geschieht nun und nimmer, indem wir hinter die Dinge greifen, wie der Affe hinter den Spiegel, oder sie zerschlagen: denn der Leib selber ist Seele. Es geschieht dann und dadurch daß wir mit den Begriffen und Ordnungen welche unsere eigenen geistigen Voraussetzungen und unser Erlebnis der Urdinge uns ausgebildet haben, uns gedanklich klarmachen, in Wissen verwandeln was uns dort als Sein, als stummgestaltes Leben ergreift: daß wir als Bildung, als Eindruck auffangen was als Schöpfung, als Ausdruck gegeben ist.

Dies gilt selbst den Gebilden der Sprache gegenüber: denn die Sprache ist nicht nur das Arsenal der Begriffe und Gedanken, sie ist auch der Quell der Laute und Rhythmen, also eine unmittelbare Natur: sie gehört dem Denken und dem Leben, dem Geist und der Natur zugleich an. Sie ist als Kunstmaterial allerdings von dem Material der anderen Künste dadurch unterschieden daß nur sie dem Menschen allein angehört: Marmor, Klänge, Farben sind außermenschlich, die Dichtersprache ist wesentlich der menschliche Geist als Kunstmaterial. Dem Dichter Goethe gegenüber also haben wir insbesondere die Aufgabe seine in Sprachform gegossene Gestalt als Denkform zu erfassen. Die Aufgabe des Bildungshistorikers ist der des

Übersetzers verwandt, nicht der des Grammatikers, wenn er auch die des Grammatikers beherrschen muß. Er muß eine lebendig bewegte Urform mühsam und gewissenhaft, mit aller Kenntnis jedes Sinns und jedes Gewichts nachbilden in einem anderen ihm angeborenen Material. Das Material des Schöpfers ist das Leben in irgendeinem seiner Urstoffe, Sprache, Klang, Farbe, das Material des Historikers ist das Denken, und die Aufgabe des Literarhistorikers ist deswegen, wenn nicht schwieriger, so doch heikler, weil scheinbar sein Material und das Material der Schöpfer mit denen er zu tun hat dasselbe ist: die Sprache.

Aber nur scheinbar: der Literarhistoriker hat als Sprachbegriff zu deuten was Goethe als Sprachgebild gibt. Das schließt einen sehr hohen Anspruch in sich und eine sehr tiefe Resignation. Der Anspruch ist der: daß man überhaupt des Erlebnisses Goethe als eines Ganzen fähig sei und einen Sinn für Sprache als Gebild, als Dichtung habe: sonst bleibt man immer an analysierten oder psychologischen Einzelheiten hängen und hat nur Teile in der Hand. Die Resignation ist die: daß man niemals meinen darf mit einer begrifflichen Ordnung oder Deutung den lebendigen Goethe eingefangen oder eingereiht zu haben. Wenn wir unser Amt nicht mit der keuschsten und bescheidensten Ehrfurcht betreiben, so ist es eine anmaßende Torheit. Unsere Begriffe sind im besten Fall der farbige Abglanz an dem wir das Leben haben, unser armes Mittel uns selbst vor dem Großen zu behaupten, unser Behelf mittelbar uns anzueignen, was unmittelbar erlebt uns zersprengen müßte.

Vergessen wir nie daß all unsere Methoden nur Mittel sind und daß auch in der Literaturgeschichte das Beste die Ehrfurcht und der Enthusiasmus bleiben den sie erweckt. Hüten wir uns vor dem Dünkel zu meinen, mit dem Verstehen, der Kennerschaft und dem Beherrschen der Methode an sich sei schon viel erreicht, man habe dann den Dichter in der Tasche, sei gewissermaßen Herr über ihn, oder er sei nur Material für unsere Forschung. Das kleinste Meistergebild ist immer unendlich mehr als der weiseste Traktat darüber. Was die Brücke zwischen uns und dem Genius schlägt ist die ehrfürchtige Liebe die uns treibt uns in seine Äußerungen mit Fleiß, Ernst und Gewissen zu senken, nicht die Gescheitheit die aus beruflichen oder anderen Zwecken uns veranlaßt uns mit ihm auf Grund vorgegebener Methoden oder Kenntnisse zu befassen.

Ich will nicht der schöngeistigen Schwärmerei das Wort reden: die Exaktheit und Reinlichkeit ist selbstverständliche Voraussetzung jeder wissenschaftlichen Beschäftigung mit dem Werk des Genius, sie vor allem ist das Siegel einer ernsten Hingabe an ihn: aber die Methode darf nie Selbstzweck werden, und philologische Kritik nie übergreifen von der Reinigung der Papiere und Drucke zum Gebild und Geist selbst. So wichtig wie die Freiheit des Blicks für die Tatbestände ist die Ehrfurcht vor dem Gestalteten, und wir sollen uns durch keine noch so großen begrifflichen und philologischen Fertigkeiten einreden lassen, wir könnten vom Wesen eines Dichters mehr erfahren als unsere eigene Erlebnisfähigkeit, d. h. zuletzt: Liebefähigkeit hergibt. Fragen wir uns von Zeit zu Zeit: warum erforschen wir des Dichters Werk, aus äußerem Zufall oder aus einem inneren Bedürfnis? so werden wir uns auch über die Grenzen unserer Mittel, d. h. über die richtige Methode klar.

Daran zu erinnern ist vielleicht bei Goethe, der wohl jedem irgendetwas bedeutet, nicht so dringlich als bei manchem Engern, aber nicht Geringern, z. B. Hölderlin .. große Dichter sind keine Versuchskaninchen für methodische Zufalls=experimente. Und wenn Wissenschaft dem Trieb nach Erkenntnis entspringt, so ist doch auch der Trieb nach Erkenntnis nicht voraussetzungslos, sondern er entspringt von Fall zu Fall einem bestimmenden Erlebnis primärer oder sekundärer Art. Schon um der Wissenschaftlichkeit selber, gerade um der Exaktheit und Reinlichkeit willen muß man daher, eh man die Hebel der Erkenntnis in Bewegung setzt, sich fragen welches Erlebnis unser Erkennen in Bewegung setzt. Auch deshalb wird über keine Einzeläußerung Goethes der richtig urteilen können der nicht ein Gesamtbild in der Seele trägt. Nur ein solcher hat die erforderliche Fähigkeit überhaupt ein unübersehbares Material, wie es in Goethes sämtlichen Werken angehäuft ist, zu sichten und zur Herausarbeitung seiner Gestalt zu ordnen. Wer den Wert und das Wesen Goethes in seiner Vitalität, in seiner puren Fülle sieht der wird ihn dort am liebsten aufsuchen wo er diese Fülle am meisten als Rohstoff empfindet, in den unwillkürlichsten Äußerungen, in Gesprächen und Briefen. Wem seine Gestalt vor allem als Gestalt, sein Werk als der größte Bildner= und Bildungskomplex der neueren Zeit weltgeschichtlich ist der wird die Mitte Goethes in den Dichtungen finden die am dichtesten, am konzentriertesten seine Bildnerkraft verkörpern: in seinen eigentlich klassischen Gebilden.

Wir bekennen, daß wir selbst die Vitalität dort am stärksten finden wo ihre Macht zum Formen am stärksten ist, daß wir Lebensstoff am Menschen nur als Lebenskraft ehren und Kraft vor allem als Gestaltung. Goethe selbst wollte Gestalter sein, und gab nichts auf das bloße Ausströmen des seelischen Rohstoffs.

Aus einer großen Natur schöne Kultur(Bildung) zu werden, das ist Goethes Instinkt, dann sein bewußtes Streben, dann seine Leistung gewesen. Daß selbst in den scheinbar unwillkürlichsten Ausbrüchen seines Sturms und Drangs, in allem was er brausend hinwarf oder spielerisch fallen ließ, in seiner gärenden Dumpfheit selbst schon jener Bildnertrieb wirkt, jener Wille durch Ausstoßung oder Herbeiraffung gestalter und reiner zu werden, das unterscheidet ihn mehr noch als seine Genialität von den Stürmern und Drängern. Es gibt keine Zeile von Goethe die nicht näher oder ferner, mittelbar oder unmittelbar, positiv oder negativ seiner Selbstgestaltung zu dienen hätte, die nicht Gestalt wäre oder erstrebte. Und mit diesem Begriff von Goethe, als dem gestalterischen Deutschen schlechthin, dem einzigen Begriff unter den ich sein Gesamtschaffen zu bringen wüßte, den einzigen der mir auf alle Seiten seiner Tätigkeit anwendbar erscheint, mit diesem Vorblick versuche ich die Äußerungen seiner Existenz in Gruppen zu bringen und damit zugleich den Gruppen die Bedeutung zuzuweisen welche sie für uns als Zeugnisse von Goethes Leben, als Mittel zur Darstellung seiner Gestalt haben können.

* * *

Drei Hauptzonen Goethischer Äußerungen kreisen konzentrisch von außen nach innen für den Betrachter die Mitte seines Wesens ein, in verschiedenen Dichten der Gestaltung: seine Gespräche, seine Briefe und seine Werke.

Jede dieser Gruppen enthält wieder Unterkreise nach der Mitte hin. Alle drei Gruppen enthalten den gleichen Lebensstoff und die gleiche Lebensrichtung, aber in verschiedenen Intensitätsgraden oder gewissermaßen Aggregatzuständen. Die Gespräche sind das scheinbar Unmittelbarste, vom Hörer oder Leser her betrachtet, weil sie unsere unmittelbarste Berührung mit der momentanen Oberfläche Goethes sind. Von Goethe aus gesehen sind sie aber die mittelbarste, d. h., die bedingteste, die von seinem gestalterischen Zentrum am meisten entfernte, die von seinem bewußten ordnenden Willen am wenigsten abhängige seiner sämtlichen Äußerungsformen. (Ich will hierbei von der methodisch und quellenkritisch bedeutsamen Nebenerwägung absehen, daß wir allerdings gar nicht Goethes unmittelbare Hörer, sondern nur die Leser seiner Hörer sind, also selbst hier auf eine vermittelnde, d h. trübende Überlieferung angewiesen sind.) In den Gesprächen ist Goethe am wenigsten aktiv, also gestaltend, am meisten passiv, d. h. beeinflußt, am wenigsten Formkraft, am meisten bloßer Lebensstoff, bloße Vitalität. Wem es am meisten um Goethes Vitalität zu tun ist, der findet hier ihre vorderste Quelle, ihren momentansten, d. h. oberflächlichsten Ausdruck. Das Gespräch wird mehr als alle anderen Lebensäußerungen erzeugt recht eigentlich durch die augenblickliche Verfassung des Redenden, durch jede noch so momentane Gegenwart, in der die unberechenbarsten Elemente sich mischen.

Wir können bei Goethes Gesprächen indes wiederum zwei Gruppen unterscheiden, nach dem Maß der Bewußtheit womit er sie führte: die eine Gruppe der uns überlieferten Gespräche kommt aus seinem Bedürfnis sich auszusprechen unter dem Drang des Moments und stammt meistens aus seiner Jugendzeit. Später ist die vom Kanzler Müller vermittelte Sammlung unser Hauptzeugnis für diese Art Gespräche. Die andere Gruppe, die weitaus überwiegende Zahl, umfaßt diejenigen Gespräche in denen er seine Mitunterredner belehrt oder erzieht oder sein eigenes Bild mehr oder minder bewußt in die Seele des Hörers prägt. Goethe ließ sich, bei seinem entschiedenen Verantwortungsgefühl, durch den Menschen bedingen zu dem er sprach. Er achtete darauf was für diesen heilsam sei und suchte bei längerem Verkehr an ihm auszubilden was der Ausbildung bedürftig und fähig war. Wo er nichts auszubilden fand suchte er aus dem anderen herauszuholen was ihm, Goethe, selbst zu neuen Kenntnissen verhalf und ihm den Einblick und Ausblick erweiterte.

Aber gerade durch diese Bedingtheit, durch die notwendig einseitige Beziehung sind die Gespräche Goethes — selbst die unmittelbarsten, selbst die erwogensten — nur zufällige und momentane Zeugnisse für Goethes Wesen, auch wenn wir nicht dabei die bewußten und unbewußten Fälschungen abziehen müßten welche durch die Überlieferung entstanden. Schon in Goethe selber waren, wenn nicht fälschende, so doch einschränkende Faktoren die ihm den runden, freien Ausdruck seines Wesens verwehrten: sein erzieherisches Verantwortlichkeitsgefühl und der immer wechselnde Kontakt mit dem Hörer.

Dazu kommt noch eins: schon äußerlich erkennen wir die Gespräche als die oberflächlichste, die zufälligste, die unvollkommenste Zeugnisgruppe für Goethes Wesen: sie ist, verglichen mit den Briefen schon, geschweige mit den Werken, durchaus fragmentarisch. Wohl nicht der tausendste Teil dessen was Goethe gesprochen hat ist auf uns gekommen, von seinen Briefen wohl über die Hälfte, und von seinen Werken fast alles. Schon das deutet an daß von der Überlieferung über Goethe die Gespräche am meisten zufälligen Rohstoff enthalten, am weitesten von dem entfernt sind was Goethes tiefstes Wesen bedeutet: Gestalt. Aber da Goethe auch in seinen unbedachtesten flüchtigsten Augenblicken unter seinem gestaltenden Dämon steht, da er, besonders in seiner späteren Zeit, sein Ich zu solch erwogener Monumentalität durchgebildet hatte, daß keine seiner Äußerungen ganz zufällig war, so sind uns freilich auch seine Gespräche unschätzbar schon als Zeugnisse dafür wie diese ewige Gestalt zum und im Augenblick selber stand.

In ihrer Gesamtheit geben sie ein deutlicheres Bild als irgendein noch so selbstbekenntnishaftes Einzelgespräch Goethes. Fruchtbar für die Erkenntnis Goethes ist uns daraus nicht die besondere Erfahrung: wie war Goethe in dem und dem Moment, zu dem und dem Menschen? sondern die Gesamterfahrung: wie setzte sich sein Unwandelbares, Unveräußerbares auseinander mit dem Vorübergehenden, Zufälligen, Fremden? Welches war seine Art, seine Geste des Reagierens? Denn Goethes Reagieren überhaupt, d. h. nicht sein Wesen, sondern seine Beziehungen können wir aus den zufälligen Dokumenten, aus den Gesprächen und dann aus vielen Briefen allerdings bequemer erfahren als aus den Werken. Denn Werke sind kein Sichinbezugsetzen. In seinen dichterischen Werken reagierte Goethe nicht auf einzelne Individualitäten, auch nicht auf sein zeitgenössisches Publikum: sie formten sich aus seinem Innern mit einer Notwendigkeit herauf die über seine Absichten hinausreichte, und selbst in seinen wissenschaftlichen Büchern, die allerdings Zwecke und Beziehungen nach außen hin hatten, galt Goethes Hinhorchen und Hinreden nur einer unsterblichen Geistergemeinschaft, in der ein Gleichgewicht zwischen den besonderen Menschlichkeiten immer hergestellt war. Nur von Goethes Werk aus haben für uns die Gespräche und Briefe einen Sinn. Statt der Werke dürfen sie keinem gelten: sie sind das lebensvollste Zeugnis für den zeitlichen Goethe, d. h. nicht für sein Schaffen, sondern für seine Wirkung, nicht für den Seher, sondern für den gesehenen Goethe, für seine Stellung unter den Zeitgenossen und deren mannigfaltige Verhältnisse zu ihm.

Goethes Briefe sind nicht nur zuverlässigere Zeugnisse als die Gespräche, weil wir nicht auf die Glaubwürdigkeit der Vermittler angewiesen sind, sondern sie sind auch von Goethe selbst aus betrachtet minder bedingt. Zwar: sie sind gleichfalls die Auseinandersetzung mit einem bestimmten, soundso beschaffenen Gegenüber, von dem Goethe in gewissem Sinn abhängig wurde, indem er sich mit ihm in Bezug setzte. Denn wir gestatten jedem einen Anteil an uns, einen Eingriff in uns mit dem wir uns auseinandersetzen — das liegt schon in dem Wort. Aber in Wegfall kommen dabei die unwägbaren Einwirkungen des Moments, die Apprehension durch die Gegenwart des anderen. Der Briefschreiber steht dem Empfänger ferner und also freier gegenüber als der Sprecher dem Hörer: er sieht ihn zusammengefaßter, geistiger, und wird minder durch das vordergründliche Bild des momentan Gegenwärtigen befangen, er selbst ist konzentrierter .. und so sind wir auch in den Briefen Goethes Zentrum um eine Zone näher als in den Gesprächen. Wir haben einen Goethe vor uns, der sich minder sub specie momenti gibt, einen gespannteren, konzentrierteren, dauerhafteren. Auch die Briefe unterliegen der Scheidung die wir bei den Gesprächen vornehmen konnten: in impressionistische und pädagogische — wovon abermals der weitaus größte Teil der ersten in die voritalienische, der größte Teil der letzteren in die spätere Zeit fällt.

Nun ist nicht ein für allemal das für Goethe bezeichnender was er bewußter geäußert .. nicht etwa ein wohlerwogenes Gespräch mit Eckermann an und für sich Goethischer als ein unwillkürlicher Ausbruch den ihm Müller entlockte. Seine fliegenden leidenschaftlichen Zettel an Charlotte von Stein enthalten nicht weniger Goethische Substanz als die Briefe an Schiller oder Zelter, worin er fast theoretisch gedrängte Überblicke über ganze Landschaften des Lebens oder der Kunst wirft. So echt, so lebendig, so sehr Goethischer Ausdruck sind seine unwillkürlichsten Äußerungen gewiß, denn auch der zufälligste Goethe unterscheidet sich von dem geformtesten nicht durch den geringern Grad der Echtheit, des Goethetums, sondern nur durch die geringere Komplettheit und Rundheit. Wir sind hier wieder an einen Punkt gestoßen worin Goethe einzig ist und ein eignes Gesetz für sich fordert: das Verhältnis von Instinkt und Bewußtsein in seinem Leben. Die bewußteren Äußerungen sind durchaus nicht bei jedem Menschen, und am wenigsten bei jedem genialen Menschen die kompletteren und bezeichnenderen und als solche bei der Bewertung und Darstellung seines Lebens vorzuziehen. Es gibt Menschen die gewissermaßen nur in unbewachten Momenten ihre Mitte offenbaren, deren ganzes Bewußtsein nur eine einzige Umdeutung und Mißdeutung ihres Lebens ist, die um so zufälliger, unwahrer, unwesentlicher reden, je bewußter und absichtlicher sie sich kundgeben. Es ist das Schicksal fast aller romantischen Naturen, und aller schauspielerischen Naturen: Richard Wagner ist ein großes Beispiel. Bei solchen Menschen arbeitet der eigentliche Lebenstrieb, sei es nun ein produktiver oder ein aktiver, in einer völlig anderen Richtung als ihr Bewußtsein, ihr Bewußtsein weiß gewöhnlich nicht was ihr Instinkt will, wohin er will, und nur durch Momente der höchsten Erregung, bei Erlebnissen die die Geleise ihres gewöhnlichen Denkens überfluten oder zersprengen, vernehmen wir von ihnen Sprachtöne die aus derselben Welt zu kommen scheinen wie ihre rein genialisch instinktiven Hervorbringungen.

Es ist ein wesentliches Zeichen der klassischen Naturen daß bei ihnen Instinkt, Genie und Denken in derselben Richtung arbeiten. Ihr Denken

EINLEITUNG 13

ist nur die bewußte, hell gewordene Verlängerung des dunklen Lebensstroms der aus ihrer Mitte bricht, nur der genaue und gewissenhafte Vollzieher dessen was der Grundtrieb ihres Lebens ihm befiehlt, ihr Denken hat nicht, wie bei den Romantikern, Mystikern, Musikern eine eigene gesetzgebende oder gesetzstürzende Gewalt, sondern nur eine exekutive. Bei solchen Naturen sind die Äußerungen des formenden Bewußtseins nur der getreue Index dessen was in der dunklen *Mitte* und *Tiefe* vorgeht, die Helle ihrer Glut, der Logos ihres Eros .. Denn Logos und Eros sind dann nicht notwendige Gegensätze, es sind nur verschiedene Helligkeitsgrade desselben Zustandes. Für diese klassische Geistesart, welche im Altertum uns immer wieder als Norm bezaubert, ist in der neuen Welt Goethe das größte, sicher das deutlichste Beispiel.

Wenn auch das was er über sich wußte nicht das Ganze dessen ist was er war, sondern sich dazu verhält wie die Oberfläche der Kugel zum Inhalt der Kugel, so zeigt es doch für uns, die nicht Goethe *sein* können, sondern nur ihn *denken* können, seine Gestalt genau so deutlich an wie die Oberfläche der Kugel uns die Gestalt und den Umfang der Kugel anzeigt. Das Bild das Goethe von sich in die Welt werfen wollte entspricht wirklich dem was er war, und darum widersprechen auch niemals seine bewußten Kundgebungen (nicht einmal im sachlichen und begrifflichen Inhalt, geschweige in der seelischen Haltung) seinen unwillkürlichen Ausbrüchen, nur geben sie dasselbe deutlicher, ausgeprägter, mit einem Wort, vollkommener. Darum ist der Werther ebenso echt Goethisch wie die Briefe an Lotte Buff und ihren Bräutigam, aber zugleich intensiver und monumentaler Goethisch. Und vielleicht ist es, bei dieser Anlage Goethes, sein dumpfes Leben sofort in hellsten Sprachausdruck — das heißt doch Denkausdruck — umzusetzen, überhaupt heikel und unerlaubt eine strenge Grenze zwischen seinen unwillkürlichen und seinen bewußten Äußerungen zu ziehen: auch ist es nur ein ordnendes Hilfsmittel, in der Wirklichkeit fließt diese Grenze. Was zur Sonderung berechtigt, ist auch nicht der Unterschied beider Äußerungsarten, wie er in Goethes Charakter und Genie begründet ist, von innen her, sondern ihre verschiedene Begrenzung von außen her oder nach außen hin. Die unwillkürlichen Äußerungen sind solche die von außen her durch augenblickliche Umstände bedingt werden, durch die Person des Hörers oder Adressaten, oder was an Drang und Enge jeder Augenblick sonst mit sich bringt: das fälschende, den Willen Bedingende liegt hier also im Momentanen.

Ein fälschendes und einschränkendes Moment liegt auch in den sogenannten bewußten Äußerungen: das ist der Zweck, der pädagogische, politische, wissenschaftliche Sinn der dem Willen Goethes Richtung gibt und Grenzen setzt. Nur ist der Sinn mehr in der Gewalt Goethes, mehr seinem Wesen angehörig, insofern also seiner Willkür mehr unterstellt als die äußeren Umstände, und insofern sind seine zweckmäßigen Äußerungen, seine bewußten Hinwendungen seiner Mitte näher, für ihn bezeichnender als seine unwillkürlichen. Denn Goethe konnte schon keine Zwecke haben die außerhalb seines Lebenstriebes lagen, eben weil er ein klassischer Mensch war, bei dem Trieb und Denken einheitlich wirkten. Wenn uns seine unwillkürlichen Äußerungen in ihrer Gesamtheit zeigen wie sein Ich auf das Nichtich reagierte, so erfahren wir aus seinen bewußten, zweckbedingten Äußerungen welche Grenzen und Ziele er sich selbst steckte: Beide Äußerungen geben seine Beziehung zur Welt, die unwillkürlichen seine passiven, die bewußten seine aktiven: die unwillkürlichen Gespräche, die hingeworfenen Zettel, zeigen Goethe leidend, die überlegten Unterredungen und Briefe, die Rezensionen, die wissenschaftlichen Traktate und die Dokumente zu seiner Amtstätigkeit zeigen ihn tuend — beides Beziehungen, Bedingtheiten, nicht selbstgenugsames Wesen.

Wollen wir erfahren, nicht was Goethe litt und tat, sondern was er war und schuf, kraft seiner angeborenen Entelechie, so wenden wir uns an die innerste Sphäre seiner Welt, an seine dichterischen Werke. Nur Goethes Dichtungen geben seine unbezogene, in sich vollendete, autonome Gestalt, ohne Rücksicht auf das zeitlich beschränkte Dasein, ohne Rücksicht auf äußere Zwecke, — den produktiven Menschen. Sie sind die gestaltete Fülle seines Wesens das sich nach innerem Gesetz herauf formt, in diesen Formungsprozeß jeweils alles Augenblickliche als Stoff hereinzieht, verzehrt, verwandelt, wie der Formtrieb, das Wachstum einer Pflanze seine Nahrung aus Luft, Erde und Feuchtigkeit — also den äußeren Umständen und Zufällen ihrer Existenz — sich aneignet, in ihr Wachstum, ihr Pflanzentum, ihre Form verwandelt. Innerhalb der Werke selbst sind die Wirksamkeitsgrade dieses inneren Formgesetzes der Goethischen Gestalt ebenfalls verschieden. Wie sind die tausend mannigfaltigen Dichtungen alle als Ausprägungen einer und derselben Gestalt zu begreifen? Wie kann uns ein Zeitliches, nämlich Erleben und Schaffen, als Räumliches, nämlich als Gestalt, erscheinen? Der Widerspruch löst sich, wenn wir uns die zeitliche Entwicklung nicht vorstellen als das Abrollen einer Linie die von einem Punkte weiter geht, bis sie äußere Widerstände findet, sondern als die kugelförmigen Ausstrahlungen von einer Mitte her, Ausstrahlungen die im Maß als sie vordringen zugleich die Atmosphäre, den Stoff den sie vorfinden, verwandeln mit ihrer spezifischen Kraft. Bei einer solchen Anschauung, die für den schöpferischen Vorgang das bezeichnendste Gleichnis gibt, ist kein Widerspruch zwischen dem Räumlichen und dem Zeitlichen einer Gestalt, zwischen der geprägten Form und der lebendigen Entwicklung. Denn im Vordringen, im Ausstrahlen, im Verwandeln ist die zeitliche Funktion, im Kugelartigen die räumliche Funktion der Gestaltung. Es ist die Rede von einer Kräftekugel. Dies Gleichnis verdeutlicht zugleich das Verhältnis von Gehalt und Stoff im Goethischen Schaffen: der Gehalt ist die lebendige, ausstrahlende Kraft, der Stoff ist die Atmosphäre dem diese ausstrahlende Kraft auf ihrem Vordringen begegnet und den sie durch ihr Vordringen verzehrt, verwandelt, der Goethischen Kräftekugel einbezieht.

Die einzelnen Werke sind die sichtbaren Schichten dieser strahlenden Kraft, als die Zonen der Gesamtkugel immer Goethisch, immer Zeugnisse der gleichen Gestalt, aber von verschiedenem Umfang und verschiedener Dichte und Struktur, wie die verschiedenen Jahresringe an Bäumen: gleichfalls Zeugnisse wirkender flüssiger Kräfte, gleichfalls raumgewordene Zeugnisse für zeitliche Vorgänge. Goethes Werke sind also Jahresringe, Jahreszonen der Goethischen Entwicklungskugel, nicht Stationen einer Goethischen Entwicklungslinie.

Wenn sich nun Goethes dichterische Werke als die Verkörperung seiner eigentlichen ewigen Gestalt abgrenzen gegen die Gespräche als gegen die Äußerungen seiner unwillkürlichen Augenblicke, gegen die Briefe und die theoretischen Werke als gegen die Äußerungen seiner zweckhaften Tätigkeit, wenn ich dort den passiven Goethe, hier den aktiven, in den Dichtungen den produktiven Goethe suche, so wird das verdeutlicht durch drei seiner Orphischen Urworte, worin er Grundmächte des Menschtums formuliert hat: $\Delta\alpha\iota\mu\omega\nu$, $T\upsilon\chi\eta$, $A\nu\alpha\gamma\kappa\eta$. Goethes Gestalt und Dichtung steht unter dem Dämon. Aber die Art wie diese Gestalt, die von innen her sich nach einem notwendigen Gesetz auswirkt, in die fremde äußere Wirklichkeit tritt, sich mit ihr durchdringt, sich ihr anpaßt oder ihr ausweicht, — denken wir immer an den Weg der Pflanze vom Samen bis zur Reife — wird bezeichnet durch Tyche, das Zufällige: es ist das Ab und Zu seines Lebens, wir sehen gleichsam hier die Splitter und Schnitzel die dabei abfielen, wenn er an dem Block seines Lebensstandbildes arbeitete. Die Niederschläge dieses Zufälligen sind in Goethes Produktion alles was Experiment, Kompromiß, Gelegenheitsdichtung, Festpoesie ist, was die äußeren Fluktuationen seines Lebensganges begleitet und flach festhält.

Der dritte Begriff, Anangke, Nötigung, unter den Goethe im Gegensatz zu dem inneren Gesetz die äußere Bedingtheit des Lebens, das von außen gegebene Müssen oder Nichtdürfen, die Bestimmung durch eine Gewalt die nicht sein eignes Wesen ist, das Verhängnis, begreift, ist freilich nicht ohne weiteres in der Produktion wiederzufinden. Denn es liegt im Wesen der Nötigung daß sie nicht produktiv macht, sie ist ja gerade das dem Dämon entgegengesetzte Prinzip: Produktion aus der Anangke wäre zum Beispiel alles was ohne innere Not um des Gelderwerbs, um des Lebensunterhalts willen geschrieben ist — und dergleichen gibt es bei Goethe nicht. Anangke, äußere Nötigung, widerspricht dem Prinzip des Schöpferischen selbst, welches innere Notwendigkeit ist. Wir mögen daher den Einfluß der Anangke bei Goethe eher in dem suchen was er verschweigt, was er in seinem langen Leben alles herunterschlucken mußte, in dem worauf er verzichten mußte, wie sehr immer er Götterliebling war. Wenn er als alter Mann den Satz aussprach, daß alles im Leben uns zum Entsagen mahne, so dürfen wir in dieser Weisheit einen Niederschlag seiner Anangke finden. Aber mittelbare Zeugnisse dafür daß Goethe selbst ein auch von außen bedingter, gezwungener Mensch war, sind noch diejenigen Äußerungen in denen sein Verantwortungsgefühl gegenüber fremden Menschen spricht, seine vielen auf Amtstätigkeit gerichteten, aus Berufspflichten hervorgegangenen Dokumente, in einem gewissen, allerdings entfernten Sinn noch diejenigen seiner Äußerungen die sich an ein empirisches Publikum wenden und damit nach einem Publikum richten. Insofern gehören also seine Gespräche hierher, aber auch seine Briefe, und selbst seine Rezensionen. All solche Äußerungen tragen die Spuren außergoethischer Wirklichkeiten und Bedingungen an sich und sind mehr Beiträge zu Goethes Geschichte als Zeugnisse für Goethes Wesen.

Unter Goethes Dichtungen sind gleichfalls mehrere Zonen zu unterscheiden, und zwar nach dem Grade der Unmittelbarkeit womit Goethes Erlebnis in diesen Werken dargestellt wird, besser: sich selbst darstellt: die lyrischen, die symbolischen und die allegorischen Dichtungen. Zuerst sei erklärt warum ich diese Einteilung der gangbaren nach Gattungen vorziehe, in Lyrik, Epos, Drama. Die gangbare Einteilung hat ihren Grund, wenn man das Material einer ganzen Literatur zu ordnen hat und dabei Grundformen wahrnimmt die unabhängig von den einzelnen Individuen, vom spezifischen Gehalt und selbst vom Stoff, begriffliche, sachliche, außermenschliche Merkmale gemeinsam aufweisen. Wer Gesetze sucht, losgelöst vom einmaligen so und so beschaffenen Menschen, wer Proportionen oder Dimensionen in der Dichtung abziehen will von der konkreten Gestalt dem ist mit den Merkmalen der Gattung viel geholfen. Wer vom konkreten Menschen ausgeht und die Formen erforschen will worin sich ein bestimmter Lebensgehalt entfaltet, der kann nichts anfangen mit den vorgezimmerten, von seinem konkreten Fall unabhängigen, allgemeinen Begriffsfächern: denn gerade das worauf es ihm ankommt, das spezifische, neue, noch nicht Dagewesene, den Gehalt eines Lebens kann er nicht einfassen in Schachteln die zu anderen Zwecken hergestellt sind.

Eine Frage für sich, eine ästhetische Nebenfrage wäre: wie setzt sich ein neuer Gehalt mit den alten Begriffen und Ordnungen auseinander die er als gültig vorgefunden hat, wie werden die alten Gattungen durch den neuen Gehalt modifiziert? werden sie gefüllt durch ihn, gesprengt oder wesenlos? Aber diese Frage gehört gleichfalls in die Geschichte der Gattungen, nicht in die Geschichte Goethes. Die Frage die wir uns bei der Darstellung Goethes vorlegen müssen ist: in welche Formen hat sein Gehalt sich entfaltet, welche hat er sich geschaffen, welche waren ihm gemäßer Ausdruck? nicht die: in welche Schachteln hat er gepaßt?

„Gattung" bedeutet in der modernen Welt nicht mehr (wie im Altertum $\gamma\varepsilon\nu o\varsigma$) Formen mit immanenten Gesetzen, welche sich selbst aus jedem spezifischen Gehalt ihre Verleiblichung schaffen, durch jeden Gehalt hindurch, durch alle Individuen hindurch wirken, sondern nur noch begriffliche Einteilungsprinzipien mit denen die Gelehrten der Stofffülle Herr zu werden suchen (nicht Formen, sondern Formeln). Der Begriff $\gamma\varepsilon\nu o\varsigma$, Gattung, stammt aus dem Altertum und hat dort einen beinah religiösen Sinn: denn die antike Menschheit, so vielfältig und -spältig sie sein mochte, fühlte sich jederzeit und an jedem Ort religiös gebunden, unter ein göttliches, magisches Gesetz gestellt dem gegenüber auch das stärkste Einzelwesen wohl Existenz hatte, aber keine Geltung. Dieses Gesetz wurde nicht nur begrifflich gedacht, sondern leibhaft gefühlt, von Leibern getragen, in Leibern dargestellt, bluthaft durchgelebt und in allen Funktionen menschlichen Daseins ausgewirkt. Ein anderer Name für dies Gesetz ist „Tradition". Der Einzelne, und wär es ein Äschylus oder Plato, ein Alexander oder Cäsar, hatte dieser Tradition, diesem göttlichen Gesetz gegenüber wohl eine Macht, aber kein Recht: d. h. er konnte sie, und das war schon tragische Hybris, umbiegen, bereichern, ihren Formenkreis erweitern — (denn die Tradition ist ein Komplex von lebendigen Formen und Riten, nicht ein Kodex geschriebener, erdachter Satzungen) aber es kam auch dem Titanischsten nicht in den Sinn, auf das Recht des großen Individuums pochend, dies göttliche Gesetz zu durchbrechen oder aufzuheben, vielmehr glaubte jeder es erst recht zu erfüllen. Gerade wie es heute auch dem kühnsten Revolutionär nicht einfallen würde die Naturgesetze zu vernichten, sondern höchstens sie anders zu deuten oder anders zu nutzen. Unser Begriff „großes Individuum" „große Persönlichkeit" als selbständiger Wert war der Antike unbekannt, und wird nur fälschlich von uns in sie hineingetragen: der antike Heros ist ein göttlicher Mensch, d. h. entweder ein Verkörperer des göttlichen Gesetzes oder sein Verkünder, und nur um dieses Gesetzes willen hat er Geltung. So ist auch im antiken Glauben nicht das große dichterische Individuum der eigentliche Gehalt und Träger der Kunstgebilde, sondern die Tradition, das göttliche Gesetz, von dem die Kunst nur eine Funktion ist. Wie das Gesetz seine Riten und Formen ausgebildet hatte, so war das Verhältnis der schöpferischen Geister zu ihrer Kunstübung etwa so wie das des Priesters zu den magischen Bräuchen: beide sind nur Exekutoren göttlichen Gebots, nicht Expressoren persönlicher Erlebnisse. Wie die Priester wohl Riten erweiterten oder neue fanden, sei es unter göttlicher Eingebung oder unter Anpassung an Ereignisse und Verhältnisse, so müssen wir uns auch Entstehung, Ausbildung, Verwandlung, Zerfall und Erstarrung der Kunstgattungen vorstellen: auch die antiken Gattungen sind nur die heiligen Formen einer heiligen Tradition, welche wie jede Tradition natürlich als Vertreter und Träger Menschen hat und demgemäß modifiziert wurde. Wie die Kunst selbst nur eine Funktion des Göttlichen war, so auch die Gattungen. Solcher Gesinnung mußten also die Gattungen etwas Tieflebendiges, Gestaltetes, Leibhaftes, Bluthaftes bedeuten. Sie waren der eigentliche Sinn, der Gehalt, die Träger, die Kontinuität, das Weiterzeugende und Bewahrende der ganzen Kunstübung: daher auch der geheimnisvolle, aus dem Mysterium der Zeugung selbst genommene Name γενος, Gattung, der für uns freilich schon zu abgegriffen und schulbuchmäßig mißbraucht ist, um jenen Schauer noch emporzurufen den der antike Mensch dabei empfand. Diese Bedeutung, als lebendige Riten und Formen einer göttlichen Tradition, mußten die Gattungen verlieren, sobald nicht mehr das göttliche Gesetz, sondern die große menschliche Persönlichkeit der gültige Sinn des Lebens und der Träger der Kunst wurde. Das heißt freilich nicht daß das große Individuum vorher keinen Einfluß, keine Macht hatte — nur daß es keine Geltung als solches, keinen Sonderwert hatte.

Mit der Renaissance aber wird die Ausbildung des großen Menschen und sein Ausdruck der Sinn der Kunst, also die Ausprägung eines immer neuen Gehalts ohne bewußte Rücksicht auf göttliches Gesetz. Der erste gewaltige Mensch der derart seinen Gehalt ausprägte, Dante, ist zugleich der erste dem gegenüber die Frage nach der Gattung unmöglich und absurd ist, der seine neue Form aus einem neuen unerhörten Gehalt hervortrieb, und dessen Form zum erstenmal nichts anderes ist als seine sprachgewordene Gestalt selber. Nun übernahmen allerdings die Renaissance-poeten und humanistischen Literaten mit der Wiedererweckung des Altertums zugleich seine nachträglich festgelegte Poetik und damit den Begriff Gattung, ohne das antike Lebensgefühl das diesen Begriff geprägt und gefüllt hatte. Es gab Poeten die in die erstarrten, begrifflich ausgeschälten Gattungen hineindichteten, im Wahn, einfach die antike Tradition fortzusetzen. Aber eine Tradition ist nur fortzusetzen wo derselbe Glaube, dasselbe Weltempfinden, dieselbe Religion noch waltet: und die Religion des Humanismus war durch mehr als ein Jahrtausend der ungeheuersten seelischen Wandlungen von der Religion der Antike getrennt, als die Humanisten in die alten Schläuche den neuen Wein füllten. So ist denn auch eine bloß sekundäre Philologen-poesie geblieben, wenn nicht gar eine unlebendige Mache, was von den antiken Gattungen her, in die antiken Gattungen hinein gedichtet wurde. Die lebendige moderne Poesie, Dante und Petrarka, Ariost und Tasso, Rabelais, Cervantes und Shakespeare, hat sich, wo sie ihrem ursprünglichen Impuls folgte, zunächst nicht um Gattungen gekümmert. Erst als die Bildungsflut die mit der Renaissance über Europa hereinbrach selber anfing zu erstarren und bestimmte feste Konventionen und Traditionen gesellschaftlicher, literarischer, bildungsmäßiger Art (nicht religiöser Art, wie die antiken) sich festsetzten, begann auch jener begriffliche Kult der Gattung die Ästhetik zu beherrschen und die Produktion zu lähmen, der Klassizismus aller Länder. Ja, es ist dann beinahe das Zeichen und die Aufgabe der schöpferischen Genien geworden, dem menschlich-individuellen Gehalt gegenüber den Gattungen immer wieder und wieder zum Durchbruch zu verhelfen, immer neue, unerwartete Formen zu schaffen, oder, wie es die Ästhetiker hinterher nannten, nachdem der neue Gehalt gegen ihre begrifflichen „Muster und Regeln" sich dennoch durchgesetzt hatte, neue Gattungen, neue Muster und Regeln aufzustellen.

Während im Altertum der Schöpfergeist vor allem Vollender der Gattung war, ist er in der modernen, individualisierten Welt vor allem Zersprenger der Gattung. Während im Altertum die Gattung das Maß des großen Menschen war, ist seit der Renaissance der Mensch das Maß, der Richter oder der Vernichter der Gattung. Das liegt nicht daran daß sich das Wesen und die Funktion des schöpferischen Menschen an sich seitdem geändert hätte, sondern der Sinn der Gattung hat sich geändert — das antike Genus und die moderne Gattung sind zwei völlig verschiedene Dinge geworden — sie sind so verschieden wie eine Substanz von einer Relation, wie eine Gestalt von einem Begriff. In einer modernen Dichtung fängt das Wesentliche erst an wo die Gattung aufhört, und ein neuerer Dichter ist, im Gegensatz zu den antiken Dichtern, umso wertvoller, je hinfälliger bei ihm die Frage nach seiner „Gattung" wird. Ich habe deshalb das alte Einteilungsprinzip — Lyrik, Epos, Drama — bei Goethe aufgegeben, weil es ihm gegenüber, wenn nicht falsch, so doch gleichgültig ist, nichts Spezifisches faßt, seinem Gehalt und seinen Formen nicht gerecht wird. Durch dies Prinzip würden nämlich Werke zusammengerückt die so wenig miteinander zu tun haben wie etwa des Epimenides' Erwachen und Iphigenie: wovon das erste kaum zu Goethes Dichtung, sondern zu seinen Amtspflichten gehörte, ähnlich wie seine Singspiele und Maskenzüge, die er als weimarischer Hofmann und maître de plaisir abzufassen hatte. Durch dies Prinzip würden Werke auseinandergerissen die so eng zusammengehören wie der Werther und der Urfaust. Der Faust selbst würde nicht recht unterzubringen und von den Gattungen her als ein schiefes und mißratenes Werk anzusehen sein: denn die Gattungen tragen zugleich Gesetze und Wertmaßstäbe in sich, und zwar solche die nicht dem Werk entnommen, mit dem Werk gewachsen, durch das Werk gegeben sind, sondern von einem allgemeinen Prinzip aus richten.

Die Einteilung nach dem Gehalt macht nun zwar auch nicht den Anspruch das Werk einzufangen oder zu umschreiben, ja es ist gerade ihr Vorzug vor jener dogmatischen Gattungseinteilung, daß sie keine festen Schachteln mitbringt, sondern nur die Richtung angibt in der sich ein Werk bewegt, oder den Dichtigkeitsgrad der Gestaltung: kurz, daß sie nicht statisch, sondern dynamisch ist.

Ich gebrauche dabei „lyrisch" in einem besonderen Sinn. Man versteht unter „Lyrik" gemeinhin die kurze Ichdichtung welche das Gefühl, die Stimmung, den Gedanken des Dichtenden als gegenwärtig ausspricht, einerlei ob in und aus dem Erlebnis oder ob über dem Erlebnis, ob mit oder ohne Maske, ob vom Einzelnen oder der Gemeinschaft aus. Das Hauptmerkmal der Lyrik ist dabei das sich selbstdarstellende Ich, im Gegensatz zu der Epik, als der Erzählung einer fremden vergangenen Begebenheit, und dem Drama, als der Vorstellung eines fremden, gegenwärtigen Geschehens. Das Ich, Hauptmerkmal der „Lyrik" im alten Sinn, stellen wir in einen anderen Gegensatz als dieser. Vom Gehalt aus gesehen kann der bezeichnende Unterschied der Lyrik nicht mehr das Ich sein: denn der Gehalt aller wirklichen Dichtung kann immer nur das Ich des Dichters sein, einerlei ob dieses Ich, wie in der Antike, nur als der unbewußte oder bewußte Vertreter einer Gesamtheit oder Gottheit redet, oder, wie seit der Renaissance, mehr und mehr den Anspruch auf eine selbständige Geltung erhebt. Der Stoff freilich kann dem ganzen Bereich des Nichtsichs, der fremden, vergangenen oder gegenwärtigen Welt angehören. Mein Eintei lungsgrund für Lyrik, Symbolik, Allegorik ist das verschiedene Verhältnis von Gehalt und Stoff im Werk, oder was dasselbe ist, vom Dichter aus gesehen, von Ich und Welt, vom Betrachter aus gesehen, vom Gestaltenden zum Gestalteten. Lyrik, Symbolik und Allegorik bezeichnen drei verschiedene Arten der Stoffgestaltung, drei verschiedene Distanzen des gestaltenden Ich zu seinem Stoff, drei verschiedne Stufen der Stoffdurchdringung. In der Lyrik ist dem Dichter sein Stoff unmittelbar durch sein Dasein und sein Erlebnis gegeben: Stoff und Gehalt sind eines. Hier liegt eine Verwechslung nahe, man kann fragen: Ist etwa der Frühling, die Geliebte, das Vaterland, Gott und die Gegenstände sonst denen der Lyriker sein Lied weiht — sind diese alle ihm unmittelbar gegeben? Ist dies alles kein Nichtich? Ja, dies ist auch nicht der Stoff seiner Lyrik, sondern nur der Anstoß durch welchen der Stoffgestaltungsprozeß bei ihm erst ausgelöst wird. Nicht den Frühling, die Geliebte usw. hat der Lyriker zu gestalten, sondern das Erlebnis, die Schwingung in welche er durch diese äußeren Dinge versetzt wird. Das Erlebnis des Frühlings ist sein Stoff, nicht der Frühling selbst. Die Verwechslung dieser beiden grundverschiedenen Inhalte, eines Gegenstandes mit dem Erlebnis eines Gegenstandes, ist ein Grundirrtum der alten Ästhetik. Die Art wie der so und so beschaffene Mensch bei dem oder jenem Anstoß schwingt ist immer wieder verschieden, nach Tempo und Umfang, Intensität und Maß: aber das ändert nichts daran daß die Schwingungen eines Instruments, eines Ichs, wie verschiedenartig sie auch sein mögen und von was sie auch herrühren mögen, als erste von vornherein gegebene Grundlage doch immer dies Ich mit seiner besonderen Struktur haben, und daß sie zweitens untereinander alle nach einem bestimmten Gesetz verwandt sind, von den Schwingungen aller anderen Instrumente wesenhaft unterschieden. Die Rhythmik und Melodik eines Lyrikers ist die sprachliche Darstellung, Verkörperung dieser Schwingungsart, und was man den „eigenen Ton" eines Lyrikers nennt, ist jenes einheitliche, in seinem Ich gegebene Gesetz, nach dem er überhaupt schwingen kann, einerlei durch welchen Anstoß er ins Schwingen gerät. Der Anstoß ist nicht der Stoff: Lyrik ist diejenige Dichtungsart in der Gehalt und Stoff von vornherein identisch sind, nämlich das Wesen des dichtenden Ich. Lyrische Form ist die Darstellung der Erlebnisse dieses Ich in den Schwingungen dieses Ich. Das einzige Sinnbild dessen das Gesamt-Ich sich bedient zur Darstellung seines Gehalts ist die jeweilige in Rhythmus oder Melodie verkörperte Bewegung dieses Ich.

In der Lyrik ist die Bewegung, die Schwingung, selbst schon die Gestaltung: d.h. das bewegte Ich bedarf keines anderen Materials, keiner Auseinandersetzung mit fremdem Material, um sich auszudrücken und zu verkörpern als sich selbst. Indem es sich bewegt, gestaltet es sich schon. Insofern ist Lyrik die unmittelbarste Dichtkunst, aber eben daraus ergibt sich daß wirkliche Lyrik nur einer ursprünglich gestalteten, bildnerischen, formhaften Seele möglich ist, nur einer Seele deren Gehalt selbst schon Form ist. Denn Lyrik ist alles andere als bloßes empirisches Aussprechen jedes beliebigen Ich, Erguß der Seele um jeden Preis, Sprechen wie einem der Schnabel gewachsen ist. Nur wem der Schnabel wirklich zum Singen, zu rhythmischer und melodischer, also gesetzlich geformter Äußerung gewachsen ist, wird, wenn er singt wie ihm der Schnabel gewachsen ist wirkliche Lyrik hervorbringen. Niemals kann ein chaotischer Mensch ein ursprünglicher Lyriker sein, nur ein primär formhafter Mensch kann das. Der primär chaotische Mensch kann ein großer Symboliker und Allegoriker werden, weil aus dem Ringen eines chaotischen Ich mit fremdem Stoff, aus der heiligen Ehe zwischen Ich und Welt Gestaltung hervorgehen kann: aber gerade beim Lyriker ist ja ein solcher Weg vom Chaos zur Gestalt, welcher das Wesen des künstlerischen Prozesses ist, nicht möglich, es gibt in der Lyrik keine Vermittlung zwischen Ich und Welt, da ja die einzige Welt des Lyrikers sein Ich selbst ist — es gibt keinen Umweg von der Bewegung zur Gestalt, da ja die Bewegung hier selbst schon Sprachgestalt sein muß.

Es gibt Menschen bei denen die Vitalität die Produktivität überwiegt, die eine größere Lebensfülle haben als sie gestalten können: bei solchen ist die Gefahr des Chaotismus, wie bei Jean Paul z. B., auch bei Novalis. Es gibt andere bei denen es umgekehrt ist, bei denen der Wille zu gestalten immer wach und gespannt ist, aber das innere Leben nicht Material genug bietet um diesen Gestaltungswillen immer zu beschäftigen: er wendet sich dann leicht gegen sich selber und erstarrt in einem Formen des Formenden. Manches von Klopstock kommt daher, manches bei Platen. Das ist die Gefahr solcher bildnerisch angelegten Menschen deren angeborenes Ich einerseits nicht reich und tief genug ist um ein langes Leben zu nähren und andererseits nicht die Gabe hat überzugreifen und fremden Weltstoff sich gestaltend anzuverwandeln. Dies ist eine Schicksalsgabe für sich, die mit dem angebornen Adel und der angebornen Großheit einer Seele noch nichts zu tun hat, obwohl es freilich wahrscheinlich ist daß den allerreichsten und schicksalsvollsten Naturen am ehesten auch diese übergreifende expansive Gewalt innewohnt — unbedingt nötig ist es nicht: Hölderlin ist eine sehr große Seele und ihm fehlte die übergreifende Gewalt.

Goethe besaß diese übergreifende, weltverwandelnde Gewalt im höchsten Maße, seine Kraft fremden Stoff sich anzueignen und zu verdauen ist nicht geringer als die formende Stärke seines angeborenen Ich — das heißt: er erlebte die Welt nicht minder gestaltet als er sein Ich erlebte. Dies leitet uns zu der zweiten Gruppe seiner Dichtungen: den symbolischen. Unter symbolischen Dichtungen verstehe ich solche welche den Gehalt des dichterischen Ich nicht in den Bewegungen dieses Ich selber ausdrücken, sondern in einem ihm ursprünglich fremden, erst durch den Gestaltungsprozeß ihm anverwandelten Stoff. Dieser Stoff kann der Natur, der Geschichte oder der Gesellschaft entnommen sein: wesentlich ist daß er nicht von vornherein mit dem Lebensgesetz, mit dem Dasein, und der Erlebensart des Dichters gegeben ist, nicht ihm angeboren ist. Während also in der Lyrik der einzige Ausdruck, der einzige Leib, die einzige Form des Gehalts — eben des Ichs — dieses Ich selbst ist, prägt es sich hier aus in einem neu hinzukommenden Stoff: seine Bewegung empfängt Gestalt, Leib, Form durch ein anderes welches nun zu ihm selbst gehört: das nennt man Symbol .. Symbol oder Sinnbild ist jede Gestaltung welche einen bestimmten Gehalt verkörpert, ausdrückt, darstellt. Der Prozeß durch den ein Dichter fremden Stoff zum Ausdruck eignen Wesens macht ist demjenigen verwandt durch den er seine eigene Schwingung als lyrische Sprachgestalt widergibt: oder vielmehr, er ist eine weitere Funktion derselben Kraft durch welche er schon rhythmisch gestaltet lebt und schwingt .. es ist das Übergreifen des angebornen Formtriebs aus dem Bereich des Ichs in die umgebende Welt, und die Folge davon ist entweder die Erweiterung des Ichs durch vorgelagerte Schichten, oder auch die Füllung vorgelagerter Welt durch das Ich .. das sind nicht nur verschiedene Definitionen, sondern hängt ab von zwei verschiedenen Grundtypen des Gestaltungstriebs: den einen kann man den attraktiven nennen, den anderen den expansiven. Der höchste Typus des ersten in der Dichtung ist Dante, der höchste Typus des anderen ist Shakespeare. Der attraktive Schöpfer hat den Trieb die ganze Welt in sein Ich zu verwandeln, nach seinem Grundbilde zu formen. Er fühlt sein Ich als Mitte und Sinnbild der Welt, wie es Dante getan hat. Der expansive Schöpfer hat den Trieb die ganze Fülle seines Inneren auszugießen in die Welt, bis sein Ich selbst zur Welt erweitert, in die Welt investiert ist, die Welt angefüllt ist mit den Kräften seines überströmenden Ich. Er will nicht die Welt in sich verwandeln, sondern sich in die Welt. Er will nicht das Sinnbild der Welt sein, sondern die Welt soll sein Sinnbild sein, wie die Welt Shakespeares es ist. Der attraktive Schöpfer leidet an der unvollkommenen Welt, welche seinem Ideal d.h. der Projektion seiner seelischen Form, seinem angebornen inneren Gesetz nicht entspricht. Er befreit sich durch die Gestaltung von dieser Disharmonie mit der Welt. Der expansive Künstler leidet an der Überfülle seines Ich und befreit sich, indem er ihr Raum, Gefäß und Gestalt schafft in dem grenzenlosen Weltstoff.

Beide Typen hat es in den neueren Zeiten immer wieder gegeben, wenngleich keine so vollkommenen wie die beiden größten Weltdichter Shakespeare und Dante. Viel häufiger sind die Ansätze, die Mischformen und die Karikaturen beider seelischen Anlagen: denn beide haben ihre Gefahren. Ist der attraktive Geist nicht sehr rund und harmonisch, weit und groß, so wird er die Welt vergewaltigen und verzerren nach den Verbiegungen seiner eigenen Natur. Ein Beispiel für diese Art Vergewaltigung ist Byron. Ist der expansive Geist nicht wirklich überreich, überströmend genug um, wie Shakespeare, die Welt in die er sich einläßt bis zum letzten Rand zu füllen, das heißt, völlig zu durchbluten, zu durchseelen, so entsteht entweder ein Hohlraum in der Mitte, wo das Ich ausgeflossen ist, und es bleibt nur eine zuckende Peripherie von zusammenhangslosen Lebendigkeiten, oder es bleibt ein nicht ganz vermenschlichter, unbeseelter Komplex bloßer Sachlichkeiten, Schilderungen, Rohmaterial von Sachbeobachtungen. Ein Beispiel für diese Art ist etwa Balzac. Beim Attraktiven der kein Dante ist scheint es an Welt zu fehlen, beim Expansiven der kein Shakespeare ist scheint das Ich verkümmert. Der Symboliker attraktiver Art, bei dem die Welt zu kurz kommt, grenzt an den Lyriker, der Symboliker expansiver Art, bei dem das Ich zu kurz kommt, grenzt an den Allegoriker. Denn lyrisch ist es, wenn es keine Welt, kein Nicht-ich gibt, symbolisch ist, wenn Ich und Welt zusammenfallen zur Einheit, allegorisch, wenn Ich und Welt auseinander fallen und hinterher miteinander verbunden, aufeinander bezogen werden.

Goethe gehört ursprünglich zu den Attraktiven, ist neben Dante der größre, aber ein weit gemischterer Vertreter dieses Typus, und zwar nicht aus Gründen die in seinem Ich gelegen hätten, in einem Mangel an gestaltender und weltzwingender Urkraft, sondern aus Gründen die in seiner Welt lagen, und die ihn, wenigstens unter dem Gesichtspunkt der Gestaltung, in ungünstigere Bedingungen stellten als den Florentiner. Dantes Welt war noch eine zusammengehaltene, begrenzte, nach Gesetzen die für unverbrüchlich gehalten, als unabweichbar erlebt wurden, geordnete, überschaubare .. die Goethes war bereits auseinander gebrochen, unübersehbar, und ihre Grundlagen vielfach fragwürdig geworden. Dante konnte mit einem ungeheuren Griff von seinem Zentrum aus seine Welt an sich heranzwingen, in sich hineinzwingen. Für Goethe war das, bei einer ebenbürtigen Kraft, seiner Welt gegenüber nicht mehr möglich: er mußte überhaupt erst sich gegenüber dieser unübersehbar zerfahrenen Welt orientieren, sich seinen Platz und die Materialien suchen die er zur Darstellung und Ernährung seines Ich brauchen konnte. Daher hat sein Gesamtschaffen, verglichen mit dem Dantes und Shakespeares, etwas Experimentierendes, Tastendes — und sein Suchen und Streben, im Faust und im Wilhelm Meister selbst zu Symbolen nicht nur eines Menschen, sondern eines Zeitalters zusammengefaßt, ist gegenüber der unerschütterlichen, gemessenen Sicherheit Dantes und Shakespeares gewiß eine Not, wenn Goethe auch eine Tugend daraus gemacht hat. „Der gute Mensch in seinem dunklen Drange" ist ein relativ modernes und schwächeres Produkt als der Renaissance-mensch, dessen oberste Aufgabe ist „in Bereitschaft sein", dessen Problem nicht Streben, sondern „Sein oder Nichtsein" lautet. Wie aber die Welt damals war, ist jene faustische Losung und Lösung allerdings die höchste und heilsamste des geistigen Menschen gewesen.

Nicht nur durch die Unübersehbarkeit seiner Welt stand Goethe als Gestalter im Nachteil gegenüber Dante, sondern mehr noch durch ihre geringere Ursprünglichkeit. Dantes und Shakespeares Welt war noch gefüllt und bewegt von den unmittelbaren Kräften des Urlebens selber. Wie viele Bildungselemente auch im Mittelalter und noch mehr in der Renaissance aus dem Altertum herübergenommen waren: sie waren doch alle organisch vom aktuellen Leben der Zeit verdaut und bewältigt, kein wissenschaftlicher oder Bildungs-rohstoff geblieben, sondern überall umgesetzt in aktive sinnliche Anwendung. Das heroische Leben war noch überall sinnlich bewegte Gegenwart der öffentlichen Zustände, Sein und Geist waren noch nicht auseinandergetreten in Wirklichkeit und Bildung, es gab noch keine vom tätigen täglichen Dasein unabhängige Theorie um der Theorie, Bildung um der Bildung, Wissenschaft um der Wissenschaft willen: kurz, keine selbständig etablierte Bildungswelt gegenüber der wirklichen. Sage, Ferne, Traum, Wunder, Märchen und dergleichen Jenseits waren Zierrat oder Zuflucht, Komplement oder Korrelat der tatsächlich gelebten Wirklichkeit, aber jedenfalls immer eine Funktion dieser Wirklichkeit, noch nicht ein Schleier der von der Wirklichkeit trennte, nicht eine Brille durch die hindurch man seine Wirklichkeit sah.

All dies aber ist das Zeichen des Goethischen Weltalters. Die Menschen der Goethischen Welt waren, um das Wort Stefan Georges zu gebrauchen, nicht mehr Söhne der Gaea, sondern ihre Enkel, d. h. nicht mehr genährt aus den erdhaften Stoffen selbst, sondern aus bereits abgeleiteten.

Vor der sinnlich unmittelbaren Welt lag in Goethes Zeit eine Bildungswelt, eine abschwächende, trübende, mildernde Schicht von Wissen, ein historischer Sinn der alle Vorgänge noch im Vorgehen selbst brach und in Bildung spiegelte: eine Welt in der man (verglichen mit Dantes und Shakespeares Welt) mehr sann als sah, mehr empfand als fühlte, mehr wußte als konnte, mehr trieb als tat, mehr erlebte als lebte.. eine Welt deren unheroisches Gesamtniveau selbst zwei mächtige Heroen wie Friedrich und Napoleon nur erschütterten, aber nicht verwandelten, eine Welt der passiven Bildung verglichen mit jener Welt der aktiven Kultur, eine sittige statt einer sinnlichen, eine zweckmäßig geordnete statt einer triebmäßig gewachsenen Welt, wobei an dem triebmäßig Gewachsenen auch die Werke des Geistes teilhatten. Denn Dante und Shakespeare, so sehr sie unter ihrer „Zeiten Spott und Geißel" leiden mochten, fühlten den Gegensatz als Kraft gegen andere Kraft, nicht als Kraft gegen ein wesenloses Gewebe und Gewäsch, und ein Mann dem der Scheiterhaufen drohte hatte einen froheren und lebendigeren, gefühlteren und volleren Kampf zu führen als einer der zerschwatzt und zernutzt wird von einem Heer papierener Sprecher und Schreiber und einem körperlosen Publikum das ihn nicht anschaut und das er nichts angeht. Damals waren die Gesamtwelt und der Einzelne, Held und Sänger und Volk wohl gradmäßig verschieden, aber artmäßig verwandt: vom unteren dumpfen breiten Boden bis zum geistigsten, geformtesten Wipfel hinauf floß derselbe Saft.

Goethe fand bereits nicht mehr den unmittelbaren Kontakt zwischen schaffendem Einzelnen und empfangender Gesamtheit — ein Kontakt der, einmal unterbrochen, nicht künstlich wieder hergestellt werden kann, sondern als tragisches Bildungsproblem hingenommen werden muß. Die Tatsache in die der junge Goethe unbewußt hineintrat, und die von dem reifen und alten Goethe oft bewußt als eine persönliche Tragik empfunden wurde, ist die: daß er bereits Bildung und Leben, Ideal und Wirklichkeit des deutschen Volkes nicht mehr als eine homogene Einheit vorfand, daß das Publikum von abgeleiteten Formen lebte. Da er nun selber ein Genie, d. h. ein Urgeist, kein bloßer Bildungsmensch war, so kam es daß er in der umgebenden Welt, die relativ (verglichen mit der Dantes oder Shakespeares, verglichen mit seiner eigenen Natur) eine abgeleitete, sekundäre, eine Bildungswelt war, nur sehr unvollkommenen Stoff fand, wenigstens sehr spröden, widerspenstigen und unreinen Stoff, um ihn sich anzuverwandeln und sich darin auszudrücken.

Goethe war mit seiner Welt nicht so gleichartig wie Dante und Shakespeare mit der ihren: denn jene waren ursprüngliche Menschen in einer ursprünglichen Welt, Goethe war ein ursprünglicher Mensch in einer abgeleiteten, einer Bildungswelt. Und so ist sein Werk (von seiner Lyrik ab=

gesehen, wo er nur sein Ur-ich zu geben hatte) der immer wiederholte Versuch einen urtümlichen Gehalt auszudrücken, zu symbolisieren im Stoff einer Bildungswelt. So verwebt sich in seiner Existenz Urerlebnis und Bildungserlebnis wie Zettel und Einschlag, und die große allgemeine Tragik jedes Urgeistes jeder Zeit, nämlich die, daß er einen grenzenlosen Gehalt in Grenzen auswirken muß, vollzog sich bei ihm unter der besonderen historischen Form eines Ringens zwischen Urerlebnis und Bildung.

Der große Konflikt in den jeder große Mann gegen die niedrigeren gerät hat bei ihm die besondere historische Form des Gegensatzes zwischen einem ursprünglichen Menschen und einem theoretisch literarischen Bildungsphilisterium. Aber wichtiger als Goethes Stellung zu seinem Publikum ist seine Synthese zwischen seinen Urerlebnissen und den Bildungswelten die er vorfand. Diese Synthese macht den Gehalt seiner symbolischen Dichtungen aus: die Aneignung und Durchdringung des gesamten Bildungsstoffes, der in seiner Zeit von altersher dalag oder zutage gefördert wurde.

Unter Urerlebnis verstehe ich z. B. das religiöse, das titanische oder das erotische — unter Bildungserlebnissen Goethes verstehe ich sein Erlebnis deutscher Vorwelt, Shakespeares, des klassischen Altertums, Italiens, des Orients, selbst sein Erlebnis der deutschen Gesellschaft. Aber nicht nur die Arten seiner Urerlebnisse und seiner Bildungserlebnisse waren verschieden, auch die Grade, die Intensitäten und ihre gegenseitige Mischung und Durchdringung fand nicht nach einem ein für allemal in Goethes geistiger Struktur festgelegten Verhältnis statt, sondern in jedem Fall neuer Erschütterung anders. Wir haben Dichtungen in denen das Urerlebnis so bei weitem überwiegt, daß das Bildungserlebnis fast völlig verschlungen und verdampft erscheint, wie im Werther oder im Tasso. Solche Werke nähern sich dann am meisten Goethes rein lyrischer Dichtung. In anderen Werken ist das Urerlebnis, weil minder starken Grades, von dem Bildungserlebnis stärker zugedeckt, hat eine stärkere Masse Bildungsstoff zu bewältigen. Allegorisch nennen wir diejenigen Werke in denen das Bildungserlebnis nicht nur überwiegt, sondern allein zum Ausdruck kommt, sei es, daß es sich mit einem Urerlebnis überhaupt nicht gekreuzt oder bei der Mischung dieses völlig erdrückt hat. Ihr Merkmal ist daß hier nirgends unmittelbar erlebte, durchgeformte Gestalt spricht, sondern erst ihre gedankliche Spiegelung, daß in ihnen die abgeleitete Bildungswelt redet, nicht die ursprüngliche Erschütterung des Dichters selbst, nicht seine Anschauung der Welt, sondern seine Gedanken über das Angeschaute, nicht die Formen in denen Goethe die Dinge gestaltet erlebt, sondern die Formeln mit denen er sie einfängt und ordnet.

Zwischen diesen drei Zonen, Lyrik, Symbolik, Allegorik, sind Übergänge, und es ist hier, wo es sich zunächst nur um die grundsätzliche Herausarbeitung der unterscheidenden Merkmale handelt, keine Rücksicht genommen auf Nuancen, Misch- und Halbformen, wie sie ohnehin meist entstehen in Zeiten eines zerfallenden Gesamtstils, einer experimentierenden Bildungsrevolution, wie die Zeit Goethes eine war.

Zusammenfassend: Goethes Lyrik enthält seine Urerlebnisse, dargestellt im Stoff seines Ich.

Goethes Symbolik enthält seine Urerlebnisse, dargestellt im Stoff einer Bildungswelt,

Goethes Allegorik enthält seine abgeleiteten Erlebnisse im Stoff einer Bildungswelt.

ERSTER TEIL
SEIN UND WERDEN

ANFÄNGE

EH der Mensch erleben kann, muß er sein, und dieses Sein ist ein nicht weiter aufzulösendes „Urphänomen". Was bekam das Geschöpf das am 28. August 1749 in Frankfurt dem Rat Goethe von seiner Frau Elisabeth geboren wurde von vornherein von der Natur mit, als einfach Hinzunehmendes — außer dem was alle kleinen Kinder mitbekommen? Was ist an diesem von außen her noch unbeeinflußten nackten Geschöpf das Früheste das wir als angeboren Goethisch, als ein zugleich unterscheidendes und ursprüngliches Merkmal eben dieses Wesens anerkennen dürfen? Gehen wir zu den frühesten Berichten zurück und wählen nur die bezeichnenden aus, unter Auslassung dessen was der junge Goethe mit andern Menschenkindern notwendig teilte .. der größte wie der kleinste Mensch muß essen, trinken und schlafen, und so wird Goethe gleich andern als Kind geschrien haben und kindische Dinge begangen haben, wie z. B. das Hinauswerfen der Teller aus dem Fenster auf die Ermunterung von Frankfurter Schälken — dessen wir uns aus Dichtung und Wahrheit entsinnen. So reizvoll und lebendig diese Geschichte an sich zu erzählen und erzählt ist, so bedurfte es doch nicht des Kindes Goethe dazu dergleichen zu tun. So lassen wir auch die Schreib- und Sprachübungen des Knaben Goethe beiseite. Sie überschreiten den Bereich einer sorgfältigen Erziehung nicht, wie man sie damals vornehmeren Bürgerkindern angedeihen ließ, und zeigen Goethe als ein begabtes und gewecktes, auch gewissenhaftes Kind, das unter zwanzig seinesgleichen immer einen der ersten Plätze zu behaupten wußte. Doch all das verrät nichts spezifisch Goethisches — läßt nicht einen notwendigen inneren Zusammenhang ahnen zwischen dem Kinde und dem Genius, zeigt nichts von dem einmaligen Dämon Goethes, der ihm angeboren war und von der Wiege bis zum Grab dieses einzigen Menschen Schicksal und Wesen abhob vom Wesen und Schicksal aller anderen.

Die Auswahl zu treffen zwischen bezeichnenden und unbezeichnenden Überlieferungen ist für den Historiker so wichtig wie die zwischen echten und falschen. Wo die Überlieferung dünn fließt, wie z. B. zur Biographie Shakespeares oder Dantes, wird man freilich versucht sein die zufällig erhaltenen Dokumente, und seien sie so gleichgültigen Inhalts wie die Prozeß-akten worin Shakespeares Namen vorkommt, so lange zu pressen und zu drehen, bis sie doch etwas Bezeichnendes zu ergeben scheinen. Wo die Überlieferung so überreichlich strömt wie zur Goethe-biographie ist die strenge Sichtung zwischen Wesentlichem und Unwesentlichem unabweisbare Pflicht. Wir haben nun schon aus Goethes frühester Jugend, unter vielem Belanglosen, mehrere Zeugnisse welche in kindlicher Form einige Grundeigenschaften des eigentümlich Goethischen Gepräges verraten, Ureigenschaften, noch durch keine Bildung getrübt und abgebogen, Züge die seiner angeborenen inneren Struktur angehören und die uns deshalb wertvoll sind, weil wir hier einen festen Punkt in der Nähe des Zentrums dieser Kräftekugel haben und den Weg der Ausstrahlungen und Umwandlungen von möglichst weit innen her verfolgen können.

Jene ersten Zeugnisse rühren allerdings von der zweideutigen Bettina her, aus ihrem zweideutigen Buch „Goethes Briefwechsel mit einem Kinde". Es ist ihr zuzutrauen daß sie die bewußten Anekdoten, wenn nicht symbolisch erfunden, so doch zurecht stilisiert hat. Sie will sie von Goethes Mutter gehört haben und tat jedenfalls aus ihrer Kenntnis des späteren Goethe einiges Aufschönende dazu. Aber trotzdem überschreiten die Anekdoten nicht den Bereich des Wahrscheinlichen und wir haben kein Recht sie ohne weiteres abzuweisen — sie sind als Fakta ebenso kindlich als sie Goethisch sind, und ebenso natürlich als dämonisch.. und das Zusammentreffen dieser Eigentümlichkeiten, die der schriftstellernden Bettina fehlten — sie war forciert und genialisch, schauspielerisch und überhitzt — scheinen mir ihren echten faktischen Kern zu verbürgen.

Die erste lautet: „Er spielte nicht gern mit kleinen Kindern, sie mußten denn sehr schön sein. In einer Gesellschaft fing er plötzlich an zu weinen und schrie, das schwarze Kind soll hinaus, das kann ich nicht leiden.. er hörte auch nicht auf mit Weinen, bis er nach Hause kam, wo ihn die Mutter befragte über die Unart. Er konnte sich nicht trösten über des Kindes Häßlichkeit. Damals war er drei Jahr alt."

Wenn dieser Bericht wahr ist oder Wahrheit enthält, so hätten wir hier die erste dumpfe Bezeugung von Goethes eingebornem Bildnertrieb, der sich als Schönheitssinn zunächst nur durch Reaktion äußern konnte. Es ist derselbe Zug der dem reifen Goethe alles Karikaturenwesen so unleidlich machte, daß ihm eine Verzerrung oder Verkrüppelung physische Übelkeiten bereitete, daß ihn ein Fleck oder ein Knick auf seinen Kunstblättern empören konnte. Wir haben es hier mit einer ersten Goethischen Ureigenschaft zu tun, die ihn selbst bestimmte, wie sie auf die begegnende Umwelt durch Aneignung und Ausscheidung später wirken mußte.

Eine zweite Anekdote, allerdings wesentlich mehr zugestutzt und aufgeschönt, gibt uns ein anderes Grundthema seines Lebens, über das sein Dämon später mannigfaltige Variationen spielte: „Oft sah er nach den Sternen, von denen man ihm sagte, daß sie bei seiner Geburt eingestanden haben: hier mußte die Einbildungskraft seiner Mutter oft das Unmögliche tun, um seinen Forschungen Genüge zu leisten, und so hatte er bald heraus, daß Jupiter und Venus die Regenten und Beschützer seiner Geschicke sein würden. Kein Spielwerk konnte ihn nun mehr fesseln, als das Zahlbrett seines Vaters, auf dem er mit Zahlpfennigen die Stellung der Gestirne nachmachte, wie er sie gesehen hatte; er stellte dieses Zahlbrett an sein Bett und glaubte sich dem Einfluß seiner günstigen Sterne näher gerückt. Er sagte auch oft zur Mutter sorgenvoll: die Sterne werden mich doch nicht vergessen und werden halten, was sie bei meiner Wiege versprochen haben? Da sagte die Mutter: warum willst du denn mit Gewalt den Beistand der Sterne, da wir anderen doch ohne sie fertig werden müssen? Da sagte er ganz stolz: mit dem was anderen Leuten genügt, kann ich nicht fertig werden. Damals war er sieben Jahre alt." Den ersten Teil dieser Anekdote halte ich für glatt erdichtet, im Sinne des Anfangs von Goethes Autobiographie, der ja von dem Horoskop Goethes handelt. Dagegen die Goethische Äußerung am Schluß enthält den wahren Kern um den diese ganze poetische Erzählung herumstilisiert worden ist. Es ist wahrscheinlich und mag sich so geäußert haben, daß in Goethe schon sehr früh ein dumpfes Gefühl seiner Einzigkeit und Überlegenheit sich geregt und nach Ausdruck gerungen hat. Es wird ergänzt durch prosaische und glaubwürdige Zeugnisse aus seiner frühen Jugend (wie das Gernings) wonach er immer seine Kameraden hofmeisterte, und den Schiedsrichter spielte. Wir finden hier eine zweite Goethische Ureigenschaft, die sich in seiner Leipziger Zeit, eh er die ihm gemäße Ausdrucksform gefunden hatte, als absonderliches Geckentum äußerte, in seiner Straßburger und Wetzlarer Zeit als Titanismus, in seinem Mannesalter als Olympiertum. In allen drei Formen ist das Gefühl einer einzigen Kraft wirksam die in Gegensatz gegen den gemeinen Gang der Welt geraten muß, sobald sie dieser Welt nicht formend oder herrschend antworten kann. Mit dem Schönheitssinn ist das herrschsüchtige Selbstgefühl, die Ahnung der Götterlieblingsschaft tief verwandt.

Beide kündigen in der Form, wie sie in Bettinas Bericht zuerst bezeugt werden, mehr von Goethes Charakter an als von seinem Genie. Ähnliche Berichte von frühem Selbstgefühl haben wir aus der Jugend Alexanders des Großen oder Napoleons. Aus dem stolzen Sterngucker hätte auch ein Herrscher werden können. Im Verein mit dem Schönheitssinn allerdings wird ein solches souveränes Selbstgefühl schon zum Künstlertum bedingt. Man würde leichter einen bildenden Künstler in dem Knaben prophezeit haben, wenn man (ebenfalls durch Gerning) erfährt daß er unter seinen Kameraden der fleißigste Zeichner war in der gemeinschaftlichen

Zeichenstunde. Wir wissen wie der Hang zur bildenden Kunst Goethe lange Zeit neben dem zur Dichtkunst als falsche aber mächtige Tendenz gelenkt hat. Es war sein bildnerischer Urtrieb, der in der Zeichnerei eine falsche sekundäre Form ergriffen hatte. Denn sein Bildnertum war eine Ureigenschaft, sein Zeichnen nur eine Anwendung. Sein Bildnertum gehörte zu seinem Charakter, sein Zeichnertum zu seinen Talenten. Sein Bildnertum war ein Schicksal, sein Zeichnertum ein Zufall.

Eine dritte Erzählung der Bettina bezeugt uns was die nicht zufällige, sondern notwendige Urform seines Bildnertriebs war: das Fabulieren des Kindes kündigt den künftigen Dichter an. Neben dem Schönheitssinn und dem Selbstgefühl finden wir schon sehr früh das Dichterische als eine Grundeigenschaft Goethes, als seine Grundform der Auswirkung — wie er selbst bekennt und wie es Bettina ausführt, ein Erbteil von der Mutter her. „Da saß ich und da verschlang er mich bald mit seinen großen, schwarzen Augen, und wenn das Schicksal irgend eines Lieblings nicht recht nach seinem Sinn ging, da sah ich, wie die Zornader schwoll und wie er die Tränen verbiß. Manchmal griff er ein und sagte, noch eh ich meine Wendung genommen hatte: nicht wahr, Mutter, die Prinzessin heiratet nicht den verdammten Schneider, wenn er auch den Riesen totschlägt; wenn ich nun halt machte, und die Katastrophe auf den nächsten Abend verschob, so konnte ich sicher sein, daß er bis dahin alles zurecht gerückt hatte, und so ward mir meine Einbildungskraft häufig durch die seine ersetzt."

Diese drei Stammeigenschaften Goethes, Schönheitssinn, Selbstgefühl, dichterische Phantasie sind zunächst die einzigen die wir dem nackten Kinde zuschreiben wollen auf Grund der ersten Zeugnisse. Was uns etwas später über ihn berichtet wird gibt bereits Synthesen dieses Ich mit der Umwelt, geistige und sinnliche Einwirkungen der Umwelt auf dieses angeborene Ich, und dessen entsprechende Gegenwirkungen. Freilich wird bei der Intensität und Aktivität mit welcher jene drei Grundeigenschaften bei Goethe auftreten alles Äußere sofort ein Inneres, alles Zufällige sofort Schicksal und Eigenschaft, aller fremde Stoff sofort eigner Gehalt, aller Eindruck sofort Ausdruck. So finden wir schon beim Knaben Goethe drei weitere Eigenschaften die vielleicht nicht mit ihm geboren sind, aber so früh ihm eingewachsen sind, daß wir sie jenen drei allerersten oder erstbezeugten Formen seiner Vitalität (auf das bloße Tier, den Säugling, wollen wir nicht rekurrieren) anreihen können. Es sind die ersten Abwandlungen jener Grundformen: sein Lehrtrieb, sein religiöser Hang, und seine Beobachtungslust und -gabe, die sich gleicherweise gegen sein Ich wie gegen die Umwelt richtet. Wer möchte entscheiden was hier früh erlernt und was angeboren ist? Wir können Eigenschaften immer erst wahrnehmen, wenn sie hervortreten, wenn sie aktuell werden, aber nicht immer ist der Zeitpunkt des Erscheinens identisch mit dem Zeitpunkt des Entstehens — oder vielmehr unsere Organe zur Erfassung der Wirklichkeit reichen nicht so weit wie die Wirklichkeit selber. Auch das ist übrigens ein Grund mehr, warum der Biograph eines produktiven Menschen sich vor allem an seine Produktion selber halten muß, um sein Leben zu fassen, denn es ist das Wesen des schöpferischen Werks: in einem Sinnbild das Leben voraus und rückwärts rund zur Erscheinung zu bringen, das sonst uns unterirdisch verborgen oder wenigstens gestaltlos bliebe. Aber gerade die Produktivität selbst, die nicht eine einzelne Eigenschaft, sondern das Wesen, die Seele des schöpferischen Menschen ist, woran alle einzelnen Eigenschaften sich erst offenbaren, die Trägerin der Eigenschaften, die wiederum von diesen ihre spezifische Farbe und Maserung erhält — gerade die Allbezeugerin selbst werden wir, so gewiß sie angeboren ist, immer erst verhältnismäßig spät wahrnehmen und immer erst wenn das nackte Ich bereits mit der Umwelt in einen vermischenden Kontakt geraten ist, und zwar je früher die Produktivität hervortritt, destoweniger rein und deutlich wird sie als eine angeborene Kraft des Ich hervortreten, da gerade dann sie sich noch nicht in ihrer eigensten Form und Sprache ausdrücken kann, sondern erst einmal in vorgefundenen fremden Formen, die sie nachahmt, und mit fremdem Stoff, den sie noch nicht bewältigt, der sie zudeckt und erdrückt.

Die anderen Eigenschaften können wir in ihrer Farbe und Qualität als spezifisch Goethisch auffassen: von seiner Dichtergabe wissen wir früh daß sie da war, aber erst viel später was das spezifisch Goethische daran, die Form der Goethischen Seele darin war — sie wird uns verhüllt durch die Rokokoformen deren sie sich bediente und den meist sittlich bürgerlich biblischen Stoff der ihr zunächst geboten wurde. Goethes früheste Produktion enthält also nichts woraus wir sein Urerlebnis entnehmen könnten, sondern wird völlig beherrscht und erdrückt von seinen Bildungserlebnissen. Diese eben bestanden in einer rationalisierten, behäbig verbreiterten, protestantisch bürgerlichen Bibelwelt einerseits, und in einer sittig temperierten farbigen Reise- und Märchenromantik andererseits, worin der feste und abgeschlossene Bürgergeist, in dessen Milieu der Knabe Goethe aufwuchs, dem allgemeinen Menschentrieb nach Ferne in Raum und Zeit genug tat. Goethe nennt in Dichtung und Wahrheit als Werke dieser Art welche ihm Eindruck machten Fénelons Telemach, Robinson Crusoe, dessen deutsche Nachahmung „die Insel Felsenburg", Lord Ansons Reise um die Welt.

Ward hier der kindliche Durst nach räumlicher Ferne befriedigt, so fand der Durst nach zeitlicher Ferne, nach Märchenwillkür und Märchenweite Nahrung in den noch immer lebendigen Volksbüchern aus dem ausgehenden deutschen Mittelalter, Eulenspiegel, die vier Haimonskinder, die schöne Melusine, Kaiser Oktavian, Magelone, Fortunat „mit der ganzen Sippschaft bis auf den ewigen Juden". — Es mag damals wohl auch der Doktor Faust, den Goethe selbst nicht namentlich anführt, zum erstenmal ihm begegnet sein.

Die Bibelstunden und die Lektüre solcher Märchen-, Wander- und Wunderbücher gaben also den ersten Bildungsstoff ab dessen die kindliche Produktivität sich bemächtigte. Dichtung und Wahrheit sagt uns von dem langen Roman über Josef und seine Brüder den der Knabe Goethe verfaßte und ähnlichen weitläufigen Umsetzungen von Gelesenem oder Gehörtem in Geschriebenes. Die Märchen die er erzählte und niederschrieb werden wohl kaleidoskopisch durcheinandergeworfene Variationen jener alten Volksbücher-motive gewesen sein. Die Stilform deren er sich bediente mag sich jeweils angeschlossen haben an die Muster denen er den Stoff entnahm, sei es der schnörkelhafte zugleich kindliche und umständlich altkluge Ton der damaligen Reisebeschreibungen, sei es der altertümlich trockene und zutrauliche Ton der Volksbücher. Eine stoffliche Mischung beider Motivwelten waren offenbar seine Puppenstücke, deren Charakter uns der Anfang des Urmeister am anschaulichsten übermittelt. Von seiner eigenen Prosa aus der frühesten Knabenzeit ist uns nichts erhalten. Das Märchen „Der neue Paris" ist in der Form in der es vorliegt ein Werk des alten Goethe, zu dem bestenfalls einige Kindheitsmotive als Stoff gedient haben. Die Gedichte die wir aus seinem 10. bis 16. Jahre haben zeigen eine ungemeine Geschicklichkeit in der Beherrschung der damaligen Verssprache ohne irgendeinen eignen Ton: seine Neujahrsgratulations-verse an die Großeltern sind glatte Bänkelsängerei im Stil der Gelegenheitsdichter aus der Zeit zwischen Opitz und Gottsched, da Dichten ein lernbares Handwerk war das darin bestand daß man die geläufigen Begriffe von den Gegenständen oder Gefühlen in Maß und Reim verteilte und mit faßlichen Gleichnissen aus der Natur oder der Mythologie aufputzte. Kanitz, Besser, Abschatz, die nüchternen Nachfolger der schlesischen Schwulstpoeten waren die Vorbilder dieser Art von Gelegenheitspoesie.

Das erste größere Gedicht das uns von Goethe aufbewahrt ist „Poetische Gedancken über die Höllenfahrt Jesu Christi: auf Verlangen entworfen von J. W. G." das er als Fünfzehnjähriger verfaßte und drucken ließ, ein weitläufiges Produkt, weist ebenfalls keinen eigenen Ton, keine eigene Anschauung auf, beherrscht aber vollständig und souverän die Formensprache, den Bilderschatz und die Vers-technik einer Epoche deren stärkste Formeln für das Großartige, dekorativ Feierliche, rationell Erhabene etwa Haller geprägt hatte. Ein gewisser kalt feierlicher, repräsentativer Jesuitenstil waltet darin .. trocken und innerlich leblos, aber nirgends hart und stockig — gewandt und bewegt mit virtuoser Handhabung des pompösen Faltenwurfs und einem erstaunlichen Reichtum an dekorativen Bildern zur Hervorrufung einer Anschauung die nur vorgestellt, nicht erlebt ist. Es fehlt jede eigene Gesinnung, jeder eigene Nachdruck, jeder eigene Glaube darin: es ist ein reines Virtuosenstück, und zwar eines Knaben der im erreichbar Handwerklichen seiner Kunst von keinem der anerkannten Meister des rationalistischen Zeitalters deutscher Poeterei noch etwas zu lernen hatte. Alle vers-technischen Mittel die von Opitz bis Gottsched und Gellert ausgebildet waren stehen dem Verfasser dieses Produkts zu Gebote.

Dagegen fehlt darin jede Ahnung von dem neuen Begriff der Dichtung als eines Ausdrucks innerer Erlebnisse wie er damals durch Klopstock bereits verwirklicht war. Der Ausdruck des eigentlich Goethischen Wesens darf damals noch nicht in seiner Produktion gesucht werden, denn diese enthält gerade das Ungoethische, das was er mit anderen teilt, Bildungserlebnisse, aber ebenfalls nicht spezifisch Goethische Bildungserlebnisse, sondern solche einer ganzen Rokoko-generation. Nur zweierlei ist Goethisch daran, doch das ist nicht artmäßig, sondern gradmäßig: einmal die Angeregtheit selbst, die Lust und Kraft alles Gelernte sofort nachzuahmen, alles Gelesene und Gehörte in aktive Anwendung umzusetzen, und die frühreife sprachliche Begabung womit er, dem Erleben nach noch leer und arm, die äußeren Mittel und Formen einer Kunstübung sofort beherrscht und auf jeden äußeren Gegenstand anwendet den man ihm bietet. Auf Verlangen ein Gedicht dieser Art zu entwerfen, zu dem er sichtlich keine innere Beziehung hat, beweist eine enorme geistige Wachsamkeit, Raschheit, Geschicklichkeit. Während nun allerdings Goethes Jugendproduktion vor dem Leipziger Liederbuch nur das Abgeleitete, Fremde, Zufällige seines damaligen Seins gibt, enthalten einige biographische Anekdoten sinnbildlich wesentliche, ursprünglich eigene und spezifisch Goethische Züge seines Wesens und beantworten uns vernehmlicher die Frage nicht nur nach seinen Ureigenschaften, sondern auch nach bestimmten Urerlebnissen, die in typischer Form, als in der Struktur seines Ich schon begründet, durch sein ganzes Leben immer wiederkehren.

Wir wenden uns nach dem Vorblick auf die frühesten, gleichsam ungoethischen Arbeiten Goethes zurück zu den frühesten Zeugnissen derjenigen Eigenschaften welche wesentliche Merkmale seines Charakters und Voraussetzungen der eigentlich Goethischen Produktion sind: nach dem Schönheitssinn, dem Selbstgefühl und der Fabulierlust erfahren wir seinen Lehrtrieb, seine Frömmigkeit und seine Beobachtungsgabe.

Das früheste Zeugnis für seinen Lehrtrieb gibt ebenfalls Bettina, und es ist kein Grund diesmal ihre Erzählung anzuzweifeln, da Goethes früheste Korrespondenz, die mit seiner Schwester, schon einen eingefleischt pädagogischen Charakter trägt und auf eine pädagogische Neigung und Übung hindeutet.

Bettinas Bericht lautet: „Sonderbar fiel es der Mutter auf daß er beim Tod seines jüngeren Bruders Jakob, der sein Spielkamerad war, keine Träne vergoß, er schien vielmehr eine Art Ärger über die Klagen der Eltern und Geschwister zu haben; da die Mutter nun später den Trotzigen fragte, ob er den Bruder nicht lieb gehabt habe, lief er in seine Kammer, brachte unter dem Bett hervor eine Menge Papiere, die mit Lektionen und Geschichten beschrieben waren, er sagte ihr, daß er dies alles gemacht habe, um es den Bruder zu lehren."

Der pädagogische Trieb der sich in dieser Geschichte ausspricht ist eine der Grundanlagen Goethes: von den ebenerwähnten Leipziger Studentenbriefen an seine Schwester bis zu den Gesprächen mit Eckermann ist Goethes Verkehr mit den Menschen, mit seinen Nächsten oder mit dem Publikum, getragen von einem mannigfach abgestuften Willen zu bilden, zu klären, zu erziehen — und zwar auf eine andere Weise als es je ein früherer oder späterer Praeceptor Germaniae geübt hat. Das Unterscheidende seines pädagogischen Verfahrens liegt darin daß er in jedem Gegenüber mit beinahe pflanzenhaft feinem Instinkt der Verantwortlichkeit den Keim von Bildungsmöglichkeiten spürte an den er seinen eigenen erzieherischen Trieb einsetzte. Denn dieser ist nur eine weitere Form seines Bildnertriebes selber, ein Übergreifen seiner heimlich bildenden Gewalt auf andere .. und wie Goethe der erste Deutsche ist bei dem man von bewußter Selbstentwicklung reden kann, als von einem Selbsterziehungsprozeß der an sich bewußt tut was die Pflanze unbewußt tut, so ist er der erste der in der Erziehung fremder Menschen, instinktiv und bewußt, einen organischen Bildungsprozeß gesehen und gefördert hat.

Weil sein Erziehertum mit seinem bildnerischen Trieb so tief verwandt ist, dürfen wir die frühe Regung dieses Erziehertums nicht nur auf Nachahmung sondern auf Naturell zurückführen. Denn freilich muß man sich bei allen kindlichen Äußerungen fragen ob sie nur erste Jugendeindrücke sofort nachahmerisch anwenden, oder ob ein Urtrieb aus ihrem Tun spricht. Daß der Knabe Goethe so früh erzieherische Neigungen entwickelte, könnte etwa zurückgehen auf das Beispiel seines Vaters, unter dessen pedantischer Erziehungslust die Goethische Familie zu leiden hatte. Goethes erzieherische Grundanlage ist nicht eine primär didaktische. Das Erziehertum ist etwas viel Umfassenderes als das Lehrertum: das letztere hat nur dem Geist Kenntnisse zu vermitteln oder Fähigkeiten beizubringen, und ist eine Technik, ein Weg von außen nach innen, eine Methode, gegebenen Stoff zuzubereiten, einzuteilen, nahrhaft zu machen. Der Stoff ist das Gegebene, dann kommt erst der Mensch. Der Erzieher hat es mit dem ganzen Menschen zu tun, sein Gegebenes sind menschliche Anlagen, sein Weg ist der von innen nach außen — der Erziehertrieb, d. h. der auf Menschen übergreifende Bildnertrieb, ist unabhängig davon ob er gerade Gegenstände findet woran er sich erproben kann .. er ist dem erzieherischen oder vorbildlichen Menschen so selbstverständlich wie die Wärme der Sonne, auch die Wärme hat nicht den Zweck Pflanzenwuchs zu fördern, aber sie tut es, wenn Pflanzen da sind. So ist auch Goethes Erziehertum nicht auf Anlässe aus, um sich zu betätigen und zu erproben: er wäre ein großer Erzieher gewesen auch ohne Anlässe — das Bilden war ein beinahe vegetabiler Trieb seiner Natur, nur ein Trieb mit Bewußtsein und Technik. Er gehörte zu seinem Stil, er ist eine Ausstrahlung seiner Lebendigkeit selbst.

Die Fähigkeit des Lehrens besaß er auch, aber das ist kein Urtrieb, keine angeborene Eigenschaft, sondern eine erlernte Fertigkeit die er zu bestimmten Zwecken beherrschen mußte und meisterhaft beherrschte, wie alles was er anfing. Lehren konnte er, Erzieher, Bildner war er.

Als Zeugnis für Goethes Frömmigkeit könnte man schon Bettinas Anekdote von Goethes Sternguckerei deuten: doch deren Hauptgrund war das Selbstgefühl, nicht die Ehrfurcht. Goethe kümmerte sich um die Sterne, weil sie eine besondere Beziehung auf ihn selbst zu haben schienen, nicht um eines Schauers willen den die Sterne an sich ihm einflößten. Die menschliche Uranlage welche allem Kult und allem Mythus zugrunde liegt ist aber die Ehrfurcht vor etwas von dem wir schlechthin abhängig sind, dem wir nur durch unsere Hingabe und Dienste uns nähern können, etwas das nicht um unsertwillen da ist, sondern umgekehrt.

   In unsres Busens Reine wogt ein Streben
   Sich einem Höhern, Reinern, Unbekannten
   Aus Dankbarkeit freiwillig hinzugeben.

Diese Verse des vierundsiebzigjährigen Goethe bezeichnen die seelische Grundanlage welche den Menschen zur Anbetung führt, und in Wilhelm

Meisters Wanderjahren spricht er von den drei Stufen der Ehrfurcht, der Ehrfurcht vor dem über uns, vor dem unter uns, und vor uns selbst. Welcher Religion man zuneigt, ob mehr heidnischer oder christlicher (um die zwei Grundformen religiösen Verhaltens zu nennen) ob mehr magischer oder mystischer — das hängt hauptsächlich davon ab welche von jenen drei Arten der Ehrfurcht in uns überwiegt. Ehrfurcht ist angeboren, sie läßt sich nicht lernen, aber sie kann, als ein im höchsten Sinn Geistiges, erst durch Erziehung ihre Richtung und ihren Gegenstand und somit ihre Äußerung empfangen. Goethe war einer der frömmsten Menschen, und zwar im heidnischen Sinne fromm: der Ausgangspunkt und die Mitte seiner Frömmigkeit, welche all seine anderen Verehrungen bestimmte, war die Ehrfurcht vor sich selbst, die er in den Wanderjahren als die oberste und umfassendste Art der Ehrfurcht pries. Das heißt: er nahm sein eigen Dasein und Wesen hin als eine Form und Wirkung der göttlichen alldurchdringenden Kraft. Der fromme Christ, wenigstens im Paulinischen, Augustinischen, Lutherischen Sinn, geht aus von der Ehrfurcht vor dem über uns, und hat primär nicht Ehrfurcht, sondern Ekel vor sich selbst, er empfängt ein Gefühl der Ehrfurcht vor sich selbst erst auf dem Umweg über das Gefühl Gottes Geschöpf zu sein, nicht, wie der Heide fühlt, Gottes Ausdruck, Gottes Träger und Form zu sein.

Nicht seine Liebe zum heidnischen Altertum machte Goethe zum Heiden, sondern diese Liebe ist die natürliche Folge seiner urheidnischen Naturanlage, welche sich freilich in den Formen der antiken Religiosität heimischer fühlen mußte als in den christlichen. Die Welt selbst, den Menschen, die sinnliche Erscheinung, den Leib als göttliche Urformen zu erleben und zu verehren, das war Goethe angeboren — nicht: die sinnliche Welt und das Menschliche für ein irdisches Jammertal zu halten, welches erst Würde und Wert empfängt dadurch daß es von Gott geschaffen und erlöst wurde.

Konnte sich aber diese heidnische Form der Religion schon beim Knaben Goethe äußern? denn das Selbstgefühl ist nicht identisch mit der Ehrfurcht vor sich selbst . Selbstgefühl heißt daß man sich stark, wertvoll, tüchtig fühlt, sei es mit Hinblick auf sein Tun und Können, sei es im Vergleich zu anderen Geschöpfen. Ehrfurcht vor sich selbst heißt daß man in sich ein Göttliches spürt, etwas gerade das nicht in unserer Gewalt steht, etwas das nicht Ich bin, sondern das Ich ist, etwas Überpersönliches Unerforschliches Undurchdringbares Unbewirkbares, das gleichwohl mit dem Ich gegeben ist. Im heidnischen Altertum fanden schon die Kinder Formen vor, diese Ehrfurcht vor sich selbst auszuüben, zu bezeugen: antike Kinder wurden erzogen im Glauben an die Heiligkeit, an die Göttlichkeit

ANFÄNGE 41

des Leibes. Der junge Goethe, geboren in einem christlichen Haus und christlich, wenigstens mit der Bibel, erzogen, nur mit der Ehrfurcht vor dem dreieinigen Gott, dem Schöpfer Himmels und der Erden, konnte als Knabe also seine religiöse Uranlage, die heidnische Ehrfurcht vor sich selbst noch nicht betätigen, die sein ganzes Leben durchdringt von dem Augenblick ab da seine Frömmigkeit durch die ihn umgebenden Bildungs- und Erziehungsschichten zu sich selber durchgedrungen war, von der Straßburger Zeit ab. Wenn die heidnische Frömmigkeit eine Uranlage Goethes war, wie wird sie sich beim Knaben äußern, da sie nur christliche Formen vorfindet? nur Bibel, Predigt und protestantischen Gottesdienst. Bezeichnend genug auf eine magische, d. h. auf eine relativ heidnische Weise. Der heidnisch religiöse Instinkt des Knaben Goethe ergriff sofort die einzige Möglichkeit sich seinem Gott zu nähern, indem er sich einen sinnlich magischen Kult einrichtete nach katholischem Muster, und zwar nicht um die katholische Kirche nachzuahmen, nicht aus einem primären Vergnügen am sinnlichen Pomp, den man ja wohl auch bei einem lebhaften Knaben voraussetzen dürfte, sondern aus einer ahnungsvollen, heidnisch kindlichen Frömmigkeit heraus, welche Gott nur unter sinnlichen Formen anbeten kann.

So ist die kindliche Kulthandlung zu erklären von der Goethe am Schluß des ersten Buchs von Dichtung und Wahrheit berichtet. Zweierlei ist hier für Goethe wesentlich und das erstemal deutlich angekündigt:

1. sein Trieb zur Anbetung, zur Ehrfurcht überhaupt und zwar in einer, soweit es seine damaligen Umgebungen zuließen, möglichst heidnisch sinnlich sich äußernden Form,

2. sein Drang, Gefühle und Triebe sofort zu betätigen, seine Eindrücke in sinnlichen Ausdruck umzusetzen.

Seine schon sehr eigenartige und spezifische Frömmigkeit in Produktivität, d.h. in Gebilde oder Rede umzusetzen fehlte ihm damals jede Möglichkeit, so setzte er sie in Aktivität um. Den Mythus für seinen Kinderglauben bot ihm ja die Bibel fertig und deutlich, so erschuf und ersann er sich eine eigne Magie dazu. Wo es ihm nicht gegeben war sich in Bildern auszudrücken drückte er sich in Bräuchen aus, wo er nicht durch die Gestalt reden konnte redete er durch den Akt. Goethes Religiosität hat sich freilich später, nachdem sie frei zu ihren eignen Ausdrucksmöglichkeiten durchgedrungen war, nur mythisch, nicht magisch, d. h. durch Bild, nicht durch Brauch, durch Anschauung der Gottheit, nicht durch Einwirkung auf die Gottheit betätigt. Nur als Knabe, da er keinen heidnischen Mythus, sondern nur heidnische Magie zur Äußerung seiner Frömmigkeit vorfand, betätigte sich notgedrungen sein heidnischer Gehalt auf magische Weise, in magischer Form. Später war ihm das Magische, als Vergewaltigung, als Forcierung der Gottheit sogar zuwider, wie er ja im Schlußsatz jener Erzählung seines ersten Opfers andeutet: „Fast möchte man diesen Zufall als eine Warnung betrachten, wie gefährlich es überhaupt sei sich Gott auf dergleichen Wegen nähern zu wollen", d. h. auf magischen Wegen. Daß Goethe auch in der Religion sich mythisch, und nicht magisch verhielt entspricht nur dem Gesamtcharakter seiner Lebensäußerungen: er war ein produktiver, kein aktiver Mensch, ein Mensch des Werks, nicht der Tat. So war ihm auch in der Religion das Bild Gottes wichtiger als die Aktion wodurch der Mensch zu Gott gelangt.

Eine letzte Ureigenschaft, die allerdings auch noch nicht am Säugling aktuell hervortreten kann, obwohl sie potentiell vorhanden sein muß, ist Goethes Selbstbeobachtungsgabe. Goethe selbst hat sie als einen wesentlichen Zug seines Charakters in Dichtung und Wahrheit bezeichnet und bei einem bedeutenden Anlaß festgehalten. Sie ist denn auch weit seltsamer und weniger zu vermuten gerade bei einem lebhaften und geweckten Kind als die nach außen gewandte Schaulust. Denn die Fähigkeit die Außenwelt zu beobachten ist wohl bei Kindern überhaupt (nicht nur bei genialen) größer und tiefer als bei durchschnittlichen Erwachsenen, weil für Kinder alles neu und erstaunlich ist, für Erwachsene nicht mehr, und das Staunen ist die Mutter der Beobachtung. Wenn auch Goethe schon als Knabe mehr, schärfer und tiefer sah als die meisten Gefährten, so mag dies doch nicht ohne weiteres als eine spezifische, ihn von vornherein unterscheidende Eigenschaft angesprochen werden. Auch haben wir von Goethes spezifischer Beobachtungskraft und Sehart erst zu reden, wenn sie sich in seiner Produktion bezeugt — denn wir haben aus seiner Knabenzeit kein unmittelbares Zeugnis dafür, wohl aber für seine Selbstbeobachtung. Diese setzt übrigens die Aufmerksamkeit auf das Fremde voraus, weil sie zunächst auf dem Vergleichen beruht. Goethe erzählt: „Wir Knaben hatten eine sonntägliche Zusammenkunft wo jeder von ihm selbst verfertigte Verse produzieren sollte, und hier begegnete mir etwas Wunderbares, was mich sehr lange in Unruh setzte. Meine Gedichte, wie sie auch sein mochten, mußte ich immer für die besseren halten. Allein ich bemerkte bald, daß meine Mitwerber, welche sehr lahme Dinge vorbrachten, in dem gleichen Falle waren und sich nicht weniger dünkten, ja was mir noch bedenklicher schien, ein guter obgleich zu solchen Arbeiten völlig unfähiger Knabe, der seine Reime sich vom Hofmeister machen ließ, hielt diese nicht allein für die allerbesten, sondern war völlig überzeugt, er habe sie selbst gemacht. Da ich nun solchen Irrtum und Wahnsinn offenbar vor mir sah, fiel es mir eines Tages aufs Herz, ob ich mich vielleicht selbst in dem Falle befände, ob nicht jene Gedichte wirklich besser seien als die meinigen und ob ich nicht mit Recht jenen Knaben ebenso toll als sie mir vorkommen möchte. Dies beunruhigte mich sehr und lange Zeit: denn es war mir durchaus unmöglich, ein äußeres Kennzeichen der Wahrheit zu finden."

Folgendes erscheint nun an diesem Bericht der Vorklang zu Goethes späteren Erlebnissen und Verhaltungsarten. Zunächst: der Ausgangspunkt seiner Selbstbeobachtung. Die Aufmerksamkeit auf das Verhalten anderer weist ihn auf sich zurück: seine Selbstbeobachtung geht nicht hervor aus innerer Unbefriedigung, Hypochondrie, Selbstzerlegung, sondern aus dem Kontakt mit der Umwelt. Er hält sich mit dem natürlichen Kraftgefühl des reichbegabten Knaben für den Besten, für den Geschicktesten, aber er kehrt sich nicht selbstspiegelnd nach innen, weil er sein Tun und Lassen als das einzig Wichtige empfände, sondern er rikochettiert an anderen auf sich selbst, er wacht zu sich selbst auf durch das Sehen, nicht durch das Grübeln.

Goethes Psychologie, deren Anfänge wir in diesem Bericht besitzen, geht nicht von dem bodenlosen Abgrund des Subjekts aus, sie ist nicht analytisch sondern synthetisch und sie hat immer die Anschauung zur Basis, nicht den Begriff und nicht das Gefühl. Vergleichen wir etwa Augustins, Luthers, Rousseaus, all der Romantiker psychologische Selbstzeugnisse mit dieser Goethischen Selbstbeobachtung! Sie alle halten den Blick stier auf einen Punkt des Innern gerichtet, der ihnen aus äußeren oder inneren Gründen verletzt ist, der weh tut. Sie lernen von sich aus die Seelen anderer zerlegen oder richten, oder sie nehmen die anderen als Sonde, um damit in ihren eigenen Wunden zu bohren: alle christliche, protestantische, rationalistische, psychologistische Selbstbeobachtung zeigt in mannigfachen Nüancen diese Herkunft. Es hängt mit Goethes angebornem Heidentum zusammen, daß für ihn die eigne Seele nichts Subjektives, sondern etwas Objektives war, deren Verhalten und Bedingungen er an dem Verhalten und den Bedingungen außer ihm liegender Wesen messen wollte. Somit haben wir hier ein erstes Beispiel der vielberedeten und viel mißverstandenen Goethischen Objektivität — ein Wort das einen doppelten Sinn hat: ästhetisch genommen heißt es Gegenständlichkeit, moralisch genommen heißt es Gerechtigkeit. Daß es nur zwei Seiten derselben Sache sind beweist eben dieser Bericht aus Dichtung und Wahrheit, und wir haben auch ein deutsches Wort dafür, welches zugleich das ästhetische und moralische Wesen dieser Eigenschaft ausdrückt: Sachlichkeit. Indem der Knabe Goethe das was er erlebte zugleich sah, als lebte es ein andrer, indem er schon als Kind sein Subjekt zum Objekt, seinen Zustand zum Gegenstand seiner Betrachtung machte — und zwar mit Hilfe der Außenwelt, die er nur als Gegenstand, nur als Objekt, nur als Gelebtes, nicht als Erlebtes kannte — war er zugleich moralisch objektiv, d. h. gerecht gegen sich selbst, er war Richter über sich selbst, wie er es gegen einen anderen gewesen wäre, er suchte die Bevorzugungen und Trübungen der Eigenliebe auszuscheiden und sich zu werten wie er einen Gleichgültigen gewertet hätte, und er war ästhetisch objektiv, d. h. klar und deutlich gegen sich selbst, er wollte sich anschauen, als stünde er sich gegenüber von außen, mit dem eignen Auge sich rund umfassend. Dies ist bei einem lebhaften und eigensinnigen Kind eine fast unerhörte Helligkeit. Es ist kein Zufall, wenn der Knabe der so schon gegen sich selbst die Augen aufmachte nachher der gerechteste Mann geworden ist, der gerechteste auch gegen sich. Denn was unterscheidet Goethes Gerechtigkeit von der der Weltbeglücker, welche alles verstehen und alles verzeihen wollen, seine Klarheit über sich selbst von der der Hypochonder und Selbstbeobachter und ichsuchenden Seelenanalytiker? Jene Allerweltsversteher sind tolerant aus einem geheimen Gefühl der eignen Nichtigkeit und aus einer Ahnung daß sie selbst der Toleranz bedürfen, um zu existieren. Sie haben keinen eignen Standpunkt, sondern nehmen den ihres jeweiligen Gegenüber an, d. h. sie versuchen aus deren Ich heraus zu erleben, mit deren Gedanken zu denken, mit deren Maß zu messen: sie kriechen in das Fremde hinein, und meinen es zu verstehen und zu würdigen, wenn sie ihr eigenes Ich aufheben. Sie verwechseln Objektivität mit Relativismus, Sachlichkeit mit Unpersönlichkeit, Gerechtigkeit mit Urteils-enthaltung: kurz, da ihre Gerechtigkeit die Abwesenheit eines Maßstabs bedeutet, so ist sie ein rein negativer Begriff. Die Goethische Gerechtigkeit besteht aber nicht darin daß er sich ausschaltet, sondern als ein Gegebenes hinnimmt und als ein Gegebenes sieht mit seinen Umrissen und Grenzen. Von diesem unerschütterlich gegebenen Ich aus mißt er die Welt, nur daß er dies Ich nicht, wie die meisten Menschen, als ein außerweltlich Willkürliches, sondern als ein Gesetzliches, Verantwortliches und Welthaftes behandelt — als etwas das er nicht nur hat, sondern das er erstens ist und das zweitens Er ist. Nochmals: er sprach zu seinem Selbst nicht nur »das bin ich« sondern auch »das ist Ich.«

Und das unterscheidet seine Klarheit über sich selbst von der der Subjektivisten und Hypochonder. Diese kommen nie dazu, ihr Wesen unter anderen Wesen als ein rundes Ganzes zu sehen, sondern sie verwandeln eher das ganze objektive All in einen Spiegel, in Material ihres ruhelos bewegten Subjekts als daß sie in einem Spiegel sich als Bild, als objektives Dasein erkennten.. und vor allem, sie wühlen immer nach innen, während

Goethe bestrebt war sich nach außen darzustellen, vor sich selbst und vor anderen.

Ich fasse zusammen welche Eigenschaften Goethes wir auf Grund frühester Bezeugungen als angeboren, wesentlich und spezifisch aufstellen konnten: den Schönheitssinn, das Selbstgefühl, den Fabuliertrieb, den pädagogischen Trieb, die religiöse Anlage, die Selbstbeobachtung. Damit ist nicht gesagt daß dies die einzigen Uranlagen Goethes waren, es sind nur die welche sich am frühesten als solche bezeugen, die wir am frühesten als solche fassen können. Und zwar sind sie nicht nur bezeugt als vorhanden, es wird uns nicht nur gesagt daß sie da waren, sondern wir haben dafür sinnliche Anschauung, Goethische Gebärden, Haltungen, Handlungen. Und darauf kommt es an: ich werde von jeder Goethischen Anlage die uns im Verlauf seines Lebens begegnet immer erst dann zu reden haben, wenn sie als Wirkung, d. h. bei Goethe: als Produktion oder Handlung hervortritt.. der bloße Bericht dritter, ja Goethes selbst, daß er so und so gewesen sei, daß das und das auf ihn gewirkt habe, geht uns immer erst an, wenn wir in einer bezeichnenden Handlung, Äußerung oder Leistung die Wirkung oder Eigenschaft, deren Vorhandensein uns bezeugt wird, als Wirkung oder Eigenschaft sinnbildlich wahrnehmen. Nichts was in Goethe war, was als in ihm vorhanden oder wirksam bezeugt wird, ist verloren gegangen, nichts ist unfruchtbar oder form- und ausdruckslos geblieben: früher oder später tritt es als Werk oder wenigstens als Äußerung an ihm selbst hervor. Wir haben daher nirgends nötig uns mit Zeugnissen über Goethe zu begnügen, überall können wir auf Zeugnisse von Goethe selbst zurückgehen. Was später bezeugt wird, oder später in Werk und Geste Goethes seinen Ausdruck findet, muß deswegen nicht notwendig sekundärer sein. Das Zeitlich-spätere muß nicht das Seelisch-abgeleitetere sein. Das Naturgefühl Goethes tritt erst in seinem 17. Jahr hervor und ist sicher eine seiner primärsten Kräfte. Der Zeitpunkt der eine potentielle Fähigkeit aktuell macht ist Sache des Schicksals: an den Leistungen selbst, nicht an den Umständen ihres Hervortretens ist zu erkennen, ob sie ursprünglich oder abgeleitet, ob sie angeboren oder erworben, Original oder Nachahmung sind. Shakespeare schreibt erst mit etwa 25 Jahren Dramen, aber man wird sein dramatisches Genie nicht abgeleitet nennen können, es ist keine erworbene, es ist eine angeborne Eigenschaft.

Im Leben der schöpferischen Menschen geht erst das Geschaffene, Gestaltgewordene, sinnlich Wirksame, sinnbildlich Deutliche und Deutbare uns etwas an. Dies ist der Grund warum man bei dem Knaben Goethe wohl schon von Ureigenschaften reden darf, aber nicht von Urerlebnissen:

denn von Urlebnissen, von primären Erschütterungen seiner Kinderseele hören wir wohl, auch mit näheren Umständen, aber wir sehen weder in einer bezeichnenden Handlung noch in der Produktion etwas davon. Dahin gehört der erste Eindruck den der Tod auf den Knaben gemacht haben muß, als er ihm im eignen Haus entgegentrat und ihm Geschwister raubte. Wir können wohl nach Analogie eigner Kindheitserlebnisse etwas von jenem Urschauer ahnen, aber wie er sich in Goethes Kinderseele vollzog das ist für uns transzendent, denn es ist uns wohl bezeugt daß, aber es hat sich nicht bezeugt wie es war. Wollen wir wissen was der Tod als Urerlebnis für Goethe bedeutet, so haben wir kein früheres sinnbildliches Zeugnis als im Prometheus-drama des Vierundzwanzigjährigen:

    Wenn aus dem innerst tiefsten Grunde
    Du ganz erschüttert alles fühlst ...

Das ist freilich nicht das Urerlebnis einer Kinderseele, und es ist mehr der Schauer des Sterbens als der des Todes darin ausgedrückt: aber trotzdem sind hier noch alle Kindheits-todesschauer mitaufbewahrt und in diese Rhapsodie hineinergossen.

Ein zweites Urerlebnis des Kindes Goethe war der Eindruck den das Erdbeben von Lissabon auf ihn machte. Aber auch davon haben wir nur Bericht, keinen Ausdruck. Seine Nachwirkung mag eingegangen sein in die religiösen Schauer der unbedingten Allmacht Gottes und der Ohnmacht des Menschen gegenüber dem Verhängnis. Goethe selber schildert als Greis den Eindruck durch den nach seinem eignen Zeugnis „die Gemütsruhe des Knaben zum erstenmal im tiefsten erschüttert wurde". Das Gefühl das uns in Dichtung und Wahrheit nur berichtet, ja nur angedeutet wird, hat einen unmittelbaren Ausdruck in Goethes Produktion allerdings nicht gefunden. Denn nichts lag ihm ferner als mit der Gottheit oder dem Verhängnis zu hadern und zu rechten: es war in ihm bei allem Titanismus, der den Göttern trotzte im Stolz auf die eigne Kraft, kein zähnefletschender Byronismus, wie er die Götter bekämpft aus Negation, aus Unzufriedenheit mit der Weltregierung. Der Prometheus-trotz, der sich den Göttern gegenüber behauptet, schließt keine Kritik der Weltordnung ein, er ist nicht offensiv, sondern defensiv. Und selbst im Grübeln des Faust ist wohl ein Zweifel am Sinn seines Lebens, aber kein Zweifel am Sinn der objektiven Welt, ja Faust leidet gerade daran daß er diesem Sinn der Welt, den er fühlt und in sich selbst darstellen möchte, mit seiner Unzulänglichkeit nicht genügen kann. Auch in dem allumfassenden Faust sehen wir keine Nachwirkung jenes ersten Schauers: des Zweifels.

So war dies wohl ein starkes, aber kein nachhaltiges, vor allem kein Goethes Struktur formierendes Urerlebnis, es sei denn daß man darauf Goethes Nachdenken über die Gottheit als auf den ersten Anstoß zurückführen wollte. Aber das ist fast noch mehr gewagt als es müßig ist. Denn was jenes Ereignis in Schwingung setzen konnte nach Goethes eignem Bericht, war das Nachdenken über Sinn und Gerechtigkeit der göttlichen Weltordnung und gerade in dieser Richtung hat sich Goethes Denken niemals bewegt: von abstrakt moralisch teleologischen Spekulationen hielt er sich sein Lebtag fern. Des Weltalls heilige Rätsel zu ergründen, das hieß für ihn die Kräfte begreifen die sich in den Erscheinungen, Geschehnissen, und Zuständen selbst offenbarten und auswirkten. Was aber konnte diesem Streben entgegengesetzter sein als der Versuch hinter die Erscheinungen zu spähen, um ihren Zweck zu entdecken? Weder die Gründe noch die Zwecke, d. h. die menschlichen Erklärungsmittel, lagen Goethe am Herzen, sondern die Phänomene selbst, d. h. die göttlichen Formen und Kräfte, und die stete Metamorphose und Wechselwirkung beider.

So wenig wie vom ersten Zweifel läßt eine charakterformende Nachwirkung sich nachweisen von dem berühmtesten Urerlebnis des Knaben Goethe, seiner ersten Liebe, zu dem Frankfurter Gretchen.

Auch dies haben wir nur als Bericht, nicht als Ausdruck, wenngleich der Bericht darüber eine der zartesten Idyllen in Dichtung und Wahrheit ist. Doch in Dichtung und Wahrheit ist die Geschichte von Goethes erotischem Erwachen der Stoff, nicht der Gehalt der Erzählung (wie man denn überhaupt, wenn man Goethes Autobiographie als Quelle benutzt, ihr gegenüber leicht in den Fehler verfällt, ihren Stoff mit ihrem Gehalt zu verwechseln: ihr Stoff ist die Wechselwirkung zwischen einem genialen Jüngling und den kulturellen Kräften und Zuständen des ausgehenden Rokoko in Deutschland. Ihr Gehalt ist das Weltgefühl eines alten allüberschauenden Weisen, dem alles Vergängliche, d. h. auch sein eigenes Vergangene, nur ein Gleichnis wird.. und alles was der junge Goethe als Urerlebnis durchmachte ist für den alten Goethe ein Bildungserlebnis – so daß bei diesem Werk beinah das Umgekehrte statthat wie bei seinen anderen symbolischen Werken: er stellt hier ein Bildungserlebnis, die Erinnerung an seine Jugend, dar am Stoff eines Urerlebnisses, eben dieser Jugend selbst.) Gerade darum ist seine Schilderung des Gretchen-erlebnisses in Dichtung und Wahrheit nicht der Ausdruck dieses Erlebnisses, sondern der Ausdruck der Erinnerung daran . Einen dichterischen unmittelbaren Ausdruck besitzen wir davon nicht, wie etwa beim Werther. In diesem Fall wird uns der Unterschied klar zwischen dem unmittelbaren Ausdruck des Schauers, und der spiegelnden Erinnerung an den vergangenen. Denn die Wetzlarer Liebe besitzen wir als Ausdruck, im Werther, und als Bericht, in Dichtung und Wahrheit. Die Gedichte die der Knabe an oder für seine erste Geliebte machte sind uns verloren: sie würden uns, mehr noch als die ersten Leipziger Lieder, zeigen daß sein Erlebnis noch nicht zu eigner Ausdrucksform gelangt war, sondern sich in den starr gewordnen, von der damaligen Bildung überlieferten Formeln verfing: d. h. sein erstes Liebeserlebnis war entweder noch nicht stark genug um die Konventionen der Bildung zu sprengen innerhalb deren es vorging, oder es war noch nicht eigen, noch nicht spezifisch, noch nicht Goethisch genug um eines eigenen Ausdrucks zu bedürfen. Es war ein typisches Knabenerlebnis, noch kein Goethisches.

Gerade weil die Liebe, und zwar die dichterisch bildnerische Liebe, das tiefste und innerste Feuer Goethes ist, so braucht es länger, um in seiner Reinheit durchzuschlagen, um durch die vorgelagerten, d. h. den Einwirkungen der Umwelt näheren, zugänglicheren Schichten hindurchzudringen. Dies Herz redet später seine eigne Sprache als die Haut, die Sinne sind rascher geweckt als die Seele. Und andererseits wird am raschsten und leichtesten von der Umwelt geschmeidigt, beeinflußt, gebildet, erregt, gefärbt was ihr am nächsten ist, nämlich das Oberflächlichste, Vorderste. Der Durchbruch des Herzens zur eignen Sprache, oder die Durchdringung eines Wesens mit dem Zentralfeuer kann allmählich vor sich gehen oder explosiv, als Entwicklung oder als Krise.. die Lockerung und Schmeidigung eines Wesens kann erfolgen von den Sinnen her, von außen nach innen durch immer weiteres Eindringen einer umformenden Außenwelt, oder durch immer weiteres, sei es plötzliches, sei es allmähliches Vordringen des Zentralfeuers, von innen nach außen.

Beim jungen Goethe begegnen sich ein von außen hereinwirkender Bildungsprozeß durch die damalige Rokokowelt und ein von innen herauswirkender Lebensdrang titanischer, erotischer, religiöser Kräfte. Beide Prozesse stören und queren sich bei ihm nicht, vielmehr arbeiten sie sich wie nach einem festen Plan in die Hände, wie die Arbeiter von zwei Enden her einen Tunnel bohren und in der Mitte genau zusammentreffen. Die Durchschlagsstelle ist bei Goethe erst Straßburg.

Von dem Prozeß der von innen nach außen wirkt wissen wir bis zur Straßburger Zeit wohl, aber wir sehen ihn nicht, denn er geht in einem verschlossenen Innern vor sich und ist noch nicht nach außen getreten: das Urerlebnis hat noch nicht seine eigene Sprache, d. h. dichterische Offenbarung gefunden. Den Prozeß dagegen der von außen nach innen wirkt können wir verfolgen: denn er wirkt ja von der Oberfläche her.

Zur Zeit seiner Frankfurter Liebschaft gab Goethen ein Gott zu sagen was er leidet, aber noch nicht zu leiden was seines Sagens allein bedurfte und würdig war. Schon besaß er einen eignen Lebensstoff, aber noch nicht die eigne Lebenskraft, ihn Goethisch zu gestalten. Wir haben auch Goethes Liebe erst dort zu fassen wo er fähig ist aus den fremden Formen der Galanterie die das Rokoko ihm bot herauszubrechen, und als eine neue Liebesdichtung das alte Liebesgeheimnis zu offenbaren. Solange bleibt uns das Frankfurter Gretchen nur der Stoff zu einem Idyll aus Dichtung und Wahrheit .. der Bericht über diese Liebe sagt ja uns immer nur wie der alte Goethe sie gesehen hat, nicht wie sie war, und in Goethes Wesen mag sie nur wirksam gewesen sein als ein lockerndes nicht als ein gestaltendes Ereignis.

ERSTE BILDUNGSMÄCHTE

ZWISCHEN Urerlebnissen, d. h. den Erschütterungen denen der Mensch kraft seiner inneren Struktur ausgesetzt ist, und Bildungserlebnissen, d. h. den geistig geschichtlichen Einflüssen und Begegnissen, schon geformten Anschauungen aus Kunst, Wissenschaft, Religion, waltet noch eine Reihe langsam und heimlich bildender Mächte, die man nicht als Urerlebnis bezeichnen kann, denn sie sind nicht durch die Wesensart des Menschen gegeben, und doch nicht als Bildungserlebnis, denn sie sind nichts Geformtes, nichts eigentlich Geistiges. Der Beginn und das Ende ihrer Einwirkung kann nicht bestimmt, die Tragweite ihrer Einwirkung nicht abgegrenzt werden, weil sie nicht unmittelbar in Gestaltung umgesetzt sind sondern erst allmählich ihre Kraft erproben. Als Zustände, nicht als Ereignisse, wirken Haus, Familie, Stadt, Landschaft, Volk, samt ihrem geistig-sinnlichen Inventar, kurz, das sogenannte „Milieu", das man oft fast für den ausschlaggebenden, den allmächtigen Faktor bei der Gestaltung eines Menschen hielt. In der Tat, je tiefer ein Mensch steht, desto mehr wird er gerade von diesen Faktoren bestimmt, je schöpferischer er ist, desto mehr bedingt er selbst sie. Desto mehr benutzt er sie, wenn er ein Täter ist, desto mehr verwandelt er sie sich an, wenn er ein Künstler ist.

Auch Goethes Milieu ist uns vertraut durch den Bericht in Dichtung und Wahrheit, d. h. also, weil er es zum Stoff seiner dichterischen Erzählung gemacht hat. Das Haus mit dem Geräms, Vater, Mutter, Verwandte und Bekannte, den Geruch der alten Reichsstadt mit ihren Gebäuden, Winkeln, Gassen, Fleischbänken, Brücken, die bauliche und gewerbliche, historische und landschaftliche Luft hat der alte Goethe uns vermittelt in seiner Erinnerung. Auch hier ist die Frage was von dieser Atmosphäre des Goethischen Hauses und des alten Frankfurt im Werk des jungen Goethe Ausdruck, nicht nur Bericht, geworden ist. Welche Goethischen Gewächse sind in dieser Altfrankfurter Luft gediehen — wie in manchen Gesängen Dantes Florenz, wie in Platos Dialogen Athen atmet? Diese Luft wird freilich nicht erzeugt dadurch daß man die Requisiten und Kulissen einer Umgebung erwähnt, Altfrankfurt wird nicht dadurch dichterisch evociert daß man den Römer nennt, Venedig nicht durch Anführung von San Marco oder Campanile (wie etwa moderne Poeten meinen, sie hätten etwas vom Geist des Maschinenzeitalters eingefangen, wenn sie von Propeller und Vergaser reimen). Man fängt den Gehalt und die Stimmung einer Zeit oder eines Milieus nicht ein, indem man sie auf ihre Sachbegriffe abzieht, so wenig die Blume eines Weins in der aufgeklebten Etikette liegt.

Verhältnismäßig spät finden sich bei Goethe die Spuren seines Frankfurter Knaben-milieus in der Produktion, und selbst dann spricht mehr nachträgliche Erinnerung als Gegenwart. Der besondere Geruch alter Bürgerhäuser mit Treppen und Winkeln, mit verbotenen und verschlossenen Gemächern, wo gedörrtes Obst, Wachstücher, Seife und Gerümpel aufbewahrt sind, umwittert uns dicht und fast unheimlich zuerst im Anfang des Urmeister — dort wo die Entdeckung der Theater-requisiten erzählt wird. Nur dort ist dieser Dunstkreis unmittelbar in Dichtung umgesetzt. In der späteren Fassung der Lehrjahre überwiegt schon völlig die Erinnerung und das Milieu wird geschildert, aber nicht mehr ausgedrückt. Im Urmeister webt es noch selbst. In Dichtung und Wahrheit redet Goethe über seine Knabenwelt, nicht aus ihr.

Gibt der Urmeister den Geruch des Goethischen Hauses, so schlägt uns Lärm und Luft des städtischen Treibens, freilich schon äußerlicher und requisitenhafter behandelt, entgegen im Jahrmarktsfest von Plundersweilern, auch noch Faust II 3 Akt. Zwar gibt Goethe dort mehr das typische Gewimmel und Gelärme eines Jahrmarkts als das spezifisch Frankfurtische, welches allerdings durch einige dialektische Anklänge bezeichnet wird, in den Reden des Hanswursts und des Marktschreiers: daraus und nur daraus können wir entnehmen daß die in diesem Schönbartspiel dargestellten Bilder gerade Frankfurter Eindrücke verarbeiten .. wie wir überhaupt am besten unsere Ansicht vom Ursprung und von der Gestaltung eines Werks dadurch kontrollieren daß wir alle unsere außerhalb des Werks über dasselbe gewonnenen Kenntnisse ausschalten und uns fragen was es uns dann noch sagt. Nur das was nach Ausscheidung aller solchen biographischen Nachträge noch zu uns aus dem Werk selbst spricht ist Goethischer Gehalt und gehört wesentlich zu ihm.

Schwieriger noch als die Spuren der sachlichen Umgebung des Knaben,

Stadt und Haus, ist es die Einwirkung der menschlichen Umgebung im Ausdruck, in Gebild und Gebärde Goethes wahrzunehmen. Nicht nur daß dieser Einfluß, zumal der wichtigste, der der Eltern, beweglicher, eindringlicher, gleichsam minder statisch ist als der sachliche — es kommt noch dazu daß ja im Kind selber schon von der Geburt an Eigenschaften der Eltern haften. Die Erziehung durch die Eltern entwickelt vielfach nur weiter von außen her was durch ihr eigenes Blut dem Kind schon von innen her eingefleischt war. Bei Zeugnissen die man auf die Eltern zurückführt wird immer schwer zu scheiden sein zwischen Angeborenem und Angezüchtetem. In dem was ein Kind den Eltern verdankt trifft gleichsam Ich und Nichtich im Indifferenzpunkt zusammen. Wirkendes und Gewirktes, Gewachsenes und Eingeflossenes vermählen sich nicht nur, sondern sind eins, mindestens für uns nicht zu unterscheiden. Goethe hat in einem Verschen welches Gemeingut und Gemeinplatz geworden ist die Elemente seines Wesens, soweit sie durch Blut und Abkunft zu erklären waren, bezeichnet. Er deutet darin sein Wesen als ererbte, nicht als anerzogene Eigenschaften, und doch ließe sich „des Lebens ernstes Führen" gar wohl auch als eine Folge der Erziehung deuten.

Von Goethes Erziehung berichtet Dichtung und Wahrheit, zeugen einige Schularbeiten des Knaben. Sobald von Erziehung die Rede ist, denkt man unwillkürlich zunächst an den Vater, während die Frau Rat mehr als das Licht, die Luft, die allgemeine lebendig menschliche Atmosphäre vor unserem Sinn steht. Der Vater, mit seiner pedantisch trockenen, gravitätisch gediegenen Art, dabei doch nicht ohne einen geheim bewahrten, gleichsam schamhaft gehüteten Traum, ohne jenen heimlichen Zug zum Höhern, der allen nicht ganz entarteten wenn auch noch so engen und behäbigen deutschen Bürgern innewohnt (wenigstens vor den Gründerjahren innewohnte) wirkt als das aktive Element der Familie, die Mutter mehr als das produktive, vegetabile. Der Vater machte sich bewußt, fast schwerfällig und lästig geltend und wurde von den Kindern oft als Zwang empfunden, obwohl Familientradition und kindliche Pietät damals viel zu feste und instinktiv gescheute Gesetze waren, als daß die väterliche Autorität im Bewußtsein der Kinder hätte bezweifelt oder verwünscht werden können. Doch spürt man noch aus den Erinnerungen des greisen Goethe daß er seinem Vater mehr legitime Pietät als spontane Liebe entgegengebracht hat.

Die Mutter dagegen war einfach da, und brauchte nur da zu sein, um zu wirken und zu wecken, eine Frau die Wärme verbreitete durch ihre selbstgenugsam rege Gegenwart. Sie war nicht — wozu man sie wohl aus Dankbarkeit gegen die Mutter des Halbgottes machen wollte — eine übergewöhnlich begabte oder gar geniale Frau (wobei ich unter genial nicht einmal Frauen mit großen Leistungen, wie Sappho oder Katharina von Rußland, verstehe, sondern im Frauenhaften, durch Lebenshaltung und Gesinnung schon fraulich große Seelen, wie Caroline Schlegel). Goethes Mutter war nur eine durchaus ursprüngliche, echte, innerlich anmutige, regsame und heiter-kräftige Bürgersfrau, mit den besten Zügen gerade der deutschen, besonders der süddeutschen Bürgersfrau, häuslich und tüchtig, und dabei doch läßlich und beweglich bis zur Spielerei, bis zur Eitelkeit, und von jenem gesunden Mangel an logischer Schwere und sittlicher Starrheit ohne den eine Frau doch nur halb Frau ist. Ihr gesunder Menschenverstand war Temperament, nicht Intellektualität, ihre gescheiten Einfälle kamen vom Herzen, nicht vom Hirn. Wenn ich sie wegen ihrer bürgerfraulichen Tugend lobe, so denke ich dabei freilich an eine Epoche da der Bürger noch Civis, nicht Bourgeois war, da es noch ein selbständiges städtisches Leben gab mit eignem Geist, eigner Natur, eigner Kultur, da der Bürger noch Gewächs und aktiver Träger einer politischen Stadtgesamtheit war, einer Polis, einer Burg, einer Gemeinde.

Doch nicht das Denkmal das Goethe als Schriftsteller seinen Eltern gesetzt hat, sondern das Denkmal das sie selbst sich in Goethes Schriftstellerei gesetzt haben wollen wir besuchen. Ihr Einfluß ist zu allgemein, zu sehr schon mit Licht und Luft eingegangen in Goethes Gesamtnatur als daß er noch einzeln herauszulösen wäre. Man mag eine gewisse methodische und fast pedantische Art des Arbeitens die der Knabe übte, wie seine Schulexerzitien zeigen, die er sogar, laut Dichtung und Wahrheit, bei seiner kindlichen Romanproduktion nicht verleugnete, die sich in seiner Handschrift von früh bis ins höchste Alter bekundet, kurz man mag des „Lebens ernstes Führen" mit Goethe selbst aus seines Vaters Blut oder aus der väterlichen Erziehung begründen. Goethe war auch darin glücklich daß seine Eltern mehr eine menschgewordene Luft, eine leise eindringende und gelinde waltende Macht waren, als eine deutlich bedingende, eigenwillig einschränkende, einrenkende. Bei dem Charakter von Goethes Vater, der nicht nur rechthaberisch und eigensinnig, sondern fast schrullenhaft war, hätte eine solche Gefahr frühzeitigen Konflikts zwischen der Anlage des Knaben und den Zwecken und Gesinnungen des Vaters nahe gelegen, obwohl bei Goethes Spannkraft, Dehnbarkeit und Verdauungsgabe der Vater schon ein ungewöhnlich bösartiger und stählerner Tyrann hätte sein müssen, wenn er ernstlich die Entwicklung, das stille und zugleich rasche, natürliche und zugleich mächtige Wachstum hätte gefährden sollen. Doch alle etwaige Gefahr von seiten des Vaters (die auch wirklich für die schwächere Cornelie, Goethes Schwester, zum Verhängnis geworden zu sein scheint und für Goethes Familie in einer späteren Zeit, als Goethe selbst der väterlichen Einflußsphäre entwachsen war, zu einem lastenden Druck ausartete) wurde von vornherein paralysiert durch die Mutter. Obwohl weniger systematisch und nicht durch die persönliche Autorität als Hausvorstand unterstützt, überwog sie im Goethischen Haus durch ihre größere Lebenskraft und Lebensfülle, durch ihr Temperament, ein Temperament das in derselben Richtung lief wie das ihres Sohnes. Weil sie so völlig Goethische Luft ist, merkt man sie nicht als einen gesonderten Einfluß, als einzelnes Ereignis innerhalb der Goethischen Produktion. Haben außer dieser unkontrollierbaren atmosphärischen Einwirkung die Eltern als Gestalten, als menschliche Typen in Goethes Schaffen Spuren hinterlassen und sich als Phantasie-eindrücke dem Kind so eingeprägt, daß er sie unwillkürlich in seinen Werken durchscheinen ließ? Das wäre zu unterscheiden von den bewußten Denkmalen mit denen er sie verewigen wollte. Solche bewußten Denkmale hat er ihnen in Dichtung und Wahrheit gesetzt, seiner Mutter wohl auch in Goetz und Hermann und Dorothea, obwohl man hier schon im Zweifel sein kann ob es sich mehr um ein unbewußt typisches Erinnerungsbild, ob mehr um eine bewußte Nachbildung handelt. Die Gestalt des Vaters wüßte ich in Goethes Werken nirgends wieder zu erkennen, denn der Typus des ehrenfesten, gesetzten, geordneten Mannes in reifen Jahren, der bei Goethe öfter wiederkehrt, ist zu unbestimmt in der Produktion und zu häufig in der Wirklichkeit, um auf die Erinnerung an den Vater zurückgeführt werden zu dürfen.

Auch sonst haben die Knabeneindrücke Goethes, soweit sie von Personen ausgingen, keine unverkennbaren Spuren in seinen Werken hinterlassen. Selbst seine geliebte Schwester Cornelie, ein ebenso dämonisch unseliges Geschöpf wie Wolfgang dämonisch gesegnet war, ist uns nur in Dichtung und Wahrheit aufbewahrt. Einige ihrer Züge meinen wir an der Aurelie im Wilhelm Meister zu erkennen, aber doch nur so wie uns bei einer Begegnung mit einem neuen Menschen unbestimmte Ähnlichkeiten mit Bekannten beunruhigen.

LEIPZIG

BIS zur Leipziger Studentenzeit ist die Selbstgestaltung Goethes nur fragmentarisch auf uns gekommen, und wir sind größtenteils auf Berichte angewiesen oder müssen aus dem späteren Goethe Rückschlüsse ziehen auf seine Ursprünge nach dem Satz: das Kind ist des Mannes Vater. Von Goethes 17. Jahr ab, als er die Universität Leipzig bezog, besteht eine ununterbrochene Reihe unmittelbarer Selbstbezeugungen aller Grade und Stufen, nicht nur Seismogramme seiner Erschütterungen, sondern die Erschütterungen selber in sprachlichem Bild. Wie der Knabe Goethe war und was er erlebte und lernte hören wir oder können es mehr oder minder sicher erschließen. Vom Leipziger Studenten bis zum Weimarer Olympier aber sehen wir alle Phasen seines Daseins. Von der Leipziger Zeit ab also fragen wir nicht mehr Goethes Erinnerungen, sondern seine zeitgenössischen Selbstbekenntnisse, Selbstdarstellungen.

Werfen wir vorher nur einen Gesamtblick noch auf den 16jährigen „Mulus" eh wir die Leipziger Wirkung und Gegenwirkung feststellen, sehen wir in welchem Zustand das seelische Instrument war auf dem die neuen Melodien gespielt werden sollten!

Goethe bezog die Universität Leipzig als ein frühreifer, ziemlich allseitig, durch seines Vaters gewissenhafte Erziehung besonders in Sprachen unterrichteter Knabe, der sich außerordentlich wichtig nahm, sich selbst und seine Mitmenschen mit hellem und kritischem, fast höhnischem Blick beobachtete, durch eine Liebes-erschütterung bereits gelockert und hellsichtiger geworden, vertraut mit menschlichen Dingen die über den Bannkreis seines Hauses hinausreichten, dabei durch die Gretchen-geschichte und den darauffolgenden Skandal auch vor der Zeit eingeweiht in unterirdische und problematische Seiten der Gesellschaft von der er nur die schöne Fassade und das ehrbare Äußere gekannt hatte.

Noch eh er aus den Knabenjahren trat, hatte er bereits eine verhältnismäßig große Breite und Tiefe der Erfahrung gewonnen, viel gelesen, gelernt und äußerlich und innerlich nicht wenig erlebt, frühreif durch seine Anlagen und durch seine ersten Schicksale, aber noch ohne die Fähigkeit sich völlig auszudrücken, noch nicht zum Individuum durchgebrochen, sondern befangen in den sittlichen und geistigen Formen des bürgerlich deutschen Gefüges die er vorfand.

Ein kindlicher Versuch diese Grenzen, nett und geordnet wie sie waren, nach der Seite des Geheimnisvollen und Ungewöhnlichen hin zu überschreiten, ist sein Anschluß an ein maurerisches Kränzchen, der uns durch seinen Briefwechsel mit Ludwig Ysenburg von Buri aus dem Jahr 1764/65 bezeugt wird. Die irrationellen Elemente, die im Menschen unausrottbar schlummern und im damaligen rationalisierten Deutschland keine rechte öffentlich legitime Wirksamkeit fanden, bahnten sich mehr oder minder seichte Betten im Freimaurer- und Templertum. Der Durst nach Wunder und Geheimnis, dem die damalige öffentliche Welt, im Zeitalter Friedrichs und Voltaires keine Nahrung bot, wollte sich stillen in magischem und mystischem Scheinwesen, das freilich aus Mangel an seelischer Fülle und Wucht, aus Mangel an Leidenschaft des Fühlens und Glaubens nicht hinauskam über Formeln und dekorative Geheimnistuerei, umständliche Riten ohne Religion und Zaubereien ohne Zauber. Jene Welle die dann später in halb≠ echten Magiern wie Saint≠Germain oder genialen Ganzschwindlern wie Cagliostro an die Oberfläche brach, die im Freimaurertum magisches Zere≠ moniell mit rationalistischen Zwecken und Inhalten füllte, unterspülte schon damals das geistige Deutschland.

Goethe hat sich später auch in seinem Schaffen mit dieser Tendenz mehr≠ mals auseinandergesetzt, positiv in den Geheimnissen, negativ im Groß≠ kophta. Ein kindisches Vorspiel zu diesen Werken mag uns sein ebenso zeremoniöser als inhaltloser Briefwechsel mit dem Vorsitzenden jenes Pseu≠ do≠geheimbundes erscheinen. Zweierlei ist daran immerhin symbolisch für Goethe: der Anschluß an solchen Geheimbund überhaupt und die Selbstschilderung, Selbstenthüllung mit der er sich zum Anschluß meldete. So fratzenhaft der Versuch an sich sein mochte, so werden wir doch darin nur die dunkle und noch unzulängliche Betätigung eines menschlichen Grundtriebs erkennen, ohne den noch keiner ein Genius, geschweige ein Dichter geworden ist: die Suche nach dem Wunder, und zwar nach dem Wunder im wirklichen, eignen, gegenwärtigen Leben. »J'ai toujours cherché le merveilleux« sagt auch Napoleon. Und Goethe hätte kein künftiger Dichter sein müssen, wenn er nicht beim Erwachen seiner eigenen Geistig≠ keit sich umgesehen hätte nach Formen und Mitteln zur Verwirklichung des Wunders über die bürgerlich abgezirkelten Wege hinaus. Daß sich ihm das Wunder in keiner tieferen Weise anbot als bei solchen Gesellschaften, daß ihm gar das Geheimnis noch nicht aufgegangen war wieviel mehr Wun≠ der der Tag birgt als die Dämmerung, erklärt sich aus den besonderen Um≠ ständen seiner Zeit und seiner Altersstufe, durch welche sein erster bewußter Ausflug ins Land der Wunder etwas kläglich und komisch ausfallen mußte.

Fast noch wichtiger als sein Wunsch nach Mitgliedschaft bei einem sol≠ chen Konventikel ist Goethes bei dieser Gelegenheit entworfene Selbst≠ schilderung, das erste unmittelbare Zeugnis seiner Objektivität. Es ist die Selbstspiegelung eines sehr gescheiten, sehr kritischen, sehr selbstgefälli≠ gen Jungen.

„Einer meiner Hauptmängel ist daß ich etwas heftig bin. Sie kennen ja die colerische Temperamente, hingegen vergißt niemand leichter eine Be≠ leidigung als ich. Ferner bin ich sehr an das Befehlen gewohnt, doch wo ich nichts zu sagen habe, da kann ich es bleiben lassen." Leidenschaft und Selbstgefühl, Selbstbeobachtung und Klugheit nach außen werden durch diese Korrespondenz bezeugt. Sie brachte er in die Leipziger Freiheit mit, sie sind die Saiten die dort besonders in Schwingung geraten und zu tönen anfangen.

Die ersten Semester des jungen Goethe in Leipzig tragen den Charakter einer doppelten Expansion: einer des Anwendens und einer des Aufnehmens. Nach den Beschränkungen der väterlichen Zucht und des vorgeschriebnen Studiengangs, den er längst überflog, kam Leipzig ihm entgegen als eine Welt neuen Stoffs — Bildungs- wie Lebensstoffs. Über das hinaus was die Professoren, und selbst der verehrte Gellert, ihm bieten konnten, meinte er sich befreit und bereichert durch das gesellschaftliche Leben, das ihm gegenüber der Frankfurter Behäbigkeit einen weltstädtischeren, eben „klein-pariserischen" Eindruck machte. Seinen Briefen merkt man an daß ihm das Beobachten selbst und das Teilnehmen am Beobachteten Freude machte, und sein Selbstgefühl steigerte. Man fühlt wie er die Augen weit aufriß, um zu schlucken und wie er sich vornahm sich nichts entgehen zu lassen. Seine Leipziger Berichte an die Schwester sind von einem didaktisch pädagogischen Eifer getragen, weniger geschrieben, um sich auszusprechen, als um zu zeigen was er jetzt alles sähe, beobachte, könne. Die Leipziger Welt und sich selbst will er darlegen, er schreibt französische, englische Briefe und Gedichte, durchsetzt seine Berichte mit deutschen Versen in verschiedenen Metren, mit den damals modernsten, den Blankversen, mit Hexametern, gleichsam selbstgefällig lächelnd »das kann ich auch«, er versäumt keinen Anlaß seine Geschicklichkeit, seine Überlegenheit, seine Belesenheit anzuwenden und ins Licht zu stellen.

Seine Leipziger Briefe sind weit weniger unbefangener Ausdruck seiner wirklichen Gefühle und Erlebnisse, als Zeichen eines Versuchs sich einem bestimmten Idealtypus des leichten reichen eleganten Lebens zu nähern, in sich einen Grandseigneur des Geistes darzustellen. Nun hatte er allerdings wirklich davon etwas — und nach Goethes eignem Wort sind unsre Wünsche (das heißt in diesem Fall unsre Wunschbilder, unsre Ideale) die Vorgefühle unsrer Fähigkeiten .. aber das Geckenhafte, Selbstgefällige, Forciert-lebendige, Hüpfend-kokette, Franzosenhafte in seinem damaligen Gehaben war nicht so sehr eine Goethische Eigenschaft als erzeugt durch den Widerspruch seiner wirklichen, allerdings überlebendigen, überreichen Natur mit den gesellschaftlichen und Bildungs-formen in denen sie sich ausleben mußte. Denn noch war er nicht dahin gelangt sein Selbstgefühl zum Maß der Dinge zu machen, sich gegenüber der Gesellschaft eine selbständige Gültigkeit zuzuschreiben: vielmehr meinte er sein Ich in den Formen der Leipziger eleganten Welt zur Geltung bringen zu müssen.

Wie aber einem jungen Riesen das Getändel und Getänzel, der Flitter und der Leichtsinn des Leipziger Rokoko stand, darüber haben wir einen lustigen, gar nicht schmeichelhaften und gar nicht gehässigen, ziemlich wahrscheinlichen Bericht vom Sommer 1766 aus dem Briefwechsel zweier Frankfurter Freunde des jungen Goethe: „Goethe ist immer noch der stolze Phantast, der er war, als ich herkam. Wenn du ihn nur sähst, du würdest entweder vor Zorn rasend werden, oder vor Lachen bersten müssen .. Er ist bei seinem Stolze auch ein Stutzer, und alle seine Kleider, so schön sie sind, sind von einem so närrischen Gout, der ihn auf der ganzen Akademie auszeichnet. Doch dieses ist ihm alles einerlei, man mag ihm seine Torheit vorhalten, soviel man will .. Sein ganzes Dichten und Trachten ist nur seiner gnädigen Fräulein und sich selbst zu gefallen. Er macht sich in allen Gesellschaften mehr lächerlich als angenehm .. Einen Gang hat er angenommen, der ganz unerträglich ist."

Ein späterer Brief desselben Schreibers klärt darüber auf daß dies Betragen nur angenommen gewesen sei, um durch den Flirt mit einer Kokette eine unglückliche Liebe zu einem Mädchen unter seinem Stande zu maskieren. Wir bekommen auch die guten Seiten des Leipziger Studenten beleuchtet: „Er ist mehr Philosoph und Moralist als jemals, und so unschuldig seine Liebe ist, so mißbilligt er sie dennoch. Wir streiten sehr oft darüber, aber er mag eine Partei nehmen welche er will, so gewinnt er; denn du weißt, was er auch nur scheinbaren Gründen für ein Gewicht geben kann."

Wie dem auch sei, wir blicken hier und noch mehr in den Briefen an Cornelie in einen überspannten und verschrobenen Zustand. Und doch ist gerade diese Überspannung ein Vorzeichen der Goethischen Genialität. Hätte er sich in jenen leichten und flachen Formen, denen er sich anzupassen suchte, natürlich und gemäß ausgenommen, so hätte ein Gellert oder Wieland aus ihm werden können, aber kein Goethe. Je größer die Fülle, die Spannkraft und Schnellkraft einer Natur ist, desto unbehaglicher, bedrückter, unnatürlicher wird sie sich in ungemäßen Bedingungen ausnehmen. In Goethes Leipziger Geckentum ist nur eine erste Form des Kampfes zwischen Urleben und Bildungswelt, und da erst in Straßburg, durch Herder, der Durchbruch seines Eigenwesens, die Entladung und Entlastung seiner Spannungen erfolgen konnte, so war er in Leipzig mehr ein verbogener, weil falsch untergebrachter Mensch als ein offenbar genialer. „Unnatürlichkeit" verrät oft nur das Mißverhältnis zwischen den gültigen Zuständen einer Gesellschaft und der angeborenen Natur eines Menschen. Aktive, Napoleonische, Menschen sind bei bürgerlicher Enge in Gefahr Verbrecher zu werden, produktive, Goethische, sind in Gefahr Narren zu werden. (Freilich nicht alle Narren oder Verbrecher bergen Goethes oder Napoleons.) Nur wenn sie einen dämonischen, schicksalhaften Genius haben, so werden sie die Herrscher oder die Führer der zu enggewordenen Welt, die ihnen selbst erst den Untergang drohte. Alle ganz großen Genien stehen einmal vor der Alternative Aut Caesar aut nihil. Solch eine Gefährdung mag sich manchmal mehr tragisch, manchmal mehr komisch bekunden .. Gefährdung bleibt es dennoch. Auch Goethe in Leipzig war gefährdeter durch seine eigne Fülle als es den Anschein hat. Aber nur der Most der sich absurd gebärdet gibt einen guten Wein.

Auf den ersten Blick in die Zeugnisse könnte es scheinen als sei die Ursache für dies absurde Gebaren die Leidenschaft, die Verliebtheit gewesen in die er bald nach seiner Einrichtung in Leipzig geraten war. Aber ich möchte Goethes Leidenschaften und gar seine Liebeleien nicht als Ursachen ansehen, sondern als Symptome dafür daß er von vornherein ein erschütterter, ein nicht verliebter, sondern (im Sinne Platos) liebender Mensch war: er war sein ganzes Leben lang vom Eros besessen. Wie sich der Künstler von vornherein in künstlerischem Zustand befindet, so unterscheidet es den großen Dichter vom gewöhnlichen Menschen, daß er sich immer im leidenschaftlichen und liebenden Element bewegt: er ist der leidenschaftliche Mensch schlechthin. Nicht immer findet er Gegenstände, noch seltener Verkörperungen seines Traums: aber immer liebt er, immer ist er ein Liebender .. und er dichtet nicht, wann oder weil er verliebt ist, wie der Alltagsmensch wohl auch seinen Mai und seine Flamme hat, nein: weil er ein dichterischer, ein glühender Mensch ist, weil sein dichterischer Dämon Liebe ist, begegnen ihm die Schönen worin seine Liebe sich finden, ausbreiten, widerhallen kann. Kurz, die Liebe ist in Goethe immer früher da als die Geliebten, wie das Singen früher ist als die Gesänge. Goethe hat nicht die Friederiken-lieder gedichtet, weil ihm Friederike begegnet ist, sondern weil Friederiken-lieder in ihm schwangen, hat er die Friederike gesehn.

Nicht als habe Goethe selbst, bewußt um seiner Dichtung willen seine Anlässe gemodelt — ihm waren immer die Anlässe so wichtig als nur möglich, und er meinte um der Anlässe willen zu dichten: aber nicht seine jedesmalige Absicht, sondern sein Dämon, sein Schicksal ist das was sein Leben beherrscht. Er zog oft aus, um eine Eselin zu finden, und fand ein Königreich. Mit dem Leipziger Aufenthalt, da Goethe aus den Knabenjahren und den ersten ahnungsvollen Übergangs-schwärmereien heraustrat, wie die Liebe zum Frankfurter Gretchen eine war, beginnt bei ihm jene lange Reihe von Liebesanlässen die nur da zu sein scheinen, um immer andere Saiten seiner polyphonen Natur zum Tönen zu bringen, immer weitere Bereiche seines Wesens in Werk zu verwandeln, seine immer angeregte und bereite Leidenschaft in immer neue Farben, Klänge, Formen, Lichter zu brechen, damit er die ganze Tonleiter der Liebe durchlaufe von der schwebenden Galanterie bis zur zerrüttenden Qual.

Mit dem Leipziger Liederbuch, dem noch unentwickelt, im Fremden verhaftet das Buch Annette vorausging, beginnt die Reihe von Liebesliedern die in der neuhochdeutschen Sprache zum erstenmal nicht nur über die Liebe reden, sondern selber klanggewordene Liebe sind. Zum erstenmal erlebte hier ein Deutscher die sinnliche Liebe selbst schon dichterisch. Nicht die gesamte Leipziger Lyrik Goethes offenbart das Neue — sie ist zum größten Teil (das Buch Annette noch völlig) in der Anakreontik befangen und trägt deren Merkmale. Von den zwanzig Nummern des Leipziger Liederbuchs bricht nur in sechs Gedichten der neue Ton durch, der „dolce stil nuovo" — diese sind: Die Nacht, Der Schmetterling, Hochzeitlied, Unbeständigkeit, Das Glück der Liebe, An den Mond. Nicht die Tiefe des Gefühls von dem sie Kunde geben, unterscheidet dieses halbe Dutzend von aller früheren deutschen Lyrik .. Wir spüren bei Günther, bei Klopstock, selbst bei Haller mächtigeren Drang: neu ist bei Goethe die vollkommene Klangwerdung der Empfindung, einer vielleicht noch verhältnismäßig leichten und flachen Empfindung. Es werden hier nicht nur Begriffe, Motive, Vorstellungen aus dem Bereich der Liebe gegeben, nicht nur auf die Liebe hingedeutet, nicht nur gesagt „ich liebe" — sondern im Ton, im Rhythmus, in der Magie, nicht in der Begrifflichkeit der Sprache liegt der Bann. Das Ich stellt hier seine Erregung nicht vor, sondern die Erregung des Ich selbst stellt sich dar in Sprache, als melodisch rhythmisches Sprachgebild.

Dies ist das wesentlich Neue an den sechs Gedichten, neu in der deutschen Dichtung und neu in Goethes Leben: neu für die deutsche Dichtung ist, daß ein Liebes-urerlebnis als solches dichterisch ausgedrückt wird, neu in Goethes Leben, daß er ein Urerlebnis durch all die Bildungsformen hindurch auszudrücken gelernt hat. Dies Urerlebnis selbst ist noch ein relativ zahmes, es sprengt noch nicht die überkommenen anakreontischen Dichtungsadern, sondern füllt sie nur mit neuem eignen Blut: es gräbt sich keine neuen rhythmischen Kanäle, sondern füllt nur die vertrockneten. Das Liebeserlebnis des jungen Goethe das dem Leipziger Liederbuch zugrunde liegt ist nicht gradmäßig stärker als die Schranken der Bildungswelt worin es sich abzuspielen hat, es ist nicht heroisch und titanisch, es fordert keinen Ausbruch, keinen Bruch mit der fertigen Bildungswelt — es kann sich noch innerhalb dieser auswirken, es hat noch innerhalb der Rokokodichtung statt: es ist nur artmäßig anders und es ist außerdem vereint mit einem ursprünglichen Formtrieb. Hagedorn, Wieland, die Anakreontiker, die galanten Poeten, ja Goethe selbst noch im Buch Annette und der Sammlung seiner Poesien die er für Friederike Oeser herstellte, hatten keinen engeren Vorstellungskreis, keinen engeren und flacheren Motivkreis als jene sechs neuen Gedichte: aber das macht den Unterschied daß dort Erfahrungen der Liebe beschrieben werden, Motive des Verliebten — Sehnsucht und Eifersucht, Schäferstunde und Tändelei mit Reliquien, Klagen über Unbeständigkeit und Dienstbarkeit — eben als Motive, als ein Wissen über die Liebe vorgestellt werden sei es nun mit mehr oder weniger Details, mit mehr oder weniger scharfer Beobachtung, mehr oder weniger Kolorit und Beweglichkeit, sei es sententiöser oder sentimentaler, schalkhafter oder inbrünstiger, sei es bloßer Flirt wie bei Hagedorn, sei es zärtlich tiefe Trauer wie bei Haller.

Man hat wohl gemeint, die galante Dichtung, überhaupt die Poeten vor Klopstock hätten nicht gewußt was Liebe sei, und nur in Nachahmung der Alten um der gelehrten scherzhaften Sprachübung willen an erfundene Geliebte, Belinden, Phyllis und dgl. Liebesgedichte gerichtet, sie hätten weder Leidenschaft noch sinnliche Naturanschauung gehabt. Das mag für einige gelten — für die Gesamtheit ist es gewiß nicht richtig, zum mindesten ist nicht die absolute Abwesenheit der Leidenschaft und des Gefühls überhaupt der prinzipielle Unterschied zwischen der Opitz-Gottschedischen und der Klopstock-Goethischen Ära deutscher Dichtkunst, wenn auch freilich ganze Sphären des Lebens noch nicht wach, nicht ausdrucksfähig waren, sondern die Rationalisierung alles Lebendigen. Lessing und Friedrich der Große waren gewiß so leidenschaftliche Menschen als je in Deutschland lebten, und man darf nicht annehmen daß in zwei Jahrhunderten die Natur aussetzte und Menschen mit Leibern nicht mehr liebten, litten und die Wechsel der Jahreszeiten mit körperlich-seelischen Empfindungen begleiteten die nun einmal des Menschen ewiges Erbteil sind. Aber ein anderes ist es etwas erleben, ein anderes es bewußt erleben, ein anderes es ausdrücken können. Die deutsche Dichtung vor Klopstock ist wohl fähig Vorstellungen, und zwar Vorstellungen aus dem ganzen Bereich des Lebens, d. h. abgezogene, feste und vertauschbare Bilder aus dem Sinnen-, oder Begriffe aus dem Geistes-leben, aneinanderzureihen, Beschreibungen oder Sentenzen, Landschafts- oder Seelen- oder Gesellschaftsschilderungen zu geben, aber unfähig Bewegungen und Entwicklungen als solche, Wallungen, Stimmungen, Schwingungen, kurz jede Art Bewegung als Bewegung, in der Bewegung darzustellen. Denn das ist ja eine Funktion unseres Denkens überhaupt (was man mit einem anschaulichen Vergleich den kinematographischen Apparat unseres Begriffs-vermögens genannt hat) das ungreifbar Bewegte zu zerlegen in umgreifbare Vorstellungen („Be-griffe") es aus dem Zusammenhang von Werden und Weben, Atmen und Regung herauslösen und es in einen Zusammenhang stellen in welchem es jederzeit für sich faßbar ist, unabhängig von der Wirklichkeit. Der Begriff Bewegung ist keine Bewegung, der Begriff Duft setzt voraus daß man einmal Duft gerochen hat, aber er ist nicht Duft, d. h. eine besondere Schwingung und Erregung der Geruchsorgane, sondern er bedeutet nur Duft.

Eine Poesie die nichts ist und nichts sein will als ein Denkprozeß (wie ja die deutsche Poesie seit Opitz) hat am Wesen des Denkprozesses soweit teil, daß sie alle Erlebnisse nicht als Wallung, Schwingung, Atmung sprach-unmittelbar, nur als begriffliche Vorstellungen gibt. An genauem, differenziertem Sehen der Natur z. B. übertrifft keiner die Brockes, Haller, Ewald von Kleist. Naturbeschreibungen von sinnlicher Klarheit und minutiöser Kleinmalerei wie sie Brockes in seinem Irdischen Vergnügen in Gott, Haller in seinen Alpen, Ewald von Kleist in seinem Frühling gibt setzen eine innige liebevolle Beschäftigung mit der Natur, also ein lebendiges Naturempfinden voraus. Aber sie geben uns ein Museum von Vorstellungen, von abgezogenen Einzelbeobachtungen, getrockneten Niederschlägen der Empfindung, nicht die Empfindung selbst.

War der Gehalt der deutscher Dichtung von Opitz bis zu Klopstock allegorisch, nicht lyrisch — gab sie Vorstellung von Erlebnissen, nicht Erlebnisse, so war sie der Form nach metrisch, nicht rhythmisch. Das Metrum ist das Meßbare, Zählbare, Faßbare, ist die verstandesmäßig zerlegte, nach Länge und Gewicht eingeteilte Bewegung, der Rhythmus ist diese individuelle, als solche dem Denken nicht zugängliche Bewegung, Wallung, Schwingung selbst, dargestellt im Material der Sprache. Das Metrum verhält sich zum Rhythmus wie ein Seismogramm zum Erdbeben, wie das Thermometer zur Temperatur, der Barometerstand zur Witterung, die Landkarte zur Landschaft: kurz, wie die begrifflichen Mittel, zur Feststellung eines Zustandes oder einer Bewegung zu diesem Zustand oder dieser Bewegung selbst.

Bei Klopstock zuerst durchbricht, unter einem wesentlich religiösen Antrieb, das Erlebnis die Scheidewand des bloßen Denkens und findet seinen unmittelbaren Ausdruck in der deutschen Sprache. Durch Klopstock wird deutsche Sprache wieder fähig statt der Begriffe und Bilder die Bewegung und Wallung selber zu geben, statt des mit Sätzen, Begriffen und Bildern

angefüllten metrischen Schemas den individuellen Rhythmus, die sprach=
gewordene Bewegung des Erlebnisses selbst. Während Form bei den vor=
klopstockischen Poeten ein vorgegebenes Gefäß war worein man seine In=
halte stopfte, schuf sich bei Klopstock der Erlebnisinhalt, d. h. die Erleb=
nisbewegung ihren sprachlichen Leib. Klopstocks Oden sind die ersten
deutschen Gedichte bei denen nicht das Metrum, sondern der Rhythmus
die Sprache schafft und trägt, d. h. die Wallung seiner Seele, der „Fluß"
(„Rhythmus"). Nur war die Sphäre von Erlebnissen die durch Klopstock
unmittelbaren Sprachausdruck gewonnen hatten noch begrenzt und ein=
seitig: sie umfaßte nur etwa diejenigen Bewegungsarten welche mit Schil=
lers Worten als die sentimentalischen, im Gegensatz zu den naiven, be=
zeichnet werden. Er sang zwar nicht mehr, wie die Rationalisten, seine Ge=
danken über seine Erschütterungen, aber fast nur Erschütterungen durch
Gedanken.

Klopstocks Oden enthalten die sprachgewordenen religiösen Entzük=
kungen über die Größe Gottes, als des Schöpfers der Welt, als des Erlösers
der Menschen, oder sie geben dem Pathos der Freundschaft und des Pa=
triotismus Ausdruck. Er geht immer von einem allgemeinsten umfassend=
sten Gedanken aus, Unendlichkeit, Allgegenwart, Schöpfung, Erlösung,
Weihe, Vaterland, Tod, Unsterblichkeit: kurz, von seelisch moralischen oder
religiösen, eigentlich unvorstellbaren, unkörperlichen Vorstellungen, die er
dann durch körperliche Abgrenzungen einschränken und faßbar machen
will. Das Körperliche existiert bei ihm eigentlich nur als Grenze oder Ne=
gation. Selbst die Geliebte ist ihm nicht die Trägerin einer sinnlichen An=
schauung, sondern der Anlaß zu Meditationen, Gefühlsergüssen über die
Liebe .. diese Gedanken über die Liebe erschüttern ihn freilich, sie blei=
ben nicht bloße Reflexion, sie sind wirklich Gefühl. Kurz, die Sphäre in
der Klopstock schwingt ist die sittlich=religiöse. Sinnliche Erlebnisse haben
durch Klopstock noch nicht die Erlösung aus dem rationalistischen Bann
gefunden: sie blieben noch immer in der reflektierten Dichtung befangen,
und fanden als Reflexion in Wieland einen vielseitigen und geschmeidigen
Wortführer. Dies war also die Lage deutscher Lyrik als das Leipziger Lie=
derbuch erschien: moralische Erlebnisse zu unmittelbarem Sprachausdruck
gebracht durch Klopstock, sinnliche Erlebnisse noch in mittelbarer Re=
flexion befangen bei Wieland und den Anakreontikern.

Jene sechs Gedichte aus dem Leipziger Liederbuch erobern das erstemal
sinnliche Erlebnisse, körperliche Schwingungen, dem unmittelbaren Aus=
druck. Was wir heute Naturstimmung nennen findet dort zum erstenmal
wieder seine eigne Sprache. Über die Beschreibung der sinnlichen Gegen=

stände der Landschaft hinaus wird das ungewisse Schwanken und Weben das der Anblick etwa einer Mondnacht, eines flimmernden Bachs, eines Frühlingsmorgens weckt durch sprachliche Mittel, zumal durch die Wort=verknüpfung ausgedrückt. Die neue Wortverknüpfung ist am ehesten be= grifflich faßbar und nachweisbar .. denn die neue Rhythmik kann ihrer Natur nach, eben als reine Bewegung, nicht begrifflich demonstriert werden, es würde dann sofort Metrik, d. h. Abmessung von Versfüßen, Längen= und Kürzenverhältnissen daraus, die von dem rhythmischen Leben des Gedichts etwa so viel einfinge wie der Anatom vom Blutkreislauf einfängt. Das Neue in der Goethischen Wortverknüpfung, das sich in diesen Gedichten sachte ankündigt, ist vor allem die Vermischung von verschiedenen Sphä= ren der Sinnlichkeit, durch Attribute und Komposita. Damit kommt Goe= the sofort über die bloß beschreibende Poesie hinaus und erzeugt in der Phantasie des Hörers selbst Bewegung, Schwingung, indem er sie nötigt sich aus einer bestimmten Sphäre der Vorstellungswelt, etwa der des Auges, im Nu umzuschalten in eine andere. Hierher gehören Wortverbindungen wie: verhüllter Tritt, Silberschauer, tagverschlossene Höhlen, nächtige Vö= gel, süßter Weihrauch.

Dies Sprachmittel ist nur Zeichen oder Funktion des neuen Erlebnisses: daß die Natur nicht mehr als ein Museum abgegrenzter, rationell faßbarer, unter rationelle Gruppen verteilbarer Einzeldinge erscheint, sondern als be= wegtes, atmendes Chaos wirkender Kräfte. Hinter den für die einzelnen fünf Sinne faßbaren Erscheinungen werden die an die fünf Sinne nicht gebundenen Kräfte und Prozesse gefühlt. Von denen sind die sichtbaren, hörbaren, tastbaren, riechbaren, schmeckbaren Einzelerscheinungen nur gleichsam der Niederschlag. Denn die fünf Sinne, unter die die Gegen= stände der Natur von der vorgoethischen deutschen Lyrik verteilt wurden, gehören ja nicht der Wirklichkeit als solcher an, sondern sind Hilfsmittel unserer Vernunft um der Wirklichkeit Herr zu werden, Querschnitte die wir durch die Wirklichkeit legen. Wir werden bei der vorgoethischen Poe= sie, die durchaus auf Begreifen, auf vernunftmäßiges Festhalten und Fest= legen der Erlebnisse eingestellt ist, niemals eine Vermischung der sinnlichen Sphären finden — etwa der Tast=sphäre und der Gesichts=sphäre, wie sie in dem Wort „Silberschauer" statthat: ein Schauer kann für die Vernunft nicht silbern sein, wohl aber für das Erlebnis, welches sich an die rein vernunft= mäßige Einteilung in fünf Sinne nicht kehrt. Vom Dichter aus betrachtet enthält also eine Zusammenfügung wie „Silberschauer" ein Zurücktauchen in den vorbegrifflichen Zustand der Natur, in eine Natur die unabhängig ist von der Erfahrung der Vernunft, als welche nur vermöge der Einteilung in fünf Sinne apperzipiert. Vom Hörer aus betrachtet, erfordert sie ein Zersprengen der vernunftmäßigen Scheidewände die wir zwischen dem Bereich des Silbers und dem Bereich des Schauers zu machen gewohnt sind: und dies Zersprengen muß ein Akt, eine Schwingung der Einbildungskraft sein, wie jede Assoziation eine ist. Man kann sich vorstellen daß einem Dichter der alten Schule, wenn er ein Wort wie „Silberschauer" las, das als barer Unsinn vorkam.. und mit Grund: denn es handelte sich hier gar nicht um Vernunft, sondern um ein vor- oder über- oder unter-vernünftiges, jedenfalls außervernünftiges Erlebnis. Es ist nun aber das Recht der Sprache und die Macht des Dichters, Dinge in den Bereich des Denkbaren zu heben die vorher nur erlebbar waren — d. h. der Vernunft neue Provinzen durch Sprache zu erobern. Auch das liegt in der Doppelnatur der Sprache, daß sie zugleich logischer und magischer Natur ist. Was sie magisch unmittelbar aus dem vordenkbaren Erlebnis als Klang und Tonfall enthält wird, sobald es verlautbart ist, ins Licht des Bewußtseins heraufgehoben, zugleich Denkinhalt: freilich, es muß echtes Erlebnis gewesen, muß im Bereich der gelebten Wirklichkeit gewesen sein, sonst kann es nie ein legitimer, gültiger Denkinhalt, nie Besitz der Vernunft werden, sondern bleibt leere Willkür und Spielerei des Verstandes einerseits, leerer Wortschall andererseits, wie die rein erklügelten, aus Nachahmung früherer sprachschöpferischer Dichter übertriebenen, aus literarhistorischer Kenntnis von der Erlaubtheit sprachlicher Neubildung abgeleiteten, aus ästhetischer Theorie gewagten Neologismen schlechter Schriftsteller.

Goethes Leipziger Lyrik hat erst wenige und schüchterne Ansätze dieses Neuen — sie bleibt zum großen Ganzen noch im Bann der Anakreontik und Wielands . Man kann die Verse aufzählen die nur Goethe damals gedichtet haben konnte, und die die Heraufkunft einer unmittelbar sinnlichen Lyrik ankündigen, noch untermischt mit Resten der alten Anakreontik:

    Luna bricht die Nacht der Eichen,
    Zephirs melden ihren Lauf,
    Und die Birken streun mit Neigen
    Ihr den süßten Weihrauch auf.

Die beiden ersten Verse übernehmen scheinbar noch mit selbstverständlicher Anmut die üblichen allegorischen Rokoko-götter — aber Goethe teilt ihnen bereits eine spezifische Funktion zu, so daß sie nicht Schablone und Chiffer bleiben: diese Luna ist nicht nur die konventionelle Göttin des Mondes, d.h. die Allegorie welche nach Übereinkunft ein für allemal „den Mond" bedeutet, den Begriff Mond hervorruft — mit den üblichen Mondeigenschaften bleich, kühl, keusch.

Die Goethische Luna ist hier der besondere Mond einer bestimmten, einmal erlebten Nacht mit dieser einen Funktion und nur bestimmt durch diese: der silbrigen Durchdringung nächtlichen Walddunkels.. diese Luna ist der personifizierte Schauer des Dichters, ein symbolischer Genius für ein dichterisches Erregtsein, Verkörperung einer Goethischen Stimmung, nicht die von vornherein aus der Mythologie gegebene festgelegte, begrifflich starre Mond-allegorie. Kurz: der Prozeß der die antiken Naturgötter schuf, die Personifizierung des Naturschauers, ist hier wieder wirksam.. die gestaltenschaffende Kraft des Dichters die Shakespeare mit den Worten bezeichnet:
>Empfindet er nur irgendeine Freude
>So ahnt er einen Bringer dieser Freude —

Die alten Götter werden aus ihrer allegorischen Erstarrung gelöst, sobald man sie in eine Tätigkeit versetzt die nicht zu ihrer begrifflichen Definition gehört — eine Luna die die Nacht der Eichen bricht war bisher nicht vorgesehen, setzt ein individuelles neues Erleben ihrer Existenz voraus.

„Nacht der Eichen" ist eine Verknüpfung zweier Anschauungen, wie sie nur dem möglich ist dem sowohl die Nacht als die Eichen aufgehört haben bloß mit bestimmten Merkmalen versehene feste Vorstellungen zu sein — sie sind in einer geheimnisvollen einmaligen Verbindung nicht nur angeschaut, sondern in der Funktion dieser Verbindung überrascht. Noch deutlicher wird dies bei den zwei letzten Versen: das Neue daran, über die Anakreontik hinaus, ist nicht nur genaue, detaillierte eigene Anschauung der Birken, sondern das dahinter wirksame, rhythmisch ausgedrückte Gefühl für die Funktion, für die bewegten und bewegenden Kräfte der natürlichen Erscheinung, des Zustands oder Vorgangs.

Die Natur, die sich den Sinnen nur als ruhende Erscheinung zeigt, wird durch Goethe verwandelt in ein Gesamt bewegter geheimer Kräfte. Das ist neu in deutscher Sprache auch über Klopstock hinaus und verschieden von der Naturbeseelung Klopstocks. Klopstocks Naturgefühl beruht darauf daß er seine jeweilige seelisch gedankliche Wallung ausbreitet, hineinträgt, hineindeutet in die Natur, daß er sich mit der Natur in Beziehung setzt.. z. B. wenn er den Mond anredet als „Gedankenfreund"— damit ist nicht, wie bei der Goethischen Luna, eine dem Mond als solchem innewohnende, vom Dichter nur wahrgenommene Kraft entdeckt und ausgesprochen (kein Mensch wird jemals der sinnlichen Erscheinung des Mondes die Gedankenfreundschaft zusprechen können) sondern nur eine Beziehung Klopstocks zu dem Mond. Klopstock benutzt die einzelnen Naturdinge nur als Anhaltspunkte für seine Seele, er erlebt sie nur, sofern sie einem seelischen Affekt als Gleichnis oder als Dekoration, als Gefäß oder als Schranke dienen: einen selbstgenugsamen Wert haben sie für ihn nicht. Die Natur als Ganzes ist für ihn vollends nur da, insofern sie Schöpfung Gottes ist, der Schauplatz und das Zeugnis für Gottes Allmacht, Güte, Weisheit usw. Was Klopstock erlebt das ist die christliche Gottheit einerseits und die Menschenseele in ihren Beziehungen zu Gott, zu Mitmenschen und zur Natur andererseits. Aber Goethe erlebt schon damals die Natur als eine selbständig beseelte, von ihren Beziehungen zum Menschen unabhängige Wesenheit: er erlebte ihre Erscheinungen selbst als Akte, als menschenhafte, d. h. beseelte Kräfte — und die Sympathie zwischen ihm und der Natur besteht darin daß er in ihr die gleichen alldurchdringenden und göttlich lebendigen Kräfte spürt die auch ihn durchdringen, während Klopstocks Sympathie ein brückenschlagendes Hineindenken ist.

Für Goethe war das Wesen der Natur von vornherein menschlich göttlich, für Klopstock machte die Beziehung der menschlichen Seele oder der göttlichen Allmacht zur Natur diese erst zu einem würdigen Gegenstand. Goethe liebte sinnlich die Erscheinungen, die Gestalten selbst als gotthaft. Klopstock sah sie erst mit Bezug auf Gott, auf die Seele, von Gott aus, zur Seele hin.

Die übrigen Verse des Leipziger Liederbuches die jenes neue Gefühl der Natur, jene fromme Sinnlichkeit oder sinnliche Frömmigkeit bekunden sind:

> Es blinkt mit mystisch heiligem Schimmer
> Vor ihm der Flammen blasses Gold. (Hochzeitslied)

> Im spielenden Bache da lieg ich wie helle!
> Verbreite die Arme der kommenden Welle,
> Und buhlerisch drückt sie die sehnende Brust.
> Dann trägt sie ihr Leichtsinn im Strome darnieder,
> Schon naht sich die zweite und streichelt mich wieder,
> Da fühl ich die Freuden der wechselnden Lust. (Unbeständigkeit)

> Ewige Kräfte, Zeit und Ferne,
> Heimlich wie die Kraft der Sterne,
> Wiegen dieses Blut zur Ruh......
> Aufgezogen durch die Sonne,
> Schwimmt im Hauch ätherischer Wonne
> So das leichtste Wölkchen nie,
> Wie mein Herz in Ruh und Freude. (Das Glück der Liebe)

Und die schönsten:

> Nebel schwimmt mit Silberschauer
> Um dein reizendes Gesicht.

> Deines leisen Fußes Lauf
> Weckt aus tagverschlossnen Höhlen
> Traurig abgeschiedne Seelen,
> Mich, und nächtige Vögel auf.
>
> (An den Mond)

In all diesen Versen, und zunächst nur in diesen Versen, kündigt sich die Wieder-erlösung der Natur an: die Erlösung aus der christlichen Entgötterung der Natur, die selbst Klopstocks Lyrik noch nicht überwand: (denn Natur als Schöpfung Gottes erleben heißt nicht sie als Gottheit erleben) und dann die Erlösung aus der rationalistischen Erstarrung, welche nur begriffliche Vorstellungen, keine Kräfte und Akte in der Natur anerkannte.

Von solchen unwillkürlichen Durchbrüchen abgesehen, sind diese Gedichte zunächst weniger geschrieben um Goethes Leidenschaft und Spannung zu entladen, als um sein Können zu zeigen oder zu üben und sich klar zu werden: es ist fast mehr Klugheit, Beobachtung und Selbstbeobachtung als Sinnlichkeit, Gefühl und Leidenschaft darin. Darum überschreiten sie den Kreis der rationalistischen Poesie, den sie vollkommen ausfüllen durch Beherrschung aller technischen Mittel, nur selten. Sie geben fast nie den unmittelbaren Erguß der Seele, wie es die Klopstockische Lyrik tut, sondern versuchen echt rationalistisch immer noch ein intellektuelles, halb lehrhaft altkluges, halb galant spielerisches Resümé aus dem dargestellten oder beschriebenen Zustand zu ziehen. Der Zustand wird von dem Beobachter und Selbstbeobachter nicht nur von innen nach außen dichterisch ausgedrückt, wie an jenen rein poetischen Stellen, sondern vor allem auch von außen nach innen als Erfahrung verwertet und gedeutet. Die jahrhundertlange rationalistische Übung, welche Poesie nur gelten ließ, sofern sie, wie die übrigen lernbaren und brauchbaren Wissenschaften, den Menschen nach außen hin einen Nutzen, Lehre über das Leben oder Erbauung oder Vergnügen, bereitete, hat auch ihren jüngsten und genialsten Schüler damals gleichsam gegen seinen schon erwachten rein bildnerischen Trieb, dem es nur um Selbstauswirkung, um Selbstdarstellung, ohne Rücksicht auf Publikum, auf Lehre oder Nutzen zu tun war, noch gezwungen seinen Gedichten eine Pointe oder eine Sentenz anzuhängen. Diese Zwiespältigkeit verdirbt gerade die schönsten Gedichte des Leipziger Liederbuchs — die nur reflektierenden werden nicht zwiespältig, und also auch nicht verdorben durch die Pointe und Sentenz. Aber gerade nach den ursprünglichen lebendigen Versen wirkt der Spruchzettel am Schluß oder der Blick in den Spiegel schief und kokett.

> Freude! Wollust! Kaum zu fassen!
> Und doch wollt ich, Himmel, dir
> Tausend solcher Nächte lassen,
> Gäb mein Mädchen Eine mir.

Es ist an sich noch nicht einmal der Gedanke, was hier das ahnungsvolle Halbdunkel zerreißt: die Sehnsucht nach einer Nacht mit der Geliebten könnte als leidenschaftlicher Abklang sehr gut dies Gedicht krönen und runden — aber hier ist es der Begriffsinhalt, die geistreiche Antithese, der logische Kontrast zwischen der Schönheit der Mondnacht und der ersehnten Liebesnacht was plötzlich ohne anderen Übergang als einen des Begriffs, des Begriffs Nacht, ein dumpfes Gefühl und einen geistreichen Einfall konfrontiert, d. h. aus einer gelebten Welt in eine gedachte umspringt. Noch störender ist dies Geistreiche bei dem Gedicht an den Mond, wo ein liebevoller Anfang jählings aufgehoben wird in einen schalkisch galanten Schluß.

> Dämmrung wo die Wollust thront,
> Schwimmt um ihre runden Glieder,
> Trunken sinkt mein Blick hernieder.
> Was verhüllt man wohl dem Mond.
> Doch was das für Wünsche sind!
> Voll Begierde zu genießen,
> So da droben hängen müssen;
> Ey, da schieltest du dich blind.

Goethe selbst hat übrigens in einem Gedicht des Leipziger Liederbuchs diesen Zwiespalt zwischen Reflexion und Sinnlichkeit gleichnishaft dargestellt und ausgedeutet: „Die Freuden".

Noch war Goethes Leidenschaft nicht stark genug um ihn bis zum Rand zu füllen, um die anakreontischen galanten Rokokoformen zu verzehren — seine Natur schien erst durch, glühte erst die Bildungsformen an deren er sich bediente — aber freilich hatte sie schon genug Gewalt um des Jünglings immer regen Selbstbeobachtungsdrang zu beschäftigen und fast ganz in Anspruch zu nehmen. Der Gegenstand seiner unablässigen Reflexion war die Liebe. Hier unterscheidet sich auch derjenige Teil seiner Dichtung welcher noch im Bann der rationalistischen Reflexionspoesie geblieben war wesentlich von den bisherigen Erzeugnissen dieser Poesie. Ihr Gegenstand waren die Mädchen die ihn durch Liebe verwandelten und sodann sein eignes verwandeltes Bild das ihm im Spiegel des Denkens wiederstrahlte.

Seine Nutzanwendungen, Sentenzen und Pointen unterscheiden sich von denen seiner anakreontischen Zeitgenossen und Vorgänger, vielleicht Günther ausgenommen, dadurch daß sie ausgehen von Erfahrungen am eignen Leib. Nicht aus Büchern gelernt, nicht aus dichterischen Motiven einfach nachgeahmt, auch nicht aus fremder Beobachtung zusammengestoppelt sind seine Reflexionen über das Benehmen der Mädchen und die Pflichten des Liebhabers, über das Verhältnis von Liebe zur Tugend, über Treue und Wankelmut, über die Mittel Liebe zu gewinnen und zu erhalten, über die Stimmungen und Wechselfälle des Liebenden, über die Launen und Gebräuche der Verliebten, über das Glück und Unglück in der Liebe: sie bezeugen alle reale Anschauung, Erfahrung, klaren Blick mitten in der Erregung.

Die Damon und Phyllis der Schäferpoesie lassen Zweifel darüber ob ihnen eine Wirklichkeit zugrunde liegt: jedenfalls sind sie nicht erfunden, um von wirklichen Erlebnissen der Dichter Bericht zu erstatten, sondern um ex abstracto Lehren über die Wechselfälle der Liebe zu erteilen oder um die Fertigkeit des Dichters im Beherrschen bestimmter Techniken und Gattungen zu erweisen, gleichgültig ob die Verfasser Liebeserfahrungen hatten oder nicht. Goethe verkleidet in die Lehren und Sentenzen, in die Parabeln seiner Leipziger Lieder eigne Erfahrungen — auch seine Lehren sind indirekte Selbstdarstellungen, wie bei den Schäfern und Anakreontikern sogar die Ich-gedichte indirekte Schulmeisterei sind: Goethe hat die rationalistischen Mittel in ihr Gegenteil verkehrt, und unter der Maske eines Lehrers macht er Bekenntnisse .. während die rationalistischen Poeten unter der Maske von Lyrikern Unterricht geben.

Die Liebe von der Goethe Kunde gibt tritt allerdings weit weniger als Leidenschaft auf denn als „Galanterie". Was ist der Unterschied? Galanterie ist die Liebe als eine gesellschaftliche Erscheinung, nicht als eine naturhafte, kosmische. Und die Liebe von welcher Goethe in seiner vorstraßburger Lyrik singt ist nirgends jener absolute, nackte menschliche Grundtrieb welcher die ganze Welt verdampft und vergißt und nichts will als den geliebten Gegenstand: überall ist die Gesellschaft, die Geselligkeit, die Sitte zugleich mit der Geliebten gegeben und der Reiz der Liebe besteht für den galanten Liebhaber gerade in dem Wechselspiel zwischen Sittlichkeit und Sinnlichkeit, zwischen einsamen Schäferstunden und gesellschaftlichen Schranken, zwischen öffentlich Erlaubtem und heimlich Begehrtem oder Gewährten. Die Liebe ist hier noch kein allgemein menschliches Urschicksal, wie sie bei den großen Dichtern der Liebe von Dante bis Shakespeare dargestellt wird als ein Einbruch des unbedingten Göttlichen oder

Natürlichen in die menschlich bedingte Welt, in der sie entweder tragisch untergeht, wie Romeo und Julia, oder die sie sieghaft überwindet, verklärt, zum Gleichnis macht, wie Beatrix oder Laura. Die Goethische Liebe in seiner Produktion vor der Sesenheimer Zeit gehört zu jenen gleichsam gesellschaftlich organisierten Gefühlsweisen, wie sie im mittelalterlichen Minnesang, in der französischen Hofpoesie unter Ludwig XIV. und XV. und deren deutschen Nachahmungen ausgebildet worden sind — auch des jungen Goethe sinnliche Leidenschaft war noch nicht gewillt oder genötigt diese gesellschaftlichen Bindungen zu sprengen, seine Liebe als ein außergesellschaftliches „Urphänomen" auszudrücken.

Die galante Lyrik verhält sich zur ursprünglichen Liebesdichtung wie eine Mensur oder ein Duell zum Zweikampf in einer Schlacht: Galanterie ist „kommentmäßige" Liebe. Nicht die nackten menschlichen Leidenschaften Haß und Liebe und die letzten menschlichen Schicksale Leben und Tod bestimmen die Ausdrucksformen, sondern die Rücksicht auf eine Gesellschaft in die man eingeordnet ist und über die hinaus kein Horizont gesehen oder anerkannt wird. Der leidenschaftliche Lyriker ist ein Naturwesen und der galante Lyriker ist ein Gesellschaftswesen. Nur von diesem Gesichtspunkt aus verstehen wir die Motive oder die Probleme von Goethes Leipziger Lyrik: sie gehen fast alle hervor aus den Gedanken über das Benehmen der Geliebten mit Rücksicht auf ein bewußt oder unbewußt immer gegenwärtiges Publikum welches die Sitten vertritt. Sitte und Sittlichkeit sind noch identisch. Bezeichnende Gedichte hierfür: „Das Schreien":

> Da rief ich trotzig, ha! ich will
> Den töten der uns stört!
> Still, lispelt sie, Geliebter, still!
> Daß ja dich niemand hört.

In diesem Sinn redet „Liebe und Tugend" von dem Verhalten der Geliebten gegenüber den mütterlichen Lehren. Wichtiger als die Gefühle sind dem Dichter noch die Verhaltungsarten: seine Lyrik gewinnt dadurch an Anschaulichkeit und sachlichem Motivreichtum was sie an Tiefe und Seelengewalt einbüßt. Der unabweisbare Seitenblick auf die Gesellschaft, die Beobachtung, die Selbstbeobachtung, die Rücksicht auf sich, auf die Geliebte, auf andere verhindert einen unmittelbaren Ausbruch und Ausdruck des nackten naturhaft eignen Gefühls und zwingt den Autor zur Füllung seiner Gedichte mit Motiven aus der Außenwelt, aus der Gesellschaft innerhalb deren, durch die hindurch, an der vorbei, um die herum er liebt.

Z. B. das Neujahrslied, das erste des Leipziger Liederbuchs, ist eine Revue verschiedener Gesellschaftstypen, Charaktere im Sinn des Theophrast oder Labruyère, die sub specie amoris durchgehechelt werden. „Kinderverstand" beschreibt anschaulich epigrammatisch das Verhalten verschiedener Stände bei der Liebe.

„Die Liebhaber" (nicht ins Leipziger Liederbuch aufgenommen) läßt die verschiedenen Argumente und Vorzüge Revue passieren womit man Mädchen wirbt. In der moralischen Erzählung „Triumph der Tugend", Wielandisch in Vortrag und Motiv, wird der Konflikt zwischen Sinnlichkeit des Liebenden und Sitte der Geliebten lehrhaft und lüstern ausgemalt. „Der wahre Genuß" deliberiert über die Rechte und Pflichten, über Freiheit und Selbstbeschränkung des Liebhabers, immer unter dem Gesichtspunkt der Gesellschaft: die Sitte ist noch nicht leere Konvention die vernichtet werden muß, sondern Gesetz mit dem man sich abzufinden hat, um des Glücks und des Wertes willen.. sie wird umgangen, aber sie ist gültig, sie hält der Sinnlichkeit das Gleichgewicht. Galanterie ist die Auseinandersetzung zwischen Sitte und Sinnen.

„Soll dich kein heilig Band umgeben
O Jüngling; schränke selbst dich ein.
Man kann in wahrer Freiheit leben,
Und doch nicht ungebunden sein."

„Wollüstig nur an meiner Seite,
Und sittsam wenn die Welt sie sieht"

wünscht er die Geliebte

„Wenn in gesellschaftlicher Stunde
Sie einst mit mir von Liebe spricht,
Wünsch ich nur Worte von dem Munde,
Nur Worte, Küsse wünsch ich nicht .."

Immer ist der Blick auf die Gesellschaft gerichtet.

Doch beschäftigt den jungen Liebhaber schon damals ahnungsvoll ein Problem der Galanterie das eben aus diesem Kampf zwischen Sitte und Sinnlichkeit sich ergibt, und das er später als ein allgemein tragisches Problem erleben und darstellen sollte in der Gretchentragödie: die Hingabe der Geliebten ohne Ehe. Er streift es in dem eben zitierten Gedicht, er behandelt es ausführlich und mit pathetischem Nachdruck, ja mit Worten die fast wie ein Vorklang zu Gretchens Jammer anmuten, in der „Elegie auf den Tod des Bruders meines Freundes", worin sentimentale Rhetorik mit wirklichem Pathos sich vermischt. Es handelt sich um einen jungen Mann der in der Schlacht gefallen ist, nachdem er einem Mädchen die Eh versprochen und es verführt hat: das Schicksal des gefallenen und verlassenen Mädchens ist der eigentliche Gegenstand der Elegie.

> Nie hat ein Herz so viel gelitten,
> Herr, sieh herab auf ihre Not,
> Und schenke gnädig ihren Bitten
> Sein Leben, oder ihren Tod.
>
> O Gott, bestrafest du die Liebe,
> Du Wesen voller Lieb und Huld?
> Denn nichts als eine heilige Liebe
> War dieser Unglückseligen Schuld.

Diese zwei Strophen des 18jährigen heben sich durch ein Pathos des Mitleids ab von den rein rhetorischen Leichenklagen über den Tod und den nicht recht gefühlten, ungoethischen Anklagen gegen den Fürsten der durch seinen Krieg den Tod des Bräutigams veranlaßt. Es sind Vorläufer des Verses „der Menschheit ganzer Jammer faßt mich an." Aber auch hier wird das Problem noch von der Gesellschaft aus angesehen, nicht von der Leidenschaft aus. In der Gretchentragödie ist die Sitte nur der Anstoß durch den ein Geschöpf an seiner Leidenschaft zugrunde geht, nur das Exekutivorgan des Schicksals das in den beiden Liebenden selbst gegeben ist. Das Schicksal Gretchens ist Faust und seine Liebe, nicht die Sitte. In Leipzig ist die Sitte noch als das Absolute wirksam, sie wird zum Schicksal der Sinnlichen im Guten oder im Bösen — sie ist das Maß, das ursprüngliche schlechthin Gegebne. So grenzt in Goethes Jugendlyrik überall die Gesellschaft den geistigen Raum ab und die Sinnlichkeit schafft die Bewegung die ihn füllt. Sinnliche Bewegung und Beobachtung ihrer gesellschaftlichen Wirkungen und Gegenwirkungen sind die beiden Kräfte die den Gehalt dieser Leipziger Produktion bestimmen: Materialsammlung zur Beobachtung seiner selbst und der Gesellschaft, die damals für Goethe das Leben, die Welt selbst war, und Übung in der Beherrschung der geistigen und seelischen Mittel sind die Probleme seiner damaligen Lebensführung, wie die Sinnlichkeit und die Gesellschaft der Gehalt seiner Produktion ist, die Auseinandersetzung zwischen Sinnlichkeit und Gesellschaft das Problem seines Erlebens selber ist.

Es war zu erwarten daß bei seinem unablässigen Streben und Versuch in alle Sättel gerecht zu werden Goethe dies Erlebensproblem auch in den damals ihm vorliegenden Formen der Dramatik vergegenständlichen werde. So sind die Laune des Verliebten und die Mitschuldigen (diese erst nach der Leipziger Zeit in Frankfurt ausgetragen) zu verstehen. Die Erfahrung, die Beobachtung und Selbstbeobachtung hat diese beiden Stücke geschrieben, nicht die Leidenschaft, und die Liebe ist darin mehr noch als in der lyrischen Produktion eine rein gesellschaftliche Erscheinung. Beide Stücke sind „Sinnspiele" nach dem Muster der französischen Komödie: sie stellen den Menschen als stilisiertes Gesellschaftswesen dar, und sie sind erweiterte, als Handlung anschaulich gemachte Epigramme. Die epigrammatische Lehre der beiden Stücke wäre etwa: Was du nicht willst daß man dir tu, das füg auch keinem andern zu oder: eine Krähe hackt der andern das Auge nicht aus.

Worauf kam es nun Goethe abgesehen von der Lehre an? Waren es bloß nachahmende Übungen, literarische Versuche Gellert oder Gärtner als Sinnspieldichter, Molière als Lustspieldichter zu erreichen — oder brannte ihm etwas auf die Nägel das nur in diesen Formen sich ausdrücken konnte, ein Erlebnis das er beichten, eine Erfahrung die er vergegenständlichen mußte? Ohne Frage das letztere — aber die darzustellende Erfahrung war nicht die individuelle Leidenschaft, wie sie sich beim Menschen als einem Geschöpf aus Natur und Schicksal äußert. Es gibt in beiden Stücken weder Natur noch Schicksal, sondern nur Gesellschaft, Empfindung und Intrige. Daraus ergibt sich weiterhin daß wir nicht die menschlichen Erregungen selbst als Sprachgebärde dargestellt bekommen, sondern nur ihre Symptome, als Gedanken oder Handlung. Die Menschen in dieser Art Dramatik sind nicht sprachliche Verkörperung von seelischen Zuständen und Leidenschaften, aus denen die Schicksale und Handlungen als notwendige Ausstrahlungen oder Entladungen hervorgehen, sondern sie sind die Aussprecher von Gedanken über Empfindungen welche sie hegen und die Begeher von Handlungen.

In der Laune des Verliebten macht Goethe ein unbarmherziges Bild seiner eigenen eifersüchtigen Grillen und ihrer gehässigen und unbilligen Wirkung auf das geliebte Opfer und auf die unbefangenen Zuschauer. Das Ich, das sich in den Gedichten nur von innen her, eben als sein Ich aussprach, die Grillen und Qualen über die er nicht hinweg konnte sieht er hier von außen, gleichsam als ein Unbeteiligter und stellt sie, als ein unbeteiligter Zuschauer, vor sich als den beteiligten Begeher und Erdulder hin .. und im Bild erteilt er sich zugleich die Strafe deren er sich im Leben schuldig weiß. Die Art wie der Eifersüchtige von der Freundin seiner Geliebten in die Falle gelockt und vor der Geliebten wie vor sich selbst mit seinem unbilligen Argwohn ad absurdum geführt wird ist nicht nur ein Selbstbekenntnis, sondern vor allem ein Selbstgericht, eine Selbstdarstellung in Form einer Selbstbestrafung, zugleich freilich eine über seinen konkreten Fall hinausreichende allgemeine, typisch gehaltene und typisch ablösbare, verwendbare Lehre über das Wesen, die Häßlichkeit und die Lächerlichkeit verliebter Eifersucht überhaupt.

Die Mitschuldigen sind nicht so reinlich als eine Selbstdarstellung erkennbar, wenngleich zum Alcest, und zwar weniger zu seinem Charakter als zu seinen Gefühlen, eigne Zustände die Farben hergeben mußten: der dringende, unbefriedigte, mit Unrecht sich verkürzt glaubende Liebhaber ist, einerlei in welchen Situationen er seine Gesinnungen und Gefühle äußert, auch hier projiziert aus Goethes eigenen Leipziger Stimmungen. Man muß unterscheiden ob die Selbstdarstellung in der Handlung oder nur in den Worten, d. h. den Gefühlen aufzusuchen ist. Die Laune des Verliebten ist eine Handlung welche von Goethe eigens erfunden worden ist nach Analogie eigener Erlebnisse, um daran seine Gefühle darzustellen, zu objektivieren: gewissermaßen als konkretes Gestell für seine Gefühle. In den Mitschuldigen war die Handlung zuerst da, als Handlung hat sie ihn interessiert und die Erfahrung woraus sie hervorgegangen ist, war nicht ein persönliches Sentiment, wie das des gekränkten Liebhabers, sondern die Beobachtung gewisser gesellschaftlicher Zustände, nicht ein objektiver Blick ins eigene Innere, sondern ein Blick in die Umwelt, und nur in manche Partien der Ausführung spielten eigene Empfindungen hinein. Die Laune des Verliebten ist bei gleicher Technik der Sprache und der Szenenführung einfacher, gradliniger, die Mitschuldigen sind polyphoner und umspannen einen größeren Kreis der Beobachtung, sie setzen auch rein als Leistung ein größeres Können, ein Virtuosentum voraus. Sie sind in einem höheren Maß von Außenwelt gespeist als die Laune des Verliebten, aber freilich von einer Außenwelt die Goethe nicht so am Herzen lag wie die Innenwelt der er in der Laune des Verliebten Ausdruck verlieh. Er betätigte hier zum erstenmal was er später seinen realistischen Tick genannt hat: die Lust und die Kraft sich nach außen hin auf die Anschauung und Darstellung eines ihm fremden, ja selbst widrigen Gegenstandes zu konzentrieren, zu beobachten und nachzuzeichnen um jeden Preis, einmal um sich abzuhärten gegen den Andrang der Umwelt, und sodann um seine Augen und seine Hand zu üben, zu festigen, daß sie auch das Widerstrebende ertragen und bannen könne.

Schon so früh begegnen wir diesen zwei Linien der Goethischen Produktion: der Selbstdarstellung durch gestaltende Beichte dessen was sein Inneres füllte und von innen her zu zersprengen drohte, und der Weltdarstellung durch gestaltende Distanzierung dessen was von außen her an ihn herandrängte. In beiden Fällen handelt es sich um eine Befreiung und um eine Distanzierung: denn sowohl unser Inneres als das Äußere droht uns zu verwirren und an der Gestaltung zu hindern. Das was unbewältigt in uns liegen bleibt, und was fremd auf uns zudringen, uns Luft und Aussicht rauben will — beides ist unerträglich für den Menschen dessen Aufgabe die Gestaltung ist.

Der Gegensatz zwischen Ichbild und Weltbild begegnet uns zum erstenmal deutlich, wenn wir die Laune des Verliebten und die Mitschuldigen vergleichen — und zugleich ist schon hierbei der Unterschied zwischen einer notwendigen Entladungsdichtung, Beichte, und einem meisterlich gelungenen Experiment. Die rein technischen Qualitäten der Mitschuldigen überwiegen — das Bild der Gesellschaft das Goethe hier bannen wollte hat er vollständig herausgebracht. Die Helligkeit und die Tiefe seines Blicks, die Sicherheit seiner Hand, die Konzentration — sowohl die Intelligenz die so beobachten und durchschauen konnte als die technische und sprachliche Gewalt die das Beobachtete so wiedergeben konnte ist erstaunenswert: aber dennoch ist in dem Stück nichts was nicht ein begabter und gescheiter Mensch lernen könnte, keine jener wahrhaft genialen Konzeptionen die man nicht „machen" kann. Es fehlt dem Stück sogar die menschliche Wärme und innere Anmut welche die Laune des Verliebten ausstrahlt, obwohl dies Werk technisch weder so hohe Ansprüche stellt noch erreicht wie die Mitschuldigen.

Gesellschaftskritik freilich, wie man wohl gemeint hat — in der Art Molières oder Ibsens, aus einem sittlichen Pathos heraus — übt das Stück durchaus nicht. Verbitterung, Haß oder Hohn ist nicht darin zu merken, kein spöttisch oder strafend hinweisender Autorenfinger sticht in die Darstellung hinein. Es ist die Gleichgültigkeit und die Anteilnahme eines sittlich indifferenten, ästhetisch interessierten Beobachters, und dabei die jugendliche Freude an der Spannung des Vorgangs als solchen, d. h. an der Bekundung der eignen Meisterschaft in der Lehre mehr dessen was ist als dessen was sein soll . . etwa: in der Gesellschaft hat keiner dem anderen was vorzuwerfen . . das Menschliche haftet allen an, oder wie Goethe es später und allgemeiner formuliert hat: wir alle leiden am Leben. Seine stillschweigende Folgerung ist weniger eine Molièresche Mahnung zur Besserung als ein Wielandisches Leben und leben lassen. Das Ethos ist nicht Sittlichkeit sondern Läßlichkeit. Schon damals mißt Goethe die Menschen nicht an einem überweltlichen Ideal, sondern sucht zu erkennen und darzustellen was ihm als ihr Wesentliches und Charakteristisches, als ihr Menschliches erscheint.

Die Abwesenheit des eigentlich moralistischen Maßstabs ist schon hier für ihn bezeichnend, nur ist sie freilich hier noch nicht, wie später, begründet in einer höheren religiös heidnischen Weltbetrachtung, welcher alles Vergängliche nur Gleichnis ist, sondern in einer gesellschaftlichen Läßlichkeit, deren literarischen Ausdruck in Deutschland Wieland anmutig und quasi philosophisch zu machen wußte. Wenn Goethe später die Gesellschaftszustände als Phänomene der Natur, also übergesellschaftlich ansah, wie er es z. B. in den Wahlverwandtschaften getan hat, so entfiel das moralische Werturteil von selbst. Der Dichter der Mitschuldigen aber stand noch nicht über der Gesellschaft, sondern in ihr — und wenn er hier sich des Moralisierens entschlagen wollte, so konnte er es nur in den Formen eines gewissen Epikuräismus. Was ihn aber von Wieland und den Rokokohedonisten stark unterscheidet, ist daß seine Läßlichkeit ihn keineswegs verführt, nun die Zersetzung und Lockerheit etwa rosig zu sehen und liebenswürdig aufzuschönen: vielmehr läßt er sich den Blick für die Zersetzung als solche nicht trüben, und weist nicht halblaut im Text auf die Anmut solchen Verfahrens hin. Die Schärfe der Beobachtung und die Unerbittlichkeit sind wohl so, daß man ein Aug des Hasses und der Kritik dabei vermuten könnte, es ist aber nur ein Aug des Forschers, und ist vor allem ein Aug des Selbstbeobachters. Die Laune des Verliebten und die Mitschuldigen haben, so verschieden sie unter sich durch ihren Ausgangspunkt und in ihrer Ausführung sind, seltsamerweise beinah dasselbe Schlußmotiv: die Rechtfertigung und Aussöhnung des Schuldigen durch eigne oder durch Mitschuld. In der Laune des Verliebten ist die Schuld welche eine Versöhnung fordert und erreicht nur eine gewähnte, in den Mitschuldigen eine wirkliche, in beiden Fällen aber ist es das Vorhalten eines Spiegels was die Läuterung oder wenigstens Rechtfertigung hervorbringt — und dies ist nur ein vielleicht unbewußtes Symbol der Goethischen Objektivität und ihrer Rückwirkung auf seinen Charakter: ein Symbol für die reinigende Wirkung die schon der junge Goethe dem objektiven Sehen, der Beobachtung und Selbstbeobachtung zuschrieb. So verstand er das γνωθι σεαυτον schon früh nicht als Selbstanalyse, sondern als eine Selbstprüfung im Spiegel der Außenwelt: ein tiefer Instinkt daß alles Innere an einem Äußeren sichtbar und erkennbar sei leitete ihn schon damals.

Von den Leipziger Dichtungen, die wesentlich Gesellschaftspoesie sind, heben sich drei Gedichte aus dem Jahr 1767 ab als Zeichen einer Gesinnung welche sich gegen die Gesellschaft bewußt auflehnt und der menschlichen Natur ein selbständiges Recht zugesteht: es sind die drei Oden an seinen Freund. Dem Motiv nach sind sie die Aufforderung an einen Gefährten sich einer schädlichen Atmosphäre zu entziehen, eine andere Umgebung zu suchen. Nicht gerade ausgesprochene Opposition — nur das Ethos aus dem diese Verse kommen ist nicht mehr die Galanterie, die innere Form wird nicht mehr bestimmt durch den Hinblick auf eine Gesellschaft, wie die Poesien des Buchs Annette, und des Leipziger Liederbuchs. Scheinbar spricht hier bereits ein Mensch der sich von der Rücksicht auf die Rokoko-geselligkeit freigemacht als fühlende Einzelnatur. Bei näherem Zusehen erkennt man aber daß diese Haltung bedingt wird durch die Odenform, und daß diese Form weniger eine Notwendigkeit des darin ausgedrückten Gehaltes ist als ein Experiment. Die drei Oden sind Versuche des jungen Virtuosen, sich auch einmal in der modernsten Art Poesie zu betätigen, wie sie durch Klopstock inauguriert worden war: Wie er in seinen ersten Studentenbriefen französische und englische Gedichte, Alexandriner und Hexameter mischte, teils um sich zu üben, teils um zu zeigen was er könne, so erprobte er sich hier einmal in der Odenform, und wir müßten uns wundern, wenn an dem geweckten, allseitig aufnehmenden und das Aufgenommene reproduzierenden Jüngling die einschneidende Neuerung welche mit Klopstocks Messias und Odenpoesie einsetzt spurlos vorübergegangen wäre.

Erschien auch die erste Sammlung von Klopstocks Oden erst 1771, so hatte Goethe doch wohl in Zeitschriften Gelegenheit einzelne dieser grundstürzenden und grundlegenden Gebilde kennen zu lernen. Er erwähnt den Dichter zum erstenmal in einem Brief an seine Schwester vom Oktober 1766 mit Verehrung neben Milton und Young, Tasso und Ariost, und Gesner.. allerdings denkt er hier wohl nur an den Dichter des Messias. Was er übrigens schon aus dem Messias lernen konnte, so daß es keiner unmittelbaren Nachahmung der Oden bedurfte, war „le stil magnifique, elevé", wie er in jenem Brief ihn Klopstock nachrühmt, und jenseits der poetisch technischen, metrischen Einzelheiten das Übergesellschaftliche: nämlich die Weihe — die göttliche Berufung — als Ausgangspunkt und vielfach als Stoff der neuen Poesie. Die Haltung des göttlich inspirierten Dichters ist der Blick nach oben oder nach innen ohne Rücksicht auf die Zuschauer.

Die drei Oden Goethes an Behrisch tragen allein unter allen Leipziger Gedichten diesen Charakter der Einsamkeit. Das erstemal bedingt hier nicht die Gesellschaft den Ton, das erstemal spricht er hier ohne unbeteiligte Zuhörer, und das ist wichtiger als die metrischen Neuerungen, die freien reimlosen Rhythmen. Manches in den Oden erinnert wie ein dünner schüchterner Vorklang an die Harzreise im Winter — auch hier erstaunt uns wieder Goethes absolute Meisterschaft in der Beherrschung jedes Technischen. Wie er an Anmut jeden Anmutigen überbot, so versagt ihm hier auch nicht einen Augenblick der Bilderapparat zur Füllung des großen getragenen Tons in den er sich eingelassen.

Nur merkt man auch diesen Gedichten noch an daß sie gewollt und gekonnt, aber nicht gemußt sind: daß das „Erhabene" dem Dichter noch als eine auszufüllende Gattung vorschwebte, als ein Muster das er erreichen könne, nicht eine innere Fülle die notwendig sich auf erhabene Weise entladen mußte. Das Erhabene das der junge Goethe hier erreichte verhält sich zu dem seiner späteren Oden, seines Prometheus, Ganymed und seiner Harzreise, etwa wie das Erhabene eines virtuosen Schauspielers zu dem eines wirklichen Helden: er lebt sich hinein, er lebt es nicht aus sich heraus. Jede Virtuosenpoesie ist schauspielerische Poesie: d. h. sie dichtet nach einem vorgestellten Wunschbild hin — die ursprüngliche Poesie des Müssens, nicht des Könnens, aus einem Gelebten hervor. Auch die Oden an Behrisch sind mehr Paradigmata guter Odenpoesie als wirkliche Oden, sie sind kalt und bei aller Höhe des Flugs und Fülle der einzelnen Anschauungen seelisch leer: denn der Gehalt, der Anlaß, das Erlebnis aus dem sie hervorgingen, ist nicht gewichtig genug um all diese Last von einzelnen Bildern zu tragen. Die Folge davon ist daß die Einzelbilder selbständig geworden sind und nicht mehr zusammengehalten werden durch den einheitlichen Grundgedanken. Das Erhabene wird hier, auf einer höheren Stufe des Stils und der Gesinnung, zum bloß Dekorativen ähnlich wie in dem Knaben-gedicht über Christi Höllenfahrt.

Wenn diese Oden unter Klopstocks Einfluß und Anregung entstanden sind, so sind sie doch keineswegs Nachahmungen der Klopstockischen Manier, nach den Schablonen der Klopstockianer gefertigt noch wimmelnd von den Klischees womit diese Klopstockischen Schwung zu erreichen meinten. Nirgends sind hier Requisiten der Klopstockischen Anschauungsart, Weihe, Rührung, Unendlichkeit u. dgl. unvorstellbare Vorstellungen, vielmehr sind die Bilder und Tonfälle aus Goethes eigner Anschauung, dichter, sinnlicher, besonderer, augenhafter als Klopstock selbst sie manifestierte. Klopstockisch ist daran die Tendenz zum erhabenen Stil überhaupt und die daraus folgende Anwendung freier Rhythmen, welche der Seele Spielraum ließen ihre „Aktion" (nach Klopstocks technischem Ausdruck) auszuleben. Unter Aktion verstand Klopstock die Bewegung eines Gedichtes im Gegensatz zu seinem Bilderinhalt, seine Rhythmik im Gegensatz zu seiner Metrik, seinen Gang im Gegensatz zu seinem Maß. Aber noch war selbst „Aktion" eine Art Gattungsbegriff, und Goethe gedachte in diesen Oden Gedichte zu liefern deren Hauptnachdruck einmal Aktion sein sollte, nachdem er metrisch anschauliche Gedichte geliefert hatte. Noch lebte er ja in den ästhetischen Begriffen seines Zeitalters, nicht befangen in irgendeiner bestimmten ästhetischen Theorie, sei es die Gottscheds, der Schweizer, oder Lessings — aber doch noch geschult durch literarisch geläufige Regeln und Muster. Genährt und angeregt wurde bei ihm der Schwung und die Aktion, das Odenhafte, auf ganz andere Weise als bei Klopstock, vor allem nicht durch den Gedanken an Gott, sondern durch die sinnliche Anschauung der Natur. Nur benutzt er sie hier nicht als Selbstzweck, als Lokal oder um eine seelische Stimmung zu begleiten, wie in seinen galanten Gedichten, sondern um einen Gedanken allegorisch zu verkörpern.

Es gehört zur Ode, daß sie vom Gedanken ausgeht, nicht von der Stimmung: denn die Ode, an ein Du, sei es Gott oder Freund, Geliebte oder Volk, gerichtet, ist ihrem Begriff nach feierliche Hinwendung an etwas außerhalb des Sängers welches bewußt gedacht ist. Worauf sie auch wirken soll, woran sie auch appellieren will und welche Seelenkräfte ihr auch als Mittel dienen mögen: die Ode geht zunächst an das Bewußtsein und ihr Weg ist also der Gedanke, vom Gedanken zu den Sinnen, nicht umgekehrt. Oden sind an sich rhetorisch. Indem Goethe, beim virtuosen Versuch sich auch als Beherrscher der Odengattung zu zeigen, gegen seine eigentliche Natur vom Gedanken zur Anschauung, zum Bild vorzuschreiten hatte, verweilte er beim Bild mit besonderer Vorliebe. Die Bilder, die er ursprünglich nur allegorisch verwenden wollte, werden ihm unter der Hand Selbstzweck, und er malt sie so liebevoll aus, daß der ursprüngliche Gedanke davon ganz erdrückt wird und die Gedichte aus einer Kette von Einzelbildern bestehen, die an sich schön, aber nicht eigentlich notwendig sind und mehr virtuos gefügt als dichterisch zusammengewachsen sind. Während Klopstock sofort von jeder sinnlichen Anschauung wieder zum Gedanken zurückkehrt, bleibt Goethe hier noch am Sinnlichen hängen, welches seiner Natur gemäßer, aber der vorliegenden gedanklich allegorisch rhetorischen Aufgabe die er sich selbst gestellt hatte, entgegen war. So sind die Naturbeschreibungen gleichsam Gedichte im Gedicht und der Gedanke ist von den Metaphern überwuchert worden. Diese nach Klopstockischer Anregung verfaßten Strofen — ein in Klopstockische Provinz unternommener Ausflug — bringen uns auch den negativen Erweis dafür was Goethe damals gemäß war, seinem Charakter nach, und was er bloß lernen konnte, seinem Talent nach. Wenn er in diesen Oden, also Gedankendichtungen, sofort ungeduldig sich auf Naturbeschreibung stürzt und daran hängen bleibt, so wird uns bestätigt was wir seinen übrigen, auch seinen galanten Gedichten entnehmen konnten: daß sein natürlicher Weg der von der sinnlichen Erfahrung zur geistigen Deutung war, umgekehrt wie bei Klopstock und später bei Schiller.

War dem Leipziger Studenten schon das Allegorische des Odenwesens nicht gemäß, so war ihm das Erhabene, Ungesellschaftliche daran ebenso fremd. Der Titanismus der in ihm schlummerte, die Lebensfülle der die Rokoko-gesellschaft zu eng werden mußte, bedurfte wohl auch früher oder später eines Auswegs. Zwar eine solche Sprache der erhabenen Einzel-seele schien ja bereits geschaffen, der außergesellschaftliche Ausdruck des Ich legitimiert eben durch Klopstock, und es hätte nahegelegen daß der junge Goethe auf diesem Weg weiter schreitend der Gesellschaft entlaufen und zum Ausdruck seiner souveränen Kräfte gelangt wäre. Aber gerade die Klopstockische Art sich über die Gesellschaft zu stellen lag zu weit von seiner eigenen Natur, seinem eigenen Bedürfnis ab. Die Klopstockische Art der Freiheit wäre ihm, eben weil sie geistiger war, eine viel unerträglichere Lebensform geworden als die Gesellschaft selbst. Zuwider mußte ihm Klopstocks Allegorismus und Seraphismus, die Seelenschwelgerei und die Pfaffensalbung sein womit Klopstock an Idealen die Erscheinungen maß, und diese Ideale wiederum waren pietistisch und patriotisch.

Und war schon Klopstocks Positives Goethe fremd, so fehlte bei Klopstock was Goethe das Unentbehrlichste war um seine Fülle auszubreiten: konkrete sinnliche Natur.

So war wohl Klopstocks Freiheit als seelische Form etwas Anregendes und sogar Begeisterndes, aber der Gehalt dieser Freiheit war dem jungen Goethe nicht angemessen.

Klopstocks Freiheit war die Freiheit des Christenmenschen im Sinne der Lutherischen Schrift: Freiheit der Seele durch Gott und in Gott. Die Freiheit die Goethe brauchte, sobald er sich einmal ernsthaft an der Gesellschaft stieß, sobald sein Genius die Flügel in ihrer ganzen Breite ausspannte, war die des Prometheus, des Titanen der für seine ungeheure Lebensfülle größeren Spielraum, breitere Welt braucht als er in gesellschaftlichen Bindungen finden kann. Klopstocks Freiheit war die des Subjekts an sich, der Seele die autonom beten will, Goethes die der „Persönlichkeit" die sich bilden, die wirken und gestalten will. Der eine geht von der Reformation, der andere von der Renaissance, vom Humanismus aus . .

Das Gemeinsame der von Klopstock erreichten, von Goethe bald bedurften Freiheit ist nur das Negative, nämlich die Freiheit von etwas: das heißt die Freiheit von der Gesellschaft. Völlig verschieden war ihre Freiheit zu etwas: Klopstocks Protestantismus und Goethes Heidentum konnten unmöglich mit der Freiheit dasselbe anfangen — und so sagte dem jungen Goethe ein sicherer Instinkt (denn bewußt hat er sich das alles nicht klargemacht) daß er dem von Klopstock gebrochenen Ausweg in die Freiheit nicht weiter folgen dürfe: er mußte sich früher oder später einen eigenen brechen oder einem anderen Pionier folgen, der ihm den Weg in seine Art der Freiheit brechen half.

Solange mußte er sich wohl oder übel in den Grenzen der Gesellschaft behelfen, anfangs mehr wohl, später mehr übel: nämlich wohl, solange er von der Gesellschaft noch irgend etwas zu lernen hatte, solange er ihren Kreis noch nicht durchlaufen hatte, solange er noch unentdeckte Winkel und Ausdrucksmittel in ihrer geräumigen, aber begrenzten Zone fand. Solange die Gesellschaft noch wirklich Welt, die Welt für ihn bedeutete, mochte er sich nicht umsehen nach Führern über diese Welt hinaus, und darum finden wir bezeichnenderweise unter den Meistern denen er sich verpflichtet weiß nicht Klopstock sondern nur den Leipziger klassizistischen Maler Oeser, und den umfassendsten Dichter der Gesellschaft: Wieland.. dieser hatte mehr als irgend ein anderer gezeigt wie weit und breit und fruchtbar die Gesellschaft für einen behenden und fruchtbaren Geist sei.

Neben diesen beiden, seinem Lehrer des Schönen und seinem Lehrer des gesellschaftlich Wahren, nennt Goethe im Ausklang seiner Leipziger Zeit 1770, schon wieder in Frankfurt, noch Schäckespeare. Es ist seine erste Erwähnung des Alldichters. Was tut nun der in diesem Dreibund? Zunächst, der Shakespeare an den Goethe hier denkt ist die Wielandische Shakespeareübersetzung, ein den Bildungskonventionen der deutschen Rokokogesellschaft schon sehr angenäherter Shakespeare. Alles was der junge Goethe in seiner Leipziger Zeit und vor der Straßburger Zeit von ihm vertragen konnte hatte etwa die Wielandische Verdeutschung für ihn zubereitet: noch war für ihn Shakespeare nicht der Dichter der den Menschen als ein Elementargeschöpf, Natur und Schicksal und Leidenschaft als menschliche Allkräfte dichterisch gebannt hatte: diesen Shakespeare hätte er nicht erleben können, da sein eigenes Dasein noch nicht den Blick auf den übergesellschaftlichen Menschen ermöglichte. Was ihn daher an dem Wielandisch gesehenen Briten anzog war zunächst der Umfang seiner Seelenkenntnis, die Beobachtung menschlicher Charaktere und Sitten, seine Weisheit, sein Witz und seine geistige Freiheit: es war der weiteste Bereich dichterischer Menschenkunde, der größte Atlas des Mikrokosmos den Goethe damals hätte finden können. Noch zogen ihn damals mehr die allgemein geistigen als die eigentlich dichterischen und schöpferischen Eigenschaften Shakespeares an. Sein Bedürfnis nach Natur, d. h. nach Einsicht in die menschliche Wirklichkeit fand in Shakespeare einen geeigneten Führer, wie sein Bedürfnis nach sinnlicher Harmonie und Kunstschönheit unter Oesers Anleitung sich wohlfühlte, und sein Bedürfnis nach Schicklichkeit, Empfin‏dung, läßlicher Grazie und gescheitem Weitblick durch Wieland befriedigt wurde.

Der Frankfurter Brief vom 20. Februar 1770 (der letzte vor der Über‏siedlung nach Straßburg) worin er diese drei als seine Lehrer und Meister bezeichnet, zieht rück‏ und vordeutend die Summe seiner Leipziger Exi‏stenz und diese drei Namen geben den positiven Stand seiner in Leipzig er‏rungenen Bildung an: Oeser und Wieland vertreten die Bildung die er hinter sich lassen sollte, Shakespeare kündet die Bildungswelt an die seiner in Straßburg harrte. Der Brief ist eine jener Selbstprüfungen deren Goethe an jeder Wendung seines Lebens ebenso bedürftig als fähig war und ge‏währt Einblick in einen unruhig schwankenden Zustand, geteilt zwischen dem Registrieren und Verwerten der Bereicherungen die ihm das Leipziger Jahr gebracht hatte und der tastenden Suche nach neuer Betätigung seiner ausgreifenden Kräfte, zwischen der Feststellung sichern Besitzes und dem Zweifel über den künftigen Weg, kritisch gegen sich selbst und verehrend und dankbar gegen alle geistigen Förderer, zugleich anspruchsvoll und ehr‏fürchtig: „Oesers Unterricht wird auf mein ganzes Leben Folgen haben. Er lehrte mich, das Ideal der Schönheit sei Einfalt und Stille, und daraus folgt, daß kein Jüngling Meister werden könne.

Nach ihm und Schäckespearen, ist Wieland der einzige, den ich für mei‏nen ächten Lehrer erkennen kann, andre hatten mir gezeigt daß ich fehlte, diese zeigten mir wie ichs besser machen sollte."

STRASSBURG

DIE Leipziger Unruhe, Geselligkeit, Beschäftigung hatte Goethes Blick nach außen, auf den Beobachtungsstoff gerichtet und seiner Aufnahme‏lust und Verarbeitungsfähigkeit immer Anregung und Aufgaben gewährt, so daß er dort, bei allem Hang zur Selbstbespiegelung, nicht dazu kam eine Bilanz zu ziehen. Denn das Bedürfnis sich über den Gewinn und Verlust seiner jeweiligen Zustände klar zu werden war in Goethe bedingt durch sein Streben danach etwas zu werden, ein Wunschbild von sich zu errei‏chen. Er lebte nicht einfach genießend in den Tag hinein, und wie sehr er auch plätscherte in allen Wassern, naschte, liebelte und tändelte, sich gehen ließ und wohl auch einmal untertauchte im genüßlichen Augenblick: bald als dunkler Drang, bald als helles Bewußtsein rang in ihm eine Aufgabe, eine Verantwortung, ein Vorgefühl künftigen Werts und Wirkens. Er fühlt den Moment nur als die Welle eines Stroms der ihn weiter drängt: nicht als eine Pfütze in der er, wie der gewöhnliche Genießer, plätschern kann.

Aber er konnte auch nicht, wie der gewöhnliche Streber, den lebendigen Augenblick einfach in eine Rechnung einstellen, und abmessen was er davon für die Karriere oder das Geschäft brauchen darf: dazu gibt er sich zu sehr an das Lebendige hin, als daß er es einem berechneten äußeren Ziele opferte. Er hat kein äußeres Ziel, sein Ziel ist er selbst, wie das Ziel des Keims die eigne Blüte oder Frucht ist.

Was war nun etwa das Ideal, das Wunschbild wonach der junge Goethe in Leipzig strebte, woran er seine Leistungen maß? Er wollte etwa als Maler werden was Oeser, als Dichter was Wieland war: ein Mann der aus vollkommener Einsicht in die Gesetze des Schönen und den Gang der Welt das Schöne und Wahre in Gebilden der Farbe oder der Sprache verewigen könne, zur Ergötzung und Belehrung einer gebildeten Gesellschaft. Dies Wunschbild war kleiner als seine Fähigkeiten und seine künftige Bestimmung, aber es bestätigt Goethes Satz: daß seine Idee vom Vortrefflichen nie viel höher reichte als er gerade selber jeweils zu erfüllen fähig war. Seine Ideale lagen nicht als absoluter und unerreichbarer Maßstab über seinem Wesen sondern sein Wesen selbst war das Maß seiner Ideale. Aber eben weil der Durst nach dem Unerreichbaren nicht sein beständiger Zustand war, wie bei den geborenen „Idealisten", den „sehnsuchtsvollen Hungerleidern nach dem Unerreichlichen", weil er sich in jedem Moment zutrauen durfte das Absolute, d. h. sein absolut Höchstes zu erreichen, seine Weltsphäre auszufüllen, empfand er jede Hemmung von innen oder von außen doppelt schmerzhaft, und so wenig er zur Hypochondrie neigte, wie die „ringenden Seelen" und die „problematischen Naturen" die mit ihrem Innern nicht fertig werden können und keiner äußeren Lage genügen, so gefährlich war er von völliger Zerrüttung bedroht bei jedem Hemmnis welches seine drängende Fülle staute. Dann schlugen seine Kräfte nach innen, und wenn er nicht bilden und wirken konnte, wühlte und wütete er gegen sich selbst. Zu seinem Glück gehörte es daß ihn solche Krisen stets überfielen in den Übergangszeiten, wenn er einen ihm möglichen Bereich durchlaufen, eine ihm mögliche Form erfüllt hatte, ja vielleicht sind solche Krisen die Mittel unter denen sein Übergang aus einer Lebensform in die andere sich vollzog, wenn er den Gehalt eines Lebenskreises erschöpft und den neuen ihm angemessenen Wirkungsraum noch nicht gefunden hatte.

Eine solche Krise ist die schwere Krankheit die ihm die Zeit zwischen Leipzig und Straßburg ausfüllte. Diese äußere Krise verhüllte und milderte nur eine innere, der er in diesem Zeitpunkt doch nicht entgangen wäre — die äußerlich erzwungene Sammlung, Lockerung, Rückschau und Umschaltung füllte die Kluft zwischen der Erziehung durch Wieland und der Erweckung durch Herder, zwischen Leipzig und Straßburg. Die scheinbar wirre und zerrüttete Frankfurter Zwischenzeit lockerte ihn für den Einfluß der größeren und freieren Welt die ihn in Straßburg erwartete: denn unmittelbar aus der Wielandischen Sphäre hätte er nicht in die Hersche eintreten können, sie hätte ihn abgestoßen oder überwältigt. Durch die Frankfurter schmerzhafte Lockerung und sehnsüchtige Bereitschaft war er offen und weit genug für das Neue geworden.. und wie er aus der ersten Erschütterung nach dem Gretchen-erlebnis durch eine Krankheit aus den Knabenjahren in die Jünglingsjahre hinübergeleitet wurde, so entrückte ihn jetzt wieder eine körperliche Krise aus der engeren Bildungswelt in die weitere.

Welcher Art die Lockerung war und wie er die Wende ausnützte zur Selbstschau und Selbstverdeutlichung dafür haben wir als Zeugnis einen halb hypochondrischen halb koketten Plauderbrief an Friederike Oeser: er zeigt das Mißverhältnis nicht nur zwischen Goethes Wünschen und seinem Zustand, zwischen seinem Wollen und Können, sondern auch zwischen seinem Können und Müssen. Er konnte sich damals, durch seine Krankheit gehemmt, weder betätigen wie er wünschte, im Sinne Oesers und Wielands, noch entsprach die Virtuosität in ihrem Sinn, die er erlangt hatte, dem Gehalt, dem dunkleren Trieb der in ihm schon nach Ausdruck rang. In der Klage über die Krankheit verbirgt sich ein tieferer Kummer, ein Leiden an der eigenen Existenz und nicht nur an einer schiefen Stellung gegen die Welt. Freilich gibt Goethe, noch immer in der Rokoko-technik befangen, den Blick auf die gesellschaftliche Wirkung nach außen gerichtet, diesen Zustand nicht von innen her, sondern schildert nur seine Symptome nach außen. Zugleich erweist er sich hier als scharfer Beobachter und paradiert mit seinem Sinn für typische Zeichen der Stände und der Gesellschaft.

Es gehörte zum guten Ton des Rokoko-menschen, auch seine Pein nicht anders als munter zu berichten. Sich im Schmerz gehen zu lassen, d.h. die von der Gesellschaft gezogenen Schranken zu überschreiten, ist keinem Kind einer formierten Gesellschaft eingefallen: und so darf uns auch Goethes munterer Ton nicht irre machen über das was er damals litt.

In diesem Zustand der halben Bindung, der halben Lockerung und der vollen Empfänglichkeit kam er nach Straßburg, in unruhig wacher Sinnlichkeit und Frömmigkeit quietistischer Art: sich mit der Ruh in Gott zu beschwichtigen oder in ihr unterzutauchen hatte er auch versucht. Wie vor der Abreise nach Leipzig sein Anschluß an den Pseudo-maurerorden seinem Trieb nach dem Wunderbaren ungenügende Betätigung und Nahrung geboten hatte, so konnte er jetzt bei den Stillen im Lande, in dem Kreis um

Susanna von Klettenberg noch am ehesten eine Weltansicht finden die ihm den Blick in ein Jenseits der Gesellschaft gestattete. Denn so wenig diese gottinnigen Wallungen, diese passiven Beschaulichkeiten dem titanischen jungen Ringer an sich entsprechen konnten: sie waren doch, soweit er sich damals unter lebenden und gültigen Personen oder Gemeinschaften umsah, die einzigen Formen unter denen sich ein tieferes Gefühl für kosmische Zusammenhänge, über die Begriffe der Rokokogesellschaft hinaus, entwirken mochte. Diese Frommen hatten, wenn nicht eine Sprache, so doch eine Gebärde gefunden für das Verhältnis der nackten Seele zu Gott ohne die Vermittlung der vernünftigen Bildung, und das war's was Goethe bedurfte und was ihn als Form des seelischen Verhaltens anzog, auch ohne Rücksicht auf seinen Inhalt, und obgleich ihm die Mehrzahl dieser Frommen auch schon in Frankfurt sein mochte was sie ihm, bei fortgesetztem Verkehr, in Straßburg wurden. „Sie sind so von Herzen langweilig .. daß es meine Lebhaftigkeit nicht aushalten konnte. Lauter Leute von mäßigem Verstande, die mit der ersten Religionsempfindung auch den ersten vernünftigen Gedanken dachten, und nun meinen das wäre alles, weil sie sonst von nichts wissen... Es kömmt noch was dazu. Die Vorliebe für unsre eignen Empfindungen und Meinungen, die Eitelkeit eines jeden Nase dahin drehen zu wollen wohin unsere gewachsen ist; Fehler denen solche Leute die eine gute Sache haben mit der größten Sicherheit nachhängen." Religiöse Innigkeit an sich genügte ihm nicht — überhaupt ahnte er in der Selbstschau die Gefahr des Dünkels und der Entkräftung, und stürzte sich, sobald er sich wieder regen konnte, ausgreifend auf die offne Erfahrungsbreite, aber nicht nur um die Dinge zu sammeln, sondern vor allem das geistige Band zu erforschen das die Welt im Innersten zusammenhält. Er beschreibt seine eigene Hygiene, wenn er einem jungen hypochondrischen Bekannten anrät: „Die Sachen anzusehen so gut wir können, sie in unser Gedächtnis schreiben, aufmerksam zu sein und keinen Tag ohne etwas zu sammeln vorbeigehen lassen. Dann, jenen Wissenschaften obliegen, die dem Geist eine gewisse Richte geben, Dinge zu vergleichen, jedes an seinen Platz zu stellen, jedes Wert zu bestimmen: eine echte Philosophie mein ich und eine gründliche Mathesin... Dabei müssen wir nichts sein, sondern alles werden wollen, und besonders nicht öfter stille stehen und ruhen, als die Notdurft eines müden Geistes und Körpers es erfordern."

In diesem Sinn fand er jetzt an der Jurisprudenz Gefallen als an einer methodischen Schulung des Geistes, die ihm in dem schöngeistigen Leipziger Treiben gefehlt hatte, und er zwang sich zu dieser gewaltsamen Selbsterziehung hygienisch und pädagogisch bewußt, obwohl seine wissenschaftlichen Neigungen seit der Rückkehr von Leipzig eigentlich in anderer Richtung liefen. „Die Chymie ist noch immer meine heimlich Geliebte." Die Chymie, damals noch nicht so weit von der Alchymistik getrennt, war für den jungen Goethe die Wissenschaft vom Leben, von den Gesetzen und Zusammenhängen der lebendigen Kräfte. Diesen Geist hatte ihr Begründer Paracelsus ihr eingehaucht, der wahre Prototyp des Faustischen Forschers, wie ihn die deutsche Renaissance hervorgebracht. Paracelsus' Werke wurden vom jungen Goethe in Straßburg eifrig gelesen, und in diesem Sinn, der Gottes Wirken aufsucht in den Bewegungen der Natur, der die Wechselwirkungen der lebendigen Erdenkräfte sich klar machen will, ergab sich der junge Goethe der halb wissenschaftlichen, halb magisch religiösen Disziplin. Seine Straßburger Ephemeriden 1770 enthalten mannigfache Auszüge aus Paracelsus, aus Mystikern und Chymisten; eine dunkle Ahnung wies ihn auf diese beiden quasi illegitimen Arten sich in Gott und die Welt einzulassen. Was ihn in der Religion zu Mystikern und in der Wissenschaft zu den Chymisten hinzog war dasselbe, nämlich der Drang nach einer geistigen Einheit in dem was die offizielle Theologie dogmatisch festlegte und die offizielle Empirie stofflich zerlegte: „dann hat man die Teile in der Hand, fehlt leider nur das geistige Band." Goethes schöpferischer Instinkt suchte ebenso wie die Mystiker, wie Bruno und Paracelsus die Einheit im Vielen, und hielt mehr vom Erlebnis und der Intuition in die Kräfte als von der „Demonstration" der Fakten im Begriffe. Er fühlte sich den Mystikern und Chymisten verwandt, weil sie wie er über die Worte einerseits und über die Begriffe andererseits zu Gesamtanschauungen und Wirkungen hinausstrebten. Überall her raffte der junge Adept aus Gesellschaft und Wissenschaft, aus Natur und Geschichte sich die Ansätze solcher Tendenzen zusammen. Wo ihm Verwandtes, halb verschüttet, halb verzerrt, halb verfemt, halb verfälscht, entgegendrang tastete er, grub er weiter.

Freilich, da er nirgends ein Ganzes fand und noch ohne rechtes System aufs Ahnen und Wühlen angewiesen war, ward er eher verwirrt und beunruhigt als gefördert durch seine Anklänge und Entdeckungen. Aber bei den Quietisten und Mystikern, bei Bruno, bei Tauler, bei Paracelsus, bei Susanna Klettenberg, bei Homer und bei Shakespeare witterte er, noch nicht ganz praktisch klar über die Richtung in der er lief, aber mit triebhafter Sicherheit und divinatorischem Blick: Kräfte statt Begriffe, Anschauung statt Worte, Wirkung statt Folgerung, Erlebnis statt Beweise — und etwas das übergesellschaftlich sei und ihn in unmittelbaren durch keine konventionelle Zwischenwand der Vernunft und Schicklichkeit gehemmten Kontakt mit den Grundwesenheiten des Lebens bringe, ihn nackt vor Gott und die Welt

treten lasse, ihn: den schöpferischen Menschen vor das Schaffende und Wir=
kende. An vielen Stellen waren schon Löcher in den rationalistischen Schleier
gerissen, und den überrationalistischen Äußerungen die er bei seiner aus=
greifenden Suche in der Geschichte oder in der Umgebung fand antwor=
teten immer pochender und drängender die eigenen Ahnungen und For=
derungen seines Genies von innen her: den von außen hereinwirkenden
Bildungskräften begegneten von innen herauswirkende Urbedürfnisse und
es fehlte nur noch der einheitliche Weltblick der ihm die hundert Zeugnisse
des Lebendigen von innen und außen zu einem Ganzen deutete, mit einem=
mal den Schleier wegriß und die Welt gerundet, morgendlich frisch un=
mittelbar offenbarte. Fast an jedem einzelnen Punkt der Natur, der Ge=
schichte, der Gesellschaft ist Goethe schon vor der Begegnung mit Herder
wach geworden zu eignem freiem Gefühl für das schöpferisch Atmende das
in den Erscheinungen wirkt (gerade das ists ja was auch den genialsten
Rationalisten völlig abging) aber es war noch ein Tasten an der Peripherie
der wach werdenden Welt, noch kein Ergreifen der Kugel von der Mitte
aus. Er ging nicht fehl, aber nicht weil er die Gegend völlig kannte, son=
dern weil ihn ein dunkler Ortssinn glücklich leitete.

Drei Äußerungen aus Straßburg, die alle vor der Begegnung mit Herder
geschrieben sind, zeigen wie bereit er für die Botschaft Herders schon
war und lassen begreifen was gerade Herder ihm werden mußte. Die erste
bezieht sich auf den Durchbruch des neuen Naturgefühls, des Sinns für
Landschaft — nicht als malerische Kulisse menschlicher Gruppen, sondern
als gewachsene vom wehenden Gottesatem bewegte Schöpfung. „Gestern
waren wir den ganzen Tag geritten, die Nacht kam herbey und wir kamen
eben aufs Lothringische Gebürg, da die Saar im lieblichen Thale unten vor=
bey fließt. Wie ich so rechter Hand über die grüne Tiefe hinaussah und
der Fluß in der Dämmerung so graulich und still floß, und linker Hand
die schwere Finsterniß des Buchenwaldes vom Berg über mich herabhing,
wie um die dunkeln Felsen durchs Gebüsch die leuchtenden Vögelchen still
und geheimnißvoll zogen; da wurds in meinem Herzen so still wie in der
Gegend und die ganze Beschwerlichkeit des Tags war vergeßen wie ein
Traum." So hatte noch kein Deutscher den Einklang zwischen Landschaft
und Gefühl vernommen. Hier dringt alle Beschreibung bereits aus dem
bewegten Herzen, alles gewordene Sichtbare aus wallendem Werden.

In demselben Brief, vom Juni 1770, bricht auch zum erstenmal in deut=
scher Sprache, über Klopstock hinaus, der neue Gefühlston für die kos=
misch sinnliche Liebe durch. „Sobald unser Herz weich ist, ist es schwach.
Wenn es so ganz warm an seine Brust schlägt und die Kehle wie zuge=

schnürt ist, und man Trähnen aus den Augen zu drücken sucht, und in einer unbegreifflichen Wonne dasitzt wenn sie fließen, O da sind wir so schwach daß uns Blumenketten fesseln..." „Wenn ich Liebe sage, so versteh ich die wiegende Empfindung in der unser Herz schwimmt, immer auf Einem Fleck sich hin und her bewegt, wenn irgend ein Reitz es aus der gewöhnlichen Bahn der Gleichgültigkeit gerückt hat. Wir sind wie Kinder auf dem Schaukelpferde immer in Bewegung, immer in Arbeit, und nimmer vom Fleck." Neu ist hier das Nachspüren der körperlichen Symptome als seelischer Bewegungen — überall ist schon an die Stelle der beschreibenden Vorstellungen die mitschaffende, mitschwingende Wortaktion getreten.. alles Starre, Spröde der Sprache, des Vorstellens ist aufgetaut, in Fluß geraten.

Eine dritte Stelle verdeutlicht im Negativen wie weit er schon vom Rationalismus abgerückt war, der Demonstration das Gefühl, dem Erkennen das Erleben vorzog: „Mendelssohn und andre haben versucht die Schönheit wie einen Schmetterling zu fangen, und mit Stecknadeln, für den neugierigen Betrachter festzustecken; es ist ihnen gelungen; doch es ist nicht anders damit, als mit dem Schmetterlingsfang; das arme Tier zittert im Netze, streifft sich die schönsten Farben ab; und wenn man es ja unversehrt erwischt, so stickt es doch endlich steif und leblos da; der Leichnam ist nicht das ganze Tier, es gehört noch etwas dazu, noch ein Hauptstück, und bei der Gelegenheit, wie bei jeder andern, ein sehr hauptsächliches Hauptstück: das Leben, der Geist der alles schön macht."

Es bleibt offen, wie weit die elsässische Landschaft dazu beigetragen hat dies Gefühl des Lebens zu reifen und zu beschleunigen. Es gilt auch hier: „mit dem Genius steht die Natur im ewigen Bunde, was der eine verspricht, leistet die andre gewiß" und nicht nur die Natur, auch die Geschichte. Es gehört zum Charakter Goethes so gut wie zu seinem Schicksal, d. h. es ist das Dämonische in ihm, daß er zur richtigen Reifezeit in die richtige natürliche Landschaft, in eine volkhafte Umgebung, in eine übergesellschaftliche Liebesleidenschaft eintrat, und Herder begegnete.

HERDER

DER entscheidende Moment war die Begegnung mit Herder im September 1770. Herder ist damals derjenige Deutsche welcher das Ganze der menschlichen Welt, die Geschichte und die Gesellschaft mit all ihren Äußerungen — insbesondere den Sprachdenkmalen der Menschheit — als die lebendige Auswirkung, Auswicklung, Entwicklung göttlicher Kraft erleben und deuten konnte. Er war Geschichts-pantheist, in dem Sinn wie man wohl Spinoza oder Goethe als Natur-pantheisten bezeichnen mag: die Geschichte — Geschichte im weitesten Sinn gefaßt, so daß Kosmogonie, Urgeschichte, Kulturgeschichte, Sprach-, Literatur-, Kunst- und Staatengeschichte umgriffen sind — kurz das Werden des Alls mit all seinen menschlich faßbaren Denkmalen und Niederschlägen war ihm das Sinnbild Gottes, der sichtbare Ausdruck der göttlichen Urkraft. Wenn Spinoza als die beiden Attribute der göttlichen Substanz das Denken und die Ausdehnung anschaute, so waren für Herder die zwei Attribute unter denen er die in der Geschichte sich manifestierende göttliche Kraft konzipierte und darstellte das Werden und die Sprache. Die beiden großen Denkmale die er im deutschen Geiste sich gesetzt hat sind seine Konzeption des Geschichtsgottes der sich manifestiert als das Werden der Erdenvölker, der Geschöpfe und Bewohner des Sterns unter Sternen: die Ideen zur Philosophie der Geschichte der Menschheit, und seine Konzeption der Sprachwerdung Gottes in den großen Sprachdenkmalen der Menschheit, von dem Geist der ebräischen Poesie und Homer an bis zu den Stimmen der Völker und der völligen Eroberung Shakespeares. Gegenüber dem Rationalismus selbst eines Lessing, welchem Gott wesentlich vernünftiger Weltplan bedeutete und Sprache angewandte Vernunft, war für Herder die Gottheit vor allem wirkende und immer werdende Kraft, und Sprache die Geistwerdung dieser wirkenden Kraft. Gegenüber dem Pietismus Klopstocks ist für ihn die Welt nicht einmalige Schöpfung eines wandellosen allmächtigen, allgütigen, allweisen Gottes, sondern immer sich erneuender, werdender, wirkender Gott selbst, mit anderen Worten: Entwicklung.. Dichtung nicht nur die Inspiration eines Gottes, sondern sprachegewordene Gotteskraft selbst, wie der menschliche Geist nicht Produkt, sondern Ausdruck des Geschichtsall-gottes.

Herders sämtliche Lebensleistungen sind Beiträge zur Darstellung Gottes im Werden der Welt.

Herder ist in Deutschland durch seine Konzeption des Werdens der erste Mensch mit historischem Sinn, der geschichtliche Erscheinungen, sei es nun Griechentum oder Bibelwelt, Naturvölker oder Shakespeare als geschichtliche Erscheinungen in ihrer individuellen Besonderheit und Mannigfaltigkeit faßte und darstellte. Denn freilich, manche geschichtliche Bildungswelt, vor allem die Antike und die Bibel, hatte schon ihre Versteher und Verkünder gefunden. Aber gerade dann wurden diese Bildungswelten zum Kanon, d. h. zum ästhetischen oder religiösen Maß aller Dinge gemacht, also aus ihrer historischen Bedingtheit herausgehoben, enthistorisiert, absolut gemacht. So tat es Luther mit der Bibel, Winckelmann mit dem

Griechentum. Schematisch lassen sich drei Stufen des historischen Sinns, d. h. des Sinns für die lebendig gewordene Eigenart geschichtlicher Erscheinungen bis Herder feststellen:

1. der Rationalismus erkennt in der Geschichte nur Muster und Regeln, Nachahmbares und Denkbares, abgeleitet aus dem Griechentum oder dem Christentum oder deren historischen Derivaten, die er unhistorisch, unindividuell, nur auf ihren Wert gegenüber der Vernunft hin ansieht.

2. Winckelmann oder Lessing ergreifen aus einem individuellen Weltgefühl bestimmte Bildungswelten in ihrer überrationalen Lebendigkeit, aber außer ihrem historischen Zusammenhang.

3. Herder erfaßt das Werden der historischen Mannigfaltigkeit im Ganzen der Welt und in den einzelnen Erscheinungen, im historischen Zusammenhang selbst.

Herders Gefühl des lebendigen Werdens und sein Sinn für die Individualität sind das fruchtbar Neue seines Geistes für die deutsche Bildung im allgemeinen und für Goethe im besondern. Dies gibt auch seinem Universalismus den besonderen Charakter neben dem Lessings, des anderen großen damaligen Bildungsuniversalisten. Wenn für Lessing der Schlüssel zu allen Kammern der Welt das vernünftige Gesetz war, so wars für Herder die lebendige Kraft. Lessing suchte überall das Gültige, Herder überall das Wesenhafte, Lessing die Normen, d. h. das Allgemeinste, Herder die Gestalt und die Stimmung, d. h. das Besonderste, Lessing das Gemeinsame, d. h. das Richtige, Herder das Unterscheidende das So-und-nicht-anders-sein, das Individuelle — kurz Lessing das Sein im Raum, das Sinnbild und den Schauplatz vernünftiger und unabänderlicher Gesetzlichkeit, Herder das Werden in der Zeit, das Sinnbild beständiger Neuerung, Umgestaltung, das Zeichen der wirksamen Kraft. Ohne weiteres ist klar was dem jungen Goethe gemäßer war: ein Universalismus des aktiven Gefühls, der Sympathie mit dem individuell Wirkenden und Werdenden, das „in schwankender Erscheinung lebt", das ihm verwirrend und lockend von allen Seiten her entgegendrang, das im eigenen Blut sich ahnungsvoll und frühlingshaft regte. Der Jüngling suchte und brauchte einen Sinn, eine Sprache und Deutung der Kraft, des Gewühls, der drängenden Fülle und der strotzenden Freiheit, nicht ein neues — und sei es das liberalste — Gesetz. An Gesetzen, an Vernunften stieß er sich ja bei jedem Schritt den er aus seiner Natur heraus der Natur draußen entgegen gehen wollte. Gefühl, Kraft, Ahnung hatte er in sich, aber diffus und vereinzelt, gehemmt durch die Zügel des Rationalismus und der Gesellschaft der er sich noch einbezogen sah .. Gesetze, Vernunft, Muster, Regeln, Konventionen sah er allerseits draußen, die er respektieren, beherrschen, erreichen, aber nicht mehr lieben und einverleiben konnte. Ihm fehlte noch Umfassung, Zusammenhang, Klarheit nicht der Vernunft, die nicht seine war, sondern der ihm gemäßen Kraft. So ward Herder sein Mann.

Durch zwei Einwirkungen war Herder für Goethe segensreich, deren jede, wenn gesondert, ihm hätte gefährlich oder störend werden können: durch die ungeheure Erweiterung des Gesichtskreises und durch seine strenge Zucht. Indem er Goethe den geistigen Raum verschaffte worin dieser seine produktiven Kräfte ergießen und ungehemmt messen, üben, bilden konnte, formte er doch zugleich an seinem stürmischen und wohl auch in der neugewonnenen Freiheit überstürzenden, ungeduldig vordrängenden Temperament und schützte ihn davor sich auszuschütten. Er bewahrte ihn durch seine stete oft nörglerische Kritik vor jeder Art Selbstnachgiebigkeit, Läßlichkeit und zwang die losgelassenen Kräfte des entfesselten Titanen zu beständiger Bewegung und Erprobung, trieb ihn immer tiefer in den Ernst und die Pflicht der neuen Freiheit hinein, machte ihn heller lernen und schaun ohne vorschnellen Dünkel – ohne das "Spatzenmäßige" wie er es rügte. Er jagte ihn durch Kritik aus der unruhigen Befangenheit im eignen Ich und vollends aus der spielenden Freude am Erreichten, am Können, die Goethe bei aller Unbefriedigung doch aus dem Leipziger Rokoko mitgebracht hatte. Er trieb ihm seine Rokoko-neigungen zum Netten, Eleganten, Virtuosen aus. Wir erinnern uns aus Dichtung und Wahrheit wie er Goethe wegen seiner Vorliebe für den Ovid verspottete oder wegen der "Sympathie" mit "dem besonderen Meister" Domenico Feti – die Zurechtweisungen bezeichnen die Richtung der Herderschen Zucht: sie ging gegen jede Art Läßlichkeit, Weichlichkeit, Genüßlichkeit des Geschmacks, kurz gegen das was an Goethe noch Anakreontisch und Wielandisch war.

Wichtiger als die negative war freilich die positive Erziehung. Herder lenkte Goethes Blick auf die Breite und Tiefe der geistigen Welt und hieß ihn mit dem neuen Chaos ringen, mit dem Chaos der aufgewühlten und aufgeschlossenen Geschichte und dem seines eignen Innern. Wie ward die Welt für Goethe durch Herder auf einmal unübersehbar weit und groß, wie stürzten aller Enden die Schranken ein und schoben sich die Horizonte hinaus! An Stelle der gartenmäßig abgeschlossnen gepflegten Natur die Goethe bisher als den Schauplatz seiner Empfindungen gesehen und besungen hatte waltete nun die weite Luft der rheinischen Ebene. Die Städte und Dörfer, Hügel und Felder hörten auf Kulisse und Szenerie zu sein, sie waren umwogt vom allgegenwärtigen Licht, sie wuchsen und welkten in der einen all-lebendigen Natur. Die Vergangenheit selbst, die Geschichte mit ihren bewohnten Denkmalen, Zeugnissen immer sterbenden und immer sich erneuenden Menschengeistes, ward zur Natur und wob weiter am Zauber der Landschaft. Wie zu der Landschaft die von Menschen gebauten, von Altgeschehenem redenden Türme und Erker, Märkte und Gäßchen gehörten, wie der Rhein zugleich Natur ist und Geschichte hat und schafft, so verschmolz Goethes eignes Gefühl Natur und Geschichte zu einer bewegten, unruhvoll beseligenden Einheit. Jetzt erst sah er auch das menschliche Treiben, und nicht nur Gefühl und Leidenschaft, sondern auch die gesellschaftlichen Bildungen und Bindungen als Wirkungen Gottes, als Zeugnisse einer kosmischen Bewegung, wie mit den Augen Gottes, nicht mehr befangen in einem Horizont den seine Gegenwart selbst um ihn spannte. Nicht mehr die Kulturvorstellungen und Begriffe seiner Zeit waren die absolute Vernunft schlechthin, woran er alle Vergangenheit und Natur zu messen habe: nein, Herder lehrte ihn diese Vernunft samt ihren Maßstäben selbst als ein Gewordenes, Relatives begreifen, als ein Gewächs eben jener Natur, jener göttlichen Allkraft über welche sie sich zum Richter aufgeworfen hatte.

Die Natur, die Goethe schon instinktiv ahnte und suchte, die er in manchen Denkmalen der Geschichte, in Paracelsus oder in Shakespeare, in Homer oder in der Bibel spürte als das ihm Gemäße, die er aber unter der Suggestion von Regeln und Mustern nicht für die führende, nur für die verlockende Macht halten konnte — eben diese Natur hatte ihm Herder legitimiert. Mit einemmal sah er daß die „Natur" die umfassendere unmittelbarere Wirklichkeit sei, die „Vernunft" nur eine abgeleitete, konventionellere, engere .. daß der Dämon der ihn trieb auch göttlicher sei als das Gesetz dem er widerwillig noch sich gefügt hatte, daß er seiner Nacktheit sich nicht zu schämen brauche. Durch Herder hatte er den archimedischen Punkt gefunden von dem aus er seine bisherige Welt aus den Angeln heben konnte. Er hatte in der Herderischen Natur, die auch Geschichte ist, eine Instanz gefunden von der aus er gegen die rationalistischen Gesetze, die bisher unumstößlich schienen, so ungerecht sein Instinkt sie empfinden mußte, appellieren konnte. So revidierte er mit Herders Hilfe die Urteile über die Dichtung der Welt und ihre großen Vertreter. Wenn Sprache und Dichtung nicht mehr bestimmt und gewertet wurden von den menschlichen Zwecken (wiederum bloßen Konventionen der allgültigen, beweisbaren, meßbaren, erkennbaren Vernunft) sondern Auswirkungen des geschichteschaffenden göttlichen Pneumas waren, dann hatten sie ihren selbständigen Sinn, ihr oberstes Kriterium war dann nicht mehr ihre Zweckmäßigkeit und Vernünftigkeit, sondern ihre Lebensfülle und Ursprünglichkeit: menschliches Werk war nicht mehr ein Machen, sondern ein Zeugen und Wachsen, und Dichtung mußte aufgenommen werden nicht mehr wie Fabrikate zu bestimmten Nutzzwecken, sondern wie die Geschöpfe Gottes in Tier- und Pflanzenreich. Die Gesellschaft war nicht mehr das Gesetz, sondern selbst Gewächs, sie stand nicht über der Natur, sondern innerhalb der Natur und höchstens ebenbürtig neben dem großen nackten Menschen mit seinem Gefühl und seiner wirkenden Fülle. Der Dichter, natur-unmittelbar geworden, hatte also das Recht sein nacktes Menschtum auszudrücken ohne, gegen, außer, über Gesellschaft, ja, je außergesellschaftlicher, übervernünftiger, sprengender sein Gehalt ist, desto höher steht er, desto göttlicher gilt er.

Die wichtigsten ästhetischen Einzelfolgen dieser Herderischen Umwertung waren die Rehabilitierung der Ur- und Volkspoesie einerseits und die neue Macht Shakespeares andererseits. Damals ist — mit der Wiedereinsetzung der Natur als oberster Instanz — zugleich unser heutiger Begriff von „Dichtung" geschaffen worden, durch den das Volkslied und Dante, Pindar und das Annolied, Shakespeare und Goethe umfaßt werden: Dichtung als sprachgewordner Ausdruck naturunmittelbarer Völker-individualitäten. „Stimmen der Völker" ist die Sammlung Herders genannt worden .. und sie unterscheidet sich sowohl von Vorgängern, wie Percys Reliques of ancient english Poetry, als von den Nachfolgern „Des Knaben Wunderhorn" oder Uhlands Volksliedern dadurch, daß sie hervorging aus einem religiösen, geschichtspantheistischen Antrieb, nicht aus einem literarisch antiquarisch patriotischen, und sich also nicht um die Zeugnisse bloß einer bestimmten Bildungs- und Gesellschaftsstufe, eben des sogenannten „Volks", bemüht, sondern gerade um die Zeugnisse möglichst aller Stufen des menschlichen Geistes, aller Völker, aller Schichten, aller Zeiten, von den ungebildeten bis zu den überbildeten, vom Gestammel der Naturvölker bis hinauf zu Petrarcas Sonetten: in all diesen sprach die individuell wirkende Gottheit. Dichtung war für Herder noch nicht — erst später hat man ihn so mißverstanden — Produkt des Volks als einer Gesellschaftsstufe, sondern der Völker, und die Völker waren Verkörperungen des Geschichtegottes. Herders Sammlung konnte und wollte daher nicht eine Anthologie populärer, demokratischer Gesellschaftsäußerungen sein, wie vielfach die späteren Volksliedersammlungen, sondern eine fliegende Völkerschau, eine Auswahl aus der Weltliteratur, und nur weil er die großen Epen und Dramen aus Raumgründen ausschließen mußte, hielt er sich mehr an die balladesken und liedhaften Stücke — aber in seinen Plan gehörte Homer und Mahabarata, Dante und Shakespeare gerade so gut wie die kleinen Volkslieder und Kinderlaute. Seine Sammlung, umlagert und erläutert von Aufsätzen, wie über den Geist der ebräischen Poesie und über Shakespeare, veranlaßte für die deutsche Literatur, und also zunächst für Goethe und durch Goethe am wirksamsten und fruchtbarsten drei Wandlungen:

1. die Vertiefung des Begriffs Dichtung, als einer Naturgewalt die mit menschlicher Sprache das göttliche Urleben in individuellen, historischen Formen ausdrückt: Dichtkunst ist ihm Natur gewachsen in menschlicher Sprache, nicht Bändigung oder gar Ausscheidung der Natur mit Hilfe der Vernunftmittel, wie die rationalistische Ästhetik sie gefaßt hatte.

2. die Erweiterung des Bereichs der Dichtung: aller unmittelbar rhythmische Ausdruck bewegter Einzel- und Völkerseelen, einerlei welcher Bewußtseins- und Bildungsstufe ward nun zur Dichtung gerechnet.

3. Umwertung der dichterischen Gebilde. An den auch vom Rationalismus schon anerkannten Werken der Weltliteratur, den griechischen und römischen Mustern, Pindar, Sophokles, Horaz, ward jetzt nicht mehr ihr vernünftig Musterhaftes, sondern ihr ursprünglich naturhaft Kräftiges, Wallendes, Sprengendes, Fliegendes gesehen und gefühlt. Das dumpf Volksmäßige ward jetzt erst eingeführt als gleichberechtigt, die Bibel zum erstenmal nicht als theologische Urkunde, sondern als Sprachdenkmal, als Dichtung gefeiert, Ossian als Zeugnis ringender nordischer Heldenzeit, heroisch sentimentaler Urklang gewürdigt, neben Homer, auch der ward aus einem Muster epischer Gattung die heroische Stimme natürlicher männlicher Urzustände .. und Shakespeare endlich, einst abgelehnt als rohe Natur, dann gerechtfertigt als zweckmäßige, einsichtsvolle Wahrheit und Richtigkeit, ward jetzt erhoben als der menschliche Prometheus, der ursprüngliche „Schöpfer von Natur und Geschichte" schlechthin, als menschgewordne Schöpferkraft der Natur.

SHAKESPEARE

DIE Erweckung Shakespeares war für Goethe als den bildnerischen Menschen von den Erweiterungen die er Herder dankte weitaus die wichtigste: wichtiger als die Legitimierung der Volkslyrik und Ossians — denn diese waren ein anregender Rohstoff für die naturdurstige Seele, aber sie konnten unmöglich auf die Dauer als eine Bildungswelt wirken. Im Fluge sammelte oder übersetzte Goethe Volkslieder oder Ossianische Gesänge, der von Herder angeregten Tendenz folgend — aber selbst mitten im Durchbruch zu der freien Naturluft, schwelgend im Zauber dieser morgendlich wehenden und raunenden, stammelnden und lallenden Urgetöne, mitten im Ruck aus den französischen Umschnürungen heraus fühlte Goethe (dessen Bildnertum zugleich seine Sittlichkeit war) nicht nur die Freiheit von den Fesseln, sondern auch die Freiheit zum Werk, das heißt die Verpflichtung zum Werk. Für ihn war nicht, wie für die meisten Stürmer und Dränger, die Natur die Erleichterung der Kunst, sondern ihre Erweiterung auch in die Tiefe hin. Gerade für den Bildner Goethe war Shakespeare das unschätzbarste Vorbild: denn hier war der Gegensatz zwischen Natur und Kunst, woran er gelitten hatte und woran er als Bildner mitten im Sturm und Drang immer hätte leiden müssen, aufgehoben . . hier war höchste Natur, ursprünglichere Natur als selbst die Volkslieder und Ossian sie boten, zugleich höchste Kunst — Lessing hatte es gezeigt — der Kunst der Griechen ebenbürtig. Und vor den Griechen (die Herder dem neuen Erlebnis als Natur legitimierte, wie Lessing den Shakespeare dem Rationalismus als Kunst, d. h. als vernünftige Zweckleistung legitimiert hatte) selbst vor Homer hatte Skakespeare voraus daß er das Welt- und Menschenbild der christlich europäischen Periode verkörperte. Er dichtete mythisch gesteigert die Leidenschaften und Schicksale nicht eines verklungenen Heldenalters, sondern einer Periode die menschlich nah genug war um noch in die Goethische Zeit hinein zu spiegeln und zu wirken, und doch noch groß, heroisch, ritterlich und gefährlich genug um sich von der sittigen Bürgerwelt als mythischer Hintergrund abzuheben. Relative Gleichartigkeit im seelischen Gefüge der Menschen und Erhabenheit in den Maßen: das fand Goethe bei Shakespeare wie bei keinem andren. Shakespeare ist der letzte und einzige Dichter der schon und noch innerhalb der modernen bürgerlichen Welt das heroische Pathos gerettet, lebendig und leibhaft gezeigt hatte, nicht als rückblickende Romantik sondern als selbstverständliche gegenwärtige Haltung, nicht als pittoreske Theatergeste sondern als unmittelbare Sprache des Herzens . . Hamlet ist ein heroisch pathetischer Mensch mit allen spezifisch modernen Gefahren und Qualen. Von ihm aus führt ein gerader Weg zum antiken Helden Brutus und ein nicht minder gerader zum sentimentalen Bürgerkind Werther.

In der Wiedererweckung Shakespeares, d. h. der dichtunggewordenen Natur und Geschichte, dem weitesten Sprachumfang für Welt und Mensch, dem Sinnbild der menschlichen Schöpferkraft, verdichtete sich also wesentlich das neue Bildungserlebnis welches Herder dem jungen Goethe vermittelte. Shakespeare vereinigte in sich all die Lockungen, Bereicherungen, und Vertiefungen die ihm Homer und die Bibel (von Herder neu gedeutet) Ossian und die Volkslieder (von Herder neu entdeckt) gesondert bieten konnten. Mit Homer teilte Shakespeare die heroische Plastik der Gestalten, mit der Bibel die malerische Erhabenheit der Bilder und den seherischen

Flug der Diktion, mit Ossian das atmosphärisch webende Grauen, landschaftliche Stimmung und Schauer der Elemente, mit den Volksliedern das derbe und sinnliche Ergreifen des Augenblicks, die pralle Abrundung der Vorgänge, die herzhaft nackte Körperlichkeit des Gefühls oder die schwebende und großartig unbekümmerte Verknüpfung der Eindrücke, die animalische Logik. Und er brachte als neue Elemente, die den jungen Goethe mit der ganzen Gewalt von Entdeckungen bestürmten oder ihm entgegenkamen als längst ersehnte und geahnte Verwirklichungen seiner eignen heimlichen Fähigkeiten, die Sprache der individuellen Leidenschaft in allen Graden und Lagen, die seelische Freiheit und Helle mitten im Sturm und Wirbel, die Breite der ganzen sinnlichen und sittlichen Welt, die knappe Weisheit im tiefen Gefühl, die Kenntnis der Seelen und der Stände, zumal der Wechselwirkungen zwischen dem menschlichen Charakter und den gültigen Gesetzen, das Lächeln des Schöpfers über seine Schöpfung, die Milde und die Unbarmherzigkeit des Allwissenden, die äußerste Seelenstärke bei der äußersten geistigen Lockerheit und Spielfähigkeit — kurz eine Vereinigung von Eigenschaften deren vereinzelte Elemente wichtige Faktoren des damaligen Zeitgefühls waren oder zu werden anfingen, die aber nur als Einheit für Goethe das bedeuteten was er suchte, was sein eignes Wunschbild von sich selbst war: Menschwerdung des Kosmos und Erweiterung des Menschen zum All. Goethe hat im Wilhelm Meister später die Wirkung dargestellt welche diese Welt Shakespeare auf ihn machte. Eine unmittelbare Huldigung ist seine Rede zum Shakespearetag, die er in Vertretung Herders 1772 hielt. „Von Verdiensten, die wir zu schätzen wissen" heißt es darin „haben wir den Keim in uns." Über jedem Einzelverdienst war es die Allseitigkeit Shakespeares, die er sich zutrauen durfte, ohne daß er sich die Kolossalität zutraute.

Erst durch die ihm von Herder vermittelte Bildung, deren Hauptgehalt Shakespeare war, empfing Goethe einen angemessenen Raum für die Auswirkung seiner Urerlebnisse, den Mut zu seiner Natur, und eine Bildungsrichtung die seinem Lebenstrieb entsprach — während bisher Bildungs- und Lebensrichtung bei ihm gegeneinander liefen. Von nun ab laufen Bildungserlebnis und Urerlebnis bei ihm ineinander .. der potenzielle Goethe der in ihm erst schlummerte, dann rang, dann vereinzelt durchschlug, wurde hier endlich aktuell.

Der Dank Goethes an Shakespeare in seiner Straßburger Shakespearerede ist zugleich ein Dank an Herder, der ihm den wahren Shakespeare erschlossen hatte, und macht aus einer Huldigung ein jubelndes Bekenntnis: „Ich fühlte aufs lebhafteste meine Existenz um eine Unendlichkeit erweitert, alles war mir neu, unbekannt, und das ungewohnte Licht machte mir Augenschmerzen." „Ich sprang in die freie Luft und fühlte erst daß ich Hände und Füße hatte."

An Gelegenheit die Hände und Füße zu benutzen, d. h. an Erlebnissen die er mit der neuerworbenen Freiheit ausdrücken konnte, sollte es ihm nie fehlen — und es war ein Gewinn der rechtzeitigen Befreiung daß eine Fülle produktiver Kraft die sonst rein durch die Reibung zwischen den gültigen Regeln und dem ausdrucksbedürftigen Trieb verbraucht worden, von nun an unverbraucht gleich der Produktion zugute kommen konnte. Wieviel seelische Wärme ward frei, die nicht mehr sich plagte mit der Anpassung an eine gültige Geselligkeit und Sitte! Was nicht mehr an den Formeln sich rieb konnte unmittelbar in die Form investiert werden. Und das Morgendliche, Lerchenhafte, jubelnd Freie und Helle der ersten Straßburger Liebeslieder kommt nicht nur aus dem Morgendlichen dieser Liebe selbst, sondern auch aus dem Jubel über die neue Freiheit: singen zu dürfen wie der Vogel singt, seinen Gesang, seine Entladung nicht nur befreiend, sondern auch künstlerisch legitim zu finden. Nicht nur Unmittelbarkeit, sondern auch gutes Gewissen der Unmittelbarkeit unterscheidet Goethes Straßburger Lyrik von seiner Leipziger. In dem freien drängenden, hymnischen, naturhaften Ton, in der außergesellschaftlichen Haltung und Wirkung von Goethes Straßburger Produktion mindestens waltet nicht nur neues Erlebnis, auch neues Wissen um Wesen und Wert der Naturpoesie. Ja, es fragt sich ob die Liebe zum Sesenheimer Mädchen als Urerlebnis stark genug gewesen wäre, um ihn von der galanten Lyrik zur erotisch-leidenschaftlichen den Durchbruch wagen zu lassen, wenn ihm nicht Herder durch die Erweckung und Legitimierung der alten Volkslieder die Zunge gelöst hätte — wenigstens stecken die ersten Lieder an Friederike „Balde seh ich Rickgen wieder" „Erwache Friederike" ja selbst noch „Kleine Blumen, kleine Blätter" nach Motiv und Tonfall noch halb im geselligen Rokoko — erst das nach der Begegnung mit Herder verfaßte „Es schlug mein Herz" wagt sich nackt und einsam in die sinnlich seelische Stimmung hinein und taucht das Motiv in das Naturgefühl, in die Leidenschaft des Verliebten, nicht in die amuröse Reflexion einer Gesellschaft.

Mag Goethe noch den Durchbruch von den Annette-liedern zu den Friederike-liedern vollzogen haben ohne Hilfe der Volkslyrik rein aus der morgendlichen Leidenschaft des entfesselten Jünglings, so war gewiß der Durchbruch von den Mitschuldigen zum Goetz zunächst nicht durch ein neues Urerlebnis, sondern wesentlich durch das Bildungserlebnis Shakespeare bedingt. Genug, der durch Herder für Goethe entstarrten Natur und Geschichte, dem entrationalisierten Makrokosmos, dem Einsturz der konventionellen Zwischenwelt, welche sich zwischen das Urerlebnis des Genius und die lebendige Wirklichkeit des Alls, zwischen das Gefühl und die Dinge geschoben hatte — diesem neuen Bildungszustand danken wir es daß wir von jetzt ab Goethes Urerlebnisse unmittelbar und nackt in seinen Dichtungen selbst dargestellt ergreifen können, daß wir nicht mehr durch allerlei außergoethische Bildungsformen hindurch sie erraten müssen oder unter fremdartigen Hüllen und Fesseln erst durchscheinen sehen, durchschlagen hören. Was Goethe von nun an schafft ist von vornherein Goethisch, mag es aus dem Trieb oder dem Denken stammen, weil er nun nichts mehr als Bildung gelten ließ was nicht ganz in seinen Geist hinein gefüllt und verwandelt war.

NEUE LYRIK

WIE der Durchbruch Goethes zu seinem eignen Wesen als Sprache, vor allem in seiner Lyrik, als seiner unmittelbaren Selbstdarstellung sich ausdrückte, sei erst betrachtet, eh wir auf die einzelnen geistigen Aufgaben eingehen die sein Durchbruch ihm stellte.

Während alle frühere Lyrik, Goethes eigene Leipziger Lyrik eingeschlossen, mit den gegebenen oder geschaffenen sprachlichen Kunstmitteln, metrischen oder rhythmischen, den gehobenen Zustand des Dichters, den Zustand der ihn dichten machte, mochte dieser nun dem Gefühl oder der Leidenschaft, sittlichen Impulsen oder Zwecken entstammen, möglichst darzustellen suchte als ein endliches, abgeschlossenes, auch begrifflich einheitliches greifbares Gebild, gleichviel ob als Melodie oder als Bild, als Lehre oder als Pointe, geben Goethes Gedichte von nun ab zum erstenmal das Schwebende, Schwanke, Atmosphärische, Wallende, kurzum das Ganze, Grenzenlose des Zustandes sprachlich und rhythmisch wieder aus dem heraus er singt: der Dichter ist nun identisch mit dem was in ihm dichtet und schwingt. Dieses in ihm Dichtende und Schwingende, dieser gehobene Zustand ist nicht mehr der Anlaß oder der Gegenstand seiner Lyrik, sondern es ist für Goethe zugleich Inhalt und Form. Er spricht nicht mehr über seinen Zustand, wie die sentimentalischen Dichter im Sinne Schillers, er spricht auch nicht mehr seinen Zustand aus, wie die naiven Dichter: sondern der Zustand selber spricht sich aus, wird Sprache, wird Rhythmus und Farbe und bemächtigt sich aller Einzelsymbole, der Geliebten, der Landschaft, der Gottheit derart, daß sie nur Wellen eines sprachlichen Flutens, nur Funken eines Glitzerns, nur Farbenpunkte eines Dunstkreises werden — eben der Flut, des Glitzerns, des Dunstkreises, der grenzenlosen und gegenstandslosen Weltbewegung in die der Dichter geraten ist, durch die er schwingt und singt: wie die Aeolsharfe nichts gibt und nichts ist als das klanggewordene Schwingen des Windes das sie bewegt.

Bei aller früheren Lyrik ist zweierlei: eine dichterische Erregung und der Gegenstand der sie auslöst: ein konkreter oder ein abstrakter, ein innerer oder ein äußerer Gegenstand. Auf diesen Gegenstand, Gott, König, Vaterland, Geliebte, Natur, Freiheit oder was immer, ist der Blick des Dichters gerichtet, und all seine dichterische Erregung wird nur Sprache, um sich dieses Gegenstandes zu bemächtigen. Die Bannung des Gegenstandes ist die Erlösung für das Gefühl: das lyrische Gebild ist ein sprachlicher, rhythmischer Versuch ein Gewolltes, Gedachtes, Ersehntes festzuhalten, auszudrücken. Was uns heute noch an solchen Gedichten lebendig erscheint ist nicht das Dargestellte, Festgehaltene, auch nicht die Aussprache des Gefühls oder Gedankens als eines objektiven, erstarrten Zustandes, die Feststellung und Darstellung wie begeistert, sehnsüchtig oder verliebt oder traurig oder froh der Dichter gewesen: sondern das unwillkürliche Zittern und Brennen das im Rhythmus des Gedichtes selbst verrät welche Bewegung hier nicht stattfand, sondern noch jetzt als Rhythmus, als Bewegung stattfindet. Das ist der Zauber der Shakespearischen oder Dantischen Sonette, wenn uns die schwarze Dame und Beatrice längst nichts mehr angehen, und die subjektiven Gefühle die die Dichter für ihre Angebeteten hegten uns gleichgültig sind: hier bebt in unsterblichen Rhythmen noch eine menschliche Erschütterung die uns in ihre Wirbel zieht. Goethes neue Lyrik kennt prinzipiell nun diesen Zwiespalt zwischen dem Zustand und dem Gegenstand nicht mehr, auch nicht mehr den zwischen dichtendem Gefühl und bedichtetem Gefühl, zwischen Liebe und Geliebtem, zwischen Sehnsucht und Ersehntem. Während jene früheren Dichter ihre grenzenlose Erregung in eine begrenzte Gestalt bannen wollten, selbst die irrationellen Lebenskräfte in Faßbarkeiten für Sinne oder Vernunft binden mußten, gelang es Goethe für jenes irrationelle Erleben, Beben und Glühen selbst einen irrationellen Sprachausdruck zu finden, die Transposition eines Zustandes in einen Gegenstand zu vermeiden und die seelische Bewegung gleich, unabhängig vom Gegenstand, in der Sprache zu fassen.

Die produktiven Menschen kannten vor Goethe nur eine Welt des Seins worin alles seinen Platz, seinen Umriß und seine Gestalt hatte. Was aber mußte geschehen, sobald ihm Herder das Gefühl entfesselt hatte daß alles Einzelne in Natur, Geschichte und Leben nur Chiffern, nur Sinnbilder und individuelle Ausdrucksformen eines göttlichen Werdens seien? Da er nicht anders als produktiv sich der Welt bemächtigen konnte, ergriff er diesen ungeheuren Gedanken der werdenden Welt, die festen Anlässe und Umrisse zerbrachen, und er sah sich mit seiner hingebenden und herrschsüchtigen Seele dem unerschöpflichen Chaos gegenüber, welches Flut, Bewegung, Wirkung war, nicht mehr Raum, Masse, Gestaltung, sah sich diesem grenzenlosen Werdenden, selbst ein Werdendes, gegenüber mit der Pflicht und der Kraft es zu bewältigen: dies selbst konnte nur — denn er erlebte es nur so — durch Werdendes, Atmend-Bewegtes, Wirkendes geschehen. Nicht mehr eine ewig ruhende zeitlose Welt des Seins oder einzelne ihrer Erscheinungen wollte er festhalten, sondern eben eine Welt des Wirkens: darum besang er nicht mehr seine Geliebten, um ihr Bild festzuhalten oder seine Empfindung von ihnen auszusprechen, sondern er behandelte die Gegenstände seines innern und äußern Erlebens als die Wellen seines seelischen Stroms. Nicht mehr auf den Sachinhalten, den Gegenständen seiner Gedichte liegt der Schwerpunkt, nicht mehr an ihnen organisiert sich das Gefühl, sondern das Gefühl erschafft sich die seelischen Bilder an denen es seine Sprachbewegung weiter leiten kann, und nur um sie weiter zu leiten. Was keine frühere Lyrik der Welt hat, unendliche Melodie, kommt von jetzt in die kleinsten Goethischen Gedichte „Über allen Gipfeln ist Ruh" „Der du von dem Himmel bist" „Heiß mich nicht reden, heiß mich schweigen" „Nur wer die Sehnsucht kennt".

All diese Gedichte haben in sich nicht nur eine innere Unerschöpflichkeit, eine unausdeutbare Gegenwart Gottes, das Mysterium der Stimmwerdung des Alls: das hat ein Psalm, ein gutes Volkslied, ein Sonett Shakespeares, eine Ode Klopstocks auch .. aber bei all jenen Gebilden handelt es sich um ein ruhiges Sein, um eine Bewegung die wirklich in die Worte gebannt ist, um das Eingehen einer seelischen Bewegung in ein festes ruhendes Sinnbild der Welt. Die festen Formen der Ode, des Sonetts usw.: was sind sie anders, zur Zeit ihres Werdens, als der Ausdruck des Glaubens an eine einzufangende, abzugrenzende Welt? Goethes neue Gedichte geben die Welt selbst als ein Schwingen, als ein Atmen, als ein Reifen oder Welken, als Drängen, Schwellen, Wirken, Weben, Wehen, Quellen, Fließen, Streben, (lauter Lieblingsworte des jungen Goethe, die durch ihn erst ihre poetische Fülle gewonnen haben) kurz als unfaßbar Reges, immer in Bewegung Begriffenes — lauter Zustände die man früher in der Natur nicht durchfühlte: man sah im Altertum und in der Renaissance das Gewordene, das Sein: erst Goethe entdeckte als Dichter überall das Werden, die Bewegung, die Entwicklung, nicht als eine Kausalverknüpfung zweier Zustände, als eine ruhende Linie die zwei feste Punkte verband, sondern als ein wesenhaftes Fließen, als ein „Entwirken".

Nun erst ward die unsichtbare Natur sichtbar gemacht, nicht nur an Körpern, sondern die Bewegung selber ward Melodie, Stimme, Wort.. das was wir Stimmung, Atmosphäre nennen, jenes unnachahmliche Unfaßbare von Duft und Hauch was um Goethische Verse herum ist, kommt eben daher daß das Geistige, die Bewegung in den Worten selber sich verlautbart – nicht erst die Bilder die die Worte vor uns hinstellen oder die Rhythmen welche die Worte tragen vermitteln uns die seelische Erregung: die Distanz zwischen Symbol und Erregung, die bei aller früheren Lyrik besteht, ist bei den besten Goethischen Gedichten aufgehoben.. die Worte selbst suggerieren uns die Bewegung durch welche Goethe schwingt: sie bezeichnen nicht nur mehr oder minder glücklich den Zustand, sie sind er selbst, sie sind selbst die Süße, die Dichte, die Sehnsucht, sie rufen sie uns nicht nur empor, sie bringen sie nicht in Erinnerung, sie sind selbst die Gegenwart. Ein Sonett Shakespeares oder Dantes erschüttert uns durch die Gewalt der Seele von der es ausströmt, es ist der sichtbare Niederschlag einer heroischen Ergriffenheit und im Bild oder im Rhythmus ist die ganze Glut und Größe des Dichters noch fühlbar. Was wir daran bewundern ist die Kraft der Leidenschaft und die Kraft der Bändigung: hat solch ein Mensch nicht seinesgleichen, so auch die Darstellung seiner Passion. Aber lesen wir Goethes „Auf dem See" oder „Herbstgefühl" oder „Ganymed" so ergreift uns keine einzelne Anschauung, erschüttert uns kein Ton, sondern wir werden selber was wir hören: Wort, Ton und Anschauung verwandeln unser Inneres in die Bewegung die sich hier verlautbart: die Distanz zwischen dem Erlebnis und der Sprache ist aufgehoben, hier singt die bewegte Welt, das Drängen und Schwingen selbst unmittelbar sich in deutsche Sprache um, als bedürfte es gar nicht das dumpfe Medium eines Menschen mit Schicksal und Leidenschaft – und das banale Wort „die Natur selbst singt aus Goethe" bekommt so einen prägnanten Sinn. Niemals vorher ist die geheime Bewegung der Dinge und die Seele des Dichters so untrennbar Sprache geworden: eben darum, weil Goethe der erste war der die Welt selbst als geformte Bewegung erlebte und weil die dichterische Sprache wesentlich Bewegung ist.

Die früheren Dichter erlebten die Welt als Gestalt, und sich selber konnten sie, eben als Dichter, doch nur in Bewegung ausdrücken: so blieb immer eine Distanz zwischen ihren Kunstmitteln und ihren Inhalten, die sie nur durch Symbole überbrücken konnten, durch sprachlich hergestellte Bilder der Welt in denen ihre Seelenbewegung sich ausdrückte. So sind die großen Epiker und Dramatiker der Vorzeit nur mittelbare Verkünder ihrer Erlebnisse: Bilder mußten sie erst machen, erst gestalten, eh sie uns sagen konnten was in ihnen sich bewegte. Es ist kein Zufall daß der eigentliche „Lyriker" — im engeren Sinn — erst dann auftreten konnte, als die Welt in den Seelen, im Bewußtsein und im Gefühl selbst sich in ein Werden verwandelt hatte, aus ihrer kosmischen Gestalt in einen kosmischen Fluß gelockert war. Nun erst lief die Sprache in der gleichen Richtung wie das Weltgefühl, konnte also das Weltgefühl unmittelbar wiedergeben, ohne Vermittlung durch plastische Symbole oder rationalistische Allegorien welche Sprachbewegung waren, aber Gestalt bedeuten mußten.

Unmittelbarkeit des sprachlichen Ausdrucks der Sonder-seele in dem Sinn daß er keiner Zwischenglieder bedurfte hat wirklich erst Goethe erreicht. Nicht Unmittelbarkeit des Erlebens! Shakespeares und Dantes Erlebnis war ebenso unmittelbar und vielleicht spontaner und tiefer: aber freilich der Weg von ihrem Herzen bis zu ihrem Wort ging erst über Bilder und Gestalten in denen sich ihr Erlebnis verdichtete, monumentalisierte. In Goethes Lyrik ist das Erlebnis gleich Wort, das Werden selbst ist Sprache, das Gefühl braucht keinen Bildleib, sondern hat gleich einen Klangleib. Das war aber nur möglich, weil Goethe werdend das Werdende erlebte, und schon singend, klangleibhaft erlebte.

Wir erkennen einige der Hauptmittel wodurch Goethe jene Klangwerdung der Weltbewegung erreichte, oder vielmehr einige Hauptsymptome: denn da es nicht sein Zweck sondern sein Wesen war die erlebten Bewegungen unmittelbar zu versprachlichen, zu verklanglichen, so dürfen wir jene Eigenschaften nicht als Handwerksmittel sondern als Charakterzüge ansehen. Sie werden auch tatsächlich nicht hervorgebracht, um bestimmte Wirkungen zu erzielen, wie eine rationalistische Ästhetik noch immer meint, sondern sie sind die Folge des geistigen Gesamtzustandes in dem Goethe lebte und den produktiv auszudrücken er berufen war.

Schon bei den Leipziger Vorläufen seiner neuen Lyrik hob Goethe die Grenzen zwischen den verschiedenen Sinnen auf, stellte die ursprüngliche Sinneneinheit im Sprachausdruck her.

Seit seinem Straßburger Durchbruch hat Goethe dies in einem Umfang getan wie kein Dichter vorher. Shakespeare hat allerdings im Wirbel seiner dramatischen Rhetorik schon vereinzelt, bewußt und mit dem Gefühl einer spezifischen Wirkung als geistreiches Concetto oder gewaltsame Spannung, durch Epitheta oder Gleichnisse zwei getrennte sinnliche Sphären zusammengebunden und eine sprachliche Einheit hergestellt zwischen Qualitäten die der rationellen Auffassung getrennt, dem Erlebnis aber sehr wohl vereinbar sind: süßes Mondlicht, das zerfallene Ohr des alten Schlosses, fetter Galgen, die erdige Hand des Todes. Noch häufiger ist bei Shakespeare bereits die Versinnlichung geistiger Wesenheiten: der kalte Tod, blinder Tod, der kahle Glöckner Zeit, die feiste engebrüstige Zeit, glühende Weihe, schwarzes Wort, hohler Meineid, bracher Fluch, gelenke Kraft, schmelzende Stimmung, geharnischte Mummerei, scharlachne Entrüstung, kahles Schwatzen, müder West.. oder die Vergeistigung dinglicher: verschlafne Glocke, kranke Vestalentracht, mürrische Nacht, leichtfüßiger Tand, wütiges Wetter, keusche Sterne, ergrimmter Stahl.

Wenn Shakespeare uns daran erinnert wie sehr unsre Abstrakta von sinnlichen Erlebnissen abgeleitet, abgeblaßt sind: so hat er nur eine Eigenschaft der Sprache überhaupt gesteigert. Goethe hat in der Beseelung der körperlichen Dinge, in der Versinnlichung der geistigen von Shakespeare gelernt, oder ihm hat wenigstens das durch Herder ihm vermittelte Erlebnis Shakespeares die Assoziationsfreiheit gegeben: Äolus löset das ängstliche Band, der Mond von einem Wolkenhügel sah kläglich aus dem Duft hervor, goldne Träume usw.

Neu gegenüber Shakespeare ist aber bei dieser Verknüpfung von Geistigkeit und Sinnlichkeit folgendes: seine Epitheta bezeichnen nicht so sehr, wie die Shakespeares, Eigenschaften, sondern Tätigkeiten, Aktion oder Funktion. Auch dies entspricht dem neuen Weltgefühl das ein Werden, kein Sein mehr in der Welt erlebt.

Vergleichen wir Shakespeares eben angeführte Beiworte mit Goethes: aufgetürmter Riese, schwebende Sterne, beschattete Bucht, türmende Ferne, reifende Frucht, fruchtende Fülle, der ewig belebenden Liebe vollschwellende Tränen, heimlich bildende Gewalt, heilig glühend Herz. Die Verwendung des participium praesentis als selbständiges Adjektiv, nicht mehr als abgekürzter Nebensatz, ist das Zeichen wie sehr Goethe selbst die Eigenschaften als aktive Bewegung empfand, wie er das Ruhende wesentlich als Wirkendes aufnahm. Diesen adjektivischen Gebrauch des Präsenspartizip hat Goethe für die deutsche Dichtung erobert: er ist nur ein Zeichen seines Gesamtweltgefühls.

Eine andere Sprachbesonderheit, die aus demselben Weltgefühl für das Bewegte stammt, ist die Aktivierung von Eigenschaftsworten oder von Verben die sonst nur Zustände oder Funktionen bezeichnen durch ein beigefügtes Adverbium der Richtung: Berge wolkig himmelan, grüne herauf, herzaufquellende Tränen, entlang rauschen, überschwellen, entgegenbeben, anglühen, entgegenkeimen, durchglühen, nachquellen, vorbeiquellen, entgegenschäumen, entjauchzen, abwärtsschweben, hintrauen, sich aufruhn, abgelebte Zeiten. Pindars Vorbild hat dies gesteigert, nicht erzeugt.

Es ist als habe die festgestaltete Welt sich in ein flutendes, wogendes

Chaos aufgelöst, und dem jungen Schöpfergriff Goethes komme es zu, ganz neue Mischungen und Ehen zwischen den gelockerten, losgebundenen Stoffen und Kräften der inneren und äußeren Welt zu vollziehen. Es gibt nichts Beglückenderes, Atemlösenderes in der Geschichte der Sprache als diese selige, morgendliche Freiheit mit der Goethe nach seiner Erweckung durch Herder die starr überlieferten Begriffe und Vorstellungen durchwärmt, aufweicht, losbindet und neu vereinigt, aus den verkrusteten Gefäßen den Lebenswein wieder fließen und duften läßt, die Kräfte wieder durchlebt und zurückverwandelt in lebendige Bewegungen welche die Worte ursprünglich erschufen, die Dämme zerreißt wodurch die verschiedenen Geistesströme getrennt, beengt, kanalisiert wurden, daß die Fluten nun schäumend und leuchtend ineinander rinnen.

Das Symbol dafür ist vor allem die unerhörte Leichtigkeit mit der Goethe zu neuen Wortverbindungen gelangt, zu Wortverschmelzungen, die Dehnbarkeit, Biegsamkeit und Flüssigkeit die der deutschen Sprache vorher niemand zutrauen durfte, trotz Klopstocks gewaltsamen geistreichen herrschsüchtigen Kühnheiten und Herders stürmischen Neologismen. Bei Goethe wirkt all das nicht mehr als originelle Kühnheit, als gewaltsame Erweiterung und Eigenart, sondern er redet so frei und selbstverständlich als habe es nie etwas anderes gegeben als seine Grammatik: kurz seine Sprache wirkt nicht als die eines absonderlichen Individuums, sondern als der einzig gemäße Leib für die Seele der neuen Welt. Wir machen uns kaum klar wie viele der grammatischen Beziehungen die unsere heutige Sprache ausmachen erst durch Goethe ermöglicht, durch ihn uns selbstverständlich sind. Wenn Goethe die heterogensten Substantive oder Adjektive zu unlösbaren Worteinheiten verschmilzt: Muttergegenwart, Flammengipfel, Besitztumsfreuden, Traumglück, Traumgefahr, Sommerabendrot, Sternenblick, Nebelglanz, Bruderquellen, Wolkensteg, Führertritt, Gipfelgänge, Opfersteuern, Wechselwinde, Einschiffmorgen, schlangenwandelnd, silberprangend, Nebeltal, Zauberhauch, Blütenträume, Rettungsdank, Zwillingsbeeren, Scheideblick: so gibt sich in diesen Kompositen eben die neue Mischung der Sinnlichkeiten und Geistigkeiten kund, die wiederum erst möglich war, weil sich das erstarrte rationalisierte All wieder in flutend bewegtes Chaos aufgelöst hatte.

Wenn frühere Dichter die getrennten Sphären der Sinnlichkeit, oder Sinn und Geist durch Epitheta zu nähern wußten, so verschmilzt Goethe durch seine allmächtige Assoziation Elemente ganz entfernter Welten nicht nur zu einer Anschauungseinheit im Gleichnis oder im Attribut, sondern zur Sprach- zur Klangeinheit im Wort .. Gleichnisse und Bilder hat er sogar weniger und braucht er weniger als Shakespeare: gerade deshalb weil er keine Körperwelt mehr braucht, um daran seine Bewegungen zu verdeutlichen, er gibt die Bewegungen unmittelbar schon in der Wortbildung, in der Grammatik. In keiner früheren Dichtung haben sich die verschiedenen grammatischen Elemente zu so unbefangener Vereinigung gefunden wie bei Goethe . Zeugnis der neuen Entstarrung, Entbindung und Dehnbarkeit der Sprache, Ausdruck von Goethes neuem All=werde und Allbewegungs=gefühl, ist nächst jenen Kompositen die erweiterte Freiheit Präposition und Verb zu verbinden, dem Verb unmittelbar durch Angliederung von Präpositionen neue Richtungen, das heißt Bewegungen zu geben: umsäuselt, anglühn, umflügeln, hinaufwiegen, entlangrauschen, überschleichen, entwirken, aufregen, hintrauen, dreinrufen, erzechen. Dann die Verknüpfung von Adverb und Adjektiv, wodurch abermals nicht nur intensiviert wird, sondern getrennte Sinnlichkeiten verschmolzen, die Spannweite der Seele, ihre Schnellkraft vervielfacht wird: heilig glühend, leise wandelnd, heilig warm, ängstlich liebevoll, tausend=schlangenzüngig, heilig sanft, stille sehnend, rings umfassend, leicht empfangen. Eben dahin gehört eine seiner Lieblingsformen, der Akkusativ des innern Objekts .. oder prägnante Abhängigkeiten, wobei geistigen Verben sinnlich aktive Energien zuwachsen: Lieb ahnden, Flammen werfen, zum Teiche hemmen, einander anglühn, nach dem Himmel jauchzen, nach der Ebene dringen, das Tal hinschleichen, dem Sturz entgegenragen, dem Schlaf entjauchzt uns der Matrose, Hoffnungslieder nachjauchzen, Jemanden der Fahrt abtreiben, Rettungsdank den Schlafenden glühn, zum Manne schmieden, die Wolken neigen sich der Liebe, Mäßigung dem irren Blute tropfen, Geheimnisvoller Gährung vorstehn usw.

All diese grammatischen Eigenschaften, zum größten Teil Goethes Neuerungen, wenigstens nach Herders Vorgang organisch und unwillkürlich gemacht, bestärkt durch Lektüre Pindars und Shakespeares, genährt von Luthers Bibel — lauter Mächte die ihm Herder erst geweckt hatte — bedeuten also vor allem die Verwandlung der ruhenden Welt in eine bewegliche, besser noch die Verwandlung der sinnlichen Stoffe und geistigen Bezirke und Grenzen in Kräfte, sie bedeuten ferner die Ummischung und Umbildung des Chaos, eine sprachliche Umlagerung aller seelischen Elemente, die Schaffung neuer Wahlverwandtschaften nicht nur zwischen einzelnen Begriffen und Worten, sondern ganzen Vorstellungskreisen und Bezügen.

Es ist so wie wenn in der Chemie plötzlich ganze Komplexe von Elementen die als unverbindbar galten organische Verbindungen eingingen, oder sich herausstellte, was ja in unseren Tagen tatsächlich geschieht, daß ver=

meintliche Urstoffe sich in andere zerlegen oder umsetzen lassen . So hat Goethe der deutschen Sprache eine ganz andere Spannweite und vor allem Spannkraft gegeben: denn daß er ihr neue Kräfte, Energien nach innen und außen, nach allen Dimensionen, ja selbst neue Dimensionen geschaffen hat: das ist wichtiger als die stoffliche Bereicherung der Sinnlichkeit durch neue Farben, Klänge und Lichter . Er hat sie fliegen gelehrt, wo sie nur ging, er hat die Dinge selber reden gelehrt, wo man bisher nur über sie oder mit ihnen geredet.

Das neue Naturgefühl das man ihm nachrühmt ist eben gerade das Gefühl dafür daß die Welt Bewegung, Wirkung, Werdung ist — eben daß alles drängt, glüht, strebt, quillt, webt, und andererseits das Gefühl daß nichts isoliert ist, daß der schöpferische Atem, die wirkende Kraft in allem waltet, daß Gott — nicht mehr als ein Sein, sondern als ein Werdendes, ein immer sich selber Wirkendes erlebt — ihn überall anglüht, in ihm selbst sich heraufdrängt: daher Goethes viele Wortverbindungen mit All‹: allliebend, allgegenwärtig, Allumfasser, Allerhalter, allsehnend . . daher seine Empfindung für das Atmen, das Drängen, Quellen in jedem Gras, in jeder Blume: es ist der rege Gotteshauch, der ihm überall erwidert. Darum sein Lieblingswort heilig: sein Pantheismus gibt in der sinnlichen Welt keine unbeseelten, unaktiven Stellen zu. Was Herder nur stammelte, das konnte er sagen und singen. Wir sehen wie sehr abermals selbst das grammatisch und technich Einzelne seiner Kunst genährt und bedingt wird von seinem Weltgefühl, seiner Religion. Was Goethes religiöse Leistung ist, den werdenden und wirkenden Gott in der Welt durchgefühlt und nicht nur verkündet, sondern ausgedrückt zu haben, den Allgott Spinozas in Kraft und Wirksamkeit umgesetzt zu haben — Spinoza selbst sah ihn mathematisch mystisch als Wissen und Ruhe — das können wir bis in seinen dichterischen Sprachgebrauch hinein wahrnehmen.

TITANISMUS

DAS unwillkürliche Weltgefühl, dem Herder zu Durchbruch und legitimem Ausbruch verhalf, ward Goethen geistige Aufgabe sobald er sich nach außen betätigen und verwirklichen wollte, d. h. beim bildnerischen Menschen: sobald er es formen sollte.

Auch sein Begriff „Form" hatte sich verwandelt unter Herders Einfluß: Während sie für seine Leipziger Zeit das Gefäß bedeutete worein etwas gepreßt wurde, ward sie jetzt der Leib einer Bewegung. Jetzt erst konnte sein Bildnertum sich auswirken, ohne seiner Bewegtheit, seinem entfesselten Sturm und Drang, seiner Aktion Eintrag zu tun: denn all diese Bewegtheit

TITANISMUS

war ja nur im eigentlichen Sinn Bildwerdung, Formwerdung, Leibwerdung. Es war Bewegung wie das Leben der Organismen unablässige Bewegung ist — „ein formumformend Weben", es war die Bewegung die darin besteht, daß das Feste Geist wird und das Geisterzeugte sich fest bewahren will.

Wenn wir also Goethe immer wieder als den tiefst Bewegten zeigen, so ist dies kein Widerspruch dagegen daß er zugleich der Gestalthafteste ist.. und auch das liegt nicht nur an der Person Goethes sondern an dem Wesen der dichterischen Sprache als menschliches Ausdrucksmaterial: sie ist ihrem Wesen nach Bewegung, Hauch, Stimme, Schwingung, sie kommt aus der Bewegung des Geistes, der Kehle, der Luft, des Trommelfells hervor, sie setzt in Bewegung. Sie bedeutet aber, oder vielmehr sie kann bedeuten, Gestalt, Vorstellung, Raum, Begriff .. umgekehrt wie das Material des bildenden Künstlers, vor allem des Plastikers: Farbe, Linie, Marmor sind ihrer Natur nach Ruhendes, können aber Bewegung bedeuten und ausdrücken (man denke z. B. an Rodin, der mit dem wuchtigsten Stoff die Impression der flüchtigsten Bewegung gibt). Mit anderen Worten: die Sprache kann das bewegte Zeichen der Gestalt sein, und der Marmor das gestalthafte Zeichen der Bewegung. Die Sprache kann nun alles ausdrücken, alles bedeuten, ihrer Symbolkraft sind weniger Grenzen gesteckt als irgendeinem anderen Kunstmaterial, und zwar deshalb, weil sie zusammenfällt mit dem menschlichen Geist selbst, während die anderen Kunstmaterialien nicht unmittelbar dem Geist angehören, sondern ihm erst einbezogen werden müssen. Bewegung ist jede Sprache: und nur bewegte Menschen können Dichter sein. Aber unter den bewegten Menschen, den Dichtern, kann man scheiden zwischen solchen deren Bewegung, nämlich deren Sprache das Zeichen ist für Gestaltung, und solche deren Sprache das Zeichen ist abermals für Bewegung: das ist ein Hauptunterschied, neben anderen, zwischen Klassikern und Romantikern.

Von den Stürmern und Drängern hebt sich Goethe ab nicht nur durch die unvergleichlich größere Fülle seines Genies und Stärke seines Charakters, sondern schon durch die Richtung seiner Bewegtheit — er dichtet, selbst in der Sturm- und Drangzeit, nie wie die anderen um der Bewegtheit, um des Sturms und Drangs willen, sondern immer um der Gestaltung willen. Bei jenen war Sturm und Drang das Ziel, bei ihm war es der Ausgangspunkt. Sie stürmten und drängten, weil sie wollten, weil sie es schön fanden — er, weil er mußte, und er fand es gar nicht schön, er litt unter dem worin seine Nachahmer vergnügt puddelten. Er wollte die größte Bewegung zur vollkommensten Gestalt bezwingen .. allerdings bezwingen von seinem eignen Herzen aus, nicht durch gewaltsame Einschränkung von seiten einer Außenwelt.

Es ist abermals Herders Einfluß daß Goethe sich zum Maß der Dinge machte, nicht mehr die Dinge zum Maß seines Könnens und Wollens. Man vergleiche die Art wie Goethe seine Vorbilder jetzt sammelt, deutet, übersetzt, nachahmt mit der Art wie er in Leipzig sich anschloß an die Franzosen, wie er Molière nachahmte oder Corneille übersetzte. Damals versuchte er deren spezifische Tugenden mit seinen Mitteln zu erreichen; jetzt ist es immer das spezifisch Goethische was er aus den Vorbildern herausliest, und er biegt und färbt sie um nach seinen eignen Zuständen und Bedürfnissen. Die Volkslieder die er sich aufzeichnet haben alle den Gegenstand der ihn damals beschäftigte, die Liebe, und er macht sie womöglich noch schwebender, melodisch und farbig voller als er sie vorgefunden hat in ihrer balladesken, abgerissenen Gedrungenheit. Im Pindar hört er weniger die getragene und weitgespannte Feierlichkeit womit er die alten Mythen anknüpft an das gegenwärtige Spiel und dem dadurch Hintergrund, Horizont, Wucht und Schicksal gibt, sondern mehr den dithyrambischen Flug, die seherhafte Verzückung, ja Besessenheit, den allverknüpfenden Sprung der Gedanken die über Abgründe hinweg sich anleuchten; mehr die innere Glut des Herzens, als die weise Helligkeit des Geistes, mehr das Pathos als das Ethos Pindars wirkt auf ihn. Das Hohelied der Liebe macht er schwellender, sinnlich brennender, süßer, saftiger, schwebender, stimmungsvoller als Luther, er verdeutscht es lyrisch dringend, während es bei Luther einen episch-patriarchalischen Klang hat. Seine Übersetzungsfragmente aus dem Ossian haben eine sanfte sinnliche Wallung des Naturgefühls, eine Zärtlichkeit für das Raunen, Schwimmen, Grauen, Beben der Landschaft weit über die Vorlage hinaus. „Die Fliegen des Abends schweben auf ihren zarten Schwingen, das Summen ihres Zugs ist über dem Feld." Selbst dem Shakespeare schiebt Goethe in jener Shakespeare-rede seine eigenen Probleme unter wenn er sagt: „seine Stücke drehen sich alle um den geheimen Punkt in dem das Eigentümliche unsres Ichs, die prätendierte Freiheit unseres Wollens, mit dem notwendigen Gang des Ganzen zusammenstößt." Sein eigener Titanismus lehrt ihn das in Shakespeare sehen.

Kurz, seine Urerlebnisse waren es jetzt wodurch seine Bildung Farbe und Richtung empfing, seit er den Mut zu sich selbst gefunden hatte. Diese waren noch immer die Liebe und der Titanismus: der Drang sich hinzugeben, seine schöpferische Fülle auszuströmen in das All oder in ein geliebtes Wesen, und der Wille sich zu behaupten in seiner Individualität gegenüber dem Chaos von Welt, indem er es mit seiner schöpferischen Kraft formte oder ordnete. Diese beiden Grundtriebe sind jetzt die Motive seiner Lebens- und Schöpferkraft, ihr Aus- und Einatmen .. sie waren es schon in der Leipziger Zeit, nur daß dort seiner Hingabe wie seiner Selbstbehauptung durch die Gesellschaft Grenzen gezogen waren die er anerkannte. Der Raum innerhalb dessen er sich ausströmte und einrichtete waren gesellschaftliche und ästhetische Regeln und Konventionen. Jetzt anerkannte er keinen anderen Raum und keine andere Gesetzlichkeit mehr, als denen das All, die Natur selbst unterstand — Natur gefaßt im Herderschen Sinne, nicht als Komplex von Sachen, sondern von wirkenden, vor allem menschlichen Kräften, insbesondere als die ursprünglich göttliche Anlage, Fruchtbarkeit, Leidenschaft und Energie des schöpferischen Menschen. Natur, negativ gefaßt, im Sinne Rousseaus, ist die Freiheit von willkürlichen Übereinkünften der Gesellschaft, positiv im Sinne Herders die Summe der unmittelbaren Schöpferkräfte der Welt.

Seine Liebe brauchte sich von der Straßburger Zeit ab nicht zu verwandeln, nur zu erweitern, sie konnte sich unbefangener ausströmen, da die Hindernisse welche die Leipziger Konvention ihrem dichterischen Ausdruck — denn nur um diesen handelt sichs hier — entgegenstellte, innerlich waren. Anders war es mit dem Titanismus, dem Gestalterwillen Goethes. Hier mochte er noch so sehr sich natur-unmittelbar als Prometheus fühlen — hier waren nicht nur, wie bei seinem neuen Liebesgefühl, innere Vorurteile und Hemmungen zu überwinden, sondern auch äußere: nicht nur seine Vorstellung von dem was Rechtens in der Gesellschaft sei hatte er zu verwandeln, sondern doch eben diese Gesellschaft und ihre Vorstellung selbst, wenn anders er sich als Sieger, als wirklich starker Einzelner fühlen wollte. Denn die Konventionen bestanden draußen weiter, auch wenn er sie in sich nimmer gelten ließ. Während seine Hingabe wesentlich seine eigne Sache und die einer Geliebten war (ja nicht einmal deren Sache sein mußte — denn das neue Liebesgefühl bedurfte nicht der Erhörung, um neu und frei zu sein) war seine Selbstbehauptung und Beherrschung der Umwelt auch eine Sache der Gesellschaft, welcher das neue Evangelium vom Genie, von der Freiheit und Naturunmittelbarkeit des schöpferischen Herzens noch nicht so gültig war wie dem Jünger Herders. Darum äußerte sich von der Straßburger Zeit ab sein Titanismus nicht nur als Sang, wie seine Liebe, sondern auch als Kampf. Hier galt es nicht nur sich auszusprechen und darzustellen, sondern zugleich sich zu wehren gegen jene gezierte und verschnürte, lauwarme und behäbige, bürgerlich sittige Welt. Alles was er unter Herders Einfluß schrieb an Manifesten, wie die Shakespeare-rede, die Rhapsodie über das Straßburger Münster, seine Rezensionen in den Frankfurter gelehrten Anzeigen, seine polemische Farce gegen Wieland stellt nicht nur seine Positionen und Ideale hin, sondern grenzt sie zugleich polemisch ab gegen die sichtbarsten und einflußreichsten Vertreter jener Konventionen, vor allem gegen die Franzosen mit ihrer Verzärtlung, ihren Regeln und ihren Schnörkeln. Die gleiche Gesinnung zog ihn von der klassizistischen Zierlichkeit, der Voltairischen Eleganz, der Wielandischen Weichlichkeit, zu den getürmten Massen der Gotik, zu der innigen Altmeistertreue, Echtheit und Frommheit des Erwin von Steinbach, zur alten schweifenden Heldenluft des Ossian, selbst zur vaterländischen Gefühlsüberschwenglichkeit eines Klopstock. Alles was nicht geschnürte Vernünftelei, geschnörkelte Sinnen- oder Seelenschwäche, ängstliche Regelung, sittiges Behagen war, alles was kühner, unverzagter, herzlicher Ausbruch innerer Kraft und Fülle war, einerlei ob titanischer Trutz oder gottinnige Hingabe, römische Wucht oder gotischer Schwung, griechischer Heroismus oder nordische Wallung, Volksderbheit oder mystischer Überschwang – all das ehrte und suchte er, Prometheus und Paracelsus, Brutus und Fingal, Pindar und Erwin, Dürer und Hans Sachs, Volkslied und Klopstock, vor allem Shakespeare, diese Synthese von nordischer und südlicher, germanischer und romanischer, gotischer und klassischer Natur.

Der Kampf für diese Natur war zugleich der Kampf gegen die Gesellschaft, und die Haltung des Kämpfers, des Trotzers, in die er dadurch hineingedrängt wurde, ward ihm selber ein Problem, zumal sie seiner durchaus positiven Natur ursprünglich fremd war. Daß er durch die bloße Behauptung seines ursprünglichen Ich, durch seine Selbstdarstellung, zugleich kämpfen, verneinen, zerstören müsse, empfand er als tragisches Problem und nahm es auf mit dem ganzen Schwung eines Genius der dies zum erstenmal mit morgendlichen Augen sieht. Daß das freie Ich feindlich gegen die Welt gestellt sei war das neue erschütternde Erlebnis dieser Jahre.

Damals also bedrängte ihn, stärker noch als die Liebe, die Tragik die darin liegt, wenn ein gottgetriebner Urmensch mit den Satzungen der Welt in Widerstreit gerät, die als solche ihr Recht und ihre Macht haben – denn auch sie sah er ja jetzt von außen und, mitten im Kampf und Leiden, gerecht. Der Kampf des starken Einzelnen gegen die Gesellschaft bedeutet die Durch-setzung einer neuen im Menschen verkörperten höchsten innern Wirklichkeit gegen die schon gültigen erstarrten durch Ansehn oder weltliche Macht gestützten äußern Wirklichkeiten: ein Thema das Goethe vor allen anging, das kein Mensch seiner Epoche so innerst und echt erleben konnte als gerade er, der Einzige der ein Recht hatte seine Kraft der bestehenden Welt als gleichgewichtige entgegenzustellen. Seine Dramen und

TITANISMUS

Entwürfe aus der Straßburger und Wetzlarer Zeit sind Variationen des einen Themas: die Stellung des schöpferischen, gotthaltigen Menschen gegen das Ganze, der Konflikt unsrer prätendierten Freiheit mit dem „notwendigen Gang des Ganzen" wie er es in der Shakespeare-rede formuliert. [Übrigens schiebt er dies Thema fälschlich Shakespeare als sein allgemeines unter, man müßte denn unter dem „Ganzen" den Weltplan, die sittliche Weltordnung oder so etwas verstehen, und dann wäre diese Definition der Shakespearischen Tragik eine Selbstverständlichkeit und gälte ebenso gut für Homer und die griechische Tragödie, für jedes Drama — denn sobald ein Ich handelt trifft es mit einem Nicht-Ich zusammen, das liegt ja in der Definition des Handelns. Meint aber Goethe einfach den tragischen Konflikt des Helden mit der gemeinen Umwelt: dies Thema hat Shakespeare nur einmal, im Koriolan, behandelt.] Aber beim jungen Goethe handelt es sich allerdings darum daß ein befugter oder begabter Mensch die gültige Gesamtheit bekämpft, verwandelt, belehrt und dafür leidet oder untergeht: das ist das Thema seines Prometheus wie seines Mahomet, seines Cäsar und seines Sokrates, seines Götz und in gewissem Sinn seines Faust, obwohl keineswegs der Gehalt dieser Werke mit dieser Angabe ihres Themas erschöpft wird. Das Wesen und das Schicksal des schöpferischen Menschen als Erlebnis Goethes speist all diese untereinander so verschiedenartigen Werke: „Die wenigen die was davon erkannt, die töricht gnug ihr volles Herz nicht wahrten, dem Pöbel ihr Gefühl, ihr Schauen offenbarten, hat man von je gekreuzigt und verbrannt." Bald liegt der Schwerpunkt in der Ausführung mehr auf dem Wesen, bald mehr auf dem Schicksal, das heißt, bald lockt den Dichter mehr der Ausdruck des schöpferischen Kraftgefühls, der göttlichen Fülle an sich, wie im Prometheus, im Mahomet, bald mehr die Wechselwirkung zwischen diesen Gaben und der Welt, mehr das Tun und Leiden als das Sein der großen Natur.. wie im Cäsar und Götz.

Prometheus: das ist Goethe als der ins Heroisch-mythische gesteigerte Bildner, der Schöpfer eigner vom legitimen Gott unabhängiger Existenzen mit eignem Leben.. es ist der Trotz des Titanen der eine Welt in sich selbst trägt, stark und reich genug der Ordnung draußen sich zu entschlagen. Mahomet ist die Verkörperung eines überschwenglichen Gefühls des alldurchdringenden Gottes, der Mensch der schöpferischen Sympathie mit den Allkräften, die ihn drängt und berechtigt die alten engen Götzendienste zu verwerfen. Cäsar ist Goethe unter dem Bild eines titanisch freien, muntern, unabhängigen Täters, der sich fühlt als Sohn des Glücks und erhaben über alle Mitmenschen und Umstände, im sichern Genuß seiner Spannkraft und seines Überblicks, dabei bedürftig und begierig, seine Überlegenheit zu erproben gegen eine Welt von Widerständen, hungrig fast so sehr nach Kampf als nach Sieg, nach Beschäftigung als nach Herrschaft. Sokrates: das innerlich freie Herz, die unabhängig starke Seele mit dem unbeirrbaren Dämonion in der Brust, den Menschengeist verteidigend oder durchringend gegen Routine, Gewohnheit und traditionelles Geschwätz von Sitte, Göttern und Nutzen. Hinter all diesen Masken blickt Goethes glühendes Adlerauug, das die Welt um=schaut, schlägt Goethes eignes unbändiges, schaffens- und umschaffensfrohes Herz: in allen steht der Held gegen die Welt oder die Welt gegen den Helden. Ja, eine der hierher gehörigen Dichtungen ist recht eigentlich die Tragödie dessen der außerhalb der Welt, außerhalb selbst ihrer ewigen Bindungen Raum und Zeit, steht und als Verfluchter von außen die Tragik des Weltlaufs mitmachen und glossieren muß, weil er sich Gott widersetzt hat aus dumpfem Selbstsinn oder allzueigner Klugheit: der ewige Jude .. und in diese titanische Rhapsodie ist noch der größte Mythus vom göttlichen Einzelnen verwoben: der Heiland selbst durchlebt noch einmal die Geschichte seiner göttlichen All=liebe in der beschränkten Menschheit. Nicht das Mysterium der Kindschaft, sondern die menschliche Erlösertat, das Prometheische Ringen und Dulden hat den Dichter ergriffen, und so reiht er Christus selbst zu den einsamen Heroen die im Namen des Gottes den sie verkörpern die Welt bekämpfen, die sie erlösen, beherrschen, verwandeln wollen.

Die Helden der Straßburger und Wetzlarer Dramenpläne sind aber nicht nur freie und eigne, sondern auch riesige, mythische oder welthistorische Einzelne: der Welterlöser Jesus, der Titan Prometheus, der Religionstifter Mahomet, Sokrates der weiseste und Cäsar, der stärkste Mensch. Nur die sichtbarsten und monumentalsten Vertreter des Genietums genügten Goethe um sich darin zu symbolisieren, er bedurfte des weitesten Rahmens um darin seine entfesselte Fülle auszubreiten, und Größe nicht nur als magnitudo, auch als quantitas ward ihm Bedürfnis. Damals ist der heroisch große Einzelmensch als selbstgenugsamer Wert in die deutsche Dichtung eingeführt worden. Damals ist in deutscher Sprache das Wort Übermensch in einem dem Sinn Nietzsches verwandten Ton geprägt worden, damals beginnt — immer unter Goethes echtem und überzeugendem Impuls — das zweideutige Wort Genie seinen optimistischen Wert zu bekommen, damals begründet sich der theoretische Kult der großen Persönlichkeit schlechthin, ohne Rücksicht auf moralischen oder sozialen Wert (der praktische Kult begann schon in der Renaissance) damals die Wert=forderung lebensvoll, mächtig zu sein um jeden Preis, selbst den der Gefährlichkeit und Problematik. Erst durch dies Auftreten Goethes bekam der Geniekult Sinn und

Rückhalt und Zauber, erst durch Goethe wurden die Bilder und Bekenntnisse des Titanismus verführerisch und erhöhten den Begriff des Menschtums. Goethe legitimierte den Sturm-und-Drang-titanismus.

Wir fassen die Straßburger Studienjahre bis zur Wetzlar-Frankfurter Zeit als eine Epoche die von denselben Antrieben beherrscht wird: diese Jahre waren der Verarbeitung der gleichen Ur- und Bildungserlebnisse gewidmet. All jene titanischen Gedanken stammen aus der gleichen Epoche, sind Sinnbilder des gleichen Urerlebnisses, und nur in immer andrem Bildungsstoff versuchte Goethe sich auszuprägen, je nachdem ihn mehr die dithyrambisch lyrische Gewalt Pindars ergriffen hatte, oder die dramatische Shakespeares. Mahomet und Prometheus sind die lyrischen unter diesen Plänen .. Sokrates und Cäsar die symbolischen, distanzierten. Kein Zufall: in den beiden ersten drückte er wesentlich Dasein, Fühlen und Sinnen des Genius aus, in den andern sein Schicksal, Handeln und Leiden, also seine Wirkung auf die Welt und deren Gegenwirkung. Zu den beiden ersten bedurfte er nur sein Subjekt .. zu den beiden dramatischen, objektiven bedurfte er Welt. In den beiden ersten überwog das nackte Urerlebnis, in den beiden andren Plänen galt es Bildungs-stoffmassen einzuschmelzen mit dem Urfeuer. Von Mahomet und Prometheus sind uns aus dem anfangs dramatisch weit gefaßten Plan nur lyrisch dithyrambische, monologische und dialogische Fragmente, von Cäsar und Sokrates nur spärliche Andeutungen Shakespearisierenden Stiles übrig geblieben. Mahomet und Prometheus sind schließlich in ihrem wesentlichen Gehalt, als lyrischer Ausdruck des herrischen Schöpfergefühls und allliebenden Führergefühls gerettet und rund geworden. In der Ode Prometheus ist alles Pathos verdichtet das der umfassendere Plan dramatisch ausbreiten sollte. Mahomets Gesang und Mahomets Hymnus an den Einen Allgott enthalten wirklich den Mittelpunkt des ganzen Mahomet-plans .. in solche Hymnen dringt auf den kleinsten Raum die ganze Kraft und Masse zusammen die gereicht hätte ein weitangelegtes Drama zu füllen.

Dieser durch Herder entfesselte oder legitimierte, an Pindar stilistisch erzogene Titanismus des überschwänglichen Schöpfergefühls, aus dem dramatischen Ansturm zuhaufgedrängt ins lyrisch dichte Gebild .. nicht, wie er ursprünglich wollte, in Gestalt, sondern in seiner eignen sprachgewordnen Bewegung versinnlicht, als Hymne, bedeutet in Goethes Lyrik und in der deutschen zugleich über die Sesenheimer Lieder hinaus einen Durchbruch zum großen Stil, den Klopstocks Oden nur geahnt und bereitet hatten. Die Großheit und Macht, der allüberschauende Flug, der allumspannende Schwung, der bei Klopstock nur als Tendenz wieder erscheint, ist hier zum erstenmal verwirklicht, weil Goethe nicht als Vertreter, als Sänger und Diener oder Deuter der Gottheit fühlte und sprach, sondern als Verkörperung und Träger, nicht als Geschöpf sondern als Ausdruck. Goethe empfing seine Weihe nicht durch den Abglanz des Höchsten und durch seine Beziehung zu ihm, sondern in ihm und seinem Wort selbst stellte sich das gotterfüllte All sinnlich dar. Er wies nicht außen hin auf die Mitte die ihn hob und begeisterte, er war selbst die Mitte und füllte den ganzen Kreis mit seiner eignen Stimme. Darum ist die „Größe" bei Goethes Hymnen nie bloße Vorstellung sondern immer zugleich die Aktion des Sängers, und die Worte sind nicht Wegweiser zu einem erhabenen Bild, wie bei Klopstock, sondern sie enthalten es unmittelbar mit sinnlicher Schwere .. sie sind nicht Verheißung sondern Gegenwart. Alles noch so kühne Erhabene und Göttliche in den Goethischen Hymnen Prometheus, Mahomet, Gränzen der Menschheit wird durch die sinnliche Schwere und Gegenwart der großen Seele verbürgt: die Rhythmen sind die unmittelbare, klanggewordne Bewegung der verkündeten Gottheit selbst, und es gibt nicht wie bei Klopstock hier einen Dichter der von der Gottheit eingeweiht, begeistert, gewürdigt ist, und dort eine Gottheit mit ihrer Schöpfung, zu deren Ehre der Dichter seine Harfe stimmt: nur einen sinnlich gegenwärtigen, bewegten Menschen, dessen Schwingen und Erklingen das Schwingen und Erklingen des gotterfüllten All selbst ist — d. h. dessen menschliche Seele Tragkraft und Spannkraft genug besitzt um das All in sich aufzunehmen, dessen Stimme umfangreich und stark genug ist um als Sphärenharmonie, als Erdbeben, als was immer Elementares oder Himmlisches zu ertönen. Dies setzt eine ganze andere Art der Größe voraus als sie zum erhabnen Stil Klopstocks erfordert war, nicht nur eine repräsentative sondern eine wirkliche. Goethe verhält sich zu Klopstock wie der König zum Gesandten eines Königs, wie der Gott zum Priester.

Doch nicht nur die größere Fülle hat Goethe durch seinen Pantheismus, kraft dessen er selbst gotthaltig ist, vor dem Protestantismus Klopstocks voraus, auch die größere Freiheit. Der Gott darf sich gehen lassen, der Priester nicht: denn was der Gott berührt wird an sich göttlich, der Priester darf nichts berühren als was seiner gottgegebnen Sendung würdig ist. Und so zieht Goethe mit ganz andrer Unbefangenheit die sinnliche Welt in seine Erschütterung hinein, als Klopstock in seine Weihe.

Vergleichen wir die Gedichte die Goethe damals unter Pindars Einfluß verfaßt hat, Wanderers Sturmlied, der Wandrer, Elisium, Pilgers Morgenlied, Felsweihe-gesang an Psyche, selbst mit den freiesten und relativ anschaulichsten Klopstock-oden (welche zum erstenmal seit der rationalen

Poesie Weiträumigkeit der Diktion erstreben und erreichen) so fällt als Unterscheidendes in der Gesamtanlage, abgesehen von der schärferen, umfassenderen, anschmiegenderen, beweglicheren Sinnlichkeit ein Neues auf: die Heiligsprechung des Augenblicks. Klopstock wirft seinen Blick und Gedanken immer zuerst nach dem Unvorstellbarsten, der Unendlichkeit oder der Ewigkeit, und benutzt den Moment, den Ort oder die Zeit höchstens als malende Einschränkungen. Wenn er den Frühling feiert oder den Eislauf, das Goldkäferchen oder den Sternenhimmel, so sind diese momentanen Dinge nur da, um ihren Gegensatz, die unvorstellbare Unendlichkeit oder Ewigkeit, als Attribute Gottes in Erinnrung zu rufen. Goethe ist immer in der Mitte, für ihn ist der sinnlich durchgelebte Nu selbst die Ewigkeit. Wie könnte es anders sein, wenn er selbst das Göttliche ist! Er geht immer aus von der jeweiligen sinnlichen und sinnlich durchgelebten Situation, sei sie nun ein Frühlingsmorgen im Nebeltal wie im Ganymed, oder ein geselliger Nachmittag am bemoosten Felsen wie im Felsweihegesang, die Begegnung mit einer jungen Mutter unter den überwachsnen Trümmern alter Tempel wie im Wandrer, sei es eine Sturmwandrung oder eine Seefahrt, sei es der Anblick der Geliebten oder der Schmerz der Trennung von ihr, immer steht er fest im Momentanen und Lokalen mit allen Sinnen und fühlt den Gott da wo er sein Herz schlagen fühlt, nicht am fernsten Umfang der Weltkugel, im Unendlichen, sondern wo sein Leib erschüttert ist. Überall ist er die Mitte, und nur seine Wallung, seine Seele ist weiträumig genug um von jedem belebten Punkt des Universums aus so weit zu reichen als er will, bis zum Mund der Geliebten die vor ihm steht, oder bis an den Busen des allliebenden Welt-vaters, umfangend umfangen vom Genius den er selbst erfühlt, erschaffen hat, bis zur nächsten Blume die ihm ans Herz drängt oder bis ins Grenzenlose des Sternenhimmels. Die Idee der Unendlichkeit, der Allgüte, der Allmacht hat er nicht ein für allemal als religiöses Maß über sich, um dann die Dinge und Augenblicke darin zu vernichten.. in ihm selber liegen die Spannkräfte die ihm erlauben sich in die sichtbare Welt auszubreiten, so dicht und weit er will. Das Erhabene ist für ihn nicht wesentlich unterschieden vom Idyllischen, sondern nur der Grad seiner seelischen Expansion unterscheidet Wanderers Nachtlied von dem Ganymed oder Mahomets Gesang von den Friederikeliedern. Das Unendliche ist für ihn nicht der Gegensatz und die Aufhebung des Sinnlich-Irdischen, sondern seine Steigerung, seine Erweiterung .. er traute sich die Weiträumigkeit seiner Sinne zu, um das Grenzenlose noch mit seinem Atem zu vergegenwärtigen. Ebensowenig ist ihm die Ewigkeit der Gegensatz, die Aufhebung des Augenblicks: der Augenblick ist

8*

die Mitte, der Inbegriff der Ewigkeit.

Für dies heidnische Weltfühlen, die Vergottung des sinnlichen Augenblicks (der äußerste Gegensatz gegen Klopstock) ist sein Ganymed das Sinnbild: die sinnliche Einsenkung in den seligen Moment selbst erhebt den Jüngling zum Gott: der alliebende Vater ist die Verkörperung des Alllebens selber in den jeder gesteigerte Lebens-augenblick unverlierbar eintaucht oder in den er sich ausbreitet. Unter einem andren Bild ist diese Verewigung des Zeitlichen und Begrenzten im Schluß von Mahomets Gesang verkündet.

Auch hier spricht sich das Weltfühlen aus das im körperlichsten Augenblick, im Vergänglichen, im Leib selbst die Ewigkeit, die Unendlichkeit, die Allfülle erfaßt und dem nichts anderes wirklich ist als die Gegenwart selbst: der Punkt auf dem der griechisch Gesinnte, der dionysisch Gespannte dieser Art jeweils steht ist immer der Mittelpunkt des Alls und der Kreis den seine Wirksamkeit erfüllt ist die Welt, ist sein.

„So bin ich ewig, denn ich bin" weiß Prometheus.

> Unendlich! Allmächtig!
> Was könnt ihr?
> Könnt ihr den weiten Raum
> Des Himmels und der Erde
> Mir ballen in meine Faust?
> Vermögt ihr mich zu scheiden
> Von mir selbst.
> Vermögt ihr mich auszudehnen
> Zu erweitern zu einer Welt.

Hier stellt sich deutlich die intensive, qualitative Selbstgenugsamkeit des Menschen, der das All als Leib, als Kraft in seiner Gegenwart besitzt, gegen die extensive, quantitative Allheit der Götter, welche nur eine unendliche Menge Raum und Zeit besitzen, haben, aber nicht wirken und wesen.

Aus dem Glauben daß der Moment, das Vergänglichste, die unwiderbringliche Gelegenheit (Kairos) das All ist, das Kraft-all, kommt das Gefühl für die Unersetzlichkeit der Augenblicke, dem Faust vor dem Besuch Wagners, Prometheus nach dem Besuch des Götterboten Ausdruck gibt.

Das ist der Sinn der Antwort des Prometheus an Jupiter. Die neue Erhabenheit beruht also nicht mehr auf dem Gegensatz sondern auf der Gegenwart des Göttlichen im Menschen, und all die Attribute welche die Erhabenheit bei Klopstock ausmachen, die Unendlichkeit, Ewigkeit, Allheit

TITANISMUS

Gottes werden nun dem Menschen zuerteilt, und zwar dem Menschen gerade als dem sinnlich lebendigen, erlebnisfähigen Wesen — und dann sind jene Erhabenheitsvorstellungen nicht mehr Maße aus Raum und Zeit, sondern Kräfte ohne Raum und Zeit: das Goethische Erhabene, Unendliche, Ewige ist eine Kraft, eine Qualität — es ist umso größer, je intensiver sie wirkt, das Klopstockische ist eine Quantität. Die Goethische Göttlichkeit kann sich in den Moment, in den Punkt drängen, die Klopstockische bedarf der grenzenlosen Ausdehnung.

In diesem Sinn durfte Goethe seine Gedichte Gelegenheitsgedichte nennen (der griechische Gott dieser Goethischen „Gelegenheit" ist Kairos) jeder Moment in Goethes Existenz besaß die Eignung um Mitte und Träger zu sein für das Ganze seines Lebens, d. h. für sein jeweiliges All — und da Goethe Dichter war, also erschütterter Mensch, oder nach Dantes Wort einer der erklang wie die Liebe hauchte, so ist in seinem kleinsten augenblicklichsten, gelegentlichsten Gedicht, z. B. Über allen Gipfeln, jenes Allgefühl, jene kosmische Rundung und Selbstgenugsamkeit die wir vergebens suchen bei den Klopstockischen Sterngesängen. An Stelle der extensiven Allheit, die bloß gedacht ist und daher der Wirklichkeit nie genügen kann, tritt die intensive, die gelebt und daher selber Wirklichkeit ist und die eine Welt nicht von der Raumperipherie sondern von der Kraftmitte aus erfaßt. Als Kraftmitte kann jede Gelegenheit, jeder Kairos, d. h. jeder wirklich durchgelebte Nu dienen. An einem einzelnen Fall läßt sich der ganze Unterschied dieser Klopstockischen und der Goethischen Fühlweise noch deutlicher machen: an der Deutung des Todes. Für Klopstock ist der Tod das äußerste Zeichen der Kleinheit, Jämmerlichkeit und Beschränktheit des Menschen, das eigentliche Donnerwort das ihn in sein Nichts schleudert, das ihn Gott auf Gnade und Ungnade preisgibt, das der unendlichen Güte Gottes Spielraum läßt zur Erlösung oder Verdammnis der unsterblichen Seele. Für Goethe wird der Tod der Inbegriff der Allfülle, der Ewigkeit (als Kraft, nicht als Maß verstanden, als Qualitas, nicht als Quantitas).

>Wenn aus dem innerst tiefsten Grunde
>Du ganz erschüttert alles fühlst
>Was Freud und Schmerzen jemals dir ergossen,
>Im Sturm dein Herz erschwillt,
>In Tränen sich erleichtern will und seine Glut vermehrt
>Und alles klingt an dir und bebt und zittert,
>Und all die Sinne dir vergehn
>Und du dir zu vergehen scheinst
>Und sinkst und alles um dich her

Versinkt in Nacht, und du in inner eigenem Gefühle
Umfassest eine Welt,
Dann stirbt der Mensch.

So sehr sind selbst die scheinbar bloß ästhetischen Vorstellungen bedingt vom ganzen Weltgefühl, von der Religion des Dichters. Durch Goethe ward der Begriff des Erhabenen aus einem Quantitätsbegriff, als welchen ihn der Protestant Klopstock zu fassen hatte, in einen qualitativen verwandelt, weil er nicht mehr aus der Vorstellung Gottes, sondern aus dem Gefühl des Menschen hervorging. In dem Moment wo statt Gottes der Mensch wieder das Maß der Dinge wurde, und zwar der Mensch als sinnlicher Kräftekomplex, nicht als Träger der Weltvernunft und Weltmathematik (wie für den Rationalismus) bekam die ganze sinnliche Welt, die vergänglichen, blühenden und welkenden Erscheinungen wieder Sinn und Selbstgenugsamkeit, unabhängig von der Güte und Allmacht eines Schöpfers oder der Ordnung und Weisheit eines Weltlenkens, einer Weltvernunft, welche wesentlich mathematisch gedacht ward. Die Welt ward göttlich, d.h. sinnvoll und unbedingt in sich selbst — in diesem Sinn gebrauche ich stets das Wort „göttlich": etwas das kein höheres Prinzip über sich hat, das aus und durch sich selbst lebt und sich selbst seinen Wert bestimmt. Ungöttlich ist alles was geschaffen, bewegt oder gewertet wird durch ein Prinzipium außerhalb seiner, sei es einen Schöpfer oder ein Gesetz.

Damit aber diese Heiligsprechung, die Vergottung der sichtbaren Welt, vor allem des menschlichen Leibs und Herzens sich vollziehen konnte, ohne welche die neue Weltlyrik, Gelegenheits-lyrik nicht möglich war, mußte ein Mensch auftreten, spannkräftig genug um das All intensiv durchzufühlen — nicht nur extensiv anzuschauen und zu messen sei es an seiner Vernunft wie Lessing, sei es an Gottes Größe wie Klopstock — stolz und selbstgenugsam genug dies sein Allfühlen gegenüber jeder Norm zu vertreten und durchzusetzen, produktiv genug um es in unmittelbarer Bewegung oder in monumentaler Gestaltung sinnfällig, sinnbildlich zu machen, als Lyriker oder als Dramatiker.

Wir haben gesehen was Goethes Titanismus für seine und die deutsche Lyrik bedeutete, und zwar die zwei Seiten seines Titanismus: 1) das Gefühl seines schöpferischen und führerhaften Wesens, seiner selbstgenugsamen Selbständigkeit, die allen Anmutungen fremder Macht gegenüber sich behauptet — „hast du nicht alles selbst vollendet, heilig glühend Herz" und 2) die Expansion dieser schöpferischen Fülle in das All, wie sie Mahomets Gesang oder Ganymed versinnlicht. Dazwischen liegt die Verherrlichung der menschlichen Augenblicke, die Vergottung der sinnlichen Erde mit ihren Menschen und Gewächsen als Schausplatz und Wirkungskreis jenes Gottgefühls. Selbstbehauptung und Weltdurchdringung sind die beiden Formen unter denen der Titanismus sich im Leben Goethes äußert: in seiner Dichtung ist Prometheus das oberste Sinnbild für die titanische Selbstbehauptung, der Gesang Mahomets für die Weltdurchdringung seiner Kraft, Ganymed für das Eindringen der Welt in sein Gefühl, zugleich für die Erweiterung und Vergottung seiner Erotik durch den neuen Titanismus.

Auch die Geliebte ist jetzt nicht mehr nur dies oder jenes Mädchen, sie ist immer zugleich ein vergötterter Augenblick des Alls. Die Friederikelieder haben allerdings diese pantheistische Erotik noch nicht — sie sind nicht mehr galant, aber bei aller Unmittelbarkeit noch nicht kosmisch, d. h. sie sind nur individueller Ausdruck eines am Individuum haftenden, in ihm vollkommen ausgedrückten Gefühls: die Geliebte ist nicht Sinnbild der beseelten Welt, die Liebesmomente nicht das Eingehen ins All, wie z. B. in Elisium „Seligkeit, Seligkeit! Eines Kusses Gefühl — Mir gaben die Götter auf Erden Elisium!" oder in Pilgers Morgenlied:
„Allgegenwärtige Liebe
Durchglühst mich."
Unendlichkeit des Gefühls unterscheidet die titanische Lyrik von der idyllischen. Den Gegensatz zwischen jenem idyllisch seligen Gefühl und dem alldurchwühlenden Sturm und Drang hat Goethe selbst empfunden und gezeigt in der Fabel von Adler und Taube.

Goethes titanische Lyrik hat denselben Ursprung wie seine titanische Dramatik, ja zwei seiner schönsten Titanenhymnen, Prometheus und Mahomet, sind die Verdichtungen dramatischer Anspannungen, andere wie „Der Wandrer", ja selbst „Adler und Taube", haben eine dialogische Anlage. Alle Gedichte deren Keim ein Konflikt, nicht eine einfache Anschauung oder Empfindung ist, haben dramatische Möglichkeiten in sich — es ist bei Goethe dann lediglich eine Sache seines Bildungs-, nicht seines Urerlebnisses ob er sein Titanentum in lyrischer oder dramatischer Form aussprechen wollte. Seine Hymnen und seine Dramen aus dieser Zeit sind nur verschiedene Zonen mit demselben Mittelpunkt.

Er unterstand damals zwei großen Bezauberungen, der lyrischen durch Pindar und der dramatischen durch Shakespeare, und er hat ausgesprochen was ihn an beiden verführte, das heißt bei ihm immer: welche Kräfte sie an ihm ausbilden sollten. Denn als schöpferischer Mensch hatte er keine Vorbilder zu bloß platonischer Bewunderung und Berauschung, sondern nur solche zur Erweckung, Erziehung, Steigerung der eignen Fähigkeiten. Shakespeare war ihm das dichterische Vorbild der Weltbewältigung, Pindar das Vorbild der Selbstbewältigung, oder künstlerisch gesprochen, der plastischen beherrschten Selbstdarstellung, der dichterischen Bändigung auch des stürmischsten Affekts. In einem programmatischen Brief, nicht zufällig an Herder, einer deutlichen Absage an den Rationalismus trägt er an Pindar ähnlich seinen Dank ab wie in der Shakespeare-rede an Shakespeare. „Seit ich die Kraft der Worte στηϑος und πραπιδες fühle, ist mir in mir selbst eine neue Welt aufgegangen. Armer Mensch an dem der Kopf Alles ist! Ich wohne jezt im Pindar ... Wenn er die Pfeile ein übern andern nach dem Wolkenziel schießt steh ich freilich noch da und gaffe; doch fühl ich indeß, was Horaz aussprechen konnte .. und was tätiges an mir ist lebt auf da ich Adel fühle und Zweck kenne."

Pindar ist ihm der Lehrer und Vertreter des lebendigen aus angeborner großer Natur und vollem Herzen strömenden dichterischen Wissens, im Gegensatz zu dem verstandesmäßig erklügelten und buchmäßig erlernten Wissen: der durch Naturkraft Eingeweihte gegenüber den gelahrten Schwätzern, der Adler gegenüber den Elstern (um Pindars eigne Zeichen zu gebrauchen) Pindar ist ihm der ursprüngliche Seher, wie Shakespeare der ursprüngliche Schöpfer, zugleich aber ehrt er ihn wegen seiner „Meisterschaft" — wegen der Sprachgewalt an sich, der Beherrschung des dichterischen Mittels. Dies konnte er freilich an Pindar noch besser studieren als bei Shakespeare, bei welchem die Virtuosität des Handwerks fast verschwand hinter der Kolossalität der bewältigten Welt. Shakespeare war gut hinter dem Kosmos verborgen den er erschuf .. Pindar ist als Meister vor allem auch Person und übt seine Meisterschaft als solche faßlich aus, man sieht ihn am dichterischen Werk, ja in der Werkstatt — nicht nur sein Geleistetes, sondern das Leisten: „Wenn du kühn im Wagen stehst, und vier neue Pferde wild unordentlich sich an deinen Zügeln bäumen, du ihre Kraft lenkst, den austretenden herbey, den aufbäumenden hinabpeitschest und jagst und lenkst und wendest, peitschest, hältst, und wieder ausjagst bis alle sechzehn Füsse in einem Takt ans Ziel tragen. Das ist Meisterschaft, ἐπικρατειν, Virtuosität."

Hier geht dem stürmischen Jüngling das Geheimnis auf, was es heißt Herr seiner selbst zu sein, seine Kräfte zusammenzuhalten, nicht nur „Adel zu fühlen" sondern auch „Zweck zu kennen", seine eignen Spannungen zu bemeistern, nicht voreilig sich hinzugeben und zu zerstreuen durch die Vielspältigkeit der Erregungen und allseitige Wachheit — „spatzenhaft" nannte sie Herder, »spechtisch« kam sie Goethe selber vor. „Wenn ich nun überall nur dreingeguckt habe, nirgends zugegriffen. Dreingreiffen, packen ist das Wesen jeder Meisterschaft ... ich finde daß jeder Künstler so lang seine Hände nicht plastisch arbeitet nichts ist." Das lehrte ihn im Sprachmaterial vor allem Pindar: die Plastizierung der Sprachbewegung selbst, das Festbannen der bewegten Gefühle und Gedanken ins bezeichnende, unentrinnbar dichte Wort.

Großheit des Gehalts und Meisterschaft der Technik, beides durfte er sich zutrauen und sowohl Shakespeare als Pindar nacheifern: aber freilich, wenn er die Meisterschaft nicht verlieren, wenn er plastisch arbeiten, dreingreifen wollte in Pindarischer Manier, so mußte er den Kreis nicht überschreiten den er mit seiner Wirksamkeit erfüllen konnte, d. h. den seine Kraft sich anverwandeln konnte. Er fühlte wohl selbst daß zwar kein menschliches Gefühl vom zartesten Liebesschauer bis zum prometheischen Trotz, vom geselligen Spiel bis zum kosmischen Wirbel ihm fremd und dichterisch spröd blieb: daß aber die sachliche Welt, die Geschichte und die Natur so groß zu packen und so mächtig umzuschmelzen und sich anzuverwandeln wie Shakespeare ihm nicht gegeben war. Es war etwas anderes: seine große Seele und sein großes Gefühl der Welt lyrisch pindarisch auszusprechen, etwas andres: die Welt selbst, nicht also sein Erlebnis der Welt, in Gestalten symbolisch hinzustellen, wie es Shakespeare getan. Es ist etwas andres: Riese sein, sich als Riese zeigen, etwas andres: Riesen zu formen .. die vorhandene Welt auf überlebensgroße Weise zu verkünden und preisen oder sie um überlebensgroße Geschöpfe vermehren .. bis zu den Sternen reichen oder Sterne erschaffen. Beides hat der junge Goethe versucht, mit Pindar gewetteifert an lyrischer Großheit der Gesinnung und Meisterschaft, die auch die kühnsten Flüge der Seele wagt, und mit Shakespeare an dramatischer Großheit der Menschengestaltung, mit Pindar an intensiver, mit Shakespeare an extensiver Riesigkeit. Cäsar, Prometheus, Mahomet, Sokrates, als gegenwärtige Geschöpfe hinzustellen — welch ein Wagnis!

Es ist kein Zufall daß diese Pläne entweder in pindarische Lyrismen umschlugen, oder nicht zur Ausführung gelangten. Nur lebensgroße, nicht überlebensgroße Gestalten konnten auf die Dauer die Zentren seiner dramatischen Konfession bleiben, während die überlebensgroßen zu lyrischen Trägern seines überlebensgroßen Gefühls eingeschränkt wurden. Denn es fehlte Goethe an einer ebenbürtig großen Welt in welche er seine Kolosse stellen konnte. Von jenen Titanen-konzeptionen sind nur Götz von Berlichingen und Faust damals dramatisch ausgereift, die beiden einzigen Figuren aus einer Goethe durch und durch vertrauten Welt, aus der farbigsten deutschen Zeit, mit Goethes Zeit noch verbunden durch eine vaterländische Tradition, ja noch in demselben geschichtlichen Rahmen lebend wie Goethe: im Heiligen Römischen Reich. Goethe konnte wohl im ersten Titanenstolz und -feuer sich zutrauen solche gesteigerte Formen seines Ich wie Mahomet, Prometheus, Cäsar, Sokrates dramatisch auszufüllen, aber während der Arbeit schwand ihm die Liebe zu den im Drama unentbehrlichen Details, zum Raum, zur Luft, um die Riesenbilder nicht nur in sich, sondern mit ihrer objektiven Welt, in ihrer Weltwirkung und Gegenwirkung so plastisch herauszutreiben wie er wollte. Denn mit vagem Umriß konnte sich der Verfasser jenes Briefs an Herder nicht begnügen — anschauen, dreinpacken wollte er. Die Umrisse solcher großen Existenzen entsprachen wohl seinem eignen Bestreben, aber ihre „Welt", ihre Bedingungen waren ihm zu fremd, als daß er sich schöpferisch liebevoll in sie hätte einlassen können. Was ging ihn römisches oder athenisches Milieu an? Woraus hätte er die dramatische Wiedergeburt des Sulla, Pompejus, Brutus nähren sollen? Er war kein Phantast, kein Renommist der Einbildungskraft wie Büchner oder Grabbe. Eine Größe für die er nicht mit seinem eignen Maß einstehen konnte zu ersinnen bloß um der Dimension willen war nicht seine Sache. Ein Problemdichter war er auch nicht, den der Kampf der „Prinzipien" interessiert und der Titanen um des Titanischen willen konstruiert hätte, wie Hebbel — und am allerwenigsten war er Historiendichter, der seine wissenschaftliche Begeisterung für geschichtliche Größe in dramatischer Form austoben mußte, wie die Römer- und Stauferdramatiseure aus der Nachfolge Schillers. Was ihn nicht vom Herzen her bedrängte dichtete er nicht, und nur um die Gewalt und Fülle der Gesichte zu bannen, ergriff er jene titanischen Bilder. Sobald sie sich mit seinem Erleben nicht mehr ungezwungen decken wollten, ließ er sie liegen. Nur den Mythus, das übergeschichtlich religiöse Sinnbild des Prometheus konnte er brauchen: nicht als einen geschichtlich bekannten Titanen sondern als den selbständigen Schöpfer schlechthin, und nur insofern er sich mit diesem Goethischen Zug deckte.. nicht als allseitiges, von Goethes eigener Person unabhängiges Wesen, wie Shakespeares Helden, sondern nur soweit Goethe ihn lyrisch füllen konnte.

Prometheus und Mahomet sind nur hellenische oder orientalische Namen für Goethes gehobnes Ich, wie er sich später Hafis oder Hatem nannte. Was sich in Goethes Prometheus und Mahomet vollzieht ist die lyrische Wiedergeburt ewiger Mythen, nicht die dramatische Evokation vergangener Zeiten.

Anders ist es mit dem Götz von Berlichingen und dem Faust. Bei beiden reichte Goethes inneres und äußeres Wissen, Urerlebnis und Bildungserlebnis weit genug um die Ansprüche des Stofflichen zu erfüllen, das ganze Sachliche mit seiner Person zu durchseelen. Beide Entwürfe gehören gleichfalls ursprünglich in den Kreis seiner titanischen Genie-dramatik und sind mit dem ganzen Getümmel jener Riesenschatten in Goethes Seele her≠ aufgequollen. Und zwar gerade der Götz und der Faust entstammen in≠ nerhalb der Genieplan≠gruppe nochmals einem gemeinsamen Keim, der sie von den andren Plänen abhebt. Beide sind empfangen nicht nur aus dem titanischen, auch aus dem vaterländischen Pathos und beide werden ferner≠ hin gespeist aus der neben dem Titanentum wichtigsten Straßburger Span≠ nung Goethes, dem Gefühl seiner tragischen Liebesschuld gegen Friede≠ rike. Dieses Erlebnis hat ihm, außer andrem, die ganze Tragik der Schuld aufgeschlossen, wie sein Titanentum die Tragik der Kraft, und von diesem Erlebnis aus hat er den zentralen Gedanken des Christentums ergriffen, den Gedanken der Erlösung, wie er vom Titanentum aus den zentral≠heid≠ nischen Gedanken ergriff: den der Vergottung. Der Faust ist auch durch die Verschmelzung dieser beiden größten menschlichen Heilsgedanken, als Mysterium der Erlösung durch Vergottung, das tiefsinnigste Gedicht der neuern Welt. Beide Weltkreise hat Goethe, durch Erlebnis eingeweiht, in Straßburg zu durchdringen begonnen. Davon noch in andrem Zusammen≠ hang.

Götz und Faust haben gemeinsam den titanischen, den patriotischen, den Schuldgefühls≠keim. Im Götz hat der letztere nur als Episode in dem Weiß≠ lingendrama, im Faust als wesentlicher Bestandteil in der Gretchentragödie sich entfaltet. Im Götz wie im Faust hat sich, anders als in Prometheus Mahomet Cäsar Sokrates, von Anfang an das Pathos des stolzen Einzelnen durchtränkt oder wenigstens gefärbt mit der ästhetisch vaterländischen oder volkshaften, sagen wir „Herderischen" Freude am individuellen deutschen Volkstum, am biedern, kernigen, mannhaften Wesen der Lutherzeit, wie sie damals vom geleckten Rokoko sich abhob: diese Epoche war noch immer die repräsentative Blütezeit dessen was man damals als eigentümlich deutsch empfand. Sie war zugleich die letzte Epoche deutscher Geschichte die noch Vergangenheit genug war um ästhetisch fern, d. h. poetisch zu wirken und doch nah genug um alle gegenwärtigen Verhältnisse des Heiligen Römischen Reichs zu bestimmen, um nicht antiquarisch zu sein .. dem Hilfsarbeiter am Reichskammergericht in Wetzlar traten noch allenthalben ihre lebendigen und staubigen Spuren entgegen. Diese Zeit konnte Goethe zugleich als Ganzes sehen und verklärt überschauen, wie sie ihm in Luthers Bibel, in Hans Sachsens Versen, in Götzens Selbstbiographie entgegenatmete, und doch konnte er, dem historisch antiquarisches Interesse, Freude am Gewe≠ senen als an Gewesnem abging, sie mit eignem Fleisch und Blut als ver≠ wandt erleben.

Aber dann haben Götz und Faust, empfangen aus dem gleichen Bildung≠

samen, sich nach ganz entgegengesetzten Seiten weiter entwickelt. Im Götz gewann jene ästhetisch patriotische Tendenz während der Arbeit immer mehr Raum und Fülle und überdeckte, ja überwucherte den allerersten Ursprung des Stücks in Goethes Geist. Wir wissen daß Goethe das Werk selbst zurückführte auf sein Interesse an der Gestalt des starken ehrlichen Selbsthelfers in anarchischer Zeit: also Genie-tragik des starken Einzelnen. Nun aber ward die sinnliche Schilderung der kräftig deutschen Vorzeit, des volkstümlichen Treibens und Waltens so Selbstzweck, daß dagegen der Recke fast in den Hintergrund trat, zum mindesten aber nicht mehr sein Kampf gegen die Zeit das Interesse beherrschte, sondern die Zeit selbst in ihren farbigen und plastischen Erscheinungen. Kurz: das Bildungserlebnis Goethes hat über sein Urerlebnis die Oberhand gewonnen, es abgebogen und bis zur Verkümmerung modifiziert. Goethes Urerlebnis war der Konflikt des starken Ich mit dem Ganzen seiner Umwelt.. abbiegende Bildungserlebnisse waren die Herderische Lehre vom Volkstum als dichterischem Gehalt und Gegenstand, sowie Shakespeares Königsdramen, eine heimatliche Epopöe in dramatischer Form. Goethe wollte mit seinem Götz etwas Ähnliches für Deutschland leisten, indem er Rittertum und Feme, Kaiser und Pfaffen, Bauern und Zigeuner um seinen Helden herum gruppierte oder wimmeln ließ. Was Hintergrund sein sollte, Bauernkrieg, Faustrecht, Reformation schob er dicht und hell in den Vordergrund, aus einer Herderischen Freude am Unmittelbaren, Sinnlich-Individuellen, Bewegten an sich, wohl auch in bewußter Nachahmung der Shakespearischen Recken mit ihrem Klirren, Drohen und adligen Ungestüm, und vielleicht noch unter dem atmosphärischen Eindruck der Straßburger und Wetzlarer Stadtaltertümer, Giebel, Erker, Münster und Burgen. So aber ward, durch selbständige Herausarbeitung des Milieus (welches nicht wie bei Shakespeare durch den Helden als dessen Ausstrahlung gegeben ist, sondern in das er eigens gestellt wird, manchmal fast requisitenmäßig) der Held aus einem Bekämpfer und Opfer dieses Milieus, wie er ursprünglich gedacht und angelegt war, zu einem Teil, zu einem Charakteristikum des Milieus unter andren. Mehr als dem Bild des Ritters mit der eisernen Faust verdankt schließlich das Stück seinen Zauber und Sieg diesem lebendigen Drum und Dran, dem bunten Raum deutscher Vorzeit – wie denn auch für die Ritter- und Räuberromantik, die sich als literarische Folge dieses Zaubers in Deutschland etablierte, das Milieu und nicht der Held die Hauptverantwortung zu tragen hat. Während fast alle andren Werke Goethes uns anziehen durch das was darin von seinem Urerlebnis gebannt ist, durch seine Offenbarung der innig Goethischen Menschlichkeit, bleibt der Götz im besten Sinn episch dramatisches Zeitgemälde und behält seinen Wert nicht als Bekenntnis Goethes, sondern als lebendige Wiedergabe von Dingen die nicht primär Goethisch sind oder wenigstens nur in dieser Epoche des Herderschen Einflusses, da er die Blätter von Deutscher Art und Kunst mit herausgab, ihm nah und verwandt sind.

Denn was Goethe an eignen Bekenntnissen noch in dies Stück hineingearbeitet hat, das Gericht über sich selbst wegen seiner Untreue gegen Friederike, in der Gestalt Weißlingens, ist zu schief und nicht tief genug in das Ganze des Milieus eingefügt, als daß man nicht die Nähte bemerken sollte. Gerade die Liebesleidenschaft der Adelheid, Franz und Weißlingen ist das Flachste in dem wundervollen Werk.. besonders der Adelheid merkt man an daß sie ihren Ursprung nicht in Goethes Herzen hat — aber auch nicht einmal in einem völlig verinnerten patriotisch ästhetischen Interesse: sie ist konzipiert und durchgeführt nur unter der Suggestion eines verführerischen Vorbildes, sie stammt von Cleopatra, der dämonischen politisch sinnlichen Buhlerin.

Die Lebendigkeit dieses Werks vor der bisherigen deutschen Dramatik, auch der Lessings, gerade der Lessings, ist eben das was Goethe später als einen Mangel daran empfand (was ihn zu wiederholter Umarbeit veranlaßte, ohne daß er die ursprüngliche Frische dadurch hätte erhöhen können, trotz einer gewissen Straffung im einzelnen) positiv gesprochen: die selbständige Macht aller, auch der geringfügigsten Details, negativ gesprochen: der Mangel an bewußter Komposition und Motivierung. In Lessings Kompositionen sind die einzelnen Szenen unter einen gemeinschaftlichen Begriff gestellt, orientiert nach einer Grundidee, nach einem Zweck, eingespannt und abgewogen nur auf ihre Beziehung zu dem Zweck hin, ohne einen selbständigen Wert, nur Wegweiser zu dem Ziel des Dichters: denn sie sind, wie Goethe es unwillig ausdrückt, was er ja übrigens merkwürdigerweise auch seinem Götz selbst vorwerfen wollte, nur „gedacht". Wenn Goethe auch seinem ersten Entwurf dies vorwarf, so mochte er entweder fühlen daß ihn mehr noch das ästhetisch patriotische Interesse bei dem Stück geleitet habe, also eine bewußte Absicht, als ein unüberwindlicher Lebensimpuls, wie bei seinem Prometheus oder Mahomet. Wahrscheinlich jedoch dürfen wir jene Äußerung nur relativ deuten: daß ihm das Niedergeschriebene noch viel zu blaß, unplastisch, undurchblutet vorkam im Vergleich zu dem heißen und besessenen Willen, nur ja in jedem Wort atmendes Leben, sinnliche Gegenwart, Farbe, Umriß, Aktion zu geben, in jede noch so beiläufige Szene möglichst viel saftige Anschauung, dichte Fülle zu pressen. Und das gibt dem Stück seinen losen Bau, seinen Mangel an architektonischer Strenge, wenn man es mißt an Werken welche aus einem einzigen Mittelpunkte heraus, und immer beherrscht, getränkt und gelenkt von diesem Mittelpunkt, die Entfaltung einer Leidenschaft oder eines Schicksals darstellen, welche Weltkugeln sind wie Shakespearische Dramen oder planmäßig gezimmerte Gebäude wie Lessings. Der Götz beanspruchte weder die schöpferische Zentralität und Abrundung wie Shakespeare, noch die rationelle wie Lessing. Goethe selbst las freilich Shakespeare damals als den Meister dem es nur darauf ankam an jedem Punkt seiner Dramen möglichst viel Leben zu haben, ohne Rücksicht auf die Ökonomie und Symbolik fürs Ganze.

Jedenfalls seine spätere Forderung, daß im Drama jede Einzelszene für sich selbstgenugsam sein müsse und zugleich symbolisch das Ganze repräsentieren, erfüllte er damals nur teilweise. Bei Lessing sah er daß die einzelne Szene nur etwas bedeute durch die Beziehung auf die dahinterliegende Idee des Ganzen, ja die Handlung selbst hatte keinen sinnlichen Eigenwert, sie war nur Hinweis auf eine dahinterliegende Lehre: dies lehnte Goethe ab als nur „gedacht". „Emilia Galotti ist auch nur gedacht, und nicht einmal Zufall oder Kaprice spinnen irgend drein. Mit halbweg Menschenverstand kann man das Warum von jeder Szene, von jedem Wort auffinden. Drum bin ich dem Stück nicht gut." Bei Shakespeare sah er daß jede Szene ein rundes lebensvolles Ganze für sich sei — das ergriff ihn. Aber er sah nicht oder wollte nicht sehen daß jede Szene Shakespeares die Blüte eines Gewächses sei, die zwar in sich das Ganze des Gewächses repräsentiere, aber doch ohne dies Ganze gar nicht denkbar sei. Er konnte Shakespeares Werke vergleichen mit einem Rosenstrauch, wovon jede einzelne Rose für sich ein symbolisches Ganze ausmacht, und doch nicht denkbar ist ohne den Stock worauf sie gewachsen ist. Aber er sah Shakespeares Dramen nicht als Rosenstrauch woran die einzelnen Szenen gewachsen sind, sondern als Rosenstrauß, wo sie zusammengebunden sind, dichter und kompletter scheinbar als sie am Stock wachsen.

So wie der junge Goethe den Shakespeare sah, großenteils übrigens unter der Suggestion der Wielandischen läßlichen und dezentralisierenden Übersetzung, suchte er ihn auf seine Weise zu erreichen nicht durch Nachahmung der Shakespearischen Ergebnisse, sondern durch Nachahmung des vermeintlich Shakespearischen Verfahrens, indem er die Fülle von einzelnen Bildern die ihn entzückte oder drängte durcheinander ausströmte. Jede Szene, jede Gestalt, ja jede Replik in seinem Götz ist Selbstzweck und empfängt ihre Farbe und Schwere nur durch sich selbst, nicht durch kompositionelle Werte und Zwecke. Wie in seiner Lyrik war nicht mehr der dahinterstehende Gedanke, die verhüllte oder angestrichene Lehre, sondern die sinnlich runde Gegenwart des ausgesprochenen Worts, der hingestellten Anschauung, der bewegten Figur selbst der Sinn und der Wert auf den es ankam. Diese lockere Aufreihung an sich lebensvoller Bilder entzückte die jüngere Generation, und sie war versucht die Lebensfülle gerade auf die neue Lockerung zurückzuführen, die Lockerung selbst für das Zeichen der Lebendigkeit zu halten, während doch erst durch die Lebensfülle die Lokkerung nachträglich legitimiert ward: denn die freie Form des Götz war nicht eine Lebensnotwendigkeit, sondern die Folge einer Doktrin und eines mißverstandenen Vorbildes.

Damit diese Selbständigkeit der einzelnen Szenen berechtigt sei, war allerdings eine kräftige Anschauung der mannigfaltigsten Zustände nötig, eine nie versagende Sicherheit der sprachlichen Plastik, kurz eine pralle Fülle von Welt, welche als Ersatz dienen konnte für Plan, Vernunft und architektonisches Kunstgefüge. Denn auch hier konnte die Natur nur durch ihre Position, nicht durch eine pure Negation sich durchsetzen gegenüber den Bindungen der Vernunft. Die übrigen Stürmer und Dränger, welche mit dem Götz sich bestätigt und durch dessen Erfolg ermächtigt fühlten, vergaßen daß nicht die Abwesenheit der Vernunftbindungen, die Verachtung der strengen Gesetzlichkeit, der Komposition und der Regeln diese Macht hervorbrachte, sondern die Anwesenheit einer seelischen Tragkraft und Spannkraft welche in jedem Moment gegenwärtig war und infolgedessen eine vernunftmäßige Konzentration entbehren konnte. Man mußte soviel von Königen und Bauern, Rittern und Zigeunern, Frauen und Kindern wissen, so mitleben in den menschlichen Ständen und Kräften, so das Wort aus allen Zuständen und Erregungen heraustreiben können, so die Wechselwirkung zwischen menschlichem Wesen und gesellschaftlichem Gefüge durchdrungen haben, um an jedem Punkt seiner Aussprache so warm und verführerisch, so dringlich und gegenwärtig zu sein, daß keiner fragen und warten durfte, was will er damit sagen, was wird nun kommen, was ergibt sich daraus? sondern daß der Zuschauer in jedem Moment gehüllt oder eingetaucht ist in den heftigen Trieb und Hauch der in Aktion sichtbaren Sprache. Das ist im Götz geleistet wie noch nie vorher in deutscher Dramatik. Denn Lessings Kunst war es, durch Führung und Gliederung die Spannung wachzuhalten und die Blicke oder vielmehr Gedanken des Zuschauers weiter zu ziehen zu einer gedanklichen Mitte oder zu einem Ende, zu einem Zweck hin, und die logisch dialektische Bewegung und Spannung war der dramatische Genuß. Mit Goethe trat eine neue, d.h. in Deutschland neue Art dramatischen Zaubers ein, der nicht mehr auf dem bewegten Gedanken, sondern auf den erregten, von den Sinnen her erreg=

ten Gemütskräften beruhte. Anschauung, Farbe, Fülle, sinnliche Aktion, sprachliche Frische und Süße, Stimmung, all das was bestenfalls nur als Mittel gegolten hatte und deshalb entweder verfehlt oder unterdrückt worden war, wirkt jetzt als dramatischer Selbstzweck. Auch hier eine Heiligsprechung des Augenblicks, das Momentane, das Lokal, das Kolorit, die Stimmung, das Individuelle (von Lessing als Mittel zum Zweck der Wahrheit benutzt, von den Rationalisten als regelwidrig abgelehnt) war jetzt in einem Menschen so herrisch geworden, daß es sich als selbständige Macht neben der Vernunft und jedem Gesetz gebärden durfte. Und mit dem neuen Urerlebnis das sich hier mit raschem Einbruch seinen Machtbereich zugleich schuf und sicherte war zugleich das Bildungserlebnis mit dem es sich durchdrungen hatte legitimiert, das heißt mit der neuen großen Persönlichkeit war zugleich ein neues Vorbild und ein neuer Stoffbereich für die deutsche Dichtung erobert und gültig gemacht. Denn nur durch die produktive Leistung, nicht durch Theorie können ästhetische Forderungen sich erweisen, und ehe nicht der Götz da war, konnten alle Blicke und Seherworte Herders nicht Frucht bringen, sondern nur den Boden lockern.

Diese Legitimierung und Verherrlichung der neuen Bildungs- und Stoffwelt durch eine schöpferische Persönlichkeit ist das historische Verdienst von Goethes Götz. Ein Drama das unter Shakespeares Einfluß deutsche Natur und Geschichte als beseelte dichterische Gegenwart wieder aufrief, frei, wach, unwiderstehlich, hatte es bis dahin nicht gegeben: denn Lessings Minna von Barnhelm war eine einzelne Handlung, ein knapper und eindringender Ausschnitt aus der Gegenwart, und nicht die Atmosphäre der Friderizianischen Zeit, sondern menschliche Gesinnung und Haltung dramatisch zu entwickeln war ihr Zweck. Die Lebendigkeit verdankte auch dies Stück weniger der dichterischen Fülle, als dem „energisch logischen Temperament" und der intellektuellen Schneidigkeit seines Verfassers. Was im Götz zum erstenmal sich verwirklichte, als die neue deutsche Bewährung der Herderischen Lehren von der Dichtung als individuellem Ausdruck individuell, lokal, national bedingter Kräfte, war gerade „Atmosphäre", und Volkstum. Wenn Herder selbst auch mit dieser Verwirklichung seiner Theorie nicht ganz zufrieden war, weil er im dramatischen Bau des Götz zu sehr die Nachahmung des Shakespeare spürte (also an Stelle eigner Formung die Überwältigung durch eine fremde) so entzog er sich doch nicht dem Zauber den die Wiedergeburt des deutschen Kraftzeitalters auf ihn ausübte. Angelegt als das Drama eines starken Einzelnen trat Götz schließlich hervor als das Drama einer Zeit, einer Weltatmosphäre. Wichtiger als der Kampf des Helden mit einer Welt ward dem Dichter allmählich der Kampf des Helden mit einer Welt. Die große Leistung des Götz und sein geschichtlicher Wert gehört wesentlich der Bildung an, die darin von einer ursprünglichen Kraft wiederbelebt wurde.

Ein seltsames Schicksal waltete über den dramatischen Konzeptionen in denen Goethe sein titanisches Urerlebnis darstellen wollte: es schien als sollte keine einzige zur völligen Reife kommen, sondern vorher abgebogen, verwandelt oder verstümmelt werden. Der Cäsar und der Sokrates kamen nicht zum Austrag, weil der Weltstoff dessen Goethe zur dramatischen Ausgestaltung dieser Pläne bedurft hätte, die römische und die athenische Historie, die kulturhistorische Form unter der ihr Heldentum sich abgespielt hatte, ihm nicht gemäß war. Mahomet und Prometheus gerannen zu Hymnen und Oden, weil hier von vornherein das mythische Übermaß eine dramatische Ausbreitung verbot: der Strahl, der steil in die Höhe getrieben war konnte nicht zugleich dramatisch verästelt und verbreitet werden. Im Götz endlich war zu dem titanischen Mittelpunkt eine entsprechende Welt gefunden, zu deren Darstellung Goethe den dichterischen Eros kraft seines Bildungserlebnisses mitbringen konnte, und da ward dies Bildungserlebnis Herr über das Urerlebnis, die Welt über den Helden, die Atmosphäre über die Gestalt.

FAUST

NUN war noch ein Sinnbild seines titanischen Urerlebnisses übrig: der Faust: von allen das gemäßeste, d. h. dasjenige was sich von vornherein weitaus am meisten mit seiner eignen Seele, seiner Lage, seinem Bestreben, seinen Gefühlen und Zuständen decken konnte. Um aus Faust herauszureden, um sich in Faust hineinzubilden, bedurfte er weniger Umdeutung und Umbiegung als bei irgendeinem andren Symbol seines Titanentums: Faust war nicht ein mythischer Halbgott wie Prometheus, nicht ein orientalischer Religionsstifter wie Mahomet, nicht ein athenischer Lehrer wie Sokrates, nicht ein römischer Imperator wie Cäsar, nicht ein Haudegen wie Götz — lauter äußere Kulturformen die Goethe an sich nicht füllte, mit denen sich seine Lebensführung und -richtung nicht deckte: nur seine gewaltige Kraft symbolischen Sehens und dichterischer Sympathie schmolz das Fremde dieser Figuren in Goethisches um, oder sog das Goethische für sich daraus hervor. Wieviel mehr von vornherein in ihm Angelegtes fand er in dem weitbeschreiten Zauberer und Gelehrten des Faustbuchs! Ein Mann bürgerlichen Standes, Gelehrter, von unruhigem Trieb besessen die Geheimnisse der Welt zu erforschen, von leidenschaftlicher Schweife- und Expansionslust, etwa derselben sozialen Lage und Gesinnung angehörig wie Goe-

the und geschichtlich doch auch noch einbezogen in dieselbe Zeit und Welt=
atmosphäre wie der Götz, deren Vorteile für Goethe wir schon kennen .. nah
genug um noch für Goethische Sinne und Gedanken verständlich, nach=
fühlbare Gegenwart zu sein, fern genug um mythisch, verklärt und über=
schaubar stilisiert zu sein. Eben diese Zeit, die ihn als Bildungsstoff an=
sprach, war ja die Ursache, daß der Götz wirklich zu dramatischer Aus=
gestaltung gelangt ist, anders als die bloß mythischen oder antiken Dramen=
pläne, und auch daß es ein Milieudrama wurde statt eines Heroendramas —
eben weil diese Zeit selbst für Goethe lebendiger ward als der Ritter. Also
der Fauststoff brachte zunächst einmal die Goethe so gemäße, erlebbare,
und wache Zeit und Welt, und doch war der Held selbst nicht so sehr wie
beim Götz in Gefahr von dem Milieu überwuchert zu werden. Denn wie
viel näher war ein dämonischer Forscher und Magier dem dämonischen
Sucher und Geisterbanner Goethe als ein Haudegen der Faustrechtszeit!
Wie spontaner konnte er in diesen sich füllen! Wieviel mehr Fäden führ=
ten aus Goethes Herzen zu Paracelsischen Naturen als zu Götzisch=Sickin=
gischen!

Es kam noch dazu daß die Umbildung des Schwarzkünstlers und Schar=
latans aus dem Faustbuch, der allerdings nicht so ohne weiteres als eine
Goethische Natur angesprochen werden kann, die Umdeutung des alten
Volksbuch=Faust in einen dämonischen und tiefen Menschen schon vorbe=
reitet war durch Marlowe, dessen Faustdrama bis in die Puppenspiele hin=
ein für Fausts Veredelung nach dem Titanenhaften hin bedeutsam war, und
durch Lessings Fragment. Man darf das nicht unterschätzen: die Vorstel=
lungen des Titanischen einerseits und des Erlösungsbedürftigen, Erlösungs=
würdigen andrerseits, wie sie durch Marlowes und Lessings Vorarbeit mit
der Faustgestalt verknüpft wurden, mögen sehr viel dazu beigetragen ha=
ben diejenigen Elemente zu verdecken die am Faustsymbol, wie es der Roh=
stoff des Volksbuchs bot, für Goethe schlechthin fremd und sogar abstoßend
sein mußten, das Gaunerische, Marktschreierische und Kalt=böse, und ihm
diese Gestalt schon schmackhafter, menschlicher, kurz Goethischer er=
scheinen zu lassen, geeigneter ein Sinnbild seines eignen Wesens zu wer=
den. Er brauchte hier, dank Marlowe und Lessing, nicht mehr so viel eigne
Kraft an die wertende Umdeutung und innerliche Appretierung des Symbols
— eine unerläßliche Vorarbeit der eigentlich dichterischen Gestaltung — zu
wenden: er bekam das Symbol als solches schon Goethischer angeboten.
Vielleicht bei Prometheus war ihm die Umdeutung auf den modernen
Genius schon vorgetan seit Shaftesbury, ja die Prometheus=gestalt selbst
brachte schon aus dem Altertum Goethe=gehalt bildhaft mit. Jedenfalls war

der Faust weit weniger in Gefahr als Held erdrückt oder in den Schatten gestellt zu werden durch das Milieu, wie der Götz, bei dem von vornherein die Zeit, das Bildungserlebnis, eine größere Gewalt hatte, da sich das Urerlebnis auf ein schwächeres, d. h. Goethe anstrengenderes, unbereiteteres Symbol gestützt hatte. Vor den mythischen Symbolen von Goethes Titanentum hatte die Faustgestalt nicht nur die größere Goethehaftigkeit, d. h. Symbolnähe voraus, sondern auch die gemäße, erlebbare Umwelt. Und vor dem Götz die größere Symbolnähe der Zentralgestalt, so daß er davor behütet blieb zugunsten des Milieus zu verkümmern. So kam es daß der Faust am innigsten und treuesten von Goethe gehegt wurde.

Aber nicht nur der Titanismus an sich war mit dem Faustsymbol auszudrücken: nicht nur das Gefühl des Schöpfertums wie im Prometheus, das Gefühl des Widerstands gegen die Welt wie in Cäsar und Götz, sondern ein Grundtrieb der (mit dem Titanismus verwandt, aber nicht notwendig verknüpft) noch tiefer, gründiger in Goethes Gesamtdasein wurzelte, nämlich: die Unersättlichkeit nach Leben, nach Allheit — nicht nur die Fülle, nicht nur die Selbständigkeit und Stärke des Lebens das sich auswirken will. Form oder Zeichen dieses Lebenshungers, der nicht nur die negative Seite des schöpferischen titanischen Expansionstriebes ist sondern eine eigne Funktion des Goethischen Lebens, ist zunächst das Leiden an der Existenz schlechthin, nicht nur an bestimmten zeitlichen Formen der Existenz: das transzendente Gefühl des Ungenügens welches hervorgeht aus dem Widerstreit zwischen der räumlichen und zeitlichen Beschränktheit unsrer irdischen Lebensformen mit dem unendlichen Lebensgehalt der Welt.. die Unmöglichkeit sein Ich als Form zum All zu erweitern. Das ist eine ganz spezifische Tragik nur des bildnerisch angelegten Menschen, d. h. des Menschen zu dessen Grundwillen es gehört sich zu formen, als Form sein Leben zu führen: erst wenn der Grundtrieb zur gestalteten Selbstheit im gleichen Menschen mit dem Grundtrieb zur Allheit zusammentrifft, entsteht jene eigentlich faustische Tragik wie sie Goethe in die Verse gepreßt hat:

Ich Ebenbild der Gottheit!
Und nicht einmal Dir!

Denn der bloße Mystiker wird ohne tragischen Konflikt seine beschränkte Form aufgeben, um in das All oder in die Gottheit einzugehn. Der bloße Künstler wird ohne tragischen Konflikt auf das Universum verzichten, um sich an der Nachbildung ihrer Formen zu erbauen und zu befestigen. Jener braucht keine Form, dieser keine Allheit.

In Goethe aber war gleich mächtig der eine Trieb sein Ich zum All zu erweitern, also: sein geformtes bestimmtes beschränktes Ich einzusenken in das grenzenlose Leben selbst, und der andre Trieb dies einmalige Unwiederbringliche zu behaupten und festzuhalten als ein einmaliges geformt Unwiederbringliches gegenüber dem All. Beide Triebe hielten sich nicht immer das Gleichgewicht: bald gewann der mystische Allhunger, der Alleintauchungsdrang, die Sehnsucht nach dem Frieden in Gott, selbst durch Verzicht auf Form, d. h. auf Individualität, die Oberhand in ihm, bald der rein bildnerische Trieb, der künstlerische Selbstbehauptungstrieb, bei ihm identisch mit dem Formungswillen, der verzichtete auf das Universum zugunsten des individuellen Ich. Zeugnis jenes Willens zur mystischen Selbsthingabe, Selbstaufgabe ist z. B. das Gedicht Ganymed: freilich ein Zeugnis des Willens zur Selbstaufgabe, nicht der Selbstaufgabe selbst. Denn Goethe mochte wollen oder nicht — anders als bildnerisch konnte er sich nicht äußern .. und selbst wenn der Inhalt seiner Gedichte Mystik war, war ihre Form, ihr Wesen doch immer Künstlertum. Gedichte wie Ganymed, Wandrers Nachtlied und jene Sehnsuchtstrofe

> Könnt ich doch ausgefüllt einmal
> Von dir o Ewiger werden —
> Ach diese lange tiefe Qual
> Wie dauert sie auf Erden!

solche Gedichte zeigen daß die Mystik (d. h. hier: der Drang nach entselbstetem Eingehn ins Unbedingte) wenn nicht als Kraft so doch als Wunsch ihm von seinem schweren Bildner-muß zeitweise Erleichterung oder Erlösung verheißen sollte . Zeugnisse seines freiwilligen schmerzlichen Verzichts auf Allheit, wohl auch ermatteter Selbstbeschränkung sind die mannigfachen äußern Gelegenheitsverse oder Stücke wie Claudine, wie Clavigo, wie Stella — wo aus reinem trocknen Darstellen geformter Einzelheiten, aus individuellen Festhalten, Beobachten, Eingraben für ihn Beruhigung und Sicherheit entsprang.

Goethe der Mystiker und Goethe der Zeichner oder Charakteristiker oder Gelegenheitsdichter sind beide zwar immer ganze Goethes, aber doch nur augenblickliche Goethes, und beide reichen sehr hoch in seine Produktion hinauf — der momentane Goethe der sich als bildnerisches Individuum behaupten will hat sich im Prometheus ein universelles Denkmal gesetzt, der momentane Goethe der im All aufgehen will, im Ganymed. Beide Weltgedichte versinnbilden Grundtriebe Goethes — und zwar diese Grundtriebe in ihrer höchsten Flut, in ihrem kräftigsten Zustand: aber sie verkörpern nicht den Konflikt dieser beiden Grundtriebe, nicht den Gesamtlebenszustand der daraus hervorgeht daß beide Triebe — der „mystische" und der „bildnerische" der Eintauchungstrieb und der Formungstrieb — in derselben

Brust wohnen. Im Gleichnis gesprochen: Ganymed und Prometheus offenbaren kriegführende Mächte, gegensätzliche Kräfte Goethes, jede für sich — doch nicht den Krieg selbst. Eben das aber tut der Faust.
Dieser Krieg zwischen dem Hunger nach Allheit und dem Willen zur Selbstheit, der im Gespräch mit dem Erdgeist unvergänglich dialogisiert ist, hat noch andere Formen: eine davon ist die zwischen dem Willen zum Leben im unwiederbringlichen Augenblick und dem ewigen Weitergetriebensein.

>So tauml ich von Begierde zu Genuß
>Und im Genuß verschmacht ich nach Begierde..

Dem Kampf zwischen dem raum-begrenzten Körperhaften und dem Grenzenlosen des Alls entspricht in der zeitlichen Dimension der Kampf zwischen Moment und Ewigkeit. Und die moralische Seite desselben Konflikts vergegenwärtigt sich in den späteren Faust-versen:

>Zwei Seelen wohnen, ach! in meiner Brust...
>Die eine hält, in derber Liebeslust,
>Sich an die Welt, mit klammernden Organen.
>Die andre hebt gewaltsam sich vom Dust
>Zu den Gefilden hoher Ahnen.

Aber wie auch immer die konkrete irdische Form dieses metaphysischen Konflikts sein mag, ob Kampf zwischen Körperlichkeit und Allheit, zwischen Augenblick und Ewigkeit, zwischen Sinnenglück und Seelenfriede, zwischen Ideal und Wirklichkeit: das Resultat eines solchen Kampfs ist das Leiden am Leben selbst, wie es in Fausts Fluch explodiert — nicht nur an einer zufälligen Beschränkung oder Entzündung des Lebens, an der Nichterfüllung dieses oder jenes Wunsches oder an dieser oder jener Unbill — wie sie Hamlets Monolog aufzählt

>Der Zeiten Spott und Geißel,
>Des Mächtigen Druck, des Stolzen Mißhandlungen,
>Verschmähter Liebe Pein, des Rechtes Aufschub
>Den Übermut der Ämter und die Schmach
>Die Unwert schweigendem Verdienst erweist..

Das Leiden das hervorgeht aus dem Widerstreit der beiden umfassendsten transzendenten Triebe überhaupt, zwischen dem Trieb ein Selbst zu sein und dem Trieb ein All zu sein, kann deshalb nicht gestillt werden durch irgendein Endliches. Es bezieht sich, weil es gegeben ist einerseits mit dem bloßen Sein eines solchen Selbst und andrerseits mit dem bloßen Sein eines Alls, auf das Sein, auf das Leben selber, nicht auf Erscheinungen des

Lebens, und dies Leiden ist das tiefste, über-augenblicklichste, „ewigste" — heilbar nur durch Aufhören des Selbstgefühls oder des Allgefühls oder durch ein Erlebnis der Welt kraft welches jene Zweiheit der Triebe kein Konflikt mehr ist sondern eine Synthese. Wir werden sehen wie für Goethe diese Heilung des Urkonflikts durch Italien sich vollzog. Aber vorher war der Konflikt selbst das eigentliche Grundthema seiner Existenz, dem gegenüber all seine andren Urerlebnisse nur momentane wenn auch ausfüllende Krisen waren.. sie gaben nur die Farben seines Leidens am Leben, sie bedingten es, ohne es aufzuheben. Und wenn Mahomet, Götz, Prometheus, Werther Sinnbilder augenblicklicher Lebenskrisen sind, so ist Faust schon früh unbewußt, später bewußt zum Sinnbild seines Gesamtzustandes, seines eigentlichen Lebens selbst geworden.

Weil nun die Faustidee tiefer mit dem Kern von Goethes Existenz verwachsen war als irgendeine andre sinnbildliche Idee, weil sie gleichsam der sinnlich geistige Ausdruck geworden war für das eigentlich Goethischste, für die Spannung jener zwei Grundtriebe, für die individuelle Form unter der Goethe lebte und litt, so konnte sie auch schwerer durch irgendeinen einmaligen Reifeprozeß aus ihm sich loslösen, nicht vorschnell entladen werden wie andre Symbole, die nur durch einmalige Krisen zum Ausdruck gebracht wurden wie der Werther, oder durch irgendein zeitweilig mächtiges Bildungserlebnis gezeitigt wurden und dann reif und rund vom Baum fielen wie der Götz. Das Faust-symbol konnte weder in Goethe verkümmern wie etwa das Sokrates-symbol, noch vorschnell reifen und erledigt sein.

Was sich auch in andren Werken loslöst rascher oder langsamer, durch eine Krise oder durch eine Entwicklung gezeitigt — es arbeitet zugleich am Faust weiter.

Goethe hinterläßt gleichsam von jedem schöpferischen Augenblick seiner Existenz mehrere Sinnbilder, eines als Eigenwerk, unter dem Gesichtspunkt dieses Moments, und eines unter dem Gesichtspunkt seines Gesamtdaseins, in seinem Faust. Denn jeder schöpferische Moment ist in sich ein Ganzes, Rundes. Man kann das Leben von einem Augenblick aus überschauen. Man kann aber auch — und das ist die Aufgabe des Faust — jeden Augenblick nur als ein Bruchstück eines Gesamtlebens betrachten sub spezie aeterni.

Ja, daß auch der stärkste, der gefüllteste, der in sich genugsamste Moment (etwa ein Moment der Gottnähe wie er im Gedicht Ganymedes seine Verewigung erfahren hat) nur Moment, Flucht, Vergänglichkeit ist, das gehört zu den Hauptinhalten der Faustdichtung, zu den Gründen seines großen Weltzertrümmerungs-fluchs, zu den Bedingungen seines Teufelspakts. Tragisch wird das Gefühl der Vergänglichkeit ja nicht dadurch daß man den Unwert alles Irdischen fühlt, die Leere der Existenz beklagt, wie Hamlet oder Byrons Manfred, sondern — und das ist das Neue an Fausts Weltschmerz — daß man im Vergänglichen selber die Fülle der Schöpfung, die Ewigkeit spürt und zugleich die Unzulänglichkeit der menschlichen Organe sie zu erschöpfen und festzuhalten. Daß die Welt so groß ist und der Mensch so willig ist ihrer Größe teilhaftig zu werden ohne die Organe dazu, das treibt Faust dem Teufel in die Arme.. daß er die Göttlichkeit der Augenblicke voll durchfühlt, daß er ihnen als Ebenbild der Gottheit sich hingibt und er dennoch in ihnen, kraft seines Lebenshungers selbst, nicht ausruhen kann. Goethes Zeugnisse für sein Gefühl der Ewigkeit, der Göttlichkeit oder wenigstens der Fülle aller großen Augenblicke und Gelegenheiten sind seine andren großen Dichtungen, wie der Faust das Zeugnis für ihre Relativität, ihre Vergänglichkeit, ihre Fluchwürdigkeit ist.

Goethe hat die doppelte Perspektive des Augenblicks in den Faust selbst hineingezogen und in dem Gegensatz Faust-Mephisto nicht nur dargestellt, sondern auch sie mehrfach ausgesprochen. Mephisto ist, außer andrem, auch das personifizierte Wissen um die Relativität sogar der höchsten Augenblicke und Gefühle. Die Art wie Mephisto Fausts Selbstmordversuch spioniert und glossiert, wie er Fausts Leidenschaft zu Gretchen, die Katechisation belauert und bespöttelt, sich über die hohe Intuition lustig macht: immer ist es ein dem dämonischen Menschen mitgegebner, gestaltgewordner qualvoller Hinweis auf die Vergänglichkeit, Beschränktheit, Relativität dessen woran wir unsre ganze Seele hingeben als an ein Absolutes.

Goethe hat auf seinem Weg immer Personen gefunden die ihm sein eignes Wissen von der Relativität seiner Begeisterungen objektivierten, wohl auch übertrieben, die durch eigensinnigen Krittel oder durch freundschaftliche Kritik die Schöpfung seiner regen Brust zu hindern wußten. In Straßburg hat Herder zuweilen eine solche Rolle übernommen, später Merck. So hat die Verkörperung des kritisch relativen Geistes, von dem Goethe selbst manchmal im Herzen sich geplagt fühlte, wohl Züge dieses Freundes angenommen, abgefärbt von ihm, ohne daß man in einer konkreten Person das Modell zu diesem Weltsymbol sehen dürfte. Die Ähnlichkeiten die man unleugbar zwischen einzelnen Dichtergestalten und Bekannten Goethes finden kann sind weniger zurückzuführen auf ein bewußtes Nachzeichnen ihres Wesens als auf eine Art Sich-Versehen des mit der Gestaltung schwangern Dichters. Mephisto ist das Relative, Momentane, Zeitliche, Beschränkte das Goethe in sich selber spürte, zusammengeballt zu einer Gestalt. Faust und Mephisto stehen sich gegenüber als der absolute, grenzenlose Wunsch nach Allheit, der in sich selber seine Erlösung und seine Hemmung trägt, und die Begrenzung und Beschränkung, die diesem absoluten Willen durch seine irdische Gebundenheit an Zeit und Raum auferlegt ist.. erst durch diese Hemmungen in Raum und Zeit wird der Verstand, das praktische, kritische, zweckhafte, das relative Denken, der gemeine Verstand wie ihn Mephisto vertritt frei, rege und wirksam. Denn der ursprüngliche Lebenstrieb kennt keine Zwecke, keine Relativität, keine Kritik: er ist absolutes Streben nach dem Absoluten, nach Gott oder Welt. Erst durch das Zusammentreffen mit den Beschränkungen des Momentanen wird der absolute dunkle Drang einerseits bewußt, andrerseits schuldig und der Erlösung bedürftig.

Der Mensch irrt so lang er strebt, wenn sein Streben, das als dunkler Drang auf das Absolute gerichtet ist, durch seinen relativen Geist, durch seinen sinnlich gemeinen, zweckmäßig befangnen Geist sich ködern und festlegen läßt auf beschränkte Einzeldinge: Wissen, Genuß, Macht, Ruhm oder selbst Liebe. Vom Ganzen seines Lebenstriebs aus betrachtet sind also alle seine größten augenblicklichen Erfüllungen nur Irrtümer, Verirrungen.. nur relativ und der hämischen Glossen seines Mephisto würdig. Mephisto ist zugleich der Verlocker zu allem irdisch Relativen und dessen Kritiker: er ist als beschränkte Sinnlichkeit die Verführung, er ist als beschränkter Verstand die Kritik und dadurch mittelbar das böse Gewissen, nicht im Sinn der christlichen Sündenidee, sondern im Sinn der ungenügenden Erfüllung der eignen Lebensaufgabe und -anlage. Nicht weil er ein äußeres Gesetz nicht erfüllt, hat Faust an Mephisto zu leiden, sondern wenn er seinem immanenten Gesetz abwendig geworden ist. Mephistos Urteile über Fausts Augenblicke, Fausts eigenes Ungenügen sind selber nur Darstellungen dieser Augenblicke vom Streben, von der Spannung seines Gesamtlebens aus, nicht die Augenblicke selbst, wie er sie absolut, d.h. unabhängig von seinem Gesamtüberblick, von der Gesamtwertung seiner Existenz aus, erfährt. Wir verstehen den Faust, sofern er Beichte ist — nicht als dichterisches Gebild an sich — erst richtig, wenn wir Goethes andre Hauptwerke auch kennen, in denen er sein Gesamtleben darstellt von seinen schönen Augenblicken aus. Erst wenn wir wissen wie unbedingt er diese Augenblicke erlebt, empfunden, vergottet hat, begreifen wir die tiefe Unzufriedenheit und Verzweiflung über ihre Vergänglichkeit. Erst wenn wir wissen was sie als Absolutes für ihn bedeutet haben, begreifen wir was ihre Relativität ihm bedeuten mußte, dann verstehen wir Fausts ersten und zweiten Monolog, seinen Zusammenbruch nach dem Gespräch mit dem Erdgeist, seinen Fluch und seinen Pakt. Denn wir haben ja die Darstellung seiner absoluten Augenblicke im Prometheus, im Mahomet, im Ganymed, um nur die höchsten zu nennen: das Bewußtsein seiner unabhängigen schöpferischen Kraft, das Gefühl des gotterfüllten Führertums, und die Versenkung ins gotterfüllte All.

Den Gegenschlag gegen den Stolz und das Machtgefühl des großen Selbst, wie es im Prometheus absolut sich äußert, finden wir im ersten Faustmonolog, den Gegenschlag gegen das Führergefühl des Mahomet in dem Spaziergang mit Wagner, in Fausts Antwort auf dessen Replik „Welch ein Gefühl mußt du o großer Mann, bei der Verehrung dieser Menge haben", den Gegenschlag gegen das pantheistische Jubeln des Ganymed in dem zweiten Monolog Fausts oder in dem Zusammenbruch nach den Worten des Erdgeists. Natürlich besteht kein bewußter Parallelismus zwischen dem Faust und den andren Werken, zwischen der Tragödie des Relativismus aller höchsten Menschenkräfte (Menschenkräfte, nicht nur Erdengüter) und dem Zauber ihrer Göttlichkeit. Nur das unbewußte Doppelverhältnis Goethes zu seinem Lebensgehalt schlägt sich nieder in der Mehrheit seiner Fassungen. Nochmals: Faust stellt die Augenblicke des Goethischen Daseins dar unter dem Gesichtspunkt seines Gesamtlebens, andre Werke stellen sein Gesamtleben dar unter dem Gesichtspunkte absoluter Augenblicke. Entstanden ist der Faust als dramatisches Werk (wir kommen darauf in andrem Zusammenhang) freilich aus der Gretchen-tragödie, d. h. als zum erstenmal ihm durch jenen Fluch der Vergänglichkeit, der mit seinem Allstreben gegeben war, sein tiefstes Einzelerlebnis vernichtet wurde: seine Liebe. Dies erste Opfer — Wahn oder Schuld — ward ihm dann allmählich zum Sinnbild für den Lebensfluch des strebenden, des alldurchfühlenden und allentwertenden Titanen überhaupt. Die Liebe, im Urfaust noch der Hauptgehalt woran der Titanismus und seine Tragik der Relativität des schönen Augenblicks sich bekundet, ward allmählich zu einem absoluten und relativen Augenblick unter andren.

Wir haben bisher in der neuen durch die Straßburger Erweckung ermöglichten Produktion Goethes Zeichen seines Titanismus gedeutet, die dichterischen Darstellungen von Goethes Trieb der Selbstbehauptung oder der Weltdurchdringung, die Sinnbilder seines Zusammentreffens mit dem Ganzen der äußeren Welt und den gültigen Menschheitsformen, sei dies Zusammentreffen freundlich oder feindlich. Prometheus, Mahomet, Cäsar, Götz und Faust waren uns vor allem Gebilde des Goethischen Selbstgefühls, welches sich durchsetzen, behaupten, die Welt erfüllen oder verwandeln muß — nicht der Liebe, des Drangs nach Hingabe, Goethes andrer Seins-form. Nur im Götz spielt Goethes Liebe in sein Titanentum herein, im Faust bringt sie es am deutlichsten zur tragischen Wirkung. Selbst die kosmische

Alliebe wie sie in der Ganymed-hymne ausgedrückt ist hat mit der eigentlichen Erotik weniger zu tun als mit dem Titanismus, wenngleich freilich auch die sinnliche Liebe nicht unabhängig bleiben kann von der Macht der gesamten Lebensfülle die in einem Menschen beschlossen ist. Goethes Erotik ist von dieser Seite her verwandt mit seinem titanischen Weltdurchdringungstrieb, seine Liebe zu einzelnen Frauen ist nur die Begrenzung dieses expansiven Triebs auf einen konkreten Gegenstand, eine Begrenzung die diesen Trieb zugleich im Wesen bedingt. Nicht nur der Ausgangspunkt eines Triebs bedingt ihn, auch der Endpunkt, und wenn vielleicht Goethes Titanismus, wie er sich als mystische Allliebe im Ganymed äußert, der Richtung nach nichts andres ist als seine Liebe zu einem schönen Mädchen, wenn beide hervorgehen aus dem Verlangen nach Erweiterung und Beruhigung des überströmenden Selbst: im Werk selbst geht aus der Ehe zwischen dem Ich und dem Du etwas völlig andres hervor, wenn das Du eine Welt und wenn es Person ist, wenn die Liebe sich ausbreitet ins Unbegrenzte oder wenn sie sich in eine Gestalt einläßt. Die sinnliche Liebe ist hierin grad der Gegensatz des Titanentums, trotz des vielleicht gemeinsamen Ursprungs. Denn die sinnliche Liebe ist auf Grenze angewiesen, findet ihr Heil und ihre Seligkeit in der Begrenzung und Umschließung durch die faßliche Gestalt: der Titanismus leidet an jeder Grenze, sucht sie zu zersprengen oder zu überfluten. Ich scheide deshalb den Titanismus Goethes (von dem der Weltdurchdringungstrieb, der kosmische Hingabedrang, die Lust ins All einzutauchen, der Mahometismus oder Ganymedismus nur die eine Form ist, wie der Selbstbehauptungs- oder Weltbewältigungstrieb, das Prometheustum, das Götztum, der Cäsarismus seine andre ist) von seiner Liebe nicht um ihres verschiedenen Ursprungs willen, sondern um ihrer verschiedenen Ergebnisse und Wirkungen willen. Was aber ergibt sich daraus, wenn in demselben Menschen ein Wille zu unersättlicher Expansion und ein Wille zum Ausruhn, zum Genügen am und im Gestalteten walten? wenn einem Menschen bei seiner Bewegung in das grenzlose All ein begrenztes Schönes in menschlicher Gestalt begegnet? Nun, derselbe Konflikt zwischen Welt und Gestalt, zwischen Ewigkeit und Augenblick, den wir als Ursprung und Problem der Faustdichtung bezeichneten. Wir begegnen ihm von dieser Seite, unter dieser Form wieder, wir begegnen ihm auf Schritt und Tritt in Goethes Leben. Es ist das eigentliche große Problem der ganzen Goethischen Lebensführung: diese Faustische Tragik, den tiefen Schmerz an dem er manchmal zugrunde zu gehen bangte, der ihn in immer neuen Formen bedrängte, mit immer neuen Mitteln, in immer neuen Formen zu überwinden. Wir begegnen diesem Konflikt, der offen und für Goethe selbst bewußt erst einsetzen konnte, nachdem er durch Herder den Mut zu sich selbst bekommen hatte und nicht mehr in heteronomen Bindungen befangen war, von der Straßburger Zeit ab: als dem Kampf der zwei Seelen in Fausts Brust, als dem Kampf zwischen Begierde und Genuß, als dem Gegensatz zwischen Faust und Mephisto, als dem Gegensatz zwischen Faust und Wagner, zwischen Absolutem und Relativem, zwischen dem Forschertrieb und dem erreichbaren Wissen, zwischen Faust und Erdgeist, und endlich zwischen Faust und Gretchen.

Jedes Erreichte ist durch sein Erreichtsein bereits entwertet für den der in sich Ewigkeit fühlt, dessen Lust und Schmerz Ewigkeit will und sie doch nur im Augenblick finden kann. Denn für Goethes Bildner-glauben konnte nur Leib, Gegenwart, Erde selbst die göttliche Erfüllung sein, kein gestaltloses Jenseits oder Nirwana. Diese Tragik ist am tiefsten dort wo man seine Ewigkeit und Erfüllung in einem geliebten Menschen sucht und nicht finden kann. Denn je höher das Gut ist das wir mit unsrer Sehnsucht ergreifen und vergeblich ergreifen, desto tragischer ist die Enttäuschung, je wertvoller der Augenblick, die Begrenzung in die wir uns einlassen, desto schmerzhafter seine Vergänglichkeit, je näher dem Absoluten etwas ist, desto quälender die Erfahrung daß es doch nicht das Absolute ist.

Aber noch etwas vertieft die titanische Tragik bei der Liebe: wenn uns das Wissen oder die Macht oder der Ruhm nicht ausfüllt und wir hier über Erreichtes weiter schreiten müssen, weiter getrieben werden, so haben wir nur Leiden, aber keine Schuld. Wenn wir indes einem lebendigen Wesen Liebe verheißen und entlockt haben und auch hier der Augenblick, der nicht die erwartete Ewigkeit gewähren kann, vernichtet werden muß, wie Gretchen von Faust, so wird äußres Leben, Wirklichkeit, Dasein zerstört, nicht nur innere Illusion, Gedanke und Wunsch. Der Konflikt zwischen Titanismus und Liebe ist dann eine tragische Schuld. Es ist die leidvollste Form unter der fortan Goethes faustischer Grundkonflikt sich auswirken sollte: daß sein Streben, seine innere Aufgabe, sein titanischer Drang, „der wie ein Wassersturz von Fels zu Felsen brauste" nicht halt machen konnte vor einer in sich anerkannt vollkommenen und seligen Gegenwart, vor einem menschlich Ganzen, vor einer lebendigen Wirklichkeit, die mehr war als bloßes Ideal, mehr als bloßes Ziel — daß auch der Zauber eines holden Mädchens, also eine menschliche Erfüllung, ihm nicht Erfüllung bleiben, nur versprechen durfte: Fausts Gretchentragödie.

Das erste Opfer des Konflikts zwischen Goethes Titanismus und Goethes Liebe, zwischen seinem Trieb nach Allheit und seinem Wunsch sich ganz in den schönen Augenblick hinzugeben, im begrenzten Selbst sein All

zu finden, ist Friederike gewesen: sie war die erste die nach seiner Straß=
burger Entfesselung dem jungen Titanen Friede und Erfüllung zu verheißen
schien. Sehen wir erst diesen „schönen Augenblick" Goethes absolut, wie
er in sich erschien und Ausdruck fand, eh wir zur Tragik seiner Relativität,
zu seiner dichterischen Fassung im Faust zurückkehren.

Nach den Reflexen die wir von ihrem Wesen in Goethes Liedern und
durch die Schilderung in Dichtung und Wahrheit besitzen, war sie ein Mäd=
chen von einfacher, ungebrochner Reinheit und Anmut, dabei nicht subal=
tern und dumpf, sondern frei und bildungs=fähig und mit einem deutlichen
Begriff für die menschliche Macht und Spannkraft die Goethes Liebe ihr
brachte und von ihr forderte. Es war die erste Liebe des zu sich selbst, zur
eignen Natur und Freiheit erwachten Goethe, darum morgendlich und früh=
lingshaft, verheißungsvoll und ahnungsvoll wie keine spätere, keine tiefere,
keine leidenschaftlichere — ein Augenblick in Goethes Leben und dem des
deutschen Geistes wie er nie wieder gekommen ist und nie wieder kom=
men kann. Die Gedichte dieser morgendlichen Liebe haben eben als Zeug=
nis eines unwiederbringlichen Augenblicks von Morgen und Jugend einen
Zauber der immer wieder verlockt hat sie nachzuahmen, so einfach, jung,
lerchenhaft zu sein, der aber gerade deswegen nicht erreicht, ja nicht einmal
nachgeahmt werden kann. Alles was später von Romantikern und Epigonen,
(geschweige von neueren Literaten die vom Schreibtisch her schlicht liedhaft
sein wollen) im Ton den die Friederikelieder zuerst anschlagen gedichtet
worden ist, unter dem Zauber des Mailieds oder „Es schlug mein Herz oder
„Erwache Friederike" das ist nur Literatur geblieben, weil es nur gewollt
ist, ohne die einmalige „Gelegenheit" den Kairos der solche Gebilde zeugt,
abgesehen von allem Genie. Die Banalität „man ist nur einmal jung" gilt
auch für Völker und im jungen Ton singen kann nur ein eben erwachtes
Volk das eine Stimme gefunden hat wie die Goethes. Damals in Sesenheim
hat Goethe für sich und die Deutschen den Frühling entdeckt und in Frie=
derike den wandelnden Genius dieses Frühlings. Und zwar den Frühling
nicht nur als die bekannte lockende Jahreszeit wo die Blümlein sprießen,
die Vögel singen und alle Herzen froher und hoffender, verliebter und
freier schlagen — das Frühlingsmäßige als eine Konvention, als eine feste
Kalendervorstellung — das hatte auch die Schäferpoesie schon gekannt: son=
dern den Frühling als eine kosmische Gewalt, als das morgendliche Erwa=
chen der göttlichen Kräfte das überall Sichtbares hervortreibt und sich ver=
lautbaren, versichtbaren, fühlbar machen muß — das kundgewordne Ge=
heimnis des Schöpfungsprozesses in Mikrokosmus und Makrokosmus. Die
Liebe zu Friederike, als die erste Liebe des durch Herder aus dem Rationa=

lismus und aller sonstigen Heteronomie befreiten Goethe, hat die Keime seiner kosmischen Lyrik erst zur Reife gebracht und der deutschen Lyrik die ersten vollkommen naturhaften, rein gewachsenen, gar nicht gedachten, sprach- und klanggewordnen Liebes- und Frühlingserlebnisse geschenkt.

Durch die Liebe zu Friederike erst hat die deutsche Sprache die Fähigkeit bekommen alles Ahnungsvolle, Wallende, zärtlich Dumpfe, morgendlich Lockende, nächtlich Raunende, alle Übergangsstimmungen des Herzens und alle Übergangszustände der Natur auszudrücken. Von nun an wurden diese Dinge erlebbar, nachdem der einzige tief heidnisch leibhaft fühlende Mensch seine jugendliche Leidenschaft frei ausdrücken konnte. Denn dies ist bezeichnend für die Neuentdeckung der Natur die sich hier vollzog, daß nicht nur die Leistungen der Natur, ihre fertigen und sichtbaren Momente, sondern ihre Erwartungen, Hoffnungen, Verheißungen, ihre Vorbereitungszeiten, der Vorfrühling, erst in den Bereich der Dichtung gezogen wurden. Nie wäre vor Goethe, selbst stofflich, ein deutsches Gedicht möglich gewesen wie dies märzenhafte:

„Ein zärtlich jugendlicher Kummer" (Der junge Goethe II, 128).

Hoffnung und Verheißung einerseits, Übergang und Untergang andrerseits: das ist die sprachliche Neuentdeckung, Neueroberung im Gebiet des Menschlichen wie im Gebiet der Natur die Goethe mit oder in der Liebe zu Friederike gemacht hat für sich und die deutsche Dichtung . Es ist der ganze Charakter seiner Liebe zu diesem frühlingshaften Wesen überhaupt, der Charakter seines damaligen Glücks:

„Ich bin vergnügt; ich bin glücklich! Das fühle ich und doch ist der ganze Inhalt meiner Freude ein wallendes Sehnen nach etwas das ich nicht habe, nach etwas das ich nicht kenne".

In diesen Worten liegt nicht nur seine Stimmung sondern auch sein und Friederikens Schicksal: die Lust die Ewigkeit will und nur den Augenblick findet, die Hoffnung und Begier die an einem geliebten Wesen sich Erfüllung sucht und zu unbegrenzt ist um sich an ihm zu sättigen, zu weit um darin auszuruhn. Der Konflikt zwischen Titanismus und Liebe kündigt sich mitten im Glück selbst an, und wenn Friederike denkwürdig bleibt als die erste Erweckerin von Goethes völlig gelöster und freier kosmischer Lyrik, so hat sie für die deutsche Dichtung noch größere Bedeutung durch die Tragik die sie in sein Leben gebracht hat, dadurch daß sie ihm die Tragik seines Lebens, eben jenen faustischen Konflikt der nicht nur Unbefriedigung, sondern auch Schuld ist, zum erstenmal deutlich gemacht hat. Wie er durch seine Liebe zu ihr den Frühling, ja die eigentliche freiblühende Seligkeit, deren Natursinnbild der Mai ist, entdeckt hat, so durch die Trennung von ihr die Schuld. Es kommt hierbei freilich wenig auf das Individuum an das solche Bedeutung für Goethe gewann, es ist nur der Anlaß, die Gelegenheit, der Kairos für Goethes Dämon und Schicksal, das sich so oder so erfüllt hätte, aber der Kairos eines dämonischen Menschen ist kein Zufall, und so hat Friederike nicht umsonst eine mythische Bedeutung bekommen durch Goethes eignen Willen.

Goethe hatte sich mit Friederike verlobt, unter dem Zauber der idyllischen Glückseligkeit der von ihr ausging — es war natürlich daß er das erste reine und freie Glück das ihm begegnete und das er mit offnen Sinnen, mit vollem Bewußtsein und vor allem mit gutem Gewissen seiner Empfindung faßte und würdigte festhalten und dauernd machen wollte. Wie hätte er nicht zu diesem Augenblicke sagen sollen: „verweile doch, du bist so schön!" Äußere Widerstände gegen seine Verbindung mit Friederike lagen ja nicht vor und dem feurigen Jüngling waren auch im ersten Frühlingstaumel Zweckmäßigkeitsreflexionen fern: er ließ sich ganz in den schönen Augenblick gefühlsmäßig ein und sah nichts als das neue Glück. Als er in Sesenheim Friederike kennen lernte, war ihm auch der ganze Umfang seiner inneren Gewalt und damit seiner Verantwortung und Aufgabe gegenüber der Zukunft noch nicht aufgegangen. Erst durch Herder, dessen Bekanntschaft er ja erst machte als seine Verbindung mit Friederike schon fest geknüpft war, ging ihm, über die Ahnung hinaus, das fordernde Bewußtsein seiner exzeptionellen Artung und Berufung auf. In demselben Maß als er zunahm an Blickweite und innerer Spannkraft, als sein Horizont vor ihm sich ins Grenzenlose hinausschob und damit zugleich die Bahn die er zu durchlaufen hatte, in demselben Maß empfand er die Bindung durch ein momentanes, und sei es das schönste Menschliche als eine unerträgliche und gefährliche Einschränkung.

Was er nun, mehr noch zur Durchbildung seiner suchenden, gärenden, werdenden Kräfte als zur Expansion, brauchte war Freiheit und offne Flügel, und was hätte während des Werdens seine innere Freiheit zur Selbstgestaltung mehr gehemmt als die stete innere Bindung, die seelisch-leibliche Gemeinschaft mit einem andren, nicht artverwandten, ihn durch seinen Gegensatz bindenden Wesen, als die unablässige Sorge und Verantwortung für ein Geschöpf das mehr von ihm nehmen mußte als es ihm geben konnte. Denn gerade das Beste an einer solchen dauernden Bindung, Verbindung (das Wort sagt schon worum es sich handelt) ist das gefährliche daran, die Liebe selbst, nicht etwa die äußern Unbequemlichkeiten und Hemmungen die ein gemeinsamer Haushalt mit sich bringt, obwohl auch diese zum Verhängnis werden können. Ein verheirateter Jüngling ist kein innerlich freier Mensch mehr, und er ist um so unfreier, je tiefer und innerlicher er verheiratet ist, je mehr seine Ehe eine innere Einigung und Einswerdung mit der Frau ist. Die Institution Ehe ist eine äußere Bindung mit Bequemlichkeiten und Unbequemlichkeiten wie etwa der Beruf auch, und ob sie den innern, geistigen Menschen tangiert, das hängt ganz davon ab ob überhaupt ein innerer Mensch da ist. In den meisten Ehen wird man das bezweifeln dürfen, und wo keine innere Freiheit, keine seelische Selbständigkeit, kein Charakter vor der Ehe da war, wie bei der Mehrzahl der Menschen die nur als Geschöpfe ihrer Umwelt existieren und nur irgendeine berufliche oder gesellschaftliche Funktion vertreten, nicht selber Wesen und Seelen mit eigner Pflicht und eigner Mitte sind, kann durch die Ehe auch nichts zerstört oder gefährdet werden.

Goethe wußte daß er durch eine Heirat den Kreis seiner inneren Expansion einschränke zugunsten eines andren Lebens das er sich einzubeziehen und dem er sich einzubeziehen habe, daß er einen Teil, den größten Teil seiner Kräfte investieren müsse in ein neues Wesen. Er hatte sich zu fragen ob ihm diese Bindung oder die Freiheit die höhere Pflicht vor sich selbst erscheine, ob er sein Leben besser und gerechter erfülle durch die freiwillige Bindung an ein geliebtes Du oder durch die stete Bereitschaft zu neuen Eroberungen, Fahrten und Verwandlungen. Zum mindesten gilt dies Dilemma zwischen innerer Bindung und innerer Freiheit in den modernen Ehen, wie sie wesentlich durch das protestantische Pfarrhaus gültig und möglich geworden sind, wo Mann und Frau als Faktoren gleicher Geltung nebeneinander treten: die antike Ehe und die Mehrzahl der mittelalterlichen und Renaissance-ehen kannten die Frau als den Besitz des Mannes und die Mutter seiner Kinder, ohne legitimen Anteil an seinem individuellen und öffentlichen Dasein.

Nicht daß ohne weiteres die innere Freiheit der inneren Bindung vorgezogen werden müßte, selbst vom genialen Menschen! So gewiß dem innerlich unfreien Menschen die Bindung nötig ist, so gewiß kann sie unter Umständen dem innerlich freien Menschen eine höchste Erfüllung sein. Freilich, niemals einem werdenden, höchstens einem innerlich abgerundeten, der die Möglichkeiten seiner Kräfte überschaut und weiß welchen Entsagungen und Beschränkungen er sich unterziehen darf, der schon weiß was er kann und will und gewählt hat unter den Formen in denen er seinem inneren Gesetz am treuesten dient. Nur den jungen Goethe stellte seine Verlobung vor dies Dilemma: sollte er lebenslang sich beladen mit der Verantwortung für das Dasein der Geliebten oder sich bereit halten für einen geistigen Beruf, der die Anspannung und Ausbreitung aller seiner Kräfte, auch seiner Liebeskräfte fordert? Forderte sein Dämon diese Liebe zu Einer oder seine Leistung für die Welt? Sollte er dies gegenwärtige Glück und seine liebe Verkörperung opfern oder sein zukünftiges Werk und unermeßliche Möglichkeiten? Sollte er — er hat selbst dies Gleichnis gefunden — das sichere Glück des Taubers wählen oder das ungewisse Schicksal des Adlers? Daß er sich durch die Hingabe Friederikes und die Hingabe an Friederike, d. h. an den schönen Augenblick, in die Notwendigkeit eines schwersten Opfers und einer Schuld gestürzt habe empfand er mit Qualen. Die Entscheidung ob er die Geliebte, jetzt einen Teil seines Wesens, seinen inkarnierten schönen Augenblick opfern solle, oder seine schöpferische Zukunft — denn der verkörperte Augenblick, der festgehaltene, festgelegte Augenblick ist dem faustischen Mann der größte Feind der noch unverkörperten, aber aller Verkörperungen fähigen Zukunft — diese Entscheidung konnte natürlich beim dämonischen Menschen nicht gefällt werden durch einen rationalen Entschluß und Erwägung der Zweckmäßigkeit (wie es später Hebbel in einem verwandten Fall gegenüber Elise Lensing getan hat) sondern nur nach heftigen inneren Kämpfen durch den Dämon selbst, durch den schöpferischen Zwang von Goethes innerer Anlage, die sich instinktiv schützte gegen die Gefahr die ihr drohte von seiten des Eros: der werdende, zukunftsträchtige, zu einem Weltschicksal berufene Goethe trug den Sieg davon über den augenblicklichen Goethe, der eine liebliche Gegenwart gefunden hatte und verewigen wollte, Goethes Gesamtleben über sein augenblickliches, in dem rührenden Mädchen verhafteten Leben. Aber dieser Sieg, so notwendig und heilsam er für Goethe und die Welt war, konnte sich nur vollziehen nach schwerem Kampf und als schwere Schuld. So gewiß wir heute sehen daß Goethes Leben und Schaffen, welches durch eine Heirat des 20jährigen mit Friederike unterbunden und verkümmert wäre, unvergleichlich wichtiger vor Gott und Welt ist als tausend Friederiken, so wenig ändert diese Wichtigkeit, Richtigkeit und Nötigkeit der Goethischen Entscheidung etwas daran daß sie eine Schuld war und als Schuld von ihm sein Lebenlang empfunden und gebüßt wurde. Nicht als ob irgendwer das Recht hätte sich zum moralischen Richter aufzuwerfen über die Handlungen eines Menschen wie Goethe, der unter einer göttlichen Notwendigkeit tut und leidet: aber ebenso töricht als die beschränkten Pfaffen die Goethe wegen seiner Untreue anklagen, sind die bequemen Freigeister welche ihn verteidigen, oder gar die verächtlichen Libertins die sich auf ihn berufen, wenn sie ein Mädchen sitzen lassen wollen, weil sie so genial sind und das Mädchen so beschränkt ist. Moralistische Anklage und amoralistische Verteidigung gehören demselben schlechten Niveau an.

Uns geziemt hier nur die Ehrfurcht vor dem Schicksal das Goethe zu diesem Opfer zwang und zu dem auch sein eignes Schuldgefühl gehört, und es ist ebenso große Anmaßung an der Handlungsweise Goethes Kritik zu üben wie an seinem Gefühl für diese Handlungsweise, an seinem Leben wie an seinem Erleben. Vollends irrig aber ist es, aus der Not des großen Herzens eine Tugend für die kleinen zu machen, indem man allgemeine Maximen über das Recht des Übermenschen gegenüber den Untermenschen daraus ableitet und ins Praktische umsetzt. Wir wissen aus der Geschichte daß die großen Menschen oft ein Recht haben zu zerstören: die großen Menschen selbst wissen es nicht, sie wissen nur daß sie bauen und wirken müssen, und wenn sie zerstören, so tun sie es um des Bauens, um der Sache willen, wie Cäsar und Napoleon, oder in tragischem Konflikt zwischen zwei Opferungen und mit dem Gefühl der Schuld, wie Goethe.

Nie aber wird der ein großer Mann sein der sich mit logischem Räsonnement oder auf Grund historischer Präzedenzfälle sagt: ich bin ein großer Mann, folglich habe ich das Recht dies Wesen zu benutzen oder zu opfern. Zum Begriff des Opfers gehört vor allem daß es wirklich ein Opfer eignen Lebens ist. Was einem leicht fällt, was man zweckmäßigerweise und ohne Qual hingibt ist eben kein Opfer sondern ein Handelsgegenstand. Die Opferung Friederikes war für Goethe nicht die Preisgabe eines ihm fremden äußeren Guts sondern der qualvolle Verzicht auf seinen eignen bisherigen höchsten Lebensaugenblick. Indem er sich von ihr losriß, vernichtete er seine eigenste Gegenwart und die schönste Vergangenheit für eine ungewisse schwere Pflicht der Zukunft. Und wenn er seine Untreue gegen Friederike als Schuld empfand, so war das außer dem Mitleid mit dem Schicksal des geliebten Mädchens nicht so sehr das Gefühl ein Sittengesetz verletzt zu haben, ein fremdes Gebot nicht erfüllt zu haben, als zunächst das Gefühl daß er sich gegen sein eigenes Gesetz vergangen habe, indem er sich versündigte am Augenblick der sein geworden war. Leben, von ihm selbst angeeignetes, angelocktes, ja erschaffenes Leben zerstören zu müssen, wie seine Liebe zu Friederike und die Liebe Friederikes zu ihm — das war zugleich Strafe und Frevel, und die Art wie er dies Schuldgefühl dichterisch bezeugt hat beweist daß sein Ursprung nicht christliche Zerknirschung über die Sünde am Nächsten sondern die tragische Erschütterung über die Notwendigkeit des Opfers war.

Nicht das Problem des verlassenen Mädchens, der verratenen Hingebung ist der Ausgangspunkt der Beichtdichtungen welche aus seinem Friederikeerlebnis stammen, nicht der Zustand der Geopferten, sondern der des Opferers. Faust, nicht Gretchen ist der tragische Mittelpunkt der Gretchentragödie, wenngleich freilich auch die Tragik des Faust um so tiefer ist, je tiefer die Tragödie seines Opfers mitgefühlt wird: denn Gretchen hat kein eignes Schicksal, sie ist mit dem Moment der Hingabe eingegangen in das Schicksal Fausts, er hat die Verantwortung und die Schuld für sie übernommen. Das unterscheidet von vornherein diese Tragik von aller Kindsmörderinnen-poesie, wie sie unter dem Einfluß der Gretchentragödie entstanden ist bei Zeitgenossen und Epigonen, von aller Mitleidsdichtung und Anklagedichtung, wie wir die ersten Ansätze dazu schon in jenem Leipziger Nachruf Goethes auf den Tod eines Freundes finden.

In dergleichen Nachahmungen oder Vorklängen handelt es sich um bestimmte traurige gesellschaftliche Erscheinungen, die durch strafende oder rührende Darstellung gegeißelt oder geändert werden sollen, oder um Erweckung eines Mitgefühls mit den Opfern fremden oder eignen Leichtsinns, fremder Bosheit oder sozialer Unbilligkeit und Sittenverderbnis. Allen Kindsmörderinnen-dramen, deren Nachkommenschaft noch die sozialen Notstandsdramen mit der Rechtfertigung oder Verteidigung der Gefallenen aus den 80er und 90er Jahren des Berliner Naturalismus sind, liegen die Rousseauischen Ideen vom Gegensatz zwischen Natur und Gesellschaft zugrunde. Es handelt sich dabei gar nicht um Tragik, die aus der notwendigen Verflechtung, Vereinigung und Wechselwirkung zweier Existenzen entspringt sondern um eine Schufterei oder ein Unglück. Die Gretchentragödie, die Faust-Gretchen-tragödie aber stellt eine nicht soziale, sondern kosmische Notwendigkeit dar, den Widerstreit zweier ewiger Prinzipien, des Titanismus und des Eros, des Strebens und des Verweilens im schönen Augenblick, die notwendige Vernichtung des schönen Augenblicks welche zur tragischen Schuld wird, wenn er sich in einem lebendigen, also eigengesetzlichen Wesen verkörpert, wie in Gretchen.

In drei Fassungen, im Weißlingen, im Clavigo, im Faust hat Goethe seine Untreue gegen Friederike uns versinnbildet, als Beichte und Selbstdarstellung, nirgends als Anklage gegen Zustände, durchaus als tragische Schuld, nicht um der Selbstverteidigung willen, aber auch nicht, wie man es vielfach deutet, als eine Art selbstaufgelegter Buße und Selbstzerknirschung in christlicher Reue — der Ausdruck Beichte hat wohl dazu verführt. Sowohl die Selbstverteidigung wie die Selbstanklage hätte ja einen Richterstuhl vorausgesetzt vor den Goethe sich gestellt gefühlt hätte, den er als kompetent anerkannt hätte, sei es der eines außerweltlichen Gottes, sei es der sittlichen Weltordnung oder der Gesellschaft .. davon ist keine Rede. Keines dieser Werke ist auf eine Beziehung nach außen, auf einen sittlichen Maßstab zurückzuführen den Goethe draußen vorgefunden hätte: vielmehr sind sie, zumal soweit sie nicht als Theaterstück appretiert, wie Clavigo, sondern dichterisch sind, hervorgetrieben aus dem Impuls einer inneren, unausweichlichen Notwendigkeit welche Goethe als in seiner Natur, in der Natur des titanischen Menschtums angelegt kannte. Deren Zeichen und Wirkungen, als die er am eignen Leib verspürt hatte, offenbart er ohne jede Rücksicht auf die sittlichen Begriffe der Außenwelt. Daß diese Außenwelt an die objektivierten, dichterisch herausgestellten Erlebnisse dann ihre sittlichen Maßstäbe herantrug ist eine Sache für sich.

Die tragische Schuld, wie sie in Goethes Werken auftritt, gehört nicht, wie bei Schiller, dem Reich der Freiheit, sondern der Notwendigkeit an, nicht dem Reich der Sittlichkeit, sondern dem der Natur.. und von Schuld darf man bei ihm eigentlich nur sprechen, insofern der Mensch durch das Bewußtsein aus dem Bereich der reinen Naturwesen herausgehoben, und für seine Zustände vor sich selbst verantwortlich ist: das Bewußtsein, nicht der freie Wille ist bei Goethe die Grundlage des Schuldbegriffs. Alle Tragik empfand Goethe als Krankheit, nicht als Verbrechen, und Schuld entsteht bei Goethe durch das Übergreifen einer menschlichen Krankheit auf fremdes gesundes Leben: alle Tragödien Goethes stellen Krankheitsprozesse dar, also Naturvorgänge im Bereich des Bewußten und Verantwortlichen, und eben weil bei ihm Schuld nicht durch den Gegensatz gegen das sittlich Gute, sondern gegen das natürlich Gesunde entsteht, ist alle Schuld bei ihm nicht Bosheit, sondern Maßlosigkeit — das was Krankheit erzeugt oder fördert. Seine spätere Abneigung gegen das unerbittlich Tragische überhaupt hängt aufs engste zusammen mit seinem Abscheu gegen das Pathologische.. ja er gebrauchte beide Ausdrücke manchmal fast synonym. Der Mensch bekommt eine innere Gesetzlichkeit, eine eingeborne Naturnorm mit wie die Pflanze, nur daß bei ihm diese Norm bewußt ist und er damit eine persönliche individuelle Verantwortung vor ihr und für sie hat: ihre Verletzung, gleichviel ob freiwillig aus Leichtsinn oder unter dem Zwang der Verhältnisse, ist daher Schuld. Die unbewußte Natur kennt keine Schuld.. mit dem Bewußtsein gibt es auch Schuld, mit oder ohne äußeres Sittengesetz: dies ist Goethes Vorstellung von Tragik, wie sie in seinen Tragödien erscheint und wie er sie später in den Versen des Harfners formuliert hat

> Ihr führt ins Leben uns hinein,
> Ihr laßt den Armen schuldig werden,
> Dann überlaßt ihr ihn der Pein:
> Denn alle Schuld rächt sich auf Erden.

Die himmlischen Mächte aber sind für den Pantheisten Goethe Naturgesetze, erkannte Naturgesetze die im Willen und Wissen ihrer Träger und Opfer selber wirken und daher ihre eigene Verletzung, d. h. jede Schuld, rächen. So kommt es daß bei Goethe nicht, wie bei Schiller, hier die Schuld und dort die Strafe waltet, als getrennte Akte, welche durch die sittliche Weltordnung miteinander kausal oder final verknüpft werden, sondern daß die Schuld, die Verletzung der innern Norm des Menschen selbst schon die Strafe ist, wie die Krankheit selbst das Leiden ist. Goethes Schuldige leiden nicht für ihre Schuld sondern durch ihre Schuld, wie Weißlingen, Clavigo, Faust.

Goethes Schuldbegriff konnte nur aus seiner eignen Natur und deren Erfahrungen heraus entwickelt werden, nicht aus einer ästhetischen Theorie oder einer philosophischen Doktrin. Da es für ihn kein Radikal-böses gab — wie für Kant und dessen Schüler Schiller (man weiß wie schwer Goethe es Kant vorwarf daß er seinen Prophetenmantel mit dem Gedanken vom radikalen Bösen besudelt habe) so konnte bei ihm Schuld auch nie entstehen aus einem primär gefühlten Gegensatz zwischen einem Wirklichen und einem Gesollten, sondern nur aus einer Verkümmerung des Wirklichen durch sich selbst oder ein andres Wirkliches. Es gab für ihn keinen Kampf zwischen Gut und Bös, sondern nur zwischen Wirklichkeiten: contra Deum nemo nisi Deus ipse. Ein Dämon kann nur durch einen Dämon besiegt werden: d. h. die höchste Realität kann nicht durch „ein Ideal", nur durch sich selber begrenzt, geschädigt, gerichtet werden, und so sind die Helden Goethes nur dadurch tragisch daß sie kraft ihrer Natur mit ihrer Umwelt zusammentreffen, oder ihrer eignen inneren Forderung nicht genügen können, ihre Natur zum Schaden andrer Naturen ausleben müssen oder von andrer Natur am Ausleben ihrer Natur gehindert werden.

Wie Schillers Tragik — die hier als der gerade Gegensatz gegen die Goethes sehr zu ihrer Erläuterung dient — hervorgeht aus Schillers Grundtendenz das absolute Ideal zu erreichen, das Sittliche zu verwirklichen welches ihm auf Grund einer a priori gegebnen Weltordnung vorschwebte, kraft kategorischen Imperativs, so entspringt Goethes Tragik aus seinem Grundwillen die in seiner Natur gelegenen Möglichkeiten zu verwirklichen, seine Persönlichkeit rein und rund auszubilden, eine Grundrichtung die nicht von vornherein, wie die Schillerische, den Dualismus in sich trug, also nicht von vornherein zur tragischen Schuld verdammt war, wie die Schillers, sondern nur zum tragischen Leiden. Die Durchbildung einer Persönlichkeit ist möglich, wenn auch problematisch, die irdische Erreichung des absolut Sittlichen aber nicht. Wenn Goethes Helden unterliegen, d. h. wenn sie nicht zur reinen Durchbildung ihrer Persönlichkeit gelangen, den Widerstand der Welt oder ihrer Natur nicht überwinden, so ist das Tragik aber keine Schuld. Wenn Schillers Helden in ihrem Wollen und Handeln versagen, so verletzen sie notgedrungen zugleich das Sittengesetz das über ihnen aufgehängt ist, geraten also notgedrungen in tragische Schuld. Schuld tritt bei Goethe, über das bloße tragische Leiden hinaus, erst dann ein, wenn die Selbstausbildung der inneren Kräfte nur möglich ist auf Kosten fremder gleichberechtigter Kräfte.

Prometheus und Mahomet, selbst Götz, haben keine tragische Schuld, erst durch die ästhetische Theorie die aus dem Aristoteles, aus Lessings Hamburgischer Dramaturgie und aus Schillers Dramen abgeleitet und geläufig geworden ist, und kraft welcher man kein tragisches Leiden ohne eine tragische Schuld zugeben will, hat man auch in den Götz Schuld hineindeuten können. Tragische Schuld finden wir bei Goethe zum erstenmal dargestellt in seinem Weißlingen, dann im Faust und Clavigo. In allen drei Fällen vollzieht die Schuld, und das Schuldgefühl, sich unter derselben Form: als Untreue an einem Mädchen das man in den eigenen Lebenskreis hereingezogen hat ohne es darin halten zu können und das man dadurch zerstört. Schon daraus erkennt man daß Goethes Schuldbegriff geformt wurde durch ein eigenes Grunderlebnis: das war seine notgedrungene Untreue gegen Friederike.

Durch diese Untreue erst ist in Goethes Leben, als etwas völlig Neues, das Erlebnis der tragischen Schuld gekommen, das von vornherein in ihm gar nicht angelegt war, aber seitdem auch nicht mehr völlig aus ihm herausgelöst worden ist. So oft wir in Goethischen Werken dem Begriff der Schuld begegnen, außer dem des Leidens, ist er noch gefärbt mit jenem tragischen Gefühl das ihm aus der Trennung von Friederike erwuchs. Wie als das eigentlich tragische Leiden bei Goethe fast stets das Unmaß erscheint, die Hybris des Wollens oder Fühlens, selbst des Vertrauens (Werther, Faust, Tasso, Egmont, Eduard) so erscheint als Grundform der tragischen Schuld in seinen eigentlichen Tragödien (denn Iphigenie, Wilhelm Meister, Pandora, Faust II sind nicht aus der Tragik, sondern aus der Resignation hervorgegangen, aus der Abbiegung des Tragischen) fast überall das schuldige Verhältnis eines Mannes zu einer Frau, entstanden durch Notwendigkeit, und mit Notwendigkeit zu deren Untergang führend. Außer im Götz, im Clavigo, im Faust finden sich die Ansätze zu dieser tragischen Schuld, wenngleich hier zuletzt abgebogen, in der Stella, im Verhältnis Wilhelm Meisters zu Marianne, im Schicksal des Harfners, vor allem im Verhältnis des Eduard zu Ottilie, ja es scheint daß auch das Nausikaafragment etwas von einer solchen Wendung andeutet. Goethe konzipierte Schuld ein für allemal nicht aus einer sittlichen Idee, sondern aus seinem frühen Erlebnis — und seine

Urerlebnisse, wenige an der Zahl, beherrschen mit immer andren Bildungs=
erlebnissen gekreuzt, mit immer neuem Weltstoff genährt, seine gesamte
Produktion bis ins hohe Alter.

In Goethes Wesen wob sich sein spezifisches Schuldgefühl, wie es in
seinen Werken dargestellt, aus dem einen Friederikeerlebnis gereift ist.
Dieses Schuldgefühl wiederum ist eine Folge jenes Grundwiderstreits zwi=
schen Goethes Titanismus und Eros, zwischen seinem Ewigkeitswillen und
seinem schönen Augenblick. Nur im Fall der Friederike, also dem ersten
Fall in dem dieser Konflikt für Goethe überhaupt akut wurde, hat er den
Konflikt entschieden mit der Opferung des geliebten Wesens — nur in die=
sem Fall lud Goethe tragische Schuld auf sich — und wir dürfen behaup=
ten, ohne diesen Abfall von Friederike würde in Goethes Dichtung wohl
tragisches Leiden, aber keine tragische Schuld im engern Sinn zu finden
sein: denn was er nicht erlebt hatte das dichtete er nicht, all seine großen
Werke sind Umsetzungen eigner Erfahrung. Schiller konnte eine Wallen=
stein=tragödie schreiben, ohne Wallensteins Konflikt durchgelebt zu haben,
denn er dichtete aus seiner Bildung in das philosophische Problem hinein,
nicht aus seinem Erlebnis heraus .. aber wenn Goethe nicht schuldig war,
so dichtete er auch keine Tragödien mit tragischer Schuld. Also ohne Frie=
derike keine Gretchentragödie, nicht einmal ein Clavigo! Denn später ent=
schied Goethe seinen Grundkonflikt zwischen Ewigkeit und Augenblick,
der mit seinem Wuchs und Wesen schon gegeben war, der ihn also bis ins
höchste Alter immer wieder vor die Wahl einer Opferung oder eines Verzichts
stellte, niemals zu ungunsten der Geliebten, sondern trug immer die Qual
der Entsagung allein, mit freiwilliger Selbstbeschränkung seines Titanen=
tums oder mit Verzicht auf das völlige Ergreifen des schönen Augenblicks.
Schuld hat er nie wieder auf sich geladen durch Anlockung fremden Le=
bens das er doch nicht festhalten durfte. Immer kehrte er rechtzeitig um,
eh der schöne Augenblick ihn zu binden oder er ihn zu zersprengen drohte,
und dies Umkehren mit der ganzen Ahnung von der Schönheit dessen was
er verließ ist eine der Formen des Verzichts der geheimes oder offnes Leid
seines späteren Lebens bedingt.

„Entbehren sollst du, sollst entbehren
Das ist der ewige Gesang"

„Das ganze Leben ruft uns zu daß wir entsagen sollen"

„Wer von der Schönen zu scheiden verdammt ist
Fliehe mit abgewendetem Blick."

„Sie drängten mich zum gabeseligen Munde,
Sie trennen mich und richten mich zugrunde."

Diese Klagen aus allen Lebensaltern Goethes sind die notwendige Ergänzung zu seinem Gefühl für die Gaben der Götter.

Alles geben die Götter die unendlichen
Ihren Lieblingen ganz
Alle Freuden, die unendlichen
Alle Schmerzen, die unendlichen, ganz.

Derselbe Mensch welcher die Unendlichkeit der Freuden voll erfaßte, d. h. doch: die Unendlichkeit der schönen Augenblicke — mußte auch die Unendlichkeit der Schmerzen: d. h. den Untergang der unendlich schönen Augenblicke fühlen wie kein andrer.

HUMOR UND SATIRE

ES gab zwei Grundformen wie er die Fülle der einzelnen Momente genießen und sie festhalten konnte: einmal durch ihre Vergottung wie im Prometheus, Mahomet, Ganymed, Künstlers Morgenlied, überhaupt in den hymnischen Gedichten, durch die Erweiterung des Augenblicks zur Ewigkeit, zum All — und dann durch ihre Vereinzelung, indem er die lokalen, bedingten, individuellen Momente für sich losgelöst nahm, sich mit klammernden Organen an das Einmalige als Einmaliges hielt, und sei es selbst das Gemeine, es betrachtete, seine Einzelheiten sammelte, nachbildete, unter bewußtem Verzicht auf seine und ihre Göttlichkeit. Die Freude an der knapp besonderen in sich beschränkten Erscheinung als solcher ohne Rücksicht auf ihren Sinn im Weltganzen, die derbe Lust am Dasein und Sosein jedes Vorhandenen hat Goethe ausgetollt in den Farcen seiner Vorweimarischen Zeit, Satyros, Pater Brey, Jahrmarktsfest von Plundersweilern, in den unflätigen Skizzen zu Hans Wursts Hochzeit. Im Faust ist diese Seite der Hingabe an den Moment als an das Völlige und das Vereinzelte, das durch selbstgenugsame Gemeinheit der Ewigkeit, dem Werden und der Qual des Werdens Entzogene, gezeichnet mit den Szenen in Auerbachs Keller. Alles was Goethe als Humorist oder als Satiriker schrieb gehört hierher: es ist nur die andre Seite des faustischen Gefühls von dem Wert des Augenblicks ohne Sorge um seine Vergänglichkeit. Wie der pathetische Betrachter den Augenblick vergottet, der tragische ihn entwertet, indem er ihn am Absoluten, am Ewigen mißt, wie er die Erscheinung vertieft und vernichtigt, indem er sie als Welle eines Stroms erlebt, so daß sie im Vergehen selber teilhat an der Wucht und Schwere eines Unvergänglichen, so macht der Nur-humorist, der Zyniker aus der derben Anschauung des Augenblicks, aus der unbekümmerten Hingabe an den bewußt beschränkten Augenblick, alle Unendlichkeitsgefühle, alles absolute Streben, alle absoluten Ideale lächerlich die uns den Genuß des Augenblicks, den Wert des Augenblicks verkümmern könnten. Soweit Mephisto Humorist ist hat er auch diese Funktion, aber sie wird bei ihm überwogen durch die Kritik auch der Augenblicke, nicht nur der göttlichen und absoluten. Mephistopheles ist eine ewige Welttendenz und als solche hat er auch im Genuß des Moments die Relativität zu vertreten und zwar die Relativität aller Gesinnungen, also auch die der Selbstgenugsamkeit im Augenblick: der Teufel kann sich des Humors bedienen, um das Absolute und Ideale zu kritisieren oder zu entwerten, insbesondere, indem er die Illusion vom absoluten Wert des schönen Augenblicks immer wieder zerstören hilft, aber er kann nicht Nur-humorist sein, denn dies würde bedingen daß er irgend etwas auf der Welt, und sei es das Beschränkte, Gemeine, bloß Momentane selbst liebte, ihm einen absoluten selbstgenugsamen Wert gegenüber dem Ewigen zuerkennte. Das kann er aber, eben als das Prinzip der Negation und des Relativismus, nicht.

Der Nur-humorist sagt: ich habe nichts als den nackten Augenblick, mag er sein wie er will, und dem gegenüber ist alles darüber hinaus reichende Streben, Ideal, Ewigkeit, Unsterblichkeit etwas Relatives und das Wichtignehmen der Transzendenz schlechthin lächerlich. Deutlicher als im Gegensatz Faust — Mephisto finden wir diese Stellung des Humoristen zum Idealisten oder zum Helden, zum tragisch pathetischen Menschen, im Gegensatz Sancho Pansa — Don Quixote dargestellt, oder in dem Monolog Falstaffs über die Ehre, und Falstaffs Benehmen an Percys Leiche, wie denn überhaupt Falstaff die größte Darstellung der gemein humoristischen Gesinnung ist die es gibt: der Mensch der im Augenblick lebt und nur im Augenblick, ohne Skrupel über All oder Nichts. Das Leben zu führen oder zu betrachten wie der zynische Humorist ist dem Dichter nicht möglich: er ist sich, eben als geistiger Mensch, nicht nur des einen Triebs bewußt, wohl aber kann er verstehen wie man das Leben so ansieht und aus diesem Verständnis heraus, gewissermaßen mit den Augen des Zynikers dichten. Nur, weil er zugleich die Relativität des zynischen Standpunkts sieht, wird er die Komik dessen sehen was der Zyniker ernsthaft meint und tut, und die Komik von dessen Lachen über das Ideal. Denn der Dichter weiß, was der Zyniker nicht weiß: daß das Ewige, das Ideal ja doch wirklich ist und daß der Zyniker doch geprellt ist um das Beste: darum sind Sancho Pansa und Falstaff nicht nur subjektiv komisch sondern auch objektiv: deshalb lacht der Dichter nicht nur mit ihrem Lachen sondern auch über ihr Lachen.

Diese doppelte Brechung gehört zur humoristischen Dichtung: der Blick

für die Relativität des Ewigen gegenüber dem Momentanen, wie ihn Falstaff oder Sancho Pansa hat, gesehen von einem Blick für die Relativität des Momentanen gegenüber dem Ewigen, wie ihn etwa Prinz Heinrich hat. Diese Typen aus Shakespeares Königsdrama sind uns besonders bezeichnend, weil dort die drei Gesinnungen nebeneinander stehen:
Falstaff, der nur das Momentane gelten läßt, für ihn der Genuß.
Percy, der nur das Ewige gelten läßt, für ihn die Ehre.
Heinz, welcher beiden recht und unrecht gibt, weil er die Beschränktheit in Falstaffs Genußsucht und in Percys Ehrgeiz spürt: dies ist aber der Standpunkt des Dichters, nicht zwischen oder über den verschiedenen Seelen, sondern in ihnen, insofern er ganz im Moment leben kann wie der Genußmensch und ganz in der ewigen Bewegung wie der Idealist, der Tragiker, der Pathetiker: der Dichter ist Falstaff und Percy, Don Quixote und Sancho Pansa.

Er ist aber noch mehr, denn er sieht zugleich diese beiden Typen, die er in sich hat, als relative, nämlich mit ihrer Komik, und das ist der Unterschied des ironischen Humors von dem satirischen. Der humoristische Dichter stellt die Beschränktheiten, Befangenheiten und Relativitäten dar die er als seine eignen gefühlt und gesehen hat, von einem Standpunkt über diesen Befangenheiten. Wer zwei oder mehrere Seelen in seiner Brust hat kann sie nicht nur gegeneinander streiten fühlen, sondern auch sie aneinander messen: die Sancho=Seele an der Don Quixote=Seele. Denn über den beiden divergierenden Seelen muß es eine Einheit geben, sonst wäre der Mensch kein einheitliches Geschöpf. Von dieser Einheit aus betrachtet ist aber jede einzelne Seele relativ und, gegen die andre Seele gehalten, durch den Kontrast komisch (denn alles Komische beruht auf Kontrasten). Der Satiriker dagegen stellt nur die Beschränktheiten andrer dar, indem er sie mißt an seinem eignen, in sich einheitlichen Maß, sei dies nun ein Momentanes oder ein Ewiges, sei er Zyniker oder Idealist. Wenn z. B. ein Nicolai den Werther satirisiert, so mißt ein platter Utilitarier ein Pathetisches, Absolutes an seiner Enge und findet ihn komisch. Wenn Goethe Nicolai satirisiert, so verlacht er die Beschränktheit von seinem Weltüberblick aus — in beiden Fällen zeichnen die Satiriker vermeintliche oder wirkliche Beschränktheiten woran sie nicht gelitten haben, die nicht ihre eigne Angelegenheit sind. Humoristik dichtet aus etwas heraus, Satire nach etwas hin, die eine aus Zuständen, die andre an Gegenständen: gemeinsam ist beiden ihr Gegensatz zur pathetischen Dichtung. Sie gehn hervor daraus daß das Beschränkte, Lokale, Vergängliche als solches, als Selbstwert und Selbstzweck (nicht als Verkörperung oder Träger oder Begrenzung, als Schicksal und Funktion der absoluten, ewigen Bewegung wie von Faust) erlebt wird, daß vielmehr das Absolute von ihm aus vernichtigt, verhöhnt, entwertet oder scherzhaft an ihm gemessen wird.

Auch solche Erlebnisse hat Goethe gehabt und niedergelegt, so daß man etwa folgende Stufenreihe seines Verhältnisses zum Moment aufstellen könnte, seiner Wertungen des „schönen Augenblicks" —

1. der schöne Augenblick wird vergottet als konzentrierte Fülle, als Sinnbild der Ewigkeit selbst: Ganymed,

2. der schöne Augenblick wird tragisch als relativ empfunden gegenüber der ewigen Bewegung, gegenüber dem All: Faust.

3. der schöne Augenblick wird als selbstgenugsam empfunden gegenüber dem All, das All ist das Relative, der Augenblick in seiner Enge das einzig Wahre: Farcen und Satiren.

Für die Farcen und Satiren fand Goethe die literarhistorische Anregung in den Ausdrucksformen des deutschen grobianisch und derb lehrhaften Mittelstandes der Lutherzeit, die ihm mit Herders Geschichtserneuerung wieder erweckt worden war. Den Goetz-stoff und den Faust-stoff hatte er in diesem Bezirk bereits gefunden, aber in beiden gerade mehr den Gegensatz der starken oder überfüllten Einzelseele gegen die nüchterne Bravheit und ehrenfeste Behäbigkeit ergriffen, die Tragik dieses Gegensatzes nachgelebt mit dem eignen Sturm und Drang. Galt es aber das kräftig gemächliche, drall-tüchtige, vierschrötig-ausgelassene Behagen am sinnlichen und gedrungenen Dasein durchzuempfinden, wie in den humoristischen Dichtungen, so fand Goethe die Sprache des ungeläuterten Bürgertums, mit seinem erd- und winkelhaften Beobachten, Benutzen, Genießen, in den holzschnittlichen und schwunglosen, eckigen und trocknen, aber massiven, stoffreichen und rechtschaffenen Knittelversen des Hans Sachs, besonders seiner Fastnachtspiele.

Man hat den treufleißigsten, aufmerksamsten und umfänglichsten Bürgerpoeten jener Tage maßlos überschätzt und Goethe selbst hat am meisten zur Verklärung dieses braven Menschen und gediegenen Reimers beigetragen, hauptsächlich durch seine archaisierende und weitaus mehr literarisch gebosselte als (was sie sein sollte) volkstümliche Allegorie Hans Sachsens poetische Sendung. (Richard Wagners Meistersinger setzen die Verklärung des Nürnbergers durch Goethe bereits voraus.) Dieses Bildnis, das nicht als historisches Urteil sondern eben bewußt als Verklärung eines historischen Rohstoffs gemeint war (wie die dichterische Erhöhung Fausts oder Goetzens) entsprach ästhetischen Bedürfnissen einer einmaligen Lebensstimmung des jungen Goethe, insbesondre aber mehr negativen als positiven Forderungen. Die Gestalt eines erdensichern volkstümlichen Dichters deutscher bürgerlicher Vorzeit hat Goethe kraft der Kunst-theorie seiner Herderjahre gebraucht, als Sinnbild, wie er ja einen solchen Maler in Dürer wirklich besaß, und in Ermanglung eines wirklichen Dichters, eines geistigen und begeisteten Deuters der Erde und seines Volks, erhöhte er sich den reimenden und lehrhaft umsichtigen Biedermann nach jenem Wunschbild hin. Den redlichen Sachsensinn, das stämmige Wirklichkeitsgefühl, den munter wachen Umblick, weniger als Eigenschaften der einzelnen Person als des mit Herders Augen geschönten Altvätertums überhaupt, Korn und Schrot der grobianischen Schichten verklärte er als bewußte Gegensätze gegen die spielend süßliche Empfindelei und Vernünftelei, Schöngeisterei und Tändelei seiner Zeitgenossen, nicht aus Artgemeinschaft sondern aus Hygiene, wie er schon Dürers holzgeschnitzteteste Figuren dem entseelten Schönheitskanon der Franzosen entgegen hielt. Im tiefsten Grund war ihm Wieland immer noch näher als Hans Sachs. Aber damals wertete er die bloße Abwesenheit des Süßlichen schon als positive Tugend.

Für Goethe konnten also die Reimereien des Hans Sachs keine Vorbilder, sondern nur als unsüßliche und vermeintlich urtümliche Ausdrucksart eine literarische Anregung sein. Er hat den Knittelvers um seiner eckigen Knotigkeit willen aus Widerspruch gegen die geleckte und gestelzte Diktion des Rokoko ergriffen, aber ihn mit seiner Seelenfülle, außer wo er bewußt archaisieren wollte, umgebildet und ihn bis zur Unkenntlichkeit, bis zur Verwischung seiner äußeren Herkunft verwandelt. Er hat ihn erst zum dichterischen Vers gemacht, vor allem im Faust, und von der platten Prosa-reimerei nichts bewahrt als das äußerlichste metrische Schema (selbst das hat er später umgeglüht) und hie und da gewisse Archaismen der Sprechweise.

Die Farcen und Satiren, die ganze humoristische, derbkomische und sogar zotige Seite von Goethes Produktion ist uns als Ganzes wichtiger als im Einzelnen (so ergötzliche und sogar bedeutende Leistungen darunter sind) weil sie uns den dritten Weg Goethes zeigt seiner Spannungen Herr zu werden, insbesondere der Spannung zwischen der faustischen Art den Augenblick zu sehen und der ganymedischen. Ich rede gerade an dieser Stelle von dieser humoristischen Produktion, nach dem Gretchen-erlebnis, vor dem Werther-erlebnis, nicht aus chronologischen Gründen sondern weil wir im Vorhandensein, in der Möglichkeit humoristischer Produktion während der eigentlich tragisch pathetischen Epoche seines Daseins die Antwort finden können warum Goethe — bei seinem höchst gesteigerten Verantwortlichkeits- und Schuldgefühl — im Leben so leicht über Friederike, und bei seiner maßlosen Passion so leicht über Lottes Verlust hinweg kam. Das ist nicht selbstverständlich: denn damals besaß Goethe noch nicht die anderen Schutzmittel gegen die zerstörende Leidenschaft, die er durch Lida, in seinem Spinoza, im klassischen Maß, in der amtlichen Bindung, im Forschen später fand — und das Opfer wie der Verlust seines schönsten Traums konnten ihn damals in den Abgrund führen, die Leiden des jungen Werther konnten sehr gut eignes Schicksal Goethes werden. Wir empfinden den Ausgang dieses Werkes als so natürlich und unausweichbar, daß wir uns fragen wie Goethe sich gerettet hat.. die Werther-leidenschaft war ja die seine, er hat sie nicht gesteigert dargestellt.

Wenn man sagt, seine stärkere Natur oder seine Bestimmung zu Größerem hat ihn gerettet, so ist das nur eine Tautologie, oder eine petitio principii.. erst seine Rettung erweist uns ja seine stärkere Natur. Seine Elastizität und seine Dichtergröße hat die Rettung zur Voraussetzung, nicht zur Folge. Pflichtgefühl oder bloße Vernunft wären dem jungen Goethe keine Dämme gewesen, wenn er nicht in sich bestimmte Ressourcen gehabt hätte, um mit dem Gefühl eines verlornen oder zerstörten Wunschbilds in das sich monatelang sein ganzes Leben gedrängt hatte dennoch jeden gegebnen Moment zu ertragen ohne Öde und ohne Verzweiflung. Eine solche Ressource fand er nicht nur in dem Vermögen der künstlerischen Vergegenständlichung jeder Qual, das sie als Beichte ablöst, als Bild herausstellt — sondern auch in der Fähigkeit, für Momente abzusehen vom „Ewigen" das er latent freilich immer in sich und um sich drängen fühlte, und seine ganze Aufmerksamkeit fest und derb einzustellen auf die jeweiligen Augenblicke der aktuellen Welt, auf das Jahrmarkttreiben der Literatur oder des Bekanntenkreises, auf „Gelegenheiten" nicht mehr im Sinn des dämonischen Augenblicks, sondern im geläufigen Sinn von Anlässen die auf dem Weg liegen, Zufälle über die der Weg weiter läuft. Goethe besaß eine Fähigkeit die inneren Krisen die hervorgingen aus seinem Gefühl der treibenden und drängenden Kräfte des Mikrokosmus und Makrokosmus, aus seinem Expansionstrieb, zu bannen, indem er sich von außen an den momentanen Erscheinungen des Mikrokosmus und Makrokosmus festhielt, d. h. an den Begrenzungen, den Selbstbegrenzungen der Kräfte.

Der gewöhnliche Mensch sieht nur Erscheinungen, Gegenstände, Gelegenheiten, es ist gerade Goethes Geheimnis gewesen, hinter all diesem Festen die Kräfte zu spüren und auszusprechen woraus diese Erscheinungen hervorquellen. Diese Sym-pathie mit dem Drängen des All war seine höchste Schöpferfreude und zugleich die Ursache seines Weltschmerzes, d. h.

nicht Schmerz über die Welt sondern sympathetisch gefühlter Schmerz der Welt selbst, Schmerz darüber: immer weiter zu drängen und immer wieder im Festgestalteten, Begrenzten verhaftet zu sein. Die Welt nicht nur von den Kräften, von innen her sondern auch von außen, von den Erscheinungen her zu sehen, war nun Goethe zu seinem Glück gegeben.. und darauf beruht seine Fähigkeit nicht nur die augenblickliche Erscheinung — „das Blenden der Erscheinung die sich an unsre Sinne drängt" — tragisch zu sehen wie Faust, sondern auch die Kräfte, das absolute Drängen komisch, wie er es in seiner reichsten Farce getan hat: in Satyros oder der vergötterte Waldteufel. In seinen andren Farcen oder Satiren unterstrich oder übertrieb er nur bestimmte literarische Moden und Schwächen aus der deutschen Literatur oder seinem Bekanntenkreise, er karikierte sie, mit Vereinzelung der bezeichnenden Züge: im Pater Brey eine gewisse schleichende, weichliche Empfindelei, im Prolog zu den neuesten Offenbarungen Gottes einen dreisten und platten Rationalismus. So hatte er Wielands Rokokosüßlichkeit auf eine parodistische Weise ad absurdum geführt durch sinnliche Gegenüberstellung seiner zahmen Gestalt und der Kolosse an denen er sich literarisch versündigt hatte. All diese Schriften sind reine Satiren, sie beruhen auf der Anschauung fremder Fratzen, auf der Herausarbeitung der begrenzten Erscheinung als Erscheinung, auf der Darstellung ihrer Wirkung, gemessen an sittlichen oder ästhetischen Forderungen des Dichters, welche etwa als Moral im Prolog oder Epilog oder im Stück selbst ausgesprochen werden. So wird Wieland gemessen und gerichtet an dem neuen aus Shakespeare abgezognen Begriff von heroisch natürlicher Menschengestaltung. So spricht die Moral im Pater Brey, gegen das süßlich verliebte Leuchsenringische, wohl auch Lavaterische Gemisch von Seelenschnüffelei, und sinnlich übersinnlicher Freierei gerichtet, der Hauptmann aus, nachdem er seine Braut dem Pater Brey entrissen.. Goethes Satiren haben insgesamt einen Zweck, eine Beziehung, einen Gegensatz zwischen Erscheinung und Lehre — wie seine großen dichterischen Werke nie. Sie sind von außen nach innen gedichtet, nicht Verkörperung von Kräften sondern Abgrenzung von Erscheinungen.

Satyros oder der vergötterte Waldteufel nimmt unter diesen Farcen eine Stelle für sich ein, weil hier Züge aus Goethes eignem Wesen (Züge die er durch Herder in sich entwickelt fühlte und die wohl auch Herder selbst eigneten) nicht als Kräfte verkörpert sondern als Erscheinung parodiert, einseitig verzerrt und übertrieben werden. Die weitausgreifende, strotzende, wuchernde Natürlichkeit, das expansive Prophetentum und der Prophetenton der Stürmer und Dränger ist hier einmal von außen bemerkt. Nicht gerade in der Handlung dürfte man hier die Selbstverhöhnung oder Verhöhnung des Freundes erkennen: den Mißbrauch des Prophetentums zu tierischen Übergriffen, wie sie sich Satyros gegen Psyche, die von seinem Prophetentum angelockte Gattin eines Anhängers, zu schulden kommen läßt, die Entlarvung des Propheten als Spitzbuben — eine ähnliche Handlung wie im Pater Brey — darf man weniger für persönliche Satire auf Einzelne halten als für überpersönliche auf eine bestimmte Gefahr der damaligen empfindsamen Gesellschaft überhaupt, die allzu weichlich und wallend jedem dunkeln, ahnungsvollen und verheißenden Gefühls- und Seelenevangelium sich preisgab, ohne geistige und sittliche Hemmungen. Aber der Sturm und Drang schlechthin, der Ruf nach Urmäßigem, Naturhaftem, Kraftstrotzendem, wie er durch Herder und Goethe in Schwang gekommen war, ist in seinen Wirkungen wie in seinem Wesen nie saftiger parodiert, als isolierte Erscheinung, als Momentanes, Relatives belacht worden als in den Reden des Waldteufels, und zwar zu einer Zeit — das ist das Bedeutsame — da Goethe an diesem Naturkult noch als an Absolutem sich beseligte und berauschte.

Der Satyros ist nicht nur satirische Dichtung (das ist er durch die Handlung) sondern vor allem humoristische durch die Selbstdarstellung Goethischer Gefühle: durch ein Vonaußensehen des Goethischen Innern. Ein gewaltiger Natursinn lebt selbst in der Parodie und das Strotzende, flegelhaft Natürliche hat hier noch genug eigenen Saft um nicht nur zu ätzen, sondern vergeudet zu nähren: nicht nur die Übertreibung wirkt darin, auch der Trieb — und der Hohn geht hier nicht aus Verachtung des Schwächlichen hervor, wie im Pater Brey, sondern aus einem gewissen falstaffischen Behagen am eignen Unmaß. Dieses Ineinander von Selbstverspottung und Selbstgenuß macht den Zauber des Werkchens aus und gibt ihm eine fast lyrische Wärme die den bloßen Satiren abgeht: der Gesang des Satyros „Dein Leben, Herz, für wen erglüht" ist nicht bloß Parodie sondern zugleich wahres Gefühl.

Er ist aus denselben Säften gequollen die, nicht parodistisch mißbraucht sondern schöpferisch geheiligt, sich in Hymnen wie Ganymed entladen konnten .. Es war so ahndungsvoll und schwer,
Dann wieder ängstlich arm und leer;
Es trieb dich oft in Wald hinaus,
Dort Bangigkeit zu atmen aus;
Und wollustvolle Tränen flossen,
Und heilige Schmerzen sich ergossen,
Und um dich Himmel und Erd verging ..

Das sind keine außen beobachtete sondern innen durchgefühlte Dinge, Lyrik die nur durch den Zusammenhang in den sie gestellt wird einen parodistischen Klang bekommt.

Vollends aber der kosmogonische Gesang mit dem Satyros seine Gemeinde bezaubert quillt aus Goethes eignem dunkeln Drang das Chaos zu durchwühlen und zu bilden — und niemand hätte ihn verfassen können der nicht einmal in dem Gewühl und Zauber solcher Gefühle gläubig befangen war, es ist darin eine Verwandtschaft mit dem Gesang des Erdgeists im Faust. Das Komische wird hier hervorgebracht, indem ein echtes Gefühl als begrifflicher Gallimathias an die Oberfläche kommt — der Rhythmus hat etwas echt Magisches, die Sätze selbst den dunklen Tiefsinn womit Mystagogen Betäubungen und Offenbarungen für denkunfähige Gehirne vermischen. Goethe setzte hier ein, um einen Zauber und eine Gefahr die ihn selbst befangen hatten gleichsam von außen zu beleuchten, und damit komisch zu machen. Das Chaos von einem Punkt außerhalb des Chaos zu betrachten ist der erste Weg zum Kosmos — damit wird aber zugleich gesagt daß Goethe in diesem Chaos gesteckt hat und fähig war sich darüber zu erheben, nicht mit Hohn sondern mit Humor:

> Und das Ganze klang
> In lebend würkendem Ebengesang,
> Sich täte Kraft in Kraft verzehren,
> Sich täte Kraft in Kraft vermehren,
> Und auf und ab sich rollend ging
> Das All und Ein und Ewig Ding.

Die Kosmogonie des Satyros ist nicht ohne Sym‹pathie geschrieben, nicht einmal als völliger Unsinn gemeint: es ist Herder‹Goethischer Pantheismus im Mystagogenton vorgetragen. Überhaupt ist der Satyros nicht ohne Liebe, gewiß nicht aus Verachtung gezeichnet wie Pater Brey, oder wie Wieland in Götter Helden und Wieland. Er behält, unbeschämt, und unverschämt, die Haltung und Gesinnung des Überlegnen, auch nachdem seine Göttlich‹ keit als zu bestialisch versagt hat.

Der Satyros ist eine karikierte Selbstdarstellung von Goethes animalisch kosmischem Unmaß und zugleich Repräsentant für eine ganze Gruppe von Goethischen Werken die in sich nicht nur einen einzelnen Heilerfolg sondern gewissermaßen ein eigenes Heilverfahren darstellen: die humoristischen Dichtungen, die den tragischen und den pathetischen, als andren Formen der Selbsterlösung durch Selbstdarstellung, zur Seite treten. Als Prinzip dieser Einteilung (die Schlagworte selbst sind notgedrungen unzulänglich) nehmen wir das Verhältnis des Dichters zum „schönen Augenblick" d. h. dem je‹

weilig wichtigsten und einzigen Lebensinhalt des heidnisch gesinnten Menschen. Unter tragischen Dichtungen verstehen wir solche welche das Erlebnis des schönen Augenblicks als eines Relativen gegenüber dem unerreichbaren All darstellen: Typus: Faust. Pathetisch sind die Dichtungen welche den schönen Augenblick selbst als das All, als identisch mit dem Absoluten darstellen: Ganymed, Prometheus, die ganze ernste Lyrik.

Humoristisch sind die welche den schönen Augenblick als selbständig gegenüber dem All, dem Göttlichen, dem pathetisch oder tragisch Absoluten darstellen, welche das All relativ nehmen gegenüber dem Genuß: Typus ist Satyros.

Dasselbe Alleintauchungsgefühl, Urgefühl, der dunkle Naturkult, der kosmische Taumel der im Ganymed lyrisch pathetisch, im Faustgespräch mit dem Erdgeist tragisch behandelt worden ist, wird im Satyros humoristisch behandelt — und wenn wir wissen wollen wie der Mann der diese Erdgeist-szene erleben mußte, um sie so schreiben zu können, über die furchtbare Spannung hinwegkam, warum er nicht unterging wie Hölderlin, den ein verwandtes Erlebnis zerstörte, so finden wir eine, wenn nicht die Antwort darauf in seiner Möglichkeit einen Satyros zu schreiben: dem zerstörenden Erlebnis die Spitze abzubiegen, indem er es humoristisch nahm: indem er den großen Welt-eros als animalischen Faun sah. Vielleicht ist es überhaupt dem Menschen nicht gegeben, ohne solche Abbiegung, die Spannungen zu ertragen wie sie ein solches leidenschaftliches Allgefühl von ihm fordert: die Ekstase, das Außersichsein, das Gefühl Gefäß der Allkräfte zu sein, wie sie die Vergottung des Augenblicks, wie sie der Ganymedes-zustand voraussetzt, kann nicht die dauernde Haltung eines Menschen sein, und Goethe hat uns, im Gegensatz etwa zu Dante, auch die Momente des Nachlassens dichterisch aufbewahrt—als gesonderte Selbstdarstellungen. Wir ahnen daß auch bei Shakespeare in seinem Humor ein Heilmittel zu sehen ist kraft dessen er eine Existenz überhaupt aushielt welche die Erlebnisse zu solchen Tragödien wie Lear oder Hamlet bot: nur ist bei ihm der Humor in die Tragödie selbst hineingezogen, bei Goethe gesondert herausgestellt worden.

Genug, Goethe erlebte die Fülle des Moments unter zwei völlig verschiedenen Formen, und sein Glück hatte zwei Gesichter, das des großen Pan oder des Eros, und das eines Fauns. Den zwei Arten den schönen Augenblick zu besitzen entsprechen zwei Arten ihn zu verlieren .. denn das gehört zum Wesen des „schönen Augenblicks" daß er uns eine Welt erschafft, um sie zu vernichten. Die positive Seite des Augenblicks finden wir im

Ganymed einerseits, im Satyros etwa andrerseits. Seine beiden Formen des Verlusts, des Untergangs sind die Schuld einerseits, der freiwillige oder unfreiwillige Verzicht andrerseits. Dichterische Darstellungen der Schuld, d. h. seines Friederike,erlebnisses gab Goethe im Weislingen, im Clavigo, vor allem in der Gretchentragödie, die für Faust nur eine Episode (als eine der Formen seines Konflikts zwischen Augenblick und Ewigkeit) bedeutet, aber auch für sich betrachtet werden kann als eine abgeschlossne Tragödie der Goethischen Schuld. Die dichterische Darstellung des Verzichts ist Goethe hervorgewachsen aus seiner unglücklichen Wetzlarer Liebe zu Lotte: Werthers Leiden. Die Gretchentragödie und Werthers Leiden stellen die beiden Grundtypen unglücklicher Liebe dar, wie sie einem faustischen Menschen möglich waren, die zwei Grundformen der negativen Lösung seines Konflikts zwischen Moment und Ewigkeit, dessen positive Lösung im Ganymed oder im Satyros, durch hymnisches Pathos oder durch Humor, gezeigt wurde. All diese scheinbar selbst dem Gegenstand nach so verschiedenen Werke, wie Götz und Faust, Ganymed und Satyros, Clavigo und Werther haben ihren Ursprung — nicht nur in derselben Grundanlage (wie konnte das anders sein, da ja ihr Verfasser der gleiche Mensch ist) sondern sogar in demselben Konflikt — einem freilich durch jene Grundanlage gegebnen Konflikt, sie sind nur verschiedene Lösungen und Deutungen desselben Konflikts. Die Verschiedenheit dieser Lösungen desselben Konflikts, nämlich des Goethisch,faustischen Grundkonflikts zwischen Augenblick und Ewigkeit, Ichheit und Allheit, Sein und Werden, geht zurück auf verschiedene Urerlebnisse in welche dieser in Goethes Natur und Schicksal von vornherein angelegte Konflikt sich bricht, oder auf bestimmende Bildungserlebnisse mit denen die Urerlebnisse sich kreuzen, wie das Titanengefühl durch deutsche Vorzeit und Shakespeare zum Götz,drama bedingt wurde, das Schulderlebnis durch den zufälligen Bildungsstoff in den es sich einließ im Clavigo zu einem fast Lessingisch dialektischen Theaterstück, im Götz zur Episode eines Ritterdramas umgebogen wurde.

Trotz allen Bildungs, und Stoffmodifikationen haben wir es beim jungen Goethe, selbst in den scheinbar äußerlichsten Werken, bei Stella oder Clavigo, niemals zu tun mit literarischer Behandlung sogenannter Motive die ihn lockten — wie sich moderne Dramatiker und Romanschreiber hinsetzen, Heerschau halten über verschiedene Probleme und Stoffe, soziale, historische, ländliche, psychologische, exotische, sexuelle, pathetische, amerikanische, großstädtische oder kleinstädtische, Kinder, Frauen, oder Künstlertragik und dann das noch relativ Unbehandeltste davon behandeln oder ihm eine neue Seite abzugewinnen suchen oder eine neue Mischung herstellen, möglichst bunt, möglichst neu und möglichst intensiv. So entsteht niemals Dichtung. Goethe dichtete bei aller Mannigfaltigkeit seiner Stoffe und Formen immer nur aus demselben Gehalt, nämlich aus dem Verhältnis seines momentanen Selbst zum bewegten All, und der liegt all seinen Werken, von einigen Gefälligkeitspoesien und ästhetischen Experimenten abgesehen, derart zugrunde, daß wir sicher sein dürfen ein Werk noch nicht begriffen zu haben, wo wir nicht jenem Grundkonflikt begegnet sind. Verschiedene Lösungen des gleichen Konflikts, des gleichen Lebensproblems, nicht verschiedene Sachprobleme behandelt er. Es ist eigentlich selbstverständlich: denn alles Lebendige ist eine Einheit, und der individuell gestaltete Mensch besteht nur dadurch daß er eine schöpferische Mitte, eine Kraft seiner Existenz hat: aus dieser einen Mitte muß hervorgehn was von ihm ausgeht und alle seine Werke und Taten, Gesten und Worte sind nur die Ausprägungen dieser Einheit in immer andrem Stoff, ihre Anwendung auf immer andre Gelegenheiten. Man darf, wie man besonders in der Literaturbetrachtung zu gern tut, nicht über der Verschiedenheit der Stoffe und Gelegenheiten die Einheit der Mitte vergessen, über dem woran sich eine Kraft offenbart, die Kraft selbst die sich offenbart.

Nicht bei jedem Menschen ist uns sein Grundprinzip so klar und rein wie bei Goethe oder bei Dante. Bei Shakespeare z. B. liegt es in der Mitte einer Kugel die zu tief ist als daß wir bis zur Mitte reichten, darum meinen wir bei ihm leicht in jedem Werk ein neues selbständiges Prinzip zu entdecken, unabhängig gleichsam von einer einheitlichen Persönlichkeit: aber das ist eine optische Täuschung: auch hier ist die Einheit des schöpferischen Ich vorhanden, auch hier sind die scheinbar selbstgenugsamen Welten von Einzelwerken nur die Anwendungen derselben Seelenkraft. Nur findet man diese Einheit nicht in den sogenannten Stoffen oder Problemen sondern im Stil, in der Art des Sehens und Sagens, der Auswahl und des Griffs.

WERTHER

WENN wir nun von dem Ursprung des Werther aus dem einheitlichen Mittelpunkte aller Goethischen zentralen Dichtungen überzeugt sind, so werden wir ihn auch nicht für eine Darstellung einer vereinzelten Episode aus Goethes Leben halten oder für einen Briefroman über die unglückliche Liebe eines hoffnungsvollen empfindsamen jungen Mannes zur Braut eines andern. Dies stoffliche Mißverständnis, der Werther sei wesentlich die Geschichte der typischen unglücklichen Liebe mit tragischem Ausgang, hat zwar dem Buch seinen ungeheuern Erfolg verschafft, indem alle ge-

fühlvollen jungen Leute darin sich wiedererkannten und ihr Geschick oder ihren Wunsch darin verewigt, monumentalisiert, verklärt fanden:
> Jeder Jüngling wünscht sich so zu lieben
> Jedes Mädchen so geliebt zu sein.

Doch gerade die Möglichkeit eine unglückliche Liebe so zu verewigen und zu verklären, ihr diese Fülle und Wärme mitzuteilen lag nicht im Stoff an sich, und hätte ihn der größte Meister behandelt, sondern im Ursprung der Dichtung selbst: der ist aber nicht die unglückliche Liebe an sich, nicht das Leiden daran daß man ein ersehntes Mädchen einem Andren lassen muß, sondern das uns nun schon bekannte, immer wieder begegnende Leiden Goethes an seiner eignen Existenz, hervorgegangen aus dem Widerstreit einer kosmisch expansiven Lebensfülle mit den Beschränkungen des Augenblicks. Dieselbe Fülle und Qual die den Prometheus, den Ganymed, den Faust hervorgetrieben hat ist auch der Keim des Werthers und nicht ein beliebiger junger Mensch, der durch den Anblick eines schönen Mädchens plötzlich in Entzündung gerät und durch ihren Verlust, durch die Unmöglichkeit sie zu besitzen in den Tod getrieben wird, ist der Held der Geschichte, sondern wiederum, diesmal allerdings nicht im mythischen oder historischen Gewande, der kosmische, titanische Mensch der seinen „schönen Augenblick" gefunden hat zu dem er sagen möchte „verweile doch", um sich ganz in ihm zu ersättigen und zu beruhigen, und dem dieser schöne Augenblick (abermals in Menschengestalt verkörpert) sich entzieht.

Auch Lotte ist nicht das Schicksal Werthers, sondern dies Schicksal, den Keim der Vernichtung trägt Werther (und Goethe) schon mit sich, eh er in Lotte sein Schicksal erkennen kann. Wenn Werther untergeht, während Goethe nicht untergegangen ist, so bedeutet das nur daß Goethe in der Dichtung seine eigne stete Möglichkeit als Wirklichkeit verkörpert, zur Wirklichkeit verdichtet hat, und indem er sich sah und aussprechen konnte, den Werther in sich bereits überstiegen, überwunden hatte. Aber Werther ist nicht der plötzlich aus seiner Bahn gerissene, durch einen äußern Anlaß erschütterte, sondern der von vornherein, von innen her schlechthin erschütterte Jüngling, der dichterische Mensch, dem der Untergang an jeder Wendung seines Lebens droht, sobald sein Wille zur Ewigkeit sich in einen schönen Augenblick, in eine menschliche Verkörperung zusammendrängt und diese dann doch versagt. Die Gretchentragödie zeigt uns die eine Lösung dieses Konflikts: der Augenblick wird genossen und vernichtet. Im Werther sehen wir was geschieht, wenn der Augenblick selber vor dem Genuß „Nein" sagt, denn auch das kann er, wenn er Mensch ist. Keine dieser Lösungen gibt den ganzen Goethe, aber jeder ist er einmal begegnet, jede Entscheidung mußte er einmal treffen. Dabei ist das für ihn Wichtige nicht so sehr die praktische Folge seiner Entscheidung als das Erlebnis der Entscheidung selbst: im Faust die Tragik der Vergänglichkeit des genossenen schönen Augenblicks durch die Schuld, im Werther die Qual der Unerreichbarkeit des schönen Augenblicks durch den unfreiwilligen Verzicht.

Dichterische Freiheit gegenüber dem Erlebnis erlaubt Goethe sich nicht in bezug auf den Gehalt, nur in bezug auf den Stoff woran er den Gehalt verdeutlichte, gesteigert, gedrängt symbolisierte, zum Bild nach außen komponierte. Ein innerer Untergang mußte sinnfällig, körperlich werden, wenn er als Dichtung wirken sollte: darum kommt Gretchen aufs Schafott und schießt Werther sich tot, obwohl Friederike weiter lebte und Goethe ein Olympier wurde. Aber die Dichtungen geben nur mögliche Abschlüsse einer wirklichen Tragik die Goethe durchgemacht hatte, es sind Stilisierungen seiner eignen Schicksale: denn Schicksal ist nicht nur was uns widerfährt sondern auch das was wir sind, und bei der geheimnisvollen Wechselwirkung zwischen Charakter und Schicksal, wie sie im dämonischen Menschen sich vollzieht, konnte Goethe seine Kräfte als Ereignisse, seine Charaktermöglichkeiten als Schicksals-tatsachen darstellen. So ist Werthers Selbstmord das Gleichnis für die stete innere Gefahr des allfühlenden Menschen, Goethes, am Verzicht auf den schönen Augenblick, auf das konzentrierte All, zugrund zu gehn, wie Faust das Gleichnis dafür ist daß der Goethische Mensch den einzelnen schönen Augenblick, wenn er ihn zu halten versucht hat, vernichtet.

Nur wenn man in Werther die Tragödie des unglücklich Liebenden sucht, wird man das Hereinspielen von Motiven des gekränkten Ehrgeizes als abschwächend rügen: bekanntlich hat Napoleon in seiner Unterredung mit Goethe diesen Einwand erhoben. Der Einwand kam eben aus dem Mißverständnis: es handle sich hier um die Darstellung einer Begebenheit, um die Bearbeitung des geschlossenen Themas: wie entwickelt sich die unglückliche Liebe bei einem jungen Mann von Gefühl. So gesehen war der ganze Apparat von Werthers Stellung und beamtlichem Unbehagen überflüssig und schleppend, selbst die breiten Naturschilderungen mußten einem Leser lästig sein dem der ganze Roman nur eine Handlung war die den großen Knalleffekt, den Selbstmord, vorbereiten sollte.. und freilich, die Mehrzahl nahm Werthers Leiden als Romanhandlung, und die Sensation dankte er dem Schluß. Für Goethe selbst aber handelte es sich nicht um eine Begebenheit sondern um sein Erlebnis.

Für ihn war der Schluß nur notwendige Abrundung, fast von außen hereingezogen, angeregt, allein in dem Werk, durch ein äußeres Ereignis, den Selbstmord des jungen Jerusalem, der gleichsam den Stoß von außen her gab unter dem sich die längst bereiten seelischen Massen zum klaren Gebild, zur Darstellung kristallisierten. Für Goethe war der seelische Zustand selbst, nicht was daraus hervorging, das wichtige: das seelische Verhältnis des gottgetriebenen Jünglings zum schönen Augenblick, und ebendeswegen mußte alles was die Seele des Helden offenbare in die Mitte gerückt werden, alle Handlung nur als Reaktion eines Inneren gegen ein Äußeres, nicht als Selbstzweck behandelt werden. Kurz was Werther ist und fühlt, nicht was ihm begegnet und was er tut — darauf kommt es an. Da Goethe aber Dichter, d. h. Gestalter war, und nicht was man heute Psycholog nennt, so gab er keine Seelenanalysen, sondern offenbarte die Seele nur an Wirkungen und Gegenwirkungen durch Vorgang. Da Werther zunächst der Mensch ist dem kraft innrer Fülle seine äußere Welt zu eng und unbelebt erscheint, so ist das Motiv des Mißbehagens in seiner bürgerlichen Stellung sinnvoll und verdeutlicht von vornherein ein echt Goethisches Erlebnis: die Qual des pathetischen Menschen in der rationell und zweckhaft geordneten Gesellschaft überhaupt, wie seine ganze Stellung zu Albert den Konflikt zwischen bürgerlicher Vernunft und dichterischem Allgefühl. Einige zentrale Stellen aus Werther lassen ohne weiteres die Identität seiner Erlebnisart und seines Konflikts mit den verschiedenen anderen Titanen Goethes, mit Goethe selbst erkennen.

„Wenn ich die Einschränkung so ansehe, in welche die tätigen und forschenden Kräfte des Menschen eingesperrt sind, wenn ich sehe, wie alle Würksamkeit dahinaus läuft, sich die Befriedigung von Bedürfnissen zu verschaffen, die wieder keinen Zweck haben, als unsre arme Existenz zu verlängern und dann, daß alle Beruhigung über gewisse Punkte des Nachforschens nur eine träumende Resignation ist, da man sich die Wände zwischen denen man gefangen sitzt mit bunten Gestalten und lichten Aussichten bemalt... Ich kehre in mich selbst zurück, und finde eine Welt!"..

Es ist derselbe Blick für das Menschtum, das Menschsein, in dieser Stelle wie ihn Prometheus auf seine Geschöpfe wirft, da sie herum wimmeln auf der Erde und dumpf ihren Bedürfnissen nachgehn, derselbe Blick für das Verhältnis von Beschränktheit und Freiheit das Jupiter mit den Worten ausdrückt: In neugeborner Jugend Wonne
Wähnt ihre Seele sich göttergleich.
Sie werden dich nicht hören
Bis sie dein bedürfen.

Eine andere noch deutlichere Stelle bringt die Shakespeare-rede in Erinnerung:

„Warum der Strom des Genies so selten ausbricht, so selten in hohen Fluten hereinbraust und eure staunende Seele erschüttert. Lieben Freunde, da wohnen die gelassnen Kerls auf beiden Seiten des Ufers, denen ihre Gartenhäuschen, Tulpenbeete, und Krautfelder zugrunde gehen würden, und die daher in Zeiten mit dämmen und ableiten der drohenden Gefahr abzuwehren wissen."

Das widerbürgerliche Pathos ist dem Werther so wesentlich, daß seine Leiden beinah das Gegenteil einer bürgerlichen Liebestragödie sind.

Eine dritte Stelle läßt den Ganymed, den kosmischen Allliebenden wieder erkennen:

„Wenn das liebe Tal um mich dampft, und die hohe Sonne an der Oberfläche der undurchdringlichen Finsternis meines Waldes ruht, und nur einzelne Strahlen sich in das innere Heiligtum stehlen, und ich dann im hohen Grase am fallenden Bache liege, und näher an der Erde tausend mannigfaltige Gräschen mir merkwürdig werden. Wenn ich das Wimmeln der kleinen Welt zwischen Halmen, die unzähligen, unergründlichen Gestalten all der Würmchen, der Mückchen, näher an meinem Herzen fühle, und fühle die Gegenwart des Allmächtigen, der uns all nach seinem Bilde schuf, das Wehen des Allliebenden, der uns in ewiger Wonne schwebend trägt und erhält.". .

Aber auch hier, und das ist das Neue, ist dem Ganymedesgefühl, der Vergötterung des Augenblicks, schon die Tragik beigemischt: das Gefühl „ich kann das nicht festhalten". Von vornherein in Werther angelegt ist dieser Untergang durch die Unmöglichkeit, das All von dem er sich durchdrungen fühlt im schönen Augenblick zu verewigen: immer von neuem, immer stärker kommt dies Thema herauf, und die Geliebte tritt dann nicht als ein Neues ein, sie ist nur die Verdichtung und Verdeutlichung der Ahnungen und der Sehnsucht die Werther sich schon von vornherein aus dem All, aus dem Menschenwesen gesogen hat. Nicht zufällig sondern mit tiefer Notwendigkeit vermischen sich die Gefühle von All und Geliebter, von Schöpfung und Liebe immer in Werthers Seele, noch eh er nur Lotte begegnet: „Mein Freund, wenns denn um meine Augen dämmert, und die Welt um mich her und Himmel ganz in meiner Seele ruht, wie die Gestalt einer Geliebten; dann sehn ich mich oft und denke: ach könntest du das wieder ausdrücken, könntest du dem Papier das einhauchen, was so voll, so warm in dir lebt, daß es würde der Spiegel deiner Seele, wie deine Seele ist der Spiegel des unendlichen Gottes. Aber ich gehe darüber zugrunde, ich erliege unter der Gewalt der Herrlichkeit dieser Erscheinungen."

Es ist nicht kluge Absicht der Komposition, der verzahnenden Vorbereitung, daß uns in solchen Sätzen, ziemlich am Eingang des Werks, das ganze Thema angeschlagen scheint, die Katastrophe vorgeahnt scheint: die Komposition beruht hier nicht auf einem Verknüpfen von Ursachen und Folgen, von Eigenschaften des Helden mit Schicksalen die daraus folgen müssen, sondern in einer Ausbreitung und Entwicklung von Keimen die als untrennbare Einheit von vornherein in Werther angelegt sind, wie sie in Goethe angelegt waren. An der eben zitierten Stelle ist Goethe mit Werther identisch, nicht nur Werther Goethes Mundstück — nirgends wird deutlicher wie sehr der Untergang Werthers auf einer spezifischen singulären Anlage beruht, nämlich der Goethischen: den Moment als bildnerischer Mensch zu bannen und zugleich in das Grenzenlose des Alls sympathetisch einzutauchen. Erst durch diesen Konflikt wird der Werther eine kosmische Dichtung: sonst bliebe er ein bürgerlicher Roman von Zweien die sich nicht kriegen. Erst dadurch daß Werther unter der Herrlichkeit des Alls erliegt, daß er von seinem Allgefühl gesprengt zu werden bangt gewinnt seine Leidenschaft für Lotte die Schwere einerseits und die Spannkraft andrerseits die das Werk weit über die monographische Beschreibung eines bloß psychologischen Vorgangs erhebt, weit auch über ihr technisches Vorbild: Rousseaus Nouvelle Héloïse. Solche Naturgefühlsausbrüche sind also nicht Schmuck und schöne Arabeske des Werks, auch nicht Mittel um den Feinsinn und das Gemüt des Helden zu charakterisieren — so werden sie gewöhnlich aufgefaßt — sondern sie sind recht eigentlich der Kern von Werthers Geschick, sie geben die Substanz seiner Seele und den Gehalt seiner Leidenschaft, die kosmische Liebe wieder, von der Lotte und die Liebe zu Lotte nur die Anwendung oder vielmehr die Begrenzung ist an der er zugrunde geht. Sich verlieren im All und das All im schönen Augenblick besitzen: daraus entsteht der Konflikt woran Werther zugrunde geht. Da ihm der Augenblick entrinnt, bleibt ihm nur der Untergang im All, der Tod. Nur für den der das All so erlebt wie Goethe kann die Geliebte so zum Verhängnis werden. Darum sind im Werther die Stellen wo er sein Weltgefühl ausspricht so wichtig wie seine Liebesklagen, ja sie sind der eigentliche Grund und Gehalt seiner Liebesklagen.

„Ein großes dämmerndes Ganze ruht vor unserer Seele, unsere Empfindung verschwimmt sich darinne, wie unser Auge, und wir sehnen uns, ach! unser ganzes Wesen hinzugeben, uns mit all der Wonne eines einzigen großen herrlichen Gefühls ausfüllen zu lassen . . und ach, wenn das Dort nun Hier wird, ist alles vor wie nach, und wir stehen in unserer Armut, in unserer Eingeschränktheit, und unsere Seele lechzt nach entschlüpftem Labsale."

Dies ist Faust, auf der Jagd nach dem schönen Augenblick,
> So taumI ich von Begierde zu Genuß
> Und im Genuß verschmacht ich nach Begierde.

Nun gar einen wörtlichen genauen Anklang an Faust, bezeichnend für das gemeinsame Weltgefühl, für die gemeinsame Quelle der beiden Tragödien: „Wie oft hab ich mich mit Fittichen eines Kranichs, der über mich hinflog, zu dem Ufer des ungemessenen Meeres gesehnt, aus dem schäumenden Becher des Unendlichen jene schwellende Lebenswonne zu trinken, und nur einen Augenblick in der eingeschränkten Kraft meines Busens einen Tropfen der Seligkeit des Wesens zu fühlen, das alles an sich und durch sich hervorbringt."

Im Faust:
> Doch ist es jedem eingeboren,
> Daß sein Gefühl hinauf und vorwärts dringt,
> Wenn über uns, im blauen Raum verloren,
> Ihr schmetternd Lied die Lerche singt;
> Wenn über schroffe Fichtenhöhen
> Der Adler ausgebreitet schwebt,
> Und über Flächen, über Seen,
> Der Kranich nach der Heimat strebt.

Ich beschließe die Konkordanz zwischen Werther und dem Faust einerseits, als dem Verlierer des schönen Augenblicks, und Ganymed andrerseits, als dem Vergötterer des schönen Augenblicks mit zwei Zentralstellen aus Werthers Leiden welche die gemeinsame Spannung bezeugen:

„Was ist der Mensch, der gepriesene Halbgott? Ermangeln ihm nicht eben da die Kräfte, wo er sie am nötigsten braucht? Und wenn er in Freude sich aufschwingt oder im Leiden versinkt, wird er nicht in beiden eben da aufgehalten, eben da wieder zu dem stumpfen kalten Bewußtsein zurückgebracht, da er sich in der Fülle des Unendlichen zu verlieren sehnte."

> „Was man nicht weiß das eben brauchte man,
> Und was man weiß kann man nicht brauchen"

Und .. „Der selbst die Ahnung jeder Lust
> Mit eigensinnigem Krittel mindert,
> Die Schöpfung meiner regen Brust
> Mit tausend Lebensfratzen hindert."

Und nun jener herrliche Hymnus, neben dem Ganymedes und der Anrufung des Erdgeists die großartigste Kundgebung von Goethes jugendlichem Naturkult, seiner mikrokosmisch-makrokosmischen Verzückung: das Gefühl des ewig wirkenden Alls, das seine eignen Geburten vernichten muß, um seiner Ewigkeit willen, das Gefühl des vergänglichen Ich, das dieses All tragen muß.

„Das volle warme Gefühl meines Herzens an der lebendigen Natur, das mich mit so viel Wonne überströmte, wird mir jezt zu einem unerträglichen Peiniger, zu einem quälenden Geiste, der mich auf allen Wegen verfolgt. Wenn ich sonst vom Fels über den Fluß bis zu jenen Hügeln das fruchtbare Tal überschaute, und alles um mich her keimen und quellen sah, wenn ich jene Berge, vom Fuße bis auf zum Gipfel mit hohen, dichten Bäumen bekleidet, all jene Täler in ihren mannigfaltigen Krümmungen von den lieblichsten Wäldern beschattet sah, und der sanfte Fluß zwischen den lispelnden Rohren dahin gleitete, und die lieben Wolken abspiegelte, die der sanfte Abendwind am Himmel herüberwiegte, wenn ich denn die Vögel den Wald beleben hörte, und die Millionen Mückenschwärme in lezten roten Strahle der Sonne mutig tanzten, und ihr lezter zuckender Blick den summenden Käfer aus seinem Grase befreite und das Gewebere um mich her, mich auf den Boden aufmerksam machte und das Moos, das meinem harten Felsen seine Nahrung abzwingt, und das Geniste das den dürren Sandhügel hinunterwächst, mir alles das innere glühende heilige Leben der Natur eröfnete, wie umfaßt ich das all mit warmem Herzen, verlohr mich in der unendlichen Fülle, und die herrlichen Gestalten der unendlichen Welt bewegten sich alllebend in meiner Seele . Ungeheure Berge umgaben mich, Abgründe lagen vor mir und Wetterbäche stürzten herunter, die Flüsse strömten unter mir und Wald und Gebürg erklang. Und ich sah sie würken und schaffen in einander in den Tiefen der Erde, all die Kräfte unergründlich."

Hier singt Goethe das Hohelied des Natur-gefühls, der Sympathie mit der Aktivität und der Regung des belebten Alls — und diese Fähigkeit das All als einen Komplex belebter Kräfte bis in die kleinsten Erscheinungen und Verflechtungen, bis in die Tätigkeit der Mücken und des Mooses hinein nachzuleben, diese universell gesteigerte Empfänglichkeit und Empfindlichkeit ist die eigentliche Grundeigenschaft Werthers, nicht nur ein begleitender Charakterzug: daß es ein entscheidender Charakterzug auch Goethes ist zeigt eben die Konkordanz der Zitate.

Werther schließt sich der Reihe der titanischen Goethe-symbole, welche zugleich Vereinigung heidnischen Welterlebens mit modernem Ichgefühl sind, an als der Titan der Empfindung — wie Prometheus der Titan des Schaffens, Cäsar der Tat, Faust des Strebens ist (so paradox es klingen mag Werther als einen Titanen zu bezeichnen) wenn wir unter einem Titanen ein Wesen verstehen das die dem Menschen gezogenen Grenzen nach irgendeiner Seite, durch irgend welche Kräfte und Mittel zu überschreiten und zu zersprengen sucht: durch Trotz gegen gegebne Mächte wie Prometheus, oder durch Überspannung gegebner Eigenschaften, wie Werther durch sein Empfinden welches ins All eintauchen will, obwohl er ins menschlich Begrenzte, Leibliche gebannt ist.

Der besondere Gegenstand des Werther, innerhalb der titanischen Dichtung Goethes überhaupt, ist der tragische unfreiwillige Verzicht des Titanen der Empfindung auf den schönen Augenblick. Vom Problem des Titanismus aus betrachtet, vom Charakter des Helden aus, unterscheidet sich Werther vom Mahomet, Prometheus, Götz, Cäsar, selbst vom Faust, durch seine Passivität: es ist eine Tragödie der Empfänglichkeit, nicht der Tätigkeit. Er nähert sich damit dem Faust, der wie überall auch hier die Mitte einnimmt oder vielmehr die Synthese bildet zwischen zwei Extremen der Goethischen Natur, einem unbändigen Schaffenstrieb und einem entsprechenden Aufnahmetrieb. Faust ist dem Prometheus an aktiver und dem Werther an passiver Expansion verwandt. Vom Problem des Erotismus, oder vom Schicksal des Helden aus gesehen, vom Verhältnis zum schönen Augenblick, unterscheidet den Werther sein Untergang im Verzicht vom Faust, der durch Schuld den schönen Augenblick vernichtet. Das hängt übrigens mit seiner Passivität zusammen. So ist Werther unter den Sturm- und Drang-tragödien Goethes auch die einzige worin der Verzicht auf den schönen Augenblick selbst das endgültige, das gesamte Schicksal des Helden ausmacht, die einzige worin der Konflikt zwischen Titanismus und Erotismus, zwischen Allheit und Augenblick zugunsten des Erotismus entschieden wird, worin der Wille zum Augenblick den Sieg davon trägt über das grenzenlose Streben. Für Mahomet und Prometheus, für Götz und Cäsar existiert der Streit zwischen Titanismus und Erotismus überhaupt nicht — sie sind nur Titanen, nicht Liebende, und im Ganymed, in Goethes Liebesliedern existiert der Konflikt ebenfalls nicht, hier spricht nur der Liebende, der Genießer oder Vergötterer des schönen Augenblicks. Im Faust besteht der Konflikt, und wird zuungunsten des menschgewordnen Augenblicks entschieden, Faust opfert seine Liebe seinem Titanentum. Werther opfert sein Titanentum seiner Liebe, und zwar unfreiwillig, durch seine Selbstzerstörung.

Der Sieg des Augenblicks über den Grundtrieb und das Grundschicksal Goethes, immer weiter zu drängen und zu streben, konnte naturgemäß nur eine einmalige Krise sein und mußte sich als einmalige Objektivierung aus Goethes Existenz loslösen — im Gegensatz zum Faust. Wie der Werther dem Gehalt nach am meisten von allen Goethischen Werken nicht nur einen Zustand oder eine Stimmung oder eine Eigenschaft oder eine Schicksalsform Goethes darstellt, sondern eben geradezu eine Krise, d. h. in einmaliges Erlebnis zuhaufgedrängten, durch ein einmaliges Schicksal zu entscheidenden Konflikt, eine Explosion, hervorgebracht durch das Zusammenstoßen widerstreitender Triebe, so ist er auch der Grundtypus der Goethischen Beichte geworden, vorbildlich für Goethes Art durch die Aussprache eines pathologischen Erlebnisses sich von dem pathologischen Zustand zu befrein.

Aus dieser momentanen, krisenhaften Entstehungsweise des Werther erklärt sich auch das Unterscheidende seiner Form gegenüber Goethes andren großen Werken aus dieser Epoche: der Werther ist unter ihnen weitaus am meisten lyrisch, am meisten unmittelbarer Ausdruck des bewegten Ich, am wenigsten durch Bildungserlebnisse gekreuzt und mitbedingt, am wenigsten beschwert durch die symbolische Verarbeitung von Bildungsstoff. Diese Selbstdarstellung, diese Beichte konnte nun freilich nicht als reines lyrisches Gedicht erfolgen, weil es sich dabei ja nicht um das Austönen eines in sich abgeschlossnen sei es freudigen sei es schmerzlichen Moments handelte, sondern um Konflikt, um Spannung, um Krise, die bereits aus dem Dichter herausgestellt, von ihm vorgestellt, distanziert sein mußte, um überhaupt als Krise empfunden werden zu können. Um zu sagen »ich bin froh, ich bin traurig, durch den Frühling, durch die Nähe oder Ferne der Geliebten, durch die Größe Gottes oder meines Vaterlands« genügt der einfache Lyrismus, dieser Zustand tönt von selbst, er bedarf keiner Anschauung, keiner Selbstbespiegelung. Um zu sagen »die und die Krise hab ich durchgemacht, dem und dem Schicksal bin ich verfallen« dazu gehört schon Distanz vom eignen Zustand, kurz um zu beichten was man erlebt hat, um sich durch Beichte vom Zustand zu befreien, muß man schon gleichsam von außen sich selbst sehen können, muß man sich Bild geworden sein, und eine Selbstdarstellung dieser Art wird nicht mehr rein lyrisch sein können, sondern bereits symbolisch, durch Zuhilfenahme von Weltstoff in den man sein Bild prägen kann, da es sich eben um Bild, nicht rein um lyrische Bewegung handelt. Ohne Weltstoff kam also Goethe beim Werther als der Objektivierung einer Krise, nicht nur eines Zustands, nicht aus. Er wollte nicht aussprechen »so ist mir zumute« sondern »durch die und die Erlebnisse ist mir so zumute gewesen« und darüber hinaus »dies ist das Schicksal eines solchen Charakters«! Er hat ja gerade den ewigen Sinn der momentanen Krise, die Allgültigkeit und Notwendigkeit seines Erlebnisses über den Zufall des Momentanen hinaus gefühlt und zeigen wollen und dazu bedurfte es eines Sinnbildes.

„Du gute Seele, die du eben den Drang fühlst wie er, schöpfe Trost aus seinem Leiden und laß das Büchlein deinen Freund sein, wenn du aus Geschick oder eigner Schuld keinen eignen finden kannst" schreibt er im Vorwort.

Dem Gehalt und der Absicht nach konnte Goethe also diese Krise, eben als Krise und als Beichte, nicht rein lyrisch, nicht nur als Bewegung des Ich darstellen.

Andrerseits konnte er bei der Darstellung eines so momentanen, so nahen, so ganz aus einmaligem Impuls, aus Explosion hervorgegangenen Erlebnisses kein Symbol brauchen das ihn irgendwie mit fremdem Bildungsstoff belastete oder das impulsive Erlebnis verdunkelte. Er konnte kein Symbol aus Mythus und Geschichte brauchen, weil das Erlebnis der expansiven Empfindsamkeit zu sehr seiner eignen Zeit angehörte, um heroisches oder historisches Kostüm zu vertragen. Sein Titanentum konnte Goethe sehr wohl, ja mußte er in vergangnen Symbolen ausdrücken, wenn er es nicht lyrisch aussprach, sondern sinnbildlich gestalten wollte: Prometheus, Cäsar, Götz: In seiner Zeit fand er ja kein Sinnbild dafür, es sei denn Friedrich der Große, der doch auch mehr groß als titanisch drängend im Sinne Goethischen Titanismus war. Und auch Faust mußte in die historische Distanz gerückt werden, weil er in erster Linie Titan war. So komisch also ein „Titan" im blauen Rock und gelber Weste, ein Titan im Bildungsstoff des Rokoko wirken mußte — (diese Komik ward bald deutlich genug in den zeitgenössischen Kraftprotzen der Klingerschen und Lenzischen Genie‑dramatik) so komisch hätte andrerseits ein unglücklich‑liebender Prometheus, Cäsar, Mahomet gewirkt und selbst der Faust der zwischen Titanismus und Erotismus ringt ist als Liebender ein Eroberer, nicht ein Dulder. Das Unangemessene das darin liegt wenn moderne Gefühle vergangnen Helden in den Mund gelegt werden, wenn antike Helden rokokomäßig schmachten, hatte Goethe als abschreckendes Beispiel an der klassischen Dramatik der Franzosen vor Augen. Wenn er also für die heroisch‑titanische Seite seines Wesens nur Symbole heroisch‑titanischer Zeiten brauchen konnte und dafür seine eigne Zeit gerade ausschied, in der er wohl heroische Gesinnungen, aber nicht, worauf es ankam, heroische Gestaltungen, Haltungen, Verkörperungen fand, so kam als Bildungswelt, als Symbolstoff für die erotisch empfindsame Seite seines Wesens überhaupt nur seine jüngste Gegenwart in Betracht: denn Kostümdichter war er nicht, der um der Farbigkeit oder um der pittoresken Aufhöhung willen moderne Gefühle in historische Maskeraden vermummt hätte. Wo er historisch dichtete da geschah es wie im Götz oder später im Egmont, weil ihn das Bildungserlebnis, das bestimmte Historische als solches faszinierte, nicht zur Erschleichung von Farbenreizen die das Historische vorgab, vorausgab.

Als das geeignete Symbol für den Träger der Handlung in welcher seine Empfindungen und Erlebnisse sich objektivieren mußten bot sich ihm nun im kritischem Moment, da alles in ihm selbst bereit war sich als reife Frucht von ihm abzulösen, der junge Jerusalem mit seinem Selbstmord. Freilich, nicht zum Träger der innern Erlebnisse hätte Goethe von vornherein ein Symbol gebraucht: da hatte er sein Ich, dem er einfach einen Namen zu geben hatte, und die glückliche Form unter der er das Ich zugleich als sein eignes und als ein fremdes wirken lassen konnte, hätte keines Anstoßes von außen bedurft. Aber um die Handlung abzuschließen und die innere Möglichkeit zur sinnfälligen Wirklichkeit zu verdichten, hätte sein Ich nicht genügt, es hätte ihm widerstrebt einen Schluß wie Werthers Tod einfach zu erfinden.. nachdem er sich nun schon einmal auf sein Kostüm und bis in die Details hinein auf sein eignes Milieu beschränkt hatte, hätte er einen so kühnen Schritt über seine gegebene Wirklichkeit in der Selbstdarstellung, wie der Abschluß durch den Selbstmord war, schwerlich gewagt, aus einfacher Erfindung heraus. Das hätte ihm theatralisch forciert vorkommen müssen: denn der Selbstmord war im damaligen Deutschland nicht ein geläufiges Ereignis, gegen das man durch hundert tägliche Zeitungsnotizen fast abgestumpft worden war, sondern eine die Grenzen der gewohnten Welt sprengende Ungeheuerlichkeit, ein Schritt ins Graun und die Tragik der alle Gemüter aus dem Gleichgewicht brachte. Ja, der Selbstmord war damals ein Schritt aus dem Rokokokreise, aus dem Zeitmilieu hinaus in eine Welt des Tragisch-heroischen das man nur verschollenen klassischen oder barbarischen Zeitaltern zugetraut hatte, eine solche Tat war etwas für Naturen und Schicksale wie Brutus und Cato an denen man sich aus der Ferne à la Klopstock erhob und entsetzte, aber außer dem Bereich des heute Wirklichen oder Wahrscheinlichen — allenfalls gestattete man es der Sphäre der großen Welt, wie in Emilia Galotti. Ein Schriftsteller der damals, vor Jerusalems Tod, die Geschichte einer unglücklichen Liebe aus seiner eignen Zeit derart aus freier Erfindung heraus abgeschlossen hätte, würde etwa so abenteuerlich überstiegen gewirkt haben wie heute ein Autor der einen im zeitgenössischen Milieu spielenden, naturalistisch angelegten normalen Roman abschlösse, indem er den Helden, einen jungen Mann mittlerer Schichten von Gefühl und weltmännischen Manieren, weil er ein Mädchen nicht kriegt, im Grunewald eine Räuberbande gründen ließe.

Mit andren Worten, die Tat des jungen Jerusalem war eine Erweiterung der zeitgenössischen Möglichkeiten, eine Erweiterung des Milieus, des Kostüms, des Gesichtskreises, und vor allem des Symbolbereichs an den Goethe sich zu halten hatte. Das Schrecknis der Tat war nicht nur Sensation über einen Einzelfall, sondern das dumpfe Gefühl daß die bürgerlich zahmen Vernunftgrenzen ins Irrationelle und Pathetische durch diesen Fall erweitert, wenn nicht gesprengt würden.. ein Entsetzen über die Erschütterung der bürgerlichen Ordnung befiel jene enge, eingeschränkte Welt. Von da aus wird klar was der Tod des jungen Jerusalem gerade damals für Goethe bedeuten mußte: nun blieb er innerhalb seiner Zeit, innerhalb seines Kostüms, wenn er die Handlung wirklich so abschloß wie sie seiner überbürgerlichen Leidenschaft möglich, fast notwendig war. Was vor Jerusalems Tat als Abschluß seines Werks eine verstiegene Romantik erschienen wäre, vielleicht sogar als ruchlose Propaganda eines Freigeists, das erschien nach ihr als die meisterlich motivierte, rührend ausgeführte, erschütternd vorbereitete Darstellung eines schrecklichen, aber wirklichen Ereignisses das noch alle in Atem hielt. Für das Publikum und für Goethe hatte der Tod Werthers und Jerusalems genau die entgegengesetzte Bedeutung. Für das Publikum war der ganze Roman nur die Vorbereitung, die Begründung des schrecklichen Vorfalls. Goethe erschien als der begabte Autor der die Sensation des Jahres, Jerusalems Selbstmord, plausibel, menschlich verständlich gemacht und zugleich verklärt hatte, indem er sie zum Höhepunkt einer rührenden Liebesgeschichte gemacht. Für Goethe war der ganze Selbstmord nur der symbolische, der symbolschaffende Anlaß, seine eigne pathetische Leidensgeschichte abzurunden und abzuschließen. Das Publikum ging von Werthers Tod, als einem außerhalb der Geschichte noch sensationellen Stoff aus, Goethe von dem Leiden, seinem eignen, für das der Tod mehr technischer als innerer Abschluß ist. Was Goethe am Werther interessierte wäre auch mit einem tasso-artigen Abschluß, einem stumpfen Abschluß gesagt gewesen: der Roman, nicht die Dichtung verlangte solch ein Ende. Es fragt sich ob der Werther so wie er uns vorliegt diesen Massenerfolg gehabt hätte, wenn ihm nicht durch die stoffliche Sensation, deren romanhafte Darstellung er dem breiten Publikum erschien, vorgearbeitet worden wäre. Gewiß öffnete dann das stoffliche Interesse die Sinne nach und nach für die seelischen und sprachlichen Wunder, für den eigentlich Goethischen Gehalt, für die Eroberung neuer gemütlicher und sinnlicher Provinzen die mit dem Werk gegeben waren. Wenn Napoleon das Werk siebenmal las und es auf dem ägyptischen Feldzug nicht von der Seite ließ, so fesselte ihn die verwandte Stimmung eines weltdurchdringenden expansiven, überschwenglichen und maßlos begeisterten Herzens, nicht die stoffliche Sensation, von der er vielleicht gar nichts wußte: in dem Geschmack

Napoleons an Werther liegt nichts Paradoxes: denn der junge Napoleon war ein titanischer Schwärmer, wie der Verfasser des Werks, und er mochte in dem Verfasser vor allem fühlen was er bei keinem seiner Zeitgenossen fühlen konnte, eine gesellschaftsprengende, urtümlich kosmische Seele wie seine eigene. Aber bei der großen Masse war sicherlich die stoffliche Sensation der Ausgangspunkt des Interesses, der Selbstmord Jerusalems die Vorbedingung für den Erfolg von Werthers Selbstmord. Für Goethe also war die Tat Jerusalems die Ermöglichung eines pathetisch großen Abschlusses im Kostüm seiner Zeit, die Erlaubnis als symbolischen Träger seiner Erlebnisse einen Zeitgenossen zu wählen, ohne die glaublichen Grenzen seiner Zeit zu überschreiten. Diese wurden durch Jerusalems Tat bis zu dem Punkt hin erweitert zu dem Goethe kraft seiner eignen seelischen Notwendigkeiten vordringen, sich ausspannen mußte.

Es ist lehrreich einmal die gegebne Form einer großen Dichtung nicht einfach als gegeben hinzunehmen, sondern sich zu fragen warum diese und keine andre gewählt worden ist, ob sie zufällig oder im Erlebnis des Dichters begründet und notwendig war.

Warum das Werther-erlebnis nicht als reine isolierte Lyrik sich verlautbaren konnte, sondern bereits einer symbolischen Vermittlung bedurfte ist erörtert worden. Es war eine Krise, und zwar eine überstandene Krise, nicht eine in sich ungebrochene Erfahrung, nicht ein Gefühl: der Inhalt des Erlebnisses war ein Konflikt, und ein Konflikt als solcher kann nicht reine Lyrik werden, wenn auch die Empfindungen deren Widerstreit zum Konflikt führt, die Momente deren Wechsel zum Konflikt wird, jeder für sich, Lyrik werden können: so hat Goethe den Besitz der Geliebten und den Verlust der Geliebten als Zustände (oft sehr vielspältige und gebrochene Zustände) der Seligkeit und der Trauer lyrisch ausgesungen, aber nicht den Vorgang des Besitzens und Verlierens, nicht den Übergang, die Krise wodurch aus dem Besitz Verlust wird, werden muß. Zum mindesten ist die Goethische Lyrik der unmittelbaren Gefühlsbewegung (das was wir seit dem Straßburger Durchbruch als Lyrik des Werdens von den distanzierenden Lyrismen des Seins unterscheiden konnten) nicht die Form für Darstellung einer Krise. Es gibt in der Weltliteratur allerdings mehrere lyrische Zyklen deren Gehalt und sogar Gegenstand nicht nur Gefühlsmomente sondern auch Konflikte und Krisen sind: aber in diesen wird immer eine dichte Reihe gesonderter Momente zu einem Ganzen zusammengedrängt und zudem manchmal eine symbolische Distanzierung vorgenommen durch die konkrete Hereinziehung des konflikt-schaffenden „Du" ins Gedicht selbst, durch die sei es episierende sei es dramatisierende Vergegenwärtigung des

Du, welches in der Goethischen Lyrik nur als richtunggebend, als Adressat, außerhalb des Gedichts wirkt, in das Gedicht hereinspielt, aber nicht im Gedicht mitspielt. Ich denke hier vor allem an den Amor in Dantes Vita nuova, an den Jüngling und die Dame in Shakespeares Sonetten, an den Engel in Stefan Georges Vorspiel zum Teppich des Lebens. Als Gedichtzyklus hätte sich also die Darstellung der Wertherkrise denken lassen, aber dem jungen Goethe des Sturms und Drangs lag wohl keine Form ferner als die zyklische Abrundung eines Auf und Ab von stürmischen Gefühlen, und wir begegnen jener Form nie in Epochen und Menschen sprengenden entfesselten Gefühlsüberschwangs, sondern brennender und dabei vor allem verhaltener Leidenschaft. Es kam dazu daß Goethes besondre Aufgabe damals ein Durchbruch seiner Lebenskräfte durch Hemmungen aller Art war, während die Zeitaufgabe jener Zykliker eine Bändigung der drängenden Kräfte war. Wie hätte Goethe also, kaum aus dem Käfig des Rationalismus entsprungen, sich im Zyklus freiwillig binden sollen! Er hat es später getan, als seine Aufgabe die Einholung und Rettung seiner Kräfte, die Schaffung eines neuen Form-ideals wurde. Wie eignete sich nun die dramatische Form zur Objektivierung seiner spezifischen Wertherkrise?

Goethe hatte ja seinen Titanismus wiederholt gerade unter dieser Form objektiviert: seinen Kampf gegen die Welt. Er hatte im Faust selbst innerliche Konflikte als Drama herausgestellt. Es war die Form die unter Shakespeares Zauber sich ihm damals immer zuerst aufdrängte. Warum hat ihm der Wertherkonflikt nicht eine dramatische Behandlung nahgelegt? Er hatte wohl das Gefühl daß es sich hier nicht in erster Linie um Tat, um Handlung, also um dramatischen Nerv handelte, ja nicht einmal um Begebenheit. Die Leiden Werthers waren der Inhalt, nicht der Tod Werthers! Die Seele des Werther-erlebnisses, die Seele von Goethes Erotismus überhaupt war Gefühl, Übermaß der Empfindung, und der Konflikt selbst bestand in einem inneren Widerstreit zwischen dem Übermaß des Gefühls und seiner Begrenzung wo es heraustreten und ein Fremdes ergreifen will: am In-sich-eingesperrtsein, Auf-sich-zurückgewiesensein, In-sich-Zurückgedrängtsein geht Werther zugrunde. Man vergleiche damit Goethes dramatische Anlagen die den Titanismus verkörpern: Prometheus, Cäsar, Götz treten aus sich heraus, kraft der Expansion ihres Willens in Konflikt mit den Außenmächten, sie greifen an oder sie verteidigen sich, die Form und das Mark ihres Daseins ist die tätige, handelnde Auseinandersetzung mit einem Nichtich, ihr Schicksal ist der Kampf mit der Welt, siegreich oder unterliegend. Ihre Spannung führt sie bei jedem Schritt aus sich heraus, nicht in sich hinein wie Werther, der ja bei der ersten, negativen schicksalhaften

Berührung mit dem Nichtich zugrunde geht. Also schon der Schauplatz des Wertherischen Konflikts ist sein Inneres, der Schauplatz der titanischen Konflikte ist die Welt. Auch der Faust ist, wenn schon mit Werther verwandt durch das Übermaß empfindender Innerlichkeit, doch mit Prometheus, Götz, Cäsar als titanisch starker Einzelner, durch expansiven Willen verwandt genug um nicht an seiner Empfindung zu ersticken sondern sie in die reale Welt hinauszuschicken.

Aus denselben Gründen warum das Werther-erlebnis der Symbolisierung in dramatischer Form widerstrebte entzog es sich auch einer rein epischen Behandlung, der einfachen romanhaften Erzählung: denn auch die Erzählung setzt in erster Linie ein Übergewicht von Geschehen voraus, zum mindesten kann sich das innere Schicksal nur durch Begebenheiten und Begegnisse kundtun. Ist beim Drama der Charakter des Helden der Mittelpunkt von dem die sinnliche Aktion ausgehen soll, ist für einen dramatischen Helden eine Aktivität vorausgesetzt, so kann der Romanheld allerdings passiv sein, ohne den Sinn der Erzählung zu gefährden. Denn gehn wir auf den seelischen und geschichtlichen Ursprung beider Gattungen zurück, mit dem zugleich ihre beiderseitigen inneren Gesetze gegeben sind: so ist das Drama entsprungen aus der unmittelbar anzuschauenden, aufzuführenden Darstellung einer Handlung, die einen handelnden Menschen notwendig voraussetzt — Handeln heißt sich in tätigen Bezug setzen zu etwas außer uns. Eine Erzählung aber setzt nicht von vornherein die sinnliche gegenwärtige Anschauung eines agierenden Menschen voraus, sie ist ihrem Ursprung nach der Bericht von etwas das geschehen ist: das Geschehen also ist die Hauptsache. Das Geschehen kann aber ebenso gut etwas sein das begegnet ist, das einem widerfahren ist, als das was einer getan hat. Während ein Drama schon gar nicht entsteht, wenn nicht ein handelnder Mensch da ist, kann eine Erzählung, d. h. ein Bericht sehr gut entstehen, wenn irgend etwas vorgefallen ist, und damit etwas vorfällt, ist nicht notwendig ein aktiver Mensch vorausgesetzt, Vorfälle können auch einem passiven Menschen begegnen.

Von dieser Seite her empfahl sich also das Wertherische Erlebnis, der Held selbst mit seiner passiven Empfänglichkeit immer noch eher einer erzählenden als einer dramatischen Behandlung. Aber freilich der Gegenstand der Goethischen Werther-krise war zu arm sogar an einfachem Geschehen, um sich zu einem reinen Roman auswachsen zu können: es war der innre Kampf von Gefühlen der schließlich zu einer äußeren Entladung drängte, welche als Vorfall wirken konnte. Sind Gefühle etwas Erzählbares, etwas das zum Gegenstand eines Berichtes werden kann? Nein . nur das was aus Gefühlen resultiert, was aus dem Zustand — denn das sind Gefühle — zur Handlung oder wenigstens zur Begebenheit führt. Zustände können nur ausgedrückt, Handlungen vorgeführt oder berichtet, Begebenheiten nur berichtet werden. Jenes erste ist der Ursprung der lyrischen Form, das zweite der Ursprung der dramatischen, das dritte der Ursprung der epischen Formen. Dazwischen liegen Übergangs- und Mischformen, wenn z. B. ein handelnder Mensch seine Zustände ausspricht, wie etwa Faust, oder ein Zustand zu berichtbaren Begebenheiten führt, wie Werther. Im ersten Fall kann man von einem lyrischen Drama sprechen, im zweiten vom lyrischen Roman. Und es ist kein Zufall daß das lyrische Drama Goethes zum Helden seinen Titanen, also seinen aktiven Menschen mit dem Übermaß der Innerlichkeit hat, sein lyrischer Roman seinen passiven Menschen mit dem Übermaß der Innerlichkeit — beide Werke entstammen einem lyrischen Bedürfnis, und nur durch die notwendige Symbolisierung dieser Zustände welche zu Konflikten und Krisen führten (also einer rein lyrischen Aussprache dadurch entzogen wurden) erst durch diese Kreuzung mit Handlung und Begebenheit wurde der Faust zum Drama, der Werther zur Erzählung bedingt. Im Prometheus oder Götz war das erste Bedürfnis nicht die Gefühlsentladung sondern die Expansion aktiver Spannkräfte — nicht Aussprache der Seelenzustände sondern Verkörperung von Willen.

Wir haben das Werther-erlebnis, als Gehalt, konfrontiert mit den verschiedenen möglichen Formen in denen es sich hätte verkörpern können. Wir sahen daß es als reine Lyrik nicht verkörpert werden konnte, weil es nicht reiner Moment und Zustand sondern Krise war. Zur dramatischen Ausprägung taugte es nicht wegen der Passivität seines Helden und der reinen Innerlichkeit seiner Schicksale, wegen des Mangels an Handlung. Und zur reinen Epik war es ungeeignet durch seinen Mangel an Begebenheit, durch sein Übergewicht an innerer Zuständlichkeit. So sehen wir den Werther-gehalt gewissermaßen eingekreist auf eine Mischform, die lyrische Erzählung: denn es handelte sich darum Zustände auszusprechen deren Lösung und Entspannung stattfand durch eine Krise, also eine Begebenheit welche sich berichten ließ. Das Kunstmittel jedoch, mit dem sich die Amalgamierung beider Techniken, der lyrischen und der erzählenden, die Befriedigung des primären Bedürfnisses, nämlich Zustände auszusprechen, und des sekundären, eine Begebenheit zu berichten, am besten bewirken ließ, war die Briefform.

Sie hatte als die gegebne Gattung für den empfindsamen Roman, für die Aussprache von Gefühlen und Zuständen zweier Liebender, für die Entwicklung oder Analyse von Begebenheiten die wesentlich aus einer innern

Disharmonie hervorgingen, europäischen Eindruck und Geltung gewonnen durch Rousseaus Nouvelle Héloïse. Durch ihn vor allem (obwohl er nicht der Erfinder ist) wurde der Briefroman als selbständige Gattung legitimiert und hielt etwa gleichzeitig mit dem humoristischen Glossenroman, Sternes Tristram Shandy, der einer ähnlichen Seelenlage entgegenkam, seinen Siegeszug durch die europäische Literatur. Beide Werke danken ihren Ursprung wie ihren Erfolg dem Freiwerden, der Lockerung des Gemüts, der empfindsamen Innerlichkeit, welche jahrhundertlang durch die Rationalisierung befangen war oder durch religiöse Bindungen anderweit festgelegt, verhaftet war. Denn weder die Aufklärung noch die Kirchen konnten mit dem selbständigen Gemüt etwas anfangen, und beide sorgten für seine Unterdrückung: die Aufklärung um der Vernunftzwecke, um der klaren Erforschung und Benutzung der Welt willen, die Kirchen, um keinem Individualismus und Subjektivismus (beide entbanden und förderten das Gemüt) Macht einzuräumen gegenüber ihren Gesetzen oder Mysterien. Erst als sich aus den Aufklärungsideen die neuen Freiheits- und Humanitätsideen und -tendenzen herausgelöst hatten, als das bloße Fühlen und Empfinden dem Denken und dem Glauben gegenüber einen selbständigen Menschenwert gewonnen hatte, vor allem durch die Prophetie Rousseaus, rang auch das freigewordne Gemüt, die entfesselte Empfindsamkeit nach selbständigen Ausdrucksformen, literarischen Fixierungen und Gattungen — und es ist kein Zufall daß der Prophet der Rückkehr zum ursprünglichen fühlenden Menschen, der Verklärer der Natur, der Verteidiger des Subjekts gegen die Gesellschaft, zugleich der Verfasser des ersten europäischen Empfindsamkeits-romans ist. Warum die aus der Empfindsamkeit gequollene Erzählung fast notwendig zur Briefform führt habe ich bei der Erörterung des Werther zu zeigen.

Indem Rousseau als der Prophet der Gefühls-emanzipation zugleich eine neue Gattung bot welche ebenbürtig neben die aus der Antike übernommenen Gattungen des Rationalismus trat, indem er ein Gefäß schuf worin das losgelassene Gefühl sich als Begebenheit ausbreiten konnte, gab er zugleich dem deutschen Dichter der neuen selbständig entfesselten Seelenfülle das technische Vorbild, und erleichterte ihm damit die Aussprache seiner Krise in ähnlicher Weise wie ihm Herders Theorie seiner Zeit in Straßburg den Durchbruch zu seiner eignen Lebensfülle erleichtert hatte. Auch ohne Rousseau hätte wohl die besondre Art von Goethes Werthererlebnis auf den lyrischen Briefroman als die gemäße Form der Aussprache hingedrängt, wie Goethe wohl auch ohne Herder zu sich selbst durchgebrochen wäre, aber nur mit größerer Reibung des Suchens und Tastens, mit Einbuße an frischer Stoßkraft welche nun gleich in das Werk selbst geleitet werden konnte. Das Erfinden neuer Gattungen war nicht Goethes Sache, und das Vergreifen in der Technik konnte auch die Vollendung der dringlichsten Entwürfe hindern, wie Mahomet und sogar Prometheus, als Dramen, Fragmente geblieben sind, und Goethe schließlich aus ihrer dramatischen Not eine lyrische Tugend machen mußte, nur weil er, durch Shakespeare verführt, von vornherein in dramatische Form pressen wollte was eine zu große Masse lyrischer Elemente enthielt um sich ganz in nackte Tathandlung umsetzen zu lassen. Man darf, zumal in einem „Bildungs"-zeitalter mit vielen bereitliegenden, freigegebnen Vorbildern und Gattungen und entsprechender Verführung zum Experimentieren, nicht von vornherein annehmen daß der drängende Gehalt sich schon von selbst der richtigen Mittel bedienen werde um zum lebensfähigen Körper zu werden. Ohne die Nouvelle Héloïse gäbe es vermutlich irgendeine (wahrscheinlich fragmentarische) Ausprägung des Goethischen Werther-erlebnisses, nur gerade so wie sie vorliegt, als der Briefroman Werthers Leiden, gäb es sie nicht: denn keine andre Gattung entsprach so sehr dem seelischen Gehalt jenes Erlebnisses als Mittel zur Gestaltung wie gerade der Briefroman.

Was sind nun die besondren Eignungen der Briefform? Zunächst: der Brief ist viel weniger bedingt als eine feste Kunstform.. er ist nicht seinem Ursprung nach auf bloßen Bericht eingeschränkt wie die Erzählung, oder auf bloße Aussprache augenblicklichen Zustands wie das Lied oder die Hymne. Seinem Ursprung nach kann er beides sein, Mitteilung daß etwas vorgefallen ist und Aussprache wie einem zumute ist: der Brief partizipiert also schon als Gattung an den epischen wie den lyrischen Eigenschaften die zur Darstellung eines Wertherischen Erlebnisses erfordert wurden. Er ist demnach auch nicht, wie die Erzählung oder das lyrische Gedicht, an eine bestimmte Zeitform gebunden, an Vergangenheit oder Gegenwart. Die Erzählung gehört immer der Vergangenheit an, und wenn bei Erzählungen zur Verlebhaftigung das Präsens angewandt wird, so ist das ein rhetorisches Mittel, ändert aber nichts daran daß von etwas erzählt wird (wenn auch noch so lebhaft) das war: dagegen im lyrischen Gedicht wird immer der gegenwärtige Zustand ausgesprochen und die präteritalen Formen die es enthalten kann geben nur Kunde von Ursachen oder Gegensätzen des gegenwärtigen Zustandes — und diese können allerdings auch in der Vergangenheit liegen. Nicht die grammatischen Formen sind das entscheidende für die Zeitform in der ein Werk spielt, sondern der Blickpunkt des Verfassers bei seiner Konzeption. Eine Erzählung wird immer konzipiert aus dem Gesamtüberblick über ein wirkliches oder fingiertes Vergangnes, ein lyrisches Gedicht ist der Ausdruck eines in sich selbst, also in seiner Gegenwart befangenen Ich. Der Brief kann aber gleicherweise von fremden, vergangnen und von gegenwärtigen Ich-dingen reden — er ist von keinem temporalen Blickpunkt abhängig. Überhaupt empfängt der Brief als Gattung sein Gesetz nicht von der zeitlichen Distanz (oder Distanzlosigkeit) wie die Erzählung und das lyrische Gedicht, sondern von der räumlichen, die Mittel des Briefs sind bedingt nicht allein durch eine erste oder dritte Person deren Vergangenheit berichtet oder eine erste deren Zustand ausgesprochen wird — sondern durch eine zweite, gerade durch eine zweite an welche hingesprochen wird, und zwar über eine Distanz hin. Die Relation zwischen dem erzählenden oder sich ausprechenden Ich und dem empfangenden Du gehört von vornherein zu den Formbedingungen des Briefs. Dies ist es was ein Briefwechsel mit dem dramatischen Genus teilt. Das Du ist bereits in die Form hereingezogen, die Aussprache wird erst möglich durch die Spannung zwischen einem Ich und einem Du, einem redenden und einem hörenden — eine Spannung welche weder der erzählenden, noch der lyrischen Gattung eignet: denn das Publikum das der Erzähler voraussetzt muß nicht, wie das angeredete Du, in die Erzählung selbst hereingezogen werden, gehört nicht zum bestimmenden Faktor der Erzählung: ein Publikum bestimmt nur daß der Autor erzählt, der Adressat aber auch wie der Schreiber sich ausdrückt.

In den Gedichten wiederum die an jemand gerichtet sind, also insbesondere bei Oden, ist das Unterscheidende daß beim Du nicht von vornherein der Wille zum Anhören der Aussprache vorausgesetzt ist, das Du wird nur als passiv gedacht, während ein Brief durch das bloße Anhören von seiten des Du veranlaßt, bedingt und beeinflußt wird. Um die Gesetze der Gattungen festzustellen, muß man sich immer an ihren Ursprung halten. Ein Gedicht entsteht, weil ein Gefühl entladen werden soll, einerlei wohin, einerlei ob es an einem Du, einem Gegenüber seine Grenze findet oder ins leere All hineinklingt. Ein Brief wird geschrieben, weil ein Gegenüber, weil ein Du hören will: also das Du ist gewissermaßen Miturheber.. die Wirkung vom Du her bestimmt Ton und Distanz, Stärke und Struktur eines Briefs ganz anders, übt eine ganz andre Aktivität aus als das Du einer Ode. Eine Ode wird nur zu jemanden hin gedichtet, ein Brief zu jemanden hin und von jemanden her verfaßt — kurzum, nicht nur aus einem Zustand oder einem Vorfall heraus, sondern aus dem Zustand oder Vorfall plus einer Relation.

Was ergibt sich dann aus diesen besondren Bedingungen für den Goethischen Roman? Ohne weiteres leuchtet zunächst ein welchen Gewinn

Goethe für seinen Roman aus der Dehnbarkeit der Briefform ziehen konnte. Er brauchte die Opsis des Lesers nicht fortwährend umzustellen, wenn er von den leidenschaftlichen Zuständen, wenn er von den allgemeinen Reflexionen und wenn er von den Begebenheiten des jungen Werther sprach — für all diese drei Äußerungsarten war der Brief ein gleich angemessenes Vehikel. Es widersprach nicht dem Wesen des Briefes, jetzt lyrisch von einem gegenwärtigen Gefühl, jetzt erzählend von einem vergangenen Vorfall Kunde zu geben .. jeder andren Gattung hätte das widersprochen, jeder andre Rahmen als der Briefroman (vielleicht der viel lockerere eines Tagebuchs ausgenommen) hätte ein fortwährendes Umspringen nicht nur des Tempus und des Tempo, sondern vor allem eine fortwährend andre Einstellung des Erzählers und damit des Lesers, einen Standpunktwechsel bedingt, durch welchen die straffe Einheit, der mitreißende Strom der Begebenheiten und Gefühle unmöglich geworden wäre. Ja, in jeder andren Form als der von Goethe gewählten wäre sogar die Kontinuität der Person notwendig durchbrochen worden, indem das Ich und das Er hätten wechseln müssen. So hat Goethe nur am Schluß, zur Einführung des Todes, aus der Selbstdarstellung des Helden übergehen müssen zum reinen Bericht über ihn, und dieser einmalige Umbruch ist von größter Wirkung. Aber auch dieser Umbruch hätte seine Wirkung verloren, wenn er schon mehrmals innerhalb der Geschichte vorweggenommen worden wäre, und nur die Briefform ermöglichte den Zusammenhalt sowohl der lyrischen wie der epischen Partien, gestattete ohne Zwang die Abwechslung der Tempora und Tempi, die ausladenden Gefühlsausbrüche und den nackten Bericht, die Hymnen über die Herrlichkeit Gottes und die Schilderung von Lottes Häuslichkeit, ja erst durch die einheitliche Person des Briefschreibers ist dem Dichter ein für allemal eine innere Einheit, ein Zusammenhang gegeben der im einzelnen ihm eine viel größere Freiheit des Ausdehnens und Zusammenziehens gestattet, ein Verweilen beim Detail oder eine Abschweifung, als jede andere Form es getan hätte: denn es ist ja nun überall, in jedem Brief, sei es ein Berichtzettel oder eine Hymne, die gleiche persönliche Luft und Gegenwart in der Mitte, während eine Erzählung selbst mit einheitlichem Helden und durchgeführter Handlung immer in Gefahr ist bei jeder Abschweifung Held und Handlung vergessen zu machen. Wenn der Darsteller zugleich der Held ist, so sind alle Dinge die in seinen Bereich treten oder in deren Bereich er sich verliert ja schon mit ihm durchdrungen.

Das ist der Gewinn der Briefform. Diesen Gewinn teilt allerdings die Ich-erzählung. Aber die Briefform gibt dem Dichter außer der Einheit und der Freiheit noch einen andren Vorteil den die Ich-erzählung nicht mit ihr teilt und der ihm bei der Darstellung der Werther-krise unschätzbar sein mußte: das ist Möglichkeit die leidenschaftlichsten Gefühlsausbrüche vollkommen unmittelbar und zugleich als gesehen, als objektiv wirken zu lassen: dadurch erst wird der reine Lyrismus episiert, ohne an Gegenwärtigkeit zu verlieren, dadurch wird alles Lyrisch-hymnische, was nun einmal die Substanz des Werkes ausmacht, den erzählenden Partien naht- und bruchlos angeglichen, in dieselbe Ebene und Luft gebracht. Und diese glückliche Doppelseitigkeit verdankt die Briefform eben jenem Du, jenem Plus von Relation welches in ihr eingeschlossen ist. Der Ich-roman könnte bloße Erzählung und bloße Lyrik aneinanderreihen, aber niemals bekäme seine Lyrik die Distanz mitgeteilt die die Briefform durch das latente Du immer mit sich führt. Der Ich-roman setzt kein einmaliges Gegenüber voraus welches die ausgesprochenen Zustände sieht und beurteilt.

Wer ist nun jenes Du im Werther, wer ist der fingierte Freund an den die Briefe Werthers gerichtet sind? Wer sieht Werthers Leiden gleichsam von außen, aber mit der persönlichen Teilnahme die beim bloßen Publikum erst erzielt, doch nicht vorausgesetzt werden darf? Denn das ist ja die Aufgabe dieses Kunstwerks, das erhebt es über die stoffhafte Aussprache der Gefühle, die die bloßen Briefe als Naturform schon geben könnten, das macht den Wertherbrief gegenüber dem Goethebrief erst zur Kunstform: daß Werthers Ausbrüche, so unmittelbar aus dem Innern quellend, zugleich erscheinen als von außen gesehne Formen eines Lebens .. der Augenblick in dem Werther befangen ist von innen her, den er aus seinem Werden heraus entlädt, erscheint jenem fiktiven Du zugleich als abgeschlossenes, losgelöstes, erlöstes, kurz kunstgewordnes Sein. Und wir als Leser, durch die Briefform hineingezogen in die Suggestion des leidenden im Moment verhafteten, als Ich sich entladenden Werther und zugleich in die kraft der Briefform korrelativ mitgegebne gelöste Betrachtung des fiktiven Du, sehen Werthers Leiden von innen und von außen zugleich, als ein Werdendes und als Gewordenes, als mitreißende Bewegung und beruhigende Gestaltung, als Wirklichkeit und als Schein! Dies ist aber geradezu der seelische Zustand der nötig war, um den Werther überhaupt schreiben zu können, um aus der Naturform des Goethischen Verhältnisses zu Lotte Buff die Kunstform von Werthers Leiden zu schaffen. Jenes fiktive Du an welches Werther, das Sinnbild des leidenden im Erlebnis verhafteten Goethe, schreibt ist (wen auch Goethe darunter verstanden haben mag) niemand anders wie Goethe selbst als ein befreiter, gelöster Betrachter seiner gefährlichsten Krise, Goethe der sich selbst sehen konnte, gleichsam von einem andren Stern, der sein eigenes Erlebnis abrunden, abgrenzen, richten konnte, ohne deswegen weniger derselbe Goethe zu sein, der dies ganz war und ganz von innen her wußte was es bedeutet wie Werther zu leiden. Ein Gott gab ihm zu s a g e n was er leide, das heißt er gab ihm die Mittel zugleich s e h e n zu machen, zu vergegenwärtigen was er leide.

Ich wollte an diesem Beispiel bis ins einzelne zeigen warum für den vorliegenden Fall, für die vorliegende Art seines Leidens keine Art des Sagens so gemäß war wie die Briefform, warum hier mit einer ihm geläufigen Form der Aussprache (ich nenne das Naturform, eine mit dem empirischen Leben selbst schon gegebne Ausdrucks-art) zugleich eine neue Kunstform, d. h. Erlösung durch Gestaltung, sich für ihn entwickelte.

EGMONT

DAS Werther-erlebnis und die Werther-dichtung bedeutet im Leben des jungen Goethe, des Goethe vor der italienischen Reise, den inneren Höhepunkt und vielleicht für die Ökonomie seiner geistigen Kräfte den wichtigsten Einschnitt. Werther ist die größte fertige Dichtung der ersten Hälfte seines Lebens: denn wenn auch einzelne Pläne und Fragmente an Umfang und Macht der Konzeption den Roman übertreffen, wie Prometheus, Mahomet und vor allem der Urfaust, so blieben sie doch eben Bruchstücke, und in der Kunst gilt nicht das Geplante, sondern das Vollendete. Wenn auch an einzelnen Punkten von Goethes früher Dichtung der Strahl seines Lebens noch höher trieb als das Gesamtniveau des Werther, z. B. im Ganymed, in der Prometheus-ode und in Mahomets Gesang, in Fausts Monolog und im Erdgeistgespräch: wie weit es ihm gelänge die ganze Masse seiner aufgewühlten Natur zum Gebild zu bändigen, Herr über die Gesamtfülle seiner Leidenschaft zu werden — und welcher Leidenschaft! das konnte Goethe erst nach Vollendung des Werther sehen: denn den Faust trug er als unvollendetes ihn bedrängendes Gewoge mit sich weiter, ab und zu einige gewaltige Torsi davon herausstellend, aber mit dem Gefühl daß er hier noch eine Last und Pflicht, keine Befreiung vor sich habe.

Der Werther bedeutete für ihn, wenn nicht den weitesten Umfang seines Planens und dichterischen Sehbereichs, so doch den weitesten Kreis den seine Wirksamkeit als Dichter bis jetzt erfüllte, wie ihm das Werther-erlebnis das Maß seiner seelischen Tragkraft bezeichnete: hier war ja sein Titanismus auf die gefährlichste Probe gestellt worden durch den Erotismus, den er als die größte Gefahr seines Strebens erkannte und beherrschte, und durch den Werther hatte er den entscheidenden Sieg seiner Bildnerkraft auch über die wildesten Stürme seines Herzens davongetragen. Die

Zeit nach dem Werther ist bezeichnet durch ein (bei aller innern Unruhe und Spannung) unerschütterliches Vertrauen in die eigne Kraft, durch Glauben an die endliche Läuterung seines Schicksals — ein Gefühl was verschieden ist von dem tragischen oder heroischen Titanenstolz oder dem Schöpfermut der vorwertherischen Zeit. Goethe hatte den Untergang nie gefürchtet, obwohl er damit rechnete — „mit mir nimmts kein gutes Ende" meint er einmal — aber nach dem Werther glaubte er nicht mehr an die Möglichkeit seines Untergangs, und mitten in den Qualen um Lili, in der schwankenden Unruhe aller seiner Verhältnisse verließ ihn nie die instinktive Sicherheit daß ihm nicht bestimmt sei unterzugehn. Allmählich wurde das strotzende Kraftgefühl das sich zu Prometheus und Mahomet verdichtet hatte abgelöst oder durchdrungen von einem fatalistischen Gefühl der Glückhaftigkeit — nicht der Glückseligkeit, d. h. nicht einer grenzenlosen inneren Genußfähigkeit wie er es in den Versen über die Gaben der Götter besungen, sondern geradezu des Glaubens daß ihm nichts Übles widerfahren könne. Dieser Glaube vertrug sich mit jeder neuen Seelenqual und all den neuen Konflikten denen er kraft seiner faustisch-expansiven Natur bis ans Ende ausgesetzt bleiben mußte.

Das fatalistische Glücksgefühl nährte sich aus dem kaum eingestandnen Gefühl der Erleichterung und der frommen Dankbarkeit daß er aus der Wetzlarer Leidenschaft heil hervorgegangen war. Diese Erfahrung konnte ihm nicht die Konflikte ersparen die mit seiner Natur selbst gegeben waren, aber sie gewährte ihm doch ein Maß von dem aus er wußte was er tragen konnte. Er hatte die Probe bestanden und wußte: wer dies getragen hatte war bestimmt auch die faustische Qual weiterzutragen, ja er segnete jetzt diese Qual selber.. dem Fluch des Faust steht das Gebet „Sehnsucht" gegenüber, als der qualvolle Ausdruck eines unverlierbaren Glaubens:

> Dies wird die letzte Trän nicht sein
> Die glühend Herz auf quillet,
> Das mit unsäglich neuer Pein
> Sich schmerzvermehrend stillet.
>
> O! laß doch immer hier und dort
> Mich ewig Liebe fühlen;
> Und möcht der Schmerz auch also fort
> Durch Nerv und Adern wühlen.
>
> Könnt ich doch ausgefüllt einmal
> Von dir, o Ewiger! werden —
> Ach diese lange, tiefe Qual
> Wie dauert sie auf Erden!

Ein solcher Anruf, eine Seligpreisung des eigenen Überschwangs, ein Seufzen nach dem Schmerz der ewig belebenden Liebe wäre vor dem Werther nicht möglich gewesen, weil damals Goethe seiner Rettung, seiner Dauerbarkeit nicht so sicher war. Der vorwertherische Goethe traute sich zu alles zu leisten, das Höchste zu erreichen und zu umfassen, aber nicht alles zu ertragen und zu überstehen. Und wie durch das Friederike-erlebnis in Goethes Leben erst das Schuldgefühl geweckt wurde, so dankt er dem Sieg über seine Leidenschaft zu Lotte jenen sieghaften Fatalismus, den „amor fati": das heißt nicht eine Unempfindlichkeit gegenüber dem Leiden, sondern Ehrfurcht vor dem Leiden als einer Form seines göttlichen Schicksals. Auch dies Gefühl ist so wenig das christliche Gefühl schlechthiniger Abhängigkeit von einem Gott oder einer blinden Notwendigkeit wie sein Schuldgefühl christliche Zerknirschung ist. Nicht fromme Ergebung in einen unerforschlichen Ratschluß drückt dieser Fatalismus aus, vielmehr Zuversicht selbst gottgetrieben zu sein nicht nur kraft seiner Natur, sondern kraft eines in ihm beschloßnen Schicksals, in sich etwas Unzerstörbares, im letzten Grund selbst Ungefährdbares zu sein, unabhängig von allen Absichten eines gütigen Weltlenkers. Das hat weder Götz noch Mahomet noch Prometheus noch Cäsar, alle diese vertrauen auf ihre Kraft, nicht auf ihr Schicksal, und Werther geht zugrunde mit dem Jammer des verfehlten Daseins.

Die Liebe zum Schicksal setzt bei Goethe einen Sieg seines Dämons voraus über die Gefahr, erst nach diesem Sieg hatte er das triebhafte Vertrauen daß seine Natur mit seinem Schicksal in der gleichen Richtung laufe, oder um sein eigenes Wort zu gebrauchen, daß er ein „dämonischer Mensch" sei. Denn das ist die Definition des dämonischen Menschen: Jemand dessen Charakter ein über ihn hinausreichendes Gesetz des Geschehens, ein Gefüge von glücklichem oder unglücklichem Verhängnis in sich trägt. Das Gleichnis eines solchen Zustandes ging Goethe in der nachwertherischen Zeit zuerst in vagen Umrissen auf: der Egmont. Goethe hat in Dichtung und Wahrheit gerade an diesem Charakter das Dämonische überhaupt und das Dämonische in seinem eignen Leben erläutert, und seine Selbstbiographie schließt mit den Worten seines dämonisch getriebenen Helden, gleichviel ob zum Tod oder zum Sieg getrieben, jedenfalls zu einem in sich erfüllten, sinnvollen, Ehrfurcht, nicht Verzweiflung oder Hader gebietenden Geschick.

Egmont, der sieghafte, fröhliche, leidenschaftliche, buhlende und lachende Götterliebling, fatalistisch und dämonisch, unfähig an seinen Untergang zu glauben, und als der Tod ihm dann doch gewiß ist, ihn dankbar hinnehmend wie seine heiteren „Verhäng"nisse, wie die Liebe und den Ruhm: Egmont ist das wichtigste Sinnbild des Goethischen Lebenszustandes, und zumal seines neuen Verhältnisses zum Schicksal aus der Zeit nach der Wertherkrise, da er zwischen glücklich unglücklicher Liebe und der Entscheidung über seine äußern Verhältnisse gespannt und zerrissen war und dabei doch seine Kraft, seine Bestimmung und sein Glück durch alle Wirbel und Peinen hindurch fühlte.

Der Egmont ist das Symbol des Fatalismus, welcher sich nach dem Werther in Goethe herausbildete, in ähnlicher Weise wie der Götz ein Symbol des Titanismus vor dem Werther ist. Egmont offenbart Goethes Schicksalsgefühl, wie Götz sein Kraftgefühl.. und auf dieser andren Ebene hat der Egmont als dichterische Konzeption auch ein ähnliches Schicksal gehabt wie der Götz. Auch im Egmont ist das Urerlebnis woraus der Gedanke des Dramas empfangen wurde, eben das sieghaft fatalistische Glücksgefühl der nachwertherischen Zeit, gekreuzt durch den geschichtlichen Stoff in dem das Erlebnis symbolisiert werden sollte, einen von dem Götzischen nicht allzuweit abliegenden Stoff. Auch hier hat Goethes Leidenschaft eine ihr nicht von vornherein angemessne Masse zu durchdringen gehabt. Andererseits war bei dem Egmont das Verhältnis zwischen Urerlebnis und Bildungserlebnis doch nicht so, daß das Bildungserlebnis das Übergewicht hätte gewinnen und wie beim Götz aus einem Drama des heldenmäßigen Handelns oder Leidens ein Milieustück hätte machen können. Der Bildungsstoff in den Goethe sein Egmonterlebnis prägte lag ihm lange nicht so am Herzen wie der Bildungsstoff des Götz. Deutsche Vorzeit, Lutherzeit war ihm damals unter Herders Einfluß eine eigenlebendige Welt, nicht bloße Historie wie die Geschichte des Abfalls der Niederlande. Darum ist der Egmont, verglichen mit dem Götz, bei weitem mehr Tragödie eines Einzelschicksals als historische oder Milieutragödie, als episch-dramatisches Zeitbild .. darum ist aber auch das Historische noch weit zufälliger und beiläufiger behandelt als im Götz. Im Götz lebt das Geschichtliche (eben weil als solches, als Milieu seelisch ganz durchdrungen) sein selbständiges Leben und nimmt als solches, als belebte Atmosphäre, dem Helden gegenüber einen breiten Raum ein — im Egmont füllen die paar Bürgerszenen, typisierende Abkürzungen, nur soviel Raum als nötig ist um überhaupt einen Begriff vom historischen Hintergrund zu geben. Die einzelnen führenden Gestalten jedoch, Egmont, Oranien, Alba, Klärchen sind viel mehr private Personen mit politischen Gedanken oder unpolitischen Leidenschaften als Träger geschichtlicher überprivater Krisen oder leidenschaftliche Verkörperungen der geschichtlichen Kräfte wie es selbst noch Götz, wie es namentlich Shakespeares historische Helden sind. Das kam daher daß Goethe vom Geschichtlichen als solchem nicht bewegt wurde. Für Goethe gilt bereits ein gesondertes Privatleben .. der Mensch ist ihm naturhaftes Einzelwesen, nicht ζωον πολιτικον. Bei Goethe ist es wirklich nur um der größeren Sinnfälligkeit der Schicksale willen, um „der Fallhöhe" willen, wenn er seine Konflikte an geschichtlichen Größen verdeutlicht. Um seine kosmischen Kräfte, seinen Titanismus zu verkörpern brauchte er mythische Maße — und nur um der Dimension willen, nicht weil er politisch wie Shakespeare schon als ζωον πολιτικον erlebt hätte, bediente er sich geschichtlicher Symbole. Shakespeare konnte das Menschliche gar nicht anders sehn als kosmisch oder politisch, ein Sohn seiner Zeit und politischer Engländer: das Privatbürgerliche war ihm kein Eigenschicksal. Goethe konnte auch anders, und in seinem Egmont hat er sogar ohne Lebensnotwendigkeit gewisse Privatschicksale in politischen Stoff gepreßt, und dabei allerdings die günstige Gelegenheit benutzt über politische Dinge bedeutende und tiefe Worte zu sagen, aber nicht aus politischem Pathos heraus sondern als Betrachter von außen. Bei Shakespeare dringt jedes Wort aus einem aktiv politischen Geiste, bei Goethe ist jedes Wort ferne Kontemplation eines unpolitischen Denkers über das Weltwesen, über staatliche Dinge. Diese durchzuleben war Goethe nicht wie Shakespeare kraft seiner Natur gedrängt, sondern er wurde dazu veranlaßt durch seine Beschäftigungen und Beobachtungen, von außen her. Für Shakespeare war der Staat mit all seinen Aufgaben, schon unbewußt, Atmosphäre und Natur, für Goethe war er Gegenstand und Problem.

Der Egmont ist als politisches Drama mit unpolitischen Schicksalen oder vielmehr als bürgerliche Tragödie mit politischem Hintergrund erst in einer viel späteren Epoche ausgetragen worden als in der vorweimarischen, in der Egmonts Gestalt empfangen wurde als Sinnbild eines sieghaften Fatalisten dem der Untergang selbst keine Schrecken mehr beut, der selbst den Schauer über den Verlust der süßen Gewohnheit des Daseins überwindet. Solch ein Sinnbild hat Goethe grade damals nach der siegreichen Überwindung der Wertherkrise bedurft. Es ist sogar möglich daß, wie behauptet wurde, der Egmont manches übernommen hat von dem Cäsar-symbol, daß sich allmählich das Cäsarisch-titanische hinübergebildet hat zum Egmontisch-fatalistischen.

In dem Gesamt von Goethischen Eigenschaften als deren Sinnbild von der Straßburger Zeit bis in die Mitte der siebziger Jahre Goethe die Cäsargestalt beschäftigte befinden sich allerdings die wesentlichen Züge des Egmont. Er hat diesen Komplex selbst ausgesprochen in der Zeit welche für

die Empfängnis des Egmont als Charakter (nicht gerade schon als ausge=
führtes Drama) die entscheidenden Erlebnisse reifte, eben in der Zeit nach
der Entladung und Erlösung der wertherischen Gefahr. In Lavaters Phy=
siognomischen Fragmenten befindet sich von Goethes unverkennbarer Hand
ein Abriß des Cäsarischen Charakters: „... groß rein und gut! mächtig und
gewaltig ohne Trutz. Unbeweglich und unwiderstehlich. Weise, tätig, er=
haben über alles, sich fühlend Sohn des Glücks..." In dieser letzten
Formel spüren wir den Keim des Egmont.

Aber der Egmont als Ganzes ist nicht aus einem Guß. In dies Drama
sind nicht nur, wie in den Götz, heterogene Massen derselben Zeit, Ur=
und Bildungserlebnisse, hineingearbeitet, sondern sogar verschiedene Bil=
dungsspannen und Grunderfahrungen eines langen Zeitraums — es enthält
noch einzelne Elemente seines Sturms und Drangs und Elemente seiner reif=
sten Besonnenheit. Zwar Egmont war nicht wie Faust ein Sinnbild der Goe=
thischen Gesamtexistenz das mit Notwendigkeit alle Erfahrungen des Dich=
ters aufnahm und trug, und er begleitete Goethe so lange — nicht, weil er
wie der Faust erst mit Goethes Leben hätte abgeschlossen werden können
sondern weil das Leben ihm in diese Konzeption (die ihm lieb geworden
war, vielleicht als Erinnerung, ja als Bürgschaft einer Epoche dämonischen
Glücksgefühls) immer neue Erfahrungen dazwischen warf die er meinte
diesem Sinnbild noch anschichten zu können. Der Egmont aber, einmal in
Goethe festgesetzt (nicht wie Mahomet, Sokrates, Cäsar, im Wirbel der
Schöpferpläne von andren verdrängt und als Trümmer liegen geblieben)
mußte nun die Einwirkung sehr verschiedener Erlebnisse sich gefallen lassen.
Egmont wurde schon zu einer Zeit empfangen, da Goethe anfing haushäl=
tiger mit seinen Kräften umzugehn und so leicht keinen größeren Entwurf,
kein brauchbares Symbol einfach liegen ließ, vielmehr aus allem so viel in=
neren Gewinn zu schlagen suchte als möglich.

Das Gefühl der unerschöpflichen, immer wiederherstellbaren Produk=
tivität, das zu einer Verantwortungslosigkeit gegenüber den eigenen Ge=
burten führte, ließ seit der Vollendung des Werther, noch mehr seit der
Übersiedelung an den Weimarischen Hof nach und machte zwei andren
Grundstimmungen Platz, die sich scheinbar widersprechen: einmal dem
dämonischen Fatalismus, dem Glauben an seine Rettung zu einer frucht=
baren und sinnvollen Lebensform, und dem Wunsch aus den ihm gegebnen
Kräften soviel als möglich zu machen, nichts mehr zu vergeuden, einem Ge=
fühl gesteigerter Verantwortlichkeit vor seinem eignen Dämon. Beide Le=
bensstimmungen sind vielleicht nur zwei Ausflüsse derselben neuen Her=
zensgewißheit Goethes: nicht nur titanisch, reich, genial, sondern im engern

Sinn dämonisch zu sein, d. h. mit dem Schicksal in einem geheimnisvollen, vielleicht erforschlichen Bunde zu stehn.

Aus dem Gefühl seines Dämonismus zog Goethe nun nicht die Folgerung daß er sich könne gehen lassen, es werde doch schon alles zum Guten führen — vielmehr empfand er zugleich mit dem Dämonischen eine neue Verantwortung, mit dem neuen Adel eine neue Pflicht, mit dem neuen Reichtum eine Aufforderung zur Haushältigkeit, wie er sie in den ersten Jünglingsjahren, da er sich rein als' verschwenderische Natur und als gefährdetes Geschöpf des Alls hinnahm, nicht gekannt hatte. Eine besondre Beziehung der Gottheit zu sich hatte er vor seiner glücklichen Rettung aus der Werther-krise nicht anerkannt, er fühlte sich ja, prometheushaft selbständig, zu keiner Rechenschaft veranlaßt vor dieser Allleitung, die ihr Licht leuchten lässet über Gerechte und Ungerechte. Der Prometheus drückt recht eigentlich die Gesinnung des unverantwortlichen naturhaften Schöpfers aus, der den Augenblick so gut ausfüllt wie möglich, der die Ewigkeit als Horizont und den Moment als Boden unter sich hat.

Nach der Vollendung des Werther und infolge der Vollendung des Werther setzt in Goethe erst dumpf, und noch getrübt durch die ganze Sturm-und-Drang-unruhe, gehemmt durch Wirren und Peinen aller Art, nachher immer bewußter und stärker, genährt oder gestützt durch Spinoza, Frau von Stein, Beruf und endlich Italien, die neue Frömmigkeit, Schicksalsgläubigkeit — und damit Verantwortlichkeitsgefühl, Ordnungswille und geistige Haushältigkeit ein, deren dichterisches Bekenntnis, die Hymne Das Göttliche, gradezu die Gesinnung des Prometheus widerruft. Keine Macht über sich zu erkennen als das blinde Schicksal selbst, die Anangke, die sich nicht kümmert um uns und um die wir uns daher nicht kümmern können: das war das Pathos des Prometheus, des titanischen Goethe. Es macht Platz dem Gefühl, der Anangke nicht blindlings unterworfen zu sein, sondern eben als „Goethe" einem sehenden, ahnungsvollen, fordernden, strengen aber wohlwollenden Eigenschicksal, einem Dämon unterstellt zu sein, einem Lenker des eignen Genies — und um diesen Dämon mußte sich Goethe auch kümmern, d. h. er fühlte sich seiner eignen Begnadung gegenüber verantwortlicher als im prometheischen Zustand.

Dies neue nachwertherische Verantwortlichkeitsgefühl ist eine der Ursachen warum der Egmont, obgleich minder gewaltig hervorgetrieben, doch nicht beim ersten Hemmnis, bei der ersten Stockung liegen gelassen wurde, wie die großen Pläne der Straßburger und Wetzlarer Zeit, wenn sie nicht gleich auf den ersten Anhieb fertig heraussprangen und dem genialen Augenblick gehorchen wollten. Wurde aber der Egmont durch Jahre hin von der

Werther-zeit bis zur italienischen gehegt und bearbeitet (grade „Arbeit" an einer Dichtung leistete Goethe in seiner Sturm- und Drang-zeit eigentlich nicht) so mußten sehr verschiedene Bildungsfaktoren ihre Einwirkung dem Werk aufprägen.

Also die glückliche und fruchtbare Überwindung der Werther-krise zeitigte in Goethe ein fatalistisches Gefühl des Dämonischen in seinem Leben, und der bedeutendste dichterische Träger seiner dämonischen Zuversicht ist die Gestalt des Egmont. Die Gestalt und nicht die Handlung des Egmont ist der Ausgangspunkt dieses Werks — aber die Handlung diente ihm dazu, spätere Erlebnisse an dieses Symbol seines Dämonismus anzuschichten. Vor allem zwei Probleme des Goethischen Daseins: das eine tat sich für ihn erst durch die Berufung nach Weimar auf und durch den Pflichtenkreis den er dort vorfand (ex abstracto gab es für ihn keine Probleme: alle Fragen auch allgemeinster Art veranlaßten ihn zur Auseinandersetzung und Beantwortung immer erst, wenn sein eignes Leben irgendwie aktiv oder passiv davon berührt wurde). So hat er im Egmont zum erstenmal den Staat und die Regierung, das Verhältnis zwischen Volk und Obrigkeit, das Problem der Freiheit als politisches Problem behandelt, weil er durch seinen weimarischen Pflichtenkreis unmittelbar mit Regierungsfragen zu schaffen bekommen hatte. Die Volkszenen, die Reden Machiavells, Oraniens, der Statthalterin und Albas enthalten die Goethische Antwort auf die Fragen deren Beantwortung Schiller im Don Carlos unternommen hatte. Wir können dabei deutlich den Unterschied nicht nur der Antworten sehen sondern selbst der Art wie beide zu ihren Fragestellungen gelangten: Schiller durch das Ringen mit der allgemeinen Idee, Goethe aus einer praktischen Erfahrung seines Weltlebens. Für Goethe waren Freiheit und Obrigkeit Formen und Funktionen der menschlichen Natur, und ihr Konflikt entsprang notwendigen menschlichen Bedingtheiten: sogar Alba hat nicht ohne weiteres unrecht. Zu zeigen wie aus menschlichen Bedürfnissen und Anlagen, Leidenschaften und Zwecken die Revolutionen und Tyranneien entstehen, die Erfahrungen weltgültig dichterisch darzustellen die Goethe in seinem Geschäftsleben im kleinen aufgegangen waren, die möglichen Standpunkte der verschiedenen Temperamente in den Fragen des politischen Menschenwesens sinnbildlich festzuhalten: das ist der Sinn der Staatsreden im Egmont. Der Gegensatz Egmont-Oranien (gesteigert und zum Konflikt auseinander gebrochen finden wir dieselbe Gegenüberstellung in Tasso und Antonio) enthält die verschiedenen Antworten welche auf die Fragen und Forderungen des Staates die freimütige und naturhaft unbekümmerte Läßlichkeit erteilt, der angeborne Liberalismus eines glücklichen und reichen

Temperaments, eines Goethischen Götterliebling∗temperaments, und das ernste Verantwortlichkeits∗ und Pflichtgefühl eines gereiften Mannes, der nicht von seinem Subjekt ausgeht sondern von der Lage der Objekte. Oranien und Egmont sind beides Elemente der Goethischen Natur: Ora∗ nien ist der Goethe mit der strengen Selbstzucht und Forderung an sich selbst der sich im weimarer Hof∗ und Regierungstreiben zur sachlichen Ansicht und Beherrschung der Welt erziehen wollte. Egmont ist noch im∗ mer der schweifende, durch Natur und Schicksal auch ohne strenge Selbst∗ kontrolle, ohne harte Selbstbindung und Beschränkung gutgeartete, glück∗ hafte, abenteuerliche Dichter, der sich über die Schnur zu hauen getraute, weil er sich in jedem Sturm als Cäsar mit seinem Glück fühlte. Beide Goe∗ thes traten erst in Weimar in merkbare Abrechnung miteinander, seit Goe∗ the an einer Regierung teilzunehmen hatte, Vorgesetzter, Untergebner, Kol∗ lege, vor andren Menschen verantwortlicher, sozialer, ja Berufs∗mensch ge∗ worden war, nicht nur Genie, Dämon, Künstler.

Im Götz ist das Politische eine Form unter der individualistisch∗kosmische Konflikte Goethes sich darstellen, im Egmont handelt es sich wesentlich um das Verhältnis zwischen Humanität und Staat, also um politische Fragen die Goethe nicht als pures Ich, sondern als Beamter, im Konflikt zwischen freiem Menschentum und Beamtenpflicht sich zuerst stellen mußte, wäh∗ rend er die Götzischen Fragen sich gestellt hat aus dem Konflikt zwischen Schöpfertum des Titanen und Gesetz der Welt.

Ein andres Grundproblem Goethes (das für ihn schon vor der Weimarer Berufstätigkeit aktuell wurde) ist im Egmont vergegenwärtigt durch Klär∗ chen: Goethes Liebesverhältnisse zu Mädchen unter seinem Stande, unter seiner gesellschaftlichen Schicht.. denn unter seinem geistigen Niveau wa∗ ren — Charlotte von Stein und Marianne von Willemer ausgenommen — wohl fast alle Frauen die er geliebt hat. Klärchen ist das schönste Sinnbild das Goethe für diese Form seiner Liebe gefunden. Unter zwei grundver∗ schiedenen Zügen konzipierte Goethe die Liebe und damit das weibliche Geschlecht überhaupt: als Leidenschaft und als Genuß — von ihm aus, als „unglückliche" und als „glückliche", als unbefriedigte und als befriedigte Liebe, von den Frauen aus: als Geist und als Natur. Auch diese Verschie∗ denheit hängt zusammen mit jenem Grundgegensatz zwischen Titanismus und Erotismus, mit Goethes Verhältnis zum schönen Augenblick.

Wir sind bisher unter Goethes Darstellungen der Liebe immer nur dem Konflikt begegnet der aus dem Zusammentreffen zwischen Titanismus und Erotismus als gleich gewichtigen Mächten entsteht: und aus diesem Zu∗ sammentreffen kann die Liebe vor oder nach dem Genuß, mit oder ohne

Genuß immer nur als Leidenschaft erscheinen. Solang in Goethe das Titanentum, der Trieb das All zu durchdringen, der Wille zur Ewigkeit, in weiblichen Wesen seine Erfüllung oder Beruhigung suchte, konnte seine Liebe nur Leidenschaft sein. Faust leidet daß er opfern, Werther daß er verzichten muß: in beiden Fällen erscheint der schöne Augenblick als Inbegriff der Lebenswerte, als wenigstens momentanes Ziel des grenzenlosen Strebens — auch Gretchen ist (darin liegt ja die Tragödie) nicht nur Spiel sondern Ziel seines Strebens und muß untergehn, weil ein solches Streben kein Ziel haben darf, und weil für sein unergründliches Bedürfen jedes Genügen gleich frevelhaft oder gleich wahnschaffen ist. Darum käme im Faust wenig darauf an ob die Geliebte ein Bürgermädchen ist, oder etwa eine Königin. Sicherlich kommt Gretchens Tragödie nicht daher daß es unter Fausts Stande ist, das war ja eben das Mißverständnis der Kindsmörderinnen- und Gefallenen-dramatik, der sozialen Mitleidspoesie, die aus Nachahmung der isoliert genommenen Gretchen-tragödie hervorgegangen ist. Vom faustischen Streben aus gibt es überhaupt keine Standesunterschiede.

In Goethes Leben selber aber beginnt und entspringt der eigentlich leidenschaftliche Konflikt, Liebe als Leidenschaft, immer erst dann, wenn die Illusion des faustischen Titanen, das All im schönen Augenblick zu erobern, die Möglichkeit sein unersättliches Streben im schönen Augenblick unterzutauchen, oder bürgerlich gesprochen: der Besitz des geliebten Wesens, abhängig ist von einer dauernden Bindung seines Strebens, also von der Ehe. Das war nun meist dann oder nur dann der Fall, wenn die Begehrte etwa gleichen Standes mit Goethe war. Die unglückliche Liebe entstand für Goethe dann, wenn er meinte ohne das einzige Wesen nicht selig werden zu können, sei es Friederike, Lotte, Lili — wenn seine Liebe den dauernden Besitz verlangte, und wenn die Ersehnte entweder, wie im Fall Lotte, nicht zu kriegen war, weil sie einem andren gehörte, oder wenn, wie im Fall Friederike, sein titanischer Instinkt sich gegen die verhängnisvolle Bindung sträubte. Im Faust selbst ist Gretchen ja nicht die willige Schöne sondern das Opfer einer faustischen Täuschung und ihrer Selbsttäuschung.

Die unbefriedigte Liebe ist nun deswegen fast immer zugleich die geistige Liebe (womit ich keinen Gegensatz gegen sinnliche Liebe, sondern ein Plus zur sinnlichen Liebe meine) weil das Unerreichbare idealisiert wird, weil ein Verwehrtes oder Verlorenes an Wert wächst, weil der Geist frei und tätig, fruchtbar und wuchernd wird wo er nicht untergetaucht, nicht gesättigt, nicht gelöscht werden kann. Nur wo der Mensch ganz ins Stofflich-Naturhafte zurücktaucht, wo er ganz Leib ist kommt das Bewußtsein zur Ruhe. Der Genuß, die Befriedigung seiner Liebe, das sinnliche Ergreifen des schönen Augenblicks ohne die quälende Forderung sich dauernd zu binden, ohne Opfer und ohne Verzicht, war für Goethe manchmal möglich bei Mädchen der untern Stände die sich ihm ergaben, ohne ihn festhalten zu wollen, und in deren Liebe er ohne Gewissensbisse seine unersättliche Unrast ausruhen konnte, für Augenblicke nur, aber für vollkommen gestillte Augenblicke. Also nicht auf jene an sich platte Sonderung zwischen bessern und unteren Ständen kommt es hierbei an: vor dem dichterisch kosmischen Blick Goethes mochten wohl die Grenzen zwischen Magd und Fürstin verschwimmen, wenn er sie auch als Kind der Gesellschaft zu respektieren wußte. Das für den Dichter Goethe Wichtige ist nicht die Sonderung an sich, sondern die Folge die sich für ihn aus der nun einmal weltgültigen Sonderung ergab: nämlich daß die Frauen seines Standes für seine Liebe meistens nicht völlig erreichbar waren, Frauen der unteren Stände eher, durchschnittlich — es gab in seinem Leben Ausnahmen nach beiden Seiten hin. Auf der Frage der Erreichbarkeit, nicht des Standes liegt also der entscheidende Nachdruck. In Goethes leidenschaftlichem, geistigem, titanischem oder durch Konflikt zwischen Titanismus und Erotismus gequältem Leben spielen nun die dumpfen oder willigen, leichten oder großartig hingebenden holden Geschöpfe bei denen er ganz Natur, ganz Liebender ohne titanische Spannung sein konnte, bei denen er sich ganz im schönen Augenblick ausruhen durfte, keine geringe Rolle. Wie er den Titanismus nicht ohne den Humor ertragen hätte so hätte er die Spannungen seines Erotismus nicht ertragen ohne eine Möglichkeit sinnlich schöner, naturhaft beruhigter Augenblicke. Wir kennen wohl nur die wenigsten dieser Augenblicke in seinem Leben — es liegt in der Natur der Sache, ja in der Natur der Sache daß seine Befriedigungen ihn weniger beschäftigten als sein Sehnen, und also stumm sind, und Gott gab ihm zu sagen was er leide, als Erlösung. Seine Freuden, seine Genüsse bedurften zu ihrer Erlösung an sich keiner Stimme, sie waren sich selbst genug .. und daß wir davon überhaupt wissen kommt weniger aus Goethes Beicht-bedürfnis als aus seiner Dankbarkeit .. Goethe war eine der dankbarsten Seelen die je gelebt haben.

Das wichtigste von allen willigen Wesen in Goethes Leben ist Christiane. Seine späte Ehe mit ihr hat nichts mit seinen jugendlichen Ehe-velleitäten und Brautständen zu tun. In seiner Dichtung aber hat er den gestillten Augenblicken seiner glücklichen Liebe, seiner naturhaften Erotik ohne Titanismus zwei Hauptdenkmäler gesetzt, die beiden Grundtypen jener holden Geschöpfe, denen er die Entspannung seiner schweren sei es titanischen sei es dämonisch verantwortlichen Seele schuldet, dankbar verewigt:

die Liebliche, die sich hingibt um ihres eigenen Genusses willen und die im geliebten Mann ihre Unterhaltung sucht, Philine — und die Großmütige, die sich hingibt aus Verehrung und sich selber opfert für die Größe oder das Glück des Geliebten: Klärchen. Gretchen gehört nicht hierher, sie gibt sich hin aus Leidenschaft, aber nicht um sich zu opfern, sondern in der Hoffnung damit den Geliebten erst ganz für sich, für ihr Glück zu erobern. Gretchen überschreitet nur durch ihr Schicksal, nicht durch ihren Charakter die Grenzen des Bürgerlichen. Klärchen aber ist von vornherein eine heldenverehrende und heldenhafte Seele, wie Philine von vornherein eine freie, eine durch ihre Gesinnung und Unbedenklichkeit außerhalb der bürgerlichen Ordnung stehende Seele ist, man mag sie nun über oder unter die Gesellschaft stellen.

Das Besondere und Neue an der dichterischen Konzeption des Verhältnisses von Egmont zu Klärchen für Goethes Leben ist: daß hier das erstemal Goethe seit seinem Durchbruch aus dem Leipziger Rokoko die Liebe eines Helden, also einer zentralen Gestalt die seine Züge zu tragen hatte, gezeichnet hat — außerhalb des Konflikts zwischen Titanismus und Erotismus — als in sich abgeschlossenes, neben dem gefährlich großen Dasein herlaufendes Glück: als glückliche Liebe. Und er hat, um diese Liebe des dämonischen, des Goethischen Menschen so darzustellen, als Sinnbild das Verhältnis wählen müssen unter dem er selbst die Liebe zuerst so genossen hat: in der freiwilligen Hingabe eines Geschöpfs unter seinem Stand. Es ist kein Zufall daß eine solche Darstellung in Goethes Dichtung, genau wie seine Beschäftigung mit politischen Problemen, erst auftaucht, als nach der Wertherkrise sein Titanismus seinem Fatalismus Platz gemacht hatte. Denn so lang er Titan war, unersättlich immer weiterstrebend, konnte ihm die Liebe als Glück, als Erreichbares, als Ausruhn gar kein Gehalt werden, so wenig wie die Beschäftigung mit dem Weltwesen und die Verantwortlichkeit vor andren und für andre. Die Liebe als Ausruhn, ja als beseligendes Spiel, wie sie im Egmont dargestellt ist, hat genau dieselben Voraussetzungen wie das Leben der bewußten Arbeit, die mit der Weimarer Zeit für ihn begann. Beide gehören zusammen, beide sind korrelative Folgen eines neuen Gesamtzustandes, welcher nach der Wertherkrise einsetzt und dann mit der Berufung nach Weimar, dann mit der Umbildung in Italien immer deutlicher wird: aus dem neuen Schicksalsgefühl Goethes ging eine neue Verantwortlichkeit, aus der neuen Verantwortlichkeit ein neues Haushalten mit der eignen Fülle hervor — und eine Erscheinungsform dieses neuen Haushaltens ist die dem Sturm-und-drang-Goethe, dem prometheischen Schöpfer noch fremde Fähigkeit, innerhalb seines eigenen Gehalts zu sondern und zu ordnen, abzugrenzen, einzuteilen was er für die Pflicht, was er für den Genuß aufwenden dürfe. Erst jetzt beginnt bei ihm eine bewußte geistige Ökonomie: der vorwertherische Goethe, der eine besondre Pflicht und Verantwortung außer dem allgemeinen Schöpferbedürfnis nicht kannte, wollte ja (das gehört zum Wesen des Sturm und Drangs) mit jedem Akt das Ganze des Alls umfassen, mit der Liebe wie mit der Tätigkeit, mit der Hingabe wie mit der Besitzergreifung war es ihm nur um Allheit im Einen zu tun (daher schon in seiner Sprache die immer wiederkehrende Verknüpfung von Worten mit „all": allliebend, Allumfasser, Allerhalter, alldurchdringend usw.) Jetzt bemüht er sich gerade um Sonderung, um Deutlichkeit und Reinheit jeder Tätigkeit: jetzt will er den Moment nicht mehr in erster Linie als Zentrum und Sinnbild des Universums besitzen sondern als solchen in seiner eigenen Fülle genießen. Daß es ihm noch nicht, vor Italien noch nicht ganz gelingt das ist die Ursache seiner Weimarischen Spannungen. Aber daß er wie es am Egmont gezeichnet ist überhaupt ein Doppelleben führen konnte zwischen Pflicht und Genuß, Staat und Liebe, Oranien und Klärchen, ist bereits eine Folge des neuen ökonomischen Zustandes und — wenn man will — eine Entspannung des eigentlichen Faustkonflikts zwischen Allheit und schönem Augenblick.

Um den Egmont so zwischen Oranien und Klärchen zu stellen mußte selbst die Liebe für Goethe bereits ein Beherrschbares, Überschaubares geworden sein, ihm Raum lassen für Pflicht und Tat.. sie mußte kommen und zurücktreten können, wie Goethes Leben sie brauchte. Das hat nun gar nichts mit der Person der Geliebten zu tun, Klärchen ist vor allem die Trägerin einer Liebe die nicht zerstört sondern beglückt — einer Liebe wie sie der vorwertherische Goethe noch nicht gekannt, oder jedenfalls nicht der Darstellung wert befunden hat, da sie in seinem Leben kein Problem war. Nun aber gewinnt eine solche Hingabe wie die Klärchens, eine Hingabe bis in den Untergang, in einen Untergang an dem er selbst nicht schuld ist, in seinem Leben Gewicht: nun bedurfte er solcher Liebe und nun verherrlichte er sie, steigerte, idealisierte er sie bis zu dem heroischen Bilde Klärchens. Die Buhle als Freiheitsgöttin: das ist der Dank an eine eigne Sorte Glück die Goethes bisheriges Leben nicht gekannt hatte, entweder weil er nicht fähig war so isoliert und dranglos zu lieben, sondern faustisch seine Sinnlichkeit immer mit dem All vermischte und belud, oder weil er keine solche Hingabe hatte finden können. Ich weiß nicht ob er zu Klärchen ein menschliches Urbild gehabt hat — unter den Geliebten Goethes die wir kennen entspricht diesem heroisch-holden Geschöpf nicht eine. Vielleicht hat sie Züge angenommen von jener Lotte Nagel die 1775 in

Goethes Briefwechsel mit Gräfin Stolberg erwähnt, auch durch ein Gedicht geehrt worden ist – vielleicht hat irgendeine andre unbekannte Schöne der untern Schichten ihm durch eine Vereinigung von Zärtlichkeit und Seelenstärke, williger Weiblichkeit und menschlicher Kraft, wie man sie bei den einfacheren Naturen oft reiner findet als bei den gebildeten und verbildeten, zu einer solchen Verklärung die Maße gegeben: aber das ist im Grund einerlei .. Klärchen ist nicht die Verherrlichung einer Person sondern einer Beziehung und eines Zustandes. Sie ist der Extrakt und die Verkörperung aller derjenigen Glücksmomente die Goethe, nach den leidenschaftlichen Stürmen und Drängen, durch einfach weibliche, anspruchslos stark und rein hingegebene Geschöpfe fand – und daß er solche fand und sie als Glück empfand ist eine Folge seiner neuen nachwertherischen Lebensstimmung.

LILI

DAS erste deutliche Zeugnis für diese enthält die wunderbare Selbstschilderung an Gräfin Auguste Stolberg vom 13. Februar 1775: das erstemal seit der Leipziger Zeit, in der Goethe normiert war durch außergoethische Bindungen, finden wir hier den Versuch nicht nur sich selbst klar zu sehen (das hat Goethe immer getan) sondern sich selbst zu determinieren, ökonomisch zu ordnen, sich über seine Grenzen und Fächer Rechenschaft zu geben. Lehrreich ist es diesen Brief zu vergleichen mit dem Brief an Herder vom Juli 1772.

In jenem Brief an Herder ein dumpfes und energisches Drängen zu einem Zustand hin dem er sich noch fern fühlte, Bewußtsein des Ziels, Gefühl dessen was not tut .. in dem Brief an die Gräfin Stolberg vor allem Heerschau über die eignen Mittel und Mächte, klare, fast überklare Anschauung des gegenwärtigen Zustandes, Sonderung seiner Momente: „Wenn Sie sich einen Goethe vorstellen können, der im galonirten Rock, sonst von Kopf zu Fuse auch in leidlich konsistenter Galanterie, umleuchtet vom unbedeutenden Prachtglanze der Wandleuchter und Kronenleuchter, mitten unter allerley Leuten, von ein paar schönen Augen am Spieltische gehalten wird, der in abwechselnder Zerstreuung aus der Gesellschaft ins Conzert, und von da auf den Ball getrieben wird, und mit allem Interesse des Leichtsinns, einer niedlichen Blondine den Hof macht; so haben Sie den gegenwärtigen Fassnachts Goethe, der Ihnen neulich einige dumpfe tiefe Gefühle vorstolperte, der nicht an Sie schreiben mag, der Sie auch manchmal vergisst, weil er sich in Ihrer Gegenwart ganz unausstehlich fühlt. Aber nun giebts noch einen, den im grauen Biber-frack mit dem braunseidnen Halstuch und Stiefeln, der in der streichenden Februarluft schon den Frühling ahndet, dem nun bald seine liebe weite Welt wieder geöffnet wird, der immer in sich lebend, strebend und arbeitend, bald die unschuldigen Gefühle der Jugend in kleinen Gedichten, das kräftige Gewürze des Lebens in mancherley Dramas, die Gestalten seiner Freunde und seiner Gegenden und seines geliebten Hausraths mit Kreide auf grauem Papier, nach seiner Maaße auszudrücken sucht, weder rechts noch links fragt: was von dem gehalten werde was er machte? weil er arbeitend immer gleich eine Stufe höher steigt, weil er nach keinem Ideale springen, sondern seine Gefühle sich zu Fähigkeiten, kämpfend und spielend, entwickeln lassen will. Das ist der, dem Sie nicht aus dem Sinn kommen.. dessen größte Glückseligkeit ist mit den besten Menschen seiner Zeit zu leben."

Alles was wir über das Leben und die Dichtung Goethes in der Zeit nach dem Werther und vor dem Ruf nach Weimar zu sagen haben kann nur der Kommentar sein zu diesem erstaunlich hellen Brief: er enthält nicht nur die beinah körperliche Gesamtanschauung und objektive Gegenwart des Verfassers sondern auch schon die Elemente und Tendenzen seiner damaligen Lebensführung fast so deutlich und geordnet auseinandergelegt wie sie der Historiker nach hundert Jahren überblicken muß. Diese Elemente sind: die Liebe zu Lili Schönemann mit ihren gesellschaftlichen Begleitumständen, das schweifende Allgefühl und die verantwortungsvolle Selbstausbildung durch Dichtung und Kunst, der Wille aus dem dumpfen Gedräng zu klarer Anwendung zu kommen und schließlich der Freundschaftskult. Im Goethe „der in der streichenden Februarluft schon den Frühling ahndet" ist noch derselbe den Herder in Straßburg erweckt hat, es ist die Welle Sturm und Drang die auch in dem gegenwärtigen Lauf von Goethes Strom noch erkennbar mit rollt. Von dem verantwortlichen Goethe wissen wir, als dem notwendigen Korrelat des dämonisch fatalistischen . von diesem letzten enthält allerdings der zitierte Brief nichts, aber in einem nur wenig spätern an dieselbe Adresse ist auch dies Element ausgesprochen: „Wie ich die Sonne sah sprang ich mit beiden Füßen aus dem Bette, lief in der Stube auf und ab, bat mein Herz so freundlich freundlich, und mir wards leicht und eine Zusicherung ward mir daß ich gerettet werden, daß noch was aus mir werden sollte." Und eine spätere Stelle desselben Briefs bezeugt das Ringen des Getriebenen mit Schicksal und Hoffnung „Wird mein Herz endlich einmal in ergreifendem wahren Genuß und Leiden, die Seligkeit die Menschen gegönnt ward, empfinden, und nicht immer auf den Wogen der Einbildungskraft und überspannten Sinnlichkeit, Himmel auf und Höllen ab getrieben werden?"

„Geht das immer so fort, zwischen kleinen Geschäften durch immer Müßiggang getrieben, nach Dominos und Lappenware... Adieu! ich bin ein Armer verirrter, verlorner... Und doch, wenn ich wieder so fühle daß mitten in all dem Nichts, sich doch wieder so viel Häute von meinem Herzen lösen, so die konvulsiven Spannungen meiner kleinen närrischen Composition nachlassen, mein Blick heitrer über Welt, mein Umgang mit den Menschen sichrer fester, weiter wird, und doch mein innerstes immer ewig allein der heiligen Liebe gewidmet bleibt, die nach und nach durch den Geist der Reinheit der sie selbst ist ausstößt und so endlich lauter werden wird wie gesponnen Gold."

Hier ist das Gefühl der dämonischen Zuversicht und Begnadung ausgesprochen und zugleich die neue Art der Pein und Unruhe an der Goethe nach der Wertherkrise zu leiden hatte: sie entspringt nicht mehr wie sein Schmerz über die Unerreichbarkeit Lottes oder über den Verlust Friederikes dem faustischen Verhängnis der Unvereinbarkeit des ewigen Triebs mit dem schönen Augenblick, sondern der Spannung der vielen schönen Augenblicke in welche die Welt für ihn nach seiner Wertherkrise sich zersplittert hatte.. Zersplitterung, Getümmel, Unrast, der Wille alles andrängende Leben festzuhalten, und die Unmöglichkeit es auf einen Punkt zusammen zu pressen, sei dies selbst eine zersprengende Leidenschaft. Es ist als habe der gesammelte Strom seiner Lebensfülle, nach dem Widerstand den ihm „das Schicksal, der alte stumme Fels" bei seiner Liebe zu Lotte entgegengestellt hatte, sich nun verästelt oder in Kaskaden zerstäubt und als mühe sich nun Goethe alles wieder zusammen in ein ebenes Bett zu lenken. Ich sehe für diese Wandlung wesentlich zwei Gründe, oder vielmehr zwei Formen. Die eine ist der durch den Werther für ihn unendlich erweiterte Kreis von menschlich bedeutenden Beziehungen: er war durch den Werther nicht nur was er seit dem Götz war, der Führer einer literarischen Sekte, sondern der größte unter der jüngern Dichtergeneration, der einzige deutsche Dichter von europäischer Wirksamkeit, der die deutsche Literatur das erstemal auf die Höhe einer klassischen gehoben hatte, ihrer Dichtung das erste weltliterarisch bedeutsame Werk geschenkt hatte. Die äußere Welt drang nun, Goethe mochte wollen oder nicht, mit Ansprüchen, Verpflichtungen und Verantwortungen ganz anders auf ihn ein, als da er noch sein privates Dasein ruhig schöpferisch dumpf vor sich hinführen konnte. Mit der Veröffentlichung des Werther hörte Goethe auf bloße Privatperson zu sein, und die Gesellschaft, das Publikum, das für ihn bisher selbst nach dem Götz nur Stoff der Beobachtung gewesen war, wurde jetzt, er mochte sich wehren und fluchen, auch ein Faktor seines innern Lebens mit dem er rechnen mußte und vor dem er irgendwie sich verantwortlich fühlte. Der äußere Erfolg des Werther mag viel dazu beigetragen haben Goethe über die Krise nicht hinwegzutrösten, aber hinwegzuschikanieren.

Wichtiger noch war der Freundschaftskult in den er hineingezogen wurde — „von allen Geistern die er jemals angelockt fühlt er sich rings umsessen, ja umlagert". Den wichtigsten dieser Seelenfreunde hatte er schon vor dem Werther kennen lernen: Lavater. Aber jetzt erst gedieh das Verhältnis, durch die wertherische Erschütterung, zu einem engen und fruchtbaren Bund.. erst als durch den Werther die ganze aufgestapelte und stumme Empfindsamkeit eine Stimme, ja ein Evangelium, ein kanonisches Buch bekommen hatte, wurde Goethe in den Wirbel der Empfindsamen hineingezogen — und unversehens, kaum der großen Krise entronnen, gebunden durch Seelenfreundschaften, wie die mit den Stolbergen, mit den Brüdern Jacobi, durch eine Seelenliebe wie die zu Auguste Stolberg. Eine andere Ursache warum Goethe nach der Wertherkrise mehr an seiner Vielfältigkeit als an seiner gedrängten Fülle selber litt war die Persönlichkeit seiner neuen Geliebten Lili Schönemann. Sie war die erste „Dame", das erste Mädchen aus der großen Gesellschaft welche seinem Herzen zu schaffen machte. All seine bisherigen Geliebten waren wenn nicht einfachere so doch isoliertere Geschöpfe als Lili, und die Konflikte die ihn an Friederike und Lotte banden oder von ihnen trennten entsprangen ihrem Wechselverhältnis selber oder dem schlichtesten Hindernis, dem Versagtsein der Geliebten. Zwischen ihn und Lili aber schob sich, ohne Verschulden und ohne Verhängnis, Lilis gesellschaftliches Milieu, das wohl auch ihren Charakter mitbedingte und sie hinderte dem unbedingt fordernden und zu unbedingter Hingabe bereiten Bräutigam eine ebenso unbedingte, naturhaft überströmende Liebe entgegenzubringen. Sie konnte nicht aus den gesellschaftlichen Verpflichtungen und Gewohnheiten heraustreten, und bei aller herzlichen Zuneigung und freundschaftlichen Gutheit ihres Charakters — aus Goethes Schilderung und selbst aus ihrem Porträt ergibt sich daß sie durchaus nicht eine kalte Kokette war — konnte sie nicht um des Einen willen die Vielen vernachlässigen oder ignorieren zu denen sie gehörte und die an sie Ansprüche stellten. Das hätte jeder andre Bräutigam mit minderer Pein ertragen als der Mann dem Natur und Fülle der Empfindung über alle Gesellschaftlichkeit hinaus sich zu erobern und andren zu bringen gegeben war. Jeder Gesellschaftsmensch hätte die gesellschaftlichen Rücksichten, Spielereien und Beschränkungen auf seiten der Geliebten leichter hingenommen als der stürmische Dichter der eben erst die großen All-suchenden Hymnen des Werther gesungen hatte.

Was Goethe unter diesem Widerstreit litt hat er in dem Gedicht an Belinden ausgesprochen, deutlicher noch in den Briefen an Auguste Stolberg. Aber das notwendig gesellschaftliche Verhalten Lilis konnte nicht ohne Rückwirkung bleiben auf sein eigenes. Er liebte das Mädchen zu sehr um sich nicht ihrem Umkreis zu bequemen und so wurde er an dem Faden der Liebe unmerklich wieder in das Gesellschafts- und Weltwesen hineingezogen dem er seit Straßburg mit seinem morgendlichen Erwachen in die kosmische Natur entsprungen war. Wie sehr er das Ungemäße und sogar leicht Komische empfand das für ihn darin lag inmitten von Gesellschaft und Geselligkeit mit seiner ursprünglichen naturhaften Seelenfülle den Galan spielen, den Hof machen zu müssen, spricht sich aus in dem Tierstück Lilis Park. Dies Gedicht ist das Gegenstück gegen das an Belinden: dort sieht er die Gesellschaft von seiner Natur, seiner Leidenschaft, seinem Gefühl aus: hier betrachtet er sich und sein Gefühl von der Gesellschaft aus, d. h. von dem aus was an Lili gesellschaftliche Haltung und Notwendigkeit ist. Daß er das Gesellschaftliche so virtuos beherrschte wie jeden andren Zustand in den er sich einließ, daß er nicht als linkischer Dichter vor seiner Geliebten und deren Gefolge dastand, änderte nichts an der Qual mitten in der frisch erschlossenen Welt, vor die grenzenlose Zukunft gestellt sich wieder Fesseln angelegt zu haben durch die Liebe und zwar fadendünne zerreißbare Fesseln.

Freiwillig war der Verfasser des Prometheus, des Götz und des Werther um eines schönen Mädchens willen wieder zurückgegangen in jenen Käfig von Gesellschaft und leichtem Spiel den er in Straßburg verlassen hatte und dem er, wie sehr er sich äußerlich darein zu schicken wußte, innerlich längst entwachsen war. Abermals war Goethe, und zwar von der entgegengesetzten Seite her, in den Konflikt geraten den er in Straßburg durchzufechten hatte: den Konflikt zwischen innerer Naturfülle und gesellschaftlicher Bindung. Der Konflikt wäre nur erschwert, wenn der Bericht wahr ist von Lilis liebevoller Bereitschaft ihm selbst ihre gesellschaftliche Ehre zu opfern. Er liebte sie zu sehr um dies verderbliche Opfer annehmen, um sie aus ihrer Welt reißen zu wollen, und doch konnte er nicht ganz in die ihre eintreten. Unter Herders Führung hatte er einst den Konflikt siegreich zugunsten der Naturfülle entschieden, Werke wie Götz, Prometheus, Faust, Mahomet, Werther, seine ganze Lyrik waren Siege in seinem Freiheitskrieg. Sollte er jetzt, eben durch seinen freigewordnen Eros, wieder kapitulieren vor der überwundenen Gesellschaft, da sie ihm in Gestalt einer Schönen entgegentrat?

Die größeren damaligen Dichtungen, ja selbst die kleineren lyrischen

Gebilde Goethes welche sein Verhältnis zu Lili symbolisieren oder den Konflikt selbst, das Schwanken zwischen zwei Zuständen, Erwin und Elmire, Stella, Claudine von Villa Bella, sind den Leipziger Dichtungen, dem vorstraßburgischen Rokokogeschmack verwandter als alles was er gedichtet hatte seit dem Götz.

Erwin und Elmire sowie Claudine von Villa Bella sind keine Sturm- und-drang-dichtungen, sondern wesentlich Sing- und Sinnspiele, wie die Laune des Verliebten und die Mitschuldigen: sie unterscheiden sich aber von den Leipziger Dichtungen, abgesehen von der größeren sprachlichen und technischen Gelöstheit und Schmiegsamkeit die nun selbstverständlich nicht mehr zu verleugnen war, dadurch daß sie von einem Menschen herrühren und diese Herkunft fühlen lassen der die Freiheit, die Naturfülle und die tragische Leidenschaft schon kennt und nur aus Rücksicht auf die gesellschaftlichen Forderungen, auf den gesellschaftlichen Raum der Geliebten, nur um nicht zu lärmen, um nicht zu sprengen, um nicht durch Einbruch und Ausbruch von ungefügen Kräften zu kompromittieren, auf das letzte Wort verzichtet, der Freiheit, der Natur und der Tragik Zügel anlegt oder die Spitze abbricht und alles als Maskenspiel, als Arabeske, als Oper gibt statt als unmittelbar sprachgewordne Wirklichkeit. Nicht zufällig taucht auf einmal über einem Gedicht an Lili der alte Schäfermaskeraden-name Belinde auf. Die Leipziger Dichtung ist verfaßt von einem der die Freiheit noch nicht anerkannte, dessen Konflikte sich innerhalb der Gesellschaft abspielen oder daraus entstehen daß der Freiheitstrieb in Konflikt gerät mit der Gesellschaft als dem Gültigen, dem Rechtmäßigen, der wahren Form der Welt und dem Gesetz des Menschlichen. Jetzt aber ist für Goethe längst die Natur, die Freiheit, das Kosmische legitim und das Gesellschaftliche ist für ihn der Frevel, der Abfall, und sein Konflikt besteht darin daß er um der Liebe willen sich binden möchte und durch seine innere Naturfülle darin behindert wird, während der Leipziger Student gern sich befreit hätte, doch durch das gesellschaftliche Gesetz in die Schranken zurückgewiesen wurde. Erwin und Elmire, Claudine von Villa Bella und Stella sind alle drei verschiedene Auswirkungen des Konflikts in den Goethe durch seine Liebe zu einer „Dame" geriet, des Konflikts zwischen Spiel und Leidenschaft, Geselligkeit und Seelenfülle, Gesellschaft und Natur. Nur von dieser Seite aus will ich diese flacheren dünneren Werke betrachten.

Daß Goethe seinen Konflikt mit Lili in solcher halbspielerischen Art behandelte beweist nicht wie wenig er sie liebte sondern wie sehr er sie liebte: nämlich daß das gesellschaftliche Mädchen Macht genug über ihn ausübte um den Dichter in ihm zurückzudrängen bis zum Maître de plaisir, vor ihr erschien er nicht als der gewaltige Schöpfer sondern als der zärtliche und zierliche Spieler und Zauberer, der selbst den wühlenden Schmerzen seines Innern für Momente — denn lang konnte diese Selbsteinspannung nicht währen und sie suchte sich Entladung nach andrer Seite — Einhalt gebot und sich ihr nur so zeigte, wie sie ihn brauchen konnte, als geselligen, geist- und lebenvollen, wohl auch genialen, aber nicht als tragischen, dämonischen, titanischen Liebhaber.

Erwin und Elmire ist ein Gegenstück zur Laune des Verliebten: die gegenseitige Quälerei zweier Liebenden die sich mit überspannten Forderungen mißverstehen müssen, weil sie verschiedene Ansprüche an das Leben stellen. Das Stück ist wesentlich eine Rechtfertigung von Lilis Charakter, ein Versuch von ihr her, aus ihr heraus die Gründe zu sehn durch welche sie ihn leiden machen mußte — Gründe welche eben in ihrer gesellschaftlichen Stellung lagen. Zugleich versucht Goethe die Leiden des geliebten Mädchen selbst darzustellen die ihr erwachsen aus seinen Ansprüchen, Vorwürfen und Klagen: er will zeigen daß er sieht wie sie ihn sieht. „Weh dir Elende, die du ihn zur Verzweiflung brachtest! Wie rein, wie zärtlich war seine Liebe! War er nicht der edelste von allen, die mich umgaben, und liebt ich ihn nicht vor allen? Und doch konnt ich ihn kränken, konnte ihm mit Kaltsinn, mit anscheinender Verachtung begegnen, bis sein Herz brach" Dieser Monolog Elmirens enthält die Rechtfertigung der Lili vor Goethes eignem Herzen, seinen Glaube an ihre Liebe. In den Gesprächen der Elmire mit ihrer Mutter wird gewissermaßen das gesellschaftliche Milieu gerechtfertigt unter dem Goethe zu leiden hatte, die gesellschaftliche Gesinnung vermöge deren Lili nicht anders konnte als Goethe durch scheinbare Kälte und Flachheit quälen. Olympia, die Mutter, ist hier das Mundstück Goethes, das Mundstück des leidenden Goethe, wenn sie die gesellschaftlichen Anforderungen verspottet, aber die geliebte Elmire hält ihr mit ihren Einwendungen das Gleichgewicht:

„Elmire: Unsre Kenntnisse, unsre Talente!

Olympia: Das ist eben das verfluchte Zeug, das euch entweder nichts hilft, oder euch wohl gar unglücklich macht. Wir wußten von all der Firlfanzerei nichts; Wir tappelten unser Liedchen, unsern Menuet auf dem Klavier, und sangen und tanzten dazu, jetzt vergeht den armen Kindern das Singen und Tanzen bei ihren Instrumenten, sie werden auf die Geschwindigkeit dressiert, und müssen ein Geklimpere treiben, das sie ängstigt und nicht unterhält; und wozu? Um sich zu produzieren! um bewundert zu werden! Vor wem? wo? vor Leuten, die's nicht verstehen, oder plaudern oder nur herzlich passen, bis ihr fertig seid, um sich auch zu produzieren."

Unter dieser Rede über die gesellschaftliche Erziehung versteckt sich Goethes Pein über die Umstände die ihm sein Verhältnis zu Lili verstörten .. Sein Ärger über die Gesellschaft und das Gefühl für Lilis eigentlich natürliches, gütiges und liebevolles Wesen, das selbst zu leiden habe durch die unvermeidlichen Schmerzen die sie ihm bereite, sind der Ursprung des kleinen Schauspiels. Die Handlung ist dazu erfunden, um für Elmires Reuestimmungen, für Erwins Schmerzen und Freuden einen einfachen Rahmen abzugeben, ins Spielerische, Gefällige, Glückliche abgerundet, für Musik gedacht welche alle Dissonanzen sanft überdecke und ausgleiche. Das Werkchen ist geschrieben, als Goethe noch hoffen konnte mit Lili und ihrer Welt ins reine zu kommen, seine Leidenschaft wieder in den Grenzen einer zärtlichen Galanterie auszuleben und sich ihr zu ruhigem Besitz anzugleichen. Es entstammt nicht einer überströmenden Seelenfülle .. es soll nur der Geliebten in einer Form die sie verstehen und vertragen konnte, durch die Blume zärtlich ausdrücken was er leide, wodurch er leide und was er hoffe:

>Den kleinen Strauß, den ich dir binde,
>Pflückt ich aus diesem Herzen hier.
>Nimm ihn gefällig auf, Belinde!
>Der kleine Strauß, er ist von mir.

Und noch durchsichtiger macht er seine Maskerade durch den bedeutsamen Wink unter dem Personenverzeichnis „der Schauplatz ist nicht in Spanien" d. h. „das Stück spielt zwischen uns". Auch durch diesen Hinblick auf ein Publikum, und zwar auf ein gesellschaftlich normiertes Publikum wie es Lili war, ähnelt das Singspiel wieder der galanten Poesie .. der Jünger Shakespeares und Rousseaus nähert sich hier von einem sanften Gängelband geführt wieder der Welt Watteaus und Voltaires. Freilich, diese gesellige Welt gewinnt einen neuen Reiz dadurch daß sie nicht mehr die alleinige ist, sondern daß der Gegensatz von Natur, Tragik, Leidenschaft immer neben oder hinter ihr steht, bereit sie zu zerstören.

Dieser Gegensatz zwischen dem Natur-Goethe und dem durch die Liebe zu Lili wider Willen vergesellschaftlichten Goethe ist auch der Ursprung der Claudine von Villa Bella. Hier ist die Distanzierung zwischen Erlebnis und Symbol größer, die Maskierung dichter — es sind weniger, wie in Erwin und Elmire, die Personen und ihr gegenseitiges Verhältnis als die Grundgegensätze: gesellschaftlich geordnetes, glückliches glänzendes Dasein und unstete, umgetriebene, naturhaft ungebundene Freiheit, symbolisiert durch die Lage in welcher sich die Herrin von Villa Bella mit ihrer Umgebung und die in welcher sich der Vagabund Crugantino befindet. Nicht die Personen sondern die Zustände die Goethe verräumlicht hat, sind hier Goethes Interesse und nicht in den Personen, geschweige in der Handlung liegt das Bekenntnishafte sondern in der Gegenüberstellung eines glücklich geordneten und eines unstet freien Daseins. „Es muß ein wunderlicher Mensch sein, der allen Stand Güter Freunde verläßt und in tollen Streichen, schwärmender Abwechslung seine schönsten Tage verdirbt."

„Pedro: Der Unglückliche!.. Nicht zu fühlen, daß das unstete flüchtige Leben ein Fluch ist, der auf dem Verbrecher ruht, verbannt er sich selbst aus der menschlichen Gesellschaft." Deutlicher noch in der Selbstverteidigung des gefangenen Crugantino, in dem der alte Sturm und Drang seine Rechte geltend macht gegenüber der Gesellschaft an der er sich versündigt: „Wißt ihr die Bedürfnisse eines jungen Herzens, wie meins ist? Ein junger toller Kopf? Wo habt ihr einen Schauplatz des Lebens für mich? Eure bürgerliche Gesellschaft ist mir unerträglich! Will ich arbeiten, muß ich Knecht sein. Will ich mich lustig machen, muß ich Knecht sein. Muß nicht einer, der halbwegs was wert ist, lieber in die weite Welt gehn?.. Dafür will ich euch zugeben, daß wer sich einmal ins Vagiren einläßt, dann kein Ziel mehr hat und keine Grenzen; denn unser Herz — ach! das ist unendlich, so lang ihm Kräfte zureichen." Nur dieser Zustandsgegensatz ist Beichte.. Alles andre ist Abenteuer, Handlung, Oper, Drum und Dran das Goethe damals eben als maître de plaisir erfinden und ausführen konnte ohne innere Beteiligung.

Der literarische Einfluß von Goethes Liebe zu einer Rokokodame wie Lili besteht darin daß er überhaupt mitten in der Überschwenglichkeit seines damaligen Gefühls fähig war solche rein dekorative Unterhaltungsstücke aufzubauen über einem Grundstein eigenen Erlebnisses. Denn nicht aus dem Erlebnis ist die Handlung herausgewachsen, sondern sie ist für sich herausgearbeitet und mit dem Erlebnis, grad jenem Gegensatz zwischen Gesellschaft und Freiheitsdrang, verknüpft worden. Die Handlung aber ist mehr eine Forderung der Gesellschaft als ein Bedürfnis Goethes. Daß Goethes dichterische Bedürfnisse und die Forderungen der Gesellschaft sich wieder so weit entgegenkamen, um gemeinsam an einer dramatischen Arbeit mitzuwirken, das ist die Folge von Goethes leidenschaftlicher Liebe zu dem schönen Mädchen, welches der Gesellschaft angehörte, und für Goethe als der noch lockende Genius einer ihm schon entfremdeten Welt gelten konnte. Die äußere Anregung zu der Abfassung der beiden gesellschaftlich spielerischen Operntexte empfing Goethe vom befreundeten Komponisten, nicht von Lili selbst: aber man muß die Veranlassung von dem inneren Grund, der seelischen Anlage streng unterscheiden: alle befreundeten Komponisten der Welt hätten Goethe nicht vermocht seine tragischen Konflikte in Operettenform auszusprechen, ohne die innere Bereitschaft dazu die durch seine Liebe zu Lili gegeben war. Auch dadurch ist ja Goethe ein dämonischer Mensch daß seine Anlässe immer zu rechter Zeit für seine Erlebnisse kamen: daß er zum Spiel von außen aufgefordert wurde, als er von innen zum Spiel bereit war.

Weit mehr unmittelbares Bekenntnis als Erwin und Elmire oder Claudine von Villa Bella ist Goethes Stella, auch nicht in dem Sinn als sei die Handlung ein Abbild Goethischer Begebenheiten: auch hier liegt der Ausgangspunkt des Symbolisierungs-prozesses nicht in Goethischen Begebenheiten, wie etwa im Werther, in gewissem Sinn sogar im Faust, wo Goethische Taten und Leiden in eine dichterische Handlung umgelagert wurden, sondern in Goethischen Seelenzuständen und Stimmungen. Bei Stella handelt es sich nun nicht wie bei Erwin und Elmire geradezu um das Verhältnis zwischen Goethe und Lili, nicht wie bei der Claudine um den Gegensatz zwischen dem Sturm und Drang und der Gesellschaftswelt der Goethe durch die Liebe zu Lili wieder wach geworden war, sondern um die allgemeine Spannung, das Schwanken und die innere Zerrissenheit an der er in der Zeit seiner Liebe zu Lili litt. Nicht eigentlich auf das Problem des Grafen Gleichen selbst kam es an, nicht gerade auf das Schwanken zwischen zwei Frauen: sondern auf das Schwanken selbst, auf den Zustand von Zerrissenheit in dem solch ein Schwankender sich befindet — mochte es nun das Schwanken zwischen zwei Pflichten oder zwischen zwei Zuständen oder zwischen zwei Menschen sein: genug, aus dem Schwanken selbst, dem Himmel auf und Höllen ab, dem Hin und Her von Lili, der Ungewißheit ob er an ihr hängen oder sich losreißen solle, aus dem Komplex jener Stimmungen zwischen Sehnsucht und Bedrückung, Zärtlichkeit und Freiheitsdrang ist die Stella empfangen: nur bot sich ihm zur Vergegenwärtigung eines solchen Zustandes nicht leicht ein sinnfälligeres Symbol als die Schwebe eines Liebenden zwischen zwei geliebten Frauen. Denn das Schwanken zwischen zwei Pflichten oder Zuständen gibt keine sinnfällige Handlung ab, und diese Handlung hindert andrerseits nicht all die Zerrissenheit darzustellen die einen Menschen quält, wenn er in einen solchen Konflikt gestellt ist.

Es ließe sich fragen ob die Handlung der Stella nicht geradezu, wie der Werther oder selbst Clavigo, bekenntnishaft die Geschichte eines Goethischen Einzel-erlebnisses dieser Art, einer Goethischen Doppelliebe gibt. Man könnte etwa, wenn man seine stürmischen Liebesbriefe an Gräfin Auguste

Stolberg liest, die während seiner Brautschaft mit Lili geschrieben sind, auf den Gedanken kommen, man habe hier das unmittelbare Vorbild zum Konflikt Fernandos zwischen Stella und Cecilie. Wie auch immer, gewiß ist Stella kein Problemstück (im Sinne etwa der Ibsenschen Ehedramen) als habe Goethe sich ex abstracto für eine Frage der Ehereform interessiert und dies Interesse durch eine These bekundet. Es widerspricht der Goethischen Möglichkeit überhaupt vom Problem aus zum Erlebnis hinzudichten.. und die ganze Frage der Doppelehe ist nicht Gegenstand, sondern Sinnbild für eine seelische Erfahrung.

Dagegen ist unverkennbar daß das Friederike-erlebnis noch lebendig in Goethe nachwirkte und mit einfloß in dies Drama. Die Nachwirkung seines Schuldgefühls mag sehr viel dazu beigetragen haben daß ihm der Stellastoff, das Problem der doppelten Untreue entgegenkam, weil es schon von andrer Seite her entsprödet war. Aber der eigentliche Keim der Stella liegt nicht in dem Schuldmotiv, nicht im Weislingen-Clavigo-artigen Flatterhaftigkeits- oder Untreue-motiv, nicht im faustischen Freiheitsdrang den kein schöner Augenblick binden darf, geschweige in einem problematischen Skrupel über das Recht der Doppelehe, sondern (allerdings sehr verborgen, weil sehr verwandelt) in seinem allgemeinen bis zur Zerrüttung zerrissenen Zustand zur Zeit seiner Liebe zu Lili – in demselben Zustand den das Brieftagebuch an Gräfin Stolberg vom 14. bis 19. September 1775 bekennt, in der Spannung die ihn von Lili weg in die Schweiz, von der Schweiz wieder zu ihr zurück und schließlich von ihr endgültig fort nach Weimar führte. Flucht und Wiederkehr, Gebunden- und Getrenntsein: das sind die Goethe und Fernando gemeinsamen Erlebnisse, weit mehr als Untreue, Schuld und Doppelliebe, mehr vollends als die theatralisch versöhnliche Abfindung mit dem unlösbaren Konflikt. Vieles an dem Werk, insbesondere der Schluß, ist Theaterstück, ähnlich wie ja schon Clavigo. Vieles an den Dramen der Lili-zeit ist ja Theaterstoff mit Theaterromantik, angenähert den Bedürfnissen eines Publikums – und wie die beiden Singspiele Erwin und Elmire und Claudine mit der Rücksicht auf den Komponisten, so ist Stella mit Rücksicht auf die Bühne, also durch außerhalb des Grunderlebnisses liegende Rücksichten ausgearbeitet, auch darin Zeugnis einer neuen Gesellschaftlichkeit.

GESELLIGKEIT UND FREUNDSCHAFT

WIR mögen Goethes Leben in der Zeit nach der Wertherkrise betrachten von welcher Seite wir wollen: alles was ihm begegnete diente dazu einerseits ihn zu zersplittern, andrerseits ihm den Kreis der äußern Tatsachen, der Gesellschaft, des Weltwesens und -treibens wichtiger, mit selbständigerer Bedeutung und Wirksamkeit zu füllen als bisher die konzentrierte Selbstigkeit seiner übermächtigen Seele gestattet hatte. Nicht als ob ihm der Blick für die Außenwelt je gefehlt hätte: aber seit seiner Leipziger Zeit, seit dem Straßburger Durchbruch war ihm die Welt nur Material und Seelenzustand, im leidenschaftlichen Schöpferwirbel ergriffen und durchglüht von der Inbrunst eines allliebenden Herzens, das immer sich im Mittelpunkt als schaffendes und belebendes Prinzip dieser Welt empfand, als Welt den Kreis empfand den seine Wirksamkeit erfüllte. Die Welt war für den Dichter des Prometheus, Götz, Werther entweder das Material zur Ausprägung und Füllung des Ich oder die dumpfe und feindliche Begrenzung des Ich, je nachdem die Durchdringung dieses Außen, die Verinnerlichung, Durchseelung, Durchblutung des Fremden gelang oder mißlang. Nach der Wertherkrise ward das Weltwesen für Goethe aus einem Material oder Gegensatz mehr und mehr auch ein Raum der Betätigung und ein Mittel der bewußten und verantwortlichen Selbstausbildung. Sein Sehen der Welt war nicht mehr gleich Produktion sondern Beobachtung, und bei den Widerständen die er draußen fand interessierte ihn jetzt Recht und gegenseitige Verantwortung, während früher sein Zusammentreffen und Ringen mit dem Nichtich reine Machtfragen gewesen waren. Kurz, er erkannte und steckte jetzt zwischen sich und der Welt freiwillige Grenzen und versuchte wenigstens seine wogenden Gefühle in der Welt zu kanalisieren oder wie er sagte „zu Fähigkeiten zu entwickeln" gleich als wären die Kräfte woraus die Riesenpläne und Werke bis zum Werther stiegen keine Fähigkeiten gewesen. Das Neue was Goethe dabei meinte und von sich forderte war eben die Sonderung, die bewußte Anwendung, selbst die Kommandierung seiner Kräfte die bisher meist naturhaft quellend das Rechte geleistet. Aus dem Prall und Flug seines allwühlenden und allgreifenden, hier und da auch rundenden Genies wollte er Talente herauslösen die jede einzelne Aufgabe einzeln bemeistern könnten und dem einzelnen Augenblick gewachsen wären, ohne ihn mit der ganzen Gewalt seines Reichtums zu überfluten oder zu zersprengen.

War so schon eine Verweltlichung, Veräußerung, Verzweigung nach der Wertherkrise von innen her in Goethe angelegt, so tat von außen her der Andrang der Freunde und des Publikums den die neue Weltberühmtheit im Gefolge hatte das ihrige dazu, um diesen Prozeß zu fördern. Zur selben Zeit als er sich innerlich genötigt sah mit seinen Schätzen hauszuhalten und den Blick auf den Acker zu richten dem er seine Saat anzuvertrauen habe, drängte die zeitgenössische Welt, die eben dieser Acker war, sich ihrer-

GESELLIGKEIT UND FREUNDSCHAFT

seits, schon ohne sein Zutun ihm in die Augen. Und während er nach außen gewiesen wurde, kam ihm das Äußere, angelockt durch die Wirkung seines Werther zugleich entgegen. Schließlich ein dritter Faktor, um Goethe in die Gesellschaftswelt, die er seit seinen Leipziger Tagen innerlich verlassen hatte, in das was sich selbst „Große Welt" nennt, in die Welt als menschliche Organisation — im Gegensatz zur Welt als Komplex der Allkräfte — zurückzuführen: die Person und das Milieu seiner ersten nachwertherischen Geliebten Lili. Während sonst gerade die Liebe das sicherste Mittel war Goethes Kräfte auf einen Punkt zu konzentrieren und mit gesammelter Wucht in den schönen Augenblick zu füllen, ihm das All zu verdichten, hatte nun gerade in diesem kritischen Zeitpunkt auch seine neue Verliebtheit nur die Aufgabe und die Folge seinen Verweltlichungsprozeß zu fördern. Was Goethes Dämon gewollt, Goethes Ruhm erleichtert hatte, daran wirkte jetzt noch Goethes Liebe weiter: auch Lili führte Goethe statt tiefer in sein Herz hinein nur mehr dem Weltwesen entgegen, auch Lili war mehr berufen ihn zu zerstreuen als zu sammeln.

Der neue Zustand welchen Goethes Dämon, Goethes Ruhm und Goethes Liebe gegenseitig bedingten und förderten hatte von Goethe aus gesehen zwei Seiten: von innen her, als Erlebnis, war er eine Not, nach außen hin war er eine Pflicht, weil es galt aus dieser Not eine Tugend zu machen, wie es denn Goethes „Lebenskunst" im Grund während seines ganzen Daseins gewesen ist, jede neue Not in eine neue Tugend zu verwandeln. So hat Goethe zweifellos gelitten unter dem Andrang der Welt der nach dem Werther ihn belästigte, seine Briefe sind voll von Stoßseufzern über die Belästigung: aber was ihm die Gäste an stetigem dumpfen Wachstum, an stiller Selbstgenügsamkeit raubten und störten das mußten sie ihm, weil sie nun einmal da waren und er nicht mit seinem Schicksal haderte, ersetzen durch weitausgreifende Welt- und Geschäftskenntnis, was sie ihm an vegetabiler Fruchtbarkeit verkümmerten mußten sie ihm durch erhöhte Aktivität und Wirksamkeit einbringen. So hat er schon früh seine Prinzenbesuche, seine Hofbekanntschaften, seine literarischen Verhältnisse etwa zu Gerstenberg, Klopstock, Bürger, eingeordnet in seine geistige Ökonomie als Erweiterung seines Wirkungskreises auch im Prometheischen Sinn („der Kreis den meine Wirksamkeit erfüllt") einerseits, als Bereicherung seiner Menschentypensammlung, als Erweiterung seines Gesichtsfeldes andererseits, kraft der Gesinnung die er etwa so bekannte: „Ich habe all mein Tun immer nur symbolisch aufgefaßt: es war mir gleichgültig ob ich Teller machte oder Töpfe." Goethe wollte schaffen und wirken und das Dichten war ihm nicht letzter Selbstzweck sondern eine Form der Wirksamkeit:

wurde sie ihm gehindert durch äußere Begegnisse, so mußte er sehen aus diesen Begegnissen soviel Kräfte als nötig seiner Wirksamkeit zuzuleiten, und litt sein Dichtergefühl unter der Zersplitterung, so nahm deswegen seine Wirksamkeit noch nicht ab und er suchte im Handeln einstweilen festzuhalten was noch nicht Bild werden konnte. Daß er zwischen dem überschwenglichen Produktionstrieb und der Selbstbeschränkung welche die aktive weltliche Wirksamkeit forderte nicht gleich sich zurechtfand, sich gehemmt fühlte, ohne bereichert zu werden, opfern mußte, ohne gleich den Segen des Opfers zu fühlen, das ist der Grundton seiner unruhigen Klagen aus der vorweimarer Zeit und noch lange in die weimarer hinein — aber die Klagen selber beweisen was sein Problem und was sein Weg war. Und wie er den Streit zwischen seinem dichterischen Herzen und der geschäftigen Welt auf dem Umweg über Erweiterung seines Wirkungskreises und Gesichtsfeldes, Verdeutlichung und Begrenzung, schließlich doch wieder seiner Dichtung selbst zugute kommen lassen konnte, so hat er sogar aus den Zerstreuungen und Spannungen seiner Liebe zu Lili (deren dichterischer Ertrag, abgesehen von einigen wunderbaren Liedern, geringer war als der seiner früheren Leidenschaften) nicht nur Heilmittel sondern wiederum Bereicherung aus den Heilmitteln gezogen.

Zu diesen Heilmitteln aus denen er Tugenden und Bereicherungen zog gehören seine Reisen. Fast alle bedeutungsvollen Reisen die Goethe unternommen hat, die Rheinreise 1774, die Schweizerreise 1775 und schließlich die wichtigste von allen, die Reise nach Italien, tragen ursprünglich den Charakter einer Kur oder sogar, wie die beiden letzteren, den Charakter einer Flucht. Sie sind unternommen nicht so sehr aus einem bestimmten Zweck (wenn auch wohl durch eine bestimmte Veranlassung oder Einladung hervorgerufen) als aus einem unbestimmten Drang, der Goethe aus den ausgesognen oder beklemmenden Umgebungen hinaustrieb, sei es um neue Eindrücke, neue Weltbilder zu empfangen, sei es um den Druck oder die Spannung seines Herzens loszuwerden durch Bewegung und Wirksamkeit im neuen und breiteren Raum. Von jeder Reise kam er denn auch heim beladen nicht nur mit neuen Bildern von Landschaften und Sitten, sondern auch mit neuen menschlichen Beziehungen, mit neuen Menschentypen und mit der Erweiterung nicht nur seiner inneren Welt, sondern selbst seines äußeren Machtbereichs und Wirkungskreises.

Die Rheinreise 1774 brachte ihn in engern persönlichen Kontakt mit Lavater und den Gebrüdern Jacobi — d. h. sie erweiterte seinen seelischen Machtbereich, seinen Bekanntenkreis (Goethes Freundschaften und Bekanntschaften waren vor allem Erweiterung seiner eignen inneren Expansion) um eine neue Menschensorte: um die eigentlich empfindsam überströmenden, Liebe und Freundschaft ergießenden Seelen. Um jedes symbolische Werk, um jeden entscheidenden Ausdruck der Goethischen Entwicklungsphasen herum legt sich immer eine ganze Schicht von Freunden welche gerade dieser Phase zu entsprechen, gerade für, ja durch diesen jeweiligen Goethe erschaffen scheinen, hervorgerufen durch seine jeweilige Empfindungsweise, gleichsam als die etwas dünnere Atmosphäre welche seine Ausstrahlungen weiter tragen und wohl auch verzerren und übertreiben muß. So lagern sich um den Goetz herum die eigentlichen „Stürmer und Dränger" die Wagner, Lenz, Klinger, die Protzen der Kraft, wohl auch der Grobheit und des trotzigen Auftrumpfens, der genialischen Laune, des derben Mutwillens oder der tobenden Zerrissenheit. Was die sahen und fühlten war vor allem der titanisch kraftgeniale Goethe .. der Götz war ihnen die Bestätigung ihrer eigenen ungefügen, maßlosen oder verstiegenen Wünsche und Schrullen. Das Bild dieses Goethe hat Lenz im Pandämonium Germanicum festhalten wollen, aus einer Art eifersüchtiger Liebe heraus, die just diesen Kraft-Goethe möglichst für sich allein in Anspruch nahm. Die Wirkung eines so gesehnen Goethe finden wir in den Sturm- und-drang-dramen der Lenz, Wagner, Klinger, in den panischen Idyllen des Maler Müller, selbst noch in den Romanen Heinses, obwohl Heinse mehr ein eigener Strotzer als ein durch Goethe erst kreierter Nachahmer war. Es tut dabei nichts zur Sache ob chronologisch derartige Bekanntschaften und Freunde immer gerade um die Zeit der Abfassung und Veröffentlichung des Götz gefunden wurden: das Wesentliche ist nur daß jedes symbolische Werk Goethes seine Ausstrahlung, seine ihm eigene Atmosphäre auch in den menschlichen Bekanntenkreis hinein verlängert. Jeder objektiv gewordne, in einem großen Werk ausgedrückte, herausgestellte Lebenszustand Goethes hatte gleichsam eine eigene Fruchtbarkeit, Menschen zu prägen oder anzulocken. Jeder lagerte ein eigenes System menschlicher Typen um sich herum das nur gerade zu diesem Zustand Goethes zu gehören scheint.

Unter Goethes Freundschaften unterscheiden wir zwischen denen die an ihm wirkten aus ihrer eignen Mitte heraus, mit eignem Charakter der bestimmte Seiten Goethes weiter ausbilden half, und solchen die er erst bewirkte und die dann unter Umständen auf ihn zurückwirkten .. solche denen gegenüber er wesentlich empfangend, und solche denen gegenüber er wesentlich gebend und wirkend, sei es bildend, sei es zerstörend war. Herder und Merck sind die einzigen Freunde die mehr auf Goethe gewirkt haben als er auf sie, und zwar Herder vor allem positiv, durch Anregung, Merck negativ, durch Kritik. Herders Fruchtbarkeit und eigentlich positive Wirkung auf Goethe beschränkt sich wesentlich auf die Straßburger und Wetzlarer Zeit, wenngleich die Freundschaft noch länger währte, und Herders spätere Werke, besonders die Ideen zur Geschichte der Menschheit, Goethe viel Nahrung boten.. seinen Weg bestimmten sie nicht mehr. Merck war für Goethe schon früh sein gleichsam objektivierter Weltverstand, die Synthese aller Eigenschaften die Goethe brauchte, um aus einer rein dichterisch kosmischen Existenz in eine praktische überzugehen — ein Vorspiel zum Weimarer Geschäftsleben. Man kann sagen, Merck ersetzte Goethe den Skeptizismus und die nüchterne Helle deren seine dumpfe Kraftfülle zwar bedurfte, die er aber nicht in sich selbst beherbergen konnte, ohne entzaubert zu werden. Mercks Wirkung wurde aus der titanischen Götz-epoche mit herübergenommen bis in die dämonische Lili-zeit, während Herder nur noch als verehrter aber überholter Meister und teilnehmender oder krittelnder Freund in Goethes Leben hereinragte. Freilich konnte sich Mercks Einfluß auch niemals an eingreifender Macht und Wucht mit dem Herders messen. Er konnte länger währen, weil es sich hier nicht um ein eigentliches Schülerverhältnis des Jüngeren zum Ältern handelte, sondern mehr um ein gesellschaftliches Übergewicht das der besonnen kalte Betrachter immer, selbst bei dürftigerem Wesen, über den unbedenklich liebe- und lebensvollen Jüngling behält.

Wie um den Götz herum eine ganze Atmosphäre von Kraftprotzen und Urtümlern gelagert ist, so um den Werther herum eine Wolke von empfindsamen und seelenvoll schwelgenden, wallenden, bebenden, tränenseligen und überschwenglich welt- oder gottdurstigen Freunden und Freundinnen. Dieser Kreis war naturgemäß weniger sektenhaft, von vornherein zahlreicher und mannigfaltiger als die Nachfolge des Götzischen Goethe: denn das Kraftprotzentum war das Vorrecht und die Vorliebe weniger, zumal literarisch interessierter Jünglinge, welche sich für Schöpfergeister hielten im Sinn der Lehren Herders und der Werke Goethes, also ein Vorrecht der „Genies", welche nie eine Gesellschaftsschicht sondern immer nur ein gegen die Gesellschaft und das breite Publikum sich abhebender Zirkel sein konnten. Dagegen die Empfindsamkeit und liebende Seelenfülle, welche durch den Werther eine Offenbarung erhalten hatte, war eine Grundanlage und der mehr oder minder latente Zustand des gebildeten und lesenden deutschen Publikums überhaupt, sie bedurfte nicht eines Führers und Rechtfertigers, wie das Genietum, das ja bei seinen eigenen Aspiranten erst durch Goethe Sinn und Mut bekam, sondern nur eines sichtbaren Mittelpunktes, einer Stimme, einer monumentalen Gelegenheit, um ihrer selbst gewiß zu werden.

Von ganz verschiedenen Seiten her konnte sich die Schar der Empfindsamen rekrutieren die durch Goethe angelockt und oft gegen seinen Willen festgehalten wurden. Da führte zunächst zu dem Werther-Goethe ein Weg von der Empfindsamkeit des Pietismus, des Gemüts-christentums her. Goethe war mit diesem Kreis schon lange verknüpft, ehe er den Werther verfaßt hatte. Susanne von Klettenberg gehörte ja zu der ersten Schar die Goethes Bedürfnis nach Verinnerlichung entsprach — und die Atmosphäre von gläubiger und gottinniger Versenkung ohne welche der Werther nicht hätte geschrieben und verstanden werden können hat Goethe zuerst bei jenem Urbild der schönen Seele eingesogen. Darum gehört diese Fromme schon zum Werther-kreis — nicht weil sie erst durch den Werther kreiert oder zu Goethe gekommen wäre, sondern weil sie so in der Umwelt west der sein Werther Ausdruck gibt, wie Klinger, Lenz, Wagner Gewächse der Goethischen Götz-atmosphäre, des Götzischen Klimas sind. Bezeichnenderweise gehören zu dem Götz-umkreis keine Frauen, während die Wertherluft getränkt war mit Weiblichkeit. Nur ein paar tüchtige, kluge, wache und muntere Bürgerfrauen könnte man allenfalls als Götz-verwandte ansprechen, als zur kräftig frischen derben Götz-luft gehörig: aber die eine davon ist Goethes Mutter, und diese wäre doch zu eng umschrieben als ein Annex der Götz-welt. Die andre ist Tantchen Johanna Fahlmer, eins von den mit klugem Weltsinn, gutem Herzen und gesundem Menschenverstand begabten weiblichen Wesen wie sie ohne eignes Schicksal oder eigne Leidenschaft und Lebensmacht überall teilzunehmen, zu mitteln, zu raten, anzuhören und wohl auch zu helfen wissen, aus jenem Mittelgefühl zwischen Mutterliebe und Frauenliebe welches man Tantenliebe nennen kann. Während der Götz in wesentlich männlichem Klima gediehen ist, kann man den Werther nicht denken ohne die Weiblichkeit, und zwar waren auch die Männer des Werther-kreises feminine Seelen.

Außer dem gottinnigen Christentum von der Farbe der schönen Seele, als einer Religion der schwelgenden Liebes-seligkeit und des überschwenglich erhobenen Gemüts, dem humanisierten und entdogmatisierten Christentum, lieferte Klopstocks Kreis dem Werther-Goethe neue Anhänger, die mit seinem kraftgenialen Götz-wesen, mit dem Prometheischen Titanentrotz nichts anzufangen wußten. Klopstock selbst hatte die Derbheiten und Grobheiten des Götz kopfschüttelnd mißbilligt und vor dem Promethidentum waren später die Stolberge entsetzt. Aber die Empfindungsfülle und Herzenswärme des Werther lockte und bannte die Anhänger des ersten deutschen Gefühlsdichters auch zu dem jungen Meister der den Umfang der

Klopstockischen Gefühlswelt erweitert hatte.

Wie im deutschen Geistesleben überhaupt die Empfindsamkeit zwei ganz verschiedene Ströme hatte, die sich indessen bald vermischten und vereinigten, nämlich das beseelte Christentum und die humanisierte Natur oder „Klopstock" und „Rousseau" (um sie knapp mit ihren wirksamsten Trägern zu bezeichnen) so finden wir im Wertherischen Freundeskreis neben den Klopstockianern auch Leute die mittelbar oder unmittelbar durch Rousseau zur Empfindsamkeit gelangt sind, oder durch Hamann, welcher auf eine mehr deutsche Art, nicht durch rhetorisch dialektische sondern durch poetisch prophetische Mittel seinerseits die große Doppel-aufgabe Rousseaus in Angriff genommen hatte: die Wiedereinsetzung der Natur und die Entthronung der alleinseligmachenden Vernunft. Von Klopstock wie von Rousseau und von Hamann her fanden die Jünglinge im Werthertume den Sieg der liebevollen, hingegebnen, gottes- oder weltfrommen Empfindung über das Denken — und das ist das Gemeinsame der unter sich sehr verschiedenen Freunde des Werther-kreises. Gefühl und Glaube wollten sie alle — einerlei zu welchen Zwecken ihnen nachher Gefühl und Glaube dienen sollte: ob zum Christentum, ob zum Pantheismus. Den Klopstockisch christlichen Flügel vertreten die Grafen Stolberg .. den Hamannisch pantheistischen Flügel die Geschwister Jacobi.

Nur lag der Keim der späteren Entfremdung von vornherein in beiden Arten Freundschaften beschlossen: denn was diese Anhängergruppen verschiedner Provenienz zu Goethe hinzog, eben seine entbundene Gefühlsfülle, war für Goethe selbst, damals schon, eine Not, ein Zustand über den er mit aller Kraft hinauszukommen trachtete. Er wollte ja grade seine Gefühle zu Fähigkeiten, zu Kräften entwickeln, und diese Freunde wollten ihn bei seinen Gefühlen festhalten. Und über dem augenblicklich Gemeinsamen der Gefühlsweise oder vielmehr des Gefühlstempos, über dem gemeinsamen Gegensatz gegen den Rationalismus (vollends unter dem Zauber der Goethischen Persönlichkeit) übersahen seine Freunde und Goethe selbst wohl eine Zeitlang die tiefe Verschiedenheit ihrer Gefühls- und Erlebnisinhalte, die unüberbrückbaren Zwiste der Gesetze nach denen sie angetreten. Denn die Stolberge fühlten, um Christen zu sein, um sich recht innig als Gottes Geschöpfe und Knechte erleben zu können. Goethe war dezidierter Nichtchrist. Von den Jacobis aber mußte ihn auf die Dauer trennen, daß ihnen das hingegebene Fühlen und Glauben (welches allerdings bei ihnen nicht den selbständigen Wert der Natur ausschloß) der Selbstzweck und Endzweck des Lebens war — für Goethe aber eines der Mittel zur Erfassung der wirklichen Gotteswelt, ein Zeugnis der eignen

Göttlichkeit, die sich betätigen mußte in der Gestaltung, im Darstellen, im mannigfachen Ergreifen der Welt. Nichts lag Goethe ferner, nichts war ihm fataler, an nichts litt er mehr als an dem weichlichen Selbstgenuß der subjektiven Seele, welche sich genug tat im bloß empfangenden Glauben und Fühlen, sei es Gottes sei es der Natur, welche glaubte um zu glauben und fühlte um zu fühlen, untertauchte im Meer der Hingabe, ohne das Chaos beherrschen, ordnen, formen, schauen, gestalten zu wollen. Da zog Goethe immer noch die abgrenzende und normierende Anmaßung des Rationalismus vor, als eine Betätigung aktiver Kraft und Zeugnis eines Willens.

Zunächst freilich wurden diese inneren Gegensätze verdeckt durch die allgemeine Liebes=seligkeit und Lebensdurstigkeit der Zeit, durch das Bedürfnis schrankenloser Seelenergießung auf seiten der Freunde, durch das Bedürfnis möglichst viel neues Leben an sich zu ziehen und mit seiner Fülle zu tränken oder zu wärmen auf seiten Goethes. All die Persönlichkeiten die zu Goethes nächstem Freundeskreis gehörten, d. h. die er selbst bei sich litt und die nicht nur wie Heinrich Leopold Wagner sich literarisch an ihn hingen, um nach der Verübung von Indiskretionen gewaltsam abgeschüttelt zu werden, all diese Jünglinge und Männer die Goethe damals duzte, tragen Züge der Goethischen Fülle und Güte, sind ihm irgendwie zeit= ja seelenverwandt, nur ohne die gedrängte Kraft und die mitten im Sturm und Drang schon instinktive Weisheit.. es sind glänzende und blendende Menschen darunter. Aber an Goethe gemessen (nicht nur an Goethes produktiver Begabung und Großheit des Charakters, an Goethes weltgeschichtlichem Wert) rein als lebendige junge Leute neben ihn gestellt, wirken sie undicht, unfertig, ja unecht: wie verwässerte Kopien neben dem Original, wie Wolken um einen festen Gipfel dessen Formen sie anzunehmen, zugleich zu übertreiben und zu verblasen scheinen .. nicht gerade aus Nachahmung, sondern bedingt und bewirkt von dem massiven Gebild das sie locker umlagern.

Ich denke hier wesentlich an Klinger und Lenz, an die Gebrüder Stolberg und die Gebrüder Jacobi — die wichtigsten unter den Goethe=Sateliten denen eine eigne geistesgeschichtliche Bedeutung zukommt, oder die auch ohne Goethe noch etwas vorstellten. Bei all diesen Verhältnissen zu den jungen Freunden — außer dem zu Lavater, der einen Platz für sich beansprucht neben Herder und Merck — ist Goethe in jedem einzelnen Fall unbedingt der Gebende, der Bewirkende, der Herrschende. Nur das Gesamt dieser Freundschafts=atmosphäre, das Gefühl, seine Kraft fortwirken zu lassen in soviel edlen und guten Menschen, war für ihn Bereicherung, wohl auch Reinigung und Erleichterung, wie er ja in dem Brief an Gustchen

Stolberg als seine größte Glückseligkeit bezeichnete mit den besten Menschen seiner Zeit zu leben. Aber kein einzelnes dieser Verhältnisse hat ihn innerlich weiter gebracht, keins war ihm mehr als ein Anlaß zur Aussprache. Für uns sind sie wichtig, weil wir nirgends einen so deutlichen Begriff von dem Zauber und der Gewalt der Goethischen Gegenwart bekommen als durch die Aussprüche seiner Freunde und Jünger. Damals war er noch nicht eine mythische Figur deren Ruhm und Werk ihn von selbst mit einer ehrfurchtgebietenden Gloriole umgab, wie der alte Goethe. Was damals auf junge Geister wirkte konnte nicht der vor ihm hergehende Begriff, sondern nur seine gegenwärtige Ausstrahlung sein — und es gehört zu Goethes Bild, wenn wir einige dieser Wirkungen in ihren Niederschlägen festhalten.

Neben dem Werk Goethes sei seine Wirkung nicht vergessen. So schließen wir die allgemeine Charakterisierung seines Freundschaftskreises durch Urteile über ihn, Zeichen wie er von Freunden und Gegnern gesehen wurde. Immer wieder kehrt darin, ob zum Guten oder zum Bösen gedeutet, das Gefühl daß hier ein Wesen mit einem eignen inneren Gesetz und einer unzähmbaren Fülle walte, bestimmt sich auszuwirken, nicht bewirkt zu werden. Bodmer schildert ihn nach Äußerungen Passavants: „Er sei nur denen gefährlich, denen er nicht wohlwollte. Sonst von mächtigem Feuer: er könne sich in die Person und Situation versetzen, in welche er wollte und dann schreibe er fremde und nicht seine Meinungen ... Man fürchtet, sein Feuer werde ihn verzehren..." Ein Gemisch von Scheu und ängstlichem Respekt des gesetzten Bürgers mit dem Bewußtsein Gottseidank gesünder zu sein, bezeugt sich hier. Eine andre Schilderung eines Abseiters, Boies, des Hainbündlers: „Goethes Herz ist so groß und edel wie sein Geist. Er hat mir viel vorlesen müssen, und in allem ist der originale Ton, eigne Kraft und bei allem sonderbaren, unkorrekten, alles mit dem Stempel des Genies geprägt!" Auch hier bemerken wir die beiden Wirkungen: Genialität und Unkorrektheit. Noch immer herrschte ein Begriff von einem Bürgerlich Normalen, Seinsollenden, und nur mit einem Vorbehalt beugte man sich dem lebendigen Zauber des Mannes vor dem dies Seinsollende wesenlos wurde.

Bedeutender, mit einem wirklichen Blick in Goethes Inneres ist eine Bemerkung Schlossers mit Bezug auf ihn .. sie kommt aus der Ahnung des gesundverständigen Menschen daß man es hier mit einem unmeßbaren und maßlosen Herzen zu tun habe: „Eine wirksame Seele, die zuviel umfaßt, oder nichts zu umfassen hat, muß vergehen .. besser daß sie an einem Ding hängt, es sei leer oder voll — wenns nur was ist." Und von demselben: „Er ist weiblich.. wenn er aber in den nächsten Jahren nicht ganz zerbricht, so werden wir uns nähern."

Knebels Bericht nach der ersten Bekanntschaft mit Goethe: „Goethe lebt in einem beständigen innerlichen Krieg und Aufruhr, da alle Gegenstände aufs heftigste auf ihn würken."

Und nun die Urteile der eigentlichen Freunde, die Wirkung welche sie in Goethes Existenz wie im Wirbel hineinzog:

Georg Jacobi, nach der ersten Begegnung: „Herr Goethe hatte mich in öffentlichen Blättern empfindlich beleidigt; aber auch hat er das Trauerspiel Götz v. Berlichingen geschrieben. Wir gaben uns die Hand. Ich sah einen der außerordentlichsten Männer, voll hohen Genies, glühender Einbildungskraft, tiefer Empfindung, rascher Laune, dessen starker, dann und wann riesenmäßiger Geist einen ganz eignen Gang nimmt."

Friedrich Jacobi: „Goethe ist der Mann, dessen mein Herz bedurfte, der das ganze Liebesfeuer meiner Seele aushalten, ausdauern kann. Mein Charakter wird nun erst seine ächte eigentümliche Festigkeit erhalten. Der Mann ist selbständig vom Scheitel bis zur Fußsohle."

„Goethe ist, nach Heinses Ausdruck, Genie vom Scheitel bis zur Sohle; ein Besessener, füge ich hinzu, dem fast in keinem Falle gestattet ist, willkürlich zu handeln. Man braucht nur eine Stunde bei ihm zu sein, um es im höchsten Grade lächerlich zu finden, von ihm zu begehren, daß er anders denken und handeln soll als er wirklich denkt und handelt."

„Was Goethe und ich einander sein mußten, war .. im Nu entschieden. Jeder glaubte von dem Andern mehr zu empfangen als er ihm geben könne. Mangel und Reichtum auf beiden Seiten umarmten einander: so ward Liebe unter uns. Sie kanns ausdauern, seine Seele, — zeugte in sich der Eine vom Andren — die ganze Glut der meinigen; nie werden sie einander verzehren."

Heinse: „Goethe war bei uns, ein schöner Junge von 25 Jahren, der vom Wirbel bis zur Zehe Genie und Kraft und Stärke ist: ein Herz voll Gefühl, ein Geist voll Feuer mit Adlerflügeln."

Klinger: „ein wunderbarer Mensch. Der erste von den Menschen die ich je gesehn. Der alleinige mit dem ich sein kann. Die Nachkommen werden staunen, daß je so ein Mensch war."

Ch. Stolberg: „Es ist ein gar herrlicher Mann. Die Fülle der heißen Empfindung strömt aus jedem Wort, aus jeder Miene. Er ist bis zum Ungestüm lebhaft, aber auch aus dem Ungestüm blickt das zärtlich liebende Herz hervor. Wir sind immer beisammen und genießen zusammen alles Glück und Wohl, das die Freundschaft geben kann."

„Es ist ein wilder, unbändiger, aber sehr guter Junge. Voll Geist, voll Flamme."

Endlich Lavater: „Goethe wäre ein herrliches handelndes Wesen bei einem Fürsten. Dahin gehört er. Er könnte König sein. Er hat nicht nur Weisheit und Bonhomie, sondern auch Kraft." „Goethe ist der liebenswürdigste, zutraulichste, herzigste Mensch. Bei Menschen ohne Prätension, der zermalmendste Herkules aller Prätension. Billiger ist kein Mensch in mündlicher Beurteilung andrer — Toleranter niemand als er. Ich hab ihn neben Basedow und Hasenkamp, bei Herrenhutern und Mystikern, bei Weibchens und Männinnen, bei Kleinjoggen und Boßhard (zwei unendlich verschiedene Himmelsprodukte unsres Landes) allenthalben denselben edeln, alles durchschauenden, duldenden Mann gesehen."

All diese Freunde fanden in Goethe die Richtung ihres eignen Wesens verstärkt oder verschönert wieder, und in ihm verwirklicht was sie zu sein wünschten oder glaubten.

Es war nicht des jungen Goethe Art eine ehrliche Begeisterung und leidenschaftliche Liebe, die ihm entgegengetragen wurde, aus Gründen der inneren Ökonomie abzuweisen, wie es der alte Goethe manchmal mußte. Vielmehr hielt er es gerade damals selbst von der Seite der Ökonomie her für seine Pflicht jedem lebendigen Drang zu willfahren und jedem zu geben was er geben konnte, weil ja doch auch in diesem Sichausströmen Macht und Gefühl der Fülle lag. So finden wir ihn in den enthusiastischen durch das brüderliche Du gewärmten Freundschaftsverhältnissen mit Leuten die ihm nichts zu bieten hatten als ihre Bewunderung, ihr begeistertes Temperament und guten Willen. Freilich, es war damals in Deutschland eine Art Seuche des Seelenkultes ausgebrochen der auch Goethe sich nicht entzog. Das entfesselte, den Kerkern des Rationalismus entlaufene Gefühl war wahllos geworden, und der „Sturm und Drang" genügte zunächst einmal der Aufgabe das neue Lebensgefühl sich ergießen zu lassen, nicht ihm neue Formen und Kanäle zu bauen. Dies war die geistesgeschichtliche Sendung der nachfolgenden Epoche, deren Führung wiederum aus eigener Not heraus Goethe zu übernehmen hatte. Als der überströmendste und überschwingendste, weil gefüllteste und gespannteste unter all den Stürmern, hatte er auch am meisten innen und draußen unter dieser Seuche zu leiden, und mußte als der erste nach Heilmitteln dafür suchen. Die fand er in Italien, und er ward im selben Maß den früheren Freunden, Stolberg, Jacobi, Boie, Lenz, Wagner, Bürger, Klinger und vor allem Lavater entfremdet bis zur Verfeindung, als er den liebevollen Hingabedrang zurückdämmen mußte, um ihn der strengen, sogar grausamen, immer entsagenden Selbstgestaltung

zuzuleiten. Solang ihm dieses Überströmen und Mitteilen das Lebensgefühl steigerte, weil er es für die Stärke selbst hielt, zögerte er nicht in jedem zufällig begeisterten Begegner seinesgleichen zu begrüßen, den Bruder zu umarmen . . .
> Ach, da ich irrte, hatt ich viel Gespielen.
> Da ich dich kenne, bin ich fast allein.

Je mehr er vom Kult der bloßen Fülle, des Gefühls abkam und das Gewicht auf innere Gestaltung und äußere Leistung legte, je mehr er von sich und andern nicht nur das warme und empfindsame Dasein, sondern die gesammelte Tat und das bezeichnende Werk forderte, je weniger er sich begnügte mit dem bloßen formlosen Inhalt des Daseins, sondern Ansprüche stellte an Form, Ordnung, Haltung, desto weniger konnte er anfangen mit menschlichen Verhältnissen welche keine andre Basis hatten als eine begeisterte Stimmung, als die Schwärmerei oder Gehobenheit eines vorübergehenden, von Goethe obendrein noch als pathologisch empfundenen Zustandes. Wie ihm der Werther selbst später als Krankheitsbild fast widerwärtig wurde, so mußten ihm die andren Erinnerungen an jene Überspanntheiten leidig, und wenn sie gar noch Forderungen an ihn stellten, lästig werden . . und je inniger und begeisterter auf Stimmung, je weniger auf praktischen oder intellektuellen Interessen seine Beziehungen zu den Sturm-und-drang-freunden beruht hatten, desto schmerzlicher wurde die Abkühlung. In der Tat nahm Goethe aus seiner Sturm-und-drang-zeit nur diejenigen Freundschaften mit in sein Mannesalter die nicht nur auf dem Seelenkult, sondern zugleich auf irgendeinem sachlichen oder wissenschaftlichen Grund ruhten, und je älter er wurde, desto spärlicher nahm er noch Menschen zu Freunden an, die ihn nicht auf seinem eigenen Wege förderten oder von denen er nicht lernen konnte. Niemals wieder war nach der italienischen Reise die Basis irgendeiner seiner Freundschaften die bloß gemeinsame Stimmung oder ein gehobener gemeinsamer Moment, oder Kult der Freundschaft um der Freundschaft willen, oder gar der Genuß des eignen Kraft- und Liebegefühls in der Wirkung auf den Freund. Von den Jugendfreunden hat Goethe gerade die mit denen er am schwärmerischsten, am seelenvollsten verbunden war nicht in die spätere Zeit hinüber gerettet, wenigstens nicht als bedeutende Teilnehmer an seinem Dasein: gerade den Stolbergen, Jacobis und Lenz war er entfremdet.. zumal Lavater, dem einst fast vergötterten, begegnete er später nicht nur mit Gleichgültigkeit, sondern fast mit Gehässigkeit, und grade die Siedehitze der Zuneigung erklärt den Rückschlag. Dagegen mit seinen Kritikern und Lehrern kam Goethe länger aus als mit seinen Schwärmern und Jüngern. Daß sein Verhältnis zu Herder sich lockerte ging nicht — wie bei den meisten andren Brüchen und Entfremdungen — aus Goethes Initiative hervor, sondern aus der Herders. Aber nichts ist bezeichnender für die gänzlich veränderte Stellung der Freundschaft in Goethes Leben vor und nach der italienischen Reise, als daß der einzige gleichgewichtige Freund des reifen Goethe nicht ein gleichgestimmter Gefährte sondern seine gegensätzliche Ergänzung war: Schiller. Kurz: die Freunde Goethes in seiner Sturm-und-drang-zeit, abgesehen von seinem Lehrer Herder und seinem Kritiker Merck, waren für ihn in erster Linie Gefäße seiner expansiven Lebensfülle und Erweiterungen seines Ich, und er bedurfte dazu auf der Gegenseite mehr des Widerhalls und der Hingabe als des Widerstandes. Im selben Maß als er sich an der Menschenwelt formen wollte, Forderungen stellte und Verantwortungen fühlte, sich selbst bedingter, gestalteter und somit unterschiedener fühlte, eigene Pflichten und Werke vor sich sah bei denen ihm niemand helfen konnte als der Kenner und Könner, im selben Maß wurden für ihn jene puren Gemüts- und Gesinnungsfreundschaften wesenlos.

Unter all diesen Freunden ist keiner für ihn damals wichtiger und später lästiger gewesen, wohl auch keiner als Persönlichkeit für sich betrachtet merkwürdiger als Lavater. Lavater ist wohl derjenige Mann den Goethe am meisten und innigsten, mit fast frauenhafter Liebe geliebt hat. Wenn man Lavaters Schriften liest, dieses Gemisch aus überschwenglicher Gefühlseligkeit und missionarhafter Anmaßung, aus Schwärmerei und Zweck, so begreift man kaum was gerade Goethe an seinem Wesen so unwiderstehlich anziehen konnte. Doch über allen Schriften Lavaters muß seiner persönlichen Gegenwart nach den Zeugnissen der Zeitgenossen ein unbeschreiblicher Zauber innegewohnt haben, und es lohnt sich nachzufühlen worin gerade dieser Zauber bestand: denn es war nicht das mitreißende Jünglingsfeuer, wie bei Stolberg und Jacobi, das Goethe verwandt ansprechen konnte, und gewiß waren die Interessenkreise Lavaters, des frommen Geistlichen und Propheten, und des heidnischen Weltkindes Goethe von vornherein getrennter als der zeitgenössischen jungen Literatoren.

Fragen wir Goethe selber wie er Lavater sah, so werden wir am ehesten den Grund von Lavaters Anziehungskraft, den Grund von dieser Freundschaft begreifen. „Er ist der beste, größte, weiseste, innigste aller sterblichen und unsterblichen Menschen, die ich kenne." „Es ist uns allen eine Kur, um einen Menschen zu sein, der in der Häuslichkeit der Liebe strebt und lebt." „Es ist mit Lavater wie mit dem Rheinfall, man glaubt auch, man habe ihn nie so gesehen, wenn man ihn wiedersieht, er ist die Blüte der Menschheit, das Beste vom Besten." In so enthusiastischen Ausdrücken feierte

Goethe den Mann den er später als einen Halbschwindler und Ganznarren brandmarkte, ja bis ins Körperliche hinein karikierte. Hier war Rohstoff und Schlacke seines eigenen Lebens die er später bei seinem Selbstgestaltungsprozeß mit um so größerer Heftigkeit ausstieß, je inniger er sie sein eigen gefühlt hatte ... Als dieser Umbildungsprozeß des Sturm‑und‑Drang‑Goethe, zu dessen eindringlichsten Zeugnissen eben der Zürcher Schwarmgeist gehörte, zum klassischen Goethe endgültig vollzogen war, als Goethe gar nicht mehr von innen und außen her durch jene Stürme und Dränge bedroht und belästigt war, als ihm all das Schwarmwesen lang nach Lavaters tapferm Tod zur silbernen Erinnerung geworden war: erst dann verklärte sich das Bild des seltsamen Freundes wieder, und vom Gipfel seines vollendeten Daseins aus zieht Goethe auch die Summe von Lavaters Charakter .. „Zutraulich schonend segnend erhebend, anders konnte man sich seine Gegenwart nicht denken."

Aus jenem enthusiastischen Gefühlserguß des jungen unmittelbar dem Lavaterischen Zauber unterstehenden Goethe und dieser historischen Würdigung des längst entfernten alten können wir entnehmen welcher Art Lavaters Zauberwirkung auf Goethe gewesen ist. Über seine bigotten Schrullen und unreinen, verworrenen, ja aberwitzigen Verzückungen hinaus, lebte und webte Lavater in einem Element von Güte und Innigkeit, von Herzlichkeit und Liebseligkeit dem kein liebeempfängliches und liebebedürftiges Herz sich entziehen konnte. Goethe empfand (so gewiß den Dichter des Götz schon mitten im Enthusiasmus die schwankende lallende Weichlichkeit, die bebende Christlichkeit und die zudringliche Proselytenmacherei, die anmaßende Pfaffen‑demut abstoßen mußte, so wenig auch der Sucher und Finder energisch durchgebildeter Form und Gestaltung an der krausen Mischliteratur und theologisch‑poetischen Traktätchen‑schriftstellerei des Freundes Geschmack finden konnte) zu sehr die Liebe und Güte als den Grund noch dieser Verzerrungen, als daß er deswegen gerechtet oder gezürnt hätte. Wo er ein positives Ganzes empfand nahm er die Früchte die dies Ganze trieb hin, auch wenn sie ihm nicht mundeten, wenigstens in dieser Zeit, da es ihm noch nicht so sehr auf die Früchte, d. h. Leistungen, Ergebnisse ankam als auf den Grund und die Witterung woraus Früchte entstanden.

Was zu Lavater hinzog und mit seinen Narreteien versöhnte war seine Selbstlosigkeit. Seine Bekehrungswut hatte wirklich kein andres Motiv als die christliche Nächstenliebe die sich Skrupel macht um das Heil des Nachbars, sein Christuskult war nur das theologisch überspannte Bemühn nach einem greifbaren, allmitteilbaren Ausdruck für das höchste Ideal allum‑

fassender, allerlösender Menschenliebe. Seiner theologischen Herkunft nach konnte er kein höheres, innigeres, mächtigeres Beschwörungsmittel und Anziehungsmittel für die Menschen finden, als daß er sie mit dringlicher, zudringlicher, weil ängstlich besorgter Herzlichkeit zu dem großen Quell der erlösenden Liebe, zu Christus rief. Christus war ihm wirklich nicht nur als theologische Formel sondern als tiefstes Erlebnis die Fülle und der Inbegriff der Liebe und der Erlösung.. und wie er selbst die Liebesfülle und Erlösungstat Christi beseligend empfand, so wollte er (zugleich evangelischer Geistlicher und Kind des Humanitätszeitalters) sie möglichst vielen Menschen zu deren Beseligung und Erlösung zugänglich machen, er wandte dazu alle Mittel der Beredsamkeit, der persönlichen Werbekraft, der Seelenkunde, der theologischen, praktischen, literarischen, dialektischen Propaganda an, um die Gesinnung der Menschen zu erforschen und sie auf Grund ihrer Gesinnung in Christus zu festigen oder zu Christus zu bekehren. Je lieber ihm von vornherein ein Mensch war, desto dringlicher wurde seine Propaganda. Dieses Werbertum ging nicht von einer Berufspflicht aus, sondern wirklich aus einem christlich liebevoll besorgten Herzen, und Goethe entschuldigte seine propagatorische Zudringlichkeit, weil er darin die Gretchen-angst ehrte, weil er spürte wie eine liebe treue Seele, „die von ihrem Glauben voll, der ganz allein ihr seligmachend ist, sich heilig quälte, daß sie den liebsten Mann verloren halten soll." Es lag deshalb bei allen oft pfäffischen Mitteln und Praktiken im Grund von Lavaters Propaganda nichts Pfäffisches, sondern wirklich noch etwas von jenem alten christlichen Liebestrieb der die ersten Gemeinden geschaffen hatte und Spott, Mißhandlung und Märtyrtum nicht scheute. Lavater hielt sich nicht wegen seines Glaubens für was Besseres, wie es der richtige Pfaffe tut, und er wollte nicht einen Vorzug für sich haben, um von da aus die Andern zu schulmeistern. Er bekehrte nicht, um seinen Machtbereich auszudehnen oder um mit seiner Begnadung zu protzen (all das können Motive des Missionierens sein) nicht weil er Geistlicher war und als solcher die Verpflichtung zu christlicher Betätigung gefühlt hätte: sondern wirklich nur weil er aus herzlicher Menschenliebe das Glück das ihm in der Liebe zu Christus zuteil geworden gerne möglichst vielen, zumal den Besten und Edelsten vermittelt hätte, besonders seinem Goethe. Auch das unterscheidet ihn von den Pfaffen, daß er nicht nach dem Maß der Christlichkeit wertete sondern auf Grund reinen Menschengefühls. Der Glaube an Christus war für ihn nicht der Wert, sondern das Glück des Menschen, und den Besten gönnte er dies Glück am meisten.

PHYSIOGNOMIK

WIE hing nun mit dieser zudringlichen Menschenliebe Lavaters, die im Christuskult ihren Ausgangspunkt und ihr Werbemittel hatte, sein großes Unternehmen zusammen, wodurch er seinen literarischen Ruhm errang und mit Goethe über die bloßen Gefühlsgemeinschaften hinaus in eine produktive Verbindung geriet: die Physiognomischen Fragmente? Der Titel des Werks selbst deutet den Zusammenhang an: „zur Beförderung der Menschenkenntnis und Menschenliebe" stellte Lavater seine Versuche zusammen, und dies war nicht nur Anpreisung die dem humanitären Publikum einen Vorteil versprechen sollte, sondern wirklich der Drang aus dem Lavater Gesichtforscher geworden ist.

Gesichtssucher war er zunächst: der Grund seines Triebs zur Physiognomik und seine eigene Begabung dafür war Sympathie, zu deutsch Mitgefühl: das liebevolle Mitschwingen mit den menschlichen Regungen und der Wunsch durch irgendein sichtbares, greifbares, deutbares Zeichen den Weg in die menschlichen Seelen zu finden die er gewinnen und beglücken wollte. Die Physiognomik war dem Bekehrer-instinkt Lavaters ein halbbewußtes, halbunbewußtes Propagandamittel: sie hatte (wir müssen das streng betonen, um den völlig verschiedenen Grund von Goethes physiognomischen Bemühungen zu erkennen) einen ausgesprochen subjektivistisch-psychologischen Charakter und nahm den Menschen vor allem als ein Geschöpf welches denkt, empfindet und fühlt .. nicht als ein Produkt der Natur, als ein wachsendes, wirkendes, bedingtes und gewirktes Geschöpf das durch sein Körperliches geistige Kräfte und Triebe ausdrückt und versinnlicht. Lavater nahm den Menschen und seine Züge isoliert und versuchte darin eine seelische Bedeutung und Bewegung zu erkennen, ohne nach den Gesetzen und Kräften zu fragen aus denen Form entsteht und wodurch sie bewirkt und modifiziert wird. Um die Seele war es ihm dabei zu tun, und zwar um die möglichst individualisierte Seele, um die Seele als den Träger ihrer Heilsmöglichkeiten. Was ihm abging war ein eigentlich physiognomisches System — er hat diesen Mangel von vornherein durch den Titel „Fragmente" zugegeben und gerechtfertigt — und er verließ sich auf die durch Sympathie und seelischen Impressionismus getragene Divination des geistlichen Herzenskündigers, riet und phantasierte von Gesicht zu Gesicht, bald seherisch flatternd, bald sucherisch bohrend, bald den Gesamteindruck eines Gesichts nachlallend, bald abgelöste Züge zärtlich nachtastend, immer aber bestrebt in dem Körperlichen die Spur Gottes, den Weg des Trägers jeder Physiognomie von Gott oder zu Gott mit der Aufmerksamkeit eines Proselytenmachers zu erkennen — auch wo er nicht unmittelbar davon sprach. Da er nun eben vermöge seines sympathetischen Temperaments wirklich ein guter Seelenkündiger war und aus den Gesichtszügen die momentane Deutung einfühlend herausholen konnte, so ist seine Physiognomik reich an treffenden Einzelbeobachtungen. Nur leidet sie daran daß bei den bekannten oder historischen Köpfen Lavater sein Wissen von den Charakteren der Träger in die Gesichter, ob es paßte oder nicht, hineindeutete — das hat was Scharlatanisches — und sodann, daß er bei dem Mangel an festen Deutungs- und Forschungswegen nur auf glückliche Blicke von Fall zu Fall, auf divinatorische Willkür angewiesen war. Dadurch haftet dem Werk, welches doch mehr oder minder auf wissenschaftliche Grundlegung Anspruch machte, eine poetisierende Dilettantenhaftigkeit und Zufälligkeit an.

Gerade diese poetisierende unverbindliche Läßlichkeit sprach allerdings den Zeitgeschmack an und der Gesichterseher und Seelendeuter durfte eines größeren Erfolgs gewiß sein als ein systematischer Erforscher der Kräfte wodurch Gesichter gebaut werden und der Gesetze wonach innere Spannungen und Ladungen sich im Material von Fleisch und Knochen auswirken. Was das damalige Publikum wollte, das Publikum des Werther und der Rousseauschen Ideen, war schrankenlose, zärtliche Empfindung für Individualität, nachgiebiges Gefühl für alle Äußerungen und Wege der menschlichen Seele, je momentan hingegebner, augenblickstrunkner, weicher, inniger, desto besser — und Lavater bahnte der allgemeinen Seelenspürerei und Empfindsamkeit einen neuen Weg: den Weg vom individuellen Gesichtsausdruck zum individuellen Innern des Menschen. Zweifellos hatte Goethe auch von dieser Seite her Zugang zu Lavaters Unternehmen, es war dem Verfasser des Werther ein Mittel sein Menschengefühl zu steigern, dem verantwortlichen, nach festem und deutlichem Blick auf die Weltdinge ringenden nachwertherischen Goethe ein Arsenal der Menschenkenntnis. Aber sobald er sich einmal praktisch, dem Drängen des Freundes nachgebend, und mit der ganzen Stoßkraft seiner Teilnahme in die Mitarbeit an den Physiognomischen Fragmenten eingelassen hatte, ging ihm, allerdings nur ihm noch ein höherer Sinn und Wert dieses Unternehmens auf. Mit dem ihm eigenen Sinn für Allheit konnte er nicht dabei stehen bleiben, von Fall zu Fall die Gesichter zu deuten: aus einem isolierten Körperlichen ein isoliertes Geistiges herauszulesen. Zweierlei hebt sofort selbst seine flüchtigsten physiognomischen Versuche über Lavaters Leistung hinaus und bringt sie in unmittelbaren Zusammenhang einerseits mit seiner jugendlichen Dichtung, andrerseits mit seinen späteren wissenschaftlichen Werken: seine Schau des Menschen als eines Naturwesens und sein Erlebnis der Gestalt und der sinnlichen Organisation als des Sinnbilds für Aktion, Kräfte, Wirkungen. Lavater nahm den Menschen als außerhalb der Natur stehendes isoliertes Seelenwesen und das Körperliche als die Schrift für geistige Eigenschaften oder Gefühle, er nahm also Mensch und Körper moralisch und statisch, während Goethe beide physisch und dynamisch nahm. Damit ist auch der Unterschied zwischen ihrer beiderseitigen physiognomischen Methode und Absicht gekennzeichnet. Für Goethe ist der Mensch nur ein besonders deutliches, konkretes und kompaktes Sinnbild der göttlichen Kräfte die das All wirken und verwandeln: der Mensch ist ihm das Maß des Alls und die Erforschung des körperlichen Menschen nur eine Anwendung desselben Allgefühls welches den Ganymed, den Schöpfer Prometheus und den Allempfinder Mahomet gedichtet hat. In diesem Sinn sind seine physiognomischen Anfänge die Grundlegung zu seiner späteren Morphologie, welche nur die begriffliche Fassung jenes Weltgefühls ist aus dem die Sturm-und-drang-dichtung quoll. Der Zusammenhang zwischen Goethes Dichtung (die aus seinem heidnisch-naturhaften, nicht christlich-moralischen Menschengefühl stammt) und seiner Morphologie (welche seine Deutung der Natur als der alle Stufen der Organisation einheitlich durchwirkenden und bedingenden Baumeisterin der Schöpfungsformen enthält) wird deutlich bei der Betrachtung von Schillers Schädel: sie ist mit Goethes frühesten physiognomischen Versuchen verwandt und führt sie ins Dichterische hinein.

> Wie mich geheimnisvoll die Form entzückte!
> Die gottgedachte Spur, die sich erhalten!
> Ein Blick, der mich an jenes Meer entrückte,
> Das flutend strömt gesteigerte Gestalten.

Bei der Betrachtung einer Schädelform (also bei einem physiognomischen Bemühn, verwandt denen seiner Jugend) spricht Goethe sein Bekenntnis zur Gottnatur als einer allwirkenden Kraft aus:

> Wie sie das Feste läßt zu Geist verrinnen,
> Wie sie das Geisterzeugte fest bewahre.

Die Physiognomik ist für Goethe gewissermaßen das Verbindungsglied zwischen seinem Menschengefühl, aus dem seine Dichtung entspringt, und seinem Naturgefühl, aus dem seine Wissenschaft entspringt, und schon deshalb nimmt sie innerhalb seiner Gesamtproduktion als Tendenz eine bedeutendere Stelle ein als ihr an sich nach ihren Einzelergebnissen und Leistungen zukäme. Aber zwischen Goethes moralischer Welt, d. h. der Welt seines Menschentums, seinem Reich der Freiheit, wenn man bei ihm von einem solchen reden darf, und seiner natürlichen Welt, seinem Reich der Notwendigkeit, klafft nicht eine unüberbrückbare Kluft, vielmehr gehen beide ineinander stetig über und der Mensch ist als Angehöriger beider Welten zugleich ihre Synthese. Für Lavater existiert der Mensch nur als moralisches Wesen, für Goethe ist sein moralisches Dasein eine Auswirkung von Naturkräften, und die Physiognomik ist für Goethe diejenige Wissenschaft welche dieser naturhaften Auswirkung moralischer Formen, wie sie sich in der Gesichtsbildung und im Gesichtsausdruck bekunden, auf die Spur zu kommen sucht. Diesen Platz nimmt die Physiognomik in seinem Leben ein: sie ist sein erster, noch sehr fragmentarischer und willkürlicher Versuch auf halbwegs wissenschaftlichem, allerdings mehr naturphilosophischem als naturforschendem Weg, den Machtbereich der Naturkräfte in der geistigen Welt abzustecken. Was diesen Versuch unzulänglich, oder wenigstens vorläufig macht — freilich hat Goethe bis heute noch keinen Vollender gefunden, und die Physiognomik ist ein Problem das noch seiner Lösung harrt — ist die einfache Übernahme der geläufigen moralischen Deutungen und Werturteile in Lavaterischer Manier als fertiger Klischees, während hier gerade Goethe schon reinen Tisch hätte machen können, indem er sich entweder wie bei der Tierschädel-deutung beschränkt hätte auf die Gegenwart physischer Funktionen in der Form oder den Zusammenhang zwischen Form und Ausdruck, oder gleich (allerdings eine vor Nietzsche kaum zu stellende Aufgabe) der Entstehung sinnlich sittlicher Wirkungen aus physischen Funktionen und Formen nachgegangen wäre, ähnlich wie später in der Farbenlehre jenes wundervolle Kapitel die sinnlich sittlichen Wirkungen der Farben behandelt.

Man käme gar nicht auf den Gedanken dies von Goethes physiognomischen Versuchen zu fordern, etwas das gar nicht im Gesamtplan angelegt und versprochen war, wenn nicht Goethe selbst in einigen Ansätzen uns verheißungsvoll gezeigt hätte zu welchen Resultaten er mit seinem Blick und Griff auf diesem Weg hätte gelangen können. Wie unendlich viel tiefer er die Aufgabe der Physiognomik gefaßt hatte als Lavater, wie prinzipiell anders er an sie herantrat — und zwar eben in dem Sinn einer Entstehungs- und Wirkungsgeschichte der menschlichen Formen und des Ausdrucks, ja einer Biologie der Gesichter, das zeigen uns zumal seine allgemeinen Betrachtungen „von der Physiognomik überhaupt". Während Lavater Deskription gibt, greift Goethe gleich auf die Genese zurück, wenigstens in der Forderung, und geht von innen her dem Gewordnen der Form in ihr Werden nach — er geht auch, eben aus seinem Gesamtgefühl der Natur, hinter den Menschen zurück, er zieht die Tierschädelformen in den Kreis seiner Betrachtung, mit jener osteologischen Ahnung, daß die Natur einen Ur-tick habe, durch die mannigfaltigsten Stufen hinauf ihre Gebilde zu organisieren und daß bei den primitiveren Stufen man diesem Tick, diesem Gesetz, dieser Technik näher sei.

Freilich kam diese Ahnung, die in den allgemeinen Zugaben schon groß angedeutet ist, bei der Anwendung fast nie rein heraus, aus verschiedenen Gründen.

Zunächst konnte sich Goethe doch nicht ganz freimachen von dem Lavaterischen Zweck und Plan des Werks, welcher nun einmal kein wissenschaftlicher und naturphilosophischer, sondern ein moralischer und humanitärer war: es sollten durch Erläuterung der beigegebenen Kupfer, durch den Parallelismus von Wort und Linie dem Publikum gewisse Handhaben geboten werden, um vom Gesicht eines Menschen auf den Charakter zu schließen, aus seinem Physischen sein Moralisches zu erkennen. Goethe konnte also nie ganz absehen von den Illustrationen zu denen der begleitende Text vor allem Kommentar sein mußte, und die Erörterung dieser höchst unzulänglichen Bilder verbot von vornherein einen wissenschaftlich folgerichtigen Vortrag, sie beschränkte Goethe auf einen aphoristischen, andeutenden Stil. Die Bilder waren ja nach Lavaters Zweck nicht illustrative Beigabe sondern die Hauptsache, und der Text war nur Erläuterung. Auf eine gediegene Ausführung seiner naturphilosophischen Einfälle, zu der Goethe gewiß bei andrer Anlage des Werks gelangt wäre, mußte er also verzichten. So versuchte er nur, straffer und knapper als Lavater selbst es konnte, zu zeigen wie bestimmte moralische, seelische Erregungen und Schicksale an der physischen Form wirken (während Lavater selbst meistens bloß den physischen Formen die er im Kupfer vorfand eine moralische Deutung unterschob, oder die Schicksale und Charakterzüge der abgebildeten Personen die er persönlich oder aus der Geschichte kannte im Bilde nachzuweisen und zu unterstreichen bestrebt war). Andrerseits fehlte es Goethe damals noch an einer breiteren empirischen Grundlage, um seine dichterisch natursehrischen Ahnungen zu befestigen und im Zusammenhang zu begründen: er war auf bloße Blitze und Durchblicke angewiesen und die fragmentarische Anlage wurde ihm ganz lieb, weil sie ihm, der damals noch keine eigentlich wissenschaftlichen Aspirationen hatte, Gelegenheit bot seine vorläufigen Gedanken über den Einklang physischer und moralischer Organisation, über die bildnerisch wirkende Einheit der ganzen Natur, Anwendungen seines religiösen Weltgefühls, unverbindlich auszusprechen.

Ein dritter Grund warum nicht damals schon aus Goethes Menschengefühl und dichterischer Beseelung der Gestalt seine systematische Morphologie herauswuchs war die Dazwischenkunft seines zeichnerischen Interesses: bei der Betrachtung der Formen wurde er vielfach von einer genetischen Darstellung der Entstehung der Formen abgehalten durch die Vertiefung in die Dynamik der Formen. Als Zeichner interessierten ihn etwa solche Fragen: welche Funktion vertritt die und die Linie, die Lagerung der Nase? welche plastischen oder malerischen Werte enthält die Stirn? welche Gliederung haben die einzelnen Gesichtszüge? Es kreuzen und hindern sich oft gegenseitig in Goethes physiognomischen Versuchen drei ganz verschiedene Interessen: erstens ein dichterisch menschliches, zweitens ein naturphilosophisch morphologisches, drittens ein zeichnerisch dynamisches. Unter drei ganz verschiedenen Gesichtspunkten betrachtete er gleichzeitig die menschliche Physiognomie, ja den Menschen überhaupt: als geistig leiblichen Charakter, als ein Gewächs und Gebild der allschaffenden und -wirkenden Natur, als einen Komplex bildnerischer Formen und Ausdrucksmittel. Lavater kannte von diesen drei Bezirken der Physiognomik nur den ersten — und wenn auch Goethe durch die Vielfachheit seines physiognomischen Interesses reicher wurde, so hinderten doch diese drei gleichzeitigen Blickpunkte eine zusammenhängende Ansicht und folgerichtige Anwendung eher als daß sie sie förderten.

Das Bedeutendste was Goethe zu Lavaters Werk beigesteuert hat sind darum seine allgemeinen Zugaben, und nicht seine Anwendungen. Wo er nicht an die elenden Kupfer gebunden war, sondern sich gehen lassen konnte, schöpfte er immer aus dem Vollen seines Welterlebens, und all seine allgemeinen Maximen kommen aus einer sicheren Mitte heraus. Hier hat er sich auch im Stil völlig befreit von der Lavaterischen Ekstatik und Hypertrophie. Dagegen wo er, wie bei den Anwendungen, durch einen außer ihm liegenden Zweck gebunden war, wo ihm die Kupfer oft die Stimmung verdarben, wo er durch unzulängliches Material gehemmt, ja verstört war, fühlte er sich nicht so klar und sicher und lavaterisierte auch im Stil. Doch auch hierbei konnte er, durch ein ausnahmsweis gutes Kupfer, oder durch einen ihm irgendwie nahen und aktuellen Gegenstand angeregt, zu bedeutenden und abgerundeten Leistungen kommen, wie bei seinem Porträt des Brutus. An bedeutenden Einzelbeobachtungen und ihrer glücklichen Formulierung ist er, der unendlich mehr Auge und nicht weniger Nerv und Seele hatte als Lavater, und dabei den Sprachgriff des großen Dichters, Lavater weit überlegen. Etwa: „Die Gestalt dieses wahnwitzigen Menschen ist wie ein Baumblatt, das der Mehltau auch nur auf einem einzigen Punkte traf; von dem Orte aus verzieht sich die Form; nach dem Orte hin verziehen sich die Linien, und so zucken hier nach dem verschobnen Gehirne all die übrigen Züge. Gehinderte Würkung also ist sichtlich an diesem Profile." Ein Beispiel wie Goethe in den festen Linien nicht bloß moralische Expression, Gefühl oder Stimmung liest, sondern eine wirkende und bewirkende Formkraft, eine bauende und zerstörende Tätigkeit nachspürt und nachzeichnet. Wichtiger als das ruhende, festgeronnene Sein ist ihm hier schon überall die Wirkung, aktive und passive Wirksamkeit. „Würkung, würken" ist sein Lieblingswort und kehrt fast auf jeder Seite die er zur Physiognomik beisteuert wieder.

Goethes Physiognomik verrät den Zusammenhang zwischen seiner dichterischen und seiner naturphilosophischen Anlage, den einen Punkt aus dem beide sich entwickeln. Seine physiognomischen Bemühungen sind wichtig als Übergang zwischen dem Weltfühlen und dem Weltbegreifen Goethes. So sehr sie in Stil und Tempo noch am Sturm und Drang teilhaben, so sehr weist ihre Tendenz, ja ihr Ursprung schon in jene neue Periode Goethes, die durch die italienische Reise ihre Vollendung findet: auf die Grundlegung des praktischen, des wissenschaftlichen und des klassischen Goethe. Ein überströmendes und alleintauchendes Menschen- und Schöpfungsgefühl, ein sympathetischer Taumel wie der Lavaterische hat ihn zur physiognomischen Betätigung veranlaßt, welche die ersten Ahnungen seiner morphologischen Wissenschaft enthält. Immer kommt bei ihm die Begrenzung, Maßgebung, Ordnung aus dem Wühlen, Fühlen und Drängen selbst, die Arznei aus dem Leiden. Was vom Sturm-und-drang-Goethe aus gesehen Leiden, ist vom klassischen Goethe aus gesehen Arznei. Die physiognomischen Fragmente sind ebenfalls eine Stufe in Goethes Krankheits- oder Gesundungsprozeß, und diese Doppelseitigkeit ihres Ursprungs hat er lyrisch bekannt in dem Lied des physiognomischen Zeichners (1774). Es besingt die Geburt der Physiognomik aus dem Geist des Sturms und Drangs, der das All in seinen Gestaltungen trinken möchte, der darunter leidet nicht das Ganze fassen und besitzen zu können.

Das Gleichnis von dem Springbrunn mit den tausend Röhren enthält die Sehnsucht die Goethe durch physiognomische Betrachtung zu befriedigen hoffte: die überwältigende Flut der Schöpfung kanalisiert in ihren bestimmten, gesonderten, zahllosen Formen zu beherrschen und zu lenken, oder mit andren Worten, die ebenfalls dies Gedicht enthält: die Kräfte der Schöpfung „erheitert" zu ergreifen, d. h. geklärt, deutlich, deutbar im eignen Geiste. Wie er aber diese Aufgabe anfaßte das zeigt am klarsten das Fragment »Von der Physiognomik überhaupt« das die Reihe von Goethes naturphilosophischen Schriften ähnlich großartig eröffnet wie die Abhandlung über

Erwin von Steinbach seine kunstkritische Tätigkeit. In beiden Fällen eine Ouvertüre welche noch als gedrängtes Gefühlsthema enthält was später in Begriffen und Beweisen variiert und fugiert wird. — „Man wird sich öfters nicht enthalten können, die Worte Physiognomie, Physiognomik in einem ganz weiten Sinn zu gebrauchen. Diese Wissenschaft schließt vom Äußeren aufs Innere. Aber was ist das Äußere am Menschen? Wahrlich nicht seine nackte Gestalt, unbedachte Gebärden, die seine inneren Kräfte und deren Spiel bezeichnen! Stand, Gewohnheit, Besitztümer, Kleider, alles modifiziert, alles verhüllt ihn. Durch alle diese Hüllen bis auf sein Innerstes zu dringen, selbst in diesen fremden Bestimmungen feste Punkte zu finden, von denen sich auf sein Wesen sicher schließen läßt, scheint äußerst schwer, ja unmöglich zu sein. Nur getrost! Was den Menschen umgibt, wirkt nicht allein auf ihn, er wirkt auch wieder zurück auf selbiges, und indem er sich modifizieren läßt, modifiziert er wieder rings um sich her. So lassen Kleider und Hausrat eines Mannes sicher auf dessen Charakter schließen. Die Natur bildet den Menschen, er bildet sich um, und diese Umbildung ist doch wieder natürlich; er, der sich in die große weite Welt gesetzt sieht, umzäunt, ummauert sich eine kleine drein, und staffiert sie aus nach seinem Bilde. Stand und Umstände mögen immer das, was den Menschen umgeben muß, bestimmen, aber die Art, womit er sich bestimmen läßt, ist höchst bedeutend. Er kann sich gleichgültig einrichten wie andre seinesgleichen, weil es sich nun einmal so schickt; diese Gleichgültigkeit kann bis zur Nachlässigkeit gehen. Ebenso kann man Pünktlichkeit und Eifer darinnen bemerken, auch ob er vorgreift, und sich der nächsten Stufe über ihm gleichzustellen sucht, oder ob er, welches freilich höchst selten ist, eine Stufe zurück zu weichen scheint. Ich hoffe, es wird niemand sein, der mir verdenken wird, daß ich das Gebiet des Physiognomisten also erweitere. Teils geht ihn jedes Verhältnis des Menschen an, teils ist auch sein Unternehmen so schwer, daß man ihm nicht verargen muß, wenn er alles ergreift, was ihn schneller und leichter zu seinem großen Zwecke führen kann."

Ein andrer Abschnitt handelt weniger von der Aufgabe als von dem Wert und der Wirkung der Physiognomik: „Die gütige Vorsehung hat jedem einen gewissen Trieb gegeben, so oder anders zu handeln, der denn auch einem jeden durch die Welt hilft. Eben dieser innere Trieb kombiniert auch mehr oder minder die Erfahrungen, die der Mensch macht, ohne daß er sich dessen gewissermaßen selbst bewußt ist. Jeder hat seinen eigenen Kreis von Wirksamkeit, jeder seine eigene Freude und Leid, da er denn durch eine gewisse Anzahl von Erfahrungen bemerkt, was ihm analog ist, und so wird er nach und nach im Lieben und Hassen auf das festeste bestätigt. Und so ist sein Bedürfnis erfüllt, er empfindet auf das deutlichste, was die Dinge für ein Verhältnis zu ihm haben, und daher kann es ihm einerlei sein, was für ein Verhältnis sie untereinander haben mögen. Er fühlt, daß dies und jenes so oder so auf ihn wirkt, und er fragt nicht, warum es so auf ihn wirkt, vielmehr läßt er sich dadurch auf ein oder die andre Weise bestimmen. Und so begierig der Mensch zu sein scheint, die wahre Beschaffenheit eines Dings, und die Ursachen seiner Wirkungen zu erkennen, so selten wird's bei ihm unüberwindliches Bedürfnis."

In diesen Sätzen ist schon, 1775, etwas von dem tiefen und ruhigen Weltblick der die olympische Weisheit des alten Goethe kennzeichnet. Ausgehend von einer konkreten und besondern Aufgabe, einem zufälligen Anlaß sucht er bis zu den Gründen dieses Einzelfalls und zu ihrer Verknüpfung mit dem von ihm gefühlten All vorzudringen: dies ist seine Methode sich zu immer größerer Deutlichkeit über die Gesetze des Alls hinaufzuformen. Zweierlei war von vornherein sein: scharfe und helle Sinne, die den einzelnen Gegenstand, die Gelegenheit, bei der Wurzel packten, und ein ursprünglich dumpfes Gefühl für das Allleben und Weben, das sympathetische Mitschwingen mit den Kräften und Bewegungen der Welt. Der Einzelfall den er klar erfaßte wurde ihm zur Laterne, in das Dunkel seiner Gefühle des Alls hineinzuleuchten. Wenn er sich später zu dem Geschlecht derer gehörig bekannte die vom Dunkel ins Helle streben, so ist damit die Richtung seines Willens, nicht seine Technik des Hellerwerdens bezeichnet: von der Helligkeit der Sinne drang er vor durch die Dunkelheit und Dumpfheit seines Allfühlens zu einer Klarheit des Alldenkens.

Von dieser Seite aus ist die Physiognomik für Goethe von größerer Bedeutung als man ihr gemeinhin in Goethes Leben zugesteht. Weil sie wenig produktive Spuren in seinem Werk hinterlassen hat, hält man sie für eine vorübergehende Laune.. sie ist aber wenn nicht eine der wirksamsten so doch sicher eine der sinnbildlichsten Tendenzen Goethes, woran man gewisse Übergänge vom Sturm*und*drang*Goethe zum klassischen, vom Gefühls*Goethe zum Gedanken*Goethe besonders deutlich nachweisen kann. Denn was ist konkreter, haftender, sinnlich deutlicher, greifbarer, und dabei wichtiger für den Dichter, als der einzelne Mensch, als die Züge, die physiognomischen Eigentümlichkeiten der konkreten Menschen? Und was ist zugleich gewisser bedingt, fühlbarer beherrscht von den großen Kräften und Gesetzen des Lebens? Vor allem, was ist ein bedeutsamerer Exponent für die Bedingtheit und das Bedingende, ein feineres Instrument für die Erkenntnis des Allgemeinen im Besonderen als der einzelne Mensch, in dem das Besonderste und das Allgemeinste am unmittelbarsten ihren Krieg führen, am sichtbarsten ihre gegenseitigen Wirkungen offenbaren, weil sich alles sofort im Material des Begreifens selbst, nämlich im Geist abdrückt.

Nicht zufälllig also sind die ersten eigentlich gedanklichen Auseinandersetzungen, in denen Goethe den Grund legt zu seiner späteren Methode, aus konkreten Fällen der Wirklichkeit ihre Urphänomene zu erfassen, bei Gelegenheit der Physiognomik niedergeschrieben. Das erstemal begegnen wir hier seiner spezifischen Weltweisheit. Sie ist verschieden von den klugen Beobachtungen und Anmerkungen des vorstraßburger Rokokojünglings, verschieden auch von den Seherblicken des Dichters im Werther, Götz, Faust, obwohl sie nur von einem herrühren kann dessen Weltgefühl mit dem des Verfassers dieser Werke identisch ist. Das Neue daran gegenüber der Rokoko-altklugheit ist, daß die Beobachtungen nicht mehr an einer vorgegebenen Norm gemessen werden sondern an ihrer eignen inneren Gesetzlichkeit. Von der Seherweisheit aber unterscheiden sich diese Aphorismen dadurch daß sie emanzipiert sind vom Gefühl, nicht lyrisch oder dramatisch ein Erlebnis ins Gedankliche projizieren, sondern didaktisch dem Erlebnis gegenübertreten und es deuten wollen: sie sind Anwendung, Lehre, Regel, nicht Ausdruck, Form, Ergießung. Noch Goethes Rezensionen und Schriften von deutscher Art und Kunst sind mehr Lyrik als Betrachtung, und in seinen theologischen Flugblättern über die biblischen Fragen ist er mehr Prediger als Forscher, mehr Redner, d. h. auf Wirkung aus, als Betrachter, d. h. auf Erkenntnis und Anschauung aus. In jenen beiden Stellen aus den allgemeinen Zugaben zur Physiognomik haben wir fast die ersten Proben für Goethes wissenschaftlichen Stil und wissenschaftliche Methode, nicht zufällig aus der Zeit da er in der gedanklichen Beherrschung und Verknüpfung des konkreten Erlebnisses ein Heilmittel sah für das uferlose „Himmel-auf und Höllen-ab" seines Fühlens. Daß seine Wissenschaft nicht Rationalismus, das heißt Denken ohne Erlebnis wurde, davor war er durch die Fülle seiner Natur bewahrt: nie konnte ihm der Begriff Selbstzweck, immer nur Mittel werden, immer konnte ihm das Denken nur die Mittelfunktion zwischen dem sinnlich klaren Schauen und dem seelisch dumpfen Fühlen oder Erleben sein. Wie er diese seine neue Methode des Gedanklichen, die Grundsätze die sich aus seiner allgemeinen physiognomischen Gesinnung ergeben, im einzelnen Fall anwandte, das verdeutlicht sein physiognomisches Charakterbild des Brutus: der bedeutendste seiner Versuche aus der sinnlichen Anschauung eines konkreten Gesichts die inneren und äußeren Bedingungen abzulesen die es geformt haben und die es ausdrückt.

In diesem Fragment, das neben Goethes allgemeinen Sätzen über Physiognomik der bedeutendste Beitrag des ganzen Werks ist und eine besonders bezeichnende Anwendung seiner Theorie, zugleich für den Zusammenhang zwischen Goethes Sehen und Goethes Sprache, für seine Aktivierung aller Gesichtseindrücke, für das intensive Tast- und Bewegungsgefühl seines Auges lehrreich ist, sind zugleich Ansätze zu einer deutschen Erweiterung und Vertiefung der Gattung welche bei den Griechen Theophrast und bei den Franzosen La Bruyère klassisch vertreten: die Gattung der „Charaktere": Schilderung menschlicher Typen, abgenommen von Individuen und auf ihre wesentlichen Züge hin stilisiert. Durch äußeres Gehaben, also Physiognomik im weiteren Sinne, werden innere Eigenschaften charakterisiert und dargestellt. Bei Theophrast, dem Schüler des Aristoteles, und bei La Bruyère, entspringt diese Gattung aus der Beobachtung der Menschen als gesellschaftlicher Wesen, um die Schilderung der Sitten des Einzelnen im Verhältnis zur Polis oder zur Gesellschaft ist es ihnen zu tun, und diese beiden Versuche einer literarisch fixierten angewandten Menschenkunde grenzen auf der einen Seite an die Moral, auf der andern an die Politik. Die Physiognomik hätte unter Goethes Händen, wie der Brutus zeigt, die Vertiefung dieser Gattung werden können: ein Museum von Typen und Individuen, gesammelt aus der Fülle der Geschichte und der Gegenwart, von Auswirkungen der Natur, zurückgeführt auf die formenden Urkräfte und die Modifikationen durch die Umgebungen und Gegenwirkungen der Natur und der Gesellschaft. Goethe erst verband zur Vertiefung dieser Aufgabe den übergesellschaftlichen Blick mit dem sympathetischen Dichtergefühl, und die Beobachtungsgabe des Weltmenschen mit dem Spürsinn des Naturforschers und des Zeichners. Ein Museum der wichtigsten menschlichen Grundformen hätte so entstehen können, eine empirisch umfassende Sammlung zur Geschichte der Naturformen und Kulturformen des Menschen, wie Theophrast und La Bruyère es versucht haben, der eine durch eine Sammlung von festen Eigenschaften, der andre durch eine Sammlung von Gesten. Bei Goethe wär es eine Sammlung von Kräften, Wirkungen und beseelten Formen geworden. Doch ohne dieser Möglichkeit nachzutrauern, werten wir Goethes physiognomische Versuche als Vorahnung seines Weltlebens mit all den Menschenbeobachtungen, dem Blick für das mannigfache Getrieb geselliger, höfischer, bäurischer Sitten den die Leitung eines kleinen Landes schärfen mußte, und andrerseits der naturbeobachtenden morphologisch wissenschaftlichen Tendenzen die ihm über die Stockung seiner eigentlich dichterischen Produktion gleichfalls hinweg helfen mußten. Vom Menschengefühl zur Menschenbeobachtung, vom Naturgefühl zur Naturkunde schlug die Physiognomik ihm eine Brücke und so fällt sie sinnvoll in die Zeit seines Übergangs nach Weimar.

WEIMAR

LAVATER und Lili sind die letzten bedeutenden Namen aus Goethes Sturm-und-drang-zeit und beide bezeichnen bereits seinen Weg zu einem andren Leben. Lili gewöhnt unmerklich den Stürmer und Dränger wieder an Gesellschaft, und um die Trennung von ihr „die so lang all sein Lust und all sein Sang" war, zu überwinden, geht er auf Reisen und nimmt schließlich die Einladung des jungen Herzogs von Sachsen-Weimar an — in Heidelberg wird er eingeholt und abgeholt aus einer zerstreuenden und zerreißenden Leidenschaft in einen geschlossenen und sammelnden Wirkungskreis. Und Lavater entfesselte noch einmal all die stammelnde, liebejauchzende, Gefühlseligkeit des Wertherdichters, veranlaßte ihn aber zugleich ohne seine Absicht zu den ersten Ansätzen wissenschaftlicher Tätigkeit und gesetzlicher Natur- und Weltbetrachtung.

Beide Namen begleiteten ihn als ein zu überwindendes Schicksal, wie Lili, oder als eine zu nützende oder abzulösende Tendenz, wie Lavater, in die erste Weimarer Zeit. Aber in Weimar selbst wird sein Schicksal jetzt bestimmt und ausgesprochen durch zwei neue Namen, zwei neue Menschen werden jetzt symbolisch für den inneren und äußeren Gehalt seines nächsten Jahrzehnts und entscheidend für sein ganzes Leben, als die wichtigsten Weichensteller seines Zugs seit der Begegnung mit Herder: der Herzog Karl August und Charlotte von Stein — und zwar der Herzog als der wichtigste Faktor seines neuen Schicksals, Charlotte von Stein als die wichtigste Umbildnerin seines Wesens. Beides wirkt bei Goethe als einem dämonischen Menschen gleichzeitig und ineinander, und wiederum ist es kein chronologisches Zufallsbegegnis in seinem Leben, sondern in der Grundstruktur seines Daseins bedingt daß zur selben Zeit da er eine neue Aufgabe fand ihm auch die neue Liebe den inneren Gehalt, die innere Haltung ermöglichte, dieser Pflicht zu genügen. Indem der Raum sich verwandelte den seine Wirksamkeit erfüllen sollte (der neue Raum wurde ihm durch den Herzog Karl August geschaffen) modifizierte sich, scheinbar zufällig, auch von innen her seine seelische Wirksamkeit selber durch die Liebe zu Charlotte von Stein. In ähnlicher Weise wie Schicksal und Charakter Goethes gleichzeitig durch Karl August und Charlotte von Stein sich sekundieren gehören Herder und Friederike, Lavater und Lili zusammen, d. h. in all diesen Fällen begegnen sich ein starker Bildungseindruck der bewältigt werden soll, sei es nun eine neue Lehre, Forderung oder Pflichtenreihe, und eine entsprechende innere Bereitschaft, Lockerung oder Festigung durch Leidenschaft. So begegneten sich Herders Lehre und die Liebe zu dem Landmädchen von Sesenheim, so förderten sich in den nachwertherischen Übergangsjahren, allerdings minder deutlich und plastisch, eben weil es sich hierbei nicht um eine entscheidende Wendung sondern nur um einen dumpfen Übergang handelte, die Lavaterische Tendenz zur Menschenkunde, überhaupt der damalige vielfältige Freundschafts- und Bekanntschaftskult, und die durch die Liebe zu Lili bewirkte Vergesellung und Veräußerung des Stürmer und Drängers. Man kann nun die Kausalitäten verteilen, wie man will — man kann sagen, Goethe verliebte sich in Friederike, weil er für Herders „Natur" reif war — man kann auch sagen, er war für Herders Lehren empfänglich, weil er durch die Liebe zu dem Landmädchen bereitet war . . all das sind ja nur nachträgliche Denkformen, Hilfsmittel des Biographen — in Goethes Leben ist das Wichtige die dämonische Einheit oder wechselseitige Durchdringung der äußeren und inneren Faktoren aus denen seine rege Gestalt sich geformt hat. Doch bevor wir die bestimmenden Faktoren seines neuen Lebens schildern, fassen wir noch den Moment des Übergangs selber, die Stimmung in der Goethe den Übergang vollzog, nicht in nachträglicher Reflexion gespiegelt, sondern in einem unmittelbaren Ausbruch, in dem Akt selbst gleichsam abgedrückt. Diese schicksalhaften Augenblicke von Goethes Übergang, mit all ihren Schwingungen verfangen, in Sprache unmittelbar wiedergegeben, besitzen wir in dem kurzen Reisetagebuch vom 30. Oktober 1775. Sonst besitzen wir Goethes große Schicksalswenden nur im Abdruck seiner dichterischen Werke symbolisiert oder in nachträglichen Schilderungen und Würdigungen, selbst seine Begegnung mit Herder kennen wir nur als Wirkung, nicht als Gegenwart. Dieses Reisetagebuch aber ist darin einzig unter den Zeugnissen seines Lebens, daß es uns seine entscheidende Krisis im Moment ihres Vollzugs als Stimmung vergegenwärtigt, wie seine Briefe uns sonst seine augenblicklichen Stimmungen wiedergeben, doch begreiflicherweise sind darunter keine Entscheidungen über sein Leben — denn in diesen selbst war er schweigsam. Hier lauschen wir einmal dem Monolog des welthistorischen Menschen in einer für die Geistesgeschichte Deutschlands verhängnisvollen Entscheidung. Das Merkwürdige dabei ist die vollkommene Helligkeit Goethes bei dem unruhigsten Wühlen, beim heftigsten Gedräng der Empfindungen und Eindrücke: vollkommnes Bewußtsein der Tragweite des Augenblicks bei dumpfem Gefühl des irrationalen Schicksals und der Kräfte. Kein Dokument kann besser den Übergang vom Werther-Goethe zum Weimarer Goethe bekunden als dies Tagebuch, einen Übergang den wir bisher nur in Vergleichung seiner verschiedenen Phasen, nicht im Akt selbst zu fassen hatten.

In seinem Gehalt gehört dies Tagebuch noch durchaus dem unruhvoll gequälten, von seinen eigenen Kräften gehetzten Jüngling an, in seiner Richtung läßt es bereits den Ordner und Bändiger seiner selbst erkennen, und über der Unrast die ihn hetzt und dem Wunschbild dem er ins Ungewisse hinein zustrebt, im dunklen Drange des rechten Wegs bewußt, hängt das umfassende Gefühl des eignen Dämons der es gut mit ihm meint, und der eignen Kraft die sich zurechtfinden wird.

Die ersten zehn Jahre Goethes in Weimar erscheinen uns, die wir das Ganze von Goethes Dasein überblicken und kennen, durchaus als Übergang und Vorbereitung zu einer andern Lebensstufe, ja eine Vorbereitung zu der Krise in der seine Wandlung in Erscheinung und Entscheidung trat: zur italienischen Reise. Mehr als irgendeine andre Epoche seines Daseins scheint sie für uns – und schon Goethe selbst hat sie so gesehn – ihren Wert und Sinn aus Leistungen und Lebensformen zu gewinnen die nicht in ihr selbst liegen: sie scheint der Prozeß zu Resultaten die sie nicht selbst zeitigen konnte, während die Leipziger Zeit sich vollständig selbst vergegenwärtigt im Leipziger Liederbuch und in den Mitschuldigen, die Straßburger und Wetzlarer Epoche in der neuen Lyrik und den titanischen Fragmenten oder Plänen, im Götz und Werther, die Zeit der italienischen Reife durch Iphigenie, Tasso, und die römischen Elegien, die Zeit des Bundes mit Schiller durch Hermann und Dorothea, die Balladen, Wilhelm Meisters Lehrjahre, das reife Alter in verschiedenen Stufen durch die Wahlverwandtschaften, den Westöstlichen Divan, und die Wanderjahre. Der Faust, das Ergebnis und Sinnbild eines ganzen Lebens, ruft uns in seinen Anfängen den Sturm und Drang, in seinen letzten Teilen unwillkürlich den alten Goethe empor, aber gerade die erste Weimarer Zeit scheint uns darin zu fehlen. Vor der Phantasie leben diese Jahre, obwohl der Ur-meister, der Ur-tasso, die Ur-iphigenie, die Geheimnisse und einige der schönsten Gedichte Goethes, die Anfänge seiner Naturwissenschaft und Universalität in sie fallen, fast als eine unfruchtbare Epoche fort. Das liegt wesentlich daran daß Goethe nur das Wenigste was er in diesen Jahren geplant oder ausgeführt hat in seiner damaligen Form gelten ließ. Wilhelm Meister, Egmont, Iphigenie, Tasso sind erst in Italien und nach Italien, durch Italien von Goethe selbst zu Symbolen seiner Existenz umgewandelt worden. Niemals hat Goethe sich so vorläufig gefühlt, wie in diesen Jahren, so zwischen den Zeiten und an der Wende, nie hat er so sehr alles was er tat und sollte, was ihm begegnete, als einen Erziehungsprozeß, als Lehrjahre empfunden, als Vorbereitung zu etwas das er werden und bleiben sollte. Nicht das triebhafte Werden selbst, und nicht die Erfüllung, sondern das Lernen und das Sich-füllen und -formen war damals sein Lebenswillen und sein Wunschbild von sich selbst. Und so wurden ihm damals Gefühl und Erfahrung, Beruf und Liebe, Karl August und Charlotte von Stein zu Mächten der Erziehung, der Selbsterziehung. Mächte der Entwicklung waren alle seine Erlebnisse für ihn, einerlei ob er mit dämonisch getriebener Leidenschaft seine Jugend auswirkte oder als weltüberschauender Greis sein Wissen und Fühlen verewigte zu Lehre und Bild. Aber als Jüngling, besessen vom Augenblick, wußte er nicht wohin er trieb, als Greis hatte er nur zu ordnen innerhalb seines Reichs, nicht mehr seinen Raum und seine Form erst zu suchen — nur in den ersten Weimarer Jahren war dämonischer Trieb und ordnendes Wissen gleich mächtig in ihm und die Vereinigung beider formenden Gewalten seine eigentliche bewußte Aufgabe. Nur weil er damals weder ganz unausweichlich gefüllt war vom leidenschaftlichen Augenblick noch ganz klar geführt vom Gesamtplan und -sinn seines Lebens, weil er nicht mehr unbedingt mußte und noch nicht ganz sicher konnte, weil er seine Befehle weder ausschließlich vom unerbittlichen dunklen Dämon noch von der unbeirrbar hellen Vernunft empfing sondern von beiden, und beide noch bald vermischend bald vereinend, deutet sein damaliges Leben bald zurück in die Jahre da der Dämon, bald voraus in die Jahre da die Vernunft ihn leiten sollte (beides mehr zwei Formen seines einen Wesens als verschiedene Substanzen). Diese Zeit ist wie das Zünglein an der Wage, und die Gewichte zeigen sich nicht am Zünglein sondern an den Schalen der Wage. Wir betrachten daher die Faktoren Früh-Weimars von der Entscheidung aus, d. h. von der italienischen Reise aus .. dadurch werden sie uns, dämmernd wie sie sind, erst deutlich — wie die Dämmerung uns nicht durch sich selbst so deutlich in ihrem Wesen wird als durch die Nacht oder den Tag worauf sie hindeutet.

GESELLSCHAFT

DAS Erlebnis „Gesellschaft", die innere Umwandlung von Goethes Wesen durch die neue Anerkennung der Gesetze, deren bloßes Zeichen die Gesellschaft ist, ist also erst an den vollendeten großen Schöpfungen darzustellen. Dagegen die äußere Stellung zur Gesellschaft hat ihren bezeichnenden Niederschlag in den kleinen dramatischen Spielen und Schnurren gefunden welche nur im Dienst der Geselligkeit entstanden und insbesondere durch die Möglichkeit rascher Aufführung, durch das Vorhandensein einer Liebhaber-bühne angeregt sind. Diese szenische Geseiligkeitspoesie ist, wenn auch nicht der allgegenwärtigen Goethischen Anmut und Frische entblößt, doch der flachste Teil seines Schaffens, oder vielmehr: sie leitet in Goethes Leben überhaupt erst jene flache Gelegenheitsmache ein die nicht denkbar wäre ohne die Rücksicht auf eine tief unter ihm stehende Gesellschaft und deren Mitglieder. Die Maskenzüge, Singspiele, Komödien und Gedenkverschen Goethes gehören beinah alle in diese Reihe, und wir rechnen sie, wie schon gesagt, mehr zu Goethes Hofgeschäften als zu seiner eigentlichen Dichtung. Diese Art Leistungen kündigt sich schon an, seit er durch Lili wieder in den Bann der Geselligkeit leise zurückgeführt wurde, aber noch sind dort Bekenntnis und Anlaß, äußerer Anlaß, gemischt. Wie Weimar die Erziehung zur Geselligkeit, die Lili begonnen hatte, vollendet, so auch jetzt erst die szenische Gelegenheitsimprovisation: die Liebhaber-bühne ist der sinnbildliche Raum für den Geselligkeitsdichter Goethe.

Flach, nicht schlecht, und selten ganz reizlos ist diese Geselligkeits-poesie, nur flach von Goethe aus gewertet, von dem Dichter des Faust und des Tasso. Man kann manches zum Lob der Singspiele und kleinen Dramen des ersten Weimarischen Jahrzehnts sagen, und einige davon üben noch heute wenn auch keine Macht so doch einen gewissen Zauber aus. Zwar das ist zum größten Teil der Zauber einer verklungenen anmutig spielenden, idyllisch bewegten Welt, nicht der Zauber von Goethes persönlichem Leben und Genie, im besten Fall, wie in den Geschwistern, einer Goethischen Lebensstimmung die über die liebenswürdige Kleinigkeit ausgegossen ist – denn auch wo Goethe nicht aus seiner ganzen Fülle dichtete floß noch genug von seinem Genius mit ein. Aber wie wir den Reiz der Stätten von Goethes frühweimarischer Wirksamkeit, Ettersberg, Tiefurt oder Ilmenau, nicht ohne weiteres Goethes Person zurechnen sondern seinem Zeitalter, wie uns ja schon anonyme Parks und Schlößchen jener Jahre anmuten, auch wenn sie nichts mit Goethe zu tun haben, so sind auch die kleinen Dramen mehr Zeugnisse eines anmutigen Zeitalters, beinah zufällig vermittelt durch den allbeglänzten Träger des größten Genius, denn Zeugnisse eben dieses Genius selbst. Es bedurfte nicht des Goethischen Genies und Lebens, damit wir sie besitzen, wenngleich Goethe jenes anmutigen Kreises und Jahrzehnts der Weltgeschichte bedurfte, um sie zu schreiben. Der Glanz seiner Person als ihres Verfassers kommt freilich ihrem zeitlichen Zauber zugut, und so wenig wir diesen Zauber verkennen oder missen wollen, so wenig haben wir in einem Werk über Goethes Wesen und Gestalt besondern Nachdruck darauf zu legen (wie es manchmal von literarischen Snobs und Feinschmeckern geschieht für die alles Halbverschollene und Verklungene als solches ein Wert, weil ein Reiz, ist). Vielmehr erkennen wir in diesen Produkten mehr Zeugnisse des Weimarischen Rokoko überhaupt als besonders Goethische Zeugnisse. Alles was Er darin von sich bekundet hat oder vielmehr nicht verleugnen konnte hat er anderswo deutlicher und tiefer ausgedrückt, und für sein Leben wichtiger als der Inhalt dieser Art Werke ist ihr Vorhandensein: als Probe vollendeter Vergesellligung, Verhöflichung des titanischen Jünglings.

Das menschlich vollste, weil am meisten aus Goethes Innerlichkeit gespeiste Werk unter diesen szenischen Improvisationen ist das Schauspiel in einem Akt, die Geschwister. Es ist ein Einfall, gewiß mehr angeregt durch die Nähe der Bühne, und nicht ein notwendiger Ausdruck eines inneren Konflikts, wenngleich Goethe den erdachten Konflikt belebt hat mit den Stimmungen zwischen leidenschaftlicher Zärtlichkeit und anbetender Zurückhaltung, zwischen Glück der Nähe und Spannung des Verzichts, welche ihn erfüllten in den letzten Tagen der Liebe zu Lili und den ersten Tagen der Liebe zu Charlotte von Stein. Dasselbe Gefühl sehnsüchtiger Wallung und keuschen Schwankens welches ihm die Verse eingab „Ach du warst in abgelebten Zeiten Meine Schwester oder meine Frau" hat er gleichsam in eine szenische Metapher, in eine kleine bürgerliche Handlung auseinandergelegt und auf mehrere Personen verteilt, welche nur als Träger solcher Stimmungen dienen mußten und kein Eigenleben jenseits der lyrischen Zustände Goethes haben. Was an den Geschwistern Handlung ist dient einzig zur Motivierung jener Gefühlsausbrüche. Daß er aber die Gefühle zu einer Handlung ausgewalzt hat kommt aus den szenischen Gelegenheiten, wenn nicht Ansprüchen, der frühweimarischen Zeit — ein primärer Drang zur Dramatisierung, wie selbst noch bei der Stella, lag diesen Stimmungen nicht zugrunde. Die Personen sind keine Charaktere sondern lediglich Beziehungs- und Stimmungsträger, der Konflikt der die Handlung begründet ist ein lyrischer, kein dramatischer, das Milieu worin sich die Handlung abspielt ist belebt und gewärmt, ausgestattet und vergegenwärtigt durch die Goethische Beobachtung der kleinen Bürgerzüge, durch den wachen Blick auf Geräte und Gebärden, Gemächer und Gewohnheiten der bedingten Menschen der, von Kind auf ihm angeboren, in der frühweimarer Zeit aber sogar geflissentlich ausgebildet ward, aus Selbsterziehung zur Welt- und Menschenkunde — sein großartigstes Zeugnis sind die ersten Bücher des Ur-meister.

Die sinnliche Bewegtheit welche aus dem süßschwebenden Liebes-hin-und-her Goethes in die schlichten Sätze des Dialogs stellenweise einfließt, die dingliche Fülle welche das dürftige Geschehen umgibt und bereichert, ohne es zu erdrücken und zu belasten, und vor allem die einfache Anmut und der lautere Seelenadel des Verfassers, der sich selbst im leichten Spiel nicht verleugnen kann — die Mischung dieser drei Qualitäten machen Wert und Reiz des Schauspiels aus und lassen fast vergessen daß seine Handlung konstruiert ist bis zur Künstlichkeit, seine Charaktere bloße Stimmungs-allegorien sind, daß es aus lauter nachträglichen Gedanken dramatisch gefügt ist, um einen ursprünglichen lyrischen Gehalt szenisch zu vergegenwärtigen.

Die andren Werkchen dieses Bereichs stammen aus Geist, Witz, und Laune und sind ohne Mitwirkung der eigentlich dichterischen Triebkräfte für ein schau-, mehr noch ein hörlustiges Publikum verfaßt von dem genialischen Maître de Plaisir. Das bedeutendste darunter, und das einzige bei dem man Goethe als Verfasser fordern müßte, wenn man ihn nicht kännte, ist „Der Triumph der Empfindsamkeit", die humoristische Abrechnung mit den Verstiegenheiten der Wertherzeit vom weichlichen Naturkult bis zur idealischen Seelenschwelgerei. Zum Werther verhält sich das Werk ähnlich wie Satyros und Pater Brey zu den titanischen Entwürfen der Geniejahre.. es ist eine parodistische Behandlung der Gefühle und Konflikte die im Werther ernst und zumal absolut genommen waren. Nur ist die Distanz zwischen Werther und Triumph der Empfindsamkeit größer als die zwischen den Titanen-stücken und ihren Satyrspielen, insofern sie nicht bloß eine dichterische Entlastung von unerträglichem Druck durch mutwilliges Lachen in einem relativ freien Augenblick des noch währenden Gesamtzustands gibt, sondern bewußte nachträgliche Verhöhnung vor andren und für andre.

Jene Knittelvers-spiele konnten nur von einem mitfühlenden Teilnehmer des darin parodierten Treibens verfaßt sein, der Triumph der Empfindsamkeit könnte von einem Gegner und bösartigen Beobachter herrühren. Der Grundton dieser Schnurre ist nicht Humor sondern Ironie, und zwar die romantische Ironie in ihrer äußersten, schon fast Tieckischen Form, welche das Leben selbst nur als Dichtung kennt und nur als Dichtung ernst nimmt oder verspottet. Der Schluß des fünften Aktes ist ein bei Goethe fast erschreckendes, sein erstes, ja (die Literatur-posse die Vögel abgerechnet) beinah sein einziges Beispiel für die romantische Ironie aus der Tieck beinah den ganzen Witz seiner Komödien zieht: die Aufhebung der Illusion in der Illusion selbst.

Diese erste Erscheinung der romantischen Literatur-ironie macht den Triumph der Empfindsamkeit symptomatisch wichtig: wir besitzen kaum eine zweite so scharfe, von außen her, vom Standpunkt nicht nur des Selbstüberwinders sondern des Gegners her kommende Absage Goethes an einen seiner eignen Lebenszustände. Freilich ist es vielleicht geraten diese Absage nicht schwerer zu nehmen als sie dichterisch Anlaß gibt: sie ist zur Unterhaltung anderer, ja ein wenig zur freundlichen Mitverhöhnung noch nicht ganz vom Werther-fieber kurierter Zuschauer verfaßt, durchaus nicht als Gericht über sich selbst oder gar als dichterisch humoristische Entlastungsbeichte. Goethe war der Wertherkrankheit jetzt schon weit genug entrückt um daraus für eine Hoffestlichkeit einen satirischen Unterhaltungsstoff zu machen, als wäre sie ihn gar nichts angegangen. Ja gerade daß der Satiriker selbst einst ihr Hauptvertreter, wenn nicht Urheber gewesen, das gab der Aufführung noch einen pikanten Beigeschmack.

Der Triumph der Empfindsamkeit ist eine dramatisierte Metapher: die Metapher selbst ist in dem Orakel ausgesprochen, und dieser gleichnishafte Einfall ist der Kern zu dem Goethe die Handlung erfunden hat, den er zur Handlung mit Hilfe einiger satirischer Charakter-maschinen zerdehnt hat. An Anspielungen auf alle möglichen Symptome jener Krankheit, die ja von der Gartenkunst bis zur Ehe-führung sich an allen bürgerlichen Lebensformen bekundet hatte, konnte es auch nicht fehlen, um das dünne Gerüst von Geschehen aufzuputzen und die schematischen Figuren auszufüllen mit dem verteilten Witz des Autors. Der Dialog ist witzig an vielen Stellen, und das Ganze so frostig, wie bei Goethe eine nur für andre, nicht aus eignem Bedürfnis, ersonnene Unterhaltung sein durfte: denn er war kein ursprünglich höfischer Mensch, der aus der bloßen Geselligkeit schon seine besten Inspirationen geschöpft hätte, wie etwa Voltaire. Wo er nur im Dienste der Gesellschaft arbeitete ist er meist dürftiger als sehr viel geringere Geister, und man merkt die invita Minerva hinter seinen eingestreuten oder eingelegten Geistes-schätzen (denn solche hatte er immer bereit, um jeden äußern Anlaß zu schmücken) umso peinlicher. Auch beim Triumph der Empfindsamkeit war der Gehalt den er travestierte nicht mehr, wie in Satyros, als sein eigner, sondern bereits bloß als fremder Stoff behandelt, von außen her.

Daß er die Möglichkeit gehabt hätte diese Satire von innen her zu füllen beweist die Einlage des Proserpina-monodrams, doch der rein gesellige Zweck hat ihn abgehalten diesmal Bekenntnis und Satire nach humoristisch-kraftgenialem Brauch zu verquicken, und vielleicht ist diese kühle verstandesmäßige nachträgliche Verhöhnung des Werthertums eine freiere Art sich damit auseinanderzusetzen als die halbbeteiligte halbunbeteiligte humoristische Beichte gewesen wäre.

Das Proserpina-monodram ist eine reine und rein herauszulösende Einlage, aus ganz andrem als dem geselligen und Unterhaltungs-bereich — und aus einem andren Zusammenhang als dem dieser Schnurre zu verstehen. Daß es Goethe in dieses Stück eingelegt und dadurch zugleich parodiert hat, ist wohl die größte und kaum faßliche Sünde die Goethe jemals gegen irgendeine seiner ernsten Dichtungen begangen hat.. weit schlimmer als seine beiläufigen oder nachträglichen Satiren auf überwundene Lebenszustände die sich in selbständigen Werken verewigt hatten. Denn hier wurde das absolute, übergesellige, erhabene Werk in die relative niedre Sphäre eingebettet und in eine falsche Beziehung gebracht, eh es sich völlig in seinem eignen Bereich ausgewirkt hatte. Der Triumph der Empfindsamkeit wird durch die Proserpina nicht gehoben, sondern die Proserpina durch den Raum worin sie steht gedrückt.

Die Proserpina gehört zu den Denkmälern von Goethes abklingendem Titanentum und ist als eine seelische Vorstufe der Iphigenie noch zu betrachten. Im Triumph der Empfindsamkeit ist sie als mythisches Gegenbild der überempfindsamen unverstandnen Frau nur Träger einer parodischen Beziehung, und dazu ist sie zu eigengewichtig und tragisch, als daß nicht ein peinliches Mißverhältnis entstünde zwischen dem relativen Ganzen und der absoluten Einlage. Kein absolutes Werk wird zerstört durch eine relative Einlage — man denke an die komischen Szenen in Shakespeares Tragödien oder in Faust — aber jedes relative wird zersprengt durch die bloße Nähe des absoluten, ohne daß doch die Einlage sich ganz von ihrem Bezug, von ihrem Einlagetum, wieder erholen könnte. So wird das Monodram verzerrt, die Posse überwuchtet und zersprengt, beide ihres guten Gewissens beraubt durch ihre Verbindung. Niemals wieder ist Goethe so humoristisch gewissenlos verfahren mit seinem tiefen Ernst, und er hat bei Andren in späteren Jahren gerade diese Art Humor nicht nur ästhetisch sondern auch sittlich verdammt. Zur eigentlich „romantischen" Ironie war er nicht geschaffen. Aber der Goethe dieser Jahre hat sich bewußt und sogar zu Zwecken der Selbstzucht dem geselligen Niveau einmal völlig hingegeben das unter ihm stand, sogar seinen Ernst ihm manchmal preisgegeben — wie er Lessing nachrühmt daß er seine Würde hinwerfen durfte, weil er gewiss war sie jederzeit wieder aufnehmen zu können. Es ist der Faust, der den Mummenschanz am Kaiserhof mitmacht und sogar die übergesellschaftlichen Mächte und Götter einen Abend lang in den Dienst einer Hoflustbarkeit zu stellen nicht verschmäht, der sogar die Helena zur Augenweide von Laffen beschwört.

Freilich geht er daran fast zugrunde, und er muß sie bei den Müttern suchen, wie Goethe aus der Gesellschaft nach Italien fliehen muß.

LANDSCHAFT

DER neue Menschen- und Pflichtenkreis in den Goethe mit dem Umzug nach Weimar eintrat, so sehr er einen selbständigen Sinn hat, wird für seine Geschichte mehr oder minder als Vorstufe der italienischen Wandlung erst zu seinem Recht und Bild gelangen. Dagegen die neue Landschaft hat unmittelbaren Ausdruck gefunden, und nicht nur als langsam wirkende menschenbildende Kraft ihre Hauptbedeutung in Goethes Leben gewonnen, sondern als augenblicklicher lyrischer Zustand, als gehobener Augenblick. Das Eigentümliche der weimarischen Landschaft ist die Vereinigung von Stadt und Natur, der fast unmerkliche Übergang des Gebauten in das Gewachsene, von Markt zu Schloß, von Schloß zu Park und von Park zu Au und Hügel und Fluß. Goethe hatte in Leipzig und in Frankfurt wie in Straßburg die landschaftliche Natur bisher nur als Umgebung, als Ausflug, als Gegensatz gegen das gedrängte Stadtwesen, als Ausbreitung gekannt, und seine Ausflüge in den mittel- oder süddeutschen Hügel- und Flußlandschaften, in Odenwald, Taunus und am Rhein empfand er selbst als Durchbruch, als Gegensatz gegen sein Wohnen, als Auf- und Ausatmen. Dieses Gefühl des befreiten Städters ist für den nordischen Bewohner am endgültigsten ausgedrückt in dem ersten Monolog des Faust: „Flieh! auf! hinaus ins weite Land!" und beim Osterspaziergang. Das enge Gewinkel schiefer Dächer, dumpfer Stuben mit trüben Scheiben gibt das entschiedene Gefühl des eingeschlossenen zusammengepferchten Hausens und aus dem Gegensatz zu diesem Gefühl ist bei der Überwindung des Rationalismus das neue Landschaftsgefühl geboren worden, dessen Meister in der Weltliteratur Goethe ist. Es ist nicht wie das Shakespearische Naturgefühl entstanden aus dem mythischen Anschaun der Elemente, aus einer gesteigerten, vergeistigten Bäuerlichkeit, sondern gerade aus dem Städtertum. Beide, Shakespeare wie Goethe, fanden als konventionelle literarische Form der Landschafterei hauptsächlich die von Vergils Eklogen und Theokrits Idyllen abgeleiteten Hirten- und Schäfermotive vor, und beide haben diese erstarrten Formen wieder durchseelt und ins Unermeßliche erweitert, Shakespeare aus einem bäuerlichen Elementarempfinden, Goethe aus der umfassenden Sehnsucht des Städters.

In Weimar fand nun Goethe für sein schon von Leipzig her wieder erwecktes Landschaftsgefühl eine neue Anregung, ja eine neue Begründung. Hier war das erstemal in seinem Leben der bisher als Reiz und Spannung empfundene durch Sehnsucht und Wanderschaft überbrückte Gegensatz zwischen Städter und Landschaft aufgehoben, und der Bewohner des Gar-

tenhäuschens am Stern, der Reiter, Jäger, der in Amtsgeschäften und Lust‑
barkeiten beinah immer über Land und unterwegs war, der mehr Parks,
Dörfer und Jagdgelände sah als Straßen und Plätze, führte ein Leben im
Grünen wie er es bisher nicht gekannt hatte. Die Natur war ihm nicht mehr
ein Ziel und eine Erholung, sondern eine Gewohnheit und Umgebung.
„Nicht kalt staunenden Besuch erlaubst du nur, vergönnest mir in ihre
tiefe Brust wie in den Busen eines Freunds zu schauen." Diese Verse, nicht
nur auf die Naturerkenntnis sondern auch auf das Naturgefühl bezüglich,
haben erst in Weimar ihre Begründung gefunden.

Wie Goethe dort im Grünen wohnte, ringsum sofort in die Landschaft hin‑
ausgewiesen, so lagen auch die Hauptstätten seiner amtlichen Tätigkeit
halb oder ganz im Freien, schon das Weimarische Schloß selbst, die Jagd‑
schlösser Tiefurt, Ettersburg, Belvedere, und just diese amtliche Tätigkeit
hielt ihn mehr im Freien als sogar seine früheren Sturm‑und‑drangwan‑
derungen. Inspektionsreisen, Chausseenbau, Jagden, und selbst die Theater‑
aufführungen auf dem Rasen an den Ufern der Ilm oder im Ettersberger
Park sind ein Anzeichen dafür daß Goethe aus einem Quartier‑ und Straßen‑
bewohner ein Parkbewohner geworden war, daß die Landschaft sich ihm
wandelte in ein selbstverständlicheres, zu seinem Alltag gehörendes Element:
d. h. bei Goethe nicht ein banales, sondern gleichfalls stumm bildendes
und gestaltend umgestaltetes Element. Auch in dieser parkartigen Einheit
von Natur und Kultur, von pflanzlich Gewachsnem und menschlich Ge‑
hegtem ist die neue Umgebung Goethes eine idyllische Vorstufe zu der
großen italienischen Erfahrung. Italien ist ganz wesentlich noch heute in
Europa das Land wo der Gegensatz zwischen Natur und Kultur den Sinnen
am wenigsten fühlbar ist: wo das Gebaute gewachsen und das Gewachsene
gebaut scheint. Davon später.

Die neue Landschaft wirkt nun auch in Goethes Dichtung auf doppelte
Weise, einmal unmittelbar, als lyrisches Motiv, und sodann allgemach mit‑
telbar, eben durch Zurücktreten der Landschaft als selbständigen Schau‑
platzes, durch zunehmende Vergeistigung und Beseelung, als sei der Raum
zum Gefühlselement verdampft, eingesogen. Denn gerade je selbstverständ‑
licher das Leben in und mit der Landschaft für Goethe in Weimar wurde,
desto weniger ward sie für ihn eine Erregung, eine dichterisch aufregende
Erfahrung. Verse wie im Anfangs‑monolog des Faust hätte der in Weimar
eingewohnte nimmer schreiben können. Die tiefsten Gedichte der Weimarer
Zeit sind mit wenigen Ausnahmen nicht aus dem neuen Naturgefühl her‑
ausgeatmet wie die Friederikenlieder, die Wetzlarer und Frankfurter Bet‑
und Wandersänge, sondern aus einem vertieften Menschengefühl: einer

neuen Empfindung und Erfahrung dessen was der Mensch überhaupt sei, nicht bloß das naturhaltige, naturumfaßte Ich des Dichters, sondern das seelen- und schicksalhafte Wesen Mensch: dies ist das gemeinsam Neue in den Mignonliedern, wie in den Gesängen an oder für Charlotte von Stein, das Neue in den Konzeptionen Egmont, Tasso, Iphigenie, Elpenor gegen‑ über Werther, Faust, selbst Götz, Mahomet, Prometheus. Der Mensch selbst ist mehr von der Seele und dem Schicksal aus gefaßt — die neue Empfindung der „dämonischen" Einheit von Seele und Schicksal waltet mit — während er früher vor allem als ein Naturwesen, strotzend und be‑ drängt von Kräften des Wachstums, von Säften und Quellen erlebt wurde, und sich das Landschaftsgefühl namentlich äußerte als ein sympathetisches Mitschwingen der schon menschgewordnen Natur mit dem noch elemen‑ taren Kräftekreis aus dem sich die menschlichen Gefühle nährten. Je mehr Goethe den Menschen als ein dämonisch-schicksalhaltiges Wesen auffaßte (und dies ist die Wirkung innerer Erlebnisse nach der Wertherzeit von denen die Rede war) desto mehr trat die Landschaft als sympathetischer Kräftekreis zurück: denn die Landschaft ist schicksallos. Die Landschaft ist in dieser Zeit entweder das Gleichnis oder der Raum der Seele und des Schicksals, nicht mehr ihre Form und Stimmung: Gleichnis wie in der Seefahrt und der Zueignung, Raum wie in „Ilmenau" oder Mignons Lied.

Nicht mehr Mensch und Natur sind in dieser Epoche Goethes die kon‑ zentrischen Kräftekreise, sondern Mensch und Schicksal .. und die Natur, die Landschaft (freilich jetzt unendlich tiefer gefaßt, kosmischer erlebt) wieder für eine Weile durch ein neues Erleben des Schicksals und der Seele zurückgedrängt, wird wieder bloß Raum und Atmosphäre, wie sie für Goethe vor der Straßburger Zeit gewesen. So tritt ja auch die Gesell‑ schaft, in Straßburg und Wetzlar durch das Erlebnis „Natur" überflutet, wieder in ihre Rechte ein gegenüber dem autonomen Naturgenie, freilich auch sie nicht mehr als alleiniges Gesetz und Maß des Menschen, sondern als eine freiwillig anerkannte, aber auch als relativ erkannte Grenze. In demselben Maß und Zeitpunkt also in dem Goethe zu einer neuen Erfah‑ rung des Schicksals gelangte und zur neuen Anerkennung der Gesell‑ schaft, d. h. der wesentlich menschlichen Mächte (im Gegensatz zur Natur, welche menschlich und außermenschlich zugleich ist) ward ihm auch die Landschaft aus einem neuen Weltteil und Zauberkreis, dessen Entdeckung und Eroberung ein Teil seines titanischen und sentimentalen Lebenswerks gewesen, zum vertrauten Wohnraum, zur alltäglichen Luft, zum Milieu. Nur als solchem, nicht mehr als einer Erschütterung und Entdeckung, be‑ gegnen wir ihr fortan.

Für die Entwicklung des Goethischen Landschaftsgefühls in den ersten Weimarer Jahren sind die bezeichnenden Äußerungen das Gedicht an den Mond, die Harzreise im Winter und Ilmenau. Es sind drei Stufen der Distanz zwischen Gefühl und Landschaft. In dem ersten ist die Gefühls­wallung noch angeregt und eingesogen von dem landschaftlichen Schauer: der Mond und sein Nebelglanz in nächtlichen Hügelwäldern und Fluß­tälern ist untrennbar eines mit dem sehnsüchtig seligen Schwanken der nächtlich wachenden Seele. Die Landschaft selbst ist nicht ein gewohnter alltäglicher Anblick, sondern sie ist ein Zauber, die Magie der Nacht hat sie verwandelt und aus ihr einen Raum der Seele, ja eine Bewegung der Seele gemacht. Das ganze Gedicht gehört noch in die Reihe der romanti­schen Nachtgesänge, die mit dem Lied an den Mond im Leipziger Lieder­buch eröffnet werden, in dem Straßburger »Willkommen und Abschied« vollzieht sich der Durchbruch aus der belebten Szenerie-dichtung, zur eigent­lichen kosmischen Naturempfindung und in dem Weimarischen Gedicht an den Mond der Durchbruch zur kosmischen Naturbeseelung.

In der „Harzreise" erscheinen Seele und Landschaft wieder als getrennte Mächte, und der Raum der Seele ist, so wie es früher die Natur war, jetzt das Schicksal, die Landschaft aber gibt die sinnliche Parallelbewegung zu derjenigen der Seele und des Schicksals, die eins sind. Nie wieder frei­lich konnte Goethe, nach der Entdeckung der Natur als eines Komplexes wirkender Kräfte, zurückfallen in die bloße Beschreibung — in die ratio­nalistische Naturansicht: sein mythenschaffender Naturblick belebt sie überall wo er sie erwähnt, aber sie ist ihm nicht mehr wie in einer be­stimmten Epoche das nächstliegende und fast alleinige Gefäß seiner Wal­lungen oder die erste Quelle selbst der erotischen Eingebung. Mehr als bisher sind ihm jetzt die Erfahrungen „Seele" und „Schicksal" Mitte der Inspiration, und wenn diese auf ihrem Weg der Landschaft begegnen, so zieht er sie herein, aber er verwandelt nicht mehr seinen Seelen- und Schick­salsgesang bloß in Landschaft.

Die „Harzreise" ist eine Rhapsodie über die gottgegebnen Wege von Menschen, hervorgesungen aus der ahnungsvollen Reinheit und Dämme­rung eines abenteuerlichen Reisemorgens, der in einen gegebnen Augen­blick die halb traumartige halb wirkliche Vision ganzer Lebensschicksale zu­sammendrängt zugleich mit ihrer Deutung aus dem Wesen der Gottheit. Sie gehört in den Gedanken- und Stimmungskreis der Hymnen »Grenzen der Menschheit« und »Das Göttliche« die das Verhältnis des Menschen­schicksals zur Gottheit überschauen, als Gegengesänge zu Prometheus und Ganymed, worin menschlich-göttliche Kraft und Fülle, aber noch nicht das

Schicksal selbst wirkt. (Denn das Schicksal das Prometheus anerkennt er≈ scheint nicht als eingreifende Macht, sondern als gleichgültiger Raum.) Der Technik nach schließt sich die Harzreise an die Wander≈rhapsodien Schwa≈ ger Kronos und Wanderers Sturmlied. Sie steht zeitlich wie seelisch zwi≈ schen diesen Rhapsodien und jenen Hymnen und hält auch in dem Gleich≈ gewicht zwischen Seele, Schicksal und Natur ziemlich die Mitte, ebenso im Gleichgewicht zwischen der körperlichen Sprachwerdung des fruchtbaren inspirierenden Augenblicks und der weisen Überschau und Deutung des Lebens von diesem Augenblick aus. Schwager Kronos und Wanderers Sturmlied sind fast völlig gebunden an den Moment, an die Situation, sie sind lediglich die Aussingung gesteigerter Wander≈augenblicke, in deren erregten Schwung die Anschauungen und Einfälle am Weg hereingezogen und verdampft werden. Grenzen der Menschheit und Das Göttliche da≈ gegen sind nicht eingegeben aus einer unmittelbar körperlichen Situation des Dichters, zum mindesten ist der inspirierende Augenblick nicht mehr im Gedicht als Element des Inhalts und des Gefüges merkbar: das Gesicht wovon sie ausgehen und das sie darstellen ist nur die Veranschaulichung eines weltumfassenden Gedankens (freilich bei Goethe keiner abstrakten Reflexion sondern eines licht≈ und geistgewordenen Weltempfindens). Nach alter nur mit Vorsicht zu gebrauchender Terminologie wären jene Rhap≈ sodien Stimmungsgedichte, die Hymnen Gedankengedichte. Bei jenen ge≈ hört das Sinnliche zur Stimmung und ist das zeugende und tragende Motiv, bei diesen ist es nur klärendes Gleichnis für ein Geistiges.

Die „Harzreise" ist einzig aus beidem gemischt: die Rhapsodie, welche nur eine körperliche Situation oder Aktion in Sprachbild verwandelt, also hier die Eindrücke und Empfindungen der Reise, des Reisens rhythmisch wiedergibt, wird hier gekreuzt, erweitert, verschlungen von der hymni≈ schen Überschau und Deutung. Die Dunkelheit des Gedichts entsteht weniger aus der Verhüllung der besonderen Einzelheiten dieser Fahrt als aus der scheinbar willkürlichen Verknüpfung der sinnlich≈landschaftlichen Strophen mit den geistig≈gedanklichen. Diese Verknüpfung — nicht lo≈ gisch, sondern assoziativ und rhythmisch — die dem Gedicht über die Wander≈rhapsodien hinaus Weite und Helle, über die Hymnen hinaus sinn≈ liche Mannigfaltigkeit und Fülle gibt, ist ein Ausdruck von Goethes da≈ maligem Lebensgefühl, das zwischen leidenschaftlich hingegebner Befan≈ genheit im sinnlichen Moment und geistiger Überschau über sein Gesamt≈ schicksal und das Wesen der Gottheit geteilt war.

Die beiden Worte die er damals gleichmäßig gern und lobend gebrauchte, nicht als Gegensätze, sondern fast als Bezeichnung derselben Zustände, sind **Dumpfheit** und **Reinheit** — das eine ist die gefüllte Sinnlichkeit für alle körperlich wahrnehmbare Außenwelt, das andre die dadurch nicht ausgeschaltete sondern gehobene und gesteigerte Geistigkeit womit er die Götterkräfte erfaßte die aller Wahrnehmbarkeit zugrunde lagen: Schicksal, Seele, Natur (Natur indes nicht als die Erscheinung der Sinnenwelt, sondern als ihr Prinzip, als ihr Sinn, ihre „Idee"). Damals haben Goethes Naturgefühl und Naturwissen, sein Menschengefühl und seine Menschenkunde, seine Liebe und seine Weisheit, sein Schicksal und seine Seele sich gesondert und walten nebeneinander, manchmal gegeneinander, sie waren im Sturm und Drang noch triebhaft eins, später, nach der Italienischen Reise konzentrisch. In der Harzreise aber ist am deutlichsten der Zustand ihres Nebeneinanders festgehalten, sie ist empfangen aus den gedrungnen Einzelheiten der geheimnisvollen Winterfahrt und der morgendlich klaren Anbetung des Dämons der ihn wie auf diesem Abenteuer so durch das Dämmern seiner eignen Zukunft führt.

In „Ilmenau" ist die Landschaft aus der Gefühlssphäre Goethes herausgehoben und ganz als Schauplatz seiner Pflichten und seines Schicksals behandelt. Während sie in der Harzreise noch als inspirierendes Element neben der Seelen- und Schicksalsschau waltet, ist sie hier ganz dem menschlichen Inhalt untergeordnet und beinah wie die Bühnenanweisung für ein seelisches Geschehen, als Szenerie-angabe behandelt. Die Landschaft, insbesondere seine Weimarer Landschaft, ist ihm aus einem erregenden Erlebnis zu einem selbstverständlichen Raum geworden, und erst aus der in Italien vollendeten Erziehung seines Auges ergibt sich über die Straßburger Wetzlarer Frankfurter Schau der Natur hinaus bei Goethe eine völlig neue. So erscheint auch von dieser Seite her das heimelichere Leben mit der Landschaft in den ersten Weimarer Jahren als Vorbereitung auf Italien. Die erregenden Augenblicke des Landschaftsgefühls, anfangs in Weimar noch wirksam und sich in lyrischen Gebilden wie das Lied an den Mond entladend, schon distanzierter in der Harzreise, verlieren sich in einer steten ruhigen Erziehung des Auges, und so ordnet sich auch die „Natur" den Bildungselementen ein welche Goethe für die italienische Krise reifen. Von dieser Krise aus wollen wir jetzt Goethes Leben betrachten, überleitend zur „zweiten Form" seines einen Seins.

ZWEITER TEIL
BILDUNG

VORSTUFEN UND ÜBERGANG ZU ITALIEN

MAN hat die italienische Reise als die entscheidende Epoche in Goethes Dasein betrachtet, Goethe selbst hat es getan, und es ist richtig: nicht in dem Sinn als ob sie Goethes Leben in zwei Hälften spaltete — aber sie ist der faßliche Übergang in diesem Leben: an ihr können wir deutlicher als sonstwo (vielleicht seine Straßburger Begegnung mit Herder ausgenommen) die Verwandlung seiner Gestalt wahrnehmen, begründen, darstellen. Was heißt überhaupt Lebensepoche? Unmerkbar verwandelt sich der Mensch von Sekunde zu Sekunde, immer derselbe und immer ein andrer: derselbe als verwandelnde Kraft, ein andrer als verwandelte Gestalt. Nur wir Betrachtenden sehen nicht den Akt der Verwandlung sondern das Ergebnis der Verwandlung, in einzelnen Bildern die wir hinterher verknüpfen zu einer „Entwicklung". Erst dann, wenn wir zwei auffallend verschiedene Aspekte innerhalb einer Frist wahrnehmen die zu kurz ist als daß wir eine allmähliche Entwicklung in sie hineindeuten können, pflegen wir sie eine Epoche zu nennen: dann pflegen wir den Zeitraum innerhalb dessen wir uns an das erste Bild gewöhnt haben zu trennen von dem in welchem uns das andre Bild zuerst auffällt.

Die Verwandlung die sich in einer so kurzen Frist vollzieht, daß sie Epoche bildet, nennt man nicht Entwicklung sondern Krise. Eine solche Krise, die bedeutendste die Goethe erfahren hat, ist die italienische Reise. Sie hat innerhalb eines Jahres das Bild Goethes so verwandelt, daß es uns schwer fällt in unsrer Vorstellung den Goethe vor der italienischen Reise und den Goethe nach der italienischen Reise, den Dichter des Werther und den Dichter der Iphigenie, das Modell der Porträtisten Lips und May mit dem Modell der Stieler, Kolbe, Jagemann, Rauch, den Taunuswandrer und den Geheimrat, den Apollo und den Jupiter zu einer geistigen Einheit zu verknüpfen. Es gibt keine zweite geschichtliche Persönlichkeit die in der Phantasie der Völker unter dem Bild zweier völlig verschiedener Altersstufen, beinah als eine doppelte Erscheinung weiterlebt, wie Goethe. Auch diejenigen welche alle Altersstufen durchlaufen haben führen ihr symbolisches Dasein in der Geschichte oder im Mythus nur unter einer Gestalt weiter, entweder in derjenigen in welcher sie ihre größten Leistungen vollbracht haben, oder in der worin sie zuletzt dem Blick ihrer Zeitgenossen erschienen sind. Karl der Große, Friedrich, Michelangelo, Bismarck leben wesentlich als bejahrte Männer oder Greise fort, Alkibiades, Hölderlin,

Brentano als Jünglinge, obwohl jene jung waren und diese über das Jüng≠
lingsalter weit hinaus gelebt haben (zu schweigen von solchen die man nur
als Frühverstorbene schaut, Alexander, Rafael, Mozart, oder nur als reife
Männer, Caesar, Shakespeare, Beethoven). Aber bei Goethe denkt man
entweder an den jungen oder an den alten oder an zwei verschiedene, und
es bedarf einer nachträglichen inneren Korrektur durch Bildung und Wis≠
sen, um diese unwillkürlichen naiven Vorstellungen zu berichtigen und zu
vereinigen.

Dabei sehen wir noch ab von der Erweiterung der Kluft zwischen bei≠
den Goethe≠gesichtern durch die Parteinahme für den jungen oder den al≠
ten, den naturalistischen oder klassizistischen Goethe, wobei er gewöhnlich
nur als Aushängeschild oder Popanz für gewisse ästhetische oder kultu≠
relle Tendenzen oder Theorien dient. Dies wäre ja nicht möglich, wenn
nicht schon jene zwei Bilder tatsächlich bestünden. Sie bestehen zunächst
weil wir bei keiner andren historischen Gestalt soviel biographische Details
haben, welche den Blick von der inneren Einheit auf die äußere Verschie≠
denheit, vom Werden auf das Gewordene, von der gestaltenden Kraft auf
die gestalteten Zustände ablenken. Und dann war freilich kein Mensch vor
Goethe so sehr bestrebt, jeden Moment seines Lebens selbst gestaltet zu
verewigen, sich im Bilde festzuhalten, sich über seine Zustände klar zu wer≠
den, sich als Gegenstand zu begreifen. Er hat nicht einem bestimmten,
außer ihm liegenden, ihm von Gott oder der Zeit gestellten konkreten Ziel
nachgestrebt, durch welches alle Fülle und Kraft seines Wesens entwickelt
und angespannt wurde (sei das Ziel ein Reich von dieser Welt oder die
Verwirklichung eines göttlichen Willens) vielmehr war die Entwicklung und
Anspannung seiner angeborenen Fülle und Kraft selbst sein bewußtes Ziel,
und alle irdischen Zwecke waren nur Anlässe und Vorwände zu dieser Ent≠
wicklung und Anspannung. Wenn für andre große Menschen ihr Zustand,
ihr ganzes Ich nur Sinn hatte als Träger großer Taten und Werke, so waren
für Goethe Taten und Werke Symbole seines Ich, das er als eine Offen≠
barung des göttlichen Lebens empfand. Mit dieser Gesinnung kam er zu
einem objektiven Kult dessen was in ihm lebte, nicht nur was von ihm er≠
lebt sondern auch gelebt wurde, ein Kult welcher gewissermaßen alle seine
Zustände und Stufen als Kultbilder, in dem ihm gegebnen Material der
Sprache, herausstellte — und so ist er mehr als irgendein früherer Dichter
selbst der Gegenstand seiner Sprachdenkmale. Er hat mehr und mannig≠
faltigere Bilder von sich hinterlassen als je ein andrer Mensch und darun≠
ter die Gruppen des jungen und des alten Goethe.

Für uns, die wir die Einheit dieser Vielheit zeigen sollen, ist die italie≠

nische Reise nicht der Schnitt in Goethes Existenz, sondern die Verbindung, ja die Vereinigung jener zwei verschiedenen Aspekte: das Ereignis worin die Elemente des jungen Goethe und die Elemente des alten Goethe im Gleichgewicht wirksam sind und sich dann beinah merklich umlagern . . so daß latent oder unscheinbar gebliebene Kräfte, durch die italienischen Erfahrungen geweckt, jetzt in Aktion treten, und wiederum Kräfte die den Jüngling bisher beherrscht und getrieben hatten, gestillt oder ausgeschaltet werden. In der Umbildung Goethes durch Italien haben wir nicht die Entstehung eines neuen, dem vorigen entgegengesetzten Wesens zu sehen, sondern eine neue Anwendung und Haltung des frühern. Es ist zu betrachten welche Grundelemente dessen was das Gesamtwesen Goethes ausmacht, unverändert über die italienische Krise hinübergerettet worden sind, welche Eigentümlichkeiten Goethes konstant geblieben sind, sodann welche Elemente des jungen Goethe verschwinden oder zurücktreten, endlich welche Elemente erst geweckt und wirksam werden. Man kann das freilich nur unter der Voraussetzung daß man in den literarischen Niederschlägen des Goethischen Lebens nicht vereinzelte Bruchstücke sieht, sondern die Ausdrucksmittel, die im Material der Sprache festgehaltene Bewegung eines einheitlichen Menschen. Goethes Werke sind nicht wie die Shakespeares abgeschlossene Welten mit eignem Raum und eigner Zeit, sondern sie deuten mehr oder minder fühlbar auf ein durchwaltendes Gesamtleben dessen Verklärung oder Erlösung oder Beichte sie sind, so daß einige der entscheidenden Werke Goethes, die Abdrücke seiner ganzen Existenz, ihn auch über die italienische Krise hinweg begleitet haben: Wilhelm Meister, Faust, Egmont, Iphigenie, Tasso.

Wie die Literaturgeschichte bei Goethe die besondre Aufgabe hat (sie hat diese Aufgabe durchaus nicht bei jedem Dichter, sondern gerade bei ihm) in der Mannigfaltigkeit seiner Lebensbilder deren Kontinuität zu vergegenwärtigen, so hat sie bei ihm auch eben durch die Entstehungsart seiner Werke die besondren Mittel diese Aufgabe zu lösen. Sie verraten uns nicht nur daß zwischen den beiden Goethes eine vollkommene Einheit ohne Bruch besteht — was wir ja selber wissen, denn ein Doppelmensch ist nicht möglich — sondern sie stellen diese Einheit, diesen Übergang in sich selber dar. Ihre literarhistorische Deutung ist zugleich die Darstellung von Goethes seelischem Schicksal. Eh wir aber zur Analyse der Goethischen Werke übergehen, zur Deutung seiner italienischen Krise aus den Sprachdenkmalen worin sie sich verewigt hat, überblicken wir den Lebenszustand Goethes der die Reise nach Italien vorbereitete, der sie für ihn notwendig und der sie fruchtbar machte.

Die Werke die das Bild des Goethe vor der italienischen Reise bestimmen, die für uns vor allem der Ausdruck des jungen Goethe sind, Götz, Werther, Urfaust, und seine hymnische Lyrik, zumal Mahomet und Prometheus, entsprechen und entspringen einem unbändigen Drang nach Ausbreitung, Befreiung, selbst Sprengung der ihm angebornen Lebensfülle, die mit den Beschränkungen der Welt, sei dies die Gesellschaft oder die menschliche Anlage, in Widerspruch geriet. Seine angeborne Natur war, wie jede Natur, und wie insbesondere jede geniale Natur, unsozial, und gegenüber den Gesetzlichkeiten die er vorfand galt es für ihn sein wesenhaftes, überströmendes Ich zu behaupten, durch Widerstand, Sieg oder Herrschaft, zu erproben welches die mächtigere Wirklichkeit sei, die innere ihm mitgegebene oder die äußere geltende, ihm zu enge. Das Mittel seiner Kriegführung war die Sprache, und schon seine Sprache allein bedeutet eine Zersprengung und Erweiterung der seelischen Welt in welcher er sich befangen fühlte. Wie er diesen Sieg des Genies, des seelischen Titanentums über eine ihm ungemäße äußere Umwelt schrittweise, oder mit plötzlichen Durchbrüchen, mit Rückschlägen, Waffenstillständen und selbst Kompromissen errungen das ist im großen Ganzen die Geschichte des jungen Goethe und die Titel seiner großen voritalienischen Werke bezeichnen die siegreichen Schlachttage dieses Kriegs.

Freilich, dieser Krieg von Goethes Selbst gegen seine Umwelt war nicht eine bewußte Aktion, sondern eine unbewußte Funktion seines Wesens: nicht weil er die Welt schlecht gefunden hätte, und sie durch Aufnötigung seines Ideals hätte bessern wollen, geriet er in Konflikt mit ihr, sondern einfach, indem er war wie er war: und wie er bei diesem Konflikt siegreich blieb, nötigte er von seiner inneren Wirklichkeit der Umwelt genug auf, um sie in seinem Sinn zu verwandeln, machte er, wie es bei jeder erfolgreichen Umwälzung auch im Politischen geht, zu einem neuen Gesetz was vorher Empörung war. Sein Götz, sein Werther, seine prometheische Lyrik sind die Legitimierung des Geniekults, die Verwirklichung und Erfüllung dessen was der Hamann-Herderische Kreis als theoretische Forderung aufgestellt hatte: die endgültige Wiedereinsetzung des Gefühlsmäßigen, Naturhaften, Schöpferischen gegenüber der bloßen Vernunftherrschaft, welche seit den Zeiten des Dreißigjährigen Kriegs den deutschen Geist eingeengt hatte.

Aber abgesehen von der universalen geistesgeschichtlichen Bedeutung dieser Werke, hatten sie ihre Folgen im Haushalt von Goethes besondrem Leben. Waren sie als geschichtliche Leistungen Befreiungen, Sprengungen, Erweiterungen und Eroberungen im Gebiet des deutschen Geistes, so sind sie, von ihrem Schöpfer, nicht von ihrer Wirkung aus gesehen, zunächst

Erlösungen, Erleichterungen, Beichten. In demselben Maß als Goethe dieser Fülle die ihn bedrängte — Schöpferfülle, Machtfülle, Liebesfülle — sich entlud, sie in den beklemmenden Raum ausbreitete und damit diesen Raum in Goethische Luft verwandelte, im selben Maß in dem er die Widerwelt sich anglich, goethisierte, änderte sich auch seine Aufgabe gegenüber dieser Welt.

Nicht seine Natur, sondern seine Aufgabe wandelte sich zunächst, und wie ein Empörer der zur Herrschaft gelangt ist noch ganz derselbe Charakter, dasselbe Naturell sein kann, aber mit demselben Charakter ganz andre Aufgaben zu lösen, also auch ganz andre Mittel zu schaffen hat, so sieht sich auch Goethe nach der Wertherkrise, die seinen Sieg und Durchbruch am energischsten kennzeichnet, nicht mehr im Stand, der Welt mit der Haltung des Titanen und Empörers gegenüber zu treten. Schon nach dem Werther bereitet sich die neue Haltung vor die durch die italienische Reise und deren Nachwirkungen vollkommen deutlich wird, schon mit der Berufung nach Weimar sieht er sich bewußt vor die neuen Aufgaben gestellt zu deren gemäßerer Bewältigung ihm eben die italienische Reise die neuen Mittel liefern sollte.

Durch drei Schicksale scheint mir besonders die veränderte Haltung Goethes welche mit der italienischen Reise dann zur entscheidenden Wendung führt zugleich gefordert und ermöglicht, also von innen wie von außen her vorbereitet: durch seine Liebe zu Lili .. durch seine Berufung nach Weimar und den dort vorgefundenen neuen Pflichtenkreis, insbesondere sein Verhältnis zu Karl August . . durch sein Verhältnis zu Charlotte von Stein. Schon Lili war, mehr als Friederike oder Lotte, Trägerin einer gesellschaftlichen Atmosphäre, als welche sie ihn zugleich bezauberte und quälte: das heißt, sie auferlegte ihm, sofern er sie liebte, bewußt oder unbewußt, ob er wollte oder nicht, Bedingungen, Maße, Gesetze, Hemmungen die nicht in seiner Natur, in seinem Genie als solchem gegeben waren. Sie zog ihn aus seinem genialischen und titanischen Naturzustand in eine Umgebung von Gesellschaft hinein, dem er sich aus Liebe zu ihr, aber widerwillig und mit innerem Protest eine Zeitlang fügte. Seine Erziehung zur Gesellschaftlichkeit, seine Entwöhnung vom genialischen Solipsismus wurde in Weimar fortgesetzt.

KARL AUGUST

IN dem jungen Herzog trat Goethe zum erstenmal in seinem Leben ein Mensch gegenüber der ihm an wirklicher Lebensfülle, an echtem Sturm und Drang ebenbürtig war, nicht nur, wie die Lenz, Klinger, Wagner, an gespieltem oder künstlich erhitztem Temperament- oder Phantasie-überschuß litt. Und dieser unbändige Fürst, ein tatendurstiger, auf Aktivität, nicht auf Selbstbetrachtung und Schriftstellerei gestellter Jüngling, hatte den Verfasser des Werther als Freund, Vertrauten, Ratgeber und Leiter gewählt — ein ganz anderes Verhältnis als Goethe bisher, trotz seiner literarischen Führerschaft und Überlegenheit, zu irgendeinem Menschen gehabt hatte, das für einen tiefsittlichen Menschen neue Verantwortung bedeutete.

Im Herzog fand Goethe ein Spiegelbild seiner eignen Leidenschaft, des eignen aus Lebensfülle gequälten Drängens, das auch nach der Wertherkrise noch nicht geheilt war, wenn es ihn auch nicht mehr bis an die Grenze des Untergangs führte. Sich von jener Unbändigkeit, dem maßlosen Auf- und-ab zu läutern, zu beruhigen, solider, sicherer, stetiger zu werden war Goethes sehnlichstes Streben (im Gegensatz zu den übrigen Stürmern und Drängern die sich gerade in diesem Tosen und Brausen gefielen) und die Sittigung des ihm wesensverwandten Herzogs, teils von diesem erwartet, teils eine Forderung seines eignen Herzens, förderte seine Selbstzucht. Doch nicht nur daß ihm der Herzog gewissermaßen ähnlichen Dienst leistete wie in Raimunds Stück der Alpenkönig dem Menschenfeind — nicht nur das Anschaun, auch das Mittun, das Begleiten, Leiten, Raten und Hemmen, welches durch das Zusammenleben mit einem solch mächtigen und in vieler Hinsicht gefährlichen Menschen erfordert war, mußte Goethe von den eignen Innerlichkeiten ablenken, ihn aufmerksamer, wachsamer, tätiger und überlegener machen: es galt für ihn mehr als bisher äußeren Situationen gewachsen zu sein und seiner Lebensfülle feste Aufgaben zu stellen: er, der produktive Mensch, an die Seite des aktiven berufen und durch eine Wahlverwandtschaft auch innerlich an ihn gebunden, nahm an einem dämonischen Schicksal teil dem gegenüber er nicht der unbedingt überlegene war und sich durch Konzentration und Anspannung zu behaupten hatte.

Man versteht den Herzog falsch, wenn man in ihm den typischen kunstsinnigen und literaturfreundlichen Mäcen sieht, der durch die dichterischen Schönheiten des Werther angelockt den Verfasser als Zierde oder Mitte eines Musenhofs heranzuziehen das Bedürfnis gefühlt hätte. Was in Weimar an den „Musenhof" erinnert, an einen gesellig gebildeten, geistig interessierten, geschmackvoll müßigen oder betriebsamen Kreis, geht von der Herzogin-mutter aus, und wird mehr durch die Berufung Wielands bezeichnet als durch das Verhältnis Goethes zum Herzog. Der junge Herzog war vor allem Kraftmensch und suchte in Goethe den Kraftmenschen, den er im Werther mit dämonischem Instinkt herausgefühlt hatte. Sein Kunstverstand, sein ästhetisches Gefühl, sein eigentlicher „Geschmack" war nicht besonders ausgebildet — er ließ Gemälde nach dem Quadratzoll bezahlen, und die Geschichte mit dem Hund des Aubry, womit er Goethes Theaterleitung barsch beendete, beweist daß sein Kunstgeist nicht tief wurzelte. Aber wenn Goethe bei dieser schmerzlichen Gelegenheit nach einer vierzigjährigen Verbindung ausrief „Karl August hat mich nie verstanden", so konnte dies von den geistigen Inhalten und Tendenzen Goethes gelten, nicht von dem Grund des Goethischen Wesens. Der Herzog hatte ein unmittelbares Gefühl für Echtheit und Kraft, und auf der Charakterähnlichkeit, nicht auf Interessengemeinschaft und geistigem Einverständnis beruhte der Bund zwischen diesem Sänger und diesem Fürsten.

Der Herzog war die einzige dämonische Tätergestalt die Goethe außer Napoleon begegnet ist: und nicht zufällig nennt er ihn in einer bekannten Stelle des Eckermann über das Dämonische mit dem Welt-herrscher zusammen. „Der Großherzog war eine dämonische Natur, voll unbegrenzter Tatkraft und Unruhe, so daß sein eignes Reich ihm zu klein war und das größte ihm zu klein gewesen wäre." Diese Unruhe eben entsprang aus einer Lebensfülle die Goethe verwandt war und anzog, und aus dieser Unruhe wiederum entsprang jene Vielseitigkeit des Eingreifens, des Teilnehmens an allen menschlichen Richtungen mit dem Sinn für das Wesentliche und Echte, wie er auch Napoleon eignet trotz dem Mangel an feingeistiger Ausbildung. „Der Großherzog war ein geborener großer Mensch, womit alles gesagt und getan ist" „Er war ein Mensch aus dem Ganzen und es kam bei ihm alles aus einer einzigen großen Quelle" „Er hatte die Gabe Geister und Charaktere zu unterscheiden und jeden an seinen Platz zu stellen" „Er war beseelt von dem edelsten Wohlwollen, von der reinsten Menschenliebe.. es war in ihm viel Göttliches". In diesen Sätzen steht was Goethe mit dem Herzog verband, weit über alle Interessengemeinschaft in Kunst und Wissenschaft hinaus: zwei gewaltige Naturen die sich zu bilden, durch Bildung, d. h. Selbstgestaltung zu erretten strebten, und denen die Bewältigung schwerer Aufgaben, Stoffe und Widerstände erst instinktiv, nachher bewußt zum Bildungsmittel wurde. Der Herzog ward für Goethe also nicht nur ein Freund, sondern (was ihm bisher noch kein andrer Mensch gewesen war) ein Beruf, nicht nur durch die Aufgaben die er als Herr ihm stellte, mehr noch durch die Aufgabe die er als Mensch selbst war.

Goethe hat dies neue Erlebnis von Verantwortung in ein dichterisches Sinnbild gebannt. Das Gedicht Ilmenau, drei Jahre vor der italienischen Reise, zeichnet Goethes ersten Weimarer Zustand, die Selbstbesinnung, die Verantwortung inmitten des stürmischen Trubels, sein Verhältnis zu dem reichen Menschen der zugleich sein Herr, sein Busenfreund und sein Schützling war: es zeichnet zugleich eine wirkliche, dichterisch symbolische Situation und in ihr, aus ihr heraus, an ihr einen Charakter und die Beziehung, den Gefühlsgehalt der Beziehung zwischen dem Dichter und dem Herzog. Seinem Gehalt wie seiner Form nach ist dies Gedicht, nebst der wenige Jahre früher entstandenen Harzreise im Winter, das sinnfälligste Literaturdenkmal für die Momente der Sammlung und Selbstbesinnung seines noch immer stürmischen, wallenden, wandernden Herzens, das auf dem Weg zum Maß und zur Klarheit, auf dem Weg nach Italien war, aber noch lange nicht am Ziel. Und zwar ist der Übergang des voritalienischen zu dem italienischen Goethe in dem Gedicht Ilmenau nicht nur an dem Gegenstand, dem Stoff, dem Reflexionsgehalt, sondern auch an der Diktion und Komposition nachzuweisen, wenn man es mit den bezeichnendsten lyrischen Produkten etwa der Wertherzeit und den bezeichnendsten aus dem letzten Jahrzehnt des 18. Jahrhunderts vergleicht, da die Nachwirkung der italienischen Selbstzucht und errungenen Kunstgesinnung noch besonders stark war, z. B. den römischen Elegien. Allgemein-goethisch ist die Art der Empfängnis: den Gefühls- oder Gedankengehalt zu entwickeln aus einer sinnlich angeschauten und dargestellten Situation: hier die abendliche Einkehr am Fuß eines Waldhügels zur Ruhe nach durchhetztem Tag. Es ist Goethisch allen Gedanken- und Gefühlsgehalt aus einem konkreten, erlebten Motiv ausstrahlen zu lassen, von einem Punkt aus ins Weite zu gehen, nicht, wie etwa Klopstock oder Schiller, einen weiten, hohen, umspannenden Gedanken abzugrenzen durch persönliche, konkrete Motive. In dem Moment worin Goethe die Situation zeichnet ist schon das Ganze seines Gedichts enthalten wie im Samen der Baum: sie ist der Samen, so auch hier. Mit der Situation gibt Goethe schon die Elemente die er dann nur entwickelt, beleuchtet, reflektiert (reflektieren heißt widerstrahlen und heißt nachdenken, durch den Gedanken ein Sinnliches spiegeln). Diese Elemente, gegeben in der Dichte einer einmaligen poetisch faßlichen Situation, sind sinnbildlich für den gesamten Lebenzustand jener Zeit: sorgenvolle Rast und Wache für andre zwischen Hatz und Arbeit mit andren inmitten eines fruchtbaren, idyllischen Landes .. und auch das ist allgemein Goethisch, ganze Lebensepochen in einem dichterischen Augenblick zu fassen. Seine Momentbilder sind symbolisch, nicht isoliert .. nicht impressionistisch gehascht und geblitzt, sondern zusammengeschossen, gereift und geboren.

Neu ist hier die Konzentration aller Sinnlichkeit auf das Auge. Sinnlich erleben heißt für Goethe mehr und mehr: schauen. Das Auge wird für Goethe das stellvertretende Organ des Gesamtleibes und des Lebens überhaupt: die Gesetze des Schauens werden für ihn die Gesetze des Darstellens und Gestaltens schlechthin: Messen und Wählen, nicht mehr Mischen und Wühlen werden für ihn die künstlerischen Funktionen. Einen Vers wie „All meine Sinnen sich erwühlen" hätte der spätere Goethe nicht mehr erleben können. Das dumpfe wallende Fühlen, das Untertauchen im sinnlichen Moment bedingt die Sprachgestaltung der Goethischen Jugendlyrik mit ihrer Vermischung der sinnlichen Sphären, Ineinanderwirkung der grammatischen Funktionen. In „Ilmenau" spüren wir schon den Willen zur augenhaften Sonderung, nicht mehr das Gefühl, sondern der Eindruck, der Umriß, die Gestalt sollen gegeben werden. Das Flimmern, Schweben, Wehen und Wallen um die besondern Formen der Landschaft, das ossianisch Neblige, Stürzende, Strömende macht einer mit Maleraugen gefaßten Schilderung von Einzelmotiven Platz.. keine Häufung, Türmung und Mischung von Bildern mehr, sondern eine sinnliche Beschreibung wird erstrebt. Diese Tendenz, die Italien erst zur Erfüllung gebracht, ist hier noch im Werden. Man vergleiche aber etwa die Verse aus „Elysium" (1772) die eine ähnliche Situation geben:

> Wenn mir auf dem Felsen
> Die Sonne niedergeht,
> Seh ich Freundesgestalten
> Mir winken durch wehende Zweige
> Des dämmernden Hains ..

und „Ilmenau"

> Bei kleinen Hütten, dicht mit Reis bedecket,
> Seh ich sie froh ans Feuer hingestrecket.
> Es dringt der Glanz hoch durch den Fichtensaal,
> Am niedern Herde kocht ein rohes Mahl;
> Sie scherzen laut, indessen, bald geleeret,
> Die Flasche frisch im Kreise wiederkehret.

Während dort Gefühl der Situation wiedergegeben werden soll, ist hier Beobachtung der Situation, Details werden nicht nur im Flug gehascht und im Feuer der Empfindung verdampft, im Strom der Bewegung aufgelöst, sie werden bereits ausgemalt und gewinnen gegenüber dem Gefühl selbständigen Wert. Die Anschauungen werden nicht mehr ineinander geballt, sondern nebeneinander gestellt, das Auge ist mächtiger als das Gefühl, der Maler über den Musiker Herr geworden, oder er will es wenigstens. Denn immer noch — und das ist jung-goethisch — ist das Gefühl stark genug, um die Gegenstände aufzuweichen, noch ist nicht, wie etwa in den römischen Elegien, die Schilderung eines Gegenstandes, einer Situation Selbstzweck. Noch ist die Auswahl der gesehenen Einzelheiten ein Zeichen der voritalienischen Empfindungsweise: die Übergänge, der Wechsel von Licht und Schatten, das Dämmern, all diejenigen Sichtbarkeiten deren das Auge erst durch Nachhilfe des Gefühls, durch Nachtasten, sich bemächtigt, werden ausgewählt. Wie das spezifisch Malerische eine Seelenstufe zwischen Musik und Plastik darstellt, so steht dies Gedicht zwischen dem unbedingten Gefühlskult des frühesten und dem strengen Formen- und Linienkult des späteren Goethe in der Mitte.

Der Übergangs-atmosphäre des Gedichts entspricht die Übergangs-gesinnung, seiner Diktion entspricht der Inhalt. „Ilmenau" handelt von Goethes Einkehr und Umschau, und die Situation von der es ausgeht, die ihm Kolorit und Stimmung gibt, die es über die Gefahr der bloßen Gedanklichkeit hinaushebt, ist dafür das Sinnbild. Weniger als die bisherigen Gedichte Goethes bleibt es am Gefühl haften, ist weniger Ausdruck einer Wallung, Leidenschaft, Begeisterung: es ist Ausdruck einer Gesinnung. Nicht zufällig bedient sich Goethe hier des dichterischen Kunstgriffs, sein Ich als ein geträumtes sich gegenüberzustellen, es sich zum „Gegenstand" zu machen, mit einem Wort: sich zu sehen, und zwar sich zu sehen im Kreis seiner neuen Umwelt mit ihren Schicksalen und Verpflichtungen. Sich-sehen ist zugleich Bildungs-mittel und Heilmittel: was uns zum Bild geworden ist daran leiden wir weniger. In diesem Sinn überschaut Goethe sein bisheriges Schicksal und seine künftige Pflicht, deren Mitte für ihn eben der Herzog selbst ist — „all sein Wohl und all sein Ungemach"

> Ein edles Herz, vom Wege der Natur
> Durch enges Schicksal abgeleitet.
> . . . .

Als „Ilmenau" geschrieben wurde, durfte der darin festgehaltene gefährliche Zustand des Herzogs Goethe schon als schwerer Traum erscheinen und so bannt ihn das Gedicht, noch gegenwärtig, aber mit der Distanz eines Traums:

> Es lebt mir eine schönre Welt;
> Das ängstliche Gesicht ist in die Luft zerronnen.
> Ein neues Leben ists, es ist schon lang begonnen.

Dies neue Leben bedeutet für ihn selbst wie für den Herzog den Übergang aus einem gefährlichen und quälenden, maßlosen und hemmungslosen Titanentum zur Sozialisierung, zum Wirken für und mit andren, Einfügung in Bedingungen:

> Du kennest lang die Pflichten deines Standes
> Und schränkest nach und nach die freie Seele ein . .
> . . Wer andre wohl zu leiten strebt,
> Muß fähig sein viel zu entbehren.

Die persönliche Leitung und Bändigung des Herzogs, die Goethe zur Selbstbändigung zwang, wurde ergänzt durch die mannigfaltigen Amts- und Verwaltungspflichten, die er als weimarischer Hofmann übernehmen mußte .. auch so wurde seiner Italienreise vorgearbeitet. Nicht nur daß er sich, eingefügt in einen gesellschaftlichen Organismus, wie beweglich und frei dieser immerhin sein mochte, des stürmischen Eigenwillens entschlagen sollte, mehr und mehr sozialisiert wurde, Rücksichten und Formen zu beobachten hatte, auf dem Wege weitergeführt auf den ihn die Liebe zur Gesellschaftsdame Lili schon allmählich gebracht hatte: wichtiger als die sozialisierenden Wirkungen waren die objektivierenden, die der weimarische Pflichtenkreis auf ihn ausübte. Wichtiger als die Einschränkung seiner Gefühle war die Erweiterung seines Blicks, die Vermehrung seines Beobachtungsstoffs und die Erlernung neuer Griffe und Kenntnisse. Was er als Genius innerlich vorweggenommen hatte in seinen ersten dramatischen Arbeiten, das »Weltwesen«, trat ihm hier mit Forderungen von außen entgegen und was er gewußt oder gesehen hatte das galt es jetzt üben: auch hier ward er auf Italien vorbereitet durch Ausbildung seiner Augen, auch hier lernte er Vorstellungen in Anschauungen, Ahnungen in Kenntnisse, Gefühl in Tätigkeit verwandeln. Als Regent eines kleinen Landes, als maître de plaisir eines geistig anspruchsvollen Hofs lernte er den staatlichen und geselligen Zustand von innen her kennen, den er bisher nur als Zuschauer oder als titanischer Widersacher erfahren hatte. Seine Welt nahm in demselben Maße zu als er sein Ich einschränkte .. und so wenig die Rekrutenaushebung dem Dichter des Prometheus gemäß erscheinen mochte, so deutlich er selbst den Gegensatz zwischen seinen dichterischen Aspirationen und Inspirationen und dem Elend der Strumpfwirker in Apolda aussprach: die hundert kleinlichen Details seines äußeren Lebens in der ersten Weimarer Zeit, die mit dem stürmischen Flug seiner Wetzlarer und Straßburger Geniejahre nachteilig kontrastieren, die zumal seiner damaligen Produktivität hinderlich scheinen: sie alle sind nicht Verengerungen, sondern ersehnte Erweiterung seines Gesichtskreises, Vorarbeiten zu dem großen italienischen Bildungsprozeß geworden.

ANFÄNGE DER WISSENSCHAFT

VOR allem liegen in der Weimarer Frühzeit die Anfänge zu Goethes systematischer Naturforschung, welche ebenfalls erst Italien völlig entwickeln und begründen sollte. Von Kind auf mit einem tiefen Gefühl begabt für das Weben und Walten der Natur, für das Ganze der wachsenden Erscheinungen und zeugenden Kräfte mit der menschlichen Mitte, voll wacher Aufmerksamkeit für die Formen und Vorgänge der Landschaft, und voll dichterischem Mitschwingen mit allem Lebendig-Erscheinenden, hat Goethe doch erst in Weimar Anlaß gefunden, sich über den Grund seines allgemeinen Naturgefühls, über die Wirkungen und Gegenstände, über die Reiche und Mittel, über die Kräfte und Formen der Natur zu unterrichten, anschaulich und eindringlich sich ihrer zu bemächtigen, und erst Italien eröffnete ihm dies Reich völlig und half ihm die Organe zu seiner Eroberung auszubilden. Denn eines lebendigen, ja praktischen Anlasses bedurfte es bei Goethe: nie ging er von einem abstrakten Suchen nach der Wahrheit oder Erkenntnis aus, jede Erkenntnis ist bei ihm das Hell- und Deutlichwerden, die Anwendung und Folge eines Bedürfnisses welches ihm durch seinen Lebensdrang oder seine Lage erwuchs, und erst das tätige Leben in Weimar nötigte ihn zum Forschen, Erkennen und Wissen über das Fühlen, Ahnen und Schauen seiner sentimentalischen und titanischen Epoche hinaus.

In Weimar erwacht sein Bedürfnis nach vertiefter Naturkunde, aber erst Italien gewährte ihm die innere und äußere Freiheit dies Bedürfnis zu befriedigen. Er hat selbst in einem seiner reichsten Aufsätze, der Geschichte seines botanischen Studiums (1817) den Anteil der weimarischen Umgebung an der Entwicklung seines naturwissenschaftlichen Studiums dargelegt. Dort heißt es: „In das tätige Leben jedoch sowohl als in die Sphäre der Wissenschaft trat ich eigentlich zuerst als der edle weimarische Kreis mich günstig aufnahm; wo außer andern unschätzbaren Vorteilen mich der Gewinn beglückte, Stuben- und Stadtluft mit Land-, Wald- und Gartenatmosphäre zu vertauschen."

Durch die weimarischen Jagdfreuden wurde Goethe auf das Forstwesen, durch das Forstwesen auf die Waldkunde, durch den Wald auf die Bäume, Moose und Kräuter geführt, immer seinen Weg gehend vom individuellen Erlebnis zur symbolischen Erfahrung, von der praktischen Anwendung zur grundsätzlichen Einsicht: oder wie Goethe selbst es ausdrückt, indem er seinen individuellen Bildungsgang vergleicht mit der Geschichte der Botanik: „ich war vom augenfälligsten Allgemeinen auf das Nutzbare, vom Bedarf zur Kenntnis gelangt."

Wie das Jagd- und Forstwesen Weimars der Ausgangspunkt von Goethes Botanik ist, so ist das weimarische Bergwesen, auf das erst sein Interesse, dann seine Tätigkeit hingelenkt wurde, der Ausgangspunkt der Geologie. Auch dazu kam er beinah zufällig durch praktische Anregung, als man seinen Anteil an der Wiederherstellung des Ilmenauer Bergwerks verlangte. „Ich dachte mir unerläßlich, vor allen Dingen das Bergwesen in seinem ganzen Komplex mit Augen zu sehen und mit dem Geiste zu fassen: denn alsdann nur konnt ich hoffen in das Positive weiter einzudringen und mich mit dem Historischen zu befreunden."

Zur Osteologie hatte Goethe (wenn auch schon in Straßburg der Anatomie beflissen) den produktiven Anstoß empfangen durch die Teilnahme an Lavaters Physiognomik. Freilich erst die italienische Reise brachte ihm die zentralen Einsichten mit denen er systematisch forschen konnte. Aber jeder praktische Schritt führte Goethe in ein neues Gebiet der Erkenntnis, und sofern Weimar erst für ihn die Schule der Praxis geworden ist, ward es für ihn auch die Schule seiner weltumfassenden Wissenschaft.

Goethes Weg zur Wissenschaft ist sinnbildlich für die Geburt der echten Wissenschaft überhaupt. Man darf den Forscher und Denker Goethe niemals sondern von dem Dichter, und gerade an dieser Stelle können wir den gemeinsamen Ursprung seiner Wissenschaft und seiner Dichtung aus den Bedürfnissen seiner Lebenskraft selbst deutlicher fassen. So wenig er Dichter um des bloßen Dichtens, um der absoluten Literatur willen war, so wenig war er Forscher um der bloßen Erkenntnis willen, um der abstrakten Wahrheit willen. „Wissenschaft auf dem Papier und zum Papier" hatte für ihn keinen Reiz. Dichtung und Wahrheit — beide waren ihm Mittel, um seinen Lebenstrieb gestaltet auszuwirken, um sich im Sein zu behaupten und nicht die innere Fülle und die äußeren Massen über sich Herr werden zu lassen. Dichtung und Wissenschaft sind Formen seines Selbsterhaltungstriebs oder seiner Herrschsucht, seines „Willens zur Macht", es sind höchst geläuterte, durchgeistigte, entselbstete Formen, in denen keine Spur von empirischem Egoismus, von Utilitarismus, mehr waltet; aber niemals hat Goethe selbst vergessen, daß der Ausgangspunkt seiner Wissenschaft nicht der absolute Geist sondern das bedingte Leben sei, nicht der Begriff sondern das Bedürfnis, nicht das Denken sondern die Sinne.

Jene seit Plato in höherem Ansehen stehenden Kategorien, des absoluten, reinen, zweck- und bedürfnislosen Vernunftbereichs erkannte er wohl als mögliche Ziele oder Folgen wissenschaftlicher Betätigung, und forderte zum mindesten selbstlose Hingabe des Einzelnen an den Gegenstand. Aber Selbstlosigkeit des forschenden Individuums, die erste Forderung jeder Wissenschaft, darf man nicht verwechseln mit Selbstlosigkeit des Lebens das den Einzelnen zum Forschen treibt. Das Bewußtsein des Einzelnen muß frei von Zwecken sein, aber das Forschen, der selbstlose Forscherdrang des Einzelnen, ist selber nur Organ eines Lebenswillens welcher durch ihn wirkt. Noch in der abstrakten Intellektualität, in der scheinbar freischwebenden Kontemplation, in dem Ideenreich Platos, im amor intellectualis Dei Spinozas, in der reinen Vernunft Kants, so gelöst von allem bewußten Zweck solche Lehren sind, ist ein Wille, ja eine Herrschsucht wirksam — wenn auch unbewußt den empirischen Personen der Verkünder. Dies als ein moralisches Urphänomen begriffen zu haben ist eine Leistung Nietzsches, es als eine biologische Tatsache verkündet zu haben, eine Leistung des Pragmatismus, es erkenntnistheoretisch, psychologisch und metaphysisch ausgebeutet zu haben, eine Leistung Henri Bergsons.

Ohne eigentlich philosophische Ansprüche ist Goethe deren Vorläufer, indem er einfach biographisch seinen Weg zur Wissenschaft darlegte und den individuellen Triebkräften nachging die bei ihm allgemein zu Grundsätzen wurden. „Was man nicht nützt ist eine schwere Last" „Wir sind aufs Leben und nicht auf die Betrachtung angewiesen" „Was fruchtbar ist allein ist wahr" „Ich halte für wahr was mich fördert" das heißt nicht, das was mir Vorteil bringt oder was ich brauchen kann, sondern das wodurch mein Leben die ihm innewohnenden Möglichkeiten reiner, deutlicher, gestalteter verwirklicht. „Wahrheit" ist für ihn also nicht ein absolutes Erkenntnisprinzip, ein Kriterium an dem er das Leben mißt, sondern umgekehrt: er mißt die Wahrheit am Leben — er ist nicht, wie neuerdings absurderweise behauptet worden ist, ein Schüler Kants, sondern der äußerste Gegensatz der in Deutschland gegen Kantische Denk- und Fühlweise überhaupt zu finden ist. Und so war er sich von vornherein klar daß alle seine Erkenntnis nur eine Auswirkung seines Lebens sein werde, wie seine Dichtung auch, und als Heilmittel oder Machtmittel hat er in den Krisen seines Lebens immer wieder die Erkenntnis der Gottnatur begriffen und errungen.

In Weimar hat er ihre wohltätige Wirkung erfahren, in Italien, wo die objektive Welt mit gesteigerter Wucht auf ihn eindrang, mußte er immer tiefer sich der Mittel zu ihrer Beherrschung und Ordnung bemächtigen. Es spricht für die objektive Helligkeit seiner Erkenntnis, daß er niemals die vitalen Ursprünge und Grenzen seiner Wissenschaft, die biotische Bedingtheit seines Denkens verkannt hat, daß er niemals dem absoluten Geist verfallen ist, wie die Naturphilosophen und apriorischen Konstrukteure, daß er vor allem immer (das ist besonders der Sinn und das Verdienst seines Streits mit Newton über die Farben) den Menschen und des Menschen Organe als sinnliche Urphänome gegenwärtig hatte. Es spricht andrerseits für die Sicherheit seines Instinkts daß er, der Anlage nach einer der dunkeldrangvollsten, gefühlüberschwenglichsten, widerrationalsten Menschen, sich zur Heilung in die intellektuelle Klarheit begab, sich zur vollkommensten Denkordnung erzog und es fertig brachte, die ganze dunkle angeborene

Tiefe seiner Lebensfülle in helle Begriffe, Einsichten, Reflexionen, Maximen, Sentenzen heraufzuheben.

Daß Goethe uns heut der weiseste Mensch erscheint ist nicht so selbstverständlich — wäre er vor der italienischen Reise gestorben, so würde er immer als ein Genie, nicht als ein Weiser dastehn, nicht als ein Mensch der die Begriffe mit gleicher Meisterschaft beherrscht wie die Anschauungen und Gefühle. In jedem Genie steckt auch das Begriffsvermögen, aber nicht für jeden ist es das Heilmittel, wie für Goethe . . nicht jeder bildet es aus unter dem Druck vitaler Bedürfnisse wie Goethe, erst in Weimar, dann, doppelt bedrängt von der Fülle der Welt, in Italien. Aber nur als Heilmittel behandelte Goethe seine Erkenntnisse — nicht alles was er erkannt hatte sprach er aus, seine tiefste Weisheit verschwieg er oder stellte sie nur im Zeichen und Gebild in die Welt. Auch darin unterscheidet er sich von den absoluten Denkern, welche ein System haben und um des Systems willen denken und lehren. Wie er an eine absolute Erkenntnis nicht glaubte, eben weil er sich der vitalen Bedingtheit alles Erkennens bewußt war, so verbot er auch geradezu die erkannte Wahrheit um jeden Preis auszusprechen. Auch das gehörte zu dem Maß und der Bescheidung deren Anfänge in die Weimarer Zeit fallen. Man kann die zum Verständnis Goethes wie als Weisheit gleich wichtigen Worte nicht oft genug wiederholen: „Der Mensch ist nicht geboren die Probleme der Welt zu lösen, sondern zu suchen wo das Problem angeht und sich sodann in den Grenzen des Begreiflichen zu halten. Die Handlungen des Universums zu messen, reichen seine Fähigkeiten nicht hin und in das Weltall Vernunft bringen zu wollen ist bei seinem kleinen Standpunkt ein sehr vergebliches Bestreben.. Auch sollen wir höhere Maximen nur aussprechen, insofern sie der Welt zugute kommen, andre sollen wir bei uns behalten, aber sie mögen und werden auf das was wir tun wie der milde Schein einer verborgenen Sonne ihren Glanz breiten."

Seine Theorien werden niemals Selbstzweck, und so klar begrifflich durchgearbeitet alle seine wissenschaftlichen Schriften sind: niemals verlieren sie, wie selbst die unsrer meisten großen Philosophen, den Boden unter den Füßen aus dem sie gewachsen sind. Seine Sätze sind nie „abstrakt", d. h. abgezogen von ihrem Sprecher, nie absolut d. h. losgelöst von ihrer Wirklichkeit in Goethes Dasein. Sie sind die natürlichen Ergebnisse eines ganzen Menschen mit all seinen unerschöpflichen Augenblicken und Beziehungen. Es sind Gelegenheitsgedanken in demselben Sinne wie er seine Gedichte Gelegenheitsgedichte genannt hat: die Geburten seiner fruchtbaren Augenblicke, gedanken-gewordene Augenblicke seines Lebens. Der Gegensatz dazu wären Gedanken die notwendige Glieder eines von vornherein angelegten Systems darstellten, etwa die Hegels. Hegel kommt im Verlauf seiner Enzyklopädie auch auf die Farben zu sprechen, weil sein System eine Lücke hätte, wenn er nicht auch über die Farben spräche. Dies Prinzip der Vollständigkeit ist Goethe fremd, wie denn überhaupt seine Universalität mit Vollständigkeit nichts zu tun hat. Wenn er über Farben, Steine, Knochen, Kräuter, Bilder usw. spricht, so geschieht es nie, um sie in irgendein Gedankensystem einzuordnen, welches von irgendeinem Punkt aus sein Geist sich vorgezeichnet hat, sondern weil er auf dem Wege seines Lebens mit diesen jeweiligen Erscheinungen in aktive oder passive Berührung gekommen ist, weil sie ihm „Erfahrungen" geworden sind, Widerfahrungen, Begegnisse. Weil er nun, und zwar wesentlich durch seine Berufung nach Weimar und seine italienische Reise, nach und nach mit allen typischen Erscheinungen in Berührung kam, und als ein aufmerksamer, unermüdlicher und tiefdringender Mensch sie alle in ihrem ganzen Umkreis und all ihren Verknüpfungen zu erkennen strebte, so ist er, bei seinem langen und ausgebreiteten Leben, gelegentlicher Erforscher aller menschlichen Anlässe und dennoch ein Kenner des Alls geworden, nach seinem Grundsatz „Willst du ins Unendliche schreiten, geh nur im Endlichen nach allen Seiten". Aber freilich wäre selbst dann seine Universalität nur fragmentarisch, ein Kosmos aus Stücken, wenn ihm nicht das All symbolisch in jeder seiner Erscheinungen gegenwärtig gewesen wäre: in sich selber fand er die vorwegnehmende Einheit, die verknüpfende Deutung der heterogensten Naturerscheinungen vom menschlichen Herzen bis zum Stein in den Grüften. Wie ihm jeder Augenblick ein Repräsentant der Ewigkeit war, nicht ein isolierter Zeitabschnitt, sondern der Träger aller Zeitfülle aus der er hervorgestiegen, von der er hervorgedrängt war, so ist ihm jedes einzelne Phänomen, jede Gestalt oder Kraft symbolisch für die gesamte Wirkung der Gottnatur: unermüdlich war er diese Erkenntnis, oder vielmehr diesen Glauben — denn es ist eine Idee, eine Anschauungsart, keine Erfahrung — zu formulieren. „Ich bin ewig, denn ich bin" „Es ist das Ewig Eine das sich vielfach offenbart" „Das Ewige regt sich fort in allen" usw.

Ja, die tausend Gegenstände seines Forschens waren ihm nur verschiedene Symbole für dieselbe belebende Einheit die ihm zugleich Allheit war, nur verschiedene Auswirkungen derselben Kraft, Attribute derselben Substanz oder wie man es formulieren mag. Da er nicht Systematiker, absoluter Denker, sondern sinnlicher Mensch, Künstler war, so vernichtete er nicht, wie etwa Spinoza oder Hegel, die Erscheinungen zugunsten jener Idee oder Kraft oder Substanz, sondern eingedenk seiner und ihrer vitalen Bedingtheit ehrte er gerade in ihnen das Ewige, Göttliche, die Idee — nur in ihnen, vermöge der Erscheinungen, mit tiefer Ehrfurcht vor dem individuellen Augenblick, vor dem Leib, der Gestalt, dem Phänomen selbst. Niemals suchte er das Ding an sich hinter den Dingen, sondern er wußte beseligt daß er es in den Dingen selber besitze, daß er im Augenblick die Ewigkeit, in dem individuellen Vergänglichen die Gottnatur erfahre. „Am farbigen Abglanz haben wir das Leben." So überbrückte er den theoretischen Gegensatz zwischen Erfahrung und Idee, den er begrifflich sehr wohl anerkannte, durch seine Vorstellungsart und durch sein wissenschaftliches Verfahren (vgl. Der Versuch als Vermittler zwischen Objekt und Subjekt, wo er sich mit der Kantischen Terminologie auseinander setzt). Das ist keine Entwertung, Herabsetzung des farbigen Abglanzes sondern seine Verherrlichung. Bedingtheit war für ihn nicht eine Aufhebung, Trübung, Entwürdigung des Absoluten, das für ihn das Leben war, sondern selbst eine Funktion des Lebens, teilhaft also der ganzen Ehrfurcht die er dem Leben zollte. Daher suchte er nicht auszuscheiden und als Fälschung oder fälschend aus dem Bereich der Erkenntnis zu verbannen (wie es platonische und christliche Erbschaft bis in die Philosophie der Hegel und Schopenhauer hinein war) was den Sinnen angehörte, darum war „Erscheinung" für ihn kein Schimpfwort, darum wagte er von „Urphänomen" zu sprechen, mit diesem höchst unkantischen Begriff das Absolute in die Erscheinung, in das Phänomen selbst hineinverlegend. „Den Sinnen lerne du vertrauen". Darum erwies er der Erfahrung die göttlichen Ehren die Schiller nur der Idee vorbehielt, und wollte bei jenem berühmten Gespräch den Unterschied gar nicht begreifen. Da ihm diese Ehrfurcht vor der Erscheinung, — und den Organen wodurch wir sie erfassen, den Sinnen — angeboren war, da er in jeder Erscheinung ein Sinnbild, einen Repräsentanten der ganzen Natur verehrte, konnte er sich einer Systematik entschlagen, und sich das Gelegenheitsdenken erlauben, ohne Zerstückelung oder Isolierung fürchten zu müssen. Aber freilich gewannen so für ihn auch die Erscheinungen eine ganz andre Schwere, Beladenheit und Fülle als für den bloßen Empiriker, dem sie gesonderte Einzelheiten sind, und für den Systematiker, dem sie Teile eines Ganzen sind in das er sie nur einzufügen braucht, wie ein Kind die Teilklötzchen zu seinem Bilde.

Denn es handelte sich für Goethe bei jeder Erforschung eines natürlichen oder menschlichen Phänomens um eine Angelegenheit seines eigenen Daseins, die ihn verpflichtete und die Folgen hatte — nicht darum bloß sie unterzubringen, sondern sie zu besitzen als einen fruchtbar fortwirkenden Faktor seines Innern. Niemals konnte er sich mit der apriorischen Konstruktion aus den für richtig gehaltenen Begriffen, mit einer Dialektik des

Werdeprozesses zufrieden geben wie Hegel, oder damit daß sich eine fruchtbare Symbolik aus seiner Auffassung entwickeln ließ wie Schelling — um die zwei bedeutendsten naturphilosophischen Verfahrungsarten zu nennen die neben der seinen damals über die Empirie hinausstrebten. Unruhe seines eignen Herzens trieb ihn zur Erforschung der Erscheinungen, in denen er die auch für ihn gültigen Gesetze der Bildung ahnte, und Unruhe des Herzens wird nicht gestillt durch die Befriedigung des Kopfes darüber daß die Erklärung stimme. Auch der Naturforscher Goethe ist noch immer Faust, der das All geistig durchdringen muß, um sich zum All zu erweitern, weil er allein im Makrokosmus seinen Mikrokosmus lösen d. h. erlösen kann . . nur die Methode des alten Faust ist, in Italien, anders geworden, als die des jungen — er stürmt nicht mehr mit der Fülle des Gefühls gegen das All an, sondern dringt mit disziplinierten Sinnen und Gedanken, weder Begriff noch Versuch verschmähend, stetig und emsig in das geheimnisvolle Gefüge ein. Ausbildung der Sinne und der Begriffe war die Vorbereitung dazu, und um die hat er sich bewußt in Weimar zu bemühen angefangen: und wie alles in seinem Leben zugleich Frucht und Same ist, so sind seine Bemühungen um dies Ziel zugleich Leistungen, seine Mittel zugleich Erfolge . . und der Zustand aus dem er herausstrebte erscheint für uns selbst schon als eine Vollendungsstufe.

Das was ihn nach Italien trieb war zugleich schon die Bürgschaft daß Italien ihn zu dem machen werde was er werden wollte: ein Mensch mit vollkommener Gesetzlichkeit aller Organe, fähig und würdig alles Erforschliche zu erforschen und das Unerforschliche ruhig zu verehren. Dies hat er selbst als das höchste Glück des denkenden Menschen bezeichnet in seiner Reife, im Vollbesitz oder vielmehr in der Ausübung dieses Glücks — denn Glück war für ihn nicht Besitz, sondern Übung.

In der Weimarer Zeit, vor der italienischen Reise, wäre ihm das Erforschen und Verehren nicht als letztes Glück, nur als ein Mittel zum Glück vorgekommen. Was ihn nach Italien trieb war nicht ursprünglich der Wunsch zu erforschen, sondern durch Sehen (und zwar Sehen nach seiner eindringenden Weise) sich die allzueng beklemmende Welt zu erweitern. Wie sein Sturm-und-drang-leiden zwei Gesichter hatte, nämlich das Übermaß innerer Fülle und den Mangel äußerer Weite und Klarheit, so mußte auch seine Heilung zwei Aufgaben erfüllen: Beruhigung seines Herzens und Erhellung der Welt . . „alle seine Sinne sich erhellen und beruhigen sein brausend Blut".

Vergebens suchte er im Hof- und Geschäftsleben erst diese Erlösung — dies lenkte ihn wohl ab und erweiterte seinen Gesichtskreis, aber es beruhigte sein brausend Blut nicht, verstrickte ihn nur in neue Wirrsale. Die Liebe zu Charlotte von Stein gab ihm zwar eine tiefe innere Seligkeit wie keine frühere Neigung — wir werden noch sehen was diese Liebe in Goethes Lebenshaushalt bedeutete, und warum — aber sie ließ seine andere Sehnsucht, die nach weiter Welt, unbefriedigt. Was das Weimarer Weltleben und die Liebe zu Charlotte nur einseitig leisten konnten versprach er sich von der Erkenntnis der Natur gleichzeitig und nach beiden Seiten hin, und seine Naturforschung entspringt dem Glauben an die Natur als an das erweiterte und zwar göttlich beseelte Gegenbild des Menschen, wie es in den beiden Worten Makrokosmus und Mikrokosmus ausgedrückt ist. Wenn es ihm glückte, mit seinen menschlichen Organen die Natur zu begreifen, zu ergreifen, so besaß er zugleich den Raum in dem seine drückende innere Fülle sich erleichtert, klar und tätig ausbreiten konnte und eine angemessene Gestalt und Betätigung seines überfüllten Ich selber.

Man versteht nun von da aus mit welcher Dankbarkeit er die Philosophie Spinozas als seine Heilslehre begrüßte: denn hier war ja in Begriffen ausgedrückt und mathematisch faßlich gemacht was seine Ahnung vorweg nahm, seine dichterische Phantasie sah und sein Weltgefühl forderte: daß die Welt selbst göttlicher Natur sei, daß jener Dualismus zwischen Gott und Welt, den er als Dichter nicht anerkennen konnte und der ihm als einem heidnisch veranlagten Menschen bei seiner Anbetung des Irdischen zuwider war, nicht existiere, und vor allem daß Ich und Welt, an deren Disharmonie und Zwiespalt er krankte, nur zwei Attribute derselben Substanz seien — denn was ist Ich und Welt anders als Denken und Ausdehnung. Diese Lehre von der Einheit der Substanz und den Satz ordo et connexio rerum idem est ac ordo et connexio idearum nahm Goethe (einerlei was Spinoza selbst damit meinte) als begriffliche Formulierungen und Erklärungen für das dumpfe Gefühl und die gläubige Ahnung seiner Jugend, und seine Dankbarkeit gegen diesen Evangelisten erklärt sich daraus daß ihm dieser mit solchen Sätzen eine Gewähr der Erlösung gab: denn wenn wirklich Ich und All sich entsprechen, so mußten die Widersprüche des Ich im All ihre Klärung oder Lösung finden, die Leidenschaften des beschränkten Einzelnen in dem großen Ganzen sich aufheben — die Erlösung des Menschen durch die Welt möglich sein. Wenn Faust sich zum All erweitern will, so ist das ein Wille zur Läuterung, wie sie ein spinozistisch Gläubiger erwarten darf. Denn nur wer das All göttlich beseelt und denselben Gesetzen unterworfen glaubt wie den Menschen, nur wer im Menschen einen Mikrokosmus sieht, kann für seine menschlichen Leiden Erlösung von seiner All-werdung erwarten. Keinem echten Christen könnte der Gedanke kommen, durch Eindringen in die Welt selig zu werden. Dies war aber recht eigentlich Goethes Glaube .. er hat ihn von Spinoza nicht übernommen, nur hat ihm Spinoza diesen Glauben in einer Zeit begrifflicher Dumpfheit beglückend klar formuliert.

In den Wirbeln der wilden Leidenschaft schien ihm die erhabene Leidenschaftslosigkeit der Gottnatur allein schon Ruhepunkt: darum beseligte ihn der andre Spinoza-satz: wer Gott recht liebt, darf nicht erwarten daß dieser ihn wieder liebt, und darum schien ihm der Amor intellectualis Dei oder das liebend reine Anschaun Gottes, wie er in der Natur sinnlich offenbart ist, als erstrebenswerte Glückseligkeit.

Was ihn jedoch von Spinoza schied war eben seine dichterische Sinnlichkeit, welche die göttliche Beseelung nicht nur, wie der mathematische Spinoza, in den Gesetzen des Alls verehrte, sondern in seinen Gestaltungen und Kräften: sein Pantheismus war im Gegensatz zu dem Spinozas nicht mechanistischer sondern vitalistischer Natur, Gott-natur war ihm nicht berechenbares Gesetz, sondern sichtbares, fühlbares und formhaftes Gestalten. Indem er den Satz Spinozas über ordo et connexio anerkannte, schob er dem formalen Ausdruck ordo et connexio einen andren Inhalt unter, nämlich seinen nicht mathematischen, sondern dichterischen Begriff von Ordnung und Verknüpfung. Aber diese Lehre Spinozas, eben nicht ein einmalig übernommener Satz, keine isolierte Maxime, sondern der Ausdruck einer ganzen Anlage, die Formel einer Seelennot, mußte, in seinem gesamten Wesen mehr noch unbewußt als bewußt wirksam, für ihn ein steter Antrieb werden, ein heimlicher Imperativ, sich mit der objektiven Welt, sei sie nun Natur oder Kunst, soweit sie sich gesetzlich manifestiert hatte, in ein tieferes Verhältnis zu setzen. Sein Spinozismus und sein Objektivismus haben einen gemeinsamen Ursprung: beide sind Heilmittel gegen seine titanische Subjektivität, gegen Ich-kult und Gefühlsüberschuß, oder wie man die Fieber der Werther-zeit alle nennen mag. Immer heilt Goethe sich durch den Gegensatz seines eignen Wesens, oder vielmehr durch Heraufbildung derjenigen Keime seines Wesens deren Verkümmerung oder Unterdrückung sein Gleichgewicht bedroht.

Wir werden später sehen wie er sein Dichterisches inmitten seiner Wissenschaft, ja als Wissenschaft, als „gegenständliches Denken" wahrt und nutzt: jetzt mag uns ein Beispiel zeigen wie mitten in seinem dichterischen Gefühl und Glauben sich sein Forschertum erhebt. Sein bedeutendstes Glaubensbekenntnis aus der Zeit vor der italienischen Reise hat Goethe ausgesprochen in dem aphoristischen Hymnus „die Natur" um 1780. Kaum ein Denkmal seiner ersten Weimarer Jahre ist wichtiger für den welcher die seelische Lage begreifen will woraus seine gesamte Naturforschung hervorgeht: zugleich dichterischer Lobgesang und philosophisches Bekenntnis, deutet dieser Hymnus nach innen auf den Sturm und Drang dem er entspringt und nach außen auf die Erlösung die erhofft wird — auf das Ich, welches Geschöpf und Schöpfer ist, und auf das All, welches Gegenstand und Zustand ist. Gesehen von dem Goethe des Faust, des Werther und Ganymed, von dem Sturm-und-drang-dichter aus ist es eine gedankliche Klarlegung seines Welt-gefühls, gesehen von dem Verfasser der Morphologie und Farbenlehre aus ist es eine dichterische Verherrlichung seines Forschungsbereichs.

Hat man ein Bedürfnis nach Analogieen, so kann man diesen Hymnus anreihen an die Denkmale der altgriechischen Naturphilosophen, denen Goethe als Forscher verwandt ist, nicht in seiner Lehre, aber in seiner Haltung und seinen Mitteln. Denn wie sie versuchte auch er das innen und außen gefühlte All durch Anschauung zu fassen und zu distanzieren, das Angeschaute durch Ur-einheiten zu gliedern, die Erfahrung durch die Idee und als Idee zu deuten. Freilich konnte er sich eines ausgebildeten Begriffsapparats bedienen, wo sie sich noch mit einer ahnungsvollen Symbolik behelfen mußten. In seinem Natur-hymnus hat Goethe selbst gleichsam aus seinem Glauben entwickelt wie er zum Forschen und Wissen kommen mußte, und indem er dichterisch das Wesen und die Eigenschaften der Gott-natur aussprach, zugleich damit ihre Wirkung auf ihn und ihre Forderung an ihn, an das glaubende Individuum, ausgesprochen. Auch hier, und gerade hier begegnen wir jener zentralen Goethischen Eigentümlichkeit: die Objekte so zu fragen, daß in seinen Fragen selbst schon die Antwort vorgebildet war: sein Ich selbst als Natur zu behandeln, aus dem Sehen selbst schon das Gesehene zu begreifen und umgekehrt.

Der Hymnus enthält nicht die Gedanken die seiner Naturwissenschaft zugrunde lagen, aber er enthält die Gesinnung die ihn zur Naturwissenschaft trieb .. und zwar gehören, so wie sie ausgesprochen sind, diese Aphorismen durchaus zur Natur-mystik: es handelt sich hier um ein Untertauchen ins All, selbst mit Preisgabe des Ich: „Ich sprach nicht von ihr. Was wahr ist und was falsch ist, alles hat sie gesprochen. Alles ist ihre Schuld, alles ist ihr Verdienst." Das ist typische Selbstflucht des Mystikers, und damit gehört auch dieser Hymnus noch zur Sturm-und-drang-periode, wurde von Goethe selbst später unter die Krankheitssymptome gerechnet, von der erst Italien ihn befreien sollte: „Ich möchte die Stufe damaliger Einsicht einen Komparativ nennen, der seine Richtung gegen einen noch nicht erreichten Superlativ zu äußern gedrängt ist. Man sieht die Neigung zu einer Art von Pantheismus, indem den Welterscheinungen ein unerforschliches unbedingtes, humoristisches sich selbst widersprechendes Wesen zum Grunde gedacht ist, und mag als Spiel, dem es bitterer Ernst ist, wohl gelten." Aus dem Erleben zum Anschauen, aus dem Anschauen zum Betrachten, aus dem Betrachten zum Sinnen und aus dem Sinnen zum Verknüpfen zu gelangen — diese Reihe bezeichnet Goethe selbst als den Weg des forschenden Menschen — bedurfte es einer neuen Bildungsepoche, und wir sehen in dem Pantheismus, wie er in dem Hymnus niedergelegt ist, das Motiv zu Goethes späterer Wissenschaft, wie man im Hunger das Motiv zum Essen sieht. Aber der Hunger erklärt wohl das Essen, aber noch nicht die Nahrung, und indem wir Goethes Weimarische Nahrungsmittel zur Stillung seines titanischen Hungers betrachten, verstehen wir besser was ihn schließlich nach Italien treiben mußte, und warum erst Italien ihn sättigte.

CHARLOTTE VON STEIN

WIR haben in Goethes Verhältnis zu Karl August, in seiner Erzieherrolle und in dem Pflichtenkreis des Weimarischen Hof- und Staatsmannes halb freiwillige, halb erzwungene Mittel zur Sozialisierung, zur Enttitanisierung gesehen. Damit zusammen, in Wechselwirkung, gehen die Anfänge des Objektivierungsprozesses durch welchen Goethe aus einem Naturdurchfühler zum Naturerforscher wurde. Beide Schicksalskreise, die Gesellschaft wie die Natur, hat Goethe mit einiger Bewußtheit als Heilmittel aufgesucht, um aus jener doppelten Not herauszukommen: dem Drang des überfüllten Innern und dem Mangel an angemessenem Tätigkeitsraum. Diese doppelte Not ist eigentlich nur eine, und nur je nachdem man sie von außen oder von innen betrachtet stellt sie sich unter diesen zwei Aspekten dar.

Ein drittes Heilmittel hat er nicht gesucht, sondern gefunden: die Liebe zu Charlotte von Stein. Diese Liebe ist unter den seelischen Vorstufen und Übergängen zum italienischen Erlebnis am wirksamsten, weil sie mehr als die andren vom Herzen ausging, weil sie Goethe von innen nach außen umbildete, während das Weltwesen und die Naturbetrachtung mehr Umbildung von außen nach innen waren. Indes Goethe sich die Klarheit und Ordnung beinah gewaltsam (wie er bei seinem Übermaß damals nicht anders konnte) erringen wollte, durch die Übung und Läuterung seiner Sinne und Fähigkeiten im Kampf mit selbstgesuchten oder von außen gestellten Aufgaben, ergriff sein ganzes Inneres eine Leidenschaft welche ihn dem ersehnten Maß und der erstrebten Reinheit näher brachte als alle bewußten Bildungsversuche, und sein titanisches Übel gleichsam homöopathisch heilte.

Wir begegnen hier wieder dem typischen Schicksal Goethes: daß seine großen Krisen gleichzeitig durch Bildungserlebnisse und durch Urerlebnisse vorbereitet und bewirkt werden, daß seinem inneren Bedürfnis immer der äußere Zufall entgegenkommt, daß sein Daimon mit seiner Tyche in Wechselbeziehung waltet. So ist ihm, als er in Straßburg den Durchbruch aus dem rationalistischen Rokoko zum schöpferisch freien Naturkult vollziehen mußte, gleichzeitig durch Herder eine neue Bildungswelt und durch Friederike eine neue Liebe aufgegangen, welche ihn aus dem gesellschaftlich Bedingten zur Natur und freien Atmosphäre führten. So hat ihm, als die Wertherkrise ihn bedrängte, gleichzeitig eine äußere Erfahrung, wie der Selbstmord Jerusalems und die eigne Leidenschaft zur Entladung geholfen. Und so ist ihm Charlotte von Stein zum inneren Schicksal geworden, als ein äußeres Schicksal von ihm Ordnung und Maß verlangte, als seine seelische Lage ihm die titanische Unruhe und Spannung unerträglich machte. Wie Shakespeare, Herder und Friederike, so gehören für ihn Weimar, Spinoza und Charlotte von Stein zusammen: es sind nur verschiedene Stufen derselben Wandlung.

Dem Historiker, der ein Werden faßlich machen will, muß es erlaubt sein ein Vorher und Nachher, ein Inneres und Äußeres zu unterscheiden, wo für das Erleben und Geschehen selber nur eine komplexe Einheit vorliegt: so erscheinen uns auch alle einzelnen Lebensstufen Goethes von seinem Gesamtleben aus, wie es vor uns ausgebreitet ist, als Ursachen und Folgen, als Vorbereitungen und Inhalte, der geistigen, zumal sprachlich dichterischen Niederschläge, in denen Goethes Leben für uns verewigt ist, um derentwillen wir uns um Goethes Leben kümmern. Goethe selbst aber hat nicht gelebt, um zu dichten, sondern er hat gedichtet, weil er gelebt hat, und der Literaturhistoriker hat daher die dreifache Aufgabe, 1.) jeden Lebensmoment Goethes selbständig zu betrachten, wie er von Goethe erlebt wurde, ohne Rücksicht auf das Ganze seiner Existenz, welche wir überschauen, aber nicht er 2.) diesen Moment als eine Stufe von Goethes gesamter Existenz anzuschauen 3.) ihn als Ursache, Stoff oder Gehalt seines Schaffens zu erforschen. So ist uns auch seine Liebe zu Charlotte von Stein eine selbständige Leidenschaft, ein Bildungsmoment und ein dichterischer Gehalt seiner voritalienischen Jahre. Was hat er an dieser Frau geliebt? Was hat diese Liebe in ihm verwandelt? Wie hat sich diese Liebe und diese Wandlung in seinem Werk geäußert?

Charlotte von Stein reifte den Leidenschaftlichen durch die Leidenschaft selbst für sein italienisches Leben — sie vertiefte seine Weimarischen Bildungserlebnisse durch ein Urerlebnis, und erreichte durch eine neue Verinnigung mehr als das übrige Weimar durch Ablenkung, Beschäftigung und Vergegenwärtigung. Wenn nicht Charlotte von Stein selbst, so ist jedenfalls seine Liebe zu ihr seine wichtigste Erzieherin für Italien. Denn dies ist angesichts neuerer subalterner Angriffe gegen Charlotte von Stein vorauszuschicken: es geht uns wenig an wie Charlotte von Stein „wirklich" gewesen ist, sondern was Goethe in ihr gesucht, gefunden und gesehen hat. Ob er das Recht gehabt hat sie zu lieben, das mögen jene platten Gesellen unter sich ausmachen und ihm auf Grund von Auskunftei-methoden und Lakaien-psychologie dies Recht absprechen. Charlotte von Stein lebt weiter und lebt nur durch das was sie für Goethe gewesen und als was Goethe sie verewigt hat — ihr Leben ist eingegangen in das seine und aufgehoben in dem seinen.

Wir haben kein authentischeres Mittel die Wirklichkeit Charlottes festzustellen als das Bild das sie in Goethes Seele hervorgebracht und das er uns aufbewahrt hat, durch unmittelbares Bekenntnis oder durch dichterische Verklärung. Goethe hat von dieser Frau mehr gesehn und gewußt als alle Nachgeborenen aus etwaigen Nachlaßfetzen oder aus Berichten von Zeitgenossen herauslesen können .. und wer grämliche oder bittere Momente, wie sie in solchen Nachlaßfetzen oder Anekdoten festgehalten sind, isoliert und dann verallgemeinert — eine Versuchung der wohl moderne Literarhistoriker auch ohne den Lakaien-instinkt erliegen können aus einem falschen Glauben an die Authentizität des Zufälligen — der verfährt wie einer der etwa eine fratzenhafte Momentphotographie Bismarcks als vertrauenswürdigen Ausdruck von Bismarcks Wesen den Bildern Lenbachs vorzieht. Nur das symbolisch Fruchtbare, nicht das zufällig Passierte hat Wirklichkeit, und wenn bei einem romantischen Gemüt allenfalls die Idealisierung ausgehen kann von einer zufälligen Erscheinung, wenn die erotische Einbildungskraft überhaupt auf der Mohrin Stirn Helenens Reiz sehen kann: gerade Goethes Art war es nicht, seine Ideale, d. h. die Gestalten seiner geistigen Ansprüche, aus der Luft zu ballen oder an einen beliebigen Gegenstand anzuschichten. „Der Geist des Wirklichen ist das einzige Ideelle" das war sein Satz, und er hat keine Schönheit ersonnen deren konkretes und wirkliches Gegenbild ihm nicht hier auf Erden begegnet war. Es gibt in seinem Dasein keine platte Zufälligkeit, und wenn ihm unter tausend Frauen gerade Charlotte von Stein das Glück der nächsten Nähe, die Besänftigerin, Frô Mâze wurde — wie man im Mittelalter das Ideal personifizierte welches sie ihm vertrat — so hat er ihr nicht aus Laune und Willkür diese Huldigung durch ein Jahrzehnt hindurch erwiesen wie keiner andren Frau, sondern genötigt durch eine sinnlich-sittliche Kraft die in ihr verkörpert war, wie in keiner andren.

Aber freilich: nicht in jedem Abschnitt seines Lebens hätte ihm gerade diese Frau das bedeuten können, und nicht in jedem Abschnitt seines Lebens hat sie ihm das bedeutet. Wäre dieselbe Charlotte ihm zur Zeit seiner Wertherkrise begegnet, sie wäre damals kein Schicksal für ihn geworden: denn damals verlangte sein Dämon eine andre Tyche, sein Geist eine andre Verkörperung des Ideals.. und wenn sie ihm nach der Rückkehr aus Italien nicht mehr dasselbe bedeutete, so geschah dies nicht, weil sie ihn enttäuscht hätte, oder weil er sie jetzt in ihrem wahren Charakter und Unwert durchschaut hätte, oder weil sie sich verändert hätte, sondern weil dieselbe in ihr beschlossene Wirklichkeit die ihn ehemals begeistert, die er bedurft hatte, für seine damalige Lebensstufe keine Notwendigkeit mehr war. Sie hatte ihre Aufgabe erfüllt und konnte ihm, beim besten Willen Goethes zur Dankbarkeit und zur Anerkennung ihres absoluten Werts, und ihres relativen Verdiensts um ihn, nicht mehr die Mitte seines Daseins bedeuten wie in jenem Jahrzehnt der Huldigung.

Aber das was sie wirklich war und was er in den achtziger Jahren des 18. Jahrhunderts zur Umbildung seines Wesens bedurfte, ihre Wirklichkeit und seine Notwendigkeit, entsprachen einander und darum hat er die unscheinbare und sanfte Frau geliebt, in ihr den Inbegriff der Schönheit, Seelenhoheit und Reinheit finden können und die Bürgschaft des Glücks, wie seinerzeit in Lotte, in Friederike und Lili. Wenn Schönheit „une promesse de bonheur" ist, so ist die Liebe zur Schönheit Drang des Menschen nach diesem Glück. Je tiefer der Instinkt eines Menschen, je dämonischer, je weniger zufällig das Schicksal eines Menschen ist, d. h. seine Kraft aus Raum und Zeit das auszuwählen was ihn fördert, das auszuscheiden was ihn hemmt und mindert, desto sicherer wird ihm das als das Schöne erscheinen was ihm auf seiner jeweiligen Lebensstufe das Fördernde ist. Ja der Unterschied zwischen einem glückhaften und einem unglückhaften Leben besteht geradezu in der Sicherheit und Richtigkeit seiner Auswahl, seiner Liebe — nicht in dem größeren oder geringeren Quantum an Leid oder Lust. Nimmt man (wie Goethe in der ganzen Natur) so in seinem Leben eine Polarität zweier entgegengesetzter aber zusammenwirkender Bildungskräfte an, einer ausdehnenden und einer zusammenziehenden, oder einer herrschsüchtigen und einer hingebenden, so entsprechen auf der frühweimarischen Stufe seines Daseins seine gesellschaftlichen und naturwissenschaftlichen Bemühungen um Selbstbehauptung in der Welt und Eroberung der Welt dem Straßburger und Wetzlarer faustischen Titanendrang, und seine Liebe zu Charlotte von Stein ist die jetzige Stufe und Form desselben hingebenden Triebs der sich früher im Werther entlud.

Er hatte einst, als übersozialer Mensch, seine Selbstbehauptung und Welteroberung durchzusetzen gemeint durch ein allumfassendes Schöpfertum, dessen dichterische Sinnbilder Faust, Mahomet, Prometheus sind, und damals entsprach es seinem Gesamtzustand, daß er das Schöne fand in einem Unerreichbaren oder Verbotenen, z. B. der Braut eines andren. Jetzt, da er sozialisiert und objektiviert werden sollte, kann auch die Geliebte für ihn nicht mehr der Gegenstand einer dumpf-süßen Begier sein, sondern ein deutliches und ihn verdeutlichendes Wesen, nicht eine passive Schönheit, um welche seine Flammen und Wellen gestaltlos schlugen, sondern eine aktive Seele, welche der seinen mit eignem Feuer und eigner Kühle antwortete. Charlotte von Stein ist die erste Geliebte Goethes die nicht nur durch ihr bloßes Vorhandensein, sondern durch ihr So-und-nichts-anderssein, durch ihr Tun und Lassen, durch ihren besonderen Charakter auf Goethe gewirkt hat. Sie hat in seinem Dasein nicht nur als Krise oder Schicksal gewaltet, sondern als Erzieherin, und ist in der Tat bisher die einzige Frau die ihm zwar nicht geistig und welthistorisch, aber seelisch ebenbürtig war: sie gehört als Individuum, als Persönlichkeit zu den wenigen epochemachenden Erscheinungen in seinem Leben, neben Herder, Karl August und Schiller. Friederike, Lotte, Lili vorher und Minna Herzlieb, Marianne Willemer, Ulrike von Levetzow nachher sind Anlässe oder Episoden auf seinem Lebensgang gewesen, oft sehr entscheidende und für seine Produktion bedeutsame . . aber in keinem dieser Verhältnisse ist die Geliebte als Charakter selbst das formende Prinzip der Goethischen Leidenschaft, man kann beinah sagen das männliche Prinzip. Sie sind Anregungen, Entzünderinnen, Spiegelungen, Brennstoff für Goethes Liebe, die in ihm bereit war und gerade dieser jeweiligen Anlässe bedurfte, um sich zu verwirklichen. Diese anmutigen und schönen Mädchen oder Frauen hat er geliebt um ihres Weiblichen willen — die Art wie sie in seine Produktion eingegangen sind beweist es. Er hat alle Stufen der Erotik von dem materiellen Genuß bis zur mystischen Ekstase, von den römischen Elegien bis zur »Seligen Sehnsucht« und der Marienbader Elegie durchlebt und durchdichtet wobei der Mann, als der eine Pol der Schöpfung, genießend, begehrend, strebend, zum zeitlich oder ewig Weiblichen hingezogen wird. Die Liebe zu Lida war davon nicht gradmäßig, sondern artmäßig verschieden (nicht etwa durch den dummen Gegensatz von „sinnlich" und „geistig" den es in keiner wirklichen Liebe gibt) sie war, mag ihr Ausgangspunkt immer die Anziehung zwischen Mann und Weib gewesen sein, in ihrer Bedeutung und ihrer Folge vor allem die Liebe zwischen Mensch und Mensch, deren letzter Sinn — das ist der wesentliche Unterschied — nicht der Wille zum Genuß oder zum gegenseitigen Besitz ist, sondern der Wille zur gegenseitigen Formung. In Goethes Leben ist die Liebe zu Charlotte von Stein das einzige Beispiel einer derartigen Gegenseitigkeit, und Lida die einzige Diotima-artige Gestalt in seiner Geschichte.

Also: Charlotte von Steins Bedeutung in Goethes Dasein ist nicht so sehr die Intensität oder Dauer seiner Leidenschaft für sie—sondern dies daß hier in seinem Leben das einzigemal die Liebe das formende Prinzip schlechthin ist. Liebe ist sonst für ihn das belebende, oder das erlösende Prinzip, nicht das formende. Nur in der großen Krise, da er vom Weltgefühl zur Weltschau überging, vom Werthertum zum italienischen Klassizismus, hat er eine Frau gefunden die ihm zwischen Gefühl und Schau eine Einheit herstellte, und ihm in der Gefahr der ersten Weimarer Jahre, sich zwischen nicht mehr allmächtigem Ich und noch nicht beherrschter Welt im Experimentieren zu verzetteln, ein Zentrum gab durch die Liebe, und zwar durch eine gestaltgebende, nicht gestaltauflösende Liebe. In seinen Wetzlarer Jahren hatte er sein Zentrum in dem titanischen Ich, welches durch die Liebe nur erschüttert, nicht gestaltet zu werden brauchte, um sich gegen die Welt zu behaupten. Nach der italienischen Reise war für Goethe die Schau der Welt selbst geformt und formgebend, und die Liebe seiner späteren Jahre bedeutete in der Ökonomie seines Lebens nur das Mittel ihn vor Erstarrung zu bewahren, ihn zu lockern, ja fast ihn zu vermenschlichen, wenn die Welt der Dinge und Gesetze in die er eindrang ihn zu erstarren drohte. Aber in jener Zeit, da er weder im Gefühl noch im Schauen, weder in den Menschen noch in den Dingen ganz sicher, ganz Herr seiner selbst, d.h. gestaltet war, rettete ihm Frau von Stein durch ihre Liebe beides, da sie zugleich Leidenschaft erregte und Maß gab, als eine zugleich feurige und besonnene, holde und strenge Natur, von beweglichem und schmiegsamem Temperament und zugleich festem, klarem, und reifem Charakter.. anmutig genug um Goethes Phantasie und Sinne zu beschäftigen und umsichtig weise genug um seinen Geist zu bannen.

Nur von da aus versteht man die besondere Art seiner Huldigungen, nur wenn man in ihr eine Erzieherin, eine Formbringerin sieht, gilt jener Vergleich mit Shakespeare
    Einer Einzigen angehören,
    Einen Einzigen verehren,
    Wie vereint es Herz und Sinn!

> Lida! Glück der nächsten Nähe,
> William! Stern der schönsten Höhe,
> Euch verdank ich was ich bin.

Das ist keine leere Vergötterung, sondern drückt die Stellung Lidas in seiner damaligen Welt aus. Er bezeichnete mit Shakespeare den weitesten Umfang, mit Lida die innigste Mitte seiner geistigen Welt .. mit Shakespeare seine Fülle, mit Lida sein Ideal, ja seine geistige Form. Er hat als alter Mann eine Eigentümlichkeit seines Geistes darin gesehen, daß er das Ideale, die Idee nur unter weiblicher Form konzipieren könne: diese geistige Präformation ist durch Charlotte von Stein wenn nicht bedingt so doch befestigt worden. Seine weiblichen Verkörperungen des „Idealen" wie Iphigenie und die Prinzessin im Tasso sind Abgüsse der Form die Lida seinem Innern durch ihr Sein und ihr Lieben eingeprägt. Er hat sich gleichsam an ihr versehen und seine weiblichen Gestalten aus der frühweimarischen Zeit zeigen, wenn auch erst in italienischer Sonne gereift und ausgetragen, die Züge seiner maß-gebenden Geliebten. Sie war ihm und bewahrte ihm allein in der Hetze des Weimarischen Treibens was er vor allem suchte und bedurfte: Gestalt. Er hat diese Festigkeit und einzige Sicherheit selbst in einem jener Gedichte gepriesen, wie er sie als Dankgebete von Station zu Station auf dem Hinundher seiner Hof- und Amtsreisen an die Geliebte schickte:

> Den Einzigen, Lida, welchen du lieben kannst,
> Forderst du ganz für dich, und mit Recht.
> Auch ist er einzig dein. Denn seit ich von dir bin,
> Scheint mir des schnellsten Lebens lärmende Bewegung
> Nur ein leichter Flor, durch den ich deine Gestalt
> Immerfort wie in Wolken erblicke:
> Sie leuchtet mir freundlich und treu,
> Wie durch des Nordlichts bewegliche Strahlen
> Ewige Sterne schimmern.

Auf die Frage was Goethe in Charlotte gesucht hat, was für ihn das Schöne, das Notwendige, das Erlösende in ihr war, gibt dies Gedicht und jener Rückblick deutliche Antwort. Goethe war keine bloß auf Tätigkeit und Erkenntnis gestellte Natur und bedurfte auf jeder Stufe seines Daseins einer menschlichen Gegenwart für seine Liebe: und er hätte in dieser Zeit der Selbstverdeutlichung keine Geliebte ertragen können die nicht in sich ein bewußtes Maß nach außen, Klarheit, Reinheit, Harmonie besaß und bewirkte, sie mußte zugleich auf der Höhe geistiger und seelischer Durchbildung stehen, mit dem Gefühl einer Verantwortlichkeit in der Liebe. All dies unterscheidet Charlotte von Goethes früheren Huldinnen. Diese hatten, wie Friederike, die Harmonie vor dem Konflikt, gleichsam im Naturzustand, nicht im Kulturzustand, oder sie waren wie Lotte und Lili, durch ihre gesellschaftliche Stellung gebunden und hätten deshalb durch eine dauernde Gemeinschaft entweder ihre innere Sicherheit verlieren oder seine Freiheit zerstören müssen. Frau von Stein gehörte zur Gesellschaft, aber sie war dadurch nicht befangen, sie war nicht in dem Sinn Gesellschaftsdame wie etwa Lili. Wenn irgendwo, so war an dem Hof Karl Augusts und der Herzogin Amalie eine lebendig bewegte Menschlichkeit und seelische Freiheit innerhalb des geselligen Gefüges möglich. Charlotte stand auf dem Niveau welchem Goethe damals sich anzupassen suchte. Mit vollkommener innerer Freiheit Grenzen, Stufen und selbst Konventionen anzuerkennen, im Seelischen sich nicht befangen lassen, im Gesellig-sittlichen nicht mehr opponieren: das ist ja ein Ziel seiner Selbsterziehung. Charlotte hat ihn dahin gefördert, ja schon die Art solch eines Verhältnisses zu der Frau eines andren ist symbolisch für die innere Haltung dieser Liebe: es führte gar nicht zu einem Konflikt (wozu es in seinen Titanenjahren hätte führen müssen). Die gesellschaftliche Bindung war ja für Goethe jetzt eine reine Konventions-sache und Konventions-sachen gehörten für ihn nicht mehr zu den Gegenständen der Opposition. Er vermischte die gesellschaftliche und die seelische Sphäre nicht mehr miteinander, und innerhalb der seelischen Sphäre gehörte ihm Frau von Stein völlig, ohne die Rechte ihres Gatten zu schmälern.

Die Ansätze zu Konflikten in dieser Richtung waren freilich in Goethes Naturell gegeben, das im tiefsten Grunde antisozial war, wie das jedes echten Dichters, d. h. überhaupt jedes Menschen der im Wesen der Dinge selbst lebt und nicht in Begriffen welche die andren davon haben. Er hat die Ansätze zu solchen Konflikten im Tasso zu einer Tragödie ausgefaltet: den Konflikt zwischen dem künstlerischen und dem geselligen Menschen. Daß Goethes eignes Leben damals, bei dem Übergang vom Titanismus zur freiwilligen Bindung, nicht heftiger gestört worden ist durch einen Tasso-Antonio-konflikt, das hat er wesentlich der Liebe zu Frau von Stein zu danken: denn was für Goethes titanische Natur ursprünglich ein Zwang sein mußte, wurde ihm durch die Liebe zu dieser innerlich freien und natürlichen, aber gebändigten und gesellschaftlich schmiegsamen Frau ein willkommenes Opfer.

Für sie war die Gesellschaft kein Gefängnis, sondern eine Atmosphäre. In ihrer Gegenwart lernte er, mehr noch als in den Unbändigkeiten des Herzogs, diese Atmosphäre mit der Freiheit verträglich finden. Er hat diese

Erfahrungen niedergelegt in den Sentenzen des Tasso, die wir als Dank und Quittung an Charlotte ansehen:

> Willst du genau erfahren was sich ziemt,
> So frage nur bei edlen Frauen an

Und deutlicher noch, zugleich den Gegensatz bezeichnend den die Beziehung zu Charlotte, die Erziehung durch Charlotte aufzuheben hatte:

> Nach Freiheit strebt der Mann, das Weib nach Sitte.

Sitte in jenem tiefern Sinn: als freiwillige Selbstüberwindung berechtigter, natürlicher Egoismen zugunsten der menschlichen Gemeinschaft und des Gleichgewichts, Sitte als tätige und leidende Anerkennung fremder Eigentümlichkeit hat Goethe durch Charlotte lernen wollen und gelernt.

> „Von der Gewalt die alle Wesen bindet
> Befreit der Mensch sich der sich überwindet"

> „Edel sei der Mensch,
> Hilfreich und gut!
> Denn das allein
> Unterscheidet ihn
> Von allen Wesen
> Die wir kennen."

> „Wieviel bist du von Andern unterschieden?
> Erkenne dich, leb mit der Welt in Frieden!"

In solchen Sentenzen erkennen wir den geistigen Niederschlag einer neuen Sittlichkeit, Sittlichkeit kommt von Sitte und Sitte heißt bei Goethe nicht nur Konvention und Gebrauch, sondern geradezu Humanität. Dieses neue Humanitäts-ideal, welches in wesentlichen Punkten Umkehr und Abkehr von seinem Natur- und Freiheits-kult bedeutet (Die Hymnen „Grenzen der Menschheit" und „das Göttliche" sind Palinodieen des „Prometheus") ist vor allem entstanden aus Goethes neuer Liebe. Erst Charlotte von Stein gab seiner neuen sozialen, selbsterzieherischen Tendenz den eigentlich seelischen Mittelpunkt, und waren die neuen gesellschaftlichen Pflichten und Erfahrungen Material zu einer neuen Humanität: gestaltet konnte sie nur vom Herzen aus werden, und das tat die neue Liebe.

Während Adel, Hilfsbereitschaft, Güte dem jungen Goethe mehr Naturell, Instinkt, Temperament war, wurden diese angeborenen Eigenschaften unter dem Einfluß Lidas für ihn persönliche Forderung, gesetzliches Bedürfnis. Das Soziale, Sittige, Sittliche ist bei Goethe niemals in Kantischer oder Rousseauischer Weise aus dem Intellekt, als Vernunftprinzip oder kategorische Pflicht abgeleitet worden: es ergibt sich als Frucht und Zucht seines Naturells, welches eigenwillig, aber gütig überströmend war. Die Goethische Humanität ist ein individuelles Wachstum, gepflegt durch die Liebe, von jeder moralischen Starre weit entfernt. Er ist sozial und sittlich aus individuellem Bedürfnis und Liebe, und er ist es durch Charlotte geworden. Seine frühere Güte ist so wenig sozial ihrer Begründung nach wie die Großmut des Löwen. Charlotte aber war ihm die verkörperte Sitte, Sophrosyne, Humanitas, und vom menschlich Persönlichen, vom individuell Gelebten aus erhellte und erweiterte sich sein neues Gefühl der Mäßigung, der Demut, des Vertrauens zu dem weltumfassenderen Ideal der Humanität, dessen philosophisch historischen Kodex er in Herders Ideen fand, dessen dichterische Verherrlichung „die Geheimnisse" werden sollten.

In der Geschichte des modernen Humanitäts-ideals haben viele Faktoren wechselseitig gewirkt. Die Voltairische Aufklärung, der Winckelmannische Griechenkult, der Rousseauische Freiheits- und Natur-kult, die Klopstockische Seelenschwärmerei, die Herderische Völkerlehre, die Kantische Vernunft- und Sittengesetzgebung sind sechs Hauptquellen dieses Stroms: aber ihrer keine hat auf die Goethische Gestaltung und Verkörperung der Humanität einen so zentralen Einfluß gehabt wie die persönliche Gemeinschaft mit einer edlen Frau: denn Goethes Erziehung und Entwicklung wird nicht durch allgemeine Ideen, sondern durch individuelle Erlebnisse bewirkt: die allgemeinen Ideen modifiziert oder entwickelt er an seinen besondersten Erfahrungen. Sein Geist formulierte nur was in seinem Naturell vorgebildet war, und seine Sitte, seine Sittlichkeit, seine Sozialität und Humanität (all das ist bei ihm kaum zu trennen) hat sich entwickelt aus seiner Liebe, die ein unvermeidliches Urerlebnis war, und hat sich entwickelt an und mit seinen Bildungserlebnissen, wozu ich seinen weimarischen Berufs- und Gesellschaftskreis sowie seine ersten wissenschaftlichen Bemühungen rechne. Frau von Stein hat nicht nur negativ ihn vom Titanentum abgewendet, sondern ihn positiv zu einem Humanitätsideal um- oder wenigstens vorgebildet.

Der sinnliche Mensch, der Dichter kann kein Ideal konzipieren das ihm nicht in der Wirklichkeit als Wunschbild begegnet ist, als sichtbare Vergegenwärtigung eines erst nur gefühlten Bedürfnisses. Eine Iphigenie, eine Prinzessin erfindet man nicht, ja man kopiert sie nicht einmal aus früher Dichtung — denn nicht der Komplex von Eigenschaften, der sogenannte „Charakter" ist das Dichterische, das eigentümlich Lebendige dieser Gestalten, sondern die Haltung, Gesinnung, Beseelung .. und diese setzt ein menschliches, kein literarisches Vor-bild voraus, wobei nicht einmal nötig ist daß der Dichter ein bewußtes Konterfei im Sinne gehabt hat: es genügt, daß bei der Konzeption und Ausgestaltung sein Geist mit der Wirkung einer bestimmten Gestalt gefüllt, seine Phantasie mit einer bestimmten Vorstellung schwanger war: Iphigenie und die Prinzessin, auch Antiope im Elpenor, sind keine Porträts der Frau von Stein, aber sie sind die Sprachwerdung, die rhythmische Umsetzung der Gefühle worin er durch die Liebe zu ihr lebte, sie sind der dichterische Eindruck und Ausdruck ihrer geliebten Gestalt, *zugleich Darstellung seines unter diesem Eindruck* empfangenen Humanitätsideals.

Es ist kein Zufall daß Frauen in dieser Periode die Trägerinnen seines Ideals sind, daß die Mahomet, Prometheus, Faust, Götz, die aktiven Heroen seiner Titanenzeit — Sprachwerdungen seiner Wunschbilder — daß die Werther, Egmont, Clavigo, seine leidenden, schwankenden, schuldigen Gefühlshelden — Sprachwerdungen seiner Zustände — jetzt ein Gegengewicht, ja ein Übergewicht erhalten durch edle Frauen: Orest durch Iphigenie und Tasso durch die Prinzessin.

In den Zustand selbst aus dem jene dramatischen Werke empfangen wurden, mit andren Worten, in die unmittelbare Wirkung von Lidas Wesen läßt uns ein rein lyrisches Gedicht Goethes blicken worin sein Verhältnis zu ihr am reinsten ausgedrückt ist: die elegische Ode »Warum gabst du uns die tiefen Blicke..« Es ist hervorgegangen aus dem zugleich schmerzlichen und seligen Gefühl des Hellwerdens, des Bewußtwerdens dumpfer Ahnungen und Empfindungen, und spricht den Zustand eines Menschen aus der aus einer Dämmerung in das Helle tritt, zwischen einer Wirklichkeit und einer Traumwelt noch befangen schwankt. Goethe hat den Übergang festgehalten, indem er die beiden Zustände nebeneinander, ja ineinander darstellt, durch das platonische Motiv der Seelenwanderung und Anamnese. Dadurch wirkt das Gedicht geheimnisvoller, weiter und zugleich zarter, es gibt nicht nur die Empfindung, sondern die Atmosphäre und Spannung dieses Doppellebens selbst wieder. Das gleichzeitige Leben in der Helle und in der Dumpfheit, in dem Wissen und im Gefühl der Liebe, im Wachen und im Traum, im Eros und im Logos, wie es Goethes damaliger Zustand war, hat hier seinen unsterblichen Ausdruck gefunden.

Das Leben im offenbaren Geheimnis der Liebe, welches hier bezeugt ist wie in keinem andren Gedicht, verdankt er der Frau von Stein, und es hätte in keinem andren Zeitpunkt entstehen können, an keine andre Geliebte gerichtet werden können: all seine andren Liebesgedichte sprechen die Gefühle des Glücks, der Sehnsucht, der Hoffnung, des Bangens, der Qual, die Situationen der Trennung, des Genusses, des Wiederfindens auf mannigfache Weise aus, und blicken dabei in Vergangenheit oder Zukunft von dem gegenwärtig dargestellten Moment und Zustand aus. Auf Nähe oder Ferne fällt sonst das Licht von dem augenblicklichen Gefühl des Dichters. Wir kommen auf diese spezifisch Goethische Technik oder vielmehr Erlebensform gelegentlich der römischen Elegien zu sprechen. Dies Gedicht allein hat zwei Lichtquellen, oder — um es ohne ein mißzuverstehendes Gleichnis aus der Malerei zu sagen — es vereinigt in demselben rhythmischen Gebild zwei verschiedene seelische Spannungsarten: es gibt den Zustand des Dichters gleichzeitig wieder von innen gesehen als dumpfen Drang und von oben gesehen als geistige Spiegelung, als Reflexion.. so daß es die Eigenschaften des Liedes und der Elegie vereinigt: es singt zugleich aus einem Gefühl als einem gegenwärtigen und über das Gefühl als über ein fernes vergangenes. Das ist ein logisches Paradox, aber kein vitales, und selbst den logischen Widerspruch hat Goethe verschleiert dadurch daß er den Zustand der Dumpfheit, der doch ganz gegenwärtig und von ihm selbst erlebt in dem Gedicht schwingt, als den andrer Menschen ausspricht. Um den Zustand der Klarheit selbst nur als Ahnung zu geben, entrückt er ihn durch die Fiktion der Erinnerung, so daß er zugleich als Wirklichkeit und Traum erscheint. Dies ist aber das eigentümliche Mittel und der technisch dichterische Sinn von Träumen überhaupt: in völliger Dumpfheit, nämlich dem Zustand des Schlafs, völlig deutlich zu wissen und zu schauen.. gleichzeitig dumpf zu leben und klar zu denken, gleichzeitig da zu sein und fern zu sein: dieses dichterische Wunder des Traums hat Goethe hier der Anamnesis zuerteilt.

Das Mittel des Traums, das den Romantikern so willkommen war, um die menschlichen Grenzen aufzuheben, hat Goethe nicht geliebt, da es ihm ja grade um die Anerkennung dieser Grenzen zu tun war, da ihm Deutlichkeit der körperlichen Anschauung über alles ging, und der Traum mit seinem gleichzeitigen Hier und Dort das Auge verwirrt. So hat Goethe auch hier lieber den Zeitsinn ausgeschaltet, durch die Hereinziehung der Anamnese, als den Raumsinn, durch die doppelte Perspektive. Und er hat es getan in diesem Moment, da wirklich durch Charlotte von Stein in seiner Liebe der Übergang vom dumpfen Verlangen zur hellen und erhellenden Seelendurchdringung sich vollzog. In seinem Verhältnis zur Geliebten und zum Schicksal vollzog sich dieselbe Wandlung wie in seinem Verhältnis zur Natur. Daß das sinnliche Verlangen nur Traum, Ahnung, Vorstufe einer sittlichen, gesetzlichen Bindung sei war seine neue Erfahrung die in den Versen ausgesprochen ist:

> Sag, was will das Schicksal uns bereiten?
> Sag, wie band es uns so rein genau?

> Ach, du warst in abgelebten Zeiten
> Meine Schwester oder meine Frau.

Der seelendurchdringenden und ruhevollen Überlegenheit der Freundin der er seine Wandlung verdanken wollte setzt er dies Denkmal:

> Kanntest jeden Zug in meinem Wesen,
> Spähtest, wie die reinste Nerve klingt,
> Konntest mich mit Einem Blicke lesen,
> Den so schwer ein sterblich Aug durchdringt —

der Umwandlung selbst, gleichsam der Erziehung zur neuen Liebe durch Ernst und Spiel, Lösung und Bindung huldigen die Verse:

> Tropftest Mäßigung dem heißen Blute,
> Richtetest den wilden irren Lauf,
> Und in deinen Engelsarmen ruhte
> Die zerstörte Brust sich wieder auf.

Dieser Übergang war verknüpft mit Leiden, und diese geistige Klarheit und Freiheit in dem Verhältnis zur Geliebten, welche Goethe als der ursprüngliche, eigentliche Sinn, als die „alte Wahrheit" ihres Verhältnisses vorschwebte, als Ideal ersehnt, mußte er der Fülle seines Wesens, ja auch den äußeren Bedingungen ihrer Gemeinschaft mühsam abringen, dem was in diesem Gedicht als der „neue Zustand" bezeichnet wird.. neu gegenüber dem fingierten ihrer früheren Verkörperung. In dem Gedicht erscheint also sein ersehnter Zustand als ein früherer, durch seinen gegenwärtigen verhüllter, verdunkelter.

> Und wir scheinen uns nur halb beseelet,
> Dämmernd ist um uns der hellste Tag.

Tatsächlich ist also der schmerzend neue Zustand quälender Dämmerung, halber Beseelung nur der Übergang, das Durchbrechen der unverlierbar innern Helle und Deutlichkeit, das Ringen des innern Lichts mit dem abziehenden Gewölk des Gefühlsüberschwangs. Wir haben in Goethes Leben nur noch ein solches Gedicht aus der Dämmerung und zwar aus einer Abenddämmerung, wie dies eines der Morgendämmerung ist: „Selige Sehnsucht" aus dem Westöstlichen Divan. Wie hier die Sehnsucht nach dem Herauftauchen, dem Hellwerden, so ist dort das Verlangen nach dem Zurücktauchen in den dunklen Urgrund, das Eingehn in das ungegliederte Wesen und Schicksal des Lebens besungen. Wie ihm jetzt das Wissen und Erkennen als die Befreiung erscheint, so kommt ihm als Greis, da er im Besitz alles Wissens ist, angesichts eines unüberwindlichen und unerklärlichen, nicht wegzuräsonnierenden Schmerzes, ein Moment da er im Wissen und

Erkennen nur eine Befangenheit, eine Trübung der Wirklichkeit empfindet, und die Befreiung von dieser Trübheit des Denkens ersehnt im einfachen Stirb und Werde, das jenseits alles Denkens liegt.

RESÜMIERENDE LYRIK

EH wir die symbolische Darstellung betrachten, welche Goethes Wandlung im Bildungsstoff gefunden hat, begegnen uns noch die zwei Gedichte Seefahrt und die Zueignung seiner Gedichte als Zeichen dieses Übergangs. Beide drücken nicht die Wandlung selbst als Zustand, Ereignis, oder Gefühl aus, sondern ihre Folge: die neue Gesinnung und Haltung Goethes. Sie sprechen inhaltlich weniger von Goethes Naturell und Gefühl als von seinem Willen und Schicksal und stehen zwischen lyrischem Ausdruck und symbolischer Darstellung in der Mitte.

Sie kommen nicht aus einem besondren Augenblick, dessen Stimmungsgehalt sie lyrisch ausklingen ließen — sie fassen unter dem Bild von konkreten Situationen die Erfahrung und das Urteil über einen ganzen Lebensabschnitt zusammen. Ihr Motiv kommt nicht aus einem einmaligen Erlebnis Goethes, wie es seinen kleinen Liedern zugrunde liegt, etwa »Willkommen und Abschied« »Auf dem See« »An den Mond« oder selbst Hymnen wie der Ganymed — der Vergötterung eines Frühlingsmorgens . . „Gelegenheitsgedichte" in diesem Sinne sind Seefahrt und Zueignung nicht. Überhaupt die bedeutenderen Gedichte an Frau von Stein, ja die meisten Gedichte aus der Weimarischen Zeit vor der italienischen Reise sind entstanden aus dem elegischen oder seligen oder dankbaren Überblick über das Ganze seiner Liebe oder seines Schicksals — es sind lyrische Panoramen, nicht Augenblicksbilder . . sie ziehen lyrisch die Summe von Lebensabschnitten, während die „Gelegenheitsgedichte" einzelne Posten darstellen, freilich nicht als Teile, sondern als selbständige Einheiten.

Auch das ist kein Zufall daß in Goethes ganzem übrigen Leben sich nicht so viele Beispiele resümierender Lyrik finden wie gerade in den Jahren zwischen der Berufung nach Weimar und der Reise nach Italien. Seine Sturm-und-drang-periode ist fruchtbar an Gelegenheitsgedichten oder lyrisch-symbolischen Verdichtungen dramatischer Konzeptionen, die Zeit seiner vollendeten Reife an Gelegenheitsgedichten und Spruchweisheit die sich auf Gott und Welt mehr als auf seine eignen Geschicke bezieht. Mag die Gelegenheitslyrik seiner Sturm-und-drang-zeit mehr die Stimmung seiner Momente erklingen lassen, die Gelegenheitslyrik seiner späteren Jahre, wie z. B. die römischen Elegien, die Sichtbarkeit der Situationen selbst festhalten oder, wie etwa die meisten Gedichte des Buchs Suleika, den Moment ausdeuten — in jedem Fall ist das einmalige Erlebnis der Keim und das Motiv der Gedichte, wieviel auch von diesem formenden Mittelpunkt zur Ausfüllung aus dem Ganzen seiner Welt und seines Lebens hereingezogen werden mag.

Die lebenresümierenden Gedichte sind in der Zeit seiner Liebe zu Charlotte von Stein nicht nur häufiger, sie sind auch bezeichnend für das Pathos dieser Jahre, und dessen notwendiger Ausdruck. Das Hellwerden selbst, das Deutlichwerden über sich und den Gang, über das Ziel und die Pflich*ten seines Daseins war ja damals das erregende Moment für ihn. Sein Leben überschauen*, lenken und bilden zu können, dies Glück und diese Pflicht selbst war für ihn ein dichterisch erregendes Erlebnis.. und die resümierenden Gedichte sind dessen Sprachwerdung und rhythmische Schwingung, wie die „Gelegenheitsgedichte" rhythmische Schwingung seiner Frühlings-, Gottes- oder Liebesaugenblicke sind. Der Form nach ist also auch dies Glück der Lebensüberschau ein Moment seines Lebens, aber der Inhalt dieser Anschauung war nicht eine einmalige Situation sondern ein Gesamtzustand oder Gesamtschicksal.

Denn nur in dieser Frist seines Lebens konnte die Überschau seines Gesamtszustands oder Gesamtschicksals, die Erlangung der Klarheit ihn derart dichterisch erregen, um sich in solcher Resümelyrik zu entladen, nur damals konnte die Eroberung und der Durchbruch zur Klarheit für ihn Ursache und Gegenstand der lyrischen Inspiration werden. In der Sturm-und-drang-zeit fehlte ihm — das liegt ja in ihrem Begriff — jener Überblick, er besaß damals das Leben nur in seinen einzelnen Augenblicken, und konnte es nur in zentralen Augenblicken aussprechen. In der Zeit seiner Reife und Helle war ihm das Hellwerden und Überschauenkönnen selbst kein Erlebnis, keine dichterische Erregung mehr, sondern nur die Gegenstände um ihn, Gott und Welt und seine momentanen Begegnungen mit diesen Gegenständen, d. h. seine Gelegenheiten. Einem Menschen der eben nach einer Star-operation sehen gelernt hat wird zunächst weniger ein Erlebnis sein was er sehen kann, als daß er sehen kann .. und so ist für den Goethe zwischen der Berufung nach Weimar und der italienischen Reise das große Erlebnis daß er zur Klarheit über sich und die Welt gelangt, daß er seine Sinne reiner, seine Begriffe deutlicher, seine Vorstellungen bestimmter werden fühlt, daß ihm Sinn und Aufgabe seines mächtig getriebnen und erregten Daseins aufzugehen beginnt. Diesen Prozeß selbst wird er nicht müde in dieser Zeit zu besingen oder darzustellen: eben den Bildungsprozeß selbst, das Sehenlernen und Schauen, den Akt des Schauens, nicht die Gegenstände .. während erst die nächsten Jahre der Darstellung des Geschauten, dem Inhalt, der Anwendung des Schauens gewidmet waren. Aus dem noch neuen Glück der Überschau stammt also jene resümierende Lyrik.

„Seefahrt" und „Zueignung" stellen nicht so sehr den Inhalt seiner Überschau dar, als seine neue Haltung des Überschauens, die neue Zuversicht, oder den Übergang von dem dumpferen Zustand zu dem klareren.. und zwar war Goethe zu sehr Dichter und Bildner, um nicht auch dies sehr Innerliche an einem konkreten Motiv, durch sichtliche Situation zu zeigen. Die Seefahrt war ihm ein geläufiges Gleichnis für das Doppelspiel von Getriebenwerden und Lenken, für die Abhängigkeit von Schicksalsmächten deren der Mensch doch wieder zu seinen Zwecken sich bedient. „Ich lerne täglich besser steuern auf der Woge der Menschheit, bin tief in See." Solchen und ähnlichen Wendungen begegnen wir öfters in seinen damaligen Briefen an Lavater und Frau von Stein. Die Ausbildung dieser Metapher, d. h. eines in innere Anschauung umgesetzten Gefühls seiner Lage, hat ihn zu dem Gedicht Seefahrt geführt. Goethe dachte in Bildern, und was er die Motive seiner Gedichte nennt sind entweder Situationen die er erlebt, die er aber oft, zumeist in der vorweimarischen Zeit in ihren Gefühls- oder Stimmungsgehalt auflöst, oder es sind wie in »Seefahrt« zu Metaphern umgedeutete Gefühle oder Stimmungen. Im ersten Fall geht Goethe vom Bild zum Gefühl, im zweiten Fall vom Gefühl zum Bild. Die zunehmende Vergegenständlichung, der Wille einerseits möglichst alles in das Sinnenbild zu bannen, andrerseits das Motiv auch begrifflich möglichst klar hervortreten zu lassen, selbst als Sentenz, jedenfalls das Zurücktreten des Stimmungshaften, dumpf Atmosphärischen, sind deutliche Vorzeichen der italienischen Wandlung der er entgegenging, Merkmale zugleich der klärenden und sondernden Weimarischen Einwirkungen.

In „Seefahrt" ist das Gleichnis für seinen inneren Zustand so spontan, daß durch die bloße Darstellung der Situation, also des Gleichnisses, ohne weiteres das Geistige suggeriert wird, daß der Dichter nur zu bilden braucht, um seine Absicht deutlich zu machen, daß er keiner redenden, erläuternden Hinweise bedarf. Der eigentliche und der uneigentliche Sinn des Gedichts, die sinnliche Vergegenwärtigung einer Seefahrt und der geistige Ausdruck seines damaligen Lebensgangs, durchdringen sich oder gehen unmerklich ineinander über, weil das Bild dessen er sich zum Ausdruck seines Lebensganges bedient nicht gesucht, sondern unmittelbar aus dem Gefühl dieses Lebensgangs hervorgetrieben ist: es ist symbolisch, nicht allegorisch. Liest man z. B. die Verse

> Aber gottgesandte Wechselwinde treiben
> Seitwärts ihn der vorgesteckten Fahrt ab,

>   Und er scheint sich ihnen hinzugeben,
>   Strebet leise sie zu überlisten,
>   Treu dem Zweck auch auf dem schiefen Wege

und die Schlußverse:

>   Doch er stehet männlich an dem Steuer:
>   Mit dem Schiffe spielen Wind und Wellen,
>   Wind und Wellen nicht mit seinem Herzen.
>   Herrschend blickt er auf die grimme Tiefe
>   Und vertrauet, scheiternd oder landend,
>   Seinen Göttern

so leuchtet durch das Gleichnis, ohne es zu verzehren, der persönlichste Sinn des Dichters, und durch die Schilderung der Seefahrt eines fiktiven Schiffers das Bekenntnis des uns wohlvertrauten Goethischen Ich. Das allmähliche Durchleuchten dieses Bekenntnisses durch die sachlich genau veranschaulichte, höchst lebendige, aber auf ein persönliches Ergriffensein des Erzählers ursprünglich gar nicht hindeutende Schilderung ist technische Meisterschaft und menschlicher Zauber des Gedichts: denn darin selbst kommt das Ringen der Seele mit den Objekten, die gegenseitige Dämpfung und Belebung zum Ausdruck.

Wie „Seefahrt" ist auch „Zueignung" ein erweitertes Gleichnis. (Wer ein Bedürfnis darnach hat die Goethischen Gedichte in Schubladen unterzubringen, der könnte eine ganze Gruppe seiner Poesieen unter dieser Sammeletikette begreifen: alle Gedichte welche nicht die Darstellung oder der Ausdruck eines wirklich erlebten Augenblicks sind, sondern einer gleichnismäßigen durch Assoziation hervorgerufenen Vorstellung sich bedienen, die durch Erlebnis oder Gedanke angeregt sein mag.) „Seefahrt" ist ein symbolisch und „Zueignung" ein allegorisch ausgebildetes Gleichnis. Beide Gedichte stelle ich nicht willkürlich zusammen: sie entstammen derselben Lebensstufe Goethes und haben denselben Gehalt oder besser denselben Grund in Goethes Leben: beide wären nicht entstanden ohne das Gewahrwerden eines großen Übergangs, einer entscheidenden Umbildung seiner Existenz. Der Dichter hat diesen Übergang das einemal konzipiert unter der Vorstellung einer Seefahrt, das andremal unter der Vorstellung einer Unterweisung durch die Muse.. denn in seinem mit tausendfältigen Bildern aus Wirklichkeit und Mythe getränkten Geist konnte ein fruchtbarer Einfall oder Blick sich mit jedem Hauch des Schicksals treffen, um daraus ein Gedicht zu schaffen. Nicht jede Vorstellung ist ein Motiv oder Sinnbild, aber jede kann es durch Begegnung mit einem Erlebnis werden. Während „Seefahrt" einen einheitlichen Ursprung hat (den wir ja sogar zum Überfluß noch im Briefwechsel nachweisen können) ist in der Zueignung die nachträgliche Verschmelzung verschiedener Elemente, eines rein gedanklichen und eines rein phantasiemäßigen, nicht zu verkennen. In »Seefahrt« durchdringen sich Schilderung, Vorstellung, Gefühl und Sinn vollkommen, weil das Gleichnis spontan gewählt und spontan ausgeführt ist. In der „Zueignung" sind drei Dinge deutlich geschieden die in keinem anfänglichen inneren Konnex in Goethes Gemüt und Vorstellung gestanden haben und erst allegorisch miteinander verbunden worden sind: nämlich einmal die Landschaftsstimmung, eine wirkliche Erfahrung, samt der ganzen Schilderung einer Bergwanderung im Frühlingsmorgen, sodann die Erscheinung und Gebärdung der Muse, endlich die Lehren der Muse und das Bekenntnis des Dichters. Das erste und das dritte sind spontan, das eine als sinnliche Erfahrung, das andre als gedankliches Ergebnis der Goethischen Einkehr. Dagegen ist die Erscheinung der Muse weder eine Stimmung noch ist sie eine gedankliche Reflexion — sie ist ersonnen, um das stimmungshafte und das gedankliche Element zu vereinigen und dem Gedicht ein malerisches Motiv zu geben das seine beiden eigentlichen Ursprünge gegenständlicher, handlungsartiger mache.

Denn mehr als irgendein früheres Gedicht Goethes (einige Epigramme vielleicht ausgenommen die bewußt antiker Form nachgebildet sind) ist die Zueignung geformt nach einem theoretischen Anspruch. Es bezeichnet auch darin einen deutlichen Abschnitt in der Goethischen Produktion, es ist das Eingangstor zu seiner eigentlich bewußten Kunstdichtung .. oder wenigstens Kunstlyrik .. denn Goethes Dramen, auch der Götz, sind immer schon Produkte aus Impetus und Reflexion zugleich, wie denn ein ausgebreitetes Ganze nicht durch einen einmaligen schöpferischen Augenblick allein entstehen kann (Siehe im Gespräch mit Eckermann vom 11. März 1828). Es bedarf der Auseinandersetzung zwischen dem Erlebnis und dem sinnbildlichen Stoff worin es sich darstellen soll, und eine solche Auseinandersetzung erfordert Reflexion, ja selbst Theorie.

Nennen wir die Zueignung ein erstes Muster bewußter Kunstdichtung, so soll damit die Lyrik vor dieser Zeit nicht als Naturdichtung im Sinne unschuldsvollen, volksliedmäßigen Trällerns bezeichnet werden. Kunstdichtung war die Goethes immer, aber seine Lyrik vor der Zueignung hat das Kunstmäßige hervorgebracht durch einen eingeborenen Formtrieb der sich als Sprache äußerte: man kann dies nicht einmal Dumpfheit nennen, denn Sprache ist Bewußtsein. Aber etwas andres ist Bewußtsein der seelischen Zustände, wie sie sich im Sprachgebild ausdrücken, Helligkeit des Geistes in sich .. und etwas andres ist Klarheit des Geistes über sich,

Bewußtheit über die Mittel zum Ausdruck der seelischen Zustände, kurz Reflexion .. dies Wort sagt ja schon daß es sich hier um Spiegelung, um Rückstrahlung, selbst um Brechung handelt. Diese Wandlung von der beinah funktionellen Sprachgestaltung seiner Erlebnisse zur bewußten Kunstübung auf Grund des Vergleichens, Auswählens, des Nachdenkens über Formen, Stoffe, Mittel und deren verschiedene Wirkungen hat Goethe erst auf dem Weg nach Italien getan, er ist zu einem gewissen Abschluß über das Sein und Sollen des Kunstgebilds vor Italien nur innerhalb der Lyrik gelangt, weil er hier den Bereich am ehesten überschauen konnte, weil die Gesetze einfacher, die Beziehungen zwischen Gehalt, Stoff und Form nicht so verwickelt waren wie bei den umfänglichen Gattungen.

Die Zueignung ist ein Musterergebnis seiner damaligen Forderung und als solches wichtig: sie enthält zugleich Theorie und Praxis. Über Lyrik hat Goethe übrigens weniger theoretisiert als über irgend eine andre dich≠ terische Betätigung — sie war ihm am wenigsten Problem. In den Ge≠ sprächen mit Eckermann kann man den Kern seiner theoretischen Gedan≠ ken über Lyrik finden, in dem Satz daß bei einem Gedicht alles auf das tüchtige Motiv ankomme, nicht auf schöne Gefühle oder Klänge. Goethe verstand dabei unter tüchtigem Motiv, wie man aus der Anwendung die≠ ses Worts in Lob und Tadel erkennt, eine greifbare Anschauung, die man entweder selbst sprachlich darstellen solle, oder deren Gefühls≠ oder Gedankengehalt man eindrucksvoll heraushob. Diese Forderung an das Gedicht, die er in seinem Alter gern betonte gegenüber dem romantischen Klingel≠, Arabesken≠ und Sehnsuchtswesen, hat er sich gestellt, als er aus dem Sturm und Drang, aus dem hemmungslosen Wühlen zur Verdichtung, Klarheit und Formung, zum festen Griff und deutlichen Begriff kommen wollte, sie ist eines von vielen Symptomen seines Klärungswillens, und nur als entstanden auf einer bestimmten Stufe seiner Bildung, als hervorgekehrt gegen bestimmte Entartungen der deutschen Literatur hat diese Forderung des »Motivs« für uns einen Sinn, nicht als absolutes Axiom oder als Wert≠ maßstab. Denn als solches wäre der Begriff Motiv entweder zu eng, und Goethes schönste Lieder kämen an dieser Forderung gemessen schlecht weg.. oder man deutet ihn weiter, als erregendes Moment überhaupt, dann ist die Forderung des tüchtigen Motivs eine Selbstverständlickeit und besagt nur, zu einem guten Gedicht gehöre ein kräftiger, wahrhaft lebendiger und lebengebender Anlaß .. dieser Anlaß kann aber ebensogut eine ganz inner≠ liche Erregung durch Gefühl oder Gedanke als ein äußerer Eindruck durch Anschauung sein. Doch entsprach es zur Zeit als diese Forderung in Goethe entstand seiner Gemütsanlage nur das als gutes und tüchtiges, d. h. leben≠

förderndes und lebenformendes, Motiv zu empfinden was aus der kräftigen Schau kam oder was zur Schau werden konnte.

Von da aus versteht sich warum sein damaliger von zeichnerischen Vorstellungen beherrschter augenhafter Kunstverstand sich nicht genügen lassen konnte an der einfachen Wiedergabe der spontanen Gründe zu diesem Gedicht — der landschaftlichen Morgenstimmung, und dem Drang zur Beichte seiner Fehler und Wünsche. Denn das bloß Stimmungsmäßige und das bloß Gedankliche schien seiner innern Forderung, seinem Auge, seinem Bauwillen nicht fest, nicht konkret, nicht anschaulich, kurz, nicht »Motiv« genug, er verlangte nach einer Zusammenfassung und Abrundung, und die fand er, nach einer aus Homer wie aus der biblischen und romantischen Welt gleich geläufigen Vorstellung, indem er die erlebte Landschaftsstimmung versinnbildlichte und die erlebten Seelenkämpfe personifizierte in Rede und Gegenrede, in Spannung und Handlung umsetzte. Die bloße Landschaft wurde Szene, die bloße Rede wurde Geschehnis, und die ursprünglich heterogenen Elemente Stimmung und Dialektik wurden wenn nicht zur Einheit so doch zum Einklang komponiert.

Daß freilich diese ganze Verknüpfung, die nicht spontan, sondern kunstmäßig, ja kunsthandwerkmäßig war, nicht scheiterte, dazu bedurfte Goethe eines teilnahmvollen Glaubens an die allegorische Gestalt welche, gleichsam zwischen den beiden andren Elementen des Gedichts gezeugt, Träger, Begründung, Motiv des Ganzen werden sollte. Denn es war bedenklich, die Offenbarung von einer bloßen Maschinerie ausgehen zu lassen, und das Gedicht hätte sich bei aller Meisterschaft sprachlicher Durchbildung und Beseelung leicht zu einem toten Lehrgedicht im Barockstil erkälten können, wenn zwischen der Muse und dem Dichter nicht das lebendig warme Hinundher menschlichen Ergreifens bewahrt blieb, was zwischen einem wirklichen Herzen und einem zu Kunstzwecken ersonnenen Begriff schwer durchzuhalten war. Goethe aber konnte dieser ursprünglich allegorisch konzipierten Gestalt von der Lebenswärme mitteilen — und von der Lebenskühle — die damals seine Atmosphäre durchdrang und die, über alle Stimmung und Gedanken hinaus, das Klima der Zueignung ausmacht: von der Lebenswärme Charlottens. Ihre Gestalt hat ihm vorgeschwebt, als er die Muse erscheinen und reden ließ — sie ist nicht das Urbild dazu, aber aus ihrem Odem nährt sich die Vision.

Man mag dies Gedicht wenden wie man will, so erscheint es als ein Denkmal der Wirkung Charlottes. Man kann die Wechselreden zwischen der Erscheinung und dem Dichter sich als die von zeitlichen und persönlichen Zufällen gereinigte, in einer verklärten Welt stattfindende Zwie-

sprache denken zwischen dem lautersten Willen im Dichter und der lautersten Milde, der verstehenden Teilnahme und zärtlich bildenden Weisheit die er von der Freundin erfahren hatte oder erwarten durfte. Freilich redet nirgends ihre empirische Person, es steht kein Wort in diesen Reden das auf ein Verhältnis zwischen zwei Liebenden auch nur hindeutete, es redet nur ein fehlbarer irdisch Empfangender und eine unfehlbare überirdisch Gebende .. und dennoch könnte kein Wort ohne Charlottes Wirkung so klingen wie es klingt. Nicht ihr verklärtes Wesen, sondern ihre verklärte Wirkung ist in der Muse verkörpert: die Humanität aus einer neuen Ruhe der Seele heraus. Gewiß ist die Zueignung keineswegs als eine bewußte Huldigung an Charlotte von Stein gedacht, ja nicht einmal ob das Vorschweben ihres Bildes ihm zum Bewußtsein kam oder nicht wag ich auszumachen. Was Goethe bei den Wechselreden zwischen ihm und der Muse am Herzen lag war nicht so sehr das Bekenntnis zu ihr als dem beruhigenden und beseligenden Prinzip seines Daseins, nicht der Dank für der Erde beste Gaben, sondern einmal die Klage über sein durch ernsteres und wahrhaftigeres Verhältnis zur Muse verändertes Verhältnis zur Welt:
    Ach, da ich irrte, hatt ich viel Gespielen,
    Da ich dich kenne, bin ich fast allein
Und sodann die Frage welchen Gebrauch er von seinem neuen tieferen Wissen und Glück machen solle, wie er mit seinem Pfunde wuchern solle:
    Warum sucht ich den Weg so sehnsuchtsvoll,
    Wenn ich ihn nicht den Brüdern zeigen soll?
    Das ist eine neue Frage in Goethes Leben: seine bisherigen Fragen bezogen sich auf die Suche des Wegs für sich selbst — als Bekenntnis daß er ihn für sich gefunden habe ist das Gedicht der Abschluß seiner Sturm-und-drang-zeit, als Verlangen nach einer sozialen Verwendung, als Ausdruck eines Verantwortungsgefühls den Mitmenschen gegenüber ist es die Eröffnung einer neuen Lehrzeit .. und der Vers »Erkenne dich, leb mit der Welt in Frieden« umfaßt die zwei Seiten der neuen Forderung: die Bildung und Klarheit des Ich und die Einordnung in die Welt.
    Ist hier die neue Forderung nach ihren zwei Seiten gestellt, so bezeichnet das Geschenk der Muse das Mittel oder die Gewähr der Erfüllung: »Der Dichtung Schleier aus der Hand der Wahrheit«. Das heißt daß dem Dichter aus der reinen treuen sachlichen Hingabe an die wirklichen Dinge, an die tatsächlichen Verhältnisse, an die Erfahrung, an »die Forderung des Tages« an die Pflicht im Geschäftsleben und an die Gegenstände im Forschen erst die geistigere, göttlichere, poetische Welt aufgehen werde .. »Der Geist des Wirklichen ist das einzige Ideelle.« Wahrheit ist hier zugleich

objektive natürliche Wirklichkeit und subjektiv sittliche Wahrhaftigkeit, und Dichtung ist jede höhere Geistigkeit überhaupt, ebensowohl das schöpferische Vermögen als die Idealisierungskraft, die Fähigkeit das Schöne zu schauen und zu schaffen. Von der Vereinigung beider in seinem Wesen angelegter Elemente, von dem Gleichgewicht der schöpferisch dichterischen Kraft mit der ordnend erkennenden verspricht er sich das Heil .. und das ganze Gedicht lebt in dem Auftrieb des sittlichen Willens zu diesem Übergang. Denn noch war es ein Übergang: er besaß wohl die Dichtung, aber ihren Schleier aus den Händen der Wahrheit zu nehmen war seine noch zu erstrebende Aufgabe.. eine reinere Schönheit, eine deutlichere Verklärung, ein maßvolleres Ideal, eine runde Bildung sich zu erwerben durch den Willen zur Wahrheit, durch die selbstlose Hingabe an die Wirklichkeit. Es sollte dahin kommen, daß ihm seine titanischen Entwürfe nur Grillen und Hirngespinste erschienen, die einer echten Bildung vorspukten. Mit welchen Begriffen wir auch durch dies Gedicht Querschnitte legen, es erscheint uns immer, in höherem Grad noch als »Seefahrt« oder »Ilmenau« als das Produkt, der Ausdruck und das Sinnbild des Übergangs aus dem titanischen Zustand in den klassisch humanen.

Nehmen wir das Gedicht als Form, so können wir allerdings von einem Übergang nur durch Vergleichung mit andren Gedichten reden — denn eine Form selbst kann niemals Übergang, höchstens Ergebnis eines Übergangs sein: Form ist immer der festgehaltene, in sich abgeschlossene verewigte Augenblick .. sie kann einen Übergang vorstellen, d. h. zum Gegenstand haben (vgl. Goethes Abhandlung über Laokoon) aber nicht darstellen, d. h. als Zustand haben. Der Form nach ist die Zueignung — etwa gleichzeitig mit den „Geheimnissen" entstanden in der Mitte der achtziger Jahre, unmittelbar vor der italienischen Reise, und gleichsam im voraus angestrahlt von dem nahen Italien — das Ergebnis einer metrischen Selbstzucht, der Absage an die titanisch freien Rhythmen und die läßlichen Knittelverse. Über Wieland und Heinse hinaus, die in einer bequemen Manier sich die ariostische Stanze angepaßt hatten, fügte sich Goethe dem strengen metrischen Schema, und hatte sein Genügen dabei, indem er sich fügte, dies Schema mit vollkommener Sicherheit und Geschmeidigkeit zu füllen und zu beherrschen. Seine bisherige innere Anschauungs- und Klangfülle hatte sich ihre angemessenen Formen in Liedern, Hymnen oder Knittelversen geschaffen.

Da sein Inneres, wenn auch titanisch, nicht gestaltlos war, so wurden auch seine spontansten Ausbrüche nie Unformen. Jetzt aber versuchte er: ein **vorgezeichnetes** metrisches Schema, eine künstliche, nicht apriori

mit seinem Erlebnis gegebene Reimfigur mit seinem innern Klingen in Ein‚
klang zu bringen: d. h. eine von außen ihm gegbne Form zu seiner eignen
persönlichen innerlichen zu machen: oder sich einer auferlegten Bedingung
mit geistiger Freiheit zu fügen. Das war innerhalb der Dichtung für ihn
eine neue Aufgabe, sehr verschieden von der Bindung die jede Versdich‚
tung bedeutet. Denn der echte dichterische Vers ist nicht die Fessel oder
die Tracht des dichterischen Gefühls — er ist sein Leib selbst — ebenso wie
der echte Tanz nicht ein äußerer Zwang, sondern ein innerer Drang ist,
wie überhaupt jede Rhythmisierung, jede Form erst der wahre, der freiere
Ausdruck einer entstofflichten Wirklichkeit ist. Aber die ariostische Stanze
ist ein äußeres metrisches Schema, keine in Goethes Erlebnis begründete
innere rhythmische Form. Hier ist ein freiwillig gesetzter Widerstand, an des‚
sen Überwindung er seine sprachbildnerischen Kräfte zu üben hatte. (Einem
ähnlichen Zweck schon dienen die kleinen frühweimarischen Distichen.)
Insofern ist auch die Wahl der ariostischen Stanze bezeichnend für den
Selbsterziehungsprozeß der Übergangsjahre .. eine Anwendung der Lehre
(die freilich erst später so formuliert wurde) »in der Beschränkung zeigt
sich erst der Meister und das Gesetz nur kann uns Freiheit geben«. Sie
deutet auf das tiefere Sittliche, das ja bei Goethe mit dem ästhetischen das
gleiche Zentrum hat: „Von der Gewalt, die alle Wesen bindet, befreit der
Mensch sich der sich überwindet". Die strenge Bindung durch ein vor‚
gesetztes, objektives metrisches Schema, von Goethe hier das erstemal seiner
Seelenfülle auferlegt, freiwillige Erfüllung selbstgewählter Pflicht ist das
Zeichen auch eines sittlichen Wandels.

So führt uns das scheinbar Äußerlichste dieses Gedichts, das metrische
Schema, zurück zum innerlichsten Bildungsmoment dieser Übergangszeit:
zur bewußten Hingabe Goethes an die Objekte, zur Anerkennung eines
Gesetzlichen in Kunst, Natur, Gesellschaft dem seine Innerlichkeit sich
zwar nicht unterordnen, aber entsprechen müsse. Zwischen unterordnen
und entsprechen ist ein Unterschied, und wir mögen ihn gerade an dem
metrischen Sinnbild klar machen. Hätte z. B. Goethe sich dem metrischen
Schema der Ottave‚Rime einfach untergeordnet, statt ihm zu entsprechen,
statt mit seiner seelischen Bereitschaft dem Gesetz zu antworten, es sich
anzueignen, so wären etwa Strophen entstanden wie die Stanzen in Linggs
Völkerwanderung, wurstartige Gebilde, wobei in den ein für allemal ge‚
gebnen Darm der kleingehackte Stoff wahllos gestopft wurde. Bei Goethe
ist jede Strophe ein Eigenes, weil er den äußren Zwang benutzt hat, um
jedesmal neue Teilungen, Biegungen und Wellen seines unerschöpflichen
inneren Stroms daran erscheinen zu lassen .. wie ein Fels im Fluß jede

folgende Welle anders bricht, obwohl er derselbe und an derselben Stelle bleibt. Dem äußern Gesetz sich unterordnen ohne den Glauben daran, das wars was der junge Goethe prometheisch verweigert hatte .. das ist die Haltung des subalternen Amtsmenschen, des vom Stoff oder der Methode erdrückten Gelehrten, des akademischen Künstlers, des Verseschmieds. Dem Gesetz zu entsprechen, das setzt einen Glauben an eine geheime Wechselbeziehung, an Reziprozität von Subjekt und Objekt, von Freiheit und Notwendigkeit, Wollen und Müssen voraus, der Goethe eben damals erwuchs, wie er ihn bedurfte.. durch seine weimarischen Erfahrungen, sein Spinozastudium, seine beginnenden Naturforschung, seine Liebe zu Frau von Stein. All diese Kräfte waren zugleich Folge und Steigerung jenes Glaubens, der ihn erst als dumpfer Instinkt zu ihnen trieb, dann als immer deutlicheres Bewußtsein auf dieser Bahn tiefer in die Welt der Gegenstände hinein, ihn zunächst nach Italien führte.

Denn ein Glaube ist, wie eine Krankheit, gleichsam ein eignes Wesen, das sich im Bereich eines Menschen das aussucht was es steigert und stärkt, das vermeidet was ihm Abtrag tun kann. Der Glaube an diese Korrelation zwischen innerem und äußerem Gesetz geht durch Goethes ganzes späteres Leben: er liegt seinen metrischen Bemühungen zugrunde, er ist der Ausgangspunkt seiner Naturlehre, er regelt sein praktisches Verhalten. Wenn er sagt »das wahre Studium des Menschen ist der Mensch« so ist sein eignes Studium das sich über Pflanzen, Tiere, Knochen, Steine, Farben erstreckt, kein Widerspruch dagegen: denn all diese Gegenstände erforschte er als Vorstufen des Menschen oder als deutliche Wirkungen derselben Kräfte die im Menschen und am Menschen tätig sind.

HUMANITÄT

DIE Anerkennung des Gesetzlichen außer uns als maßgebend für ein Gesetzliches in uns wirkt geistig, sittlich, und ästhetisch. »Gesetz« — das besagt daß etwas befolgt werden muß: Naturgesetz, Denkgesetz, oder daß etwas befolgt werden soll: Staatsgesetz, Sittengesetz. Es gibt Gesetze die dem Reich der Natur-notwendigkeit und dem Reich des menschlichen Wollens gleichzeitig angehören und die, auf Schöpfungen bezüglich, am Müssen und am Sollen teilhaben: die Kunstgesetze. Mit der Anerkennung des Gesetzlichen war für Goethe gleichzeitig eine neue Geistigkeit, eine neue Sittlichkeit, und ein neuer Schönheitssinn gegeben. Goethes neue Sittlichkeit kann nur aus und in seiner neuen Schönheitsforderung begriffen werden. Es geht allenfalls an, Goethes Wissenschaft gesondert darzustellen, seinen Begriff der Wahrheit, dagegen gibt es keine von der Kunstübung Goethes gesondert zu behandelnde Ethik . . sein Begriff des Guten ist mit dem Schönen untrennbar vereinigt, oder vielmehr in ihn eingeschlossen wie der Kern in die Frucht: er ist verwandt mit dem griechischen Ideal des Kalokagathon, welches als Haltung und Leistung den sichtbaren Ausdruck des göttlich Vollkommenen im menschlichen Maß bedeutet. Dies Ideal, identisch mit der Goethischen Humanität, kann seiner Natur nach, im Gegensatz zu allen rationalen Sittenlehren, nicht in einem Kodex niedergelegt, sondern muß entweder betätigt oder gestaltet werden.

Wir haben es aus den Goethischen Werken, welche die Gestaltung seiner Betätigung sind, abzulesen. Die Dichtungen um derentwillen Goethe wesentlich als der Dichter der Humanität in der Vorstellung der Völker weiter lebt, die man aus seinem Werk nicht wegdenken kann, ohne daß die Gesamttendenz seines Lebens eine andre erschiene, sind Iphigenie, Tasso, Hermann und Dorothea. Davon sind die beiden ersten in den Jahren vor Italien empfangen, in Italien gereift worden, das dritte ist die vollendete Frucht nicht der erstrebten, sondern der erlangten Humanität. Iphigenie und Tasso vergegenwärtigen das Ringen um die neue Humanität, die seelischen Siege und Niederlagen, den Gewinn und den Verzicht in dem Kampf. Hermann und Dorothea weiß von dem Ringen nichts mehr, es webt nur innerhalb der bereits festgestellten Herrschaft der Humanität .. die Konflikte entstehn nicht mehr aus dem noch vorhandenen Gegensatz zwischen Unmaß und sittlich schönem Wollen, welcher doch der Grund der beiden Schauspiele ist. Ich stelle indes diese drei Werke zusammen, weil das Kalokagathon — als Kampfziel oder als Siegpreis, vor oder nach dem Sieg gesehn — hier unter Goethes übrigen Werken am reinsten, ja als das eigentliche Thema erscheint. Denken wir diese drei Werke hinweg, und Goethe erscheint nicht mehr als das was er der verschwommenen und unvollständigen aber nicht falschen Schulvorstellung ist: als der Dichter der Humanität. Er erschiene dann, durch Götz und Werther, als der Dichter des kräftigen und des leidenschaftlichen Selbstgefühls .. durch das Ganze seiner Lyrik als der Sänger der ganzen beseelten innern und äußern Natur, durch den Faust als der Dichter des weltdurchdringenden und -gestaltenden Strebens, durch Wilhelm Meister als Dichter der Bildung und der gebildeten Gesellschaft — all das sind (abgesehn von der notwendig unzulänglichen Unbestimmtheit solcher Gesamtvorstellungen und der sie bezeichnenden Schlagworte) Elemente oder Mischungen der Humanität, des Kalokagathon, aber nicht das Eigenste dieses Ideals. Goethes berühmte Dichtungen außer Iphigenie, Tasso, Hermann und Dorothea sind nicht entstanden aus dem Bedürfnis: den Segen, die Qual, oder die Macht sittlicher Selbstüberwindung darzustellen durch die Reden und Handlungen schön bewegter Menschen. In keiner andren großen Dichtung Goethes ist die treibende Kraft der Glaube an eine gesetzgebende Macht des Willens im Menschen, welche, mit den Gesetzen der Natur und des Lebens im Einklang, ihn gut und schön machen kann, entgegen den Leidenschaften seines Innern und den Gefahren der Außenwelt. Nur noch die unvollendet gebliebenen »Geheimnisse«, aus derselben Zeit wie die Iphigenie und der Tasso, und zwei anekdotenartige Novellen in den Unterhaltungen deutscher Ausgewanderter, die Geschichte des Prokurators von der Selbstüberwindung der Sinnlichkeit, und der Selbsterziehung des leichtsinnigen Kaufmannssohns, etwa aus der Zeit von Hermann und Dorothea, stammen geradezu aus dem gleichen Problem.

Der Kampf dieses sittlichen Willens mit der angeborenen Leidenschaft und den Widerständen der Außenwelt, siegreich wie in Iphigenie oder sieglos wie im Tasso, konnte für Goethe nur in diesem Zeitraum Problem werden, und nur in dieser Zeit konnten die repräsentativen Werke dafür entstehen: denn dichterisches Problem kann nur das werden woran man leidet. Nicht der glückliche Besitz eines Guts, sondern das Streben danach, höchstens das grade Errungene, nicht das lang und sicher Besessne kann den Dichter zur Darstellung locken. Darum setzt die Darstellung des Humanitätsideals die Goethischen Zustände voraus in denen ihm jene sittliche gesetzliche Kraft als Fähigkeit und Forderung neu aufgegangen war und er doch noch genug litt am Überschwang, an der Empfindlichkeit seines Gefühls, an dem noch nicht überschaubaren Andrang der Welt. In der Wertherzeit wäre ein Konflikt zwischen Leidenschaft und Maß noch nicht denkbar, weil das Kalokagathon noch kein Goethisches Erlebnis war . . in der spätern Reifezeit deshalb nicht, weil das Kalokagathon kein neues Erlebnis, keine Erregung mehr war. Iphigenie und Tasso, die eigentlichen Dichtungen der Humanität, haben noch die lebendigen Nachwirkungen des Titanismus zur Voraussetzung. Auch als Gegenwirkung gegen diesen hat das Humanitätsideal Goethes, so positiv es ist, seinen Sinn. Goethes Selbstzucht ist Opfer, und mit diesem Wort sind wir in der Luft der Iphigenie und des Tasso: „Glauben Sie mir" heißt es in einem Brief Goethes an seine Mutter „daß ein großer Teil des guten Muts womit ich trage und wirke, aus dem Gedanken quillt daß alle diese Aufopferungen freiwillig sind." Das Gefühl des Opfers, als Reinigung des innern Menschen, füllt die Iphigenie . . das Gefühl des Opfers, als Verzicht, als Verlust, den Tasso.

Jedes tiefe Erlebnis ist ein Kreuzweg der zur Steigerung oder zur Vernichtung des Lebens führen kann, und Goethe hat an jedem Kreuzweg mehrere Möglichkeiten durchgefühlt, oft sie dargestellt. In seiner titani‍schen und sentimentalen Epoche hat er es ertragen, neben die Tragödie das humoristische oder selbst parodistische Satyrspiel zu stellen, den Gefühlen die ihn, unmittelbar erlebt, zu zersprengen drohten hat er zugleich, wie ein fremder Beobachter, zugeschaut. So steht der Satyros neben den Kraft‍- und Genie‍-entwürfen der Prometheus‍-zeit, so folgt der Triumph der Emp‍-findsamkeit dem Werther. So hat er das tragische Motiv des Weislingen zwischen zwei Frauen, das Erlebnis der Untreue, welches im Faust und im Clavigo zum tragischen Ende führt, in der Stella zu einer versöhnlichen Lösung abgebogen. Diese Art doppelter Behandlung eines Motivs, oder vielmehr die Ausästelung eines Erlebnisstamms zu mehreren Motiven, ent‍-sprach dem Titanismus Goethes besser als seinem Humanismus. In der Zeit seiner Selbsterziehung zur Humanität war ihm eine parodistische oder hu‍-moristische Verzerrung seiner gegenwärtigen Gefühle unmöglich. Denn was dem Titanen erlaubt war, unverantwortlich zu schaffen, jeden Augen‍-blick zu nehmen und zu geben im verschwenderischen Gefühl eines ge‍-fährlichen Reichtums wofür man keine Rechenschaft schuldig ist — diese Unverantwortlichkeit, die der Schöpfer mit dem Humoristen gemein hat, diese Willkür und das Spiel mit jedem Stoff, auch mit dem eignen Leben, mußte sich Goethe versagen, sobald ihm an der Festigung und Läuterung seiner Kräfte gelegen war. Mit dem Ideal des Kalokagathon konnte er keinen Gefallen mehr an willkürlich humoristischer Verschwendung von Lebens‍-motiven finden. Es konnte ihm weder weise, noch schön, noch gut er‍-scheinen, was ihm zur Zeit seines titanischen und sentimentalen Über‍-schwangs geradezu ein Bedürfnis gewesen war: sich gewaltsam zu ernüch‍-tern von den schöpferisch gesteigerten Momenten auf deren Höhe er sich nicht zu erhalten vermochte. Jetzt galt es diese angesammelte Energie sei‍-ner höchsten — sei es seligsten sei es gefährlichsten — Augenblicke nicht jäh‍-lings sich entladen zu lassen, sondern sie der ganzen Breite seines Lebens zuzuleiten, gleichsam die gestauten Kraftmassen zu kanalisieren, aus jedem Erlebnis haushältig soviel als möglich zu ziehen für und durch seine neuen humanen Werte. An Stelle der raschen und genialischen Entladung trat die langsame Ausreifung seiner seelischen Erfahrungen, und kein Motiv durfte mehr herausgeschleudert, oft heißt das verschleudert, oder durch leicht‍-sinnige Behandlung entwertet werden. Darum folgt der an mächtigen Ent‍-würfen und Fragmenten reichen Sturm‍-und‍-drang‍-periode die Zeit der lang ausgetragenen wieder und wiederumgebildeten, liebevoll gehegten oder pflichtschuldig verdrossen mitgeschleppten Werke. Nach der Zeit des Pro‍-metheus, Sokrates, Cäsar, Mahomet, der gleichsam im Fieber vollendeten

Götz, Werther, Clavigo oder der theatralischen und humoristischen Improvisationen wie Satyros, Pater Brey, kommt die Zeit der Egmont, Iphigenie, Tasso, Wilhelm Meister, die ihn alle jahrzehntelang beschäftigt haben. Nur der Faust begleitet aus jener Frühzeit Goethe auch durch diese Bildungsprozesse hindurch und in die späteren hinein, weil der schöpferische Inhalt aus dem er empfangen wurde, nicht durch eine einmalige Krise zu erledigen war, er bestand nicht in einem einmaligen Konflikt Goethes mit der Außenwelt, sondern war mit Goethes Natur selbst gegeben und mußte in jeder möglichen Lage seines Lebens sich erneuern.

Aus demselben Grund warum die raschen Titanenentwürfe den langsamen humanen Durchbildungen weichen, treten die humoristischen und satirischen Improvisationen zurück. Die kleinen Sing- und Lustspiele, die Goethe für die Weimarischen Hofkreise oder Komponisten zuliebe gedichtet, haben ihren Ursprung mehr in der Weimarischen Geselligkeit als in Goethes Konflikten, sie sind nicht humoristisch, sondern fröhlich oder heiter, allenfalls parodistisch, und ihr Ernst behandelt die Motive absichtlich, auch wo Goethische Eigenleiden zugrunde liegen, konventionell opernhaft. Überhaupt sind diese Singspiele, Lila, die Fischerin, Scherz, List und Rache, Jery und Bätely, Erwin und Elmire, nicht ursprüngliche Dichtungen sondern Anwendung des dichterischen Talents zu außerdichterischen, gesellschaftlichen, musikalischen Zwecken, zum Teil gemacht, ja gefertigt, um über gewisse Techniken der Oper und des Musikalischen überhaupt praktisch ins reine zu kommen.

Aus dem neuen Pflicht- und Verantwortungsgefühl Goethes in der ersten Weimarer Zeit ergibt sich auch eine andre Ökonomie und eine andre Ehrfurcht vor seinen eignen Erlebnissen. Seit er seine Erfahrungen nicht mehr nur für sich, sondern auch für die Menschen zu machen hat, seit sie ihn nicht nur bereichern oder schwellen, sondern ihn und andre klären, bilden, reifen sollen, gewinnen sie für ihn eine größere Tragweite: indem er sie mit sich trägt und sie nach außen und innen wendet, anwendet, wird ihm jede Erfahrung ein Vielfaches, nicht nur ein schöpferischer Moment, sondern ein Prozeß, ein Bildungs- oder Krankheitsprozeß. Was seine Konflikte an Intensität des Augenblicks einbüßen gewinnen sie an Nachhaltigkeit. Wenn er die Erlebnisse seiner Titanenzeit gern in funkelnde Tropfen zersprühte, so sammelt er sie jetzt um seine Wurzeln und leitet sie fruchtbringend seinem stetigen Wachstum zu.

Jede Lebensstufe hat ihre bestimmte Problemgruppe, deren einzelne Glieder untereinander sich bei aller Verschiedenheit so ähnlich sehen wie die Flora eines bestimmten Bodens — wie die Gewächse der Bergflora oder der

Sumpfflora einen unterscheidenden Charakter haben, so unterscheidet sich die Problemgruppe von Goethes titanischem Lebensboden von der seines humanen. Sucht man das äußerste Gemeinsame für die Gesinnung welcher Mahomet, Götz, Urfaust, Cäsar, Prometheus, Sokrates, Werther, und selbst Pater Brey und Satyros entstammen, so kann man (mit gebührender Vorsicht und Bescheidenheit in der Anwendung von vereinfachenden Schlagworten) durch einen Goethischen Ausdruck es bezeichnen als Selbstigkeit, nicht im Sinne von Selbstsucht, sondern von Selbstbesessenheit: die verschiedenen Formen unter denen das naturgegebne Ich sich durchsetzen kann, oder die äußeren Hemmnisse die es an dieser Durchsetzung hindern sind ihr Inhalt. Dieser Inhalt hat selbst Goethes Arbeitsmethode bestimmt, und das Momentane oder Fragmentarische seines titanischen Schaffens zur Folge gehabt. Das titanische Ich ist selbstgenügsam und erkennt kein Gesetz an als sein schöpferisches Gefühl und seine Augenblicke. Die Welt wirkt auf dieser Stufe noch nicht als Gesetz und Maß, nur als Gegenstand oder Widerstand der Betätigung.

Es ist das Kennzeichen des Übergangs zur Humanität, daß zwischen dem Ich und der Welt das Gleichgewicht hergestellt werden soll, die Welt gewinnt nicht nur eine negative Bedeutung, sondern wird freiwillig anzuerkennende Grenze und inneres Gesetz. Damit tritt an Stelle der Selbstigkeit, um auch hier ein möglichst alle Symptome umfassendes Schlagwort zu gebrauchen, die Bildung: eine neue Gruppe von Problemen ergibt sich die untereinander verwandt, aber vielseitiger sind als die Probleme der vorigen, der titanischen Lebensstufe. Sie haben Goethe darum auch länger, nachhaltiger beschäftigen müssen, immer den einen Faust ausgenommen, der (mit dem Leben Goethes selbst dauernd verwachsen) durch die Überwindung einzelner Lebensstufen nicht mit-überwunden werden konnte. Denn die Selbstigkeit hat es im Grund mit einer einfachen Gegebenheit zu tun: das Ich, das sich gott- oder naturgetrieben fühlt, hat zu siegen oder unterzugehen.. es trägt seinen Imperativ und sein Schicksal in sich, und schafft von Moment zu Moment die Siege, Erschütterungen und Leiden um derentwillen es da ist: das ist die Stimmung des siegreichen Mahomet, wie des sieglosen Götz, des schöpferischen Prometheus wie des gebrochenen Werther. Aber die Bildung des Ich an der Welt und durch die Welt ist eine vielfachere Aufgabe als die Durchsetzung des Ich gegen die Welt, sie verlangt die Erforschung, Erkenntnis und Anerkennung der Welt als eines bildenden gesetzgebenden Ganzen.. sie verlangt, wenn das Ich eigenwillig und gewaltig ist, Opfer und Verzicht, und sie fordert endlich als drittes und schwerstes die Gestaltung des eigenen stoffartigen Lebens nach den für wahr erkannten Gesetzen sei es der Natur sei es der Gesellschaft: kurz „Bildung" im engeren Sinn, wozu Mäßigung, Klärung, Entsagung, Wissen, Pflichtgefühl, Verantwortung nur Vorstufen oder Mittel sind. Schon die bloße Erlangung der Mittel, schon die Wege zur Selbstgestaltung waren für einen tiefen und leidenschaftlichen Menschen wie Goethe eine Fülle von Problemen, und jeder Weg, oder jede Stufe (wir können solche innere Vorgänge immer nur näherungs- und gleichnisweise ausdrücken) hat ihn dichterisch beschäftigen müssen. Hier war nichts aus der Fülle des schöpferischen Augenblicks heraus zu improvisieren, vielmehr das lange und langsame Ringen und Durchdringen selbst war Quelle und Inhalt der Eingebung. Von immer andren Seiten, auf immer andren Stufen hat Goethe nach der Überwindung des Titanismus den Bildungsprozeß selbst und zwar sowohl als ein objektives Geschehen wie als subjektives Erleben dargestellt.

Die Welterfahrung, die Kenntnis des mannigfaltigen Erdenlaufs mit allen Irrtümern als Bildungsprozeß hat Goethe im Wilhelm Meister darstellen wollen. Hier ist die Welt der eigentliche Gegenstand, und der Held ist mehr das Objekt an dem die bildende Wirkung der Welt aufgezeigt wird. Im Wilhelm Meister ist der Bildungsprozeß von außen her dargestellt, als ein natürlich geistiges Geschehen, das sich am Menschen vollzieht. Ein andres Glied dieser Problemgruppe, das Fragment »die Geheimnisse«, behandelt die bewußte Erziehung des Menschen durch die großen in der Geschichte hervorgetretenen sittlichen und religiösen Kräfte oder Lehren, deren Erfahrung nacheinander auf ihn wirkt. Im Urmeister noch ist die Bildung durch Schicksal, in den Geheimnissen die Erziehung durch Plan und höhere Leitung der Gegenstand. Was in den Geheimnissen nicht vollendet ward, ist gewissermaßen später auf andre Weise zur Ausführung gelangt in den Wanderjahren. Nur handelt es sich bei Wilhelm Meister um ein konkretes Individuum, in den Geheimnissen um den Menschen an sich, losgelöst von allen Beschränkungen des zeitlichen Kostüms. Im Tasso und in der Iphigenie erscheint jener Bildungsprozeß nicht als Naturvorgang, sondern von innen gesehen als seelische Wirkung, nicht als langsames Geschehn, sondern konzentriert in Konflikte des durch Schicksal oder Charakter noch selbstigen Ichs mit dem bildenden Prinzip, das Entsagung oder Opfer fordert. Als solche Forderung tritt Iphigenie dem Orest, auch dem Thoas, die Prinzessin dem Tasso entgegen — womit freilich der Gehalt und der Konflikt dieser Stücke nicht erschöpft ist. Im Wilhelm Meister ist der Gewinn des Bildungsprozesses gebucht .. er ist dargestellt von dem welcher den Segen seiner Irrtümer wie seiner Bereicherungen übersieht, und der Leiden die seine Bildung ihn gekostet mit heiterer Ironie gedenken darf. In Iphigenie und

Tasso sind aber gerade diese Leiden, die an Zerstörung grenzten, das Eigentliche der dichterischen Inspiration, und nicht von den Errungenschaften, sondern von den Kämpfen aus wird der Prozeß dargestellt. Im Wilhelm Meister ist die Welt als das Bildende, in den Dramen das Ich als das zu Bildende der Inhalt. Wir haben auf alle drei großen Dichtungen als die wichtigsten dichterischen Gestaltungen des Goethischen Bildungsprozesses und als die Sinnbilder für diese ganze humane Lebensstufe noch einzugehen .. und wenn wir das Urerlebnis das ihnen zugrunde liegt festgestellt, haben wir die Bildungselemente zu untersuchen in denen sie ihre dichterische Verkörperung fanden.

Kam es auf die Darstellung der bildenden Welt an, wie beim Wilhelm Meister, so drängte der Stoff sich von selbst auf. Wollte Goethe die großen Einflüsse des tätigen, des wandernden, des bürgerlichen, des adligen Lebens schildern, die verschiedenen Schichten in denen ein junger bildsamer Mensch seine Erfahrungen zu machen hatte, so konnte er nicht gut eine andre Stoffwelt dazu wählen als innerhalb deren er selber seine Ausbildung vollzogen hatte: die breite deutsche bürgerliche, nach oben durch den Adel, nach unten durch die Bohême des Schauspielertums ergänzte, zugleich beleuchtete Gesellschaft. Denn hier war ja das Besondre der Erfahrung wesentlich, gerade die Schauspieler, gerade der Adel, gerade die Gottinnigkeit der schönen Seele waren ja das worauf es ankam, und der Kaufmannsstand des jungen Wilhelm war kein Zufall. Der Bildungswert bestimmter Alters-, Gesinnungs- und Gesellschaftsstufen selbst sollte deutlich hervortreten, und Goethe war hier, um wahr und sinnlich, um beziehungsreich und unterrichtend zu sein, auf die eigne Erfahrung angewiesen — er konnte nicht beliebig allegorisieren oder typisieren, ohne seinen eignen Zweck zu gefährden, seinen Zweck: Welt zu geben, die Welt selbst, monde, société als ein bildendes Milieu, als bildenden Faktor aufzurollen.

Wollte er dagegen das Bildende großer geistiger und sittlicher Weltkräfte in ihrer Wirkung auf den Menschen schlechthin als auf ein geistiges und sittliches Geschöpf zeigen, also losgelöst von den spezifischen Eigenschaften einerseits seines Bildungsmilieus, anderseits seines zeitlichen Individuums — kurz wollte er die Prinzipien der Menschenbildung, nicht die Erscheinungen eines ihm naheliegenden, nämlich seines Bildungsprozesses zeigen, so bedurfte er freilich der Zeichen: seine „Geheimnisse" benutzen die maurerische Vorstellung eines dem Guten Wahren Schönen geweihten Geheimbundes. Sie sublimieren daraus, unter Abzug der zeitgenössisch maurerischen Praktiken, dasjenige was sich mythisch sinnlich darstellen und ohne Aktualität als ewige Lehre ansprechen ließ. Der Bildungsroman setzt zeitliches Kostüm, Gegenwart voraus, das allegorische Lehrgedicht eine möglichst unbedingte Ferne. Freilich konnte es sich auch nicht ganz der sinnlichen Motive entschlagen die an die historisch gefärbte Phantasie des Lesers appellieren mußten, Rosenkreuzer, Grals-rittertum u. dergl. Die typischen Omina und Zeichen der großen Welterlöser und Menschheitsführer werden auf den Helden der Geheimnisse, Humanus übertragen, die Verkündigung vor der Geburt, die Schlange des Herkules-kindes, der quellschlagende Stab des Moses. Im Wilhelm Meister sollte Welt dargestellt werden und das Weltlich-Zeitliche selbst war als Stoff unentbehrlich. Dagegen konnte Goethe bei der dichterischen Darstellung der innern Kämpfe und Leiden welche seinen Läuterungsprozeß ausmach-ten oder begleiteten sich nur solcher Symbole bedienen welche ihm als Menschen schlechthin eigneten, nicht als dem Menschen einer bestimmten Epoche, eines bestimmten Gesellschaftsgefüges, eines bestimmten Milieus. Hier handelte es sich um das Seelische, nicht um das charakteristisch Ding-liche, und so sehr jeder Mensch auch innerlich Angehöriger einer bestimm-ten geschichtlich-dinglichen Welt sein mag und sein muß, so gehört er doch als nacktes denkendes und fühlendes Wesen der bloßen Natur an, und hat eine innere Wirklichkeit die unabhängig von allem Zeitlichen und Geschichtlichen erlebt werden kann. Diese Wechselwirkung von zeitlich (geschichtlich, gesellschaftlich) Bedingtem und naturhaft oder göttlich Un-bedingtem im menschlichen Individuum führt ja zu den Gegensätzen zwi-schen Materalismus und Idealismus.

Goethe hat hier keinen Gegensatz gekannt, er hat den Menschen als be-dingtes Objekt, als Geschöpf der Umstände erleben können, wie in Meisters Lehrjahren, und als Träger der göttlichen Kräfte: denn zwischen die Ob-jekte und die Gottheit hatte er sich als Ich in die Mitte gestellt und spie-gelte sich so gut in der Vielfältigkeit der zeitlichen Dinge als in der Ein-heit der ewigen Gott-Natur. Mit so deutlichem Blick er das Besondere einer mannigfachen Weltbreite darstellte, mit solcher Entschiedenheit hielt er an der Existenz und an der Darstellbarkeit eines Allgemein-menschlichen fest. Er hat mit Bezug auf seine Naturlehre das scheinbar Paradoxe einer solchen Anschauung klar formuliert. »Was ist das Allgemeine: der einzelne Fall.. Was ist das Besondre: Millionen Fälle.« Was von seiner Naturlehre gilt stimmt für seine dichterische Praxis, und wie die genaue Sammlung, Be-obachtung und Vergegenwärtigung der Millionen Fälle ihm unerläßlich schien — man lese seine Morphologie und seine Farbenlehre — so hat er das Allgemeine, d. h. das Absolute oder Göttliche oder wie mans nennen mag, zur Anschauung zu bringen stets als Pflicht und Bedürfnis empfunden.

Der Erfahrung hat er stets die Idee vereinigt: denn beide zusammen machten ihm erst menschliches Wissen aus.

Den Bildungsprozeß Goethes hatte der Wilhelm Meister gewissermaßen als Erfahrung, Iphigenie und Tasso hatten die entsprechende seelische Erschütterung als Idee darzustellen.

IPHIGENIE

WOLLTE Goethe nicht einfach die lyrische Erschütterung wiedergeben, sondern in Gestalten darstellen, so bedurfte er eines symbolischen Stoffes der restlos der sinnlichen Anschauung genügte, und doch frei war von der verwirrenden Mannigfaltigkeit der Erfahrung, der menschlich konkret war ohne zeitlich charakteristisch zu sein, der das Seelische nackt verleiblichte ohne es durch Kostüm zu verhüllen. Eine solche Welt war — zum mindesten für die Anschauung des Goethischen Zeitalters — die klassische, besonders die griechische, und sodann die wesentlich durch das Medium der Kunst vereinfacht gesehene, gereinigte Welt der Renaissance. Zumal in der griechischen Welt war das Ideal eines Rein-Menschlichen Erfahrung geworden, wenigstens war das Historisch-bedingte, das Stoffartige schon durch die kunstmäßig oder mythisch gesteigerte Überlieferung aufgesogen. Der Kreis der menschlichen Inhalte war durch Ferne, durch Stil und Großheit zurückgeführt auf das was daran wesentlich war, gereinigt von dem was daran bloß zeithaft war. Die Renaissance stand hierin freilich hinter der Antike zurück, sie hatte im Gegensatz zu jener Nacktheit bereits Kostüm, aber sie war, als Kunst- und Hofwelt betrachtet, einfacher und erhabener als die bürgerliche Welt der Goethe angehörte, und wenn im Altertum der Mensch in höchster Reinheit hervortrat, so war die Renaissance der klassische Boden auf dem das Individuum sich zum erstenmal selbständig und deutlich entwickelte, nicht der allgemeine Mensch, sondern der besondere Mensch. Gab die Antike, wie sie damals gesehen wurde, die unübertreffliche Symbolwelt ab für alle Konflikte die aus dem Menschsein an sich hervorgehen, so war die Renaissance die stilvollste und motivreichste Symbolwelt für alle Konflikte die aus der selbstbewußten Individualität entstehn, insbesondre wenn sie mit einer ebenfalls individuellen Umgebung zusammentrifft. Wohlverstanden: diese Konflikte des Menschen und des individuellen Charakters können in jeder Welt und unter jedem Kostüm gleich stark und tief stattfinden, aber nicht unter jedem Kostüm lassen sie sich so rein oder gehoben deutlich darstellen wie an der Antike und der Renaissance, nicht weil in diesen Welten das interessantere Kostüm waltet, wie die Historienmaler und Poeten neuerer

Zeit zumal seit Burckhardts und Nietzsches Entdeckungen meinen, sondern weil diese Welten kostümloser sind, weil das Kostüm das Menschliche und Seelische nicht so sehr überwiegt. In dem Moment da der „historische Sinn" sich breit macht, da man Griechen, Römer und Renaissancewesen um des Kostüms und des Griechischen, Römischen, Renaissancemäßigen willen dramatisiert und episiert, nicht um des gehoben-Menschlichen willen, verlieren jene Welten ihren Symbolwert, und entstehen die lächerlichen Jambengerüste der Epigonenzeit oder die zwittrigen Farbenreize der heutigen Zirkusbühne. Nur solange und nur wo der Glaube herrschte daß in gewissen Zeiten das Wesentliche des Menschen einen reineren und größeren Ausdruck gefunden habe, nur wo man glaubte erstens an ein allgemeines losgelöst von zeitlichen Beschränkungen darzustellendes Menschliches und zweitens an eine klassische Welt in welcher diese zeitlichen Beschränkungen schon von selbst aufgehoben seien — nur dort konnte man mit dichterischer Unbefangenheit, und folglich mit Wahrheit, seine Symbole vergangenen Regionen entnehmen. Das Vergangene war dann nicht vergangen, sondern ewig. Historische Dichtungen, Maskeraden, Werke welche uns irgendeine geschichtliche Begebenheit oder Epoche mit dichterischen Mitteln näherbringen sollen zur Belehrung, das historische Drama oder der historische Roman, sind ein Unding, oder bestenfalls ein Zwitterding. Mit dem Erwachen der eigentlichen historischen Wissenschaft, des fachmännisch „historischen Sinns", wie ihn erst das 19. Jahrhundert gezüchtet, ist die Geschichte als dichterische Symbolwelt entwertet. Wo ein Mommsen und Ranke, ist kein Schiller möglich. Entweder man empfindet, wie der mittelalterliche Mensch oder noch Shakespeare, alles Vergangne nur als Gleichnis, als Gleichart der Gegenwart, oder man erlebt eine bestimmte Welt als überzeitlich, wie die Zeitgenossen Winckelmanns und Goethes das Hellenentum, in beschränkterem Maße die italienische Renaissance: sonst ist die Geschichte dichterisch tot.

Der griechische Mythenkreis war neben dem biblischen ein selbstverständliches Element in dem der Geist des jungen Goethe heranwuchs. Es war ein Horizont den die Renaissance geschaffen und auch das Rokoko nicht wesentlich erweitert hatte. Erst durch Herders Geschichts-pantheismus waren dem jungen Deutschen die Vorzeit des eignen Vaterlands und die Stimmen der Völker vernehmlicher geworden, die ganze Geschichte ein Feld göttlicher Offenbarungen und das griechische Volk eines unter den andren. Die Forderung die Goethe vor Weimar an die Welt stellte war Kraft und Charakter, nicht Schönheit und Gesetz, und als Äußerungen von Kraft und Charakter hat er, neben dem römischen, dem arabischen, dem deutschen Helden, auch griechische Helden verherrlicht oder verherrlichen wollen, Prometheus und Sokrates. Vorbilder waren ihm Homer, nicht als Sänger griechisch klaren Himmels, sondern als Sänger heroisch-gewaltiger Menschen und Taten, und Pindar, nicht der weise Mythenverknüpfer, sondern der überschwengliche Dithyrambiker. Was ihn am Griechischen in seiner Titanenzeit anzog war die Lebensfülle und Kraftspannung, das Prometheische, das Ganymedische — oder um es mit dem von Nietzsche geprägten Sammelbegriff, der zugleich an den Gegensatz erinnert, zu bezeichnen: das Dionysische.

Noch über die Wertherkrise hinaus waltet diese Auffassung des Griechischen vor, welche ja nur eine Versinnbildung seiner eigenen Zustände und Bedürfnisse war. Das Melodram Proserpina, das in den Triumph der Empfindsamkeit eingelegt ist, setzt die Reihe der orgiastischen Griechengedichte fort und behandelt das Schicksal der Unterweltfürstin vor allem als Gefühlsspannung. Freilich deutet hier schon drohend und dunkel ein Zeichen auf die Goethische Wendung gegen das Objektive, auf seine Anerkennung einer überseelischen Macht: das Schicksal von dem Goethes Prometheus redet, als über ihm und den Göttern stehend, das wir aber dort nicht zu spüren bekommen, waltet in der Proserpina als ein unausweichliches, als ein objektives Verhängnis. Hier treten schon als die entscheidende, widerwillig anerkannte Macht die Parzen auf, um den Ratschluß des Schicksals auszusprechen mit dem Kehrwort: du bist unser. Die Gegenwart einer düstern Welt von Verhängnissen wird hier durch die Parzen bezeugt, die Parzen sind eine der Grundvorstellungen von Goethes griechischer Welt, das notwendige Korrelat zu seinen Helden. Sie stehen dem Daimon seiner Gestalten als Anangke gegenüber in einem steten Kampf, an dessen Verinnerung und zuletzt Aufhebung Goethes hellenische Entwicklung vom Prometheus bis zur Iphigenie sich wahrnehmen läßt. Er gehört zu dem inneren Ausgleich zwischen dem selbstherrlichen Ich und dem Zwang der Dinge. Prometheus, Proserpina, Iphigenie sind drei Stufen von Goethes Schicksals-idee.

Im Prometheus erscheint das allmächtige Schicksal, dem Götter und Menschen unterworfen sind, als indifferente, nicht handelnde, sondern nur waltende, nicht am eignen Leibe gefühlte Macht, die der Heros anerkennt wie Luft und Erde, bedingt durch sie, aber nicht geknechtet. In der Proserpina stößt das überschwenglich sich ergießende Gefühl, das mit Liebe und Schmerz den Freuden der blühenden Erde droben im Licht nachhängt, das mit Mitleid sich in das Los der Schatten hineinsinnt, mit Grauen das lichtlose Dasein in den Armen des Pluto erwartet, an den Zwang der Dinge, an den Befehl der Parzen, an den Ratschluß des Verhängnisses und geht innerlich unter daran. Dieses Gedicht drückt so sehr mythische Werther= stimmung aus wie der Prometheus mythisch gesteigerte Götz=gesinnung. Proserpina ist widerwillig, ist mit allem Abscheu „Sklavin des Schick= sals" und sie geht in die unerbittliche Nacht mit Verwünschung wie Werther, das Schicksal nicht als legitim anerkennend, nicht als ebenbürtig mit ihm ringend, wie Prometheus, sondern mit Abscheu von ihm besiegt. Ihr Will= komm an den Schattenkönig »Rufe die Qualen aus stygischen Nächten empor« ist verwandt der Stimmung womit Werther in den Tod geht: das Schicksal, die Notwendigkeit erscheint ganz als etwas Äußeres, als rohe Gewalt die uns zertreten und knechten, aber nicht innerlich überwinden und aneignen kann. Der autonomen Macht und kampflustigen Selbst= herrlichkeit des Götz und Prometheus ist die grenzenlose Innerlichkeit des Werther und der Proserpina gefolgt. Beide Zustände stehen der objek= tiven Welt, wie sie als Schicksal verkörpert ist, feindlich oder ohne Ver= ständnis gegenüber — sie bekämpfen sie oder leiden an ihr — wie es der titanische und der wertherische Goethe getan. Die Natur (die andre Form unter der man die objektive Welt erleben kann) erscheint im Götz und Prometheus als Schauplatz oder Wirkungsfeld, im Werther und in der Proserpina als Gefühl oder als Stimmung: d. h. die Seelenzustände werden in sie hineingedeutet, sie wird anthropomorphisiert.

Das verinnerlichte Verhältnis zur Außenwelt, das Gleichgewicht zwischen Ich und Welt, das die Weimarer Zeit bezeichnet, werden wir in den grie= chischen Entwürfen die während dieser Wandlung entstanden gewahr .. im Elpenor=Fragment aus der Mitte der achtziger Jahre und in der Iphigenie, deren Anfänge noch früher zurückreichen, deren Konzeption und vollendete Fassung verschiedenen Stufen Goethes angehören.

Den Prozeß den dies Werk am reinsten darstellt kann man die Ver= innerlichung des Schicksals nennen. Die Erziehung zur Humanität, die das allgemeinste Streben des damaligen Goethe ist, bewährt sich hier an einem der griechischen Welt entnommenen, nur ihr zu entnehmenden und Goethe damals unvergleichlich gelegnen Symbol: als Läuterung von einem Ver= hängnis. Der alte Tantalidenfluch, unter dem noch der Muttermörder Orestes steht, an dem er zugrundezugehen glaubt, ein scheinbar unausweich= liches Äußeres, wird hier entsühnt und aufgehoben, nicht nach antiker Weise durch Versöhnung dieses Äußern mit Hilfe eines Kult=akts, sondern durch die Wirkung einer reinen und wahrhaftigen, sittlich entsagenden Frau.

„Alle menschlichen Gebrechen sühnet reine Menschlichkeit" ist Goethes nachträglicher Geleitspruch zur Iphigenie. Zu diesen menschlichen Ge=

20*

brechen gehört außer den Eigenschaften auch das Erbschicksal des Orest, und Goethe hat jetzt dem Euripides gegenüber die Verinnerlichung (die Verseelung ist vielleicht der richtigere Ausdruck) nicht nur an den Charakteren vollzogen, sondern auch am Schicksal. Der Fluch ist hier in die Seele des Orest hineinverlegt, das Schicksal aus Euripides hat sich hier die Metamorphose gefallen lassen müssen, daß es als Wertherische Verzweiflung in das Gemüt seines Trägers hineingeschlagen ist.. und aus der kultischen Entsühnung muß hier eine seelische Heilung werden.

Man hat dies als einen großen Vorzug der Goethischen Iphigenie vor der des Euripides gerühmt, bei der insbesondre die listige Vorrichtung zu der kultischen Entsühnung dem modernen moralischen Gefühl zuwiderläuft. Aber Verinnerlichung des Schicksals und folglich der Entsühnung ist ja das einzige und ganze Interesse des Dichters an diesem Stück, der Grund warum er es geschrieben hat – nur diese Verinnerlichung ließ ihn das Motiv ergreifen. Dem antiken Dichter kam es darauf an einen Kampf mit dem Schicksal darzustellen, und er hat das nach antiker Weise getan, ohne moralische Hintergedanken. Bei Euripides ist das Schicksal noch keine Abstraktion, sondern eine geglaubte Macht, fähig ein Opfer zu verfolgen, zu quälen, aber auch sich besiegen, ja überlisten zu lassen. Dazu kam das Interesse an der Fabel und an den Lagen und Leidenschaften worein Menschen bei ihrem Ringen mit dem Schicksal gerieten. Dieses Interesse besaß Goethe von vornherein nicht, und es ist eine Schulstuben-vorstellung, wenn man meint, Goethe habe da beim Euripides einen fruchtbaren Stoff gefunden, ihn aber – etwa Lessings oder Aristoteles' Poetik gemäß – veredeln wollen und daher die Tragik mehr verinnerlicht.

Nein, Goethe hat auch hier nur gedichtet was ihn auf den Nägeln brannte, und das war damals der Drang mit seinem Schicksal ins reine zu kommen, mit dem Beladensein von innen und außen, mit dem Kainsfluch der Rastlosigkeit, mit der Ungeduld gegenüber der Welt und dem noch immer nicht rastenden Überschwang. Zwei Gleichnisse seines eignen Lebens sind ihm bei der Lektüre der Euripideischen Iphigenie förmlich entgegengedrungen und haben ihm diesen Stoff aufgenötigt als ein gemäßes Symbol seines Zustands: einmal das Bild des ruhelosen von Furien gepeitschten Orestes, und dann das Bild der sühnenden Iphigenie, ein Lida-artig läuterndes und erhebendes Wesen. Diese beiden Gestalten die ihm in groben Umrissen schon bei Euripides gegeben waren ergriff er sofort mit sympathetischer Leidenschaft als mögliche Keimpunkte einer eigenen Dichtung, einer ganz ihm eignen Dichtung, und er zog mit diesen beiden Grundsymbolen auch den übrigen bei Euripides gebotenen Motivkreis noch herein, der ihm weniger wichtig war, und den er mit vollkommener Freiheit umschuf, nicht aus ästhetischen oder dramaturgischen Rücksichten, sondern um seinen Gehalt auszusprechen. Wie etwa »Seefahrt« oder »Mahomets Gesang« nur erweiterte Metaphern, angewandte, ausgedeutete Assoziationen sind, so mag auch er sich als furien-gepeitschter Orest, mag Charlotte von Stein ihm als Iphigenische Trösterin zuerst gleichnishaft erschienen sein (wie es z. B. nicht ungoethisch wäre, wenn aus dem brieflich ausgesprochenen Gleichnis „Kains Fluch liegt auf mir" sich eine Kainsdichtung entwickelt hätte).

Was Goethe damals beschäftigte, war sein Kampf mit einem Schicksal, und zwar einem seelischen. Hatte sich ihm ein geeignetes Symbol im Iphigenien-mythus aufgedrängt, so konnte auch der nur im Sinn seiner seelischen Aufgabe, seines seelischen Konfliktes behandelt werden. Wenn ein Dichter einen Stoff als Symbol seiner eignen Konflikte wählt, so muß im Stoff mindestens ein Punkt sein der sich mit dem Erlebnis deckt, der für das Erlebnis ein vollkommenes Gleichnis ist, oder wenigstens von dem Dichter in dem Moment der Begegnung als solches empfunden wird. Um diesen Punkt herum wird er den ganzen übrigen Stoff schichten, von ihm aus wird er den übrigen, spröderen, seinem Erlebnis fernern Stoff beseelen, durchbluten, vergeistigen . . kurz dort schlägt der organisierende Puls der ganzen Masse — der springende Punkt, oder um Goethes tiefdeutenden Ausdruck zu gebrauchen: das Motiv, der Beweggrund, das was in Bewegung setzt. Denn nicht der Stoff gestaltet das Erlebnis, sondern das Erlebnis den Stoff, und alle Brüche, Risse, toten Stellen eines Dramas kommen daher, daß das Erlebnis nicht stark genug war um von jenem ergriffenen Punktum saliens aus den ganzen Stoff zu beleben, durchzubilden, so daß Rohstoffartiges in dem lebendigen Sprachgewebe stocken bleibt. Eben daher kann aber auch ein Stoff auf die mannigfaltigste Weise erlebt werden und ist unendlicher Behandlungen fähig, je nach dem Punkte der das Erlebnis der Bearbeiter anspricht und der demnach die Mitte wird. So kann etwa im Cäsar-stoff der eine Bearbeiter von einer Analogie seines Erlebnisses mit Cäsar angesprochen werden, wie der junge Goethe, der andre von einer Analogie mit Brutus, wie Shakespeare: nicht nur die Charakterzeichnung, sondern der ganze Aufbau, ja die Personen-ökonomie, die Szenenführung eines Werkes hängen ab von dem Punkte um dessentwillen der Stoff gewählt wurde, von dem „Analogiepunkte". Und selbst dann wird der instinktsichere Dichter sich zur Bearbeitung eines Stoffs nur dann entschließen, wenn er im voraus fühlt daß es ihm gelingen werde die ganze vorliegende Motivenmasse von jenem erlebten Analogiepunkt aus zu durchdringen, zu schmeidigen. Hat er sich in diesem Vorgefühl getäuscht, war die übrige

Masse des Stoffs zu spröd, zu weitläufig, zu abliegend von seinen Erlebnis‑
möglichkeiten, so bleibt das begonnene Werk Fragment .. oder, wird es
gewaltsam, etwa aus einem — nicht in das Reich der Kunst gehörigen —
Pflichtgefühl vollendet, so entstehen tote oder halblebendige Produkte. Das
erstere ist der Fall bei Jugendentwürfen Goethes, Cäsar, Sokrates, Maho‑
met, bei denen der Analogiekeim, die Sympathie mit dem unabhängig ge‑
nialen Selbst, nicht ausreichte die Sprödigkeit der dazugehörigen Motiv‑
oder Milieumasse zu durchseelen. Das andre gilt von der gesamten Epi‑
gonenliteratur, aber selbst einige Werke Schillers leiden daran, an einem
Übermaß Kantischen Pflichtgefühls bei dem Ringen mit dem nicht ganz
durchlebbaren Stoff.

Der Analogiepunkt, das seinem Erlebnis unmittelbar Entsprechende des
Stoffs, das „Motiv" für Goethe war also bei der Iphigenie ein doppeltes,
er fand in dem Mythus der Iphigenie sein Leiden und dessen Heilung gleich‑
sam als zwei ergreifende Gestalten verkörpert und gegenübergestellt: den
umgetriebnen Orest und die heilende Iphigenie. Zwei Zustände die in ihm
rangen, oder vielmehr eine Leidenschaft und eine Kraft, ein Ideal das er
sich im Innersten zueignen wollte, dessen er sich fähig fühlte und das er ja
auch außer sich in der Geliebten vergegenwärtigt sah, konnte er ohne Zwang
und Sophisterei in Orest und Iphigenie finden. Aber die Analogie ging
noch weiter: Orest und Iphigenie standen sich nicht nur gegenüber, so
wenig wie sich seine beiden inneren Gegensätze schematisch gegenüber‑
standen: sie waren verknüpft durch den gemeinsamen Fluch der über ihrem
Geschlecht waltete und von dem der Muttermord des Orestes mit seinen
Folgen nur das letzte Symptom war. Indem Iphigenie vor der Gefahr steht
ihren Bruder opfern zu müssen, sieht auch sie sich von dem alten Tanta‑
lidenfluch bedroht. Auch diesen Fluch hat Goethe innerlich gefaßt und
dargestellt, als ein momentanes leidenschaftliches Aufbäumen der Priesterin
gegen die Götter, indem sie den unverdienten Fluch, das unnachgiebige
Verhängnis, die taube Not empfindet:

>Das beste Glück, des Lebens schönste Kraft
>Ermattet endlich, warum nicht der Fluch? ...
>O daß in meinem Busen nicht zuletzt
>Ein Widerwille keime! der Titanen,
>Der alten Götter tiefer Haß auf euch,
>Olympier, nicht auch die zarte Brust
>Mit Geierklauen fasse!

Erst dadurch daß auch Iphigenie, gleichermaßen wie der schuldbeladne
Orestes, unter dem Fluch steht, erst dadurch daß der Fluch nicht von

außen, sondern aus seinem eignen Opfer heraus, von Iphigenie geläutert wird, ist die Analogie dieses mythischen Verhältnisses vollkommen . . erst dadurch war ja auch die Verinnerlichung des ganzen Fluch- und Sühnekonflikts möglich. Denn es kam Goethe auf seinen eignen innern Läuterungsprozeß an, in ihm selbst rangen die Leidenschaft und die reinigende Kraft, und auch ihm kam die Läuterung nicht von außen — Frau von Stein war auch für ihn nur Verkörperung der besten Kräfte die in ihm selbst nach Läuterung strebten, seine Hingabe und sein Vertrauen zu ihr beruhten ja gerade darauf daß er in ihr die Bürgschaft für die in ihm selbst beschlossene Kraft zur Läuterung fand.

Es handelt sich für ihn also nicht darum sein Verhältnis zu Charlotte im Iphigenien-mythus wiederzufinden und nachzuzeichnen — nur insofern Charlotte und die ewige Iphigenie Symbole der in ihm selbst wirksamen Läuterungskräfte waren kamen sie für ihn jetzt in Betracht, und es wäre falsch, wenn man in der Gegenüberstellung Iphigenie — Orest einfach Charlotte — Goethe wiederfinden wollte. Vielmehr sind Iphigenie und Orest beides Verkörperungen Goethischer Kräfte und Leiden, und das Gemeinsame beider ist der Fluch unter dem sie stehen: darauf daß dieser Fluch in beiden verschieden wirkt, aber doch in beiden wirkt, beruht das Spiel und Gegenspiel . . nur sind beim griechischen Vorbild die verschiedenen Personen nicht innerlich vereinigt, sondern äußerlich verflochten, bei Euripides waltet der Fluch als reale Macht, bei Goethe als seelische Erschütterung, und die Läuterung erfolgt drum nicht in einem kultischen Handgriff, sondern in einer seelischen Wandlung.

Fand sich also Goethe selbst wieder sowohl in der Iphigenie als im Orest als in ihrer Verknüpfung durch den gemeinsamen Fluch als in der Läuterung, so war der Kern des Dramas gegeben, und die Situationen oder vielmehr innern Zustände woraus es entstanden ist, worauf es beruht, und worum es sich dreht sind die Auseinandersetzung Iphigeniens mit sich, Orests mit sich und beider miteinander über den Fluch und dessen Sühnung durch drei Szenen: die erste Szene des dritten Aufzugs, in der Orest sein Schicksal der Priesterin als ein noch Unbekannter erzählt und sich ihr zu erkennen gibt: und der Angelpunkt dieser Szene wiederum, nicht nur in dramatischer Hinsicht sondern in seelisch sittlicher, sind die Worte Orests:
      Ich kann nicht leiden, daß du große Seele
      Mit einem falschen Wort betrogen werdest.
      . . Zwischen uns sei Wahrheit.
Denn die unbedingte Wahrhaftigkeit des Beladnen ist die erste Vorbedingnis zur Läuterung: Läuterung des Schicksals ohne Lauterkeit des Cha-

rakters ist nicht möglich. Und das Ergreifende dieses einfachen Wortes liegt darin daß hier in den kleinsten Raum eine Fülle Goethischen Wesens zusammengedrängt ist. Der harmonisierende Gegenvers der Iphigenie, noch eh sie sich zu erkennen gibt, ist der:
    Mein Schicksal ist an deines fest gebunden.
Die nächste Hauptszene ist der zweite Auftritt des dritten Aktes mit Orests Wahnsinns-monolog: wir sehen hier die Wirkung des Fluchs, der Schuld auf ihrem Höhepunkt, vor- und rückschauend.

Die dritte Hauptszene ist der fünfte Auftritt des vierten Aktes, der Monolog Iphigeniens über das Verhängnis unter dessen Last sie jetzt selbst erbebt, als sie nach der glücklichen Heilung des Bruders sich gezwungen sieht entweder seine Rettung aufzugeben oder den Mann zu hintergehen „dem sie ihr Leben und ihr Schicksal dankt" den König Thoas. Da spricht sie die vorhin angeführten Verse, welche die tiefe Qual eines vom Schicksal in seinen sittlichen Vesten erschütterten Herzens aussprechen. Auch hier ist ein Vers der über den dramatischen Anlaß hinaus ein ganzes Erdbeben Goethischer Seelenkämpfe einfach hinsagt: „Rettet mich und rettet euer Bild in meiner Seele."

In diesem Gebet ist die Essenz alles dessen was ein Mensch vom reinsten Willen fühlt, wenn ihm unter der Last unverdienter Leiden oder verhängten Erbfluchs der Glaube zu schwinden droht, d. h. diejenige Kraft vermöge deren er sich und der Welt mit allen Leiden einen Sinn zuspricht.

Iphigenie ist Priesterin und ihr Leben hat sie im Dienst der Götter, also durch den Glauben an die Gerechtigkeit der Götter, an ein objektives Gute, an ein sittliches Maß in der Welt ertragen und geläutert. Dieser Glaube droht sie zu verlassen, der alte Titanenfluch scheint wieder wirksam zu werden — die Begnadung welcher sie ihre sittliche Macht und Ruhe verdankt scheint von ihr zu weichen, und ihr ganzes eignes Ringen scheint ihr, die durch Tun, Leiden und Streben das Heil verdient zu haben glaubt, einen qualvollen Augenblick lang sinnlos vergebens, die Götter scheinen ungerechte Tyrannen, der Fluch dessen Überwindung Aufgabe und sichre Hoffnung ihres Daseins war wird zur untilgbaren Wirklichkeit: die sittlichen Grundlagen ihres Lebens und Glaubens wanken. Sie hat an einen Sieg des Guten über das Böse, des reinen frommen Menschenwillens über das blinde Verhängnis geglaubt, sie hat ihr Leben darauf gegründet und durfte sich dabei des göttlichen Beistands, der göttlichen Bürgschaft sicher halten — nun muß sie auf einmal in den Göttern selbst nur Vertreter der herzlosen unsittlich bösen Willkür sehen: das Parzenlied ist die Erinnerung eines gläubig geläuterten Menschen an die Möglichkeit daß Sühnung unmöglich sei, daß der Mensch der Spielball unsittlicher Kräfte sei.

Dieser Konflikt als ein innerlicher ist durchaus unantik, ja er ist protestantisch .. aus einem analogen Verzweiflungs-gefühl des jungen Luther ist der Grundgedanke der Reformation entstanden: die Rechtfertigung durch den Glauben. Auch Luther verzweifelte daran durch alle guten Werke und Kasteiungen der Erbsünde ledig zu werden, in die Gnade Gottes zu kommen, bis er im Glauben das erlösende Prinzip fand. Doch gilt diese Analogie nur für die innere Lage, den Grad der seelischen Verzweiflung, nicht für den Inhalt des Konflikts, sie gilt nur psychologisch, nicht metaphysisch. Denn für Iphigenie handelt es sich um einen Erbfluch, nicht um eine Erbsünde, und ihr ist ja gerade der sittliche Menschenwille selbst die sühnende, die erlösende, die rechtfertigende Macht, bei Goethe kann der Mensch von sich aus die Erlösung erringen, bei Luther nicht. Nicht die unendliche Kluft zwischen dem sündigen Menschen und der Glorie Gottes ängstet Iphigenie, sondern gerade die Möglichkeit daß die Götter nicht auf der Seite des Guten stehn, daß es keine göttliche Gerechtigkeit, kein sieghaft Gutes gibt. Aber trotzdem, es ist unantik innerlich an einer Diskrepanz zwischen Glauben und Wirklichkeit zu leiden. Der eigentlich antike vorplatonische Mensch bekämpft die Götter oder unterwirft sich ihnen ohne Rücksicht auf ein absolut Gutes das in der Menschenbrust als Gesetz und Gewissen waltet. Das Gute ist entweder was die Götter befehlen, dann lebt er in Harmonie mit ihnen .. oder was dem Menschen nützt und wohltut, dann deutet er die Götter entweder danach um oder, wenn sie es ihm weigern, trotzt er ihnen, ringt mit ihnen oder unterliegt ihnen: der Kampf ist jedenfalls äußerlich, und erst bei Euripides beginnt er sich zu verinnerlichen, insofern die Menschen im Kampf mit den Göttern, irre geworden an der Gerechtigkeit der Götter, sich dialektischer Waffen bedienen. Gotteslästerung aus Skepsis ist der erste Schritt zur Verinnerlichung des Ringens zwischen Mensch und Gott.

Der moderne Mensch aber der an ein absolut Gutes im Menschen selbst glaubt, das einem göttlichen sei es offenbarten sei es erlebten Gesetz der Welt entspricht, hält in dem Parzenlied-monolog Iphigeniens eins seiner ewigen Gebete. Es ist eine Goethische Not die sich hier emporringt, keine rhetorisch dramatische Sentenz oder Schulrede. Goethe selbst hatte diese furchtbare Belastungsprobe seines Glaubens auszuhalten die sich in Iphigeniens Parzenlied entlädt. Er selbst, mit einem Gefühl seiner Kräfte und seiner Bestimmung, wälzte an einem Sisyphusblock der jeden Augenblick neu gehoben sein wollte, er selbst hatte Momente da die angeborne Leidenschaft, das unbändige Titanenblut und die Schwere der Aufgaben, die er mit sittlichen Ernst und Glauben angriff, ihn um alle Früchte seiner Mühen und Leiden zu bringen drohte, da er des Treibens und Ringens müd war, ja da selbst die Verzweiflung ihn anwandelte, alles sei umsonst und sinnlos. In solcher Verfassung hat er Wanderers Nachtlied gedichtet.. und wenn er mit so ermattetem Herzen nach dem Sinn des menschlichen Geschehens und der göttlichen Leitung fragte, so mochte ihm als Antwort das Harfnerlied werden:

> Ihr führt ins Leben uns hinein,
> Ihr laßt den Armen schuldig werden,
> Dann überlaßt ihr ihn der Pein..

und der Schluß der Harfnerstrophe drückt nur den Gipfel jener Welt-verzweiflung aus deren noch heilbare Grade Goethe in den Monologen des Orest und der Iphigenie verlautbart..

> Und über seinem schuld'gen Haupte bricht
> Das schöne Bild der ganzen Welt zusammen.

Der Parzenlied-monolog der Iphigenie ist der eigentliche Mittelpunkt, oder besser der Schwerpunkt des ganzen Stücks, wobei man das Gleichnis „Schwerpunkt" sich völlig verdeutlichen muß. Alle Gewichte sind hier zusammengedrängt.. man nehme diesen Monolog heraus, so verliert oder verschiebt alles seinen Sinn, während das Fehlen jeder andren Szene zwar die Handlung verschieben würde, aber nicht den Sinn, nicht die Motive um derentwillen Goethe das Stück verfaßt hat. Hier sehen wir den Kampf zwischen sittlicher Macht und Schicksal und altem Fluch in der Seele der Heldin selbst zusammengedrängt, der sonst in Spiel und Gegenspiel mehrerer Personen als Dialektik oder Aktion auseinandergelegt ist. Orests Wahnsinn ist das eine Extrem dieses Kampfs, worin der Sieg des Fluchs entschieden scheint, Iphigeniens Bekenntnis und Versöhnung mit Thoas im letzten Akt zeigt das Übergewicht der läuternden Mächte. Hier aber steht die Wage im Gleichgewicht, hier wirkt im kleinsten Punkt die größte Kraft beider Prinzipien: hier erscheint, grade unter der größten Belastungsprobe, durch die äußerste Spannung Iphigeniens sittliche Kraft. Ihr Glaube (der ja nur das bis zur Vorstellung von Göttern verdichtete Gefühl einer sittlichen Kraft ist) waltet in seiner schönsten Aktivität, da er unmittelbar mit der Verzweiflung, d.h. dem Gefühl des Erbfluchs ringt. Aber indem er ringt, indem sie beten kann „Rettet euer Bild in meiner Seele" ist der Sieg schon entschieden. Das Betenkönnen ist schon das Zeichen der Gnade. Das Parzenlied ist ein Nachklang einer bösen Vergangenheit, nicht ein Vorklang zerstörender Zukunft.. und indem Iphigenie durch das Parzenlied das Bild der bösen Willkür, der Fluchwelt, des gesetzlosen Kampfs zwischen Göttern und Titanen aufruft, objektiviert sie sich die Gefahr und das Leid, wie es Goethe selbst zu objektivieren und damit zu bannen wußte.

Diese drei Szenen also, die Begegnung zwischen Orest und Iphigenie, der Wahnsinns-monolog des Orestes, und der Parzenlied-monolog der Iphigenie sind vom dramatischen Werk aus gesehn die Hauptträger des innern Geschehens, alle andren enthalten die Vorbereitungen, die Hemmungen oder die Auswicklungen der hier gedrängten Inhalte. Vom Dichter aus gesehn sind diese drei Szenen die Darstellung der seelischen Motive aus denen das Stück entstanden ist, die Keime der künstlerischen Erregung, die Zentren von denen aus und nach denen hin er die übrige Stoffmasse zu beseelen, zu motivieren, zu gestalten hatte. Hier hat er die Motive des Stoffs beseelt und verinnerlicht die durch sein eigenes Erleben unmittelbar entstofflicht werden konnten, die schon Euripides ihm als willkommene konkrete Gleichnisse für seine Seelenkämpfe geboten hatte: den furien-gehetzten Orest, die Heilige und den gemeinsamen Fluch über beiden. Die Frage war ob der übrige Motivkreis sich von da aus gleichfalls beseelen und mit seinem eigenen Erleben tränken lassen würde.

In dem Euripideischen Stück fand Goethe als wesentliche Stoff-elemente außerdem noch vor, als Spieler und Gegenspieler wodurch die Handlung, der Götterraub zur Entsühnung des Fluchs, beschleunigt und retardiert wird: den Pylades als fördernd, den Thoas und die Seinen als hemmend. Ferner fand er, als ursprünglich nicht seinem Erleben selbst analog, ein stoffliches Motiv in der Lage der Iphigenie überhaupt: sie ist bei Euripides von der Heimat verbannte Priesterin an einem öden barbarischen Strande. Man weiß wie Goethe gerade dies Motiv zum Träger seiner eignen Sehnsucht gemacht hat .. er hat bei Euripides aus dieser Situation nichts entwickelt vorgefunden als die Trauer Iphigeniens über den Untergang ihres Hauses und über das unheilvolle Walten des Dämons der sie der Heimat entrissen hat.

Bei Euripides ist Iphigeniens Unzufriedenheit und Verzicht sinnlich beschränkt auf den nächsten Kreis dem sie angehört: Geschlecht, Haus, verlorne und erzwungene Pflichten. Goethe hat die Unzufriedenheit vertieft und erweitert zur Sehnsucht und den verdrossenen Verzicht zur selbstüberwindenden Ergebung. Hatte er einmal in dem gegebnen Motiv, der äußeren Situation der Iphigenie, die Möglichkeit solcher seelischen Zustände begriffen, so durfte er auch hier nur in sein eigenes Gefühl zurücktauchen, um die lebendigste und gegenwärtigste Analogie zu finden, um auch dieses Motiv völlig aus den eigenen Erlebnissen zu speisen. Auch er hatte ein heimliches Heimweh nach größeren Lebensformen als unter denen er sich bewegen mußte, nach freierem Atem, hellerem Himmel, auch er war ein Hellene unter Barbaren, und so brauchte er nur das tiefe Verlangen das ihn nach Italien getrieben hat, in Gesinnung und Rede der Iphigenie zu gießen, um sie zum innigen Gleichnis auch dieses Gefühls zu machen. Der erste Monolog der Iphigenie dankt seine ergreifende Wirkung nicht seinem dramatischen, sondern seinem Bekenntnisgehalt. Bis zum Rand gefüllt mit Goethischer Lebenssehnsucht sind die einfach-großen Worte worin Iphigenie scheinbar nur ihre Lage ausspricht:

  Und an dem Ufer steh ich lange Tage,
  Das Land der Griechen mit der Seele suchend.

Auch diese Stelle gehört zu denen deren ich vorhin schon zwei erwähnte: wo das dramatische Symbol gleichsam transparent wird von der Glut des Dichters die in solche Verse zusammengedrängt ist. Sie gehören nicht nur dem dramatischen Zusammenhang an der sie hervorruft, sondern werfen ihr Licht auf ganze Lebensgebiete, lösen die Spannung ganzer Jahre ernst und leicht in einem Zauberwort.

Dieser erste Monolog gibt noch als vorklingend leise Spannung den Widerstreit zwischen Leid und Selbstzucht der sich im Parzenlied-monolog durch die Entwicklung der Vorgänge zur Erschütterung gesteigert findet: auch er ist ein Gebet in dem Unfriede und Glaube miteinander ringen.

  So manches Jahr bewahrt mich hier verborgen
  Ein hoher Wille dem ich mich ergebe;
  Doch immer bin ich, wie im ersten, fremd ..
  O wie beschämt gesteh ich, daß ich dir
  Mit stillem Widerwillen diene, Göttin,
  Dir meiner Retterin! mein Leben sollte
  Zu freiem Dienste dir gewidmet sein.

Es ist der Zwiespalt zwischen natürlichem Drang und sittlicher Ergebung worin Goethe selbst in den Jahren seiner Italienfahrt schwankte.

Was ist nun aus dem Barbarenkönig Thoas und dem klugen Freund Pylades bei Goethe geworden? aus welchen Analogien seines Erlebens konnte er sie umbilden, beseelen? Sie sind bei Euripides die äußeren Widerstände oder die äußern Beförderer der Entsühnung. Zwischen Iphigenie und Thoas besteht gar keine seelische Bindung, Orest und Pylades erscheinen dort nur praktisch verbunden zu dem gemeinsamen Zweck des Tempelraubs.

Goethe hat den Konflikt der Iphigenie mit Thoas, der bei Euripides eine bloße Überlistung ist, vertieft und in die Seele hineinverlegt, indem er sie durch Dankbarkeit an ihn bindet und den Thoas durch Liebe an sie. Erst dadurch daß Iphigenie zur Erlösung nur durch einen Treubruch, eine Pflichtverletzung, eine Herzlosigkeit gelangen könnte ist ja ein innerer tragischer

Konflikt möglich, bei der Art wie Goethe auf Grund seines Erlebens nun einmal die Iphigenie angelegt hat. Eins zieht das andre nach.

Für Goethe war der Iphigenien*stoff zunächt ein Gleichnis für seinen eig* nen innern Kampf zwischen Titanenfluch und Humanität, ein Gleichnis für die Geschichte seiner eignen Läuterung. Was bei Euripides kultische Ent* sühnung war nahm er als Symbol für sittliche Läuterung. Verinnerlichte er aber dies Hauptmotiv, so konnte er keinen äußern Konflikt mehr brauchen zwischen Thoas und Iphigenie, er mußte auch diesen verinnern durch die menschliche Beziehung, so daß beide nicht in Widerstreit geraten können, ohne sich die Seelen zu zerreißen. Wenn Iphigenie des Fluchs ledig wer* den könnte durch Beraubung und Überlistung eines Mannes der ihr gleich* gültig ist, so wäre das Drama Goethes in seinem Keim vernichtet. Erst durch diesen Zwiespalt zwischen Pflicht und Neigung kommt ihr der Fluch unter dem sie steht ins tiefste Gefühl, erst dadurch wird der Parzenlied* monolog begründet. Der Widerstand gegen die Befreiung und Entsühnung muß also notgedrungen von innen her kommen, und das konnte nicht durch äußere Fesselung der Iphigenie, sondern nur durch innere Bindung von* seiten des Thoas geschehn . . das ist eine Entwicklung des Analogie*keims aus dem Goethe seine Iphigenie konzipierte.

Und ebenso auf der andren Seite: erst wenn Orest auf der einen Seite tief durch Iphigenien, d. h. mit deren Wahrheit und sittlicher Lauterkeit gebunden ist, kann die Verknüpfung mit dem weltklugen und unbedenk* lichen, aber geliebten Freund Pylades, dem es auf Unwahrheit zum guten Zweck nicht ankommt, auch ihn in den seelischen Konflikt zwischen Schuld und Sühne, Fluch und Heilung hereinreißen auf den es Goethe ja allein als seinen selbsterlebten Konflikt ankam. Erst die innerliche Ungleichartig* keit des Orestes und Pylades bei tiefer seelischer Gemeinschaft ermöglichte auch einen seelischen Kampf des Orestes. Diese Ungleichartigkeit ist Goe* thes eigne und neue Konzeption, denn Euripides macht beide gleichartig und ihre Gemeinschaft mehr zweckmäßig als liebend.

In Iphigenie kämpft das was sie an Thoas bindet mit dem was sie an Orest bindet und verstärkt den primären Streit zwischen titanischem Schick* sal und ihrem sittlichen Willen, so daß jener schon in ihr selbst beschlos* sene innerliche Konflikt sich gewissermaßen weiterleitet nach außen in ihre menschlichen Beziehungen. In Orest kämpft gleichfalls das was ihn an Iphigenie bindet mit dem was ihn an Pylades bindet, d. h. sein Wille zur sittlichen Läuterung mit seinem Willen zur Rettung um jeden Preis. Wäh* rend bei Euripides also im Grund drei gegen Einen, nämlich Iphigenie, Orest und Pylades gegen Thoas, List gegen Macht kämpfen, zieht sich bei

Goethe von Thoas zu Iphigenie, von Iphigenie zu Orest, von Orest zu Pylades eine Kette innerer Wirkungen und Gegenwirkungen, sittlicher und leidenschaftlicher Kräfte, die sich alle schließlich lösen und vereinigen in Iphigenie selbst und durch Iphigenie selbst, d. h. durch die sittliche Kraft der Wahrheit und Hoheit welche in ihr dominiert, in ihr verkörpert wird. Diese Kraft strahlt von ihr aus nach allen Seiten: sie überwindet, und zwar innerlich, die Rauheit des Thoas auf der einen Seite und die Schlauheit des Pylades auf der Gegenseite, sie hebt in Orest und in Iphigenie selbst den gemeinsamen Fluch auf durch reine Menschlichkeit. Iphigenie wirkt nicht nur auf alle andren Gestalten des Stücks, sondern auch in ihnen. Sie, d. h. ihr Charakter, ist das gemeinsame Schicksal aller. Bei Euripides kann der äußere Gewaltkampf, wenn er nicht durch Untergang der einen Partei beendet werden soll, nur durch ein äußeres Prinzip geschlichtet werden, durch die Dea ex machina.

Bei Goethe liegt die Lösung, die Erlösung, welche zugleich Sühnung des Orest und Versöhnung des Thoas sein muß, im Charakter der Iphigenie, bei Euripides im Eingreifen der Athene. Iphigeniens innerer Charakter ersetzt oder verwandelt das äußere Schicksal. Indem Goethe Iphigenie umbildete, kraft seines eigenen Erlebens, zur Hohepriesterin der unbedingten Wahrhaftigkeit und Selbstzucht in Tun und Denken, hat er aus dem von ihr, d. h. von ihm selbst ausgehenden Licht zugleich alle andren Figuren modelliert, alles Geschehen und alle Personen sind Ausstrahlungen dieser sittlichen Kraft, alle Konflikte werden nur lösbar durch diese sittliche Kraft, wie sie auch innerlich nicht möglich wären, wenn sich Schicksal, Leidenschaft, Fluch und Natur nicht an ihr brächen.

Eine Gestalt und ein Schicksal wie die Iphigenie konzipieren zu können auf Grund der Euripideischen Vorlage, diesen Stoff so lesen und deuten zu können, das setzt eine innere Hoheit und einen menschlichen Adel ohnegleichen voraus, und darum bleibt, abgesehen von Kunst und Genie, die Iphigenie vor allem für Goethes Charakter das verherrlichende Denkmal, wie es denn das Evangelium der deutschen Humanität schlechthin ist. Goethe hat tiefere, stärkere, größere und umfassendere, sogar kunstvollere Werke geschaffen, aber kein edleres, kein schöneres. Das gilt natürlich nicht wegen der edlen Lehren die sentenzenhaft darin ausgesprochen sind: das könnte auch ein gemeines Gemüt .. aber gerade solche Konflikte erleben zu können, für solche Konflikte nur solche Lösung, aus solchen Nöten eben diesen Ausweg allein gangbar zu finden, und dies alles ohne Staunen über sich selbst mit der innigen Einfachheit und mit der stillen Ergriffenheit aussprechen zu dürfen, wie es Goethes Iphigenie tut, das läßt sich nicht erlernen, nicht nachempfinden, das ist eine Genialität des Herzens die man hat oder nicht hat, ein moralisches Urphänomen.

Und eben weil in diesem Stück der Adel des Herzens selbst schöpferisch ist, hat er sich nicht nur Gedanken, sondern Stil und Gestalt geschaffen, d. h. eine neue Schönheit. Das Moralische bleibt bei Goethe als einem Künstler nicht bei der Gesinnung, sondern es tritt heraus in die Sinnlichkeit, es spricht zur Empfindung als Schönheit. Die Jambensprache der Iphigenie, die endgültige Durchbildung der schon von Anfang an jambisch gehobenen Prosa, ist nur der klangliche Niederschlag eines innern Ausgleichs zwischen leidenschaftlicher Erschütterung und selbstbewußter Bändigung. Die Ruhe wie die Wallung dieser Verse unterscheiden sie von jeder früheren und späteren Dramendiktion. Die Shakespearische Rede ist gehoben durch die allseitige Leidenschaft, der Vers geboren aus der Wallung selbst, und was bei Shakespeare, der freilich alles eher war als ein Stürmer und Dränger, Stil schafft ist nicht ein bewußter Wille zum Maß, sondern der Instinkt der Gestaltung. Wie seine Gestalten, so empfängt auch seine Diktion ihre Grenze von innen her, nach demselben Gesetz das dafür sorgt daß die Bäume nicht in den Himmel wachsen. Lessings Vers im Nathan stammt überhaupt nicht aus dem dichterischen Gefühl, sondern aus einem Wunsch nach Übersichtlichkeit, er ist beinah ein graphisches Mittel und kaum etwas andres als abgeteilte Prosa. Schillers Dramenvers ist geboren aus der Ehe zwischen Enthusiasmus und Verlangen nach Würde, ja nach rhetorischer Repräsentation: er unterscheidet sich von dem Goethischen, ebenso wie der Lessingische Vers, dadurch daß er nicht so sehr ein seelisches Bedürfnis, Ergebnis einer bestimmten Kräftelagerung des Gemüts ist, als ein Wirkungsmittel nach außen. Schillers Vers formte sich im Gedanken an ein großes Publikum auf das er wirken sollte: er hat die Schaubühne als moralische Anstalt zur Voraussetzung. Goethes Iphigenienvers wäre entstanden, und wäre so wie er ist, auch wenn es kein Publikum und keine Schaubühne gäbe. Goethes Vers hat nur Grund, Schillers Vers hat auch Zweck. Kurz, wie das ganze Werk, so ist auch der Vers der Iphigenie, von Goethe aus gesehn, eine Bändigung und Läuterung quälender und gefährlicher Überkräfte, von uns aus gesehn das sprachliche Zeichen der erreichten Kalokagathia.

ELPENOR

DENSELBEN seelischen Ursprung, in mancher Hinsicht dasselbe Motiv wie die Iphigenie hat das Trauerspiel-fragment Elpenor. Wenn man beide Stücke vergleicht, so begreift man warum eines von beiden Fragment bleiben mußte. Goethe konnte dieselbe Aufgabe nicht zweimal lösen wollen: denn dem Grundproblem, der Stimmung und der Atmosphäre nach ist der Elpenor der Iphigenie so nah, daß er fast auf eine Wiederholung hinausgelaufen wäre. Auch hier handelt es sich um eine fortwaltende, fluchartige Schuld die aus der Vorgeschichte des Dramas hereinwirkt: Spiel und Gegenspiel dreht sich darum ob ihre Wirkungen siegen oder besiegt werden sollen. Einer antiken Königin Antiope haben Unbekannte vor Jahren den Gemahl erschlagen und den unmündigen Sohn geraubt. Beim Bruder ihres Gemahls, einen düstern Kreon-artigen, machtsüchtigen König, den sie nicht liebt, auf dessen Beistand sie aber als hilflose Witwe angewiesen ist, lernt sie dessen Söhnchen Elpenor kennen. Sie erlangt, von einer mütterlichen Sympathie für das Kind erfaßt, von seinem Vater gegen Abtretung einiger Gebiete die Erlaubnis, ihn an Kindesstatt zu ihrem Trost aufzuziehen, bis er zum Jüngling erwachsen ist. Der Mörder und Räuber aber ist, ohne daß sie es weiß, eben Elpenors Vater — um seinem Erben das ganze Reich zu sichern, hat er das Verbrechen begangen. Dies ist die Vorgeschichte. Das Fragment selbst beginnt mit dem Tag, da Elpenor unter Festlichkeiten zu seinem Vater zurückkehren soll. Das Gespräch der Pflegerin mit Mägden exponiert den Vorgang. Die zweite Szene entwickelt im Gespräch mit der Pflegerin den Charakter Elpenors selbst, er ist ein heldenhafter, edler und wohlgeratener Jüngling etwa nach Art des jungen Alexander, begierig nach großen Taten, geschickt in allen leiblichen Künsten. Es folgt ein langes Abschiedsgespräch zwischen Antiope und Elpenor, das den Knoten schürzen soll: sie erzählt ihm ihre Vorgeschichte, entflammt sein Herz, überträgt ihm feierlich die Pflicht der Rache und die Pflicht des Opfers. Er soll schwören den Mörder zu suchen und zu strafen, und wenn ihr geraubter Sohn, erkennbar an einem Muttermal, wie Elpenor selbst auch eines besitzt, wider Erwarten sich als lebend erweisen sollte, so soll er sich verpflichten diesem die gebührende Hälfte des Reichs freiwillig abzutreten. Beides gelobt Elpenor. Den zweiten Aufzug eröffnet ein Monolog des Polymetis, eines alten Vertrauten von Lykus, der zur Einholung Elpenors abgeschickt ist. Er kennt den wahren Sachververhalt und schwankt in der Qual der Ungewißheit ob er ihn offenbaren soll oder nicht.

Entdeck ich es, bin ich ein doppelter Verräter;
Entdeck ichs nicht, so siegt der schändlichste Verrat..
nämlich Lykus erreichte dann die Frucht seines Verbrechens.

In einem anschließenden Gespräch entwickelt Elpenor dem Polymetis seine Herrscherwünsche und -hoffnungen, die dieser mit Hindeutung auf seine künftigen Herrscher-pflichten beantwortet. Mit einem abermaligen

Monolog des Polymetis, worin er seine Absicht das Geheimnis zu verraten kundgibt, bricht das Stück ab, und läßt uns die Aussicht auf mehrere Möglichkeiten tragischen Ausgangs. Die weitaus wahrscheinlichste ist daß Elpenor durch die Enthüllung des Polymetis in den fürchterlichsten Konflikt zwischen Vater und geliebter Pflegemutter stürzt, er ist genötigt entweder den Vater zu ermorden oder einen feierlichen Eid zu brechen, er muß den Vater verabscheuen und kann die Mutter nicht mehr lieben, er muß, bei seinem ritterlichen, königlichen, frommen Sinn notwendig einen von zwei gräßlichen Greuln begehen, den Vater töten oder die Götter durch Eidbruch lästern. Er verliert zugleich alle königlichen Hoffnungen: dieser Konflikt wird vertieft durch den lautern, edlen, dabei heldenhaft ehrliebenden Charakter des Jünglings. Elpenor gerät also durch die Enthüllung des Polymetis in einen nicht dem Sachinhalt nach, aber der Form nach ähnlichen Zwiespalt wie Iphigenie durch die Entdeckung daß Orest ihr Bruder ist oder daß Thoas sie liebt. In beiden Fällen steht die edle Seele vor der Notwendigkeit, eines von zwei Wesen denen sie verpflichtet ist tödlich zu verletzen oder vernichten, in beiden Fällen müssen die Götter oder das menschliche Gefühl, die Natur oder das Schicksal auf zerstörende Art beleidigt werden. In beiden Fällen ist der edle Mensch in Gefahr die ganze Frucht seines Daseins zu verlieren: Iphigenie alle Erfolge ihrer sittlichen Existenz, Elpenor alle Hoffnung auf ein königlich ehrenvolles, heldenwürdiges Leben, wie es seinem Charakter allein angemessen ist.

In beiden Fällen wird also eine edle Anlage, ein lauterer Wille gefährdet oder mit Vernichtung bedroht durch einen in die Seele eindringenden Fluch, in beiden Fällen ringt eine unabweisbare Schicksalsmacht mit dem gegebnen sittlichen Charakter. Dabei wollen wir nicht die mehr technische Ähnlichkeit betonen, daß in beiden Stücken jener Fluch oder jene Schuld eine Vorgeschichte ist, die erst durch sukzessive Enthüllung die Handlung schafft und bewegt. Diese Ähnlichkeit ist nicht, wie die andren, im Urerlebnis Goethes begründet, sondern in seinem Bildungserlebnis, nämlich in der Einwirkung der griechischen Vorbilder: bei der Iphigenie war eine solche Vorgeschichte ihm schon durch den Stoff gegeben .. beim Elpenor, dessen Handlung Goethe selbst erfunden hat, mag ihm der Ödipus vorgeschwebt haben, das klassische Beispiel einer durch Enthüllung von Vorgeschichten zur Entwicklung gebrachten Tragik. Der Erfindung und Anlage des Elpenor liegt abermals derselbe Konflikt in Goethes eigner Seele zugrunde aus dem heraus seine Behandlung des Iphigenien-stoffs gewachsen ist: der Konflikt zwischen einer außersittlichen Gewalt, sei sie Natur oder Schicksal, Schuld und Leidenschaft, oder Fluch und Verhängnis, mit einem sittlichen Willen, sei dieser nun auf lauteren Wandel oder auf königliche Taten gerichtet. Elpenor enthält, von dieser Seite aus gesehen, dieselben seelischen Elemente, ja Motive wie die Iphigenie, nur in andrer stofflicher Verbindung — wenn ein Gleichnis erlaubt ist: es sind verschiedene Figuren desselben Kaleidoskops: dieselben Motive etwas anders gelagert, anders gedreht.

Der Grundunterschied zwischen Elpenor und Iphigenie ist, bei gleichem seelischen Ursprung, daß beim Elpenor der Konflikt so angelegt wird, daß eine Versöhnung nicht möglich ist: der sittliche Wille muß hier, soweit wir sehen können, den bösen Gewalten unterliegen. Elpenor muß, wenn nicht äußerlich, so doch innerlich untergehn. Das heißt, aus der Zeichensprache des Dramas in die seelischen Bewegungen Goethes zurückübersetzt: die Möglichkeit eines Unterliegens in dem Kampf um die eigne Humanität war wenn nicht dem Bewußtsein, so doch dem Gefühl Goethes damals gegenwärtig. Jeder seelische Konflikt ist eine Gabelung, ein Kreuzweg wo die eine Richtung zum Sieg, die andre zum Untergang führen kann. Dichterische Selbstdarstellungen solcher Konflikte enthalten oft nur die Verwirklichung verschiedener Möglichkeiten: so hat Iphigenie den glücklichen Ausgang dieses Konflikts verkörpert, Elpenor, und wie wir später sehen werden, Tasso, bedeuten die Darstellung der entgegengesetzten Möglichkeit die in demselben Keim eingeschlossen war.

Elpenor konnte keine Motive entfalten die nicht in Iphigenie oder in Tasso deutlichere und unmittelbarere Symbole gefunden hätten: diese beiden großen bereits im Wachsen begriffenen Gebilde, welche aus Goethes damaligem Hauptkonflikt emporsproßten, entzogen dem später knospenden Schößling desselben Lebensbodens Luft und Saft, so daß er in ihrem Schatten verkümmern mußte. Vielleicht hätte Goethe in diesem Fall, wo er ja die für seinen Grundkonflikt symbolische Handlung selbst erfunden hatte, zur völligen Durchbildung der entsprechenden Motive gelangen können, wenn nicht vorher seine schöpferische Phantasie schon von denselben Motiven bei zwei andren Arbeiten in Anspruch genommen, festgelegt worden wäre, durch Iphigenie und Tasso. Wir haben hier einen weiteren Grund durch welchen ein angefangenes Werk in seiner Vollendung gehemmt wird, und zwar von innen her. Manche Werke Goethes mußten fragmentarisch bleiben, weil der ergriffene Stoff zu spröd war um von Goethes Erlebnis ganz durchseelt zu werden.. der Elpenor blieb Fragment, weil das Erlebnis bereits durch die Umbildung eines andren Stoffs beschäftigt war, gleichsam die dichterischen Wellen in ein andres Bett ablenkte.

Goethe selbst hat über dies Fragment später, als er 1798 mit Schiller darüber korrespondierte, sehr hart geurteilt: er nannte es ein Beispiel unglaublichen Vergreifens im Stoffe und weiß Gott für was noch andres ein warnendes Beispiel, und lobte nachher Schillers ein wenig günstigeres, aber auch noch absprechendes Urteil. Er hatte Schiller das Fragment unter Verschweigung seiner Autorschaft zugeschickt, und dieser erklärte es für ein dilettantisches Produkt, das kein Kunsturteil zulasse. Es erinnere an eine gute Schule, zeuge von einer sittlich gebildeten Seele, einem schönen und gemäßigten Sinn und von Vertrautheit mit guten Mustern. Er fand „eine gewisse Weiblichkeit der Empfindung und viele Longueurs, Abschweifungen und gesuchte Redensarten" darin.

Nach der völligen Überwindung des Konflikts und des Übergangs aus welchem der Elpenor empfangen wurde mußte das Produkt Goethe in jeder Hinsicht zuwider sein: denn es stellt nicht den entschiedenen Konflikt dar, wie Iphigenie und Tasso — es hält gerade einen unruhvollen, fordernden, nach keiner Seite hin gelösten Zwischenzustand fest, eine Spannung die nach Auflösung verlangte und die nicht aufgelöst ist, weil das Werk eben nur als Fragment existiert. Dies Fordernde, Unaufgelöste, Zwitterhafte drückt auch die Diktion aus: eine Mischung aus der gehobenen Prosa der ersten Iphigeniefassung, freien Rhythmen und Blankvers. Zwischen den Anfängen und der Vollendung der Iphigenie und des Tasso steht das Elpenor-fragment als eine Andeutung und zugleich Überspannung der Motive die in diesen beiden Werken rein aufgelöst und durchgeformt sind. Es mußte auf Goethe und Schiller darum damals von den vollendeten Sinnbildern dieses Gehaltes aus gesehen den Eindruck des Unverdauten, Übertriebenen und sogar Brutalen machen.

TASSO

DIE Möglichkeit eines Untergangs der titanischen leidenschaftlichen Kräfte beim Zusammenstoß mit der gesetzlichen Wirklichkeit hat Goethe vor der italienischen Reise noch immer lebhaft empfunden, und Tasso ist das Sinnbild dieser Empfindung geworden, wie Iphigenie das Sinnbild des Glaubens an den Sieg der sittlichen Kraft geworden ist. Beide Schauspiele sind, wie auch der verkümmerte Entwurf des Elpenor, entsprungen aus einem gemeinsamen Keim in Goethes Gefühl: daß sein Leben abhänge vom Kampf oder Ausgleich zwischen dem leidenschaftlichen, sei es genialischen sei es schicksalbeladenen Ich und dem in der objektiven Welt wie im Innern des Menschen gleichmäßig gültigen Gesetz, sei es Natur- oder Sittengesetz. Iphigenie siegt in diesem Kampf mit Hilfe und zugunsten des sittlichen Gesetzes. Tasso geht daran zugrunde. Darin liegt eben die neue Problemstellung gegenüber dem Werthertum, daß Tassos Untergang ein Sieg des Gesetzes ist, Werthers Untergang aber zugleich ein Sieg der Leidenschaft über das Gesetz, über jede Bindung, über die objektive Wirklichkeit. Goethe hat es gebilligt daß man den Tasso einen gesteigerten Werther nannte. Worin aber besteht die Steigerung? In der seelischen Vertiefung des Konflikts in welchem die beiden Leidenden untergehen. Werther befreit sich, indem er sich tötet, von einem Druck den er nicht als gesetzlich anerkennt, sein Tod ist die Zersprengung unberechtigter Bande, und in jeder Hinsicht ein Sieg, ein Triumph, zwar nicht des leidenschaftlichen Individuums, wohl aber der Leidenschaft selber von welcher dies Individuum besessen ist. Indem die Leidenschaft ihren Träger vernichtet, triumphiert sie. Im Tasso aber geht ja das Individuum gerade daran zugrunde daß seine Leidenschaft, ungeschwächt, mit Bewußtsein abdanken muß, daß sie das Gesetz, die Wirklichkeit anerkennen muß als das Gültigere und Stärkere, ohne doch sich unterwerfen zu können. Werther wird zersprengt durch die übermächtige Leidenschaft, und Tasso erstickt an ihr, da sie sich nicht, nicht einmal durch den gewaltsamen Tod entladen kann. Dieser Verzicht bedeutet eine größere Qual, eine innigere Tragik als die vernichtende Selbstbefreiung Werthers.

Auch liegt freilich die Tragödie Werthers weniger in der Tat selbst als in den Motiven die ihn dazu trieben, während im Tasso der Abgrund erst am Ende sich öffnet.. und im Ganzen ist Tassos Tragik mächtiger, weil für ihn selbst und in Wirklichkeit das wodurch er leidet mehr Geltung, mehr tatsächliches Dasein hat als für Werther. Denn für Werther existiert eigentlich nichts als sein Ich mit seinen Wallungen und Wünschen, für Tasso aber existiert nicht nur diese Außenwelt, der Hof, Antonio selbst, sondern sie haben auch, ob er will oder nicht, Geltung und Recht, und die Prinzessin ist für ihn nicht nur, wie Lotte für Werther unerreichter Gegenstand der Liebe, sondern zugleich Verkörperung des wahren sittlichen Maßes, und damit Richterin, und zwar Richterin die ihn zuletzt unbarmherzig verurteilt. Wenn Werther untergeht, so ist nur sein empirisches Dasein aufgehoben. Tasso sieht sich zugleich um seinen Wert, um seinen Sinn in der Welt gebracht, ja um sein metaphysisches Wesen. Die Tragik Tassos ist transzendent. Dem Werther wird nur eine Hoffnung zerstört, dem Tasso zugleich der Glaube. Tassos Ende ist wirklich das was Iphigenie in dem Parzenlied-monolog nur fürchtet: die sittliche Existenzmöglichkeit ist ihm vernichtet. Und so ist allerdings der Tasso in jeder Hinsicht, zumal in Hinsicht der Leiden, ein gesteigerter Werther. Goethe hat nichts Erschütternderes geschrieben als den Schluß des Tasso.

Zwischen dem Werther und dem Tasso liegt Goethes vertiefte Erkenntnis und Anerkennung der außer-selbstischen Wirklichkeit als eines gesetzlichen, nicht nur mächtigen sondern auch gültigen, nicht nur seienden sondern auch sein sollenden Ganzen. Goethes Leidenschaft, seine Selbstigkeit, seine Leidensfähigkeit an sich ist seit dem Werther nicht schwächer und geringer geworden, aber die Gerechtigkeit und das Gefühl für die Gegenwelt ist stärker geworden, und dem Willen zur Macht trat in ihm selbst der Wille zum Maß gegenüber. Daraus entstanden jetzt die neuen Konflikte, zugleich heftiger und innerlicher. Von vornherein war für Goethe jetzt eines gewiß: die subjektive Leidenschaft konnte nicht recht behalten gegenüber dem objektiven anerkannten gefühlten Gesetz der Natur, der Geschichte oder der Sitte — bis zur gesellschaftlichen Konvention hinunter: ob das Individuum diesem Gesetz durch seine freiwillige Unterwerfung oder durch seinen Untergang genugtuen solle, das waren verschiedene Entscheidungen dieses Streits, deren Fassungen Iphigenie und Tasso darstellen. Und wie in der Prometheus-, Götz- und Werther-zeit von vornherein eines feststand, daß die Selbstigkeit (nicht die Selbstsucht, sondern die Selbstbesessenheit) triumphiere, sei es durch Sieg oder durch Tod, so steht jetzt für Goethe fest: daß das Gesetz siegen solle, daß der Wert und Sinn des eignen Daseins erkauft werden müsse durch schwere Opfer, durch Verzicht auf irgendein höchstes Gut oder irgendeine höchste Kraft. „Alles ruft uns zu daß wir entsagen sollen", dieser Leitsatz steht fortan über Goethes Lebensführung wie über seiner Leistung, und er ist nicht eine bequeme Maxime des kampfunfähigen und phlegmatischen Geistes, sondern das Ergebnis eines langen schmerzhaften Ringens zwischen Goethes angebornem Temperament und den geistigen Bedingungen unter denen er sich die Außenwelt aneignen mußte. Die Zeugnisse dieses Ringens sind vor allem die beiden Dramen die im Weimarischen Boden gekeimt, unter dem italienischen Himmel gereift sind, keines erhebender als Iphigenie, keines ergreifender als Tasso. Beide tragen die Spuren des leidenschaftlichen Begehrens, der unbändigen Sehnsucht nach gebändigter Schönheit, des glühenden Anschauens und Umfangens solcher Schönheit, und des schmerzlichen Abschiednehmens für immer, sei es mit innerem Frieden, mit heiligem Verzicht, wie Iphigenie, sei es mit gebrochener Verzweiflung, wie Tasso.

Die Entstehungsgeschichte des Tasso, nicht nur sein Gegenstand, ist selbst schon sinnbildlich für dieses Goethische Ringen, Durchdringen zur Entsagung. Darin unterscheidet sie sich von derjenigen der Iphigenie. Denn bei der Iphigenie blieb vom Anfang an bis zur Vollendung die Grundkonzeption dieselbe, trotz mancher Wandlungen im Stil, im Tempo und in der Sprache: das Motiv aus welchem Goethe diesen Stoff ergriff und bis zu Ende gestaltete blieb einheitlich: von vornherein war der Sieg eines sittlichen Willens über Fluch und Schuld vorgesehen. Als der Tasso konzipiert wurde, 1780, war zwar wohl auch schon sein innerer Untergang entschieden — selbst das ist bei Verlust des ersten Tasso-entwurfs nicht ganz gewiß — aber doch sein Schicksal noch weit näher dem des Werther, ein Untergang aus unglücklicher Liebe oder durch ungerechten Widerstand der Gegenwelt, infolge der Feindschaft eines Nebenbuhlers. Als der Tasso 1789 vollendet wurde, war aus dem äußeren Feind die Verkörperung eines inneren Prinzips geworden, die Darstellung der gesetzlich gerechten Schranke an welcher Tassos erregte Subjektivität zerschellte: Antonio. Der Konflikt im Ur-Tasso war wohl zugespitzt auf eine Liebestragödie, verschärft durch äußere Kabalen. Die Prinzessin mochte erscheinen als verkörpertes auch geistig sittliches Ideal, dessen Unerreichbarkeit den Dichter zugleich anlockt, vernichtet und verdammt — als eine gesteigerte Lotte, die nicht nur wie die Werthers passiv begehrt wird und versagt ist, sondern zugleich durch ihr Versagen innere sittliche Schranken setzt und den Begehrer dadurch verurteilt. Wenn Werthers Lotte, wie Lotte Buff, nur ein Gegenstand der Liebe ist, so ist die Prinzessin, wie Lotte Stein, zugleich ein Gesetz der Liebe. Der Nebenbuhler, im ursprünglichen Tasso-plan nur ein Mitdichter und Neider Tassos, scheint dabei wenig mehr als ein mechanisches, äußeres, vielleicht unsittliches Werkzeug seines Verderbens zu sein, wie etwa auf andrer Stufe Alba für Egmont: ein eigentlich innerer Konflikt zwischen dem rivalisierenden Höfling und dem Helden der Tragödie scheint nach dem was wir von dem Ur-Tasso wissen nicht möglich gewesen zu sein. Der Kern der Tragödie war das Verhältnis zwischen Tasso und der Prinzessin, konzipiert (nach der Vorlage von anekdotischen Lebensgeschichten durch Manso und Muratori) aus der Liebe zu Charlotte von Stein: diese Liebe war ein beständiges Fordern von seiten Goethes, ein beständiges Bannen und Mäßigen von seiten Charlottens. Neben diesen ursprünglich als Hauptkonflikt gedachten trat im späteren, durch Goethes gesteigerte Weltkenntnis, Objektivierung und Helligkeit gereiften Plan ebenbürtig der Konflikt Tasso-Antonio: das heißt der Konflikt zwischen dem dichterischen und dem im besten Sinn praktischen Selbst Goethes, oder vielmehr dieser dichterisch praktische Kampf Tasso-Antonio verwob sich in den leidenschaftlich sittigen Tasso-Prinzessin.

Antonio hatte an symbolischer Schwere zugenommen. Er hatte sich aus einer dramatisch technischen Nebenfigur ausgewachsen zur Verkörperung einer ganzen Richtung des Goethischen Selbst. Neben die Prinzessin und Tasso war er als dritte Hauptperson getreten, nicht nur als äußerer Gegner, sondern als innerer Gegensatz des Tasso. Goethische Züge selbst erscheinen jetzt in drei Figuren objektiviert und einander gegenüber gestellt: als Tasso, als Prinzessin, als Antonio. Was in Goethe selbst rang und ihn leiden machte erscheint hier als ein Kampf heterogener Gestalten auf derselben Ebene. Man mißversteht nicht nur den Charakter Antonios, und die dichterische Absicht Goethes mit diesem Charakter, sondern man verflacht auch den sittlichen Gedanken, die tragische Tiefe des ganzen Werks, wenn man in Antonio nur einen trocknen seichten Weltmann sieht, wenn man gegen ihn für den unglücklichen Dichter Partei nimmt: die furchtbare Tragik des Tasso ist ja gerade, wie es Goethes eigne Tragik war, daß Antonio recht hat, oder vielmehr daß er auch recht hat, so gewiß der tätige Mensch ewig dem schauenden das Gleichgewicht in der Welt halten muß. Antonio muß und kann nur gewürdigt und als Charakter wie in seiner dramatischen Funktion begriffen werden als eines der Goethischen Elemente, ja als eine Forderung Goethes an sich selbst.

Eine solche Spaltung seiner Lebensgegensätze in zwei dramatische Gegensätze sehen wir ja auch in GötzWeislingen, in ClavigoCarlos, in Faust Mephisto, in EgmontOranien, ja selbst in IphigenieOrest und in OrestPylades. Tasso und Antonio sind darum Feinde, heißt es im Stück „weil die Natur nicht einen Mann aus ihnen beiden formte". Nun, Goethe selbst hatte die beiden Seelen Tasso und Antonio in seiner Brust, und er ist nur darum nicht zugrund gegangen wie Hölderlin, wie Kleist, wie der historische Tasso, weil die Natur eben wirklich einen Mann aus den beiden in ihm geformt hatte, oder vielmehr weil er selbst beide Kräfte in sich zur Eintracht zur Einheit in hartem Kampf erzogen hatte. Aber wäre er nicht lange vor der Gefahr gestanden und in dem quälenden Zwist gewesen, daß beide Seelen in ihm sich trennen würden, so hätte er die Tragödie nicht schreiben können, nicht den typisch tragischen Gegensatz TassoAntonio erleben und verdichten können.

Eine innere Wandlung war mit dieser Erweiterung der Antoniogestalt — auch der Name ist erst später gewählt worden — ausgedrückt: ein äußerer Anlaß kam ihr entgegen: erst 1785 erschien eine ausführlich dokumentierte Lebensbeschreibung Tassos, welche in die Art und die Gründe seiner Tragik deutlicher hineinsehen ließ: das Werk Pier Antonio Serassis. Bei der Umarbeitung seines Tasso in Italien konnte Goethe dieses Werk benutzen und eine bestimmtere Anschauung der geschichtlichen Details mag dem Gegenspieler Tassos zugute gekommen sein. Doch darf man bei Goethe nie mals den Wert und die Wirkung seiner Gewährsmänner zu hoch anschlagen. Mehr als Anstoß sind sie selten gewesen, und hatte er in einer Quelle den Analogiepunkt gefunden, den Keim der seinem Erlebnis sympathetisch entgegenkam, so bildete von da aus sein Erlebnis selbständig, ja eigenmächtig an dem vorgefundenen Stoffe weiter.

Wenn Antonio also als gleichgewichtig und gleichberechtigt in dem Drama dem dichterischen Helden gegenüberwuchs, so lag der Grund davon in dem gesteigerten Wert welchen Goethes Gefühl jetzt seinen beschränkenden, praktischen, ordnenden, weltlich umsichtigen Kräften beimaß, und in seiner neuen Quelle Serassi fand er allerdings eher die Möglichkeit zu diesem Erlebnis die stofflichen Analogien zu finden. Indem der Gegner Tassos wuchs, wuchs zugleich Tassos Tragik, sie wurde tiefer und innerlicher. Denn dies Wachstum des Gegners hatte keineswegs eine Entwertung der dichterischen Kräfte, keine Verminderung Tassos zur Folge. Und auch hier ist die größere dramatisch-seelische Spannung, welche sich aus der gleichgewichtigen Gegnerschaft Tasso-Antonio ergibt, nur das sprachliche Symbol für eine größere Spannung Goethes, welche ihm aus dem zunehmenden praktischen Berufs- und Pflichtenkreis erwuchs. Werther und Ur-Tasso stießen sich an dem Widerstand der praktisch beschränkten Welt: im Tasso des zweiten Planes, wie im Goethe der ihn verfaßte, bekämpften sich die beiden Welten selbst, die dichterische und die praktische, nicht mehr als äußere Gegner, sondern als innere Gegensätze, und der reifere Goethe litt tiefer an der Pflicht des innern Ausgleichs als der junge an dem äußern Widerstand gelitten hatte. Eben aus diesem tiefern Leiden, aus dem Leiden am Ausgleich, aus der Gerechtigkeit, welche auch das uns Bittere als wirklich anerkennen muß, aus diesem schmerzlichen Verzicht auf die eigentlich ersehnte Auslebung des schönen Überschwangs — aus all diesen mit Opfern erkauften Wahrheiten und Weisheiten speiste sich der endgültige Tasso-plan, namentlich aber die große Antithese Tasso-Antonio, welche erst die Tragik ergänzt und abrundet.

Im Tasso legt Goethe nicht nur ein Bekenntnis seiner Leiden und seines Ringens ab, sondern eine Beichte in dem Sinn, daß er sich seiner schönsten Begierden und Wähne, ja seines ganzen dichterischen Traumlebens als einer Sünde gegen den Geist der Wirklichkeit anklagt. Diesen Geist der Wirklichkeit, zu dem er sich inzwischen durchgerungen, stellt er hart, unbarmherzig und ungeschmeichelt dem Schwärmer Tasso in dem Weltmann Antonio gegenüber — und in ihrer Gegenüberstellung liegt seine Gerechtigkeit, nicht auf Seiten Eines der beiden. Beide haben recht und unrecht, beide richten einander und beide sind berechtigte und zugleich verderbliche Einseitigkeiten: in ihrem Ausgleich läge der Sieg, die Versöhnung—wie sie Goethe ersehnt und schließlich erreicht hat, in ihrem Kampf liegt die Tragik. Doch die Tragik wird noch vertieft dadurch daß nur der reichere, vollere, unbedingtere Trieb, also Tasso, bei diesem Kampf leiden und unterliegen kann, während der freiwillig beschränkte, der Grenzen bewußte, den gegebnen fremden Ordnungen sich fügende, also Antonio, dabei stark, sicher und siegreich bleiben muß. Eben das was den Tasso reicher und schöner macht muß ihn schwächen im berechtigten Kampf. So enthält doch dieser Krieg zwischen dem Vertreter des Ideals und dem der sachlichen Wirklichkeit in Goethes Darstellung, der mit der Niederlage des Ideals endet, zwar keinen Richterspruch Goethes zugunsten einer von beiden Mächten, aber eine Klage zugunsten des Besiegten. Und diese Klage ist deshalb für uns, über das Trauerspiel hinaus, so erschütternd, weil sie Goethes Grabrede auf seine eigne Jugendlichkeit, auf seinen Sturm und Drang, auf allen Überschwang seines Traums und seiner Liebe, ein Abschied von den herrlichsten Zaubern seiner Geniezeit ist. „Tasso" ist ein dichterisches Totenopfer.

Wir finden noch einen sehr späten Nachklang der Leiden des Abschieds und Verzichts aus denen die Tasso-tragödie entstanden ist, in einer Äußerung aus Goethes letzten Jahren gegenüber Eckermann, als er die Frage erörtert ob er glücklich gewesen. „Mein eigentliches Glück" sagt er da etwa „war mein poetisches Sinnen und Trachten" und das sei ihm verkümmert worden: „der Ansprüche an mich waren zu viele." Übersetzen wir diesen noch immer schmerzlichen Stoßseufzer der Erinnerung zurück in die Gefühle der Gegenwart da ihm eine solche Verkümmerung zuerst empfindbar wurde, so bekommen wir einen Begriff von welcher Tragik die Schlußszene des Tasso das Zeichen ist: der Dichter, der zurückgestoßen von seiner angebeteten Göttin, sich auf den Arm des gehaßten Widersachers und Demütigers stützen muß, wie der Schiffer an den Felsen woran er gescheitert ist. Goethe mag selbst zeitweise seine Hingabe an das Amtsleben unter einem solchen Bild geschaut haben .. und was ihn nach Italien trieb mit immer steigender Unrast kam mit aus der Unmöglichkeit seinen eigentlichen Anlagen und Neigungen zugunsten dieses beschränkenden Pflichtenkreises zu entsagen, so sehr er dessen wohltätige Wirkungen auch anerkannte.

Indes darf man auch den Konflikt zwischen Tasso und Antonio so wenig isoliert nehmen wie den Konflikt zwischen Tasso und der Prinzessin. Die Komposition und die Tragik des Werks beruhen gerade auf der inneren Vereinigung beider Konflikte zu einem einzigen. Tasso führt einen seelischen Kampf mit zwei Fronten: einen gegen Antonio und einen gegen die

Prinzessin. Tasso steht als der gefühlvolle leidenschaftliche schwärmerische Mensch gegen die Prinzessin gewandt als gegen sein verkörpertes Urbild des Maßes, der Sitte, der Schönheit: sie ist ihm das zu Erreichende, das zugleich Anzubetende und zu Begehrende, das was über ihm steht und dem er sich zugleich anzunähern habe: an der Unmöglichkeit dieser Angleichung geht er zugrund. Gegen Antonio wendet er sich als gegen die unter ihm stehende Hemmung und Bedingtheit, gegen die beschränkende Wirklichkeit. Daß er, vom Ideal zurückgewiesen, mit dieser Wirklichkeit vorlieb nehmen soll, ist die Form seines Untergangs, vergegenwärtigt in der Schlußszene. Die Prinzessin und Antonio sind nach oben und nach unten die beiden Grenzen seines Wesens und wirken darin zusammen daß sie ihn, den seinem Wesen nach Unbegrenzten, immer Bewegten, Wallenden, Schweifenden, kurz den genialischen Titanen (Titan nicht als Quantitäts- sondern als Qualitätsbezeichnung verstanden) in seine Schranken zurückweisen. Schranken (von oben oder von unten gesetzt) sind — beim besten Willen sich ihnen zu fügen — das woran Tasso seinem Naturell nach zugrunde gehn muß. Ein begehrtes Ideal nicht zu erreichen, eine verachtete Bedingtheit zu ertragen ist ihm gleich verderblich. Das macht ihn ja tragisch, und nicht nur unglücklich, daß sein Geist und seine Seele würdig ist das Ideal zu erreichen, daß er nach oben tendiert, und nur kraft seines Temperaments fällt, an der Unmöglichkeit sein Geblüt und seinen Geist in Einklang zu setzen.

Tasso steht da als ein Mann der zu edel ist um vorlieb zu nehmen. Die Figur der Leonore Sanvitale, die Versuchung durch sie, dient ja wesentlich diesen Adel des Strebens und der Gesinnung erst zu bewähren. Dies Nicht-vorlieb-nehmen-können ist zugleich ein Frevel und ein Adel: Tasso ist in eine Wirklichkeit gestellt worin jener Adel des Unbedingten zur Schuld wird, wo selbst das Ideal nur als Maß und Bändigung erscheinen, nur mit Maß und Bändigung verehrt werden darf. So betrachtet ist der Tasso auch ein ewiges Sinnbild für den Kampf zwischen Natur und Sitte, zwischen dem bedeutenden Individuum und der Gesellschaft überhaupt. Daß die Gesellschaft hier nicht als unberechtigt, nicht als borniert erscheint, sondern als geistig, gebildet, duldsam und vornehm, das macht ja nur den Konflikt geistiger und tiefer. Der junge Goethe würde den Herzog und gar erst Antonio ins Unrecht gesetzt haben. Der reife Goethe verklärte sogar den historischen Herzog, der ein unbilliger und harter Renaissance-tyrann war, zu dem idealen Vorsteher eines kultivierten Hofs. Der Herzog und die Hofdame bedeuten für die Komposition des Dramas gleichsam das verkörperte neutrale Milieu, sie sind nicht wie die drei Hauptpersonen, die drei Verkörperungen Goethes, wie Tasso, Prinzessin, Antonio, aktive oder passive Leidenschaften und Eigenschaften, sondern verkörperte Zustände und Atmosphäre: sie bezeichnen den geistigen Raum worin der Kampf jener Leidenschaften sich abspielt. Sie sind „der Hof" schlechthin: und zwar vertritt der Herzog die ausgleichende Gelassenheit und gleichgültige Vornehmheit eines Hofs, welche ebenso Gerechtigkeit als Ungerechtigkeit sein kann, summum jus und summa injuria, er vertritt die gesittete Ordnung einer festen Gesellschaft, vor der es im Grund nur eine Sünde gibt, nämlich Verletzung der Distanz, und sei es auch durch den edelsten Ausbruch: er vertritt die Herrschaft der Kultur über jede bloße Natur. Und Leonore Sanvitale vertritt in den Formen des Hofs, als Hofdame, alles das was die gebändigte Natur, d. h. namentlich die menschlichen Leidenschaften sich innerhalb jener Gesittungsschranken erlauben dürfen: sie ist die anmutige Begehrlichkeit, die vornehme Gefallsucht, die feine Intrige und die gewandte Sinnlichkeit des Hofs: die Verkörperung aller mittleren Menschlichkeiten und Weiblichkeiten deren sich die Natur bedient, um am Hof einzudringen, und deren sich der Hof bedient, um nicht zu erstarren, um sich vor Langeweile zu schützen.

Tasso, die Prinzessin, und Antonio, zwischen denen die eigentliche Tragödie sich abspielt, geraten dadurch in Aktion, Widerstreit und Schicksal daß sie sich, jeder auf seine Art, durch gesteigertes Menschentum, von dieser Atmosphäre, von diesem Niveau abheben, obwohl jeder auf seine Art daran teil hat, und — außer Tasso — innerlich darin verhaftet ist. Die Prinzessin überragt durch ihre eigene Seele, Tasso durch sein Genie und seine Leidenschaft, Antonio durch seine Tätigkeit und Erfahrung den neutralen Boden, und alle drei leiden durch diese ihre menschliche Besonderheit nicht nur aneinander, sondern auch an ihrer bedingten Welt, Tasso aber am meisten: denn ihm ist, als dem eigentlich allein ganz Gelösten, ganz Unhöfischen, auch der Kampf mit dieser ganzen gebundenen und bindenden Hofwelt auferlegt, mit der die andren, entsagend, aber willig sich abfinden können. Und so sieht er alle die sich abfinden können, die den Hof vertreten, die dem Hof dienen, zuletzt als seine Gegner und Verderber: nicht nur Antonio, der ihm als der Hofmann aktiv entgegentritt, auch den Herzog der dem Dichter nicht Recht geben will, und die Prinzessin die es nicht darf.

Er ist an diesen Hof aufgenommen gewesen zur Verklärung und Erhöhung des höfischen Daseins, und er hat diese Aufnahme gedeutet als einen Triumph seiner freien Menschlichkeit über gebildete und bildungswillige Menschen. Als er die Wahrheit erkennt, daß man nicht sein Menschtum sondern nur seine Leistung bedarf, nicht seine Liebe sondern seinen Dienst, bricht ihm der Zauber dieser Welt zusammen, und seine Enttäuschung wandelt sich in Haß. Er sieht sich auf einmal allem Verehrten oder Geachteten feindlich gegenüber gestellt, und seine Gönner um den Gegner geschart, um Antonio, der zuerst und am entschiedensten ihm die Schranken gewiesen hatte. Die ganze Qual des enttäuschten und mißbrauchten Herzens entlädt sich in den Schlußmonolog des vierten Aufzugs, und die noch tiefere Qual einer Liebe die man als aussichtslos, ja als unwürdig erkennt und von der man doch nicht zu lassen vermag. Denn dies ist jetzt Tassos Stellung zur Prinzessin: er sieht sie auf der Seite seiner Gegner und vermag doch nicht von ihrem schönen Bilde sich zu trennen. Er sieht sich von ihr verworfen und kann doch sie nicht verwerfen. So wächst aus dem Kampf zwischen Menschtum und Gesellschaft, zwischen Ideal und Wirklichkeit, zwischen Leidenschaft und Schranke, Traum und Tat, auch noch jener letzte und innerste zwischen Freiheit und Liebe.

Der unerschöpfliche Seelengehalt dieses einfachen und gradlinigen Werkes läßt sich nur andeuten. Es steckt hier in jedem ausgesprochenen Konflikt noch ein andrer, und jede Gestalt, ja jeder Satz ragt gleichsam durch mehrere Schichten Goethischer Tragik hindurch: aber auch hier gibt es, wie in der Iphigenie, Stellen wo diese Tragik transparent wird und sich unmittelbar ausspricht in eine Rede zusammengedrängt. Wie in dem Parzenliedmonolog innerhalb der Heldin selbst gegeneinander wirkt was sonst auf Spiel und Gegenspiel, Rede und Gegenrede verteilt ist, so umgreift auch der Schlußmonolog des IV. Akts die Elemente von Tassos, d. h. Goethes Tragik (in solchen Monologen wird diese gleichsam lyrisch deutlicher). In dieser Hinsicht, als Brennpunkt von Tassos eigentlichem Leiden, ist er die wichtigste Rede des Dramas, in ähnlichem Sinn wie der Parzenlied-monolog in der Iphigenie die langgesparte Energie der Handlung im Selbstgespräch entlädt, voraus- und zurückdeutet. Solche Aussprachen, in dramatischer Hinsicht scheinbar die Folgen der vorausgegangnen Handlung, sind in seelischer Hinsicht meist der Keim aus dem die Handlung stammt. Denn der Dichter gestaltet umgekehrt wie er erlebt: was zunächst seinem Erlebnis liegt liegt in seinem Drama zu innerst, hier muß als Zweck, als Kern, als Problem erscheinen was ihn am meisten anging, was ihn zu dem Stoff hinzog. Wir werden fast immer an der größeren Ergriffenheit der Verse erkennen, wann wir das Herz der Dichtung berühren, und insbesondere Goethe wird lyrischer, durchbricht die dialektische Ruhe die auch seine bewegtesten Zwiegespräche bewahren, sobald er auf das Leid zu sprechen kommt aus dem sein Drama geboren wurde. Manche seiner Monologe könnte man in seine lyrischen Werke ohne Zwang einreihen, nur daß sie durch eine Reihe zarter Bezüge mit der Handlung verknüpft bleiben und die dramatische Distanz nie ganz verleugnen.

> So zwingt das Leben uns zu scheinen, ja,
> Zu sein wie jene, die wir kühn und stolz
> Verachten konnten. Deutlich seh ich nun
> Die ganze Kunst des höfischen Gewebes!

Dies ist die klassische Formel für die Erniedrigung die der freie Mensch durch Abhängigkeit von einem ihm fremden Bereich fühlen muß. In den folgenden Zeilen ist das Bild gezeichnet das ein solcher Mensch für die höfische Gesellschaft bietet:

> Habe doch
> Ein schön Verdienst mir die Natur geschenkt;
> Doch leider habe sie mit manchen Schwächen
> Die hohe Gabe wieder schlimm begleitet,
> Mit ungebundnem Stolz, mit übertriebner
> Empfindlichkeit und eignem düstrem Sinn.
> Es sei nicht anders, einmal habe nun
> Den einen Mann das Schicksal so gebildet;
> Nun müsse man ihn nehmen, wie er sei,
> Ihn dulden, tragen und vielleicht an ihm,
> Was Freude bringen kann, am guten Tage
> Als unerwarteten Gewinst genießen.

Das ist die Bitterkeit: nicht nach seinem eignen Wert, sondern nach seinem Nutzwert geachtet zu sein. Der Genius macht den Anspruch sein Gesetz in sich selbst zu finden .. sein Leid und sein Wahn beginnt mit dem Moment da er die Anerkennung dieses ihm selbstverständlichen Anspruchs von der Gesellschaft fordert. Die Enttäuschung darüber liegt in den Worten:

> Das ist mein Schicksal, daß nur gegen mich
> Sich jeglicher verändert, der für andre fest
> Und treu und sicher bleibt.

Und so, unfähig die Bedingungen der Außenwelt zu sondern von den Forderungen und den gesteigerten Bildern seiner Seele, verkennt er auch sein Ideal und verzweifelt, weil seine falschen Präsumptionen nicht bestätigt werden.

> Geliebte Fürstin, du entziehst dich mir! ...
> Hab ichs um sie verdient? — Du armes Herz
> Dem so natürlich war sie zu verehren! ...
> Auch Sie, auch Sie! Entschuldige sie ganz,
> Allein verbirg dirs nicht: auch Sie! auch Sie ....

> Ja dieses Wort, es gräbt sich wie ein Schluß
> Des Schicksals noch zuletzt am ehrnen Rande
> Der vollgeschriebnen Qualentafel ein.
> Nun sind erst meine Feinde stark, nun bin ich
> Auf ewig einer jeden Kraft beraubt.
> Wie soll ich streiten, wenn Sie gegenüber
> Im Heere steht?

Hier wo Tasso aus dem Wahn herausredet ist schon der Zusammenbruch nach der wirklichen Zurückweisung am Schluß des V. Aktes vorbereitet: und der Wahn des Schwärmers der die Wirklichkeit verkennt ist nur die innere Vorbereitung für die Qual des Schwärmers der sein Ideal nicht verwirklichen kann. Die Prinzessin ist eine Forderung von Tassos Seele, die ihm deshalb nicht genügt, weil er selbst dieser Forderung nicht genügen kann. Hier mag allerdings in Goethes Verhältnis zu Charlotte von Stein ein Anlaß zu tragischen Konflikten gelegen haben, die Goethe nur im Drama ausgestaltet, im Leben ausgeglichen hat, da in ihm nicht nur ein Tasso sondern auch ein Antonio war. In seiner Darstellung von Tassos Ansprüchen an die Prinzessin hat er ein ähnlich strenges Gericht über sich abgehalten wie in der Gestalt des Weislingen oder Clavigo, nach der Opferung der Friederike. Das Gefühl daß er durch dichterisches Unmaß, durch Mißtrauen oder Verkennung der notwendigen beiderseitigen Schranken die geliebte Frau belästigt, verletzt und gequält habe, hat an der Schlußszene zwischen Tasso und der Prinzessin ebenso mitgedichtet, wie an seinem Schlußmonolog die Bitterkeit des Abschieds und der Gram über die Unmöglichkeit einer unbedingten Erfüllung in dem nun gezogenen bedingten Kreis.

Auch innerhalb seiner Liebe war ihm begegnet was ihm innerhalb seines Genies begegnete: die Wahl zwischen tödlicher Unbedingtheit oder verarmender Entsagung. Auch über dem Tasso könnte wie über den Wanderjahren der Untertitel stehen: die Entsagenden. Denn unter drei Gestalten hat er das Schicksal der Entsagung verteilt, unter drei Aspekten dies sein eignes Schicksal gesehen: die Prinzessin, deren Charakter, wie der Iphigeniens, Entsagung ist, nach dem Gesetz noblesse oblige, Antonio, dessen Stellung und Amt auf Entsagung, auf bewußter Selbstbeschränkung beruht, und Tasso, dessen Natur hemmungslose Fülle und Freiheit ist, und dessen Tragik daher kommt daß sein Schicksal ihn zwischen lauter Entsagende stellt und eine Entsagung von ihm fordert die für seine Natur den Untergang bedeutet. Alle drei Phasen der Entsagung hat Goethe durch- oder wenigstens vorgelebt. Es war das Problem seiner Übergangsjahre vom

Titanentum zur Humanität wie weit er entsagen dürfe, wodurch er es lerne und ob er es könne. Iphigenie ist eine vertrauende bejahende, Tasso eine verzweifelnde Antwort auf diese Fragen. Der vollendete Wilhelm Meister, ja noch die Wahlverwandtschaften enthalten Nachklänge und Variationen dieses Themas. Die Weimarer Jahre vor der italienischen Reise sind erfüllt von Versuchen durch Selbstbeschränkung Meister seiner selbst und der Dinge zu werden. Sie haben ihm gezeigt daß er es nur durch Selbstgestaltung werden könne, und um der Selbstgestaltung willen ertrug er zahllose Beschränkungen, ja schien nicht nur kleiner als er war, sondern machte sich selbst kleiner.. was er z. B. für den Weimarer Kreis bis 1786 dichterisch geleistet ist nur als Mittel zum Zweck gerechtfertigt, oft unter seinem Genie.

WILHELM MEISTERS THEATRALISCHE SENDUNG

WENN die ersten Weimarischen Jahre überhaupt der Selbsterziehung Goethes zum Leben und Wirken mit der gesetzlichen Gesellschaft gewidmet sind, der Ausbildung all der Sinne und Kräfte wodurch man zum Tun und Wirken, nicht nur zum Sinnen und Schaffen tauglich wird, zumal des hellen Umblicks und Durchblicks der menschlichen Verhältnisse, Beschäftigungen und Zustände, so ist sein Roman Wilhelm Meisters theatralische Sendung der literarische Niederschlag dieser Tendenz, das umfangreichste seiner bisherigen Werke und die Verbindung zwischen seiner pathetisch erotischen und seiner Bildungsproduktion: das einzige größere Werk Goethes aus den ersten Weimarer Jahren das vor der italienischen Reise zu einem innerem Abschluß gelangt ist und das Goethische Weltbild einerseits, das Goethische Streben andrerseits in diesem Zeitraum symbolisch festhält. Was er sonst in dieser Zeit selbsterzieherischer Contemplatio und Actio vollendet hat ist entweder Sammlung und Ordnung seines Bildungsstoffs in Natur und Geschichte, oder dichterischer Ausdruck seiner gehobenen Augenblicke des Liebens und Leidens, oder Gelegenheitspoesie im Dienst der höfischen Geselligkeit. All diese Elemente seines Weimarer Lebens haben am Ur-Meister Teil, aber sie erklären und umfassen ihn nicht, sie kommen aus dem Ganzen seiner damaligen Existenz, aber sie stellen sie nicht dar und drücken sie nicht aus.

Goethes Grundtendenz, sein Ich an der Welt zu bilden und mit ihr ins Gleichgewicht zu bringen, das große Problem jener Jahre, ist der Ursprung und der Gegenstand dieses Romans: sein Ausgangspunkt ist nicht mehr wie bei seinen bisherigen Dichtungen ein durch innere Lebensfülle entzündeter Konflikt, sondern eine Lebensart, nicht mehr eine Leidenschaft, sondern ein Streben, und die Welt erscheint nicht mehr als der bloße Widerstand woran oder worin das Ich sich bricht, sondern als ein aktiv bildendes Element: sie empfängt nicht erst Sinn und Wert als Gegenspiel des Helden wie im Götz oder als Spiegel des Helden wie im Werther, sondern hat eine selbständige Geltung und ihre mannigfachen Gestalten und Schichten sind nicht nur das Milieu oder die Ausstrahlung Wilhelm Meisters, die erst durch seinen Charakter und sein Schicksal entstünden oder erschienen, sondern sie sind von vornherein da, unabhängig von ihm und ziehen ihn in ihren Kreis zu gegenseitiger Wechselwirkung: die Handlung entsteht nicht aus der Innerlichkeit des Helden, sie ist nicht die Funktion eines Charakters sondern ein selbständiges symbolisches Geschehen wodurch „Welt", Gesellschaft sich manifestiert: viel eher sind einige Charaktere die Funktionen der Handlung. Wenn Goethe und Schiller später, wesentlich angeregt durch die Wiederaufnahme der Arbeit am Wilhelm Meister, sich über die Theorie des Romans unterhielten, und man daraus als einen gesetzlichen Unterschied zwischen Epos und Drama abgeleitet hat daß im Drama der Held die Handlung, im Epos die Handlung den Helden trage, so sind solche Feststellungen weniger das allgültige Gesetz als eine Deutung der Konzeption aus welcher der große Goethische Bildungsroman stammt.

Damals war Goethes persönlichstes Problem die Selbständigkeit der Welt und die Wirkung der äußeren, zumal gesellschaftlichen Welt auf einen allseitig bildungsfähigen Menschen — wie das Problem seiner Sturm- und-drang-zeit die Selbstbehauptung seines Ich gegenüber der Welt war. „Erkenne dich, leb mit der Welt in Frieden." Damit aber hatte die Welt eine selbständige, ja eine überwiegende Macht bekommen und war als solche in den Gesichtskreis des Schauens und Darstellens getreten wie nie zuvor. War bis zum Werther das große reiche Ich der wesentliche Inhalt der Goethischen Produktion, so ward es jetzt eingefügt in ein Ganzes und nicht mehr als aktives oder passives Zentrum, sondern als Reagens der Welt behandelt. Freilich, die „Welt" (Welt hier immer im Sinn eines gesellschaftlichen Kosmos angewandt) ward für Goethe nie soweit Selbstzweck, daß das Ich darin ein bloßer Zufall, ein Beiwerk geworden wäre, ein künstlicher Faden an dessen zufälliger Einheit alle möglichen Welterfahrungen ungezwungen zu einer Handlung aufgereiht werden konnten .. derart ist ja der Bildungsroman Goethes von Nachahmern, besonders von Romantikern mißverstanden und zum Weltanschauungsroman umgedeutet worden, z. B. von Novalis. Diese gedankenreichen Geister ersannen sich einen

Helden den sie dann durch allerlei mehr oder minder anschaulich als Situationen verkleidete Aphorismen und Gesinnungen durchführten. Nein, Goethes Wilhelm Meister ist, seiner Konzeption nach wenigstens (erst in den Wanderjahren ist es anders geworden) kein verkleidetes System der Weltkenntnis, sondern eine Dichtung, d. h. eine symbolische Darstellung seines eigenen Lebens, und Ich und Welt sind nicht in eine zufällige Verbindung gesetzt, sondern das Wechselverhältnis beider ist die Einheit des Romans: er ist nicht konzipiert aus dem Leiden des Einzelnen an der Welt wie der Werther, sondern gerade aus dem Streben zur Welt und in ihr und dem Weimarischen Erlebnis der Bildung des Ich durch die Welt. Beide Faktoren sind gleich notwendig und untrennbar, beide gleich aktiv und passiv in diesem Roman.

Das Ich des Helden ist allerdings hier nicht von innen nach außen, von der Empfindung zur Handlung gesehn, wie im Werther, sondern umgekehrt. Wilhelm Meister ist nicht in dem Sinn die Verkörperung eines einmaligen Goethischen Konflikts wie Werther, die Distanz zwischen dieser Gestalt und dem Goethischen Erlebnis ist anders .. während bei Werther die spezifische Erlebnisform die Gestalt gezeitigt, ist bei Wilhelm Meister die Erlebnisart symbolisiert, und Wilhelm darf nicht als ein Symbol des Individuums Goethe betrachtet werden, sondern als ein Symbol des Typus dem auch Goethe als bildungsfähiger junger Mensch sich zugehörig fühlt.. der Werther ist vom Ich aus, der Wilhelm Meister vom Selbst aus konzipiert: d. h. im Werther projiziert sich Goethes Subjekt nach außen, im Meister spiegelt er eine schon reflektierte Vision seines eigenen Daseins: er drückt sich nicht aus, sondern er stellt sich dar. Schon in diesem Verfahren aber erkennen wir die Wandlung die Goethe durchgemacht hatte: er war sich selbst zum Objekt, zu einer Anschauung geworden: und die theatralische Sendung ist der erste deutsche Bildungsroman nicht nur deshalb, weil die Bildung eines Menschen (im Goethischen Sinn) hier das erstemal Träger der Charaktere und der Handlung geworden ist, sondern weil er selbst das erste dichterische Produkt solches Bildungsprozesses ist.

Die Romane der Weltliteratur waren bis dahin entstanden aus dem Trieb des Berichtens, des Fabulierens, oder des Belehrens. Auf der einen Seite grenzt die Gattung Roman ihrem Ursprung nach an die Geschichtschreibung und das Märchen, auf der andern, in ihrer späteren Entartung, an den Traktat und die Predigt: der Alexander-roman ist ein Beispiel des ersten, die Clarissa des Richardson der zweiten Art. Abenteuer und Sitten wurden ursprünglich als Selbstzweck zur Beschäftigung der Phantasie geschildert, später als Mittel benutzt um bestimmte Gesinnungen zu propagieren oder zu bekämpfen: erst mit der Renaissance wurden, über Handlungen und Sitten mit oder ohne Nutzanwendung hinaus, menschliche Charaktere als solche Gegenstand der dichterischen Aufmerksamkeit und wie beim Drama auch beim Roman Selbstzweck der Darstellung. Mit den gigantischen Karikaturen des Rabelais fängt es an. Aus der Beobachtungskraft des Satirikers, der Sitten schildern und verspotten will, steigt das Interesse am Menschen selbst: und aus dem satirischen Kampf gegen die abenteuerlichen Ritterromane konzipiert dann Cervantes den ersten Roman dessen Gegenstand der Mensch selbst ist, die menschliche Bedingtheit: mit dem Don Quixote erst wird die Romangattung zu einer im tieferen Sinn dichterischen, d. h. zu einer Form sprachlicher Menschendarstellung: wie es Lyrik, Drama, Idylle und Epopöe bisher schon waren, Träger des seelischen Pathos und des Mythus.

Cervantes hat zunächst nur wenige Nachfolger gefunden, welche den Sinn seiner Leistung begriffen oder unbewußt betätigten: in Deutschland den Grimmelshausen, in Frankreich mit gewaltigem Abstand Scarron, Lesage und Voltaire, in England Fielding. War aber der Roman einmal Gefäß des Menschen, so wurde er bald Gefäß des Ich: die Autoren erkannten in dieser Form die Möglichkeit nicht nur das Handeln und Sein dessen was sie als den „Menschen" geschaut, erlebt, beobachtet, gedeutet hatten darzustellen, sondern ihr eigenes Fühlen unter dem Vorwand der Romanhandlung auszusprechen. Dies geschah in der Epoche der Aufklärung und Sentimentalität die im nördlichen Europa eine Folgeerscheinung des Protestantismus ist: d. h. der Verselbständigung des menschlichen Subjekts, wie die Renaissance (welcher der Menschenroman seinen Ursprung dankt) die Verselbständigung des Individuums, der Person ist. Subjekt und Person oder „Ich" und „Selbst" verhalten sich etwa wie Seele und Leib. Die Begründer des Seelenromans sind Rousseau und Sterne: durch sie grenzte der Roman an die Lyrik, ward zu einem Vorwand der Ichdarstellung, das Ich nicht mehr gefaßt als allgemeines Symbol des wesentlichen Menschentums überhaupt, wie im Simplizissimus des Grimmelshausen (oder in Bunyans Pilgerfahrt) sondern als eine spezifische Person, die des Autors. Goethes Werther hat in Deutschland das erstemal das Wesen und Leiden eines bedeutenden Ich im Roman symbolisch behandelt: innere und äußere Handlung, Subjekt und Individualität, Charakter und Konflikt nicht nur, wie Rousseau und Sterne, mehr oder minder willkürlich verknüpfend, sondern vereinigend: Handeln und Leiden sind hier das erstemal in der Romanliteratur notwendige Auswirkungen eines Seins, und dies Sein ist das Sinnbild des Dichters selbst: die lyrischen Elemente seines Wesens haben im Roman sich symbolisiert.

Mit Goethes Werther ist die Verpersönlichung des Romans vollendet und auch die Romangattung ganz in den Kreis der Selbstdarstellungen des modernen Menschen hineingezogen, das moderne Ich Gegenstand der Erzählung geworden. In seinem zweiten großen Roman, Wilhelm Meisters theatralische Sendung, scheint sich Goethe auf den ersten Blick wieder dem alten Handlungs- und Abenteuerroman zu nähern, ja, der besondern Spielart des Schelmenromans die Scarron in seinem Komödiantenbuch gezüchtet, und sich der lyrischen Identität zwischen Erlebnis und Erzählung, Dichter und Träger der Erzählung zu entschlagen. Aber nur scheinbar: nicht so sehr das Verhältnis zwischen Erlebnis und Erzählung hat sich geändert als das Erlebnis Goethes selbst. Im Werther handelte es sich um ein Sein und daraus folgendes Leiden, im Meister um ein Werden und daraus folgendes Streben. Schon die Titel zeigen es an: Werthers Leiden und Meisters Sendung. Der Mensch der aus diesem Erleben die beiden Romane entwickelte war derselbe geblieben und sogar die Aufgabe seines Gestaltertriebs war die gleiche: aber sein Leben sah er jetzt von einer andren Stufe aus und alles gliederte sich jetzt um einen andren springenden Punkt. In seinen ersten Weimarer Jahren brannte ihn etwas anderes auf den Nägeln als in seinen Wetzlarer: aber beide Male dichtete Goethe nicht aus einem abstrakten Problem heraus, sondern aus der Notwendigkeit der Selbstgestaltung. War zur Wertherzeit die große Frage seines Daseins »Wie ertrage ich die Fülle des Seins, der Liebe und Sehnsucht« so war er jetzt vor die Frage gestellt »Wie entwickle ich meine Kräfte an der äußeren Welt in die ich gestellt bin?« Was war ihm in Wetzlar gegeben? sein überströmendes Genie und eine unerreichbare Geliebte: dies ist der Keim zum Wertherkonflikt. Mannigfaltiger war der Aspekt dem ihm der Blick auf sein Dasein in Weimar bot: der Vor- und Rückblick über seinen eigenen Weg war selbst ein Element seiner damaligen Begabungen, seine Begabungen empfand er als mannigfaltige Pflichten und Richten, und die Außenwelt war ihm nicht in eine Geliebte konzentriert, sondern divergierte nach allen Seiten als Hof, Amt, Theater, Gesellschaft, Natur und Wissenschaft — als ein vielfältiger Umkreis von Anregungen, Bedingungen, Hemmungen und Erfahrungen. Nicht mehr in ein explosives Erlebnis zusammengepreßt empfand er sein eigenes Selbst, sondern als ein Sichausbreiten, ja Zerrissensein, nicht mehr als dichtes Begehren auf einen Punkt hindrängend, sondern als Vagieren, Dilettieren, Suchen, Sammeln — Streben. Nicht mehr um Tod und Leben handelt es sich, das von einem Punkt aus entschieden wird, sondern um die möglichen Formen des Lebens — und Leben war nicht mehr ein Seelenzustand, sondern ein Stoff des Ichs. Die Welt war nicht mehr bloß die Negation des schöpferischen Ich aus deren Begegnung Sein oder Nichtsein sich ergibt, sondern ein Ich-bildender Faktor, und nicht mehr der Konflikt, sondern die Entwicklung war die Ausdrucksform des Helden. Entwicklung statt Konflikt, Bildung statt Erschütterung, Streben statt Begierde: das war die neue Haltung in die Goethe vom Werther zum Meister gewachsen war, und sein Urerlebnis war nicht mehr das Wesen der eigenen Genialität, d.h. Lebensfülle, sondern das Werden des eignen Charakters, d. h. Lebensformen. Es kam ihm also bei der Konzeption des Romans weniger auf den Konflikt an durch den ein eigentümliches einzigartiges Ich untergeht, als auf die Normen unter denen ein Ich überhaupt der Welt gegenüber sich behauptet und bewährt. Somit hörte die „Welt" auf bloßer Hintergrund zu sein und ward zur bildenden, nicht nur zur vernichtenden oder hemmenden Wirklichkeit.

Dieser Bildungsroman trägt den Titel Wilhelm Meisters Theatralische Sendung. Was bedeutet das Theater als Mittelpunkt eines so reichen Gehalts wie der Bildungsgang eines jungen Menschen der als Sinnbild des Goethischen Bildungsgangs konzipiert ist? Innerhalb eines solchen Rahmens ließ sich kein besserer Anhalt finden als das Theater. Zunächst: das Theater ist ein Teil der gesellschaftlichen Schichtung, d. h. der bildenden Weltfaktoren deren Einwirkung auf den jungen Menschen Goethe darstellen wollte. Sodann: von diesen Gesellschaftsschichten ist es die einzige die in unmittelbarem Zusammenhang mit Geist und Dichtung steht: es ist geradezu die Brücke zwischen der geistigen Welt der ein junger Dichter angehört und der Gesellschaft an der er sich entwickeln sollte. Das Theater ist gedacht als die poetisch angewandte Gesellschaft: denken wir etwa an das französische Drama Racines, das uns gleichsam das kondensierte und potenzierte Ideal der Hofgesellschaft Ludwigs XIV. gibt, oder an die Wiedergeburt des englischen Renaissance-lebens in Shakespeares Theater. Solche Muster schwebten Goethe vor. Drittens ist das Theater — derart beiden Welten, der ideellen und der praktischen, angehörig — das einzige Bildungsmoment welches sich ohne Zwang als Handlung, als Milieu darstellen ließ. Denn Kunst, Wissenschaft und Dichtung — geistige Vorgänge — haben kein sinnlich greifbares Milieu, keine darstellbare Atmosphäre .. wir müssen nur einen der in Nachfolge des Wilhelm Meister entstandenen romantischen Künstlerromane bis selbst zu Kellers Grünem Heinrich und Heyses Im Paradiese mit diesem Urbild vergleichen, um den symbolischen Vorzug des Theaters als Romanmilieu, als Handlungsraum zu empfinden. Heute freilich wäre das Theater auch nicht mehr von diesem Symbolwert. Auf der einen Seite hat es die Idealität verloren und ist ein Geschäftsbezirk wie andre auch, auf der andern hat es die Abenteuerlichkeit verloren, die ihm Spannung, Tiefe und Hintergrund gibt, und der Theatermann ist ein achtbarer Bürger, Beamter, allenfalls Industrieritter wie andre auch: kurz das Theater ist nicht mehr eine geistig sinnliche Zwischenwelt, bereichert durch die Spannung zwischen der aktuellen Welt der es dient und der Schein- und Traumwelt die es schafft oder beherrscht, sondern es ist auf der gleichen Ebene wie das übrige Alltags- und Geschäftsleben.

Aber zu Goethes Zeit war das Theater noch eine Hoffnung, nicht eine Enttäuschung: von der Wiederbelebung dieses geistig sinnlichen Reiches versprachen sich die besten Geister einen neuen Vernunftmorgen, wie Lessing, einen neuen Sittentag, wie Schiller, eine neue Bildungsluft, wie Goethe, und deuchten sich nicht zu hoch ihre besten Kräfte in seinen Dienst zu stellen. Und eben weil die Schauspieler immer noch in einer Art Narren- und Schelmenfreiheit außerhalb der geordneten, nach Konventionen gerichteten Gesellschaft lebten, und doch auf sie wirkten, waren sie die geeigneten Träger jedes neuen Ideals das von einem neuen freiern Leben und Geist her die Gesellschaft steigern und verwandeln konnte. Denn gerade wie der Schauspieler lebt der Dichter, der höher geistige Mensch überhaupt, außer und über der Gesellschaft mit seinem Innern, mag er auch äußerlich ihr sich einfügen. Es ist Goethes besondre Stellung gewesen daß er gesellschaftlich einen hohen Rang einnahm, kein bloß geduldeter Paria, kein „elender Skribent" war, und doch alles Gesellschaftliche geistig übersah, nicht in den Konventionen der Gesellschaft innerlich befangen blieb.

So hatte er als ein geistig freier Mensch innere Beziehung zum Theater und konnte es benutzen, und als sozial anerkannter Mensch äußere Beziehung zur Gesellschaft: aus seiner eigenen Lebensstellung mußte sich ihm das Theater als Symbol eines Bildungsromans aufdrängen. Von seinem geistigen Dasein aus war also das Theater in einem Werk das eine Entwicklung durch alle Kräfte der Welt darstellen sollte das Sinnbild, das sinnliche Bild für Geist, Kunst und Poesie. Von seinem gesellschaftlichen Leben aus war es eine unübertreffliche Folie für die sogenannte gute Gesellschaft: mit seiner ungebundenen Sippe konnte er erst das Wesen der Gesellschaft durch Gegensatz verdeutlichen und vermannigfaltigen. Goethe hat Eckermann gegenüber auf diesen Vorzug des Artistenmilieus im Meister hingewiesen. Von der Romanhandlung, dem Unterhalterzweck der Erzählung aus betrachtet bot dies Milieu alle Vorteile des Schelmen- und Abenteurerromans — wie sie die gute Gesellschaft nie geboten hätte. Das Theater als Mittelpunkt war also im Ur-Meister biographisch, geistig, romantechnisch begründet: der Held, die Atmosphäre und die Handlung des Werks als einer deutschen Bildungsgeschichte im ausgehenden Rokoko konnte keine bessere Entwicklung und Darstellung finden, als an diesem vielseitigen Symbol, das gleicherweise dem Geist, der Gesellschaft und dem Abenteuer angehörte.

Aus diesem dreifachen Sinn des Theaters als zentralem Symbol erklären sich die verschiedenen Funktionen die es am Helden zu erfüllen hat, und die Schauspieler und Schauspielerinnen sind die Träger dieser Funktionen des Theater-geistes, der Theatergesellschaft und der abenteuerlichen Handlung. Die höchsten Ansprüche die Goethe an das Theater als geistiges Weltbild stellte, als ein großes Bildungsmittel der Nation, an das Theater als dichterisch sittliche Wirkung werden in diesem Roman verkörpert durch die Stellung Shakespeares: sie ist vorbereitet durch die kindlichen Träume und Dichterspiele Wilhelms, durch sein Puppentheater welches die erste Verwirklichung seiner dichterischen Träume ist. Shakespeare selbst aber, zugleich der größte Dichter, der Schöpfer der dramatischen Welt und ein Theatermann, hatte wie kein andrer seinen Platz in diesem Werk: Shakespeare ist das große Symbol des Theaters als einer geistigen Welt. Marianne und ihre Duenna, Philine, Serlo, Aurelie, Laertes, die Theaterprinzipalin und ihr zerlumpter Schützling, Melina und seine Frau dagegen geben das Theater als Atmosphäre und Gesellschafts- bzw. Bohème-schicht: das „Bedeutende" dieses Milieus wie es sich an einzelnen Personen ausfaltet und ausprägt. Die Handlung ist dazu da diese typischen Charaktere zu individueller Geltung zu bringen: ihre Nöte und Vergnügungen, den Geschäftsgeist oder die Exaltiertheit der schauspielenden Vaganten, ihre unbedenkliche und anmutige Genußsucht, ihre kleinen Eifersüchteleien, Zänkereien und Liebeleien, all die losgelassenen Menschlichkeiten die sich ergeben aus der Ungesetzlichkeit eines Outcast-lebens, die sinnliche Freiheit und geistige Beschränktheit derer die vom Tag für den Tag leben.

An jeder dieser Gestalten lernt Wilhelm durch Teilnahme an ihrer Existenz, und indem er innerlich, durch seine Herkunft wie durch seinen Charakter und Geist, sie alle übersieht, werden ihm die Elemente ihrer Freiheit und Beschränktheit zu Erweiterungen seiner Menschenkenntnis, zu Organen der Welttüchtigkeit, und das Lehrgeld das er in manchen Abenteuern und Enttäuschungen zu zahlen hat kommt ihm als Überblick und Gewandtheit heim.

Wilhelms Verhältnis zu den Theaterleuten entspricht dem Goethes zu der Gesellschaft überhaupt: innere Überschau und Übung bei äußerer Einordnung. Die verschiedenen Mitglieder dieses Milieus sind gegeneinander abgestuft und zeichnen sich deutlicher durch ihre Gegensätze, und wie Individuum sich von Individuum abhebt, so das ganze Milieu wiederum von der guten Gesellschaft: durch eine Stufenfolge von Begierden von der Prinzipalin bis hinauf zu Philine und Aurelie wird die Bohème entwickelt, durch eine Stufenfolge von Konventionen und Neigungen die gute Gesellschaft, und Wilhelm profitiert von beiden. Von allen Gestalten des Romans hat nur der Held jenes dunkle, nur bei entscheidenden Wendungen erhellte Streben nach Vervollkommnung, und ob er zu den armen Vaganten herabsieht und sich ihren Lockungen hingibt, oder ihre Mängel verklären und bessern will, oder zur guten Gesellschaft hinaufsieht, geschmeichelt durch ihre Gunst und voll Hoffnung in ihr und durch sie Großes zu wirken: immer erscheint er, ohne durch Macht, Größe, Aktivität in seinen Umgebungen hervorzuragen — bald durch die Welterfahrung, bald durch die Kraft, bald durch den Rang seiner Mitspieler in den Schatten gestellt — als Mitte des Ganzen, bloß weil er der einzige ist dem alle Eigenschaften der andren zuwachsen, an dem sie bilden.

Während die andren für sich Personen, Geliebte, Gönner, Neider und Genossen sind und Wilhelm für sie nichts andres ist, sind sie für Wilhelm selbst über ihre jeweilige Person hinaus Wirkungen und Elemente einer Welt zu der er sich erweitert, indem er in sie eintaucht. Durch den Charakter Wilhelms, dessen Unsicherheit, Eindruckswilligkeit und Weichheit eben dumpfes Streben ist, werden die übrigen Figuren des Romans erst Atmosphäre und Handlung. Darum sind alle andren Gestalten bestimmter als die des Helden: das Bestimmtere, Ausgewirktere, Bedingtere hilft den Werdenden, Suchenden und in jedem Sinn Geistigeren formen, er wiederum beleuchtet, erwärmt, und distanziert durch sein geistiges Fluidum die Gegenstände und Figuren der Umgebungen. Diese stete Wechselwirkung des geistig Bildsamen, seelisch Suchenden und der sinnlichen Bestimmten, charakteristisch Beschränkten, des weiten weichen Jünglings und der engeren, härteren, sichreren Gestalten, von denen jede genau weiß was sie will und ist, während Wilhelm kein bestimmtes Ziel sieht, weil sein Ziel erst aus ihm wachsen kann — dieser Gegensatz zwischen schon verwirklichten Wesen und einem zu seiner Wirklichkeit erst reifenden gehört zu den besondren Zaubern und Tiefen des Werks, wie es der besondre Zauber der Goethischen Jahre ist denen es entstammt .. freilich mit dem Unterschied, daß Goethe nach außen hin schon eine umrissene Größe war und seiner Umwelt nicht nur bezaubert hingegeben, sondern mit überlegener Gewalt gegenübertrat. Aber Wilhelm ist nicht Symbol für das was Goethe war, sondern für das was er an sich sah im Vergleich zu den Forderungen die er an sich stellte. Nicht sein Genie, das den Prometheus Götz Werther erzeugt hatte und mit dämonischer Gewalt die Menschen bezwang, war ihm Problem, sondern die relative Unzulänglichkeit seines ruhelosen Geistes der bedingten, gegen ihn andringenden Welt gegenüber . . und so liegt das Gewicht seiner damaligen Symbolik nicht auf dem was ihm selbstverständlich war und was nur wir von außen als anbetungswürdiges Wunder erfahren: seinem Genius, sondern auf seiner Menschlichkeit. Nicht seine Dimension sah er, sondern seine Struktur, die von der Dimension unabhängig ist. Nicht mehr die Gewalt des Fühlens und Schaffens die in ihm beschlossen war und als Werther oder Prometheus hervorbrach, sondern der Wille zum bildenden Sehen objektivierte sich im Meister.

Nie wieder vorher und nachher hat Goethe des Schilderns sich mit einer solchen sinnlichen Innigkeit beflissen wie in der Theatralischen Sendung, nicht aus einem idyllischen Genügen an Milieumalerei, sondern aus einem tiefen Gefühl für den bildenden Wert des Sehens, der ihm damals mit frischer Gewalt aufging. In Italien lernte er das auswählende, symbolische, malerische Sehen, in der Wertherzeit das ahnungsvolle Zusammenschauen: damals aber war seine Epoche des Beobachtens, des seelenvollen Eindringens mit wachen Sinnen, damals empfand er wie nie vorher oder nachher die bildende Macht der menschlich bestimmten Umgebungen. Niemals hat er wieder eine solch magische Schilderung eines Milieus gegeben wie im Ur-Meister die des Elternhauses. (Er hat sie als zu holländisch in den Lehrjahren gestrichen, nachdem sein Sinn an italienischer Großheit sich ausgeweitet hatte.) Als er in Dichtung und Wahrheit dasselbe Milieu zu schildern hatte, da wußte er wohl von jener bildenden Gewalt der sinnlich erfahrenen Umgebungen und zeichnete es aus dem Wissen gut nach, aber im Ur-Meister kommt die Schilderung nicht nur aus dem rückschauenden Wissen, sondern aus dem frisch erlebten Gefühl: nicht nur das Wissen um den Wert des Sehens, nicht nur das Sehen selbst, sondern das Erlebnis des Sehens war nötig zu solcher Belebung eines Raums durch bloßes Veranschaulichen seiner Inhalte.

Aber der Wilhelm Meister ist nicht nur der Roman eines bildsamen Charakters und bildender Elemente: in dem Leben aus dem dies Werk konzipiert ist waren noch tiefere Kräfte wirksam als das angeborne Naturell und die Gesellschaft die sich gegenseitig bewirken oder beleuchten und deren dehnbarstes und geschmeidigstes Sinnbild das Theater ist. Goethes Leben stand unter dem Dämon, einer zugleich dem Genie und dem Schicksal angehörigen, von der Seele und von den Begebenheiten her, innen und außen wirkenden Macht, und in den ersten Weimarer Jahren, gerade als der Urmeister konzipiert wurde, ergriff ihn die Idee des Dämonischen. Da eröffnen sich ihm von allen Seiten seines individuellen Bildungsprozesses ahnungsvolle Ausblicke in überpersönliche Tiefen, über alles Lieben, Lernen, Leiden hinaus ein Schauer des Schicksals das ihn treibt. Auch sein Bildungsroman enthält diesen kosmischen Schauer und steht dadurch auf höherer Stufe als alle andern noch so guten und reichen Bildungsromane.

Doch ist das Dämonische hier nicht in den Helden hineingelegt, nicht als eine schicksalhafte Leidenschaft gegeben, sondern umgesetzt in selbständige Gestalten: Mignon und der Harfner sind die Verkörperung alles dessen was im damaligen sich klärenden, sozialisierenden Goethe an Unberechenbarem, Ahnungsvollem, Übergesellschaftlichem, Dämonischem wirkte. Ohne diese beiden Gestalten wäre der Wilhelm Meister ein Gesellschaftsgemälde wie die Balzacs oder ein künstlerischer Bildungsroman wie der grüne Heinrich, oder ein philosophischer, wie die der Romantiker. So wie der Werther durch die Gewalt einer kosmischen Leidenschaft über das bloße Seelengemälde hinausgesteigert wird, so der Wilhelm Meister durch die beiden Verkörperungen des Dämonischen (das nicht, wie es schon die Romantiker in Theorie und Nachahmung taten, mit dem Romantisch-Abenteuerlichen verwechselt werden darf). Auch hier bekundet sich die Entwicklung Goethes vom Seelischen zum Gegenständlichen: im Werther war sein Dämonisches — damals freilich noch nicht als solches konzipiert — vereinigt mit dem erschütterten Ich, äußerte sich als Leidenschaft des Helden. Jetzt trat es ihm als selbständige Gewalt entgegen, in zwei Gestalten gedrängt. Auch das darf man sich natürlich nicht vorstellen als habe Goethe sich gefragt: wie bringe ich nun das Dämonische in meinem Roman unter? Wie mache ich ihn „tief"? Nein, der Dämon war in ihm und der Umsetzungsprozeß ging nicht rational sondern instinktiv, fast vegetabil vor. Aber während die übrigen Gestalten des Romans aus der Beobachtung von Ich und Welt relativ erklärlich sind, sind Mignon und der Harfner völlig irrationell, und nicht aus der gesellschaftlichen, seelischen oder Abenteuer-sphäre konzipiert, mögen auch anregende „Modelle" nachgewiesen werden können. Anregung ist nicht Gestaltung.. gestaltet ist hier etwas andres als eine psychologische oder soziale Erfahrung: Mignon und der Harfner stammen aus einer andren Schicht von Goethes Wesen und Leben als alle andren Figuren des Meister. Freilich, nicht diese zwei Figuren isoliert machen den Roman zu jener geheimnisvollen Schöpfung: sie sind nicht dazu gedichtet, sondern wie der Roman nun einmal ist, sind alle seine Schichten innerlich gleichzeitig und vereinigt ins Licht der Vision gehoben. Wenn in Goethe nicht auch die

Elemente gewesen wären die im Roman nachher zu Mignon und Harfner wurden, so stünde das ganze Werk auf einer tieferen Stufe der Offenbarung, wäre es oberflächlicher. So aber bekommt das ganze Werk ab von dem Geheimnis das in diesen beiden beschlossen ist und das von ihnen ausgehende Licht rückt alles was im Meister vorgeht in einen andren „moralischen Raum".

Aus verschiedenen Schichten seines einheitlichen Wesens sind diese verschiedenen Gestalten konzipiert, aber diese Schichten sind selbst voneinander durchdrungen. Wir müssen unterscheiden zwischen dem Seelen- und Lebensgehalt aus dem die Visionen eines solchen Werks stammen, den äußeren Anstößen unter denen sie sich geformt haben, zu Symbolen zusammengeschossen sind, und den technischen Mitteln mit denen er sie herausstellt und verknüpft. Goethe hat später am Schluß der Lehrjahre die ganze Maschinerie erklärt, die Bedeutung der geheimnisvollen Gestalten Mignons und des Harfners in der Romanhandlung beinah rationalistisch plausibel gemacht, so daß man meinen könnte, sie wären aus bestimmten Kompositionsgründen, aus Prinzipien der Romantechnik ersonnen worden, und ihr ganzes Geheimnis scheint sich aufzulösen in der kunstvollen und künstlerischen Überraschung. Fraglos gewinnen die beiden geheimnisvollen unerklärlichen mit einem dunklen Fluch und Schicksal beladnen Gestalten dadurch noch an Schwere und Tiefe daß sie in den Kreis des im eigentlichen Sinn schicksallosen Völkchens treten und ihr verborgenes Schicksal mit den zufälligen Abenteuern der Schauspieler verflechten. Philine und Mignon erhellen und verdüstern sich gegenseitig und Wilhelms Bildsamkeit erscheint gesteigert durch die bloße Tatsache daß er teilnimmt an der süßen Läßlichkeit, der anmutigen Genußsucht des leichten Mädchens und der herben verschlossenen Gewalt, der geheimnisvollen Schicksalsglut des Kinddämons, und daß beide sich um ihn bemühen.

Beide haben gewiß Züge aus Goethischer Beobachtung und aus Gründen der abenteuerlichen Erzählung — gewiß hat Goethe leichte schöne Sünderinnen gekannt wie Philine und man mag der Mignon aus einer geheimnisvollen Reisebegegnung Züge nachweisen, gewiß hat die Lust am Fabulieren und Komponieren auf die Bewegung und Gebärden der Gestalten des Theaterromans eingewirkt: manche Gestalten sind um der Füllung, manche um des Tempos, manche um des Kontrastes willen eingefügt, aber genährt sind sie alle aus Goethes eignem Wesen — die dämonische Sehnsucht die ihn nach Italien getrieben hat, das beinah unterirdische Gefühl des Verhängnisses, die Freude am Spiel, die tätige Tüchtigkeit, alles was in diesen Weimarer Jahren ihn bedrängte und ihm begegnete ist in Gestaltungen dieses Romans zum Vorschein gekommen, auf Gestalten dieses Romans verteilt worden. Die Handlung ist hier allerdings nicht so zugleich mit den Gestalten und dem Erlebnis konzipiert worden wie im Werther: die Komposition ergibt sich nicht so von selbst aus dem Erlebnis Goethes wie im Werther. Die Lust am Fabulieren, der Wille zur Weltdarstellung, zur Kunstübung, ist hier unverkennbar, während der Werther konzipiert ist wie ein lyrisches Gedicht. Aber immerhin stammt dieTheatralische Sendung noch spontan aus der Fülle des Sehens, Wissens und Erfindens, nicht aus der Theorie des Romans, des Epos, unter deren Einfluß später die Verwandlung in die Lehrjahre vorgenommen wurde.

Der Wilhelm Meister ist das erste, ja fast das einzige Werk Goethes in welchem der Wille Menschencharaktere zu sammeln und zu zeichnen wenn nicht der alleinige so doch ein wesentlicher Antrieb der dichterischen Gestaltung ist, und nicht zufällig erscheint darin der große Menschenschöpfer Shakespeare als belebende Macht. Überall sonst sind die Menschen bei Goethe entwederVerdichtungen seiner eignen Kräfte und Gegenkräfte oder, besonders in seinen späteren Jahren, Träger von überpersönlichen Gesetzen oder dekorativen Gedanken. WederWerther und Faust noch dieWahlverwandtschaften und die Wanderjahre sind aus der Menschenbildner-freude geboren, Götz und Egmont, Hermann und Dorothea, sowie die Novellen sind aus Bekenntnisdrang, historischem Stoff und Kunst- oder Lebensgesetzen zu ihren Menschenbildern gelangt, nicht entstanden aus der Anschauung von Menschen und um der Darstellung von Menschen willen: sie geben nicht die Welt in Charakteren, weil sie die Welt gleichsam nur in diesem Medium fingen, wie Shakespeare, sondern sie geben Charaktere, weil sich Leidenschaften oder Zustände oder Gesetze daran am besten zeigen lassen.

Gewiß ist der Wilhelm Meister als Ganzes auch nicht aus der Menschensammlung Goethes geboren, sondern aus dem Bildungsprozeß und seiner Zustands- und Sittenkunde, und zum wenigsten der Charakter des Titelhelden ist nicht als „Charakter", sondern als Bekenntnis-mittelpunkt konzipiert. Aber in keinem andren Werk haben sich Charaktere gegenüber dem Bekenntnisgehalt oder der Lehre oder der Handlung so verselbständigt, und wenn auch in keinem andren Werk Goethes Handlung so über Stimmung und Lehre überwiegt, wie in derTheatralischen Sendung, so ist doch auch in keinem das Menschenmaterial worin und wodurch sich die Handlung vollzieht so mannigfaltig und rund durchgebildet, ohne Transparenz der Goethischen Eigenerlebnisse und ohne Belastung durch den historischen Stoff: nur hier ist die Menschenbeobachtung selbst unmittelbar schöpferisch geworden, und nur hier ist es deshalb nötig die Hauptgestalten dieses an lebendigen Menschenbildern reichsten Goethischen Werks für sich zu betrachten, da sie aus Goethes Seele oder aus Goethes Lektüre, aus seinen Kräften, Stimmungen, Theorien sich nicht allein begreifen lassen, und wir ihre Ursprünge nicht kennen außer durch sie selbst, und nur in dieser Form. Daß Goethe zu diesem Roman geradezu gesammelt hat, wie sonst nie, zeigt eine Brief-äußerung im Hinblick auf die Ausstattung seines Werks: er habe „das Bedeutende der Judenheit nun bald beisammen".

Unter den Charakteren sind viele, die meisten, bloße Milieufiguren, ihr Wesen und ihre Züge fallen zusammen mit den Bedingtheiten ihres Standes und vergegenwärtigen nur, durch verschiedene Temperamente und Begabungen gebrochen und zugleich belebt, das Wesen des Theaters als einer Lebensweise, als eines Berufs und als einer Gesinnung. Wie es keinen Stand gibt der nicht aus bestimmten Anlagen und Bedürfnissen, Eigenschaften und Gewohnheiten sich entwickelt hätte, der nicht die Zustand-, die „Stand"-werdung ursprünglich bewegter Menschenarten wäre, so sind die meisten Menschen der unteren und mittleren Lagen wesentlich die Menschwerdung von Berufszuständen, und nur diejenigen nennen und empfinden wir als „Individualitäten" und „Charaktere" worin die schöpferischen Kräfte unmittelbar Einzelmensch werden, ohne erst durch schon geprägte Allgemeinheiten, Stände, Berufe, befangen oder gar aufgesogen zu werden. In jedem Menschen sind ursprüngliche, noch unvermittelte Kräfte bedingt durch den Kreis worin er lebt oder woher er kommt, aber nur in einzelnen bleibt noch ein Überschuß über diese Bedingnisse hinaus zu selbständiger Gestaltung: eben diese unterscheiden sich von Massen- und Berufsmenschen als „Charaktere", während vielfach uns als Eigenart des Einzelnen erscheint was nur die Auswirkung uns minder vertrauter Berufsbedingungen, nicht einmaliges Menschtum ist.

Ebenso müssen wir bei der Theatralischen Sendung unterscheiden zwischen denjenigen Gestalten die nur Schauspieler- oder Bohème-typen schlechthin sind (und deren ganzer Charakter, so individuell lebendig er uns, weil einem fremden Bereich entstammend, zunächst erscheint, nur die Verkörperung bestimmter Berufsbesonderheiten und nur um dieser willen eingeführt ist) und den magisch einmaligen Menschen und Seelenbildern, den unmittelbaren Visionen Goethes. Einige der Figuren in Goethes Roman sind um des Theater willens da, sind wesentlich Schauspieler, andre sind Urgeschöpfe die auch Schauspieler oder Vaganten sind: nur diese leben in unsrer Vorstellung sofort auf, wenn man an Goethes Bildungsroman denkt, ja sie sind uns als Charaktere deutlicher gegenwärtig als Wilhelm selbst, welcher weder ein beruflich bedingtes noch ein bereits durchgestaltetes Wesen ist, sondern eben seinem Ursprung nach der bildungswillige und -fähige jugendliche Seelenstoff worein sich die bestimmteren Wesenheiten eindrücken, an dem Stände, Charaktere und Schicksale wirken. Er ist das Gegenteil des „Charakters", des Umrissenen: die menschgewordene Empfänglichkeit die nur deshalb nicht ins ganz unbestimmt Leere verläuft, weil ihr ein Streben Zusammenhalt und Richtung gibt.

Unter den Genossen und Liebschaften Wilhelms sind nur vier, durch ihr eigenes volles Menschtum oder durch ihr geheimnisvolles Schicksal, selbständige Charaktere jenseits ihres Berufs, unabhängig von ihrem Beruf: Philine, Aurelie, der Harfner und Mignon. Philine ist nicht die typische lockere Schauspielerin, die Vagantin mit den leichten Sitten, sie ist ein anmutig unverantwortliches, seelisch und sinnlich freies Geschöpf welches die Welt als einen Schauplatz des schwer oder leicht zu erringenden Genusses ansieht, sich geschaffen fühlt Freude zu empfangen und zu spenden, möglichst ohne Gefahr, ohne Pflicht und vor allem ohne Opfer. Mit dieser Anlage und Gesinnung hat sie sich instinktiv dem Lebenskreis zugewandt der ihr innerhalb der Gesellschaft größtmöglichen Spielraum gewährt, wo die sinnliche Freiheit mit dem geringsten Aufwand erkauft wird, wo die Zweideutigkeit ein Reiz und nicht eine Gefahr, wo ihre Not, d. h. ihr Bedürfnis, fast eine Tugend, ihr Charakter ein Gewinn, kein Hemmnis ist: dem Schauspielertum wie es damals geschätzt, bedurft und verachtet wurde. Ihr Leben beruht nicht auf Ehre, sondern auf Genuß, und nur insofern ihr die Ehre den Genuß erleichtert oder erschwert, kommt die für sie in Betracht. Und wie zur Ehre steht sie zu allen Prinzipien worauf die Gesellschaft beruht: Gewinn, Ordnung, Sitte und Pflicht .. sie ist ihnen nicht geradezu feindlich, aber es sind ihr Mittel, als Förderungen, oder Reize, als Widerstände: und so ist auch ihr Schauspielertum nur die Gesellschaftsform worin sie sich dieser Mittel als solcher am lockersten bedienen und diese Reize auf die ungefährlichste Weise erproben kann. Sie ist die holde Genießerin, Verführerin – Hetäre als Wesen, nicht als Beruf, unter der gemäßesten Gesellschaftsform: als Schauspielerin.

Ihr Gegenstück, ja Gegengewicht in dem Roman ist Aurelie: sie bezeichnet sich selbst einmal als eine Deutsche, als welche sie an allem schwer und alles an ihr schwer werde. Philine könnte sagen daß ihr alles leicht und sie allem leicht werde. Ist das Maß und der Sinn von Philinens Leben der Genuß um jeden Preis der ihn nicht gefährdet oder aufhebt, so sucht Aurelie, mit gespannter und selbst krampfhaft gesteigerter Seele, nicht mit gelösten Sinnen und freiem Geist, die Leidenschaft um jeden Preis, sogar um den des Glücks und der Anmut. Leidenschaft ist das einzige Element in dem sie leben kann, in dem sie sich gefällt, und da das tägliche Leben uns die Anlässe zu dem exaltierten Zustand dessen ihre über*spannte Seele bedarf nicht bietet, so spielt sie sich künstlich in Anlässe, Einbildungen und zuletzt Verhältnisse hinein worin sie diesem ihrem Bedürfnis dauernd frönen kann. Das ist Aureliens Weg zum Theater — wie übrigens der Weg vieler Heroinen und Mimen auch noch heute. Die Bühne, das Schauspiel*tum bietet solchen Naturen zugleich den Raum worin sie wenigstens im Bilde ihre stete innere Spannung entladen können, die sonst im bürger*lichen Leben zum Wahnsinn oder zur völligen Aushöhlung führen müßte, und sie ist andrerseits ein Reizmittel das ihnen künstlich und willkürlich die Anlässe zur Exaltation und Spannung gewährt und jederzeit hervorzu*rufen gestattet welche der Alltag versagt.

Aurelie ist die geboren schauspielerische Seele, wenn man darunter solche versteht die eine echte Anlage bewußt hinauftreiben, die erst sind insofern sie sich spielen, erst empfinden dadurch daß sie sich entladen, und die sich wiederum entladen, um sich recht gesteigert zu empfinden. Man nennt solche Naturen heute vielfach „hysterisch", doch ist mit dieser pathologi*schen Einreihung (wie überhaupt mit solchen) wenig ausgesagt über ihren seelisch*menschlichen Umfang und mehr gewisse Begleiterscheinungen als der Kern ihres Wesens getroffen. Zu diesen Begleiterscheinungen gehört das völlige Verschwimmen der Grenze zwischen wirklichem und eingebil*detem Zustand, zwischen Gefühl und Bewußtsein, zwischen erdichteten und gesehenen Tatbeständen, da das Gefühl sich sofort bei ihnen in spie*gelndes steigerndes Bewußtsein, das Bewußtsein sofort in spielendes, ba*dendes, genießerisch wühlendes Gefühl umsetzt. Als Massentypus hat erst das neunzehnte Jahrhundert solche Personen gezeitigt, das eigentliche Jahr*hundert der Schauspielerei wie der Hysterie. In der Literatur erscheinen männliche Partner der Aurelie, welche uns fast wie die Vorwegnahme einer zeitlich*späteren Menschenart anmutet, häufiger und deutlicher als die weib*lichen. Rousseau ist der erste große europäisch*geschichtliche Typus des schauspielerisch*hysterischen Menschen. Das genialische Mannsgegenbild der Aurelie im deutschen Schrifttum ist (neben den Bekenntnishelden aus Romanen Tiecks, der selbst an diesen Bereich streift) Jean Pauls Roquairol im Titan.

In den Wilhelm Meister gehört Aurelie als ein Sinnbild gewisser Wesens*arten aus denen das Theater sich immer wieder speist. Wie die schlechthin genießende Philine außerhalb der gutbürgerlichen Gesellschaft allein im Va*gantentum ihre soziale Daseinsform finden kann und mit heitrem Sinn sich einordnet außerhalb der genußfeindlichen Ordnung, so kann die schlecht* hin leidenschaftliche Aurelie auch nur dort wo sie immer das Außerordentliche und Gespannte spielen und das Spiel überspannen darf sich einigermaßen ertragen. Die bürgerliche Gesellschaft schließt den Daueranspruch sowohl auf Genuß als auf Leidenschaft aus .. das Theater befriedigt, ermöglicht, ja erfordert beide. Für Philine ist das Theater vor allem Spielraum ihrer Sinne, für Aurelie ihrer Seele, Philine wandelt frei und leicht darin umher, Aurelie taucht ungestüm und beladen darin ein — Philine findet darin was sie sucht: Genuß, Aurelie nicht nur gespielte Leidenschaft, sondern wirkliches aushöhlendes und verzehrendes Leid. Aber beide finden im Theater die Gesellschaftsform für ihr besonderes Menschtum, die Tyche ihres Daimon, das Tun für ihr Sein, den Beruf für ihr Wesen.

Der Harfner und Mignon sind noch weiter weg als diese beiden lebendigen Frauen von jeder Berufsbedingtheit. Wir haben schon gesehn daß sie gerade als Einbrüche einer übergesellschaftlichen Welt, als Träger eines geheimnisvollen Schicksals, welches sich weder in der »Société« noch in der »Bohème« auswirken kann, ihren Sinn im Roman haben. Sie treten in den Bereich des Theaters, um dies zugleich in seiner Bedingtheit zu beleuchten und den Roman über einen bloßen Komödianten-roman hinaus zu heben. Sie sind in der Theatralischen Sendung sogar das einzige Element einer solchen Vertiefung oder Erweiterung, erst in der Umarbeitung zu den „Lehrjahren" haben sich weitere Kreise der ursprünglichen Theaterwelt angeschichtet. Der Harfner und Mignon bezeugen sich schon dadurch als übergesellschaftliche, unbedingt im Reich der Seele und des Schicksals wesende Geschöpfe, daß sie die einzigen Gestalten des Romans sind die ihren Gehalt lyrisch äußern. Der gesellschaftlich ganz bedingte Mensch kennt keine Lyrik, oder höchstens Gesellschaftslieder, wie etwa das Lob der Nacht durch Philine. Die Gesänge des Harfners und der Mignon sind aber Urklänge aus den Tiefen in denen sich alle Bedingungen erst bilden, aus dem Chaos von Schicksal, Seele oder Natur woraus sich Stände, Charaktere und Gebilde erst speisen, und sie sind doch zugleich der unmittelbare Ausdruck ihrer Sänger — ein Zeichen für deren übergesellschaftlichen Sinn und Ursprung.

Aber was bedeuten sie jenseits ihres kompositionellen, ihres Bauwerts, als Eigencharaktere, als Menschenbilder? Stammen sie aus Goethes Beobachtung oder aus einem Erlebnis dem Beobachtung nur entgegenkam? Der Harfner und Mignon sind als Schicksalsträger aus derselben Region, aber als Charaktere liegen sie soweit in Goethes Seele auseinander wie nur denkbar. Nur durch die Handlung, durch ihr Tun und Leiden gehören sie zusammen, nicht durch ihr Sein. Der Harfner gehört nur durch sein einziges Schicksal im Roman zu der Reihe eigener und unvergeßlicher Figuren, in den engsten Kreis der selbständigen Visionen die nicht als Bildungsfaktoren oder als Gesellschaftstypen allein Urprungs- und Daseinsrecht in der Theatralischen Sendung haben. Wenn man ihn als Gebärde und Gehaben löst aus dem Geheimnis dem er entstammt und das er mit sich herumschleppt, wenn man ihm seine geisterhaften Schicksalslieder aus dem Mund nimmt, wenn man versucht seinen Charakter außerhalb seines Schicksals zu fassen (was ja logisch erlaubt, wenn auch künstlerisch unmöglich ist und hier nur erwähnt wird, um auf seinen Ursprung in Goethes Phantasie hinzudeuten) so ist er ein alter düsterer, leidender Mann, wie dergleichen als mitleid- oder grauenerregende Figuren durch manchen romantischen Roman wandeln. Alles was ihn hebt, sondert und was ihm Atmosphäre gibt liegt nicht in scharfgesehnen, einmalig und unverwechselbar, unübertragbar herausgeformten, als Geste oder Tonfall sich ausdrückenden Eigenschaften, sondern eben in dem was ihm widerfahren ist, in seinem Schicksal, dem Geheimnis oder Fluch, dem Wunder oder Frevel aus dem er kommt. Sobald sein Schicksal spricht oder gar singt, sind wir in eigener dichterischer Luft, und hier, in einem Schicksalserlebnis Goethes, lag also offenbar der Grund dieser Vision, die er nachher mit Charaktermitteln, da sie unmittelbar in den Bildungsroman nicht einzufügen war, romanfähig machen mußte. Nicht seine Gestalt, nicht seine Eigenschaften, nicht seinen Charakter hatte Goethe erlebt, sondern sein inneres Schicksal, und nur um des Romans willen hat er dies Schicksal in einen Charakter gebannt, in eine Handlung verflochten. Die Substanz des Harfners liegt weder in seinen Eigenschaften noch in der Handlung worin sein Schicksal sich bekundet oder auslöst, sondern in der Atmosphäre die er um sich her verbreitet, vor allem durch seine Lieder.

Es sind allesamt Schicksalslieder, wie das Parzenlied Iphigeniens, hervorgedrungen aus dem Gefühl der sogar sittlichen Abhängigkeit von unbarmherzigen, unerbittlichen Mächten, die als Schuld, Not oder Qual sich der wehrlosen Seele einsenken, ja mit ihr eins werden — es sind die einfachsten und vollsten Klagen eines edlen Herzens das mit dem Verhängnis, mit den Göttern, mit den anerkannten Gewalten seines Lebens auf unergründliche Weise in Widerspruch geraten ist und vergeblich den Sinn seines Daseins, den Mut zum Glauben sucht, das sich verflucht weiß und doch in sich keinen Ursprung und keine Erlösung des Fluchs findet. Es sind Anklagen aus einem edlen Geist der an dem Sinn der Welt durch Leiden irre geworden ist. Von der Iphigenie aus haben wir einen Weg bis zu dieser Stimmung, ja, bis zu diesem Schicksal in Goethes Seele gefunden. Die Harfner-lieder sind nur die letzte Steigerung von Möglichkeiten die in Goethes eignem Leben eine Zeitlang bestanden, als die Wage zwischen Titanismus und Humanität nach der einen Seite wie nach der anderen schlagen konnte. Fluch und Qual hatte Goethe beide nah genug erfahren um sie mit voller Wahrheit in seine Ge= sänge zu pressen .. und es war nur eine Funktion seiner Phantasie, für diese Schicksalslieder einen begründeten Mund, für diesen Mund eine Gestalt zu ersinnen, als er mit dem großen Roman schwanger ging der den Gehalt sei= nes Lebens aufnehmen und distanzieren sollte.

Das Extrem des Fluchs und der Qual fand seinen Träger in einem armen alten einsamen Mann, und lediglich als der Träger des letzten Leids, des traurigsten Geschicks ist der Harfner gedacht, des Jammers ohne die Fülle aus der sich Goethe selbst geheilt, des Fluchs ohne den Segen der dem Götterliebling zugemessen war. In der Weltliteratur ist der arme alte Mann, und zwar besonders der welcher bessere Tage gekannt, immer als der In= begriff des Jammers erschienen, der Not, der bösen Schickung: Hiob, Oedi= pus, Lear sind drei große Sinnbilder dieses Jammers, die seitdem immer wieder die Phantasie beschäftigt haben, und auch vor Goethes Geist als solche schweben mochten. Der arme alte Bettler ist ein traurig häufiges Bild des Alltags (das traurigste vielleicht, denn jede Not von Jüngeren hat nicht das sinnlich Hoffnungslose wie der Anblick der beraubten Lebens= endschaft) und jene mythischen Bilder des Jammers, vielleicht auch eine besondre Reiseerfahrung an der er sich versah, mögen zusammengewirkt haben, um die eignen Fluchzustände Goethes unter diesem einseitig gestei= gerten Bilde zu verkörpern. Das Wichtigste daran sind die Fluchzustände, nicht die fast requisitenhaft romanartigen Züge ihres Trägers und die be= sondre abenteuerliche Romanhandlung an welcher sein Schicksal sich voll= zieht .. denn Handlung ist mit Schicksal sowenig und soviel identisch wie der Leib mit dem Leben. Der Harfner als Charakter und als Handlung ist eine pure „Roman"figur, als Schicksal ist er eine dichterische Vision. Seine Schicksalslieder sind nicht ihm in den Mund gelegt, vielmehr ist er dichterisch erst durch sie motiviert, d. h. entstanden, einerlei was sein Romanwert, sein Kompositionszweck, sein Sinn in der Handlung ist, einer= lei wie er verwandt wurde, nachdem er entstanden war.

Ganz anders ist es mit Mignon. Mignon ist vor allem als Gestalt, als innerer Zustand, als Haltung, Gebaren, Gesinnung erfahren und von ihrem Herzen aus einmalig durchgefühlt bis in die Fingerspitzen, und dies ihr So= sein und Nichtanderssein bestimmt nicht nur ihr Schicksal, sondern ist es. Das Schicksal des Harfners ist autonom und könnte auch einen andren Körper, eine andre Seele, eine andre Handlung ergreifen, gleichsam an= stecken, als grade den Harfner. Mignons Schicksal ist an dieses eine Sein gebunden und eines mit diesem Geschöpf. Ihre Gestalt — weder einfach ersonnen noch die bloße Umdeutung eines Modells, vielmehr eine wirkliche Vision, gleich frei schaltend mit den Elementen der Seele wie mit denen der Außenwelt und jenseits aller dichterischen Absicht — ist die einzige wirklich „inkalkulable Produktion", ein Einfall von oben, mehr als die übrigen Erfindungen des Romans, welche wir alle (wenigstens innerhalb der Grenzen wo Kunstgebild als Lebensausdruck deutbar ist) aus Goethes Erlebnissen, Erfahrungen, Kunstwillen und Bildungsstoffen w e r d e n sehen, ja als mehr oder minder bewußte Verkörperungen der uns bekannten Goetheseele erkennen. Aber Mignon ist einfach da, und bei keiner zweiten Gestalt in Goethes gesamtem Schaffen ist das Sein so unbedingt, so wenig als ein Werden wahrnehmbar, so schlechthin herrische Gegenwart, so selbstgenugsame, d. h. unbegründete und der Begründung aus Kunst und Leben so wenig bedürftige Wirklichkeit.

Das einfache Dasein, der Einfall von oben, das unbedingte Geschenk des Himmels, die hinzunehmende sich aufdrängende Schau, die wie im Traum Leib und Namen hat, ohne daß wir wissen woher und warum, das „Irrationelle" „Inkommensurable" „Unerforschliche" das Dichtung erst zur Dichtung macht, ist ja fast überall in Goethes Kunst, aber es liegt bei ihm viel mehr in der Sprache oder in Stimmungen oder in der Weltschau als in seiner Menschenschau, deren Vermittlung durch ein Unvermitteltes wir fast überall nachweisen können: so unmittelbar gegenwärtige, durch sich selbst aus Gott lebendige Geschöpfe wie Shakespeare, grundlos und unergründlich seiende und wesende, hat Goethe außer Mignon keines gebildet. Er erlebte seine Welt nicht von vornherein in Menschen, wie Shakespeare, sondern in Zuständen, Räumen, Gesetzen — und die verkörperte er, setzte er um, verdichtete er, mehr oder minder spontan, in Menschenbildern, als Medien, Gleichnissen, Sinnbildern, Mythen, Allegorieen seiner Grunderlebnisse. Nur Mignon hat als Gestalt schon, nicht etwa nur durch das darin ausgedrückte Erlebnis, die Urwirklichkeit, die Wesensdichte, als stamme sie nicht aus der Goethischen, sondern aus der Shakespearischen Schöpfungszone, aus der die Visionen gleich als Menschen heraufgeholt werden ins Licht, ohne erst eine Zwischenzone der Menschwerdung zu durchdringen. Der Mignon allein unter den Goethischen Gestalten haftet kein Werden an, sie ist schlechthin und bei keiner andren Gestalt sind daher die gerade in diesem Fall anekdotisch so ergiebigen Modellschnüffeleien so durchaus unfruchtbar. Alle Beobachtung, alle Treue des Nachzeichnens wäre nicht im Stand Mignon die dichterische Traumwirklichkeit zu geben die ihr Wert, ihr Wesen und ihr Geheimnis ist, und ebensowenig ist ihre Lebendigkeit zu erklären aus bloßen Bekenntnissen: sie ist wirklich und unbegründet wie ein Traum.

Unnahbarkeit und Undurchdringlichkeit, nicht nur für ihre Mitgeschöpfe, sondern auch für uns ist ihr wesentlich eigen — sie bewegt sich zwischen ihnen und uns als ein Dämon in Kindsgestalt, fähig wohl aller unsrer Triebe, aber darüber hinaus einem nicht irdischen oder nicht seelischen Gesetz untertan, das als Fluch, Geheimnis, Hemmung, Wahnsinn in unsrer Seelenwelt erscheinen muß, eine wahre Einigung mit Menschen unmöglich macht, und sie unter Menschen als Verbannte weilen läßt, mit unbezwinglicher Sehnsucht aus dieser Verbannung heraus. Diese absolute Dämonen-sehnsucht (weniger nach etwas, als von etwas) deutet sie, menschlich verhaftet, bald als Liebe zu einem erlösenden Menschen, bald als Drang nach einem schöneren Land, bald als Aufschwung in die unbedingte Urheimat.

Alle Lieder Mignons sind nur die Ausbrüche dieser dämonischen Sehnsucht, welche zugleich Druck eines Geheimnisses und Drang aus einer ungemäßen Welt ist. Wie die Harfner-lieder Schicksalsgesänge, sind die Mignon-lieder Sehnsuchtsgesänge. Ihr Geheimnis kennt sie nicht, sie fühlt es bloß, sie ist ein Dämon und kennt sich nur als Menschen-Kind — daher ist sie unter Menschen nirgends recht zu hause, weiß nicht warum und möchte es doch gern sein, sucht Erlösung auf menschliche Weise und kann sie auf diesem Weg nicht finden, bis sie ihre Menschenform zersprengt durch das Unmaß der in ihr eingepreßten Dämonenkräfte, welche sich menschlicherweise eben als maßlose Sehnsucht äußern müssen, als Liebesleidenschaft, als Heimweh, als Todesahnen. Ihre Lieder sind Dämonengesänge aus Menschenmund und ergreifen durch diesen unheimlichen Doppelsinn, das schwermütige Schweben zwischen ihrem wahren Ursprung und den bloß menschlichen Motiven wodurch er laut wird, die unnahbare Ferne und Fremde ihres Gehalts und die leidenschaftliche Glut und Innigkeit ihres Tons, der jene Fremdheit überwinden möchte, ihr Geheimnis, das um das Dämonentum webt, und ihre Fülle, die aus der Menschlichkeit quillt. Sie sind zugleich entrückt und beladen. Sie ist ein Doppelgeschöpf, und ihre Zwiegeschlechtigkeit oder vielmehr Ungeschlechtigkeit ist nur das menschliche Zeichen daß sie der nicht mensch-leiblich bedingten Welt entstammt, die sie in ihrem rätselhaften Abschiedsang heranruft. Dämonen sind wie Engel geschlechtslos, gehen sie aber in Menschenleiber, in zu enge Menschenleiber ein, so ist das Geschlecht für sie zugleich Wahn und Verwirrung. Als Dämon leidet sie an allen Menschenschranken in die sie eingehen mußte, und dazu gehört auch das Geschlecht. Ihr Dämonentum kann sie nur leidend in Menschenformen, d. h. als Leidenschaften, ausleben, aber nicht diese Formen sind ihre Substanz.

Freilich von diesen Formen aus hatte Goethe einen Zugang zu dieser Vision, konnte er sie sich menschlich warm, zutraulich, selbst bekenntnishaft machen, ohne ihr Geheimnis, das für ihn so undurchdringbar blieb wie für uns, zu lüften. Aber es wäre ein Mißverständnis, wenn man etwa Mignon nur als Verkörperung der Goethischen Sehnsucht, diese Sehnsucht als ihren Ursprung erklären wollte. Von seiner Sehnsucht aus hat er die dem Menschtum zugewandte Seite des Dämonenkindes beleuchtet, angeglüht und ihre Lieder nicht geschaffen aber gespeist mit eigenen Gefühlen. Doch die ursprüngliche Vision, die er nicht suchte und ersann, die sich ihm traumhaft aufdrang, ist die des unter Menschen, ja in Gesellschaft verbannten, zu Leib, Geschlecht, Raum und Zeit, zu Werk und sogar Beruf verurteilten Dämons, der sich schlechthin sehnt — sehnt nach Liebe, Aussprache, Heimat, Jenseits. Wie solche Sehnsucht leiden macht das zu sagen war Goethe gegeben aus Eignem, wie keinem zweiten .. aber das Geheimnis der Herkunft und Verbannung aus der diese Sehnsucht sich emporringt, das ließ er uns verschlossen, weil es ihm selbst zwar sichtbar, daher auch als Mignon‑wesen gestalthaft und gestaltbar, aber nicht erklärbar war. Mit dem Harfner gehört Mignon eben dadurch und nur dadurch zusammen daß sie beide, der eine durch Schicksal, die andre durch Wesen, nicht in die Welt und Form gehören worin sie leben müssen. Dies gemeinsame Negative verbindet sie: beide stehen unter einem Fluch der jenseits ihrer Seelen liegt, nur daß er sich beim Harfner durch sein Leben, bei Mignon durch ihr Wesen bekundet. Den Fluch beider kannte Goethe, als menschliches Leiden, das menschlichen Ausdrucks bedürftig und fähig, aber seiner Herkunft, selbst seinem Sinn nach für den Menschengeist transzendent, unerforschliches Geheimnis, hinzunehmendes Verhängnis sei.

Die vier Gestalten Philine, Aurelie, Harfner und Mignon sind außer der Wilhelm Meisters selbst, obwohl unter sich verschiedenen Seelenschichten angehörig, in der Theatralischen Sendung die einzigen Gestalten höheren Stils die ihr spezifisches Leben dem Sinn für Charakter, Individualität oder besondres Schicksal des Einzelwesens verdanken. Auf einer tieferen Stufe könnte man noch dahin rechnen die Theater‑prinzipalin Retti und ihren Liebling Herrn Brendel. Doch was an ihnen als Individualität wirkt ist bei näherm Zusehn nur die Verzerrung und charakteristische Enge womit sie sich von der ausgeglicheneren und in einem weiteren seelischen Raum verteilten Gesellschaft abheben als Pöbel. Verzerrte Typen sehen persönlicher, eigenartiger aus, und treffen infolge dessen die Einbildungskraft heftiger als rund ausgeglichene .. und in guter Gesellschaft wird ein närrisch geputzter, unanständiger oder betrunkener Geselle als die „Individualität" wirken, durch sein bloßes Anders-sein, durch sein Herausfallen. Die beiden „possenhaften Intermezzisten" Madame Retti und Brendel sind denn auch mehr durch ihre Abgrenzung nach außen, durch ihre Relation zu den andren, d. h. durch ihre Wirkung Charaktere, als durch ihr inneres Wesen: es sind Komödien- und Komödianten-typen, die das Theatermilieu nach unten hin abschließen, wo es in die Misère und die Lumperei übergehend aus der Welt des Scheins, des Strebens und der Bildung, der Kunst oder selbst noch des Genusses in die gemeine Notdurft des völlig entgeisteten Alltags sich verliert. Auch diese beiden sind — so gut wie alle andren außer jenen fünf von der Seele oder dem Schicksal aus geschauten Gestalten — aus ihrem Beruf oder Milieu, als Berufstypen, nicht als Seelen- oder Schicksalsträger zu nehmen.

Ihnen am nächsten steht das Ehepaar Melina: sie sind vom Theater als einem bloßen Geschäft und leichtsinnigen Betrieb bestimmt, ohne höhere Bildungsideen damit zu verbinden, ohne Pflicht- und Ehrgefühl, verhaftet im Alltag ihres Berufs, der für sie mehr ein notwendiges Übel als die Anwendung ihres Menschentums bedeutet, im dürftigen oder genüßlichen Augenblick kurzatmig und kurzsichtig umhertappend, von Stimmungen und kleinen Begehrlichkeiten bewegt, von kleinen Nöten und Freuden gedrückt oder geschwellt, übrigens keine entarteten, verzerrten oder niedrigen Menschen, leidlich hübsch, leidlich gescheit, leidlich gutartig, nur ohne jeden Schwung und ohne Seelenkraft, geborene Philisternaturen, die nur durch eine jugendliche Wallung, wie sie auch gewöhnlichen Geschöpfen widerfährt, aus der bürgerlichen Bahn in die Bohème geraten sind. Ein typischer Weg ins Abenteuer, ins Theater wird durch ihren Lebensgang gezeigt: der negative, aus Unfähigkeit oder Ungeschicklichkeit im geordneten Bürgerleben, nicht aus einer positiven Anlage oder Leidenschaft heraus. Das Ehepaar Melina stellt diejenige Art Schauspieler typisch dar die sich aus mißglückten oder deklassierten Bürgern rekrutiert, für die das Theater nur der notwendige Ersatz einer geordneten Welt ist: den Bohémien als negativen Spießer.

In denselben Bereich gehört, nur mit mehr Liebreiz und sinnlicher Fülle ausgestattet, Marianne, Wilhelms erste Geliebte. Sie vertritt die Bohème-wirtschaft des Theaters in Liebesdingen, nicht wie Philine aus einer positiven hetärenhaften, mit Kunst und Eigen-sinn, ja mit seelischer Freiheit und Überlegenheit verwirklichten Anlage, sondern aus Schwäche, liebenswürdiger Weichheit und molliger Schlamperei, also aus Negationen. Sie ist im Grund ein harmloses Bürgerkind, ein unbedeutendes „süßes Mädel" das verführt und entgesellschaftet ist, ein bloßes Opfer — und sie wird zur

Schauspielerin, und als solche zur Buhle, als deklassierte Bürgerin. Was bei Philine ursprüngliche Menschenart und eigner Charakter ist, das Dirnentum, kommt bei Marianne aus verfehltem Leben, und neben der geborenen Verführerin Philine, die zur Bohème kommt als einem Beruf den sie beherrscht und übersieht, ist sie die gewordene Verführte, die dem Beruf unterliegt und von ihm aufgesogen wird.

Mit Serlo und Laertes erst treten wir in den höheren Kreis ein wo das Theater zwar noch als Beruf die Menschen bedingt (nicht als eine mögliche Erfüllung urmenschlicher Anlagen und Bedürfnisse benutzt wird, wie von Philine, Aurelie und Wilhelm selbst) aber doch eine positive Welt, nicht bloß die Negation des bürgerlich geordneten Lebens, nicht ein notwendiges Übel für sie bedeutet. Für Serlo ist das Theater durchaus ein tüchtiges edles Handwerk, und er lebt und webt darin als kluger Praktiker, der Theaterdirektor dem es nicht gerade um Geist und Bildung dabei zu tun ist, aber doch immerhin um eine erfreuliche Kunst und ein achtbares Geschäft. Er hat eigene Ehr- und Pflichtgefühle und -begriffe vom Theater und fürs Theater, nicht gerade wie sie der geistige oder religiöse Mensch vor Geist und Gott fühlt, aber wie sie der anständige Kaufmann und Beamte vor Publikum und Behörde kennt, von denen er Geltung und Würde, Gewinn und Erfolg empfängt. Er hat ein rein berufliches, nicht eigentlich urmenschliches Würdegefühl, wie es aus Zwecken, nicht aus Idealen stammt. Er vertritt wesentlich die praktisch-positive, die beruflich handwerkliche Seite des Theaters, mit Tüchtigkeit und Lauterkeit. Durch ihn grenzt das Theater an die bürgerliche Welt, nicht wie bei Marianne, Melina, Retti, Brendel, als Aufhebung, sondern als Ergänzung der bürgerlichen Ordnung vermittelst geistiger, beruflich zu verwendender Kräfte.

Laertes ist der Vertreter des Theaters als eines Bildungsbereichs und er steht dadurch von der ganzen Theatergesellschaft sowohl seiner Gesinnung als seinem Sinn nach am nächsten bei Wilhelm selbst: er ist zum Theater wohl gekommen aus einem gewissen Trieb zu freierem poetischerem Leben, wo man geistige Interessen als Beruf treiben kann, er ist Berufschauspieler weniger um der Rollen als um der Stücke willen. Übrigens ist er nur skizziert, und da eben Wilhelm der geistige Mensch in und zugleich über dem Theatermilieu ist, so kommt dem geistigen Schauspieler, nur um des Milieus willen vorhanden, keine besondre Stelle zu. Laertes ist ein wohlgeratener temperamentvoller junger Mann ohne wesentliche Eigenzüge die durch seinen Beruf unterstrichen oder verwischt würden, ein junger Acteur mit geistigen Zügen, wie Wilhelm Meister ein geistig strebender Jüngling mit theatralischen Aspirationen ist.

Sind in der Theatralischen Sendung schon die Vertreter des eigentlichen Theatermilieus nicht so sehr Eigenseelen als Berufstypen, und ist ihr Menschtum, mit jenen vier Ausnahmen, entweder schattenhaft oder nur vom Beruf aus gezeigt, so gilt dies noch mehr von den Mitgliedern der Gesellschaftskreise welche, mindestens im Ur-Meister, nur als Gegensatz oder Folie der Theaterwelt erscheinen. Sowohl die Eltern Wilhelms als Werner, strebsame, tüchtige, verständige, nüchterne, mehr oder minder läßliche Bürger, sind nur Träger von typischen Zügen ihres Standes, und die Angehörigen des Adels sind nur Standespersonen mit den allgemeinen Zügen des Höhergestelltseins, und zumal ihre dem Theater zugewandte Seite, das Gönnertum, ist beleuchtet, in verschiedenen Schattierungen woran allein man, über den Stand hinaus, gewisse Temperaments- oder Wesens-eigentümlichkeiten wahrnehmen kann .. auch die Sonderbarkeiten des Grafen sind kaum fähig ihn bis zum eigenen Charakter, über sein Grafentum hinaus, zu verdeutlichen: er wird beschrieben und nicht gebärdet, nicht gestaltet, und auch nach den Schrullen die man von ihm erfährt, und die mehr der Abenteuerhandlung als der Charakterzeichnung dienen, weiß man über ihn nicht mehr als in den Sätzen steht womit er eingeführt wird: „daß er ein Herr von großen Kenntnissen und vieler Welt war. Er hatte viel gereist, und man sagte von ihm, er habe in allen Dingen einen entschiedenen Geschmack. Die wenigen Sonderbarkeiten, mit deren Geschichte man sich von ihm trug, kamen nicht in Betrachtung." Er ist ein Herr von Stande, der nebenbei gebildet und beschränkt, gütig, eigensinnig, abergläubisch ist, ohne daß diese Züge ihn zu einem eigenen Wesen machten.

Eine etwas andere Dosierung verwandter Eigenschaften, die ebenfalls mehr am Stande haften als der Stand an ihnen, bezeichnet den literarisch dilettierenden Baron, und vollends der Prinz und die Seinen erscheinen nur unbestimmt von ferne als die Träger allgemeiner vornehmer Gesinnung und guter Manieren. Es ist als habe Goethe selbst an Wesen dieser Sphäre keine andren Forderungen gestellt als daß sie eben Träger ihres Standes, der Vornehmheit, des gebildeten, leutseligen Wesens seien, da sie schon ohne individuelle Einzelseele, ohne Charakter im engeren Sinn dann einen selbstgenugsamen Wert, auch Bildungswert, repräsentierten. Mindestens kam es bei den Wesen höherer Stände nur darauf an daß der Einzelne den Forderungen dieser Höhe genüge, die sich nicht auf Individualität sondern auf Sozietät, nicht auf Begabung sondern auf Gesinnung, nicht auf Gefühl oder Leistung sondern auf Haltung, nicht auf Tiefe sondern auf Anmut, Eleganz, Schönheit, nicht auf das innere Sein sondern auf das äußere Erscheinen, nicht auf seelischen Gehalt sondern auf sinnliche Ordnung und Form beziehen. Der

Einzelne mochte sein wie er wollte — und Goethe bemerkte wohl die Sonderbarkeiten der einzelnen Standespersonen, aber er bewertete sie nicht als solche, wenn sie nur nicht unter das adlige Gesamtniveau heruntersanken, oder durch ihre bloße Individualität das vornehme Gefüge zerstörten. Denn wenn in den unteren Ständen der Wert erst in der Individualität ruht, in der Leistung, der Persönlichkeit, so bilden die hohen Forderungen die Rang oder Adel als solche an Würde, Haltung und Gesinnung ihrer Angehörigen stellen, durch sich schon einen Wert, und wer diese Forderungen standesgemäß erfüllt, bedarf gar keines individuellen Zuschusses oder Überschusses mehr. Hier ist ja der sittliche Anspruch (noblesse oblige: für Goethe nicht nur ein gesellschaftlicher, sondern auch ein sittlicher Anspruch) schon so hoch gespannt, daß man schon etwas sein muß, um nur ihm zu genügen. Adel, so gefaßt, ist für Goethe ebenso sehr Pflicht als Recht, und wer ihn als Pflicht erfüllt, ist berechtigt sich eigner Individualität zu entschlagen, ist eigener gesonderter Leistung überhoben. Wer die mit dem Stand eines Königs gegebnen Pflichten nur richtig aus-füllt, muß bei der Höhe dieser Pflichten, schon wenn er nichts als ein richtiger König ist, wenn er ganz in seinem Stand aufgeht, einen Wert haben der ihn der Forderungen an persönliche Eigenart überhebt. Bei den höheren Ebenen ist Wert und Anspruch »darauf bleiben« nicht »sie überragen« und je höher die Bluts- und damit Pflichtenstufe ist der einer angehört, desto weniger braucht er sich durch individuelle Leistung hervor-zutun, bemerkbar zu machen, desto mehr ist er nur Träger der Ordnung, Zeichen der Ordnung, desto mehr beruht sein Wert auf dem Ganzen dem er würdig angehört.

So hat Goethe etwa die gute Gesellschaft empfunden, seitdem er in Weimar mit ihr zu tun, sich mit ihr abzufinden hatte, und den Niederschlag dieser Empfindung sehen wir in der Art wie die Angehörigen des Adels in seinem Gesellschaftsbilde gezeichnet sind. Auch die adligen Frauen in der Theatralischen Sendung haben keine eignen Gesichter .. sie sind mehr eine Atmosphäre gütigen und anmutigen Daseins als bestimmte Personen mit solchen Eigenschaften. Erst in den Lehrjahren hat Goethe versucht sie in dieser allgemeinen Atmosphäre zu Personen zu verdichten und zu umreißen, auch hier nirgends mit dem Erfolge wie bei den Geschöpfen der niedrigeren erdnäheren Schichten, bei welchen die Personen als solche oder als Leistung oder als Beruf sichtbar werden mußten, um zu sein, wo der Charakter nicht aufgehoben war in einem Niveau. Der Adel ist an sich minder bedingt durch Charakter und Beruf als das Bürgertum oder die Bohème und dadurch auch minder charakteristisch, die Frauen sind immer noch minder bedingt als die Männer: darum sind die adligen Frauen in der Theatralischen Sendung bloß schöne Schemen, die uns Kunde geben von einer sehr deutlich erlebten Atmosphäre, aber nicht von deutlich erlebten Individualitäten.

Den Übergang zwischen der Bohèmewelt und der Adelswelt bildet — außer dem all-empfänglichen Wilhelm selbst, der ihn von innen mitmacht — als äußere Verkörperung Jarno, der Sekretär des Grafen, beinah der einzige vom Geist, nicht vom Schicksal oder Beruf aus individuell durchgestaltete Manns-charakter des ganzen Romans. Er ist Mann des überlegenen Verstandes, in keiner der beiden Welten befangen, in die Theaterwelt mit reifer Bildung und Kritik hineinreichend — er vermittelt ja Wilhelm die entscheidende Bekanntschaft mit Shakespeare — an der Adelswelt beteiligt durch Stellung und Tätigkeit, nirgends gebunden, überall bedurft, die Welt aber als Schauplatz seiner Person überblickend, welche wesentlich auf der Anwendung des Verstandes, der bei ihm vorherrschenden, ja fast allein ausgebildeten Seelenkraft beruht. Jarno gehört zu der Reihe der mephistophelischen Charaktere — womit mehr ein Vorherrschen des Verstandes über die andren Seelenkräfte und allenfalls eine gewisse Lieblosigkeit als ein eigentlich böses oder satanisches Wesen bezeichnet wird. Er ist der nirgends, weder seelisch noch pflichtig, sich hingebende Beobachter, Kritiker, Überblicker der Menschenarten und des Welttreibens, vom „Egoisten" durch seinen freischwebenden Verstand selbst unterschieden, da er nichts für sich begehrt als eben die Freiheit des Verstands und des Beobachtens. Er ist kalt, aber nicht bös, er hat keine Liebe, aber er hat Gewissen, als einer der die Dinge nicht nur nutzen, sondern erkennen will .. er ist daher der geborene Forscher, und erscheint später mit Recht in den Wanderjahren als der menschenferne Montan, der nur noch forscht und unter den Naturerscheinungen und -gesetzen sich allein zu Hause weiß. In der Theatralischen Sendung hat er diese letzte Folgerung seines Verstands noch nicht gezogen, und der Forsch-bereich seines Verstandes sind noch die Menschen und ihre Künste. Jarno hat einige Züge von Merck angenommen, und auch dieses scharfkantige Modell des allverständigen, ebenfalls durch seinen Geist über- oder zwischen-sozialen Beobachters mag seiner Deutlichkeit und Gestalthaftigkeit zugute gekommen sein. Wie Jarno in der Theatralischen Sendung den Übergang zwischen Bohème und Adel bildet, wie er Wilhelm auch ästhetisch die Welt erst zur Welt erweitert durch die Vermittlung Shakespeares, so bildet er auch den Übergang von der Theatralischen Sendung zu den Lehrjahren — worin Wilhelms Bildung aus unwillkürlichen Abenteuern und Leidenschaften fortgesetzt wird auf einer höheren Stufe, und durch bewußte Lenkung geistig überlegener Menschen. Von diesen ist Jarno der erste der ihm wirksam begegnet, gleichzeitig mit der noch ahnungsvoll fernen adligen Welt der Gräfin und Nataliens, und der einzige der ihm schon in der Theatralischen Sendung begegnet. Jarnos Verstand ist das erste bewußte Bildungsprinzip das an Wilhelm arbeitet und auf ihn wirkt. Mit Jarno schließt seine enge Theatralische Sendung ab, und beginnen seine Lehrjahre zu allgemeiner Menschenbildung in weiterer Welt.

ITALIEN

DIE Selbstbeschränkung hatte Goethe in den zehn Weimarer Jahren gelernt.. die Selbstgestaltung wie er sie bedurfte und sich dachte hatte er noch nicht errungen, wenn auch die Liebe zu Charlotte von Stein ihn auf dem Weg dazu gefördert hatte. Sein Gewinn an Übung und Erkenntnis war erkauft mit einem Verzicht auf freie Ausgestaltung seines Genies und seiner Natur, auch konnte ihm die zunehmende Sicherheit der Welt gegenüber, die Herrschaft über die Dinge nicht die Gefahr verbergen daß der Kern seines Wesens verkümmern müsse, wenn er, verbraucht und zersplittert durch die Beherrschung eines mannigfaltigen, aber im Grund kleinlichen und seinen Schöpferkräften unangemessenen Sachenkreises, nicht durch große Welt, durch einen weiten Horizont und die Anschauung einer gesteigerten Wirklichkeit regeneriert würde. Wie wenig er seines Genies und Titanentums entwöhnt war, trotz aller Selbstzucht, zeigen die Konzeptionen der Iphigenie und des Tasso. Was er in Weimar gefunden hatte war Mannigfaltigkeit, Übersicht und Praxis, was er noch immer bedurfte war Schönheit und Großheit. Im Bedürfnis nach Schönheit hatte er Charlotte vielleicht überschwänglich gehuldigt – seinen Wunsch nach Großheit konnte er, der Sinnen- und zumal Augenmensch, nicht aus der Historie oder Phantasie befriedigen, und je mehr er in Weimar gelernt (und verlernt) hatte was dort zu lernen war, desto unerträglicher wurde ihm das Mißverhältnis zwischen seinen dunklen Schöpferkräften und der Umwelt aus welcher er sie speisen, woran er sie betätigen mußte.

Er hatte nach zehnjährigem Aufenthalt in Weimar nichts mehr zu lernen, nur noch zu verlieren. Die geschäftliche Routine hatte er sich erworben, das „Bedeutende" der Gesellschaft begriffen und eingeordnet (Wilhelm Meisters Theatralische Sendung ist schon ein Beweis für den früh erworbenen Umblick) die Wege in die Naturwissenschaften hatte er sich bereits nach vielen Richtungen hin gebahnt: es konnte sich für ihn jetzt nur um Verarbeitung der reichlich gesammelten Erfahrungen, um Erreichung der erkannten Ziele handeln, und da stockte er auf allen Seiten. Er hatte gerade in Weimar gelernt was Außenwelt eigentlich sei, im Gegensatz zum inneren Menschen, welche Aufgaben sie stelle und welcher Mittel er zu ihrer Bewältigung bedürfe. Er hätte sich bei dieser Erkenntnis und Übung beruhigen können, wenn er ein wesentlich philosophisch kontemplativer oder ein wesentlich praktischer Mensch gewesen wäre. Aber er war weder auf Erkenntnis um der Erkenntnis, noch auf Tun um des Tuns willen gerichtet. Ihn unterscheidet von seinen sämtlichen deutschen Zeitgenossen (für welche ein Milieu und eine Stellung wie die Goethes in Weimar zu ihrer Ausbildung und Zufriedenheit gereicht hätte) daß er ein bildnerischer Mensch großen Stils war. Damit ist gesagt, einmal daß er einen Trieb nach Gestaltung großer Eindrücke hatte, entsprechend der starken Bewegung seines Innern, und sodann daß er großer Schau von außen bedurfte. Er konnte, nach der Weimarer Erziehung zur Objektivität, nur um so weniger eine Traumwelt aus seinem Innern hervorspinnen. Mehr wie je bedurfte er der Kontrolle und Bestätigung seiner Gesichte durch die Außenwelt, mehr wie je verlangte er von sich ein objektiv gerechtfertigtes Weltbild.

Die großen heroischen Entwürfe seiner Jugend waren gespeist aus seiner mächtigen Selbstigkeit allein und empfingen ihren großen Stil aus der Neuheit des Eindrucks welchen der Zusammenprall mit der Wirklichkeit auf eine so große Seele üben mußte. Diese unbedingte Aussprache seines Ich hatte der Weimarische Goethe sich selbst versagt.. die Wirklichkeit als ein Ganzes, dem Ich Gegenüberstehendes, war ihm zu vertraut geworden: aus diesen beiden Quellen konnte für ihn also der Strom großen Schaffens nicht mehr fließen. Solange Goethe an und in den Weimarer Umgebungen noch zu lernen hatte, war er beschäftigt, und über der Aneignung des neuen Weltstoffs kam ihm nicht die Kluft zwischen seinem Ich und dieser Welt zum Bewußtsein. Sobald er ihn sich angeeignet hatte, überfiel ihn eine tiefe und stetig wachsende Unbefriedigung, eine neue Form des faustischen Hungers. Auch Weimar war kein Augenblick zu dem er sagen konnte: »Verweile doch«.

Nicht mehr im Stand mit der bloßen Auswirkung seines großen Ich sich zu begnügen, und in Weimar bei der Suche nach großartigen Massen und Maßen, wie sie seinen Kräften entsprächen, erfolglos, auch von seiner Liebe nicht gesättigt und ausgefüllt, nur gemäßigt und beschwichtigt, von seiner Wissenschaft nur ins Weite gewiesen aber nicht gehoben, von seiner Praxis beschäftigt und geschmeidigt aber nicht gesteigert, als Dichter reich an Konfliktstoffen aber ohne Lösung, als bildender Künstler sich abmühend an idyllisch engen Gegenständen und in dumpfer Technik, richtete Goethe ungeduldig den Blick nach einer Wirklichkeit die zugleich wahr und weit, groß und geformt, natürlich und gehoben sei .. die mit runder Gegenwart der Objekte zugleich den Forderungen einer hohen Seele und anspruchsvoller Sinne genüge. Als eine solche Welt schwebte ihm seit seiner Kindheit Italien vor, insbesondre Rom. Was ihn nach Italien trieb, mit einem Fieber, daß er „zuletzt kein italienisch Buch oder Bild mehr ohne Qual ansehen konnte", war der unerträglich gewordne Widerspruch zwischen seiner großen Seele und seinen engen Umgebungen. Dieser Widerspruch machte seine Seele ungeduldig bis zur Verworrenheit, wenigstens verlor er die Sicherheit, da er nicht mehr wußte was er mit seinen Kräften anfangen sollte. Zuviel können für eine gegebne Situation ist kaum weniger verwirrend als zuwenig können, zu deutlich sehen stört die Klarheit fast ebenso wie zu trüb sehen, und so dürfen wir uns nicht wundern, wenn wir in den Monaten vor der Flucht nach Italien fast denselben Klagen über Wirrsal und Dumpfheit wieder begegnen wie in der Werther=zeit. Was Goethe in Italien zu finden hoffte, war also zunächst wieder Gleichgewicht zwischen großen Forderungen und großen Gegenständen, großen Stil alles Sichtbaren, eine weiträumige und formenreiche Natur, mit klaren Umrissen und eine Kunst die den Menschen unverschnörkelt und unverschnürt in edlen Maßen und freier Haltung als vollkommene Gestalt in Ruhe und Bewegung darstelle, sodann ursprünglichere, sinnlich bedeutsamere und gefälligere Sitten und Typen, eine Kultur die sich nicht im Kampf gegen die Natur, sondern mit und an ihr entwickelte.

Was Goethe nicht, oder wenigstens zuletzt in Italien suchte (was jedoch der durchschnittliche deutsche Reisende jener Tage, seinen Archenholtz in der Hand, zumeist dort suchte) waren geschichtliche Erinnerungen mit mehr oder minder empfindsamen Gedanken über Vergänglichkeit — das was Jakob Burckhardt Ruinen=sentimentalität nennt, ferner politische oder soziale Vergleiche und Werturteile, oder literarische, schöngeistige und ästhetisch philosophische Reflexionen. Anschauung suchte Goethe, nicht Gefühl oder selbst Erhebung .. Anschauung: das war für ihn die Einung von Ich und Welt: im Auge setzt sich das Sehende, das Ich, mit dem zu Sehenden, der Welt, ins Gleiche. Und seinem sonnenhaften Auge fehlte in Weimar die entsprechende Gegensonne. Sein Auge war ein Gefäß das erst in Italien bis zum Rand mit Welt gefüllt werden konnte.

Was Goethe nach Italien an positiven Mitteln zur Bewältigung der neuen Welt mitbrachte — außer dem Negativen: der Sehnsucht, dem Bedürfnis, der Forderung — war zunächst eine vollkommen ausgebildete Sinnlichkeit, besonders des Auges, als seines Zentralsinnes, des seinen Gesamtleib repräsentierenden Organs, zugleich weit umfassend, tief dringend und fein empfänglich, dann eine zarte und starke Innerlichkeit, fähig jeden äußeren

Eindruck in die Tiefe zu leiten und in neues Leben zu verwandeln, Anschauungen in Erlebnisse und Empfindung umzusetzen, jedes Sinnenmaterial seelisch zu bewältigen, endlich eine sichere und helle Geistigkeit, voll Ordnung in den Begriffen und unfehlbarem Unterscheidungsvermögen für das Wesentliche und Zufällige, für das Echte und Falsche, für Ausnahme und Regel, für Typus und Besonderheit, für Subordination und Koordination. So ausgestattet als Künstler, Dichter, Forscher kam er in das ersehnte und gelobte Land.

Doch vor allem hat Goethe die italienische Reise als Augenmensch und zur Bildung seines Auges unternommen: nur wenn man sich das vergegenwärtigt, versteht man ihre Ergebnisse, und die Art der Auswahl die er aus dem italienischen Erfahrungskreis getroffen hat. Er hatte schon in Weimar in der Ausbildung der Augen, im rechtschaffen sinnlichen Erfassen der Gegenwart, der Gegenstände ein sicheres Heilmittel gegen Grillen und überschwängliche Schwärmerei gefunden, in Italien aber traten ihm erst die Gegenstände nah die des Anschauens voll würdig waren. Das ganze Gebiet der bildenden Kunst sollte ihm hier erst erschlossen werden. Menschentypen und Landschaftsbilder unter flauem Licht, mit verschwimmenden Umrissen, welliges Hügelland, Übergangsformen und Mischfarben aller Art, das waren die Gesichte an denen sein formendurstiges Auge sich bisher hatte sättigen müssen — die Natur die er um sich hatte war (um seinen eignen Ausdruck anzuwenden) undulistisch. Von der großen Kunst der Antike und Renaissance wußte er aus Gipsabgüssen, Kopieen und Stichen gerade genug um sich nach ihrer lebendigen Anschauung zu sehnen und seine Ferne von ihr als einen unerträglichen Mangel zu empfinden. Der große Verkünder ihrer Herrlichkeit Winckelmann trug das seinige dazu bei, ihm dort eine Offenbarung und Erlösung zu versprechen.

Zu all den Empfänglichkeiten seines Geistes für die Kunst kam noch die produktive Tendenz, der Wille die Gestalten und Bewegungen der sichtbaren Welt nicht nur durch das Wort, sondern mit dem Augenmaterial, mit Linie und Farbe, als Licht und Schatten zu bannen. Man kann diese produktive Tendenz, die ihn zeitweise zum Glauben an eine Duplizität seiner Talente verführte, nicht einer eingebornen Schöpfergabe zuschreiben: was Goethe als Maler und Zeichner fehlt ist gerade der eigne Stil, der unverkennbare Griff der jedes Blatt als ein Goethisches erkennen ließe. Das ist nur umso auffallender als er kein Pfuscher, sondern über den Durchschnitt hinaus geschickt war, zum mindesten in Italien die technische Tüchtigkeit sich völlig aneignete. Goethe, der keine noch so beiläufige Zeile hinwerfen konnte die nicht flacher oder tiefer seinen Charakter trug, konnte mit aller Mühe keine Zeichnung hervorbringen die man, trotz hohem Talent, als Goethisch ohne weiteres bezeichnen möchte. Was bedeutet nun bei einem gegen sich selbst so strengen und ehrlichen Geist die so hartnäckig, so unermüdlich, mit solchen Hoffnungen und Zweifeln festgehaltene Neigung und Übung der bildenden Kunst in der Ökonomie seines Daseins, auch als er nicht mehr hoffen konnte es darin zur Meisterschaft zu bringen? Gerade die Charakterlosigkeit seiner Zeichnungen gibt uns Aufschluß darüber: sein Malen und Zeichnen ist nur der stärkste Ausläufer, die entschiedenste Betonung seines Willens zur reinen Gegenständlichkeit den er in dem angebornen Material seines Genies, in der Sprache niemals so ausleben konnte. Denn die Sprache ist schon ein Material das dem Subjekt angehört, aus dem das Subjekt gar nicht auszuscheiden ist.. Linie und Farbe sind nicht von vornherein subjektives, ja nicht einmal menschliches Material, sondern dingliches. Wenn Goethe allein mit den Dingen sein, die Dinge rein von aller Ichheit festhalten wollte, so mußte er sich nach einem gleichsam sachlichen Material umsehen, und das war Farbe und Linie. Zwar wußte er sich auch hier gebunden an seine Vorstellungs- und Sehart, und die wollte er auch gar nicht ausscheiden, aber die Gegenstände hielten wenigstens vor seinen Augen still, und waren für sein Auge Farbe und Linie, waren also identisch mit seinem sachlichen Material, während es bei dem Wort einer seelischen Umsetzung, eines subjektiven Symbols für die Objekte bedurfte. Und das Wort gab ja niemals die Sachen oder Bilder der Sachen, sondern die Eindrücke, Gefühle, Vorstellungen, Gedanken, also seelische Umsetzungen der Sachen. Sachen aber wollte er festhalten.

So wenig also Goethes Zeichnungen an sich bedeuten — trotz neuerlicher Versuche Goethe auch als bildenden Künstler zu verherrlichen — so wichtig sind seine Bemühungen als Ausdruck seines Willens zur möglichst klaren Gegenständlichkeit. Sie sind unterirdisch ihm gerade als Dichter zugute gekommen, und die Klarheit seines klassischen Stils ist ihm nicht so sehr angeboren als anerzogen in der jahrelangen Gewohnheit die Dinge fest und deutlich mit ihren Umrissen, Schatten und Perspektiven ins Auge zu fassen und sie der inneren Vorstellung einzuprägen, sich nicht mit dem vagen Begriff Baum oder Haus zu begnügen, sondern in das Gedächtnis die bestimmte Form dieses oder jenes Baums mit allen Details des wirklich gesehnen Dings einzupressen. Goethes Stil ist nicht denkbar ohne ein solches mit konkreten Bildern gesättigtes, zeichnerisch erzogenes Gedächtnis. Seine Reinheit, seine Bestimmtheit, seine sichere Anschaulichkeit hat er der Bemühung um zeichnerische Qualitäten zu danken, und in dieser Hinsicht hat sein dilettantisches Zeichnertum die vollkommenste Meisterschaft deutscher Prosa schaffen helfen. Die Prosa des jungen Goethe ist durch Fülle, Beweglichkeit und Innerlichkeit unübertroffen, aber sie gibt mehr die Wirkung der Dinge auf das Gemüt als den Anblick der Dinge für das Auge wieder, mehr ihre Gewalt als ihre Gestalt. Durch das Zeichnen ist Goethe mehr und mehr, absichtlich und bewußt, von der impressionistischen zur linearen Prosa gelangt, und sein Zeichnen, als der entschiedenste Ausdruck seines Drangs nach Vergegenständlichung, nicht so sehr angeborenes Genie als dunkler Instinkt für das was ihm auch als Dichter und Menschen nottat, war vielleicht der vorderste, wenn nicht der stärkste Anstoß für seine Flucht nach Italien. Der Wunsch, oder Wahn, es in der bildenden Kunst zur Vollkommenheit zu bringen, bedurfte Italiens noch dringender als seine dichterischen, praktischen oder forscherlichen Bedürfnisse, oder vielmehr, all diese Bedürfnisse bedienten sich gleichsam der — an sich irrigen — Tendenz zur bildenden Kunst, um Goethe dringlicher nach Italien zu locken, und dadurch auch für sich den notwendigen Bildungserfolg zu erreichen.

Denn besonders als angehender bildender Künstler hat Goethe die Reise nach Italien unternommen. Wenn man die Briefe und Tagebuchblätter von der italienischen Reise liest, wie sie später zu einem Buch redigiert, verknüpft und durch erinnernde Übersichten kommentiert worden sind, so erscheint es beinah, als sei die eigentliche Kunsttendenz welche bisher nur beiläufig und jedenfalls weit überwogen von dem dichterischen, praktischen und Forschungs-streben auftrat, auf einmal in den Mittelpunkt von Goethes Dasein getreten und Herr geworden zumal über sein Dichtertum. In der italienischen Reise nehmen die Erörterungen über Kunst und Kunstwerke, Beschreibungen von Bildern, Statuen, Gebäuden, zagende und beseligte Berichte über eigne Fortschritte und Hemmungen im Kunststudium und Kunstübung den weitaus größten Raum ein, und auch was Goethe von Sitten, Landschaft, ja selbst von seinen dichterischen Vorsätzen erzählt, wird wieder und wieder bezogen auf bildende Kunst, auf die zeichnerischen oder malerischen Qualitäten (beide waren zu Goethes Zeit nicht so geschieden wie heutzutage) oder auf seine Architektur und Komposition hin geprüft. Einige bezeichnende Beispiele: Auf dem Weg vom Brenner bis Verona, im Tiroler Gebirg beschreibt er eine Landschaft: „Der Mond ging auf und beleuchtete ungeheure Gegenstände. Einige Mühlen zwischen uralten Fichten über dem schäumenden Strom waren völlige Everdingen". Er sieht die Wirklichkeit schon durch die Formgebung eines holländischen Malers hindurch. Und besonders das „Gegenstände"! Felsen und Flüsse in lebendiger Gegenwart rein als Mal-stoffe zu sehen .. das ist alles eher als das Erlebnis eines Dichters, des Dichters der die Verse schreiben konnte „Rausche, rausche lieber Fluß". Ferner in Bozen: „Die aufgebundnen Zöpfe der Frauen, der Männer bloße Brust und leichte Jacken, die trefflichen Ochsen die sie vom Markt nach Hause treiben, die beladenen Eselchen, alles bildet einen lebendigen bewegten Heinrich Roos". Bei einem Viehmarkt fällt ihm zunächst ein Tiermaler ein. Lebendige Sitte, freie Landschaft schrumpfen ihm ein zu Motiven bildender Kunst. Er rühmt es allerdings selbst als eine alte Gabe von sich, die Welt mit den Augen desjenigen Malers zu sehen dessen Bilder er sich eben eingedrückt.

Aber nicht nur schon festgelegte, im Gedächtnis verhaftete Motive findet er in der offnen Natur, fast in der Art wie heutige allzugebildete Ästheten, welche die Wirklichkeit nur mit den Augen früherer Bildner, die Naturformen nur abgegossen sehen können. Bedeutender und in einem tieferen Sinn Goethisch ist es wie er die Genesis gewisser Kunstformen aus dem unmittelbaren Anblick von volkstümlichen Gewohnheiten oder Vorgängen ableitet: so bemerkt er in Verona wie die Kunstform des Amphitheaters sich entwickelt aus dem Naturvorgang. Hier ist derselbe durchdringende Blick, der im Gewordenen das Werden schaut, aus dem natürlichen Geschehen eine künstlerische Form holt, wie wir ihn in Goethes Naturforschung, insbesondre in der Metamorphosenlehre bewundern. Wie er dort die werdende Urpflanze anschaut, so hier die werdende Urform des Amphitheaters. Ähnliche Beispiele finden sich zu Dutzenden — etwa noch wie er die griechische Plastik sich vergegenwärtigt bei dem Ballspiel junger Italiener. Diese Beispiele sind Zeugnisse für die spezifisch bildnerische Einstellung von Goethes Auge, für das Sitte, Landschaft, Begebenheit von ihrer selbständigen Bedeutung abgeben, Tribut zahlen mußte an die bildende Kunst, und aus eigenem Leben zu „Gegenstand" oder „Motiv" wurde. Wie sogar Goethes innerstes Genie, das dichterische, in diese bildnerische Tendenz eingespannt wurde zeigt seine Äußerung vor dem Bild der heiligen Agathe: daß er seiner Iphigenie nichts in den Mund legen wolle was dieser gemalten Heiligen nicht angemessen sei. So sehr hatte sich seiner bereits die Umsetzung der seelischen Bewegungen in sichtbare Formen, die Umsetzung der sichtbaren Eindrücke in bildhafte Darstellung bemächtigt. Er wollte sehen um jeden Preis, und das Gesehene um jeden Preis bewältigen, sich innerlich aneignen, es behalten und sich unverlöschlich einprägen: dazu mußte er es ordnen, seine bedeutenden Punkte erfassen, die andren daran messen, darum gruppieren, kurz das was der Maler komponieren nennt. Da er nun mehr Malschüler, als ‑meister war, so schoben sich ihm begreiflicherweise die Kompositionsprinzipien der früheren Meister oft vor die gesehne Wirklichkeit, und er schaute noch mit Hilfe geübterer Augen als seine eignen waren.

Dieses sammlerhafte und liebhaberische Anwenden kunsthistorischer Kenntnisse auf die Wirklichkeit verlor sich freilich in demselben Maße als Goethe in Italien vordrang, seinen Blick ausweitete und vertiefte zur Aufnahme der großen Künstler und Werke, hauptsächlich der Antiken, Raffaels und Michelangelos. Hier hatte er nicht mehr nötig die Natur zu beschränken durch die manierierte Sehart der ihm vertrauten Landschafter, sondern die große Welt der Kunst stand ihm als eine zweite Schöpfung in der Wirklichkeit vor Augen, diese zugleich steigernd und verdeutlichend, indem sie ihm die Gestaltungsprinzipien gleichsam menschgeworden offenbarte. Dies geschah in Rom. Dort lag, wie er selbst sagt, alles was Künstler nur einzeln mühsam zusammensuchen müssen nun zusammen offen und frei vor ihm. Dort entwickelte er »die Anschauung dessen was man im höchsten Sinne die Gegenwart des klassischen Bodens nennen dürfte, d. h. die sinnlich geistige Überzeugung, daß hier das Große war, ist und sein wird«.

Die Natur in der Kunst, die Kunst in der Natur zu finden, zu deuten, darzustellen, darin konnte ihn kein Ort der Welt so fördern wie Rom, denn hier hatte die Natur selbst keine wildwuchernden, dumpfen und verschwebenden Hervorbringungen, sondern Landschaft, Sitten und selbst Gewächse traten schon gleichsam stilisiert, architektonisch, monumental hervor. Der Gegensatz, der Kampf gegen die Natur, worauf im Norden eigentlich alle Kultur beruht, war oder schien hier aufgehoben. Die Kultur, und ihre oberste Auswirkung, die Kunst der großen Meister, war gleichsam nur eine Verlängerung der bauenden und bewegenden Naturkräfte ins Menschliche hinein. Die innere Einheit seiner beiden geistigen Grundkräfte, des Bildnertriebs und des Lebenstriebs, des Kultur- und des Naturtriebs, die bisher zu seiner Qual divergierten und deren Harmonie seine Ahnung und sein Streben war — das Erlebnis dieser Einheit hat Goethe erst in Rom mit voller Beseligung genossen im Anschauen der römischen Natur und der dort versammelten Kunst.

Denn was war sein Kampf zwischen Titanismus und Humanität, Leidenschaft und Maß anders als eine Form des Kampfs zwischen Natur und Kultur, Lebensüberschwang und Bildungswille? Diesen Kampf seines Innern hatte er auch draußen gefunden, und ein gemeinsames Prinzip für Kunst und Natur von früh auf gesucht. Im Spinoza meinte er eins gefunden zu haben, und die Natur als Bildnerin anzuschauen war ihm auch als Forscher geläufig. In Italien ging ihm, bei der größeren Deutlichkeit und sinnlichen Durchbildung auch der Naturformen, der architektonischen Umrisse von Ebenen und Bergen, bei der vollen Klarheit der Farben, der Stilisierung der Gewächse, vor dem Auge selbst die ersehnte Gemeinsamkeit der schöpferischen Prinzipien von Natur und Kunst auf. Was er von Jugend auf gewünscht, was er dumpf gefühlt, und seit seinen Weimarer Jahren geahnt hatte, das schaute er hier an, und indem er schaute, erkannte er: sein Denken war ein Anschauen, sein Erkennen war ein Wahrnehmen, ein Augenerlebnis, kein Ergrübeln und logisches Erschließen, sondern ein sukzessives Eindringen des Auges vom Körperlichsten ins Geistigste, vom Gewordenen ins Werden, von der Form in die formende Kraft, mochte es nun dem unbewußten Wachstum der organischen Naturen gelten, oder der bewußten Gestaltung von Kunstwerken.

Nicht zufällig war Goethes Lieblingswort für seine Einfälle, seine fruchtbaren Gedanken und Entdeckungen aperçu, d. h. Wahrnehmung: sein Sprachgebrauch gibt Aufschluß daß für ihn das Denken eine Sache der Sinne, zumal des Auges war. Goethe deutet wiederholt an daß ihm in Italien ein Prinzip aufgegangen sei „die Kunstwerke zu erklären und das auf einmal aufzuschließen, woran Künstler und Kenner sich schon seit der Wiederherstellung der Kunst zersuchen und zerstudieren". „Eigentlich ists ein Kolumbisches Ei." Er spricht dies Prinzip als solches nicht aus und behütet es wie ein eignes Geheimnis, aber wir können es von zwei Seiten her ungefähr erschließen: aus seiner deutlich ausgesprochnen Überzeugung von der Art des Zusammenhangs zwischen Kunst und Natur, auf den er unfehlbar zu sprechen kommt, sobald er von jenem Prinzip raunt, und zweitens aus der Anwendung die er davon später gemacht hat bei der Erklärung der Kunstwerke, z. B. Lionardos Abendmahl, Mantegnas Triumphzug, und der Laokoongruppe. „Soviel ist gewiß", schreibt er, auf jenes Prinzip hindeutend, „die alten Künstler haben ebenso große Kenntnis der Natur und eben einen so sichren Begriff von dem was sich vorstellen läßt und wie es vorgestellt werden muß gehabt, als Homer. Leider ist die Zahl der Kunstwerke der ersten Klasse gar zu klein .. Wenn man aber auch diese sieht, so hat man nichts zu wünschen, als sie recht zu erkennen und dann in Friede hinzufahren. Diese hohen Kunstwerke sind zugleich als die höchsten Naturwerke von Menschen nach wahren und natürlichen Gesetzen hervorgebracht worden. Alles Willkürliche, Eingebildete fällt zusammen: da ist Notwendigkeit, da ist Gott."

In diesen Sätzen liegt der Keim von Goethes Kunstlehre, die er nie als System dargelegt, sondern nur in Anwendungen fragmentarisch betätigt hat. Sie führen uns auch auf die Spur des Prinzips, seines „Kapitalschlüssels" zur Eröffnung der Kunstwerke. Er fand dieses Prinzip in der Aufsuchung des einen fruchtbaren, symbolischen Moments an welchem der dem Künstler eingeborne und durch vollkommene Kenntnis der Technik und der Gegenstände zum Bewußtsein gereifte Bildnertrieb einsetzte. Die Darstellung und Versinnlichung eines solchen Moments sei es des Körpers, sei es der Seele, sei es einer Begebenheit in dem jeweiligen Kunstmaterial, Wort, Stein, Farbe, Linie, ist das was Goethe als das Motiv bezeichnet hat. Das Motiv gehört zugleich der Natur und der Kunst an, und der Akt welcher es ergreift und zur sinnlichen Gestaltung aus tausend andren auswählt ist zunächst ein Akt der Natur, weil ihm eine noch ungeformte Wirklichkeit zugrunde liegt, ein Instinkt oder eine Erregung des Lebens selber: kurz, das Motiv ist zunächst einmal ein Erlebnis, das heißt die natürliche Mitte eines Ganzen von Empfindungen, Anschauungen, Gedanken. Je mehr Empfindungen, Anschauungen, Gedanken, je mehr innerer und äußerer Wirklichkeitsstoff um eine solche Mitte anschießen kann desto reicher und fruchtbarer, desto sinnbildlicher ist das Motiv.

Darum legt Goethe den höchsten Wert auf die richtige Auswahl eines Motivs das lebenhaltig genug und einer harmonischen Ausbildung fähig sei. Darum lehnt er alle einseitigen, krassen oder flauen, übertriebenen, zugespitzten Sonderfälle ab, daher seine tiefe Abneigung gegen Marterbilder oder romantische übersinnliche oder untergeistige Gegenstände... „Was fruchtbar ist allein ist wahr" galt ihm auch als Kunstmaxime. So ließ er als Motiv nur gelten was sich sinnlich vorstellen ließ und was sich als eine lebendige Einheit empfinden ließ, weil es schon aus einem einheitlichen Erlebnis kam, d. h. was einen „symbolischen Fall" oder einen „fruchtbaren Moment" darstellte, was sich in all seinen einzelnen Gliedern erklären ließ aus einer geistigen Mitte, und bei größter Mannigfaltigkeit der Beziehungen zusammengehalten wurde in der Anschauung durch einen im Bild selbst sichtbar gewordnen Gedanken: so deutet er das Abendmahl Lionardos als Ausstrahlung von Christi in Gebärde versinnlichtem Wort „Einer ist unter euch der mich verrät". Dies Aussprechen ist der fruchtbare Moment der in der Gebärdung aller übrigen Teile des Bildes sich verkörpert. So ist der symbolische Moment in der Laokoongruppe nach Goethes Erklärung der beginnende Biß der gereizten Schlange. Man erkennt mit welcher Sorgfalt Goethe Stellung, Bewegung, Gruppierung, seelischen Ausdruck der drei Gestalten aus dem Moment des Bisses zu erklären sucht, wie er die Notwendigkeit gerade dieses Moments als des allein künstlerischen, dieser Körperstelle als der allein für die Bewegungen ergiebigen nachweist, indem er andre Möglichkeiten untersucht und das Werk danach umgruppiert und kritisiert. Der fruchtbare Moment ist also für Goethe der natürliche Keim aus dem das Kunstwerk wächst: im fruchtbaren Moment hat es seine Wirklichkeit, ist es noch bloße Wirklichkeit, bloße Natur. Indem der Bildnertrieb in diesen glücklichen, fruchtbaren Stoff eindringt, verwandelt er die Wirklichkeit erst in Notwendigkeit, die Natur des Motivs in Kunst, den empirischen Reichtum des Stoffs in symbolische Gliederung der Form.

Das Erlebnis, das Motiv, der fruchtbare Moment ist ursprünglich als Urphänomen, d. h. nicht weiter zu zerlegendes Element der Erscheinungswelt, der Natur angehörig: es wird aber durch die Vereinung mit dem menschlichen Bildnertrieb in Kunst verwandelt. Der Bildnertrieb im Menschen geht mit dem Erlebnis, dem Motiv, dem Moment in ähnlicher Weise vor wie der Formtrieb der Natur mit dem Stofflichen der Pflanze. Auch hier war der Kunstvorgang für Goethe ein Analogon des natürlichen. Ein unerklärlich Geistiges, Göttliches, Gestaltendes bemächtigt sich eines Stofflichen, drückt sich darin sichtbar aus, indem es dasselbe umbildet, bedingt sich selbst und gliedert sich selbst, indem es den Stoff bedingt und gliedert, und offenbart zugleich ein allgemeines Gesetz, indem es in individuelle Formen eingeht, indem es sich individuelle Schranken setzt, indem es sichtbar wird.

Dies Gegeneinanderwirken von Stoff und Formtrieb, von Gestalt und Bewegung, von Schaffen und Bedingtwerden, ist das der Natur wie der Kunst gemeinsame Prinzip das Goethe bei der Kunstbetrachtung fand und anwandte. Seine Begriffe des Motivs, des fruchtbaren Moments, des symbolischen Falls sind daraus abzuleiten, seine Forderungen an Komposition, an Wahrheit, an Notwendigkeit, an Schönheit eines Kunstwerks beruhen darauf. Komposition ist von der Natur aus Einheit des Erlebnisses, von der Kunst aus Mannigfaltigkeit, Beherrschtheit und Übersicht der sinnlichen Gliederung. Wahrheit ist von der Natur aus lebendiges Gefühl des darzustellenden Motivs, von der Kunst aus Reinheit und deutliche Verkörperung des gefühlten. Notwendigkeit ist von der Natur aus der schöpferische Zwang der gerade dies und kein andres Motiv auswählt, die innere Übereinstimmung zwischen Erlebnis und Bildnertrieb in dem jeweiligen Fall, von der Kunst aus die Übereinstimmung zwischen den sinnlichen Ausdrucksmitteln und dem Erlebnisgehalt, dem Gedanken des Kunstwerks. Schönheit aber ist dort erreicht wo der Gegensatz zwischen Gewachsenem und Gemachtem, zwischen Erlebnis und Technik, zwischen dem individuellen Geschmack des Bildners und der überindividuellen Gesetzlichkeit der Natur aufgehoben erscheint. Auf allen andren Stufen die zu dem Gipfel der vollkommnen Kunstschönheit führen wirkt die Auseinandersetzung zwischen dem naturhaften Stoff des Kunstwerks und dem bildenden Trieb des künstlerischen Individuums, das Ringen der künstlerischen Freiheit und Auswahl mit der Masse und Gebundenheit des Stoffs als Kunstreiz mit: auf der höchsten Stufe, als Schönheit, verschwindet das Gefühl eines solchen Ringens und das Kunstwerk scheint nicht mehr das Produkt eines wählenden, mit Erlebnis und Stoff ringenden Individuums zu sein, sondern eine unmittelbare, nicht mehr durch Individualität getrübte, durch Stofflichkeit gehemmte Selbstdarstellung der Natur. Es erscheint dann als ob die Natur ihre Intention gleich rein herausstellen könne, als ob sie nicht mehr eines Vermittlers bedürfe, der ihren Urgedanken erst als Motiv erleben müsse, sondern als ob der Urgedanke gleich gegenwärtig in die Sinne träte. Diese Täuschung, ohne persönliche Vermittlung mit der Natur zu verkehren, verdankte Goethe den wenigen höchsten Kunstwerken, vor allem den griechischen Bildsäulen und den Gemälden Raffaels. Hier erschien der Gipfel der Kunst, die menschliche Gestalt in Ruhe und Bewegung, als bloßes Dasein oder im Zusammenhang mit ihresgleichen, gereinigt von den Zufälligkeiten des Stoffes wie von denen der individuellen Seele, als ein „sichtbarer Gedanke der Schöpfung" selbst, und die Künstler waren nur die ausführenden durch eigene Abweichung und Sonderabsichten nicht behinderten Organe der Natur.

Die Stufen die zu diesem Gipfel hinaufführen hat Goethe beschrieben in seiner Abhandlung: „Einfache Nachahmung der Natur, Manier, Stil". Unter einfacher Nachahmung der Natur versteht er die treu gewissenhafte Hingabe der Sehorgane an die stoffliche Natur, Nachbildung ihrer Motive ohne einen persönlichen Willen zu ihrer Umformung, unbewußte Auswahl. Unter Manier versteht er die Unterwerfung, Ordnung und Auswahl jener Stofflichkeit unter einen eigensinnigen, durch ausgebildete Technik und besondere Erlebnisse ausgezeichneten Bildnerwillen .. also was man heute etwa persönliche Note, Charakter, Cachet nennen würde. Unter Stil versteht er jene Überwindung sowohl der stofflichen Natur als der eigenwilligen Persönlichkeit vermöge der vollkommenen Einsicht in die Intentionen der Natur und der vollkommenen Beherrschung der Ausdrucksmittel.

Dies ist etwa der Umriß von Goethes Kunstlehre, wie er ihn sich in Italien gezogen und an dessen Ausfüllung durch eine ausgebreitete Empirie er, unterstützt von seinem in Italien gewonnenen Freunde, dem Schweizer Maler und Kunsthistoriker Meyer, sein Lebtag gearbeitet hat. All seine Kunsturteile auf Reisen, seine kunstgeschichtlichen und kunsttheoretischen Abhandlungen und Miszellen, besonders in den beiden Organen der Weimarischen Kunstfreunde, den »Propyläen« und »Kunst und Altertum«, in den Noten zu

Cellinis Leben und in den aphoristischen Biographien Winckelmanns und Hackerts, all seine kunstpolitischen und kunstpädagogischen Bemühungen, von seiner Sammlertätigkeit bis zu den Weimarischen Preisausschreiben und Ausstellungen, sind Anwendungen der in Italien gewonnenen Kriterien. Wenn Goethe vor ein Bild trat, so fragte er zunächst nach dem dargestellten oder beabsichtigten Motiv. Um sich über alles dies klarer zu werden, griff er in vielen Fällen über das vorliegende Kunstgebilde hinaus und suchte die Bedingtheit der Seele des Künstlers und der ihm möglichen Ausdrucksmittel aus seinem Lebens- und Gesichts- und Aufgabenkreis zu erklären, so bei Cellini, bei Hackert, insbesondre aber bei architektonischen Werken. Hier war das Motiv in den baulichen Bedürfnissen gegeben, und er suchte die Architekturformen zu erklären aus den Naturformen woran sie sich emporbildeten. Ein Beispiel war Goethes Blick in die Entstehung des Amphitheaters. Ähnlich sieht er das Theater in Taormina aus den Bodenbedingungen erwachsen. Bei der Betrachtung seines bewunderten Palladio weist er auf den Konflikt zwischen den gegebnen Kunstformen und den natürlichen Bauaufgaben hin. Goethe ist vielleicht der erste der in der theoretischen Architekturbetrachtung einen deutlichen Begriff von der natürlichen Funktion der Kunstmittel, von der tragenden oder stützenden, trennenden oder verbindenden Wirksamkeit einer Säule, eines Balkens gegeben hat, kurz der in den Kunstformen die Natureigenschaften wiedererkannte. Auch das kann man nach dem Gesagten aus seinem Begriff des Motivs als des Koinzidenzpunkts von natürlicher Aufgabe und künstlerischer Lösung ableiten. In der Malerei vermißte Goethe eine ähnliche Funktionenlehre für die Farben, und der Wunsch eine solche gültig herzustellen, um dem empirischen Treiben ein Ende zu machen, war der Hauptantrieb zu seiner Beschäftigung mit der Wissenschaft von den Farben. Er wollte in der Natur selbst schon die Bedingungen aufsuchen nach denen sie Farben bereite, anwende und verteile, überzeugt daß hier eine Gesetzlichkeit walte welche der künstlerische Mensch anzuerkennen und fortzubilden habe. Sein Kapitel von der sinnlich-sittlichen Wirkung der Farben enthält Anregungen zu einer solchen Funktionenlehre der Farbe: dort untersucht Goethe den seelischen Ausdruckswert sowohl der einzelnen Farben als auch ihrer Zusammenstellungen — mit andren Worten: er begründet auch hier die künstlerische Funktion eines Mittels aus seinen natürlichen Wirkungen und Eigenschaften.

Noch ein hierher gehöriges Beispiel erinnre daran wie Goethe nicht nur einzelne Kunstwerke und Gebäude, sondern ganze Städte anschaute als künstlerische Ausbeutung und Ausdeutung naturgegebner Bedingungen, d.h. Motive: seine Schilderung des gebauten Venedigs als eines zu bauenden. Besonders das dort angebrachte Gleichnis von den Bäumen die zu eng stehen, ist bezeichnend für die Goethische Synopsis von Natur- und Kulturformen. So erklärt er die venetianische Malerei aus atmosphärischen Einflüssen und Gewohnheiten. Wie er auch in der Dichtkunst gewisse natürliche Eigenschaften in den Kunstformen wieder erkannte, Kunsteigentümlichkeiten aus kulturellen Gewohnheiten erklärte, bezeugt seine Bemerkung anläßlich einer Gerichtssitzung in Venedig: „Jetzt verstehe ich besser die langen Reden und das viele Hin- und Herdissertieren im griechischen Trauerspiele. Die Athenienser hörten noch lieber reden und verstanden sich noch besser darauf, als die Italiener; vor den Gerichtsstellen, wo sie den ganzen Tag lagen, lernten sie schon etwas."

Dieselbe Sehart die in dem Kunstgewordenen hindurch- d. h. zurückdringt zu dem natürlichen Keim aus dem es sich entwickelt, sei er Bedürfnis, sei er Erlebnis, sei er Eigenschaft oder Wirkung, hat ihn vermocht in jeder natürlichen Gegebenheit die Möglichkeit der Kunstwerdung, der Stilisierung, der architektonischen Benutzung zu sehen. Dasselbe Auge das im festen Bau, im Gemälde, in einer Bildsäule die Bewegung eines Menschen, die sukzessive Gliederung eines Gedankens oder Gefühls und den Lebens- oder Bildungskreis wiedererkannte welcher jenen Gedanken voraussetzte — dasselbe Auge sah in dem Treiben und den Sitten der Städter und Landleute feste, typische, fast stilisierte Arten der Bewegung und Leiblichkeit, in den Abenteuern und Zufällen seiner Reise umrissene Lebens- und Kunstmotive, in den Linien und Farben der Landschaften abgegrenzte deutlich komponierte Bilder, in den Gesteinen und Pflanzen endlich Gesetze und Formen der Natur in denen die Allkünstlerin ihren eignen Reichtum bändigt und modifiziert.

So durchreiste Goethe Italien und Sizilien mit dem durchdringenden, für alle sichtbaren Einzelheiten und unsichtbaren Zusammenhänge wachen Doppelblick der die Natur in der Kunst, die Kunst in der Natur sah und ihrer beständigen Wechselwirkung nachforschte, vom Körperlichen zum Geistigen, von der Gestalt zu der gestaltenden Aktion oder Funktion vordrang bis an die Grenzen des Unerforschlichen, wo er im nicht mehr aufzulösenden und zu deutenden Urphänomen die einheitliche Gottnatur in ihren einfachsten Offenbarungen anschauend aber nicht antastend verehrte. Diesen Doppelblick hatte Goethe als Anlage schon nach Italien mitgebracht, aber erst in Italien ward ihm die fruchtbare Anwendung, ja die Bestätigung seiner Sehart, und namentlich die äußere Wirklichkeit der sie vollkommen angemessen war. Ohne die einzelnen Erfahrungen der italienischen Reise aufzuzählen die in Goethes Leben Folge gehabt haben oder sonstwie bezeichnend für seine Biographie oder fruchtbar und bedeutend in sich selbst sind, will ich nur unter einigen großen Gruppen die Fülle von Einzelheiten ordnen und zwar nicht damit bloß alles unter einen allgemeinen Begriff gebracht wird, sondern damit der Grund und die Bedeutung jeder Einzelheit in Goethes gesamter Lebensökonomie miterhellt. Solche Gruppen sind: Natur, Kultur, Kunst, Persönliches: denn auch das letzte hat er objektiv behandelt, wie ihm die ersten drei zugleich eigene Erlebnisse waren. Goethe hat seine Beobachtungen in Italien als ein Sammler gemacht. Nach welchem Prinzip er ausgewählt und geordnet hat deute diese Gruppierung an. Dazu kommt noch daß das historische Zeugnis für seine italienische Reise keine geordnete Geschichte, sondern eine Sammlung von Materialien nach rein chronologischen Gesichtspunkten ist, nur lose zu einem Ganzen verknüpft durch allgemeine Überblicke und Reflexionen welche einer späteren Zeit angehören als die Erlebnisse selber.

Die geistig seelische Einheit die alle Einzelheiten der Italienischen Reise verknüpft und folglich auch dieser Gruppierung nach allgemeinen Gesichtspunkten zu Grunde liegen muß ist die Idee eines der Natur und der Kunst gemeinsamen Gesetzes das sich dem Auge, dem repräsentativen Sinn des Menschen, „dem geistig reinsten Sinn" offenbare. Der Mensch, und zwar der schauende Mensch, als der Vermittler, ja als die Einheit der beiden Reiche Natur und Kunst, der Mensch als das Maß der Dinge — diese griechische Grundgesinnung ist der Schlüssel zu allen italienischen Erfahrungen Goethes. Alles Einzelne zu fassen was sich überhaupt **sehen** ließ, zu ergründen und zu deuten und es in einen Zusammenhang mit dem Ganzen seines Weltbildes einerseits, mit den Bedürfnissen seiner eignen Existenz andrerseits zu bringen war sein Vorsatz. Nirgends wollte er sich mit Worten, ja nicht einmal mit Vorstellungen begnügen, überall bis zur prallen Anschauung der Gegenstände in ihrem ganzen Wesen und ihrer Verknüpfung vordringen.

NATUR

MIT diesem Stab durchmaß Goethe die Natur, und zwar zunächst praktisch, insofern sie mit seinem Kunststudium zusammenhing. Unter der Hand wurde ihm das Mittel zum Selbstzweck, und die Erkenntnis des Sichtbaren an sich fesselte ihn, und seiner Anlage nach ließ ihm auch das Sichtbare keine Ruhe, bis er ihm eine Erklärung, d. h. eine Einsicht in seine Kräfte und Bedingungen abgenötigt. Das Studium der menschlichen Gestalt führte ihn wieder zur Anatomie, worin er zu Rom Unterricht nahm. Das Interesse für das Material der Bildhauer führte ihn über das Studium der verschiedenen Marmorsorten tiefer in Mineralogie und Geologie hinein, und er getraute sich nicht eine Landschaft zu verstehn, wenn er nicht die Lagerung ihrer Erd- und Bergschichten, den Lauf ihrer Gewässer, die Struktur ihres Bodens genetisch ergründet hatte. Wie Bedürfnisse der Malerei ihn zu Optik oder Farbenlehre führten, ist erwähnt. Der Blick des Landschafters wies ihn auf die Gestaltung und Bewegung der Wolken und auch hier vertiefte er eine halbdichterische Deutung der Luftbewegung bis zu einer wissenschaftlichen Meteorologie, an welche sich eine Formenlehre des Luftreiches anschloß, ebenso wie Knochenlehre und Farbenlehre Auszweigungen der einen Goethischen Tendenz, ein Einfaches, Göttlich Urtümliches, der Bewegung und Entwicklung Fähiges durch mannigfache von der Natur selbst gesetzte Schranken bedingt, sei es gesteigert, sei es gehemmt, immer aber gestaltet und umgestaltet zu sehen. So schrieb er der Erde — der Gedanke war ihm schon bei der Fahrt über den Brenner „aperçuartig" gekommen — eine ein- und ausatmende Tätigkeit zu, eine Systole und Diastole (wie seine Bezeichnung dieser seiner gesamten Naturlehre wesentlichen Vorstellung ist) und leitete daraus die meteorologischen Erscheinungen ab.

Es ist hierbei für Goethes griechischen Instinkt bezeichnend daß er bei der Erklärung des Wetters nicht über die Erde in den Weltraum hinausgreifen, sondern alle Lufterscheinungen auf terrestrische Einwirkung zurückführen wollte. „Er stehe fest und sehe hier sich um", das war auch in diesem Fall seine Gesinnung. Die Erde empfand er als ein kugelhaft in sich abgeschlossenes Lebewesen, gleichsam mit einem eignen körperartigen Organismus und eigner Atmosphäre, die er durch eigne Normen tätig und leidend wissen wollte, ohne willkürlich maßlose und zufällige Eingriffe aus dem unermeßlichen und gestaltlosen Weltraum. Mit andren Worten: seine Vorstellungsart war selbst bei Betrachtung der anorganischen Naturreiche, der Luft und der Steinwelt, wesentlich bedingt durch das eigentliche Körpergefühl, auch hier war ihm der menschliche Organismus, die begrenzte in sich abgeschlossene, aber von inneren eignen Bildungskräften erfüllte Gestalt, das Maß, ja das Bild der Erscheinungen.

Seine ganze Naturlehre ist die ins Theoretische projizierte, auf alle Naturreiche angewandte Umsetzung eines mit seinem Leib schon gegebnen Instinkts, der ihn bis in die entlegensten Forschungen hinein führte, und dieser Instinkt war eben der griechische, wie er sich in dem Wort ἄνθρωπος μετρον ἀπαντων manifestiert, auf deutsch: der Leib ist die Grundlage unsrer Erkenntnis, der Sinn der Welt. Goethes Unmöglichkeit bei der Entstehung der Erde sich vulkanische Gewalt wirksam zu denken, bei der Entstehung des Wetters siderische Einflüsse zuzugeben, bei der Farbenlehre eine mechanische Teilung des Lichtes, alles hat denselben positiven Grund in seinem Körpergefühl, welches einer inneren Bildungskraft mit dem Trieb zu sukzessiver Gestaltung und Verwandlung versichert war. Das Anorganische erkannte Goethe wohl widerwillig an, aber es erleben und ihm Einfluß auf seine Erklärung der Erscheinungen zugestehen konnte er eigentlich nicht, da auch in seinen Theorien sein körperhafter Künstlerinstinkt zu mächtig wirkte.

Goethe dachte nicht mit dem isolierten Gehirn, sondern mit dem ganzen Leib, und der stand unter jenem griechischen Imperativ. Aus seinem Körpergefühl heraus wehrte er sich gegen die Annahme eines Gotts der von außen stieße, das All im Kreis am Finger laufen ließe. Aus dem Gefühl einer inneren durch sich selbst göttlichen Bildungskraft, die kein Gesetz, sondern nur Bedingnisse und Stoff von außen empfange, wehrte er sich gegen jede teleologische Deutung des Naturgeschehens. Zweck sein selbst war ihm jedes Geschöpf, wie es dem gesunden Körper gemäß ist sich zu fühlen als ein von innen nach außen wachsendes, nicht ein von außen her zusammengesetztes und aufgezogenes Wesen.

War also jenes Körpergefühl Goethes schon der anorganischen Natur gegenüber so mächtig, daß er in Meteorologie, Farbenlehre und Geologie auf organische Deutungsarten, oder wenigstens Analogien angewiesen war, so war er im Bereich der organischen Welt erst recht bei sich zu Hause, und hier konnte er noch unbefangener und ungezwungener das Grundgefühl das ihn mit der Natur verknüpfte in wissenschaftlichen Symbolen aussprechen. Die Lehre von der Bildung und Umbildung organischer Naturen, die ihn als Botaniker auf die Entdeckung der Pflanzenmetamorphose, als Anatomen auf die Entdeckung des menschlichen Zwischenkieferknochens führte, ist noch entschiedener als seine Meteorologie, seine Geologie und selbst die dem Umfang nach gewichtigere Farbenlehre mit der Mitte seiner Existenz verbunden. In der anorganischen Naturwissenschaft fand er für sein Weltgefühl bedeutende Analogien oder Allegorien, in der organischen die faßlichsten Symbole.

Die beiden Entwicklungslehren, von Tier und Pflanze, sind Anwendungen der einen Anschauung: daß die bildende Kraft aus einem einzigen Organ, verschiedenen Bedingungen gemäß, die verschiedensten Formen hervorbringe: die Entwicklung der Mannigfaltigkeit aus dem Einfachsten, durch Stufen und Grenzen hindurch. Die Betrachtung eines zerborstenen Schafsschädels auf dem Lido in Venedig vermittelte ihm das Aperçu, oder vielmehr erhellte ihm die Ahnung zum schauenden Bewußtsein, daß alle Formen des Knochenbaus Umbildungen und Anwendungen des Wirbels seien. Durch die ganze Reihe der Wirbeltiere bis zum Menschen hinauf verfolgte er das Gesetz und die Bedingungen dieses Bildungsprozesses, immer geleitet von dem Gedanken (wiederum nur Umsetzung seines Körpergefühls) daß die Natur ihre Formenfülle aus einem einfachen Prinzip, von einer göttlichen zentralen Kraft her erziele durch selbst geschaffene Hemmungen, Bedingungen und Stufen.

Auch die Pflanzenmetamorphose ging ihm nach stufenweiser Erleuchtung endlich in Sizilien zu voller Gewißheit auf: auch hier waltet die Anschauung einer Urform, besser einer formenden Urkraft welche einerseits die verschiedenen Teile der Pflanze selbst als Einheit durchdringe, zur Mannigfaltigkeit entwickle, anderseits dem ganzen Pflanzenreiche als gemeinsamer Typus, als Urpflanze zugrunde liege. Man darf nun freilich diese Urpflanze, dies Urtier mehr als eine Deutung des Angeschauten denn als eine Entdeckung im exakt wissenschaftlichen Sinn ansprechen.

Beide Konzeptionen, begründet mit einem außerordentlich umfangreichen Anschauungsmaterial und einer gegenständlich klaren Deduktion, gehören mehr der Philosophie, mehr der Deutung der Erfahrungen als der Erfahrung selbst an. Das hat schon Schiller betont bei jenem Gespräch worin Goethe ihm die Urpflanze entwickelte: »Das ist keine Erfahrung, das ist eine Idee.« Das hat auch zu allen Zeiten die Einwände der sogenannten exakten Wissenschaft gegenüber Goethes Lehren begründet. Aber der Unterschied der Goethischen Naturphilosophie von derjenigen der Schelling, Hegel, Steffens ist der daß seine Ideen nicht aus einem anderweitig konzipierten Begriffssystem in die Erscheinungen hineingedeutet, sondern aus den tief und gewissenhaft erforschten Erscheinungen herausentwickelt wurden, auf Grund seines Lebens mit und in den Erscheinungen. Er sah in den Erscheinungen, in den Erfahrungen Symbole erlebter Kräfte, nicht Allegorien von erdachten Begriffen. Wenn er sich so gegen die apriorisch konstruierende Naturphilosophie abhob, so hatte er auch das Recht sich gegen die selbstgenugsamen Empiriker zu wenden, welche nur Erfahrungen machen und darstellen wollen, ohne zu wissen wieviel Idee, ja System jede zu machende Erfahrung schon voraussetzt, jeder gemachten und ausgesprochenen, vollends in einen Zusammenhang mit andren gebrachten Erfahrung schon zugrunde liegt. Wie er keinen absoluten von den Sinnen unabhängigen Geist anerkannte, so auch keine absoluten vom Geist unabhängigen Fakten. Der Gegensatz zwischen Erfahrung und Idee bestand für ihn praktisch nicht, da er aus der Anschauung selbst schon die Deutung zog, da sein „Denken gegenständlich war, sich nicht von den Gegenständen trennte", da er, mit andren Worten, symbolisch sah: im einzelnen Fall das Allgültige mit seinen Abweichungen, in Millionen Fällen die Modifikation des einheitlichen Gesetzes. Seine Naturphilosophie ist also zugleich verknüpfende und durch Bezug auf ein Gesamterleben der Welt vertiefte und erleuchtete Erfahrung, nicht Anwendung von Begriffen auf Erfahrungen, auch nicht eine bloße Isolierung und Aneinanderreihung isolierter Erfahrungen. Er erfuhr von innen nach außen, nicht umgekehrt.

Zu den aus der Erfahrung symbolisch abgeleiteten Ideen womit Goethe das Ganze der Natur deutete gehören die Polarität und die Steigerung, die er selbst als die Haupttriebräder der ganzen Natur bezeichnet und als das glückliche Ergebnis seiner vertieften Naturkunde in späteren Jahren gepriesen hat. Er schreibt darüber 1828 in dem Rückblick auf seinen aphoristischen Aufsatz „die Natur" und die Fortschritte die er seitdem in der Naturerkenntnis gemacht hat.

Da Goethes Reise nach Italien der Wendepunkt von der ahnenden zur anschauenden Naturforschung ist, so sei hier zusammengefaßt was sich auf die seelische und geistige Bedeutung von Goethes Naturforschung, auf seine innere Stellung zur Natur, auf seine Methode des Sehens bezieht, kurz auf die Form seiner Forschung. Auf den materiellen Inhalt seiner einzelnen Untersuchungen, geschweige auf die wissenschaftliche Richtigkeit oder Haltbarkeit seiner Ergebnisse kann ich nicht eingehen: seine Naturforschung ist nach dem Plan dieses Werks als Anwendung einer Goethischen Kraft, nicht als Aufreihung von sachlichen Ergebnissen zu behandeln.

Als Erfüllung seiner Naturkunde, wie sie erst Italien ihm gebracht, bezeichnet Goethe die Polarität und die Steigerung, „jene der Materie, insofern wir sie materiell, diese ihr dagegen, insofern wir sie geistig denken, angehörig; jene ist in immerwährendem Anziehen und Abstoßen, diese in immerwährendem Aufsteigen." Bei seinen Betrachtungen der anorganischen Natur wurde Goethe mehr von dem Prinzip der Polarität, bei denen der organischen mehr von dem Prinzip der Steigerung geführt. Systole und Diastole, aktive und passive Farben, Aus- und Einatmen, Ebbe und Flut, Licht und Finsternis, Männlich und Weiblich, Schwere und Ausdehnung: all das gehört in den Kreis der Polarität. Alle Erscheinungen des Wachstums, viele der Bewegung gehören in den der Steigerung. Gehen wir auf den Grund in Goethes Erlebnisart und Sehart aus dem jene Prinzipien, jene Deutungen wachsen, so kommen wir abermals auf sein Körpergefühl. Er empfand sich erstens als ein Wesen das aus Gegensätzen bestehe und zur Einheit und zum Ausgleich strebe, und zweitens als ein Wesen das wachse und steige. Dies war seine Grundgegebenheit, und von dieser Grundgegebenheit aus erlebte er das Ganze der Welt. Was er in sich mächtig fühlte das projizierte er in die Natur und auch hier erkennen wir seine Wissenschaft als eine tiefsinnige Umdeutung seines urgegebnen Mikrokosmus in einen Makrokosmus.

Seine Natur ist mit der Gottnatur eine konzentrische Kugel. Und so erklärt sich seine einzige Stellung innerhalb der Naturwissenschaft überhaupt: daß er zugleich in den Dingen lebte und ihnen als Beschauer gegenübersteht. Sie sind für ihn nicht nur Gegenstände sondern auch Zustände. Er hat sein Dichtertum auch als Forscher nicht verleugnet, und seine naturforscherlichen Ideen sind nicht die Begriffe sondern die Mythen des Naturgeschehens. Er sagt einmal etwa: »die Griechen brachten die großen Wahrheiten der Welt in Götter, wir bringen sie in Begriffe« und er war weit entfernt dies letztere als einen Fortschritt zu preisen.

In seiner eignen Naturforschung ist noch jenes Griechische wirksam, und wie sehr in ihm die uralte Einheit, nicht nur Verbindung, zwischen mythischem und wissenschaftlichem Weltblick vollzogen war, ähnlich wie in den jonischen Naturphilosophen, wie sehr Dichter und Gelehrter in ihm ein und dasselbe war, bezeugen seine beiden Lehrgedichte Metamorphose der Pflanzen und Metamorphose der Tiere. Goethes persönliche Erfahrung und Empfindung ist hier ausgeweitet zur umfassenden Deutung der Natur, die zärtliche Dichter-regung zur klaren Überschau entwickelt, seine Liebe ist zum hellen Wissen geworden. Beide Gedichte lassen ahnen was das große Lehrgedicht über die Natur, das Goethe als dichterische Zusammenfassung seiner Naturerfahrungen geplant hat, geworden wäre. Sein antikes Muster Lukrez würde er hier ebenso durch warme Beseeltheit und tiefe Symbolik übertroffen haben, wie den Euripides durch seine Iphigenie. Für Lukrez ist bezeichnend eine gewisse sachliche Heftigkeit und gedrungenes römisches Feuer: er schrieb nicht aus der Liebe zur Natur, sondern aus einem Schauer, ja aus dem Gegensatz des schicksalhaften Menschen gegen das großartig schicksallose All. Goethes Naturdichtung setzt die Einheit von Mensch und All voraus und dient zu ihrer Verherrlichung.

KULTUR

DIE Natur ist die weiteste Zone in der Goethe die sinnlichen Erscheinungen ordnet. Das Reich der Kunst ist dazu eine innere konzentrische Zone, von der gleichen Mitte beherrscht, von dem gleichen Umkreis umfaßt, von den gleichen Kräften durchdrungen, aber mit eigenen Gestaltungen, durch Vermittlung des menschlichen Bildnerwillens, der selbst der Natur angehört und ihr Verfahren konzentrierter fortsetzt. Zwischen der

Natur und der Kunst als Zwischenzone vermittelt die Kultur, d. h. das Ganze der menschlichen Sitten, Gebräuche und Gesinnungen welche den bewußten Hervorbringungen des menschlichen Geistes zugrunde liegen. Auch auf diese Zone in ihrem ganzen Umfang hatte Goethe während der italienischen Reise sein Augenmerk. Kultur ist die bewußte Auseinandersetzung des Menschen mit der Natur, die durch den Menschen gefilterte, gesiebte, verarbeitete Natur, wie die Kunst die durch den Menschen gesteigerte, verdichtete, gestaltete Kultur ist. Die drei Zonen gehen ineinander über — sie sind für den naturfrommen Goethe keine Gegensätze, sondern eine Stufenfolge von menschlichen Steigerungen derselben Allkraft: die großen Kunstwerke sind nur die letzte Verdichtung und Zentration der Natur.

Als die Vorstufen zu diesem Gipfel, oder (um in unsrem Gleichnis zu bleiben) als den Umkreis dieser Mitte betrachtete und bewertete er auf seiner Reise die Formen in denen die Menschen sich gegen die bloße Natur schützen oder sie sich zu ihren Zwecken dienstbar machen, ihr Verhältnis zu den Elementen: den Landbau, die Wohnungsarten, ihre Sitten und Trachten, ihre Vergnügungen und Erwerbsarten, von den Befriedigungen der animalischen Bedürfnisse Hunger und Liebe bis zu den Verfeinerungen des Luxus und der höheren Bildung hinauf.

Unter den Begriff der Kultur fällt für Goethe auch die Religionsübung, der sinnliche Kultus, Gottesdienst und Pilgerzüge. Er sah dies nicht auf den religiösen Gehalt hin an, auf seelische Bedeutung und Innerlichkeit, sondern er faßte wesentlich das Typische der sinnfälligen Erscheinung, das Augenhafte, Körpermäßige daran auf. Der Katholizismus war für ihn — das unterscheidet ihn von den meisten andren Italienfahrern — weder ein politisches System noch ein religiöser Inhalt, sondern eine kulturelle Erscheinung. Am meisten interessierten Goethe auch hier diejenigen Wahrnehmungen die ihm den Zusammenhang zwischen dem Menschen als einem Naturwesen und dem Menschen als dem Kunsterzeuger, zwischen Naturgeschöpf und Kunstschöpfer offenbarten: gerade als dies Bindeglied zwischen Natur und Kunst war ihm die Kultur bedeutend.

Ein spezifisch kulturhistorisches Interesse fand er in Italien nicht, wie es die bedeutendsten Beobachter die nach ihm Italien bereisten gerade fanden: Taine und Jakob Burckhardt, auch Stendhal, Gautier, Walter Pater: diesen war die südliche Kultur das Wichtigste und die Kunst war ihnen ja das faßlichste Symbol dieses menschlichen Treibens und Wesens. Goethe interessierte Kultur sofern sie an die Natur grenzte — daher seine Beobachtungen über die Formen des Ackerbaus, besonders in Sizilien .. oder

sofern sie an die Kunst grenzte — daher seine Bemerkungen über die Bau=
art, über das Theater, ja auch über Gebärden und Redeweise, worin er eine
der Grundlagen auch der Dichtkunst erkannte. Beispiele seiner Art der Be=
obachtung sind seine gewissenhaften mit Sammler= und mit Maleraugen zu=
gleich entworfenen Abrisse von Städteanlagen, Verona, Vicenza, Venedig,
Neapel, seine Schilderung von Gerichtsverhandlungen, Theatervorstellun=
gen, Schul= und Akademie=sitzungen, die Wiedergabe des Treibens in Lä=
den, Märkten, Häfen, Kirchen. Aus Dutzenden solcher genau angeführten
Augenblicksbilder heben sich drei hervor: die Schilderung der Gerichts=
sitzung im herzoglichen Palast zu Venedig, die allbekannte Darstellung des
römischen Karneval, und die Verteidigung der Neapolitaner gegen den Vor=
wurf des Müßiggangs durch Veranschaulichung ihres Gebarens, Wesens und
Erwerbs. Bis zu welchen Details und Feinheiten der Beobachtung er geht,
zeigt eine Stelle: „die Personen des Mittelstands (in Verona) schlenkern im
Gehen mit den Armen. Personen von einem höheren Stande, die bei ge=
wissen Gelegenheiten einen Degen tragen, schlenkern nur mit einem, weil
sie gewohnt sind, den linken still zu halten."

Besonders Goethes Aufenthalt in Neapel und Sizilien ist durch kultur=
liche Einzelheiten bezeichnet. Hier hob sich das Menschliche von der
bloßen Natur noch unmittelbarer ab als in Ober= oder Mittelitalien, als in
Rom, wo Natur, Geschichte und Kunst zu einer beinah unlöslichen Ein=
heit verschmolzen waren. In Rom zumal trat die Kunst Goethe zu über=
wältigend entgegen um ihm völlige Freiheit zu losgelösten, beiläufigen Sit=
tenschilderungen zu lassen — das römische Karneval bildet denn auch einen
Block für sich und ist nicht zufällig, als ein eignes Werk, als ein Neben=
produkt, eine epische, fast novellistisch abgerundete Begebenheit veröffent=
licht worden. Goethe hat dieses Stück gleichsam als eine Dichtung behan=
delt und eine eigne von ihm öfter gepflegte Gattung damit eingeleitet:
spätere Probestücke dieser Art sind seine Schilderung des Rochusfests in
Bingen, und der Frankfurter Krönungsfeier in Dichtung und Wahrheit. Das
Wesen dieser Gattung ist daß eine typisch=wiederkehrende in festen For=
men und doch zugleich immer neuer Bewegung sich abspielende Begeben=
heit als einmaliges Erlebnis des Schilderers erzählt wird. Was Goethe dabei
anzog war die Möglichkeit das Einmalige und das Wiederkehrende, das In=
dividuelle und das Typische, das Willkürliche und das Gesetzliche an ei=
nem einzigen symbolischen Fall voll sinnlichen Lebens zugleich darzustel=
len. Doch das war ein seltener Glücksfall in Rom: während in Neapel und
Sizilien das menschliche Treiben auf Schritt und Tritt täglich vor seinen Au=
gen unmittelbar aus der Natur herauswuchs und sich unvermittelter gegen

die Natur abhob. Leben, Kultur, auch Architektur hat in Süditalien, verglichen mit dem künstlerisch und geschichtlich volleren Oberitalien, Mittelitalien und Rom, etwas von dem naturhaften Augenblick Improvisiertes, Unbekümmertes und unbefangen Nacktes. Wer von Rom nach Neapel kommt empfindet schon in der Bauart den Unterschied .. in Rom scheint alles für die Ewigkeit, in Neapel für den nächsten Tag gebaut, um wieder abgerissen zu werden. Die Kultur selbst scheint nicht der Natur in tausendjährigem welthistorischen Kampf abgerungen und als eine fertige Welt hingestellt, sondern sie erscheint in beständigem Werden und Vergehen von Tag zu Tag, sie ist darum dem Beobachter in ihrem Verhältnis zur Natur leichter zugänglich, deutlicher .. Naturformen und Kulturformen des Menschenlebens, nicht so stark durch Geschichte vermischt und nivelliert, traten Goethe hier bezeichnender entgegen.

Dazu kam daß er nach Süditalien reiste mit größerer Ruhe der Beobachtung, nachdem er in Rom das Wesen der Kunst sich angeeignet zu haben glaubte. „Wenn man in Rom gern studieren mag, so will man hier nur leben .." Er hatte jetzt die Sicherheit des Blicks, die schnelle und bequeme Übersicht erlangt, um die er sich bisher emsig, angestrengt und fast krampfhaft bemühte. Nun fielen ihm die mannigfaltigsten Beobachtungen wie reife Früchte zu. So werden, je weiter er nach Süden vordringt, die Landschaftsbilder, die naturforscherlichen Aperçus und die Sittenschilderungen dichter und leichter — während die eigentlichen Kunstbetrachtungen spärlicher werden. Wenn Goethe in Toskana, Venedig und Rom mehr die Natur in der Kunst gesucht hatte, so sucht er dort unten mehr die Natur im Leben und Treiben. Es ist ja im Grund immer dasselbe was er sucht, aber in immer neuen Gegenständen, Formen und Wirkungen.

KUNST

ÜBER die Art wie Goethe sich der dritten Zone, der Kunst, näherte habe ich schon in andrem Zusammenhang gesprochen. Die Kunst im engeren Sinn vor allem war das Ziel seiner Italienfahrt und sein bewußtes Studium. Hier sei zusammengefaßt: daß für ihn die italischen Kunstschätze die Mustersammlung des der Kunst Möglichen und Erlaubten darstellten: die Durcharbeitung aller Motive die aus dem Menschenleib als plastischer Gestalt und Bewegung sich ergaben. Die Darstellung des Körpers und seine plastische heitere Anordnung im begrenzten Raum war für ihn der Sinn der Kunst, und darum die nachphidiasische klassische und klassizistische Antike und Raffael ihr Gipfel, weil beide Körperlichkeit und Wohlräumigkeit am virtuosesten beherrschten. Sein Geschmack war durch Winckelmann, sein kunsthistorischer Gesichtskreis durch Heinrich Meyer bestimmt. Er legte bei seinen Urteilen den Hauptnachdruck auf lebendig gefühltes Gleichgewicht, Abrundung, Symmetrie, Maß des Körpers und der durch Körper ausgedrückten Bewegung. Schöne Form, Umriß und Zeichnung waren der Zweck des Bildes, das Kolorit diente dazu jenes zur Geltung zu bringen. Jedes Hervortreten eines einzeln Technischen oder Seelischen auf Kosten des harmonisch sinnlichen Gesamteindrucks war ihm eine Wertminderung. Darum hatte er wenig Sinn für alles Archaische, in welchem die körperlichen Ausdrucksmöglichkeiten noch befangen waren, für den Präraffaelismus, wo die seelische Innigkeit die leibliche Durchbildung überwog. Aber in gleicher Weise war ihm die mit und nach Michelangelo einsetzende Überspannung des technischen Könnens zuwider, weil „forciert". Schon bei seinem zweiten römischen Aufenthalt tritt Michelangelo völlig hinter Raffael zurück: hier war ein Übermaß von Leidenschaft das ihm selbst durch die Meisterschaft hindurch Angst einflößte. Er vermißte den Ausgleich zwischen Raum und Körper, die Raffaelische Wohlräumigkeit. Wo er solche fand übersah er gern was wir heut als Süßlichkeit, ja als Leere empfinden. Sein Geschmack in der bildenden Kunst war in einem tiefen Sinn dekorativ: Kunst war ihm nicht nur Ausdruck maßvoller Menschlichkeit, sondern auch Schmuck der menschlichen Räume, sie hatte eine Aufgabe von innen her und nach außen hin. So fehlte ihm der eigentlich malerische Sinn für Farbenreize wie ihn der Impressionismus im 19. Jahrhundert ausbildete. Allem wesentlich Charakteristischen, wesentlich Seelisch-extatischen und denjenigen Kunstmitteln welche zum Ausdruck mystischer oder transzendenter, überoder unter-leiblicher Regungen von den großen spanischen und holländischen Meistern erschaffen waren mußte er als den Störungen der menschlichen Harmonie sich verschließen. Was er an nordischer und deutscher Malerei später lobte galt weniger den seelisch malerischen Qualitäten als der treu-fleißigen Hingabe an die konkrete Erscheinung: er vermißte aber den großen Stil und die Wohlräumigkeit, oder vielmehr er bemühte sich sie, aus Billigkeit, gar nicht zu suchen und die Verdienste einer für ihn tieferen Stufe bei Altmeistern wie Rembrandt oder Dürer zu würdigen. Grünewald muß ihm widrig gewesen sein, und Rubens war ihm willkommen wegen der enormen Gegenwart quellenden Lebens.

Kunst war ihm nirgends Reiz, sondern Gestalt, und je mehr die Gestalt in Eindruck, in Farben, Licht oder Schatten, selbst Sinnenreiz aufgelöst wurde, desto weniger konnte er mit einem Bildwerk anfangen. Im Grund legte er überall den Maßstab griechischer Plastik an, wie er sie kannte und durch Winckelmann deutete. Man darf indessen nie vergessen daß er nur hellenistische Kopien kannte und daß die höchsten griechischen Trümmer damals noch unter der Erde oder unzugänglich weit ruhten. Die Verehrung für die griechische Kunst hatten ihre Wiederentdecker Winckelmann und Goethe zu befriedigen an den schon überreifen, feinen, glatten, technisch virtuosen, seelisch oft schon allzu geleerten hellenistischen Könnerstücken. Diese bildeten ihren Geschmack, verbildeten ihn wohl auch nach der Seite des Klassizismus hin, so daß Goethe vor den Tempeln in Pästum fast erschrak. Das noch zusammengefaßte, gedrungene Hellenentum war ihm durch das gefällig oder großartig Ausgefaltete des Apollo von Belvedere, des Laokoon, des Zeus von Otrikoli, der Juno Ludovisi verleidet. Zog er doch auch den Sophokles, ja den Euripides dem Äschylus vor. Diese Verzärtelung des Geschmacks durch Spätlinge eines en bloc verehrten Altertums aus Unkenntnis der großen Urgebilde, wie sie in Winckelmanns und Goethes künstlerischem Klassizismus zutage tritt, hat ihre Analogie in der Verehrung des Mittelalters und der Renaissance für Vergil, welcher als zunächst bekannter Abglanz die dem Homer gebührende Verehrung auffing und noch lange ins Rokoko hinein bewahrte, als der Altvater selbst zugänglich ward. Erst Herder brach diesen Bann völlig.

ABENTEUER UND BEKANNTSCHAFTEN

DEN vierten Kreis von Beobachtungen deren Gesamtes die italienische Reise — das Erlebnis wie das Buch — ausmacht bilden die persönlichen Einzelheiten. Auch sie hat Goethe bemerkt und beschrieben als wären es Objekte, er gab sich Rechenschaft über sie als Sammler, auch hier sollte alles Begegnende gesehen, alles Gesehene durch das Wort festgehalten werden. Er näherte schon in der Aufzeichnung den Erfahrungsrohstoff der Kunstform, und vielleicht nirgends besser als in den hingeworfenen Brief- oder Tagebuch-notizen läßt sich erkennen wie sehr Goethes Aufnahme von Eindrücken selbst schon künstlerisch und formhaft war, mit der Zeit freilich sogar formelhaft wurde. Dies sofortige Abrunden und Einordnen, das in der italienischen Reise noch spontan wirkt mit der Frische einer neuerworbnen Kraft, wird später sammlerischer Vorsatz und Regel, und wirkt auf der dritten Schweizerreise, ja schon bei der Campagne in Frankreich, erstarrt, schematisch, fast mechanisch. Auf der dritten Schweizerreise legte er sich Aktenfaszikel an, um von den Butterpreisen bis zum Kunststudium alles aber auch alles Detail zu sammeln.

Unter drei Gesichtspunkten lassen sich die persönlichen Einzelheiten der italienischen Reise fassen: Abenteuer, Personen und dichterisch-literarische Tätigkeit. Die Aufzeichnung der Abenteuer hat Goethe dem Novellenhaften angenähert, zu abgeschlossenen folgerichtigen, überschaubaren Handlungen und Begebenheiten gerundet was ihm Ungewöhnliches, von den notwendigen alltäglichen Reiseerfahrungen Abweichendes begegnet ist. Beispiele solcher Anekdoten sind der Bericht über sein Abenteuer in Malcesine, als er beim Zeichnen einer Festung für einen Spion gehalten wurde. Exposition der Lage, Schürzung des Knotens, Führung des Gesprächs und Auflösung findet man darin völlig wie in einer kunstmäßig angelegten Erzählung, nichts ist darin improvisiert, alle Massen sind so verteilt, daß man in der Anlage schon den Ausgang zu kennen glaubt: es ist ein kleines novellistisches Kunstwerk. Mit der Meisterschaft des geborenen Erzählers, der zugleich malerische und dramatische Talente hat, sind solche im engern Sinne biographischen Einzelheiten in die Schilderungen der allgemeinen Natur-, Kultur- und Kunstgegenstände, in die Urteile, Maximen und Beobachtungen eingefügt. Dahin gehören Goethes Erzählung von der Aufnahme in die Gesellschaft der Arkadier, von dem Seesturm auf der Rückfahrt aus Sizilien, vom Besuch bei der Familie Cagliostros, von seiner Neigung zu der jungen Mailänderin, und anderes, minder Ausgeführtes. In all diesen Berichten erscheint Goethe geradezu als der Held einer Begebenheit, und ohne daß er sich in besonders günstiges Licht setzt, werfen doch die Begebenheiten einen Glanz auf ihn. Es gehört zu der Wirkung solcher Anekdoten daß der Träger und Erzähler nicht ein Zufalls-reisender, sondern ein überlegener, vom Glück und den Göttern begünstigter Mann ist. Besonders die Erzählung wie er bei dem Seesturm die Panik des mitreisenden Volks dämpft gibt, ohne Prätension und Eitelkeit vorgetragen, das Gefühl von Goethes persönlicher Macht. Verwandt damit ist die Geschichte aus seinem späteren Bericht über die Belagerung von Mainz, wie er zwei Clubisten durch sein Eingreifen vor der Wut des Pöbels rettet. Der novellistische Charakter wird durch die persönliche Großheit des Ich von dem die Rede ist verstärkt, zugleich bekommt das trockene Faktum ohne künstliche Poetisierung oder Umblümung einen legendaren Schimmer .. der poetische Zauber von Dichtung und Wahrheit beruht ebensosehr auf dieser Bedeutung des Helden als auf der Kunst sachlicher Darstellung.

Handelt es sich bei den Abenteuern in erster Linie um Geschehnis, so sind bei der andren Gruppe persönlicher Einzelheiten Personen, oder wenigstens Eigenschaften und Beziehungen die Hauptsache. Ausgeführte Porträts, in dem Sinn wie es ausgeführte Anekdoten in der italienischen Reise gibt, verboten sich allerdings in den meisten Fällen für das Zartgefühl Goethes, da es sich um neuerworbene Freunde handelte, um Gönner oder um Schützlinge. Vielfach waren es Werdende, vielfach problematische Naturen, kaum einer ein fertiger Charakter, den Goethe wahrheitsgemäß um≠ reißen konnte, ohne zu verletzen, ja ohne ihn in seiner Entwicklung zu hemmen. So beschränken sich die meisten Erwähnungen von Goethes Be≠ kannten und Begegnungen im gelobten Land auf Aussagen über ihre Rich≠ tung, ihr Streben, seine Beziehung zu ihnen — wobei er besonders gern erwähnt was er jedem zu danken hat — allenfalls über ihr Temperament, und vertraulicherweise auf die Hoffnungen welche sie ihm machen durch ihr Verweilen oder ihr Abweichen auf dem von ihm als recht erkannten und gewiesenen Weg.

Als solche Freunde erscheinen Angelika Kaufmann, die gütige, freund≠ liche, reiche und bildungswillige Malerin, deren Charakter er verehrte, deren Talent er, dadurch bestochen, überschätzte, die er nützte auch als Kennerin und Sammlerin .. ferner Tischbein, ein begabter und fleißiger, aber hypochondrischer Künstler. Ihm danken wir das einzige Bildnis Goethes welches den italienischen Übergang zwischen dem jugendlichen Apollo und dem reifen Jupiter sinnlich klar festhält. Goethe schätzte ihn, wie jeden der sein Handwerk beherrschte, und lernte dankbar von ihm, gewohnt an jedem die produktiven Seiten zu ehren und zu nützen. Zu diesen Lehrern gehörte auch Hackert, der Landschafter, Hofmaler des Kö≠ nigs von Neapel. Keinem aber fühlte Goethe sich tiefer verpflichtet als dem jungen Schweizer Maler Heinrich Meyer. Dessen ausgebreitete historische und gediegene technische Kenntnisse, ruhige Bestimmtheit und Solidität erweckten Goethes Vertrauen und hielten es bei genauerer Bekanntschaft fest. Er hat ihn später nach Weimar gezogen und ihn zu seinem Berater, ja zu seinem Führer in Kunstsachen gemacht. Meyer war keine großartige und geniale, aber eine gewissenhafte und sachliche „treufleißige" Natur. Zu Beratern und Gehilfen wählte sich Goethe überhaupt nicht gern ge≠ niale oder auch nur sehr begabte Personen, seine Dezernenten für die ver≠ schiedenen Fächer seines Reichs mußten weniger produktiv als sachkundig sein, die Details jederzeit gegenwärtig haben, wenn er deren zur Verarbeitung bedurfte, er mußte sich auf sie verlassen können, und ihr Geschmack mußte dem seinen gleichgerichtet sein. Genie und Temperament in seiner nächsten Umgebung war ihm eher lästig: das hatte er selbst genug. Von allen Ge≠ hilfen Goethes besaß Meyer diese Erfordernisse im reichsten Maße. Er übersah das ganze Gebiet der damals bekannten Kunst geschichtlich und handwerklich. Er hatte keine Grillen, wie Goethes philologischer Adlatus Riemer, und keinen Widerspruchsgeist, wie der Kanzler Müller, und er war ein ausgebildeter Kenner, nicht bloß ein aufnahmewilliger Jünger, wie Eckermann. Daß er Goethes künstlerischen Geschmack beeinflußt hat ist nicht zu leugnen, ebensowenig daß dadurch Goethes Kunsturteile und ‹be‹ mühungen etwas von ihrer Ursprünglichkeit verloren haben, enger, starrer geworden sind.

Unter Goethes in Italien geknüpften Verbindungen ist die mit Meyer die bedeutendste, weil folgenreichste: denn die, an sich betrachtet, bedeutendste Persönlichkeit aus Goethes Römischem Kreis, wenn auch ohne Folgen in Goethes Leben, ist Karl Philipp Moritz. Er steht in der Mitte zwischen den römischen Gönnern, Lehrern und Förderern Goethes Angelika Kaufmann, Tischbein, Hackert, Meyer (wozu man noch den Kenner, Gönner, Sammler Reiffenstein rechnen kann) und seinen Schülern und Handlangern Bury, Kayser (der ihm auch als musikalischer Adjutant diente) Verschaffelt und Kniep, den ihm Hackert als zeichnerischen Begleiter auf der Reise nach Si‹ zilien anwies. Moritz war ein feinnerviger, philosophisch angeregter und beanlagter, enthusiastischer und durch langen Druck und Kränklichkeit ver‹ tiefter, verinnerlichter Bildungsmensch mit vielen kunsthistorischen, philo‹ sophischen und archäologischen Kenntnissen, mehr zum Sinnen und Füh‹ len als zum Schauen und Formen geboren. Goethe, in Rom ganz den großen Gegenständen der Sinne zugewendet, sah halb mit mildem Spott, halb mit teilnehmendem Erstaunen diesen Gefährten und Schützling sich mit philo‹ sophischen, etymologischen und ästhetischen Innerlichkeiten plagen. Wäh‹ rend Goethe seine Organe anwandte, um sich der sichtbaren Welt tätig und auffassend zu bemächtigen, hing Moritz Betrachtungen über das Wesen und die Bedeutung dieser Organe selbst nach, über den Ursprung der Sprache und das Verhältnis der Sinne zur Außenwelt. Immerhin, beide konnten sich begegnen an dem Grenzpunkt von Innen‹ und Außenwelt, und die gemein‹ same Abhandlung über die bildende Nachahmung des Schönen, in die ita‹ lienische Reise aphoristisch‹fragmentarisch eingerückt, ist ein Zeugnis dieser Berührung eines gefühlvollen reflektierenden Gemüts mit einem in Anschau‹ ungen lebenden Genius. Goethe förderte auch die etymologischen und ar‹ chäologischen Studien Moritz', dessen Fleiß und treue Begeisterung ihm sympathisch war, durch seine Teilnahme, und wurde seinerseits gefördert durch dessen prosodische und metrische Untersuchungen, besonders beim Umguß der Iphigenie in Jamben — immer bereit aus zufälligen Beziehungen und Freundschaften soviel Nutzen für seine Bildung zu ziehen als möglich. Hatte ein Freund Goethes eine besondere Anlage die ihm ursprünglich fremd war, aber diesen zu sachlichen Resultaten führte, so eignete er sich diese Resultate für seine Gesamtbildung zu und studierte, förderte, befruchtete nach Kräften jene Anlage als ein eigenes neues Phänomen.

Zu Goethes römischen Freunden, Gönnern und Führern kann man cum grano salis auch noch den Schatten Winckelmanns rechnen, des großen Wiederentdeckers und -beseelers der ganzen klassischen Kunstherrlichkeit. Die Spuren seines römischen Aufenthalts waren noch frisch, sein Andenken und seine Wirksamkeit fast körperlich gegenwärtig: er war in vieler Hinsicht Goethe lebendiger und notwendiger als mancher Gefährte. Seine Briefe und Schriften las er und maß daran seine eigne Lage, Bemühung und Leistung: „Vor 31 Jahren kam er, ein noch ärmerer Narr als ich, hierher; ihm war es auch so deutsch Ernst um das Gründliche und Sichre der Altertümer und der Kunst. Wie brav und gut arbeitete er sich durch! Und was ist mir nun aber auch das Andenken dieses Mannes auf diesem Platze!" Auch Winckelmann war ihm, wie seine lebendigen Genossen, einmal Förderer und sodann Gegenstand, sittlich natürliches Phänomen.

Wenn nun Goethe schon seine Freunde als sittlich natürliche Phänomene beobachtete und, bei aller Sympathie, nicht nur von ihnen und an ihnen, sondern sie selbst zu lernen suchte, so war dies doppelt der Fall gegenüber Fremden. Sie waren ihm vollends (ohne Rücksicht auf Sympathie und Antipathie, auf praktische Vorteile oder Nachteile) Erscheinungen der sittlichen Natur, wie Bäume und Tiere Erscheinungen der physischen waren — auch die Moral fiel für ihn nicht aus dem Bereich der Naturerscheinungen heraus. Wenigstens erscheinen in der italienischen Reise die Menschen als Beobachtungsobjekte, nicht so sehr eines Geschäfts- und Weltmanns denn eines Naturforschers. Insofern könnte man die Charakterbilder die Goethe festhält, von Ritter Hamilton und seiner Mätresse, von Filangieri oder Doktor Turra, von den Angehörigen Cagliostros oder der wunderlichen Prinzeß, von dem bösartigen Gouverneur von Messina oder — zurückgreifend in die Geschichte — von dem sonderbaren Heiligen Philippo Neri — seinen Natur- und Kulturforschungen einreihen.

Freilich ist hier wieder ein Punkt wo der Dichter und der Forscher Goethe kaum zu unterscheiden sind: reine Auffassung des typisch Menschlichen und seiner individualisierenden Bedingtheit durch Stand, Land und Sitte, des eigentlichen Charakters, war sowohl des Dichters als des Forschers Aufgabe. Wenn Goethe Gebaren und Gewohnheit der ihm begegnenden Menschen als Forscher betrachtete und festhielt, so nahm er Gesinnung, Temperament und Eigenschaften als Dichter wichtig, um damit seine Kenntnis des menschlichen Herzens zu erweitern. Beides zusammen bedurfte er als Darsteller des Weltwesens. Genaue, in seiner Art wissenschaftliche Kenntnis der Typen und Individuen scheint ihm jetzt unerläßlich zur dichterischen Gestaltung seiner Welt, nicht nur eine ahnungsvolle Vorwegnahme, ein sympathetisches Mitschwingen mit Leiden und Freuden der Menschheit, wie es

ABENTEUER UND BEKANNTSCHAFTEN

seine Jugendschöpfungen bezeichnet hatte.

Auch hier bedeutet, durch Weimar vorbereitet, die italienische Reise eine entscheidende Wendung: wie er vom Naturfühler zum Naturforscher sich erhellt, distanziert hatte, so auch vom Menschenfühler zum Menschenforscher. Die Menschen im Werther sind von einem Naturfühler, die Menschen im Wilhelm Meister von einem Naturforscher gezeichnet. Goethe selbst hat seine Jugendgestalten als Antizipationen bezeichnet: sie stammen aus dem welthaltigen Subjekt und stellen den Menschen als Subjekt, als fühlendes, leidendes Geschöpf mitfühlend dar. Die Gestalten aus dem Wilhelm Meister sind aus der Distanz des Beobachters gesehen, und selbst ihre Gefühle und Gedanken sind als objektive Erscheinungen wiedergegeben: auch das Innenleben zieht Goethe in den Kreis der Beobachtung. Wie sehr er auch die Gefühle Meisters und der Seinen selbst durchgelebt hat: dargestellt sind sie nicht als seine eignen: er hat zum eignen Erleben die Distanz gewonnen und formt vom Auge, nicht mehr vom Herzen aus. Etwas anderes ist es mit den Dramen, Iphigenie und Tasso, die nicht Darstellungen seiner Welt, sondern seines Ich sind, nicht seines Gesehenen und Gelebten, sondern seines Sehens und Erlebens selbst.

Nicht daß Goethe auf seiner Reise Sympathie und Antipathie gewaltsam unterdrückt hätte: aber alle Gefühle mußten seinem Bildungsstreben untergeordnet werden. Nichts durfte ihn so hinreißen, daß er darüber das Sehen und Begreifen vergessen hätte. Nur an einer Stelle spürt man durch daß eine zärtliche Empfindung seiner Beobachtungslust Herr werden wollte, nur einmal schildert er eine menschliche Begegnung mehr vom Gefühl als vom Gesicht her: die junge Mailänderin, deren Neigung seine empfindsame Episode in Rom ausmachte. Diese Episode leitet uns zur dritten Gruppe biographischer Einzelheiten über, zu seinen dichterischen Arbeiten: sie ist ein Schicksal dem ein dramatischer Entwurf Goethes, sein einziger unter italienischem Himmel selbst entstandener und wenigstens teilweise ausgeführter, als ahnungsvolles Gleichnis vorspielt. (Denn der Plan zur Iphigenie in Delphi kann als Material zur Iphigenie in Tauris betrachtet werden und ist über die Absicht nicht hinausgediehen). Die Nausikaa ist das Sinnbild für ein typisch tragisches Erlebnis: die beglückende Begegnung des Wandernden, Schweifenden mit der Bleibenden: eben das Erlebnis Goethes mit der jungen Mailänderin .. die Tragödie des schönen Augenblicks den man nicht festhalten, bei dem man, durch Beruf oder Trieb weggerissen, nicht weilen darf. Das Erlebnis in seiner Grundform war Goethe nicht neu, ja sein erster tiefer Liebeskonflikt ging daraus hervor: Friederike. Aber nichts wiederholt sich, und wenn Goethe ehmals schied, weil er sein werdendes Leben nicht binden wollte, so konnte er jetzt als ein Gebundener nicht mehr sich der Empfindung überlassen. Wenn er damals schied, weil er noch kein Ziel haben durfte, so jetzt, weil er ein Ziel, einen Beruf, eine Aufgabe schon hatte. Der Unterschied zwischen dem ins ungewisse Unendliche strebenden Faust und dem nach dem begrenzten Frieden am Herd zurückkehrenden Odysseus bezeichnet die verschiedenen Gefühlsinhalte beider Trennungen. Faust scheidet aus einem dunklen quälenden Drang, und opfert mit zerrissenem Herzen die Geliebte seinem Schicksal. Odysseus weiß im voraus daß er nicht bleiben wird und meidet die Schuld der Verführung: er reißt die Schöne nicht in sein Leben hinein, und verzichtet wehmütig um seines Berufs und Ziels willen auf den Besitz des Schönen, um es nicht opfern zu müssen. Zwischen Odysseus und Nausikaa steht, wie zwischen Goethe und der jungen Mailänderin, von vornherein das Wissen von der Unmöglichkeit der Vereinigung, welches die Neigung vertieft, aber die Hingabe an die Leidenschaft nicht aufkommen läßt .. auch hier ist wie im Tasso die tragische Stimmung Resignation, und zwar Resignation mit Bewußtsein, in völliger Helle. Was den Tasso vom Werther unterscheidet, daß vor dem Gesetz die Leidenschaft resignieren muß, das unterscheidet die Nausikaa-episode von der Gretchen-tragödie: auch hier ist von vornherein die Grenze gezogen über welche die Leidenschaft, die Neigung nicht hinausgehen darf, es gibt auch in diesem Werk eine Wirklichkeit jenseits der Leidenschaft, und zwar — darauf kommt es an — eine innerlich anerkannte gesetzliche Wirklichkeit. Hingerissen sein bis an die innere Grenze, und an dieser Grenze umkehren, verzichten, Abschied nehmen zu müssen, das ist die neue Form Goethischen Leidens: der freiwillige, aber deswegen nicht minder schmerzliche Verzicht aus Anerkennung der Grenzen, seien diese Beruf, Pflicht oder höhere Bestimmung.

Friederike hat Goethe unfreiwillig geopfert: das ist der tragische Keim zur Gretchen-tragödie, zur Schuld Clavigos und Weislingens. Auf Lotte in Wetzlar hat er unfreiwillig verzichtet: darauf beruhen Werthers Leiden. Auf Lili Schönemann hat er freiwillig verzichtet, aber nicht aus klarer Anerkennung eines höheren innern Gesetzes, sondern unter dem Gefühl, aus der Erkenntnis einer Disharmonie zwischen Liebe und Bestimmung. Eine Neigung wie zu der Mailänderin — das uns bekannte, schwerlich das einzige, Beispiel für Goethes Wander-liebschaft — barg den Keim einer Tragödie des reinen Verzichts — einer Tragödie ohne Schuldige, wo Leiden entsteht aus der Begegnung zweier edler Herzen die verschiedenen Weltgegenden angehören und in unvereinbaren Bestimmungen gebunden sind.

Dies ist das Urerlebnis das dem Nausikaa-fragment innewohnt: das dichterische Symbol für dies Urerlebnis fand er in einem seiner großen Bildungserlebnisse, das ihm jetzt erst durch südlichen Himmel wieder ganz wach geworden war: im Homer. „Was den Homer betrifft ist mir wie eine Decke von den Augen gefallen. Die Beschreibungen, die Gleichnisse kommen uns poetisch vor und sind doch unsäglich natürlich, aber freilich mit einer Reinheit und Innigkeit gezeichnet vor der man erschrickt. Nun ich alle diese Küsten und Vorgebirge, Golfe und Buchten, Inseln und Erdzungen, Felsen und Sandstreifen, buschige Hügel, sanfte Weiden, fruchtbare Felder, geschmückte Gärten, gepflegte Bäume, hängende Reben, Wolkenberge und immer heitere Ebenen, Klippen und Bänke, und das alles umgebende Meer mit so vielen Abwechslungen und Mannigfaltigkeiten im Geiste gegenwärtig habe, nun ist mir erst die Odyssee ein lebendiges Wort." Die homerische Landschaft vor Augen, eine Begegnungsfreude und ein Trennungsweh im Herzen mochten zusammenwirken an einem Odysseusdrama, welches Goethes Bildung wie seiner Stimmung entsprach. Den Odysseus dazu kennen wir, die Nausikaa nicht.. statt ihrer die Mailänderin, statt des Urbildes ein lebendig Nachbild.

Freilich war der seelische Anlaß nicht stark genug um ein großes Drama zu füllen, die Rührung zu flüchtig und nicht so nachhaltig erschütternd wie die früheren Leidenschaften, jede Wanderliebe paralysiert durch die noch immer rege, wenn auch schon gedämpfte Neigung zu Frau von Stein. Schon in dem erhaltenen Fragment läßt sich erkennen wie Bildungselemente das Urerlebnis überwuchern, wie der Leidenschaftsgehalt zurückgedrängt wird von der Freude an fast epischer Wiedergabe der homerischen Landschaft und Luft. Diese wird Goethe unter der Hand Selbstzweck ähnlich wie schon im Götz das Milieu die Charaktere überwuchs. Nur hatte Goethe in der Nausikaa ein reineres und helleres Milieu mit konzentrierterem Mittel darzustellen als im Götz. Von vornherein war also die Nausikaa in Gefahr, ein bloßes Bildungsdrama zu werden, in Gefahr durch die aus Homer zugeströmten Vorstellungen, wenn nicht allein, so doch überwiegend gespeist und gestaltet zu werden, wie später die Achilleis.

Fragment ist die Nausikaa wahrscheinlich deshalb geblieben, weil diese Bildungssubstanzen angezogen und verbraucht wurden von einem tiefer in Goethes Urleben wurzelnden Symbol: der Iphigenie. Diesem Werk, durch ein stärkeres und nachhaltigeres Urerlebnis entstanden und gefüllt, kamen die homerischen Eindrücke schließlich auch zu gut: auch die Iphigenie, und zwar vor allem die in Italien umgegossene Vers-Iphigenie ist gefüllt mit der homerischen Strand- und Meerluft. Je stärker und nachhaltiger ein Urerlebnis ist, desto mehr Bildungselemente zieht das ihm gemäßeste

Symbol an sich. Gleichsam als ein stärkerer Magnet oder als ein Baum von stärkerem Wachstum entzieht er den geplanten Motiven worin ein minder starkes Urerlebnis sich ausdrücken möchte die Bildungssubstanzen, so daß sie verkümmern. So hat die Iphigenie der Nausikaa Saft und Luft weggesogen. Öfter haben wir bei Goethe den umgekehrten Fall erlebt, daß das Bildungserlebnis, das Milieu, die Atmosphäre, das aus dem Bereich der Bildung entnommene Motiv nicht ergiebig genug war, um der ganzen Stärke des Urerlebnisses zu genügen, so daß es nicht zum Symbol ausreichte. In solchen Fällen zieht das dem Urerlebnis adäquateste Sinnbild (das für den inneren Sinn adäquateste äußere Bild) die Substanzen an sich, und die minder adäquaten Sinnbilder werden nicht ausgeführt: so haben Faust oder Götz den minder adäquaten Symbolen des Titanismus, Prometheus, Mahomet, Cäsar Blut und Luft entzogen, so haben Tasso und Iphigenie Elpenor verkümmern lassen. Überall wo ein Urerlebnis und ein Bildungserlebnis sich kreuzen und sich gegenseitig nicht völlig genügen, so daß überschüssiges Urerlebnis oder überschüssiges Bildungserlebnis frei wird, hat das Überschüssige die Tendenz sich an ein adäquateres Sinnbild anzuschichten, und das sei es dem Urerlebnis sei es dem Bildungserlebnis unadäquate, bleibt fragmentarisch liegen.

DICHTUNG

GOETHE hat die Dichtung in Italien nicht so gesucht wie die Kunst und das Wissen, wie die Natur und das geformte Leben, sondern er hat sie mitgebracht wie seinen Charakter, als einen Zweig seines Charakters, als Beschäftigung: sie ist ihm nicht Problem und Forschungsbereich. Er hoffte wohl auch für seine Dichtung zu profitieren, wenn er sehen lernte, aber mit der bewußten Absicht besser dichten zu lernen ist er nicht nach Italien gezogen. Er hat seine dichterischen Pläne mitgenommen auf gut Glück, nach neuen Stoffen nicht gesucht, sondern gewartet ob der italische Boden ihm fruchten werde, über Dichtung nicht theoretisiert, wenn ihm auch manches am Weg einfiel. Kurz, sein Verhältnis zur Dichtung während der Reise war in jeder Hinsicht seinem Verhältnis zur bildenden Kunst entgegengesetzt: in dieser wollte er sich, zum Zweck seiner allgemeinen Menschenbildung, vermöge des Auges und der Gegenstände, vervollkommnen, und strengte sich an. Dichter war er schon und erwartete seine dichterische Vervollkommnung als eine natürliche, unwillkürliche Folge jener Anstrengungen seines Gesamtmenschen und seines Auges. Ja, man kann sagen, Dichter war er sich eher zu sehr als zu wenig: insofern das Dichten mehr eine Innerlichkeit, eine Funktion des Gefühls war als eine Tätigkeit des Auges. Wenn auch die Tätigkeit des Auges mittelbar zu einer Umwandlung auch des dichterischen Verfahrens führen mußte: unmittelbare Technik, wie für die Bildkunst, ist das Sehen für die Dichtkunst nicht.

Das Material für die Bildkunst ist Form und Farbe, also Gesehenes und der Außenwelt Angehöriges, das Material der Dichtkunst ist die Sprache, etwas nur dem Menschen, dem inneren Sinn Angehöriges. Wenn also Goethe sich der überschüssigen Innerlichkeit entledigen, sich den Objekten hingeben wollte, so begreifen wir warum die Dichtkunst für ihn in Italien nicht die wichtigste Angelegenheit sein konnte. Da Goethe für uns wesentlich der Dichter ist, so sehen wir, mit Recht, auch seine italienische Reise vor allem auf ihre dichterischen Wirkungen und Ergebnisse hin an. Was sie als Frucht zeitigte erscheint uns leicht als ihre bewußte Absicht: Goethe selbst aber kümmerte sich um alles andere eher. Was er am sichersten und innersten besaß mochte walten: zu sorgen hatte er um das was ihm noch fehlte. Darum hat er sich auch nach italienischer Literatur und Poesie am wenigsten umgesehen, Moritzens sprachphilosophische Bemühungen teilnehmend bespöttelt, die Italiener geärgert durch seine Ablehnung Dantes, und ihr Schrifttum und Theater, ihre Redekünste und Akademien höchstens betrachtet als sittengeschichtliche Symptome, als Dinge der objektiven Kultur, nicht als Ausdruck der subjektiven Geister.

Sein eignes Dichten aber förderte er nur als Erfüllung einer übernommenen Pflicht, als Vollendung angefangener Arbeit. Zunächst zog die Gesamtausgabe seiner Schriften bei Göschen sich gerade über die Italienische Reise hin, als die Zusammenfassung und Ernte seines bisherigen, durch diese Wende und von ihr aus erst zu überschauenden Lebens. Das war eine Arbeit die ihn im fremden und erneuernden Land mit seinem früheren Selbst verband, und ihn doch zugleich aufforderte das Selbst das er jetzt zum Bilde gerundet fertig in die Welt stellen sollte so zu präsentieren, daß es vor seinen eignen, neuen, gesteigerten Forderungen an sich nicht zu schlecht bestände. Denn noch war er sich selbst, wenn auch gegenständlicher, doch nicht so historisch geworden, daß er seine früheren Stufen ganz von seinem gegenwärtigen Ich losgelöst vor sich hingestellt hätte, als wären es die eines Andern den man zu nehmen habe wie er ist. Bei der Redaktion seiner früheren Schriften mochte er freilich die großen Werke und unmittelbaren Gedichte, die Produkte seines Müssens nicht mehr wandeln, obwohl auch an einzelnen Gedichten kleine Retuschen vorgenommen wurden. So verrät im Schwager Kronos in der letzten Strophe die Veränderung »daß der Orkus vernehme: wir kommen« die Sittigung des Redakteurs gegenüber dem Verfasser — ursprünglich hieß es titanisch überhebend »ein Fürst kommt«.

Doch meistens bezogen sich die Änderungen nicht auf die gemußten, primär dichterischen Werke, die Ausbrüche und Ausdrücke einer Leidenschaft, eines Gesamtgefühls oder einer Gesinnung, welche en bloc genommen wurden, sondern auf die gekonnten Werke, Übungen seiner Geschicklichkeit und Anwendungen von Techniken. Denn die Techniken übersah Goethe in Italien deutlicher, hier gab es ein Erlernbares, Falsches und Richtiges, ein Unvollkommenes und Vollkommenes, das durch Einsicht und Fleiß zu ändern war. Die großen leidenschaftlichen Werke aus einem Guß, wie Götz und Werther, mochten ihm zuwider geworden sein, als Ergebnisse eines düstren Zustands, er mochte suchen sie zu übertreffen — aber sie zu verbessern, aus einem entfremdeten Zustand heraus, ging nicht an. Aber Opern wie Claudine von Villa Bella oder Erwin und Elmire, Anwendungen bestimmter Sprachmittel zu bestimmten Zwecken, konnte gewinnen durch richtigere Erkenntnis der Zwecke und klarere Beherrschung der Mittel, und diese unterzog Goethe (von einem nicht nur veränderten, sondern erhöhten Standpunkt aus) der Umarbeitung. Er hatte sich durch Kayser vertrauter gemacht mit den Bedürfnissen und Forderungen der Oper, er hatte in Italien, dem Stammland der Opernkünste, einen klarern Begriff gewonnen von Bau und Gliederung des Singspiels, und so goß er auf Grund dieser neuen Einsichten Claudine von Villa Bella und Erwin und Elmire in neue Form, wobei das gefühlsmäßig Improvisierte, das Dramatische und Redende zusammengezogen, der sangliche Part ergiebiger wurde. Die Reden der Claudine wurden in durchsichtige, übersichtliche etwas indifferente Jamben umgeschrieben: auch hier die Wandlung vom schwebenden Regellosen zur zeichnerischen Begrenztheit. Alles Improvisierte muß einer bewußten, ja berechenbaren Symmetrie weichen.

In vier Gruppen lassen sich Goethes dichterische Bemühungen während der Italienreise sondern. 1. Redaktion (Überarbeitungen oder Umarbeitungen) früherer fertiger Werke für die gesammelten Schriften. Sie gehören ihrem Gehalt nach in die Sturm-und-drang- oder in die voritalienische Übergangsepoche, und bezeugen, sofern sie verändert werden, die Wirkung italienischer Bildungserlebnisse auf Goethes Formbegriffe und technische Einsichten. 2. Umarbeitung und Vollendung voritalienischer Werke: Egmont und Iphigenie. Iphigenie gehört in ihrer ersten Konzeption den Weimarer Jahren an. In ihrer Reife, zumal in ihrer Versform ist sie ein entschiedenes Zeugnis des italienischen Bildungserlebnisses. Egmont gehört der Konzeption wie der Form nach der voritalienischen Epoche an und ist nur zufällig hier vollendet worden, d. h. er trägt keine spezifischen Merkmale daß er gerade in Italien vollendet wurde. 3. Umarbeitung und Weiterführung voritalienischer Werke: dahin gehören Tasso, Wilhelm Meister und Faust. Der Tasso, wie er uns vorliegt, ist wesentlich erst durch Italien zu seiner Form und zu seiner eigentümlichen Problemstellung gereift, derart, daß man den ersten, voritalienischen Tasso-plan fast als ein andres Werk betrachten kann. Während die Prosa-Iphigenie zur Vers-Iphigenie sich verhält wie die Skizze zur Ausführung, verhält sich der Ur-Tasso zum endgültigen Tasso wie eine Behandlung eines Stoffs von einer andren, verschiedenen. Welcher Art die durch Italien bewirkte Umwandlung der Urfassung war, ist dargelegt. Am Wilhelm Meister hat Goethe nur wenig gerückt und geschoben und kam damit nicht recht weiter: auch hat er selbst empfunden daß diesem Werk die italienische Lehrzeit unmittelbar nicht förderlich sein konnte. Der Ur-Meister, eine völlig voritalienische Konzeption, war in sich abgeschlossen, und um die theatralische Sendung auf Grund der italienischen Erlebnisse zum neuen Weltbild zu erweitern, hätte Goethe nicht fortfahren, sondern von Grund auf neu bauen müssen: daß dies bei einem derartig umfassenden Werk nicht in Italien anging, bei dem Zudrang ungeheurer Bildungsmassen die erst aufgenommen werden wollten, versteht sich von selbst. Italien mochte wohl ihm den Ur-Meister verleiden, weil er jetzt eine ausgebreitetere Basis für die Erziehung seines Helden, einen weiteren Horizont seiner Welt forderte als in der theatralischen Sendung. Anstücken konnte er nicht, schon weil durch Italien sein Stilgefühl ganz gewandelt war. Es blieb ihm nur der Wunsch daß „die italienische Himmelsluft den spätern Büchern zugute kommen möge." So ist das Ergebnis Italiens für Wilhelm Meister, d. h. für Goethes äußeres Weltgemälde, die Einsicht in eine neue Aufgabe, eine Umdeutung des Plans, dessen Ausführung aber erst einer späteren Zeit vorbehalten blieb. Die theatralische Sendung war nicht mehr möglich, die Lehrjahre noch nicht möglich, und beide negativen Wirkungen auf diese Konzeption sind doch ohne Italien nicht denkbar. Auch solche Einsicht in dichterische Aufgaben und Möglichkeiten gehören zur Arbeit: auch Goethes Liegenlassen hat produktive Gründe. Auch das andre große Weltgedicht welches Goethe mit ausgeführten Teilen und einem Gesamtplan im Kopf nach Italien mitgenommen hatte, der Faust, konnte hier nicht vollendet werden. Aber da der Faust nicht in dem Sinne abgeschlossen war, wie die theatralische Sendung, sondern eine Reihe von Fragmenten, so ließen sich daran weitere Fragmente anstücken. Der Faust war im Gegensatz zu den andren Werken Goethes, seiner Idee und Anlage nach unendlich, jeder Abschluß war das Abbrechen einer unendlichen Reihe, nicht die Abrundung zum Kreis. Daß auf die Gestaltung des Faust wie auf die seines ganzen Daseins Italien Einfluß gewinnen würde war vorauszusehen, aber in das nordische Zauberwesen des ersten Teils unmittelbar die italienische Gegenwart hineinzuarbeiten hatte Goethe weder Anlaß noch Eile. Er baute am Faust weiter, als einem unermeßlichen Gebäude das er angefangen hatte und zu dessen Fortführung ihm jeder Moment und jeder Ort gleich recht war, wenn sich die produktive Stimmung einstellte, und die Gesamtidee war ihm gegenwärtig genug um ihn von lokaler Stimmung unabhängig zu machen. Für die geistige Freiheit mit der dieser ihm nächste Stoff ihn der Umwelt gegenüber ausstattete spricht die Faust-szene die er im Borghesischen Garten zu Rom gedichtet: es ist die Hexenküchen-szene, der man „nicht anmerkt wo sie entstanden ist." Sie ist ebenfalls nur zufällig in Italien geschrieben. Die vierte Gruppe der dichterischen Arbeit Goethes bilden diejenigen Dichtungen oder Entwürfe die ganz in Italien entstanden sind. Auch hier unterscheiden wir solche die nur zufällig in Italien entworfen sind und solche die bewußt Ergebnisse und Ausdrucksformen der italienischen Erlebnisse selber sind. Ein Beispiel für das erste ist Künstlers Apotheose — eine Art Gegenstück der Sturm-und-drang-improvisation Künstlers Erdenwallen.. gleichfalls wesentlich improvisiert und in seinem Stil weniger durch das neue in Italien ausgebildete Formgefühl bestimmt als durch den Wunsch nach Gleichartigkeit mit dem früheren, völlig voritalienischen Stück zu dem es Gegenstück sein sollte. Also in ähnlicher Weise wie die Hexenküchenszene im Faust bestimmt wird nicht durch die momentane Luft worin sie niedergeschrieben wird, sondern durch das von dieser unabhängige, weil vor ihr verwirklichte Ganze in welches sie sich einfügen soll, empfängt das Dramolett Künstlers Apotheose seine Gestalt nicht aus dem Impuls, sondern aus einem schon vorgezeichneten Gesetz: sei dies nun Komposition oder Symmetrie. Ein im Geiste getragenes, wenn auch noch nicht herausgestelltes Werk kann für sich und um sich herum einen eignen Dunstkreis bilden der es gleichsam undurchlässig macht für den Dunstkreis der verschiedenen Lebenszeiten und -zonen durch welche es getragen wird. Andre Pläne dagegen sind durchlässig und gleichsam Reagentien für die momentanen Einwirkungen des äußeren Erlebens: Tasso und Iphigenie sind durch das Eindringen der italienischen Atmosphäre sofort umgefärbt, umgebildet worden, Faust und Meister haben einstweilen stand gehalten — und als später ihre Weiterbildung sich vollzog, da waltete in ihnen wohl das vollkommen in Goethe einverleibte Italien, allenfalls die Erinnerung an italienische Eindrücke, aber nicht mehr — und das ist ein großer Unterschied — die unmittelbar einströmende, noch nicht in Goethe selbst konsolidierte Luft Italiens .. wohl Italien als eine Goethische Tendenz, nicht mehr als

Rohstoff. So ist auch Künstlers Apotheose zufällig, nicht notwendig in Italien entworfen — niedergeschrieben wurde es erst nach der Rückkehr — es sei denn daß man das Glücksgefühl dem die Dichtung entspringt, und dem sie ihren Titel verdankt, als unmittelbaren Effekt der italienischen Kunsterlebnisse ansehen will. Aber italienische Luft weht nicht darin.

Die Dichtungen die Italien zur notwendigen Voraussetzung haben, die den römischen Zustand selbst ausdrücken, sind die Römischen Elegien. Sie haben überhaupt erst in Goethes Dichtung eine eigene römische Atmosphäre und Gesinnung schaffen helfen welche stark und dicht genug war vorzuhalten, als Goethe Italien schon verlassen hatte: auch seine späteren, im gleichen Metrum verfaßten Elegien haben noch teil an der hier geschaffenen Atmosphäre. Die gesamte elegische Poesie Goethes als dichterisches Gebild, als Ausdruck seines Erlebens haben wir später zu betrachten. Hier war nur festzustellen welchen Raum und Rang Goethes Dichtertum als Beschäftigung und Tendenz während des italienischen Aufenthalts überhaupt einnimmt, was sein Dichten und seine Gedichte als „biographische Einzelheiten" bedeuten. Eh wir sehn wie sein italienisches Leben Form und Frucht geworden ist, sich in Sprache — und Schweigen — umgesetzt hat, hören wir wie Goethe selbst sich während der Wiedergeburt empfand: „Die Wiedergeburt, die mich von innen heraus umarbeitet, wirkt immer fort. Ich dachte wohl hier was Rechts zu lernen; daß ich aber soweit in die Schule zurückgehen, daß ich so viel verlernen, ja durchaus umlernen müßte, dachte ich nicht. Nun bin ich aber einmal überzeugt und habe mich ganz hingegeben, und je mehr ich mich selbst verleugnen muß, desto mehr freut es mich. Ich bin wie ein Baumeister, der einen Turm aufführen wollte und ein schlechtes Fundament gelegt hatte; er wird es noch beizeiten gewahr und bricht gern wieder ab, was er schon aus der Erde gebracht hat, seinen Grundriß sucht er zu erweitern, zu veredeln, sich seines Grundes mehr zu versichern, und freut sich schon im voraus der gewissern Festigkeit des künftigen Baues. Gebe der Himmel, daß bei meiner Rückkehr auch die moralischen Folgen an mir zu fühlen sein möchten, die mir das Leben in einer weitern Welt gebracht hat. Ja, es ist zugleich mit dem Kunstsinn der sittliche, welcher große Erneuerung leidet."

„Ich habe viel gesehen, und noch mehr gedacht. Die Welt eröffnet sich mehr und mehr; auch alles, was ich schon lange weiß, wird mir erst eigen. Welch ein früh wissendes und spät übendes Geschöpf ist doch der Mensch!"

„Was ich mir immer sagte, ist eingetroffen: daß ich so manche Phänomene der Natur und manche Verworrenheiten der Meinungen erst in diesem

Lande verstehen und entwickeln lerne. Ich fasse von allen Seiten zusammen und bringe viel zurück, auch gewiß viel Vaterlandsliebe und Freude am Leben mit wenigen Freunden."

„In Rom habe ich mich selbst zuerst gefunden, ich bin zuerst übereinstimmend mit mir selbst glücklich und vernünftig geworden."

GESCHICHTE UND POLITIK

WIE die hier ausgesprochene Lebensstimmung und Gesinnung Goethes als Naturlehre, als Kunstlehre und -übung, als Land- und Sittenkunde sich äußerte, welche Anlässe seine biographischen Einzelheiten — Personen, Abenteuer und dichterische Beschäftigungen — in Italien ihm boten zur Erprobung des neuen Weltgefühls ist gezeigt.

Zwei negative Wirkungen der italienischen Reise haben wir noch festzustellen, eh wir die Folgen in der Produktion Goethes selbst aufsuchen, eh wir den neuen Lebenszustand als Gebild, als Sprachausdruck in seinen Ergebnissen zeigen. Diese negativen Wirkungen sind die entschiedene Abneigung gegen die Geschichte und gegen die Politik, d. h. überhaupt gegen jedes nicht von Mensch zu Mensch gehende, auf allgemeine Welt- oder Staatsverbesserung unmittelbar zielende Wirken.

Beide Abneigungen waren in Goethes Natur beschlossen, aber bewußt und begründet wurden auch sie erst durch die italienische Reise — erst durch diese wurden sie aus Instinkten oder aus der mangelhaften Ausbildung von Anlagen zur Haltung, zu bewußten Schranken nach außen, deren Überschreiten er sich selbst verbot. Alles was man an ihm nach seiner Rückkehr aus Italien als Kälte, Egoismus, Kunstbonzentum, Begeisterungsunfähigkeit und Mangel an Herz für Menschheit oder Vaterland zu rügen wußte, ist nur die strenge Beschränkung auf das vom eignen Auge aus Erreichbare und Deutbare, und auf das von seiner eignen Tätigkeit zu Bildende. Die Geschichte aber sprach nicht in gewachsenen oder geschaffenen Formen zu seinem Auge, wie Natur und Kunst, sondern durch Überlieferung (oft nicht einmal von Gesehnem, sondern meist von abermals Überliefertem) zu seinem Denken .. und „die Menschheit" war und blieb für ihn Abstraktum. Was er sah und was auf ihn wirken konnte, worauf er allenfalls wirken konnte, waren die Menschen.

Mit seinem entschiedenen Willen zum Sehen, mit der Begründung seines geistigen Menschen auf das Auge mußten für Goethe die allgemeinen umfassenden Begriffe unmöglich werden denen eine konkrete und deutbare, formhafte und begrenzte, leibhaftige Anschauung nicht zugrunde lag. Nun beruhen fast alle großen Schlagworte der modernen Welt, woran sich die Begeisterung von noch dumpfen Massen und besonders von jungen Einzelnen entzündet — eine Begeisterung die nicht vom Durchleben und schauenden Erkennen, sondern vom triebhaften Bedürfnis nach äußerer oder innerer Expansion herkommt — all diese großen Lockrufe der Aufklärung und der Revolution, Freiheit, Menschheit, Gleichheit, Fortschritt u. dgl. nicht auf Anschauungen, sondern sind bestenfalls Zielsetzungen, Forderungen: sie hatten also für Goethe keine Wirklichkeit, keine Wirksamkeit. Goethe konnte nicht von einem unbekannten, nur geforderten, nicht geschauten, nicht besessenen Allgemeinbegriff aus wirken und nicht auf einen solchen, sondern nur von dem was er selbst besaß, oder sich angeeignet hatte: vom seelisch-körperlichen Kräftezentrum auf wirkliche Gegenstände und Wesen die in der Reichweite seiner Sinne und folglich seiner Kräfte und Gedanken lagen. Auch hier war ihm der natürlich leibhafte, auf Sinne gestellte Mensch das Maß der Wirklichkeit. Hatte er doch schon Abneigung gegen alle künstlich technischen Steigerungsmittel der Sinne, wie die Brille, weil sie den reinen Menschensinn verwirre, gegen alle Rausch- und Reizmittel: wieviel tiefer mußte sein Widerwille sein gegen Ideologien und darauf gegründete Bewegungen welche eben jenes Maß der Wirklichkeit, den sinnlich bedingten Menschen aufheben wollten zugunsten bloß gedachter, nie gesehener, für ihn also im tiefsten schemenhafter, lügenhafter, unwirklicher Begriffe.

Als man nach der Schlacht bei Jena über den Untergang Deutschlands jammerte, fuhr er zornig auf, weil er schon in dieser allgemeinen Zusammenfassung eine Phrase witterte: wenn Einer Verlust wirklicher Dinge, Haus, Hof, Gut und Angehörige beklage, so lasse er sichs gefallen und könne Teilnahme aufbringen, aber man solle ihm vom Leibe bleiben mit Klagen über den Verlust von Dingen die kein Mensch je besessen und mit Augen gesehen. Goethe war von jeher ein Todfeind von Wortschällen, er haßte alles Handeln auf Grund ungenügender Sachkenntnis, alle Pfuscherei, insbesondere Pfuscherei in Staatssachen, und er hielt dafür daß jeder erst vor seiner eignen Türe kehre, eh er den Nachbarn, die Gemeinde oder gar die Menschheit bessern gehe. Daher hielt er auf Respekt gegen alle die ein Fach, eine Technik oder eine Tätigkeit gründlich und lang durchgearbeitet hatten, und rügte an den Deutschen die auf allgemeine Prinzipien und Theorien gegründete Besserwisserei gegenüber langjährigen Praktikern. Daher auch sein politischer Konservatismus: er glaubte an eine Technik des Regierens zu der man Fachleute brauche, die man zu ehren habe .. und in den revolutionären Improvisations-politikern sah er, meist mit Recht, Pfuscher .. und das Pfuscherhafte empörte ihn noch mehr als der Umsturz oder die

Gleichmacherei selbst.

Die Unordnung, nicht die Ungerechtigkeit, war ihm als einem Sinnen- und Augenmenschen das Unerträgliche: denn die Unordnung sieht man, die Ungerechtigkeit denkt man nur .. sie springt nicht in die Augen, sondern entsteht erst durch Reflexion an einer sittlichen Forderung. Goethe war also im Prinzip weder Demokrat noch Aristokrat: derartige Prinzipien anerkannte er nicht, er kannte nur Anschauungen und Empfindungen. Trat ihm die demokratische Revolution nicht als vages Pfuschen, sondern als bestimmtes Genie entgegen, wie in Mirabeau, wie in Napoleon, so bewunderte er sie: denn hier legitimierte sie sich als Können, als Ordnung.

Auch Goethes politische Gesinnungen mißversteht man, wenn man nicht auf ihren sinnlichen Grund zurückgeht, wenn man seine einzelnen Äußerungen aus seiner Atmosphäre reißt und wegen scheinbarer Übereinstimmung mit der oder jener Parteitheorie ihn Aristokrat oder konservativ in dem bornierten Parteisinne nennt. Er haßte Demokratie, weil sie den Pfuschern, nach seiner Meinung, größeren Spielraum gewährt, und weil er der Aristokratie die er kannte mehr Erfahrung und Haltung zutraute. Ihm „gefiel zu konversieren mit Gescheiten, mit Tyrannen". Die Prinzipien waren ihm an sich gleich, die Personen, d. h. ihre sinnlichen Vertreter, das Wichtigste. War das demokratische Prinzip vertreten durch den größten Kenner und Könner, so war es ihm recht — war dieser Napoleon gestürzt, so weinte er ihm keine prinzipiellen Tränen nach, auch keine solchen des prinzipiellen Genie-kults, sondern hielt sich an die Heilige Allianz, von der er die größte Ordnung erwartete. Auch die Parteien maß er nicht nach ihrem sittlichen, sondern nach ihrem sinnlichen Wert: d. h. er erkannte keinen sittlichen Wert an der nicht aus der sinnlich ergreifbaren Wirklichkeit abzuleiten war: das Gute war ihm in das Schöne eingeschlossen, nicht umgekehrt.

Außer seiner Abneigung gegen Wortschälle, Pfuscherei und Unordnung war seine politische Indifferenz begründet in dem Sinn für eine ruhig gesetzliche und typische Entwicklung, deren Vorbild er nur im organischen Leben fand, nicht da wo sich individuelle Willkür zufälliger Materialien bedient:

> Nie war Natur und ihr lebendiges Fließen
> Auf Tag und Nacht und Stunden angewiesen.
> Sie bildet regelnd jegliche Gestalt,
> Und selbst im Großen ist es nicht Gewalt.

Er sah in der Natur weder Irrtum noch Gewalt: in der Geschichte, der überlieferten erstarrten Politik, und der Politik, der flüssigen Geschichte, sah er gerade nur einen „Mischmasch von Irrtum und Gewalt". Er war ein zu scharfer und tiefer Denker und zu genauer Kenner der Realitäten um in der Geschichte Naturgesetze zu suchen. Er wußte das Reich der menschlichen Freiheit, der menschlichen Willkür wohl zu scheiden von dem Reich der Notwendigkeit, der Natur. Aber da ihm im Reich der Willkür eine Wirksamkeit nach Gesetzen und eine Einsicht in Gesetze verboten war, so verweilte er nicht darin, und hielt sich an die Natur. Aus der Geschichte entnahm er nichts als die wenigen sinnlich ergreifenden Bilder großer Persönlichkeiten und den Enthusiasmus den sie erweckt. Und auch da zog er sich, instinktiv unbefriedigt vom bloß Überlieferten und dabei (als positiver auf Gestaltung, nicht auf Zergliederung gerichteter Geist) ein Gegner der historisch philologischen Kritik Niebuhrscher Observanz, möglichst auf die Helden zurück die er erlebt hatte: Friedrich und Napoleon. Alexander war für ihn, nach dem Vorgang Winckelmanns und Meyers, vor allem der große Kunstfürst, und Cäsar, ein Dramenheld seiner Jugend, war ihm später bedeutend als Gleichnis und Vorbild Napoleons. Vor der italienischen Reise war er überhaupt — drängend, strebend, schwellend, expansiv begeistert und mehr im Gefühl als in den Augen lebend — geneigter sich der Geschichte, dem wogenden Meer der menschlichen Taten und Geschicke einzutauchen, geneigter der Überlieferung des Großen ebenso zu trauen als dem Anblick des Schönen, schon deswegen weil sein damaliger enthusiastisch suchender Zustand, nach Stoff begierig, viel mehr Großes überliefert bekam als Schönes zu schauen. Seinen Götz, seinen Cäsar, seinen Egmont, Umformungen seines eignen großen Willens und Überschwangs, konnte er aus Überliefertem entnehmen. In Rom wurde das anders: hier sah er das sinnlich Schöne in der Fülle und bedurfte des überliefert Großen nimmer.

Die Geschichte, das Vergehende, sah er nicht, nur ihre gegenwärtigen Niederschläge in Denkmalen und Kunstwerken: was er aus diesen entnehmen konnte, was in sinnlicher Gegenwart, als gebauter, gemalter, gebildeter Wille und Geist sich ihm darbot das war ihm der Sinn der Geschichte. Es gibt übrigens vielleicht keine zweite Erfahrung die den schauenden und denkenden Menschen mißtrauischer gegen alle Überlieferung machen kann als gerade der Besuch in Rom. Dort stehen die berühmtesten Denkmale der Welt: man hat von Jugend auf ihre genauen Beschreibungen und Abbildungen gekannt, man meint mit ihnen vertraut zu sein und nur die überlieferten Vorstellungen durch eigenen Anblick bestätigen oder berichtigen zu müssen: man kommt hin — und die Gegenwart der Dinge vernichtet alle Vorstellungen die man sich davon gemacht. Man erkennt daß die falscheste Vorstellung von der richtigsten durch keinen solchen unüberbrückbaren Abgrund getrennt ist wie die richtigste Vorstellung von der Anschauung der Wirklichkeit. Und dies geschieht noch mit Dingen die bleiben, die gesehen und in aller Ruhe für die beschreibende Überlieferung festgehalten worden sind. Der Schluß liegt nahe wie viel schattenhafter, unzuverlässiger, fragmentarischer, vermittelter uns die stets wandelnden Gestalten, die vorübersausenden, unfaßbaren Begebenheiten, die versteckten Intrigen, die durch verschollene Glaubens- und Denkart hindurch erst zu deutenden Zustände der Geschichte überliefert sind! Wenn schon die zuverlässigsten Beschreibungen des Sichtbaren, Topographie und Geographie, von der Wirklichkeit so desavouiert werden, was kann noch übrig geblieben sein von der Wirklichkeit des Unsichtbaren, welche Wahrheit kann dem inne wohnen was, von Erinnerung, Lüge und Parteigeist getrübt, über die unkontrollierbare Vergangenheit uns aufgezeichnet worden ist!

Diese Erfahrung hat auch Goethe machen müssen, und erst von Rom her datiert seine unüberwindliche Mißachtung der Geschichte, wenigstens der Geschichtswissenschaft insofern sie vorgibt die zuverlässige Lehrerin der Wahrheit zu sein, also gerade der kritischen Geschichtswissenschaft. In einem langen Gespräch mit dem Historiker Luden sind seine Bedenken scharf formuliert. Daß wir aus der geschichtlichen Überlieferung das richtige Bild der Dinge empfangen können glaubte er nicht: wohl aber ließ er die Geschichte gelten, insofern sie überhaupt Bilder des Geschehens, besonders aber erhebende und begeisternde, die Phantasie anregende und den Charakter steigernde Gestalten und Taten wiedergab, ohne Rücksicht auf die empirische Richtigkeit, wenn sie nur symbolische Wahrheit und dynamische Wirklichkeit hatten. Mit andren Worten, er ehrte die Geschichte als Mythus, und mißbilligte die Bestrebungen die ihren mythischen Gehalt zu zerstören drohten, z. B. die sagenvernichtenden Untersuchungen der historischen Kritik Niebuhrs. Er hat gefragt was dabei herauskomme, wenn irgendein heroisches Faktum negiert werde: „wenn die Alten groß genug waren dergleichen zu erfinden, so sollten wir groß genug sein, es zu glauben".

Auch hier also gab es für ihn keine Wahrheit an sich, sondern nur eine fruchtbare, lebenfördernde Wahrheit. Geschichte war ihm Mythus: der Punkt wo Geschichte und Sage zusammengrenzen war ihm der schönste der ganzen Überlieferung „Wenn wir uns aus dem bekannten Gewordenen das unbekannte Werden aufzubauen genötigt finden, so erregt es eben die angenehme Empfindung, als wenn wir eine uns bisher unbekannte gebildete Person kennen lernen und die Geschichte ihrer Bildung lieber heraussahnen als herausforschen. Nur müßte man nicht so griesgrämig, wie es würdige Historiker neuerer Zeit getan haben, auf Dichter und Chronikenschreiber herabsehen."

Und als hätte er die Weiterentwicklung der Kritik zur Hyperkritik ge≈ ahnt, wie sich Neid, Beschränktheit und Ressentiment, das Erlöschen he≈ roischer Instinkte und die Spezialisten≈monomanie unbewußt zur wissen≈ schaftlichen Betriebsart entwickelten, als hätte er die materialistische Ge≈ schichtskritik, die literarhistorischen Pathographien und Psychoanalysen vorausgeahnt, all diese altklugen Armseligkeiten — schrieb er die Sätze: „Man hat oft gesagt, und mit Recht, der Unglaube sei ein umgekehrter Aberglaube, und an dem letzten möchte gerade unsre Zeit vorzüglich leiden. Eine edle Tat wird dem Eigennutz, eine heroische Handlung der Eitelkeit, das unleugbare poetische Produkt einem fieberhaften Zustande zugeschrie≈ ben; ja was noch wunderlicher ist, das Allervorzüglichste was hervortritt wird so lange als nur möglich verneint. Dieser Wahnsinn unserer Zeit ist auf alle Fälle schlimmer, als wenn man das Außerordentliche, weil es nun ein≈ mal geschah, gezwungen zugab und es dem Teufel zuschrieb. Der Aber≈ glaube ist ein Erbteil energischer, großtätiger, fortschreitender Naturen, der Unglaube das Eigentum schwacher, kleingesinnter, zurückschreitender, auf sich selbst beschränkter Menschen".

In diesen Sätzen ist ein Grund seines Verhältnisses zur Überlieferung aus≈ gesprochen. Sie stehen in dem geschichtlichen Teil der Farbenlehre, der überhaupt das am knappsten in Formeln faßt was man Goethes Geschichts≈ philosophie nennen könnte. Wie er in der Natur, von der sinnlichen An≈ schauung ausgehend, Gesetze und gesetzlich wirkende Kräfte suchte, so in der Geschichte, auf Überlieferung durch Wort und Schrift angewiesen, be≈ stimmte, immer wiederkehrende für das Menschenwesen bezeichnende Symptome. Wie er in der Natur mit der Notwendigkeit zu tun hatte, so hier mit der Willkür: er suchte wenigstens die Willkür selbst in ihren haupt≈ sächlichen Äußerungen und Richtungen zu fassen, da er sie schon nicht in Gesetze bannen konnte. Mit andren Worten, er suchte in der Willkür mindestens das festzustellen was daran der Natur, d. h. der menschlichen Natur angehörte: denn der Mensch gehört ja beiden Reichen an, dem der Notwendigkeit und dem der Willkür .. er ist Tier und ist Geist .. er muß und er darf. Der Geist selbst ist eine Erweiterung und Spiegelung der Na≈ tur, und in der Geschichte sucht Goethe am liebsten die Grenzgebiete auf wo die Gesetzlichkeit der Natur in die menschliche Willkür hineinreicht.

Die Fragen die er sich als Geschichts≈ und Naturphilosoph zugleich vor≈ legte waren etwa folgende: wie wirkt die menschliche Geistes≈ und Willens≈ anlage auf die Überlieferung überhaupt? Dies ist seine Basis historischer Kritik — sie bezieht sich nicht, wie die der Empiriker, auf die Objekte, son≈

dern auf das Subjekt. Er untersuchte die großen Grundformen auf denen alle Geschichtswissenschaft überhaupt beruht, Autorität und Überlieferung, zunächst auf ihren vitalen Ursprung und auf ihre symptomatische Bedeutung. Sodann: Wie wird Erfahrung in der Geschichte gemacht? wie kann sie überliefert werden? was kann Stoff werden? welchen Einfluß haben die natürlichen menschlichen Eigenschaften, Neugier und Dummheit, Glaube und Unglaube, Wissenstrieb und Phantasie, Eitelkeit, Parteigeist und Eigenliebe, Trägheit und Feigheit auf die Reinigung oder Trübung der Überlieferung, auf die Erhaltung oder Lockerung der Autorität?

Diese Betrachtungen beziehen sich auf die Grundlagen der geschichtlichen Methode, der geschichtswissenschaftlichen Mittel. Den geschichtlichen Stoff ordnete er sich durch große typische Gegensätze, die zwar nicht als Gesetze, aber als Anhaltspunkte für alle Mannigfaltigkeit gültig sein durften: auch hier wollte er das Feld, ohne sich ins Unendliche der Einzelheiten zu verlieren, überschauen. Wie er als Dichter selbst im Charakteristischen vor allem das Typische suchte, so in der Geschichte nicht das Unterscheidende, sondern das Gemeinsame der Bewegungen und Phänomene — eben nicht Gesetze, sondern Symptome. Während er in der Natur mit der Feststellung der Wirklichkeit zugleich die Notwendigkeit mit aussprach, begnügte er sich in der Geschichte überall mit der Feststellung der Wirklichkeit und der Möglichkeit. Auch hier war es ihm zu tun um die Feststellung gewisser Grundformen des Menschlichen aus welchen die historischen Phänomene hervorgehen: auch hier ging er aus von dem Menschen und nicht von den Sachen, von Eigenschaften, nicht von Gegenständen. Aus solchen Grundeigenschaften des Menschen, deren Kampf, deren Überwiegen oder Zurücktreten, deren Kreuzung und Mischung er ordnete und wertete, ging für ihn das Getriebe der Menschen, der Völker und Individuen hervor. Die Geschichte entsteht für ihn aus Anwendung der menschlichen Natur, eben der vorhin erwähnten Eigenschaften und andrer mehr, welche man als sittliche Urphänomene ansprechen kann, aus ihren Verwicklungen infolge der Mannigfaltigkeit, aus ihrer Bedingtheit durch Wirkung und Gegenwirkung. Auch in der menschlichen Natur sah er Polarität, Gegensätze zwischen den einzelnen Trieben, und aus diesen Gegensätzen entwickelte er die Formen der Gesellschaft und die Folge der verschiedenen Epochen. Bald neben- bald nacheinander, bald mit- bald gegeneinander wirken die menschlichen Grundkräfte, und ohne im Einzelnen Gesetze der Entwicklung und Bildung aufstellen zu wollen, sah Goethe doch im Ganzen der Geschichte ein Wechselspiel von Gesetz und Zufall. Gesetz und Zufall sind aber im Bereich der Geschichte dasselbe wie die konstanten Faktoren der menschlichen Natur und die variablen: das was im Menschen der Natur und das was der Willkür angehört — man kann auch sagen, was dem Menschen als Raum-wesen und was ihm als Zeit-wesen eignet

Also Goethe war von der Geschichte als Ganzem abgestoßen einmal durch ihren Mangel an sinnlicher Anschaulichkeit und zweitens durch ihren Mangel an Notwendigkeit, sie entzog sich seiner Vorstellungsart die auf das Organisch-Leibhafte eingestellt war: die Offenbarung des Weltgeistes war für ihn die Natur, nicht die Geschichte, d. h. wenn Goethe sich die Gottheit vorstellen wollte, so mußte er es unter dem Symbol der Natur tun. Herder zum Beispiel sah sie unter dem Symbol der Geschichte: Herder war Geschichtspantheist, wie Goethe Naturpantheist war. Trotzdem hatte Goethe von zwei Seiten her Zugang zu der Geschichte: nämlich einmal vom Gefühl her, insofern die Geschichte eine Quelle der Begeisterung und Willensstärkung ist, und zweitens von der Menschenkunde her, indem er die Geschichte als eine erweiterte, allerdings reflektierte Darstellung des Weltwesens ansah, dem ja seit Rom seine Aufmerksamkeit doppelt gewidmet war. Geschichte war ihm also entweder Personengeschichte oder Bildungsgeschichte — d. h. in beiden Fällen Geschichte menschlicher Kräfte, nicht der menschlichen Taten und Begebenheiten. Politische Geschichte war ihm ebenso gleichgültig wie die sogenannte Kulturgeschichte, sofern man darunter die Entstehung und Wirkung der Sachen versteht, den Menschen selbst als ein Sachliches, nicht als ein Persönliches fassend. Nur insofern er sich den geschichtlichen Menschen als ein organisches Naturwesen vorstellen konnte, d. h. als ein Ganzes von aktiven oder passiven Kräften, interessierte sich Goethe für die Geschichte. Genau so weit reichte sein historischer Sinn und unter diesem Gesichtspunkt hat er das Tiefste über geschichtliche Menschen, Epochen und Methoden gesagt.

Dagegen interessierte ihn gar nicht das Auf und Ab der Staaten, die Intrigen und Geschehnisse, und die Zustände, Umstände und Zufälle der Völker an sich — dies war ihm der „Mischmasch von Irrtum und Gewalt". Wenn man ihn aber gar zum Vorläufer der Milieutheorie, der Wirtschaftsgeschichte hat machen wollen, wonach der Mensch nicht Schöpfer sondern Geschöpf sachlicher Umstände und Opfer der Verhältnisse ist, so übersieht man daß Verhältnisse und Umstände selbst (denen er allerdings mehr Rechnung trug als die politische Historie gewohnt war) für ihn nicht waren, was sie für den heutigen durchschnittlichen Marxisten, Buckleaner und Lamprechtianer sind: geist- und seelenlose, also außermenschliche Stofflichkeiten, sondern selbst menschliche Kräfte, Vorstellungen und Atmosphären.

„Milieu" sind für Goethe keine sachlichen, sondern menschliche Wirklichkeiten, und sein großes Geschichtswerk, Dichtung und Wahrheit, schildert seine eigne Existenz nicht als die Folge von unpersönlichen Umgebungen, sondern als eine Gestaltung aus tätigen und empfangenden Menschenkräften. Während der heutige Wirtschaftshistoriker und Milieutheoretiker also die Tendenz hat sogar menschliche Charaktere und Atmosphäre als eine Art Mechanismus zu behandeln und sich den Einfluß eines Menschen oder eines Menschenkreises auf einen andren vorzustellen als einen maschinellen Stoß, hatte Goethe die Tendenz sogar Erde und Wasser, Landschaft und Haus als beseelte Geschöpfe, und ihre Einwirkung auf den Menschen als einen geheimnisvoll absichtlichen Bildungsprozeß aufzufassen. Auch hier war für ihn der Mensch das Maß der Dinge, nicht wie für die Materialisten die sich auf ihn berufen, die Dinge das Maß der Menschen. Milieu war für ihn der bildende Umkreis menschlicher Kräfte, aktiv und passiv, nicht die Wurstmaschine in die menschlicher Rohstoff hineingefüllt wird, um als Gebild herauszukommen.

Die überindividuellen Kräfte welche an den Individuen und Völkern bilden und sie bedingen sind also für Goethe niemals außermenschliche Kräfte: und die Persönlichkeit selbst ist ein Ergebnis von individuellen und menschlichen Wirkungen'.. von solchen die einem individuellen Lebenszentrum allein und solchen welche dem Wesen der Gattung Mensch überhaupt angehören. Das allgemein Menschliche wirkt sich aber nicht als Menschheit aus — „Menschheit" ist eine Abstraktion — sondern nur in einzelnen, in allen Menschen, in Individuen, in jedem Einzelnen steckt es, in keinem ganz, aber indem viele Individuen auf einen Einzelnen wirken, wird ihm selbst das Menschliche deutlicher, entwickelt er sich selbst, indem er sein Individuum wechselseitig entfaltet und bedingt fühlt, zum Bewußtsein des Menschentums. Dieser Einfluß vielfältiger Individualitäten worin die Menschlichkeit überhaupt zu allgemeiner Geltung kommt ist etwa das was Goethe unter „Milieu" verstanden haben würde. Ist dies Milieu weit und mannigfaltig, so wird der Einzelne zu voller Menschlichkeit gereift, ist es eng und einseitig, d. h. wirken auf einen gegebenen Einzelnen immer nur individuelle Kräfte derselben Art und Richtung, derselben Sippe, derselben Heimat, derselben Epoche, so wird er einseitig und bleibt beschränktes, an der Entfaltung der Menschlichkeit behindertes Individuum, d. h. er behält Grillen, Sonderbarkeiten, Bedingtheiten. Die höhere und reichere Individualität ist zugleich der vollkommenere Vertreter des Menschtums.

Um im Einzelnen das Menschtum zu zeigen hat Goethe seine biographischen Arbeiten geschrieben, zuvörderst Dichtung und Wahrheit: hier hat er das großartigste Beispiel aufgestellt wie ein inkommensurables Einzelwesen, ein bestimmtes Genie durch Wirkung und Gegenwirkung bei seiner Begegnung mit der Welt, d. h. mit den verschiedenen Gesinnungen, Eigenschaften, Zuständen andrer Individuen zum Menschen wird und das der menschlichen Natur überhaupt Zukommende erkennen, deuten, verkörpern lernt. Seine fragmentarische Biographie Winckelmanns versucht die gleiche Aufgabe mit weniger Material zu lösen. Das Problem das ihn hier interessiert hat war gleichfalls die Entfaltung, besser der Durchbruch jener armen, von außen vielfach gedrückten preußischen Individualität zur hellenischen Gesinnung, zur runden und freien Menschlichkeit. Wie sucht er die Bedingungen die ihn hemmen, die fördernden und nährenden Gönnereinflüsse, die zeitigenden und reifenden, die steigernden und sprengenden Elemente der Kunst, des Bodens, der menschlichen Atmosphäre in diesem Leben zu sondern und in eigenen aphoristischen Abschnitten ihr Wesen und ihre Wirkung auf Winckelmann herauszuheben!

Heute ist der Begriff „Entwicklung einer Persönlichkeit" zum platten Schlagwort geworden, bei welchem die Wenigsten sich etwas Deutliches denken, oder die Meisten, wenn man Biographien liest, die Abwicklung irgend eines Lebensfadens von einer Spule. Für Goethe war dieser Begriff aus seiner Metamorphosenlehre heraus zu einem Symbol von allgemeiner Anwendbarkeit geworden, er war noch gefüllt mit frischem Leben, und seine Anwendung war ein in der Geschichtsschreibung neues Prinzip: wie Goethe der Pflanze einen inneren Bildungstrieb zuschrieb der aus den umgebenden Elementen mit ihnen und gegen sie, anziehend und abstoßend, aufnehmend und ausscheidend, die typische Form der Pflanze und die individuelle Form gerade des jeweiligen Exemplars bestimmt, so schrieb er auch dem Menschen einen zu. Die Wechselwirkung dieses angebornen Formtriebs (beim Menschen Charakteranlage genannt) und seiner Bildungselemente darzustellen, gerade das war für Goethe die Aufgabe der Biographie, und erst Goethe hat ihr diese Aufgabe gestellt. Vorher war Biographie die Aufreihung einer Anzahl bekannter Fakten an einen logischen oder bestenfalls psychologischen Faden, wobei man koordinieren oder subordinieren mochte.

Schon um dieser Leistung willen wäre Goethe auch unter die großen deutschen Historiker zu zählen, wenngleich es ihm am eigentlich historischen Sinn gefehlt hat: an der Lust und Fähigkeit sich eignen Willens zu entäußern, um ganz in die Anschauung und Denkart der vergangenen, zu schildernden Epoche sich zu versetzen: diese Art historischen Sinns ist ein Ideal erst des 19. Jahrhunderts, erst möglich nach der Auflösung der letzten einheitlichen Kultur, des Rokoko, der auch Goethe noch angehörte. Erst wenn es keinen selbstverständlichen Gesamtblick mehr gibt, kann der historische Sinn, der historische Relativismus entstehen. Wo ein einheitlicher Kulturwille herrscht, kann jene voraussetzungslose, d. h. bewußt wunschlose Objektivität nicht entstehen die der große Historiker des 19. Jahrhunderts (was historischen Sinn angeht, der größte aller Zeiten), Ranke, in dem Ausspruch formuliert »Ich will nur zeigen, wie es eigentlich gewesen ist.« Diese Art historischen Sinns konnte Goethe nicht haben, erstens weil er fest in bestimmten Kultur-gesinnungen wurzelte, zweitens weil ihm Erkenntnis des eigentlich Gewesenen an sich gleichgültig war, sofern es nicht Leben und Bildung überhaupt förderte, und drittens weil er gestalten und wirken wollte und folglich nicht sich in Fremdes, sondern Fremdes in sich verwandeln mußte. Wenn Ranke sein Ich auslöschen wollte, um zu erkennen wie es eigentlich gewesen ist, so wollte Goethe allenfalls das Gewesene erkennen, damit sein Ich möglichst stark, reich und gerecht sein könne: das sind zwei sehr verschiedene Forderungen der Objektivität. (Übrigens war auch Ranke nicht so ich-los, wie er wollte und meinte, er wäre sonst nicht so reich.) Goethe wollte sein Ich, ein Urgegebnes, von vornherein gelten lassen und es in der Welt nicht auslöschen, sondern es zur Welt erweitern.

Aber auch trotz Goethes Mangel an diesem historischen Sinn, an dieser alleintauchenden Objektivität, an Historismus, an psychologischem Relativismus hat ihm die Geschichte neue Resultate und Methoden zu danken: vor allem seine großen biographischen Leistungen und Versuche, die Durchdringung der Kulturgeschichte mit der Biographie. Ist Goethe mit Dichtung und Wahrheit der Schöpfer der ersten Lebensbeschreibung die wirklich dem dynamischen Gehalt des Wortes Leben gerecht wird, so sind seine Materialien zur Geschichte der Farbenlehre das erste Muster einer Geistesgeschichte die wirklich diesen Namen verdient. Am Beispiel einer einzelnen Fachwissenschaft entwickelt er, das Wesen und die Anlagen des menschlichen Geistes als natürliches Urphänomen darstellend, dessen Richtung und typisches Verhalten zu den Objekten überhaupt, zu einer bestimmten Gruppe von Objekten insbesondre, die gleichsam als Reagentien für die Eigenschaften des Geistes dienen. Er verfolgt wie dieser menschliche Geist (in Menschengruppen, Völkern, und Einzelnen manifestiert) durch Raum, Zeit, Boden und Klima, Charaktere und Sitten zugleich in Tätigkeit gesetzt und bedingt, verallgemeinert oder individualisiert, gefördert oder gehemmt wird, wie er in seiner Entwicklung — nach Analogie der organischen Natur gefaßt — zu seinen wissenschaftlichen Ergebnissen in einem bestimmten Gebiet seiner Tätigkeit gelangt und in diesen Ergebnissen sich selber darstellt.

Der Menschengeist erscheint gleichsam als ein in Völker und Individuen gegliedertes einheitliches Wesen das sich der Stoffe und Objekte bedient um sich auszusprechen, um sich darzustellen. Was in unsren Tagen Wilhelm Dilthey als Ziel der Geistesgeschichte empfunden und selbst zu erreichen versucht hat, das ist im geschichtlichen Teil der Farbenlehre in Bruchstücken, aber prinzipiell vollkommen deutlich geleistet: die Entwicklung des Innerlichsten, des Geistes, ist an den Ergebnissen und Etappen dieser Entwicklung verdeutlicht, objektiv vergegenwärtigt, zur konkreten Anschauung gebracht. Nicht nur die Offenbarung des Geistes in Taten, Werken und Menschen, wie es das Ziel der Geschichtsphilosophen von Herder bis Hegel war, wollte Goethe zeigen, also die Umsetzung eines Innerlichen in ein historisch Greifbares, Sichtbares—sondern die Verkörperung des Geistes im Geist selbst, als Wissenschaft! Für Herder, mehr noch für Hegel, ist die Weltgeschichte gleichsam eine Allegorie des Geistes oder Gottes (oder wie man sonst das nur in seinen Ergebnissen Erscheinende nennen mag) Goethe hat den Geist selbst als ein Sinnliches aufgefaßt und in seiner wissenschaftlichen Manifestation dargestellt, in ähnlicher Weise wie er in dem einzelnen Kraut, in dem individuell gewordenen, zugleich die typische werdende Urpflanze mitanschaute. Auch hier war ihm die Idee nicht hinter der Erfahrung, sondern in der Erfahrung selbst gegeben, auch hier deuteten die wissenschaftlichen Entdeckungen, Theorien und Methoden nicht auf das Wesen des Geistes hin, sondern sie stellten ihn schon dar. Indem Goethe den so in Ergebnissen dargestellten, so faßlich offenbarten Geist zugleich als Entwicklung faßte, in den einzelnen Ergebnissen und Methoden gleichsam die Knoten und Stengel der werdenden Urpflanze Geist nachwies, vermied er den Fehler Hegels: die logische Folgerung mit der historischen Folge, das dialektische propter hoc mit dem vitalen post hoc zu verwechseln.

Den Entwicklungsgedanken hat Goethe, wie Herder, vitalistisch gefaßt, nicht mechanistisch und nicht dialektisch. Aber während bei Herder die Entwicklung des Menschengeschlechts eine Art mystischer Emanationslehre ist, hatte Goethe eine künstlerische Vorstellung davon: so wenig wie seine Metamorphosenlehre beruhte sie auf einer mystischen Glaubensart, sondern auf einer sinnlichen Anschauungsart.

Und so kommen wir zu Goethes Methode. Was die Geschichtswissenschaft Goethe methodisch Neues verdankt schuldet sie seiner naturphilosophischen Schulung. Nicht als hätte Goethe nun einfach die naturwissenschaftliche Methode auf das geschichtliche Gebiet übertragen, oder gar die in der Natur gesehenen Gesetze in die Geschichte hineingedeutet: dies konnte er schon deshalb nicht, weil ja gerade für ihn Gesetze nicht, wie für die mechanistischen und mathematischen Naturforscher, von den Erscheinungen loszulösende und übertragbare Formeln waren, sondern in den Erscheinungen selbst sich manifestierende Kräfte: es gab für ihn nur gesetzliche Gestaltung. Aber seiner Naturforschung dankt Goethe die Aufmerksamkeit für das Wechselspiel zwischen Typus und individuellem Charakter, welches sich in der Menschengeschichte auf höherer Stufe wiederholt. Die außermenschlich organischen Naturen sind nur darum geschichtslos, weil sie kein Gedächtnis, keine Sprache, keinen bewußten Willen haben. Indem Goethe es vermied in der menschlichen Erweiterung des Naturreichs selbst wieder Gesetze aufzustellen, erkannte er doch ein Gesetzliches an in dem Prozeß durch den diese Erweiterung entstanden. Die Freiheit kann ein Produkt der Notwendigkeit sein, ohne, wenn sie produziert ist, den Gesetzen der Notwendigkeit zu unterstehen. Die Willkür und der Geist in der Geschichte sind der Natur entsprungen, sie sind nach Naturgesetzen entstanden, aber sie haben, einmal entstanden, ihre eigenen Bedingungen, die mit den Gesetzen der tieferen Stufen nicht mehr identisch sind.

Für Goethe war nun an der Geschichte überall der Punkt interessant, wo die Freiheit aus der Notwendigkeit entspringt — wirklich entspringt, d. h. wo sich der Geist aus den Gesetzen der organischen Natur loslöst. Den Kampf zwischen Typus und Individuum fand er schon in der organischen Natur vor, indem er die Varietäten eines Pflanzentypus studierte, die individuellen Abweichungen, ja die krankhaften, aus der typischen Grundbildung einer Pflanze hervorgehen sah: dieser Kampf wurde auf der höheren Stufe beim Menschen zum Kampf zwischen Natur und Willkür überhaupt. Die menschliche Individuation, ein natürlicher Vorgang, wird zur Geschichte, weil hier der in der organischen Natur schon vorwirkende Individuationstrieb sich in Sprache und Bewußtsein ein eignes unermeßliches Reich geschaffen hat. Herder ist der erste der in der Geschichte eine potenzierte Natur erkannt hat: Goethe, wesentlich Naturforscher, hatte eine Abneigung dagegen dies aus der Natur entsprungene, von der Natur emanzipierte Reich der menschlichen Willkür an sich, in sich zu betrachten. Aber als ein Produkt der Natur interessierte ihn das Geschichtliche, wie ihn alles Natürliche als ein Symbol der Natur interessierte. Und das Hineinwirken des Natürlichen in das Geschichtliche, die Grenzgebiete zwischen Natur und Geschichte, zumal der Menschengeist selbst, die menschlichen Anlagen und ihre Ausbildung, die Entwicklung des Geistes und Wollens an und aus der Natur fanden an ihm einen unübertroffenen Darsteller.

MATHEMATIK

DIES sind die Hauptzüge von Goethes Natur- Kunst- und Geschichtgesinnung. Italien hat dazu den Grund gelegt und die folgenden Jahrzehnte sind in wissenschaftlicher Hinsicht der genauen Nachprüfung, Erweiterung, Stoffsammlung, Darlegung und Anwendung der italienischen Aperçus gewidmet. 1790 schrieb er die Metamorphose der Pflanzen, 1791 und 1792 die optischen Beiträge, seine ersten Versuche in der Farbenlehre: das Formulieren und Aussprechen seiner Anschauungen selbst, weit entfernt das Ausgesprochene für ihn zu erledigen, weckte passive Feindseligkeit oder offnen Widerspruch bei der wissenschaftlichen Welt, der er ein Fremdling war und ein Eindringling scheinen mußte. Denn Goethes Art die Dinge zu sehen und zu behandeln verriet den Dichter, und während damalige Naturwissenschaft auf Teilen und Zerlegen, auf mechanischer oder mathematischer Weltbetrachtung beruhte, versuchte Goethe eine Anschauung vom Ganzen und Einen aus zu vermitteln, und das Leben selber in den Erscheinungen als ein wissenschaftliches Prinzipium zu fassen, statt sich mit der Beschreibung seiner Niederschläge und der Berechnung ihrer Teile zu begnügen.

Der Gegensatz in den er bei all seiner Naturforschung gegen die herrschende und gültige Wissenschaft geriet läßt sich am besten mit seinen eignen Worten bezeichnen. Er hat am Schluß seines Lebens den morphologischen Streit zwischen Cuvier und Geoffroy de Saint-Hilaire betrachtet und dabei die wissenschaftliche Gesinnung der Gegner gegenübergestellt. Geoffroy de Saint-Hilaire vertrat Goethes Richtung, Cuvier die der Gegner: »Cuvier arbeitet unermüdlich als Unterscheidender, das Vorliegende genau Beschreibender, und gewinnt sich eine Herrschaft über eine unermeßliche Breite. Geoffroy de Saint-Hilaire hingegen ist im stillen um die Analogien der Geschöpfe und ihre geheimnisvollen Verwandtschaften bemüht. Jener geht aus dem Einzelnen in ein Ganzes, welches zwar vorausgesetzt, aber als nie erkennbar betrachtet wird; dieser hegt das Ganze im innern Sinne und lebt in der Überzeugung fort, das Einzelne könne daraus nach und nach entwickelt werden. Wichtig aber ist zu bemerken, daß manches, was diesem in der Erfahrung klar und deutlich nachzuweisen gelingt, von jenem dankbar angenommen wird; ebenso verschmäht dieser keineswegs, was ihm von dorther einzeln Entschiedenes zukommt; und so treffen sie auf mehreren Punkten zusammen, ohne daß sie sich deshalb Wechselwirkung zugestehen. Denn eine Voranschauung, Vorahnung des Einzelnen im Ganzen will der Trennende, Unterscheidende, auf der Erfahrung Beruhende, von ihr Ausgehende nicht zugeben. Dasjenige erkennen und kennen zu wollen, was man nicht mit Augen sieht, was man nicht greifbar darstellen kann, erklärt er nicht undeutlich für eine Anmaßung. Der andere jedoch, auf gewisse Grundsätze haltend, einer hohen Leitung sich überlassend, will die Autorität jener Behandlungsweise nicht gelten lassen."

Hier ist ausgesprochen was die exakte Wissenschaft gegen Goethe einzuwenden hatte. Daß sein Auge im Einzelnen ein Ganzes, im Seienden ein Werdendes, im Gebildeten ein Bildendes mitsah wollte sie ihm nicht zugeben und nahm es für dichterische Phantasie, die man ja dem Verfasser des Werther erlauben mochte, aber in der Wissenschaft für Unfug hielt. Und so nahm man seine Morphologie für Dichtung, Allegorie oder gar kunstgewerbliche Spielerei — man lese nur in Goethes Bericht über die Geschichte seines botanischen Studiums die ärgerlichen, zum Teil possierlichen Mißverständnisse denen seine Metamorphosenlehre ausgesetzt war. In der Optik erging es ihm noch schlimmer. Sie war von einem großen Mathematiker und Mechaniker gegründet auf seine Sehart und war dadurch zu einer anerkannt mathematischen Wissenschaft geworden. Denn selbst die Entstehung einer Wissenschaft, die Einreihung eines Erfahrungskomplexes ist abhängig von der individuellen Sehart, ja dem individuellen Charakter des Mannes der sich damit beschäftigt. So hätte der Mathematiker die Licht- und Farbenerscheinungen der Mathematik vindiziert — er nahm sie als einen von der menschlichen Organisation unabhängigen Komplex, der sich zerlegen und berechnen ließ, und stellte zum Zweck der Berechnung und Zerlegung seine verwickelten und künstlichen Versuche an. Auch diese dürfen wir nicht isoliert nehmen: sie sind die Folge der ganzen Weltgesinnung auf der Newtons Wissenschaft beruhte, die Weltgesinnung nicht nur dieses großen Einzelnen, sondern eines Zeitalters. Für diese Gesinnung war die Welt ein von der Gottvernunft geordnetes Gefüge, und die Aufgabe der Menschenvernunft war die Erkenntnis der Gesetze und Proportionen nach denen die Welt geordnet war.. Gesetze und Proportionen aber lassen sich durch Zahlen ausdrücken. Gott ist für diese ganze Epoche der große Weltmechanikus, — Mathematik war die Offenbarungsart, die Methode Gottes für die Descartes, Spinoza, Leibniz, für Locke, Kepler, Galilei und Newton. Was ihrer Erfahrung sich bot wurde nicht als Gestalt oder Trieb, sondern als Berechenbares und Meßbares aufgefaßt, alle Erscheinungen können auch so aufgefaßt werden, und müssen dann auch so eingestellt werden. Die Erfahrung ist niemals unabhängig von der gerade geltenden Metaphysik, mag auch den Empirikern diese Abhängigkeit nicht zum Bewußtsein kommen: die Art wie man in jedem Zeitalter Erfahrung macht, ja was man jeweils unter Erfahrung versteht, ist bedingt durch die philosophische Grundgesinnung.

So hat Newton als Mechanist unter den Lichterscheinungen schon rein mathematische Erscheinungen gesehn, sie von vornherein, unter unbewußter Ausscheidung ihrer physiologischen und psychologischen, ihrer vitalistischen Seite, eingestellt auf ihre Berechenbarkeit. Sie so einzufangen, daß sie sich teilen, messen und berechnen ließen, war sein Zweck bei seinen Versuchen: denn nur dies hieß damals für ihn wie für sein Zeitalter: erkennen. Goethe, eine andre Natur, verstand unter Erkennen etwas andres und mußte die knifflichen aufs Berechnen abzielenden Anstalten für zweideutige Versuche halten die Wahrheit zugunsten eines Vorurteils oder Irrtums zu verschleiern, er witterte hinter Newtons Verfahren fast einen moralischen Defekt, mindestens eine intellektuelle Unreinheit, weil er nicht bedachte daß für Newtons Weltgesinnung eben diese Künstlichkeit der einzig richtige Weg war zur Berechnung, d. h. für Newton zur Erkenntnis und zur Wahrheit überhaupt. Aber gerade dieser Weltgesinnung, die auch nach Newton die Wissenschaft beherrschte, mußte nun wieder Goethes Verfahren, wenn nicht unreinlich, so doch pfuscherhaft erscheinen. Für Goethe war nicht nur der Inhalt der Wahrheit etwas andres, sondern schon ihre Form. Er kam an die Farben heran vom Sehen, und suchte darin nicht berechenbare und zerlegbare Objekte, sondern Wirkungen einheitlicher Kräfte: „Taten und Leiden des Lichts". Unter diesem Gesichtspunkt, mit diesem Willen ordnete er die einzelnen Erscheinungen, und Wahrheit war für ihn in diesem Fach nicht Einsicht in die Zusammensetzung und die Verhältnisse der Farben, sondern ihre Entstehung, ihre Wahrnehmung, ihre Wirkung mit Bezug auf den Menschen, das Wechselverhältnis von Sehen und Licht, von Subjekt und Objekt, insofern es sich durch Farben äußert. So mußte er das Vorkommen der Farben in der Gesamtnatur untersuchen und die Wirkung ihres Gewahrwerdens auf den Menschen durch die gesamte überlieferte Geschichte verfolgen. Das Phänomen der Farbe zu begreifen in steter Beziehung zum Menschen, sofern der Mensch ein auf Natur reagierendes und der Natur angehöriges Wesen ist: das war sein Begriff der Wahrheit, sein Wille zur Wahrheit in diesem Gebiet. So untersuchte er, stets geleitet von seinem Weltgefühl, welchem Subjekt und Objekt als gesetzliche Entsprechungen gegeben waren, erst die Bedingungen der Farbe durch das lebendige Subjekt d. h. das Auge, dann die Manifestationen der Farbe im Subjekt: physiologisch .. zwischen Subjekt und Objekt: physisch .. und an den Objekten: chemisch. Im Anschluß daran untersucht er den Gebrauch den die Natur von ihrem Farbenvorrat macht, die koloristischen Prinzipien der Natur bei der Ausstattung ihrer bunten Geschöpfe, Pflanzen, Tiere, ferner die sinnlich sittliche Wirkung der Farbe auf die Menschen, immer eingedenk daß Erscheinung und Wirkung Objekt und Subjekt gemeinsam voraussetzen.

Bedingung, Erscheinung, Wirkung der einheitlichen Naturkraft sofern sie, für ein bestimmtes Organ des Menschen, als Licht und Farbe lebt und erlebt wird, d. h. tut und leidet: das ist der Gegenstand des didaktischen Teils der Farbenlehre. Der polemische Teil hat die Aufgabe, kraft dieser dynamischen Auffassung des Lichts die Enge, Willkür und Knifflichkeit der mechanischen, rechnenden darzutun, kurz, die Goethische Wahrheit, gegründet auf Anschauung der Natur als erscheinender und wirkender, gegen die Newtonische Wahrheit, gegründet auf Berechnung der Natur als erschienener und geordneter durchzusetzen. Der historische Teil endlich soll das Verhältnis des menschlichen Geistes zur Erscheinung und Wirkung der Farben in der Geschichte verfolgen.

Goethes Kampf mit Newton, der nicht nur wissenschaftlich interessant ist, sondern biographisch für ihn folgenreich geworden ist (deswegen behandle ich ihn an dieser Stelle) ist also ein Kampf nicht nur zweier Theorien, sondern zweier gegensätzlicher Seharten, zweier Weltgefühle. Will man es auf die knappste Formel bringen, so sage man: Goethe sah und suchte die Wahrheit als Erscheinung und Wirkung.. Newton als Zahl und Verhältnis. In den beiden Worten Erscheinung und Wirkung liegt schon das Geheimnis der Aktivität, des Werdens: denken wir an die aktivische Endsilbe ung, sie drückt den Doppelsinn des Goethischen Gedankens aus: „Erscheinung" ist zugleich Gestalt und Geschehen, der Akt und das Ergebnis des Erscheinens.. ebenso Wirkung. Goethe hatte sein Augenmerk immer zugleich auf das Gewordene und das Werden gerichtet, er sah Gewordenes unter der Form des Werdens. Das Werden aber ist nicht berechenbar, nur entwickelbar und deutbar. Erscheinung und Wirkung sind ferner nicht denkbar ohne den welchem erscheint und auf welchen gewirkt wird: ohne den Menschen. Damit ist gesagt daß Goethe Erscheinung und Wirkung in stetem Hinblick auf das Subjekt beobachtete und behandelte, also nicht nur die Farben, sondern auch das Sehen.

Seine Methode der Forschung, als einer steten gesetzlichen Vermittlung zwischen Objekt und Subjekt, entwickelt er in dem Aufsatz »Der Versuch als Vermittler von Objekt und Subjekt«. Den schwankenden und betrüglichen Anteil gesetzlich abzugrenzen mit dem das Subjekt schon beim Machen der Erfahrung, beim Sammeln des Materials auf die Erscheinungen einwirkt oder von ihnen Einwirkungen erleidet, das Subjekt gegen Überwältigung durch die Objekte, die Objekte gegen die Vergewaltigung durch das Subjekt sicherzustellen, die Grenzen des Subjekts und des Objekts, beide von der Natur gezogen, nachzuprüfen: das war für ihn die Aufgabe des Versuchs. Goethe zog ja beim Forschen auch das forschende Organ in den Kreis der Naturbetrachtung. Newtons Versuche galten, ohne Nachprüfung des subjektiven Anteils, nur den Objekten: die spannte er auf die Folter und fragte sie, gewiß daß sie ihm Wahrheit antworteten, wenn nur die Folter richtig funktioniere, während Goethe die Wahrheit nicht von der Folter, sondern von der Fragestellung erwartete. Vorgefaßtes System und Isolierung der Versuche, die Gefahr des Forschers der seine Vernunft und Sehorgane als fertig und richtig hinnimmt, wie es der Mathematiker Newton tat, statt ihren Anteil mitzuprüfen, war die Gefahr vor der Goethe warnte: „In der lebendigen Natur geschieht nichts, was nicht in einer Verbindung mit dem Ganzen stehe, und wenn uns die Erfahrungen nur isoliert erscheinen, wenn wir die Versuche nur als isolierte Fakta ansehen, so wird dadurch nicht gesagt, daß sie isoliert seien." Darum drang er auf Vermannigfaltigung, auf genaue Folge der Versuche, um das Urteil vor erschlichenen Argumenten zu sichern, vor voreiligen Schlüssen, um den Experimentator selbst gleichsam zu objektivieren, um seine Erfahrungsweise dem zu Erfahrenden anzugleichen.

Newton hatte es mit einer fertigen, objektiv gewordenen, ein für allemal geordnet daliegenden Welt zu tun, zu deren Erforschung Gott die Mittel gleichfalls wie fertig geschmiedetes Handwerkzeug dem Menschen in den Kopf gelegt. Daß auch hier bei jeder Erscheinung ein neues lebendiges Geschehen und Bemühen statthabe, daß Forschen nicht ein Anwenden fertiger Denkapparate auf fertige Gegenstände, sondern ein frisches Aufnehmen frischer Einwirkung sei, war Goethischer Glaube, und indem Goethe dem Sehen des Werdens zu seinem Recht verhelfen wollte, störte er die Kreise der Berechner des Gewordenen. Er schien ihnen ohne das mathematische Handwerkszeug weder zu wissen was der Gegenstand der Erkenntnis sei noch wie man demselben sich nähere. Daß ein Nichtmathematiker Optik treibe, hat von vornherein ihn verdächtig, ja lächerlich gemacht. Optik galt als mathematischer Bezirk.

RÜCKKEHR

SOVIEL von den Gründen wodurch Goethe bei seinem wissenschaftlichen Hervortreten in Gegensatz gegen die katheder- und zeitschriftenbeherrschende Wissenschaft geriet. Zurückkehrend zu dem Gang seiner Lebens- und Geistesentwicklung, fragen wir nach der Wirkung von Goethes wissenschaftlichem Hervortreten. Diese Wirkung war negativ: dem vereinzelten Zuspruch entfernter Freunde, der sich aber auch mehr auf einzelnes glückliches Detail als auf das Ganze der Goethischen neuen Naturanschauung bezog, stand breite Gleichgültigkeit und Ablehnung, ja gehässige Mißachtung gegenüber, bei der ganzen Fachwelt. Die meisten begriffen überhaupt nicht was der Dichter wollte, oder wer es begriff fand den Widerspruch gegen Newtons Lehre anmaßend, die in der mathematisch physischen Wissenschaft kaum geringerer Glaubwürdigkeit und Sicherheit sich erfreute wie etwa die Keplerischen Gesetze. Newtons Farbenlehre galt nicht als eine Sehart, oder als ein heuristisches Prinzip, sondern als mathematisch bewiesene Wahrheit, und ein Dichter oder Maler der auf Grund irgendwelcher Kompositions-prinzipien oder poetischer Gefühle gegen die Richtigkeit des pythagoräischen Lehrsatzes Zweifel erhoben hätte konnte nicht unfreundlicher empfangen werden als Goethe.

Auf Goethe wirkte diese kalte und gehässige Aufnahme mit der Kraft eines neuen Erlebnisses zurück, und dies neue Erlebnis, nach Goethischer Weise wieder in Haltung und Leistung umgesetzt, ist es was uns hier eigentlich angeht: denn es ist eine der größten Erfahrungen über die menschliche Art und die gesellschaftlich geistigen Zustände die er in seinen späteren Jahren noch am eignen Leibe zu machen hatte, und nur am eignen Leib erfahrene, nicht an Andren beobachtete Erscheinungen sind fruchtbar. Goethe hat bekannt daß er über gewisse gehässige Seiten der Menschennatur, über Neid, Dünkel und Borniertheit besonders in der Gelehrtenwelt niemals ins Reine gekommen wäre ohne seine wissenschaftlichen Bemühungen. Er war auch dafür dankbar .. und es war, so schmerzlich ihn diese neue Erfahrung zuerst treffen mochte, nicht seine Art lange darüber zu greinen, er ordnete auch diese sofort produktiv theoretisch und praktisch in sein Weltbild ein, als Erkenntnis wie als Verhaltungsmaßregel. Der Gelehrte als zunftbedingtes Geschöpf war seiner Typensammlung ein wertvolles neues Exemplar .. und nach dem trocknen Stubengelehrten Wagner, dessen achtbares und gutartiges Bild unsterblich durch die Jahrhunderte geht, konnte er aus langgesammelter, mit gründlicher Autopsie genährter Verachtung die gleich unsterbliche Schilderung der ganzen Zunft als solcher in sein Weltgedicht aufnehmen: „Daran erkenn ich den gelehrten Herrn"..

Goethe, seines redlichen Forschens sich bewußt, der überzeugenden Klarheit seiner Darlegung sicher, ganz Gewissenhaftigkeit, ganz Eifer, den Fakten rein und ohne selbstischen Hintergedanken hingegeben, sah sich von der Zunft als Pfuscher oder Schwärmer mißachtet, seine Sehart als Unwissenschaft, sein Verfahren als Spielerei verdächtigt, und dabei auf der andren

Seite weder eine gründliche Nachprüfung der Versuche noch überhaupt ein reines Bemühen um Erkenntnis, wie es ihm selbstverständlich war, sondern bequemes Festhalten am einmal ergriffenen System, Nachbeten und Nachlernen altgelehrter Sätze, jurare in verba magistri, Glaube an Worte ohne Anschauung, wenn nicht gar außerwissenschaftliche Motive wie Furcht, Neid, und Dünkel, gegenseitige innere und äußere Abhängigkeiten, und dadurch ein Inveteraszieren von Irrtümern bei denen viele ihren Vorteil oder ihre Ruhe gefunden hatten oder zu finden hofften: all diese typischen Phänomene des wissenschaftlichen Reichs gingen ihm durch sein Eindringen in diese Grenzen mit unerfreulicher Klarheit auf, trafen ihn mit mehr als bloß intellektueller, mit seelischer Macht, und ließen ihn bei tiefer Ehrfurcht vor der Wissenschaft fortan ein wohlbegründetes Mißtrauen gegen ihre Vertreter hegen.

Aber was er durch sein wissenschaftliches Bemühen öffentlich und im Großen erfuhr, den ersten entschiedenen Widerstand der Welt gegen sein Wesen und Wirken, die sachliche Erfahrung die er als junger Genius im Götz und Prometheus innerlich vorweggelebt hatte, ist nur ein Symptom für die veränderte Stellung der Masse, des Publikums, ja der Gesellschaft gegen ihn überhaupt, nach seiner Rückkehr aus Italien. Wie er innerlich umgeformt wurde durch Italien haben wir gesehen. Wir müssen einen Blick werfen auf die Art wie die Welt diesen verwandelten Goethe zunächst empfing und wie dieser Empfang auf ihn wiederum zurückwirkte. Denn wenn wir es bei dem voritalienischen Goethe wesentlich mit seiner Innerlichkeit zu tun hatten, so haben wir jetzt seine Wirkung zu betrachten, sofern sie Gegenwirkung in ihm selbst erzeugt: das Verhältnis zur Außenwelt hatte sich ja gerade durch Italien gewandelt .. was ihm früher Stoff war wird ihm jetzt zu Gesetz. Indem er Widerstand erfuhr, hatte er sich danach einzurichten mit seiner innern Ökonomie.

Seltsames Schicksal! der junge kampflustige, hochmütig ausfahrende, im selbstigen Schöpfertrotz unbekümmerte Genius, der Übertreter der Regeln und Konventionen, hatte die Gesellschaft die er beleidigte verführt, das Publikum um das er sich nicht kümmerte hingerissen und die Menge die er verachtete überwältigt. Der einsame und eigensinnige Titan der Wetzlarer Jahre war vergöttert von einem Schwarm von Anhängern, war der Führer einer literarischen Generation, von den Älteren bekrittelt oder bekopfschüttelt, aber, nach dem europäischen Ruhm des Werther, keinem gleichgültig, in Hingabe und Widerstand bezaubernd, Überwinder jeder Kälte und Feindschaft. Der durch Italien gereifte Goethe, gerechter gegen die Mitmenschen, mit dem lautersten Willen zur Einordnung, ja zur Unterordnung, zur Anerkennung der Grenzen und Eigenheiten, zur geselligen Selbstbeherrschung, ja zur entsagenden Bescheidenheit, mit der klaren Einsicht in das Wahre und Nützliche und dem Wunsch der Mitteilung, voll froher Hoffnung den heimischen Freunden seinen neuen Reichtum auszuspenden, streng gegen sich und schonend gegen Andre, wenn auch ihren Ernst und Fleiß fordernd: dieser verwandelte Goethe, aus dem gelobten Land zurückkehrend in seine gedrücktere Umgebung, fand die Freunde betreten über seine maßvolle Haltung, enttäuscht über seine leisen und stillgeformten Dichtungen, gleichgültig und bis zur Abwehr verständnislos für seine Naturforschungen. Beim großen Publikum fast verschollen, oder verdrängt durch die lauten agitatorischen Verkünder allgemeiner Ideale, wegen seiner Ruhe als kalt verschrien, wegen seiner Objektivität und Wissenschaftlichkeit wenn nicht als Sonderling so doch als Apostat seines eigentlichen gefühlvollen und begeisterten Genies mißbilligt, von der angebeteten Geliebten selbst mit Gehässigkeit wie sie aus enttäuschter Liebe kommt empfangen, mit Eifersucht wegen einer körperlichen und häuslichen Liebschaft geplagt und als Fremdling empfunden, so trat er wieder in die Heimat ein.

Ach, da ich irrte, hatt ich viel Gespielen,
Da ich dich kenne, bin ich fast allein —

dieser Anruf an die Muse fand jetzt seine bittere Bestätigung.

Was Goethe bei und nach seiner Rückkehr durch diese Enttäuschung gelitten, die ihm ein Lebenshoffen, ein Ziel seiner Selbstzucht verkümmert hat — das fruchtbare Bildungsleben für und mit Gleichgesinnten — können wir nur ahnen, vor allem aus dem Tasso: in dies Werk sind noch die verhaltenen Schmerzen seiner Enttäuschung eingeströmt. Leidenschaftliche Ausbrüche, Klagen und Herzensergießungen, wodurch nichts geändert worden wäre, hatte er sich verboten. Doch als alter Mann hat er gestanden, er habe seit der Rückkehr aus Italien kein volles Glück mehr empfunden .. d. h. nicht mehr das Glück das in der unbehinderten Auswirkung unserer Lebenskräfte besteht, sei sie lust- sei sie schmerzvoll. Nach der Rückkehr aus Italien hat Goethe freiwillig und unfreiwillig entsagt: das liebefähigste Herz hat sich nie mehr völlig hingegeben, der sprachbegabteste Mund hat sich nie mehr völlig ausgesprochen. Er hat schweigen, ablehnen, mißtrauen und abbiegen gelernt, und bald als Exzellenz, bald als Olympier Schutz gesucht nicht nur gegen die Gluten seines Innern, sondern auch gegen die Nichtigkeiten seiner Umwelt.

Denn wir können zweierlei Gründe der Goethischen Resignation unterscheiden: die eine ist freiwillig und gehört zu seiner Mäßigung, zur bewußten Abkehr vom Titanismus, und bedeutet nur den Ausdruck seiner neuen klassizistischen, humanistischen, objektivistischen Kunst-, Lebens- und Geistesgesinnung: Resignation, Selbstbeschränkung jedes Überschwangs als ästhetisches, sittliches, wissenschaftliches Prinzip »In der Beschränkung zeigt sich der Meister«. Aber in dieser Resignation wurde er höchst unwillkommen von außen unterstützt, auch hier wieder ist sein Dämon von einer Tyche begleitet. Was er sich freiwillig vorgenommen hatte, wurde ihm noch durch das Verhalten seines Kreises aufgezwungen, wenigstens in den ersten Jahren nach der Rückkehr, und bekam dadurch für ihn einen schmerzlicheren Beigeschmack. Zu der freiwilligen Resignation seiner titanischen Wünsche trat die unfreiwillige Resignation auf seine humanen Hoffnungen, zur Beschränkung seines Kräftemaßes die Verkümmerung seines Wirkungskreises, zum bereichernden Sollen ein verarmendes Müssen, oder vielmehr Nichtdürfen. Erst Schiller hat ihn von diesem Zustand, wenn nicht dem leidvollsten so doch unbefriedigtsten seines ganzen Lebens erlöst, der erste Mensch der Goethes Daseinsform und Bildungswillen in ganzem Umfang begriff, der einzige der ihm mit persönlicher Großheit entsprach.

Diese gezwungene Resignation hatte verschiedene Grade, je nach den Menschen bei denen Goethe auf Mißverständnis und Unglauben stieß. Die Geliebte, die Freunde und das Publikum: das Eigenste, die Nahen und die Fernen waren ihm gleichzeitig entfremdet. Das Schmerzlichste war der Verlust Charlottes.

Eine Liebe hatt ich, sie war mir lieber als alles!
Aber ich hab sie nicht mehr! Schweig, und ertrag den Verlust!
Dies ist die lakonische Grabschrift auf eine zehnjährige Gemeinschaft und sie verschweigt eine Welt von Gram. Man darf in dem Bruch zwischen diesen zwei edlen Menschen nicht nach Schuld suchen. Liebe ist nichts was sich durch Willen bewahren läßt, so wenig wie Jugend oder wie Glauben, sie beruht auch nicht auf der Einsicht oder der Täuschung, sondern auf einer den Liebenden selbst unbewußten Notwendigkeit ihres gesamten Wesens, sie ist — zum wenigsten bei Menschen deren Charakter und Schicksal eines sind und einen gemeinsamen Sinn haben — ein Vorgang wie das Reifen und Welken, die Lösung einer Aufgabe die der Lebenskraft von innen her gestellt ist. Wenn diese Aufgabe sei es durch die Liebe selbst sei es durch ein andres Erleben gelöst ist, so hat sie keinen Sinn mehr und stirbt ab.

Goethe ward durch Italien vollkommener zu dem gereift was er durch Charlotte von Stein zu werden begonnen hatte: Maß, Klarheit und humane Ruhe, die er bei ihr zuerst gesucht und gefunden, hatte er in Italien erst ganz sich angeeignet. Charlottes Erzieherrolle war zu Ende, eine vitale Notwendigkeit war sie ihm nimmer. Nicht daß er sich das bewußt gesagt und nach Wüstlingsart die ausgepreßte Zitrone weggeworfen hätte! So geht das Erlöschen einer Liebe zwischen großen Herzen nicht vor. Er kam zurück mit Dankbarkeit, Neigung, Vertrauen, Verehrung .. nur die bedingungslose leidenschaftliche Hingebung, der Ausdruck eines überschwänglichen Bedürfens, war nicht mehr da, und er konnte keine Empfindung heucheln die er nicht lebte. Und Charlotte war zu feinfühlig um das Erkalten nicht zu merken, zu weiblich unbedingt und nicht Heilige genug um sich mit dem halben Besitz eines solchen Menschen zu begnügen. Eh sie sich mit dem verdünnten Aufguß der Liebe zufrieden gab, wollte sie lieber gleich den Haß und die Entfremdung. Denn der Haß ist der leidenschaftlichen Liebe verwandter als die flaue Zuneigung.

Die gehässigen Äußerungen Charlottes bezeugen die Tiefe ihrer Liebe und ehren sie, und man darf von der beraubten Frau nicht die bequeme Objektivität der hundert Jahre später salbadernden Schulmeister verlangen die über sie richten. Goethe war verwandelt und brauchte sie nimmer, sie war dieselbe und brauchte ihn noch, und konnte nicht aus ihrem Bedürfnis begreifen daß sie ihm sollte entbehrlich geworden sein. Da schob sie ihm denn, verzeihlich und irrig, nach geringerer Weiberart, gewöhnliche Mannsmotive unter, die Goethes in der Weltgeschichte einzigen Umbildungsprozeß verkannten. Das Verhältnis Goethes zu Christiane Vulpius, das Charlottes Eifersucht erregte, ist ein Symptom seiner Resignation, nicht eine Ursache seiner Abkehr von Charlotte.

CHRISTIANE

FREILICH ein Zusammenhang zwischen der Abkehr von Charlotte und der Aufnahme eines Bettschatzes — wie Goethes Mutter die Sache und die Person richtig bezeichnete — bestand .. auch ein Zusammenhang zwischen der Italienischen Reise und dem neuen Verhältnis.

Goethes Erziehung zur Sinnlichkeit wie sie sich in Italien vollzog ertrug auch in der Liebe kein sinnlich-übersinnliches Freien mehr, keine angespannte übergreifende Innerlichkeit: abgrenzen zwischen den Ansprüchen des Geistes und denen des Körpers war ihm zum Bedürfnis geworden, nicht um beide zu scheiden, sondern um beiden ohne Vermischung und Verwirrung zu genügen. Erotische Mystik — von seiner empfindsamen Epoche her wirksam selbst in seiner Liebe zu Charlotte, die ihm das höchste seelische Prinzip verkörperte, ohne seine Animalität abzulenken — war jetzt nicht mehr seine Sache. Im Ahnungsvollen, Dämmernden, im Übergang zu verweilen war ihm nach Italien nicht mehr möglich, Maß, Ruhe, Sitte, selbst

Klarheit als moralisch seelische Forderungen an sich zu stellen hatte ihn Charlotte gelehrt: als augenhafte, greifbare, tastbare Gegenwart hatte er es in Italien gefunden, und wenn er jetzt liebte, so wollte er nicht mehr die Seele erweitert und gesteigert, sondern die Sinne unmittelbar, heidnisch gegenwärtig und körperlich befriedigt haben.

Das heißt nicht, wie es von allen Schwärmern, Vernünftlern, Empfindlern und Pfaffen, wie es auch von Goethes bisheriger Seelenführerin gedeutet werden mußte, daß er grob materiell geworden sei — so wenig die alten Griechen grob materiell waren. Nein, der Leib selbst, die sinnlich grenzhafte Erscheinung war für Goethe, und erst recht nach der italienischen Reise, ein Geistiges, ja ein Göttliches — und ebendrum vermied er jetzt beim Kult dieses Göttlichen über die Erscheinung worin es beschlossen lag hinauszugehen. Den Körper schauen und halten, das Leibliche ergreifen und genießen, war ihm ein Genügen, und Anbetung genug. Er suchte das Geistige nicht mehr hinter, neben oder über dem schönen Körper, sondern als schönen Körper .. und selbständiger Geist oder Seele bei einer Geliebten mußte ihm jetzt wie Zucker auf Honig gestreut wirken. „Was ist doch ein Lebendiges für ein köstlich Ding, wie wahr, wie seiend!" Das rief er bei dem Anblick eines Tierkörpers aus, und es erklärt das Glück das er im Verkehr mit einem natürlichen und derb-lebendigen Geschöpf ohne Ansprüche und Überschwang wie Christiane suchte und fand.

Resignation, freiwillige Selbstbeschränkung auf das körperlich Faßbare, und unfreiwilliger Verzicht auf den gleichmäßigen Herzensaustausch mit einer ebenbürtigen Frau war auch in diesem Verhältnis, wie in seiner ganzen Haltung nach der Rückkehr aus Italien, gleichzeitig eine Vertiefung seiner Endlichkeit und ein Vorliebnehmen mit dem Nächsten. Nur bei seiner Seh- und Glaubensart konnte dies Vorliebnehmen nicht zum Philisterium führen. Ihm war es gegeben im Bedingten und Beschränkten die schaffenden ewigen Kräfte, im Genuß die Gegenwart des Geistes, im Verzicht die Ferne zu erleben. Für Jeden der nicht diese heidnische Gesinnung hat, nicht im Gegebnen das Symbol des All-gebenden, in den Grenzen die Wirkung des All-begrenzenden sieht, ist das Vorliebnehmen der Weg zum Philisterium, und eine gewisse Nachfolge Goethes, die mißverstandene Andacht zum Kleinen als Kleinem, zum Einzelnen als Einzelnem statt als dem Symbol des Ganzen, ist das unfehlbare Zeichen des feigen Herzens und des engen Kopfs. Wer nicht das Ganze schon im Geist trägt hat kein Recht zur Goetheschen Beschränkung .. er muß es erst suchen. So darf sich auch nicht jeder dürftige Genießer durch Goethes Verhältnis zu Christiane berechtigt fühlen. Dies Verhältnis ist weder eine bequeme Libertinage noch eine Philistrosität

des Genius: es ist wie alle seine Liebesereignisse Ausdruck einer bestimmten Krise, und die Gestalt der Geliebten entspricht auch hier wieder, so gut
wie Friederike, Lili und Charlotte, den jeweiligen Bedürfnissen seines Lebenszustands und seiner Gesinnung.

Christiane ist die Geliebte des heidnisch erdfromm gewordenen, klassisch
körperlichen Goethe, wie er aus Italien zurückkam: ein gutgewachsenes,
kräftiges Animal, dabei klug und tüchtig, kurz was er für Bett, Tisch und
Haus bedurfte — Erdendinge die der erdenhafte Mensch nicht nur anerkennt sondern heiligt. Man muß sich abgewöhnen davon mit idealistischem
Hochmut verachtend oder verzeihend zu reden, als wäre es ein gemeiner
Bezirk für das Genie. Man wird dann Christiane weder Goethes unwürdig
finden, noch Goethes Liebe zu ihr als eine materielle Nebensache tadeln
und entschuldigen: sie gehörte zu seiner Religion ursprünglich so gut wie
die Vergötterung Lidas .. sie ist eine folgerichtige Tatsache seines Lebenslaufs, als er sie fand und sie ihn beglückte, und ebenso folgerichtig ist es
daß er an ihr litt, weil er sie besaß und behalten mußte.

Denn freilich, so sehr Christiane zur Zeit da er sie in sein Haus nahm
seinem Bedürfnis nach sinnlich-gegenwärtiger, heidnisch-körperlicher Beschränkung entsprach, so sehr sie einen bestimmten Zustand seines Lebens,
bei der Rückkehr aus Italien, zugleich vertrat und befriedigte, als die bürgerlich mögliche Form seiner antikischen Erotik, so schwer hat er unter der
dauernden Bindung an sie gelitten, als dieser Zustand sich allmählich wandelte und Christiane blieb was sie war und zur Zeit ihrer Aneignung sein
sollte, ein derber Bettschatz, oder gar als sie sich durch Gewohnheit und
Alter mehr und mehr entzauberte. Die Begründung eines dauernden Lebensverhältnisses auf das Bedürfnis eines vergänglichen Lebenszustandes hat
Goethe schwer gebüßt. Er war nicht mehr imstande das eingegangene Verhältnis zu lösen, nachdem es seinen Sinn verloren hatte, als die freiwillige
Selbsteinschränkung die in seinem Genügen an Christiane lag, die idyllische
Seite des Verzichts, zur unfreiwilligen Bürde und Fessel, die tragische Seite
des Verzichts ihm offenbar wurde. Das durch tausend Fasern der Neigung
und der Gewohnheit mit ihm verflochtene Dasein konnte er nicht mehr,
weder innerlich noch äußerlich, aus dem seinen trennen, ohne dieses selbst
zu zerstören .. Denn die Zeit war vorüber da die Welt vor ihm offen lag
und jeder Augenblick selbstgenugsam den vorhergehenden verschlingen
durfte. Nun ging ihm mit schmerzlicher Deutlichkeit auf (ein Keim der
Wahlverwandtschaften!) daß jede freie Wahl dem Menschen, wenn getroffen, zum unentrinnbar bindenden Gesetz wird, daß wir beim ersten
Schritt Herren, beim zweiten Schritt Knechte des ersten sind. Die Christiane

die er als Geliebte zu sich nahm mußte er als ein Bedürfnis, aber zugleich als Not und Druck behalten, und die er um des leiblich geistigen Genusses und Genügens, um eines arkadischen Glücks willen sich verband ließ ihn die ganze Enge eines bürgerlich lastenden Hausstands empfinden, worin weder der Geist (den er von ihr nicht verlangte) zu seinem Recht kam, noch der Leib die gegenwärtig sinnliche Schönheit fand — Christiane ist unschön und unedel geworden.

Da begegnete Goethe den vorwurfsvollen Äußerungen und Blicken seiner Freunde, zumal Schillers, und ihrem vielleicht noch schmerzlicheren schonenden Schweigen, welches die Kluft zwischen seinem Geist oder Ideal und seinem Hauswesen anklagte, und er selbst war zu feinfühlig um sich über diese unschöne Kluft zwischen seiner Welt und seiner Ehe hinwegzutäuschen, zu adlig und zu stolz um nicht bis zu Ende die Pflicht zu erfüllen die er auf sich genommen. Aber gelitten hat er schwer unter dem häuslichen Druck einer nur noch zehrenden, nicht mehr steigernden menschlichen Bindung. Die Tragik des freiwillig unfreiwilligen Verzichts, die seit der Rückkehr aus Italien sein ganzes Leben durchdringt, kam ihm zu Hause vielleicht am dichtesten zur Empfindung — und war schon die Stellung eines Geheimrats in Weimar zu eng für seinen Dämon, wie mußte sich erst der Buhle Helenas, der vollkommenen Schönheit, an Christiane gefesselt vorkommen? Denn er war nicht, wie es Gelehrte können, von Natur zufrieden das klassisch Schöne oder mythisch Große mit dem bloßen Geist abzumachen und im übrigen ein bequem unempfindliches Spießbürgerdasein zu führen — was er im Geist geschaut das suchte er mit der Seele, und daß er es mit dem Leibe nicht zu Ende leben durfte, das war sein Schmerz: von dem ist sein Verhältnis zu Christiane nur ein weiteres Zeichen.

Was er durch und mit Christiane gelitten davon hat er meist noch tiefer geschwiegen als von den Entsagungspeinen seines Hoftums — doch ein ergreifendes Bekenntnis besitzen wir, die menschlich rührendste seiner Elegien: Amyntas. Durch Schillers vorwurfsvoll oder bedauernd fragenden Blick auf Goethes Hauswesen ist sie ihm abgerungen worden, als Rechtfertigung eines selbstgefühlten und selbstverschuldeten Jochs, als Rechtfertigung zugleich der Armen die es ihm unwissend auflegen mußte, und fast als gelöster Dank an den gestrengen Freund der ihn zu sagen zwang was er leide. Der unerbittlich sittlichen Forderung des Idealisten setzt er ergreifend das nicht minder unerbittliche Natur- und Schicksalsgesetz entgegen unter dem sein Bund mit der lastenden Geliebten steht. Diesem Gesetz gegenüber hat er die menschliche Freiheit verloren, wie ein Wesen des bloß natürlichen Geschehens oder Wachstums, und dies Gesetz muß er zu

Ende erfüllen, es sei so schmerzlich es wolle. Wie schmerzlich es sei, wie zehrend und verarmend, das leugnet er nicht und entwaffnet jeden Mahner durch den adligen Stolz der das Joch der Notwendigkeit jenseits aller moralischen oder ästhetischen Ansprüche auf sich nimmt, durch die verschwenderische Güte die selbst dem Leiden dankt, weil es aus der Liebe kommt, durch das heilig unbedingte Ja zum eignen einmal eingegangenen Leben mit all seinen Folgen.

Aber die Überlegenheit der hohen Seele über die Qual, durch das Wissen um ihr Gesetz, das jeden Forderer schweigen und beschämen muß, verrät doch zugleich die ganze Tiefe der Qual selbst, und nur vor dem höchsten Thron den er kennt, dem der Natur, wagt Amyntas zu verantworten was er auf sich nahm. „Amyntas" ist das Bekenntnis eines selbstgewählten, aber nicht mehr selbstzulösenden Leidens das ihn verarmt und das er nur dadurch zugleich rechtfertigen und ertragen kann, daß er weiß „es ist Gesetz".

Vor diesem Gesetz das Goethe anerkannte und dem er opferte haben die nachträglichen Wünsche Kleinerer zu schweigen, wie er seine eignen davor zum Schweigen bringen mußte. Wenn Goethe Christiane von der Pein die sie später für ihn war freispricht, weil ihm nur nach dem Gesetz geschehn, in der Elegie Amyntas, der einzigen, doch wundervollen Frucht langverschwiegener zehrender Schmerzen, so hat er ihr doch überschwenglich gedankt für die Freuden die sie ihm geschenkt oder vielmehr verkörpert hatte, und der produktive Niederschlag dieser Freuden allein rechtfertigt vor der Geschichte schon seinen Bund mit Christiane: die Römischen Elegien.

ELEGIEN

DIE Römischen Elegien sind hervorgegangen aus der Kreuzung zwischen diesem erotischen Urerlebnis und dem italienischen Bildungserlebnis, zu letzterem rechne ich auch die römischen Elegiker und den Eindruck den die antike Gattung Elegie auf Goethe machte, prädisponiert wie er war zum Genuß fester Kunstformen und zu gegenständlicher Verdichtung sinnlicher Glücks- oder Leidensmomente. Die römischen Elegien sind die einzige entschieden italienische, nur durch Italien entstandene Dichtung Goethes, und allein schon daß ihm die Liebschaft mit Christiane den stofflichen Inhalt bot um daran seinen italienischen Gesamtzustand dichterisch zu entwickeln, beweist wie tief sie mit seinem italienischen Zustand zusammenhängt, daß sie hier ihren Grund und ihren Sinn hat.

Der Gegenstand der Römischen Elegien ist eine sinnlich-glückliche Liebe auf dem klassischen Boden: ein idyllisch begrenzter Zustand in einer heroisch begrenzten Welt.. der Genuß der Liebe — nicht, wie Goethes frühere Liebesdichtungen, ihre Leidenschaft. Sie geben nicht Stimmung und Sehnsucht .. das Wertherische, Faustische ist überwunden, keine Wallung, keine Ahnung, kein Dämmern, kein Jenseits des Geschilderten: in der Anschauung der Situation, in der faßlichen Schilderung eines sichtbaren Vorgangs, eines gegenwärtigen oder mythologischen Lokals, in den Gegenständen, Taten, Begebenheiten deren augenhafte Umrisse durch das Wort gebildet werden liegt der Gehalt dieser Gedichte. Wenn Goethes frühere Lyrik die Stimmung der Erlebnisse geben wollte, so diese zum erstenmal ganz sachlich die Gestalt, nicht das Erleben, sondern das Erlebte, sofern es durch die Sinne, zumal durch das Auge vermittelt wurde.

Den Schlüssel zu dem neuen Stil gibt eine Briefstelle aus Neapel über Homer, sie zeigt daß diese Beschränkung auch gewollt ist: dem italienischen Schauen dankt Goethe daß sie gekonnt ist. Er faßte den Vorzug Homerischer Bilder vor der neueren Beschreibungsweise, ihre Reinheit, Wahrheit und sinnliche Eindrücklichkeit in folgenden Gegensätzen: »Sie stellten die Existenz dar, wir den Effekt, sie schilderten das Fürchterliche, wir fürchterlich, sie das Angenehme, wir angenehm usw. Daher kommt alles Übertriebene, alles Manierierte, alle falsche Grazie, aller Schwulst. Denn wenn man den Effekt und auf den Effekt arbeitet, so glaubt man ihn nicht fühlbar genug machen zu können.« In diesen Worten liegt der wesentliche Unterschied der die im engeren Sinn „klassische" von aller spezifisch modernen Kunst, Barock, Rokoko, Romantik oder Impressionismus trennt. Sie ist plastisch, das heißt, sie gibt Gestalt als ein wirklich Da-Seiendes, nicht die Umsetzung des Gesamteindrucks in einen malerischen oder musikalischen Bewegungskomplex. Sie erkennt ein von der Erregung und Stimmung der erlebenden Seele unabhängiges Äußeres an, das aber dem rein aufmerkenden, treu hinnehmenden und eindringenden Sinn sich in seiner Wirklichkeit darstelle und sich wiedergeben lasse. Diese Wiedergabe mochte nachher als Symbol des Erlebens erscheinen, während der Moderne erst seine innere Verfassung darstellen will und die äußeren Wirklichkeiten danach umformt wie sie sich als Symbol dafür eignen. Der voritalienische Goethe war darin ganz „modern" daß er ausging von seiner Innerlichkeit und die Außenwelt danach und dafür verwandelte.

Die Römischen Elegien sind das erste Produkt aus dem Glauben an die Dinge und dem Willen zu den Dingen, aus dem Vertrauen in die Sinne als die reinen Spiegel der Dinge. Die Sinne, namentlich die Augen, sind am Subjekt das was die Außenwelt ungetrübt aufnehmen kann: die selbstische Innerlichkeit hat sich nach den Bildern zu richten welche die klaren Sinne vermitteln, nicht mehr die von den Sinnen vermittelten Bilder zu verwischen oder zu steigern nach ihren Bedürfnissen. Nicht mehr sein Ich, sondern Welt will Goethe wiedergeben, wissend daß ein rein aufnehmender Mensch sein Ich selbst nicht reiner darstellen kann als durch Darstellung der rein aufgenommenen Welt. „Sag mir wie du siehst und ich sage dir wie du bist" ist die Forderung des „modernen" Dichters, „Sag mir was du siehst und ich sage dir wer du bist" ist die des klassischen oder klassizistischen. (Klassizismus ist bewußte und gewollte, nicht naive Klassik.)

Die Römischen Elegien sind klassizistisch, insofern diese Art von Goethe, dem sie nicht angeboren war, bewußt erstrebt wurde. Daß sie auch erreicht wurde daß Goethe durch Bildung auf ungeheurem Umweg dahin gelangte wo die Griechen von Natur aus standen, macht seine eigentümlich überragende Stellung innerhalb alles modernen Klassizismus aus: er allein hat nicht nur antike Formen kopiert, sondern antike Haltung und Gegenständlichkeit, wenn auch mit Opfern an Kraft und Ursprünglichkeit, wieder errungen. Die Römischen Elegien, Alexis und Dora, Euphrosyne, Amyntas, seine klassizistischen Werke denen ein Urerlebnis zugrunde liegt, stellen sich geschwisterlich neben die antiken Vorbilder. Dagegen unterscheiden sich die bloß um der Gattung, der Kunstübung oder des bildhaften Stoffmotivs willen verfaßten Werke klassizistischer Art, Achilleis, die Episteln, selbst Hermann und Dorothea, Reineke Fuchs — mit Ausnahme einzelner glühenderer, weil von Urerlebnis gefüllter Stellen — nur dem Grad des Könnens und dem Ausmaß ihres Verfassers, nicht dem schöpferischen Prinzip nach von Alfieris Dramen, Davids Gemälden oder Thorwaldsens Statuen.

In den Römischen Elegien waltet der besondere Glücksfall daß hier Bildung und Leidenschaft sich wieder einmal genau entsprechen: Goethes damalige Liebes-art war eine ganz sinnliche, gegenwärtige, heidnische, und das italienische Bildungsergebnis war ja gleichfalls die Wiedereroberung der sichtbaren Erde: hier begegnete sich idyllisch begrenzte Sinnlichkeit von innen und heroisch begrenzte Sichtbarkeit von außen: Christiane und Rom.

Diese Liebesgedichte machen den beschränkten Moment auf eine bei Goethe neue Weise bedeutend dadurch daß sie ihm ein großes mythisches Gegenbild mitgeben, die klassische Götterwelt oder die antike Geschichte, oder durch den klassischen Raum worauf sich die idyllische Handlung abspielt. Denn wie schön und lieb ein einzelner Moment auch sein mag: Gegenstand der Dichtung kann er erst werden, wenn er kein Einzelnes sondern ein Mittelpunkt von Welt ist, wenn er sinnbildlich ist für eine Allwerdung der dichtenden Person. Es ist ja das Wesen des dichterischen Verses — sein Ur-unterschied von der Prosa oder der bloßen Reimerei — daß er eine seelische Bewegung versprachlicht welche für den Dichter Bewegung des Alls ist. In dem kleinsten Lied Goethes ist ein Augenblick der Allschwingung festgehalten, und jedes echte Gedicht das einen solchen festhält macht den Anlaß dieser Allschwingung, so unbedeutend und beschränkt er an sich sein mag, symbolisch, gibt ihm Gewicht, Weite, Unendlichkeit. Diese Unendlichkeit des Gefühls wohnt den bedeutenden Jugendgedichten Goethes inne: sie sind, über ihren Gegenstand hinaus, erfüllt von einem Allgefühl, einer Allahnung, einem Allweben, mag auch der ausgesprochene Inhalt, das Motiv nur ein Schäferstündchen, ein Abschied, eine Kahnfahrt sein. Es hieße den Stoff mit dem Gehalt naturalistisch verwechseln, wenn man diese Gedichte als abgeschlossene Momentbilder betrachten und bewerten wollte, als Stimmungen die der Dichter wie Schmetterlinge gefangen und säuberlich getrocknet aufgesteckt hätte. Eine solche Art Poesie gibt es auch, es ist die Idyllik von Johann Heinrich Voß, der den Einzelfall um seiner selbst willen beschreibt, Kartoffelernte und Abendessen als solches im Vers verewigen möchte. Goethe hat diese Art poetischer Andacht zum Kleinen, die unsymbolische Detail-sängerei, verspottet an Vossens Fratze, dem Werneucher Schmidt, mit der Parodie »Musen und Grazien in der Mark«.

Niemals hat Goethe einen Gegenstand als Sondersache, um seiner Erscheinung willen, in Gedicht verwandelt, sondern als Anlaß, als Mitte einer all-ergreifenden, all-wiedergebenden Erschütterung. Doch auch hier bildet die italienische Reise Epoche und die Römischen Elegien sind das Zeichen dafür. Die Unendlichkeit des Gefühls und der Ahnung wodurch Goethes Jugendlyrik ihre Einzelanlässe allhaltig, symbolisch zu machen wußte konnte ihm jetzt nicht mehr genügen: die bloße Innerlichkeit sollte vorüber sein, und wenn er im Einzelnen Welt geben wollte, so mußte, dem veränderten Gehalt dieses Wortes gemäß, sichtbare, nicht bloß fühlbare, ahnbare Welt gegeben werden. Das Auge beerbte das Gefühl. Da jedoch das allgültige Gesetz der Dichtung für ihn fortbestand, daß der dichterische Einzelanlaß welt-bedeutend, welthaltig sein müsse, so war nach seiner italienischen Umwandlung aus einem alldurchfühlenden in einen Augenmenschen sein neues lyrisches Problem: wie sollte der konkrete Moment, das für die Sinne faßlich abzurundende einzelne Motiv solche dichterische Welthaltigkeit empfangen? Jetzt konnte und wollte er ja nicht mehr ins Unendliche hinausdeuten und hinausstreben durch das Gefühl, es sollte, umgekehrt, in das sichtbare Motiv die Welt sichtbar hereingezogen werden! War früher der Anlaß nur das Zentrum eines gefühlsmäßig schwingenden Alls, so sollte der Kreis jetzt geschlossen, das All auch als Peripherie sichtbar sein. Was sollte die weltgebende Peripherie für den Erlebnismittelpunkt sein? Oder auf den vorliegenden Fall angewandt: waren die Umarmungen der Christiane, die einzelnen Geschehnisse und Situationen dieser Liebschaft weltbedeutend genug um Dichtung zu werden, wenn sie nicht mehr von einem mystischen All-liebesgefühl geadelt werden konnten, seit Goethe Augenmensch geworden war, seit er im Endlichen, Sichtbaren das Heil suchte, seit auch die Liebe für ihn kein Jenseits mehr bedeutete? Konnte ihm jetzt noch der selbstgenugsame Genuß bei seiner derben Geliebten dichterische Erregung sein wie die morgendliche Jugendschwärmerei in Straßburg, wie die verzehrende Begier in Wetzlar, wie das sehnsüchtige Schweifen und Schwanken um Lili, wie die anbetende Hingabe an Lida? Christiane bot ihm eine Erfüllung in der Endlichkeit, und Goethe, der von Natur kein Idylliker war, sondern Welt-dichter, im prägnanten Sinn, hätte dies Glück allein nicht zum Gegenstand der Dichtung machen können.

Es ist das große Ereignis daß am Eingang seiner neuen lyrischen Periode gleichzeitig das wirkliche Glück der nächsten, d. h. irdisch sinnlichen Nähe steht, Christiane, und das auch objektiv weltbedeutende Bildungserlebnis Rom — wobei Rom nur das sinnliche Bild, der begrenzte Schauplatz, die faßbare Fülle der ganzen klassischen Geschichte, Kunst und Mythe ist. Der Schlüssel zu den Römischen Elegien liegt in dem Distichon:

Eine Welt zwar bist du o Rom; doch ohne die Liebe
Wäre die Welt nicht die Welt, wäre denn Rom auch nicht Rom.

Wir dürfen auch die Umkehrung gelten lassen, daß ohne Rom diese Liebe keine Welt für Goethe wäre, wie seine früheren Lieben. Beide ergänzen sich in Goethes damaligem Bedürfnis .. und nicht zufällig hat Goethe seiner Liebschaft zu Christiane und seinem Römischen Aufenthalt ein gemeinsames Denkmal gesetzt, nicht willkürlich hat er seiner neuen Liebe zu Christiane Rom als Schauplatz gewählt. Ohne „Christiane" (d. h. eine christianenhafte Liebe) wäre Rom nur eine große Szene ohne persönlich belebte Mitte, nur ein umfassendes Bildungserlebnis. Ohne Rom wäre Christiane nur eine Mitte ohne Umkreis, ohne Weite, ohne Welt. Durch die Liebe zu Christiane empfing Rom sinnliche Bewegung, durch Rom empfing die Liebe zu Christiane Umkreis und Hintergrund, mit einem Wort Raum: erst dadurch werden die Römischen Elegien über das bloße Idyll hinausgehoben. Durch die glückliche Synthese der Christianen-liebe und seines klassischen Bildungserlebnisses, als welchen beiden die Richtung auf anschauliche Gegenwart und gestalte Raumhaftigkeit gemeinsam war, hat Goethe zwei Aufgaben gleichzeitig gelöst: seine neue Liebesart in dichterisch welthaltige Höhe gehoben, und seinem neuen Bildungskreis eine dichterisch lebendige Mitte gegeben. Ein lyrisches Erlebnis, das nicht mehr gefühlsmäßig sondern augenmäßig dargestellt ward, wirkt als Sinnbild eines Weltvorgangs, weil Goethe die idyllische Handlung mit einer mythischen als konzentrischer aber weiterer Zone umschloß. Während er früher den momentanen Anlaß durch Gefühl erweitert hatte, erweiterte er ihn jetzt durch mythische Anschauung. Daß dieser Mythus nicht gewaltsam hereingezogen scheint, sondern natürlich sich ergibt, ist das Verdienst des klassischen Schauplatzes Rom: denn an keinem andren Ort der Welt ist die sichtbare Gegenwart zugleich schon so mythisch, so gesteigertes, ewiges Bild der täglichen Wirklichkeit. So sind die Götter- und Heldennamen, die sagenhaften und klassischen Anspielungen in den Römischen Elegien zu verstehen, sie sind nicht Rokoko-schnörkel, leerer barocker Aufputz oder gar gelehrter Kram, sondern überall das in Rom sich aufdrängende mythische Gegenbild der wirklichen Liebesvorgänge und -empfindungen.

Wir unterscheiden bei den zwanzig Römischen Elegien drei Gruppen, unter dem Gesichtspunkt des dichterischen Verfahrens wodurch das unmittelbare sinnliche Motiv, der Erlebnispunkt woraus jede einzelne hervorgegangen ist, zum Weltbild, zum welthaltigen Bild erweitert wird! Diese Einteilung gibt zugleich die drei Sphären welche als geistig sinnliche Schauplätze dieser Motive dienen, die drei Grade des dichterischen Geschehens in den Römischen Elegien: das Persönliche, das Römische und das Mythische. In der ersten Gruppe spricht der Dichter das Verhältnis zur Geliebten und zu Rom als Gesamtgesinnung unmittelbar aus, in I und II, welche Einleitung und Vorklang sind: das Glück zu lieben und in Rom zu lieben, in Gegenwart der Götter und unerreichbar den Alltäglichkeiten des Nordens. Die zweite Gruppe gibt den gegenwärtigen Römischen Zustand als Lokal und die einzelnen Vorkommnisse seiner Liebschaft, Römische Stadt-, Land- und Gesellschaft und, damit verknüpft, dadurch bedingt, die verliebten Situationen: V schildert das bildende, geistig-sinnliche und plastisch praktische Glück der Römischen Umarmungen — das Neben- und Ineinander von Genuß und Bildung .. der Liebende der am Leib der Geliebten Plastik studiert oder Hexameter skandiert, der mit fühlendem Auge sieht, mit sehender Hand fühlt, ist zugleich ein wahres Symbol dafür wie wenig sinnliche Liebe für Goethe materielle Liebe bedeutet, wie sehr die genießende Liebe des schönen Leibes jetzt für ihn selbst ein Bildungselement, ein Faktor seiner geistigen Existenz ist, als Einkehr des Geistes im Leib, nicht als Flucht der Sinne ins Geistige oder Mystische. Die V. Elegie verkörpert — sie ist darum eine der sinnbildlichsten und mit Recht berühmtesten des ganzen Zyklus — den Bildungsgehalt der römisch sinnlichen Liebe, sie zieht seine Liebschaft herein in den Gesamtkreis seiner Römischen Bildung, vertieft und verklärt sie zum Sinnbild seines römischen Bildungswillens.

In VI und IX, in XIV—XVIII kommen einzelne Situationen der Liebe, wie sie durch das Römische Lokal bedingt werden, Erwartung und Genuß, Verabredungen und Hindernisse, Abenteuer und Listen, Hinweg, Schleichweg, Heimweg der Verliebten zur Sprache: immer ist Rom so in der einzelnen Situation gegenwärtig, daß es entweder den Hintergrund oder den Vordergrund bildet, und das Allgemeine jedwedes Liebesabenteuers erst durch das Spezifische der ewigen Stadt wirklich, möglich oder bedeutend wird. Auch hier macht das Ineinander der ewigen Stadt und der vergänglichen Liebe den Charakter der Motive aus, es ist nicht bloße Ortsromantik und zufälliger Aufputz, wenn hier, übrigens spärlich und keusch, auf römische Personen, Stätten, Bräuche angespielt wird. Falconieri und Albani, Ostia und der Flaminische Weg, die Vigne und die Popine geben Kolorit, aber sie sind nicht bloß um des Kolorits willen da, wie dergleichen nachher in der französischen Romantik, besonders bei Viktor Hugo, und seinem deutschen Nachahmer Freiligrath überhand nahm. Die Namen wachsen hier ungezwungen aus der Anschauung hervor, die ohne Requisiten bloß durch die Auswahl und Komposition der Bilder und durch den Rhythmus so römisch ist, wie Goethes Jugendlyrik ohne geographische Requisiten mit sprachlich sinnlichen Mitteln deutsche Wald-, Hügel- und Flußlandschaft beschwört. Solche römische Anspielungen sind nicht die Ursachen, sondern die Folge von dem römischen Wesen der Elegien, und dies geht wiederum aus ihrer Konzeption und Anlage hervor: sie bedürfen keiner Requisiten, da sie nicht durch römische Requisiten, sondern durch römische Gesinnung inspiriert sind.

Bei weitem die umfangreichste Gruppe sind diejenigen Elegien worin eine Liebesbegebenheit entweder zum Anlaß oder zum irdischen Sinnbild für die Darstellung einer mythischen wird. III beruft die olympischen oder heroischen raschgeschlossenen Liebesbünde den irdischen zu Trost und Vorbild: Venus und Anchises, Hero und Leander, Rhea und Mars. In IV wird das Geheimnis und der verschwiegene Kult der Liebenden angeknüpft an die klassischen Glaubensformen und der antike Olymp erweitert durch die Göttin Gelegenheit. In VII ersteigt der verzückte Dichter von dem Gipfel seines römischen Glücks aus den Olymp Jupiters selbst. In X sind es nach den Göttern die Weltheroen, mythisch große Personen, deren Schattendasein im Orkus seinen Liebesnächten als Folie und Steigerung dienen muß.

XI ist ein summarischer Dank an die einzelnen Olympier für ihre Gegenwart, eine Huldigung, weil sie ihn ihres Anschauns gewürdigt: er verkörpert sie hier in der Gebärde und Haltung der klassischen Bildwerke: Zeus von Otrikoli, Juno Ludovisi, Apoll von Belvedere sind deutlich bezeichnet .. Athene, Hermes, Venus und Bacchus mögen in neapolitanischen oder vatikanischen Sammlungen ihre Anlässe, wenn nicht ihre Ur-bilder suchen. XII leitet eine Aufforderung zum Liebeswerk durch die Kultsage von Demeters Vereinigung mit dem König der Kreter ein, und macht dadurch das lockre, jedenfalls unscheinbare Motiv zum Anlaß eines der allerreichsten, anschauungshaltigsten Gedichte, voll dunkler Pracht und heidnisch mystischer Bezüge. XIII behandelt denselben Gegenstand wie V, den scheinbaren Mißklang und den wahren Einklang zwischen dem Bildungsstreben und der Liebschaft. Was V als römische Situation vorstellt, wird hier in einem mythischen Gespräch mit Amor ausgedeutet — wie dort der Leib der Geliebten zur künstlerischen Erziehung, so ruft er hier zur mythisch sinnlichen Anbetung:
  Diese Formen, wie groß! wie edel gewendet die Glieder!
  Schlief Ariadne so schön, Theseus, du konntest entfliehn?
  Diesen Lippen ein einziger Kuß! O Theseus, nun scheide!
  Blick ihr ins Auge! Sie wacht! — Ewig nun hält sie dich fest.
In ähnlicher Weise wie XIII zu V, verhält sich XIX zu VI. Ein irdisch gesellschaftlicher Konflikt der Liebe durch Klatsch und Zwischenträgerei, welcher in VI nur irdisch, eben als persönliches Abenteuer zur Aussprache kommt, ist in XIX mythisch dargestellt als ein ewiger Konflikt zwischen Amor und Fama: der Grund und die Folgen dieses Konflikts werden an berühmten Beispielen aus der Lästerchronik der Olympier vergegenwärtigt. So erweitert, verklärt und vertieft Goethe nicht nur die persönlichen Motive, sondern er gewinnt zugleich eine Fülle neuer, eine ganze eigne Motivenwelt.

Dadurch daß die mythischen Anspielungen ihren Sinn, oft ihr Gegenbild in den irdischen Erfahrungen der Liebenden finden, daß irdische und mythische Erfahrungen sich aufeinander beziehen, sich gegenseitig erhellen und beleben — erst dadurch wird das ganze olympische Treiben über bloßes allegorisches Arabeskenspiel, wie es die durchschnittliche Barock- und Rokokopoesie liebte, erhoben: es wird wirklich symbolisch. Amor, Venus, Zeus, Demeter und die ganze vielmißbrauchte Götterschar mit ihrem mythischen Zubehör sind infolgedessen, wenn auch eingeführt von einem Ungläubigen, dennoch mehr als bloß verkleidete Begriffe, als Bildungs-maskenprunk, es sind Steigerungen und Distanzierungen der eignen Erlebnisse:

wobei freilich erinnert werden muß daß der an Raffael und den Griechen erzogene Bildnersinn Goethes, oft über den dichterischen Anlaß hinaus, sich in gefälligen Gruppen und Szenen auslebte: die Verknüpfung des mythischen Bildes mit dem irdischen Motiv ist manchmal sehr locker und willkürlich, am auffallendsten in XIX die Geschichte vom Netz des Vulkan worin Mars und Venus sich fangen. Hier ist der Zeichner Goethe mit dem Dichter durchgegangen — man kann an manchen Römischen Elegien die malerischen Absichten in der Anordnung und Stellung erkennen. Goethe hat einmal Lord Byrons Dichtungen verhaltene Parlamentsreden genannt — in ähnlichem Sinne kann man einen Teil seiner Elegien verhaltene Gemälde nennen.

So betrachtet hatte für ihn der mythische Motivkreis noch einen andren Wert: nackte oder mythisch gewandete Körper in Ruhe, Bewegung und Gruppierung waren für ihn der Gipfel und das Ziel der Bildnerkunst: sofern er in seinen Römischen Elegien Bildnertriebe walten ließ, hatten gegenüber den irdischen zeitgenössisch kostümierten Gestalten mit „Surtout" und „bunten Strümpfen" die Olympier den Vorzug der Nacktheit oder des plastischen Faltenwurfs. Aber noch einen weiteren Gewinn hatte die Hereinziehung des Olymps: sie gewährte eine neue Dimension, sie schuf Raum. Goethe verwendete hier die mythische Nebenhandlung ähnlich wie Shakespeare die Nebenhandlung seiner Dramen: er erweiterte den Raum — denn wenn eine gradlinige Handlung durch eine zweite gekreuzt oder parallelisiert wurde, so vertiefte sich sofort der Raum des Geschehens, zugleich wurde der einmalige Fall dadurch gesetzlicher, und symbolischer, daß er als ein wiederkehrender erschien.

Das Mythische in den Römischen Elegien stammt aus dem durch Goethes erotisches und römisches Erlebnis gleichzeitig gegebnen Bedürfnis, seinen erotischen Momenten Helle, Großheit, Welthaltigkeit zu geben. Vom Ursprung bis in die technischen Mittel hinein werden die Römischen Elegien beherrscht durch diese Vereinigung, wie ja alles Technische nur die Anwendung, Folge und Entwicklung des Erlebnisses sein darf woraus ein Werk hervorgeht.

Von welcher Seite wir auch die Elegien betrachten, auf ihre Motive, auf ihre Komposition oder auf ihre Metrik hin — immer werden wir ihres dreifachen Ursprungs gewahr, ihres Ursprungs aus dem Zusammenstrom dreier Erlebnisse: eines idyllisch sinnlichen Liebesglücks, einer monumentalen Bildungskrise und der beiden gemeinsamen, sie befördernden und von ihnen geförderten neuen Augenhaftigkeit: sinnlich fassen, groß formen, klar schauen! das ist ihm jetzt Dichten — und es gehört zu den Kennzeichen der Römischen

Elegien daß das Dichten selbst darin jetzt als dichterisches Motiv erscheinen kann, (in V, XX) daß Anspielungen auf Dichtertum, Dichter und Bedichten nicht gescheut werden: erst seit das Dichten, wie die Bildung überhaupt, für Goethe ein sinnlicher Akt ist — ein darstellbares Tun und Leiden, eine Situation, ein Motiv, keine Literatur oder Mystik mehr, kann er dies wagen und hat er es mit Erfolg gewagt. Denn an sich ist nichts bedenklicher als über das Dichten dichten. Kraft seiner neuen Sinnlichkeit war es Goethe möglich den Geist selbst in sinnlichen, schaubaren, darstellbaren Situationen zu packen, und wie er den Liebesakt in V als einen Bildungsakt darstellen konnte, so durfte er es wagen in XX seinen Hexameter und Pentameter, kurz seine Elegien selbst als Gefäße und Mittel seiner Liebe anzurufen, als sinnliche Ergebnisse. Hier ist der Punkt erreicht wo die Liebe zu einem Bildungselement und Bildung zu einem Liebeselement wird.

Das ist eine letzte Rechtfertigung für das Hereinziehen von mythischen Vorstellungen die nicht mehr für den Gläubigen sondern nur für den Gebildeten Bestand haben. Denn es hat etwas Unwahres und Spielerisches, wenn jemand mit den Vorstellungen eines Glaubens wirtschaftet der nicht mehr der seine ist: sei es nun die Evokation des Olymp durch Klassizisten oder der Heiligenkult von Romantikern. Hat der Dichter das Recht, d. h. die Macht, uns Jupiter oder Venus oder die Engel als wirklich zu zeigen, wenn er sie selbst als Formen eines vergangenen Mythus kennt, wenn er nicht an die tatsächliche Realität von Göttern und Engeln glaubt? Der Unterschied zwischen dem Olymp Goethes und dem Homers springt in die Augen, ebenso zwischen dem Himmel Goethes am Schluß des Faust und dem Himmel Dantes. Homer und Dante glauben an die Existenz dieser Wesen und dichten, um diesen Glauben auszudrücken, um ihre Götter sichtbar zu machen, Goethe verwendet sie zu Bildungszwecken, und macht sie sichtbar, um seine Dichtung damit auszustatten. Er wäre leerer Allegoriker dabei geworden, wenn nicht die Bildung selbst hier mit der vollen Kraft des Glaubens wirkte.

Der geschichtliche Augenblick in dem die Römischen Elegien gedichtet sind, und zwar sowohl im Leben der Völker als im Leben Goethes, war einer von denen da die alten Glaubensmythen als solche auf den Höhen nicht mehr lebendig, ein neuer Glaube mit einem neuen Mythus noch nicht vorhanden war: seelische Energien welche sonst den Religionen zuwuchsen sind in dieser Epoche entweder der Wissenschaft oder der Politik oder der Kunst zugeleitet worden. Statt der Götter verehrte man fast kultisch Begriffe, wie die deutschen Philosophen das Ding an sich, wie die französischen Aufklärer die Vernunft, oder Menschheitsziele und -zwecke, wie die

Revolutionsleute, oder Bilder und Bildungskräfte wie Winckelmann und Goethe. Unter allen Zeitgenossen die sich mit Kunst befaßten und ihr etwas wie Kultus weihten (die Romantiker nicht ausgenommen, deren Kunstverehrung in den Äußerungen überschwänglicher war als die Goethes) haben nur diese zwei von der Kunst, insbesondere von der griechischen Kunstwelt Impulse empfangen die an Religion streiften: nur sie waren nicht verzückte Nachempfinder, oder phantastische Ästheten, sondern Menschen deren Gesamtleben aus ähnlichen Quellen gespeist und geformt wurde wie die griechische Mythen- und Kunstwelt. Nur diese beiden, und als dritter Hölderlin, durften sich unbeschadet ihrer inneren Ehrlichkeit des griechischen Mythus wenn nicht als ihres eignen, so doch wie ihres eignen bedienen, und nur ihnen steht es auch natürlich. Wie die Kunst und die Bildung überhaupt für Goethe keine Spielerei, keine bloße intellektuelle Spiegelung ist, sondern eine Grundform seines Daseins, so sind auch seine griechischen Götter ehrlich und wenigstens als Ableitungen echt: wenn er auch nicht mehr an ihre reale Existenz selber glauben konnte, wie die Alten, so doch an die reale Existenz derjenigen Lebenskräfte und die Wahrheit derjenigen Gesinnungen aus welchen jene Götterwelt konzipiert worden war. Für den Griechen selbst waren sie Götter, d. h. eigentliche Wirklichkeiten, für Goethe waren sie Bilder, d. h. gleichnishafte Wirklichkeiten, für den Ästheten (den Menschen dem Kunst nicht Glaube, sondern Surrogat des Glaubens, nicht welt- und menschenformende Kraft, sondern Geschmack und Genuß bedeutet) sind sie Allegorien oder Dekorationen, d. h. Gleichnisse von Gleichnissen, abgelöste Einzelformen, oder Anregungen der feineren Sinnlichkeit. Beispiele für diesen Gebrauch des antiken Olymps bieten Voltaire und Wieland. Goethe dagegen hat, da er als Einzelner keinen neuen Gesamtmythus, d. h. keine neue Religion schaffen konnte, und zwar ein Gläubiger war, aber kein religionsschöpferischer Genius, den antiken Mythus übernommen, als den immerhin noch gemäßesten Symbolkomplex für sein Weltgefühl und seine Gesinnung. (Bei der Benutzung katholischer Kultvorstellungen zu Kunstzwecken ist freilich auch Goethe am Schluß des Faust Allegoriker: hier bediente er sich der Symbole eines Glaubens dessen Grundkräfte ihm nicht, wie der griechische, selbst entsprachen.) Der antike Olymp feiert in seiner Dichtung eine bildungshafte, d. h. verglichen mit seiner ursprünglichen Existenz, allerdings gespensterhafte Wiederkehr. Aber auch Gespenster sind nicht unwirklich, nicht bloß gedacht, wenngleich ihnen die volle Lebendigkeit fehlt. Und diese Olympier Goethes in den römischen Elegien sind helle fröhliche Tagsgeister deren Gegenwart die lebendigen Liebenden nicht verscheucht sondern verklärt. Goethes Olymp verkündigt ein hellenisch gestimmtes Dichtertum und Bildungswollen. Homers Dichtertum verkündigt einen wirklich geglaubten Olymp. Goethe dichtet Götter wie ein Grieche — niemand außer ihm und Hölderlin konnte es wagen — nicht als ein Grieche.

Dieselbe Frage wie nach der Berechtigung, d. h. der Echtheit der griechischen Inhalte in Goethes Poesie, erhebt sich inbezug auf ihre griechischen Formen: die Frage nach dem Recht des Hexameters oder griechischer Odenmasse in modernen Gedichten. Denn der Hexameter, die sapphische oder alkäische Strophe sind so wenig wie die antiken Götter zufällig angeschwemmtes Strandgut der Geschichte dessen sich jeder Spätere nach Belieben bedienen kann. Griechischer Mythus und griechische Formensprache, zu der auch das Metrum gehört, sind Produkte eines bestimmten Weltfühlens, und nur aus der Wiederkehr dieses Weltfühlens konnte eine lebendige Erneuerung versucht werden. Klopstocks Hexameter und Oden sind Produkte eines gehobenen Zustands, der zwar dem griechischen Enthusiasmus verwandter war als irgendein vorhergehender in der deutschen Poesie seit Opitz: aber auch er krankte noch an dem Rationalismus welcher an ein schlechthin Vorbildliches glaubte, das sich einfach nachahmen und in andere Bedingungen herübernehmen lasse. Seiner neuen gefühlvollen, überrationellen Begeisterung hatte Klopstock zu danken daß er in den griechischen Rhythmen ein solches Nachahmenswürdige erkannte und diese Erkenntnis betätigte .. aber sein Rationalismus ist daran schuld daß er die Verschiedenheit, die Unübertragbarkeit heroisch griechischer Lebens- und Versformen auf protestantische Gefühle nicht empfand: daher sind seine Hexameter und Oden eine so seltsame Vereinigung von Schwung und Pedanterie — von echtem Dichtertum und rationaler Schulmeisterei.

Die einzigen Dichter, denen aus einer späten Wahlverwandtschaft mit hellenischem Geist die griechischen Götter nicht bloße Namen und Arabesken sondern Sinnbilder und Formen bedeuteten, Goethe und Hölderlin, waren notwendig auch die einzigen denen die griechischen Versformen in deutscher Sprache lebendig, wahr und ungezwungen nachzubilden gelungen ist. Dichten ist keine Schulaufgabe wie das Aufsatzschreiben, die dichterischen Mittel kein mechanisches Handwerkszeug das heute so und morgen so auszuwählen und anzuwenden den Poeten die Lust anwandelt. Für lebendige Dichtung sind Metren und Gattungen keine zufälligen Schemata, zu freier Benutzung herumliegend, sondern Ergebnisse ganz bestimmter Kräfteströme und Seelenlagen, welche sich willkürlich weder rufen noch bannen lassen. So sind auch Goethes Distichen in den Römischen Elegien die ersten vollkommen leichten und bequemen deutschen Hexameter (von ein paar Goethischen Epigrammen der Weimarer Frühzeit abgesehen) Ergebnisse desselben Prozesses und Zeugnisse derselben Gesinnung wie seine Verwendung des griechischen Mythus in diesen Gedichten. Goethe spricht einmal von den magischen Wirkungen der verschiednen Metren, und bemerkt dabei, der Inhalt der Römischen Elegien etwa im Versmaß des Ariost müsse sich ganz verrucht ausnehmen! Das ist eine Bekräftigung dafür daß Versformen Seelenformen sind. Das elegische Versmaß wie es Goethe unter Anregung der drei Römischen Elegiker, der „Triumvirn der Liebe", weiterbildete schließt von vornherein jedes Element der Ironie aus, welches die ariostische Stanze, durch das Spiel der Reimverschlingung, unwillkürlich einschließt. Werden erotische Dinge vorgetragen in einer arabeskenhaften Form, als welche die Aufmerksamkeit des Lesers durch klangliche Kunstgriffe, wie die dreimalige Wiederkehr desselben Reims, weckt und beansprucht, so erscheint sofort der Inhalt als ein Spiel, als eine Sache der man gleichsam zusieht, die man arrangiert, als ein mit romantischer Ironie angeschautes Faktum: für erotische Fakten aber bedeutet das Zuschauertum, das Arrangement und das Spiel Frivolität und naive oder kokette Verruchtheit: man lese Ariost, Shakespeares Venus und Adonis, Byrons Don Juan, Wielands Oberon, Heinses Laidion, auch „Das Tagebuch" Goethes. Sobald die Form als Form dem Leser durch besondre Kunstgriffe zum Bewußtsein gebracht wird, wie bei den künstlichen Reimverschlingungen, überhaupt bei technischen Künstlichkeiten, lebt der Leser den Inhalt nicht mehr mit, sondern er schaut zu, er wird nicht identisch mit dem Erlebnis des Dichters, sondern er wird von ihm eingeweiht, darauf hingewiesen. Darum sind die in solchen arabeskenhaften Kunstformen geschriebenen Dichtungen nur dann nicht frivol, wenn es sich dabei um Lehre oder um allegorische Darstellungen handelt, bei welchen der Leser objektiv, aufmerksam, teilnehmend bleiben soll, um einem erhebenden oder erbauenden Schauspiel beizuwohnen, mit dem durch Kunstmittel stets wachgehaltenen Bewußtsein daß der Künstler ihm hier selbst das Schauspiel bereitet. So sind die Zueignungen zu den Gedichten und zum Faust bewußte Auseinandersetzungen Goethes, wie der Titel schon sagt, mit seinen Freunden, Ansprachen an seine Freunde, und hier ist die künstliche Form zugleich eine Distanzierung und Zeremoniell nach außen, nach dem Publikum hin. Werden aber mit solchem Zeremoniell Erotika vorgeführt, so erscheint der Dichter als maître de plaisir, ja als Kuppler, und die Reimverschlingung als behagliche und zugleich förmliche Umständlichkeit, als höfliches Verbreiten über Dinge die man eigentlich nicht zeigt und nicht bespricht.

Dazu kommt daß Ottave-Rime Kostüm sind, Renaissance- oder Rokokokostüm: denn jedes Versmaß trägt etwas vom Geist der Zeit mit sich in der es entstand. Erotik aber die nicht nackt ist wirkt von vornherein frivol: das Kostüm bringt sofort das Gesellschaftliche in die Vorstellung, den Gegensatz gegen die Natur, und sobald die Erotik, die Sinnlichkeit, die Animalität nicht als Natur, sondern als Gesellschaftsspiel auftritt, verliert sie ihre Unschuld und Lauterkeit. Kostümiertes Animal ist frivol. Der Hexameter trägt auch noch den Geist der Antike, d. h. den Geist für welchen Geschlecht, Animalität, Leiblichkeit noch Naturalia und also nicht turpia waren, wo man im Gegensatz zu christlichen Zeiten Liebe als natürliche vitale Funktion, nicht als Reizmittel begriff und behandelte, und Nacktheit zeigte und übte.

Das deutlichste Zeichen für die unschuldige Seligsprechung alles Leiblichen, bis zum Geschlechtlichen mit sämtlichen Spielen und Lüsten, Nebentrieben und Verselbständigungen, Umkehrungen oder Steigerungen, bilden in dieser Zeit (und nur in Goethes Römerjahren ist solcher kindliche Zynismus der geschlechtlichen Selbstdarstellung möglich) die unterdrückten priapischen Elegien und Epigramme. War der sinnliche Leib nach antiker Weise heilig, wie ihn der italienische Augen-Goethe empfand, so gab es auch keine Grenze nach unten für diese Heiligung, und Phallus und Cunnus hatten so gut ihr Recht auf Feier wie der übrige Leib mit „allen seinen Prachten."

Die antikische Nacktheit und Unschuld des Animalischen, welche Goethe empfand, sicherte er seiner Darstellung auch durch das antike Versmaß, und nur weil er jene antike Unschuld nachlebte, konnte ihm das Metrum der angemessene und wahrhaftige Ausdruck dafür nicht nur scheinen sondern auch sein. Dieselbe Wiedergeburt antiker Gesinnung welche ihm ein Recht auf Benutzung der antiken Mythen gab ermöglichte ihm auch die erfolgreiche Benutzung der antiken Metren.

Wir haben den vollendeten heidnisch augenhaften Zustand Goethes in dem Gegenstand und im Metrum der römischen Elegien wahrgenommen: ohne Goethes Beschränkung auf die sinnliche Gegenwart keine Liebe zu Christiane, kein Bedürfnis nach mythisch sinnlichem Gegenbild in der Dichtung. Ohne die Gesinnung welcher der antike Mythus wieder lebendig und dichterisch brauchbar ist, auch keine Erneuerung des elegischen Versmaßes! Gehalt, Motiv und Metrum der Römischen Elegien sind nur verschiedene Symptome derselben Wandlung und Gefühlsweise. Weitere Symptome sind einige kompositionelle Eigentümlichkeiten dieses Gedichtkreises, nicht nur der Römischen Elegien Goethes, sondern seiner gesamten elegischen Dichtung.

Er hat ja selbst die Elegien Alexis und Dora, der neue Pausias und sein Blumenmädchen, Amyntas, Euphrosyne gleichsam als ein zweites Buch den Römischen Elegien angeschlossen und damit angedeutet daß beide Gruppen durch ein tieferes Gemeinsames miteinander verknüpft seien. Ohne näher auf die Sondererlebnisse einzugehen welche dieser zweiten Gruppe von Elegien zugrunde liegen, betrachte ich sie als ein Ganzes, als Ernte eines elegienträchtigen Gesamtzustandes, als Gewächse eines gemeinsamen Ackers innerhalb Goethes Erdreich — und begnüge mich hier ihre gemeinsame Struktur anzudeuten welche auf gleiches seelisches Klima und Niveau ihres Ursprungs hinweist. Wenn diese Gedichte auch später entstanden sind als die Römischen Elegien, so haben die Elegien doch, wie jede einmal festgestellte Form und Gattung, gleichsam einen Bezirk in Goethes Innerm abgegrenzt in welchem er jedesmal bei verwandter seelischer Temperatur verwandte Gewächse züchten konnte. Der einmal vom Dichter festgestellte eigne Typus hat eine ähnliche Macht wie das einmal ergriffene Motiv, das den Dichter durch lange Lebensstrecken zu begleiten stark genug ist. So hat Goethe einmal festgehaltene Faust- oder Wilhelm Meister-motive auf ganz andern Lebensstufen vollendet als denen worauf sie konzipiert wurden und wovon sie ursprünglich Ausdruck sind. So konnte er ein so starkes Erlebnis wie das woraus die Römischen Elegien entstanden sind, d. h. die elegienträchtige oder elegienhaltige Stimmung in sich nachwirken lassen: die großen elegischen Gedichte, Alexis und Dora (1796), Pausias, Amyntas, Euphrosyne (1797) sind mitten unter mannigfachen andersartigen Gewächsen noch eine Nachernte seines ersten Elegien-jahres .. unter denselben Bedingungen, in der gleichen geistigen Witterung aufgewachsen, und nicht nur aus Verlegenheit, etwa wegen des gleichen Metrums, wohl gar wegen des ähnlichen Druckbildes als zweite Serie dem ersten Elegien-segen angehängt. Auch die zweite Reihe bildet unter sich wie die erste einen Zyklus verwandter Motive, wenngleich ihre Einheit nicht so straff ist wie die der ersten. Der ersten wie der zweiten Serie gemeinsam ist die Einordnung eines irdisch sinnlichen, meist liebenden, Verhältnisses oder Begegnisses meist in den antikischen Erd- und Himmelskreis: Darstellung heutiger Sitten unter antiken Formen.

Neu ist in Goethes Schaffen das Auftreten von Gedicht-zyklen überhaupt: er hatte bisher immer nur Einzelgedichte, Gelegenheitsgedichte verfaßt, gehobene Augenblicke seines Lebens ausgesungen. Daß er jetzt, wie in den Römischen Elegien, wie bald darauf in den Venetianischen Epigrammen, in den Weissagungen des Bakis, in den Xenien, später in den Sonetten und im Westöstlichen Divan, einen ganzen Lebenszustand in dichterischen

Augenblicken seines Lebens zu umfassen sucht oder einzelne Augenblicke, sei es lyrisch, sei es epigrammatisch zu einem Ganzen ordnet, ist gleichfalls eine Wirkung der italienischen Reise, eine Wendung zum Klassizismus: es galt für ihn jetzt nicht mehr ein grenzenloses wertherisches, faustisches Gefühl zu entladen, eine Unendlichkeit des Herzens oder der Welt anzudeuten, sondern einen begrenzten und daher erschöpfbaren Zustand darzustellen.. auch hier Übergang vom Gefühlsmenschen zum Augenmenschen.

Der voritalienische Goethe mit dem Willen zur Unendlichkeit konnte gar nicht glauben und wünschen, den Gefühlsgehalt der Unendlichkeit zu erschöpfen, er mußte ihn ahnen lassen, und das geschah so gut durch einen hingesungenen Seufzer als durch eine lange Reihe von Gedichten: gegenüber der Unendlichkeit die er fühlte schien beides gleich unzulänglich, oder gleich ausreichend. Dazu kam daß für ihn bei dieser Gefühlsweise jeder gehobene Augenblick Repräsentant seiner ganzen innern oder äußern Unendlichkeit war, daß er aus jedem das All erklingen oder ahnen lassen konnte. Augenblicke zu isolieren und dann zu einem abgeschlossenen Ganzen aneinander zu reihen hätte also gar keinen Sinn gehabt: was für ein Ganzes hätte dies sein sollen, da ja in jedem Einzelnen für ihn schon das All sein sollte? Andeutende, ahnungsvolle, musikalische, romantische Lyrik kann nicht zyklisch sein, weil sie kein abgerundetes, durch eine Folge oder Ordnung sich ergebendes Ganzes kennt, nur ein unendliches All, das in jeder Einzelheit gleich enthalten ist, und weil sie nicht sondert und ordnet, vielmehr zusammenballt und mischt. Der Augen-mensch aber glaubt an die Darstellbarkeit der durch Sinne begrenzten Welt, und er glaubt infolgedessen einen Zustand in dieser Welt, wie reich er auch sei, mit den Sinnen ganz fassen, das heißt für den Bildner: durch sinnliche Mittel erschöpfend darstellen zu können, wenn nicht in einem einzigen Bild so doch in einer Reihe von Bildern die sich gegenseitig erklären und ergänzen, indem sie die verschiednen Seiten des geschauten Ganzen zum Vorschein bringen. Gleichzeitig aber hat der Augenmensch mehr als der Gefühlsmensch die Möglichkeit Einzelnes in sich abzuschließen und gesondert lange zu betrachten. Der Gefühlsmensch ist auf den gehobenen, dichterisch inspirierten Moment angewiesen, er kann nicht warten: läßt er diesen Moment vorübergehen, so ist das entsprechende Unendlichkeitsgefühl verflogen und kehrt in dieser Melodie nicht mehr zurück. Der Augenmensch kann warten, was er sieht läuft ihm nicht davon, je länger er sieht desto tiefer faßt er das Ganze, und erst wenn er alles gesehen und gepackt hat, besitzt er das Ganze: auch diese Geduld, die einen Zustand lange durchhalten kann, die von der dichterischen Aussprache keine Entladung, sondern Erfüllung verlangt, findet in zyklischen Gedichten den angemessenen Ausdruck. Darum ist es kein Zufall daß Epochen und Menschen der nachhaltigen Leidenschaft, des einheitlichen Lebensstils, der geschlossenen Kultur (welche immer zugleich mehr Sinnen- als Gefühlswesen waren) in der Lyrik sich zyklisch geäußert haben, das ganze Altertum von Alkäus und Pindar bis zu den römischen Elegikern, dann Dante und Petrarca, dann Shakespeare in seinen Sonetten, in Deutschland wieder der klassisch, d. h. geduldig und augenhaft gewordne Goethe, und in unsren Tagen Stefan George.

Freilich wird das Zyklische dann auch von allen rationalistischen und in festen Konventionen starrgewordenen Epochen gepflegt, wie die Renaissance- und Barock-lyrik in Italien, Frankreich und Spanien. Das Zyklische ist jedenfalls, wo es auch auftritt, ob als Neuschöpfung großer leidenschaftlicher, willens- und sinnenstarker Genien, oder als Konvention gewandter klarer und kluger Talente, immer der Gegensatz gegen alles dumpfe Gefühl, gegen alle Wallungs- und Affektpoesie, gegen alles jähe Auf- und Ab, gegen jeden Sturm und Drang des Gemüts. Leidenschaft und Gefühlswallung sind nicht identisch, sowenig wie Wille und Affekt. Das Zeichen der Leidenschaft ist nicht die dumpfe Wallung und der Überschwang an sich, sondern der nachhaltige unerbittliche durchdringende Wille, der große langausgehaltene Atem, nicht das Keuchen und Seufzen. Dieser Wille kann mit voller Klarheit und sogar Heiterkeit gepaart sein und muß die Sinne nicht trüben sondern schärfen.

Es ist darum auch falsch, wenn man den Goethe der Römischen Elegien für weniger leidenschaftlich hält als den Goethe der Sturm-und-drang-lyrik, weil er sich nicht mehr heftig sondern ruhig äußert. Seine Leidenschaft ist jetzt verteilt auf einen sichtbaren Kreis, investiert in Tätigkeit, Darstellung und Ausarbeitung, nicht mehr in einen glühenden Moment zusammengepreßt, nicht mehr explodierend sondern langsam wirkend, eindringend.

Das Zyklische besteht bei Goethes neuer Dichtung nicht nur in der Zusammenfassung mehrerer Gedichte zu einem durch gemeinsame Handlung oder Stätte oder Stimmung vereinigten Kreis .. jedes einzelne Gedicht bildet von einem Situationszentrum aus einen Kreis von Anschauungen, Gedanken oder Gefühlen um sich her. Fast alle Elegien sind nach demselben Prinzip komponiert. Sie gehen aus von einer Situation, in die wir als in eine gegenwärtige hineingeführt oder hineingestellt werden: sie dauert während des ganzen Gedichts, aber sie wird durch Betrachtung, durch Schilderung oder durch Assoziation für den Leser erweitert in die Vergangenheit oder in die Zukunft. Von ihr aus wird der Blick gelenkt entweder auf den Ablauf der zu ihr geführt hat, oder auf den Ablauf zu dem sie führen kann, oder auf eine analoge Situation aus Geschichte und Mythus. Der Typus nach dem die Elegien komponiert sind ist Darstellung einer Gegenwart mit Rück≠blick, mit Vorblick, mit Ausblick oder mit allen dreien. Vergangenheit, Zukunft oder Mythus, d. h. Ewigkeit, umlagern als konzentrische Vorstel≠lungskreise eine Situation der Gegenwart. Dadurch enthält die Elegie ihre eigentümliche Perspektive, ihre verschiedenen Grade des Geschehens, wenn man Gegenwart, Vergangenheit und Zukunft so bezeichnen darf. Sie bil≠den zusammen eine Zeitperspektive im Gedicht, dessen Dimension die Zeit ist, wie auf dem Gemälde, dessen Dimension der Raum ist, Vorder≠grund, Mittelgrund und Hintergrund eine Raumperspektive bilden.

Durch diese Komposition der Elegien wird erreicht daß von einem be≠lebten und dabei doch ruhenden Punkt aus ohne Verrückung des dem Zu≠schauer angewiesenen Standpunkts eine Reihe Vorgänge, mit einheitlicher Perspektive, in verschiedenen Distanzen, wendungs≠ und motivreicher, räum≠lich tiefer dargestellt werden kann: das gibt größte Mannigfaltigkeit bei größter Ruhe, größten Reichtum bei kleinstem Raum und Kraftaufwand. Hierdurch werden die Vorzüge des epischen, lyrischen und dramatischen vereint, ohne vermischt oder verwirrt zu werden. Die Elegie gibt einen Ab≠lauf als Panorama, von einem erlebten Moment aus. Das Epos oder epische Gedicht gibt ihn als vergangenes erzähltes Geschehen, das Drama als gegen≠wärtiges Geschehen, das lyrische Gedicht gibt nur den erlebten Moment ohne Ablauf. Diese Art der Elegie, eine Gattung für sich, ist Darstellung eines Geschehens von einer Mitte aus, nicht von einem Anfang aus, wie das Drama, nicht von einem Ende aus, d. h. nach seinem Ablauf, wie das Epos. Z. B. in der VI. römischen Elegie ist die gegebne Situation ein Zwist zwischen den Liebenden oder vielmehr die Verteidigung der Geliebten ge≠gen den Vorwurf der Untreue, der nicht unmittelbar ausgesprochen, son≠dern nur aus dieser Verteidigung deutlich wird. In der Verteidigungsrede, die als Gegenwart, als quasi dramatischer Dialog, vor uns laut wird, blickt das Mädchen zurück in die Vergangenheit, indem sie als Beweis für ihre Treue von glücklich vermiednen Lockungen des Pfaffen erzählt. Am Schluß des Gedichts aber wird die Situation der sich Verteidigenden, die wir als dialogisch gegenwärtig mitmachten, selbst wieder zur Vergangenheit durch die Betrachtung des Dichters über das ganze seines Verhältnisses zu ihr, welches nun zugleich als Gegenwart und Zukunft erscheint: als der Zu≠stand innerhalb dessen Zwist, Verteidigung und Versuchung nur als ver≠gangene und vergängliche Episoden sich abspielen. In VII ist die gegebne Gegenwart das Glück des Dichters in Rom zu sein, der Rückblick trifft die Vergangenheit „da ihn ein graulicher Tag hinten im Norden umfing" .. sein

Ausblick aus dieser Gegenwart, da er sich im Olymp wähnen darf, nimmt eine Zukunft vorweg, da ihn Hermes führen soll „an Cestius Mal vorbei, leise zum Orkus hinab". Zusammengezogen und kaum erkennbar finden wir gleichsam den Keim dieser Komposition in dem scheinbar rein reflektierenden Sechszeiler X: „Alexander und Cäsar und Heinrich und Friedrich die Großen". Gegenwart ist der nächtliche Besitz der Liebsten, enthalten in dem Vers „Könnt ich auf eine Nacht dies Lager jedem vergönnen." Vergangenheit, oder vielmehr in diesem Fall mythische Ewigkeit, enthält hier der Rückblick auf die im Orkus gebannten Heroen, Zukunft der Vorblick auf die Zeit da „den flüchtigen Fuß schauerlich Lethe dir netzt." In jeder Elegie waltet der allerdings mannigfaltig ausgeprägte Grundtypus den ich bezeichnet: gegenwärtige Situation erweitert und umlagert, distanziert oder verlebhaftigt durch Ausblick auf eine Zukunft, eine Vergangenheit oder eine, meist mythische, Ewigkeit.

An den Elegien der zweiten Reihe, die sich dem Epos mehr nähern, sei kurz auf den Typus hingewiesen, wie dramatische und epische Elemente panoramisch um eine Mitte geordnet werden. Die Situation in welche uns »Alexis und Dora« unmittelbar einführt ist die Seefahrt des jungen liebenden Alexis, grad nach dem Abschied von der eben erst errungnen Geliebten. Seine Gedanken führen nun von diesem Geschiedensein rückwärts, d.h. von der gegenwärtigen schmerzlichen Situation in die fernere und dann nähere Vergangenheit, in das Werden der Liebe zwischen Nachbarskindern bis zu dem Abschied selbst, der Geständnis und Verlöbnis brachte, so daß die Vorgeschichte der gegenwärtigen Situation, der eigentliche Sinn und Inhalt der Idylle, zugleich als erzählt, und als werdend, als Drama erscheint, denn dem Redenden ist es als Ganzes bekannt, dem Hörenden ist es noch unbekannt. Hier hat Goethe die Bedingungen des Epos und des Dramas gleichzeitig erfüllt: die Spannung zugleich erweckt und die Distanz der Vergangenheit gewahrt. Indem das Werden der Liebe gegenständlich idyllisch ausgemalt wird, das nachbarliche Wohnen, das unschuldige Betrachten und Gespräch und die Offenbarung der Leidenschaft, indem dies Glück im selben Moment als ein Werdendes und als ein schon Vergangenes, Verlorenes erscheint, hat der Dichter aus einem einzigen Moment heraus gleichzeitig die verschiedensten Gemütsspannungen entwickeln können, d. h. wieder im kleinsten Punkt die größte Kraft entwickelt. Darin liegt der technische Wert dieses elegischen Kompositions=prinzips. Goethe führt den Alexis durch die ganze Stufenleiter der Liebesempfindungen lediglich von der gegenwärtigen Situation, der des Getrenntseins. In ihr liegt der gegenwärtige Schmerz der Trennung, das vergangene Glück der langsam reifenden und das Ent=

zücken der jäh ausbrechenden und errungnen Liebe und zuletzt — eine dritte Steigerung, eine dritte Dimension dieses in drei zarten Kreisen die ganze typische Geschichte einer idyllischen Liebe nach all ihren seelischen Inhalten ausschöpfenden Gedichts — der Ausblick des eifersüchtigen Getrennten auf eine Zukunft die ihm Untreue der Geliebten vorspiegelt. Augenblicklicher Verlust als Gegenwart, Gewinn und kurzer Besitz als Vergangenheit, ewiger Verlust als mögliche Zukunft: in diesen drei Dimensionen ist eine idyllische Welt und Geschichte vollkommen dramatisch lebhaft und episch schildernd, reich an leidenschaftlicher Handlung und zarten Bildern gestaltet. Eine Art Epilog des Dichters an die Musen, vierzeilig, ist weniger aus dem Gedicht entwickelt als angehängt, um die Tragik des Schlusses abzubiegen und dem Gedicht seinen idyllischen Charakter zu lassen.

„Der neue Pausias und sein Blumenmädchen" geht aus von einem Zwiegespräch zwischen den beiden Liebenden und gibt die zentrale Situation gleich in dramatischer Form: wir werden mitten hineingeführt in ein glückliches Liebesverhältnis dessen Gegenwart nicht nur durch sondern als vertrauliche Zwiesprache wir mit belauschen. Während das Blumenmädchen die von dem neuen Pausias gebrachten Blüten ordnet und bindet und sie miteinander die symbolischen Bezüge der Blüten und ihrer Beschäftigung, ihres Berufs und ihres Verhältnisses wechselseitig ausdeuten, kommen sie auf die Vorgeschichte ihrer Liebe zu sprechen, wie das Mädchen von einem rohen Kumpan beim Gastmahl als Blumenträgerin beleidigt, von dem neuen Pausias beschützt und gerächt wird, und nach langer Flucht und Verborgenheit ihm zufällig wieder begegnet, um ihm dann ganz zu gehören. Die Komposition ist hier ähnlich wie in der VI. römischen Elegie, wo auch die Vorgeschichte wenn nicht durch Dialog, so doch durch direkte Rede, durch Antwort auf einen hinzuzudenkenden Vorwurf entwickelt wird. Der gegenwärtig lebhafte Dialog über Vergangenes ist vielleicht eines der feinsten Kunstmittel der Elegie die vorhin erwähnten Vorzüge dramatischer und epischer Konzeption nicht nur nebeneinander sondern ineinander zu sichern. Wir sehen zwei vor uns reden, also in lebhafter innerer Betätigung, das worüber sie reden aber ist das Geschehen einer Vergangenheit, so daß wir gleichzeitig in der Gegenwart und der Vergangenheit leben: das ist eines der Mittel wodurch Dichtung überhaupt die Grenzen der empirischen Wirklichkeit, Raum und Zeit, im Geist aufhebt, oder vielmehr zu ihren Zwecken benutzt. Hier wird die zur Rede und Gegenrede in Distichen regelmäßig weitergeschlungene Erzählung zugleich zur Handlung und zum Sinnbild einer Handlung: man macht das Kranz- und Straußwinden unwillkürlich mit, indem man von seiner zu ihrer Rede sich dialogisch hin- und herwendet. Den Dialog selbst nicht nur von Handlung und Bewegung reden zu lassen, als Inhalt, sondern Handlung sein zu lassen, als Form, diese dramatische Aufgabe hat Goethe hier gelöst.

„Euphrosyne" ist eine Nänie auf den Tod einer jungen Schauspielerin die Goethe für das weimarische Theater herangezogen hatte und der er in väterlicher Neigung zugetan war. Die Elegie ist auf der dritten Schweizerreise in den Bergen entstanden und trägt die Spuren eines doppelten Ursprungs, ähnlich wie die Römischen zugleich Denkmal einer persönlichen Beziehung und eines lokalen Eindrucks sind. Die abendliche Bergwanderung und der Tod der jungen Freundin sind zusammengeflossen in seiner Vorstellung und zu einer landschaftlich seelischen Vision vereinigt. Aus dem doppelten Ursprung ergibt sich ungezwungen die elegische Komposition: Gegenwart ist die Erscheinung der zur Göttin verklärten Freundin in den Bergen, und von dieser verklärten Ruhe aus wird das vergangene Leben der Verewigten überschaut, ihre Erziehung durch den Dichter, ihre Leistungen, ihr Wachstum und ihr frühes Ende, von dieser Gegenwart ihr künftiges Fortleben das sie vom Dichter erwartet und verbürgt bekommt. Es ist hier nicht im einzelnen zu entwickeln was dieser Rahmen an menschlicher Rührung und Weisheit umspannt: insbesondre auf die große Antithese zwischen der ewig gesetzlichen Ordnung der Natur und dem willkürlichen Schicksal, welche hier dichterisch entwickelt ist aus dem Gedanken an das Sterben der jungen Hoffnungsvollen vor den Alten, und dem gleichzeitigen Anblick der festgegründeten Berge. Ungern erkennt Goethe unter einem erschütternden Eindruck Natur und Schicksal als verschiedenen Gesetzen unterstehend an.

Hier dient die Komposition der Elegie dazu im Tod selbst die Lebendige zu verherrlichen: als Gegenwart und mythisch verklärte Ewigkeit unmittelbar anschauen und lebendig empfinden läßt der Dichter uns die Vergötterung, die Verewigung seines Lieblings. Nicht als Verstorbene, sondern als Verewigte, Wissende, Redende sehen wir sie: ihr Tod erscheint als Vergangenes, als ein überstandenes Leid, denn er wird nur von dem Zustand der erreichten Verklärung aus gesehen. Die schmerzliche Rührung und Totenklage wird nicht unterdrückt, aber distanziert, das Apprehensive wird ihr genommen und der Tod erscheint nur als „rührendes Bild", die Verklärung, das ewige Leben als dauernde Wirklichkeit. So entsprach es Goethes auf das positive Lebendige gerichteten Sinn: auch der Tod durfte nicht der Weg zur Zerstörung, nur der zur Verklärung sein — und wo er unter einem gegenwärtigen Tod litt und ihn zu beklagen gedrängt war, mußte es unter der Form geschehen, daß die Totenklage erst recht zur Verherrlichung des Lebens überhaupt, und des abgeschiednen Lebendigen insbesondre wurde: so hat er Christiane Neumann, so hat er Schiller nachgerufen, so vom Sterbebett seiner eignen Frau sich ins ewige Stirb und Werde geflüchtet, so Byron unter dem Bild eines heldischen Dämons verewigt. Wo immer ihm der Tod als eine in sein Dasein greifende Erschütterung nah kam, hat er ihn zum Symbol ewigen Lebens zu verklären gesucht.

Das kurze Zwiegespräch »Das Wiedersehen« stellt den elegischen Typus besonders rein dar: hier sind das Heute aus dem gesprochen wird und das Gestern von dem gesprochen wird, unmittelbar gegenüber gestellt: Genuß des Moments und Rückblick auf die genossenen Momente.

Im »Amyntas« ist die Gegenwart gefüllt mit der Ausmalung der verschwenderischen Leidenschaft und der zehrenden nicht mehr zu lösenden Liebe. Der Ausblick, die Distanzierung erfolgt durch das Gleichnis von dem Baum den der Efeu aussaugt und der durch Trennung des verderblichen Umschlingers erst recht zugrunde gerichtet wird. Hier ist die Vergangenheit, der gleichnishafte Rückblick auf ein gärtnerisches Abenteuer zugleich das Sinnbild des unausweichlichen, des ewigen Naturgesetzes (ähnlich wie in »Euphrosyne« die Gebirgslandschaft). Geboren ist das Gedicht aus der Pein seines nicht mehr befruchtenden Verhältnisses zu Christiane, er rettet sich aus ihr durch die Flucht in das ewige Gesetz das die ganze Folge von Schmerzen ihm auferlegt. Kurz, in all diesen Gedichten ist ein Grundgesetz des Aufbaus und der Perspektive, das auf einen gemeinsamen Zustand deutet woraus sie alle, so verschieden die einzelnen Motive sind, hervorgegangen sind.

Die Römischen Elegien sind das erste Beispiel in Goethes Leben, daß er frühere Muster bewußt nachgeahmt und bewußt danach gestrebt hat durch diese Nachahmung deutsche Muster in einer bestimmten Dichtgattung aufzustellen. Man muß dabei Nachahmung von Beeinflussung unterscheiden. Man muß unterscheiden zwischen Nachahmung von Musterwerken und der Nachahmung von vorbildlichen Menschen, zwischen Nachahmung von Formen und Nachahmung von Verfahrungsarten. Der Götz von Berlichingen z. B. ist unter Shakespeares Einfluß geschrieben, er erlaubt sich, gegenüber früherer Dramatik, nach Shakespeares Vorgang, Freiheiten: aber er ahmt weder Shakespeares einzelne Werke nach, trotz Übernahme einzelner Motive, noch Shakespeares spezifische Kunstform.. wenn etwas hier nachgeahmt wird, so ist es ein Verfahren, ein Tun oder Lassen, nicht eine Form, eine fertige Gestaltung. Goethe shakespearisierte nicht, sondern er ließ sich durch Shakespeare autorisieren erst ganz Goethe zu sein. Ebenso ist es mit seiner hymnischen Lyrik im Verhältnis zu Pindar: nicht Pindars

Gebilde ahmte er nach, sondern Pindars Schwung wollte er erreichen, aber mit eignen, nicht mit Pindars Mitteln: nur das freie, das wie Pindar freie und kühne Ich, hatte für ihn Geltung, nicht die aus Pindars Werk etwa abzuziehenden Regeln und Mittel zu Pindarischen Wirkungen.

Auch als Goethe in den Griechen die unerreichten Vorbilder sah, ahmte er zunächst nicht ihre einzelnen Gebilde nach, sondern suchte mit seinem Charakter ihr Maß und ihre Harmonie auszudrücken. Auch Iphigenie ist nicht Nachbildung eines griechischen Musters, sondern Selbstgestaltung griechischer Gefühlsweise und Gesinnung, eigene Behandlung griechischer, besser griechenartiger Motive. Ferner: man darf nicht die Nachbildung gewisser Kunstmittel — Strophenarten oder Versmaße — an sich als Nachahmung von Mustern betrachten. Die Nachahmung von Kräften, die Nachahmung von Gebilden und die Nachahmung von Kunstmitteln muß zusammenkommen, wenn man von einer bewußten Nachahmung von Mustern sprechen soll: weder der Einfluß menschlicher Vorbilder, noch die Entlehnung sachlicher Stoffe, noch die Übernahme technischer Handgriffe genügt zu einer literarischen Restauration oder Auffrischung früherer dichterischer Werke, wie sie ein wirklicher Klassizismus anstrebt. Wenn wir auch bei Goethe all diese Elemente einer Wiedergeburt vereinzelt schon vor den Römischen Elegien antreffen, erst in den Römischen Elegien sind sie vereinigt: hier ist die Haltung der römischen Elegiker als menschlicher Vorbilder in ähnlicher Weise erstrebt wie im Mahomet oder Sturmlied die Haltung Pindars, hier ist der Motivenkreis der lateinischen Elegien in ähnlicher Weise erneuert wie in der Iphigenie der Motivenkreis der Euripideischen Iphigenie, und hier ist die Vers-technik der Gattung in ähnlicher Weise eingedeutscht wie in den „Geheimnissen" die Vers-technik des Ariost. Das war nur möglich, weil Goethe durch Ur- und Bildungserlebnisse gerade gereift war 1. zum sinnlich beschränkten erdfrommen Genuß des schönen Körpers, wie die heidnischen Dichter, welche uns als die reinsten Vertreter heidnischer Genuß-lyrik überkommen sind .. 2. zur unmittelbaren Anschauung klassischer Landschaft und Sitte, beim Römischen Aufenthalt .. 3. zur Anerkennung objektiver, erlernbarer, Kunstgesetze und -mittel, zum Glauben an ein über der Willkür des schaffenden Subjekts stehendes Schönes welches sich in historisch festgestellten, aber ewigen, d. h. klassischen Formen manifestiert habe, in den antiken Meisterwerken. Christiane, Rom, und neue Kunstgesinnung mußten zusammenkommen, um Goethe zum Nachahmer und, als Nachahmer, zum Wiederbeleber einer versunkenen Dichtart zu machen: ein Gehalt der antikem Gehalt entsprach, ein Stoff der antiker Behandlung fähig war, und ein Glaube an die All-gültigkeit antiker Formen

Er mußte nicht nur als Subjekt auf antike Weise erregt sein, wie er als Subjekt in seiner Jugend auf Shakespearische oder Pindarische Weise erregt war, nicht nur in antiken Stoffen geeignete Sinnbilder für seine Erregung finden wie in der Iphigenienzeit, sondern auch in antiken Formen objektive, über sein Subjekt hinaus gültige Gesetze anerkennen, wie er es erst nach völliger Überwindung der gefühlsüberschwenglichen Selbstigkeit in Italien tat: erst dann und erst dadurch konnte er eine Epoche der Nachahmung einleiten ohne Gefahr des bloßen Schematismus, der intellektuellen äußerlichen Übertragung von Symptomen und Regeln nach Art etwa der Opitz oder Gottsched, der Schulmeister mit Mustern und Regeln.

Muster und Regeln sind bei den Römischen Elegien nicht aus einer rationalen Willkür, sondern aus einer vitalen Notwendigkeit nachgebildet worden, nicht weil sie der Vernunft zweckmäßig erschienen, sondern weil sie im Blute vorgeformt, durch eine bestimmte einmalige seelische Kräftelagerung gefordert waren. Aber freilich: mit dem Glauben an objektiv gültige Regeln und Muster in der Kunst, mit dem während der italienischen Reise ausgesprochenen Glauben daß das Erlernbare und Mitteilbare in der Kunst das Angeborene und Subjektive überwiege und das Wesentliche sei war ein Schritt nach dem Rationalismus hin getan der für Goethes weitere Produktion verhängnisvoll werden sollte. Dieser Glaube ist Goethe zweifellos aus seiner Anlehnung an die bildende Kunst erwachsen: er ist verständlich aus dem Willen zur Malerei, zur Bildnerei, zur Augenkunst auch in seiner Dichtertätigkeit. Denn in der Malerei war erstens für ihn, da er ein Schüler darin war, und zweitens wegen des stofflicheren, ungeistigeren, außermenschlicheren Materials womit sie es zu tun hatte mehr Handwerkliches, weniger dem schöpferischen Einzelimpuls Angehöriges, mehr Lernbares, Unpersönliches, Regelartiges und Musterartiges zu beachten. Regeln und Muster sind in jeder Kunst das immer Wiederkehrende, dem Verstand Faßbare, dem Geschick Erreichbare, das Nachahmbare im Gegensatz zu dem Irrationellen des Augenblicks, der Inspiration, des Müssens, kurz Gegensatz zu dem was dem individuellen Genie und seiner nie wiederkehrenden Lebenserregung allein untersteht. Je mehr eine Kunst an das Handwerk grenzt je mehr Material dabei zu überwinden ist desto eher lassen sich Muster und Regeln mit Erfolg darin feststellen. Denn die Überwindung des Materials bedarf rationeller Techniken, und drum grenzen Malerei und Bildhauerei, wofern sie rationelle Techniken, Regeln der Materialbearbeitung voraussetzen, ans Handwerk.

Die Sprache, als Material der Dichtkunst ist nun, weil dem Menschen allein angehörig, eigentlich überhaupt kein Stoff wie Holz, Marmor oder

Farbe, sondern von vornherein schon menschliche Ausdrucksform. Darum ist Poesie ganz anders von dem Moment, der Person und der Inspiration abhängig, ganz anders von erlernbaren Techniken unabhängig als die bildenden Künste: nur die Rhetorik, welche auf der Sprache als Mitteilung beruht, nicht auf der Sprache als Ausdruck, grenzt ans Handwerk: da sie, im Gegensatz zur Dichtkunst, Zwecke hat, hat sie auch Mittel, also auch rationelle Beziehung zwischen Mitteln und Zwecken, d. h. Regeln. Und nur wo die Dichtung an die Rhetorik grenzt, wo sie auf bestimmte Wirkungen abzweckt, wie im Drama oder Roman oder im Lehrgedicht, kann man ihr ohne Gefahr gewisse allgültige Grundregeln vorschreiben: Regeln die aus der Wirkungsmöglichkeit und der Aufnahmefähigkeit des menschlichen Geistes selbst hervorgehen. Lyrik, als unmittelbarer und nicht zweckhafter Sprachausdruck einmaliger Schwingung, hat keine lernbaren Regeln, und was man aus jedem lyrischen Gedichte nachher als sein Gesetz abziehen kann, ist nicht verwendbar, denn es ist nur sprachgewordener, nie wiederkehrender Augenblick einer nie wiederkehrenden Seele. Die Lyrik setzt zwar, wie jede Kunst, auch lange handwerkliche Ausbildung des Materials, also der Sprache, voraus, aber die einzelne lyrische Leistung steht um so höher je mehr sie Sprachwerdung einer unwiederbringlichen irrationellen Schwingung ist.

Der in Italien zum Maler gewordene Goethe wollte auch die Dichtung dem Handwerk annähern und legte größeren Wert auf die berechenbare Kunstform und die vorbildlichen Muster als der voritalienische Lyriker. Die Römischen Elegien setzen ein bewußtes prosodisches Bemühen und bewußte Anlehnung an Meister der Gattung voraus, wie etwa ein junger Maler bei einem älteren Meister in die Lehre geht. Warum das Resultat im Fall der Elegien, dank dem Zusammentreffen günstiger Vorbedingungen, nicht ein gekonntes Musterbeispiel für gute Elegiedichtung sondern wirklich einmaliges lebensvolles rundes Kunstwerk, nicht ein Schema sondern ein Gebild wurde habe ich gezeigt. Nicht wegen der rationellen Bemühungen Goethes, sondern trotz ihnen sind die Elegien statt einer falschen Nachahmung eine Wiedergeburt der antiken Elegie geworden, weil der irrationelle Lebensgehalt Goethes seinem rationellen Regelwillen entgegenkam. Aber Goethe der natürlich nur die rationellen Vorbedingungen, nicht die irrationellen seines Experiments überschauen konnte, schrieb den glücklichen Erfolg seines Experiments der richtigen Beobachtung der Regeln und den glücklichen Wirkungen der Gattung zu, dem Erlernbaren, nicht der unwiederbringlichen Inspiration, und meinte auf diesem Wege fortschreitend, die antiken Gattungen der Reihe nach aus ihnen selber in deutscher Sprache erneuern zu können und zu müssen: nach der Elegie das Epigramm, die

Epistel, späterhin wohl das Heldenepos, die Idylle, das Drama.

Daß diese Erneuerungsversuche nicht alle in Alexandrinismus ausliefen ist nur der unermeßlich reichen Person Goethes zu danken, die jedes Gefäß zu füllen wußte, aber die Tendenz selber führte zum künstlichen Schrifttum, und hat Gutes nicht durch sich, sondern trotz sich gezeigt: sie hat viel Goethische Kraft Produkten zugeleitet die kein eigentliches Leben haben und pure Dekoration sind oder pures Experiment. Nach den Römischen Elegien beginnt in unsrem Schrifttum eine Zeit der alexandrinischen Experimente die erzieherischen Wert haben, insofern dadurch die Beschäftigung mit griechischem Geist und griechischen Formen obligatorisch und der Geschmack gehoben wurde: Werke ersten Ranges, d. h. ursprünglichen Lebens, waren dabei nicht zu erwarten, da diese Versuche mit antiken Gattungen nicht aus ursprünglichem Dichtertrieb kamen. Statt freilich Goethes klassizistische Richtung als Ursache für den Mangel der folgenden Dichtung an eigenmächtigem Leben verantwortlich zu machen, im Wahn, ohne Goethes Klassizismus wäre alles ganz anders gekommen, wir wären auf dem Wege Goetz, Werther, Urfaust zu einer eignen Urlitteratur gelangt, anstatt zu einer Bildungsliteratur, statt das post hoc für ein propter hoc zu halten, sollte man im Aufkommen der Klassizistik schon ein Zeichen verdünnteren Bluts erkennen, aus dem Goethe noch das Beste gemacht hat was daraus zu machen war: ein hohes Bildungsniveau, wenn schon kein in Urgebilden verhaftetes Leben zu erreichen war.

Nicht zum klassizistischen Alexandrinismus rechne ich die zwei wirklichen Wiedergeburten antiken Geistes, die nicht aus bloßer Nachahmung der Formen und Gattungen, sondern aus einer inneren Erneuerung griechischen Lebensgefühls und -Gesinnung stammen: Goethes Elegien und Hölderlins Dichtungen, und zwar ist Goethe die Wiedergeburt homerischer, Hölderlin die Wiedergeburt orphisch-tragischer Elemente. Alle andre in antiken Maßen verfaßte Poesie des folgenden Jahrhunderts ist Alexandrinismus, abgeleitete Bildungspoesie, unbeschadet mancher persönlichen und artistischen Werte.

EPIGRAMME UND EPISTELN

DIE römischen Elegien selbst kamen aus einer dichterischen Ergriffenheit. Die andren antiken Gattungen deren Wiederbelebung Goethe sich angelegen sein ließ setzen schon als „Gattung" nicht die Ergriffenheit, sondern die Beobachtung, die Reflexion voraus: das Epigramm und die Epistel. Das Epigramm, die Aufschrift, ist entstanden (man muß jede Kunstform aus einer Naturform, einer Lebensform ableiten) aus dem Bedürfnis eine Anschauung, Erfahrung, Gestalt, Begebenheit, auf einen Begriff zu bringen der zugleich die Einbildungskraft fülle und den Verstand befriedige, zugleich in sich abgeschlossen sei und aus sich heraus deute, entweder auf jene Anschauung usw. selbst oder auf ihre Beziehung zu andren Inhalten. Das Epigramm gibt im Gegensatz zu den andren lyrischen Dichtarten, welche nicht Erzählung oder Handlung, sondern Zustand oder Gesinnung darstellen, Anschauung mit „Pointe" verknüpft. Das eigentlich lyrische Gedicht ist ohne Pointe: ohne begrifflichen Hinweis auf etwas außer ihm. Pointe ist nicht zu verwechseln mit Motiv: das Motiv ist die Mitte eines Gedichts, ob ausgesprochen oder unausgesprochen, die Pointe ist die Angabe seiner Richtung. Das Motiv verhält sich zur Pointe wie ein Weg zum Wegweiser, wie die Tagesstunde zum Uhrzeiger der sie kundgibt, eben wie die Überschrift zum Inhalt. Epigramme haben einen Anschauungsinhalt auf einen knappen begrifflichen Ausdruck zu bringen. Das kann geschehen durch Subsumption, durch Antithese oder durch Analyse: indem der Verstand die Anschauung verknüpft mit einer weiteren oder mit einer gleichartigen bzw. gegensätzlichen oder mit einer engeren, und auf diese Weise Einbildung und Verstand zugleich in Bewegung setzt. Das Epigramm ist mit dem Witz verwandt, oder vielmehr der Witz ist eine bestimmte Art nicht durch Metrum gedämpften und gebundenen Epigramms. Was ein lyrisches Gedicht unfehlbar zerstört, die Beziehung des Gefühls- oder Phantasie-inhalts auf ein Begriffliches außerhalb seiner, ist gerade der Reiz des Epigramms. Auf dem Dualismus zwischen Gehalt und Begriff, auf der Beziehung, auf der Pointe, d. i. „Spitze", Hinweis, auf der Spannung zwischen Gefühl und Verstand beruht gerade der Wert des Epigramms. Je straffer diese beiden Widerspiele zusammengezwungen sind desto größer ist der dynamische Reiz des Epigramms. Je dichterer Anschauungsinhalt auf je knapperen Begriff gebracht, je gegensätzlichere Anschauungen durch den Begriff zusammengejocht und wirklich in einen notwendigen inneren Bezug gesetzt sind, je mannigfachere Anschauungsglieder der Verstand mit einer einzigen Fessel bindet, desto besser ist das Epigramm. Der Zauber der Form beruht hier nicht, wie bei den andren Gattungen, insbesondere bei den Elegien, auf dem leichten oder tiefen oder warmen Ausdruck des Erlebnisses, sondern auf der straffen und strengen Herrschaft über das Erlebnis, und Form ist hier nicht Leib des Gehalts, sondern Gefäß des Gehalts: das Epigramm gehört zu den Redekünsten, ebenso wie die Epistel, im Gegensatz zum Lied zur Elegie, zur Hymne: es steht schon seiner Gattung nach auf der Grenze zwischen eigentlicher Poesie und Rhetorik: d. h. es setzt den Verstand als wesentlichen Formfaktor voraus. Ein gutes ly-

risches Gedicht kann ein dumpfer, echt erlebender, seelisch ausdrucks-
fähiger Mensch ohne Verstandes-schulung machen .. ein gutes Epigramm
erfordert diese Ausbildung eines menschlichen Teilorgans, mitunter sogar
auf Kosten des Gesamtmenschentums. Wer nur gute Epigramme machen
kann, wie etwa Martial, kann ein sehr gescheiter, und übrigens fratzenhaft
gemeiner, innerlich roher Mensch sein. Herrschaft des Denkens über Gefühl oder Anschauung ist die Voraussetzung zu einem guten Epigramm.

Daß Goethe seiner ganzen dichterischen Anlage nicht von vornherein
zu dieser Gattung gedrängt war ist offenbar: ein Mann, dessen Denken
nur die Erhellung des Gefühls und der Anschauung war, nicht Kritik und
Gegensatz, konnte im Grund nicht zu diesem Dualismus, dieser Spannung
hingezogen sein. Ein Mann dem jede Art Forcierung fremd war konnte
wenig Freude finden an der Fesselung, an der Pressung des Erlebnisses
durch den Verstand, an dem Lakonismus der Rede. Denn die Bändigung
und Gliederung des Erlebnisses durch sich selbst, kraft des ihm innewohnenden Formtriebs, ist etwas anderes als die Gefangennahme und Einspannung
des Erlebnisses durch den Begriff. Goethe war von Natur weder dialektisch noch rhetorisch noch lakonisch — Eigenschaften woraus noch immer
die besten Epigramme hervorgegangen sind: das antike Epigramm ist aus
dem Geist der Rhetorik und der Dialektik geboren, unter den Neueren sind
die Renaissance-humanisten und -rhetoren die Meister der Gattung, ferner
Voltaire, Lessing und Schiller: lauter rhetorische oder dialektische, dualisti-
sche Geister, in denen zwischen Geist und Sinnlichkeit ein steter Kleinkrieg
geführt wurde, und eben dieser ist die geeignetste Verfassung für gute Epigramme. Indem Goethe, durch die antiken Vorbilder zur Nacheiferung gereizt, und mit dem Willen sich in allen Techniken auszubilden, auch diese
Gattung anbaute, wurde sie unter seinen Händen, kraft seiner Anlage etwas
wesentlich anders als sie bisher gewesen: ein Mittelding zwischen lyrischem
Gedicht und Weisheitsspruch. Es entstanden ihm Sinngedichte worin aus
einem Erlebnis — Anschauung, Erfahrung, Geschehnis — die begriffliche
Lehre entwickelt und formuliert, nicht über dasselbe ein Verstandesurteil
gefällt wurde. Goethes Venetianischen Epigramme sind Vernunft-epi-
gramme, keine Verstand-epigramme.

Goethes Epigramme sind, ähnlich wie seine wissenschaftlichen Aperçus,
Ergebnisse von Goethes „gegenständlichem Denken", eines Denkens das
an den Anschauungen haftet, das die begriffliche Durchhellung einer Anschauung ist. Sie unterscheiden sich von den Elegien nicht durch ein andres
Verhältnis zwischen Erlebnis und Ausdrucksmittel, sondern durch einen
andren Grad dieses Verhältnisses: in den Römischen Elegien wird ein Ge-

fühl, eine sinnliche Leidenschaft als Anschauung, als Situation, als Gesinnung dargestellt, in den Venetianischen Epigrammen wird eine Anschauung, Situation, Gesinnung als Begriff und Lehre ausgesprochen. In beiden Fällen wird, nach Goethischer Weise, ein Dunkleres in eine hellere, deutlichere, rationalere Sphäre heraufgehoben. Denn das Gefühl verhält sich zur Anschauung in den Elegien, wie die Anschauung zu dem Begriff in den Epigrammen. Die Venetianischen Epigramme stehen also in der Mitte zwischen den lyrischen Gedichten, besonders den Elegien, und etwa den Sprüchen in Prosa, den Zahmen Xenien, den Maximen und Reflexionen, kurz der eigentlichen Spruchweisheit Goethes. Sie sind rationaler als die Elegien, und irrationaler, gestalthafter, undurchsichtiger als die Sprüche. Sie fangen da an wo die Elegien aufhören, bei der Anschauung, und benützen diese als Träger der Lehre, welche in der Spruchweisheit dann selbständig losgelöst erscheint.

Der Zusammenhang zwischen den Römischen Elegien und den Venetianischen Epigrammen ist unverkennbar: und der eben bezeichnete Unterschied gilt mehr von dem Ganzen der Anlage und der Atmosphäre als von jedem einzelnen der zugehörigen Gedichte. Manches der Epigramme würde nicht allzusehr aus den Elegien herausfallen, wenn auch keine der Elegien, mit Ausnahme vielleicht der X, bei den Venetianischen Epigrammen unterzubringen wäre. Diejenigen Epigramme welche eine Gesinnung aussprechen verraten noch ihre Herkunft aus der Nähe der Elegien, z. B. 34a und 34b. Nicht nur wegen der größeren Länge sind solche Epigramme den Elegien verwandter: die größere Länge ist nur ein Zeichen daß hier das seelische Material, die Gesinnung, noch unverarbeiteter daliegt, daß das Ethos ausgebreitet, nicht so begrifflich zugespitzt oder zusammengeprägt ist. Die Kürze und Knappheit, die „Pointierung", Zuspitzung, die zur Gattung Epigramm gehört, ist ja zugleich eine Rationalisierung, sie setzt eine bewußte Organisation des seelischen Stoffs voraus, den das eigentlich lyrische Gedicht von innen ergießt und gliedert. Gesinnung ist rationalisierte, bewußt gewordne Gefühlsweise, Lehre ist rationalisierte Gesinnung, auf einzelne Fälle angewandte oder zu Einzelfällen gedeutete Gesinnung.

Den Übergang von der Seelenlage woraus die Elegien stammen zu der woraus die eigentlichen Epigramme stammen bildet die Aussprache der Gesinnung: „Gesinnung" gehört den Elegien an, und erscheint dort als Folge einer Verdeutlichung von Erlebnissen .. sie gehört den Epigrammen an, und ist hier die Basis, nicht die Folge der Verdeutlichung. Die Elegien haben einen Gefühlsgrund von dem sich die Gesinnung abhebt, die Venetianischen Epigramme einen Gesinnungsgrund von dem sich der Begriff abheben soll — ein oder das andre Epigramm bleibt aber in der Mitte stehen, zwischen eigentlicher Elegie und eigentlichem Epigramm, zwischen veranschaulichter Gefühlsweise und ausgedeuteter Anschauung oder Gesinnung.

Doch sollen diese etwas scholastischen Scheidungen nur etwa die Region der Goethischen Gesamtseele bezeichnen der Goethes Epigramme entstammen. Noch ferner als die Elegien sind sie abgerückt von dem dunklen Grund des Goethischen Lebens, oder vielmehr es sind noch feinere Filterungen, Klärungen, Siebungen des Goethischen Urstoffs. Sie sind nicht mehr, wie die Römischen Elegien, entstanden aus dem Bedürfnis einen Lebenszustand, ein sinnliches Lebensglück auszudrücken, sondern aus dem doppelten, bereits ganz der Bewußtheit angehörigen Wunsch eine bestimmte klassische Kunstgattung zu erneuern und bestimmte Beobachtungen, Welt- und Lebenserfahrungen zu glossieren. Die Römischen Elegien stammen aus der Kreuzung des Urerlebnisses Christiane und des Bildungserlebnisses Rom, die Venetianischen Epigramme als Ganzes stammen aus der Kreuzung eines literarischen Willens und eines in Venedig gesammelten oder von Venedig aus überblickten Erfahrungsstoffs. „Römisch" hat als Attribut zu Elegien doch einen notwendigeren Klang wie „Venetianisch" als Attribut zu den Epigrammen, obwohl durch solche Lokalisierung ein Bezug zwischen beiden Gedichtzyklen hergestellt werden soll, beide als Entsprechungen erscheinen sollen. Rom ist eine seelische Heimat Goethes, Venedig ein Beobachtungsposten: die Römischen Elegien hat er als Angehöriger der Ewigen Stadt, die Venetianischen Epigramme als durchreisender Fremder verfaßt, und wenn die Elegien aus dem Römischen Zustand heraus geschrieben sind, so die Venetianischen Epigramme dem Venetianischen Zustand gegenüber. In Rom war sein Streben einzugehen in das Römische, die Venetianischen Epigramme bezeugen einen Beobachter der sich behaupten und abgrenzen will.

So formuliert Goethe hier seine Erfahrungen, Anschauungen, Liebschaften, Verhältnisse zur Gesellschaft oder zur Welt, ja zu den eignen Lebensumständen, nicht nur durch die Gattung Epigramm genötigt, sondern auch vermöge der seelischen Lage worin er diese Gedichte verfaßt, als Urteile, nicht als Darstellung: er spricht aus was er über Dinge denkt, nicht wie sie ihn erregen. Römische Elegien sind ein Austönen römischer Erlebnisse, Venetianische Epigramme sind Aufschriften auf venetianische Beobachtungen, Beobachtungen in Venedig und von Venedig aus. Also auch hier ist die Wahl der Gattung nicht willkürlich, sondern abermals durch Seelenstufe und Erlebnisgrad bedingt. Nach dem was Rom für Goethe war hätte er dort nicht bloß Römische Epigramme dichten können, nicht bloß „Aufschriften" auf das was ihn ergriff. Nach dem was Venedig ihm war konnten hier keine eigentlichen Elegien entstehen, keine Ausdrucksformen einer Venetianischen Zugehörigkeit und Ergriffenheit. Ein Liebender kann als solcher keine Epigramme dichten, sei der Gegenstand der Liebe nun Christiane oder Rom: denn Epigramme setzen das Gegenüberstehen, das Nichteingetauchtsein schon als Gattung voraus. Ein bloß reisender Beobachter kann als solcher keine Elegien dichten, denn Elegien setzen, schon als Gattung, das Ergriffensein, das Gebanntsein voraus. Das Schauen, in Rom wie in Venedig Goethes Funktion, war in Rom ein Eindringen, in Venedig ein Abmessen — und der Unterschied zwischen den Bildern, Situationen, Gestalten, Landschaften in den Römischen Elegien und in den Venetianischen Epigrammen ist der zwischen Visionen die sich aufdrängen, aus einer inneren Bereitschaft, und Beobachtungen die man macht, die man sucht.

Daraus ergibt sich die verschiedene Behandlung des Distichons in den Elegien und in den Epigrammen. Hexameter und Pentameter bilden bei den Elegien eine ineinandergreifende Einheit, mit mehreren Einheiten ihresgleichen zu einem Ganzen verknüpft. Der Pentameter führt weiter, unterstreicht, betont oder verdeutlicht was im Hexameter angelegt ist, er läuft in derselben gedanklichen Richtung weiter, in derselben Welle, und wie Pentameter auf Hexameter, so folgt Distichon auf Distichon. In den Epigrammen ist dagegen entweder Hexameter dem Pentameter antithetisch gegenübergestellt, wie bei den zweizeiligen (z. B. 7) oder ein Distichon dem folgenden wie bei den vierzeiligen (10) oder eine Gruppe von Distichen einer andren wie bei den mehrzeiligen (37) oder der pointierte Schlußvers dem ganzen Gedicht (27).

Diese Gegenüberstellung beruht entweder auf einer einfachen Antithese zweier Anschauungen oder Begriffe (24) oder auf der Antithese einer Lehre und einer Anschauung, einer Nutzanwendung und einer Erfahrung (52) oder die Pointe wird herausgearbeitet in Gestalt einer Überraschung welche durch Frage oder Erwartung vorbereitet wird (55). Allen drei Typen der Gegenüberstellung gemeinsam ist die Spannung zwischen der Vorstellung und dem Begriff: denn selbst wo zwei Vorstellungen oder Namen konfrontiert werden kommt es auf die Spannung zwischen Geschehenem und Gedachtem, Erfahrung und Lehre an: dies ist Goethes Tribut an die Gattung Epigramm. Aber Goethe gewinnt im Gegensatz zu andren Epigrammatikern diese Spannung nicht durch Zusammenzwängen zweier heterogenen Dinge, sondern durch Spaltung und Entfaltung eines Zusammengehörigen in verschiedene seiner Elemente.

Überschauen wir nun noch kurz den Erfahrungsstoff der Venetianischen Epigramme: es kommen zur Sprache einmal die abenteuerlichen und die lehrreichen Momente des venetianischen Aufenthalts: Liebschaft, Sitten, Gegend und Wetter in Venedig, sodann persönliche Beschäftigung, Stellung, Gesinnung, Schicksale überhaupt, endlich Symptome des staatlichen, gesellschaftlichen, kulturellen Lebens: Beobachtungen und Lehren über Herrscher und Volk, Demagogen und Pfaffen, Freiheit und Ordnung, als welche vor allem durch die französische Revolution angeregt waren. In den Epigrammen spricht der Dichter über sich, seine Erfahrung und seine Gesinnung, oder über die Gegenstände: in jedem Falle aber bleibt er Beobachter, Lehrer, Verteidiger oder Warner. Auch sich selbst und seine dichterischen und wissenschaftlichen Bemühungen, seine Stellung zur Welt und den Freunden faßt er hier als Beobachtungstoff auf und spricht sie als Erfahrung, als Beispiel, mit Nutzanwendung aus — das äußerste Gegenteil der eigentlich lyrischen Darstellungsweise.. nicht sein Ich, sondern sein Selbst wird ausgesprochen, nicht das Erlebnis der Gegenstände wie in der Jugenddichtung, auch nicht die Anschauung, das Bild der Gegenstände wie in den Elegien, sondern die Beziehung zwischen Erlebnis und Gegenständen wird Lehre, Nutzanwendung oder Kritik. Zum erstenmal in Goethes Schaffen seit der Überwindung des Leipziger Rokoko ist die Beobachtung als solche für ihn ein Ursprung des Dichtens — nicht das Erblicken, das Schauen, das Schauenkönnen, die Helle, sondern eben das Sehenwollen, ja das Beurteilenwollen. Mit den Venetianischen Epigrammen kündet sich auch in Goethes Dichtung die Wissenschaft an: denn es ist der Wille zur Erforschung, zum Verstehen, zum Urteilen, ja zur Kritik nötig, um solche Epigramme zu schreiben: der einfache Wunsch sein Ich auszudrücken und die Welt abzubilden oder darzustellen genügt dazu nicht: die Venetianischen Epigramme sind die Pforte zu Goethes dichterischer Didaktik.

Wie dieser Zug zum Lehrhaften in Goethe durch Schiller verstärkt wurde werden wir noch sehen, und die späteren Produkte der mit den Venetianischen Epigrammen eingeleiteten Tendenz in andrem Zusammenhang betrachten. Die Xenien, die Weissagungen des Bakis und die vier Jahreszeiten, spätere Auswirkungen des epigrammatischen Triebs, sind in den Anlässen, den Gegenständen und den Absichten verschieden von den Venetianischen Epigrammen, aber sie entstammen derselben seelischen Lage und geistigen Verfassung. Sie heben sich ebenso von Goethes Jugendlyrik und den Elegien ab: sie kommen ohne Urerlebnis aus dem Willen eine Gattung zu pflegen, der die Form bestimmt, und dem Willen Beobachtungen zu formulieren, zu glossieren, zu deuten oder zu kritisieren, der den Stoff liefert. Sie wollen nicht Darstellung, Bild, Ausdruck, sondern Lehre, Anwendung, Begriff sein, die immerhin aus Anschauungselementen abgeleitet werden mögen.

Für die Weissagungen des Bakis ist die vorbildliche Gattung der antike Rätsel- oder Sibyllinenspruch.. den Stoff bieten — wie es ja in der Natur der Gattung liegt, kaum erkennbar — durch Natursymbole bezeichnete sittlich geistige Vorgänge, mehr zur Beschäftigung als zur Befriedigung des Sinnens.

Die Xenien, der Gattung nach eine Imitation des martialischen Lob- oder Schmäh-spruchs, ziehen ihren Stoff aus den literarischen Zuständen und Erscheinungen des zeitgenössischen Deutschlands, sie sind wesentlich Kritik und Glosse. Die vier Jahreszeiten, der Gattung nach anschließend an die Xenien, ein Mittelding zwischen den Venetianischen Epigrammen und den Xenien, ziehen ihren Stoff aus persönlichen sittlichen-sinnlichen Beziehungen des Dichters oder aus demselben Gebiet wie die Xenien, zu denen Goethe sie zusammen mit Schiller, als eine Art unpersönlicheren, allgemeineren Anhangs gesellte. Die natürlichen Phänomene der Jahreszeiten, Blumen, Früchte, Eis, sind weniger der Inhalt als der dekorative Rahmen der sich um die einzelnen Epigramme windet und sie zu einem lockern Ganzen mehr stimmungshaft als logisch zusammenhält: er gibt selbst dieser Beobachtungs- und Lehrpoesie einen überintellektuellen Charakter, und erinnert daran daß ihr Verfasser der Lyriker ist dem selbst die Lehre und das Urteil erwächst aus einem Ganzen von Naturanschauung und Naturgefühl, dessen Sinnsprüche nur die rein abgelösten und angewendeten Erfahrungen aus einem Leben im Kosmos sind. Auch wo Goethe isoliert vergißt er nicht und läßt nicht vergessen daß er das Isolierte aus der lebendigen Allnatur entnommen hat, und daß er nur isoliert, um auf diesen Bezug zwischen dem Ganzen und dem Einzelnen hinzuweisen, wo er unterbrochen ist. Die Epigramme deuten immer auf Lücken, auf Symptome, auf Verzerrungen des Ganzen, und sofern Goethe hier Kritiker und Polemiker ist, ist er auch Diagnostiker, er stellt die Symptome der Entartungen fest oder verschreibt die Heilmittel: auch der Arzt ist Beobachter und Lehrer und als Zeit-arzt ist Goethe zu dieser didaktischen Gattung veranlaßt worden.

Wie die Epigramme, so gehen auch die Episteln zurück auf die nachitalienische Lust an der Lehre, und wie die Xenien entsprangen sie dem Einfluß und der Anregung Schillers, an den sie fiktiverweise gerichtet sind. Ihr Vorbild und ihr formaler Anlaß sind Horazens Episteln, ihr stofflicher Anlaß der Wunsch „dem Publikum manches zuzuschieben" was zu seiner Aufklärung und Bildung heilsam sei: auch hier eine Geburt aus Gattung und Lehrstoff. Die Gattung erlaubte hier ein nur durch das Metrum gebundenes behagliches Plaudern, ohne festen Mittelpunkt: die Epistel ist als Kunstform was der Brief als Naturform ist (wie das Epigramm als Kunstform das was der Witz oder die Aufschrift als Naturform ist). Wie das Epigramm seinen Reiz aus der knappsten Konzentration, so zieht die Epistel ihren Reiz aus dem leichten Fluß, den Übergängen und der Zwanglosigkeit der Mitteilung, die durch das Metrum geleitet werden soll, ohne gezwängt zu werden. Es ist ein Reden über Dinge, nicht aus den Dingen.. auch diese Gattung gehört mehr den Redekünsten als der eigentlichen Dichtkunst an, ihr Auftauchen geht uns hier ebenfalls nur an als Symptom eines neuen seelischen Gesamtzustandes.

KLASSIZISMUS UND RATIONALISMUS

ICH fasse die Kennzeichen dieses Zustandes zusammen, die Grundlage von Goethes vollendetem Klassizismus: eine Epoche in welcher der Klassizismus nicht mehr bloßes Streben ist, nicht Gegenwirkung gegen ein Titanisches, sondern positive Gesinnung, Anschauung, Technik.

Diese Kennzeichen sind im Sittlichen bewußte Selbstzucht und Zurückhaltung, Strenge, kühle Sachlichkeit, keine Hingabe mehr, kein Gefühlsüberschwang nach innen und keine Empfindsamkeit nach außen, was von nun ab ihm den Ruf der Kälte und des geheimrätlichen Hochmuts eingetragen hat: wesentlich Schutzmittel gegen eine verständnislos interessierte Außenwelt: Distanz von Menschen und Dingen, um das Innere still und rein auszubilden und um das Äußere klar und fest zu beobachten. Bildung und Schau sind jetzt kein Ringen um die Mittel mehr, sondern ein fleißiges, immer wieder prüfendes Anwenden beherrschter und bewußter Mittel. Im Sinnlichen bezeugt sich der vollendete Klassizismus durch Genuß des Gegenwärtigen, Sichtbaren, Greifbaren, kein Transzendieren in der Liebe, keine Sehnsucht sondern Besitz, kein Ahnen und Wühlen mehr sondern Umfassen und Ergreifen, Freude und Genügen an geschlossenen Formen, am übersichtlich reinen Ebenmaß, am herausgearbeiteten Typus, an der runden Gattung, am umschriebenen Kreis, am faßlichen, zugleich einfachen und ergiebigen Motiv, an stiller Gestalt die das Innere vollkommen sichtbar macht. Sein Vorbild ist das klassische Griechentum oder das klassizistische Römertum wegen der hell und nett gegliederten Gattungen, des menschlich geklärten Mythus und des hohen Stils im nackten, typischen und sinnlichen Menschtum: der schöne Mensch als das Maß aller, auch der geistigen Dinge. Im Geistigen sind die Zeichen das Sammeln und Ordnen einer breiten Erfahrungsmasse, das Anstellen, Verknüpfen und Deuten symbolischer Versuche, die begriffliche Erläuterung der Erfahrung an der Idee und Entwicklung der Idee aus der Erfahrung, die bewußte Ausbildung des »gegenständlichen Denkens« wobei das Denken ein Anschauen, das Anschauen ein Denken ist.

Diese Zeichen werden jetzt als fertige Ergebnisse der italienischen Reise sichtbar. Die italienischen Eindrücke durchwalten Goethes ganzes weiteres Leben, aber nur in dem ersten Jahrzehnt herrschten sie mit fast ausschließender Stärke, sie sind das positive Material seiner Seele, wie die Verstimmung nach seiner Heimkehr das negative, als Schranke nach außen, als Abgrenzung seines klassizistischen Kunstreichs gegen zeitgenössische Politik und Literatur. Die Form seines Kunstschaffens, soweit nicht aus der voritalienischen Zeit noch unvollendete Lebenswerke als Forderungen hineinreichten, wurde damals bestimmt durch den in Italien eingesogenen Klassizismus. Wo er sich lyrisch aussprach geschah es in klassizistischer Weise, wo ihm neuer Stoff zudrang, suchte er ihn möglichst klassizistisch zu prägen.

Zwei große Erfahrungen bedingten den von Italien mitgebrachten Gehalt im nächsten Jahrzehnt, die eine als neuer Stoffbereich: die französische Revolution, die andre als neue Anregung (im stärksten Sinn): die Bekanntschaft mit Schiller. Neben Goethes naturwissenschaftliche Erfahrungsbreite trat jetzt erst Weltgeschichte als gegenwärtiges Phänomen mit unerhörter Gewalt und Eindringlichkeit — und Schiller war der erste Mensch der ihm in der Literatur als ebenbürtige Kraft, nicht mehr, wie Herder dem noch unreifen Jüngling, als Lehrer, sondern dem reifen und wissenden Mann als Bruder, Freund, schaffender Kritiker, Mitbildner zur Seite trat. Ein ungeheures Ereignis und ein großer Mensch: das waren die beiden Tatsachen die in seinen stillen wissenschaftlichen und ästhetischen Bildungskreis, in das halb freiwillige halb unfreiwillige geistige Exil nach der Rückkehr aus Italien neue Fülle und Bewegung brachten, und die in Italien errungenen Kenntnisse und Gesinnungen auf eine neue Probe stellten.

Was Goethe nach Italien von etwa 1790—1800 geschaffen enthält rein oder gemischt folgende Richtungen: die Auswirkung und Anwendung der neuen klassizistischen Sinnlichkeit und Sachlichkeit in Kunst und Wissenschaft, die Auseinandersetzung mit der französischen Revolution als sittlichem, gesellschaftlichem und politischem Phänomen, Dichtung und Theorie unter Schillers philosophischem Antrieb, nämlich Fortsetzung und Vollendung angefangener voritalienischer Gesamtpläne oder praktische Versuche zur Erprobung der durch Schiller angeregten ästhetischen Theorien, die gemeinsame Absteckung des klassizistisch-humanistischen Bildungsbereichs in der deutschen Öffentlichkeit.

Was die Goethische Produktion bis zu Schillers Tod von aller früheren und späteren seines Lebens unterscheidet ist die Vorherrschaft des Wissens und Könnens über das Müssen: das erstemal wird Goethes Schaffen, auch seine Dichtung, nicht geführt, genährt und durchdrungen von einer großen titanischen oder erotischen Leidenschaft, einer gefühlsmäßigen Besessenheit, sondern von einem bestimmten erzieherischen Willen und von theoretischen Erwägungen. Tasso und Iphigenie sind noch Werke die aus einer ursprünglichen Leidenschaft konzipiert worden, die Elegien stehen auf der Grenze zwischen der noch ursprünglichen und der reinen Bildungspoesie in welche Goethe jetzt eintrat. Die Um- und Ausarbeitung des Wilhelm Meister, die Förderung des Faust waren nur möglich kraft des noch in den Bruchstücken oder im Plan aufgespeicherten, gleichsam eingekapselten voritalienischen Gefühlsschatzes. Fast alles andre — von den naturwissenschaftlichen, und kunsttheoretischen Schriften, so wie den Übersetzungen ganz zu schweigen — ist Bildungspoesie höchster Art, verglichen mit Werther, der frühen Lyrik, mit Iphigenie, Tasso und selbst noch den Elegien, und wieder mit den spätern, durch neue Erschütterungen geborenen Wahlverwandtschaften, dem Divan, der Marienbader Elegie. Sie sind geschrieben um einer Form oder Gattung willen oder um eines Stoffs willen, wozu der Dichter nicht von vornherein gedrängt war durch die Spannung seines Innern, sondern veranlaßt durch irgendein schon vorgeformtes oder zu formendes Äußere.

Der Begriff der Kunst selbst hatte sich Goethe in Italien gewandelt, wie der Begriff der Natur: er fand in der Natur jetzt viel mehr Erkennbares, Erklärbares, Erforschbares als er in seinem jugendlichen Gefühlspantheismus zugeben konnte, und in der Kunst fand er viel mehr Erlernbares, Lehrbares, Übertragbares, viel mehr Regeln und Technik als sein Geniekult geglaubt hatte. Die Kunst als die im Menschen sich vollziehende Arbeit der schöpferischen Natur, als die im menschlichen Geist geläuterte und gesteigerte Natur, wurde ihm in demselben Maß ein Reich von Lernbarkeiten, von nachprüfbaren Verfahrungsarten als die Natur ihm ein Reich von deutlich erforschbaren Gesetzen ward. Zweifellos bedeutet diese Wandlung, bei Anerkennung eines unerforschlichen, aber immer weiter hinausrückenden Grundes der Natur und eines Unauflösbaren, nicht Erziehbaren im Menschen, einen Schritt Goethes zum Rationalismus. Er verließ sich in der Natur nicht mehr auf ein dunkel zu ahnendes schöpferisches Chaos, in der Kunst nicht mehr auf ein dämonisch und instinktiv richtig waltendes Genie, sondern suchte in der Natur die Gesetze die sie zum Kosmos machen, in der Kunst die Regeln welche ein Werk zum Kunstwerk, das heißt zu einem Werke des bewußten Könnens machen.

Dem jungen Goethe war der Kunstprozeß bedingt durch das Verhältnis zwischen Natur und Genie, sein ästhetisches Problem der möglichst freie Ausdruck des möglichst glühend gefühlten oder geahnten Lebens, der Einklang zwischen gottbeseelter Welt und gottgetriebenem Herzen. Dem nachitalienischen Goethe war das ästhetische Problem (Gott und Genie stillschweigend vorausgesetzt) die Auseinandersetzung zwischen Stoff und Form, zwischen Wissen und Können, zwischen Regeln und Individuum, zwischen Wahrheit und Schönheit, zwischen Natürlichkeit und Stil. Die Fragen die er sich jetzt vorlegt, die zumal den Briefwechsel mit Schiller füllen, sind: welche Stoffe können Gegenstände und Motive der dichterischen Behandlung werden? welche dichterischen Formen und Gattungen sind dem oder jenem Stoff angemessen? welches sind die ästhetischen Eigenschaften und Wirkungen der einzelnen Gattungen Epos, Lyrik, Drama, Ballade, Epigramm usw.? welches sind die spezifischen Kunstmittel jeder Gattung? Jetzt erst treten die bewußten Erwägungen auf über Motivierung, Komposition, Verzahnung, Vorbereitung und Entwicklung: kurz eine zwar nicht zum System ausgebildete oder als System dargestellte, aber für vorkommende Einzelfälle durchdachte Ästhetik, eine Annäherung an die vorherderische, von Opitz bis Lessing gültige Betrachtungsweise (der Art wenn auch nicht dem Gehalt nach) die der Kunstdichtung als einem Können Mittel zuwies und Regeln vorschrieb — während Herder nur nachfühlen und erklären wollte wie Dichtung entsteht, nicht lehren wie man dichten müsse. Dem Inhalt nach stand freilich Goethes und Schillers Ästhetik auf einer höheren Stufe: sie hatte die Herderischen Ideen schon verarbeitet und konnte an Lessing, d. h. an einen Lessingisch gedeuteten Aristoteles wieder anknüpfen und Normen nicht nur des Seins sondern des Sollens aufstellen, ohne dessen rationalistische Beschränkungen, vor allem die Lehre von dem moralischen Endzweck der Dichtung, zu teilen.

Goethes Ästhetik ging nicht wie die rationalistische Lessings von dem Aufnehmenden, sondern wie die historische Herders vom Schaffenden aus, nicht von Zwecken, sondern von Gründen und von Wirkungen: aber da er selbst Schaffender, nicht wie Herder bloß Nachfühler war, konnte er sich nicht mit einer bloßen Analyse der dichterischen Wirkungen begnügen, nicht bloß erkennen wollen warum die Griechen so und die Briten so wirkten: wenn er, durch den italienischen Bildungsprozeß veranlaßt, überhaupt einmal zu reflektieren anfing, mußte er, um seiner eignen Produktion willen, zugleich sich darüber klar werden welche Mittel und Wirkungen ihm, nach seiner Kenntnis der Natur und seines Wesens, möglich und erlaubt seien, was er, bei Anerkennung der Griechen als der obersten Muster alles menschlichen und also alles künstlerischen Ausdrucks einerseits und bei Anerkennung seiner modernen Person und Welt andrerseits, überhaupt könne und dürfe. So näherte er sich bei der Untersuchung der Frage was der moderne Mensch als ein moderner mit andren Stoffen und Fühlweise dichterisch könne (welches eine historische Frage war) der historischen Ästhetik Herders. Dagegen bei der Frage was der moderne Mensch als Mensch überhaupt dichterisch solle (welches eine dogmatische Frage war) näherte er sich der normativen Ästhetik Lessings: wie für Lessing waren die Griechen für Goethe nicht ein historisches Volk unter andren, sondern das kanonische, regelgebende. Die Ästhetik Goethes vereinigte also die historisch relative Ästhetik Herders mit der normativen Lessings. Auch hier entstand freilich seine Theorie nicht aus einem absoluten Drang nach der Erkenntnis wie es historisch mit der Dichtung gewesen sei, und wie es ästhetisch überhaupt sein solle, sondern aus dem praktischen Bedürfnis seiner Kunst.

Für ihn persönlich bedingte sich das Kunst-problem etwa derart: wie weit kann ein moderner Mensch die Griechen, das heißt die allgültigen, kanonischen, klassischen Menschen, als Künstler erreichen? welche Mittel hat die moderne Seele um klassische Wirkungen zu erzielen? wie kann der idyllisch bürgerliche, gesellschaftlich zersplitterte Zustand, der reflektierende, empfindsame Einzelne ein Epos oder ein Drama hervorbringen welches das wesentliche Menschliche so ausdrückt oder darstellt wie Homer oder Sophokles? sind in diesem modernen Zustand die klassischen Grundgattungen möglich welche Ausdrucksformen eines allgemein Menschlichen sind? Dies war Goethes ganz persönliche Fragestellung, auf die ihm weder der wesentlich historisch gerichtete Herder, noch der wesentlich logisch normierende Lessing mit seinen moralischen Hintergedanken befriedigende Auskunft geben konnte. Denn Herder gab wohl Antwort darauf wie die Griechen das Menschliche ausgedrückt hätten, aber nicht wieso sie kanonisch und klassisch geblieben seien auch für uns, und Lessing gab wohl eine Antwort warum die Griechen kanonisch seien und warum Aristoteles, recht verstanden, Recht habe, aber nicht darauf wie der spezifisch Moderne dies Kanonische erreichen könne.

Auch innerhalb der ästhetischen Erwägungen sah Goethe nach der Rückkehr aus Italien sich vor den Zwiespalt gestellt der sein äußeres Leben zu dieser Zeit verbitterte. Er hatte sich mit Aufwand all seiner Kräfte, durch Praxis und Forschung, durch Instinkt und Willen zu einer griechischen Haltung und Gesinnung erzogen: d. h. seine angeboren starke, sinnliche und erdfromme Natur hatte er gereinigt von den Dünsten und Wolken nordisch empfindsamer Herkunft und Umgebung. Er hatte dem südlich Klassischen in sich zum Sieg verholfen über das nordisch Moderne, er hatte das nach seinem Gefühl allgemein Menschliche, für welches die Griechen höchstes Symbol blieben, durchgebildet trotz dem Widerstand moderner Zersplitterungen, Trübungen und Beschränktheiten. Aber mit diesem persönlich erlangten Erfolg stand er nur um so vereinzelter gegen seine Umgebung, stellte er sich erst recht in Gegensatz zu seinen nach wie vor unklassisch sentimentalen Zeitgenossen. Je mehr er in sich selbst die Harmonie fand desto unharmonischer ward sein Verhältnis zur Umwelt: diese bittere Erfahrung beherrschte ja seine ersten Jahre nach der Rückkehr aus Italien. Der Kampf den er in sich glücklich überwunden, der Zwiespalt zwischen zwei Seelen den er in sich durch Italien glücklich geschlichtet hatte setzte sich jetzt nach außen hin fort, d. h. bedrückte ihn als passiver Widerstand der dumpfen Welt mit der er sein klassisches Reich nicht begründen konnte, und die er doch als sozialer und objektiver Mensch nicht entbehren konnte. Sie war ihm ein belastender Gehalt und zugleich ein unentbehrlicher Stoff.

Aus dieser Stellung zwischen Griechentum und Publikum sind die Bemühungen Goethes um einen gereinigten Geschmack, sind die zwei Seiten seiner klassizistischen Ästhetik zu verstehen: die positive Feststellung dessen was kunstmäßig ist im griechischen Sinn, und die negative Abwehr dessen was im schlechten Sinn modern ist. Sein Klassizismus und Griechenkult, wie er sich in dem Briefwechsel mit Schiller kundgibt, vor allem seine Bemühung um die aus Homer abzuleitenden Gesetze des Epos (das Epos war ihm die gegenständliche Gattung schlechthin, die übersubjektivste, unsentimentalischste) ist keine abstrakte Theorie, sondern der auf Begriffe und Regeln gebrachte Ausdruck seiner eignen Natur. Wenn er theoretisch aussprechen wollte was er nach der Rückkehr aus Italien empfand und forderte, so mußte es ein klassizistisches Programm werden. Und diese Aussprache seiner Kunst- und Geschmacksforderung konnte nicht anders als zugleich ein Protest gegen den Geschmack und zumal gegen das literarische Niveau und die Handwerksübung seiner Zeitgenossen sein. Diese Umwandlung vom genialisch gefühlvollen Schöpfer zum bewußten Ordner und Kenner der Kunstkräfte und Kunstgesetze war sein persönliches Erlebnis und keinem andren Deutschen sogleich verständlich. Die dichterische Praxis war damals Empirie mehr oder minder begabter Individuen, denen manchmal Gutes durch glücklichen Fund gelang .. die Theorie und Kritik war entweder Geschmäcklerei oder Rationalismus mit moralisch didaktischen Hinter-, wenn nicht gar Vordergedanken.

Nur Kant hatte eine von Moral wie von Empfindsamkeit wie von Historismus gleich freie Abgrenzung des Kunstreichs im allgemeinen gegeben, welche aber erst anwendbar und wirksam werden konnte, wenn ein produktiver und zugleich von vornherein theoretisch-philosophischer Geist sie weiterbildete. Also alle Praxis war mehr oder minder glückliche Willkür, die Theorie war von Nichtdichtern, von Literaten oder Philosophen, jedenfalls von Leuten denen die Sinne Nebensache waren. Es fehlte ein Niveau, ein Ganzes bestimmter Geschmacksregeln, eine Geschmacks-konvention über die man sich von vornherein verständigen konnte, ein Maß für die Praxis und ein Symbolum für die Theorie. Goethe war der einzige im höchsten Sinn schöpferische, sinnliche und der einzige im höchsten Sinn zugleich philosophische Geist der um 1790 wenigstens für seine Person über ein allgemein Gültiges in der Dichtkunst ins klare gekommen und über bloßes empirisches Tappen hinaus gelangt war: nicht indem er die Kunstgesetze a priori ableitete, sondern indem er seine eigene Natur als ein Gesetzliches in der großen Natur erkannte und aussprach, ein Gesetzliches das die Griechen schon als Kunst verwirklicht hatten. Goethe war der einzige der es wagen konnte nach Regeln zu verfahren, ohne in sterilen Rationalismus zu verfallen, weil seine Regeln nur verallgemeinerte Bedürfnisse seines schöpferischen und zugleich gesetzlichen Genies waren. Und er war der einzige der, selbst wenn er nur seiner Natur folgte, nicht in bloße Empirie verfiel, der einzige als Person schon gesetzliche deutsche Dichter, eine unerreichte Einheit von Individualität und Normalität, nicht nur eine große Persönlichkeit, sondern wie Nietzsche formuliert „eine Kultur", ein Niveau, ein Gesetz durch sein bloßes Dasein, kurz, ein Vorbild. Wenn irgendeiner, war er berufen als ästhetischer Gesetzgeber zu walten, zugleich heimisch im Geist und in den Sinnen.

Zwar an eine bewirkende Wendung nach außen, an eine Literaturpolitik oder-pädagogik hätte er von sich aus schwerlich gedacht. Seine theoretischen Mühen gelten zunächst nur seiner Selbstaufklärung und sind nur zur Erleichterung seines Schaffens unternommen. Die Menschen die auf einem andren Niveau standen zu bessern und zu bekehren war nicht sein Drang und er hat es lediglich versucht, um sich nur die allernotwendigste Luft zum Atmen, zur Ausdehnung zu sichern. So hat er zunächst seine Weimarer Freunde, mit zweifelhaftem Erfolg, heranzuziehen probiert. Vollends pädagogisch-theoretisch auf ein Publikum zu wirken das er nicht kannte und vor allem nicht sah, war seiner sinnlichen Natur nicht angemessen. Sich selbst auszubilden war immer seine Hauptsorge, und da zur Selbstausbildung auch die Aussprache und Darstellung des eignen Selbst gehörte, so kam es zur Auseinandersetzung mit der Öffentlichkeit. Keine große Kraft bleibt allein: sie wirkt ins Weitere ob sie will oder nicht. Doch freilich ward Goethe zum Theoretisieren immer mehr durch gefühlte Mängel in sich oder draußen als durch das Gefühl seiner Fülle oder seines Könnens veranlaßt, und dort hat er am meisten theoretisiert und sogar polemisiert wo er am meisten Widerstand fand: in der Wissenschaft.

THEATER

TROTZDEM hätte Goethe nach der Rückkehr aus Italien wohl nur still, fast verdrossen und verschlossen vor sich hin geforscht, gesammelt und spärlich gedichtet, wenn nicht dreierlei ihn zu einer Wendung nach außen, d. h. geradezu gegen die deutsche Öffentlichkeit gedrängt hätte: die amtliche Beschäftigung mit dem Theater, die Wirkungen der französischen Revolution und die Bekanntschaft mit Schiller. Die beiden ersten wirkten als äußerer Zwang: die Bekanntschaft mit Schiller als eine mitreißende, innere Nötigung. Am Theater konnte er nicht einmal seine nächste Pflicht erfüllen, nichts auch nur halbwegs seiner Würdiges leisten, wenn er nicht erst ein Niveau herstellte, d. h. Schauspieler und Publikum erzog, oder vielmehr erschuf. Wenn irgendwo, dann war beim damaligen Theaterwesen empirische Pfuscherei, lottrige Geschäftsroutine, bestenfalls gebildete Geschmäcklerei im Schwang, kurz all die Dinge die Goethe am wenigsten vertragen konnte. Hatte er sich aber einmal in die Aufgabe eingelassen ein deutsches Theater auf Prinzipien der Bildung und der Kunst zu gründen, hatte er diese „theatralische Sendung" auf sich genommen, einerlei ob einem Bedürfnis, einem Glauben oder einem Auftrag folgend, so war es für ihn auch in seinem eigensten Bereich der Dichtung vorbei mit der selbstgenugsamen und „nachtwandlerischen" Abgeschlossenheit des Sinnens und Schaffens: denn das Theater setzt unmittelbar gegenwärtiges Publikum, ebenbürtiges Niveau voraus, und ein Publikum für das Goethische Theater war erst noch heranzuziehen, da war nicht nur Theorie des Theaters und Dramas für Goethes persönliche Aufklärung nötig, sondern auch Aufklärungsarbeit nach außen, Reinigung des Geschmacks, Kampf gegen den Widerstand der dumpfen Welt.

Das Neue von Goethes jetzigen Theaterbemühungen gegenüber den voritalienischen Versuchen ist der Wille ein Volk, besser eine „Volkheit", für die Bühne zu erziehen, während er früher von der Bühne her für einen höfisch-geselligen Zirkel als Maître de plaisir genialische Improvisationen geliefert hatte. Auch hier mochte Goethe von der erkannten und für sich selbst erreichten Höhe nicht mehr herabsteigen. Außerhalb seiner Bildungs-

und Kunstluft konnte er weder leben noch wirken, und sich empirisch an≈
bequemen war nach Italien nicht mehr seine Sache: entweder auf dem eignen
Niveau bleiben oder verzichten. Das Theater zu seinem Niveau zu heben
versuchte er denn einmal. Nur darf man nicht meinen, er habe den Weg zum
Theater gesucht, um eine größere Resonanz, ein weiteres Publikum zu finden:
nein, er hat ein Publikum gesucht, um mit Selbstachtung das Theater ver≈
walten zu können, das nun einmal auf seinem Lebensweg ihm anvertraut
wurde oder das er als eine dichterische Erfahrung und Ausdrucksform bei
seinem Willen zur Universalität erproben mußte. Schiller brauchte die
Schaubühne als Kanzel für seine mächtige, der Öffentlichkeit bedürftige
Rhetorik, für Goethe war sie ein Gegenstand seiner allseitigen Übung und
Ausbildung. Goethe kam von der Bühne zum Publikum, Schiller kam um
des Publikums willen zur Bühne. Beiden war Bühne und Publikum nicht
gleichzeitig gegeben, wie dem echten Dramatiker, beide suchten nachträg≈
lich ein nationales Drama, d. h. Einheit von Bühne und Volk zu schaffen,
um ihrer individuellen Bedürfnisse willen, Goethe um seiner Bildung,
Schiller um seiner Wirkung willen.

DIE REVOLUTION

SO war Goethe durch seine veränderte Stellung gegen die Welt im All≈
gemeinen zum Theoretisieren überhaupt, durch eine besondre Pflicht
zum praktisch pädagogischen Theoretisieren gebracht. Eine weitere Aus≈
einandersetzung Goethes mit öffentlicher Meinung ward nötig durch die
französische Revolution. Warum zwang ihn dies Ereignis aus seiner poli≈
tischen Indifferenz herauszugehen, und wenn auch nicht gerade Partei zu
ergreifen, geschweige sich zu einer der Parteien zu schlagen, so doch über≈
haupt politische Vorgänge in den Kreis seiner Betrachtung, ja sogar seines
Schaffens zu ziehen? Die französische Revolution war das erste politische
Ereignis in Goethes Leben welches sofort Einwirkungen auf den gesamten
Kultur≈ und Gesellschaftszustand zeigte, die erste weltgeschichtlich fühl≈
bare Begebenheit welche die geistig sittliche Luft veränderte in der Goethe
zu atmen hatte und den Boden erschütterte worauf er wandelte, baute und
säte: kurz, das erste weltgeschichtliche Ereignis das ihn und seinen Wir≈
kungskreis nah anging. Selbst der Siebenjährige Krieg war im Vergleich
dazu ein rein politisch diplomatischer, Kultur und Bildung nur oberflächlich
berührender Vorgang, und der Zustand zwischen dem Siebenjährigen Krieg
und der französischen Revolution war, trotz einigen Wetterleuchtens und
der beunruhigenden Vieltätigkeit Josefs II., eine Epoche politischen Still≈
stands, wenigstens für Europa.

Goethe hatte sich gewöhnt Staat und Gesellschaft des ausgehenden Rokoko als selbstverständliche und unerschütterliche Gegebenheiten für seine Lebensdauer hinzunehmen, und auch diesen Erscheinungskreis mit seinen typischen und individuellen Eigenschaften und Wirkungen in sein Gesamtweltbild einzuordnen. Der Wilhelm Meister ist unter andrem auch das Denkmal dieser Zustände, wenigstens wie sie sich am deutschen Wesen bezeugten, und die Lehrjahre hätten gar nicht konzipiert werden können, wenn diese Zustände, nicht von Goethe als gesetzliche, dauernde empfunden worden wären. Denn Goethe wollte in den Lehrjahren keinen historischen Roman über eine bestimmte Bildungsepoche geben, vielmehr die Entwicklung eines besonderen Menschentums unter typischen gesellschaftlichen Umständen durch die typische Gesellschaft selbst darstellen, mittels eines Bildungsromans. Es ist vielleicht dem Untergang dieser Gesellschaft oder wenigstens ihrer Verwandlung mit zuzuschreiben, wenn die späteren Bücher der Lehrjahre, und vollends die Wanderjahre gegenüber den ersten, die noch aus dem Urmeister mitherübergenommen, also vor der französischen Revolution empfangen sind, an unmittelbarer atmosphärischer Frische eingebüßt, an allegorisierender Allgemeinheit zugenommen haben: jene ersten Bücher sind aus der Gegenwart und mit der Luft dieser Gesellschaft genährt, diese Gesellschaft hatte damals noch eine vollere menschliche Geltung.. die späteren Bücher und die Wanderjahre sind geschrieben, während sie in der Auflösung begriffen war und einer neuen Ordnung der Dinge Platz machte — auf die übrigens die Wanderjahre schon den Ausblick eröffnen. Man merkt es den beiden Werken an, daß das eine aus der Gegenwart für die Gegenwart, das andre aus der Vergangenheit für die Zukunft gedacht ist.

Die Revolution, für Goethe schon bedrohlich angekündigt durch die Halsband-affäre, bei welcher das Königtum als solches bis zur Entwertung kompromittiert erschien, hatte die ganze gesellschaftliche Schichtung und Stufung über den Haufen geworfen welche Goethe als eine wenn nicht naturgesetzliche so doch kultur-notwendige Gegebenheit hinnahm. Waren auch in Deutschland die praktischen Eingriffe der Erschütterung nicht sofort fühlbar, so waren doch völlig neue Gesinnungen und Forderungen in der Welt, eine neue Luft, ein andres Tempo. Vor allem aber: bisher selbstverständliche, wenn nicht als Notwendigkeit so doch als Wirklichkeit anerkannte Zustände waren für Goethe problematisch geworden, und er mußte sich, als Mensch wie als Denker, darüber entscheiden wie er sie neu ordnen und nutzen solle, ob durch Ja, ob durch Nein oder durch Auswahl.

Nicht als ob Goethe im landläufigen Sinne konservativ, d. h. in einer überlieferten Staats- oder Kulturgesinnung befangen gewesen wäre, sie absolut genommen und in der Gesellschaft wie er sie vorfand ein schlechthin Gültiges, Ewiges, Unwandelbares verehrt hätte — man hat wohl sein Widerstreben gegen die Revolution so aufgefaßt. Nein, da jeder Staats- und Gesellschaftszustand auf festgelegtem Leben beruht, jede schöpferische Tätigkeit auf neuem und verwandelndem Leben, so kann kein Genie Parteimann oder sogar Patriot im Sinne des Beamten oder Bürgers sein: auch Goethe war das nicht, und wenn er später die Gesellschaft anerkannte, so tat er es aus freiem Willen, nicht aus befangnem Geist — weil sie seine Autonomie nicht angriff, nicht weil er ihr gegenüber keine Autonomie besessen hätte. In seinen Jugendjahren hatte er den Kampf gegen die Gesellschaft, der keinem schöpferischen Menschen erspart bleibt, allerdings auch geführt, aber in seiner Weise, als freies Individuum gegen die beschränkten Vorurteile und Konventionen der Gesellschaft, als Genie gegen Publikumsniveau, nicht als Vertreter eines Standes oder einer Partei gegen die von einer andren Partei oder einer Regierung herrührenden Einrichtungen. Goethe hat nie für Prinzipien gefochten deren Ursprung oder Verkörperung nicht er selbst war. Nun aber erhob sich mit der Revolution auf einmal allerorts die Frage nach der Stellung des Einzelnen, wer er auch sei, zu den großen abstrakten Prinzipien Freiheit, Gleichheit, Brüderlichkeit, man sollte sich entscheiden für Demokratie oder Aristokratie. Goethe sah sofort daß diese neuen Fragen sich nur um Parteien, nicht um Gestalten, nur um Staat, nicht um Menschentum drehten, daß aber bei der allgemeinen Erregung über diese für ihn nebensächlichen Fragen die für ihn wichtigste menschenwürdigste Angelegenheit zu verwahrlosen drohte »Kultur oder Barbarei« — das heißt rund und frei ausgebildetes Menschentum oder wüstes, stumpfes und enges Getreibe.

Damit war seine Stellung gegen die Revolution gegeben: er hatte inmitten des allgemeinen politischen Taumels, des Streits um abstrakte Ideale, um Parteiprinzipien und um Interessen-komplexe die gefährdete Wirklichkeit des schönen und harmonischen Menschentums zu schützen, und seine nachdrucksvolle Stimme zu erheben zugunsten der persönlichen Bildung gegenüber dem schrankenlosen Staats- und Parteitreiben.

Franztum drängt in diesen verworrenen Tagen, wie ehmals
Luthertum es getan, ruhige Bildung zurück.

Unter diesem Gesichtspunkt widerstand ihm die Revolution und widerstand er ihr: nicht daß er von vornherein eines ihrer Prinzipien besonders befehdet hätte aus parteipolitischen Gründen, etwa als Konservativer ihre Demokratie. So wenig ihm solche abstrakte Schwärmereien wie Freiheit, Gleichheit, Brüderlichkeit an sich angenehm sein konnten, sie hätten ihn weiter nicht aufgebracht. Von moralischer Entrüstung über die etwaige Ungerechtigkeit des Königsmords oder über die närrisch blutigen Greuel der Jakobiner war bei ihm auch keine Rede: die Gerechtigkeit, und sogar in manchem Betracht die Notwendigkeit der politischen Umwälzung, mochte es dabei auch etwas blutig zugehen, hat er nicht bekämpft, viel weniger als zum Beispiel Klopstock und andre die dem Prinzip der Revolution zujubelten und dann entrüstet waren, sobald man mit diesem Prinzip Ernst machte und in Wirklichkeit umsetzte was so schön als Ideal aus den Wolken leuchtete. Weder abstrakte Freiheit noch abstrakte Menschlichkeit regte Goethe auf. Legitimist war er auch keineswegs wie die prinzipiellen Gegner der Revolution: er hielt dafür daß für Revolutionen die Regierungen, die Könige, nicht die Völker verantwortlich seien: er weinte verjagten und geköpften Königen keine Tränen nach:

> Warum denn wie mit einem Besen
> Wird so ein König hinausgekehrt?
> Wärens Könige gewesen,
> Sie stünden alle noch unversehrt.

Goethe war kein prinzipieller Gegner der Revolution: er war ihr Gegner, sofern sie seine Bildungskreise störte. Nicht dies oder jenes Prinzip der Revolution war ihm zuwider, sondern daß vor lauter Revolutions- und Gegenrevolutions-prinzipien der Mensch, Goethes wahrste und tiefste Wirklichkeit, kaum mehr zu Wort und Gestalt kam. Eine solche äußerste Gefahr der menschlichen Bildung hatte für ihn erst die Revolution geschaffen.

Die Formen und Folgen der Revolution widerstanden ihm mehr als ihre Inhalte, die ihm gleichgültig waren. Als Persönlichkeit gegen die Masse, als Mensch gegen Prinzipien, als Ordnersinn gegen Anarchie, nicht als Aristokrat gegen Demokratie, nicht als Legitimist, wandte Goethe sich gegen die Revolution, ähnlich wie Erasmus gegen das für ihn rückständige tumultuose Mönchsgezänk der Reformation. Und auch dies tat Goethe nur se defendendo: Für oder Wider die Revolution war auch in Deutschland zu einer Losung geworden der sich kaum jemand entziehen durfte .. selbst der läßliche Wieland ward ihr gegenüber zum Politiker und wenn nicht zum Propheten so doch zum Weissager.

Goethe schloß sich an keine der vorhandenen Parteien an, sondern stellte sich über sie, verarbeitete in der Stille die Eindrücke des Ereignisses und sprach sie möglichst in der Distanz der Dichtung, nicht als Manifest oder Programm sondern durch Spiegelung und im Gleichnis aus. Seine erste Sorge war sich nicht überwältigen zu lassen, mitten im Getümmel der Meinungen und Worte wollte er sehen was die menschlichen und sachlichen Realitäten des Ereignisses seien. Seine zweite Sorge war dann freilich die Andren, deren er als Umkreis und Publikum bedurfte, nicht überwältigen zu lassen und soweit es in seinen Kräften stand ihnen von seiner Sicherheit gegenüber der Weltbewegung mitzuteilen. Indem er seinen Standpunkt abgrenzte, handelte er nicht nur für sich, sondern für alle die nicht durch das Parteiwesen um ihre geistige Freiheit kommen wollten. Seine Haltung der Revolution gegenüber ist wichtiger als seine Meinung: er bewahrt sich, wider die rückhaltlosen Verteidiger des Bestehenden und die rückhaltlosen Verherrlicher des neuen Menschheitmorgens, inmitten der Parteien als der Hüter der Bildung und des persönlich freien Menschentums.

Goethes Auseinandersetzung mit der Revolution vollzog sich in drei Stadien oder in drei Distanzen. Das erste ist Kritik ihrer komischen oder lästigen Symptome, der Fern- und Nebenwirkungen auf deutschem Boden, scherzhaft abwehrend als Verspottung der kleinlichen Zerrbilder revolutionären Geistes, in den Komödien Der Bürgergeneral und Die Aufgeregten.. ernsthaft als Erörterung der seelischen Grundlagen und der sittlichen Folgen des revolutionären Geistes, in den Unterhaltungen deutscher Ausgewanderter und in einzelnen Epigrammen. Das zweite Stadium ist die dichterische Darstellung des Eindrucks der Revolution als einer Menschheits- und Deutschheits-erschütterung in Hermann und Dorothea. Auch hier freilich ist Warnung und Mahnung an die Deutschen mit der Darstellung verknüpft, in die Darstellung hineingelegt:

Nicht dem Deutschen geziemt es, die fürchterliche Bewegung
Fortzuleiten und auch zu wanken hierhin und dorthin.

Gerade dies betonte Goethe, daß französische und deutsche Bedingungen nicht dieselben seien, und daß Übertragung der Symptome auf andren Körper ein Aberwitz sei: er hatte zu sehr den Sinn für das einmalig gewordene Eigengewächs, um deutschen Körper mit französischen Arzneien heilen zu wollen. Darum betonte seine Abwehr gerade gern das Komische der deutschen Französelei und seine Darstellung gern das Gefährliche einer fremden großen Einwirkung. Das dritte Stadium ist der Versuch den Gehalt und Grund der Revolution in ein großes typisierendes Sinnbild zusammenzuschauen, das Ganze der Revolution als eines geschichtlichen Urphänomens zu vergegenwärtigen, und sich dadurch von ihrem Druck zu befreien: in der Natürlichen Tochter. Hier typisiert er diejenigen Elemente der allgemeinen Menschennatur aus denen solch ein Ereignis hervorgehen kann: die verschiedenen Interessenschichten und ihre Begehrlichkeiten, Schwächen, Stärken.

Dabei ist er freilich so schematisch verfahren, hat so gründlich alles zufällig Historische filtriert aus Charakteren und Schicksalen, daß vom Wesen der französischen Revolution, welche doch Inhalt und Anstoß zu dem Werk gab, nicht mehr viel übriggeblieben ist. Ein französisches Memoirenwerk von 1798 bot die stofflichen Motive und ist auch daran schuld daß die ungeheuerste Massenerschütterung der Geschichte hier nur erscheint, insofern ein adliges Einzelschicksal davon betroffen wird. Doch worauf es Goethe in diesem Stadium seines Verhältnisses zur Revolution ankam, das war gerade nicht mehr ihr besonderer geschichtlicher, nur ihr allgemein menschlicher Gehalt, und den konnte er (der schon im Egmont Geschichte nur zeigte, insofern sie Einzelgeschicke schafft) jetzt erst recht nur zeigen an der Wirkung des Ereignisses auf den Menschen, nicht auf die Menschheit und die Völker, an seiner Begründung aus der Menschen-natur, nicht aus der Geschichte, also, nach seiner Denkart, aus der Notwendigkeit, nicht aus den Zufällen.

Die drei Stadien von Goethes Verhältnis zur Revolution bezeichnen, im Maße der zunehmenden Distanz die er zu ihr gewann, eine zunehmende Gerechtigkeit, oder wenigstens einen Willen zur Gerechtigkeit: diesen meinte Goethe zu üben, indem er an der Revolution mehr und mehr das Historisch-Zufällige, als ein Mensch-, d. h. Natur-gesetzliches auffaßte, von den Erscheinungsformen zu ihrem Grunde, von ihren politischen Symptomen zu ihrem menschlichen Sinn und Gehalt vordrang. Mehr und mehr gedachte er die Revolution des politisch historischen Kostüms, des aktuellen Drum und Dran zu entkleiden und ihren ewigen naturgegebenen Menschengehalt herauszulösen. In den politischen Komödien hat er ihre äußerlichen Nebensymptome, in den Unterhaltungen deutscher Ausgewanderter ihre praktischen Folgen an deren einzelnen Vertretern zeigen wollen, in Hermann und Dorothea erscheint sie bereits als Ausdruck einer menschlichen Gesinnung, als Eindruck einer geistigen Wirkung auf empfängliche Gemüter überhaupt: Enthusiasmus und Furcht. Die Natürliche Tochter sollte nicht mehr Symptome, Gesinnung und Wirkung, sondern Ursache, Wesen und Inhalt des revolutionären Prozesses selbst geben. Freilich ist das erhaltene und ausgeführte erste Stück der beabsichtigten Trilogie nur Vorstufe, erst die Skizzen zum zweiten Teil lassen diesen Zweck deutlich werden. Gerade da wo Goethe sich am tiefsten mit der Revolution einließ erscheint Volk und Masse am meisten nur als die Summe menschlicher Einzelfaktoren, und wo Goethe das Problem der Revolution selbst darstellen und auflösen wollte, da erschien es ihm als erste Pflicht der Wahrheit und Klarheit aus dem Getümmel der Massenbewegung eben die menschlichen Einzelfaktoren faßlich herauszuarbeiten aus deren Addition und Multiplikation, aus deren gemeinsamen und widerstreitenden Interessen, aus deren kollektiven und personellen Eigenschaften jede Massenbewegung entsteht oder vielmehr besteht. Das bestimmt Anlage und Aufbau der Natürlichen Tochter.

Auf dieser dritten Stufe der geistigen Distanz vergegenwärtigte sich Goethe die französische Revolution zum Schaden für sein Drama erst zu derselben Zeit als er durch Schillers Einfluß zugleich am weitesten abgekommen war von jedem unbefangenen Verhältnis zum Stoff, als ihm die Theorie der Gattungen, die bewußte Anwendung von Kunsteinsichten beim Schaffen, die paradigmatische Ausführung zum Bedürfnis geworden war. Die natürliche Tochter ist sein theoretisches Drama, wie die Achilleïs sein theoretisches Epos ist. Ein durchaus intellektuelles und pädagogisches Verhältnis zur Revolution bildet den Anstoß zu dem Werk, einem durchaus theoretischen Vorsatz, der paradigmatischen Freude am Kunstdrama dankt es seine Ausführung, wenig günstige Bedingungen um ein lebendiges Werk, eine ursprüngliche Dichtung, die Bildwerdung unmittelbaren Lebens hervorzubringen.. und in der Tat ist Die natürliche Tochter — man kann nicht aus Widerspruch gegen das Urteil der Menge und aus Feinschmeckertum es ableugnen — ein künstliches Produkt in allem worauf es Goethe dabei ankam. Die Kräfte und Bewegungen des großen Geschehens das er versinnbildlichen wollte, die typischen Vertreter der revolutionären Zustände, Bedingungen, Opfer sind abstrakte Schemen geblieben, von denen uns keine Gebärde, geschweige eine Gestalt, unausweichlich vor der Seele west, blaß und leer wie Stahlstiche jener Zeit die mitunter als Linienspiel eine unbestimmte Grazie haben, aber kein Gewicht und keinen Charakter. In der Entstofflichung — welche doch nur als positive unwillkürliche Durchseelung und Durchgeistung, nicht als bewußt negative Ausscheidung, Sterilisierung, Typisierung des Stoffs ein ästhetischer Wert ist — ging Goethe hier, und zwar aus mißverstandener Theorie des griechischen Dramas, bis an das äußerste Ende des Wegs den er mit der Iphigenie, aus einer neuen Kräftespannung, aus einer Fühl- und Sehweise, begonnen hatte.

Das mythische Zusammenschauen und kultische Rituell, welches die stilvolle Einfachheit des griechischen Dramas hervorbringt und Goethe als Vorbild lockte, hat nichts mit den daraus nachträglich abgeleiteten Kunst- und Stil-regeln zu tun, auf Grund welcher unsre Klassiker nachher experimentierten, Schiller in der Braut von Messina, Goethe in der Natürlichen Tochter. Auch die richtigste Theorie kann als solche nicht Kunst zeugen, und sie wird falsch, d.h. unfruchtbar in dem Augenblick da sie von der Betrachtung zum Schaffen übergeht. Auch die Iphigenie und der Tasso danken ihre antikische Reinheit und Stete nicht der theoretischen Nachahmung des antiken Kanons, sondern der tragischen Gehaltenheit, Verdichtung oder Weihe seines damaligen Lebens, einer Stimmung freilich die sich mit den Jahren zu Gesinnung und endlich zu Theorie niederschlug, und dieser aus Lebensstimmung niedergeschlagenen Theorie kamen die griechischen Tragödien als Vor-bilder neu entgegen. Denn keine Theorie flog Goethe von außen an, doch hatte auch jede die ihm aus Leben sich ergab die Tendenz wieder Leben d. h. Gebild zu wirken, und auf diesem Weg seiner tragisch-gehaltenen Lebensstimmung (welcher Iphigenie und Tasso, seine beiden Ent-sagungs-dramen, entstammten) über die Theorie vom stofflos-keuschen typischen Stildrama gelangte er zu der Anwendung dieser Theorie in der Natürlichen Tochter.

Was in diesem Werk noch wirkliches Leben hat kommt weder aus dem vollkommen theoretisch entwirklichten Stoff an dem Goethe sein dramatisches Stilexperiment vornahm, noch aus den abgewognen Kunstmitteln des Aufbaus und der Sprache vermöge deren er die französische Revolution zu einem dekorativen Geistgewebe stilisierte und sterilisierte, zu einem motivierten Denk-traum, sondern aus den Resten der Iphigenien-stimmung und Tasso-tragik, die weder durch den heterogenen Stoff behindert noch durch die theoretischen Mittel ganz weg-sublimiert werden konnten. Nicht die Handlung und nicht die Gestalten, aber einzelne Stimmungen des Verzichts und des Opfers, in lyrischen Tonfällen mehr schwingend als in dramatischen Gegenüberstellungen oder Gebärdungen verkörpert, geben dem künstlichen Gebilde einen Hauch von ursprünglicher Dichtung, und wenn es technisch das durchstilisierte Ende der Iphigenie-Tasso-reihe ist, so ist es auch seelisch das Aus- und Abklingen der Tragik die dort voller und dichter lebt, die dort vor allem wirklich bis zur dramatischen Gestaltung gelangt, nicht bloß in lyrisch-dialektischen Stellen, gleichsam gegen den Willen des Dichters, hängen geblieben ist. Denn Stil, Bau und Dramatik der Iphigenie und des Tasso kommen aus dem tragischen Konflikt des Opfers und die Gestalten sind Verdichtungen der ringenden Goethischen Seelen-kräfte, keine dramatische Energie ward ihnen entzogen durch die Bezwingung eines mit dem Grundkonflikt von vornherein nicht gegebenen, aus ihm nicht erwachsenen, ihm nicht gemäßen Stoffs, oder durch theoretische Stil-versuche.

Die Natürliche Tochter war ursprünglich gar nicht angelegt als ein Ent-sagungs-drama, sondern als ein Revolutions-drama, und brachte so schon eine mächtige fremde Stoffmasse mit, und diese Stoffmasse sollte noch oben-drein typisiert, stilisiert, entstofflicht werden kraft klassizistischer Kunstforderung. Weder der Stoff noch die Theorie reichte bis in den inneren Bereich der Goethischen Seele, aus dem dramatische Handlung, lebendige Dichtung entsteht, wohl aber ergab sich bei der Darstellung für Goethe die Möglichkeit da und dort seine wirklichen Lebensstimmungen auszudrücken, einzufüllen — Stimmungen aus dem Bereich der Opferjahre, die in Iphigenie und Tasso bereits selbständige Dramen geworden waren. Die Gestalten selbst kommen wo anders her als aus diesem Lebensgehalt, sie sind nicht dramatische Sinnbilder seiner Entsagung, wie Iphigenie und Tasso, sondern allenfalls Mundstücke der Leiden welche in Iphigenie und Tasso Sinnbilder geworden waren, und sie sind außerdem, ja hauptsächlich allegorische Typen für die bewegenden Kräfte und Konflikte der französischen Revolution.

Wenn man schon einige Szenen in der Natürlichen Tochter wegen des reinen Ausdrucks adligen Verzichtes und erhabener Einkehr nicht ohne Ergriffenheit lesen kann, so enthält sie doch von dieser Seite her nichts was wir nicht schon aus Iphigenie und Tasso kennten, und ursprünglicher kennten. Als Bild der französischen Revolution aber kann sie uns nicht genügen, und so bleibt das Werk uns ehrwürdig als ein Versuch des großen Mannes das große fremde Ereignis auf seine Weise groß zu sehen, ohne die mitreißende suggestive Kraft seiner ursprünglichen Visionen und Lebensbilder, und als das Ende einer Bekenntnis*reihe in deren letztem und dünnstem Ausläufer noch etwas webt von dem dichterischen Zauber ihres Ursprungs.

SCHILLER

WIR haben die Erfahrungen betrachtet welche Goethe nach der italienischen Reise zwangen oder veranlaßten, über das naive Schaffen und die bewußte Selbstgestaltung hinaus, zu theoretisieren, zu kritisieren, und sich auseinanderzusetzen mit Aktualitäten: die Wissenschaft, das Theater und die Politik mußten ihn wohl oder übel aus der bloßen Produktion und Kontemplation heraus locken und in seine Arbeitsweise einen pädagogischen, aktiven, kritischen Zug bringen der ihm früher fremd war (die Opposition des Sturm*und*drang*jünglings gegen die Gesellschaft, die Rezensionen in den Frankfurter Gelehrten Anzeigen und die Blätter von deutscher Art und Kunst, sind mehr Ausbrüche eines eben freigewordenen, ins Offne dringenden Temperaments als pädagogische und kritische Wege zu einem bestimmten Ziel, sie dienen der Freiheit Goethes ohne Rücksicht auf Ausbildung oder Belehrung eines Publikums). Jene neuen Anlässe zu kritischem, kritisierendem, ja propagatorischem Schaffen wurden verstärkt, vereinigt und vertieft durch den Bund mit Schiller.

Durch zweierlei ist Schiller für Goethe eine Erleichterung und eine Erneuerung seines bis zur Verdrossenheit vereinsamten Lebens geworden, der Wiedererwecker seiner dichterischen Arbeitslust und der einzige ebenbürtige Geistesgenosse und Mitregent den er je gefunden: durch seine überlegene, zugleich tiefe und geschulte dichterische Intelligenz, und durch seine unermüdliche Aktivität, zwei Eigenschaften die wir in dieser Vereinigung bei den andren großen Zeitgenossen vergeblich suchen, zum wenigsten bei den dichterischen Menschen der Epoche. Dies gerade hat Goethe bedurft: einen Mann der Dichter genug war, um ihn als einen Dichter, also von seinem eigentlichen Wesen aus, nachfühlen zu können, der geistig umfassend und tief genug gebildet war um nicht nur mitzufühlen, sondern mitzudenken und mitzubegreifen, und der energisch und feurig genug war um ihn in steter Bewegung und Wachsamkeit zu erhalten, wenn er vor Einsamkeit sich zu verkapseln, zu erstarren drohte.

Gerade in dem kritischen Zeitpunkt als ihm die Unmöglichkeit klar ward mit seinem in Italien errungnen Bildungszustand und -ideal zu wirken und ein neues Leben um sich zu verbreiten, das ihn selber wieder speise und befruchte, knüpfte sich Goethes Bekanntschaft mit Schiller: dieser eine Mann brachte den Ernst des dichterischen Willens, ein Niveau das Goethe betreten konnte, ohne sich etwas zu vergeben, einen Charakter dem er sich anvertrauen konnte, ein Verständnis für Goethes Wollen und Wesen nicht aus schwärmender Begeisterung sondern kritischer Einsicht, nicht aus Gleichartigkeit sondern aus dem Gegensatz, ferner einen Glauben an Volk, Publikum, Menschheit und Zukunft wie Goethe ihn sich wünschte, ohne ihn haben zu können, der aber ansteckend und belebend wirkte. Der Glücksfall war daß Schiller nicht aus der gleichen Richtung kam wie Goethe sondern aus der entgegengesetzten: er war eine Ergänzung, nicht eine Steigerung oder Unterstreichung Goethischen Daseins, und darum für Goethe zugleich Prüfstein und Schärfstein. Daß ein Gegner ihn so begriff wie Schiller in dem großen Brief worin er die Summe der Goethischen Existenz zieht, das mußte für Goethe wertvoller sein als die enthusiastische Zustimmung der Jünger und Verehrer die er gefunden, vollends als die dumpfe und stumpfe Anerkennung die dem berühmten Autor oder dem unverstandenen Eindruck seiner mächtigen Persönlichkeit galt — derlei brachte ihn ja in seiner Bildung, Tätigkeit und Erkenntnis nicht weiter. Er war zu alt um sich am Spielzeug des Ruhmes noch zu ergötzen, zu sehr in beständigem Vorschreiten begriffen, um ohne vernünftige Teilnahme nicht ins Bodenlose, in eine unfruchtbare Einsamkeit hineinzugeraten. Er war zu anspruchsvoll

geworden um sich mit dem zufälligen Zuspruch und Beifall gutmütiger Freunde wie Knebel und Wieland, mit der wohlmeinenden oder verbitterten Kritik zurückgebliebener Lehrer wie Herder zu begnügen, er war noch nicht selbstgenugsam und erhaben genug um ohne jedes belebende Mit* und Widerreden auszukommen. Die alten Freunde standen auf einem andren Boden, auf den er nicht mehr zurückkonnte, und auf der Höhe der er sich entgegenmühte, konnte er niemanden erwarten: eine ihm nacherzogene Ju* gend war noch nicht in Sicht, wenn auch im Werden. Nur in engen Be* zirken einzelner Beschäftigungen konnte er Verständnis erwarten, mehr für seine Gedanken als für den Grund aus dem sie kamen, mehr Gesellen als Jünger, mehr Helfer als Begreifer. Solche neben ihm subalterne aber ver* trauenswürdige Leute nahm er noch am ehesten dankbar, aber resigniert, in seine Freundschaft auf: Heinrich Meyer, und später Zelter. Er schätzte und liebte, ja überschätzte sie sogar, aber der seelischen Einsamkeit ent* hoben sie ihn nicht. Mehr als je galt jetzt die Klage:
  Ich muß mein Glück nur mit mir selbst genießen,
  Dein holdes Licht verdecken und verschließen.
Der Herzog, unter seiner näheren Umgebung, außer Herder, wohl die einzige durch Genialität ihm verwandte Natur, war doch zu wenig spezifisch Dichter und überhaupt Seelenmensch, auch zu sehr im eignen Pflichtkreis gebannt, um nach den Blütejahren einer feurigen Jugendfreundschaft ihm mehr sein zu können als ein gütiger und vertrauender Gönner. Herder selbst, das erste Genie dem er in seinem Leben begegnet, das einzige das bisher auf das Ganze seiner Entwicklung unvergeßliche und dankbar an* erkannte Wirkung geübt, war stehen geblieben auf Gemüts* und Seelen* stufen die Goethe längst überschritten hatte, er fühlte daß er stehen ge* blieben und schon überholt war, ohne es doch sich in seinem ehrgeizigen und ruhelosen Herzen mit gelassener Heiterkeit eingestehen zu wollen, und so begleitete er Goethes stetiges Weiterschreiten mit einer aus Staunen und Bitterkeit, aus alter Liebe und Neid gemischten Kritik, die diesem nichts helfen konnte, da sie rein persönlicher, nie sachlicher Natur war, und die ihn doch verletzen mußte, weil sie von einem alten Freunde kam den er ungern auf dem Neidpfad betraf.
Da kam Schiller zu ihm: auch er ursprünglich nicht frei von Neid, aber mit dem Neid des Emporstrebenden, nicht des Überholten, und bereit zur Anerkennung beneidenswürdiger Vorzüge vor denen es kein Rettungsmittel gab als die Liebe, mit dem Neid des Verstehenden, nicht des Zurück* gebliebenen, vom Verständnis Ausgeschlossenen — er selbst meinte, mit dem Gefühl des Brutus gegen den Cäsar — worin eine tiefere Anerkennung

der Größe liegt als in der Leichenrede des Antonius. Auch Goethe kam anfangs dem Jüngeren mit einem heilsamen Mißtrauen entgegen: in den revolutionären, mit Freiheits-pathos gefüllten Dramen sah er ja gerade die Wiederkehr einer Zeit die er in sich überwunden hatte, und die ihm bei der Rückkehr aus Italien als böses Omen doppelt widerwärtig war: die Räuber und Heinses Ardinghello — von der lebhaften Jugend und selbst vom Publikum begeistert begrüßt als die berechtigte Nachfolge und Weiterführung von Goethes jugendlicher Emanzipations-poesie — schienen ihm trotz oder gerade wegen des großen Talents ihrer Verfasser fratzenhafte Gespenster seiner eignen Jugendkrankheiten. Was er in sich mühsam losgeworden das sollte ihn nun von außen aufs neue ängstigen.

Doch Schiller selbst war ein anderer geworden als das Bild das seine bisherigen Werke von ihm in die Welt gesetzt hatten.. gerade so kräftig, aber nicht so maßlos, gerade so feurig, aber nicht so flackernd, gerade so ernst, aber nicht so heftig. Er war klar, sicher und lauter. Er hatte sich Goethe schon empfohlen, wenn auch nicht gerade eingeschmeichelt, durch seine männliche und gründliche Kritik des Egmont die, von einem durchdachten philosophischen Prinzip aus verfaßt, gleich weit entfernt war von der Anhimmelung oder Anbiederung wie von dem borniertem Widerspruch der durchschnittlichen, noch immer platt rationalistischen oder poetisch empfindsamen oder genialisch begeisterten oder geschmäcklerisch klugen Literaten, wie sie aus den von Lessing, Klopstock, Herder oder Wieland gezogenen Furchen emporschossen. Hier war, das erkannte Goethe gleich, ein durchaus eigener Geist — selbständig an Kant als Denker gebildet — der mindestens wenn nicht ein ebenbürtiger Gefährte so doch ein ebenbürtiger Gegner, der erste würdige Kritiker werden konnte. Das Gespräch mit Schiller über die Metamorphose der Pflanzen bestärkte diesen Eindruck: wenn dieser Mann ein Gegner war, so war er es wenigstens aus vollem Verständnis und auf gleichem Niveau, als eine anders gerichtete, nicht als eine engere, dumpfere Natur, nicht aus privaten Gründen, nicht aus Unzulänglichkeit. Hier war ein Mann dem daran lag ihn sachlich und wesenhaft zu begreifen, und selbst die Gegnerschaft eines solchen Begreifers mußte Goethe jetzt wertvoller sein als die blinde Liebe und hilflos subjektive Begeisterung etwa des Pempelforter Freundeskreises, die er gerade bei der Rückkehr aus Frankreich erfahren hatte. Die Jacobis liebten seinen Charakter und erschraken vor seinen Eigenschaften, sie schwärmten für sein Genie und mißdeuteten oder mißbilligten seine Werke, sie waren entzückt von seinem Temperament, aber verstimmt über dessen Ausbrüche, sie priesen seinen Geist und wußten nichts mit seinen Gedanken, zumal mit seiner Naturforschung anzufangen, sie ehrten seine Gesinnung, verstanden aber weder seine Bildung noch seinen Glauben, sie standen unter dem Zauber seiner Gestalt, ohne von seinem Gehalt berührt zu sein: sie huldigten seiner Wirkung, und begriffen nicht sein Wesen.

Gegenüber dieser Art Anhänger, man kann sagen weiblicher Art, mit ihrer sinnlich übersinnlichen Schwärmerei, einer Anhängerschaft, wie sie Goethen, bald rückhaltlos schwelgend bald empfindsam weinerlich, seit seinen Goetz- und Werther-jahren begleitet (Klinger, Wagner, Lenz war der erste, Jacobis und Lavater der zweite Kreis) gegenüber diesem allzu nachgiebigen und allzu schwankenden Material war Schiller vor allem, ob Gegner oder Genosse, ein Mann — der »felsigte Schiller« nennt ihn Jean Paul — gegen sich streng und unerbittlich, und daher auch andre nicht an Zufallsempfindungen und subjektiven Neigungen, sondern an einem hochgespannten Ideal messend das sittlichen, nicht nützlichen Ursprung hatte, den Willen, nicht bloß den läßlichen Geschmack in Anspruch nahm, und den ganzen Menschen, nicht nur sein Talent oder sein Gemüt forderte. Mit solchem Maß gemessen und von solchem Kritiker gerichtet und anerkannt zu werden, das konnte Goethe sich gefallen lassen, mochte ihm auch, bei seiner ruhig bildenden und reifenden Natur, vor der rigorosen Unbedingtheit ein wenig grauen womit hier der Wille und der Geist sich der Natur gegenüberstellte. Aber dieser Wille war lauter, dieser Geist war echt, scharf und tief, und die »große Mutter Natur« konnte sich jederzeit selbst schützen gegen die etwaigen Übergriffe des Menschen.

Goethen imponierte an Schiller vor allem, gerade im Vergleich zu seiner eignen Empfindlichkeit und Empfänglichkeit für äußere Einwirkungen, die eherne „felsige" Selbständigkeit und mannhafte Sicherheit des Forderns und Forschens. Eine Bereicherung seines Gesichtskreises, eine Vertiefung seiner methodischen Einsichten in Bildung und Wissenschaft durfte er erwarten, wenn ihm hier das bisher fremde Gebiet der Philosophie, der begrifflichen und moralischen Deutung der Welt, nach seiner eignen künstlerischen und organischen, in einem großen lebendigen Charakter verkörpert begegnete. Denn nur durch den Menschen, nicht durch das System konnte Goethe zur Philosophie gelangen: auch Spinoza war ihm lieb geworden durch begriffliche Formulierung einer ihm verwandten oder notwendigen Menschengesinnung, nicht als Autor eines konsequenten und tiefen Systems. Die mächtige philosophische Bewegung, ja Erschütterung die mit Kant einsetzte, und die so gut wie die französische Revolution Goethes Weltbild angehen mußte, war ihm bisher menschlich noch nicht faßbar geworden, da er keinen sinnlichen Anhaltspunkt fand: Kant selbst ist unter den großen Philosophen vielleicht am wenigsten eine Gestalt: was man über ihn an anekdotischen Überlieferungen aus Biographie und Briefwechsel besitzt zeigt einen liebenswerten und bedeutenden Mann, aber nicht in dem Sinn das gestalte Zentrum seines philosophischen Werks wie Plato, Spinoza oder selbst Descartes durch Haltung und Leben Sinnbilder ihrer Systeme, nicht nur Urheber, sondern Schöpfer und Träger ihrer Systeme sind. Das Reich Kants schickte Schillern gleichsam als Gesandten an Goethe — hier war Gestalt, Vertretung und lebendige Wirkung der Philosophie menschlich faßbar, und schon die bloße Erscheinung Schillers gab Goethe über Kantische Philosophie wenn nicht objektiv richtigeren, so doch persönlich fruchtbareren, das heißt ja für Goethe wahreren Aufschluß als etwa die Lektüre der drei Kritiken. Hier sah er nicht Lehre und Theorem, sondern Form, Wille und Richtung.. und dieser Mann war Dichter und bemühte sich um philosophisches Verständnis wie um menschliche Gemeinschaft mit ihm, er wollte nicht nur etwas, er hatte auch etwas und zwar ein Ganzes, Eignes zu bringen. Von wem sonst aber durfte Goethe damals noch etwas anderes erwarten als sachliche Einzelheiten?

So war Goethe wohl schon durch den persönlichen Eindruck Schillers gewonnen für die Mitarbeiterschaft an dessen neuem Zeitschriftenunternehmen „Die Horen", welches das erstemal alle bedeutenden Köpfe Deutschlands zu gemeinsamem Bildungs-wirken vereinigen und kraft der versammelten Autorität das hohe Niveau der Autoren halten und dem bildungsbedürftigen Publikum aufnötigen sollte: dabei ward auf den schon erzogenen Heerbann aller einzelnen Größen gerechnet und von deren Verbindung die Ausbreitung wirklicher Bildung erwartet. Goethe durfte und wollte dabei nicht fehlen: hier fand er einen Weg aus der Einsamkeit zur Wirkung und eine geistige Luft in der er den Mund öffnen konnte. — und bei seinem Streben nach Universalität mochte er hoffen in solcher Verbindung zu lernen und klarer zu werden über den Kreis der Wirkungsmöglichkeiten: „Schon eine sehr interessante Unterhaltung wird es werden, sich über die Grundsätze zu vereinigen, nach welchen man die eingesendeten Schriften zu prüfen hat, wie über Gehalt und Form zu wachen, um diese Zeitschrift vor andern auszuzeichnen." Ihm schwebte ein geistiges Zensoramt vor, wie es seiner damaligen Weltübersicht entsprach. Klar geworden über die Prinzipien der Kunst und Wissenschaft für sich selbst, litt er an der Unmöglichkeit ihrer fruchtbaren Anwendung und Verbreitung. Wollte er sich nicht im Kreise drehen, sondern den Kreis erweitern, so mußte er ein Publikum haben oder eins bilden: eine eigens propagatorische Begabung fehlte ihm, und nun bot ihm von selbst durch eine glückliche Fügung Schiller die seinige zu ge-

meinsamer Arbeit an. Unter diesem Zeichen schlossen sie ihre Bekannt«
schaft: den Bund des aktiven mit dem produktiven Genius.

Doch das war erst eine praktische Vereinigung zu idealen Zwecken, eine
Mitarbeiterschaft aus gegenseitigem Bedürfnis: die Freundschaft begrün«
dete sich auf innere Teilnahme, auf Sympathie und „Syn«ethie." Kurz nach«
dem das praktische Bündnis geschlossen war, die Einrichtung der „Horen"
im Gang war, bekam Goethe von seinem neuen, man kann sagen Impresario,
zu seinem Geburtstag 1794 jenen Brief worin ihm sein eigner Bildungstypus
und «gang von innen heraus mit so seelenkünderischer Kraft und Klarheit
dargelegt wurde, daß er zugleich erschreckt und entzückt war. Hier sah er
sich das erstemal als ein Ganzes nicht nur gefühlt, sondern begriffen, nicht
nur begriffen in seiner Erscheinung, sondern in seinem Gesetz und seiner
Aufgabe. An demjenigen Zeitpunkt seines Lebens da er in der tiefsten Un«
verstandenheit stumm und verdrossen weiterschritt durfte er unerwartet er«
fahren daß es einen Geist gab in dem sein Bild vollkommen rein und wahr,
nicht mit subjektiver Neigung, sondern mit objektiver Wirkung sich einge«
drückt hatte: er war nicht mehr allein, er sah eine fruchtbare angemessene
Wirkung seiner Existenz, wogegen die früheren nur trüb, dumpf oder ver«
zerrt waren. Er fand in der Erkenntnis eines ursprünglichen Gegners und
noch neuen Weggenossen, was er kaum in der Liebe seiner Charlotte von
Stein gefunden hatte: sein eignes Dasein wiedergeboren in einem andren
Wesen, das ist metaphysisch: das Zeugnis für die Weltwerdung seiner Einzel«
existenz. Wie hätte er nicht den Seelenkünder als Freund begrüßen sollen!

Schillers Brief vom 23. August 1794 ist der Grund dieser Freundschaft.
Historisch ist er der erste wirkliche Versuch Goethe als Wesen darzustellen,
den Sinn seines Daseins zu deuten, philosophisch bis auf den heutigen Tag
das Tiefste was über Goethe gesagt ist. Goethe erwiderte ohne Überschwang,
aber mit einer tiefen lange nicht mehr gefühlten Genugtuung, die wie ein
Atemholen klingt nach dem Druck langer Resignation: in dieser Antwort
steht knapp und sachlich alles was Goethe in dem neuen Freund gewonnen
hatte und was er sich von ihm erwarten durfte. Schillers Geburtstagsbrief,
Goethes Antwort und Schillers darauf folgender Brief vom 31. 8. 1794
worin er, auf Goethes Wunsch, die Summe seiner eignen Existenz mit der«
selben Klarheit zieht, und dadurch zugleich seinen Gegensatz und Nachteil
gegen Goethe ausspricht (die beste Parallele beiläufig, die zwischen Goethe
und Schiller gezogen wurde) diese drei Briefe sind die Ouvertüre zu dem
ganzen Briefwechsel, ja das Grundthema ihrer Freundschaft worüber alle
späteren Variationen sind: Ausdeutung und Ausbeutung des Gehaltes den
sie mitbrachten, vermählten und fortzeugen ließen .. der Gehalt selbst und

ihr Wille ihn zu gebrauchen ist in den ersten drei Briefen ausgesprochen.

Also zweierlei bedeutete Schiller für Goethe zunächst, von allem Einzelnen abgesehen: er ist der erste Geist der Goethe ganz begriff und ihm theoretisch zu folgen und zu helfen vermochte — und er hat ihn, kraft dieses ermunternden Verständnisses und kraft seiner moralischen, immer anfeuernden Energie, welche Goethen zugleich publizistische Anregungen gab und Ansprüche stellte, produktiv erhalten. Dies ist im Grund der geistesgeschichtliche Sinn und Erfolg solcher Unternehmungen wie die Horen und die Musenalmanache: sie haben Goethe Anlaß und Raum gegeben seinen Gehalt ins reine zu bringen und auszusprechen, wozu er in jener Epoche seines Lebens ohne innere Anregung und selbst äußeren Zwang wohl nicht von selbst gelangt wäre. Schillers redaktionelle Bedürfnisse halfen Goethe aus seiner Selbstgenugsamkeit herauslocken. Indem Schillers und Goethes Lebensströme sich vereinigten, empfing Goethe eine neue Aktivität, und Schiller einen neuen Gehalt. So ist das Verhältnis von Nehmen und Geben zwischen beiden bestimmt: dem ungeheuren Reichtum Goethes hatte Schiller nicht eigentlich neuen Gehalt zuzufügen: nur neue Bewegung und Tätigkeit, eine neue Äußerungsart ermöglichte er ihm.

Das wird deutlich, wenn man Schillers Wirkung mit der irgendeines andren großen Goethischen Erlebnisses vergleicht: jedes hat Goethes Lebensinhalte wesentlich verwandelt, sei es bereichert sei es vertieft sei es gelockert: Schillers Wirkung bezieht sich auf die Form unter der Goethe seine schon errungenen Inhalte verwertet und betätigt. Herder brachte in Goethes Existenz geschichtliche und ästhetische Bildungsmassen die sich im Götz oder in der Straßburger Lyrik niederschlugen, jede Geliebte Goethes hat in seiner Seele irgendeinen menschlichen Typus, einen Gefühlsgehalt zurückgelassen der in seiner Dichtung als Stimmung, Ereignis oder Ideal weiter wirkt, Karl August ist mindestens in »Ilmenau« und in jenem Venezianischen Epigramm als ein poetischer Inhalt von Goethes Leben gefeiert. Was Italien als Gehaltsbereicherung, nicht nur als Zustands-wandlung für Goethe bedeutete haben wir gesehn. Von allen ganz großen Erlebnissen Goethes hat vielleicht Schiller am wenigsten auf Goethes Gehalt, d. h. letzten Endes auf sein Weltbild gewirkt, man müßte denn die im Grund für Goethes Dichtung unfruchtbare, wenn auch für seine Forschungsmethode ihm merkwürdige Bekanntschaft mit Kantischer Philosophie als eine Bereicherung von Goethes Weltbild ansprechen. Schillers eigne Gestalt ward nach seinem Tode zu einem heiligen Heldenbild verdichtet und als solches freilich auch ein Gehalt in sich und für sich: in dem Epilog zu Schillers Glocke, in einigen Maskenzügen, in den Tag- und Jahresheften, in den Gesprächen mit Eckermann lebt seine Persönlichkeit weiter. Aber auch hier ist er für Goethe eine große Einzelgestalt, nicht Repräsentant eines ganzen neuen Gehaltbereichs wie Herder, Karl August, Charlotte Stein, ja noch die ihm persönlich ferneren Napoleon und Byron es geworden sind.

Doch abgesehn von dem was Schiller als Gehalt für Goethe gewesen ist, auch die sachlichen Inhalte die er Goethe zugebracht hat stehen in keinem Verhältnis zu Schillers Wirkung auf Goethes Lebensform, Lebenszustand. (Den Unterschied zwischen Lebensinhalt und Lebenszustand verdeutliche ein Gleichnis: wenn wir schlafen und träumen, so ist der Schlaf der Zustand, der Traum der Inhalt.) So ist das was Goethe unter Schillers Einfluß produzierte, also die Inhalte seiner Produktion, von Schiller fast ganz unabhängig: aber daß er überhaupt wieder produzierte, daß er seinen Gehalt auszusprechen und zu gestalten sich gedrängt fühlte, kurz, daß er wieder in einen produktiven Zustand geriet: das ist Schillers Werk.

Was Goethe für Schiller ward das ist allerdings gerade Gehalt. Wenn Goethe darüber erstaunte wie Schiller bei jeder neuen Begegnung gewachsen sei, so durfte er sich selbst daran den Hauptanteil zuschreiben. Schillers mächtige Aktivität empfing von dieser ihm an Reichtum unendlich überlegnen Natur erst eigentlich „Welt". Bisher angewiesen auf seine starke Seele, die beinah nichts als Flamme war, empfing er von Goethe Brennstoff aus dessen voller Natur- und Menschenkunde — seine Geschichtskenntnis wurde jetzt erst zur Kenntnis menschlicher Wesen, nicht nur menschlicher Vorgänge, und für die Verkörperung des abstrakten innerlichen Ideals fand er erst im Verkehr mit Goethe die nötige menschliche Ausdeutung: man vergleiche Fiesko mit Wallenstein, Don Carlos mit Tell, um zu sehen, wie er dort vom Ideal zur Verkörperung strebt, hier von dem konkreten Körper zur Verklärung: Goethe hatte ihn auf einen festen Weltboden stellen helfen, der ihm freilich seiner Anlage nach nur zum Sprungbrett dienen mußte in seine Ideenwelt.

Die Frage ob Goethe ohne die Begegnung mit Schiller sich von selbst wieder zu dichterischer Tätigkeit erfrischt hätte ist müßig: wie es geschehen ist ist es ohne Schiller nicht denkbar: die Jahre 1794—1805 stehen unter dem Zeichen Schillerischer Aktivität. Sie löst in diesem Zeitraum als bewegendes Prinzip der Goethischen Fülle das ab, was früher Goethe zur Produktion trieb: die Leidenschaft. Wohl hat Goethes geheime Lebenskraft und Leidenschaft auch an seiner Bildungspoesie teil und zittert darin mit, aber sie stellt sich nicht darin dar, sie bleibt latent. Was sich darstellt ist eine Gesinnung, ein Willen, oder ein Denken Goethes — die Leidenschaft ist nicht mehr der Gehalt, sondern bestenfalls ein Ingrediens dieser

Poesie. Sie gehört einer andern Altersstufe an wie jene Urpoesie, einer andren Zone von Goethes Innerm, einem andren Klima, und erfordert zu ihrer Deutung mehr die Kenntnis Goethischer Ideale und Grundsätze als Goethischer Qualen und Wonnen. Wir können zum Beispiel den Tasso begreifen, ohne zu wissen wie Goethe über das Drama gedacht hat, aber nicht die Achilleïs, ohne zu wissen wie er über Homerische Epik gedacht hat: denn der Tasso stellt den Ursprung, den Grund dem er entstammt, Goethes Leiden, selbst dar, die Achilleïs aber ist nur als Versuch Goethes homerisch zu sein verständlich: das ursprüngliche Erlebnis herrscht im Tasso vor, in der Achilleïs ein Bildungswille.

GESELLSCHAFTSKRITIK

WIE das neue Klima sich in der Produktion äußerte sei kurz erörtert, nachdem wir wissen welches Verdienst Schiller daran zukommt daß es sich in der Produktion äußerte, daß es nicht ein latenter Zustand blieb. Die Jahre 1791 bis 1793, das Interregnum zwischen der Italienischen Reise und der Freundschaft mit Schiller, bezeichnen wohl den tiefsten Stand Goethischer Produktivität, zum mindesten seiner dichterischen: denn die Ausführung der optischen Aperçus die ihm vorher aufgegangen waren, war Arbeit und Beschäftigung, nicht Schöpfung. In diese Jahre fallen die ersten dramatischen Auseinandersetzungen mit den Nebensymptomen der Französischen Revolution: der Großkophta, der Bürgergeneral und die Aufgeregten, die dem Gedankeninhalt nach gleichfalls hierhergehörige Einleitung zu den Unterhaltungen deutscher Ausgewanderter, das Fragment des politisch allegorischen Romans: Reise der Söhne Megaprazons, die hexametrische Stilisierung der alten Tiersage Reineke Fuchs, etwa noch Das Wiedersehn: außer ein paar theatralischen Gelegenheitsversen die einzige Dichterernte dreier Jahre.

All diesen Werken, den dramatischen, den epischen wie den lyrischen, ist etwas gemeinsam dessen Abwesenheit sonst gerade ein Kennzeichen Goethischer Gebilde ausmacht und das, wenn auch als vereinzelter Einschuß hie und da wiederkehrend, nie wieder derart die Dominante Goethischen Dichtens gewesen ist wie in diesen Jahren: die satirische und kritische, besonders gesellschaftskritische Haltung. Der junge Goethe hat in den Sturm-und-drang-possen wohl seiner Laune die Zügel schießen lassen, und wie seine Liebe, so auch seinen Unwillen orgiastisch improvisierend ausgedrückt, aber sie sind, aus der Fülle kommend, mehr polemisch als eigentlich kritisch: mehr fröhliche Ausbrüche eines gereizten Gefühls als Auseinandersetzungen der unbefriedigten Vernunft .. sie sind, Goethes

Altersstufe gemäß, Entladungen, nicht Hinweise — sie wollen lachen machen oder lächerlich machen, indem sie die Phantasie durch absichtliche Verzerrung oder Steigerung wirklicher Züge erregen, durch Kontrast zwischen dem Leben und den Ansprüchen. Die Gesellschaftskritik in den Werken der beginnenden 90er Jahre ist dagegen nicht als übermütige Verunglimpfung gemeint, sondern als ernste Warnung auch im heitern Gewande: sie entstammt nicht der Laune, sondern der Sorge, ihre Komik ist Mittel zum Zweck, nicht Überschuß der Heiterkeit: sie ist nicht aggressiver Ausdruck einer positiven Stimmung, sondern Abwehr. Während die Jugendpolemik Goethes sich überdies an persönlichen Freundschaften oder Bekanntschaften entzündet und dadurch einen gefühlhaft selbstigen, lyrischen Charakter bewahrt, ist die Polemik im Bürgergeneral und den Aufgeregten, die diskretere Gesellschaftskritik der Unterhaltungen gegen Prinzipien und Zeitrichtungen gekehrt: und das Scherz- selbst das Possenhafte ist nur da um den ernsten Hintergrund zu verdeutlichen. Kurz: Goethe dichtet hier, seiner ganzen Natur entgegen, nicht aus der Fülle seines Wesens, seiner Liebe, seiner Qual oder seiner Anschauung, sondern aus seiner Einsicht in Mängel, nicht aus Überschuß, sondern aus Lücken, als Korrektor und Zensor, nicht als Schöpfer und Seher.

Indem er hier, durch das mächtige äußere und noch nicht bewältigte Weltereignis aus dem Gleichgewicht gebracht, nur als Betrachter, nicht von innen her getrieben, sondern von außen, und zwar negativ, angeregt zur Produktion schritt, mußte er flachere, lebensärmere, uneigenere Sachen hervorbringen als sonst. Es ist kein Zufall daß das bei hohen Ansprüchen Schwächste was Goethe geleistet hat gerade veranlaßt wurde durch das stärkste der äußeren Ereignisse seines Lebenslaufs, und zwar ein noch nicht genügend bewältigtes Ereignis. Die Revolutionspossen fallen in das Jahr des weltgeschichtlichen Königsmords. Es war nicht Goethes Gesetz auf äußere und seien es die größten Ereignisse unmittelbar zu antworten: tat er es dennoch, um sich das widerwärtig Drückende solcher Welthistorie durch sofortige produktive Gegenwirkung vom Hals zu schaffen, so entstanden unangemessene, weder Goethes noch des Ereignisses würdige, unfertige Dinge, wie der Bürgergeneral, oder wie später bei den Freiheitskriegen, allerdings damals minder spontan, des Epimenides Erwachen. Napoleons mächtige Gestalt dichterisch gleich festzuhalten hat Goethe sich weislich gehütet: er war kein Dichter der äußeren Aktualitäten, der Politik und Geschichte, sondern der Dichter der ewigen inneren Gesetze und Kräfte der Natur und der Seele, die sich in der Körper- und Menschenwelt versichtbaren. So oft er aus diesem seinem königlich beherrschten Reich in den Bann von Ereignissen geriet, wie die Revolution oder die Napoleonskriege, so verlor er zwar nicht als Betrachter die Übersicht, aber als Schaffender die Sicherheit und Freiheit. Denn Schaffen ist dem Handeln verwandter als dem Betrachten: und nach Goethes eignem Wort hat der Handelnde kein Gewissen, nur der Betrachtende.

Sobald der Dichter nicht unter der innersten Notwendigkeit schreibt, sondern auf Grund von Anregungen oder mit Absichten, d. h. sobald seine Dichtung Mittel zum Zweck ist (und sei dieser noch so geistig) statt Ausdruck des Wesens, schafft er sich auch keine eigne neue Ausdrucksform, sondern bedient sich vorhandener. Je mehr eine von außen gegebene Dichtung Stoff, Gattung oder Vorbild mitspüren läßt, desto sicherer kann man sein daß sie nicht aus der innersten Tiefe herausgeformt, sondern in eine oberflächlichere Schicht eingedrückt worden ist. Vergleichen wir in dieser Hinsicht Goethes beste Lyrik, Faust, Tasso, Werther mit seinen Anlaß- oder Bildungsdichtungen, so finden wir dort allen seelischen Gehalt in eigene neue Form gegossen, in diesen spüren wir die Absicht diesen oder jenen Stoff zu behandeln, dieses oder jenes Muster zu erreichen. Wir werden nicht ganz in das Werk selbst hineingerissen, untergetaucht, sondern an irgend etwas außerhalb des Werks, Stoff oder andres Werk, erinnert: das bedeutet daß der Gehalt nicht völlig bewältigt, nicht völlig Form geworden, der Zauber nicht gelungen ist. Jedes vollkommene Kunstwerk ist eine geschlossene Kugel, und wer als Schöpfer oder Genießer in ihr steckt kann so lange nicht heraus. Alle Tendenz-, Anlaß- oder Bildungswerke deuten auf ein Außerhalb und sind nicht fähig den Geist ganz in sich festzuhalten.

In den Revolutionsdramen ist dieser Kontrast zwischen dem Wesen des Verfassers und den Werken am auffallendsten: sie sind als wären sie nicht von Goethe, sondern etwa von einem gebildeteren und nicht sentimentalen Iffland geschrieben. Goethes tiefstes Wesen ist so wenig darin enthalten, so wenig dazu nötig gewesen, daß man sie ihm nicht zuschreiben würde, wenn man es nicht wüßte. Nicht daß sie absolut gering wären, nur sind sie nicht lebendig Goethisch, man müßte denn eine einzelne Konzeption ausnehmen: die junge übermütige tatkräftige Baroneß in den Aufgeregten, ein Typus der bei Goethe öfter wiederkehrt, in der Stella und in den Wahlverwandtschaften. Hier scheint ihm irgendein bedeutendes Erinnerungsbild etwa seines Weimarer Hofkreises zärtlich vorgeschwebt zu haben. Noch etwas ist in den drei Stücken Goethisch, aber als Gedanke und Absicht, nicht als Gestaltung: der Versuch die verschiedenen Personen aller Stände nicht als zufällige Einzelwesen, sondern zugleich als Repräsentanten dieses Standes, mit den typischen Eigenschaften, Ansprüchen und Bedingtheiten ihrer sozialen Stellung zu zeichnen. Was er später in der Natürlichen Tochter auf einer höheren Stufe, mit eigentlich poetischen Mitteln unternimmt, eine dramatische Symptomenlehre der Revolution, wird hier didaktisch versucht. Wie der Bauer, der Bürger, der Adlige, wie die verschiednen Berufe sich kraft ihrer Bedingtheit zum Umsturz bestehender Verhältnisse stellen müssen, was sie dabei zu verlieren und zu gewinnen haben, das wird, freilich mehr in Reden als in Gestalten oder Handlungen dargelegt.

Im Großkophta hat Goethe, beunruhigt und angeregt durch die Halsband-geschichte, die gelockerte, auf Betrug und Schwärmerei, nicht mehr auf Autorität und Glauben fußende, revolutionsreife hohe Gesellschaft bei einem symptomatischen Abenteuer beleuchten wollen .. im Bürgergeneral die durch die Revolution bewegte Gesinnung der mittleren Kreise in ihren Hauptzügen, eitle und ignorante Kannegießerei, unklare Begehrlichkeit und gesund festhaltendes Mißtrauen auf der einen Seite, Wohlwollen, Rechtssinn, Übermut auf der andren .. in den Aufgeregten die Grenzverrückungen und -verrücktheiten die zur Vernachlässigung der nächsten und klarsten Pflichten führen, die Schwärmerei die ein gegebnes Gute verkennt, um allgemeinen leeren Ansprüchen nachzujagen, den Kurzsinn der für die Taube auf dem Dach den Sperling in der Hand opfert.

Goethe wollte indes mit diesen Revolutionsstücken mehrere Fliegen zugleich schlagen: er wollte zugleich seine Gesinnung der Revolutionsgesinnung entgegenstellen und für das Theater unterhaltende Repertoirestücke schreiben. An Stelle der empfindsamen Misère des bürgerlichen Lustspiels sollten — ohne Verzicht auf dessen Vorzüge, Spannung und aktuelles Interesse — geistigere, durch ihren Gedankengehalt gehobene Bühnenwerke treten. Goethe als politischer Denker und Goethe als Theaterleiter, als unabhängiger Geist und als praktischer Beamter gingen da einen unglücklichen Bund ein. Denn um seine Gedanken fürs Theater herzurichten, mußte er sie mit einer spannenden Intrige und der unvermeidlichen Liebesgeschichte verquicken. Das Politische, das ihn doch nur als Problem, nicht als Passion, nur seine Gedanken, nicht seine Gefühle erregte, mußte er an Privataffären darstellen die ihn im Grund gar nicht angingen, die er als Mittel zum Zweck erfand — nicht selbständig erlebte. So schrieb er Dramen ohne ein eigentliches Interesse weder für die Menschen noch für die Handlung. Was er zu sagen hatte, hätte er ungezwungener in Aphorismen und Aufsätzen, allenfalls in Dialogen niederlegen können, als denkender Beobachter, nicht als gestaltender Dichter. Die dramatische Form war ein Zufall, kein inneres Bedürfnis, die Gestalten und die Handlung eine unnötige und also schädliche Bürde der Gedanken auf die es ihm eigentlich ankam. Was in der

Dichtung nicht notwendig ist auch nicht lebendig, und da die drei Revolutionsdramen Zufallsprodukte sind, wie kaum etwas in Goethes Dasein, zufällig nach Anlaß, Verknüpfung und Formgebung, bezeichnen sie auch den Tiefstand seines Schaffens. Ihr Zweck entspricht nicht Goethes Geist und ihre Mittel entsprechen nicht dem zufälligen Zweck.

Nur an der ersten, nicht an der zweiten Zufälligkeit krankt die Einleitung der Unterhaltungen deutscher Ausgewanderter. Hier hat sich Goethe nicht unnütz damit belastet eine Intrige zu erfinden, um in ihrem Verlauf seine Gedanken zu entwickeln: er hat einfach die verschiedenen Standpunkte gegenüber der Revolution, die Gesinnungen der verschiedenen Temperamente und Berufe typischen Vertretern in den Mund gelegt und sie dialogisch äußern lassen, wie es ohne künstliche Erfindung möglich war. Emigranten die auf ihrer Reise, unter der Einwirkung und Nachwirkung des Weltereignisses das sie vertrieben, in politischen Zwist geraten, infolge verschiedenen Temperaments und Stands, und dialektisch leidenschaftlich ihre Standpunkte verfechten: das war damals auf allen Straßen zu sehen, und ergab eine so ungezwungene Situation für Goethes Zweck wie er sichs nur wünschen konnte.

In ähnlicher Weise hat ja auch Plato zur Darlegung dialogisch und dialektisch auszuführender Gedankenreihen, zur Entwicklung von geistigen, politischen, sittlichen Problemen, die aus den mannigfachen Gegensätzen des Menschen und der Menschen sich ergaben, angeknüpft an Situationen des Alltags wobei solche Probleme zur Sprache kommen konnten: der Dialog ist zur Erörterung von menschlichen Gegensätzen die gemäße Gattung, das Drama zur Verkörperung: und da Goethe es damals weit mehr um Erörterung als um Verkörperung der Revolutionsprobleme zu tun war, so war die dramatische Behandlung ein Mißgriff, die dialogische nicht. Freilich ist die Einleitung zu den Unterhaltungen deutscher Ausgewanderter auch weniger zu Goethes Dichtungen zu rechnen als zu seinen Abhandlungen. Die Revolutionsdramen aber sind weder Abhandlungen noch Dichtungen, ja nicht einmal ein Zwitter aus beiden, sondern eine Durcheinanderkneuelung beider, Erörterung die fortwährend die Verkörperung zerreißt und ab͡ egt. Um sich die Unangemessenheit dramatischer Behandlung von Gegenständen zu verdeutlichen welche erörtert werden sollen, wie Goethe die Revolutionsprobleme erörtern wollte, denke man sich etwa, Goethe habe ein Drama über Probleme der Farbenlehre geschrieben — nun, die politischen Angelegenheiten waren ihm kaum viel weniger wissenschaftliche als die optischen: er war hier nicht viel weniger bloßer Forscher und Betrachter als im Gebiet der Farben — und als bloßer Forscher und Betrachter kann man meisterliche Dialoge und Abhandlungen verfassen, aber keine lebendigen Dramen.

Die Einleitung zu den Unterhaltungen deutscher Ausgewanderter ist zu sondern von der Novellensammlung der sie nur als Rahmen dient. Der politische Zwist der Beteiligten wird ja gerade zum Anlaß politische Gespräche zu meiden und an ihrer Stelle runde reine Geschichten zu erzählen die sich von der unheilvoll aktuellen Luft abschließen und in einem rein menschlichen Element atmen. Aber diese Novellen sind bezeichnenderweise erst später verfaßt, 1795, als Goethe durch Schiller bereits der politischen Befangenheit entrückt war in eine künstlerische und dichterische Stimmung. Die Einleitung ist ein politischer Rahmen zu einer poetischen Erzählungsreihe, und zwar war hier der Rahmen vor dem Bild da.

Entworfen wurden diese Unterhaltungen aus der Absicht politische Probleme zu erörtern. Erst unter der Hand, als Goethe der Politik, wesentlich durch Schiller, enthoben wurde, wandelte sich der Plan zu einer Novellensammlung, und die Einleitung blieb als politische Rahmenerzählung übrig, sie erschien dann auch nicht mehr als Politik, sondern als Begründung einer unpolitischen Haltung. Sie war darum ganz geeignet für Schillers un- oder überpolitische Horen, als eine Art Hinweis wie wenig politisches Gespräch in einem ruhig gebildeten Kreis am Platz sei, welchen Zwist und Schaden es stifte, wie es das Niveau drücke. Die politische Einleitung erschien, ergänzt durch die außerpolitische Novellensammlung, nicht mehr als Einführung politischer Diskussion, sondern als Warnung davor .. die Politik war aus dem Zweck der Unterhaltung zum Mittel der Rahmenerzählungstechnik geworden. Sie bedeutet für diese Novellensammlung jetzt ungefähr dasselbe was die Pest in der Einleitung zu Boccacios Decamerone bedeutet: die abschreckende Mauer um einen heiteren Garten, den düstern aktuellen Hintergrund zu einer hellen überaktuellen Sicht.

Ehe jedoch Goethe aus dem Gesichtskreis der Revolution sich seinen eigentlichen Bezirken zuwenden konnte, eh er sich der Gesellschaftskritik unter Rücksicht auf dies noch unverarbeitete Ereignis entschlagen konnte, mußte er ihm von allen Seiten beikommen: wie fasziniert konnte er den Blick nicht davon wegkehren, und wandte unwillkürlich was ihm an Stoffen und Formen zufällig damals unter die Hände kam, zu einer Deutung dieser Begebenheiten. Da sein Verhältnis zur Revolution zufällig, keine notwendige Auswirkung seines Daseins war, so haben auch die dahin gehörigen Leistungen etwas Zufälliges und Willkürliches. Man sieht nicht ein daß sie geschrieben werden mußten und daß sie gerade so geschrieben werden mußten: wohl aber versteht man warum Goethe damals unproduktiv war und warum er, wenn er dennoch produzierte unter irgendeinem äußeren Anlaß, nur Zufallswerk hervorbringen konnte. Goethe wollte sich hier um jeden Preis einen übermächtigen Eindruck vom Leib halten, indem er ihn gleich in bloße Betrachtung verwandelte, und dieser Eindruck war dazu noch nicht reif: er war zu fremdartig um gleich in Goethes Weltbild eingeordnet, zu nah um sofort mit geistiger Freiheit überblickt, und doch zu wenig innerlich Goethe adäquat um seelisch angeeignet werden zu können. Nachdem Goethe es mit dramatischer Distanzierung versucht und mit dialogischer Erörterung der Symptome, trat er noch weiter davon weg, um gleichsam aus der fernsten Vogelschau die seelische Region zu überblicken in welcher die Menschen überhaupt sich um Staat und Gesellschaft abmühen, gemeinsam dem Genuß, dem Besitz oder dem Ideal nachjagen. So entstand wohl der zwischen Spielerei und Ernst, zwischen Satire und Märchen schillernde, unvollendete allegorische Roman Die Reise der Söhne Megaprazons. Das Werk schildert die abenteuerliche Reise von sechs Söhnen Megaprazons, durch welche mehrere menschliche Gesinnungen und Eigenschaften allegorisiert werden, zu verschiedenen Inseln und Ländern, welche wiederum auf die mannigfachen Zustände und Verfassungen hindeuten. Pate gestanden haben hier Werke wie des Morus Utopie, Campanellas Sonnenstaat, Swifts Gulliver und Märchen von der Tonne, Voltaires Candide, das Märchen vom Schlaraffenland, vielleicht auch Rabelais' Abtei Thelem, kurz satirisch didaktische Erzählungen worin Ideale der besten Gesellschaft oder des besten Staats oder der besten Welt mit den wirklichen Eigenschaften und Zuständen der Menschen kontrastiert werden, sei es um weltfremde Prinzipien und Theorien lächerlich zu machen, wie Candide und Gulliver, sei es um die niedere Wirklichkeit durch eine denkbare und mögliche, allegorisch vorausgezeichnete höhere zu richten, wie Campanellas und Morus' Utopien. Urbild der Gattung ist Platos Beschreibung der Atlantis. Die Reise der Söhne Megaprazons scheint nach den erhaltenen Bruchstücken als eine Vereinigung beider Tendenzen beabsichtigt gewesen zu sein: die Länder welche die Reisenden anfahren sind einerseits offenbar utopische Ideale, andererseits Wirklichkeiten und Möglichkeiten, und die in den Reisenden verkörperten Gesinnungen und Eigenschaften werden durch ihre Abenteuer bald auf ihre natürlichen Schranken zurückgewiesen, bald auf ein Ideal vorausgewiesen und daran gemessen.

Dies mag der Grundplan gewesen sein.. im Einzelnen Goethes Absichten, die bewußt rätselhaft ausgedrückt sind, zu erraten scheint mir bei diesem Werk so müßig wie bei dem Märchen von der Lilie und bei den Weissagungen des Bakis. Es genügt uns zu wissen daß Goethe, wie viele tiefen

Menschen, zuweilen in Rätseln und ihm eindeutigen, für die Andren hundertdeutigen Zeichen zu reden liebte, aus Freude am offenbaren Geheimnis. Kleinere Geister zu beschäftigen, ohne sie zu befriedigen, ist ein Recht und eine Erholung der großen Geister, die es ja allzuoft schmerzlich erfahren müssen daß sie selbst da nicht begriffen werden wo sie die Lösung geben. Auch hatte der Mephisto in Goethe seine Lust daran, wenn die Denkfaulen, die an einer klar ausgesprochenen Weisheit stumpf vorübergingen, erst dann ihren Kopf anstrengen, wenn sie glauben zum Narren gehalten zu werden. Nur durch Zeichen zu reden erklärte Goethe für Scharlatans-gepflogenheit, aber er wußte auch daß die Mittel der Scharlatane, richtig angewandt, die Aufmerksamkeit auf ein Problem lenken konnten, und wenn er in Rätseln sprach, so geschah es meist, um die allzu platten und allzu bequemen, zugleich aber auch die allzu hellen und überklugen, die bloß sinnlichen und die bloß verständigen Leser, die Schläfer und die Schnüffler zugleich zu wecken und zu necken, die übrigen mit einem puren Spiel der Formen zu ergötzen, Leser die Form als Form, Arabeske als Arabeske zu nehmen fähig wären. In solchen Rätseldichtungen benutzte Goethe die Materialien der Wirklichkeit genau so willkürlich wie der Traum es tut, der auch nicht ohne Inhalt, aber ohne logischen Sinn ist. Solche Rätselpoesie erinnert drastisch daran daß es auch einen unlogischen, unnützen, unverantwortlichen Sinn gibt, eine der Lebens- und Erdenschwere entbundene Wirklichkeit.

Bei den Weissagungen des Bakis und dem Märchen hat Goethe das deutlich ausgesprochen: dort handelt es sich um kaleidoskopisch buntes Durcheinanderwirbeln von einzeln genommen sinnvollen und reizvollen Geist- und Anschauungssplittern: der Sinn liegt in den Splittern, das Geheimnis in ihrer Verwirrung. Darum sind auch so viele sinnvolle Deutungen möglich, deren keine objektive Gültigkeit beanspruchen kann, und keine einen höheren Wert oder Wahrheitsgehalt vor der andern voraus hat als eine Drehung des Kaleidoskops oder eine Traumdeutung vor der andern. Die Reise der Söhne Megaprazons ist indes nicht aus der Freude am Rätsel allein geboren, wie das Märchen, sondern bedient sich nur des Rätsels, um sich der aktuellen Schwere und Verantwortlichkeit zu entziehen. Nur daß es sich um eine politische Allegorie handelt, um eine scherzhaft allegorische Kritik von Verfassungen und Gesinnungen ist offenbar, und würde, selbst wenn es versteckter wäre, sich nach dem Zeitpunkt der Entstehung vermuten lassen. Zudem deutet der erste Absatz in den durchsichtig allegorischen Namen und den ihnen beigelegten Tätigkeiten, die diesen Namen entsprechen, gleich darauf hin daß hier allegorische Träger von Gesinnungen und

Eigenschaften ihr Wesen treiben.

In dieser Allegorisierung ist Märchenluft. Das Märchen ist, als das unverantwortlichste aller Produkte der Einbildungskraft, wo es bei Goethe erscheint, immer sein Zeichen der Flucht. Wo ihm verboten war zu wirken, wo ihm unmöglich war zu gestalten und wo es unfruchtbar war zu forschen, da zog er, falls er nicht schweigen konnte und ihm die Dinge und Eindrücke auf den Leib rückten, immer noch das zweideutige oder vieldeutige Spielen damit der verneinenden Kritik vor. Als er die beruhigende Formel für die Revolution, ein in seinem Weltkreis vorerst überraschendes und inkommensurables Ereignis, nicht fand, floh er vor ihr ins Märchen oder zog ihre Elemente soweit möglich ins Märchen. Denn im Märchen werden so wenig wie im Traum die Dinge erklärt, begründet, verknüpft: sie sind einfach da und tragen, ob sinnvoll oder verrückt, ihr Recht in sich durch ihr bloßes Erscheinen und Geschehen. Das Märchen hat keine Verantwortung vor dem Gesetz — Natur- oder Sittengesetz: aber es hat alle Elemente der Wirklichkeit welche dem Natur- und Sittengesetz untersteht, und sein Reiz ist, wie der Reiz des Traums, daß es einer willkürlichen Deutung aus der gesetzlichen Wirklichkeit, einer willkürlichen Beziehung auf die gesetzliche Wirklichkeit fähig ist.

So mochte Goethe die Revolution zuweilen als ein wüster Traum erscheinen dessen Beziehung und Deutung er unverantwortlich in märchenartigen Werken suchte.. weniger die Revolution als diejenigen menschlichen Eigenschaften und Gesinnungen auf denen sie beruhte, die ihm zwar an sich nicht unbekannt, aber als Grundlage eines Weltzustandes bisher noch nicht vorgekommen, ja kaum denkbar waren. Er hat die Formel geprägt für das was ihm neu und irrational war an den menschlichen Grundlagen der Revolution: „Vor der Revolution war alles Bestreben, nach der Revolution verwandelte sich alles in Forderung". Was ist der Unterschied? Bestreben ist die Funktion eines lebendigen Triebs, sich zu entwickeln, zu bilden, zu gestalten, zu befreien, zu wirken: es geht den ganzen Menschen an und setzt ihn voraus, es ist bewußt das was Tier und Pflanze unbewußt tun, indem sie die in ihnen beschlossene Lebenskraft anwenden und auswirken. Bestreben ist die natürliche Funktion des menschlichen Geistes. Forderung ist dagegen eine willkürliche, zufällige Hinwendung des Geistes zu bestimmten außerhalb des Menschen liegenden Gegenständen, Zielen, Gütern, Zwecken. Bestreben ist der Wille etwas zu sein oder zu werden, Forderung der Wille etwas zu haben oder zu gewinnen. Bestreben bezieht sich auf den Menschen, Forderung auf die Sachen. Bestreben kommt aus dem was man ist, Fordern aus dem was einem fehlt. Bestreben ist eine

Eigenschaft, Fordern eine Beschäftigung oder Beziehung. Diese Verwandlung der Menschheit aus einer strebenden in eine fordernde schien Goethe eine Zeitlang die Gesetzlichkeit der menschlichen Natur in Frage zu stellen und er sah die daraus hervorgehenden Phänomene, namentlich die neuen Einstellungen und Zielsetzungen der menschlichen Grundeigenschaften als fast märchenhafte Willkür an: den Menschen als ein forderndes statt als ein strebendes Wesen zu sehen und zu begreifen, daran mußte er sich erst gewöhnen, erst von seiner eignen Natur abstrahieren. Wir finden den Typus des fordernden, wesentlich begehrlichen Menschtums in Goethes Schriften vor der Revolution nur als dumpfe Masse, in den Götzischen Bauern, und als lustige Karikatur nach Aristophanes in den Vögeln: all seine andren Menschen, selbst die halbverkommenen Schauspieler in der Theatralischen Sendung, streben oder wollen.

Jetzt aber erscheint das Fordern, und zwar das maß- und ziellose Fordern, das „Besserlebenwollen der Massen" das sein Symbol im Mythus vom Schlaraffenland gefunden hat, als ein Grundzug des Menschentums, zumal der Gesellschaft, und eh Goethe diesen neuen Weltzustand als legitim und gesetzlich anerkannte, eh er die Folgen der Revolution so gut es ging zu nutzen und zu verwerten, die menschlichen, besonders die sozialen Forderungen auf würdige Ziele zu lenken suchte — die Wanderjahre sind dafür das bezeichnende Werk — nahm er ihn zunächst, nach der ersten unwilligen Bestürzung, als Märchen: so in der Reise der Söhne Megaprazons, so auch in der ersten Epistel und im Reineke Fuchs. Diese Werke haben freilich nicht einen unmittelbaren bewußten Bezug auf die Revolution, aber sie entsprechen einer seelischen Verfassung in welche Goethe durch die Revolution versetzt war: er war geneigt Utopien und Märchen zu schreiben. Sonst ist der Anlaß der Episteln und des Reineke Fuchs von der Revolution so entfernt als möglich: die Episteln handeln von dem Bücherschreiben und Bücherlesen, von den Gefahren der Lektüre und dem Verhalten des einzelnen Lesers und des Publikums. Die Episteln hat Goethe nicht verfaßt, um sich irgendwas vom Hals zu schreiben, um irgendwas darzustellen, sondern, wenn überhaupt je eine Dichtung, um sich in der Gattung Epistel, wie sie Horaz als klassisches Muster aufgestellt, zu üben. Zur Naturform dieser Gattung gehört schon daß sie, im Gegensatz zur Elegie, zum Lied, zum Epigramm, ein Brief in Versen ist, eine Plauderei, und als solche kein einheitliches Motiv zu haben braucht, sondern vom Hundertsten ins Tausendste kommen darf. Von dieser Erlaubnis macht Goethe Gebrauch, um in die eine Epistel eine Schilderung utopischer Sitten einzuflechten die der menschlichen Begehrlichkeit entsprächen.

Die Tiersage aber ward ihm, aus einer Lust am behaglichen Fabulieren ergriffen, zugleich als ästhetisches Experiment mit epischen und metrischen Normen zu einer märchenhaften Schilderung der gesellschaftlichen und politischen Schwächen und Laster überhaupt. Auch der Reineke Fuchs, so meisterliche und anmutige Stellen er enthält, ist doch stofflich, formal, gehaltlich durchaus ästhetisches Experiment, gelungenes Experiment, nicht wirkliche Dichtung im Sinne unwillkürlichen Lebensausdrucks. . Goethe hätte bei mehr Muße aus beliebigem Stoff Dutzende solcher Epen verfassen können, wie ein guter Schüler über jedes beliebige Thema gute Aufsätze verfassen könnte, und wir wüßten dadurch von seinem eigentlichen Wesen nicht mehr als bisher. Das Dasein solcher Werke, die Möglichkeit solcher Alexandrinischen Produktion auf einer bestimmten Lebensstufe Goethes, nicht die einzelnen Werke als solche, sind hierbei für Goethes Wesen bezeichnend.

THEORIE UND SCHAFFEN

GOETHES Produktion zwischen der italienischen Reise und dem Bund mit Schiller, von etwa 1790–1794, ist nur Übergang, Verlegenheit und Abwehr, sie ist unmittelbar oder mittelbar bestimmt durch Goethes Stellung gegen ein nicht aus seinem Leben sich ergebendes, für ihn zufälliges, äußeres, aber doch unausweichbares Weltereignis das er noch nicht innerlich bewältigt hatte und das ihn doch zum Verarbeiten aufregte. Nie war Goethe weniger Dichter als in diesen Zwischenjahren, nie war er mehr geneigt die gewaltigen Dichterkräfte ganz in Forschung, namentlich Naturforschung überzuleiten. Ohne eine Leidenschaft von innen und ohne ein Publikum von außen das seinen gesteigerten Ansprüchen genügt hätte, ganz Klarheit und Bestreben, suchte er Trost und Befriedigung in immer tieferer Erkenntnis des Alls, in einem amor intellectualis Dei mit der Selbstgenugsamkeit des Spinoza. Er war, freilich mit tiefer Resignation, auf dem Weg zu einem solchen Ideal der bloßen Erkenntnis:

Mit Botanik gibst du dich ab? mit Optik? Was tust du?
Ist es nicht schönrer Gewinn, rühren ein zärtliches Herz?
Ach, die zärtlichen Herzen! Ein Pfuscher vermag sie zu rühren.
Sei es mein einziges Glück, dich zu berühren, Natur!

Dies ist fast eine Absage an das Dichtertum . . und gleichfalls weniger einen Dank an das Schicksal als eine Selbstbescheidung in den äußeren Grenzen seiner Existenz enthält das Venezianische Epigramm 34a. Niemand dürfte darin den Dichter des Faust wiedererkennen, niemand den Dichter der Verse über die Gaben der Götter. Wäre wirklich dies Venezianische

Epigramm der Ausdruck der Goethischen Gesamtgesinnung und -wünsche geblieben, nicht nur eines Moments friedlicher Ermattung, so hätte er weder den Faust vollendet noch die Wahlverwandtschaften geschrieben.

Aber Goethes Bildnertrieb war mächtiger als seine Kontemplation: mit der bloßen Einsicht in die Geheimnisse des Alls war ihm auf die Dauer nicht gedient, er mußte gestalten, und eher vergriff er sich in dem Material der Gestaltung, wie in den Revolutionsdramen, als daß er sich ganz mit dem Denken, Forschen und Wissen zufrieden gegeben hätte. Die freudige Wiederbelebung seines stockenden, doch rastlosen Bildnertriebs dankte er Schiller: doch der Goethe den Schiller der Dichtung zurückeroberte war bereits ein mit Wissenschaft durchtränkter, nicht mehr der ursprüngliche Nur-dichter des Werther und des Urfaust, sondern ein universeller Geist dem damals das Dichten nicht mehr die einzige und notwendige Ausdrucks-form war, sondern eine neben andren, ja vielleicht nur Mittel zur Verdeut-lichung seines Weltwissens, ein Bildungsmittel. An den Dichtungen Goethes die durch die Gemeinschaft mit Schiller entstanden sind hat die Theorie sei es schon bei der Empfängnis, sei es bei der Ausarbeitung größeren An-teil als in irgendeiner andren Periode Goethischen Schaffens.

Für die ästhetische deutsche allgemeine Bildung, vor allem für die Schul-bildung ist das Zusammenwirken Goethes und Schillers die eigentlich grund-legende Epoche geworden — und nicht unbedingt zum Nutzen. Die meisten falschen Begriffe von Dichtung die im Deutsch-unterricht, selbst in der Literaturgeschichte und Ästhetik bis heute spuken, besonders der Wahn, Dichtung sei ein Machen, eine Vermittlung von Lehren oder Kunstgriffen, bestärken sich daraus daß Goethe und Schiller zusammen theoretisch dich-teten. Man übersieht daß sie trotz dieser kunsttheoretischen Experimente, nicht durch sie ihre Meisterwerke schufen, kraft eines vitalen Bildnertriebs, dem auch ihre Theorien nichts anhaben konnten, wobei gar nichts darauf ankommt ob die Theorien richtig oder falsch sind. Ihre Werke sind dich-terisch, nur weil und soweit sie über ihre Absicht hinaus, aus einem ihnen selbst verborgenen Leben heraus schrieben. Was Goethe und Schiller da-mals schaffen wollten hätte nur zu einem geläuterten Alexandrinismus ge-führt, einer gebildeteren Art Opitzerei und Gottschedtums mit weiterem Horizont und tieferen Einsichten. Und ohne Frage ist das Epigonentum nach Goethe und Schiller schlimmster Alexandrinismus, nämlich Bildungs-poesie auf Grund von Bildungspoesie — von früheren Alexandrinismen, etwa der Poesie des Augustischen Zeitalters, dem Petrarkismus und dem franzö-sischen Klassizismus, zu seinem Nachteil dadurch unterschieden daß schon ihr Ausgangspunkt nicht der naive Ausdruck einer festen Gesellschaftsordnung war, eines wenn auch schon gebildeten, vielleicht überbildeten Kulturniveaus, sondern die Nachahmung von Dichtungen welche zu bewußten Bildungszwecken verfaßt waren, verfaßt allerdings von wirklichen Dichtern.

Wir können heute, sofern wir aus dem Epigonentum herausgetreten sind, das zum Teil noch immer die Schulbegriffe beherrscht, erkennen welcher Grundirrtum hier vorliegt: die Verwechslung zweier ganz verschiedener Einsichtsarten, Wissensarten: der allgemeinen theoretischen Einsicht in Sinn und Wesen der Kunst, und der schöpferischen Einsicht des jeweils Gestaltenden für seine jeweilige Gestaltung. Gewiß schafft der große Künstler nicht dumpf instinktiv, sondern mit dem hellsten Wissen vom Notwendigen und Zweckmäßigen. Diese Einsicht hatten die Klassiker und die Romantiker der bequemen Sturm- und-drang-meinung abgerungen, Dichtung sei ein dumpfes Auslaufenlassen der inneren Fülle. Aber dann begann die Verwechslung der verschiednen Wissensarten. Der große Künstler schafft nicht aus dem Wissen um Dagewesenes, sondern um das zu erschaffende Neue, wozu er die Regeln durchaus nirgends finden kann als im dringlichen Einzelfall. Die theoretische Einsicht bezieht sich auf die Kunst, die schöpferische nur auf das jeweilige Kunstwerk, die theoretische ist abstrakt, abgezogen aus der geschichtlichen oder persönlichen Erfahrung, die schöpferische wird mit dem zu schaffenden Werk, durch den Kunstakt erst geboren. Die theoretische Einsicht läuft dem Schaffen entgegen, ist Kritik von außen, die schöpferische läuft in der Richtung des Schaffens, ist Gliederung von innen. Zwar kann der Dichter außer seiner jeweiligen schöpferischen Einsicht eine große theoretische immer bereit haben: aber während er schafft muß diese schweigen, darf nur seine schöpferische Einsicht reden. Je mehr sein theoretisches Wissen, seine historischen Kenntnisse und ästhetischen Grundsätze dazwischen reden, desto weniger schöpferisch ist der eigentliche Kunstimpuls, desto unlebendiger ist das Werk. Je schöpferischer der eigentliche Dichtertrieb ist desto weniger wird er die theoretische Einsicht während des Schaffens zu Atem kommen lassen. In der Weißglut des Schaffens verdampft alle Theorie.

Goethe war zu der Zeit seines Bundes mit Schiller und durch diesen Bund selbst nicht mehr primär schöpferisch genug, in jenem Sinn wie Shakespeare und wie er selbst in andren Zeiten seines Lebens, um seine überwältigend breite und tiefe theoretische Einsicht in das Wesen der Kunst während seiner Produktion ganz zum Schweigen bringen zu können: sein Kunstwissen redet seiner Schöpferschau meistens während der Produktion hinein, übertönt seine schöpferische Einsicht für den vorliegenden Fall mit allgemeinen Anweisungen, oder führt gar allein das Wort. Dies allgemeine Kunstwissen ist also während der Produktion nicht ein Vorzug, sondern eine Belastung, und Goethes und Schillers Bildungsgedichte sind selbst künstlerisch, d. h. als Gestaltung des Lebens geringer, weil zwiespältiger als etwa Shakespeares Werke, dem jene theoretische Einsicht abging, also auch nicht am falschen Platz dazwischen redete. Shakespeare wußte nur, und das vollständig, was er in jedem vorliegenden Fall zu tun hatte, Goethe und Schiller auch was sie in jedem möglichen Fall zu tun hätten, sie waren während der Produktion oft bedenklich welchem von den möglichen Fällen der gerade vorliegende einzuordnen und nach welchem Rezept er zu behandeln sei, ja sie fragten sich sogar welcher Fall jeweils zu behandeln sei. Der Unterschied zwischen der theoretischen und der schöpferischen Einsicht ist etwa der zwischen einem großen Staatsmann und einem Staatsphilosophen. Ein Staatsmann der auf Grund staatswissenschaftlicher Einsichten Politik machen wollte, würde keine großen Taten verrichten, wieviel solcher Einsichten er auch besitzen mag.

Im Schaffen wurde also auch Goethe durch seine Ästhetik eher gehindert als gefördert. Nur darf natürlich das Mitreden oder Vorwalten der Ästhetik in den klassizistischen Dichtungen nicht als Ursache für deren relativ geringere Lebensfülle betrachtet werden, nur als Symptom. Weil Goethes Lebenskraft jetzt schon in eine ungeheure Breite investiert war, weil er damals mehr „theoretischer" als „dionysischer" und „apollinischer" Mensch war, konnte jene urlebendige Stoßkraft seinen Werken nimmer innewohnen, mußte sein theoretisches, allerdings aus der Vitalität erwachsenes, aber damals von ihr emanzipiertes Denken in seinen Gebilden zur selbständigen Geltung kommen.

Er hat unter Schillers Einfluß und Gemeinschaft seine Theorie in verschiedenen Graden Herr werden lassen über seine dichterische Spontaneität. Ganz um der Gattung willen, in die Gattung hineingeschrieben sind die Weissagungen des Bakis, die meisten Balladen, die Achilleïs, die Episteln, vielleicht das Märchen. Diese Dichtungen wären überhaupt nicht entstanden, wenn Goethe nicht über das Rätsel, das Balladenhafte, das Epische, die Gattung Epistel und Märchen nachgedacht und den Wunsch gehabt hätte Werke dieser Gattungen zu verfassen. Das Entscheidende ihres Ursprungs und ihres Daseins liegt nicht in der Erregung durch ein bestimmtes Erlebnis oder der Anregung durch ein stoffliches Motiv, sondern in der Anregung durch bestimmte Gattungsnormen. Mit diesen wollte Goethe sich auseinandersetzen und suchte dazu Stoffe oder Motive, an denen er sie erproben könnte, wie bei den Balladen, oder er verwertete bestimmte zufällig gefundene Einfälle und Motive, die noch gestaltlos und indifferent in ihm lagen für diese zum Teil sehr dehnbaren Gattungen, z. B. in Rätsel- oder Märchenform. Daß er beim heroischen Epos an Homers Stoffkreis selbst geriet, wie bei der Achilleïs, war kaum zu vermeiden.

Eine zweite Gruppe von Werken dieser theoretischen Epoche ist entstanden, indem Goethe, erregt durch ein stoffliches Motiv oder ein Erlebnis, gewillt war es in einer ihm entsprechenden Gattung zu verewigen. Hierbei war nicht die Gattung, sondern der Stoff und das Erlebnis zuerst da: aber auch hier ist im Gegensatz zu seinen Jugendwerken die Gattung nicht aus dem Stoff herausgewachsen, die Form nicht von dem Erlebnis erst herausgetrieben worden, sondern die Gattung lag als etwas von diesem besondern Stoff und Erlebnis Unabhängiges vor Goethes Seele: als ein objektives Absolutes in das dieser Stoff dann gleichsam einzugehen, das in diesem Stoff sich zu materialisieren habe. Werke dieser Art sind die Geschichten aus den Unterhaltungen deutscher Ausgewanderter, die Xenien, die zweite Reihe Elegien, vor allem die beiden großen Balladen Der Gott und die Bajadere und Die Braut von Korinth, Hermann und Dorothea, Die natürliche Tochter. Diese Gruppe von Werken, deren keines, Der Gott und die Bajadere und Amyntas vielleicht ausgenommen, an erschütternder Gewalt die Hauptwerke des jungen und des alten Goethe erreicht, sind durch die Verschmelzung von theoretischem Wissen und schöpferischem Können, von seelischer Fülle und geistiger Helle, durch das bewußt hergestellte Gleichgewicht von Ausdrucksmitteln und Inhalten die eigentlichen technischen Meister- und Musterwerke Goethes geworden, die schönste Frucht des bewußten vollendeten deutschen Klassizismus, die schönste Frucht zugleich die Klassizismus und Bildungspoesie irgendeiner Zeit gebracht hat. Doch nicht der Richtigkeit der klassizistischen Tendenz und der Vortrefflichkeit der Vorbilder und Muster ist dieser Erfolg zu danken, sondern der persönlichen Größe und Fülle Goethes: diese ist Herr geworden über die Theorie, und diesem Frommen und Göttlichen mußten alle Dinge, sogar seine Irrtümer, zum besten dienen — wenn man die Begründung von Kunstwerken auf an sich kunstwidrigen Abstraktionen hier als Irrtümer bezeichnen darf.

Eine dritte Gruppe von Werken die durch das Bündnis mit Schiller gereift wurden sind Wilhelm Meisters Lehrjahre und die Arbeiten am Faust. Das sind nun wieder die beiden Lebenswerke die ein Leben innerhalb Goethes Leben führen und innerhalb jeder Epoche, sei es der titanischen, sei es der human-italienischen, sei es der klassizistischen, ihre eigne Atmosphäre haben, welche sich hie und da mit der Atmosphäre der jeweiligen Epoche durchdringt und den Duft dieser Epoche annimmt, im wesentlichen aber sich rein erhält. Beide Werke werden bestimmt durch den Plan, die Anlage und die Motive der Zeit in welcher sie konzipiert wurden und ziehen nur die späteren Erlebnis- und Bildungsströme in ihre Entelechie mit hinein, ohne indes davon als Ganzes bestimmt und verwandelt zu werden. Beide Werke sind, im Gegensatz zu den andren in der Schiller-zeit verfaßten, nicht durch die Gattung bestimmt, sondern noch wesentlich durch den Plan und den Gehalt ihrer Entstehungszeit, da es Goethe noch fern lag Gattungen oder Mustern zu genügen, Gattungen zu erneuern, Muster aufzustellen. Sie sind weniger als die andren der klassizistischen Zeit nach bewußten Regeln und Gesetzen geschrieben: sie zeigen darin ihren Ursprung aus Goethes vorklassizistischer Zeit. Wenn Goethe daher den Wilhelm Meister Schiller gegenüber bezeichnete als eine der „inkalkulabelsten Produktionen, wozu ihm selbst der Schlüssel fehlte", so bezieht sich diese Äußerung wenn nicht ganz, so doch gewiß hauptsächlich auf den für Goethes damalige klassizistische Kunstgesinnung ungesetzlichen, durch Kunsttheorie und Gattungsgesetze nicht zu berechnenden Bau des Ganzen, in welchem die Elemente des Lebens sich selbst gliederten, während Goethe jetzt bis ins Kleinste bewußt zu komponieren gewohnt war. Darum kam er sich auch, als er die Lehrjahre vollendete, im eigentlichen Sinn nur als der Herausgeber vor, denn als Verfasser hätte er sich damals nichts Irrationelles erlaubt.

Jedenfalls dürfen wir in der Schiller-zeit Goethes Schaffen nicht mehr in dem Sinne als unmittelbare Formwerdung seines Lebens betrachten wie zur Werther-zeit und bei der italienischen Reise. Zwischen seinen Lebensgehalt und seine Formgebung hatte sich wieder eine rationelle Zwischenwelt von Regeln und Mustern geschoben, die sich von dem vorherderischen Rationalismus nur dadurch unterschied daß sie nicht beruhte auf einer geschichtlich übernommenen ungeprüften Bildungskonvention, sondern auf eigener Deutung der Welt und des Menschen, die Goethe sich durch tiefes Erleben erst errungen hatte. Doch wie sehr immer die Deutung, die Theorie des klassischen Goethe zurück gehen mochte auf überrationelles Erleben, dies änderte nichts daran daß sie sich verselbständigt hatte, zu einem Rationalismus wenn nicht der Inhalte so doch der Methode erstarrt war und einer unmittelbaren Formwerdung des Goethischen Lebens, im Sinn des Werther, des Urfaust und der ersten Lyrik im Wege stand. Goethes Begriffe vom Können, jetzt nicht mehr zugleich mit seinem jeweiligen schöpferischen Augenblick gegeben und durch diesen erzeugt, sondern als unabhängige Ästhetik wirksam, bedingten jetzt seinen Gehalt, und seine Bildung bedingte seine Natur, während früher, und später wieder, seine Natur seine

Bildung bestimmte. Stoff, Form und Gehalt waren nicht mehr wie in seinen Jugenddichtungen zur vollkommenen Einheit geworden, schon erst recht nicht mehr als Einheit gegeben, sondern wurden durch ein System künstlerischer Grundsätze miteinander ausgeglichen. Wir finden jetzt erst bei Goethe Stoffsuche, bewußte Stoffwahl und Erwägungen über die Formen welche ihm angemessen seien.

HERMANN UND DOROTHEA

UNTER den durch Schillers Einfluß gezeitigten Bildungswerken, bei denen Stoff, Form und Gehalt nicht einheitlich geboren, sondern miteinander verschmolzen wurden, sind drei durch die Macht und Tiefe des darin mehr gebändigten als ausgedrückten Gehalts lebendiger geblieben als ihre gattungsgeborenen Geschwister: Hermann und Dorothea, Der Gott und die Bajadere, Die Braut von Korinth.

Hermann und Dorothea ist gespeist aus dem Erlebnis der großen französischen Revolution, aus dem Willen zur Verklärung und Steigerung der idyllisch deutschen Zustände (ein Wille der Goethe seit der Reinigung und Ausweitung seines Blicks in Italien nicht mehr verließ und fast mit der Gewalt einer Leidenschaft wirkte) aus der Absicht das Muster deutschen epischen Stils, einer deutschen Idylle aufzustellen und sich dabei produktiverweise über die Gesetze der epischen Darstellung klar zu werden. Derselben Absicht entstammte ja die Achilleïs: doch während dieser Epopöen-plan, rein literarisch und ästhetisch konzipiert, nicht genährt von einem urdichterischen Gehalt, es seien denn gewisse Landschaftsbilder, nur aus dem Homer und den Gedanken über das Epos, ein alexandrinisches Fragment bleiben mußte, waren jene Erlebnisstrahlen stark und dicht genug die Idylle durchzureifen und zu füllen: Hermann und Dorothea ist vor der gleichen Gefahr bewahrt worden durch den mit Goethes eigner Anschauung zu umspannenden Gegenstand und eine mit eignem Atem zu füllende Zeitsphäre.

Vom seelischen Erlebnis und von der sinnlichen Erfahrung her war der Stoff der Idylle ihm gemäßer als die Achilleïs. Im Nachdenken über die epischen Formen und homerische Technik, über Ilias und Odyssee, das ihn seit der Rückkehr aus Italien kraft einer Sehnsucht nach der gehobenen reineren Lichtwelt beschäftigte mit bald pädagogischer bald elegischer Färbung, neu angeregt durch die deutsche homerisierende Idylle von Johann Heinrich Voß, zugleich bewegt von der Revolution und ihren Wirkungen auf die deutsche Bürgerwelt, stieß er auf einen alten Bericht über „Das liebtätige Gera und die Salzburgischen Emigranten" worin anekdotisch

Auswandrer‹schicksale erzählt werden, unter andrem auch die Liebes‹ und Prüfungsgeschichte einer verjagten Jungfrau die ein Bürgersohn sieht, zur Gattin begehrt und nach mancherlei Hin und Her seitens der Eltern und Bekannten erhält.. also ungefähr die Handlung die wir aus Goethes Idylle kennen.

Die Auswanderungsszenen in dieser Flugschrift erinnerten Goethe an gleichartige, wie er sie seit Ausbruch der französischen Revolution, besonders während der Kampagne in Frankreich mitangesehen hatte, und die Ge‹ schichte des liebenden Paars selbst, an sich rührend und seltsam, in solchem ihm vertrauten Bereich begegnend, mochte Goethe sofort als der fast schon gestaltete und gerundete Anlaß einer idyllischen Konzeption auf‹ und ein‹ leuchten. Hier war ihm ein dichter Kern für seinen damaligen Gehalt ge‹ geben. Das Detail des Auswanderns, das er aus eigner Anschauung kannte, rief ihm den unendlich bedeutenderen, großartigeren, infolgedessen dich‹ terisch fruchtbareren Hintergrund empor, die französische Revolution — das Milieu war etwa das gleiche das ihn als seine Umwelt beschäftigte, und die Handlung war, wenn auch keine sofortige Analogie zu seinem eignen Er‹ leben, als Motiv bildhaft, knapp und umfassend genug um samt jenen stoff‹ lich atmosphärischen Vorzügen seinen wieder erwachten Bildnertrieb zu locken.

Die Form war ihm mit dem Stoff nicht gleichzeitig gegeben, und ward bestimmt durch seine epischen Aspirationen und Reflexionen. Vossens Luise hatte das deutsche Kleinbürgermilieu in homerischem Versmaß zum Gegenstand einer Idylle gemacht und dadurch die Debatte über die epischen Formen in Fluß gebracht: Goethe konnte seiner Natur nach daran sich nur schaffend beteiligen, und so trafen just ästhetisches Interesse, Stoff und Gehalt, oder Bildnersinn, Lektüre und Erlebnis zusammen, um die deutsche Idylle Hermann und Dorothea zu zeitigen.

Hermann und Dorothea war allezeit Goethen selbst eines seiner liebsten Werke, es rührte ihn noch später zu Tränen ohne die Apprehension die er vor der Beschäftigung z. B. mit Werther, als dem Niederschlag „eines pa‹ thologischen Zustandes" empfand. Was ihn dabei ergriff war wohl der Gegensatz zwischen dem flutenden und gefährdeten Dasein das er sah und lebte und der befriedeten Bildwerdung, der reinen, fast möchte man sagen „Abkapselung" des verworrenen Alltags, der Seligsprechung seiner deut‹ schen Zeitdetails die ihm hier geglückt, im eigentlichen Sinn geglückt ist. Hermann und Dorothea ist die Bildwerdung nicht einer Goethischen Lei‹ denschaft wie Werther oder Tasso, nicht eines Goethischen Strebens, Lebens, Konflikts und Schicksals, wie Götz, Faust, Meister, Iphigenie, sondern der zeitgenössisch bürgerlich engen Zustände unter denen er seit seiner Jugend als Titan wie als Dämon, als Dichter durch Gefühlsfülle wie als Bildner mit seinem Bedürfnis nach großen Linien und einfachen Ordnungen gelitten hatte .. es ist die erste Verklärung, Schönwerdung die Goethe der deutschen bürgerlichen, ja spießbürgerlichen Welt vergönnt und abgerungen hat, und (das ist für ihn das Rührende und Beglückende) abgerungen ohne vor ihr zu kapitulieren, ohne sich auf ihr Niveau zu begeben. Nicht indem Goethe sich bürgerlich, sondern indem er diese Welt Goethisch gemacht, hat er ihre Kunstwerdung, ihre Seligsprechung erreicht, und wohl durfte er über diesen Sieg gerührt sein: ein spröderes Material hatte er noch nie überwunden und durchdrungen .. diese kleine und enge Welt als solche groß schön und einfach, italienisch und klassisch zu schauen und darzustellen war dem aus Italien zurückgekehrten eine neue Not und ein neuer Triumph. Hier rang er ja nicht mit großer Natur und großem Schicksal, nicht mit dem Ganzen eines Daseins oder einer Zeit, überhaupt nicht mit Kräften sei es erotischer, sei es dämonischer, sei es titanischer Art, sondern mit den äußeren Schranken seines Daseins, und er schob seine große Seele nun in Bezirke hinein vor die seine Kunst bisher verschmäht oder überflogen hatte.

Wir kennen die Mittel der Darstellung die Goethe sich in Italien ausgebildet hatte für einen solchen Kunstsieg: strenge Augenhaftigkeit, genauen Umriß, klare Sonderung, übersichtliche Ordnung der Menschen, Gegenstände und Räume — keine Beschreibung die nicht zugleich Bewegung und Bedeutung hätte, der Komposition diente, die Handlung förderte, den Geist verkörperte, keine Sentenz die nicht zugleich Körperliches beseelte und deutete: steter Bezug der sinnlichen Einzelheiten zur geistigen Mitte, Abwägung der Kontraste. Überall merkt man daß ein an malerischer Komposition geschultes Auge dies Werk gebildet. Auch die genaueste Beschreibung kommt nicht aus Vossischer Freude am Stilleben, sondern aus Freude am Komponieren die auch das Kleinste unter ein einheitliches Gesetz des beseelten Auges, des raumschaffenden, raumfüllenden, raumordnenden Auges zu stellen weiß. Kein Detail das nicht der Charakterisierung eines Dunstkreises, eines „moralischen Raums" dient, der durch Bewegung und Handlung geschaffen und deutlich wird und die Vergegenwärtigung eines Goethischen Bildungszustandes ist. Goethes Wille zur Einfachheit, Klarheit, Großheit, in Italien gereift, durch Homer bewegt, durch den Stoff angeregt, durchdrang die bürgerliche Umgebung seiner deutschen Kleinstädterwelt und aus dieser Durchdringung sind die beiden edlen Gestalten Hermann und Dorothea entstanden, deren Ausstrahlung das Milieu ist, zu deren

Verdeutlichung und Beleuchtung die übrigen Gestalten dienen in verschiedenen Graden der Wirksamkeit und der Dichte.

Wenn Hermann und Dorothea eines der populärsten Werke Goethes geworden ist, so hat daran (abgesehen von seiner Eignung als Muster- und Gattungspoesie für die Schullektüre, die es vor manchen mächtigeren Werken Goethes voraushat) ein ähnliches Mißverständnis teil wie am Massenerfolg des Werther: man ging vom behandelten Stoff aus und erkannte in der Goethischen Idylle mit Recht die schönste Verklärung des deutschen Bürgertums, mit Unrecht eine Anerkennung der Spießbürgerei in welcher man sich wohlgefiel. Man hielt Goethe für den Maler der eignen Zustände und des eignen Niveaus, und schrieb diesem Niveau das Hauptverdienst daran zu daß ein so herrliches Bild dabei herauskam (ähnlich wie dasselbe Niveau durch die Lehren und Ausblicke in Schillers Glocke dem deutschen Bürger auf einmal höher und großartiger vorkam). Man vergaß dabei daß jener Adel nicht dem Stoff, sondern Goethes eigner Seele angehört, mit welcher der Stoff durchdrungen worden. Die heilige Ehe zwischen einer hohen Seele und einer gleichgültigen Welt kommt immer der Welt zu gut. Und wenn heut auch den anspruchsvollen Leser Hermann und Dorothea noch ergreift, so geschieht das nicht, wie man uns in der Schule glauben machen will, wegen der vortrefflichen Komposition (die als solche, als Technik, auch von subalternen Seelen lernbar ist) nicht wegen der schönen Beschreibungen, die wir heute nur noch aus Goethes damaliger ästhetischer Theorie historisch würdigen können und als altväterischen Biedermeierschnörkel zärtlich achten, ohne seelisch davon erfaßt zu sein, kurz nicht wegen dessen was an dem Werk Zeugnis eines Könnens ist, sondern wegen des edlen und tiefen Seins, des Seelenadels, der allerdings erst durch das Können in plastische Erscheinung tritt. Man vergleiche die subalterne Gutartigkeit und Zutraulichkeit in Vossens Luise oder die forcierte Tiefe und Bedeutsamkeit in Hebbels Mutter und Kind (zwei technisch keineswegs verächtliche Werke ähnlichen Anspruchs) um den eigentlichen Menschenwert der Goethischen Idylle und den Ursprung dieses Wertes ganz durchzufühlen.

Die beherrschte Güte, das zarte Würdegefühl, die klaglos unermüdliche Tüchtigkeit, der Sinn für Ordnung und Haltung, die lautere Liebefähigkeit und die ruhige Kraft selbst in der Wallung, die Vereinigung von Stetigkeit und empfindsamer Schnellkraft, von griechischer Gehaltenheit und deutscher Innigkeit, von Anmut und schwellender Spannung—all diese Züge Hermanns und Dorotheas, zweier deutscher Idealmenschen, sind aus Goethes eignem Wesen ihnen zugewachsen: sie gehören nicht der Fabel und

nicht dem Milieu an, aber sie sind — aus Fabel und Milieu einmal in die Goe‹
thische Seele geraten und verwandelt daraus wieder als Bilder hervorge‹
gangen — fortan unverlierbare und fortzeugende deutsche Wirklichkeiten,
Erweiterungen des deutschen Wesens, und keineswegs soll die Meinung
des deutschen Bürgertums, Goethe habe nur vorhandenes Wirkliche abge‹
malt, gescholten werden, wenn sie fruchtbar bleibt und diese schöngesehene
Welt nicht nur als Spiegel, sondern als steigerndes Wunschbild wirkt. Goe‹
thische Würde, Güte, Lauterkeit und Weisheit strahlt von diesen zwei Kin‹
dern aus seiner Ehe mit dem deutschen Bürgergeist und wirkt weiter. Ein
Strahl von der Sonne Homers fällt durch dies Werk auf die kleinen Ge‹
müsegärten und schiefen Kleinstadtdächer und ‹gassen, auf die winkligen
Märkte mit Brunnen und Lauben, fruchtbarer und wärmer als sie in der
Achilleïs aufgefangen ist. Denn in der puren Nachahmung Homers konnte
Goethe seine Seele nicht vermählen mit einer noch fruchtbaren Wirklich‹
keit: mit dem erhabenen Gespenst der versunkenen Welt konnte er nicht
Kinder zeugen wie mit einer noch lebendigen, sei sie auch geringer.

DIE GROSSEN BALLADEN

WENN Hermann und Dorothea Erwägungen über Gattung und Stoff‹
suche voraussetzt, so überwiegt in den beiden großen Balladen das
Urerlebnis die Ästhetik, und weniger die vorgesetzte Aufgabe als die in
beherrschten Kunstformen geglückte Improvisation aus lang gesammeltem
und gereiftem Erlebnisstoff bringt sie zu ihrer Gestalt.

Der Gott und die Bajadere und Die Braut von Korinth erzählen beide
mythisches Geschehen als ein wunderhaftes Ereignis. Nicht wie aus ei‹
nem Ganzen von Zuständen sich allmählich Schicksale und Begebenheiten
bestimmter Charaktere entwickeln, nicht Wechselbeziehung zwischen Zu‹
ständen und handelnden oder leidenden Menschen wird geschildert, wie es
das Goethische Epos getan hat, auch nicht die vor‹ und rückläufige Dar‹
stellung einer Handlung von einem sinnlich gegenwärtigen Augenblick aus,
die wir aus den Elegien kennen. Alles ist in den mythischen Augenblick,
in das Ereignis selbst hineingezogen, es gibt kein Milieu von dem sich die
Begebenheit abhöbe, aus dem sie sich erklärte, und keine Vergangenheit
und Zukunft die als distanzierter Umkreis den gegenwärtigen Moment um‹
gäbe. Wie in einem Drama entwickelt sich das Geschehen von einem An‹
fang zu einem Ende hin, aber nicht als Handlung, sondern als Erzählung:
d. h. der Dialog selbst schafft nicht die Handlung wie im Drama, stellt sie
nicht dar, sondern er ist ein Teil davon, er wird — einerlei ob direkt oder
indirekt — erzählt. Das balladeske Geschehen erfüllt sich, im Gegensatz zum

epischen und dramatischen, als einheitlicher Augenblick, nicht als eine Folge, nicht als eine Kette von Ursachen und Wirkungen, und der Vorgang dient nicht eigentlich der Darstellung von Menschen und Charakteren, sondern gibt Weltgeschehen, auch wo Menschen seine Träger sind.

Im Epos und im Drama wird die Welt um des Menschen willen gestaltet, in der Ballade ist alles Menschliche nur ein Hierogramm für kosmische Vorgänge, für Natur- oder Schicksalsmächte. Wie die elementaren Schauer vor der Natur oder dem Verhängnis, samt dem aus solchen Schauern geborenen Glauben und Kult, Menschengestalt annehmen und in menschlichem Geschehen, als menschliches Geschehen vergegenwärtigt werden können, bis ihr eignes Wesen so in Menschliches gebannt bleibt, daß ihr Ursprung darüber vergessen werden kann, das bezeugt das antike Drama und einige Stücke Shakespeares, namentlich Macbeth und Lear: bei diesen Gebilden handelt es sich recht eigentlich um die Menschwerdung der außer-(überoder unter-)menschlichen Urgewalten, um ihre Anpassung an menschliche Organe, und nur als kaum ausgesprochener, vager Hintergrund umlagert das Unmenschliche den von Menschen ausstrahlenden und gefüllten Raum, oder innerhalb der menschlichen Charaktere bäumen sich die Urmächte auf und führen zu Streit und Untergang. Am Anfang des Dramas, bei Äschylus können wir, besonders im Prometheus, die Menschwerdung der Urkräfte beinah noch als Prozeß mitanschauen, bei Sophokles und Euripides sehen wir das Ringen um Menschwerdung siegreich vollzogen. Über zwei Jahrtausende hinweg (während welcher im Schrifttum das Reich der Urnacht und des Verhängnisses schlafend, stumm und gefesselt schien unter der Herrschaft des Menschengottes, und nur an den Grenzen, als Märchen und Volkslied, machtlos züngelte) reicht ihnen der Erneuerer des Dramas die Hand: Shakespeare aber, umgekehrt wie Äschylus, der noch ungebändigtes, aus dem Titanenzeitalter hereindrohendes Chaos vermenschlichte, hat als Kind einer völlig vermenschlichten, fast schon überbildeten Epoche kraft seiner ungeheuren Natur das im Menschtum verhaftete Chaos wieder entbunden. Macbeth stellt fast wieder den Kampf zwischen Mächten dar, ähnlich wie die äschyleische Tragödie, nur gleichsam den Kampf nach der Menschwerdung, nach der Besiegung der Mächte, während bei Äschylus dieser Kampf vor oder während der Menschwerdung erscheint. Jedenfalls ist das Drama an seinen entscheidenden Punkten, wie alle Urdichtung, die Sprach-, also notwendigerweise die Menschwerdung außermenschlicher Mächte, wobei der Nachdruck auf dem Menschen, nicht auf den Mächten liegt. Die Eroberung eines Menschenbereichs ist das Ziel, und nach dieser Eroberung kümmert sich das Drama nicht mehr um die Urwelt als selbständigen Kreis: bei Sophokles, Euripides und den meisten Werken Shakespeares spielt sich das Geschehen innerhalb des Menschenbereichs ab, und will im wesentlichen nichts anderes sein als Darstellung menschlicher Charaktere, Zustände und Geschicke. Das Drama ist vorzugsweise der Bereich der Menschenschilderung geworden, und gestattet weniger als das Epos und die Lyrik dem Außermenschlichen, vor allem der Natur als Element oder als Landschaft, einen selbständigen Raum. Selbständige Natur-beschreibung und selbständige Stimmung — im Epos und in der Lyrik nach den Gesetzen ihrer Gattung, d. h. ihres Ursprungs zulässig — sind im Drama nicht möglich: nur als Ausstrahlung menschlicher Gebärde, als menschliche Rede sind sie berechtigt.

Die dunkeln Urschauer, durch den kultischen Charakter des Dramas ins Menschliche hineingebannt, ihrer Herrschaft beraubt, im Gesang, in der eigentlichen Lyrik nur als Stimmung und Gefühl, nicht als Mythe, nicht als Vorstellung und Anschauung, zu vergegenwärtigen, behielten so als eigentlichen Machtbereich, als Äußerungsbereich nur die epischen Gattungen übrig, und hier konnten sie, aus der Epopöe verdrängt durch das Interesse an der Verherrlichung der Helden und Götter, aus der Idylle durch die Darstellung der gesellig bürgerlichen Beschäftigungen und Gesinnungen im abgezirkten Menschenkreise, nur im Märchen und in der Ballade ergiebig Stimme werden. Daß sie aber überhaupt eine Stimme verlangten liegt in dem menschlichen Wesen, das danach drängt jede seiner inneren Erfahrungen, von eben jenen dumpfen Urschauern bis zum eng klugen Nutz-wissen und dünnen Nervenkitzel, zu versprachlichen, den ganzen Bereich von der dunklen Sympathie mit dem ungestalten Vormenschlichen bis zur hellen Erkenntnis des eigenen Ichs in Sinnbildern festzuhalten, in Wort und Figur zu verwandeln, zu mythisieren.

Zu den Erlebnissen die nicht stimmlos bleiben konnten gehörte nun auch das Gefühl für die Belebtheit des Nichtmenschlichen. Die Bild-(nicht nur Klang-)werdung dieses Gefühls sind, nach Entthronung der alten Naturreligion durch die Geist- und Seelenreligion, der Verdrängung der Naturschauer aus Kult und Mythus, wesentlich das Märchen und die Ballade, jenes als Bericht, diese als Darstellung, jenes als Literatur, diese als Dichtung. Wo immer ein neuerer Dichter über die gesellschaftliche Poesie bis zur Verlautbarung der chaotischen Urnatur selbst vordrang, hat er auch balladeske Elemente — selbst Dante, so christlich und supranatural sein Werk angelegt und gewollt ist, hat in den Geschichten von Buonconte und von der letzten Fahrt des Ulysses Muster balladesker Darstellungsart gegeben. Goethe, der Urdichter eines schon völlig vergesellschafteten Zeitalters, wirkend

DIE GROSSEN BALLADEN

in einer Epoche historischen Sinns da die Gattungen bereits als solche ins Bewußtsein traten, instinktiv oder bewußt Erneuerer und Erweiterer aller historischen Kunstformen aus deren eigenen Bedingungen heraus, hat auch die Ballade als die Bildwerdung der außermenschlichen Schauer wieder gefüllt. In seiner voritalienischen Epoche hat er aus dem dumpfen Elementarschauer den Fischer und den Erlkönig gesungen, unmittelbar die Volksballade fortbildend, gefühlsmäßig das Locken, Raunen, Rieseln, Dämmern und Weben des Wassers und der Luft zu Elementargeistern verdichtend, aus dem Grauen heraus ballend. Gerade die Unterdrückung auch dieses bloß Elementaren war ja Wille und Folge seiner italienischen Selbsterziehung.

In die dumpfe Sphäre hinunterzutauchen aus welcher Erlkönig und Fischer stammen, in ihr mit geschlossenen Augen und offnen Poren die dichterische Beschwörung der Urschauer vorzunehmen, wie es dem voritalienischen Goethe gemäß war, verbot sich der klassische von selbst: aber auch jetzt, wie sehr allem Chaos feind, konnte der All-umfasser sich nicht einschränken in eine bloße Gesellschaftspoesie, eine bloße Verklärung und Steigerung zeitgenössischen Menschentums, und in eine ästhetische Wiederbelebung antiker Formen. Als ein kosmischer Mensch hatte er den Zusammenhang mit dem Urgrund nicht verloren aus dem alle (auch Nur-menschliches kündende) Kunst sich speist, und wenn er sich auch versagte von Urschauern Zeugnis abzulegen innerhalb der von ihm nun respektierten Gesellschaft, wenn er auch lieber vom gestalteten Tag als von der ungestalten Nacht sprach, so waren selbst in seinem klassischen Menschtum so wenig wie einst in Sophokles und Plato die Kräfte erloschen die seinen heiteren Kunstbezirk jederzeit zerstören konnten: nicht nur die unbändige Leidenschaft, der ausbrechende Gefühlsdrang ist hier gemeint, der im Tasso, im Amyntas, in der Marienbader Elegie die beherrschte Weisheit und gesittete Schönheit des reifen Goethe durch-schwillt, sondern eben der Blick in das Geheimreich der außermenschlichen Mächte, in den Bezirk der Mütter. Doch nicht mehr als Stimmung und Wallung, als dumpfen Übergang zwischen Mensch und Chaos, wie in den nordischen Balladen, bekundete Goethe jetzt diese innere Erfahrung, sondern nach hellenischer Weise als mythischen Vorgang, und die elementare Natur oder das Schicksal erscheinen nicht mehr gespenstisch huschend im Halbdunkel ihrer Bewegung und Stofflichkeit, sondern plastisch klar als Götter oder Geister von menschlichen Maßen, jedoch über- oder untermenschlichen Funktionen. Nicht mehr die ungestaltete Landschaft, Fluß und Nacht-wald, sondern menschliche, genau beschriebene Räume sind der Ort des mythischen Geschehens, und abermals ist das Auge der Sinn der auch das Geisterreich durchdringt wie das Gesellschaftsreich. Der plastische Trieb Goethes erstreckt sich hier über Gebiete die bisher wohl der Nährboden, aber nicht der Gegenstand seiner Augenkunst gewesen waren.

Die nordische Mythologie, welche im Fischer und im Erlkönig eine dichterisch persönliche Nachblüte gefunden hatte, bedient sich wohl menschlicher Figuren als Chiffern, um die Elemente und Geschicke zu beseelen, aber sie drängt sie nicht in Menschengestaltung hinein, sie ist gerichtet auf Beseelung des Außermenschlichen, nicht auf Beleibung des Ungestalten, und geht nicht weiter in der Verdichtung als zur Beseelung nötig ist. Die südliche Mythologie, deren Goethe sich in seinen beiden nachitalienischen großen Balladen bediente, ruht nicht eher als bis das elementarisch Körperlose Gestalt und Gebärde geworden ist. Weniger um verschiedenen Ursprung des mythenschaffenden Triebes handelt es sich als um verschiedene Grade der sinnfälligen Durchbildung: der reife, augenhaftere Goethe überließ nichts der bloßen Ahnung, er führte das innere Auge über Andeutungen hinaus, und die durchgebildete Kunstform der Sprache, der künstliche Strophenbau entspricht nur dem ausgebildeteren plastischen Trieb, der den Bewegungen liebevoll und ruhevoll nachtastete und sich nirgends mit bloßer Skizzierung und allgemeinem Schauer begnügte.

Wenn nun die beiden südlich mythischen Balladen Goethes einem Urschauer entstammen der nicht aus bloß menschlichen Beziehungen erklärt werden kann, nicht aus bloßer Leidenschaft oder Sehnsucht, so wird damit nicht geleugnet daß solche rein seelischen Erfahrungen an der künstlerischen Gestaltung mitwirkten. Es versteht sich von selbst daß auch die mythenschaffenden Natur- und Schicksalsschauer, indem sie den Künstler treffen und Sprache werden, bereits vermenschlicht sind. Von den ursprünglich menschlichen Bewegungen unterscheiden sie sich wesentlich dadurch daß sie den Empfänger, einerlei wie er sie umsetzt oder wie sie sich in ihm umsetzen, wie außermenschliche, All-artige Gewalten ergreifen, während Liebes-, Geselligkeits-, Vaterlands- und Freundschafts-erregungen für ihn schon als Rohstoff nur menschlich faßbare Mitte, greif- und deutbare Anschauungen sind. Wenn der Lyriker von einem Frühlingstag oder einer Flußlandschaft bewegt wird, so will er sein Gefühl, seine menschliche Empfindung, eben seine Bewegung austönen und bleibt innerhalb des Menschlichen, was auch die Anregung sein mag. Der Balladendichter aber, gegenständlicher, epischer, tritt aus sich heraus, um Kunde zu geben, einerlei in welchem Grad der Mythisierung und an welchem Symbolstoff, von den objektiven außermenschlichen, überseelischen Gewalten unter denen er sich fühlte, mag jene

Gewalt immerhin an seiner menschlichen Seele erst sich offenbart haben. Wir vindizieren also der Ballade, im Gegensatz zum lyrischen Gedicht und zum idyllischen Epos, einen Ursprung aus der Erfahrung solcher Urschauer. Ein solcher Ursprung gehört zu ihrer Definition, und wenn wir Goethe auch in der klassizistisch normierten Schiller-zeit wirkliche Balladen (nicht, wie Schillers sogenannte Balladen, verkleidete Lehrgedichte) gelingen sehen, so sind sie uns ein Zeugnis daß er auch damals noch, jenseits aller Selbsteinschränkung auf Kunst, Wissenschaft und Menschentum, Blicke in das Chaos getan und Beute dort geholt hatte. Der Gott und die Bajadere wäre nicht entstanden ohne die innere Erfahrung der Liebe, des Liebesschicksals und -verhängnisses als einer nicht bloß seelischen, sondern kosmischen Gewalt, eines Flutens welches Götter, Menschen, Tiere und Pflanzen umfaßt und ausgleicht. Jenes tropisch vegetative Weltfühlen das der indischen Mythologie zugrunde liegt, ist auch eine Voraussetzung dieser mythischen Ballade.

Freilich: aus diesem Urgefühl allein, ohne ein spezifisch-menschliches Erlebnis wäre sie auch nicht entstanden, und nur weil bisher der biographisch-psychologische Grund fast allein gesehen wurde, schien es nötig auf jene Urschauer hinzuweisen. Die mythische Einkleidung und die indische Atmosphäre ist nicht willkürlich und bildungsmäßig, sondern schon in einem Urerlebnis begründet.

Das menschliche Erlebnis aus dem Der Gott und die Bajadere mitgespeist, das in den kosmischen Mythus mithineingebildet wurde, ist in Goethes Verhältnis zu Frauen niedrer Ordnung zu suchen, vielleicht zu Christiane, das ihm, nach den ersten Liebesjahren, immer mehr auf der Seele gelastet hat. In Lagen die nicht als sinnfällige Gegenwart, als Bild, als Schönheit oder Großheit ihren letzten Wert und ihre Selbstrechtfertigung trugen, wie die Wallungen und Geschicke der großen Leidenschaft oder wie die idyllischen Zustände und Gesinnungen, erhob sich ihm Bedürfnis und Frage nach einem tieferen Sinn der in sich nicht gelösten Not, der in sich nicht erfüllten oder schönen Lebensform, das heißt, die Frage nach der Erlösung. In der Krise einer solchen abgebrochnen und unerfüllt dissonierenden Leidenschaft oder Schuld hat er einst das große Erlösungssymbol seines Lebens, den Faust ergriffen. So mag nach der italienischen Reise, da er Dissonanzen und Ungelöstheiten der eignen Lebensführung nur um so schmerzlicher empfand, je klarer die Welt vor ihm lag, mit den kosmischen und mythischen Gesichten der Balladen-zeit auch die erlösende Schau seiner Herablassung, Einlassung sich vereinigt haben, und was er im Amyntas als eine menschliche Not, „unter das ehrne Gesetz strenger Gewalten gebeugt" darstellt, von der Erde, von den Leidenden aus gesehen, das verklärt von den weltschaffenden und weltvernichtenden Kräften aus, von den kosmischen Mächten aus, denen tausend Jahre sind wie ein Tag, sein mythischer Blick in Der Gott und die Bajadere. In der Zeitlosigkeit eines Weltenschicksals bekommt dasjenige eine Lösung, eine Erlösung, was als bloßes zeitbedingtes Einzelschicksal zweier Menschen ungelöst bleibt. So wird durch den Erlösungsgedanken der kosmische und der persönliche Ursprung der Ballade vereinigt, und nicht zufällig durch indische Mytho≠ logie ein hellenisches Verhältnis verklärt.

Denn nirgends ist so wie in der indischen Mythologie die Grenze zwischen Weltgeschehen und Menschentum, zwischen Urschauer und individuellem Schicksal aufgehoben — durch die zwei indischen Grundkonzeptionen Maja und Karma, kraft deren der unersetzliche Augenblick des einmaligen Men≠ schenlebens, der Kairos (die entgegengesetzte hellenische Grundkonzep≠ tion) vernichtet wird. Während das Griechische — mindestens wie Goethe es sah und erlebte — das Menschenreich auf sich stellen, abgrenzen, zum Maß des ungestalten Alls machen wollte, war die indische Welt immer ge≠ neigt die beiden Grenzen alles Menschlich≠Leibhaften, Raum und Zeit, auf≠ zuheben: in der Seelenwanderung schon wurde das Menschenschicksal durch das ganze All durchgetrieben. Ohne irgendwie indisch gesinnt zu sein, empfand Goethes Dichterinstinkt in der indischen Mythologie (wie später in der gnostischen Emanationslehre) ein Symbol für sein nie ganz erlöschen≠ des, durch bestimmte Erlebnisse immer wieder gewecktes Bedürfnis nach Erlösung, d. h. nach kosmischer Deutung menschlicher Unzulänglichkeit. Dies Bedürfnis nach Erlösung trat immer dort ein wo er sich nicht nach hellenischer Weise, wie ihm gemäß war, durch Gestaltung erfüllen konnte — nur in solchen Fällen griff er zu christlichen, indischen, orientalischen Mytho≠ logemen, freilich niemals — dafür war er zu sehr Bildner — ins gestaltlos abgründige Mysterium untertauchend, sondern in plastischen Gleichnissen aus andrem Mythenkreis gewisse Grundgedanken hellenisierend.

Er hat in solchen Fällen für ein unhellenisches Mysterium eine helleni≠ stische Mythik geschaffen, wie in Der Gott und die Bajadere. Hier sind in menschlichen Vorgängen kosmische Erfahrungen offenbart. Von kos≠ mischen Urschauern als Dichter zur menschlichen Gestaltung (und zwar aus den erörterten Gründen in Balladenform) gedrängt, von menschlichem Erlösungsbedürfnis zu einem Mythus gedrängt der über das bloß seelisch≠ leibliche Reich hinauswies, schließt Goethe in dies Gedicht einen Kreis dessen Mittelpunkt sein Menschliches und dessen Peripherie sein Kosmos ist. Was diese Ballade von Goethes klassizistischen Poesien unterscheidet

DIE GROSSEN BALLADEN

ist also die Überschreitung der bloß seelisch gesellschaftlichen Region nach Seite des Mythisch-kosmischen hin. Ihr Unterschied von Goethes voritalienischer Urpoesie ist: daß die kosmischen und die menschlichen Erfahrungen hier nicht ursprünglich eins sind wie bei Mahomet oder Ganymed, sondern verknüpft durch ein Mysterium. Natur, Schicksal, Mensch, für Goethes Sturm-und-drang-gefühl noch eine ungeschiedene Einheit, hatten sich in verschiedene Zonen gesondert durch seine klassische Reife — in Gott und Bajadere sind sie wieder vereinigt, aber nicht mehr durch dumpfes Gefühl, sondern durch mythische Weltschau (ähnlich wie nur noch in einigen Gedichten des Divan).

Deutlicher und einheitlicher ist der Ursprung der Braut von Korinth: hier hat die Lektüre eines spät-antiken Abenteuers Goethe ein Zeichen geboten für den Ausgleich zwischen christlichen und heidnischen Weltkräften, der seit der Renaissance in jedem wichtigen Geist sich vollzog, seit Winckelmann durch die deutsch-humane Wiederentdeckung der sinnlich schönen Kultformen zu einem bewußten Geisterkampf mit den Erbsünde- und Erlösungsideen des Christentums führen mußte. Dem Ausgleich zwischen der Anbetung des Sichtbar Schönen und dem Transzendentalismus einer unsinnlichen, geforderten Sittlichkeit, zwischen Kunst und Moral, begegnen wir, eben seit der Wiedergeburt einer auf Anschauung beruhenden Kunstlehre, in Deutschland außer bei Winckelmann selbst gerade damals bei Wieland, bei Heinse, bei Jacobi, bei Herder und bei Schiller. Er lag in der Luft und war eines der gegebnen Probleme für jede tiefere Seele die sich theoretisch über die Elemente der damaligen Bildung Rechenschaft geben wollte. Goethe war von vornherein nicht Theoretiker sondern Dichter, und erst durch den Umgang mit Schiller wurde ihm auch der große Kräftekampf in das Bereich der Theorie erhoben den er stillschweigend als Gestalter und Erleber längst zugunsten einer beseelten Welt- und Naturfrömmigkeit, einer sinnlichen Anbetung der Schönheit entschieden hatte, weshalb man ihn denn kurz als Heiden bezeichnen mag. Darum dauert es so lange, bis in Goethes Dichtung der Weltkampf zwischen Christlichem und Heidnischem als bewußtes Problem erscheint. Zweierlei mußte dazu sich begegnen: einmal die philosophische, insbesondre geschichtsphilosophische Überschau, die erst in seiner Schiller-zeit aufkam, und sodann ein Zustand der Erlösungsbedürftigkeit, durch welchen ihm die Erlösungsreligion überhaupt wieder in den Gesichtskreis trat und ihre Mythen problematisch wurden. Wir haben bei der andren großen Ballade derselben Zeit gesehen wie Goethe zu indischen und christlichen Mythologemen gedrängt wurde.

Goethe war nicht naiver Heide im antiken Sinn noch naiver Christ im mittelalterlichen oder protestantischen Sinn daß er sich in den Kunstformen, Mythen und Dogmen eines Heidentums oder Christentums erfüllt hätte, und wir gebrauchen diese Ausdrücke näherungsweise, indem wir unter Goethes Heidentum eine Verhaltens- und Erlebnisart verstehen, verwandt derjenigen welcher die antike Götterwelt und Bildung entstammt, unter Goethes christlichen Elementen Zustände ähnlich denen aus welchen die christliche Erlösungslehre ihre lebendige Nahrung zog. Jene Erlebnisart und diese Zustände schließen sich seelisch nicht von vornherein aus, mögen sie auch — zu gesonderten Mythen und Kulten geronnen, zu Dogmen und Kirchen erstarrt — unvereinbare Gegensätze bilden, sich logisch widersprechen, politisch vernichten.

Der Gegensatz zwischen Heidentum und Christentum, nach der Rückkehr Goethes aus der italienischen Helle in die nordisch christlichen Länder fühlbarer geworden, war ebenfalls zugleich ein Kampf kosmischer und menschlicher Kräfte, wie der den er in Mahadöh dargestellt hatte. Was beide Balladen verbindet ist die Konzentrierung solcher zugleich kosmischen und menschlichen Schauer in ein balladeskes Abenteuer woraus die Grundlehren ganzer Mythen als unheimliche, sinnenfällige Begebenheit erhellen. Urschauer, persönliches Erlebnis und anwendbare Lehre sind in beiden Gedichten konzentrisch vereinigt wie nirgends sonst. Goethes Jugendballaden geben nur die Stimmung oder Wallung und das bewegte Bild. Jetzt ist das Sinnen-bild zugleich ausgedeutet, und wir haben hier zum erstenmal den Goethe dreier geistiger Sphären, der bis ins Kosmische hinunterreicht, dies ungestalt Kosmische in menschliche Sinnengestalt hineinbildet, und dies Sinnliche zugleich gedanklich deutet. Hier kündigt sich zum erstenmal der alte Goethe an, in dem ein übermenschlicher Blick ins Reich der Mütter, ein freiwillig beschränkter, menschenform- und grenzensuchender Kunstsinn und eine schon fast abstrakte Lebensweisheit sich zusammenfinden.

Der Gattung nach ist Die Braut von Korinth eine mythische Gespensterballade, wie ja die Ballade überhaupt die Durchbrechung des bloß menschlichen Reiches voraussetzt: sie kommt aus dem Schauer und soll Schauer erwecken. Aber die Gespenster sind auch hier antike, das heißt plastisch mit aller Sonderheit gesehene, und zugleich Träger eines welthistorischen Schicksals. Der Reiz und auch die Gefahr dieses Gedichts ist seine Beladenheit mit einem geschichtsphilosophischen Wissen das fast den Rahmen sprengt. Die Worte der Braut „Eurer Priester summende Gesänge", ihre Anklage des schönheitzerstörenden Christentums, zum Dröhnendsten und Vollsten gehörig was Goethe geschrieben hat, sind fast zu gewichtig für das vampirische Wesen und die Lehre erdrückt hier die fast hellenistisch spielerische Handlung, der Sinn fast die Sichtbarkeit, zu welcher eine durch Rokoko-augen gesehne Griechenkunst die Szenerie geboten hat. Es ist ein Zwiespalt in das Gedicht dadurch gekommen daß eine artistische Freude am Darstellen der Vorgänge selbst sich gekreuzt hat mit einer geheimnisvollen Seherkunde. Während bei der indischen Ballade der Sinn und die Lehre in den Mund des Gottes passen und die natürliche Steigerung und Deutung des mystischen Vorgangs sind, überwuchtet hier Goethes Prophetengroll, in den Mund eines Vampir-mädchens gelegt, das Geschehen, und der Kampf zwischen zwei Weltreligionen, grandios und klassisch formuliert in den Schlußversen, ist ein zu großes Thema um sich rein aus dem dekorativ geschilderten vampirischen Beilager zu ergeben. An seinen schönsten Stellen ist dies Gedicht ein Gipfel der Goethischen Dichtung, als Ganzes steht es der andren mythischen Ballade nach.

WILHELM MEISTERS LEHRJAHRE

WIR kommen zu dem großen Werk das Goethe unter der Strahlung von Schillers Aktivität wieder aufnahm, abrundete und vollendete: Wilhelm Meister. Konzeption und Gesamterfindung des deutschen Bildungsromans fallen in eine frühere Zeit und sind Ausdruck eines anderen Goethischen Lebenszustands als der worin er ihn veröffentlichte. Die Umwandlungen die er mit der Theatralischen Sendung vornahm entstammen nicht so sehr neuen Erlebnissen die er erst in dieser Zeit der Herausgabe zum Ausdruck bringen konnte, sondern sind Zeichen der Distanz die er zu seinen damaligen Zuständen seit der Ausgestaltung des ersten Planes gewonnen hatte. Die Lehrjahre dürfen also nicht als Ganzes wie ein Sinnbild der Schiller-zeit gelesen werden — das Wesentliche ihres Inhalts und ihre Form ist Sinnbild eines frühern Goethischen Gehalts .. sinnbildlich für die Schiller-zeit ist mehr die Tatsache der Verwandlung die Goethe daran vorgenommen hat. Mehr das Relative daran, das Ändern, als das Positive, der Gehalt, gehört dem Goethe an der es herausgab.

Die hauptsächlichen Änderungen sind: die Verschiebung des Schwerpunkts vom Theater auf die Bildung überhaupt, Zufügungen und Erweiterungen die diese Verschiebung nach sich zog, Streichungen und stilistische Änderungen aus Gründen eines veränderten Stilgefühls, oder was dasselbe sagt, aus Gründen der veränderten Distanz zu den Erlebnissen woraus der Roman stammt. Als Goethe die Theatralische Sendung in die Lehrjahre umredigierte und herausgab, war längst das Theater nicht mehr für ihn das Zentrum und Sinnbild der Bildung schlechthin, wie zur Zeit da er sie konzipierte, sondern eines der Elemente — ein höchst bedeutendes freilich, dessen er schon um der abenteuerlichen Handlung willen nicht entraten konnte. Während Wilhelm also in der Theatralischen Sendung seine Bildung wesentlich an dem Theater und für das Theater erstrebt, und das Theater nicht nur Mittel, sondern auch Zweck der Gesamthandlung ist, insofern es als das zentrale Sinnbild erscheint woran das Wesen der geistigen, der gesellschaftlichen und der außergesellschaftlichen Mächte und Menschen sich verdeutlicht: ist es jetzt nur ein Durchgangspunkt, und alles was dem Theater wesentlich als Milieu, als episodenhafte Ausmalung anhaftete, was bloß um der saftigeren und farbigeren Ausgestaltung des Theaters geschrieben war, wurde in der neuen Fassung gestrichen: so zumal die possenhaften Figuren der Prinzipalin und des Lumpen Brendel. Die andren Schauspieler und Schauspielerinnen der Theatralischen Sendung empfangen ihren kompositionellen Wert nicht nur vom Theater, sie sind zugleich schon als Bildungselemente konzipiert und wesen und wirken als menschliche Charaktere, unabhängig von ihrem bloßen Schauspielerdasein. Sie mußten also bleiben und sind in den Lehrjahren noch deutlicher zu Bildungsfaktoren geworden.

Zur Enttheatralisierung des Wilhelm Meister gehört daß die Kindheitsgeschichte jetzt nicht mehr vorgeführt, sondern nur entrückt erzählt wird: denn eben sie war ganz als kindliches Vorspiel zur theatralischen Laufbahn gedacht, während sie jetzt viel mehr als das Spiel eines geistig regen Kindes überhaupt erscheint das nicht notwendigerweise auf dem Theater sein Schicksal finden soll, sondern nur im Theater eines der erregenden Bildungselemente ahnt. Deshalb sind auch die dramatischen Details, besonders die Auszüge aus den Jugenddramen gestrichen. Das Verhältnis zu Marianne ist in der Theatralischen Sendung behandelt als typische Schauspielerinnen-liebe, in den Lehrjahren tritt ihr Bühnentum zurück, und sie ist eine hübsche Sünderin schlechthin. Das gleiche gilt von Philine. Überall hat Goethe das Theater entstofflicht, vergeistigt und gegenüber der Theatralischen Sendung diejenigen Elemente der Bühne und des Schauspielertums welche dem Menschtum als solchem und der Bildung angehören hervorgehoben vor denen welche das Theater als Theater bezeichnen. Er hat dadurch gleichzeitig an sinniger Weite und Durchschau gewonnen was er an sinnlicher Saftigkeit, Nähe und Dichte eingebüßt hat. Hierin ist allerdings der Einfluß der italienischen Reise und Schillers merkbar genug: die Abneigung gegen das holländisch Genrehafte, der Wille zur allgültigen Symbolik hat an der Umwandlung einen deutlichen Anteil.

Doch nicht nur durch Streichung und Umdeutung der theatralischen Partien hat Goethe die Theatralische Sendung in die Lehrjahre (der Titel gibt seine neue Absicht an) übergeleitet, auch durch Zufügung ganzer Partien in denen das Theater nichts mehr zu bedeuten hatte und die sich als neue Schichten dem Werk angliederten, als Gegen-, Neben- oder Oberwelten des Theaters, das bisher Wilhelms Bildungsmühen und -schicksale umschlossen hatte. Dahin gehören die Bekenntnisse der Schönen Seele im sechsten Buch und der Kreis von gesellschaftlich und seelisch souveränen Menschen in den letzten Büchern.. dadurch wird das ganze Theaterwesen und Vorleben Wilhelms zu einer symbolischen Episode, zum Mittel durch das ihn geheim lenkende Weisheit führt. Die Schöne Seele, auch in die Handlung zart und fast unmerkbar verflochten, aber wesentlich nicht um der Handlung, sondern um der Komposition, der Abrundung willen eingefügt, schließt den Kreis der Verhaltungsarten durch welche der Lebenslehrling hindurch oder an die er hingeführt werden soll, als die Darstellung einer reinen vita contemplativa. Neben soviel ernsthaft Tätigen, zielbewußt Strebenden, ziellos Treibenden, würdig und unwürdig, edel und gemein Beschäftigten, Erwerbenden, Gebietenden, Dienenden, Genießenden, Wandernden, Begehrenden durfte auch das Bild der innerlich Beschauenden nicht fehlen, eine Verhaltungsform die in Goethes Dasein selbst angelegt, einmal bedeutend für ihn gewesen ist, und die als Erinnerung an Susanne von Klettenberg seinem Gedächtnis eingeprägt war. In dem bloßen Theaterroman hätte ein solches Bild nichts zu suchen gehabt, in dem erweiterten Bildungsroman ist die vita contemplativa als wesentliches Bildungselement unentbehrlich, und in der Komposition ein inniger Ruhepunkt.

Wie sehr Wilhelms Leben und Treiben, der Kreis in dem er sich bewegt und aus dem er emporstrebt, zugleich von der sinnlichen Mannigfaltigkeit angezogen und dem sinnlichen Wirrwarr beunruhigt, wie sehr das theatralische Milieu nur Durchgang, Mittel, Vorbereitung ist, war durch Gestaltung in diesem Roman (der ja bloß die Lehrjahre behandeln sollte, also das Ziel selbst nicht vergegenwärtigen, einen vollendeten Meister nicht zeigen konnte) nur zu zeigen durch den Kontrast zu einem in sich durch Ausscheidung oder durch Bewältigung des Wirrsals harmonischen Leben: durch Abkehr von der Welt zu rein gleichgewichtiger Innerlichkeit, oder durch Herrschaft über die Welt vermöge weiser und überlegener Kraft. Dies geschieht in den letzten Büchern der Lehrjahre. Nach den befangenen Kreisen der sozial niedern und der sozial höhern Schicht, die aber gleicherweise innerlich in ihren weltlichen Verhältnissen verhaftet sind, im Guten wie im Schlimmen, treten wir in einen Kreis von Menschen die sich durch geistige und seelische Freiheit über die weltlichen Bindungen erhoben haben, sei es daß sie den Unwert oder Scheinwert der irdischen Dinge durchschaut.

das gleichnishaft Vergängliche hinter sich gelassen haben, um im reinen Anschaun der Gottheit zu schweben, alles verstehend und verzeihend, wie die Schöne Seele, sei es daß sie den relativen, den Bildungswert der Erdendinge kennen und nutzen, überlegne Lenker mit dem Bewußtsein daß jedwedem Erdending eine geistige Bedeutung und Gewalt innewohnt, wie Jarno, der Abbé, Lothario und überhaupt die Mitglieder der geheimen Gesellschaft, welche schließlich über dem scheinbar planlosen Schicksal Wilhelms als planvolle Vorsehung waltet, gleichsam das in Menschen verkörperte Prinzip der Bildung, welches dumpfen Trieb, dunkles Geschick, weltliches Tun und geistige Schau vereinigt und fruchtbar macht.

Nicht nur durch verschiedene Milieus werden wir hindurchgeführt sondern durch verschiedene Bildungswelten. Jedes der Milieus hat, außer seinem Eigengewicht und seiner Eigenfarbe, noch eine unbewußte Bildungsfunktion am Wilhelm Meister zu erfüllen: die Schöne Seele, weder aktiv noch funktionell wirksam, sondern nur als Ruhepunkt, als einzige nicht mehr strebende und wirkende, sondern zweckelos erfüllte Gestalt und Gesinnung, bildet den Übergang zu der höheren geistigen Schicht (die ist mit der nur sozial höheren Schicht noch nicht erreicht) welche die bisher unbewußte Bildungsfunktion in eine bewußte Bildungsaktion verwandeln. Zuletzt eröffnet Goethe das Getriebe das den Roman und Wilhelms Lebensgang in Bewegung gesetzt hat, und zerstört allerdings (wie Jean Paul rügte) die Illusion die bisher dem Roman die unergründliche geheimnisvolle Weite gesichert hatte, als sei Wilhelm der Zögling der gesamten Kräfte der Welt und der verschiedenen Lebensformen einer Gesellschaft, während am Schluß der Eindruck entsteht als sei er gelenkt durch ein Vernunftprinzip in Händen und Köpfen einiger gescheiten Leute — also eine höchst rationalistische Verengerung jener weitausschauenden Anlage. Doch nicht so ist jener Aufschluß über das Wirken der Geheimgesellschaft zu verstehen, und wenn er auch am Ende steht, so gilt er doch nicht den ganzen Lehrjahren, sondern nur derjenigen Schicht seiner Erziehung deren Prinzip die Vernunft ist, wie eine andre Erziehungsschicht vom Trieb und Charakter, eine andre vom Schicksal beherrscht wird. Alle Mächte des Lebens wirken an Wilhelms Bildung mit, und die verschiedenen sozialen Funktionäre dienen nur allgemeinen Grundsätzen. Das Bürgertum, die Bohème und der Adel bringen nach und nach Wilhelms Eigenschaften zur Erscheinung, Mignon und der Harfner erschließen uns die dunkleren Schicksalsmächte von denen er umwittert ist, und in den letzten Büchern erkennen wir den Anteil des Geistes und der Vernunft an seiner Bildung. Auch dabei freilich hält Goethe sich an bestimmte Gesellschaftsformen des Rokoko, in denen er die übergesellschaftlichen Mächte darstellen kann: die Maurerei gab ihm eine mögliche Analogie für das planvolle Wirken der Vernunft innerhalb einer Gesellschaft. Was er in den „Geheimnissen" allegorisch märchenhaft konzipiert hatte verwirklichte er hier innerhalb des gesellschaftlichen Rahmens. Da zum Wesen von Wilhelms Bildung auf jeder Stufe und in jeder Schicht die Liebe gehört, so findet er auch auf der höchsten geistigen Erziehungsstufe die Frau die als Geliebte dieser Stufe entspricht: Natalie — wie er in den früheren Zonen Mariannen und Philinen, und die Mignon gefunden hatte.

Gegenüber der Theatralischen Sendung ist in den Lehrjahren der Kreis der Bildungsmächte erweitert, über die bloß triebmäßigen und schicksalhaften nach den vernunftmäßigen hin. Gleich geblieben ist die Anlage daß Wilhelm diejenigen Kreise nur als Bildungsmächte ersehnt, empfindet, erkennt, weitergetrieben, hindurchstrebend, die sich selbst als endgültigen, erwünschten oder unerwünschten Zustand hinnehmen und als Milieu auch einen Eigenwert im Roman besitzen, während sie zugleich die Handlung fördern und als Bildungssymbole dienen. In den Lehrjahren haben Figuren und Schichten einen dreifachen Aspekt: wie sie sich selbst erscheinen, endgültig in Beruf und Schicksal befangen, wie sie Wilhelm vorläufig und instinktiv erscheinen als Gegenstand des Strebens oder der Flucht, als Durchgangspunkte, und wie sie der überlegenen Vernunft und planvollen Vorsehung der geheimen Gesellschaft erscheinen.

Bei der Erweiterung der Theatralischen Sendung zu den Lehrjahren hat sich freilich ein Hauptinteresse Goethes verloren das ihn bei der Gründung des Theaterromans noch in voller Frische beseelt hatte und neben dem Willen zur Schilderung der Gesellschaft, zumal des Theaters als einer Bildungsmacht, am meisten daran gewirkt hatte: die Freude an Einzelcharakteren, an der selbständigen Individualität, auch unabhängig von ihrem für Seelenzustände, Bildung, Gesellschaft oder Gesetze sinnbildlichen Wert, kurz die Shakespearische Menschenschau. Die Charaktere die nach dem Abschluß der Theatralischen Sendung noch zur Bildung oder Lenkung Wilhelms eingeführt werden sind im Vergleich zu den Gestalten des Ur-Meister bloße Allegorien, erst aus einem Bedürfnis der Gesamtidee des Werks entstanden und von ihr bedingt, bloße Vertreter, aus Beobachtung und Komposition geformt, nicht aus ursprünglicher, unausweichlicher Vision, wie Mignon, oder selbst noch Philine und Aurelie. Eine Ausnahme bildet vielleicht die schöne Seele, aber auch diese nur, weil sie ein rein innerliches Seelengemälde ist, eine ruhige Entwicklung innerer Zustände. Die Figuren die durch Gebärde, Handlung oder Gespräch lebendig werden sollen bleiben schattenhaft und sind weit mehr durch das was über sie gesagt wird als was sie selbst vorstellen unsrer Erinnerung greifbar. Das Nachwirken einer dichterischen Gestalt in der Erinnerung ist das sicherste Zeichen für ihre selbständige Lebenskraft.. keine Gestalt aus Shakespeares Tragödien oder Homer vergißt man je wieder — ebenso leuchten Philine, Aurelie, Mignon und der Harfner nach, sogar noch Serlo und Jarno, alle aus dem Ur*Meister. Lothario, den Abbé, den Marchese, ja Natalie und Therese bewahren wir im gebildeten Geist und in der Reflexion als Bedeutungen, kaum in der naiven Phantasie als umrissene, unverwechselbare Charaktere, sie sind uns hauptsächlich, wenn nicht ausschließlich, Hebel der Handlung oder Angehörige bestimmter Schichten, so sehr daß wir sie fast nur als Medien dieser allgemeineren Lebenskreise kennen, wie uns Bäume im Wald, Wolken am Himmel, und Wellen im Fluß nicht als Persönlichkeiten, sondern nur sofern sie Wald, Atmosphäre, Fluß bilden, gewärtig sind.

Auch Natalie, so wichtig sie für die Handlung ist, kommt uns doch nur vor wie die gütige lichte Schutzfee, und von allen adligen und schönen, guten und holden Frauen nicht mehr abgehoben als eine Fee von einer andren. Therese ist etwas dichter und weniger golden verklärt gesehen, aber auch sie ist vor allem die tüchtige und dabei reizvolle Person und erinnert uns an viele die wir kennen, sie ist durch die Handlung, nicht durch ihren Charakter selbständig. Der Abbé, der Marchese, Lothario — neben Jarno die überlegenen Lenker Wilhelms — sind nur auf diese eine Eigenschaft, oder vielmehr Relation der Überlegenheit gestellt, bald höherer Verstand, bald höherer Wille, bald höhere Vernunft — sie sind Allegorien menschlicher Kräfte, nicht eigenwüchsige Urseelen. Nur die Episodenfiguren, die nach unten hin den Roman ausfüllen, bleiben anschaulich und regsam.. je höher hinauf sozial und seelisch das Bildungsreich gezeigt wird, desto individualitätsfreier, reiner, dünner, abstrakter werden seine Träger, und die letzten Bücher nähern sich bereits der bloßen Allegorie, die in den Wanderjahren dann vorherrscht.

Bildungsprozesse und Gesinnungen, Schichten und Atmosphären, nicht Individuen und Leidenschaften sollten in den Lehrjahren gegeben werden, und die Personen (sofern sie nicht vom Ur*Meister her noch Spuren des Individualitäten*kults der voritalienischen, vor*schillerischen Zeit tragen) sind nur soweit angeschaut und gezeichnet als sie zur Vergegenwärtigung von Bildungsprozessen und Gesinnungen, von Schichten und Atmosphären dienen können: jede weitergehende Individualisierung wäre Goethe von seinem damaligen Zweck aus überflüssig, von seinem damaligen Geschmack aus unreinlich erschienen, wie er denn einige nur-charakteristische Figuren und Szenen gestrichen hat. Das Höhere als das Generelle, minder Charakteristische zu zeigen, das Besondre als eine Trübung des Allgemeineren, das Individuelle als eine Art Abfall von der Idee: diese Neigung war unter Schillers Einfluß besonders stark bei Goethe zur Zeit als er die Lehrjahre vollendete und herausgab. Sie haben darum an Weisheit und Helle, aber nicht mehr an Gestaltung zugenommen: die Lehrjahre sind mehr als die Theatralische Sendung Bildungsroman, und die Menschen sind nur noch als Vertreter von Bildungsmächten gültig in Goethes Seele. Aus der Absicht Vertreter zu zeichnen, aus dem Wunsch nach Verkörperung überhaupt entstehen aber keine eigenlebigen Gestalten. Jede ur-gesehne „shakespearische" Gestalt, wie jeder wirkliche Mensch, kann als Vertreter allgemeiner Mächte und Ideen wirken und gedeutet werden, aber kein als Vertreter bewußt konzipiertes Gebild kann je zum wirklichen Menschen werden.

Die eigentliche Lebensfülle auch der Lehrjahre stammt aus dem Ur-Meister, aber erst durch die Erweiterung vom Theater-roman zum Bildungsroman kommt sie völlig zur Geltung. Eben die abstraktere, höhere, geistigere Welt der späteren Bücher, obwohl sie keine neuen, den ersten ebenbürtigen Visionen mehr enthält, vertieft und steigert den Sinn jenes gedrungenen Lebens und bietet ihm einen Raum worin es sich harmonisch gliedern und entfalten kann.

Bei dem Umguß der Theatralischen Sendung in die Lehrjahre hat Goethe also erst durch bewußte Komposition und Schichtung den Bildungsgedanken herausgearbeitet, besonders gerade mit den letzten Büchern die den Raum der Bildungsmächte durch die Sphäre der Vernunft erweitern. Auch die Theatralische Sendung entspringt dem Trieb die Bildung eines empfänglichen und begabten Menschen durch die Gesellschaftsmächte darzustellen: warum unter diesen das Theater als Vermittlung zwischen Geist und Welt die zentrale Bedeutung sowohl für die Handlung wie für den Sinn bekam habe ich gezeigt. Die Lehrjahre haben, abgesehen von der nun aus Goethes neuer Lebensbreite und -helle notwendig gewordenen Enttheatralisierung, das was in der Sendung mehr als Improvisation wuchs auch theoretisch durchgebildet. Schillers Nähe ist fühlbar. Die Komposition ist nicht mehr gefühlsmäßig, sondern bewußt abgewogen, und alle Einzelheiten, weit mehr als in der Sendung, mit Rücksicht auf das Ganze, nicht mehr mit bloßer Freude am Erzählen und Erfinden selbst behandelt. Überhaupt hat der Roman bei seiner Umwandlung das Improvisatorische eingebüßt. Nichts ist bloß erzählt, weil es schön zu erzählen war oder dem Erzähler gerade einfiel, sondern weil es zum Ganzen gehörte, einen geheimen Bezug hatte. So mußte die ganze anschauliche, aber für die Lehrjahre allzu selbständige aufdringlich farbige, holländisch stillebenartige Kindheitsgeschichte fallen, weil sie mehr und gewichtigeres Detail trug als für die Darstellung des Bildungsgedanken nötig war. Aus diesem Grund (und um der Enttheatralisierung willen) wurde das Theatermilieu seiner derbsten und erzählerisch lebhaftesten Partien entlastet. Die Kindheitsgeschichte wurde durch Nacherzählung blasser, distanzierter, das Theatermilieu geistiger und ernsthafter. In der Sprachbehandlung ist an die Stelle des raschen und sinnlich lebhaften, oft mündlich wahllosen Wortschatzes der gepflegte und gereinigte Kunststil getreten, den die nun an Italien erzogene Sehart des Dichters verlangte.. großer Zug, abgerundete Perioden, nirgends gestopftes Detail, allzu bunte Farbenflecke und hervorstechende Gegenständlichkeit um ihrer selbst willen, keine Derbheit, kein Kult der Drastik. Anschaulichkeit wird verstanden als klare Übersichtlichkeit geordneter Massen, nicht als pralle Heraustreibung von Einzelheiten. Das Tempo, ursprünglich das des lebhaft improvisierenden Erzählers der bald abschweift bald eindringlich ausmalt, hat sich verlangsamt, verwürdigt, vergleichmäßigt, es gestikuliert gleichsam weniger, und der ruhige Vortrag setzt einen Erzähler von größerer Distanz voraus, dem es nicht ankommt auf die sinnliche Überwältigung der Hörer, sondern auf die geistige Lenkung.

Die gleiche Lebensfülle ist über einen größeren Raum verteilt und staut oder stockt nirgend mehr. Was an sinnlicher Gewalt eingebüßt wurde kam der geistigen Würde und Ordnung zugut. Bildung ist nicht nur der Gegenstand und die Richtung, sondern auch der Stil und der Gehalt des vollendeten Romans geworden. Das Werk ist der bisherige Höhepunkt deutscher darstellender Prosa, über den Werther hinaus, dessen Großheit in lyrisch-hymnischer Steigerung und geschwellten Momenten, in eigentlich „poetischen" Elementen besteht, nicht in der epischen Gliederung eines unermeßlichen Gedanken- und Bildergehaltes .. nicht mehr der Wurf bloß eines Genies, sondern die Frucht einer in diesem Genie ausgeglichenen, erfüllten und verkörperten Kultur: der Einswerdung einer großen Seele und einer gebildeten Welt, einer mächtigen Phantasie und eines reifen und tiefen Denkens, das seine schöpferische Inspiration durchformt und seiner unübersehbaren Erfahrungsmasse zuleitet.

Wie der Wilhelm Meister, so wurde auch das andre Lebenswerk Goethes, der Faust, unter der Strahlung von Schillers Aktivität wieder aufgenommen. Freilich vollendet wurde er auch jetzt nicht: denn er war nicht das Produkt einer bestimmten Lebensstufe, die in der Schiller-zeit abgeschlossen war, sondern eines ganzen Lebens, und wie seine Anfänge hinaufreichen in die Zeit da Goethe zu seinem eigentlichen Genie und den Problemen des Genies erwacht ist, so war er auch noch notwendig bis in die letzten Jahre des Lebens das er nicht krisenhaft, sondern im Ganzen darzustellen bestimmt war. Darum handelte es sich bei der Weiterführung des Faust nicht um einen Umbau wegen neuer Bodenbedingungen und infolgedessen veränderten Plans wie beim Meister, sondern nur um Ausbau und Anbau auf Grund der ursprünglichen Anlage. Doch hätte das Vorspiel auf dem Theater freilich nicht entstehen können vor Goethes im eigentlichen Sinn theoretischen Lebensabschnitt, da er über Pflicht, Sinn und Art des Dich≠ tens nachdachte, da er als Theaterleiter die praktischen Fragen aus den höch≠ sten Forderungen beantwortete, die Wirklichkeit am geistig≠sittlichen Kanon maß. Der Prolog im Himmel setzt eine an Raffaelischen Gemälden und italienischer Großheit erzogene Schau voraus, wie sie der junge Goethe nicht kannte und eine erhabene Ruhe des Welt≠blicks vor dem die Schleier persönlichen Sturm und Drangs weggezogen sind.

Die Helena ist dem Gehalt wie der Form nach der vollendete Sieg des klassizistischen Goethe über den titanischen und sentimentalischen .. zu≠ nächst mehr ein Block für sich als eine Weiterführung des Dramas dem sie später einverleibt wurde. Erzogen an der griechischen Plastik und Metrik und der römischen Architektur, ausgebildet unter dem Einfluß des klassi≠ zistischen Gattungsbegriffs, produktive Anwendung von Goethes Gedanken über die Chorgesänge des antiken Dramas, hält die Helena die lebenum≠ bildende Wirkung fest die das klassische Altertum, die Schau der kanoni≠ schen Schönheit auf den titanisch sentimentalen Genius hervorgebracht hat. Von der Bedeutung der Helena im Faust und dem Faust als Gesamtwerk später.

Die Epoche der durch Schiller wieder erweckten dichterischen Produk≠ tivität Goethes ist zugleich die Epoche seines eigentlichen Klassizismus, da er auf Grund erkannter Gesetze die innere und äußere Welt gestalten wollte. Zunehmende Anerkennung und Verarbeitung der äußeren Wirk≠ lichkeit bezeichnet Goethes Weg vom Sturm und Drang zur Humanität und zum Klassizismus. Die Erkenntnis und Eroberung dieser objektiven Gesetze war seine Aufgabe in den ersten weimarischen Jahren bis zur ita≠ lienischen Reise, wie sein Lebenstrieb vorher der Ausdruck seines Selbst gegenüber der Welt und die Erfüllung des Ich mit Welt war. In die Zeit des Bundes mit Schiller fällt die Aufgabe: auf Grund jener erkannten Ge≠ setze die eroberte geistige Wirklichkeit auszudrücken, darzustellen, einzu≠ richten: einen Kanon nicht erst zu finden, sondern anzuwenden.

DRITTER TEIL
ENTSAGUNG UND VOLLENDUNG

DER ALTE GOETHE

WIR beginnen den letzten Gesamtabschnitt von Goethes Leben, d. h. eine in allen Äußerungen wahrnehmbare Richtung und Haltung seines Wesens welche sich von seiner bisherigen Lebensrichtung und Haltung unterscheidet, mit dem Tod Schillers. Wir sind dabei eingedenk daß das Dasein eines Menschen eine Einheit ist und solche Einteilungen methodische Hilfsmittel des darstellenden Betrachters, nicht absolute Wesenheit des Betrachteten sind, also immer nur annähernde Gültigkeit haben. Wir können eine geschichtliche Masse nur gegliedert in uns aufnehmen, und setzen eine Zäsur dort wo uns neue Merkmale eines einheitlichen Ganzen gegenüber bisher gewahrten Merkmalen deutlich werden.

Schiller war der letzte Mensch der in Goethes Leben Epoche gemacht hat, wie vor ihm Herder, Karl August und Charlotte von Stein, aber weniger durch Zuführung eines neuen Gehalts als durch eine Wiedererweckung und Reaktivierung seiner poetischen Kräfte überhaupt, zugleich durch eine Theoretisierung des Goethischen Schaffens. Die bewußte Anwendung eines künstlerischen Kanons, der theoretische Gebrauch der schöpferischen Fähigkeit, wie sie Goethe unter Schillers Einfluß zeigt, ist zugleich eine neue Altersstufe, und auch hier trifft die innere Reife für ein Erlebnis, für einen Zustand mit der schicksalhaften Begegnung zusammen. Wir wissen nicht ob Goethe auch ohne Schiller nochmals eine dichterische Erneuerung erfahren hätte: wie er sie erfahren hat ist sie nicht ohne Schiller denkbar. Auf der Bahn die ihm durch Schiller eröffnet war ging Goethe auch nach Schillers Tod weiter.

In der Entwicklung eines großen Menschen unterscheiden wir die Eroberung neuer Gehaltsphären und die Ausbeutung der eroberten — die Ausbildung neuer Methoden und die Anwendung der ausgebildeten .. auf Goethe angewandt heißt dies daß er seit dem Tode Schillers zwar noch Neues erlebt, gedacht, gestaltet hat, aber innerhalb des geistigen Bereichs und mit denjenigen geistigen Kräften die er bei Schillers Tod schon erobert und ausgebildet hatte, während z. B. die Produktion vor und nach Goethes Bekanntschaft mit Herder, vor und nach der italienischen Reise, vor und nach dem Bund mit Schiller nicht nur verschiedene Gewächse desselben seelischen Klimas, sondern Gewächse verschiedener Klimaten sind. Die geistige Weltstellung, mit ihren ganz bestimmten inneren Befugnissen und Machtmitteln, die Goethe bei Schillers Tod inne hatte behielt er bis ans Ende seines Lebens, und was wir als Geschichte und Bild des alten Goethe darzustellen haben, ist nicht mehr die Eroberung neuer Sphären und Methoden, sondern die Auswirkung und Anwendung, die Bebauung und Ernte des unerschöpflichen Bereichs den er sich in den vorigen fünfzig Jahren gesichert und erobert hatte: seine Selbstbehauptung, seine Selbsterziehung und seine geistige Eroberung der Welt, erst instinktiv, dann bewußt, war vollendet, und er besorgte in dem letzten Menschenalter sozusagen die laufenden Geschäfte die sich aus seiner erhabenen Weltstellung, aus der Wechselwirkung zwischen seinem Selbst und dem von ihm beherrschten geistigen Kosmos ergaben.

Ich fasse zusammen was die Grundzüge des alten Goethe sind, gegenüber dem jungen und dem klassischen Goethe. Zunächst in der äußeren Weltstellung ist Goethe seit dem Bunde mit Schiller anerkannt als einer der großen deutschen Geister, als deutscher Klassiker in dem Sinn wie wir ihn heute bezeichnen. Der junge Goethe war ein allgemein gefeierter, im Publikum berühmter oder beliebter Autor als Verfasser des Götz und des Werther und außerdem der Führer einer jungen literarischen Richtung, der Kraftgenies: aber als eine von seinen Werken oder seiner Richtung losgelöste geistige Persönlichkeit, die über dem Parteitreiben stand, erschien er erst nach der Verbindung mit Schiller, nach der Wiederaufnahme der poetischen Produktion und kraft des durch Schiller ihm aufgedrungenen geistigen Richteramts, zugleich als Abgott einer durchgebildeten jüngeren Generation, der Romantik. Mit dieser Stellung zusammen hing — einerlei ob als ihre Ursache, als ihre Folge oder als ihre Funktion zu deuten — Goethes pädagogische Haltung gegenüber der deutschen Bildungswelt. Der junge Goethe hatte sein einzigartiges Ich ohne Rücksicht auf Wirkung ausgeformt und ausgesprochen, der Goethe der Italienischen Reise arbeitete im stillen an seiner Selbsterziehung, die ihm keine Zeit ließ an der Erziehung der deutschen Gesellschaft zu arbeiten. Nach der Vollendung dieser Aufgabe, in die allerdings die Ausbildung der Mittel zur Eroberung und Durchdringung der gesellschaftlichen praktischen beruflichen Welt mit eingeschlossen war, war ihm von innen her das Bedürfnis und von außen her die Nötigung gegeben, durch seine Berufstätigkeit, durch Schillers Einfluß, durch die politischen und die literarischen Konstellationen, als Lehrer und Erzieher seiner Nation aufzutreten. Die Mitarbeit an Schillers Zeitschriften und Almanachen, seine Theaterleitung, das Xenien-gericht und seine Revolutionsdramen sind die Zeichen dieser Wendung. Das pädagogische Wirken erforderte zugleich eine größere theoretische Anstrengung als sie dem bloß dichterisch schauenden und schöpferischen Goethe bisher gemäß war. Die Erörterungen über Regeln und Muster, über Gattungen und Ziele, die Ausbildung der Theorie über das bloße Werk hinaus ist auf allen Gebieten das dritte Zeichen des alten Goethe.

Der Tod Schillers warf Goethe nicht aus der Bahn in die er mit und durch Schiller eingetreten war, aber er unterbrach die stetige Aktivität mit einem tragischen Ruck und brachte ihn zum Bewußtsein seiner Einsamkeit in seiner damaligen Reife und Bildung. So lang er diesen rüstigen jüngeren Gefährten an der Seite hatte, nahm er teil an dessen Altersstufe und durfte sich noch als einen vorwärtsdrängenden Jüngling-mann empfinden, durch einen zweiten Frühling erneuert über seine natürlichen Jahre hinaus, wenn auch mit den Mitteln des ergrauenden Weisen ausgestattet. Nun war dieser Frühling zu Ende, und als Goethe aus dem dumpfen Schmerz über den Verlust sich wieder aufraffte, war er allein mit seiner Weisheit und seinem Reichtum, ohne eine unmittelbare äußere Aufgabe wie sie ihm Schillers ruhelose Aktivität bisher immer gestellt hatte, ohne einen drängenden inneren Konflikt, womit die Jahre seiner Selbsterziehung in Weimar und Italien, und früher noch die Sturm-und-drang-zeit ihn in Atem hielten. Das erstemal war er ganz vor die natürliche Aufgabe des Alters gestellt, zurückzuschauen, überblickend zu sammeln und wieder aufzubauen was zertrümmert, zu erhalten was bedroht schien, ohne selbstverständliche Hoffnungen auf eine neue Offenbarung wie sie dem Jüngling, und auf einen neuen Wirkungskreis wie sie dem Mann gemäß ist. Schauen war immer seine Lust, seit Italien fast seine Leidenschaft und sein Beruf gewesen, die Grundform seines Denkens und der Haupttrieb seines Dichtens: aber das Vorausschauen und Umschauen wurde erst seit Schillers Tod durch das sammelnde Zurückschauen ergänzt, dem sein eigenes Dasein zum Gegenstand wurde, zum symbolischen Denkmal einer Weltwerdung. Nicht mehr Selbstbeobachtung zum Zweck der Selbsterziehung, sondern Überschau des eigenen Werks und Wesens als einer aus ihm selbst herausgetretenen, objektiven Gestaltung lag ihm jetzt an, einer Natur- oder Geschichtserscheinung die seiner Schau so würdig war wie irgendeine andere. Seit Schillers Tod beginnt Goethe mehr und mehr sich selbst „Welt" zu werden, im Sinn eines gesetzlich entwickelten Ganzen, und wenn er sich jetzt aussprach und darstellte (sich, d. h. den von ihm durchdrungenen, ihm anverwandelten Bereich von Erfahrungen, Erlebnissen, Gegenständen, Schicksalen) so war es nicht mehr bloß lyrische Beichte oder Ausbruch wie in der Prometheus- und Werther-zeit, nicht mehr bloß dramatischer oder epischer **Ausdruck** seiner Selbsterziehungs- und Bildungsprozesse wie in der Zeit der Iphigenie, des Tasso und des Wilhelm Meister (wenn auch natürlich diese Tendenzen in sein späteres Alter hinein noch mit- und nachwirken) sondern die bewußt beispielhafte „musterhafte" oder historische **Darstellung** seines Selbst als gesetzlicher Weltform und Weltwerdung. Zu den Gegenständen des Goethischen Schauens gehörte der Prozeß seiner Selbsterziehung und Selbstbildung schon, die Wechselwirkung seiner Person mit Natur, Gesellschaft und Geschichte, d. h. mit der Auswahl an ihm bildender und für ihn bildsamer Kräfte die sein Wesen und seine Welt ausmachten. Indem Goethe wahrnahm, bestimmte er nicht nur den objektiven Gegenstand, sondern zugleich dessen Wert und Stelle in seinem eigenen Leben (z. B. ist der historische Teil der Farbenlehre bei historischem Rundblick stets auf das eigene Forschen bezogen). Indem Goethe sich Rechenschaft gab oder Bekenntnisse ablegte, bestimmte er zugleich die Weltgültigkeit seiner Lebensformen und -ergebnisse, als wären es die eines Unbeteiligten. Niemals vorher war in der Geschichte die Weltwerdung eines singulären Menschen so erfahren und dargestellt worden, wie vom alten Goethe, durch Werk und durch Leben — wobei Weltwerdung, wie es die deutsche Sprache mit sich bringt, zugleich den Prozeß und das Ergebnis bedeutet.

Schillers Leben und Tod gehörte zu den ersten Ereignissen die der alternde Goethe rückschauend in seine Welt einordnen mußte, und das Gedicht wodurch dies geschieht ist zugleich ein Typus seines dichterischen Verfahrens. Goethes nachitalienischen Gedichten ist gemeinsam daß ihnen ein Plan zugrunde liegt, das Wort Plan in doppeltem Sinn verstanden: als ein augenmäßig abgegrenzter geistigsinnlicher Raum und als eine vernunftmäßige Berechnung ihres Zwecks vor verantwortungsfordernden Mächten. Sie sind nicht mehr genialische Improvisationen aus dem Mittelpunkt des Herzens, das sich im gehobenen „Augenblick" als Mittelpunkt der unermessenen und nicht übersehenen, nur gefühlten Welt auswirkt, sondern sie ordnen sich einem bereits mit der Vernunft umspannten und abgegrenzten Kosmos ein. Der Weltstoff wird nicht mehr in die einmalige Erregung hineingerissen, in ihr verdampft, sondern der Gefühlsanlaß oder das Motiv, die „Gelegenheit" der das Gedicht entspringt, hat sich unterzuordnen einem bereits in Goethes Geist vorhandenen, festgestellten Ganzen, von dem es seinen Sinn, sein Gewicht, seinen Symbolwert empfängt. Es ist nicht mehr selbständig dem Ganzen von Goethes Weltbild gegenüber, wie jene Improvisationen, sondern es ist ein Inhalt oder ein Gesichtswinkel des Weltbildes, es ergänzt, füllt, beschränkt oder erweitert dieses Weltbild, aber es erschafft und zerstört es nicht mehr — mit wenigen aus Goethes gesamter Alterlyrik hervorragenden Ausnahmen, die wir noch gesondert betrachten werden. Der spätere Goethe hat sein Leben als ein wenn auch nicht vergangenes so doch gültiges, als ein abgegrenztes, wenn auch nicht abgeschlossenes Ganzes vor seinem inneren Blick, nicht mehr als ein ungewiß werdendes, erst umzuschaffendes, vielleicht ihn selbst zerstörendes, welthaltiges Chaos. Er hat ein andres Verhältnis zur Vergangenheit und zur Zukunft des eignen Lebens: der junge Goethe empfing sein Gesetz, seine Ausdrucksform von dem zu Erringenden, von der Zukunft in die er hineingriff, die er im begeisterten Moment vorwegnahm — wie er den Raum in den jeweiligen Mittelpunkt seines Lebenskreises zusammendrängte, so die ganze Fülle der Zeit in den durchgelebten „schönen Augenblick". Der spätere Goethe empfing sein Gesetz von dem bereits Errungenen, von seiner durchgebildeten, erkannten, beherrschten Vergangenheit, und wenn er auch vorausschaute und nicht zurück, wenn er Seher und nicht Historiker blieb — so unabhängig von seinem zurückgelegten Weg wie in der Jugend war später sein Gang, sein Blick und seine Deutung des künftigen nicht mehr: von seinen Forschungen in Natur und Kunst, von seinen Verpflichtungen gegenüber Volk und Gesellschaft, von seinen Errungenschaften wie von seinen Verzichten fühlte er sich bestimmt. So sind seine späteren Gedichte mitbedingt durch seine Gedanken über Gattung, Muster und Regeln — lauter Ergebnisse durchlaufenen, aufgearbeiteten Lebens — und durch die sittlichen Einsichten oder durch die Naturschau zu denen sich sein Geist abgeklärt hatte: abermals Ergebnisse seines bisherigen, nicht Forderungen seines künftigen Lebens.

Aus diesem Gesamtzustand haben wir auch den Epilog zu Schillers Glocke zu verstehen. Er ist nicht mehr der unmittelbare Ausdruck einer Erschütterung, Wallung, Stimmung, etwa des Schmerzes über Schillers Tod .. auch nicht die distanzierende Bildwerdung eines seelischen Anlasses wie etwa in der Elegie Euphrosyne der Tod der jungen Schauspielerin: sondern vor allem die geistige Deutung, Einordnung und Verewigung des zeitlichen Ereignisses das ihn erschüttert hatte. Freude und Schmerz hatten keine selbständige Gewalt mehr, der Augenblick keinen unmittelbaren Ausdruckswert: sie mußten sich vor der Ewigkeit legitimieren, d. h. dem allgültigen Gesetz unter dem Goethe jetzt das Ganze seines Lebens erkannte. Der rhythmischen Darstellung seiner Erschütterungen war bei Goethe einst die bildhafte Wiedergabe der Eindrücke gefolgt — wir haben in dem Epilog zu Schillers Glocke ein erstes großes Beispiel, wie er in der Distanzierung zwischen Erlebnis und Darstellung noch einen Schritt weiter geht: der Epilog zur Glocke hat als dichterischen Ursprung und Gegenstand, über Erschütterung und Eindruck hinaus, die Bedeutung eines Erlebnisses und einer Gestalt. Nicht das Gefühl, nicht das Bild, sondern der Sinn bestimmt Anordnung und Ton des Gedichts. Vergleicht man damit noch die Elegie Euphrosyne aus den letzten neunziger Jahren, so wird die fortschreitende Vergeistigung deutlich: Anlaß und Gegenstand beider Gedichte sind sehr verwandt: es sind Totenklagen und Apotheosen [Das Gedicht auf Miedings Tod ist keine aus Erschütterung geborne Totenklage, sondern nur die durch einen Sterbefall veranlaßte Feier einer bestimmten Lebensführung, deren fast zufälliger Vertreter der Verewigte war: es gehört zu Goethes Gesinnungsrückblicken wie „Ilmenau", oder Hans Sachsens poetische Sendung]. Es sind Versuche des Dichters aus dem Verlust teurer Menschen ihr Unverlierbares für sich und andere zu retten, durch Verewigung dessen was sie gewesen. In beiden wird das Wesen, der Charakter und die Haltung der Verewigten im Leben aufgerufen, wobei freilich die Euphrosyne als ein nur dem Dichter selbst bedeutendes und unvergeßliches Geschöpf erscheint, und Schiller als ein der Welt angehöriger Heros. Der Epilog ist nicht nur einem persönlichen Bedürfnis Goethes, sondern auch einem öffentlichen Anlaß, einer Repräsentationspflicht entsprungen. Aber nicht aus dieser weiteren Aufgabe erklärt sich die Verschiedenheit in Lebensnähe und Wärme, woran der Epilog von der Euphrosyne, ebenso wie an Bildkraft weit übertroffen wird. Goethes Schmerz um Schiller war tiefer, nachhaltiger und unheilbarer als der um jene holde Elevin, und obwohl er seine Totenklage um ihn auch als Entlastung seines eignen Schmerzes, nicht bloß als öffentliche Huldigung des Berufensten für den allverehrten Toten verfaßt hat, ist sie doch mehr ein erhabenes und weises Prunkstück, kein ergreifender und durchdringender Grabgesang geworden, wie jene Nänie. Der Gehalt ist geistig bewältigt, nicht seelisch, und weniger was Schillers Leben und Tod in Goethe gewirkt tritt in Erscheinung als was er darüber gedacht hat. Die bewußt planende, zwecke- und regelkundige Vernunft wird jetzt auch in seiner eigentlichen Lyrik führende Macht und das schöpferisch improvisierende Gefühl sowie die instinktiv gliedernden Sinne werden ihr untergeordnet, während sie früher so mit ihr eins waren, daß man Absicht und Plan als solche nicht merkte. Der Epilog auf Schillers Glocke, nicht zufällig durch das Ereignis entstanden mit dem Goethes Alter ihm selbst fühlbar wird, ist das bezeichnende Beispiel dafür.

Seit Italien war für Goethe der Begriff des „poetischen Motivs" d. h. einer fruchtbaren Situation aus der sich der Gefühls- oder Stimmungsgehalt möglichst anschaulich entwickeln lasse, bei der Gestaltung seiner lyrischen Konzeptionen maßgebend, bewußter als früher. War sie ihm nicht gleichzeitig mit dem Gefühlsgehalt gegeben, so konstruierte er sie dazu: bei der Euphrosyne verschmolz ihm die Schweizer Gebirgslandschaft in der er die Todesnachricht der jungen Freundin bekam mit den Schmerzen und Erinnerungen die die Nachricht ihm erweckte zu einer Einheit: von dem gegenwärtigen erhebenden einsamen Schauplatz aus übersah er panoramisch die

Erinnerungsbilder ihrer Vergangenheit und Unvergänglichkeit. Der Schmerz um Schillers Tod kam ihm nicht als „poetisches Motiv", sein Bedürfnis und Anlaß zur Totenklage und Totenfeier war nicht in ursprünglichem Einklang mit seiner dichterischen Empfängnis und seiner Kunstforderung: gegeben war ihm sein Schmerz — eine reißende Leere — und die erhabene Gestalt und Wirkung Schillers, aber nicht eine einmalig faßbare und fruchtbare Situation, die als Blickpunkt ihm die panoramische Übersicht gestattet hätte. So half er sich durch die künstliche, d. h. nicht durchs Erlebnis selbst schon gebotene, vielmehr erst aus dem künstlerischen Bedürfnis entsprungene Anknüpfung an Situationsmotive aus Schillers Glocke: „Und so geschahs".. „Da hör ich schreckhaft mitternächtiges Läuten". Die so gewonnene Situation soll nur den für Goethes damaliges motivforderndes Kunstgefühl unentbehrlichen Übergang zur Entwicklung des eigentlichen Seelengehalts herstellen. In „Euphrosyne" bildet eine erlebte Situation, im Epilog eine erfundene Situation den lyrischen Ausgangspunkt: erst von da aus gelangt Goethe künstlich zur eigentlichen Totenklage und zum Gedenkbild Schillers: „O wie verwirrt solch ein Verlust die Welt".

Das Bild Schillers selbst das nun folgt ist die unvergeßliche Heroisierung eines großen Menschen durch einen andren der ihm denkbar nah gestanden. Aber nicht dies Nahestehen, nicht das Gefühl mit dem Goethe Schiller wirken und scheiden sah gibt den Grundton für die Heroisierung ab, d. h. nicht die eigentliche Menschlichkeit dieses einen Schiller, mit der Goethe vertraut war, obwohl sie erst ihn zur Heroisierung vermochte. Goethe hat sich fast gezwungen nicht im eignen Namen zu reden, sondern in dem der Gesamtheit die sagen durfte „denn er war unser." Er wollte von dem einmaligen Schiller die Züge verewigen die ihn zum Heros für alle machten, und hat dabei seine Person zum allgemeinen Typus des geistig duldenden und kämpfenden Heros verklärt. Er hat dabei die Gefahr der Verblasung empfunden und den geselligen, alltäglichen, selbst den launischen und heftigen Schiller angedeutet, er hat die besondre Begabung und Neigung Schillers evociert, um das gedrungene Personenbild im Heroenbild mit aufzubewahren: aber das sind mehr biographisch angefügte als dichterisch durchseelte Züge geworden. Was lebendig werden sollte und lebendig geworden ist, derart daß es noch heute die Grundzüge des weltgültigen Schillerbildes ausmacht und die monumentalen Umrisse von Schillers geistiger Gestalt für die deutsche Phantasie festhält (ähnlich wie Dannekers Idealbüste die körperliche Gestalt) kurz, der wirksame Gehalt des Nachrufs ist nicht das Individuum, sondern der Typus Schiller: der weltüberfliegende Idealist schlechthin, gepriesen in den Versen „Und hinter ihm in wesenlosem Scheine lag was uns alle bändigt das Gemeine" und „Von jenem Mut der früher oder später den Widerstand der stumpfen Welt besiegt". Diese Verse sind sprichwörtlich für Schiller geworden, und lassen darüber vergessen daß sie eigentlich auf jeden Idealisten hohen Stils passen und durchaus nicht nur für Schiller bezeichnend sind, ebenso wie die Schlußverse die der Verherrlichung von Schillers Wirken gelten: auch sie bezeichnen weniger die Wirkung dieses einmaligen Mannes als die jedes Führergeistes.

Solche Typisierung entspricht nur Goethes damaligem Willen wie seiner Fähigkeit: nicht mehr sein unmittelbares Erleben zu gestalten aus der Fülle des erregenden oder erschütternden Augenblicks, sondern den allgemeinen Raum und Umriß zu bestimmen in den sein einmaliges Erlebnis gehörte, gleichsam die platonische Idee von der sein Erlebnis emaniere. Denn nicht mehr das Einmalige wollte er erleben, sondern schon das Gesteigerte, Allgültige, oder wie sein Wort dafür später lautete: das Bedeutende. Auf den Unterschied in der Wiedergabe einer Erschütterung gegen frühere Lebensstufen hat der Vergleich mit der »Euphrosyne« hingewiesen — den Unterschied zwischen individueller und typisierender Bildwerdung eines wirksamen Menschen findet man beim Vergleich des Schillerbildes im Epilog zur Glocke mit dem Bilde des Herzogs in dem früh-weimarischen „Ilmenau". Der junge Herzog ist dort in seiner unbändigen, müh- und verheißungsvollen Tüchtigkeit mit dem einmaligen Hauch seiner Stellung, Landschaft und Lebensart erfaßt und seine Schilderung ist auf keinen andern jungen genialischen Fürsten anwendbar, wie die Schilderung Schillers in den Grundzügen auf die meisten großen Idealisten (um nur einige besonders bezeichnende aus verschiedenen Zeitaltern zu nennen: auf Plato selbst, auf Dante, auf Giordano Bruno, auf Kepler, auf Fichte und Schelling, auf den Franzosen Pascal, den Holländer Grotius, die Engländer Milton oder Shelley, Menschen der verschiedensten Talente, Altersstufen, Völker und Zeiten) — ein weiteres Zeichen, was für den alten Goethe mehr und mehr das Entscheidende am Weltbild wurde: nicht das Einmalige, sondern das Allgültige, das Gesetz in der besonderen Gestalt, nicht die unwiederbringliche Stimmung des Augenblicks, sondern sein dauernder Niederschlag als Erinnerungsbild oder als Wirkung, nicht die Dinge an sich und in sich, sondern ihre Stelle und ihr Gewicht im Ganzen seines Weltbildes.. und selbst die ihm wichtigsten Menschen wurden ihm über Anziehung und Gegensatz hinaus zu Sinnbildern überpersönlicher Kräfte. Diese Filtrierung des unmittelbar andringenden Weltstoffs, der in der Jugend sich in augenblicklichen Eindruck und Affekt, in Stimmung und Wallung umsetzt, durch die auswählende und ordnende Vernunft ist eine Erscheinung des Alters überhaupt, und Goethe ist auch hier nur der umfassende und genial gesteigerte Vertreter der gesetzlichen Entwicklung.

Seine Eigentümlichkeit ist daß der Übergang vom gesamtsinnlichen Erlebnis des glühenden Augenblicks (sei dieser jeweils in Menschen, Landschaften oder Ereignissen zusammengedrängt) zur vernunftmäßig wertenden und ordnenden, gesetz-findenden und gesetz-gebenden Weltdeutung vermittelt wird durch das Auge. Das Auge ist beim jungen Goethe wesentlich ein impressionistisch empfangendes aufnehmendes Organ, beim mittleren Goethe ein symbolisch formendes, von außen wie von innen her rundendes, beim alten ein ordnendes: es ist dasselbe Auge und alle drei Funktionen sind gleichzeitig vorhanden, aber die führende Funktion ist in jedem Lebensabschnitt eine merkbar andre.

Diese Wandlung erstreckt sich durch den ganzen Bereich seiner Fähigkeit, an der dichterischen Produktion werden wir ihn im einzelnen bei den Hauptwerken nachweisen – hier sollen nur kurz die Grundsymptome auch an seiner kritischen und referierenden Leistung erwähnt werden. Zunächst ist schon ein Zeichen jener Wandlung, daß mit den Jahren bei Goethe die referierende und kritische Tätigkeit gegenüber der formenden zunimmt. Kritik ist beim jungen Goethe ein Kampfmittel, gelegentlich angewandt, um sich eines Grolls oder einer Begeisterung zu entladen.. in der Zeit des Bundes mit Schiller ist sie ein Nebenprodukt der theoretischen Betrachtungen zur Feststellung eines Kanons für Kunst und Literatur, oder eine pädagogische Anwendung der in Italien errungenen Kunstbegriffe auf aktuelle Gegenstände alter und neuer Kunst oder Literatur.. im Alter die ordnende Überschau über ein unendliches Bereich von Einzelheiten aller Gebiete die ihm als dem Oberhaupt des europäischen Geistes begegneten und über deren Wert und Gewicht, Platz und Richtung er sich selbst und dem ihm anvertrauten Wirkungskreis kurze Rechenschaft geben wollte. Sind die kritischen Auslassungen des jungen Goethe Manifeste eines Revolutionärs, die des reifen Goethe Erlasse eines Gesetzgebers, so sind die des alten Goethe mit den Reskripten und Randbemerkungen eines Herrschers zu den täglichen Einläufen zu vergleichen. (So konnte er sich schematische Tabellen für Rezensionen anlegen: hier ist die Gegenwart des allgemeinen Raums, der Ordnung vor den einmaligen Einzelinhalten am deutlichsten.) Die Manifeste sind unverantwortliche Vorstöße gegen ein von andern anerkanntes Gesetz, die Erlasse sind Feststellungen eines Gesetzes, die Reskripte sind Ausflüsse und Anwendungen eines dem Herrscher im Ganzen gegenwärtigen Gesetzes.

Man vergleiche beispielsweise die Frankfurter Shakespeare-rede mit der

Hamlet-deutung aus den Lehrjahren und dem 1816 in Kunst und Altertum erschienenen Aufsatz Shakespeare und kein Ende. Die erste geht ganz von dem einmaligen Eindruck aus, von der Wirkung die Shakespeare in dem einzelnen, einmaligen, sich als einmalig fühlenden Jüngling hervorgebracht hat — kein Versuch Shakespeares Gestalt oder Werk als solches zu zeichnen! Gegeben ist die Seele des Empfängers, und das Objekt gilt nur als ein auf diese Seele Wirkendes, nur im Zusammenhang mit dem Menschen der es erlebt, untrennbar von dem Augenblick des Erlebnisses, d. h. von der durch Zeitalter, Lebensumstände, Charakter und Zustand bewirkten Stimmung des Erlebenden. Im Wilhelm Meister ist Shakespeares Werk losgelöst von dem Eindruck und den Beeindruckten: seine Umrisse, sein Aufbau, seine Absicht werden untersucht, und in dem was erwähnt und verschwiegen wird ist der Hinweis auf ein aufnehmendes Einzelwesen ebenso ausgeschieden wie der Hinweis auf Gesetze und Umstände denen das besprochene Werk selbst untergeordnet sei, vielmehr wird das Gebilde selbst als ein in sich ruhendes Geschöpf mit eigner Gesetzlichkeit, eignem Anspruch, kühlen Auges betrachtet: weder seine Wirkung noch seine Beziehung ist auf dieser Stufe der Goethischen Bildung Goethes Gegenstand, sondern sein Umriß und seine Gestalt. Durch den Umriß allerdings grenzt es an den Raum worin es steht und hat die Beziehung zu einem weiteren Bereich als den es ausfüllt, durch die Gestalt deutet es auf einen Sehenden, auf ein formensuchendes oder -findendes Auge hin, und wer eine Gestalt beschreiben will der sucht zugleich nach dem Raum für den und in dem sie Gestalt ist. Gestalt steht mitten inne zwischen dem einmaligen Eindruck und dem allgültigen Gesetz.

In Goethes dritter Shakespeare-schilderung, der umfassendsten und grundsätzlichsten, dem Aufsatz Shakespeare und kein Ende, ist weder von dem Eindruck noch von der Gestalt oder dem eigentlichen Werk Shakespeares selbst die Rede, sondern von dem Gesetz nach dem sein Drama entstanden ist und von dem geistig-geschichtlichen Raum in dem es steht. Shakespeare ist hier nur der Vertreter eines allgemeinen Geschehens, oder einer bestimmten Verhaltungsart gegenüber dem Weltganzen, sei dies als Natur oder Schicksal gedeutet, er ist der Träger abstrakter geistig-sittlicher Mächte, der Exponent eines Zeitalters und seiner Art Weltgefühls — kurz, nicht die einmalige Person und Leistung Shakespeares, sondern das Problem Shakespeare, als der faßliche Mittelpunkt von Gesetzlichkeiten, ist Gegenstand dieser Abhandlung. Der Sinn des Dargestellten liegt von Fall zu Fall immer weiter hinter der Darstellung selbst: in der Frankfurter Shakespearerede sind Sinn und Darstellung identisch, im Wilhelm Meister ist das Shakespearebild um eines dahinterliegenden Sinnes willen aufgestellt, in Shakespeare und kein Ende ist der allgemeine Sinn die Hauptsache und Shakespeare nur das Medium an dem er verdeutlicht wird. Ähnliche Stufen und Distanzen wie sie hier in der Behandlung eines Gegenstandes der Dichtung nachweisbar sind findet man auch bei Goethes Kunstbetrachtung: bei einem Vergleich etwa der Rede über das Straßburger Münster, der Abhandlung über den Laokoon und der über Lionardos Abendmahl oder Mantegnas Triumphzug — obwohl hier naturgemäß bei der Art der Gegenstände Goethe sich nicht so weit von der sinnlichen Beschreibung entfernen konnte als bei der dichterisch geistigen Erscheinung, so daß die einzelnen Stufen näher aneinander liegen, der Unterschied zwischen der Eindrucksbetrachtung, der Gestalt-betrachtung und der Gesetz-betrachtung nicht so deutlich ist.

Das Fortschreiten (womit keine Wertung gemeint ist) von Eindruck zu Gestalt und von Gestalt zu Gesetz bedeutet ein anderes Verhältnis zum Augenblick, zum einzelnen Erlebnis überhaupt, sei dies Erlebnis Mensch, Ereignis oder Leidenschaft. Nicht die Intensität des einzelnen Erlebnisses bestimmt mehr Goethes Leben und Werk, sondern das aus seinem Leben hervorgegangene und erkannte Gesetz bestimmt Maß, Gewicht und Stelle die jedes in seinem Leben einzunehmen hatte. War die erste Hälfte seines Daseins dem Aufbau seiner Existenz gewidmet und hatte jedes Einzelerlebnis daran unmittelbar teil, bestimmte Grundriß und Raumverteilung, so galt die letzte nur der Einrichtung des ein für allemal stehenden Gebäudes, und die Einzelerlebnisse wurden an die geeignete Stelle eingeordnet.

Als Beweger ist Schiller der letzte Mensch der in Goethes Dasein eigentlich Epoche gemacht, d. h. einen ganzen Lebensabschnitt beherrscht hat, und Charlotte von Stein ist die letzte Leidenschaft die den Grundriß seines Lebens bestimmt hat. Was ihm später noch an Menschen, Ereignissen, Leidenschaften widerfuhr, machte ihm Eindruck, wurde Material, aber es bestimmte ihn nicht, und nur in wenigen tragischen Momenten — es sind die seiner letzten großen Lyrik — mußte er fürchten, sein Gesetz könne noch einmal durch den Eindruck, den „Augenblick", das Einzelerlebnis ins Wanken geraten, aber er erhielt es, wenn auch unter Schmerz und Mühsal aufrecht.

Daraus ergibt sich auch unsre verschiedene Bewertung des einzelnen Erlebnisses für Goethes letztes Lebensdrittel: es ist nicht mehr so wie in der Werther-zeit, wie noch in der Iphigenien-zeit, der Träger ja Schöpfer seiner Produktion: wir werden sein Leben jetzt da aufsuchen, wo sein Gesetz sich am deutlichsten ausspricht oder wo es in Frage gestellt wird. Nicht mehr jedes einzelne Gedicht, nicht mehr jeder Aufsatz ist für sich wichtig,

als ein unvergleichlicher und unersetzlicher Ausdruck eines unvergleich‹
lichen Augenblicks, wohl gar als die Verdichtung ganzer Lebensfluten: es
genügt jetzt, wenn wir von seinen zahllosen „Gelegenheiten" den Raum
wissen in den sie gehören — sie schaffen nicht mehr selbst den Raum, und
Goethes Produktion ist nicht mehr die sprachliche Selbstentwicklung eines
Werdenden, sondern die sukzessive Kundgebung eines Gewordenen—noch‹
mals: nicht die Eroberung und Findung eines Gesetzes, im stetigen Ringen
mit dem ungesetzlich schöpferischen Augenblick, sondern die Anwendung
eines Gesetzes von Fall zu Fall mit bewußter Abgrenzung gegen den un‹
gesetzlich‹schöpferischen Augenblick mit seinen tragischen Konsequenzen.
Wir haben Goethes Verhältnis zu einigen wichtigen Begegnissen, Augen‹
blicken, Personen der nach‹schillerischen Zeit zu schildern und dann seine
sinnbildlichen Alterswerke zu deuten.

NAPOLEON.

DAS große Ereignis der Zeit nach der französischen Revolution, dem
sich auch Goethe nicht entziehen konnte, wenngleich es in seinem
Leben nur eine Episode blieb und mehr seinen Anschauungsvorrat ergänzte
als seine Sehart und Fühlweise verwandelte, war die Herrschaft Napoleons.
Für Goethe selbst war wichtiger als die weltgeschichtlichen Umwälzungen
die Napoleons Siege im Gefolge hatten, und merkwürdiger als das auch
ihn berührende Kriegselend [die bewegliche Klage und Entrüstung dar‹
über die Falk ihm in den Mund legt ist erfunden oder in den sentimental‹
moralischen Ton dieses subalternen Autors übersetzt] die persönliche Er‹
scheinung des gewaltigen Menschen, sein Wesen und die Wirkung seines
Dämons. Für Goethe kam alles auf die Anschauung und die sinnlich geistige
Erfahrung an, und schwerlich hätten die ungeheuren Ereignisse, die po‹
litischen und militärischen Erfolge, die eigentliche Geschichte Napoleons
ihm einen so nachhaltigen Eindruck gemacht, wenn ihm nicht Napoleon
als Gestalt, als Gebärde und Stimme begegnet wäre. In Erfurt und Weimar im
Oktober 1808 hatte Goethe Unterhaltungen mit dem Kaiser: nach dem was
darüber durch Goethes und Müllers (weniger verläßlich durch Talleyrands,
wohl auf Müller beruhende) Aufzeichnungen bekannt geworden ist, gin‹
gen sie über eine bloße Zufalls‹audienz, wie sie Napoleon, aus politischem
Instinkt auch die geistigen Mächte in seinen Bann ziehend, den Kultur‹
notabeln überall gewährte oder aufdrängte, hinaus. Der Kaiser (denn von
diesem hing es ab welches Gewicht er der Begegnung geben wollte) war
offenbar überrascht durch die persönliche Gewalt von Goethes Erscheinung,
und das bedeutet auch sein unwillkürlicher Ausruf voilà un homme, we‹

niger ein zusammenfassendes Schlußurteil als der Ausbruch des Staunens beim ersten Anblick. Er hatte einen berühmten Schriftsteller erwartet, ein „Genie" von der Art etwa Chateaubriands, oder wie in Deutschland Johannes Müller der Geschichtsschreiber — durch ihre Werke berühmte und darum einflußreiche und als Zierden eines Kaiserhofs nutzbare Menschen, letzten Endes eine Sorte würdevollerer, geistreicherer, gewandterer Höflinge — und nun trat ihm in dem Verfasser des Werther eine an sich, von seinem Ruhm abgesehen, machtvolle Gestalt entgegen, derengleichen er auf seinen Zügen nie getroffen, ja wohl kaum für möglich gehalten hatte. Er, der als Herr der Welt wie als Dämon sich einzig fühlte und daher natürlicherweise alle anderen Menschen nur als Untertanen, Mittel oder Stoffe bewertete, in denen sich seine unvergleichliche Art auswirken dürfe, begegnete hier zum erstenmal einem Wesen seines seelischen Ranges, einem Mitdämon. Das kam ihm wohl weniger zum Bewußtsein als zum Gefühl, bei der leibhaften Gegenwart Goethes. Denn ein Wesen an sich, unabhängig von seinen Staatszwecken, als natürliche Erscheinung aufzufassen, wie es Goethe gemäß war, das war Napoleon als einem Tatmenschen und als dem verkörperten Staatsgeist nicht gegeben. Selbst einen Dämon, wie sehr, ja je mehr er von ihm beeindruckt war, sah er sich nach dem ersten durchdringenden und wägenden, Kraft und Schwere des Gegenübers messenden Blick daraufhin an was er ihm, d. h. nicht seiner Person, sondern seiner Aufgabe, seinem Reich geben könne.

Goethe war für ihn einmal der Verfasser des Werther, ein berühmter Dichter und, wie er nun gleich sah, ein bedeutender Mensch, und sodann der Ratgeber eines seiner Rheinbundfürsten. Kulturell wie politisch ließ sich diese Kraft nutzen. Wir wissen nur über die Versuche des Kaisers den Dichter Goethe zu gewinnen Bescheid — da Goethe über die politische Mission die ihm zugemutet wurde Stillschweigen bewahrt hat, vor allem um seines Verhältnisses zum Herzog willen, nicht bloß aus Lust am Geheimnis. Talleyrand deutet an daß Goethe sich in die politischen Anregungen des Kaisers eingelassen habe, und wir hören daß Goethe auf die Kunde von einer Veröffentlichung Talleyrands über die Audienz in Unruhe geraten sei. Die Audienz dauerte stundenlang zum großen Teil ohne Zuhörer, dabei mögen Erörterungen politisch-aktueller Art mit Winken Goethes stattgefunden haben, von denen Talleyrand munkelt und deren Kundwerdung Goethe zuwider sein mußte, da er hierbei nicht nur Zuhörer, sondern auch Sprecher war, in Sachen die ihm seine Freiheit über den Parteien und Verhältnissen beschränkten: hatte er doch an Johannes Müller kurz vorher ein Beispiel erlebt wie es die geistige Freiheit in solch kritischen

Zeiten gefährde, wenn man sich der Öffentlichkeit gegenüber politisch festlegte, ohne einen wirklichen Beruf zum Regieren, Intrigieren und Politisieren. Wo er keine öffentliche Macht hatte, wollte er auch keine öffentliche Meinung haben, und wurde ihm durch kaiserlichen Willen eine Äußerung abgenötigt die seinem Freund und Herzog von Nutzen sein konnte, so sollte sie ihn doch nicht vor der Welt binden, selbst wenn sie ihm Ehre machte. Weniger heikel waren die literarischen Gegenstände die der Kaiser vor ihm zur Sprache brachte, und sein hierüber lang bewahrtes Schweigen mag einer Rücksicht gegen den Kaiser, der Diskretion des Weltmanns und der Lust am Geheimnis entstammen.

Die literarischen Themata wurden bestimmt durch den Zeitpunkt der Begegnung (nach der Aufführung der klassischen französischen Tragödien, insbesondere Voltaires Cäsar) und durch die Verbindlichkeit des Kaisers gegen den Verfasser des Werther. Denn vor allem als solchen hatte der Kaiser ihn rufen lassen. Der Werther war das einzige Werk Goethes das er kannte, um dessentwillen er eine Größe für ihn war. In der Zeit seines noch ungestalten Jugendfeuers und schwermütigen Jünglings-ehrgeizes war der Werther die Napoleons Stimmung entsprechende Musik gewesen, und wenn er dem Verfasser jetzt seinen Dank abtrug, so schien dies gleichzeitig ein Mittel ihn zu gewinnen und ihm durch seine genaue Sachkenntnis zu imponieren, wie denn eine einzigartige Mischung von Spontaneität und Zweck-berechnung den Reiz und die Gewalt von Napoleons Unterhaltung ausmacht. Er ließ sich gehen, strömte aus einer reichen Natur leicht oder heftig, breit oder gedrängt über, und vergaß doch dabei nie den Herrscherzweck im Ganzen und den augenblicklichen Vorteil im Einzelnen. Seinem Partner wußte er, wo es ihm drauf ankam, das Gefühl zu lassen daß er ihn persönlich interessiere, und doch zugleich das aus ihm herauszuholen was der kaiserlichen Sache diente. Es war nicht nur kalte verstandesmäßige Berechnung in seiner Menschenbehandlung und Gesprächsführung, und nicht so viele Komödie und Pose wie es wohl dem deutschem Gemüt erscheinen mag. Napoleon war vielmehr so durchaus leidenschaftlich mit all seinen Seelenkräften vom Geist der Sache erfüllt, daß auch seine persönlichen Empfindungen davon durchdrungen und beherrscht waren. Er mochte sich gehen lassen, seinem Temperament die Zügel schießen lassen, auch diese Ausbrüche standen weniger unter der Kontrolle seines Staatszweckes als sie vielmehr selbst dazu gehörten: er konnte gar nicht anders als staatlich handeln, fühlen, denken. Aber eben weil ihm der Staat Welt, die Welt Staat war, weil er die menschlichen Dinge auf ähnliche Weise in einem Staatskosmos erlebte wie Goethe sie in einem Naturkosmos erlebte, sind seine Äußerungen auf jedem Gebiet nicht die eines Berufsmenschen der dies versteht und jenes nicht, sondern eines Urgeists der alles ergreift, wenn auch entschieden von einer Seite her und mit oft grausamer Naivität.

So sind seine Worte zu Goethe über das Trauerspiel Äußerungen eines Staatsgenius dem die ganze Kultur, Kunst, Literatur und selbst Religion nur Funktionen und Mittel des Staates sind, und Bildungsfragen waren für ihn Fragen der staatlichen Völkerleitung, nicht (wie für Goethe) der menschlichen Einzelentwicklung. Er bezeichnete das Trauerspiel — von ihm naturgemäß als die am meisten und geradesten auf die Massen pathetisch wirkende Kunstform bevorzugt — als die Lehrschule der Könige und Völker, d. h. als ein Mittel Staatsgeist zu lehren und heroischen Sinn zu verbreiten. Dem großen Schriftsteller den er vor sich sah, von dem er erfuhr daß er selbst Trauerspiele verfaßt, u. a. den Mahomet des Voltaire übersetzt habe, suchte er seine Gedanken über das Verhältnis von Tragödie und Politik aufzudrängen, zugleich mit praktischen Aufgaben und Winken. Auf Ablehnung aller tat- und staat-lähmenden Gedanken kam es ihm an, seien es romantische wie die Schicksalsidee, seien es aufklärerisch humane, kriegs- und herrschaftfeindliche wie die Voltairischen im Mahomet und im Cäsar. Der grandiose Satz „Die Politik ist das Schicksal" (den er allein aussprechen durfte, als der Einzige dem damals nach antiker Weise der Staat weltschaffende Kraft, nicht bloß menschlicher Beruf und Zweckkomplex war) bezeichnet am knappsten sein Verhältnis zu den überpersönlichen Mächten aus denen die Tragödie sich nährt: der Staat sollte die oberste Instanz für alles heroische Pathos sein. Nichts lag Goethe im Grunde ferner: dessen oberste Instanz war der Gegenpol des Staats, die Natur, und er konzipierte das Schicksal nur unter der Form von einzelmenschlichen Natur- und Bildungsvorgängen, oder als ein am Einzelnen offenbartes Dämonisches, nicht als eine Wechselwirkung von Staat, Volk und Person. Aber unschätzbar war ihm die Formulierung dieser Gegenwelt durch ihren größten Vertreter, und in dieser riesigen Person schnitten sich Napoleons Welt, welche ganz auf Auswirkung des Staats im höheren Menschen, und Goethes Welt, welche ganz auf Auswirkung des höheren Menschen durch Natur und Bildung gestellt war. Von entgegengesetzten Seiten her trafen sie sich in der Verehrung großen Menschtums.

Es gab ein geschichtliches Thema das dem Staatenlenker wie dem Menschen-bildner gleich nahe lag, zumal der Zufall der Theateraufführung bei ihrer Begegnung sie daran erinnerte: Cäsar, namentlich die Geschichte seines Todes. Goethe wie Napoleon hatten als Jünglinge Cäsar-tragödien geplant, und da sie sich auf der Höhe ihres Lebens begegneten, schlug der

Kaiser dem Dichter dies Thema als Hauptaufgabe vor. Sein Gedanke dabei war rein politisch, er hatte eine Verherrlichung des Cäsarismus im Sinne, d. h. desjenigen Staatsystems welches auf der Allgewalt und Alleingesetzlichkeit des herrschfähigsten Menschen beruht. Goethes Jugendplan war individualistisch, und seiner ganzen Natur nach hätte er dies Thema auch nur fassen können als die Tragödie einer großen Einzelseele welche in Widerstreit mit dem jeweils weltgültigen Gesetz und seinen Vertretern gerät. Dem Kaiser lag nichts an der innern Tragik des Cäsar, geschweige des Brutus: nur an dem heroisch-politischen Pathos im Untergang eines Weltherrschers. Cäsar war sein Vorbild, und der Segen seines eignen Wirkens sollte an dem unheilvollen Tod von seinesgleichen deutlich werden. Eine eigentlich dichterische Aufgabe war das nicht, und wenn Goethe Cäsars Tod als Dichter behandeln wollte, so konnte er dem Auftraggeber nicht genug tun, sondern mußte als tragischen Gegenspieler Brutus heben, den Napoleon nur als Toren und Verbrecher brauchte. Es ist dabei gleichgültig wie Goethe über Brutus dachte – er hat bekanntlich Cäsars Ermordung als die größte Dummheit aller Zeiten verurteilt – eine Cäsar-tragödie war für ihn nicht denkbar mit der einfachen Einteilung in Schwarz und Weiß wie sie Napoleons politische Ästhetik verlangte. Drum war ihm begreiflicherweise dieser Antrag „zu heikel": eine politische Cäsar-tragödie konnte er kraft seiner Natur nicht schreiben, eine dichterische hätte dem Kaiser kaum weniger mißfallen als die politisch-republikanische des Voltaire. Aber das Verhältnis Beider zum Cäsar verdeutlicht ihr gegenseitiges Verhältnis: Napoleon sah im Dichter einen politischen Gehilfen, Goethe im Kaiser eine große Einzelperson.

Für Napoleon war das Menschliche nur ein staatliches Phänomen, für Goethe das Staatliche nur ein menschliches. Er hat Napoleon nie als eine politische Gestalt, also auch nicht mit Bezug auf sein Vaterland betrachtet, sondern als eine mächtige Naturerscheinung, eine Verkörperung dämonischer Kräfte, die ihren Weg quer durch Völker und Staaten nehmen müsse, und deren Wirkungen, selbst wenn sie seinen eigenen Lebenskreis bedrohte, er ohne Haß und Liebe, aber mit der von Nutz- und Staatsrücksichten nicht beirrten Ehrfurcht des Sehers vor allem Erforschlichen und dem darin waltenden Unerforschlichen aufnahm. Er hat Napoleons Ende so wenig, nach Art romantischer Heldenverehrer, empfindsam beklagt, als er nach Art deutscher Patrioten, republikanischer Schwärmer oder humanitärer Liberalen über seine blutige Gewaltherrschaft sich moralisch entrüstete. Er nahm ihn als menschgewordnes Erdbeben, als „kräftigen Sturm des Übermuts", und alle seine mittelbaren oder unmittelbaren Äußerungen über Napoleon stammen aus der Betrachter-ehrfurcht vor einem inkommensurabeln Naturwesen, das ihm vor andern unschätzbar blieb, weil es ihm nicht, wie Cäsar und Alexander, durch die ihm immer verdächtige Überlieferung der Historie vermittelt wurde, sondern — ein einziger Fall in seinem Leben — durch unmittelbare sinnliche Anschauung gegeben war, näher noch als Friedrich der Große, und überwältigender, klassischer, monumentaler: die Naturerscheinung — denn Natur-, nicht Geschichts- oder Staatserscheinung war ihm auch das in erster Linie — des dämonisch getriebenen Eroberers und des alldurchdringenden Weltverstandes. Nur in diesem Sinn hat er ihn gefeiert, in dem höfisch prunkvollen Huldigungsgedicht an die Kaiserin von Frankreich, unter der Maske des Timur, und zumal in den Gesprächen mit Eckermann. Die unbedingte Geistigkeit, den ausschließenden Absolutismus der Idee hat keiner so in Napoleon erkannt wie Goethe, quer durch alle Brutalitäten und Interessenpolitik hindurch. Diese Verwirklichung des Unbedingten erschütterte ihn, den immer weise Entsagenden und Grenzsuchenden, und mit einer Art erhabenen Neids freute er sich der Urkraft der es gestattet war ohne Verzicht bis zum End, und sei es der Untergang, sich auszuwirken, die prometheisch, cäsarisch, mahometisch begonnene Bahn im gleichen Tempo und ohne anderen Widerstand als dämonischen durchzustürmen: contra deum nemo nisi deus ipse. Denn der Entsager empfand in diesem heroisch-tragischen Aus-leben, so wenig er es teilen mochte, ein Vergönnt-sein das ihm verwehrt war. Ähnlich empfand er Lord Byron.

Gegenüber dieser menschlich-dämonischen Gewalt des Seins und Schicksals erschienen ihm die politischen Wirkungen und Gegenwirkungen Napoleons gleichgültig oder störend — also auch die Befreiungskriege, die er als reinpolitische Angelegenheit wertete. Er war wohl der ungeeignetste Mann, dieses Ereignis zu feiern, und er erledigte diese Pflicht ohne Haß und ohne Liebe durch ein allegorisches Maskenspiel worin die vagen Schemen derjenigen Gefühle und Gesinnungen die bei dem Kampf eines Volkes gegen einen Unterdrücker zur Geltung kommen möglichst allgemein, möglichst weit weg vom konkreten Fall, möglichst entaktualisiert, auftreten. Des Epimenides Erwachen ist die opernartig aufgeputzte Glossierung eines weltgeschichtlichen Ereignisses durch einen innerlich unbeteiligten Betrachter. Da Goethe das was ihn an der Sache interessierte nicht zur Sprache bringen durfte, wenn es galt Befreiung zu feiern, so nahm er das Ganze bloß als eine Gelegenheit, gewisse Gesetzlichkeiten des Völkerlebens, anknüpfend an einen für ihn zufälligen Anlaß, von ferneher zu glossieren, und da es dramatisch geschehen sollte, war er genötigt seine Spruchweisheit allegorischen Maschinen in den Mund zu legen. Es sind Gedanken über Vaterlandsliebe, aber nicht der Ausdruck und die Selbstdarstellung irgendwelcher patriotischen Wallung.

Staatlich-völkischen Patriotismus kannte Goethe nicht, und konnte er seiner ganzen Natur nach nicht haben. Die Toren die gerade diesen Patriotismus an ihm vermissen begehen denselben Fehler wie der Mann der von der Eiche Kürbisfrüchte verlangte. Patriotismus ist weder eine erlernbare Pflicht noch eine anlegbare Gesinnung (wie allerdings der durchschnittliche Zeitungs- und Massenpatriotismus) sondern dort wo er echt und tief ist, wie bei Kleist, Stein, Scharnhorst, Arndt (und der ist wie alles Echte und Tiefe seltener als man glaubt und nicht massenhaft anzutreffen) eine ursprüngliche Seelenanlage, der Ausfluß eines ganz bestimmten ursprünglichen Verhältnisses zum Staat, das man sich so wenig geben und anzüchten kann wie Genie und Schicksal.

Jeder Urgeist steht unter einem eigenen Gesetz, nach dem sein Ich und seine Welt sich konzentrisch ordnen, nenne er dies Gesetz Staat, Religion oder Kultur, und wo er mit andren Ordnungen zusammentrifft, da wird er die seinem Gesetz einfügen oder, wenn sie stärker sind, daran zugrunde gehen. Von solchen Konflikten zwischen Kultur und Staat, Kultur und Religion, Religion und Staat ist die Geschichte der Genien voll: von dem Kampf verschiedener Autonomien. Goethe war viel zu fest in seinem Gesetz als daß ihn das Pathos des Staatsgedankens in den Freiheitskriegen hätte entwurzeln können, und er war zu ehrlich um eine Gesinnung mitzumachen in die er nicht geboren war, viel zu wenig Impressionist um sie sich vom stürmischen Augenblick einblasen zu lassen. Ein Urgeist hat keinem Gesetz zu gehorchen als dem ihm eingeborenen, und nur da die weitaus meisten Menschen von Ableitungen leben und kein eigenes Gesetz ursprünglich verkörpern, sondern ein von Urgeistern geprägtes, von geistigen oder weltlichen Herrschern verkörpertes oder vertretenes übernehmen, hat man allerdings ein Recht von ihnen Gehorsam gegen dies und jenes Staats-, Sitten- oder Glaubensgesetz zu fordern: denn wer kein solches Gesetz ist der muß es haben, wer keine Idee verkörpert der muß einer dienen. Wer aber wie Goethe, wie Napoleon, wie Christus selbst eine menschgewordene Idee, eine Reïnkarnation einer der ewigen Ur-ideen ist, an den haben die vorgefundenen Zeitordnungen, geschweige Tagesansprüche, und seien sie noch so edel, kein Recht: solche Menschen sind keine Ichlein, sondern Weltkräfte.

Nun ist es freilich nicht immer gleich zu entscheiden ob ein Rebell gegen die vorgefundenen Gesetze bloß Einzelperson oder Neuverkörperung einer Uridee, ein Catilina oder ein Cäsar, ein Sektierer oder ein Heiland ist (nicht bloß der Erfolg entscheidet darüber) und so sind im Drang der Ereignisse die Vorwürfe oder Ansprüche wegen Mangel an Religion, Sittlichkeit oder Patriotismus verständlich, wenn einer sich noch nicht vor allen Augen als berechtigter Träger der neuen Sendung ausgewiesen hat. Wenige Menschen aber haben sich so ausgewiesen wie Goethe. Das was er war, um dessentwillen er uns wertvoll ist, was er zu verkörpern hatte und was seine Weltsendung ausmacht, hätte er nicht sein können, wenn er die Tugenden Körners gehabt hätte, und eh man ihn anklagt wegen Mangels einer vielleicht wünschbaren Tugend, vergegenwärtige man sich was man ihm zu danken hat vermöge einer Anlage welche jene Tugend ausschließt: seine Art alldurchdringenden Natur- und Menschenblicks war nicht zu vereinigen mit einer leidenschaftlichen Staatsliebe. Wir haben viele Patrioten, aber nur einen Goethe, und selbst dem Deutschtum, selbst dem deutschen Staats- und Volkstum ist dieser Mann durch sein So-und-nicht-anderssein wichtiger als alle Freiheitssänger zusammen. Es wäre nicht nötig dabei zu verweilen, wenn solche platte und denkfaule Gesinnungsschnüffelei aus Mangel an Blick für Menschentum und Leistung nicht immer wieder kehrte und als Wertmesser an die Stelle der ihr unbegreiflichen Werke und Gestalten die leicht auch für den Dümmsten kontrollierbaren Meinungen setzen wollte. Dadurch wird aber die Autorität und Wirkung einiger für die deutsche Bildung unentbehrlichen Geister zum allgemeinen Schaden behindert. Uns kann nur die Gestalt und die Leistung gelten: Meinungen sind bloß zeitliche Reaktionen und wechseln mit den Nöten der Jahre. Wer groß war und Großes schuf steht jenseits der Kritik durch Meinungen, und die Frage ob jemand sympathisch oder unsympathisch gesinnt war hat in der Geistesgeschichte zu schweigen.

Soviel von Goethes Patriotismus und seinem Verhältnis zu Napoleon, dem einzigen bei dem sein individueller Lebenskreis unmittelbar mit der Weltgeschichte in Berührung kam: denn selbst seine Teilnahme an der Kampagne in Frankreich war wenig mehr als die Beobachtungsreise eines Privatmannes durch gesellschaftliche, staatliche, selbst naturwissenschaftliche Einzelheiten, und nirgends hatte ihn dabei die Geschichte im Mittelpunkt getroffen. Selbst seine berühmten Worte bei der Kanonade von Valmy über den Beginn einer neuen Epoche sind nur die eines privaten Reisenden der an einem historischen Haltepunkt sich umsieht. Die Erscheinung Napoleons, so sehr er sie nur als menschliches Phänomen betrachten mochte, war auch für ihn grade als solches Weltgeschichte, und führte ihn, den Unpolitischen, grade als verkörperter, als menschgewordener Staat, zu einer neuen Erkenntnis der geschichtlichen Kräfte, der Wechselbeziehung zwischen

Schicksal und Seele, zwischen Einzelnem und Völkern, und zwischen dem Dämonischen und dem Genie. Alles was Goethe in seinen späteren Jahren über Herrscher, Völker, Staat und über das Dämonische gedacht hat, über die Art wie Geschichte entsteht aus dem ursprünglich Menschlichen ist wesentlich durch die Erscheinung Napoleons mit-bestimmt worden. Die Gespräche mit dem Kanzler Müller und mit Eckermann sind voll von dieser neuen Erfahrung, die wie alle Goethischen Erfahrungen nur durch Anschauung, nicht durch Lektüre gemacht werden konnte.

BETTINA

FAST zur gleichen Zeit, als Goethes Leben durch die Begegnung mit Napoleon am weitesten in die Weltgeschichte hinaus vorgeschoben wurde, führte ihn eine andere Bekanntschaft auf den subjektivsten Sonderkreis zurück: Bettina Brentano. Diese Bekanntschaft ist durch die Wichtigkeit die sie für Bettina gewonnen hat, deren bester Ruhm und eigentlicher Inhalt darauf beruht, auch in Goethes Leben ernster genommen worden als sie verdient, und man hat über der schwärmerischen und wortreichen Heftigkeit ihrer Bekenntnisse übersehen wie wenig sie für Goethe bedeutet hat und bedeuten konnte. Goethes Briefe an sie sind kaum viel mehr als die zartfühlende und erhabene Abwehr einer schwer zu ertragenden und unfruchtbaren Hingabe, und wenn man mehr auf den Ton als auf die Wendungen achtet, so fühlt man wie lästig ihm allmählich dieser Weibskobold nach dem ersten erfrischenden Eindruck seiner seltsamen Lebendigkeit geworden ist, der zu begabt, zu lebensvoll war um ganz vernachlässigt zu werden (abgesehen von den traditionellen Freundschaftsbeziehungen zwischen den Familien Goethe und Brentano) und doch zu maßlos, ungeordnet und sogar unzurechnungsfähig, um für den gereiften Goethe mehr sein zu können als ein rasch überblicktes und klassifiziertes Stück Mensch. Für Goethes Mutter freilich war das unbekümmerte und unverantwortliche Wesen in der Frankfurter Enge und Behäbigkeit eine Erfrischung und Erweiterung – und sie hatte, schon als Frau, nicht die Art Verantwortlichkeit vor einem gefügten Ganzen wie ihr Sohn.. sie konnte sich an der bloßen Lebendigkeit, Begeisterung, Laune und selbst großmütigen oder boshaftigen Narrheit Bettinas erfreuen, ohne Forderung und ohne Maßstab. Über Goethes Mutter führte denn auch der Weg Bettinas zu Goethe, und schwerlich hätte Goethe die zudringliche und nicht immer taktvolle, um jeden Preis und bei jeder Gelegenheit mit Volldampf temperamentvolle Schwärmerin auch nur so lange ausgehalten, wenn nicht die Rücksicht auf seine Mutter und die Erinnerung an ihre Mutter, kurz die Pietät vor der eigenen Vergangenheit, ihm Schonung und Duldung geboten hätten. Und von dieser Pietät her allein konnte sie ihm auch bei seiner Arbeit helfen — ein Anspruch den der reife Goethe an jeden stellte der Freund mit ihm bleiben wollte, es sei denn daß er durch eine sinnlich-geistige Liebe, die sein ganzes Wesen steigern und schwellen konnte, der sachlichen Wertfrage „was bedeutet dieser Mensch für mein Werk" überhoben wurde. Bettina mochte ihm als Gedächtnishilfe durch ihren Verkehr mit seiner Mutter bei den Vorarbeiten zu Dichtung und Wahrheit nützlich sein, obwohl er auf der Hut sein mußte vor ihrer nicht grade zweckbewußt lügnerischen, aber immer wallenden, verschwimmenden und vermischenden, gewissenlos romantischen Phantasie, der ein schön erfundenes, dichterisch dankbares Motiv lieber war als die Tatsachen. Die Grenzlinie zwischen Traum und Wirklichkeit, die kein Romantiker ehrte, war für Bettina überhaupt nicht vorhanden, und sie hatte den ganz ungoethischen Begriff von Poesie, sie sei die Aufhebung der Wirklichkeit im willkürlichen Spiel der schönen, begeisterten und entzückten Einzelseele.

Ihre sämtlichen Veröffentlichungen, zumal der Briefwechsel Goethes mit einem Kinde, sind Zeugnisse dafür wie eine Wirklichkeit solange verflüchtigt oder vergoldet wird, bis sie mit dem Belieben ihres ungesetzlich schwärmenden Ich sich verträgt — und bei all ihrem Enthusiasmus für das Große und Edle, ihrem leidenschaftlichen Bedürfnis zu bemuttern und zu betochtern, zu vergöttern und zu bemitleiden, zu verzerren und zu verhätscheln, war sie nicht frei von persönlicher Eitelkeit, ja Bosheit, schauspielerisch übertreibend was sie fühlte, sich selber vorspielend und nachspielend und sogar mitten in der Hingerissenheit sehr bewußt wie hingerissen sie sei und wie schön es ihr stehe, nie geradezu verlogen, aber ohne jede Ehrfurcht vor der Wirklichkeit und dadurch in steter Gefahr der Unwahrhaftigkeit sich selbst, und von unbedenklicher Taktlosigkeit andern gegenüber: lauter Eigenschaften die Goethe eher anwiderten als anzogen, wozu noch ihre zappelige Vivazität und ihre übersteigerte, hitzige, geschraubte Geistigkeit kam, die für Goethe ihren Reiz und ihr Temperament ungenießbar machten. Mit ihren Begabungen konnte grade er nichts anfangen, denn der Anregung und Befeuerung bedurfte er nicht, Poesie und Geist hatte er selbst genug und Vergötterung fand er auch anderswo. Körperlich war sie nicht sein Geschmack: weder mädchenhaft rein noch frauenhaft reif noch kindlich süß genug, sondern ein disharmonisches Gemisch aus kindlicher Unverantwortlichkeit, knabenhafter Schwärmerei und frauenhafter Begehrlichkeit. So kam es zum Bruch, als sich ihre Eifersucht hemmungslos gegen Goethes Frau erging, in einer zugleich rohen und geisteshochmütigen Weise. Man hat aber den Eindruck als sei Goethe dieser zureichende Anlaß sich der lästigen Verehrerin zu entledigen sehr willkommen gewesen.

Sie hat in Goethes Leben keine tiefe Spur zurückgelassen, obwohl sie sich einige Mühe gab das Denkmal das sie ihm setzte zu einem Denkmal das er ihr gesetzt umzudeuten, selbst umzufälschen. Goethes Briefe an sie gehören nicht zu seinen bedeutendsten, obwohl sie als Spezimina eines in seinem Leben so nicht wiederkehrenden Verhältnisses und Verhaltens lehrreich sind, als Muster einer pädagogischen Abwehr und einer onkelhaft zugleich entgegenkommenden und zurückhaltenden Neigung. Es ist bezeichnend für die unschmelzbare Kühle Goethes gegen Bettinas Weiblichkeit daß sie ihm kein wirkliches Gedicht entlocken konnte. Sie hat das selbst als eine Beeinträchtigung empfunden und die Sonette an Minna Herzlieb für sich in Anspruch zu nehmen gesucht, auch sonst den Briefwechsel Goethes mit ihr etwas künstlich aufgeschönt und angewärmt. Einige Züge ihres Benehmens und Eindrucks, nicht grade ihres Wesens und ihrer Gestalt, meint man in der Luciane der Wahlverwandtschaften wieder zu erkennen, das fratzenhaft lebendige, das wohlmeinend störende, ja verderbliche, und das reizvoll oder ärgerlich ungeordnete Treiben einer unverantwortlichen Begabung.

BEETHOVEN

BETTINA, zu deren Temperament das Vermitteln und Vermischen der verschiedensten Lebenskreise gehört — ein Korrelat der echt weiblichen Neigung zum Durcheinander- und Auseinanderreißen jedes geordneten Gefüges — hat auch Beethoven, den seiner Natur und Bestimmung nach mit dem großen plastischen Genius unvereinbaren musikalischen Titanen, mit Goethe zusammenbringen wollen, in dem unklaren Drang aus allem Großen und möglichst aus allem Widersprechenden ein allgemeines Pantheon für ihren wahllosen Enthusiasmus zu wölben. Da das höchste plastische Vermögen und das höchste musikalische sich ausschließen, so konnten grade die beiden Herrscher dieser Bereiche bestenfalls sich höflich und mit der kühlen Hochschätzung vor tief Fremdartigen begegnen, auch wenn sie sich von ferne bewundern mochten. Dies war wenigstens von Beethovens Seite unbedingt der Fall, obwohl Goethe ihm, der unabhängig in seiner tönenden Traumwelt lebte, als einem Musiker nie ein Bildner, Führer oder Deuter der Welt sein durfte, sondern nur eine Anregung oder Berauschung: Beethoven konnte Goethes Werk nie als eine selbständige Welt werten, sondern nur als zaubernden Anlaß für seine Melodien. Denn das Sichtbare, dessen Verherrlichung und Versinnbildlichung, dessen

Deutung und Verewigung Goethes Arbeit war, war dem Musiker — grade je unbedingter und souveräner er Musiker war — nur Scheinwelt, aufzulösen in der Klangflut der augenlos verzückten Seele. Goethe seinerseits konnte die Musiker brauchen und verstehen deren Klänge nur die sinnliche Begleitung, Unterstreichung und Verzierung seiner sichtbaren Gestalten und Bewegungen waren: also dienende, nicht herrschende, geschweige absolute Musik. Grade Beethoven aber hat die Musik völlig von der Goethischen Augenwelt emanzipiert.

Auch hier hat man Goethe die Vorwürfe gemacht die aus der Verkennung seiner Wesensnotwendigkeit und -form kommen. Grade weil er Goethe war, durfte und konnte er von absoluter Musik nicht ergriffen werden, und die dahin gehenden Ansprüche gehören zu derselben Torheit wie die an seinen Patriotismus: sie würden seinen ganzen Begriff aufheben. Der allseitig große Mann ist nicht dazu da alle möglichen wünschbaren guten Eigenschaften oder Verständnisse zu besitzen, sondern das All unter einer nur ihm eigenen Form als Ganzes zu erfassen: diese eine Form macht ihm, je unbedingter seine Größe ist, andere Formen der Welterfassung und Weltgestaltung unmöglich: seine Universalität beruht in der Allheit des Stoffs, in der Ganzheit des Gehalts, aber nicht in der Vielheit, sondern in der Einheit der Form, d. h. der Methode, des Gangs, des Stils.

Darum kann ein großer Dichter nie zugleich ein großer Musiker sein, so wenig wie eine Kugel ein Würfel sein kann, selbst wenn sie aus dem selben Material ist. Wenn Musik und Dichtung einer gemeinsamen Wurzel entstammen und einmal vereinigt waren, so ändert das nichts daran daß sie, nach ihrer Sonderung, getrennten Gesetzen angehören, und die Versuche durch Addition, Verknüpfung oder Vermischung in einem Gesamtkunstwerk jene Ur-einheit nachträglich bewußt wiederherzustellen mögen, von einem großen Genie unternommen, ein wirksames und sogar großartiges Zwitterwesen vorbringen, aber sie vergewaltigen sowohl Dichtung als Musik in ihrem Eigensten. Also nicht von der Musik her konnte Beethoven für Goethe eine Bedeutung gewinnen, und daß Zelter Goethes musikalischer Beirat und Gehilfe blieb, ist nicht — wie manche wollen — die Ursache von Goethes Unverständnis für Beethoven, sondern nur ein Symptom desselben Verhältnisses zur Musik kraft dessen er mit Beethoven wenig anzufangen wußte. Musik war für ihn nur als Verschönerung, Linderung, Erhebung, Reizmittel gültig, aber nicht als absoluter Weltausdruck wie ihn Beethoven im Sinne hatte und verwirklichte.

Daß vollends Beethovens „durchaus ungebändigte Persönlichkeit", der düstere Titanentrotz, der seinen Ewigkeits-gehalt auch im Alltag nicht verleugnen, der sein ganzes inneres Gewicht auch vor der Gesellschaft, also auf einer ganz anderen Ebene geltend machen wollte, der unwirsche Künstler≠stolz eines einsamen, empfindlichen und übervollen Herzens, die republi≠kanischen Gesinnungen und Manieren, Goethe nicht ansprachen, das ist begreiflich: denn Goethe war der letzte, einem Genie, mochte es so un≠geheuer sein wie es wollte, gesellschaftliche Gesetzlosigkeit und Ausnahme≠stellung zuzugestehen, wie es Beethoven, grade als Genie, romantischerweise beanspruchte. Sich selbst hatte Goethe, bei angeborenen guten Manieren und feinstem Distanzgefühl, das ebenso Sache des Herzens≠taktes wie der Vornehmheit ist, von Jugend auf und selbst im „Sturm und Drang" nie versagend, bei allem Kraftgefühl, Überschwang und Bewußtsein seiner Größe, die Anerkennung der gesellschaftlichen Sitten und sogar Vorurteile, die stumme Duldung der Grenzen und Maße, auch der zu engen, ab≠gerungen, und das titanenhafte Auftrumpfen und Sprengen in unwesent≠lichen Dingen erschien dem Verfasser des Tasso und der Wahlverwandt≠schaften als Unreife. Er hatte um Zucht und Maß entsagt und gelitten, und mißbilligte jeden der es sich damit leicht machte, er mochte sein wer er wollte. So ist auch die bekannte Straßenszene in Teplitz zu verstehen, wobei Beethoven mit Berufung auf seine Einzigkeit sich genialisch flegel≠haft benahm, und Goethe höflich, nicht aus Verehrung der herrschaftlichen Individuen oder Unkenntnis seiner eigenen Überlegenheit über Kaiser Franz, sondern aus stillschweigender Anerkennung sinnbildlicher Formen und Überlieferungen, deren zufällige Träger gewisse Fürstlichkeiten waren, und deren Relativität vor den ewigen Kräften er gewiß so gut kannte wie die Relativität der Höflichkeit, der Sitten und der Trachten. Indem Goethe hier das Gesetzliche und nicht das Persönliche sah, Konventionen mit Be≠wußtsein als solche hinnahm und ehrte, war er ihnen weniger unterworfen als Beethoven, der mit unnötigem Gewicht dagegen rebellierte, mit Kanonen des Genies nach Spatzen des Alltags schoß — Goethe war in diesem Falle nicht nur freier und überlegener, sondern auch tiefer als der Titan an falschem Orte.

DIE WAHLVERWANDTSCHAFTEN

ÜBRIGENS waren es nicht mehr die gewaltigsten Menschen und die lautesten Ereignisse welche auf Goethe die tiefste Wirkung üben konn≠ten: je mehr er sich im Gesetzlichen befestigte desto weniger hing er von den Ausnahme≠erscheinungen ab, desto sinnbildlich gewichtiger wurden ihm von Jahr zu Jahr die unscheinbaren, immer wiederkehrenden Züge des Normalen (was nicht identisch ist mit dem Gemeinen) worin das Ewige sich

offenbart. Was er von der Natur sagte
> Sie bildet regelnd jegliche Gestalt,
> Und selbst im Großen ist es nicht Gewalt

das gilt auch von ihm. So sehr auch seine Aufmerksamkeit, selbst seine Bewunderung den erstaunlichen Ausnahmen zugekehrt war, so galten sie ihm doch mehr zur Auffindung und Abgrenzung der Regel — und das Pathologische ergründete er, weil nirgends deutlicher als bei der Abweichung und Verzerrung der Typus sich bestimmen läßt. Immer hatte er, mehr und mehr je reifer er wurde, neben dem Einmaligen, Individuellen, Ungewöhnlichen, Außerordentlichen bis zum Wunder hinauf und bis zur Fratze hinab, das Richtige, Gesunde, Grade, Tüchtig-gesetzliche vor Augen, Geist und Forderung als das wahre Ziel des Schauens, Forschens und Wünschens. Das Wunder sollte ihn nicht mehr überwältigen, die Ausnahme nicht verwirren, die Fratze nicht verkümmern, sondern ihn führen und bestätigen in der unverletzbaren Norm. Und war ihm auch damals noch der Schauder, d. h. die fruchtbare Ehrfurcht, der Menschheit bestes Teil, war er damals noch so gut wie in jungen Jahren zum Erstaunen da: es bedurfte bei ihm nicht mehr der ungewöhnlichen Gegenstände und jähen Krisen um ihm jene Schauer zu bringen — je stiller der breite Strom seines Lebens floß, desto reiner und zarter durfte das sein was ihn bewegte, desto sicherer spiegelte er auch das Kleine.

Je mehr das Erleben für ihn statt des augenblicklichen Gefühlswertes einen ewigen Symbolwert gewann, je mehr das Vergängliche für ihn zum Gleichnis wurde, desto weniger bedurfte er zur Anregung und Erneuerung seiner Seele der unersetzlichen erschütternden Menschen und Geschicke, wie sie in seiner Titanenzeit ihm vertraut und notwendig gewesen, ja nicht einmal der monumentalen Bilder und Umgebungen, an denen er in den Übergangsjahren zwischen titanischem Sturm und klassischer Großheit sich zur Stille erzogen. Was er Großes erfahren, hatte er sich einverleibt und die unendliche Mannigfaltigkeit der unbedeutenden Einzelheiten ordnete er in seinem Geiste nach den bedeutenden Grundformen die ihm angeboren waren oder zu denen er sich gereift hatte. Zwar nicht seine Empfänglichkeit, seine Reizbarkeit oder Liebefähigkeit war geringer geworden: nur seine Distanz zur eignen Erregung, die Art wie er sie einordnete hatte sich geändert. Vor allem war ihm auch die Liebe nicht das All, eine Geliebte nicht mehr die jeweilige Achse um die seine Welt sich drehte, sondern ein Zeichen der Mächte unter denen sein Leben stand. Schon aus diesem Grund waren ihm genialisch anspruchsvolle Frauen wie Bettina fern: der Führerinnen und Fordrerinnen bedurfte er nicht, und galt schon ohnehin sein Geschmack in Liebesdingen eher der still-schönen oder sinnlich-süßen als der pathetisch glühenden und enthusiastisch geistigen Weiblichkeit, so war er damals — bereiter noch als in seiner Jugend, Gott nicht im Wetter und Sturm, sondern im leisen Anhauch zu erkennen — ergriffen durch eine lieblich-leidende Mädchengestalt. Sein größtes und gewichtigstes Werk dieser Alters-stufe wurde mitbestimmt durch den Eindruck von Minna Herzlieb: freilich war die darin geformte Welt nicht von ihr getragen und zugebracht, ja nicht einmal die Probleme durch ihr Bild formuliert, wie etwa das Friderikenerlebnis das Gretchenproblem formuliert hatte oder das Lotte-erlebnis den Werther — aber diese Begegnung gab der bereiten Masse seines Innern den Anstoß zur Kristallisation.

Goethes Liebe zu Minna Herzlieb ist nicht eine verzehrende oder alldurchdringende Leidenschaft wie die zu Lili, zu Lotte oder selbst noch zu Ulrike von Levetzow — es ist die innige Zärtlichkeit eines väterlichen Freundes zu einem holden und tragisch passiven Geschöpf, eine wehmütig heitere Teilnahme, von vornherein zur weisen Entsagung verurteilt, um einem Schicksal überlegen zu bleiben dem gegenüber die Liebenden wehrlos bleiben mußten. Abermals war Goethe an einem Punkt angelangt wo ihm Entsagung als eine Grundform seines Daseins, ja jedes menschlichen Daseins erschien. Doch auf seiner damaligen Stufe empfand er die Entsagung nicht mehr als ein rein persönliches Leiden an dem er tragisch zu vergehen fürchtete, wie zur Werther-zeit, nicht mehr als eine sittlich gesellschaftliche Pflicht, wie in der Iphigenien- und Tasso-zeit, sondern als ein unabänderliches Schicksal, dem der Mensch unterworfen sei wie einem Naturgesetz, wie dem Tode selbst, das dadurch nicht weniger schmerzlich, aber bloß subjektiven Wallungen entrückt sei. Noch immer war ihm, wie nur je dem Jüngling, ein unendlich reizbares, schmerz- und wunschfähiges, überreiches und allbewegliches Naturell gegeben und geblieben .. das Schöne zu begehren und dran zu leiden hatte er noch nicht verlernt: doch dahin war er gelangt, nicht nur seine Leidenschaften dem Gesetz freiwillig unterzuordnen, wie es schon der italienische Goethe gelernt hatte, sondern diese Leidenschaften selbst, ja das Schicksal selbst als Symptome, Folgen und Formen des ewigen Gesetzes anzuerkennen. Dies ewige Gesetz empfand und deutete er mit immer tieferem Blick, aber auch immer ausschließlicher unter dem Bild derjenigen Macht die für ihn mehr und mehr alleinige Repräsentantin des Kosmos wurde: der Natur. Sie war ihm ursprünglich das Kraftzentrum seines Ichs, zuletzt die äußerste Kugel in welcher die Welt beschlossen war.

Überblicken wir kurz die Formen unter denen der Gegensatz zwischen Mensch und Welt sich bei Goethe entwickelt hatte: zuerst als Kampf zwischen naturhaft schöpferischem Ich gegen die Gesellschaft, sei sie von Göttern, Helden oder Bürgern vertreten (Prometheus- Götz- Werther-stufe) dann als Spannung zwischen menschlichem Schicksal und sittlichem Gesetz, in welcher jener frühere Konflikt zugleich eingeschlossen und aufgehoben war (Iphigenie- Tasso- Lehrjahre-stufe). Wie in dem Gedanken des Schicksals zugleich das Ich mit seinen Leidenschaften und die Gesellschaft mit ihren Schranken enthalten sind und sich gemeinsam üben an dem sittlichen Gesetz, so umgreift Goethe auf seiner dritten Stufe abermals die beiden wechselnden Pole der ewigen Spannung mit einem höheren Gedanken: Schicksal und Gesetz nimmt er beide als Funktionen der Natur, einer so weit gefaßten Natur, daß die menschlichen Leidenschaften, die gesellschaftlichen Einrichtungen, die sittlichen Gesetze und die zufälligen Ereignisse mit ihrem Ineinandergreifen und ihrer Gegenwirkung aus diesem einen Zentrum emanieren, auf dies Zentrum deuten, das an allen Lebensmächten teil hat, und das sie alle bindet und verwandelt. Die Natur, am Beginn von Goethes Laufbahn das Sinnbild des Genies, der schöpferisch selbstigen Freiheit, ist ihm, durch lange Jahre der Entsagung, Forschung und Weisheit, das Sinnbild der strengsten überpersönlichen Notwendigkeit geworden, und sie hatte dabei jene ursprüngliche Bedeutung nicht aufgegeben, sondern in sich aufgenommen. Goethes Gesamtentwicklung besteht ja nicht in einer Ersetzung früherer Eigenschaften durch andere, sondern in einer Um-ringung, die allerdings zugleich Verhüllung und Zurückdrängung bedeuten kann — wie eben bei dem Ansetzen neuer Jahresringe die früheren nicht beseitigt, nur verdeckt und in ihrem Verhältnis zur Gesamtmasse unbeträchtlicher werden.

Aus der Begegnung der Goethischen Reizbarkeit mit diesem neuen umfassenden Begriff einer Macht die das menschliche Wollen, das Schicksal und das gesetzliche Wachstum gleichzeitig durchdringt, und die Goethe wenn nicht Natur genannt, doch aus seiner Naturanschauung konzipiert hat, sind die Wahlverwandtschaften entstanden. Sie sind nicht der Ausdruck einer einmaligen Leidenschaft, wie der Werther, nicht ein Panorama der Stände und Bildungsstufen, wie Wilhelm Meisters Lehrjahre, sondern die Botschaft von überpersönlichen Mächten und ihrer Wirkung auf das seelische, sittliche, gesellschaftliche Leben des einzelnen Menschen. Was Goethe darstellen mußte waren zunächst nicht eigentlich Leidenschaften und Gefühle, als Beichte eigener Schmerzen wie im Werther, nicht Menschenarten, Zustände, Sitten und symbolische Abenteuer wie im Meister, sondern menschliche Gesetze — Natur-, Schicksal- oder Sittengesetze. Darauf deutet auch der Titel, der aus der Naturwissenschaft entnommen ist, wie der des Werther dem menschlichen Seelenleben, und der des Wilhelm Meister gesellschaftlichen Einrichtungen. Auch haben die Wahlverwandtschaften nicht einen Helden von dem die Handlung ausstrahlt oder auf den sie sich bezieht, um den sie sich gruppiert: die Figuren treten symmetrisch paarweise, fast schematisch auf und das Geschehen vollzieht sich weniger in den Personen, noch weniger durch sie, als zwischen ihnen. Sie sind weniger die Träger von Handlungen und Eigenschaften, oder Ausdruck von Leidenschaften, als die Reagentien woran Schicksale und Prozesse sich offenbaren, die Feilspäne gleichsam die durch den Magnetismus geordnet werden. Die Leidenschaften, die Schicksale, selbst die Eigenschaften handeln in diesem Werk Goethes sozusagen selbständiger als in seinen früheren, als seien sie vor den Personen woran sie sich bekunden dagewesen und hätten sich der Personen erst bemächtigt.

Und so ist es auch: in dem Dichter dieses Werks waren die überpersönlichen Mächte mindestens seelisch früher da (vielleicht auch zeitlich, doch das ist minder wichtig) ursprünglicher, glühender als die Anschauung der handelnden oder leidenden Charaktere, ihrer Umwelt oder das Gefühl ihrer Leiden. Auch das ist einer der Hauptunterschiede der Wahlverwandtschaften von Werthers Leiden und den Lehrjahren. Im Werther sind Erschütterung und Gestalt, ja noch die Grundzüge der Handlung seelisch fast gleichzeitig gegeben. In Wilhelm Meisters Lehrjahren ist das Ursprüngliche die Anschauung gewisser Zustände und Charaktere. In den Wahlverwandtschaften ist das Zeugende Goethes neues Wissen um die Naturgesetzlichkeit des Schicksals, der Leidenschaft und der Gesellschaft. Nicht mehr das Gefühl des Alls im Einmaligen (Werther-stufe) nicht mehr die Anschauung des Allgemeinen in der besondren Gestalt (italienische, Meister-stufe) sondern der Gedanke des Gesetzes über allem Einzelnen ist jetzt die Mitte um die er seinen Weltstoff gruppiert. Gefühl und Auge sind zwar nicht ausgeschaltet unter dieser Herrschaft des Gedankens, so wenig der Gedanke bei Goethes früheren Schaffensstufen ausgeschaltet war: nur die Führung im Reigen seiner Kräfte hat jetzt diejenige übernommen die von Gesetzen lebt und die Welt (die einst ein Augenblick schöpferischen Gefühls, dann ein Raum bewegter Gestalten war) konzipiert als ein Ganzes wirkender Gesetze. Diese drei Konzeptionen des Alls widersprechen sich bei Goethe nicht und schließen sich gegenseitig nicht aus — sie gehen ineinander über, lösen sich ab oder überschichten einander, eben wie Jahresringe. Auch ist Grad und Fülle der Leidenschaft unabhängig von dem führenden Organ der Gestaltung.

Diese Gesetze sind nicht losgelöst von Charakteren zu denken, wie wir ja von Wachstum und Welktum nur dadurch wissen daß es Gewächse gibt. Nur weil und sofern Goethe der Charaktere zur Offenbarung, zur Versinnlichung der Gesetze bedurfte, stellte er sie dar: das heißt nicht daß die Charaktere nun schematisch sind, Mangel an individueller Durchseelung leiden. Eben das war ja Goethes Wissen und Kunst, sogar sein Wille und sein Geheimnis bei diesem Werk, daß die Gesetze selbst (das Wort ist unzulänglich und umschließt nicht die ganze Fülle die darin für Goethe liegt) bis zu einem vorher nicht gekannten Grad individuell sind, ins Individuellste hineinreichen, daß das Gesetzliche auch den Bereich dessen durchdringt was man bisher dem Zufall oder der Willkür als eigenen Raum zugeschrieben hatte. Gesetze sind ja für Goethe nichts Mathematisch-statisches, worum Willkür und Zufall spielen oder woran sie zerschellen, sondern dehnbar feine Kräfte, selbst Individuen, und teilhaft jeder zartesten Bewegung der Seele und des Leibes, vom Zufall nicht durch Starre, und von der Willkür nicht durch Enge unterschieden, sondern durch ihre Deutbarkeit aus einer gemeinsamen Mitte und durch ihre wenn nicht in mathematischen Formeln aussprechbare, so doch in Sinnbildern architektonisch darstellbare Ordnung. Eben diese in menschlichen Gestalten und Begebenheiten manifestierte Ordnung will Goethe in den Wahlverwandtschaften auf einem übersehbaren Gebiet zeigen. Er glaubte den Bereich des Erforschlichen, des durch ihn gesetzlich Ausdrückbaren und sinnlich Darstellbaren, erweitert zu haben, und die Ergebnisse dieser Entdeckungsreise in das Gebiet das er dunklem Zufall und blindem Schicksal abgerungen, der heiligen und geheimnisvoll-klaren Natur-ordnung gewonnen hatte, legte er in den Wahlverwandtschaften nieder.

Goethes Begriff von Naturgesetzlichkeit im Schicksal hebt die Freiheit nicht auf, und darum sind die Wahlverwandtschaften kein Schicksalsroman in dem Sinn wie der Ödipus des Sophokles ein Schicksalsdrama ist. Denn nicht die unausweichliche Notwendigkeit, sondern die unfehlbare Ordnung macht die Goethische Gesetzlichkeit aus. An Stelle der starren Gewalt welche als Ursache die Kette der Geschicke auswirft womit sie in bestimmtem Spielraum die Willen und die Zufälle gebunden hält, an Stelle des Sophokleischen Fatums (und der Ibsenschen Vererbung) steht bei Goethe das immer bewegliche Leben, das nach geheimnisvoll innewohnenden Formkräften Raum, Charaktere und Beziehungen ausstrahlt, sich in diesen darstellt, selbst gesetzlich, d. h. sinnlich geordnet, aber nicht kausal oder logisch seine Ausstrahlungen bindend. Denn diese seine Ausstrahlungen macht es nicht, es west sie. Wir müssen aus Goethes Gesetzes-begriff jede mechanisch kausale Vorstellung fern halten. Es folgt nicht eine Handlung aus der andern mit logischer Konsequenz, sowenig aus dem Samen Blüte und Frucht mit logischer Konsequenz folgt: sondern der Same ist schon Blüte und Frucht, und nur dem Beobachtenden ist es nicht anders möglich als in der Zeit wahrzunehmen (oder als eine Folge von Ursache und Wirkung zu deuten, nach der Art wie unser Geist in der Zeit verhaftet ist) was in sich zeitloses Beisammen ist. Durchaus nach Analogie des Verhältnisses von Keim, Blüte und Frucht ist auch Goethes Gesetzesbegriff, sein Schicksal- und Charakterbegriff in den Wahlverwandtschaften zu denken. Jeder Charakter schafft sich nicht nur sein Schicksal, er ist es bereits durch sein So-sein; und er untersteht nicht einem von ihm getrennten Gesetz, er ist es, er entwirkt es, entwickelt, veranschaulicht es, ohne es selbst zu wissen, aber mit dem Wissen, dem Vorauswissen des Dichters, etwa so wie der Forscher der eine Eichel findet schon daraus die Eiche vorausweiß, nach dem ihm bekannten Gesetz dieser Pflanze — nur vollzieht sich dies Werden und Wissen in der Kunst am Individuum, nicht bloß an der Gattung. Der technische Zauber bei einer Kunstschöpfung wie die Wahlverwandtschaften ist daß Goethe als Vorauswisser alles Kommenden (nämlich der Handlung) und Überblicker alles Gleichzeitigen (nämlich des Gesetzes) uns Nichtwisser allmählich hineinführt in Schicksale, Ereignisse und Handlungen die sich aus den Charakteren und deren Begegnungen zu entwickeln scheinen. So läßt er uns allmählich im Einzelnen erfahren was er im Ganzen sieht, und gönnt uns unter der spannenden Illusion einer Handlung das hie und da transparente Anschauen des Mysteriums, das ihm offenbart wurde, von dem er aber nur gleichnisweise reden kann. Er läßt uns von außen erblicken was er von innen schaut, und er gibt uns das in der Dimension der Zeit, als Geschehen, was er besitzt in der Dimension des Raums, als Bild.

Diese Vereinigung von selbstverständlicher Klarheit, ja sogar Logik im Einzelnen und in der dargestellten Folge mit der Ahnung einer unaussprechlichen Mitte aller Einzelheiten und eines uns dunkeln, aber dem Künstler offenbarten Geheimnisses ist nun der Reiz aller plastischen Dichtwerke — es ist zumal der Reiz von Wilhelm Meisters Lehrjahren, nur daß dort die geheime Lenkung in den Roman selbst hineingebettet, und das Geheimnis, wenigstens scheinbar, ausgesprochen — daß (wie Jean Paul bedauerte) die Maschinerie aufgeschlossen wird. Aber in den Wahlverwandtschaften ist jene Vereinigung von Helle und Geheimnis in Charakteren und Handlung noch ergreifender als in dem läßlicheren, durch ausgebreitete Lebens- und Gestaltenfülle entspannten und entspannenden, durch absichtliches Helldunkel die Helle wie das Dunkel lindernden Bildungsroman, weil die Helle unerbittlicher, das Geheimnis endgültiger ist. Denn im Wil-

helm Meister, wie überhaupt in allen früheren Werken Goethes, geschweige
in dem gefühlsschwangern Werther, lag das Geheimnis noch diesseits der
Erkenntnis im Trieb, im Gefühl, in den Sinnen, in der Anschauung, und
die Sphäre des Erforschlichen — ein ungeheurer Bereich von Erkenntnis und
Weisheit — umlagerte die dunkle schöpferische Mitte, diese beleuchtend und
von ihr gespeist, erneuert und durchglüht. Diese Mitte selbst war jetzt völlig
durchhellt, ganz Wissen, ganz Vernunft, ganz Erkenntnis geworden, d. h.
Goethe hatte nie zuvor so klar die Lebensmächte mit den eigentlichen Denk-
organen seines Wesens durchdrungen: als Gesetze. Er hatte im Bereich des
Schicksals diejenige Klarheit des Blicks gewonnen die er im Bereiche der
Natur durch die Aperçus von der Metamorphose und durch die Farbenlehre erreicht hatte. Mehr als das: er hatte für Schicksal und Natur ein gemeinsames Denkprinzipium gefunden, neben dem selbst seine Bildungs-
idee, die Licht- und Wärmequelle des Wilhelm Meister, und seine Humani-
tätsideale, aus Iphigenie und Tasso, nur vorläufige Vernunftzentren, nur
vorläufige Lösungen oder Gestaltungen des Geheimnisses waren, und siehe:
das Geheimnis ward durch die Klarheit der höchsten Vernunft nicht zerstört, sondern noch vertieft. Goethe hat sich selbst als einen bekannt der
aus dem Dunkeln ins Helle strebte, und wir haben seine ganze Entwicklung verfolgt als ein immer neues Gestalten, Hellmachen, Denkbar-, Er-
forschbar-machen des unerforschlichen eignen und Allebens, vom genialisch instinktiven „Er-wühlen" zum augenmäßigen Um-fassen, bis zum vernunftmäßigen Durch-dringen: „dumpf" „rein" „geistreich" sind jeweils
Lieblingsworte der drei Stufen. Da er kein Rationalist, sein Lebenszweck
nicht die Erkenntnis um ihrer selbst willen, sondern als Steigerung der Lebenskraft und Mittel der Gestaltung war, so war für ihn mit der Denkbarkeit das Geheimnis nicht entwertet oder entgöttert. In der Denkbarkeit
selbst lag ein neuer Antrieb, und indem Goethe Gottes gesetzliches Verfahren nachsann, ergriff ihn ein Schauer der Erhebung und Ergebung, nicht
minder erregend und schöpferisch wie die ganymedisch-dumpfe Hingebung
an Gottes Busen, die prometheisch-kühne Selbständigkeit oder die iphi-
genienhaft-reine Demut unter dem unerforschlichen Ratschluß. Das Sich-
eines-wissen mit Gottes Gesetz ist jetzt die Stimmung seiner Frömmigkeit,
wie es einst das Umfangen-umfangend-fühlen, oder die kühne Spannung
gegen das Gesetz oder die bewußt schlechthinige Abhängigkeit war: die
neue Klarheit im Gesetz ist ihm geheimnisvoll wie die selige Dumpfheit
und die freiwillige Anerkennung des Unbegriffenen. Diese Klarheit ist zugleich Heiterkeit und Schwermut — Heiterkeit, weil sie die vollkommene
Herrschaft des Geistes über den Widerstand des Dumpfen bedeutet, Über-

einstimmung des eignen Sinns mit dem Sinn der Gottes-Welt, er sei wie er wolle.. und Schwermut, weil es den endgültigen Verzicht auf alle Hoffnungen, Wähne und Räusche des Dumpfen, Wallenden, Ahnungsvollen, Werdenden einschließt — und wohl war Goethes Geist, aber nicht sein Naturell reif für den weisen Verzicht.. seine Kultur, aber nicht seine Natur war vollendet mit jenem völligen Wissen.

Dieselbe Grundstimmung hat Goethe etwa gleichzeitig lyrisch in der Zueignung zum Faust ausgedrückt. Auch von hier aus begreifen wir wie vor der Gesinnung des alten Goethe der Gegensatz zwischen Freiheit und Notwendigkeit, der in so vielen Formen ihn erschüttert und gespannt hatte, aufgehoben wird, warum die Wahlverwandtschaften, trotz des überpersönlichen unerbittlichen Gesetzes in welchem die Charaktere dieses Romanes ebenso verhaftet sind wie das Gesetz in ihnen, keiner dem antiken Schicksalsdrama oder dem modernen Vererbungsdrama entsprechenden Idee entstammen. Allerdings auch von der Freiheits- und Schicksalsidee im Shakespearischen Charakterdrama und dessen Ableitungen ist ihre Idee grundverschieden. Wenn der Unterschied von der antiken Schicksalsidee in dem dehnbaren, individuellen, einmaligen und immanenten Gesetzesbegriff Goethes liegt, so entfernt Goethe sich von Shakespeare durch die bloße Empfänglichkeit selbst seiner aktiven Charaktere. Was sie auch tun, was ihnen widerfährt, die Wechselbeziehungen der Personen zueinander erscheinen bei Goethe nur als die sukzessiven **Funktionen eines gesetzlichen Seins**, nicht als **Handlungen** ursprünglicher Kräftezentren, nicht als Akte eines schöpferischen Willens, der sich den Raum, das Schicksal erst erringt, die Wege auf denen er zu Sieg oder Sturz wandelt erst bahnt, und die Luft in denen er mit anderen atmet erst ausstrahlt. Das aber ist Shakespeares Welt: ihre Menschen sind weder festgelegt durch ein unerforschliches Müssen über oder in ihnen, wie die antiken Helden und die modernen Opfer, noch auch bloß freie, aber leidende Äußerungen eines überpersönlichen Seins. Das Sein, die Natur, das Schicksal, die Atmosphäre eines Stücks sind bei Shakespeare Ausstrahlungen der menschlichen Charaktere, welche wollend, tuend und leidend ursprüngliche Wesenheiten sind. In Goethes Wahlverwandtschaften ist das Gesetz seelisch früher konzipiert, und die Menschen sind nur dessen Ausstrahlungen: bei Shakespeare ist der Mensch [allerdings nicht psychologisch sondern kosmisch gefaßt, d. h. ebenso wie bei Goethe als eine Einheit von Seele, Natur, Schicksal — darin sind beide untereinander und mit der Antike verwandt, und von aller modernen europäischen, dekorativ, psychologisch, naturalistisch romantischen Literatur von Calderon und Molière bis Balzac, Ibsen und Dostojewsky tief unterschieden] die schöpferische Mitte, in den Wahlverwandtschaften das Gesetz. Shakespeare konzipiert die Welt (auch Natur und Schicksal) unter dem Bilde menschlichen Willens und Wirkens, Goethe den Menschen, zumal in den Wahlverwandtschaften, unter dem Bilde natürlichen Werdens und Geschehens. So ist die oft gerügte Passivität seiner Gestalten nicht ein Mangel seiner Gestaltungskraft, sondern der notwendige und richtige Ausdruck seiner damaligen Weltschau überhaupt, und seiner künstlerischen Absicht bei den Wahlverwandtschaften insbesondere. Wer an den Gestalten der Wahlverwandtschaften die Aktivität vermißt, begreift nicht einmal den Gedanken dieses Werks, welcher ja eben den Gesetzen und nicht Taten oder Begebenheiten gilt. Unter den Menschlichkeiten woran oder worin sich das Gesetz kundgibt fehlen nicht der Wille und die sittliche Kraft, aber sie erscheinen der Gesinnung des Werks gemäß nicht schicksal-schaffend und taten-wirkend sondern schicksaltragend, leidend oder pflichtig.

Aus dem Gesetzes-erlebnis Goethes erklärt sich auch das was den eigentlichen „Kunst-tic" dieses Romans ausmacht: die vollständige scheinbar bis ins Kleinste berechnete durchsichtige Symmetrie, welche die Wahlverwandtschaften als Komposition zur vollkommensten unter seinen größeren Dichtungen macht. Das Werk ist wie durchdrungen von Goethes naturphilosophischen Grundideen Polarität und Steigerung: die Anordnung der Figuren beruht auf polaren Paaren die sich kreuzweise anziehen und abstoßen und auf neutralen Mittelpersonen die deren Spannungen absichtlich oder unfreiwillig kreuzen, fördern, hemmen oder auffangen, als Gegenbilder verdeutlichen und so einen weiteren Umkreis bilden, woran die eigentlichen Schicksalsträger ihrer als solche bewußt werden und dem Leser als solche erscheinen. Die Handlung beruht auf der gesetzmäßigen Wiederkehr gleicher Züge, Zeichen, Ereignisse, Schicksale die bei jeder Wiederholung gewichtiger, verhängnisvoller werden: was das erstemal Geste erscheint wird das nächstemal Eigenschaft, was das erstemal Willkür erscheint, das nächstemal Gesetz .. die Wiederholung, die geheimnisvoll steigernde Duplizität ist die Form unter der Goethe seine Handlung zugleich als frei und als notwendig führt: beim Zurückdeuten schließt sich der Kreis. Die Spannung Ottilie-Eduard, gekreuzt von der Spannung Charlotte-Major, bildet den innersten Schicksalskreis, wobei schon das erste, zum Untergang bestimmte Paar, als die mit Verhängnis beladenste Doppel-einheit, verdeutlicht wird durch das bewußtere Paar, wie diese wieder ihren Charakter und ihr Schicksal erkennen, für sich selbst und uns erhellen an dem Gegenbild, dem bewußten aber unverantwortlichen Baronenpaar. Jede der Nebenfiguren beleuchtet, indem sie zugleich die Handlung fördert durch ihre Einseitigkeit oder Neutralität, die Grundspannung zwischen den Paaren: sie alle, bloße Personen, sind dem überpersönlichen Schicksalszentrum ferner das als Paar, als über und zwischen Paaren Gemeinsames erscheint.

Nichts ist ergreifender als die Art wie solche bloßen Einzelpersonen, sobald sie in die Nähe des Schicksals, des als Spannung zwischen den Paaren waltenden Verhängnisses, kurz der „Wahlverwandtschaften" geraten, mit ihrem guten Willen, ihrem gesunden Verstand, mit ihrer glänzenden Willkür und unverantwortlichen Laune, mit ihrem klugen Rat, ihrer blinden Hingabe, ihrem wissenden Widerstand, machtlos oder verhängnisvoll werden. Sie fördern das Verhängnis, indem sie es hemmen wollen, bringen es zum Bewußtsein, indem sie es verdecken wollen (gerade wie übrigens die eigentlichen Schicksalspaare selbst, sobald sie als bloße Personen, mit ihrem Bewußtsein und Sonderwillen sich dem Gesetz das in ihnen waltet gegenüberstellen). Solche neutralen, vom Schicksal gleichsam angesteckte, als seine unbewußten Werkzeuge benutzte Einzelpersonen, die zweite Figuren-schicht, sind außer dem gewissenlosen Baronenpaar, dessen Beispiel zuerst die Einheit zwischen Sitte und Wille zerreißt, Mittler, ganz guter Wille, gesunder Verstand, und redliche Forderung, aber im tiefsten ohne Weisheit und ohne Dämon, darum machtlos gegenüber dem Dämonischen, und Luciane, ganz individuelle Willkür, weiblich gesetzlose Laune, Spiel und Reiz, und eben darum ein Element der Störung wo etwas sich fügen soll, zugleich mit all ihrem Glanz ein erschütterndes Gegenbild gegen das glanzlos schicksalhafte Kind, Ottilie. Der gewissenhafte und der gewissenlose Taktmangel der bloßen Personen die sich in eine Schicksalsspannung wagen, in Mittler und in Luciane verkörpert, erweitern abermals den Wirkungsbereich an dem das Gesetz sich offenbaren kann — und indem sie die Handlung komplizieren, vereinfachen sie das Geschehen: jede neue Person mit ihrem Irren und Wollen, Spielen und Raten vertieft nur den Eindruck des unerbittlichen Gesetzes in dessen Allmacht Trieb, Wissen, Können, Wünschen hineingerissen wird, und das nur durch seine freiwillige, aus endgültiger Durchdringung und Erkenntnis kommende Erfüllung aufgehoben werden kann.

Eine dritte Schicht von Personen (die Schichten werden bestimmt durch ihren größeren oder geringeren Grad von Schicksalshaftigkeit, ihre größere oder geringere Nähe zur zentralen Spannung Ottilie-Eduard) sind die tüchtigen Fachleute die nicht durch Bewußtsein oder Blindheit mit dem Schicksalsstrom in Kontakt geraten, in ihrer Bahn bleiben, nicht übergreifen: der Gehilfe und der Architekt, auf tieferer Stufe auch der Werkmeister und der Gärtner: mit Neigung und Vernunft als Zuschauer, nicht als Helfer oder

Störenfriede, teilnehmend an dem von ihnen nicht überblickten Schicksal, aber unschädlich und zugleich wehrlos. Es sind diejenigen Personen welche weder im Verhängnis leben noch bloß im Ich, sondern in ihrem Beruf, dessen geistiger Durchdringung ihr ganzes Dasein gilt: durch diesen Beruf werden sie gleichsam immun gegen das Verhängnis das, von Ottilie-Eduard ausstrahlend, alle ergreift oder von allem genährt wird was aus dem reinen Kreise einer bewußten Pflicht, eines durchdachten Könnens maßlos heraustritt. Selbst dort wo sie wünschen bewahrt sie ihr Lebenskreis davor über die Grenze zu gehen, wie die irgendwie selbstischen Personen, wozu auch der raumlose und im tiefsten pflichtlose Mittler gehört. Schicksallos und selbstlos, bezeichnen sie durch ihre Gesinnung und zumal durch ihre Reflexionen die Grenze die sich die Kultur, die menschlich-sittliche Bildung, gegen das Schicksal wie gegen die bloße Natur, den Ichtrieb, gezogen hat.

Eine letzte Schicht von Figuren endlich dient nur dazu, die Wellenschläge des Verhängnisses selbst anzukündigen oder auszuleiten ins Dumpfe, an die Ufer des Menschlichen. Das sind gleichsam die Zeichen für die Reagenz dumpfen Menschentums auf die Anwesenheit des alldurchdringenden Verhängnisses woran das Gesetz sich äußert durch alle Stufen hindurch: diese Schicht wird vertreten durch den ertrunkenen Knaben, durch Nanny, durch das wahnsinnige Mädchen, durch das Kind Charlottens und Eduards: diese Gestalten — Kinder, Wahnsinnige und insgesamt Opfer — sind bloße Chiffern, Warnungszeichen, Andeutungen des Verhängnisses, das die Hauptpersonen verkörpern, das die Nebenpersonen streifen oder begleiten. Diese Chiffern — Vorbereitungen oder Wiederholungen — gehören mit zu den fast unmerkbaren Kunstmitteln wodurch Goethe dem symmetrisch durchgeformten Werk die Weite der Schöpfung, die Frische des Wachstums bewahrt hat. Dadurch daß er die Schicksalswirkungen, die Funktionen des Gesetzes durchführt durch die einander kreuzenden Schichten menschlicher Lebenshelle, von der Erleuchtung der entsagend heiligen Ottilie bis hinunter zu den dumpfen Kindern, durch die Mannigfaltigkeit von Haltungen worin sich das eine Gesetz bricht, hat er, wie schon im Wilhelm Meister, eine abgründige Tiefe des Schicksals-raums geschaffen, ohne dem Geist das Gefühl von Einheit und Gleichgewicht und beherrschter vielgliedriger Architektur zu rauben.

Der Reichtum der Goethischen Menschen kommt nicht aus der Absicht recht viele individuelle Züge oder subtile und mannigfaltige Psychologie zu entfalten, wie es der Ehrgeiz der meisten modernen Romanschriftsteller ist, oder gar den Leser über das Leben und Treiben verschiedener Gesellschaftsschichten zu belehren: Charaktere sind ihm nicht psychologische

Einzelfälle, sondern kosmische Wesenheiten, und als solche zugleich Zeugnisse kosmischer Stufen, Schichten und Prozesse — Natur- oder Schicksalsprozesse .. wie der einzelne Stein Kunde gibt nicht nur von seiner eigenen Struktur und seinem Fundort, sondern zugleich von geologischen Lagerungen und darüber hinaus von urweltlichen Vorgängen. Goethes Charaktere sind deshalb auch nie gesondert als psychologische Versuchsobjekte zu zerfasern, sondern zusammenzuschauen mit dem Gesamt worin sie stehen, d. h. als Glieder einer Architektur und als Schicht- oder Richtpunkte einer Perspektive welche durch Seelen- und Schicksalsarten gebildet wird, einerlei ob der Gesichtswinkel für diese Perspektive Leidenschaften sind, wie im Werther, Zustände und Sitten, wie im Meister, oder Gesetze, wie in den Wahlverwandtschaften.

So wenig nun die Personen der Wahlverwandtschaften psychologische Musterstücke, „Charakterstudien" im modernen Romansinn, „Helden" im alten Romansinn darstellen, (wenn man hier von „Helden" reden wollte, so müßte man die Spannungen Eduard-Ottilie, Charlotte-Major als solche bezeichnen, eben „die Wahlverwandtschaften" selbst) so wenig ist ihre Handlung Abenteuer oder Geschichte im gewöhnlichen Sinn, aus der Lust am äußeren Geschehen, am Passieren geboren, wie die Romane der großen Fabulierer Scott und Dickens, oder aus der Lust an Milieu und Psychologie, wie bei Balzac oder Dostojewsky. Weniger als in den Lehrjahren — welche dem alten Epos, der Erzählung merkwürdiger Geschehnisse bei aller Vergeistigung und sinnbildlichen Vertiefung des bloßen Geschehens noch verwandt und aus dem alten Abenteuer-roman beinah gattungsgeschichtlich zu entwickeln sind — hat hier die Handlung ein selbständiges Gewicht. Sie ist vielmehr (auch hier erinnern wir an den gleichnishaften Titel) zu verstehen wie das sinnliche Experiment durch welches ein chemischer Prozeß offenbart werden soll: auch das Experiment wird nicht wegen der kuriosen Farben, Flammen, Lösungen oder Bindungen unternommen zur Augenweide für Kinder, sondern um dem Geist ein unsichtbares Geheimnis zu veranschaulichen, ein Gesetz das nur als sinnliche Wirkung erkannt werden kann. Goethe selbst hat ziemlich deutlich diesmal am Beginn seines Werks den Titel erklärt (wie es seiner damaligen Stufe entspricht, welche das Geheimnis selbst durchsichtig macht, in der Transparenz selbst ein Geheimnis findet) und im Gleichnis auf das ganze Geschehen und seine Bedeutung vorbereitet in dem Gespräch am Schluß des vierten Kapitels. Was hier dem welcher die Idee des ganzen Werks noch nicht übersieht als ein beziehungsreicher Scherz, ja vielleicht bloß als eine Abschweifung des Naturforschers Goethe erscheint, verkündigt das Gesetz der Handlung. In der Tat ist das zarte Vorbereiten und Zurückdeuten, die „Verzahnungen" der kleinen Einzelheiten, die steigernden Verdoppelungen, die symptomatische Ausbeutung jeder Erfindung, die symmetrische Festlegung auch des Unscheinbarsten in keinem Werk weiter getrieben als hier. Während beim gewöhnlichen Roman die Spannung erzeugt und wachgehalten wird durch die Erwartung des Fortgangs, durch die Bewegtheit der jeweiligen Vorgänge, oder durch die sinnliche Fülle der jeweiligen Zustände, also durch ein Vorauseilen oder ein Verweilen, lebt sie in den Wahlverwandtschaften von der bedeutenden Wiederkehr feiner Einzelheiten, die erst beim zweitenmal ein Geheimnis zugleich verraten und verbergen. Auch hier gilt der Vergleich mit dem chemischen Versuch: die kleinen, sorgfältig vorbereiteten Details gewinnen ihren Reiz durch die allmähliche Ahnung und endliche Gewißheit daß hinter oder in ihnen ein alldurchdringendes Weltgesetz, eine unausweichliche uns alle angehende Notwendigkeit sich ausspricht .. und wie beim rechten chemischen Versuch auch nicht die kleinste Handreichung als selbständiges Kunststück, als Farbenspiel oder Überraschung, gemeint ist, sondern aufs knappste und schlichteste zur Offenbarung jenes gesetzlichen Vorgangs nötig sein soll, so hat sich Goethe auch in der Handlung der Wahlverwandtschaften jeden Zugs keusch enthalten der bloß aus der Fülle der Gesichte und Gefühle, aus der Freude am Spiel, aus dem Überschuß dekorativer Motive, oder aus dem Reichtum des Wissens kam: wie er dergleichen ja wohl im Werther und im Faust, in den Lehrjahren und Wanderjahren rankenartig um die nötigen Gliederungen gelegt hat, immer neuer Motive froh und nicht unbedingt seine Erfindungsfülle seiner Ökonomie unterordnend. Bei den Wahlverwandtschaften liegt der Reichtum in der äußersten Straffheit womit jedes einzelne Motiv ausgebeutet wird, in der Tiefe, nicht in der Breite. Auch das scheinbar nebensächlichste Motiv entwickelt die größte Tragkraft, und die Überraschung über diese Ausbeutung auch des Unscheinbaren macht einen Teil der künstlerischen Spannung aus: das unerwartete Wiedersehen von Zeichen denen man als harmlosen Bekannten oder Passanten begegnet war und die sich nun auf einmal als die Bevollmächtigten des Gesetzes und des Verhängnisses offenbaren.

Einige Züge dieser Art seien erwähnt: das Glas das Eduard auffängt, als ein Pfand der Wiedervereinigung aufbewahrt und schließlich, da er das vertauschte bemerkt, als Zeichen des wirklichen Schicksals anerkennen muß statt des erhofften.. Eduards Abneigung dagegen daß man ihm beim Vorlesen ins Buch blickt, und sein Entgegenkommen gegenüber Ottilie, wodurch zuerst die Leidenschaft für diese sich kundgibt .. die lebenden

Bilder, erst ein Gesellschaftsspiel, nachher ein Omen der wirklichen Lage
.. Ottiliens erst befangene Handschrift durch die Liebe zu Eduard der
seinen angeglichen .. und endlich jene Abwehrgeste Ottiliens, die das
erstemal als beiläufige Eigenheit erwähnt wird, das anderemal an entscheidender Stelle erschütternd das Schicksal besiegelt. Es gibt in diesem
Roman keine Nebensächlichkeiten, keine Zufälligkeiten, wie es keine großen
Haupt- und Staats-aktionen, keine jähen Überraschungen, keine Sprünge,
keine Knalleffekte gibt: vielmehr vollzieht sich das Verhängnis in lauter
leisen, unscheinbaren, fast unscheidbaren Übergängen, nur dem Aufmerk-
samen offenbart ein Wort, eine Gebärde, ein Gegenstand die Verwandlung,
und auf einmal ist das Ungeheure da, der Tod des Kindes, oder das Wunder,
die Heiligung Ottiliens – aber auch diese beiden außerordentlichen Ereignisse, die einzigen scheinbar romanhaften „Ereignisse" des Werkes, nicht
als plötzlich aus anderer Welt hereindringende Ausbrüche, sondern als das
gesetzliche Ergebnis eines langsamen Prozesses, den wir in hundert kleinen
Symptomen, in beständiger, heimlich-unheimlicher Steigerung haben verfolgen sollen: auch sie selbst nicht so sehr die Wirkung vorausgegangener
Ursachen oder ein schicksalhafter Riß als die deutlichsten Zeichen des allgegenwärtigen, nur immer bewußter werdenden Verhängnisses. (Weder
„Verhängnis" noch „Gesetz" noch „Schicksal" drückt das ganz rein aus
was in den Wahlverwandtschaften waltet und Goethe als Idee vorgeschwebt
hat .. an allen dreien hat es teil – eine Synthese aus den Goethischen Ur-
worten Anangke, Daimon und seinem Begriff von Natur gäbe am ehesten
die Idee wieder deren Walten in den Wahlverwandtschaften symptomatisch
dargestellt wird.)

Wie die Charaktere und Geschehnisse so sind auch die Gegenstände und
Umgebungen hier nur als Reagentien oder Funktionen des Gesetzes oder
Verhängnisses, nicht als selbständige dekorative oder belehrende, stim-
mungsschaffende oder malerische Wesenheiten gültig. Von der Anlage des
Parks, des Dorfs, der Gebäude, der Gruft worin sich die Begebenheiten abspielen, bis zu den Gebrauchsgegenständen, Kleidern und Schmuckstücken
wird in den Wahlverwandtschaften kein Ding erwähnt das nicht ebenso wie
die Menschen und die Vorfälle teil hätte am Verhängnis, aktiv oder passiv,
fördernd oder hemmend, und das nicht gelegentlich die Schicksalsspannung
mit der es gefüllt ist entlüde. Die Gartenwege bei den Begegnungen und
Verfehlungen der Liebespaare, der schicksalsvolle Mühlenteich, die Anlage
der Schlafzimmer wodurch Eduard und Charlotte sich vereinigen, die Tür
welche die Wiederbegegnung Eduards und Ottiliens erzwingt, die Gruft-
kapelle, Ottiliens Köfferchen, Kleider und Kettchen: alles und jedes er-

scheint einmal zufällig als Requisit, Schauplatz, Landschaft, das andere Mal als dämonisches Glied des Verhängnisses, und so haben, wie die Menschen und die Geschehnisse, auch die Dinge in diesem Roman den Aspekt der Freiheit und den der Notwendigkeit.. oder vielmehr wir werden unmerkbar von dem vorauswissenden Meister durch ein anmutiges Labyrinth von Personen, Begebenheiten, Landschaften, Gegenständen geführt, mit dem Gefühl seiner und unsrer Freiheit, bis wir merken daß wir im Bann stehen, daß alles verzaubert ist und aus jedem harmlosen Winkel uns das Verhängnis anblickt, dessen unentrinnbarer Kreis sich fest um uns geschlossen hat. Eben dies aber ist das Pathos dieses Werks, nicht minder tragisch erhaben und erschütternd als das aus dem der Sophokleische Ödipus stammt.

Kein fatalistischer Aberglaube und keine willenlähmende blinde Unterwerfung unter ein unausweichliches Naturgesetz wird durch diese Goethische „Wiederkehr des Gleichen" ausgedrückt — sie schließt weder den Zufall noch den Willen aus, aber sie setzt ihm allerdings durch sich selber Grenzen. Wenn sie im Werk als Kunstmittel, ja Kunstform verwandt wird, als eine Art symmetrischen Aufbaus wiederkehrender Proportionen, so ist sie im Glauben Goethes vorgebildet: sie besagt daß jeder Schritt vorwärts den wir frei und unwissend tun, jede Beziehung zu Menschen die wir spielend oder leidenschaftlich eingehen, jeder Beruf den wir wählen, jede Leistung die wir aus uns herausstellen, jeder Gegenstand den wir benützen, jede Umgebung und jede Bemühung noch unbedingt, dem Willen oder dem Zufall offen ist, aber einmal ergriffen, gewählt, angeeignet, berührt, uns bedingt, uns in einen Kreis bannt in dem wir verpflichtet sind, in eine Bahn zwingt die wir nur um den Preis des Untergangs oder des Wunders verlassen können, d. h. durch das Zerbrechen der menschlichen Persönlichkeit: durch den Tod oder die Heiligung.. das ist die Lehre die Ottiliens Ende gibt, und sie selbst spricht es aus: „Ich bin aus meiner Bahn und ich soll nicht wieder hinein."

Der ungeheure Gedanke eines »werdenden Gesetzes« liegt dieser verhängnisvollen Wiederkehr und Duplizität zugrunde. Goethe hatte den schöpferisch freien Augenblick zu tief erlebt, um dieses Erlebnis je wieder zu verlernen, aber er hatte im Lauf der Jahre das nicht minder tiefe Erlebnis, daß jede Selbstgestaltung durch freie Tat uns bedingt, daß sie Selbstbegrenzung ist, weil der Mensch kein isoliertes Wesen, sondern einem System überpersönlicher Kräfte eingegliedert ist, das umso strenger und geistiger fordert, je höher ein Organismus steht, je weiter sich sein Leben gestaltet. Je tiefer ein Wesen steht, je weniger geistig schöpferische Kraft und ursprüngliche Freiheit zur Selbstgestaltung ihm innewohnt, desto weniger ist es gesetzlich, formhaft, bedingt, begrenzt: insofern ist die höchste Position auch die äußerste Negation. »Auf der höchsten Stufe gibt es keine Freiheit«. Immer wieder hat Goethe dies ihn tief erschütternde Erlebnis variiert: »Ach unsre Taten selbst, so gut als unsre Leiden, sie hemmen unsres Lebens Gang«. »Alles ruft uns zu daß wir entsagen sollen« »Beim ersten sind wir frei, beim zweiten sind wir Knechte« »Die ich rief die Geister, werd ich nun nicht los« »Von allen Geistern die ich jemals angelockt, fühl ich mich rings umsessen« »Dämonen wird man schwerlich los«. Nirgends hat er es ergreifender dargestellt als in den Wahlverwandtschaften durch Ottiliens Dasein.

Goethe hat hier zugleich bis ins Kleinste eine besondere Form gegeben unter der jene Selbstbedingung, jene grausame Gesetzwerdung des freien Willens und des Zufalls, die Gefangenschaft des Erlebens in seinen eigenen Auswirkungen sich vollzieht: durch Wiederkehr der erst freien Momente als gebundner und bindender. Goethes Gesetz ist nicht von vornherein festgelegt, es schafft sich selbst, kraft jedes freien Aktes und jedes Zufalls im werdenden Leben. So ist auch Goethes Entsagungslehre, sein strenger Gesetzes- und Pflichtbegriff nicht abzuleiten aus einem kategorischen Imperativ, einer metaphysischen Moralforderung, sondern vielmehr aus einer Naturanschauung: seine Idee des Werdens schloß eine Idee des Müssens ein und seine Idee der Form schloß eine Idee des Gesetzes ein. Sowohl seine Idee des Werdens wie seine Idee der Form stammen aus seinem Naturerlebnis, nicht aus der apriorischen Setzung eines sittlichen Ichs das der Natur selbstherrlich gegenüberstünde: vielmehr war für ihn das schöpferische bewußte Ich nur der geistige Brennpunkt der Natur: in ihm trafen sich Werden und Form, Müssen und Gesetz, als Wollen, Wissen, Sollen und Schicksal. Aus den Natur-ideen leitet sich allein Goethes Sittlichkeit ab. Seine Pflicht, seine Entsagung — Gesetzlichkeit wie Heiligkeit — sind nicht absolute, von einem überweltlichen Gott ein für allemal aufgestellte Forderungen an das übernatürliche Ich, sondern es sind die Formen unter denen der Mensch seine eigene naturgegebene Idee auswirken muß; ihre Verletzung ist nicht Sünde im christlichen Sinn und zieht nicht Strafe nach, sondern ist selbst schon Strafe, Verhängnis, Leiden. Darum darf man in den Wahlverwandtschaften nicht eine Anklage oder Verteidigung, eine Verteidigung des Ehebruchs oder eine Verherrlichung der Ehe, sehen. Es handelt sich hier gar nicht um sittliche Thesen mit psychologischem Beweismaterial. Eine seelische Natur- und Schicksalsgesetzlichkeit, die sich in der sittlichen Sphäre, in der Sphäre des Wollens und Sollens vollzieht, an menschlichen Beziehungen und Erlebnissen, sollte offenbart werden, ohne Entrüstung, freilich nicht ohne Pathos.

Damit ist erst die allgemeinste Gesinnung und Stimmung Goethes bezeichnet in welcher die Wahlverwandtschaften möglich geworden sind: die Klarheit die sich unter dem begriffenen Gesetz weiß, welches Natur, Schicksal und Gesellschaft durchdringt, der freiwillige aber nicht minder schmerzliche Verzicht auf allen dunklen Drang, alle Lust am Trug, alle Selbstigkeit die mit dem System von Pflichten gegen das Ganze sich nicht verträgt, kurz die Helle im Geheimnis, die Freiheit in der wie immer gearteten Notwendigkeit, die sittliche Kultur der eigenen dämonischen Natur und des eigenen Schicksals — die Demut des Allwissenden. Aber diese allgemeine Grundgesinnung — das Klima ohne welches die Wahlverwandtschaften nicht denkbar sind — erklärt noch nicht warum sie entstanden und grade so geworden sind: ein Roman über die natur-notwendige Zerstörung einer Ehe durch schicksalhafte Begegnungen und Begierden, den gesetzlichen Untergang eines liebenden Paars durch eine verhängnisvolle Anziehungkraft. Wir müssen den Kreis noch enger ziehen, denn jedes Kunstwerk bedarf mehrerer Erlebnisschichten um aus der Möglichkeit in die Wirklichkeit zu treten. Goethes Gesetzes-erlebnis erklärt jene Zusammenschau von Natur, Schicksal und Leidenschaft, welche durch den Titel „Wahlverwandtschaften" symbolisiert wird: die Geschichte von menschlichen Leidenschaften und Schicksalen unter dem Gleichnis eines chemischen Prozesses zu sehen, war nur dem alten Goethe möglich.

Doch warum ist dieses kosmische Werk, in dem Goethe sein Wissen über die überpersönlichen Mächte verewigt hat, zugleich ein Ehe-roman, derart daß man es bis auf den heutigen Tag als ein soziales Problemstück, als eine Art Vorläufertum französischer oder norwegischer Gesellschaftsstudien behandelt? Nun, die Ehe ist in diesem Roman nicht das Hauptproblem, sondern nur der Schnittpunkt der Hauptprozesse die Goethe am Herzen lagen oder der kleinste Raum, worin er die größte Fülle des ihn bedrängenden Gehalts überschaubar machen konnte. Jeder echte Künstler hat bewußt oder unbewußt den Willen zur Konzentration, der ihm verbietet auf einem weiteren, unübersichtlichen Raum auszubreiten was er auf einem kleineren vollkommen bewältigen kann, das Gebiet muß er finden welches die größte Tragkraft und Fruchtbarkeit hat und Mittel werden kann für die verschiedenen Schichten, Linien oder Kreise seines Gehalts. Diese Stelle kann ihm durch Erlebnis gegeben sein, er kann sie durch glückhaften Instinkt finden, er kann sie sogar durch Kunstbesinnung konstruieren — wir haben bei Goethe auch für den letzten Fall Beispiele. Seine Suche nach „dem fruchtbaren Motiv" gehört zur Suche nach dem kleinsten Raum mit größter Spannung, nach dem „Mittel" das die meisten Strahlen fangen konnte. Ein solches „Mittel" für mehrere Motivschichten war beim Wilhelm Meister, der zugleich Zustände, Gesellschaftsschichten, Bildung, Sitte und abenteuerliche Freiheit vereinigen sollte, das Theater.

Ein solches Mittel ist für die Wahlverwandtschaften, worin das Walten von Natur- und Schicksalsmächten durch die menschlichen Schichten hindurch gezeigt werden sollte, die Ehe. In keinem andern Prisma konnten sich die Strahlen des Naturgesetzes, des Schicksals, der persönlichen Leidenschaft, der sittlichen Pflicht und der gesellschaftlichen Zustände gleichzeitig so brechen wie in dieser Institution: denn sie hat teil als Polarität zweier Liebenden an der Natur, als Begegnung zweier Schicksalsträger am Schicksal, als gesellschaftliche Institution an Kultur und Staat, sie gehört als eine Erfüllung oder Nichterfüllung der Liebe in den Bereich der Naturtriebe, sie ist als die Regelung der Geschlechter ein Gebiet das „die Zivilisation der Natur abgerungen hat", sie ist eine geschlechtliche Funktion, eine soziale Einrichtung, ein sittlicher Anspruch und ein magisches Geschehn, in ihr treffen sich Blut und Geist der einzelnen Personen, Sitten und Forderungen der menschlichen Gesamtheit, Gesetze und Verhängnisse der überpersönlichen Mächte. Das Ich, die Natur, die Kultur, das Schicksal — alle haben gleichen Teil an der Ehe, und nur an der Ehe. Aus dieser Zentralität der Ehe ergibt sich ohne weiteres warum sie von jeher eines der großen Probleme aller derjenigen Dichtung gewesen ist welche es nicht mit den Gestalten sondern mit den Beziehungen zu tun hat. Nur an den Störungen einer Ehe durch kreuzende Seelen- und Schicksalsspannungen konnte die ganze Stufenfolge jener Mächte, die ganze Breite und Tiefe des Gesetzes zur Geltung kommen: nur hier vereinten sich das Mysterium der Liebe und der Zeugung, das Mysterium der Sinne und der Sitte, der Seele und der Gesellschaft, und all die Anziehungen und Abstoßungen die sich ergeben aus der Spannung des Menschen zwischen Natur und Kultur, aus dieser seiner Doppeltheit: daß er mit seinem Blut an das Tier, mit seiner Seele an die Gottheit grenzt. Nur hier konnte das Naturgesetz im Wunder, das Verhängnis in der Heiligkeit aufgelöst, aufgehoben werden, ohne Sprung und Gewalt . . denn nur in der Ehe löst sich die natürliche Polarität in einem Geheimnis auf das über die Natur hinausreicht. Nur in der Ehe wird die schicksalhafte und triebhafte Vereinigung oder Trennung zweier Menschen zugleich ein sittlich gesellschaftlicher Akt und durch die Zeugung des legitimen Kindes, heidnisch gesprochen ein Mysterium, christlich gesprochen ein Sakrament. Die Ehe ist nicht nur ein animalischer Akt, sondern auch ein magischer, ein Zauber. Ein Werk also das von der Ehe handelt atmet in dem Bereich des Wunders, und daraus daß die Wahlverwandtschaften ein Ehe-roman sind, allerdings kein psychologischer oder gesellschaftskritischer, sondern ein kosmischer, ergibt sich auch die Rolle die darin das Wunder spielt — nicht wie man es eben aus jener Mißdeutung gerügt hat, als theatralisch-mystischer Schlußeffekt, als „katholische Tendenz", als „Konzession an die herrschende romantische Strömung", vielmehr als die Verdichtung und Steigerung der geheimnisvollen Weisheit die das ganze Werk durchdringt: als der gemäße Abschluß eines Mysteriums — wenn man unter Mysterium ein Werk verstehen will dessen Gegenstand das Walten überpersönlicher Mächte ist.

Goethe war nicht seicht genug das Beweisbare und Berechenbare allein für das Wirkliche zu halten, und das Wunder war für ihn, dem die Natur gotthaft war, nicht die Durchbrechung der Natur, nicht was der gemeine Verstand — die erforschte Natur mit der Natur überhaupt verwechselnd — „übernatürlich" nennt, sondern nur deren Grenze: die Grenze zwischen erforschlicher und unerforschlicher Natur. Von der erforschlichen konnte er durch Sätze und Formen reden, von der unerforschlichen nur durch Zeichen und Mythen, und er hat sich nicht gescheut die Zeichen unter denen die frommen Gemeinschaften das Wunder verehrten gelegentlich diskret zu verwenden, wie er sich nicht gescheut hat den seelenlosen Gebrauch dieser Zeichen gelegentlich derb zu verhöhnen.

Dadurch daß die Ehe in dem ganzen Roman als Mysterium oder Sakrament, nicht bloß als ein gesellschaftlicher Vertrag.. als Natur und Schicksal, nicht bloß als Kulturerscheinung, behandelt wird hat Goethe das Wunder zweimal an entscheidender Stelle einführen können, ohne jede mystische Aufmachung in romantischer Manier (wie etwa Zacharias Werner, aber selbst Schiller in der Jungfrau von Orleans) nicht als ein plötzliches Eingreifen unangekündigter Transzendenzen, vielmehr als das nacktere Hervortreten der in der ganzen Handlung wirksamen, an sich geheimnisvollen, aber nicht geheimnistuerischen Mächte. An zwei Mysterien nur die auch der aufgeklärteste Naturgläubige als solche anerkennt, die als solche auch für den extremen Rationalisten die Grenze der menschlichen Erkenntnis, ja der menschlichen Person bezeichnen, erhebt oder verdichtet sich das bisher menschlich deutbare Geschehen zum Wunder oder wenigstens zum Wunderzeichen: an dem Mysterium der Zeugung, durch die geheimnisvolle Ähnlichkeit des aus dem Doppelehebruch der Seelen gezeugten Kindes und an dem Mysterium des Todes, durch Ottiliens Endschaft. Nur in diesen beiden Fällen hat Goethe sich erlaubt durch eine nach dem gemeinen Gang der Dinge nicht erklärliche, aber freilich auch nicht unmögliche, Begebenheit die sonst überall unsren Vorstellungen von menschlichen Dingen gemäße

Handlung ahnungsvoll zu steigern und dadurch auf ein Geheimnis hinzudeuten von dem aus auf alles andre, auch normale, Geschehen ein neues Licht fällt. Diese beiden Wunder bedeuten kompositionell in den Wahlverwandtschaften etwa dasselbe wie die Gestalt der Mignon in den Lehrjahren: sie durchbricht nicht den übrigen Vorstellungskreis des Werks, aber ihre bloße Anwesenheit vertieft und steigert ihn. In beiden Fällen ist der Goethische Glaube wirksam daß das Erforschliche aus einem Unerforschlichen sich speise, und an die Grenze dieses Erforschlichen führt uns das Geheimnis, als Gestalt, oder das Wunder, als Geschehen: beide verkünden unvermittelt das Walten von Mächten welche durch die Naturgesetze und das vernünftig deutbare Geschehen vermittelt zu unsren Sinnen sprechen.

Freilich nur wer den ganzen Bereich des Erforschlichen wirklich bis an die äußerste den Sinnen und dem Denken erreichbare Grenze durchmessen hat, wie Goethe, darf in das Land des Wunders einen Blick tun und von der Grenze her durch Zeichen denjenigen Kunde geben die dafür reif sind. Es unterscheidet Goethes Mystik (wenn man schon sein in Gebilden offenbartes Geheimschauen so nennen will) von allen mystizistischen, zumal romantischen Geheimnistuern, daß er keine Stufe übersprang, den Sinnen wie dem Verstand Ehrfurcht zollte und ihnen ihre Vollmacht bis an die Grenze ließ, das Erforschliche wirklich erforschte mit aller Demut und allem Fleiß, ohne den Dünkel der auf einen „Königsweg" zur Erkenntnis Anspruch macht oder sich brüstet mit einer eigenen Intuition wodurch jedes Denken, und einer eignen Einweihung wodurch die Erfahrung überflüssig werde, der scharlatanisch „nur durch Zeichen redet" ohne sich die Zeichen erarbeitet zu haben. Das Wunder bezeichnet für Goethe die Grenze, nicht die Mitte der Erkenntnis, und mag es in der Mitte des Geschehens wirken — der Weg zu ihm führt Goethe durch die ganze sinnliche Erfahrung und sinnende Vernunft. Und dann wird durch Erlebnis, durch Intuition des nicht weiter auszudeutenden Wunders das Sichtbare nicht vernichtet und das Denkbare nicht aufgehoben, sondern vergottet: von der unerklärlichen Grenze aus gewinnen die erklärlichen Erscheinungen Tiefe und Glorie.. von da aus werden sie zu Gleichnissen und Sinnbildern, wie es am Schluß des Faust geradezu ausgesprochen wird — vom Wunder, vom Himmel, von Gott aus wird die unmittelbar menschliche und mittelbar göttliche Welt zum Sinnbild der Gottheit wodurch sie lebt und webt und west. In demselben Sinn wie vom katholischen Himmel am Schluß des Faust Gebrauch gemacht wird (welchen Sinn die Schlußstrophen des Faust aussprechen) wird vom Wunder in den Wahlverwandtschaften, vom Rätsel und Geheimnis im Wilhelm Meister Gebrauch gemacht. In allen drei Fällen wird die unfaßbare

Welt als der tiefste Sinn, ja als der Urgrund der faßbaren von der Grenze her gezeigt, und die faßbare durch diese unfaßbare rückwirkend vertieft und gesteigert.

Wir haben aus Goethes Gesetzes-erlebnis das Klima zu erklären versucht worin die Wahlverwandtschaften überhaupt möglich wurden, sodann den besonderen Wert des Ehe-problems für die menschliche Darstellung dieses kosmischen Erlebnisses erkennen und aus Goethes Glauben wie aus seiner künstlerischen Absicht begreifen wollen was das Wunder in einem solchen Werk bedeutet, als undurchdringbare unüberschreitbare Grenze des als Handlung entwickelbaren Gesetzes. Wir sind weit entfernt davon eine Kunst-schöpfung bis in ihre letzten Einzelheiten erklären zu wollen, wie das Er-gebnis einer Rechenaufgabe: man kann dabei günstigenfalls zeigen welche Stimmung, welcher Raum, welche Erlebnisart und Gesinnung nötig war, damit ein solches Kunstwerk überhaupt entstehen konnte. Daß es daraus entstehen mußte und wie es bis in die letzten Züge hinein gerade so wurde, läßt sich nicht feststellen, so wenig wie die Kenntnis der Eltern, der Familie, des Milieus und der Zeugungsumstände den Charakter eines Kindes restlos erklären. Daß und warum die Wahlverwandtschaften also zugleich ein kos-mischer Natur- und Schicksalsgesetzes-roman, ein moderner Ehe-roman und ein Mysterium sind, und warum sie gerade beim Gesamtzustand des da-maligen Goethe entstehen konnten, hoffe ich verständlich gemacht zu haben. Es ist damit nur über die geistige Struktur, den geschichtlich-biographischen Platz und den seelischen Sinn des Werks etwas gesagt. Die historische Erklä-rung seiner Einzigkeit muß halt machen vor dem Charakter Ottiliens: Der stammt aus einem einmaligen Erlebnis Goethes, aus einem schöpferischen Augenblick, dem eigentlich zeugenden Moment des ganzen Werks, wodurch die gestaltungsbereiten Elemente seines gesamten Wesens und Zustands zum Kunstwerk erst zusammenschossen, seine inneren Möglichkeiten zu einer dargestellten Wirklichkeit gelangten. Die Gestalt Ottiliens ist weder der Hauptgehalt noch das eigentliche Problem der Wahlverwandtschaften, aber ohne den Augenblick da Goethe das geschaut was im Werk als Ottilie er-scheint wäre wohl weder der Gehalt verdichtet noch das Problem so ge-staltet worden.

Wir erinnern uns an Goethes geheimnisvollen Ausspruch, daß er das Ideelle unter weiblicher Form konzipiere. Auch die Schlußverse des Faust gehören in den Bereich desselben Geheimnisses: die Sehnsucht nach dem Gegenpol seines eignen plastisch männlichen Wesens, nach dem Ewig-Weib-lichen (welches kein physiologisch anatomischer Tatbestand, sondern ein kosmisches, nicht auf den menschlichen Körper beschränktes, sondern nur von ihm sein Gleichnis empfangendes Urprinzip ist) erzeugte in ihm die Bilder seines jeweiligen Ideals. Die Frauen die er liebte bildeten wohl an den Zügen dieses Ideals, kamen ihm mehr oder minder nah — ganz verkörpert hat es keine, geschweige es erst hervorgerufen. Keine seiner Geliebten allein hätte genügt ihm das Ideal zu erschaffen, jener Zug war mit seiner Natur schon gegeben, und die Liebschaften sind seine Ausstrahlungen, nicht seine Ursachen. Aus der Begegnung der ihm eingeborenen Ideen mit geliebten Frauen entstanden dann Gestalten wie Gretchen oder Lotte, auf geistigerer Stufe Iphigenie, Eleonore oder Ottilie.

Ottilie ist in den Wahlverwandtschaften die einzige Gestalt bei der ein einmaliges Menschenerlebnis und das Gesetzes-erlebnis des reifen Goethe sich durchdrungen haben. Die anderen sind Typen und nur soweit durchgebildet als in ihnen das Wirken der gesetzlichen Kräfte veranschaulicht werden soll. Eduard ist ein begabter, anständiger, bewegter und beweglicher Mann der besseren Gesellschaft, Charlotte eine überlegene tüchtige und lebensvolle Dame, der Major ein adliger schlechthin tüchtiger Charakter, ein „Charakter" im prägnanten Sinn. Man meint sie zu kennen und doch Dutzenden ihresgleichen in der Vergangenheit, ja selbst noch in der Gegenwart mutatis mutandis begegnet zu sein. Einzig und unvergeßlich sind ihre Verhängnisse, nicht ihre Gestalten. Selbst Mittler und Luciane, in demselben Maß menschlich individueller als sie dem Gesetz ferner stehen, sind doch nicht einmalige, von innen heraus geformte Eigenwesen, sondern von außen her umrissene, abgegrenzte Sondertypen, „Käuze" die immer wieder vorkommen und weniger ein einmaliges Erlebnis als eine wiederholte Erfahrung verkörpern: den wohlmeinend taktlosen Allerweltshelfer mit dem gesunden, in allen wesentlichen Erschütterungen unzulänglichen, in allen mittleren Lagen unschätzbaren Verstand, und die reizvoll glänzende, kapriziöse, wohl auch verrückte und verrückende, unverantwortliche und wurzellose Weltdame — wir kennen sie, und wir wissen von diesen Goethischen Gestalten nichts Unvergeßlicheres als von solchen Begegnungen. Wären die Wahlverwandtschaften nicht geschrieben, unser Schatz von Menschenbildern würde nicht sehr verringert, ohne Eduard und den Major, ohne Charlotte, Mittler, Luciane: wir würden ihresgleichen auch sonst begegnet sein. Noch unbestimmter und allgemeiner sind die mit Bedacht namenlosen Berufsmenschen: Gehilfe, Architekt, Gärtner.

Aber Ottilie ist eine unwiederbringliche und unersetzliche Gestalt und, so sehr sie verkörperte Idee ist, ein einmaliges Wesen das Goethe nur einmal begegnet ist und das ihn nur einmal gerührt hat, um ihm zum Träger aller Zartheit, Wehmut und Süße zu werden deren er auf dieser Stufe seines

Lebens fähig war, wie der Goethe der Lida-jahre und der italienischen Zeit in der Iphigenie alle Reinheit, Hoheit, Lauterkeit als weibliche, d. h. ersehnte Gestalt verkörpert hat. Beide Male waren ihm schon die Elemente zu solchen Idealen und die Materialien gegeben zu Werken die von solchen Idealen ihre Luft und Stimmung empfangen sollten, und beide Male bedurfte es doch der einmaligen, unwiederbringlichen und unersetzlichen Begegnung mit dem liebe-weckenden Wesen, um die Ideale zur Verkörperung, das Werk zur Durchbildung zu bringen. So wenig die Iphigenie eines ist mit Charlotte von Stein, die Gretchen-tragödie mit der Friederiken-liebe, so wenig wären diese notwendigen kosmischen Werke ohne die (mindestens von uns aus gesehen) zufälligen Menschenbegegnungen entstanden. So wäre schwerlich ohne Begegnung mit einem Urbild der Mignon der große deutsche Bildungsroman entstanden .. und so bedurfte es — dies ist das unberechenbare Ineinanderwirken von Ananke, Tyche und Daimon — gewiß der Begegnung mit Minna Herzlieb, damit der Keim der Wahlverwandtschaften, Ottilie, sich auswirken und der Roman werden konnte! Auch hier geht uns wenig an was wir über dieses holdselige und von einem leisen Untergang vorausbeschattete Mädchen sonst wissen: wie Goethe sie geschaut, wie er durch sie schöpferisch wurde, ist in der Ottilie seines Mysteriums zugleich offenbart und verborgen, wie nur Gestalt offenbart und verbirgt.

Ottilie ist rein ihrem Schicksal hingegeben und nimmt ihr Gesetz, das schmerzlichste wie das süßeste, Liebe, Leidenschaft, Verzicht oder Tod, mit lauterer Demut auf sich und hebt es als Dulderin auf. Nicht ekstatisch jenseits der Menschennatur steht sie, sondern trägt die Schwächen und Leiden dieser Natur als ein tägliches Opfer bis zur Grenze, und eben dadurch erfüllt und überwindet sie das Schicksal, durch „Opfer", nicht durch Entrückung. Auch hier bewährt sich die Goethische Forderung, der Goethische Glaube, daß die Überwindung der menschlichen Grenzen, die Vergöttlichung, die Heiligung, das Wunder — oder was immer die Grenzen der Natur zu durchbrechen scheint — in der Erfüllung der Natur selbst besteht, in der freiwilligen Unterwerfung unter das erkannte Gesetz. Dies Gesetz ist nicht für alle gleich und den wenigsten ist es gegeben ihr Gesetz zu erkennen — die allmählich immer deutlicher werdende Kenntnis des Gesetzes unter dem sie steht, der Bahn in die sie gehört, aus der sie gerissen ist und in die sie zurück will, macht die tragische Läuterung Ottiliens aus. Als das Gesetz des gesitteten Menschen überhaupt, als die tiefste Forderung die durch die Kultur des Einzelnen an die Menschennatur gestellt wurde, hatte der alte Goethe „die Entsagung" erkannt, den freiwilligen Verzicht auf das Ausleben der persönlichen Begierden und Leidenschaften zugunsten des Ausgleichs zwischen der einmaligen Person mit der Gesamtheit worin sie wirken soll, in weiterem Sinn, des Ausgleichs zwischen Individuum und Gattung. Für den Mann kann dies Gesetz durch die heroische Tat erfüllt werden, welche das Einzelleben an ein Gesamtideal hingibt.. Eduards Versuch im Krieg zu fallen ist halb bewußte, halb instinktive Unterordnung unter dies Mannsgesetz. Die Frau erfüllt ihr Gesetz durch das Opfer, durch das Dulden in jeder Form, ihr ist schon durch ihr Körpertum das Heraustreten aus dem Kreis des Empfangens, des Aufsichnehmens verwehrt; die Tat ist für die Frau das Widernatürliche. Goethes heroisches Weib schlechthin, Iphigenie selbst, spricht dies aus: ihr Sieg, größer als die Taten der Männer, ist ebenfalls Opfer und Verzicht. Aber als Goethe die Iphigenie schrieb, hatte er jene Zusammenschau von Natur und Schicksal noch nicht vollzogen, jenen obersten zusammenfassenden Gesetzesbegriff sich noch nicht errungen den wir als seelische Grundlage seiner Wahlverwandtschaften voraussetzen. Iphigenie tritt noch als heroische Seele dem Schicksal das ihr droht einzeln gegenüber und tilgt den Geschlechterfluch durch die Kraft der in ihr beschlossenen Lauterkeit: das ist ein Rest der titanischheroischen Zeit Goethes da ihm das große Individuum als selbstherrliche Gewalt gegenüber der Welt, auch gegenüber Göttern und Verhängnis stand. Jetzt konnte das nicht mehr sein: Ottilie steht innerhalb des Schicksals und ist unentrinnbar seinen Gesetzen unterworfen als Naturgesetzen: die kann sie nur durch passive Opferung erfüllen, und ihr Duldertum (bis ins Kleinste oder vielmehr vom Kleinsten aus bis ins Höchste hinein entwickelt, von der Verkennung in der Schule und den Kopfschmerzen bis zum wunderwirkenden Sterben) ist die reinste Form unter der eine Frau, nicht mehr dem Schicksal gegenüberstehend und also des eigentlichen Heroismus beraubt, sondern in das Schicksal gebannt, ihr Gesetz erfüllen, sich opfern kann. Wenn eine Frau ihr Natur- und Schicksalsgesetz nicht als Mutter oder Geliebte erfüllen kann, und wenn sie nicht, wie im heroischen Zeitalter, als Priesterin kraft innewohnenden göttlich sittlichen Fugs, sich über die Natur und das Schicksal stellen kann, weil Natur, Schicksal und Sittlichkeit sie ein und demselben Gesetz unterstellen: so ist sie nur als Heilige imstand, ihr Gesetz zu er-füllen, in des Wortes er-füllen prägnantester Bedeutung. Unter den Idealgestalten Goethes, d. h. solchen die irgendein Höchstmaß, eine Grenze des Menschtums, eben eine Erfüllung darstellen, wird Ottilie der vollkommenste Typus des Weibs als heiliger Dulderin.

Goethes tragische Frauenideale sind entweder blinde Opfer eines Verhängnisses das sie nicht übersehen, wie Gretchen, in gewissem Sinne auch Klärchen und Mignon, oder es sind priesterliche Besiegerinnen und Sühnerinnen des Verhängnisses durch Entsagung, wie Iphigenie, auch noch die Prinzessin im Tasso oder Eugenie. (Es ist hier nur die Rede von Fällen wo der Gegensatz zwischen dem Wollen der Einzelnen und den überpersönlichen Mächten sich bis zur Unvereinbarkeit steigert.) Ottilie ist das erste wissende freiwillige Opfer des Gesetzes, das Goethe geschaut und gestaltet hat, das erste das als Einzelwesen von vornherein unter dem Gesetz steht, und dem ein heroischer Widerstand oder Untergang deshalb auch unmöglich ist — wie denn auch ein tragischer Held als Mann, als tuendes Geschöpf, von vornherein in der Luft der Wahlverwandtschaften unmöglich wäre. Gretchen und Klärchen, Iphigenie und die Prinzessin stehen von vornherein den überpersönlichen Mächten gegenüber als selbständige Kräfte, Ottilie ist von vornherein selbst nur eine Auswirkung, ja eine Funktion des gesetzlichen Verhängnisses. Aber sie weiß es zuerst nicht: sie erfährt es allmählich, und diese zunehmende Helle, daß ihr Wille selbst nicht entrinnen kann, daß er nur eine andre Form ihres Verhängnisses ist, wird die Tragik dieser zarten und starken Seele. Das überpersönliche Gesetz, das nicht zu zerbrechen und nicht zu überwinden ist, ist aber zu erfüllen, und dazu erzieht Ottiliens Wissen ihren erst blinden und widerspenstigen Willen: sie nimmt das „Joch der Notwendigkeit" zuletzt wissend und willig auf sich und wird dadurch als Heilige mit dem Überpersönlichen eins, in demselben Sinn wie die ekstatischen Heiligen mit dem fordernden Gott eins werden, die indischen Büßer ins Nirwana eingehen, durch Überwindung des Willens zum Leben (um der Schopenhauerschen Deutung uns zu bedienen — welche überhaupt in dem Ende Ottiliens eines der willkommensten dichterischen Beispiele finden durfte). Die Heiligung Ottiliens vollzieht sich in der Romanhandlung als Umkehr, ja als Buße für die von ihr als Schuld gedeutete Durchbrechung ihrer Bahn, welche ihr beim Tod des Kindes erst ganz bewußt wird. Mit dieser Erschütterung wird die Erkenntnis des Schicksalgesetzes unter dem sie steht jäh vollendet: sie ist, theologisch gesprochen, ihre Erleuchtung mit der die vollkommene Läuterung einsetzen kann. Aber diese Erleuchtung ist nicht nur ein innerer Vorgang: er ist zugleich die Besiegelung ihres Schicksals, das sie als Heilige, nicht wie sie bis zu diesem Augenblick dumpf und blind wünschte und hoffte, als Mutter erfüllen soll. In demselben Augenblick da sie das Kind, auf mystische Weise ihr Kind, mit jungfräulichen Mutterschaftsahnungen auf dem Schoß hält, wird es ihr entrissen, und damit zugleich ihre andre mögliche Schicksalserfüllung. An diesem Punkt treffen sich das Mysterium der Zeugung (und der Mutterschaft, das nur eine Seite dieses Mysteriums ist) und das Mysterium des Todes. Der Tod des Kindes offenbart Ottilie zugleich ihr wahres Gesetz und ihren Wahn, und indem ihr der Weg zur Mutterschaft endgültig durch diese Erleuchtung versperrt erscheint, begibt sie sich auf den noch einzig möglichen Weg zur Erlösung, den Weg der Buße, der zur Heiligung führt.

Ottilie hebt durch ihr Eingehen in das Gesetz (welches bei Goethe etwas von Nirwana sehr verschiedenes ist) die angeborene schmerzliche Spannung zwischen der Person und dem Überpersönlichen auf (dies sei was es wolle, Gott oder Welt, Sitte oder Fatum, Natur oder Staat). Sie wird bewußt eins mit ihm, nachdem sie — unbewußt wie sehr sie ihm untertan sei — sich gesträubt. In diesem Sinn ist die äußerste Erfüllung des Gesetzes seine Aufhebung, weil Überwindung — die wissende Demut der vollkommene Sieg, die erkannte und anerkannte Notwendigkeit die unbegrenzte Freiheit, in dem Sinn von Goethes Vers „das Gesetz nur kann uns Freiheit geben". Die Heiligsprechung von Ottiliens freiwilligem Opfer ist zugleich die Verherrlichung des Gesetzes von dessen Gegenwart das Mysterium „die Wahlverwandtschaften" Kunde gibt. In diesem Schluß erfahren die allgemeine Gesinnung und Weltschau Goethes, und sein einmaliges unersetzliches und unwiederbringliches Erlebnis, die Begegnung mit dem Urbild der Ottilie, eine gemeinsame Vergottung: das Allgemeinste und das Besonderste des Gehalts der in den Wahlverwandtschaften Gebild geworden ist.

Ein Wort über die Sprache der Wahlverwandtschaften. Da sie keine von dem Gesamtgedanken und -aufbau abzulösende Einzelheit ist, sondern das sinnliche Medium wodurch Gedanke und Bau — auch diese beiden zusammengehörig wie die einen Leib durchdringende Lebenskraft und dieser Leib selbst — erst für uns in Erscheinung treten, so macht sie uns erst sinnlich klar, wie Goethe hier alles auf das notwendig knappste Maß beschränkt hat. Die Wahlverwandtschaften sind die reinste und vollkommenste darstellende Prosa die Goethe geschrieben hat.. sie kann wie alle im engeren Sinn klassischen Stil-leistungen mehr negativ als positiv charakterisiert werden, durch Abgrenzung gegen das die Norm als Wucherung Überschreitende oder als Dürre hinter ihr Zurückbleibende. Der Stil der Wahlverwandtschaften ist gleich weit entfernt von der strömenden und drängenden Fülle des Werther, von der froh malenden und (nach Friedrich Schlegels Ausdruck) „nebenausbildenden", zugleich lebhaften und behaglichen Breite der Lehrjahre, wie von der lehrhaft ironischen, schon etwas erstarrten und formelhaften Weite der Wanderjahre. Er ist kräftig und dicht, ohne strotzend und prall oder üppig und überladen zu sein, klar und anschaulich, ohne malerisch und schildernd zu werden, fest und ruhig, ohne Steifheit und Langsamkeit, nicht sinnlich quellend um jeden Preis, wie es der mit An-

schauungen und Gleichnissen, wohl auch mit Shakespeares Einwirkungen
überfüllten Jugendphantasie Goethes gemäß war, die mehr Bilder beher«
bergte als der Gedanke jeweils sofort ordnen und unterbringen konnte ..
aber auch noch nicht so abstrakt und gleichsam aus der Vogelschau zeich«
nend, wie der greise Goethe, der eine unendliche Menge Einzelanschau«
ungen mit einem einzigen oft allzu hoch gewölbten Gedanken übergriff.
Vielmehr wird jede Sache nur soweit dargestellt, daß ihre Bedeutung und
Funktion innerhalb der Gesamthandlung erkennbar wird, keine wird um
ihrer selbst willen ins Einzelne ausgemalt, aus Freude etwa an einer schönen
Landschaft oder an einem aufregenden Vorgang oder sonstigen Gründen
die von dem Grunde des Werks nicht unbedingt erfordert werden: daher
der Mangel an farbigen oder bewegten Adjektiven, an Ausrufen, Ellipsen,
jähen Tempowechseln, an Lyrismen jederart .. Hauptsätze nur, um die
Handlungen, Vorgänge oder Zustände in ihrer Folge hinzustellen, Ne«
bensätze, um deutlichkeitshalber Nebenumstände, Begründungen oder Ein«
schränkungen des Seins, Geschehens und Tuns anzuführen, nirgends aber,
um die Bewegung oder die Farbe, die Straffheit oder die Stimmung an sich
zu steigern. Ebensowenig wird aus dem Werk hinaus gedeutet, um dem
Leser unabhängig von dem warum es sich hier handelt Überlegungen bei«
zubringen. Auch die Reflexionen in Ottiliens Tagebuch gehören zur inneren
Handlung und bezeichnen nur einen Ruhepunkt, keineswegs eine willkür«
liche Unterbringung von Goethes Spruchweisheit wie in den Wanderjahren.

Wenn die Jugendprosa Goethes bis zum Urmeister, ja bis in die Lehr«
jahre hinein bestimmt wird von seiner Sinnlichkeit, und zwar erst der trieb«
haft bewegten des Bluts, dann der bildhaft ordnenden des Auges, so ist
das sprachliche Zeugnis dafür das Überwiegen der Adjektive. In der Prosa
der Wahlverwandtschaften ist das Über«flüssige, Spielende, Wuchernde,
Rankende der Sinnlichkeit eingesogen in das ruhige selbstgenugsame Sein,
welches den unbedingt nötigen Raum bildet für das Tun und Geschehn
worin sich der Gedanke auswirkt. Substantive und Verben sind die Träger
dieser Prosa, die in den Lehrjahren schon erreicht, aber noch nicht vollendet
ist. Die Wahlverwandtschaften und die ersten Bücher von „Dichtung und
Wahrheit" sind ihre klassischen Muster, gleich frei von Lyrismen wie von
Malereien und nur soweit an die Reflexion grenzend als die Personen die
Idee der Werke transparent machen sollen in Gesprächen. Dichtung und
Wahrheit freilich ist schon kein rein erzählendes Werk mehr und will es
nicht sein: es ist nicht nur Darstellung eines ewigen Geschehens mit sym«
bolischem Sinn, sondern auch geschichtlicher Bericht über Vergangenes
und dessen Erläuterung: die Reflexion, der Hinweis, das Herausdeuten aus

der bloßen Erzählung gehörte sogar zu der Aufgabe die Goethe sich dort gestellt hatte. Geschichtliche Prosa ist eine Vereinigung der lehrend-erklärenden und der erzählenden: sie hat es nicht nur mit dem sinnlichen Sein und Geschehen, sondern auch mit den geistigen, abstrakten Gründen zu tun. Sie ist nicht nur Darstellung, sondern auch Deutung bis zur Lehre. In Goethes letzten Alterswerken, zumal den Wanderjahren, durchbrach bei abnehmender Bildnerkraft dann das Bedürfnis, die Deutung und Lehre als solche herauszustellen, die Lust an der Gestaltung, es war wohl auch stärker als die Bildnerkraft geworden, und mehr und mehr ward Gebild und Geschehen aufgezehrt oder durchschienen von der Abstraktion.

Die Prosa der Wahlverwandtschaften hält die Mitte zwischen der überquellenden Sinnlichkeit der Jugendprosa mit dem pathetischen Auf und Ab, den bewegten Tempowechseln, und der oft schematisierenden Geistigkeit der Greisenprosa mit der künstlichen Distanzierung, der zeremoniellen Behaglichkeit. Weder die innerste Seele der Gegenstände und Geschehnisse, die Bewegung in der sie erlebt werden oder aus der sie quellen, noch ihre Bedeutung, ihre Beziehung zu allgemeinen gedanklichen Kategorien drängen sich vor, vielmehr sind Sein und Geschehen hingestellt mit einer sinnlich-geistigen Schau ihrer wesentlichen Eigenschaften und Funktionen, gleich weit entfernt von der augenblicklichen Aufregung des darstellenden Ichs wie von seiner unbeteiligten Abstraktion sub specie aeterni. Der Stil der Wahlverwandtschaften ist schlicht und gefüllt, ruhig und bewegt, hell und tief, männlich und zart, gewichtig und deutlich: die vollkommenste deutsche erzählende Prosa die es gibt, nicht die reizendste, erhabenste und hinreißendste, nicht die farbigste und erschütterndste, nicht die reichste und stärkste. Jede Art ausgesprochenen Temperaments mag für immer oder für jeweilige Lebensstufen und Stimmungen bei Goethe oder Jean Paul, oder bei Kleineren andre deutsche Prosa höher werten — die der Wahlverwandtschaften scheint am wenigsten getrübt und bedingt durch die Wellen einseitig bewegter Subjekte, der reinste Spiegel des Seins und Geschehens in einem ruhig-tiefen Wesen das unbewegt vom Augenblick dennoch die Bewegung jedes Augenblicks aufnimmt und wiedergibt, ohne sympathetisch in ihr nachzuzittern wie die Seele aus der Werther kam, ohne sie weit wegzuhalten wie der Geist der Wanderjahre.

SONETTE

WIE jede zentrale Schöpfung Goethes sind auch die Wahlverwandtschaften umlagert von einer Reihe Gelegenheitsdichtungen in denen augenblickliche Krisen oder Gesamtbilder dekorativ dargestellt wurden,

d. h. nicht als unmittelbare Kunstwerdung des Lebensgehaltes, sondern durch Kunstwissen und Kunstzwecke gefiltert an bestimmten, bereits kunstgewordenen Mustern oder Gattungen orientiert: als Kunst — nicht zweiten Ranges (denn der bezieht sich auf die Meisterschaft) aber zweiten Grades, zweiter Schicht (das bezieht sich auf die Ursprünglichkeit). Solche klassizistische Einzel-leistungen aus der Zeit welche in den Wahlverwandtschaften ihren ursprünglichsten Ausdruck gefunden hat sind die Sonette, Paläophron und Neoterpe, und vor allem das dekorative Festspiel Pandora. Nicht daß in diesen Werken Goethes tiefster Gehalt ausgeschieden oder anteillos geblieben wäre: aber geboren sind sie nicht aus dem Müssen eines Gehaltes der nach Gestaltung rang, sondern aus dem dekorativen Willen und der Absicht des Meisters, von äußeren Anregungen und theoretischen Erwägungen abhängiger. Es sind Werke die man aus Goethes Dasein wegdenken könnte, ohne dies dadurch wesentlich anders zu sehen.

Die Sonette sind entstanden aus der handwerklichen Freude am sprachlichen Bilden, ja Bosseln unter der Anregung des romantischen Mode-spiels mit den südlichen Formen. 1806 war die Fernowsche Ausgabe von Petrarcas Sonetten erschienen und hatte Goethes Blick neuerdings auf diese Gattung als auf ein eigentümliches dichtungsgeschichtliches Phänomen gelenkt: nach seiner Art nahm er die Theorie und Erfahrung sofort als Übung und Leistung auf. Er konnte auch die romantischen Strophen-künste, einerlei ob er sie billigte, nicht bloß mitansehen — sie ging sein eigenes Reich zu sehr an, er mußte auf den Grund des Treibens kommen, auf die Art und den Ursprung des eigentlichen Kunsttriebs aus dem Sonette und Terzinen entstünden, auf das Wesen der Freude daran .. und so führte ihn die romantische Mode zugleich zur Beschäftigung mit dem alten Meister des europäischen Sonetts und zu eigenen Versuchen, wie er einst die römischen Elegiker und Epigrammatiker nachgebildet hatte. Es durfte im geschichtlichen Bereich seines Handwerks — ich sage hier mit Bedacht Handwerk und nicht Kunst, d. h. im Bereich des Erlernbaren, Machbaren seiner Kunst, — keine Technik, keine Griffe und Formen geben die er nicht kannte und beherrschte, das ist sein selbstverständlicher Anspruch der Meisterschaft in jener Zeit da ihm Kunst als angewandtes Wissen erschien. Wie seine Epigramme, wie seine Achilleïs, sind auch die Sonette als Paradigmata für Gattungen verfaßt.

Die Geliebte mit deren Namen sie spielen ist nur der Anlaß der damals seinem Bedürfnis des Huldigens in den Weg kam. Die Sonette sind an Minna Herzlieb, nicht durch sie, sie sind ihr mehr zugeeignet als für sie verfaßt, und diesen Schein von Berechtigung mochte Bettina haben, sie für sich in Anspruch zu nehmen, daß es von dem Innern der Gedichte aus gleichgültig war an wen sie sich wandten. Denn nicht die Liebe zu einem Wesen, die Anschauung und Erregung eines einmaligen in einer schönen Menschlichkeit verkörperten Zaubers, hat sie hervorgebracht, sondern der künstlerische Spieltrieb und das überlegene, fast ironische, selbstbespiegelnde Wissen um die Liebe, und um das Dichten als Handwerk wie als Seelenausdruck. Es ist bezeichnend für diese paradigmatischen Bildungspoesien, daß sie ihren eignen Ursprung, ihre Form, ja ihre Absicht selber glossieren, wie es Goethe schon in den Epigrammen hie und da, in den Episteln ausdrücklich getan hat. Auch die Sonette sind Gedichte über das Dichten, ja über das Sonettieren selbst, allenfalls über den empfindsamen Ursprung, den liebenswerten Anlaß ihrer selbst, doch immer mit dem Bewußtsein, oft mit dem ausgesprochenen Hinweis im Gedicht, daß es „Dichten" ist, daß hier ein Erlebnis reimweis glossiert wird. Sie machen sich (und darin sind sie Muster der „romantischen Ironie") über sich selbst diskret lustig, über das künstliche Reimen aus Liebe.. andre verhöhnen minder diskret die romantische Reimwut selbst.. ja sogar der alte Meister des Sonetts, Petrarca, bekommt, als der kunstreiche Sänger endloser Liebeswehmut, einen ironischen Seitenblick des Nachfahren — aus derselben Seelenlage aus welcher Tibull, Properz, Martial in Goethes antikischen Bildungspoesien gestreift werden.

Aber zwischen den Sonetten und den Elegien oder Epigrammen, so sehr sie Bildungs- ja Gattungspoesien sind (die einen aus klassizistischer, die andren aus romantischer Bildung entsprungen) besteht der für ihren eigentlich dichterischen, wenn auch nicht für ihren sprachhandwerklichen, Wert wichtige Unterschied: daß sich in den Elegien die Bildung völlig durchdrungen hat mit einem frischen und mächtigen Urerlebnis, daß die Kenntnis der römischen Kunstform sich vermählt hat mit der überwältigenden Anschauung Roms und mit einer heidnischen Liebe, während bei den Sonetten der romantischen Kunstform ein entsprechendes, dieser Kunstform wahlverwandtes Urerlebnis nicht entgegenkam. Die Sonettenform hatte mit Minna Herzlieb nicht eine „prästabilierte Harmonie" wie die römische Elegieform mit römischem Boden und Leib, so daß in den Sonetten das Gattungs- und Bildungsmäßige überwog, die Sonettenform als solche selbständig wurde, d. h. das Ganze eben doch nur Kunstspiel, bewußtes Kunsthandwerk, nicht gewachsene, gemußte und durchgefüllte Kunst blieb, unbeschadet der abstrakt sprachtechnischen Meisterschaft. Das genaue klassizistische Gegenstück zu den Sonetten sind die Episteln: ebenfalls bloß technische Meisterstücke ohne dichterisch seelischen Wert, artistische Musterbeispiele.

Wäre Kunst nur überwundene Schwierigkeit und ausgefüllte Regel, nicht der geformte Ausdruck formbedürftigen Lebens, so wären die Sonette und die Episteln hohe Kunst. Bestimmt sich der Wert nach der Fülle und Ursprünglichkeit des ausgedrückten Lebens, so nehmen Episteln und Sonette Goethes, da bloß aus Spiel und Spiegelung entstanden, unter Goethes Werken keinen hohen Rang ein.

Das alte Sonett Dantes und Petrarcas ist, sehr im Gegensatz zu Goethes und der Romantiker Sonetten, die ursprüngliche Formwerdung eines streng-architektonischen, zeremoniellen Sinnes und gewaltsam gebändigten Geblüts. Der Geist der Gotik, der einen drängenden Gehalt nach mystisch verehrten und körperlich empfundenen Zahlenverhältnissen fügte und ordnete, war auch in den Reimverschlingungen der provenzalischen und italienischen Dichtformen wirksam, ein Geist des Bauens, des Kettentanzens, die Freude an Klangfiguren und an überwundenen selbstgeschaffenen Hemmnissen, welche die junge Fülle, Geschmeidigkeit und Spannkraft einer eben erst entdeckten und erweckten Sprache, die Frische eines neuen Seelenmorgens doppelt fühlen ließen. Die Quatrains und Terzinen, die mathematisch-mystischen Reimverschlingungen und -verhältnisse, die Mannigfaltigkeit von Figuren und Arabesken innerhalb eines engbegrenzten Gefüges und Gesetzes: all das entsprach noch einem neuen Raum- und Maßgefühl das gleichzeitig aus westlichem Zeremoniell, Ritter- und Hierarchengeist, aus dem Architekturgeist der katholischen Kirche, und dem grenz- und bildlosen, aber figurenträchtigen wuchernden Spieltrieb des Orients genährt wurde. Kurz, als Sonette, Terzinen und Ottave Rime entstanden, waren sie, so gut wie die künstlichen Strophen der Minnesänger naiver Ausdruck einer naiven, vielleicht künstlichen Seinsart (denn auch die Geziertheit oder Verdrehtheit kann unreflektierte Natur sein) als die Romantiker und Goethe diese Gattung aufnahmen, war sie eben bereits zur Gattung, zur Literaturform erstarrt und ihre Nachahmung keine unmittelbare seelische Kulturform mehr, sondern ein ästhetisches Experiment, wobei freilich noch ein matter Abglanz jener Bändigungsfreude mitspielen mochte.

PANDORA

IN den Nur-bildungspoesien schlägt sich nicht das einmalige Erlebnis, die nur in einem einzigen Augenblick des gesamten Daseins mögliche Bezauberung nieder, sondern die allgemeine Erfahrung, die immer wiederkehrend durch die ordnende Vernunft aus dem Leben abzuziehen und zu lehren ist. Goethe sagt einmal, er sei später mehr ins Generische gegangen, zeige weniger Varietät und Individualität, und er führt als Beispiel dafür die natürliche Tochter und besonders die Pandora an, gegenüber dem Wilhelm Meister, in dem noch die Varietät herrsche. Dies ist eben der Unterschied von dem wir sprechen. In demselben Maß als sich das Denken (auf welchem die Erfahrung beruht, als die Fähigkeit Erlebtes wieder zu erkennen, zu ordnen, und zu beziehen) emanzipiert vom Herzen, dem Mittelpunkt der einmaligen Erschütterungen, in demselben Maße verselbständigt sich das Wiederkehrende Kategorisierbare Abstrahierbare im Schaffen. Das ist ein Alterszeichen. Mit zunehmenden Jahren wird das Einmalig-glühende, durch das Wiederkehrend-helle „abgelöst" (im doppelten Sinne). Die vergleichende Ansammlung von langjährigen Einzelanschauungen, die der Jugend versagt ist, und die Abkühlung des Blutes, vermöge deren die ruhige Abstraktion vom Augenblick des Erlebens erleichtert wird, sind nur zwei Zeichen eines Gesamtzustandes, welcher sich praktisch äußert eben als „Erfahrung" des Alters, geistig als ‚Weisheit" des Alters. Während dem jungen Menschen seine Erschütterung den Raum der Welt schafft oder bestimmt, ist dem Alten eine von seinen jeweiligen Einzelerlebnissen unabhängige Welt mit bestimmten Einteilungen und Richtungen bereits als feststehender Raum gegeben, und in den Fächern dieses Raums sucht er das Begegnende unterzubringen — immer seltener wird mit wachsenden Jahren ein Einmaliges, Unerhörtes, Neues den Greis zum Umbau oder zur Erweiterung seines Raums, zum Zerbrechen seines Anschauungsrahmens zwingen: nur Genien mit wiederholter Pubertät widerfährt dies, wie dem alten Goethe noch in gefährlich schöpferischen Augenblicken. Im großen Ganzen besteht seit Schillers Tod Goethes Arbeit weniger in der Erneuerung seines Weltbildes durch das Erlebnis als in seiner Ausfüllung durch immer neue Erfahrungsmassen oder in der Einordnung der Erfahrungen in gegebenen Raum.

Die Fächer dieses Raums selbst herauszustellen, das Allgemeine auszusprechen worin das Besondere nachher unterzubringen sei, das ist eins der ersten Bedürfnisse und Ergebnisse seiner Altersdichtung. Das Werk worin er zum erstenmal, nach verschiedentlichen allegorischen Skizzen einzelner Gemächer seines Raums, wie Paläophron und Neoterpe und etlichen Maskenzügen, den gesamten Grundriß seines Erfahrungsraums zu zeichnen suchte steht an der Schwelle seines Greisenalters, seine erste eigentliche größere Altersdichtung mit allen Zeichen Goethischen Altersstils: die Pandora.

Die Pandora ist die erste Dichtung worin Goethe die menschlichen Kräfte welche sein Weltbild bestimmen, die Prinzipia vermöge deren er erlebte

und erfuhr und ihr Zusammenwirken, in einem allegorischen Ganzen darstellte: Tatkraft und Sinnkraft, Leidenschaft und Traum in ihren allgemeinsten Umrissen und Richtungen. Faust I und Wilhelm Meister waren symbolische Weltbilder, aus einmaligem Erlebnis konzipierte Gestaltung welt-
weiter Erfahrungsmassen, aber sie gaben nicht den Grundriß des Erfahrungsraums. Insofern hatte Schubarth so unrecht nicht, wenn er in der Pandora alles das zusammengefaßt wissen wollte was Goethe in seinen andren
Hauptwerken einzeln dargestellt habe. Goethe selbst hat diese Auffassung
nicht ohne weiteres abgelehnt und nur dazu gemeint: „Schubarth geht
manchmal ein bischen zu tief". Die Pandora enthällt allerdings die Allegorie
aller derjenigen Erlebnisarten welche etwa in Werther, Faust, Meister einzelne Weltbilder hervorgebracht hatten. Nicht die Welt, gesehen durch
diese oder jene menschliche Stimmung, Artung, Erschütterung, sondern
eben den Mechanismus der Stimmungen, Artungen, Erschütterungen selbst:
die archimedischen Standpunkte der Seele von denen aus die Welt ergriffen und bewegt werden konnte, und in früheren Werken Goethes ergriffen worden war, hat Goethe in der Pandora allegorisiert.

Aus diesem Gegenstand und Ursprung der Pandora erklärt sich daß
sie nicht aus einer schöpferischen inneren Krise sich allmählich über den
Weltgehalt ausbreitet, von einem Punkt des Herzens aus gegliedert und
von innen nach außen den spröderen ferneren Stoff durchdringend. Die
Pandora trägt die Zeichen der Goethischen Maskenzüge und Festspiele, bei
denen Goethe, von außen aufgefordert oder zufällig angeregt, einen gegebenen Anlaß mit seiner Einbildungskraft deutet und schmückt und aus
der Fülle seines immer bereiten Gehaltes je nach dem Grad der Beteiligung
an dem Anlaß diesem spendet. Er konnte bei solchen von außen angeregten Werken bis zur Aussprache seines Innersten gelangen, oder sich begnügen mit dekorativen Variationen des Anlasses im Sinn der Auftraggeber,
mochten diese liebenswürdige Damen sein die ihn um Stammbuchverse er-
suchten, oder Hof und Gesellschaft, wenn sie zu einer Theaterfeier Festrede
oder Festpiel verlangten. Goethe reichte mit einem Teil nicht nur seiner
äußeren Stellung, sondern selbst seiner inneren Anlage in die Traditionen
des Rokoko hinein, wo auch die schöpferische Anlage ihr Gesetz und ihre
Aufgaben empfing von den Forderungen einer festlich heiteren, spielfreu-
digen und schmuckbedürftigen Gesellschaft. Kaum in seiner eigentlichen
Titanenzeit hat Goethe sich solchen Forderungen ganz entzogen, ja er ist
ihnen, im Gefühl ihnen überlegen zu sein und auch sie in seinem Sinne be-
nutzend, gern entgegengekommen, unter der stillschweigenden Voraussetzung daß ihm der Bereich seiner schöpferischen Geheimnisse ungeschmä-

lert, die Aussprache seiner übergesellschaftlichen Erlebnisse und Erkenntnisse unverwehrt blieb. Eine innerste Zone der Kunst, wo er allein der Herr blieb, hatte er sich vorbehalten, in einer äußeren wollte er gern für die Gesellschaft, mit ihr zusammen arbeiten. Dabei überwog bald der Anlaß, das „Äußerliche", das Dekorative (denn meist handelte es sich um Verzierung eines Festes und die Dichtung hatte nur als Schwesterkunst der bildenden oder orchestralen zu wirken) bald, zumal wenn Goethe sein eigner Auftraggeber war, sein seelischer Anteil, wie bei der Totenfeier Schillers, bei der Huldigung für den großen Kaiser oder für die Gönnerin Amalia.

Gemeinsam ist solchen Anlaßdichtungen, mögen sie mehr den Auftrag oder den Anteil fühlen lassen, ihr dekorativer Charakter und ihr allegorischer Apparat. Was Goethe in der Vorbemerkung zu Paläophron und Neoterpe sagt, gilt für fast alle und bezeichnet zugleich ihre Art wie ihren Grund: „Der Verfasser hatte dabei die Absicht, an alte bildende Kunst zu erinnern und ein plastisches, doch bewegliches und belebtes Werk den Zuschauern vor Augen zu stellen. Durch Abdruck kann man dem Publikum freilich nur einen Teil des Ganzen vorlegen, indem die Wirkung der vollständigen Darstellung auf die Gesinnungen und die Empfänglichkeit gebildeter Zuschauer, auf die Empfindung und die persönlichen Vorzüge der spielenden Personen, auf gefühlte Rezitation, auf Kleidung, Masken und mehr Umstände berechnet war". Das gedichtete Wort ward Begleitung von Architektur und Bildnerei, als der raumschaffenden Kunst, von Musik und Tanz, als der stimmungserregenden Kunst. Es ward seiner seelisch-kosmischen Autonomie beraubt und ein Mittel des geselligen Apparats.

Da nun dem Wort, als dem Ausdruck des Geistes, nicht nur Sinnlichkeit sondern auch Bedeutung innewohnt, so mußte bei seiner theater- und opernmäßigen Verwendung seine intellektuelle Kraft künstlich mitbeschäftigt werden. Bei der kosmischen Dichtung, die sinnlich-geistiger, von Sonderzwecken und äußeren Ansprüchen unabhängiger Ausdruck autonomen Lebens ist, tritt die Trennung zwischen dem Sinnenwert und dem Bedeutungswert der Sprache überhaupt nicht ein. Wird sie bloß dekorativ sinnlich oder bloß lehrhaft verständig bedurft, von einer Gesellschaft die gereizt oder unterrichtet sein will, so hat der Dichter, sofern er nicht bloß Berufs-librettist oder -schulmeister bleibt, beide getrennten Funktionen wieder zu vereinen. Dieses Bedürfnis befriedigt die Allegorie, welche immer als nachträglicher Ersatz des Symbols dienen muß. Denn den Sinnen zugewandt ist die Allegorie lebendes Bild, Arabeske, raumschaffende oder raumschmückende Figur aus Worten, Girlande, Fries .. dem Verstand zugewandt ist sie zugleich ein bedeutender Begriff, „die Wahrheit" „die Tugend" oder dergleichen: ein aus Sinnenstoff hergestelltes Gefäß, das der Verstand mit seinen Inhalten ausfüllen kann. Aus ihrer Spannung zwischen Sinnlichkeit und Deutbarkeit, Zierwert und Lehrwert zieht die allegorische Wortkunst noch Gewinn: sie hat teil an der Unverantwortlichkeit des Reizes und an dem Ernst des Gedankens. Darum ist die Allegorie das Auskunftsmittel für Gesellschaften und deren Beauftragte gewesen welche nicht mehr in mythischen Anschauungen lebten, sondern in selbständig gewordenen Reizen empfanden und in selbständig gewordenen Begriffen dachten, also Anschauung und Bedeutung nicht mehr als Einheit erfuhren. Was die mythenschaffende Antike als Volk oder Schicht tat das ist, zumal seit der Renaissance, nur dem schöpferischen Dichter gegeben und auferlegt — er steht der Gesellschaft gegenüber, als ihr Führer, Begleiter, Gegner oder Diener, statt ihre Stimme zu sein. Symbole schafft er aus sich. Im Dienst der Gesellschaft als Dekorateur oder Lehrer schafft er Allegorien.

Symbol ist das für die einzelne Person was der Mythus für eine Gesamtheit ist: gewachsener Ausdruck, unwillkürliche Selbstauswirkung, Bildwerdung inneren Lebens. Allegorie ist der bewußte Versuch, für solches Leben, sei es einzeln, sei es gesamt, das bedeutende Bild zu finden. Meist soll freilich die Allegorie eher den Mythus als das Symbol ersetzen, da das einzelne Erlebnis leichter neues Bild wird, wegen der geringeren Spannweite und Kräftemasse, als das kollektive .. da also das letztere eher eines solchen Ersatzes bedarf, und nur dem Geist gebildeter Einzelner kommt das Bedürfnis nach dichterischen Gesamtbildern ihrer Zeit, nach mythenartigen Zusammenfassungen, und manch einer möchte bewußt leisten was aus einem Zeitalter wachsen muß. Wohl aber können die Symbole worin ein welthaltiger, von Gesamtleben durchdrungener, gehobener und befruchteter Mensch sein Ich unwillkürlich ausdrückt (ohne bildungsmäßig bewußten Vorsatz „Symbole" oder „Mythen" zu schaffen) zu Mythen werden wie die Dramen des Aschylus, in gewissem Sinn auch die Shakespeares. Denn die Gesamtheit schafft Mythen nicht unmittelbar, sondern durch Vermittlung ihrer augenblicklich oder dauernd schöpferischen Vertreter: vom einfachsten Volkslied bis zu den Volksepen sind alle genialen Kollektivleistungen nie durch Versammlungen, sondern immer nur durch (wenn auch oft anonyme) Einzelne hervor-gebracht worden. Sobald sich freilich einmal zwischen das ursprüngliche Leben einer Gesamtheit und den schöpferischen Geist des repräsentativen Einzelnen eine Zwischenwelt selbstbewußter Bildung geschoben hat, mit geschichtlichem Sinn und ästhetischen Abstraktionen, wird der Einzelne, beim Versuch das Gesamtleben in Anschauungen zu fassen, fast immer in dieser Zwischenwelt, welcher die Stoffe und Mittel für die Zeichen ent-stammen, hängen bleiben und statt eines Mythen-schöpfers ein Allegoriker werden. Dies ist auch Goethes Los geworden so-bald er, hinausgreifend über die naiv-symbolische Selbstdarstellung seines Wesens (welches zugleich zentral deutsches Gesamt-wesen ist) im Faust, und über die Selbstdarstellung einzelner seiner Lebenskrisen im Werther, im Götz, im Prometheus (welche zugleich Krisen einer ganzen Generation waren) die bildungshafte Darstellung eines abstrakt Menschlichen versuchte, zu dem er die sinnlichen Vorstellungen dem klassizistischen Bildungs-kanon entnahm. Der Faust, worin deutscher Volksgeist und Goethes Schöpfer-kraft sich ganz durchdringen, ist ein deutscher Mythus geworden. In andren Werken Goethes überwiegt sein Einzelgenie oder seine Bildung: es sind Symbole oder Allegorien. Mythisch ist auch die lyrische Selbstdarstellung Goethes, insofern seine eigne Gestalt als deutsche Sprache das Wesentliche der deutschen Gesamt-kräfte verkörpert.

Aus der Herkunft der Allegorie von der „Bildung" und aus ihrer Nach-barschaft zur bildenden Kunst erklärt sich das Übergewicht das der antike Mythus seit dem Wiedererwachen der bewußten Bildung in der Allegorie erlangt hat. Die Belebung des antiken Olymps war der Ehrgeiz zahlloser Bildungsdichter, und sie suchten diese Aufgabe zu lösen, indem sie die vor-rätigen Mythenfiguren mit modernen Zutaten ausstatteten oder indem sie für moderne Begriffe neue Gottheiten nach dem Muster der Antiken er-fanden. Bald von der Phantasie her durch Fortbildung der plastisch de-korativen Figurenreihe der Antike, bald vom Denken her durch Ausdeu-tung der vorhandenen Mythen entstand eine Allegorienwelt welche wirt-schaftete mit einem aus früheren, sinnlich durchgebildeteren und mythisch fruchtbareren Zeiten übernommenen Vorstellungsvorrat. Dieser Vorrat, los-gelöst von dem Leben dessen naive Bildwerdung, nicht bewußte Bildma-chung er war, bekam Allgültigkeit, „allgemein menschliche" Bedeutung und konnte bezogen werden auf Zustände die er nicht ausdrückte: er bot, neben dem naiven Kulturausdruck jedes Zeitalters, eine alt-neue Chif-fernsprache, unbestimmt, unbedingt, vieldeutig genug, um neue Kombina-tionen und Attribute für den Verstand zu gestatten, dicht, anschaulich, be-stimmt, sinnlich reizend genug, um der Einbildungskraft Boden und Halt zu bieten — ein Zwischenreich zwischen den eigentlich mythen-schaffenden autochthonen Urkräften und der zeitlosen Abstraktion oder erstarrten Tra-dition, zwischen der zukunftträchtigen Gegenwart und der inventarisierten Vergangenheit jedes Kulturkreises. Die Allegorie hat dafür gesorgt daß der antike Mythus nicht verdorrte und museumshaft als totes Kapital in den neueren Geist übernommen wurde, sondern als mit-wirkende weiterbildende Nahrung ihm zugeführt wurde.

Goethes Pandora ist neben den Helena-partien des zweiten Teiles Faust der Höhepunkt der deutschen, ja der neueuropäischen Allegorik und als solche zugleich die geistvollste Ausdeutung und Erweiterung des antiken Götterkreises: freilich nicht eine mythische Weiterbildung aus der gleichen Atmosphäre heraus, sondern seine bewußte dekorative Benutzung zum Ausdruck moderner Gesinnungen. Sie ist konzipiert aus Bewußtsein und Bildung, als bewußte Vermittlung zwischen bildender Kunst und philosophischer Erfahrung, eine Allegorie mit lyrischen Einlagen, von denen einige allerdings in Goethische Urerlebnisse hinabreichen und als Lyrik die Allegorie durchbrechen worin sie untergebracht sind. Denn keineswegs sind hier die lyrischen Glanzstellen, die „Bravour-arien", der Ursprung und Kern der Gestalten aus deren Mund sie kommen, wie etwa Goethes früher Prometheus nur als und durch seine Trutz-ode lebt.

Schon der Gattungstitel „Festspiel" zeigt wohin Goethe das Werk gestellt wissen wollte, deutet den Ursprung aus der Dekoration und die Rücksicht auf ein zu gehobener Gelegenheit versammeltes Publikum an. Pandora gehört als Gelegenheitsdichtung höheren Stils ihrem Ursprung und also auch gewissen Grundbedingungen ihres Baues nach in dieselbe Reihe wie die Maskenzüge, wie Paläophron und Neoterpe und wie des Epimenides Erwachen. Zu jenen Grundbedingungen des Baues gehört die Stellung der allegorischen Personen in malerischen Gruppen, die Distanz zwischen Gefühl und Ausdruck, die Unterordnung des seelischen Gehalts unter die klassizistische Bildwirkung, daher Abkehr von scharfkantiger Charakteristik wie von psychologisierender Zerfaserung und Durchwühlung. Was nicht dekorativ und erhebend wirken konnte hatte in einem Festspiel keinen Platz. Dekorativ wirken konnte jede Seelenregung, auch die heftigste, die in äußerer Stellung und Gebärde, in Körperbewegung — nicht bloß in Mienenspiel — sich ausladen ließ, und erhebend wirken konnte alles was dem Hörer ein Gefühl der Übersicht, der Lösung und Verknüpfung, der Schlichtung von Widersprüchen und der Umfassung von Einzelheiten gab. Dies war innerhalb eines „Festspiels" die Aufgabe der Goethischen Weisheit.

Das gemeinsame Organ für die dekorative wie für die erhebende Seite des Festspiels war die schöne und kunstreiche Sprache: nie hat Goethe bewußter und artistischer berechnend Sprachklänge und -fälle als „Kunstmittel" — nicht als unwillkürliche Entladung der bewegten Seele — nie die Sprache deutlicher als „Spiel", wenn nicht losgelöst von dem Erlebnis, so doch unbelastet von ihm gehandhabt als in solchen Festspielen: sie sind gekennzeichnet dadurch daß sie, von der sinnlichen Wirkung ausgehend, nach einer Verteilung, Unterbringung, dekorativen Verwendung der seelischen Massen streben, also gewissermaßen von außen nach innen, von dem Rahmen nach dem Bild, von der Komposition im Raum nach den Figuren, von den Figuren nach deren Gebärden hin dichten, statt einen inneren Gehalt von innen nach außen gliedernd in die sinnliche Erscheinung zu drängen. In den Festspielen empfängt Goethe sein Gesetz nicht von den Erlebnis*massen die nach Gestaltung ringen, die aus dem Gefühl zu Gebärden, zu Charakter, zu Raum und Bau werden wollen, sondern geradezu von bestimmten Gleichgewichtsgefühlen, ja *grundsätzen, denen Erlebnisse, Erfahrungen, Weisheiten nur als Material, als Farbe, Baustein, selbst als Mörtel dienen. Sie sind verfaßt von dem versetzten Bildkünstler Goethe der die Sprache als Material für seine bild*künstlerischen Ideen vollkommen beherrscht, nicht von dem Dichter der in Italien plastisch schauen lernte. Dies versetzte Bildkünstlertum brach bei dem alten Goethe freilich, besonders wo er gattungshalber an die Bühne denken mußte, immer stärker hervor, es hat seine späteren Dramen zu Maskenzügen gemacht oder wenigstens den Maskenzügen angenähert, d. h. zu dekorativen Gruppierungen mit artistischer, fast opernartiger Sprachbehandlung.

Zum Maskenzug gehört es, in jedem einzelnen Bühnenbild schon ein selbstgenugsames Ganzes zu geben, mit der Freiheit weitere runde Bilder anzureihen. Dies Prinzip kam an sich dem Bedürfnis des alten Goethe entgegen jederzeit fertig zu sein, in selbstgezogenen Grenzen vollendet zu erscheinen, und zugleich bei immer neu zudrängendem Stoff, bei unendlicher Ausbreitung die Freiheit zu stets neuer Abrundung zu bewahren. Von einem einzigen Punkte aus die unübersehbare Masse zur dramatischen Einheit zu gliedern war ihm, zumal bei abnehmender Gestaltungskraft, nimmer möglich, wohl aber, sie in immer neu zu bewältigenden Einzelgruppen aufzureihen an einer allgemeinsamen, wenn auch nicht allumschließenden oder *durchformenden Idee zu einem geordneten, überschaubaren und doch fortsetzbaren oder abschließbaren, unendlichen oder abzubrechenden Bilderzug:
> Des Menschen Leben ist ein ähnliches Gedicht.
> Es hat wohl einen Anfang, hat ein Ende,
> Allein ein Ganzes ist es nicht.

So erklärt sich die Vorliebe des alten Goethe für eine Gattung die aus bildhaften Endlichkeiten ein geistig Unendliches, aus begrenzten Gruppen eine grenzenlose Weltbreite, aus abgerundetem Raum eine unabsehbare Zeit hervorrief. Der Maskenzug (als dramatische Gattung im Faust II zur Weltdichtung erhöht, in den Wanderjahren zur Erzählung umgeartet) ist das

Mittel um dasjenige was seinem Geist nach, weil unendlich, notwendig fragmentarisch bleiben muß, wenigstens für die Sinne abzuschließen — für einen Greis der jederzeit abgerufen werden kann, obwohl er noch Unendliches zu sagen hat, und der doch bereit und fertig vor Gott und Welt da stehen will, die gegebene Kunstform. Aus der gesellschaftlichen Gegebenheit des dekorativen Aufzugs hat sich eine dramatische Gattung entwickelt die der seelischen Bereitschaft des späteren Goethe entsprach und zugleich seinen Bildnersinn, seinen nie ganz saturierten Malerwillen beschäftigte . . oder vielmehr die ursprünglichste Form des Dramas, ein Fest-aufzug mit kultischen Vorgängen, kam auf dem Umweg über das Charakter-, das Intrigen- und das Seelendrama, nach der langen Ausbildung eines mannigfachen, schließlich selbständig gewordenen und als „Theater" etablierten Apparats und einer eigens diesem Theater angemessenen Technik, wieder zur Geltung, freilich nicht ohne die Spuren einer langen Geschichte an sich zu tragen: die Verweltlichung ihrer dekorativen und die Verzwecklichung ihrer geistigen Seite, oder: die Theatralisierung des Kultus und die Allegorisierung des Mythus.

Das Fragment eines maskenzugartigen Ganzen ist der ausgeführte Teil der Pandora. Goethe hat ein Schema zur Wiederkunft der Pandora als zweiten Teil und Abschluß des ausgeführten entworfen, doch sich nachher beruhigt bei der sinnlichen Abgeschlossenheit des ersten Teils, welcher (ähnlich wie bei der Natürlichen Tochter) eine Fortsetzung zwar zuließ, und für Verstand oder Gemüt als Versöhnung sogar forderte, für die Sinne und die Darstellung jedoch als abgeschlossen gelten konnte, weil die darin auftretenden Gestalten sich deutlich und symmetrisch dargestellt hatten. Ein neuer Akt konnte wieder von vorne anfangen und ihren Gehalt zu neuen Figuren ordnen, wohl auch neue Elemente zu einem weiteren Tanz einbeziehen, aber in sich war das Pandora-stück selbstgenugsam, und sogar das Fehlen der Titelgestalt unter den auftretenden Personen ließ sie nicht vermissen: Pandora war die alldurchdringende Mitte, die sich als Wirkung und Spiegelung in den andren Figuren vergegenwärtigte. Nachdem sich in ihren Zwillingstöchtern ihre sinnliche Gegenwart zugleich erneuert und verdoppelt hat, wäre ihr eignes Auftreten, mindestens vom sinnlich dekorativen Standpunkt aus, mit solchen Schwierigkeiten verknüpft, daß Goethe vielleicht aus diesem Grund von der Ausführung weiterer Szenen abstand. Denn es war leichter den Sinn ihrer Wiederkehr auszudenken, den Ausgleich der Spannungen und Gegensätze, als diese Wiederkehr selbst zu veranschaulichen, zumal nicht nur die Verdreifachung der körperlichen Gestalt die Augen ermüden mußte, sondern auch das im ersten Teil als Traum, Ahnung, Hoffnung schon vorweggenommene Geschehn, als Erfüllung auf der Bühne dargestellt, den Sinnen nichts eigentlich Neues bringen konnte. Die Doppelnatur der Allegorie, welche zugleich durch Bilder die Sinne, durch Bedeutung den Geist befriedigen sollte, erklärt sowohl den schematischen Plan einer Fortsetzung als auch das Scheitern dieses Plans. Denn der Bedeutung nach ließ sich aus dem Figurenkreis der Pandora noch vieles entwickeln, ja, der geistigen Ausdeutung dieser Figuren und ihrer Beziehungen war keine Grenze gesetzt, aber sie sinnlich mannigfaltig zu gruppieren und ihre begrifflichen Werte in ebensoviele dramatische Vorgänge und Bilder umzusetzen war eben durch das vorwegnehmende „Ineinanderkeilen" der möglichen Motive im ersten Teil erschwert: eine Erweiterung der gegebenen Motiv- und Figurenreihe sinnlich neu zu füllen traute Goethe sich nicht mehr zu, nachdem er das Geistige durch den Plan, das Sinnliche durch den ersten Teil vorweggenommen hatte. Wo am Plan nicht Denkkraft und Bildkraft gleichzeitig arbeiten, sondern der Gedanke der Phantasie voreilt oder umgekehrt, ist das Liegenbleiben eines Werks begreiflich das nur durch Kombination entstehen kann: der Sinnenstoff der Pandora reichte, nach der intensiven Ausbeutung im ersten Teil, nicht mehr hin um den Gedankenriß des zweiten Teils auszufüllen.

Goethes Pandora ist, zum Unterschied von seinen andern Festspielen, nicht auf eine einmalige bestimmte Gelegenheit zugeschnitten. Wir kennen keinen Einzel-anlaß für das Werk, können uns keinen denken. Wenn Goethe es trotzdem ein „Festspiel" genannt hat, wenn es die Zeichen von Goethes „Festspielen" trägt, sodaß man es auch ohne ausdrücklichen Hinweis dazu rechnen würde, so hat er in der Pandora eine ähnliche Sublimierung der „Feste" „Anlässe" Gelegenheiten" also der äußeren Inspirationsarten vorgenommen wie mit den inneren, den Erlebnissen und Erfahrungen. Ist die Pandora dem inneren Ursprung, dem Gehalt nach die Allegorie seiner Erlebnisarten, so ist sie als Gattung, den Mitteln nach, der abstrakte Typus des „Festspiels" überhaupt, die Verherrlichung nicht eines bestimmten äußeren Anlasses vor einem faktischen Publikum, sondern die gesteigerte Anwendung aller dekorativen Sprachmittel. Die Pandora ist das abstrakteste, extrakteste Kunst-werk Goethes, mag man seine Kunst nun nehmen als notwendigen Ausdruck innern Lebens oder als bewußte Anwendung eines ausgebildeten Könnens auf äußeres Leben — als Bildwerdung oder als Bildmachung. Hier ist der gewaltsamste Sieg der in Goethes Geist verselbständigten Formprinzipien (mochten sie aus dem Erleben gewachsen oder an den Anlässen erzogen sein) über den Gehalt welchen das Ich oder die

Welt, sein Herz oder sein Kopf ihm boten.

Die Pandora ist stofflich die Wiederbelebung eines frühen Goethischen Motivs dessen Gehalt er noch nicht ausgeschöpft hatte: des Prometheus. Bei der Überschau seines Lebens und Werdens begegnete ihm auch dies Sinnbild seines Schöpfertums, seiner Selbstigkeit und seines Machtwillens. „Prometheus" bezeugt den Goethe vor erstrittenem Sieg, vor dem die Welt als ein zu eroberndes, zu bewältigendes, den Göttern oder dem Chaos abzuringendes Bereich von Widerständen und Stoffen lag, er ist Vorwegnahme der Tätigkeit deren Goethe sich fähig fühlte, ein Ausleben seiner Fülle im mythisch gesteigerten Bild, eh sie in der Wirklichkeit noch die erstrebte Spannweite gewonnen hatte. Denn Prometheus- oder Cäsarträume wird nie der Sieger und Herrscher, sondern der Kämpfer vor sich her ballen! Der alte Goethe hatte den Sieg erfochten, und wenn er nun nach seinem Siege jenen Wurf seiner Kampfjahre wieder betrachtete, so mußte er, mit dem Dank und Stolz auf das Erreichte, zugleich wehmütig der Opfer gedenken die Kampf und Sieg ihn gekostet hatten. Wie jeder Sieger erfuhr auch er schmerzlich daß mit der Erreichung der gesteckten Ziele nicht das erfüllt ist was man sich davon erhofft, daß jede Erfüllung zugleich Opfer bedeutet, Verzicht verlangt und Sehnsucht erzeugt, daß der süßeste Lohn der heroischen Anstrengung, das reife Überschauen des vollendeten Werks und der durchdrungenen Welt, erkauft wird mit Einbuße an tätiger Kraft. Aus dieser Stimmung womit der alte Goethe auf den Kampf seiner Jugend und den Sieg seiner Mannheit zurückblickte ist ihm die Figur des Epimetheus erwachsen: die notwendige Ergänzung des strebenden und wirkenden Menschen, der Goethe von Jugend auf war, durch den schlechthin schauenden, kampfentrückten Menschen, zu dem er sich entwickelt hatte.

Der Gegensatz zwischen Tuen und Schauen, der im Schaffen und Bilden vereinigt oder aufgehoben wird, bestand nicht für den Stürmer und Dränger der, durch seine inneren Spannungen wie durch die noch unbewältigten Weltmassen vor immer neue Aufgaben gestellt, mit nie erlahmender Schöpfermacht vorwärts strebte, und dem das Schauen nur ein Mittel zum Werk war. Der erste Prometheus Goethes, als Ausdruck eines sich im Wirken auslebenden, der selbstgenugsamen Schau noch nicht bedürftigen Menschen, weiß noch nichts von dem Glück einer solchen und erstrebt es nicht. Jener Gegensatz entwickelt sich in dem Maße wie Goethes Schauen gegenüber seinem Wirken und Schaffen sich verselbständigte, er kam Goethe im Alter zum hellen Bewußtsein, als er, bei ungebrochener Lebensfülle und Leidenschaft, die jugendliche Schöpferkraft abnehmen fühlte, und als neben dem späteren Bedürfnis nach ruhiger Weltüberschau sein Ur-bedürfnis nach umbildender Weltdurchwirkung aus seiner Jugend her doch weiter bestand. Die prometheischen Elemente seines Wesens waren im Alter nicht schwächer geworden, aber sie waren nicht mehr alleinherrschend, und wenn für gewisse Spannungen auch seines Alters der Prometheus noch immer ein vollgültiges Sinnbild blieb, so war er doch nicht mehr das alleingültige. Wenn Goethe sich nach Schillers Tod dem alten Fragment wieder näherte, mußte er es doppelt fragmentarisch finden: nicht nur unvollendet, sondern auch einseitig. Sein Prometheus-tum konnte er jetzt nicht mehr denken ohne die Ergänzung und zugleich Begrenzung durch die kontemplativen Kräfte seines Wesens, und so oft er von der Höhe seines Daseins sein Streben und seine Erfolge überblickte, sah er sich, den Wirker mit dem nie rastenden dämonischen Trieb und Streben, doch zugleich als Weisen — „zum Sehen geboren, zum Schauen bestellt".

> Ich habe nur begehrt und nur vollbracht,
> Und abermals gewünscht, und so mit Macht
> Mein Leben durchgestürmt; erst groß und mächtig;
> Nun aber geht es weise, geht bedächtig.

Und noch deutlicher:

> Du hast'getollt zu deiner Zeit mit wilden
> Dämonisch genialen jungen Scharen.
> Dann sachte schlossest du von Jahr zu Jahren
> Dich näher an die Weisen, Göttlich Milden.

Doch so wenig in dem Faust die Alters-weisheit das Jugendfeuer gelöscht hat, so wenig die Zeilen aus dem Westöstlichen Divan als die Summe Goethischer Altersgesinnung zu gelten haben: sie zeigen daß er selbst einen Gegensatz zwischen seinem jugendlich prometheischen und seinem damaligen Wesen empfand, denselben den der Lehrspruch formuliert: „nur der Betrachtende hat Gewissen, der Handelnde ist immer gewissenlos", der stammt, wie alle Goethischen moralischen Maximen, nicht nur aus abstrahierender Beobachtung, sondern aus einem persönlichen Problem, ja Konflikt.

Der Gegensatz zwischen Wirken und Schauen ist so früh schon mythisch dargestellt worden, als das Menschtum überhaupt zur Erkenntnis seiner Kräfte gelangt war: bei dem ersten Manne in dem sinnliche Anschauung und begrifflicher Geist sich aus gemeinsamer Wurzel gabelten und, zum erstenmal getrennt, auch zum erstenmal einer nachträglichen Vereinigung fähig und bedürftig wurden, bei Plato, dem ersten Allegoriker, findet man auch die Ausdeutung des mythischen Paars Prometheus-Epimetheus. Der antike Mythus und seine Deutung konnte jedoch für Goethe erst fruchtbar werden, als sein eignes Leben jenen Gegensatz akut machte. In seiner Jugend hatte er, weil ihm noch nicht erlebbar, die ganze Seite des Prometheus=mythus (obwohl sie als literarische Anregung ihm schon genau so vorlag wie später) beiseite gelassen die sich auf den Gegensatz zwischen Tun und Schauen bezieht, und er hatte nur die ihm damals dringliche Motivgruppe ergriffen die sich aus des Prometheus Kampf gegen die Götter und auf sein Wirken für und auf die Menschen ergibt. Die literarische Anregung, die Weiterbildung platonischer Gedanken ist für die Pandora so wenig ent= scheidend wie für den ersten Prometheus, sondern der dem platonischen allerdings artverwandte Lebenszustand des alten Goethe, wodurch ihm der seit Jugend vertraute Epimetheus=mythus, eine bisher starrgebliebene Motiv= gruppe dieses Mythenkreises, zu reden anfing. Die literarischen Motive und Anregungen liegen für einen allbelesenen Geist wie Goethe jederzeit be= reit, und man muß sich der in Philologenkreisen bewußt oder unbewußt wirksamen Vorstellung entschlagen, als entstehe ein Werk, indem der Dichter beim Blättern an ein recht gedanken= und bilderhaltiges Motiv stößt und dabei denkt: „das wäre was für mich, das will ich behandeln" oder gar daß er eigens blättere, um solche Motive zu finden. Aus der dem gebildeten Geist allgegenwärtigen Motivmasse beginnt erst beim Kontakt mit einem wahlverwandten Erlebnis, das sich nicht rufen läßt und das ein Ergebnis der ganzen Lebensreife sein muß, der Gestaltung das Motiv entgegenzukeimen. Ein an sich reiches Motiv ist nicht für jeden schöpferischen Geist, nicht für jede Lebensstufe, nicht für jeden Augenblick dieser Stufe fruchtbar. Wo der Dichter das Motiv fand ist für die Frage warum er es behandelt minder wichtig als wann es ihn traf und befruchtete. Damit Goethe den Prome= theus=mythus um den Epimetheus=mythus erweitern, um den Zeus=mythus verkürzen konnte, mußte er das beschauliche Element seines Wesens ver= stärkt und als Gegensatz gegen sein wirkendes gesteigert fühlen. An die Stelle des Gegensatzes Prometheus=Zeus, der nur seiner Jugendstufe ent= sprach, wuchs der Gegensatz Prometheus=Epimetheus, den nur der alte Goethe durchdeuten konnte. Beiden Stufen gemeinsam ist das Symbol des prometheischen Wirkens für die Menschen: die Pandora=sage. An dieses neutrale Mittelstück allein konnte Goethe bei der allegorischen Wiederauf= nahme des Mythus im Alter wieder anknüpfen, da ihm dies genau so wie in seiner Jugend lebendig geblieben war. Aber daß er wieder anknüpfte verdanken wir nicht dem lebendig gebliebenen, sondern dem neu zu be= lebenden Motivkreis der dem jetzt neuen Gegensatz zwischen Wirken und Schauen entsprach: dem Epimetheus=motiv.

So erklärt sich der Titel Pandora oder Pandoras Wiederkehr, aus Goethes innerlich noch nicht abgebrochener Beziehung zum alten Stück, mochte auch das neue keineswegs als bloße Fortsetzung dazu gedacht sein. Die Hauptfigur des neuen Werks ist Epimetheus — wenigstens ist er der Träger und seelische Mittelpunkt des dem Prometheus-stück neu angebauten Flügels. Die Hauptfigur des Jugendwerks ist, in weit höherem Maß, Prometheus selbst. Beiden Werken gemeinsam ist nur der durch Pandora vertretene Motivenkreis. „Prometheus" konnte das neue Werk ohne Irreführung über seinen Schwer- und Mittelpunkt nicht heißen. „Epimetheus" hätte es heißen können, aber damit hätte Goethe den ihm wertvollen Zusammenhang mit dem Jugendwerk geopfert und verleugnet. Dieser wurde aufrecht erhalten, indem er das Werk bezog auf die beiden Werken gemeinsame Mittelfigur (wenn auch nicht Hauptfigur) auf Pandora. Der Titel „Pandoras Wiederkehr" („Wiederkehr" nicht nur für Prometheus, sondern auch für Goethe) vermied den Anschein einer Wiederholung und den Anschein einer völligen Neuerfindung, und drückte das Verhältnis zwischen dem Jugend- und dem Alterswerk gut aus: die erneuernde Erweiterung eines für Goethes Gesamtleben bedeutenden alten Motivkreises. Wenn er zu den Träumen seiner Jugend, seiner schöpferischen Morgenfrühe mit einer scheuen Dankbarkeit zurückkehrte, immer wieder von ihrem Anhauch, ihrer belebenden und befruchtenden Ausstrahlung angelockt, so mochte er das wohl sehen unter dem Bild einer Wiederkehr seiner Träume. In diesem Sinn hat er die Wiederaufnahme des Faust gefeiert mit dem Vers »Ihr naht euch wieder schwankende Gestalten«, in diesem Sinn, wenn auch nicht nur und hauptsächlich in diesem Sinn, gab er seinem Epimetheus-drama den Titel »Pandoras Wiederkehr«.

Da das Pandora-spiel konzipiert ist aus dem Prometheus-Epimetheus-gegensatz, hat die alte Prometheus-gestalt sich symmetrisch gerichtet nach ihrem Gegenstück: er ist nicht mehr der Rebell, sondern der Tätig-Wirkende. Die ganze Seite seines Wesens die sich gegen Zeus kehrt hatte weder in Goethes Altersstimmung noch in einem auf dem Gegensatz zwischen Wirken und Sinnen aufgebauten Werk Platz. Die Funktionen und Attribute des wirkenden Menschen hat Goethe nicht als einheitliche Handlung und Haltung des Prometheus dargestellt, sondern schematisch verteilt auf die Chöre von Kriegern, Hirten, Bauern, Schmieden usw. — die verschiedenen Richtungen menschlicher Tätigkeit, die Bändigung der Elemente, die Eroberung und Ausbeutung der Natur, die menschlichen aus der Kultur alsbald sich ergebenden freundlichen oder feindlichen Wechselbeziehungen die als Stände erscheinen. Was aus dem Streben, Wollen, Tun entsteht als

Gewerb und Beruf, wird um Prometheus gruppiert. Dekorativ gestellte und stilisierte Figuren mit in den Mund gelegten Erfahrungs- und Gesinnungssprüchen, nicht verkörperte und sprachgewordene Erlebnisse, sind die Begleiter des Prometheus. Er selbst erscheint nur als der abstrakte resümierende Genius des Wirkens und Handelns überhaupt, nicht als Sprachgestalt des Goethischen Wesens welches sich als titanischer Wirkungsdrang entläd, wie es der erste Prometheus war. Dieser zweite Prometheus und sein Kreis entstammen nur Goethes Dekorationskunst oder Weltweisheit. Die Goethische Leidenschaft und Lebenswallung hat keinen unmittelbaren Teil daran. Also gerade da wo Goethe scheinbar an sein Jugendwerk anknüpft ist er der Art, Glut und Fülle nach ihm am fernsten: der Prometheus der Pandora hat mit dem ersten nur den Namen und die stoffliche Herkunft gemein. Er und seine attributären Chöre sind gespeist aus der kühlsten, dem Herzen fernsten Schicht Goethischen Gehalts.

Die Auseinanderlegung eines Gedankens in sein Prinzip und in seine Modi, wie es Goethe bei dem Prometheus, als dem Genius des Wirkens, und seinen Begleitern, als den Arten des Wirkens, getan hat, diese Spaltung in Erscheinungsgrund und Erscheinungsformen der Seelenkräfte wiederholt sich auch bei dem Mittelstück der Pandora. Elpore und Epimeleia sind, als Hoffnung und Sorge, als Verheißung und Reue, nur die beiden verselbständigten Ausstrahlungen der Macht welche sich in Pandora offenbart: sie ist, seelisch gedeutet, die Phantasie, die Illusion kraft welcher der Mensch Bilder sieht, sucht und flieht, kraft welcher er in Vergangenheit und Zukunft lebt, Ideale und Phantome, Hoffnungen und Befürchtungen, Ahnungen und Erinnerungen hat .. kosmisch gedeutet, die ursprünglich zeitlose bilderschaffende Macht, als solche zugleich Göttin des Schicksals, der Schönheit und des Traums. Ursprünglich ist sie eine rein kosmische Potenz, noch im alten Prometheus-fragment:

> Heiliges Gefäß der Gaben alle
> Die ergötzlich sind
> Unter dem weiten Himmel
> Auf der unendlichen Erde ..

Durch ihre Zeit- und Seele-werdung, das heißt durch ihr Eingehen in die Menschlichkeit, durch ihre Ankunft bei Prometheus, dem zukunftfordernden Wirker, und bei Epimetheus, dem vergangenheitsdurstigen Sinner, wird diese kosmische Göttin zur Seelengöttin und hinterläßt, vor ihrem Zurücktreten in die überseelische Sphäre, den Menschen ihre zeitgeformten Erscheinungen, ihre Ausstrahlungen, ihre Töchter: Elpore und Epimeleia. Ihr Abschied und ihre Wiederkehr bezeichnen in allegorischem Geschehn die

Wechselbeziehungen zwischen dem menschlichen Bedürfnis und der kosmischen Erfüllung. Im ersten Prometheus ist Pandora ein Geschöpf des Titanen und gleicher Art mit ihm. Auch Prometheus ist dort gedacht als die Schöpferkraft schlechthin, und — wie sehr immer aus seelischem Erlebnis geformt — eine kosmische Gestalt, geboren aus dem Gefühl eigner Weltfülle, nicht bloß wie der Prometheus in der Pandora, die Verkörperung einer menschlichen Gesinnung. Die zweite Pandora ist göttlichen d. h. kosmischen Ursprungs, für die Menschen zugleich Gegensatz und Ergänzung, zugleich Gefahr und Lockung. Als Göttin des Traums und des unberechenbaren Schicksals von vornherein dem wirkenden, tätig begrenzten Prometheus unbrauchbar, ist sie für Epimetheus, den Schauenden und Sinnenden, die eigentliche Weltschöpferin.

Pandora ist die Vermittlerin zwischen Menschlichem und Göttlichem, nicht selbst Göttin, aber göttlichen Ursprungs und menschlicher Wirkung. Prometheus hat von seinem Urcharakter das bewahrt daß er sich um das Göttliche nicht kümmert, als um etwas das er nicht beherrschen, worauf er nicht wirken kann. Er beschränkt sich auch in der „Pandora" ganz auf den menschlichen Kreis „den seine Wirksamkeit erfüllt" und zieht mit Bewußtsein die Grenze gegen alle Gewalten für die er die Verantwortung nicht übernehmen kann: gegen Pandora als das grenzenlose Bilderspiel der Seele und den grenzenlosen Zufall des Schicksals. Seine allegorische Haltung ist dieselbe die der alte Faust mächtiger ausspricht mit den Versen:

> Der Erdenkreis ist mir genug bekannt.
> Nach drüben ist die Aussicht uns verrannt;
> Tor, wer dorthin die Augen blinzend richtet,
> Sich über Wolken seines gleichen dichtet!
> Er stehe fest und sehe hier sich um.

Aber Faust ist nicht mit diesen Worten erschöpft, so wenig wie Goethe. Derselbe Faust spricht die Worte:

> Dämonen, weiß ich, wird man schwerlich los,
> Das geistig-strenge Band ist nicht zu trennen.

Und wären jene Verse ein Leitwort für das Prometheus-Pandora-drama, (das ja in dem Pandora-stück ungespielt bleibt und der Vorgeschichte angehört) so passen diese für das Epimetheus-Pandora-drama. Prometheus ist der Mensch als Wille, der die Dämonen — und Pandora ist ein Dämon — kennt und durch Werk und Wissen ausschließt. Epimetheus ist der Mensch als Seele, der sich mit ihnen einläßt, mit ihnen zeugt. Die Kinder sind die Gemütszustände, halb dämonischen, halb menschlichen Ursprungs, die Zeitformen der Seele, Elpore und Epimeleia. Aber auch Prometheus hat einen Sohn, der die Züge des Vaters trägt, Wille und Trieb, nur ohne das Wissen und die Zucht des Vaters: den Phileros, die Leidenschaft in jeder Form — als Liebe, Sehnsucht, Eifersucht, Zorn, Rache, Verzweiflung. Dieser bleibt nicht unberührt von dem Zauber des halb-dämonischen Geschlechts und daraus erwächst das Phileros-Epimeleia-drama, welches die eigentliche Handlung der Allegorie ausmacht und zwischen dem rein-menschlichen Kreis des Prometheus und dem menschlich-dämonischen Kreis des Epimetheus erst eine dramatische Verbindung und Einheit herstellt. Pandora selbst, als Dämon, schwebt über dem Ganzen und waltet nur durch ihre Ausstrahlungen in die Handlung hinein. Auch sie ist übrigens nichts Einzelnes, sondern so wie Prometheus mit seinen Werkleuten, wie Epimetheus mit seinen Töchtern und Phileros, zu einem Kreis vereinigt, wovon im ausgeführten Teil nur Eos auftritt. Eos ist die Göttin welche sich nicht unmittelbar ins Menschliche eingelassen hat. Ganz frei von den Verwirrungen des menschlich göttlichen Geschehens, kann sie am Schluß, dramatisch gesprochen, als Versöhnerin, dekorativ gesprochen, als Apotheose auftreten. Im Personenverzeichnis sind „Helios" und „Dämonen" angeführt, wodurch der Götterkreis wohl noch ausgefüllt und ergänzt worden wäre. Die dekorative Konzeption des Ganzen erfordert daß die verschiedenen Mächte, menschliche, halbgöttliche und göttliche, gruppenweise erscheinen. Die rein dramatische oder geistige Aufgabe hätte eine Einzelgestaltung eher gestattet, ja gefordert (wie in Iphigenie oder Tasso) aber die möglichst reiche Gruppierung war ein Verlangen von Goethes Auge.

In der Pandora sind die dichterisch schönsten und heute noch durch und durch lebendigen Stellen nur diejenigen welche aus den Herzenserschütterungen geboren sind, welche Goethes Liebe als Schmerz, Sehnsucht und Wehmut ausdrücken, unabhängig von den dramatischen und allegorischen Bedürfnissen des Ganzen worin sie stehen. Was Prometheus und sein Kreis sagt ist genährt mit Goethischem Weltwissen, Weltschauen, Weltdeuten, doch überall steht hier zwischen dem Ton und dem Sinn der Lehrzweck und die artistische Absicht, nirgends ist der Vers, der Tonfall selbst die einzig mögliche Form wie gerade dieses Leben lautwerden konnte. Der Weg zwischen Ton und Sinn ist hier am weitesten, die Filterung des ursprünglichen Lebens durch das Bewußtsein des Weisen und den Kunstwillen des Dekorateurs am gründlichsten. In den Reden von Elpore, Epimeleia, Epimetheus ist der unwillkürlichen Sprachwerdung von Gefühl und Trieb die Möglichkeit durch das kontrollierende Bildnerbewußtsein schon nicht so rigoros versperrt — oder vielmehr das Bildnertum Goethes reicht hier aus dem Denkbezirk bis in den Gefühlsbezirk hinunter, obgleich sich die Grenze zwischen gekonntem und gemußtem Ausdruck auch hier noch deutlich unterscheiden läßt. Hier kommen nicht nur Erfahrungen und Gesinnungen, wie in den Prometheus-reden, sondern Empfindungen, freilich zumeist durch Erinnerung gemilderte, zu Wort.

Daß dieser Bezirk gefüllter war mit Goethes Glut und Not ergibt sich schon aus den Ansprüchen des Gegenstands. Prometheus soll ja den Täter, den Wirker darstellen: dies war, wo es durch allegorisches Bild und nicht durch dramatische Gebärdung geschehen mußte, nur durch Vermittlung der Erfahrung, durch Reflexion und Abstraktion möglich: denn die Tatkraft an sich hat nicht das Bedürfnis sich sprachlich zu entladen, und was in Goethe tathaft war befriedigte sich im Tun und Schaffen, nicht eigentlich im Dichten. (Der Prometheus seiner Jugend war nicht Ausdruck seines Tatwillens, sondern seines Schöpferdrangs, seiner Kraftfülle, also einer allgemeinen, dem Dichtertum näheren Form der Expansion.) Darum ist gerade die Allegorie der Tatkraft, Prometheus, notgedrungen reflektiver und abstrakter als die Allegorie des Sinnens und Empfindens, Epimetheus: der Empfindung und dem Sinnen ist das Sprechen ja schon mehr ein Bedürfnis. Epimetheus war also an sich dem Wesen Goethes näher und konnte darum voller und leichter aus seiner Seele empfangen: es war dem Dichter gemäßer Empfindung ausdrücken als Tätigkeit darstellen! Auch der alte Faust, von dem Erinnerungsbilde des großen Friedrich angeleuchtet, steht trotzdem vor uns mehr als der Strebende denn als der Wirkende oder Tätige. Shakespeare aber, der zumeist unter den neueren Dichtern den aktiven Menschen in unmittelbaren Sprachausdruck gebannt hat, gibt im Wort auch nicht das eigentliche Tätertum, sondern heroische Spannungen aus denen Taten fahren, nicht Bilder des Tuns und Wirkens, sondern des Wollens, Siegens, Kämpfens. Shakespeare kennt den Tatmenschen nur als Kämpfer, für Goethe ist die Tat nur darstellbar unter der Form des Strebens, die Shakespeare ganz unbekannt ist, und unter der Form des Wirkens, welches überhaupt die allgemeine Form menschlicher Leistung, menschlichen Heraustretens aus dem bloßen Sein und der bloßen Innerlichkeit ist. Daß das Empfinden in der Richtung des Dichtens läuft, ihm „entgegenkommt", während das Tun sich von ihm entfernt — das macht die Worte des Epimetheus, der Elpore und der Epimeleia zu einem bequemeren und ursprünglicheren Ausdruck dessen was sie ausdrücken sollen als die Worte des Prometheus.

Dies gilt erst recht von dem dichterischen Ausdruck der gesteigerten Empfindung, der Leidenschaft. Ist Sprache dem Tun fremd, der Empfindung gemäß, so ist sie der Leidenschaft (zumal beim ursprünglich dichterischen Menschen, dem ein Gott zu sagen gab was er leide) notwendig als die einzige Entladung des unbefriedigten Gemüts. Darum sind diejenigen Stellen der Pandora wo der allegorische Plan den Ausdruck von Leidenschaft verlangte aus Goethes Gesamtfülle geboren, weil hier der glühende Augenblick Goethes Elemente, Geist, Sinne, Seele, zu der untrennbaren Einheit zusammenschmilzt woraus allein die höchste Dichtung entsteht. Nur dort besteht keine Trennung mehr zwischen dem Können und dem Müssen, dem Wissen und dem Schauen, der Sinnlichkeit und der Weisheit, welche bei der bloßen Allegorie gesondert oder kombiniert am Werke sind. Freilich, solche glühenden und im höchsten Sinn schöpferischen Stellen sind bei der Pandora nur eingefügt in den nicht aus ihnen geborenen Gesamtplan lehrhaften oder dekorativen Ursprungs. Hätten sie das ganze Werk durchdringen können, wären statt jener „Festspiel"absichten sie die formende Kraft des Ganzen gewesen, wäre der Gesamtplan die Ausstrahlung des in solchen Stellen sprachgewordenen Erlebens: dann wäre die Pandora nicht eine Allegorie der menschlichen Seelenkräfte geworden, sondern eine weitere Tragödie der menschlichen Illusion, nach Werther, Tasso oder Faust, aber eines alternden Werther und eines träumenden Faust.

Doch eben weil diese Art Leidenschaft nicht mehr das Ganze von Goethes Welt ausmachen durfte, weil sie nur eine Seite seines späteren Lebens werden konnte, weil sein Epimetheustum durch sein Prometheustum im Gleichgewicht gehalten war, weil jeder Überschwang seiner Seele sich jetzt heilen mußte an der Welt die ihr Bereich und ihre Aufgabe war, konnten sich seine leidenschaftlichen Augenblicke, unbeschadet ihrer an sich gleichgebliebenen Glut und Tiefe, nicht mehr zu Tragödien auswachsen wie Werther, Tasso, und der frühe Faust. Denn dazu würde die Weltwerdung des tragischen Gefühls gehören, nicht nur die Mensch»werdung! Es ist ein Unterschied ob man, von einem Leiden ergriffen, seinen Zustand ausspricht, oder ob man ihn zugleich als das Wesen der Welt, des Menschtums überhaupt nimmt, ein Unterschied ob man die Welt über dem schmerzlich bewegten Ich vergißt, sie in es hineinreißt oder ob man dies Ich als Welt, in der Welt wiederfindet: das eine hat Goethe in manchen Gedichten getan, das andre in Tragödien. Die Welt als Ganzes tragisch sehn, wie Äschylus, Shakespeare und der Werther»Goethe konnte der alte Goethe nicht mehr, wie tief er auch noch an sich und der Welt leiden mochte. Seine Leidensaugenblicke hielt er in Gedichten fest oder fügte sie einem Gesamtbild der als Ganzes nicht tragisch gesehenen Welt ein. So erscheinen Mignon und der Harfner in Wilhelm Meisters Lehrjahren, und Einlagen sind in der Pandora jene drei Gesänge, die zwar nicht den seelischen Mittelpunkt oder gar Ursprung des Werkes enthalten, wohl aber die eigentlich dichterische Kraft: des Phileros „So glaubest du, Vater, nun sei es getan", des Epimetheus „Der Seligkeit Fülle, die hab ich empfunden" und vor allem „Wer von der Schönen zu scheiden verdammt ist".

Sie gehören etwa demselben Gefühls- und Gesinnungskreis an wie die Lynkeus-lieder, und unterscheiden sich gleich diesen von Goethes gesamter übriger Lyrik durch die logisch fast undenkbare, aber künstlerisch mögliche Einheit von abstrahierender Überblicksferne und leidenschaftlicher Ergriffenheit. Es sind zugleich fast lehrhafte Gedichte über das Wesen der Liebe, die Macht der Schönheit und die Qual der Sehnsucht schlechthin, wie sie einem weltentrückten Weisen nach Überwindung aller Schmerzen erscheinen mögen, und heftige Ausbrüche eines augenblicklich erschütterten Gemüts. Sie scheinen gedichtet aus dem Willen des alten Goethe zu sinnlicher Zusammenfassung der bedeutenden Zustands-zeichen überhaupt, wie es die Allegorie, als Einigung von Weisheit und Dekoration, mit sich brachte, und dann wieder aus dem Druck eines überwältigenden Gefühls, das nur ihm ganz eigen war. Das erklärt sich nur oberflächlich aus dem besonderen Platz den gerade diese Gedichte einnehmen, als lyrische Einlagen in eine dramatische Allegorie, wobei sinnliche Lebendigkeit und abstrakte Gültigkeit ja zur Aufgabe gehörten. Daß Goethe sich solche Aufgabe stellte und daß er die lösen konnte, ist schon eine Erscheinungsform seiner „zweiten Pubertät". Er hatte die Jugendkraft, ganz und innig im Augenblick zu leben und diesen Augenblick in Sprachgebild zu bannen, noch nicht eingebüßt, und darum teilen diese Einlagen mit seiner Jugendlyrik die rhythmische Bewegtheit des erschütterten Herzens, welche sich in Anschauungen auslädt. Aber dazu gekommen war die Distanz zum erlebten Augenblick, die auch diesen einreihte in einen fertigen Weltplan. Die Vereinigung der ursprünglichen Glut mit dem weisen Ordnerblick, der Gefühlsdichte mit der Wissensweite, die Überwölbung eines Empfindungsherdes mit dem kühlen Geisteshimmel worin er, wie sehr Feuer und Mitte, doch nur ein Fünkchen war, diese Ungebrochenheit der eignen Leidenschaft bei gleichzeitigem Wissen um den Sinn der Leidenschaft im Weltplan*) gibt Goethes höchster Alterslyrik überhaupt ihr Gepräge — der Einklang von Lehre und Ausbruch, von Didaxis und Lyrismus: nur den Lynkeus- und den Pandora-gesängen gemeinsam ist, daß sie nicht, wie etwa einige Suleika-gesänge oder die Marienbader Elegie, von der Leidenschaft ausgehen und sich dann

---

*) Sehr verschieden von der „Ironie", der Brechung des Lebens durch das Denken, oder dem humoristischen Spiel mit dem Ernst als einem nur relativen Zustand.

allmählich in die Weisheit ausbreiten, die eigenste Glut in das allgemeine Menschenall weiterleiten zur Helle, sondern von der allgemeinen Lehre, dem Weltwissen aus sich nach innen hin verdichten, und dabei wirklich bis an das pochende Herz mit Wort und Ton durchdringen. Die Ausfaltung der Leidenschaft zur Weisheit hatte Goethe in vielen Gedichten vollbracht: für seine Ein-glühung der umspannenden Weisheit zum Gefühlsausdruck sind diese Einlagen-gedichte die einzigen Beispiele. Denn seine Alters-weisheit, wenn einmal losgelöst von dem leidenschaftlichen Anlaß, fand den Weg bis zum heißen Herzen nicht mehr zurück: sie blieb, auch in Gedichten, kühler Lehrspruch oder ferner Umblick. In den Lynkeus- und Pandora-einlagen jedoch verlangte die allegorische Situation eine solche Umkehrung: die Personen denen sie in den Mund gelegt wurden waren selbst schon Geschöpfe jener abstrahierenden Weisheit, nicht der Leidenschaft, aber was sie zu sagen hatten war, innerhalb der Allegorie, nicht Weisheit, sondern Leidenschaft, mußte also aus Goethes Gefühl gespeist werden. Nicht Goethes leidenschaftliches Ich redet hier unmittelbar, sondern die in allegorisch leidenschaftlichen Ichen vermittelte Weisheit Goethes . . das ist der Weg von Hirn zu Herz den Goethes Seele in diesen Versen durchmißt.

Die Entstehungsart der Pandora bestimmt, wie ihren Bau und die Anordnung der verschiedenen Seelenschichten, auch den Sprachstil bis in die Einzelheiten der Grammatik hinein. Man beachte Goethes Wort über dies Werk, das ebenso sehr der Anlage wie der Ausführung gilt „Es ist alles wie ineinander gekeilt". Einen solchen Ausdruck konnte Goethe, dessen Gleichnisse wirkliche Anschauungen des Vorgangs sind, nie von einem Werk gebrauchen das einheitlich aus einem Keim entfaltet war. Das Wesen dieser Allegorie, daß in ein vorgezeichnetes, lehrhaftes und dekoratives Gerüst, das der Weise und der Maler Goethe errichtet, verfügbare Erlebnismassen des Dichters Goethe eingefüllt, ja eingepreßt wurden, ist durch jenes Zimmermannsgleichnis drastisch verdeutlicht. Die Umrisse der auszufüllenden Formen, die Fächer für den Gehalt waren hier schon gefertigt durch das vorausnehmende Bewußtsein und durch die dekorative Phantasie Goethes. Gegeben waren die hellenistischen Figuren und ihre Bedeutung: es galt jetzt sie mit Worten dicht zu machen, die Bedeutung sinnlich herauszuarbeiten, durch Einfüllung möglichst vieler Lebensmassen. Gegeben waren die Versmaße und Rhythmen — gemäß der Festspielabsicht hellenisierende und mannigfaltige — wie beim Operndichter ja auch Rezitative, Arien, Chöre vorgeschrieben und auszufüllen sind. Form und Gehalt waren nicht gleichzeitig da, die Form nicht der wachsende Leib, sondern das zu füllende Gefäß des Lebens. Da nun der Gehalt hier für das Gefäß zu viel war, der Dichter aber doch möglichst alles unterbringen wollte, so entstand daraus die fast gequollene Dichtigkeit, die Überschwellung mit sinnlichen Anschauungen und seelischer Bedeutsamkeit, die getriebene, herausgetriebene, übertriebene, barocke Gebauschtheit und Gedrungenheit, die von Goethes sonstiger ruhig getragener, rein ausgeströmter oder anmutig gebreiteter Ausdrucksfülle sich sehr unterscheidet. Eben diese Besonderheit wollte er mit dem Ausdruck „ineinandergekeilt" bezeichnen.

An Behagen fehlt es freilich auch hier nicht: ja man merkt die Freude des langsamen Einpressens und Heraustreibens, das Vergnügen an Fülle und Überfülle, mit dem Goethe hier eine eigne Vers-technik und sogar Grammatik übt, um in den kleinsten Raum ein Maximum von Bildern, Wendungen, Lehren, selbst Worten zu drängen. In der Pandora waltet eine artistische Wollust des Bosselns, des Hineintreibens und Heraustreibens, des Zwängens und Drängens, und nie hat sich Goethe weiter entfernt von seiner natürlichen Abneigung gegen das „Forcieren". Daß er dabei die Sprachtechnik der griechischen Tragödie, zumal der Chöre, vor Augen hatte, ist gewiß, aber nur weil sie damals seiner inneren Neigung und äußeren Aufgabe entsprachen, konnten ihn diese Muster anregen. Die Gedrungenheit der griechischen Tragödie — ebenso wie der Pindarischen Gesänge und der von ihnen angeglühten Goethischen Jugend-hymnen und Rhapsodien — hat übrigens einen anderen Grund: den dithyrambischen, bilderverknüpfenden, massentürmenden, durch Kothurn, Gesang und Maske zugleich gesteigerten und gestauten Überschwang, in dem die logischen Vermittlungen und Übergänge aufhören. In der Pandora dagegen war es gerade die langsame, bewußte, mit handwerklichem Nachdruck, mit raffiniertem Tastgefühl und geschärftem Blick für die gedrungene Einzelform arbeitende Zierkunst, welche die sprachliche Forcierung und Farcierung zeitigte, der intellektuelle und gar nicht rauschhafte Wille jede Spanne Vers aufs Knappste zu nutzen, nichts Unanschauliches, nichts Unbedeutendes, nur sinnlich Eindrückbares und geistig Umspannendes zu sagen. So sind harte Bosseleien und schnörkelige Ausmalungen entstanden wie die folgende:

> In Flechten glänzend schmiegte sich der Wunderwuchs,
> Der, freigegeben, schlangengleich die Ferse schlug.

So sind die Chöre überladen bis zur Undeutlichkeit mit aufgereihten Einzelbildern, aus dem Bestreben in einer Strophe eine Menge Tätigkeiten zu veranschaulichen und auszudeuten:

> Erde sie steht so fest,
> Wie sie sich quälen läßt,

Wie man sie scharrt und plackt,
Wie man sie ritzt und hackt
usw.

So erklärt sich die immer gewichtige, aber oft erzwungene Spruchweisheit, in die beinahe jede Anschauung und Ausmalung ausläuft. Sprüche sind die Klammern womit der Weise die Ornamente des Malers trennt oder vernietet .. besonders die Stichomythien werden durch die Neigung zur Sentenz fast jeden dramatischen Nervs beraubt zugunsten der Sinnfülle.

Dieser Wille zur äußersten Füllung führt zur Überspannung der grammatischen Funktionen die verdichten oder steigern: daher die vielen Participia Praesentis, als welche in ein Wort einen Nebensatz zusammendrängen, die vielen Superlative, als welche ohne Raumerweiterung die Gewichtigkeit eines Adjektivs hinauftreiben, die gedrungnen Komposita (Hämmer-chortanz, Ruhmahl, finsterfüßig usw.) als welche auf ein Wort mehrere Anschauungen laden. Die Merkmale des Pindarischen oder der Pindarisierenden Jugenddichtung Goethes finden sich hier wieder, aber aus anderem Grund: dort ist das Zusammenballen getrennter Sphären, das Niederreißen der bloß logischen Brücken und Scheidewände, die Spannung, die Überspannung, die Mischungs- und Sprengungslust eines überfüllten Gemüts der Ursprung der kühnen Grammatik: hier das bewußte Bedürfnis des Zusammenbiegens, der Umklammerung, der Raum-ausnutzung, der größtmöglichen Verdichtung und Füllung. Damals wollte ein innerer Reichtum sich durch Aufhebung vorhandener Engen Raum und Bewegungsfreiheit schaffen, diesmal sollte äußerer schon auseinandergetretener Reichtum ins Faßliche und Begrenzte wieder zurückgebracht werden. In beiden Fällen war die Grammatik der logischen Läßlichkeit unbrauchbar und durch eine straffer gespannte, von der gebieterischen Fülle erzwungene zu ersetzen. Die Grammatik von Goethes Jugendlyrik kommt aus einem Druck, einer Spannung von innen nach außen, die Grammatik der Pandora (und verwandter Stellen aus Faust II) aus einer Spannung von außen nach innen: Verschiebung, Entfernung der logischen Zwischenglieder, der grammatischen Grenzfunktionen war beidemal die Folge.

Der gedrängten Bedeutsamkeit entspricht bei einer Allegorie die gedrängte Sinnlichkeit, und auch als Dekorateur hat Goethe hier seine Mittel bis zur Überladung gehäuft, selbst auf Kosten der reinen Architektur und der Stileinheit. Schon die Mannigfaltigkeit der Strophengebilde, der rasche und bequeme Wechsel der Versmaße dient eher den Bedürfnissen eines Singspiels, bei dem Musik und Dekoration Selbstzweck sind, als denen eines Dramas. Die vollendete Kunstfertigkeit Goethes verdeckt hier die Willkür des Gefüges, oder vielmehr die Kunstfertigkeit, das souveräne Spiel mit den technischen Formen und Mitteln wird, nach Barockweise, selbständig: das Ornament überwuchert oder sprengt die Architektur. Innerhalb der Strophen und Verse verselbständigen sich wieder die Klang- und Bewegungsmittel: Reime, Metren, Alliterationen werden gehäuft, als gälte es eine fehlende Musik durch Wortwirkungen zu ersetzen oder sich neben einem Orchester zu behaupten. Die Chöre bieten zahlreiche Beispiele für diese Veroperung, und die drei einfachen und herzlichen Gesänge, die „Arien" des Phileros und des Epimetheus, machen durch den Gegensatz nur deutlicher wie sehr die Chöre mit musikalisch dekorativen Effekten, die „Rezitative" (die in Trimetern abgefaßten Dialoge und Monologe) mit bildnerisch-gedanklichen Inhalten beladen sind.

Goethes Pandora ist die Kundgebung eines Zustandes oder wenigstens einer Goethischen Stimmung die sich als barocke Allegorie ausdrücken wollte und konnte, und als solche vollkommen. Eine andre Frage ist ob dieser Zustand gegenüber einem welcher sich als ein Hamlet oder als ein Faust kundgibt schwächer und dünner ist, ob die Kräftelagerung woraus vollkommene Allegorien hervorgehen (nämlich ein Überwiegen der ordnenden über die schöpferischen und eine Trennung der denkenden von den sinnlichen Kräften, mit nachträglicher Wiederverknüpfung) unfruchtbarer ist als diejenige woraus Mythen oder Symbole entstehen. Diese Frage bejahen wir, aus unsrem Wunsch nach einem geistig und sinnlich einheitlichen, sich verleiblichenden, unmittelbar formhaften und gleichmäßig durchseelten Menschentum: ein Wunschbild das uns nicht vorschweben könnte, wenn es nicht von den Griechen als Volk, von Shakespeare als Werk und von Goethe als Person verwirklicht worden wäre. Von diesem Wunschbild allerdings ist die Pandora — in sich und innerhalb ihres Zustands unanfechtbar — ein Abfall. Wenn Goethe nur Werke dieser Lage geschrieben hätte, also nur unser größter Allegoriker wäre, würde er, so vollkommen diese Werke in ihrer Lage sind, nicht zu den großen Steigerern des Menschentums und Deutschtums gehören. Wir hatten die Lage der das Werk stammt innerhalb Goethes Gesamtwesen abzugrenzen, seinen Sinn und seine Technik nur als Ergebnis eben dieser Lage zu deuten: es ist der Ausdruck einer bestimmten Schicht innerhalb seiner Altersgesinnung. Wie wenig die Pandora die wesentlichen Kräfte des Greises auch nur gebunden oder festgelegt hatte, beweisen die beiden großen Werke aus dem gleichen Jahrzehnt: die historisch-symbolische Darstellung seiner Jugend, Dichtung und Wahrheit, und der lyrische Ausdruck seines Alters, der Westöstliche Divan.

DICHTUNG UND WAHRHEIT

„AUS meinem Leben. Dichtung und Wahrheit" entstammt, wenn auch durch Aufforderungen von außen angeregt (von denen das Vorwort Kunde gibt) dem gleichen Bedürfnis Goethes nach Überschau seines Gesamtdaseins, der gleichen Altersfähigkeit, sein Gewordenes als selbständiges Bild abzulösen von seinem Werden, der die Pandora ihren Ursprung verdankt. Beide Werke, so verschieden sie sind, atmen in der gleichen Luft geklärten Alters, das rückblickend sich des nach außen hin als Werk und Macht Erreichten freut und mit wehmütiger oder zufriedener Weisheit der Schranken und Opfer gedenkt die das Innere bringen mußte, um dahin zu gelangen. Beide Werke ziehen die „Summe seiner Existenz", und zwar mit Bewußtsein, als einmalige Abschlüsse einer überschaubaren Entwicklung, nicht als Selbstdarstellung einer Krise, wie Werther und Tasso, oder des noch fortwirkenden Gesamtlebens, wie Faust, oder als Panorama der Elemente worin dies Leben sich abspielt, wie Wilhelm Meister. Pandora sowie Dichtung und Wahrheit setzen Goethes Leben als ein vergangenes voraus und unterscheiden sich dadurch von allen andren Generalbeichten Goethes, zumal vom Wilhelm Meister und vom Faust, welche aus noch gegenwärtigem Lebensstoff das Bild wirken. Gewiß ist auch an den beiden Alterswerken Goethes Gegenwart beteiligt, aber als gestaltende Kraft, nicht als gestalteter Stoff: als Luft und Stimmung ist Goethes Alter darin, als Zustand, nicht als Gegenstand.

Beide Werke lösen verwandte Aufgaben auf fast entgegengesetzte Weise. Pandora ist die Zusammenfassung der abstrakten Mächte des Goethischen Daseins als eines schlechthin menschlichen, Dichtung und Wahrheit ist die Darstellung des geschichtlichen Stoffs wodurch Goethe gerade Goethe, d. h. diese einmalige geschichtliche Person, geworden und erschienen ist. Während dort alles Einmalig-Geschichtliche zugunsten des Allgemein-Menschlichen, aus Goethe Sein abgezogen, bis zur Vernichtung sublimiert, gehoben, aufgehoben werden mußte, galt es hier das reine Menschentum recht tief und dicht einzubetten in die charakteristischen Erfahrungsmassen einer geschichtlichen Person, die er selbst war. Soweit wie die Forderungen eines philosophischen Systems von denen eines Geschichtswerks war die Aufgabe der Pandora getrennt von der die Goethe sich in Dichtung und Wahrheit gestellt hatte.

Hier lag denn auch das eigentliche Problem für Goethe, wenn er seine eigne Lebensgeschichte schreiben wollte, die Schwierigkeit, zumal für einen an Naturgesetzen orientierten Geist, einen geschichtlichen, d. h. scheinbar willkürlichen und zufälligen Ablauf als solchen zu erzählen, die Lockung aus der Tatsachenmasse sein Lebensbild zu formen, saftiger und gedrungener, aus farbigerer Anschauung als bisher, und doch zugleich distanzierter und objektiver. Fern genug durch sein Alter und gefüllt genug durch seine Erinnerungen, bedeutend genug für die Welt und saturiert genug für sich, durfte er jetzt zu einer Verewigung der geschichtlichen Gestalt „Goethe", zu der er von Freunden aufgefordert ward und die niemand in der Welt so leisten konnte, sich bereiter halten als je zuvor.

Von vornherein gegeben war ihm dabei die Gewißheit daß er diese Aufgabe als Dichter lösen müsse und nicht als bloßer Historiker, wie er auch die philosophische Aufgabe der Pandora als Dichter und nicht als Systematiker gelöst hatte. Ein dichterisches Sinnbild mußte auch seine Biographie werden, mochte sie an die Philosophie grenzen durch die Begriffe wonach er den Stoff ordnete oder an die Geschichte durch den selbständigen Wert des Stoffs gegenüber der Gestaltung. Es ist vielleicht der einzige grundsätzliche Unterschied zwischen dem künstlerischen Geschichtschreiber, wie Thukydides, Tacitus oder Ranke, und dem dichterischen Erzähler, daß für jenen der Stoff über oder neben der Darstellung sein Gewicht und Eigenrecht behält, für diesen nur als Substrat der Form dient. Bei Geschichtschreibern dunkler oder mythischer Zeiten, wo die Überlieferung und Phantasie sich vermischen, wie bei Herodot, Livius oder orientalischen und mittelalterlichen Chronisten, ist zwischen beiden Arten künstlerischen Berichtes kaum eine Grenze. Das war für Goethe als Dichter neu: sein biographischer Stoff hatte eigene Rechte, und konnte nicht beliebig sublimiert werden, wenn das Werk den geschichtlichen Ansprüchen genügen sollte durch die es angeregt war. Es war weder ein erfundener noch ein gefundener Stoff, der sein Gesetz und seine Form von der Seele des Dichters erst empfangen mußte, sondern er brachte eine eigene Seele mit. Goethe konnte „sein Leben" nicht mit gleicher Unbedingtheit entstofflichen wie den alldeutbaren griechischen Mythus oder die erst unter seiner Hand erwachende Faustsage oder gar die von ihm angezauberten Motive des zeitgenössischen Bürgertums. Hier begegnete ihm die gleiche Schwierigkeit die ihm das eigentlich historische Drama verleidet hatte (nachdem ihm der Götz im ersten patriotisch-ästhetischen, von Herders Geschichtspantheismus angefachten Jugendfeuer gelungen war) die seinen Cäsar-plan zum Scheitern brachte, seinen Vorsatz einer Geschichte des Herzogs Bernhard von Weimar unerfüllt ließ, seinen Egmont aus einem historischen Drama zu einer bürgerlichen Tragödie mit politischem Hintergrund machte: seine bildnerische Abneigung gegen das Geschehen als rohes Faktum, und seine denkerische Abneigung gegen das Geschehen als ungesetzliches Fatum.

Wo Goethe sich der Geschichte genähert hat, tat er es vom Einzelmenschenbilde aus wie in seinem „Winckelmann" und „Hackert", weil er hier um eine formhafte Mitte die Masse runden konnte, oder von der Bildungs- und Ideengeschichte aus, wie in seiner Geschichte der Farbenlehre, in seinen Noten zu Cellini, zu Rameaus Neffe oder zum Westöstlichen Divan, weil hier nur die Brechung des Gesetzes an geschichtlichen Medien nachzuweisen war. In beiden Fällen war der Mensch und seine gesetzliche Entwicklung, nicht die Menschen und ihre zufälligen Ereignisse sein Augenmerk. So sehr ihn das Werden anzog, so gleichgültig war ihm das Geschehen, die Reihe der Begebenheiten, und nur wo er hoffen konnte durch eine Reihe von Begebenheiten hindurch bis an ein gesetzmäßiges Werden vorzudringen, einen einheitlichen anschaulichen Sinn in eine Folge bunter Ereignisse zu bringen, nur dort also wo er als Bildner und Weiser sich dem geschichtlichen Stoff gegenüber behaupten konnte, nicht nur als Sammler, Forscher und Berichterstatter sich darin betätigen, lockte ihn die Geschichte.

Wenn irgendein geschichtlicher Stoff diese günstigen Bedingungen erfüllte, seinen Widerstand gegen Geschichtschreibung besiegen konnte, seine biographisch-menschliche Freiheit und Herrschaft sicherte, seine bildungsgeschichtlichen Ansprüche befriedigte, obendrein ihm klar und gegenwärtig war und ihn von bloß papierner, lückenhafter Überlieferung unabhängig machte, so war es sein eigenes Leben. Und noch ein tieferer, ihm selbst vielleicht kaum bewußter Grund mochte dem alten Goethe eine geschichtliche Aufgabe jetzt fruchtbarer machen: die Zusammenschau von Natur- und Schicksalsgesetz, deren dichterische Wirkung wir in den Wahlverwandtschaften gefunden haben, die Ausscheidung des Zufalls und der Willkür als geschichtlicher Faktoren, der Glaube an ein „werdendes Gesetz" auch im Menschengeschehen, zu dessen Anschauung erst der alte Goethe gelangt war. Damit konnte auch seine Biographie, mehr als er es in früheren Jahren vermocht hätte, der historischen Willkür entkleidet, gesetzlich durchgebildet werden. Erst die Weltschau die ihm die Wahlverwandtschaften ermöglicht hatte konnte auch seine Sprödigkeit gegen eine historische Aufgabe überwinden.

Denn eine historische Aufgabe blieb es trotz aller der erwähnten Vergünstigungen womit sie seinem Künstler- und Denkertum entgegenkam: sein Werden mußte er unter der Form eines Geschehens darstellen, dem gegenüber er nicht frei war wie gegenüber seinen Romanstoffen, dessen Anfang und Folge er nicht bestimmen und willkürlich ändern durfte und das auch dort durchdrungen sein wollte wo es ihm schon entfremdet war.

Wie sich die Aufgabe für ihn darstellte, eh er an die Arbeit ging, hat er selbst im Vorwort endgültig formuliert: „Indem ich jener .. Forderung zu entsprechen wünschte, und mich bemühte die inneren Regungen, die äußern Einflüsse, die theoretisch und praktisch von mir betretenen Stufen, der Reihe nach darzustellen: so ward ich aus meinem engen Privatleben in die weite Welt gerückt, die Gestalten von hundert bedeutenden Menschen, welche näher oder entfernter auf mich eingewirkt, traten hervor; ja die ungeheuern Bewegungen des allgemeinen politischen Weltlaufs, die auf mich, wie auf die ganze Masse der Gleichzeitigen, den größten Einfluß gehabt, mußten vorzüglich beachtet werden. Denn dieses scheint die Hauptaufgabe der Biographie zu sein, den Menschen in seinen Zeitverhältnissen darzustellen, und zu zeigen, in wiefern ihm das Ganze widerstrebt, in wiefern es ihn begünstigt, wie er sich eine Welt- und Menschenansicht daraus gebildet und wie er sie, wenn er Künstler, Dichter, Schriftsteller ist, wieder nach außen gespiegelt. Hierzu wird aber ein kaum Erreichbares gefordert, daß nämlich das Individuum sich und sein Jahrhundert kenne, sich, in wiefern es unter allen Umständen dasselbe geblieben, das Jahrhundert, als welches sowohl den willigen als unwilligen mit sich fortreißt, bestimmt und bildet". Wenn einer, so durfte Goethe sich die Kraft zur Erfüllung dieses Doppelanspruchs zutrauen, der sich auf die Wahrheit der Darstellung bezieht, und etwa den allgemeinen Historikertugenden „Quellenkunde" und „historischer Sinn" oder niedere und höhere Kritik entspricht. Die Hauptquelle war sein eignes Gedächtnis, und die Grundlage seines historischen Sinns für die zu behandelnde Zeit war seine Erfahrung und Weltweisheit.

Aber nicht nur als Geschichtsschreiber, sondern als Dichter hatte er sein Leben zu behandeln, und der Titel „Dichtung und Wahrheit" mag wohl gleichzeitig mit dem Entschluß entstanden sein den Wunsch seiner Freunde zu erfüllen. Als Dichter hatte er die Rechte der Form gegenüber den als berechtigt anerkannten Ansprüchen des geschichtlichen Stoffs zu wahren: planmäßige Abrundung des Ganzen zu einem einheitlichen Kunstwerk, Beziehung aller Teile und Schichten auf eine gemeinsame geistig sinnliche Mitte, einen „Helden", Einheitlichkeit der Handlung bei aller Mannigfaltigkeit der Vorgänge, Sinnbildlichkeit und Schönheit jeder Einzelschilderung unabhängig von ihrem Quellenwert und ihrer historischen Tatsächlichkeit, und menschlich kosmische Fülle der geschilderten Vorgänge jenseits ihres geschichtlichen Zusammenhangs. Also dieselben Gebote die Goethe bei seinem großen Bildungsroman befolgte galten ihm auch für seine Selbstbiographie, nur unter dem erschwerenden Umstand daß er sie hier mit den Geboten der Geschichtsschreibung in Einklang zu bringen hatte: auch dies bedeutet der Doppeltitel „Aus meinem Leben. Dichtung und Wahrheit." Wenn Goethe die Wirkung Friedrichs des Großen schilderte, so hatte er nicht nur die Ausstrahlung einer weltgeschichtlichen Person, die Brechung des weltgeschichtlichen Daseins in den Zeitgenossen festzustellen, sondern auch das seelische Erlebnis eines Knaben und einen magischen Vorgang. Die Freundschaft mit Herder war ein deutsches bildungsgeschichtliches Ereignis, und als solches zu verdeutlichen, aber zugleich eine menschliche Beziehung .. die Sesenheimer Liebschaft war zugleich eine biographische Tatsache und ein poetisches Idyll .. Straßburg war ein kulturgeschichtlicher Schauplatz und eine sinnlich zeitlose Landschaft: kurz, in jeder Einzelheit seiner Lebensgeschichte fand Goethe den Doppelsinn, der seine Dichtung lockte und seine Wahrheit verpflichtete. Vor allem aber war er selbst als der Held dieser Biographie zugleich ein berühmter, geschichtlich wirksamer und deutlicher Charakter, der Haupt‑vertreter einer bestimmten deutschen Kulturepoche, und außerdem ein Mensch schlechthin, mit Leidenschaften, Bestrebungen, Schicksalen, wie nur irgendein dunkler geschichtloser Jüng‑ ling. Daß er über seine geschichtliche Bedeutung hinaus eine menschliche und eine kosmische verkörperte, das allein konnte sein Dichtertum zu dieser Arbeit reizen. Hier fand er die Einheit von Geschichtlich‑Individuellem und Allgemein‑Menschlichem die er im Staaten‑ und Völkerleben vermißte — und wenigstens im eignen Leben erschien ihm das historische Kostüm zu‑ gleich mit dem ewigen Gehalt seines Wesens. Wo er sich in allgemein‑ gültigen Wechselwirkungen mit der Welt und diese Welt nicht nur als Ge‑ sellschaft, sondern als Geschichte fühlte, war er davor bewahrt als Biograph ein beliebiges Privatleben zu beschreiben, und als Dichter eine bloße Va‑ riante zum Wilhelm Meister zu liefern, mit einem passiven Helden, an dem als an einem eigentlich gleichgültigen Reagens die Bildungskräfte der äußeren Welt sich vergegenwärtigen.

Zwar auch in seiner Biographie hat Goethe, wir werden sehen warum, sich weit mehr als empfänglichen denn als wirkenden Menschen dargestellt: aber der Empfänger war als der Goethe, nicht als ein Wilhelm Meister, und die Wirkungen als Zeitalter Friedrichs und Goethes, nicht als roman‑ hafte Gesellschaft geschaut .. und war der Spielraum der Goethischen Ein‑ bildungskraft und Erfindungsgabe, gegenüber dem Wilhelm Meister, be‑ grenzt, so gab ihr hier der bloße Stoff schon ein Interesse und eine Würde mit und voraus, die er im Bildungsroman mit allem Genie kaum einholen konnte. Goethe der Dichter gewann durch die Dignität des historischen Stoffs, Goethe der Historiker durch die Lebendigkeit der dichterischen Form in der er sein Leben sehen durfte, und man billigt den Spott Goethes, als man aus bequemem Widerspruch gegen den zweideutigen, nämlich doppelsinnvollen Titel Dichtung und Wahrheit die Lebensbeschreibung Jean Pauls als „Wahrheit aus seinem Leben" aushängte. „Als ob die Wahrheit aus solchem Leben etwas anderes sein könnte, als daß der Autor ein Philister gewesen!" Denn jedes bloße Privatleben, selbst das größte und kulturhistorisch wirksame, ist philisterhaft, d. h. seinem äußeren Ablauf, seiner feststellbaren Tatsachenwahrheit nach in Vergängnis verhaftet, wenn darin nicht, eben durch dichterische Schau, durch Traumschau, durch Vision, der ewige Sinn alles Menschengeschehens fühlbar und sichtbar wird. So zeitlich und eng wiederum ist nichts, daß es für den Seher nicht zurückdeute auf den unerschöpflichen Urgrund aus dem die Erscheinungen stammen! Dies hat Goethe mit Dichtung und Wahrheit versucht, sein Leben vergegenwärtigt als die „Zeitwerdung überzeitlicher Kräfte." Dazu aber bedurfte er außer seinem historischen Wissen auch sein dichterisches Schauen, außer seiner Erfahrungswahrheit, die in der Gegenwart und Vergangenheit zu Hause war, auch seine Dichtung, die ihre Normen und Formen von der Ewigkeit empfing.

Zu der dichterischen Vorarbeit gehörte zunächst die Abgrenzung der darzustellenden Lebensperiode und die Gliederung des Stoffs. Goethe hatte sein Leben zu schildern als ein Werden, gemäß den Erwartungen der Freunde, die gerade erfahren wollten wie das was er der Welt war geworden sei, und gemäß seiner eigenen Anlage, welche alle Geschehnisse nur als Träger eines Werdens empfand. Als Gegenstand seiner Biographie kam demnach nur der eigentliche Zeitraum seines „Werdens" in Betracht, während dessen seine Kräfte zur völligen Entfaltung und Deutlichkeit gelangten und nach dessen Abschluß wohl ihr Wirkungsbereich und ihre Anwendungsart, aber nicht mehr ihr Wesen sich erweitert: wie ja auch das körperliche Wachstum als „Wachstum" einmal abschließt, obwohl dieselben Wachstumskräfte nachher noch fortwirken — das fällt aber nicht mehr unter den prägnanten Begriff „Werden" oder „Entwicklung". Sein „Werden" konnte Goethe mit der Berufung nach Weimar oder mit der italienischen Reise abschließen, je nachdem er den Beginn oder den Abschluß seiner geistigen Mannwerdung als Epoche ansah.

Daß er die Berufung nach Weimar als Abschluß vorzog hatte geschichtsschreiberische und dichterische Gründe. Die Zeit zwischen 1776 und 1786 umfaßte Verhältnisse und Personen die sich, als noch in seinem Alter nicht nur nachwirkend sondern mitwirkend, einer historischen Darstellung entzogen. Weimar war noch gegenwärtiger Schauplatz, der Herzog noch ein unmittelbarer Mitspieler seines Lebens, und die Geliebte jener Jahre war seine vergrämte Nachbarin. Und künstlerisch bot gerade dies Jahrzehnt heftiger und dumpfer Vorbereitung, vielfältiger zersplitterter Tätigkeit ohne vollendete Produktion kein sinnlich befriedigendes Bild, wie die vorhergegangenen Sturm-und-drang-jahre, trotz der Weimarer „tollen Zeit" mit ihren Misels, Jagden und Amtsfahrten durch thüringische Landschaften, trotz des Gartenidylls am Stern. Alle diese sinnlich gehobenen Momente einer zerfahrenen Zeit der Sammlung hatten ihren Schwerpunkt und Kern nicht in sich selber, wie die Straßburger, Frankfurter, Wetzlarer Gärungen, waren nicht durch sich selber schön, stark oder fruchtbar, sondern erst durch Ergebnisse die in eine spätere Zeit fallen.. erst nach der italienischen Reise ward gereift und geerntet was die ersten Weimarer Jahre gesät hatten, während Sesenheim und Wetzlar als Situation, Stimmung, Wirkung und Leistung gleich und zugleich bedeutend sind. So war die Berufung nach Weimar der gegebene Abschluß der biographisch zu behandelnden Vergangenheit für Goethe. Danach begann das Leben auf dem Schauplatz seiner Gegenwart, das keiner fortlaufenden geschichtlichen Erzählung mehr benötigte, weil es nicht im selben Sinn mehr „Werden" war wie seine Jugend, oder weil in einzelnen Bekenntnissen die wichtigsten Krisen und denkwürdigsten Erfahrungen, wie die italienische Reise oder der Feldzug in Frankreich, bereits verewigt waren. Dazu könnten als Ergänzungen jederzeit die Briefwechsel mit den wirksamen Zeitgenossen kommen, zumal der mit Schiller.

Von der Berufung nach Weimar ab war Goethes Leben ein Geschehen, freilich von weltgeschichtlichem Wert. Dem trug er ja insofern Rechnung als er das Material für künftige Historiker zusammenstellte in mehr oder minder durchgearbeiteten Aufzeichnungen, deren einzelne, namentlich Reisebilder, als selbständige Geschichtskunstwerke gelten können. Andre, wie die Annalen, sind mehr Notizenbündel, Wegweiser und Fächer für künftige Biographen oder Merkworte für Goethes eigene Erinnerung, kurze Bilanzen seiner Tagebücher. Doch solche Denkwürdigkeiten über Goethes späteres Leben, vom Rohstoff der Tagebücher und Briefe bis zu den zusammenfassenden Reisewerken hinauf, gesammelt oder verknüpft für Leute denen an der „Wahrheit" seines Lebens etwas lag, konnten und sollten nicht mehr „Dichtung" sein in dem Sinn wie die große Beschreibung seines Werdens. Nur hier war die Wahrheit an sich schon Dichtung, d. h. objektiv poetisch, umwebt von dem goldnen Duft der Morgenfrühe und der Morgenferne. Nur hier hatte er mit einer reinen, ihm selbst schon mythisch gewordnen Vergangenheit zu tun, deren Drängen und Ringen zum Kreise geschlossen war.. nur hier redeten ihm nicht mehr aktuelle Stätten, Schranken, Geschäfte dazwischen, wie in die Erinnerungen seit seinem Weimarischen Amtsantritt: nur der vorweimarische Jüngling lebte ihm in einer Welt an der er nicht mehr zu arbeiten hatte, und die darum, ungetrübt durch sein gegenwärtiges Wollen, Sorgen, Bedauern, Vermissen, zur idealen Landschaft werden konnte. Nur sie durfte er als Ganzes unmittelbar zum Traum wandeln wie jetzt nur noch seine glühenden Augenblicke .. sein ganzes Leben nur noch mittelbar durch Symbole, Mythen oder Allegorien. Darum mußte er eine Darstellung seines Lebens die Dichtung und Wahrheit sein wollte abschließen mit der Berufung nach Weimar.

Die Gliederung dieses so abgegrenzten Stoffs konnte nicht erfolgen wie die einer reinen Dichtung von einem einheitlichen Grundgedanken oder Erlebniskern her, der die Anschauungsmassen schichtete, schied und verknüpfte. Ein Dichtwerk war ja nur die sinnliche Auswirkung einer inneren Form, die ein Erlebnis oder ein Gedanke, ein „Aperçu" oder eine Konstruktion sein mochte. Die Auswahl die der Formgedanke eines Romans oder Dramas aus dem Anschauungs- und Gedankenvorrat Goethes trifft ist nicht gehemmt durch Rücksicht auf Fakten. Gestalten, Vorgänge, Räume sind erst seine Geschöpfe und Sinnbilder für das was er will. Bei Dichtung und Wahrheit entstand die Form für den Stoff nicht erst in Goethes Geist, der Stoff selbst brachte schon eine Form in sein Gedächtnis mit. Seine Phantasie mußte die Erinnerung als gleichberechtigte Mitarbeiterin zulassen und diese war nicht nur seinem Geist, dem Formbringer, sondern mehr noch der Geschichte, der Stoffbringerin, verantwortlich: kurz, auch hier waren der Dichtung durch die Wahrheit, und zwar durch die Tatsachenwahrheit, die Richtigkeit, Grenzen gezogen, seine Kompositionsfreiheit eingeschränkt. Wie er sich nicht nach Dichtbedarf konnte zeugen oder sterben lassen, so konnte er auch keine Hauptpersonen erfinden oder unterschlagen, und waren auch damals seine Liebschaften minder geschichtsnotorisch als etwa Herder und Lavater: auch einer Friederike, Lotte, Lili war seine Erinnerung leibeigner als seine Phantasie einer Philine.

Aus diesen Ansprüchen des Stoffs ergibt sich die Unmöglichkeit eines Aufbaus nach strengen Formprinzipien, wie wir ihn bei den Goethischen Seelen- und Weltbildern finden, wo jede Gestalt auch eine tektonische oder ornamentale Aufgabe hat. Nur die Einteilung und Ordnung des Stoffs ließ ihm einen gewissen, freilich immer von der Zeitfolge der Ereignisse und der Zeit und Art der Hauptgestalten beschränkten Spielraum, da er ja nicht der vorauswissende Erfinder, sondern nur der nachsinnende Erzähler dieses Lebensganges war. Die Gliederungsfreiheit gegenüber seinen Gedächtnisbildern ist die des Wichtig- oder Unwichtignehmens (da ihm das Wirklich- oder Unwirklichnehmen verwehrt war) also der größeren oder geringeren Ausführlichkeit. Damit verwandt ist die Freiheit des Erzählertempos und die Freiheit der Einschnitte.

Das Leben selbst hat keine Cäsuren, sondern ist ein ununterbrochener Strom von Gleichzeitigkeiten, ein ungeschiedener Übergang ungeschiedenen Beieinanders: erst unser Geist, kraft Raum und Zeit erfahrend, macht zunächst unwillkürlich und dann bewußt Einschnitte in das angeschaute und das erzählte Leben: die erste Cäsurenreihe in der überschauten Lebensfolge ist unwillkürlich und natürlich, die zweite ist willkürlich und unter Umständen sogar künstlich, und hängt, als eine bewußte Technik des Erzählens, von der Rücksicht auf Hörer ab, welche bei der ersten nicht waltet. Beide Cäsurenreihen können zusammenfallen, müssen es aber nicht: ein naiver Mensch etwa wird seine Lebensgeschichte genau so improvisieren wie sie in seinem Gedächtnis lagert. Wie nicht zwei Menschen denselben Vorgang mit gleicher Einteilung der Hauptmomente erzählen, so wird auch nicht zwei Menschen eine Lebensgeschichte gleich erscheinen, weil jeder eine andre Raum-, Zeit- und Wertschablone schon im Innern hat. Aber der gebildete, und gar der bildnerische und verantwortlich-bewußte Erzähler wird selbst die unwillkürliche Erinnerung seines Lebens noch mit andren Cäsuren nach außen stellen, als Erzähler, um sie Hörern faßlicher oder eindringlicher zu machen. Diese Cäsurenverschiebung zwischen seiner eignen „Er-innerung" und deren Vor-trag, diesen mehr künstlerischen als geschichtschreiberischen Akt meint Goethe im Vorwort zu den Schlußteilen seines Werks: „Bei Behandlung einer mannigfaltig vorschreitenden Lebensgeschichte... kommen wir, um gewisse Ereignisse faßlich und lesbar zu machen, in den Fall einiges was sich in der Zeit verschlingt, notwendig zu trennen, anderes was nur durch eine Folge begriffen werden kann, in sich selbst zusammenzuziehn und so das Ganze in Teile zusammenzustellen, die man sinnig überschauend beurteilen und sich davon manches zueignen mag." Eine rein chronologische Erzählung der Erlebnisse von Tag zu Tag oder Monat zu Monat, ja von Jahr zu Jahr, wie sie in Merkzetteln für den Privatgebrauch, in Tag- oder Jahresbüchern als Stoffsammlungen möglich ist, gäbe einen heillosen Wirrwarr: z. B. spielen an einem einzigen Tage etwa Herder und Friederike, Straßburger Münster und poetische Produktion, Shakespeare-lektüre und juristisches Studium durcheinander, kurz in einem vollen Dasein wie dem Goethes ist kein Tag in dem nicht Politik, Literatur, Studium, Freundschaft, Liebe, Landschaft, Wetter, kurz jede denkbare Einwirkung und Beschäftigung ein gedrungenes oder diffuses Beisammen bilden, in dem erst das zurücktretende Gedächtnis mehr oder minder mühsam einzelne Massen unterscheiden kann.

Diese Massen von Einzelerinnerungen um einige deutliche Mittelpunkte zu schichten, Verwandtes zusammenzufassen und Fremdes herauszulösen, zu ordnen ohne zu pressen, zu vereinigen ohne zu vermischen, zu verknüpfen ohne zu verwirren, und zu sondern ohne zu zerreißen: das war die Kompositionsaufgabe vor die Goethes Gedächtnis sich gestellt sah, und für die er in zwanzig Büchern (zuerst in fünfzehn, denen noch fünf weitere später angefügt wurden, um die vorgesteckte Grenze zu erreichen) sich den Rahmen schuf. In jedem dieser Bücher waltet ein Hauptinhalt oder mehrere — ein Milieu, eine Tätigkeit, eine Leidenschaft, ein Mensch, ein Ereignis — was immer vor Goethes Gedächtnis als entscheidend oder merkwürdig oder verlockend stand, was entweder in seinem eignen Leben eine dauernde und tiefe Wirkung ausgeübt hatte, wie etwa Herder, oder was in sich ein sinnlich schönes Ganzes ergab, wie das Sesenheimer Idyll, oder was allgemeine welt- oder bildungsgeschichtliche Teilnahme beanspruchte, wie die Wirkungen Friedrichs oder die Literaturzustände des Fridericianischen Zeitalters, oder die Schilderung von Städtebildern, Landschaften und Festen. Um diese jeweiligen Mitten von denen das Licht und die Bewegung ausging ordneten sich gleichzeitige andere Elemente seines Lebens, und zwar derart daß nur ihre eine Seite zur Geltung kam welche durch die Gleichzeitigkeit oder durch eine Artverwandtschaft sich auf eben diese Mitte bezog, oder durch zwanglose Reflexion beziehen ließ, bis hinunter zu den Nebenfiguren und ausleitenden Schnörkeln. Alles würde dann nach der Mitte abgestuft und abgestimmt, in gelinden Übergängen (denn Goethe liebte keine scharfen Kontraste und haßte die grelle Antithese, wie sie Rousseau und Augustin rhetorisch-logisch in ihren Berichten benutzten) und empfing von ihr sein Licht, wie es ihr wiederum Farbe und Fülle gab. Denn jedes Ereignis, jeder Mensch, jedes Milieu hat um sich her einen Kreis von verwandten, nur undeutlichen oder geringern Elementen, oder strahlt das Fremde mit seinem Licht an, wenn es in seine Nähe gerät. Durch die Gleichzeitigkeit vieler Inhalte hat der Erzähler bequeme Möglichkeit der Annäherung, durch die Vielheit und Verschiedenheit gleichzeitiger Inhalte die Möglichkeit der Sonderung. Was nun in dem einen Buch als Nebensache, als einseitig von einer Hauptsache angestrahlte, nur auf diese bezogene, füllende oder färbende Umgebung erscheint, kann in einem anderen selbst als Mitte, als Grundthema auftauchen, um das wiederum andre Neben-themata sich schichten und abstimmen. Diese Fugierung der verschiednen Lebensstimmen kann ich hier nicht von Buch zu Buch im Einzelnen aufzeigen: ich verweise als Beispiel hier nur auf die Art wie

Herder im zehnten Buch und im zwölften Buch von verschiedenen Seiten erscheint, einmal als menschliche Hauptfigur, das andremal als eine literarische Einwirkung, wie das Thema Friederike bald von der Leidenschaft, bald von der Landschaft aus abgewandelt, zu Herder oder zum Elsaß in Bezug gebracht wird, wie überhaupt diese beiden gleichzeitigen Erlebnisse in mehreren Büchern verteilt sind, sich ausweichen und sich treffen.

Der Rolle welche die Reflexionen spielen als vermittelnde Übergänge von einem zum andren Thema, der Technik der Übergänge überhaupt in diesem Werk, das Gleichzeitiges als eine Reihenfolge und Reihen als Einheit darstellen mußte, wäre eine eigne Abhandlung zu widmen: vielleicht ist Goethe in diesem Werk der größte Meister der unmerkbaren und doch zugleich selbständig bedeutenden Übergänge unter allen deutschen Erzählern, neben dem Geschichtschreiber Ranke. Die Kunst der Übergänge ist eine Nebentätigkeit der Gliederung und der Abtönung, und setzt immer einen überschauenden Geist voraus, der eine Menge vielartiger Einzelmassen einheitlich deuten kann, und zugleich einen vermittelnden, schmiegsam gewandten Geist, der in vielen Gegensätzen zu Hause ist und ihr Gemeinsames kennt. Viele Goethischen Reflexionen und Maximen in Dichtung und Wahrheit dienen als Brücken und Klammern, wo zwei verschiedene Anschauungsbereiche, in der Sinnlichkeit unvermittelt und kaum vereinbar, an einen gemeinsamen Begriff angrenzen, oder wo durch ihn beide umspannt werden.. und dieser Begriff, eine gemeinsame Beziehung zweier Verschiedenheiten, gibt dem Erzähler Anlaß von der einen zur andren weiterzuleiten. Eine andre bei Goethe häufige Form des Übergangs ist die Assoziation als Kunstmittel, d. h. die Erinnerung an einen gemeinsamen Inhalt der bei verschiedenen Fällen mitspielt: so bildet z. B. die Geschichte des Vicar of Wakefield den Übergang von Herder zu Friederike, an Herder grenzend als Literatur, an Friederike als idyllisches Milieu. Größere Reflexionen allgemeiner Art leiten insbesondere meist die Bücher ein und aus, um eine Zerreißung zu überbrücken oder zu verdecken.

Inwiefern über die notwendige künstlerische Gliederung des Stoffs hinaus Goethe mit den erinnerten Tatsachen sich Freiheiten erlaubt hat und warum, das war von je ein Hauptaugenmerk der Fach-forschung. Wo der Tatbestand in Goethes Bericht nachweislich verändert ist, kommen einmal in Betracht unwillkürliche Gedächtnisfehler, die mit Dichtung nichts zu tun haben, zweitens bewußte Diskretionen — Verschweigungen und Abschwächungen — die nur die historische, nicht die dichterische Seite des Werks angehen, und drittens Erfindungen, Steigerungen oder Verknüpfungen. Nur diese sind dichterischen Ursprungs und dienen der „Verzahnung", der

Spannung, der Stimmung oder der Abrundung. Verzahnung, zumal ahnungsvolle Vorbotenschaft künftiger Ereignisse, ist vielfach der Gebrauch der von der Literatur innerhalb der Erzählung gemacht wird. So z. B. die kindliche Klopstock-aufführung am Schluß des zweiten Buchs, die Erwähnung der Volksbücher als leise Ankündigung des Faust und besonders deutlich die unterstrichene Beziehung des Vicar of Wakefield zu dem Sesenheimer Pfarrhaus. Goethe hatte dabei den künstlerischen Gewinn, daß der sprödeste Teil seines Stoffs, nämlich der papierne, der einer poetischen Behandlung am meisten widerstand, weil nichts mißlicher ist als Dichtung über Dichtung, durch diese Technik enthistorisiert und poetisiert werden konnte. Denn so wenig als der Lebenslauf und die Kultur durfte die Literatur historischer Rohstoff bleiben, und wo es anging hat Goethe die Bildungsgeschichte seiner Zeit, zuvörderst seine eigne literarische Tätigkeit, anekdotisch in die Handlung verwoben oder stimmungsmäßig in die geistig-seelische Atmosphäre aufgelöst, um sie der literar-historischen Stofflichkeit zu entkleiden, derart fein und kunstvoll, daß wir, auch da wo wir es nicht nachweisen können, ahnen: der Dichter möge hier mehr am Werk sein als der Historiker. „Literatur" ist hier in derselben Weise behandelt wie Shakespeare in Wilhelm Meisters Lehrjahren: als ein dichterisches Element der Handlung und Stimmung, nicht als eine ästhetisch-historische Einlage. Klopstock, Gottsched, Gellert, Herder, Lavater erscheinen als Mitteilnehmer, wenn nicht Hauptträger des seelischen Geschehens, nicht bloß als erwähnenswerte literargeschichtliche Faktoren, und das ist stellenweise durch rein anekdotische Herausarbeitung erreicht. Man erinnere sich der ersten Begegnung Goethes mit Gottsched, die vielleicht erfunden, jedenfalls aber dichterisch stilisiert ist. Die Bibel, die Volksbücher, Shakespeare und die Franzosen erscheinen nicht nur als Bildungsmächte, sondern weit mehr als Atmosphäre und „moralischer Raum", und auch dazu muß die oft mehr dichterische als tatsächliche Verknüpfung ihrer Werke mit der Handlung beitragen.

Goethes eignes Lesen und Schaffen endlich, von seiner knabenhaften Bibelarbeit und Märchendichtung an bis zu Faust und Egmont, ist hier, weit entfernt von jedem literarhistorischen Erläuterungsversuch, nur als Auswirkung seiner bewegten Seele und seines Schicksals, gleichfalls als Stimmung und Geschehen behandelt, auf der gleichen Ebene wie sein Lieben und Leiden: als dichterische Wahrheit, nicht als literarhistorische Tatsache, am wenigsten als literarische Beiträge zur Milieutheorie. Wie sehr selbst Goethes eignes Talent in Dichtung und Wahrheit poetisch und als Stimmungselement, als Farbe verwertet wird, zeigt das eingelegte Märchen „der

neue Paris", welches weit weniger Goethes Jugendpoesie als seine Alterspoesie bekundet. Goethes „Talent" spielt in Dichtung und Wahrheit eine
ähnliche Rolle wie das Wilhelm Meisters in den Lehrjahren, nur mit dem
Unterschied, daß in Dichtung und Wahrheit dies Talent zugleich bei den
Lesern als eine selbständige weltgeschichtliche über die Selbstbiographie
hinausreichende Tatsache vorausgesetzt wird.

Hatte Goethes Dichtung schon bei den an sich unpoetischen, den bil-
dungs-geschichtlichen Massen seiner Biographie gewaltet, so dürfen wir
ihre liebevolle Wirksamkeit bei der Steigerung, Spannung und Abrundung
der eigentlich „poetischen" Begebenheiten erst recht annehmen: bei den
Liebesgeschichten Goethes, den „Herzens-romanen" wie man solche Erlebnisse geschmacklos, aber mit einer richtigen Ahnung ihres ursprünglich
poetischen Werts nennt. Hier liegt denn auch das dichterische Gewicht
des ganzen Werks, und die Gestalten Friederikens, Lottens, Lilis leben in
unsrer Phantasie als selbständige Geschöpfe der Dichtung, neben Gretchen,
Klärchen, Ottilie weiter. Die erste Frankfurter Liebe zu Gretchen, die Leipziger Galanterie, das Sesenheimer Idyll, sind selbständige Novellen, deren
tatsächliche Richtigkeit uns fast so wenig kümmert wie die Grundlage der
Liebschaften Wilhelm Meisters: sie haben ihren dichterischen Eigenwert,
durch Traumschau gesehen und so sehr über die bloße Tatsächlichkeit
hinausgehoben wie ein lyrisches Gedicht über seinen Anlaß. Freilich hat
Goethe sich jeder künstlichen Poetisierung, jeder romantischen Aufmachung
enthalten: nur hat er solche Züge in einen Zusammenhang gebracht den
nicht mehr die geschichtliche Erinnerung, sondern die geistige Deutung
und die sinnliche Wirkung bestimmte. Überall merkt man die zufallsfeind-
liche Gesinnung, deren dichtester Ausdruck „die Wahlverwandtschaften"
sind.

Begegnungen, Abschiede, Feste und Abenteuer werden, meistens diskret,
manchmal mit ahnungsvollem Nachdruck, so erzählt, als hätten sie so kommen müssen und als stünden sie unter einer geheimen Notwendigkeit, in
einem gesetzlichen Zusammenhang, ähnlich wie die alltäglichen Vorgänge
der Wahlverwandtschaften. Wallensteins Wort: „es gibt keinen Zufall, und
was uns blindes Ungefähr nur dünkt, gerade das steigt aus den tiefsten
Quellen" ist recht eigentlich der Glaube welchen die Wahlverwandtschaften
bekennen, Dichtung und Wahrheit wenigstens andeutet, und dieser Glaube
ist mehr dichterisch-mystischen, als geschichtlich-empirischen Ursprungs.
Der junge Goethe hat jene Geschicke nicht in dem Zusammenhang und
als solche geheimnisvolle Notwendigkeit erfahren und empfunden wie sie
der alte Goethe darstellt, und als schon damals erlebt darstellt. Er hatte

ja damals noch gar nicht die Erlebnisart womit er seine Erinnerungen aufzeichnete, die Erlebnisart der Wahlverwandtschaften. Aber dichterische Freiheit oder unwillkürliche Mystik, nicht Tatsachenbericht war es, seinen gegenwärtigen Überblick als den Lauf der vergangenen Ereignisse darzustellen. Dahin weist die zugleich als „Verzahnung" wie als Geheimnis wirkende Weihung von Goethes Mund durch die eifersüchtige Tanzmeisterstochter und der Bezug dieses Abenteuers auf das Schicksal Friederikens.. ferner das zweite Gesicht Goethes beim Abschied von Sesenheim, schwerlich eine dichterische Erfindung, aber dichterisch gesteigert, ausgedeutet und benutzt, um dieses Idyll ahnungsvoll und versöhnlich auszuleiten. Die Spiegelung des Sesenheimer Pfarrhauses in dem von Wakefield erinnert zu sehr an Goethes künstlerische Verwendung literarischer oder malerischer Vor-bilder und Vorboten für bedeutende Schicksale seiner Helden und Opfer (z. B. die lebenden Bilder in den Wahlverwandtschaften, die Flucht nach Ägypten in den Wanderjahren) als daß wir nicht wenigstens eine stilisierte Angleichung des ganzen Sesenheimer Kreises an den von Wakefield vermuten dürften. Ebenso gemahnen an die Nähe der Wahlverwandtschaften die bezeichnenden, ja schicksalsvollen Gebärden, wie das „Streichen" Lilis. Selbst der astrologische Auftakt des ganzen Werks gehört hierhin.

Goethe selbst hat das „Dämonische", das Gestalten und Vorgänge in Dichtung und Wahrheit umschwebt und an diesen unausgesprochen als dichterische Konzeption wahrnehmbar ist, am Schluß seines Werks als ein philosophisches, ja als ein biographisches Prinzip ausgesprochen, und uns so am Ausgang des ganzen Labyrinths gleichsam einen Ariadnefaden gegeben (in ähnlicher Weise wie am Schluß der Lehrjahre das Geheimnis von Wilhelm Meisters Irren verdeutlicht wird). Gewiß ist die Fülle des Goethischen Lebens sowenig wie die Fülle von Wilhelms Bildung erschöpft durch einen noch so vielfassenden Begriff, und ein Ariadnefaden ist nicht das Labyrinth, ein Schlüssel nicht das Gebäude das er öffnet: aber dieser Hinweis auf das Dämonische als eine der Goethischen Lebensmächte erinnere abermals wie sehr Dichtung und Wahrheit aus einer über-historischen Konzeption stammt und bis in die Ordnung, erst recht in die Deutung der erinnerten Tatsachen hinein sich die Freiheit gegenüber dem Stoff bewahrt. Das Dämonische als solches wird kein methodischer Historiker, mag er sein Walten noch so ehrfürchtig anerkennen — Jakob Burckhardt und Ranke haben es getan — in der Weise als wirkendes und aufbauendes Prinzip einer geschichtlichen Darstellung behandeln wie es der Dichter Goethe bei seiner Lebensbeschreibung getan. Ja selbst der Geschichtsphilosoph, der nach göttlichem Plan oder leitenden Ideen in der Geschichte sucht, wird diese nicht als sinnliche Atmosphäre der Fakten offenbaren wie Goethe, sondern nur als verknüpfende Ursache, als Grund, als Ziel oder als Methode aussprechen. Das sinnliche Erlebnis des Dämonischen, über die begriffliche Anerkennung hinaus, macht Goethe zu einem Geschichtsdichter, nicht nur zu einem Geschichtsphilosophen.

Dichtung und Wahrheit zeigt, unter geschichtsphilosophischen Kategorien betrachtet, die Wechselwirkung seines Wesens und der geistigen Mächte, der sinnlichen Einflüsse, der bedeutsamen Personen: diese drei großen konzentrischen Kräftezonen (nicht streng geschieden und an den Grenzen ineinander übergehend, aber in der Hauptsache doch deutlich als eine Dreiheit gesonderter Wirkungsarten erkennbar) geben am besten den Querschnitt durch die Goethische Welt, wie er sie in Dichtung und Wahrheit geschaut und gelagert hat. Unter die geistigen Mächte gehören zunächst die Fernwirkungen denen der bildsame Mensch, oft ohne sich ihrer bewußt zu werden, unterliegt, die er selten unmittelbar fassen, manchmal auf ihren Mittelpunkt namentlich zurückführen kann, die Summe der verschiedenen Geisterströme und -lüfte welche, aus der Geschichte in die Gegenwart hereinflutend, sein Zeitalter ausmachen, seinen Zeitgeist bestimmen, oder auch gerade ihn als Einzelnen und Einzigen treffen, kraft seiner besonderen Auswahl aus der allgemeinen Atmosphäre. Solche Fernwirkungen können von großen Toten oder Lebenden ausgehen, in Helden und Weisen der Vergangenheit oder Gegenwart konzentriert sein, oder schon ins Allgemeine ausgegossen, namenlos und unpersönlich geworden sein, als Massenfluida, Zustände oder Einrichtungen: auf alle Fälle sind es geistige, d. h. menschliche Wirkungen, und sind Fernwirkungen. Dadurch unterscheiden sie sich von der zweiten und dritten Kräftegruppe: die sinnlichen Einflüsse (wie das Wort hier terminologisch, d. h. notgedrungen unzulänglich gebraucht wird) können auch von Außermenschlichem kommen, die bedeutsamen Personen müssen lebendig und nah sein. Als geistige Mächte z. B. erscheinen in Dichtung und Wahrheit: die Einrichtungen und Zustände des Heiligen Römischen Reichs, die Leipziger und Straßburger Universität, der Pietismus und Freundschaftskult des deutschen Bürgertums, die deutsche Literatur der Barock- und Rokokozeit wie sie durch Kanitz oder Günther, durch Gellert oder Gottsched, durch Klopstock, Wieland, Lessing oder Hamann vertreten wird. All diese Literaten, auch die noch lebend oder persönlich eingeführten, sind wesentlich als „geistige Mächte", nicht als bedeutsame Personen behandelt: nur Herder, Gellert, Oeser, allenfalls Schöpflin, d. h. solche Lehrer die zugleich durch ihre Werke die deutsche Zeitbildung überhaupt und durch persönlichen Umgang, also durch Nahwirkung Goethes Geist und Seele formten, gehören beiden Kräftezonen an, und sind auch unter beiden Gesichtspunkten behandelt, zumal der wichtigste: Herder. Als weiteste geistige Mächte in Goethes Leben erscheinen die Bibel und die Antike, unmittelbar oder in Vermittlungen durch Protestantismus und Klassizismus, als engere und dringlichere erscheinen Friedrich der Große, Shakespeare, Ossian, Spinoza, Voltaire, Rousseau, Lessing, Winckelmann, einerlei ob die Gewalt von den Gedanken, den Werken oder der Gestalt der großen Männer ausgeht. Bald wird ihr Bild gezeichnet, bald ihre Leistung beurteilt, bald ihre Macht nachgewiesen, je nachdem sie durch ihr Sein, durch ihr Tun, oder durch ihr Wollen wirkt.

Da Goethe das Einzelne immer im Zusammenhang schaut mit dem Weltganzen worin und woran er sich entwickelt, so kommen auch die Misch- und Mittelformen, die Übergänge und Kreuzungen zu ihrem Recht, derart daß schon die „geistigen Mächte" allein in Dichtung und Wahrheit ein gegliedertes und, beim Bezug auf den einen freilich allseitigen Empfänger, rundes Gesamtbild des Goethischen Zeitalters als eines Bildungsabschnitts der deutschen Menschheit geben.

Die Teile des Werks die in diese geschichtsphilosophische Kategorie gehören sind mehr vollkommene Kulturgeschichte des Zeitalters als Biographie Goethes, ja sie lassen sich aus dem Ganzen herauslösen und können dann als selbständige geistesgeschichtliche Monographien gelten, denen man ihren biographischen Ursprung und Zusammenhang kaum anmerken würde. Man versuche das gleiche übrigens bei irgendeiner vorgoethischen Lebensbeschreibung, etwa Augustin oder Rousseau, und man wird erkennen was Goethe in Dichtung und Wahrheit zuerst gelungen ist: ein Zeitalter am Einzelmenschen zu zeigen. Doch dies ist nur die eine Seite der biographischen Aufgabe, die andre ist es: die Ichwerdung von Zeit und Welt zu vergegenwärtigen. Dazu mußte Goethe das Bild der fernwirkenden geistigen Mächte ergänzen durch das der andern beiden Kräftegruppen, unter deren Nahwirkung der Einzelne sich formt: der sinnlichen Einflüsse und der bedeutsamen Personen. Beide gehören schon wesentlich zur Biographie als solcher (nicht bloß zur Geschichte schlechthin) und empfangen nur von dem Wert des Einzelnen an dem sie wirken ihren geschichtlichen Wert, während die geistigen Mächte auch unabhängig von ihrer jeweiligen biographischen Funktion der Geschichte angehören.

Zu den sinnlichen Einflüssen rechnen wir alles was man gemeinhin unter dem Namen „Milieu" zusammenfaßt, die Atmosphäre von Haus, Stadt und Landschaft, die durch die Sinne eindringend, als Gewohnheit oder Veränderung wirkend, einen Menschen formt oder bestimmt. Das Milieu entsteht aus der Wechsel-durchdringung menschlichen Wesens und außermenschlichen Naturstoffs. Dabei kann entweder das Menschliche überwiegen und dem Stoff seine Form aufprägen, wie bei allem Gebauten, oder es kann sich der Natur bis zum Untertauchen anpassen, als Feld-, Berg-, Wasser- und Wald-wirtschaft. Ganz selbständige Natur oder Ur-landschaft kommt in dem von Goethe zu schildernden Bereich nicht vor. Auch was wir im Gegensatz zur Stadt als „Natur", als „Landschaft" empfinden ist schon menschlich bedingt, ohne daß sich die menschliche Tätigkeit unmittelbar darin aufdrängt, und in dem ewigen Kampf zwischen dem Menschengeist und den Elementen, zwischen Natur und Kultur rechnen wir der Natur diejenigen Gebiete zu von denen der Menschengeist sie nicht völlig verdrängen konnte oder wollte. Wenn nun der Mensch weit in die Natur hinein waltet, auch ohne sein Walten überall zu akzentuieren, so übt freilich auch die Natur eine unsichtbare Macht aus in allem Menschlichen — nicht nur durch ihre Elemente, die wir brauchen und denen wir uns also anpassen müssen, indem wir sie uns anpassen — auch durch die Menschenart selbst, durch Blut und Fleisch, Triebe und Kräfte, die ja Natur sind und aller Bildung, Zähmung und Kleidung ungeachtet sich offen oder heimlich, mittelbar oder unmittelbar, in der Kultur auswirken. So ist zwischen menschlichen und außermenschlichen Kräften kriegerische oder friedliche Ehe, deren Früchte bald dem Menschengeist, dem Vater, bald der Natur, der Mutter, gleichen und geistig-stofflich sind, zum Unterschied von den Ideen, als nur-geistigen Mächten*) und von Tieren, Pflanzen, Elementen, als nur-stofflichen Geschöpfen. Niemand hat diese Wechselwirkung zwischen Kultur und Natur tiefer begriffen und reiner dargestellt als Goethe**). Ich habe gezeigt (Seite 406 ff.) daß hier die Wurzel seiner Geschichtsphilosophie und seines Geschichtsinteresses lag, und im Zusammenhang damit seinen Begriff von Milieu abgegrenzt

---

*) Staats- oder Bildungs-institutionen, wie etwa die Reichsverfassung oder die deutschen Universitäten fallen daher nicht unter den hier abgegrenzten Begriff des „Milieu"; sie sind geistigen, d. h rein menschlichen Ursprungs, und müssen sich keiner außermenschlichen Stoffe bedienen, um zu wirken und zu erscheinen, wohl aber z. B. das Frankfurter Stadtbild oder die Elsässer Landschaft.

**) Herder hat zwar vor Goethe schon als Ahnung und Einsicht diese Wechselwirkung in seinen „Ideen" ausgesprochen, aber eine eigentliche Geschichtsdarstellung auf Grund dieser Erkenntnis, geschweige eine sinnliche Vergegenwärtigung am einzelnen Menschenbild hat es vor Dichtung und Wahrheit nicht gegeben. Johannes von Müllers Schweizergeschichte kennt das Milieu und die Kultur nur als Summe von Staatsinstitutionen und Bräuchen, die Natur nur als Gegenstand oder Grenze der Bebauung, nicht als wirkende kosmische Kraft.

gegen die sogenannte „Milieutheorie", als deren Vorläufer oder Begründer man ihn wegen seiner Selbstbiographie beansprucht hat. In der Tat gibt es keine zweite Lebensbeschreibung mit so zahlreichen, so ausführlichen, so eindringlichen Stadt- und Landschaftsbildern, und nicht nur die Dichterkraft und -lust des Schilderns hat daran Teil: gerade der Geschichtsdenker Goethe erkannte sich als die Geistwerdung (nicht, wie die Milieutheoretiker wollen, als das Geschöpf oder passive Ergebnis) auch der außermenschlichen Wesenheiten, in deren sinnlichem Odem er heraufwuchs und die sich als Haus, Stadt und Land für ihn versichtbarten.

Daß er den Hauch, die Struktur, den Umriß der verschiedenen Kultur- oder Naturmilieus so einfangen und in Worte bannen konnte, das dankt er seinem Dichtertum — daß er es wollte, das entspringt aus seiner gesamten Weltansicht: für ihn war der einzelne Mensch ein empfänglicher und wählerischer Kraftkeim, nur in Wechselwirkung mit den ihn konzentrisch anstrahlenden näheren und ferneren kosmischen Kräften denkbar. Wie sein Charakter als Gestalt selbst das faßlichste Sinnbild seiner spezifischen Auswahlart bot, so boten (neben den geistigen Mächten und den bedeutsamen Personen) die Milieus die Sinnbilder für den Auswahlraum oder Auswahlstoff wodurch er gerade dieser geschichtliche Mensch ward. Auswahlart und Auswahlstoff sind durch eine gegenseitige Anziehung oder Abstoßung miteinander verknüpft, und diese Verknüpfung, die bald deutlich, bald geheimnisvoll ist, nennt man, von der Auswahlart aus gesehen: die Entwicklung, vom Auswahlraum oder -stoff aus gesehen: das Schicksal, vom geschichtlichen Ergebnis aus gesehen: die Gestalt eines Menschen. (Ob man die kosmischen Kräfte und den menschlichen Kraftkeim über- oder innerweltlich nimmt, mittelbar, unmittelbar oder gar nicht auf Gott zurückführt, oder ihr Sein und Wirken selbst göttlich nennt, ist für die geschichtsphilosophische Methode gleichgültig.)

Nun — als Sinnbilder seiner Entwicklung und seines Schicksals hat Goethe auch die Städte und Landschaften in Dichtung und Wahrheit behandelt, sein Elternhaus bis zu den Möbeln hinab, Frankfurt mit dem Taunus, Straßburg mit der Rheinebene, Wetzlar und all die Schauplätze seiner Bildung, seiner Liebschaften und seiner Werke. Und da er als Dichter, nicht als Maler schilderte, so gab er sie in Bewegung und Belebung durch ihr menschliches Drum und Dran: nicht nur die malerischen Prospekte, sondern auch die Trachten, Sitten und Beschäftigungen, die alltäglichen oder alljährlichen Gesinnungen und Bräuche woraus jene entstanden und welche durch sie entstanden, Märkte, Feste oder einmalige Ereignisse welche sie verwirrten oder verwandelten, wie ein Brand, eine Fürstenhochzeit, eine Krönung.

Gleichviel ob als allgemeine Sittenschilderung, ob als Architektur- oder Landschaftsbild, ob als novellistische Einlage einer besonderen Begebenheit: stets hat Goethe die sinnlichen Einflüsse in seiner Biographie behandelt als die Menschwerdung der Elemente und der Sachen, nicht als die Sachwerdung des Menschtums, und erst indem er der Reichweite seines Lebens auch die unpersönliche Welt einbezog, was kein Biograph so bewußt und so umfassend vor ihm getan, hat er seine Geschichte naturhaltig gezeigt, wie er sie lebte und erlebte, und die Natur nicht nur vermenschlicht, sondern vergeschichtlicht. Der gefühlsmäßige dichterische Pantheismus und Pananthropismus Goethes war in Dichtung und Wahrheit zur geschichtsphilosophischen Methode geworden die ihn befähigte auch die großen Sachkomplexe völlig zu durchseelen und zu vergeistigen, nicht nur indem er sie als starre Mittel zu Gottes Zwecken, wie Augustin, oder als tote Ursachen für menschliche Wirkungen, wie Rousseau, mit dem Menschenleben verknüpfte, allenfalls als zufällige Umgebung, als ein Nebeneinander — sondern als Grade einer wirkenden Einheit, die vom Menschenherzen bis zum Granit, von den Gegenständen bis zu den Seelen das denkbare und sichtbare All als Natur wie als Geschichte durchwaltet.

Durch Goethe ist uns diese Weltbetrachtung so geläufig geworden, und durch die Milieu-theorien so banalisiert, daß uns die Neuerung kaum mehr bewußt wird die Dichtung und Wahrheit als Geschichtswerk bedeutet: die Vertiefung und Ausdehnung des biographischen Gegenstandes, der Idee „Einzel-leben" über die bloßen Ereignisse, Begegnisse und Seelenregungen hinaus: die Entdeckung der mitwirkenden und mitlebenden „Umwelt". Kein Biograph vor Goethe hat etwas anderes schildern wollen als eine Reihe von Taten oder Erfahrungen, und wo wir aus Memoiren, wie denen von Cellini oder Saint-Simon, die Wechselwirkung des Helden und der Welt, ein „Milieu" zu sehen glauben, da deuten wir die bei Goethe empfangene Idee unwillkürlich in die frühren Werke hinein, bei Cellini besonders noch verführt durch die Noten die Goethe seiner Verdeutschung angefügt hat: aber überall sind dort die Zustände nur als Sachen, als Stoff oder als Schranke behandelt, nie als Kräfte.. von Geist und Atmosphäre der unpersönlichen Welt ist nirgends die Rede. Ein solcher Begriff war vor Goethe keinem Geschichtschreiber aufgegangen. Es ist Cellinis und seiner Mitmenschen eignes Temperament, was wir als Renaissance-geist, Saint-Simons persönliche Stimmung und unser Wissen über seine Zeit, was wir als Siècle de Louis XIV. in seinem Buch empfinden: sie selbst sahen nur die Menschen die sie auf ihrem Weg zu Leistung, Geld, Ruhm oder Einfluß förderten und hemmten, die Mittel oder die Hindernisse zu ihren Zielen, und ihren eignen Gang auf diesem Weg, als Taten, Werke, Abenteuer, Intrigen, ohne ihres Werdens als eines geschichtlichen Vorgangs bewußt zu sein. Erst wir mit unsrer historischen Bildung wissen zugleich den Sinn und Zusammenhang, den geschichtlichen Wert, den Quellenwert ihrer naiven Erfahrung. Und was bei diesen äußere Erlebnisse sind, sind bei Rousseau innere, gebrochene: auch er sieht nur Menschen und Seelenregungen, allenfalls Landschaften, aber auch die nur als sentimentale Schauplätze seiner Empfindungen, nicht als menschenbildende Weltkräfte.

Erst Goethe hat das menschliche Leben der Dinge entdeckt, und nach ihm hat sich kein Biograph von Gewicht mehr dieser neuen Sehart entschlagen können. Man vergleiche etwa Bismarcks Gedanken und Erinnerungen (die gewiß mehr ein politisches Testament an sein Volk in Form eines welthistorischen Rechenschaftsberichts über sein Wollen und Wirken sein sollten als eine beschauliche Selbstdarstellung) mit den Denkwürdigkeiten eines früheren Staatsmanns, Richelieus oder Friedrichs des Großen — um Ebenbürtige zu nennen — so erkennt man was er Goethe verdankt: die Idee des Werdens mit und an einer Atmosphäre, das Gefühl für außerpersönliche „Imponderabilien", den Blick für den Geist der Umgebungen, den Genius loci. Seine Denkwürdigkeiten sind eben dadurch unter allen Staatsschriften, zwar nicht die großartigsten, doch die seelisch bewegtesten und ergiebigsten, stimmungsreichsten, ja „dichterischsten" — in dem Sinn wie Goethe das Wort Dichtung auf dem Titel seiner Biographie verwendet.. und so verschieden Zweck und Art Bismarcks von der Goethes war: als Autobiograph ist er unbewußt sein Schüler.

Man könnte jeder Biographie ohne weiteres ansehen ob sie vor oder nach Goethes Dichtung und Wahrheit geschrieben ist, an der Art wie die „sinnlichen Einflüsse" darin behandelt werden: diese sind die geschichtsphilosophisch und methodisch neue Entdeckung die Goethe eingeführt hat, und als solche besonders wichtig, ohne deshalb die dichterischen Hauptstellen seines Werkes auszumachen. Als solche werten wir diejenigen Abschnitte die den bedeutsamen Personen, den auf Goethe unmittelbar wirkenden lebendigen Menschen, gewidmet sind: sie machen den innersten Kreis, den Kern von Dichtung und Wahrheit aus und sind auch rein biographischstofflich die merkwürdigsten. Denn nur sie gehören ganz zu Goethes Leben, existieren für ihn und durch ihn, und sein Leben wiederum, wie es uns jetzt erscheint, ist als sinnliches Ganzes allenfalls vorstellbar, wenn auch nicht erklärlich, ohne die geistigen Mächte und ohne die sinnlichen Einflüsse, aber nicht ohne die bedeutsamen Personen. Unwillkürlich sieht man Goethe, noch ehe man an die Fernwirkungen Shakespeares oder Friedrichs des Großen denkt, oder sich seine umgebenden Städte und Länder vergegenwärtigt, geleitet und umringt von Familie, Lehrern, Freunden, Geliebten. Nur dieser Kreis naher Menschen scheint sein Leben im engern Sinn auszumachen, die eigentlichen Anziehungen und Abstoßungen, die heftigen Krisen, die Leidenschaften, die Abenteuer und Erfahrungen, Not und Glück seines Herzens, welches ja nicht durch seinen Zusammenhang mit der Welt- und Sittengeschichte „Leben" zuerst empfand, sondern durch den Umgang mit lebendigen Menschen. Zudem treten wir erst mit diesen in den Bereich der Wirkungen die Goethe persönlich ausgeübt hat, während ihn die geistigen Mächte und die sinnlichen Einflüsse nur als Empfänger zeigen*).

Erst hier beginnt was man die Handlung der Autobiographie nennen kann, wodurch Goethe aus einem Geschöpf, ja Gewächs, zu einem Charakter wird, und das Werk einen Helden bekommt. Wenn die beiden ersten Wirkungen mehr das seelische Klima und den Boden für Goethes Leben ausmachen, so erfahren wir hier erst durch Aktion und Reaktion der menschlichen Umgebungen die seelische Struktur dieses Lebens selber. Man könnte sich also, wenn auch nicht aus Goethes Leben, so doch aus seiner Beschreibung, eher die geistigen Mächte und die sinnlichen Einflüsse wegdenken als seine Mitmenschen: sie könnte dann immer noch eine gute Biographie alten Stils sein, nur eben nicht die völlig neue Konzeption die Dichtung und Wahrheit gerade durch die Einbeziehung auch jener beiden Zonen geworden ist. Besäßen wir aber nur seine Schilderung der zeitgenössischen geistigen Mächte und sinnlichen Einflüsse, so wäre dies eine neuartige Kulturgeschichte, aber keine Biographie. Die Durchdringung beider macht Dichtung und Wahrheit nicht nur total, sondern auch universell, nicht nur in sich vollkommen, sondern auch umfassend.

Unter den Menschen die auf Goethe wirkten kann man die Familie als Ganzes, als Haus, auch zu den sinnlichen Einflüssen rechnen: sie bildet den Übergang zwischen der zweiten Kräftezone und der dritten, da sie, als dichte Atmosphäre, schon auf das Kind wirkt, eh es zum Bewußtsein der Person gelangt ist. Erst allmählich lösen sich die Charaktere der Eltern und Geschwister heraus aus dem dumpfen Lebenskreis der das All eines Kindes ausmacht. Vater, Mutter und Schwester sind zuerst das Selbstverständliche und werden gerade durch die Alleingewalt ihres Daseins und ihrer Wirkung kaum als ein Außerhalb erlebt. Erst durch die entfernten Familienglieder, durch Nachbarn, Bekannte und Spielgenossen erreicht die Außenwelt in

---

*) Die sinnlichen Einflüsse, die „Milieus" sind in Dichtung und Wahrheit allerdings als Wechselwirkungen geschildert, aber als solche zwischen Natur und Menschentum überhaupt, nicht als solche zwischen Goethe und ihnen.

Menschengestalt den Gesichtskreis des Knaben. Goethe hat einige solcher ersten Einwirkungen, zugleich als solche und als selbständige kuriose Typen, als füllende und färbende Roman-nebenfiguren, in Dichtung und Wahrheit festgehalten, den allmählichen Übergang von Haus zu Welt, von geschloß-nem einzigem Kreis zu Wahl und Weite verdeutlicht durch Erzählung seiner frühesten Kinderstreiche, welche durch die erste Einwirkung jenes Außer-halb veranlaßt wurden. Dieser erste Umkreis seines Hauses ist zugleich das erste Neue und Fremde dem gegenüber er sich zurechtfinden, aus dem er wählen, zu dem er ja oder nein sagen mußte, und darin zumal liegt der sinn-bildliche Wert dieser anekdotischen Kuriositäten für Goethes weiteres Da-sein. Ja und Nein, Anziehung und Abstoßung durch andre, auf der Kinder-stufe noch animalisch und dumpf, wird beim erwachenden und erwachten Menschen zu Geist und Schicksal, durch die Wahl der Führer und Freunde, bei der zuerst Wissen und Fühlen, Wollen und Müssen sich zu Charakter steigern oder als Bildung äußern. Unter Goethes Führern gehören einige zu den geistigen Mächten der Zeit, wie Gellert, Herder oder Lavater, aber ihre eigentliche Wirkung auf Goethe beginnt erst durch ihre persönliche Nähe und ist unabhängig, mindestens bei den beiden letzteren, weitaus wichtigeren, von ihrer geistesgeschichtlichen Stellung, die sie entweder erst nach ihrer Bekanntschaft mit Goethe errungen haben oder eben zum Teil durch sie. Alle Grade der Führerschaft sind in Dichtung und Wahrheit an bedeutenden Typen vergegenwärtigt: der bloße Wissens- und Stoffvermitt-ler an den Universitäten, Ernesti oder Morus in Leipzig, der Anreger und Anleiter wie Gellert oder Oeser, der negative Mentor wie Merck, der Seelen-führer, wohl auch -verführer wie Lavater, und der positive Seelenbildner wie Herder. Auch in diesem Bereich fehlt es nicht an Nebenfiguren, Kuriosi-täten, Zwischen- und Mischformen, Pedanten wie Gottsched, Gönnern wie die Böhme, Autoritäten wie Schöpflin, Egerien wie Susanne von Kletten-berg, Aposteln wie Basedow .. anziehenden, abstoßenden oder gleichgültigen Notabeln aus dem ganzen Bereich der deutschen Öffentlichkeit, deren Grenze nach oben durch Klopstock, nach unten etwa durch Leuchsenring oder „den Spürhund Gottes" Kaufmann bezeichnet wird. Diesen untereinander so ver-schiedenen Gestalten gemeinsam in ihrem Bezug zu Goethe ist ihre Distanz infolge des Begriffs der vor ihnen hergeht, ihr von ihm unabhängiges Da-sein in der Welt und daß sie hier eher als Wirkende oder Eindrucksvolle erscheinen, denn als von Goethe bewirkte und beeindruckte.

In den Bereich der eigentlich Goethischen Wirkungen treten wir erst mit seinen Freunden: von den ersten Kameraden des Knaben an, bis zu dem Herzog von Weimar, dessen Ruf den Schluß des Werkes herbeiführt, erscheint Goethe Altersgenossen oder Jüngeren gegenüber, ohne daß er es eigens zu betonen braucht, durch den bloßen Gang des Geschehens, den Widerschein seines Wesens in der Handlung, als der Wirkende — weniger unter der Form des Führers oder Lehrers als der des Bildners und Füllers, weniger durch bewußte Autorität als durch größere Lebenswärme und unwillkürliche Kraft. Auf seinem ganzen Lebensweg begleiten ihn Schwärme von Jünglingen die, von seiner jeweiligen Glut angestrahlt, nur dazu da scheinen die Brechung Goethischen Wesens in oder wenigstens an ihrem ursprünglich ganz anders gearteten Stoff zu zeigen. Die Stärke und die Grenzen seiner Macht über Menschen, die Art und den Grad seiner Wirksamkeit — die denn doch so gut zu seinem Leben gehört wie seine Empfängnisse, Wandlungen und Leistungen — konnte Goethe nur mittelbar darstellen, eben an ihren Medien, seinen Freunden: sie sind innerhalb seiner Biographie „der Kreis den seine Wirksamkeit erfüllt". Hier hatte Goethe als Biograph den Doppelgewinn, zugleich eine Fülle mannigfaltiger und merkwürdiger Charaktere als Bereich seiner Ausstrahlung, und die Fülle seiner eigenen Richtungen, Strahlungen, Wendungen an den vielen menschlichen Prismen zu zeigen. Denn in jedem neuen Charakter ward auch ein neues Stück Goethe als Wirkung sichtbar, und Goethe konnte, ohne sein Ich zu analysieren wie Rousseau, was seinem Wesen und seiner Aufgabe fremd war, sich vergegenständlichen, indem er die Gegenstände, die objektiven Medien seines Selbst schilderte. Ohne sich zu zerfasern trat er aus sich heraus, und je mehr Menschen seiner Welt er schilderte, desto klarer ward er selbst, wie das Wesen des Lichts auch durch die Farben und Formen sich offenbart die es trifft, ohne daß diese Farben und Formen deswegen aufhörten selbständige Gebilde zu sein. Diese Doppelaufgabe erfüllen die Bilder seiner gleichaltrigen Bekannten, von frommen oder tollen Zechgenossen wie Jung Stilling oder Goué, bis zu den literarischen Brüdern und Jüngern aus Straßburg, Wetzlar, Pempelfort, von vorübergehenden Reisebekanntschaften bis zu entscheidenden Begegnungen, vom trocknen Widerstand bis zur feurigen Hingabe an seinen Genius: in allen Stufen und Lagen ist Goethes Bekanntenkreis ein erweitertes Gegenbild zu Goethes Eigenschaftskreis, und um sein Wesen läuft seine menschliche Wirkung wie der Mondhof um den Mond, eine selbständige Erscheinung, aber nicht denkbar ohne den Mond, und wiederum zurückdeutend auf ihn.

Eltern, Lehrer, Freunde bezeichnen, so gut wie die geistigen Mächte und die sinnlichen Einflüsse, im Großen und Ganzen, allmähliche, stetige, oft sogar unmerkbare Wirkungen. Der Wandel den sie hervorbringen äußert sich als leises Werden, als Entwicklung, nicht als jähe Krisis oder ruckweise

Erschütterung — als geistiges Reifen, als seelischer Druck oder Fortschritt, als Gesetz oder Gesinnung, nicht als Pathos. All dies, Krisis, Erschütterung, Leidenschaft, jähe Gefährdung des inneren Baus, jähe Steigerung aller Kräfte, erfuhr Goethe mit Bewußtsein durch die Liebe zu Frauen. Hier ward sein stetes Streben zur Begier, sein Strom zum Wirbel gestaut, seine ruhige Glut zur Flamme, und wo er während seiner Entwicklung Krisen, während seines Werdens Erschütterungen unterscheiden konnte da geschah dies fast immer durch die Begegnung mit einem Weib um welches seine Kräfte als um seine jeweilige Idee des Schönen sich drängten. Auch in Dichtung und Wahrheit erscheinen seine Geliebten vor allem als die verschiedenen Ursachen und Verkörperungen seiner Krisen, durch welche der ruhige Gang seines Werdens schicksalhaft unterbrochen, gefährdet oder gesteigert wurde, und jede Geliebte, so vollständig dichterisch und geschichtlich als Menschenbild sie behandelt wird, bezeichnet zugleich mit einer neuen Krise eine neue Gefahr oder Steigerung, eine neue Stufe seines Lebens, gemäß den neuen geistigen Mächten und sinnlichen Einflüssen dieser Stufe. Ich habe selbst versucht zu zeigen daß die verschiedenen Leidenschaften Goethes nicht zufällige Wiederholungen seiner Sinnlichkeit sind, sondern seiner jeweiligen Reife entsprechen, daß jede seiner Geliebten einem jeweils verwandelten oder verwandlungsbereiten Weltgefühl und einer gesetzmäßig erneuerten Idee der Schönheit entgegenkommt. Dies so zu sehen hat uns Dichtung und Wahrheit erst gelehrt. Das Frankfurter Gretchen, Käthchen Schönkopf, Friederike, Lotte, Lili sind nicht nur immer andre Menschenbilder, andre Verwicklungen — also neue Charakter- und Handlungsmotive für den Dichter — sondern auch andre Seinsstufen und „Ideale". Wie zu dem Frankfurter Gretchen die halbdunkle Frankfurter Altstadt des mittleren und unteren Bürgertums als Milieu, und der unruhig erwachende, begierig ahnende, dumpf ausgreifende Knabensinn als Träger des Abenteuers gehört, so ist die Leipziger Liebschaft kritischer Brennpunkt der Rokoko-schöngeisterei und -galanterie, so gehört zu Friederike das Elsaß als Spielraum des durchgebrochenen Gemüts, zu Lotte Wertherstimmung und Wertherlokal, zu Lili die damalige Frankfurter Spannung zwischen guter Gesellschaft und dämonischem Beruf. Man kann den Charakter der Geliebten kaum von Goethes jeweiliger Reife und von ihrer Umwelt trennen: in dem Verhältnis und durch das Verhältnis zu jeder steigert sich Zustand und Entwicklung zur Krise, und alle Spannungen Goethes innerhalb der geistigen, dinglichen und menschlichen Umwelt entladen sich durch die Liebe zu einer Schönen.

Auch diese hohe Bedeutung der Geliebten in Goethes allumfassendem und gewiß nicht durch Erotik ausgefülltem Dasein erklärt sich aus Goethes geheimnisvollem Wort, daß er das Ideal unter weiblicher Gestalt anschaue. Die schönen Mädchen waren ihm die sinnliche Brücke aus jeder angesammelten Geistes-, Seelen- und Sinnenwirklichkeit zum Ideal. Als solche Brücken, d. h. als faßbare Übergänge aus einem gegebenen und nach allen Seiten hin geschilderten Leben zu einem ersehnten oder geträumten, erst zu erringenden, gesteigerten, schildert er denn auch in Dichtung und Wahrheit seine Leidenschaften und deren Zentren, seine Geliebten. Hier grenzt demgemäß seine Wahrheit am nächsten an die Dichtung, nicht nur weil Liebesgeschichten an sich ein poetischer Gegenstand sind, sondern weil sie hier in Traum, in Ideal übergeht: jede seiner Geliebten ist ja nicht nur ein Erinnerungsbild sondern auch ein Wunschbild.

Wir haben etwa die Welt umschrieben durch die Goethe seine Jugend gezeichnet hat. Nur um dieser von ihm erlebten Welt willen scheint er sein Leben schildern zu wollen, und nur weil es gerade seines Lebens, in eben diesem Zeitraum und Kulturbereich, bedurfte, um diese Welt zu vergegenwärtigen und zu verewigen, scheint Dichtung und Wahrheit (wie Wilhelm Meister) einen persönlichen Helden zu haben, welcher Goethe ist. So wenig betont Goethe sich als die beherrschende Person des Ganzen, daß er sich an einer Stelle sogar gleichsam entschuldigt, weil er in seiner Autobiographie von sich selbst spreche. So sehr hat er sich hinter oder in der Welt, freilich seiner Welt, verborgen, und sein Selbst nur als Medium einer Welt, als Weltwerdung dargestellt, daß man fast irre wird ob wirklich sein Leben der Gegenstand oder nur der Vorwand des Werks sei. Wie Wilhelm Meister ist Goethe zwar die Mitte auf die alles sich bezieht, um deretwillen alles geschieht und an der alles erscheint, aber zugleich die am wenigsten umrissene, im gemeinen Verstand „uninteressanteste" Gestalt des Werks .. auch hier gilt das Gleichnis von dem Licht das erst durch Gegenstände sich offenbart, und wie wir nach dem Worte Fausts am farbigen Abglanz erst das Leben haben, so haben wir in Dichtung und Wahrheit auch am farbigen Abglanz seiner Welt erst Goethes Leben. Dem alten Goethe selbst war diese Sehart, die das Erscheinende nur an Erscheinungen zeigt, so natürlich, daß er sich selbst kaum anders darzustellen gewußt hätte als durch Welt.

Dazu kommt daß er für sich nicht sein konnte was er uns ist: ein staunenswürdiges Wunder zu dem wir hinaufsehen. Vielmehr war er sich selbstverständlich, und seine Objektivität gegenüber dem eigenen Dasein bezog sich auf seine Art und seine Proportionen, nicht auf seine Dimensionen. Aus Dichtung und Wahrheit kann man wohl erkennen daß hier von einem reichen und tiefen Menschen die Rede ist, aber wenn man es nicht anderswoher wüßte, erkännte man in diesem „Ich" nicht den größten Geist von Jahrhunderten. Denn die Werke denen Goethe diesen Ruhm verdankt werden nur als Ausflüsse normaler Entwicklungen und Krisen erwähnt, und die Macht seiner Person, sein Genie erscheint als eine so selbstverständliche Funktion seines Wesens wie das Atmen. Dem Riesen ist das Riesenhafte normal, und nirgends hat sich Goethe vom Standpunkt der Zwerge aus geschildert, d. h. mit unsrem Staunen und Hinaufblick. Nicht sein Anderssein, nur sein Sosein vergegenwärtigt er. Auch dadurch unterscheidet er sich sehr wesentlich von fast allen andren Autobiographen daß er sich nicht als Ausnahme und um der Ausnahme willen, sondern als Norm (das heißt freilich nicht, wie man es heut meist versteht, als alltäglich Häufiges, sondern als vollkommen Gesetzliches) geschildert hat. Nicht seinen Seltenheitswert (der immer ein relativer Wert ist) sondern seinen allgültigen, normalen Gehalt hielt er einer Verewigung für würdig. Augustin und Rousseau, auch Cellini und Saint-Simon, meinten ihre außergewöhnlichen Erfahrungen oder ihre außergewöhnliche Person der Nachwelt nicht vorenthalten zu dürfen, und Rousseau zum wenigsten, ja überhaupt die meisten französischen Memoirenschreiber ziehen das Bild das von ihnen im Publikum als berühmten oder merkwürdigen Personen bereits umläuft in ihre Selbstschilderung mit herein, sie sehen sich selbst mit dem Staunen und dem Hinaufblick, wohl auch mit der indiskreten Neugier zu die man ihnen draußen entgegenbringt, und denken nicht nur an das Publikum, sondern auch wie das Publikum. Selbst ihre Objektivität ist die Objektivität der Selbstbespiegelung, nicht der Selbstgestaltung. Die großen Männer der Tat aber ziehen von vornherein nur aus ihrer weltgeschichtlichen Wirkung das Recht, oft die Pflicht, zur Rechenschaft, und mögen Cäsar oder Napoleon sich noch so selbstverständlich sein: nicht ihre Person, sondern ihre Leistung, also gerade das „Andere" heißt sie schreiben. Das gleiche gilt von den Abenteurern, überhaupt von allen Autobiographen deren Selbstschilderung weniger durch Bedürfnisse ihres Wesens als durch ihre Stellung zur Welt, eben weniger durch ihr Sosein als durch ihr Anderssein bestimmt wird.

Goethe hat von vornherein sein Leben als ein gesetzmäßiges Werden als und durch Welt, nicht als ein außerordentliches Tun oder Geschehen in und gegenüber der Welt konzipiert, und darum allein schon ist er in Dichtung und Wahrheit kein „aktiver Held", sowenig wie Wilhelm Meister in den Lehrjahren. Denn nichts ist dem Werden fremder als das Tun, als die eigentliche Aktivität, während Schaffen und Wirken als Funktionen eines Werdens gelten können, zumal Goethe sein Schaffen als einen Reifeprozeß, sein Wirken als Ausstrahlung behandelt. Blühen und Fruchten, Atmen und Leuchten steht jedem Werdenden, jedem Gewächs frei, die Tat nicht, und es ist Goethes wiederholt betonter Unterschied in der Menschenschau von Shakespeare oder Schiller, daß er den Menschen wesentlich unter dem Bild des organischen Wachstums erfuhr. Die Pflanze ist für ihn das Sinnbild jedes, auch des seelisch geistigen Werdens. In Dichtung und Wahrheit hat er sein Leben denn auch wie das Wachstum einer geistigen, leidenschaftlichen Pflanze geschildert, die Selektion die ein wachsender Keim aus Klima und Boden trifft und wiederum die Stamm- Blüte- Frucht- Duft- und Farbwerdung dieses vom Keim anverwandelten Klimas und Bodens.

Schließt so schon die Konzeption des Werdens eine eigentliche Aktivität aus, so tut dies die Konzeption der Gesetzlichkeit erst recht. Sie ist in Dichtung und Wahrheit dieselbe wie in den Wahlverwandtschaften gemäß der zeitlichen Nähe beider Werke: aus demselben Grunde warum die Wahlverwandtschaften keinen aktiven Helden haben, kann auch Goethes Autobiographie keinen haben. Auch hier waltet bis in das Individuellste und Persönlichste hinein die Einheit von Natur- und Schicksalsgesetz die wir als eine Grundidee der Wahlverwandtschaften kennen, und deshalb finden wir auch in Dichtung und Wahrheit einige Hauptsymptome dafür wieder, technische Eigenheiten, die doch nur Kunst-äußerungen eines Weltgefühls sind: die ahnungsvollen Vorbereitungen und Verzahnungen und die zarte Allgegenwart des Geheimnisses: das Buch beginnt mit einem Horoskop und schließt mit einer Evokation des Dämonischen. Beides sind dichterische Mittel, wie das Schlußwunder der Wahlverwandtschaften, und zugleich nicht zu isolierende Zeichen der gesamten Goethischen Weltschau. Auch sein Leben hat er nicht nur als persönliche Beichte und als geschichtliche Welterscheinung, sondern als ein Mysterium (in demselben Sinn wie die Wahlverwandtschaften und der Faust) dargestellt: als das Walten überpersönlicher Mächte im persönlichen Leben. Will man aber das Mysterium um das es sich hier handelt näher bezeichnen, so erinnere man sich an das Wort Mommsens „Das Geheimnis der Natur, in ihren vollendetsten Offenbarungen Normalität und Individualität [d. h. ewige Gesetzlichkeit und unwiederbringliche Einmaligkeit des Wesens und Schicksals] zu verschmelzen, ist unaussprechlich." Nun, dies Geheimnis gerade hat Goethe in Dichtung und Wahrheit dargestellt, wie keiner vor und nach ihm.

HISTORISCH-BIOGRAPHISCHE WERKE

ALS Dichtung grenzt Goethes Autobiographie an Wilhelm Meisters Lehrjahre: den Bildungsroman, und an die Wahlverwandtschaften: das Mysterium von Natur- und Schicksalsgesetz. Als Wahrheit grenzt sie an zwei verschiedene Gruppen kleinerer Goethischer Werke, deren Methoden sie vollkommnet, deren Ideen sie umfassender und reicher anwendet, und die als Vorübungen, Parerga und Paralipomena dieses seines größten Geschichtswerks betrachtet werden können, unbeschadet ihres Eigenwerts und ihres besonderen Stoffs: einerseits seine kunst- und kulturhistorischen Arbeiten: Winckelmann, Hackert, sowie die Noten zum Cellini, zu Rameaus Neffen und zum Westöstlichen Divan, andrerseits seine autobiographischen Denkwürdigkeiten: die italienische Reise, die Kampagne in Frankreich, die Schweizerreisen, die Rheinreise, die Annalen und die Tagebücher. Diese Werke sollen hier nur noch einmal kurz beleuchtet werden von dem Hauptwerk der Gruppe aus zu der sie gehören, weil im Grund die geschichtlichen Ideen und Methoden dieses Hauptwerks, die wir jetzt genauer kennen, auch die ihren sind und sie verdeutlichen.

Sie enthalten fast alle — die geschichtlichen wie die autobiographischen Arbeiten — an den Erlebnissen von Einzelnen entwickelte Bildungs- oder Sittengeschichte, zeigen den Einzelnen mit oder als Umwelt, oder eine Umwelt an und in Einzelnen, sind ausgesprochen unpolitisch, und geben wo es irgend angeht Zustände statt der Ereignisse, Erlebnisse statt der Taten und Werden statt des Geschehens. Dies haben sie mit Dichtung und Wahrheit gemein. Dagegen sind sie alle, zum Unterschied von Dichtung und Wahrheit, mehr oder weniger bruchstückhaft und aphoristisch, nicht aus einem Mittelpunkt allseitig entwickelt, sondern Aufreihung einzelner Gedanken, Beobachtungen, Erfahrungen, Erinnerungen zu einer willkürlich abgeschlossenen Kette. Sie sind nicht durch die Anschauung, sondern durch den Begriff zusammengehalten, mehr zusammengesetzt als erwachsen, und haben außer der begrifflichen Einheit höchstens (auch das nicht immer) die vage Einheit der jeweiligen Lebensstimmung des Verfassers, nicht eine starke Eigen-atmosphäre, die sie als Werk, als Gebild, als Gewächs mit einziger Struktur nach außen abschlösse. Ja, in den Reisewerken sind untereinander fremdartige Elemente oft unvermittelt merkbar. Es ist die läßlich aufreihende (statt aufbauende oder auswirkende) Kompositionsart, die aphoristische Verknüpfung, die auch bei Goethes Dichtung im Alter zunimmt, als Maskenzug oder Bilderreihe. Sie deutet bei unverminderter, ja gesteigerter Fülle auf ein Nachlassen der tektonischen Kraft. Zudem sind diese Werke, trotz einzelner novellistischer Partien in den Reisebüchern, im Ganzen nur als Wahrheit, nicht als Dichtung gemeint.

Die Schrift über Winckelmann ist nicht rein historisch, sie hat einen polemischen Nebenzweck und richtet sich gegen die neudeutsch-religiös-patriotischen Kunstbestrebungen der alternden Romantik, als ein Teil des

Gesamtfeldzugs gegen die körperfeindliche, gemüts- und seelenschwelgende, mystizistisch-dämmrige Gesinnung dem fast alle Goethischen Beiträge zu Kunst und Altertum dienten. Als Beiträge zur Kunstgeschichte, mehr noch zur Kunstgesinnung des achtzehnten Jahrhunderts, als Ausschnitte aus einem umfassenderen geistesgeschichtlichen Plan der den „Weimarischen Kunstfreunden" vorschwebte, als Erläuterungen zu dem brieflichen Nachlaß Winckelmanns sollten an dem großen Begründer des hellenisierend humanen Klassizismus diejenigen Seiten, Eigenschaften und Einflüsse hervorgekehrt werden die der Romantik entgegengesetzt, dem Goethischen Kunstgeist verwandt waren: sein Heidentum mit dem antikisch augenhaften Leben in körperlich-sinnlicher Gegenwart bis zu dem sinnlichen Freundeskult und der Anbetung irdischer Körperschönheit. Selbst Winckelmanns Übertritt zum Katholizismus ward auf eine Weise gedeutet welche die Romantiker ärgern mußte, als die Indifferenz eines antikischen Heiden gegen die neueren Glaubensformen. Diese mehr bekenntnishaften als strenghistorischen Teile des „Winckelmann", worin Goethe — beim Anlaß und fast unter dem Vorwand Winckelmanns Art und Gesinnung (etwa das was Nietzsche unter „Instinkten" versteht) zu schildern — zugleich seine eigne und die antike, wie er sie verstand, in aphoristischen Glaubensartikeln niederlegte, die Abschnitte mit den Überschriften Antikes, Heidnisches, Freundschaft, Schönheit, sind ihm wohl die wichtigsten gewesen.

Da überhaupt bei dieser Arbeit eine einheitliche Erzählung nicht beabsichtigt war, so sind die einzelnen Abschnitte mehr begleitende Glossen, allgemeine Gesinnungs- oder Erfahrungssätze zu den verschiedenen biographischen Elementen von Winckelmanns Bildung. Natur-anlage, Umstände von Haus, Volk und Zeitalter, Bildungsgang und Berufswahl, Hemmnisse und Förderungen durch vorgefundene Bildungsmittel, glückliche Ereignisse, bedeutende Begegnungen — Bücher, Länder oder Personen — all das In- und Nebeneinander von Tyche, Daimon, Anangke und Eros das Goethe in seinem eigenen Lebensbild zu einer Anschauung zusammengefaßt und herausgestellt hat, um in seinem Einmaligen ein Bild des Allgültigen zu geben, ist beim Winckelmann in ein Nacheinander aufgeteilt, und der einmalige Fall Winckelmann, mit den ganz besondern Umständen seines Schulmeistertums, seines literarischen Metiers, seiner Romreise, seiner Gönner und seines Todes, scheint hier nur der Anlaß um überhaupt Goethes Gedanken über Heidentum, Kampf zwischen Genius und Misère, Gönner, Reisen, Kunst und Altertum, frühen Tod usw. aphoristisch niederzulegen: so sehr ist hier, im Gegensatz zu Dichtung und Wahrheit, die sinnliche Einzelanschauung verdrängt durch die allgemeine Reflexion.

Dies mag eine äußere Ursache haben darin daß die sinnliche Gegenwart hier eben nicht durch Erzählung Goethes, sondern durch die Briefe Winckelmanns selbst gegeben war, als deren bloßer Einbegleiter Goethe sich empfand, mehr verpflichtet zu deuten als zu schildern. Der innere Grund war aber wohl die polemisch ästhetische Nebenabsicht, welche die darstellerisch biographische weit überwog, so daß die Reflexionen nicht erst aus den Anschauungen ausstrahlen, wie bei Dichtung und Wahrheit, sondern selbständig, sozusagen vor Winckelmanns Biographie vorhanden waren und in diese erst eingelegt oder mit ihr verknüpft werden: so könnte man im Vergleich zu Dichtung und Wahrheit, als einer symbolischen Biographie, die Winckelmanns gewissermaßen eine allegorische nennen, weil Bild und Sinn bei ihr auseinandertritt.

Weniger einem inneren Bedürfnis als einer äußeren Anregung verdankt das Werk über den Landschaftsmaler Philipp Hackert seine Entstehung. Goethen waren nach dessen Tod, als seinem guten Freund von Italien her und einem großen Schriftsteller, die Nachlaßpapiere auf Grund von Hackerts Wunsch ausgehändigt worden, zur Redaktion und Herausgabe, und Goethe erfüllte ihn, indem er dem verstorbenen Freund zugleich ein biographisches Denkmal setzte, gewissermaßen, um den etwas dürftigen und nur für die Freunde Hackerts wertvollen Materialien eine größere Reichweite und Schwere zu verschaffen. Die Aufgabe war methodisch und technisch ähnlich wie beim Winckelmann, und Goethe hat sie denn auch in derselben Weise angefaßt: als aphoristische Zusammenstellung der wichtigsten Lebensmomente des Helden. Nur war Hackert weit mehr bloße Privatperson als Winckelmann, ohne dessen geistesgeschichtliche Macht.. sein Dasein konnte nicht so sinnbildlich für die Kulturgesinnung einer ganzen Epoche ausgedeutet oder zum Anlaß von Bekenntnissen und Kunstdekreten gemacht werden. Er war nur im Kreise der Kunstliebhaber bekannt, und sein Leben, reich an Erfolgen und Fahrten, aber ohne besonders gewichtige und merkwürdige Schicksale, sowie seine Person, gewandt und tüchtig, aber weder den Durchschnitt außerordentlich überragend noch ihn d. h. irgend eine Alltagswelt typisch rund/vergegenwärtigend, waren für den Erzähler als Stoff nicht voll und bunt, für den Denker nicht zentral genug um ein allgemeingültiges symbolisches Geschichtswerk zu ermöglichen. Goethe gewann seinem Auftrag dennoch von drei Seiten her ein persönliches Interesse ab, welches allerdings nicht einheitlich und tief genug ist um seine Biographie Hackerts für uns zu einem notwendigen und überprivaten Werk zu machen: als Kunstliebhaber und Sammler, als Reisender, namentlich Italienreisender, und als Hofmann. So konnte er, zumal als persönlicher

Bekannter Hackerts, das dürftige Gerippe seiner Lebensereignisse ausfüllen durch Gemäldebeschreibung und kunsttechnische oder kunstgeschichtliche Erörterungen, durch Reisebilder und durch Ausschnitte aus dem Kunsttreiben und Gönnerwesen verschiedener Rokoko-höfe mit Blicken auf mancherlei berühmte und obskure Potentaten der eignen Zeit.

Zwar auch das war nicht ergiebig genug: die Gemäldebeschreibungen bleiben kunstgeschichtliche Miszellen und führen nirgends in eine weitere Welt, die Reisebilder ergänzen Goethes italienischen Erinnerungen, aber eben die hatten ihm eine selbständige und neue Behandlung von Hackerts Wirkungskreis vorweggenommen. Und die Höfe mußte Goethe mit einer Zurückhaltung und Trockenheit behandeln die auch diese Partien mehr zu Notizenbündeln als zu wirklichen Sitten- oder Seelenbildern machen. Hier hätte der geschichtliche Kern und Wert des Werks liegen können, die etwaige Sinnbildlichkeit von Hackerts Leben: die Wechselwirkung zwischen Gönnern und Könnern bei einer bestimmten Gesellschaftslage und Sittenreife. Aber Goethe hat hier, offenbar durch seine Testamentsvollstreckerpflicht einerseits und durch seine höfische Diskretion andrerseits beschränkt, gegen seine sonstige Art den Blick fast gar nicht über die biographischen Tatsachen hinausgerichtet. Das Werk ist ohne Leidenschaft und inneren Drang geschrieben. Es trägt die Zeichen der Gesinnung womit Goethe seine Amts- oder Hauspflichten erledigte (im Gegensatz zu dem was ihm seine Lebensfülle oder sein Dämon eingab) genaue fast trockene Sachlichkeit, Ordnung und Folge, bei kühler Distanz und Beschränkung auf das unmittelbar vom äußeren Zweck geforderte.

Sind schon die Biographien Winckelmanns und Hackerts mehr Erläuterungsschriften als selbstgenugsame Werke, so gilt dies von den Anhängen zu Rameaus Neffen, zum Cellini, und zum westöstlichen Divan erst recht. Sie dienen der Einführung von fremden oder fernen geschichtlichen Vorstellungsbereichen, deren oft erwähnte Einzelheiten dem Leser durch Erklärung ihres Zusammenhangs, deren Zusammenhang durch allgemeine Menschenerfahrung oder den Bezug auf den heutigen Tag verständlich zu machen waren. Solch ein Bereich waren beim Rameau die Pariser Künstler- und Literatenkreise im Zeitalter Voltaires. Zu ihrer Deutung mußte man die berühmten oder berüchtigten Tagesgrößen, die geistigen Strömungen die sie vertraten und ihre Gesellschafts- (oder Bohème-)verhältnisse kennen. Der Anhang zu Goethes Verdeutschung von Diderots Dialog ist deshalb in der Hauptsache ein kurzes biographisches Wörterbuch, welches, je nachdem es die anspielende Stelle im Dialog zu ihrem Verständnis fordert, von den Lebensumständen, der geistigen Leistung oder Richtung, oder der gesellschaftlichen Stellung der erwähnten Personen Kunde gibt.

Dieser weitaus überwiegende biographische Teil wird ergänzt durch einige sachliche Aphorismen, z. B. über die Wirkung und Wertung der Musik in der damaligen Gesellschaft oder über die geläufigsten Schlagworte jenes Zeitgeists. Da alles in diesem Zirkel persönlich, gesellschaftlich und bewußt war, die dumpferen und weiteren Mächte Natur, Religion, Staat und Volk fast gar nicht hereinspielten, das ganze Milieu sich in bestimmten Personen und deren bewußten, ja pointierten Äußerungen fassen ließ, so konnte Goethe mit einem biographischen Lexikon als dem Kommentar des Werks hier mehr geben als bloße Notizen. Werk, Richtung, Stellung jeder bezeichnenden Person, von einem überblickenden Geist wie Goethe zusammengefaßt, oft schon durch Anekdoten rasch beleuchtet, schloß bei der präzisen Enge der Pariser „Welt" ohne weiteres Ausholen das ganze Zeitalter und seine Struktur ein und auf. Die Materialien zu einem kulturgeschichtlichen Ganzen waren hier enger beisammen, schon energischer gefiltert und bewußter durch sich selbst herausgearbeitet. Wenn Goethe hier einem Dutzend Personen aphoristisch ihren Platz anwies, hatte er das Wesen eines „Zeitalters" mitgezeichnet, mit der meisterlichen Charakteristik Voltaires fast den Zeitgeist des französischen 18. Jahrhunderts personifiziert und bewertet. Die Zuspitzung der „Welt" in Personalien war hierbei der Reiz und die Schranke seiner Aufgabe.

Viel weiter, dunkler, wilder war die Welt Cellinis. Sie konnte nicht durch biographische Abrisse erläutert, geschweige eingefangen werden. Zudem war ja dieses Werk selbst eine Biographie, worin die persönlichen Beziehungen mit endgültiger Frische und Bildkraft hervortraten und nicht, wie bei dem bloß anspielenden Dialog Diderots, der Erklärung bedurften. Das Fremde und Neue lag hier mehr in den Bedingungen der Kunst und des Handwerks: diese waren wiederum für Cellini selbstverständlich und haben in seiner Biographie etwa die Stelle wie die Personalia und der Geistesklatsch bei Diderot. In diese zerstreuten Erwähnungen und Erzählungen hatte also der Herausgeber einen systematischen Zusammenhang zu bringen, und darum ist der Anhang zum Cellini vor allem ein kunstgeschichtlicher und kunsttechnischer Abriß seines Zeitalters geworden: eine Zusammenstellung der beherrschenden Meister denen die Renaissancekunst, besonders die florentinische, ihre Art und Macht dankt, der kulturellen Zustände und politischen Umstände unter denen sie erwuchs, der verschiedenen Techniken worin ihr Gehalt zum Ausdruck gelangen mußte, der Gönner die sich ihrer bedienten. Dies wird „skizzenhaft, aphoristisch und fragmentarisch" in elf Abschnitten behandelt, um die geistige Welt

Cellinis zu umschreiben, denn er selbst gibt nur sein Leben d. h. die Reihe von Abenteuern und Leistungen eines ganzen Kerls der zufällig auch Künstler ist. Da Cellini aber für die Nachwelt vor allem als Künstler wichtig ist, sah sich Goethe veranlaßt in sechs weiteren Abschnitten Cellini als Künstler und im Zusammenhang mit der Kunst seines Zeitalters zu betrachten, zur Ergänzung der Autobiographie und zur Rechtfertigung seiner Einführung. Cellini sollte nicht als ein romanhaftes Kuriosum, sondern als der bedeutende Vertreter eines großen Zeitalters wirken. Dazu mußte dies Zeitalter als solches, als ein geschichtlicher, namentlich kunstgeschichtlicher Abschnitt, nicht als der bloße Lebensraum eines Abenteurers, erscheinen und Cellinis Platz innerhalb dieses Abschnitts beschrieben werden. Cellini selbst gab ja keine „Geschichte" und empfand sich nicht als eine „geschichtliche Person". Die geschichtliche Wertung und Deutung brachte erst Goethes Anhang durch systematische Zusammenstellung der verschiedenen Kunstkategorien, die bei Cellini nur chronologisch zufällig, willkürlich gestreift werden.

Wieder eine andere Art Kommentar erforderte der westöstliche Divan. Den Ausdruck seines eigenen Gehalts durch orientalische Formen mußte der Dichter rechtfertigen, sein eigenes fremdartiges Unternehmen einführen und dadurch erst den Sinn und die Absicht seines Werks erklären. Die „Noten und Abhandlungen zum besseren Verständnis des westöstlichen Divans" sind ein dreifacher Kommentar: zum persönlichen Gehalt (Gesinnung, Zweck, Erlebnis) zur geschichtlichen Form (Muster und Gattungen) und zum sachlichen Stoff (Vorstellungskreis, Motive) des Werks. Das zu Erläuternde ist in den drei Fällen der Orientalismus: als subjektive Gesinnung, als geistesgeschichtliche Wirkung und als sinnlicher Vorrat. Die Frage wie ein Deutscher dazu kommt östlich zu dichten führt zu der weiteren: was dem Orient und dem Okzident durch geschichtliche Mischung oder Menschenart überhaupt, durch Schicksal oder Natur gemeinsam ist, und diese Abgrenzung beider Kulturkreise gegeneinander führt zu einer Darstellung des Trennenden, des eigentümlich und einzig Orientalischen.

Da Goethe hierbei mehr als bei seinen anderen geschichtlichen Exkursen auf Vermittler statt auf eigene Forschung, Anschauung oder Erinnerung angewiesen war, so war es nicht bloß eine Dankespflicht, sondern auch ein Erfordernis der historischen Kritik, daß er uns mit den Quellen bekannt macht aus denen er Kenntnis und Bild des Orients und Anregung zu seinem Orientalismus geschöpft hat: mit den Reisenden welche Land und Leute beschrieben, den Chronisten welche die Geschichte erzählt oder den Übersetzern welche die Werke des Ostens verdolmetscht haben. Die Anerkennung seiner Gewährsmänner ist eine vierte Seite seines Kommentars zum westöstlichen Divan, neben der Einführung in Absicht und Bau seines eigenen Werks, der geschichtlichen Entwicklung der vorbildlichen orientalischen Dichtkunst nach ihren Haupteinflüssen, Vertretern und Werten, und der mit Beispielen aus ältester und neuester Zeit belegten Schilderung östlicher Geistesart, Gesinnung und Gesittung überhaupt, sowohl des Einzelnen als der Gesamtheit.

Auch hier ist die Darstellung aphoristisch und bruchstückhaft, aber voller und reicher als beim Cellini und Diderot, weil aus einem weiteren Kreis schöpfend und als Anhang eines Goethischen Lebenswerks mehr gesättigt mit schlechthin menschlichen Erfahrungen — gelöster, persönlicher, wärmer. Der Orient, der ihm die Bibel und eine Weltreligion als kulturgeschichtliche Voraussetzungen seines westöstlichen Divans bot, berührte doch noch mehr Goethes eigentliche Lebensdinge, war ein weiteres und beziehungsvolleres, zugleich dehnbareres und läßlicheres Gebiet für symbolische Ausblicke als die florentinische Kunstwelt oder gar die Zirkel des Voltairischen Paris. Je bequemer Goethe sich aus dem bloß historischen Bereich in den mythisch symbolischen ausbreiten konnte, desto voller atmete er aus und ein, und ein solches breites Atmen fühlt man in den Gedanken zum westöstlichen Divan.. sie sind nirgends trocken und ungeduldig, wie manchmal die zum Cellini und Rameau, vielmehr satt und behaglich. Die Weltschau in der Goethe die östlichen Einzelerscheinungen — Werke, Personen, Ereignisse, Bräuche, Glaubensformen, Einrichtungen — als Wechselwirkungen von Natur und Schicksal, von Seelischem und Kosmischem gibt ist hier die gleiche wie in Dichtung und Wahrheit. Wir müssen also nicht hier nochmals diese Weltschau selbst darstellen, nur die besondere Aufgabe die der Historiker Goethe im Anhang zum westöstlichen Divan ihr gestellt und gelöst hat. Nicht eine neue geschichtliche Sehart, über Dichtung und Wahrheit hinaus, bedeuten die kultur-geschichtlichen wie die biographischen Beiwerke Goethes, nur neue Anwendungen und neue Beweise seiner Sehart, und zwar minder deutliche und eindrückliche. Erst von Dichtung und Wahrheit aus wird uns klar welche Weltschau in ihnen waltet, und was das Neue daran ist.

Den Noten zu Rameaus Neffen, zum Cellini und zum westöstlichen Divan ist noch das gemein innerhalb Goethes historischem Schaffen, daß er dabei größtenteils auf fremde schriftliche Überlieferungen angewiesen war — nicht nur auf seine eigenen Beobachtungen und Erinnerungen, aus welchen er die Hauptmasse seiner autobiographischen Schriften aufbauen konnte, und selbst seinen Winckelmann und seinen Hackert. Rameaus Neffen konnte er nur mit Hilfe der biographischen Handbücher, Pamphlete und Korrespondenzen der Enzyklopädistenzeit erklären, zum Cellini bedurfte er der kunsttechnischen Fachliteratur und der Künstlerbiographien, zum westöstlichen Divan außer den Reisebeschreibungen von Marco Polo bis Chardin der wissenschaftlichen Handbücher und Übersetzungen des Freiherrn von Hammer-Purgstall und Diez. Da Goethe nun nirgends bloßer Kompilator war, so mußte er bei der stofflichen Abhängigkeit vom Wissen anderer durch Verknüpfung und Ausdeutung den übernommenen Notizen ihre Goethische Form und Schwere geben, während sonst der Stoff durch seine eigene Erfahrung schon Goethisch war. Die Goethische Reflexion wirkt also hier nicht schon in den Fakten selbst oder als Ausstrahlung, als Hellwerdung der Fakten, sondern tritt häufiger selbständig und gesondert neben die Fakten.

Goethes Reisewerke halten, was geschichtliche Aufgabe und Anlage betrifft, die Mitte zwischen seiner Autobiographie und seinen kulturgeschichtlichen Noten. Es sind eigene Erinnerungen, aber weniger daß er gesehen als was er gesehen ist ihr Gegenstand, und nicht als Elemente seiner eigenen Bildung, sondern als selbständige Erscheinungen zeichnet er sie auf, gleichsam als Historiker dessen „Quelle" er selbst, und zwar wesentlich als Augenmensch ist. Soweit in den Reisewerken der Gedanke an sein eigenes Leben als Grund dieser Aufzeichnungen mitspricht, hat er sie als Stoff (nicht wie in Dichtung und Wahrheit als Form, als Gestalt) für etwaige künftige Biographien betrachtet. Aber das Gewicht hat er auf die Gesichte, nicht auf sein Sehen gelegt, und insbesondere ist nicht er, der Reisende, in den Reisewerken der bewußte einheitliche Mittelpunkt, wie in Dichtung und Wahrheit. Die Reisebücher geben Bilderreihen die nur äußerlich zusammengehalten sind durch einen der sie aufzeichnet, die eine unwillkürlich stimmungsmäßige, nicht bewußt tektonische Einheit haben durch den Geist des Aufzeichners, d. h. als Auswahl durch eine bestimmte Sehart. Welcher Art die Einzelbilder sind, nach welchen Kategorien Goethe als Reisender gewählt, geordnet und demgemäß aufgezeichnet hat, wurde bei seiner Italienreise bemerkt. Bei der Kampagne in Frankreich, der Schweizerreise 1797 und der Rhein- und Mainreise ist nur der Stoff dürftiger, die Beobachtung und Auswahl bewußter, die Zusammenfassung infolgedessen knapper.

Die italienische Reise bietet mehr den brieflich-frischen Rohstoff des Erlebens und ist, abgesehen von den nachträglich eingefügten verbindenden und zusammenfassenden Überblicken, nicht schon bewußte Redaktion für eine spätere Veröffentlichung. Die Briefe sind noch als Mitteilungen an die Nächsten oder als tagebuchartige Notizen für den Verfasser selbst gedacht, und ihr öffentlicher Wert ist, wie etwa beim Briefwechsel mit Schiller, die Ursache, nicht die Folge der Publikationsabsicht. Nur die novellistischen Einlagen, wie das römische Karneval oder einzelne ausgeführte kultur- und kunstgeschichtliche Betrachtungen und Beschreibungen, als Abschnitte eines „italienischen Journals", mögen von vornherein mit Rücksicht auf Veröffentlichung geschrieben sein, und die Rückblicke sind erst durch die Veröffentlichung nötig geworden.

Dagegen sind die Briefe von der Kampagne in Frankreich, von der Schweizerreise im Jahre 1797 und der Reise am Rhein, Main und Neckar 1814 und 1815 bereits geschrieben mit der bewußten Verantwortung eines Autors (ja, die beiden letzten vielleicht sogar mit den Hintergedanken des Redakteurs, der seine Erfahrungen als willkommene Beiträge zu seinen Zeitschriften begrüßt) wie ja die Reisen selbst schon, weit bewußter als bei der Italienfahrt und fast pedantisch, mit den Augen eines Forschers, Kenners, Sammlers und mit den pädagogischen Absichten eines Bildungsführers gemacht wurden. Die Briefempfänger sind hierbei nur die Vertreter und Mandatare eines idealen Publikums. Der Bericht über die Rheinreise ist am weitesten von der Spontaneität der „italienischen Reise" entfernt, aber er enthält eine der saftigsten und rundesten Einzelschilderungen, oder vielmehr als Anhang dieses bewußten schriftstellerischen Kunstwerks gab Goethe Briefe und Sammlernotizen mit drein: „Das Rochusfest in Bingen" ist ein halb novellistisches, halb sittengeschichtliches Idyll von selbständigem Wert, nach Art, Gewicht und Anlage verwandt mit dem Römischen Karneval und mit der Krönungsfeier in Frankfurt aus Dichtung und Wahrheit: die malerisch geschaute, dichterisch begriffene Darstellung zugleich einer einmaligen Begebenheit und eines immer wiederkehrenden Brauches — die fruchtbare Einheit von Ereignis und Sitte.

WESTÖSTLICHER DIVAN

WIR wenden uns wieder zu Goethes Dichtung, zur lyrischen Selbstdarstellung seines Alters im West-östlichen Divan. Dies Werk ist eine Sammlung dichterischer „Augenblicke" aus verschiedenen Seelenlagen und Schichten, von verschiedenen Gewichten und Ansprüchen — kein Ergebnis einer Einzelkrise oder eines vorgefaßten Plans, nicht einmal ein Zyklus gleichförmiger, durch Metrum, Widmung und Ort zusammengefaßter Gedichte wie die Römischen Elegien, die Venetianischen Epigramme oder die Sonette. Als Goethe den Titel fand konnte das Werk bereits weit gediehen sein, und als er es abschloß und veröffentlichte, gab er selbst zu daß es noch weiter ausgeführt und ausgefüllt werden könne. Während sonst der Bau seiner Werke dem darin unterzubringenden Lebensstoff angemessen war, hatte er diesmal einige Fächer geplant und hergestellt die halb oder ganz leer blieben, wie das „Buch der Freunde" oder „das Buch Timur", und wiederum enthielt sein Nachlaß mehrere Divangedichte die er in den errichteten Fächern nicht unterbringen wollte oder konnte. Wenn auch in einzelnen Büchern des Divans, zumal im Buch Suleika, eine mehr oder minder bequeme zyklische Einheit durch die verherrlichte Person waltet, so war doch die Einheit des Gesamtwerks, welche die Zusammenfassung unter einem Titel berechtigte, nicht die der Idee, des Erlebnisses oder des Begriffs, nicht die der Form oder des Stoffs, sondern die der Atmosphäre, die denkbar unverbindlichste, die Einheit der Altersstimmung oder mit Goethes eigenem Wort: der „Patriarchenluft des reinen Ostens". Und da diese Einheit eines Klimas, Weltteils oder Weltalters geräumiger und läßlicher ist als die einer bestimmten historischen Land- oder Stadtschaft — wie etwa die Roms oder Venedigs — so konnten im Westöstlichen Divan sich vielfachere Stoffe vertragen als in Goethes engeren Zyklen, die verschiedenen Elemente konnten luftiger, minder gedrängt beieinander wohnen.

Der Orient bedeutet, nur eben breiter und lockrer, im Westöstlichen Divan als Bildungserlebnis etwa dasselbe wie Rom in den römischen Elegien, Hafis als Form und Gesinnungsvorbild etwa dasselbe wie dort Tibull und Properz, und die westöstliche Suleika als menschliche Mitte dasselbe wie dort die römisch deutsche Geliebte. Aber mit diesen schematischen Beziehungen (zudem nur für Teile des Werks annähernd gültig) ist über Wesen und Ursprung nichts gesagt. Wir wissen was römisches Lokal als unausweichliche Gegenwart und sinnliche Luft für Goethe in Rom bedeutet hat und wie aus ihrer Durchdringung mit einer neuen Liebe und den antikischen Mustern römische Elegien entstehen konnten. Aber wie kommt Goethe dazu die Frankfurterin Marianne Willemer in Frankfurt und Heidelberg als „Suleika" zu feiern? was soll der ferne Osten dem deutschen Dichter als Lokal, und der exotische Hafis als Vorbild? Hier liegt das Problem des Werks — denn der Orient und Hafis drängten sich nicht den Sinnen Goethes an Main oder Ilm so auf wie Rom und die römischen Elegiker am Tiber. Aber eben wo das Rätsel liegt liegt auch die Lösung: gerade als Ferne hat der Orient, und als Fremder hat Hafis Goethe angezogen, und wenn die Römischen Elegien aus der Dringlichkeit sinnlicher Gegenwart gezeugt sind, so stammt der Westöstliche Divan, soweit er östlich ist, aus dem Fernzauber und der Flucht, wie das Eingangsgedicht Hegire ja zugleich verkündet und begründet. Aber daß Goethe durch Flucht schöpferisch werden konnte, daß er das Trauteste, die Geliebte, veröstlichte, und sein nächstes Leben in fremde Schleier hüllte, dazu bedurfte es einer allgemeinen Reife und eines besonderen Anlasses. Denn auch dies Werk ist nicht Ergebnis eines einzelnen Zufalls, sondern seines Charakters und seines Schicksals.

Der Gesamtzustand — das Goethische Charakter-klima — worin der Divan gedieh ist der gleiche wie aus dem die Wahlverwandtschaften und Dichtung und Wahrheit stammen. Wir kennen ihn an drei Hauptzeichen: als Lust und Wunsch möglichst unbedingter Welt- und Selbstbeschauung, als Entsagung, als ordnende Distanz von sich selbst, von den Gegenständen und vom Augenblick. Das Getöse der Befreiungskriege drohte ihm diese Distanz zu zerstören, die Beschauung zu verwirren, und er rettete sich vor dem lauten Zeit-Nächsten, indem er das Auge fest auf das unverändert Ewige und Gesetzliche richtete als Naturforscher, oder ein räumlich und zeitlich Fernes aufsuchte, bei dem er verweilen konnte, bis der Sturm sich gelegt hatte. Wenn ihn die Gegenwart an seiner Weisheit hinderte, so rettete er sie zur Ewigkeit oder zur Vergangenheit. Als solch eine Zuflucht erschien ihm der Orient, durch gleichzeitige Forscher, durch zufällige Lektüre ihm gerade damals entgegengebracht: hier war die eigentlich patriarchalische Weltzone bis in die neueste Zeit hinein, einer kontemplativen Altersstimmung angemessener als die klassische Welt mit ihrer aktiven und politisch-heroischen Plastik, oder die romantisch schweifende Ekstase und Traumluft des Mittelalters. Hier war Exotik und fremde Fülle genug um einen Flüchtling anzuziehen, hier menschliche Urform und allgültige Gesinnung genug um ihn nicht abzustoßen: denn Goethe war kein Allerweltsschnüffler, dem das Fremde und Ferne als solches genügt hätte. Er bedurfte einen ihm zugänglichen und seinem europäischen Menschtum faßlich verwandten Bereich, der nur der beklemmenden Aktualität entrückt war, und der zugleich neu genug war um ihn zu erfrischen, und woran er noch als an Unausgeschöpftem lernen konnte. Die Bibel-welt und die Homer-welt kannte er, sie waren ihm fast geistige Heimat.. den europäischen Länder- und Zeitenkreis hatte er geistig durchmessen, das Menschlich-Nahrhafte aufgenommen, das bloß Zeitliche, Konventionelle, Historische daran ausgeschieden. So geriet er nun an den neueren und mittleren Orient, an die Welt aus Tausend-und-eine Nacht und die persische Blütezeit des Islam, um auch hier zu erfahren was ihm Besitz, Geist und Form und was ihm nur Stoff und Staunen werden könne. Die bloß orientalischen Bräuche und Kostüme wollte er im Vorbeigehn als Sammler und Kenner, der er auch als Flüchtling und gerade als Flüchtling blieb, betrachten und einordnen, die orientalischen Gesinnungen und Weisheiten soweit sie ihn als Menschen überhaupt angingen, sich zueignen, und ihr Fernes mit seinem Nahen, ihr Ewiges mit seinem Zeitlichen, ihr Neues mit seinem Alten durchdringen. Daß Goethe sich nicht zu tief im fremden Wundergarten verlor, dafür sorgten die europäischen Führer auf die er, bei Unkenntnis der orientalischen Sprachen, angewiesen war, namentlich Hammer-Purgstall.

Im persischen Orient fand er (außer den ehrfurchtgebietenden Riesenbauten von Firdusis unnahbar mythischer Phantasie, die ihm nur Staunen, aber keine Neigung erweckte, außer der mystischen Gotttrunkenheit des Dschelaleddin Rumi, die den Gestaltsucher und Gestaltanbeter nur durch ihre Fülle und Süße, nicht durch Geistesart und Richtung ansprach, außer der blumigen und wallenden Weltversunkenheit Saadis, der ebenfalls als Mystiker leibauflösend war) einen wirklichen Seelenverwandten, einen sinnlich freudigen und hellen, glühenden und wachen, genießenden und entsagenden Anbeter des gestaltenreichen Lebens und seines unerforschlich dunklen Urgrundes, Gott: dieser östliche Bruder, der ihm zum persönlichen Mittelpunkt des ihm anzueignenden Orients wurde, ist Hafis .. vermittelt freilich durch Übersetzer. Doch selbst durch die versüßlichende und verflachende Vermittlung hindurch sah Goethe, in einem einfacheren, minder „verklausulierten und zersplitterten Zustand", und darum nackter und deutlicher, an Hafis folgende ihm tief verwandte Züge: die geistige Freiheit gegenüber offiziellen Lehrmeinungen, Einrichtungen und aktuellen Ereignissen, die Selbständigkeit der Person gegenüber Staat, Glaube, Menge und Zeitgeist .. sodann: die aufgeschlossene Sinnenfreude an den irdischen Erscheinungen, an allem Sichtbaren, Fühlbaren, die heidnische Lust am schönen Leib, unbeirrt durch moralische, außer- oder übernatürliche Gebote, die Lust am süßen Rausch, der die Kräfte nicht trübt, sondern steigert .. und drittens, bei heiteren Sinnen für die Erscheinungen den tieferen tragischen Sinn für ihre Gleichnishaftigkeit: den echt Goethischen Sinn für den dunklen Grund des hellen Bogens. Das Goethische Grunderlebnis von dem „schönen Augenblick", seiner absoluten Unersetzlichkeit, und seiner Relativität hat auch Hafis gekannt, und den Bezug zwischen Erdenlust und Gottgrund ausgesprochen in den Gleichnissen die islamische Dogmatik ihm anbot. Von einem Dschelaleddin oder Saadi, von deutscher wie von Sufi-mystik unterscheidet ihn, daß die Erscheinungen, wie sehr immer Gleichnisse, für ihn nicht entwertet und aufgehoben waren — und eben diese Ehrfurcht vor dem Erscheinenden bei gleichzeitiger Anerkennung seiner Relativität, dies gestaltenhungrige Auge, dieser reizdurstige Gaumen bei ahnungsvollem Allgefühl, dieser freie, selbst freche Geist bei frommer

Seele, und dieser wache Kopf bei trunkenem Herzen heimelte Goethe an: die Einheit von Genuß und Weisheit, von Spiel und Pathos, von Helle und Tiefe, von Weltsinn und Frömmigkeit. Indem er dort eine so verwandte Gesinnung möglich sah, ward ihm die ganze dazu gehörige Umwelt vertrauter, ja vielleicht erst durch die Begegnung mit Hafis, einem „Vor-bild", konnte er einen „west-östlichen" Divan konzipieren. Gestalt und Stellung des reif genießenden und beschauenden Dichter-Weisen in einer Welt sinnlicher Freuden und Leiden, menschlich-allzumenschlicher Umgebungen, Schranken, Schwächen, und göttlichen Sinns und Grunds fand Goethe in Hafis vorgeformt, und damit eine Haupt-idee seines eignen Alters und den einen Umriß für sein werdendes Buch. Hafis, als Verkörperung des ihm möglichen Orients, ist einer der Keime des westöstlichen Divans.

Der andre ist seine neue westliche Liebe, Marianne von Willemer. Als Frau eines tüchtigen Geschäfts- und Lebemannes, der sie, die ehemalige Tänzerin, aus bedenklichen Verhältnissen an seine Seite gezogen, hatte Goethe sie bei seiner Rhein- und Mainreise in Frankfurt kennen lernen, und war rasch von ihrer sinnlich geistigen Anmut bezaubert worden. Sie war körperlich keine Schönheit (den Bildern nach vom Typus Christianes) und geistig kein Genie, wie z. B. Bettina, aber von zierlich runder Gestalt, hellen, beweglichen und kräftigfeinen Wesens, durch Schicksal gereift, ohne verhärtet oder verdüstert zu sein, leicht und warm, von raschem Mutterwitz und darüber hinaus von wirklicher Seelentiefe ohne Empfindsamkeit, von unbefangen gebildetem Geist und sicherem Geschmack ohne Blaustrümpfigkeit und von weiblicher Empfänglichkeit bei Ehrfurcht und Distanzgefühl. Die sinnliche Freiheit und Regsamkeit ihres Bühnen-vorlebens verschmolz sie mit der Würde und Bildung, die ihr Damentum von ihr forderte, so daß sie dem Dichter zugleich lockend und bedeutend erschienen sein muß, wie in dieser Vereinigung vielleicht seit Charlotte von Stein keine seiner Freundinnen.

Ihre Gedichte im westöstlichen Divan gehören zu den menschlich vollsten und reinsten die es von Frauen gibt, und wenn sie dabei auch nur als Medium Goethes gesungen hat, so ist es schon Ruhm genug in solcher Weise Goethes Medium sein zu können. Wichtiger aber als ihre aktive Mitarbeit am westöstlichen Divan ist ihre passive: als „Suleika" ist sie das letzte dichterische Frauenbild Goethes geworden (denn der Zauber Ulrikes von Levetzow hat sich nicht mehr zum Bilde verdichtet). In Suleika hat er verherrlicht und verewigt was ihm das Alter an eigentlichem Jugendglück gelassen oder erneuert hatte: sinnliche Fülle, frisch-strömende Schaffenskraft, zärtliche Schnellkraft, geflügelte Lust an Spiel, Traum und Rausch, göttlichen Leichtsinn, und die eigentümliche, schlechthin poetische Schwellung, Wallung und Spannung, wie sie den Jünglingsjahren eigen zu sein pflegt, kurz „eine zweite Pubertät". Mag die Begegnung mit Marianne die Ursache oder nur die Auslösung dieses gesteigerten Lebens gewesen sein: genug, durch sie ward er sich der zweiten Jugend bewußt und ihr hat er sie gedankt, indem er ihr Bild und ihre Wirkung in die Mitte seiner gelockerten, aufglühenden „vom Zauber angeröteten" Welt stellte.

Aber zweite Jugend ist nicht erste, und die Erfahrungen und Zustände des Alters werden nicht aufgehoben durch den neuen Ausbruch. Aus dem Gefühl und Bewußtsein seiner Jahre heraus hat Goethe das Aufblühen doppelt genossen. Darum haftet die golden trunkene Herbstreife an seinen Divangesängen und seinem Suleikabilde, die Sattigkeit des Wissens, ja des Rückschauens, die seiner eigentlichen Jugendlyrik fehlt. Gerade Suleika hat es verstanden ihn nur das Glück, den Segen, den Überschuß dieser Mischung von Jugend und Alter empfinden zu lassen, so daß sie ihm zum Sinnbild von Gewährtem, in jedem Sinn Gereiftem, Geerntetem geworden ist. Daß in dieser Begegnung von Jugend und Alter auch der Keim zur Tragik, zur schmerzlich letzten Entsagung liegen kann, sollte er wenige Jahre später durch Ulrike von Levetzow erfahren, und wenn die Suleika-gedichte die Begrüßungs- und Bewirtungs-lieder der zweiten Jugend sind, so ist die Marienbader Elegie ihr erschütternder Abschieds- und Todesgesang. Und wiederum bemerken wir als ein Zusammenstimmen von Goethes Daimon und Tyche, daß die Geliebte seines Herbstfrühlings bei unverwelkter Jugendlichkeit schon eine reife und wissende und bei sinnlichem Hauch beseelte und durchgeistete Frau war, die mit seinem Alter sich ins Gleichgewicht setzen konnte, nicht eine ahnungslose Knospe, wie Ulrike, die von vornherein durch eine Welt von Goethe getrennt bleiben mußte. Suleika war kein unerreichbar Schönes, sondern eine Gegenwart, kein Anderes, sondern gleichsam die Verkörperung von Goethes eigenem Zustand jener Jahre. Sie selbst gab den Leitspruch für diese Art Liebe:
    Denn das Leben ist die Liebe
    Und des Lebens Leben Geist
und durfte seine Bestätigung in Goethes Vers finden, der die Alters- und Entsagungsfalten wegstreift:
    Mir bleibt genug! Es bleibt Idee und Liebe!

Suleika (der Name des höchsten Frauenideals aus der östlichen Liebessage) ist für ihn die weibliche Form des geistig-sinnlichen Lebensglücks das dem reifen Weisen geziemt: nicht stürmisch und begehrlich, aber gewährend, nicht brennend, aber warm, und vor allem dem liebenden Weisen seelenverwandt, fähig seinen lockersten Launen wie seinen höchsten Aufschwüngen, seinen Küssen wie seinen Gebeten nicht nur entgegen, sondern selbst zuvorzukommen. Wie sehr Suleika nicht nur seinen Sinnen genügte, sondern seinem Geist, ihn nicht nur festhielt, sondern beflügelte, davon zeugt daß er außer der sinnlich süßen „Vollmondnacht" das hehre „Wiederfinden" ihr zueignen, die Liebe zu ihr als Schäferstündchen und als kosmisches Geschehen feiern konnte. Nur einer unter seinen Geliebten ist unmittelbar, als seiner Geliebten, gleiche Ehre widerfahren: Charlotte von Stein. (Es ist hier nicht nur vom kosmischen — überseelischen, überpersönlichen — Gehalt seiner Liebesdichtung überhaupt die Rede, sondern von seiner bewußten kosmischen Ausdeutung seiner Liebeserfahrung bei bewußter Huldigung an deren persönlichen Ursprung.) „Wiederfinden" ist darin, als kosmische Feier einer Geliebten, ein spätes Gegenstück zu „Warum gabst du uns die tiefen Blicke". Noch ein zweites kosmisches Gedicht enthält der Divan, das feiert aber keinen Menschen, und weniger die Liebe als den Tod, oder vielmehr beide zusammen, als die beiden „Opfer an das Lebendige in denen der Logos widerstandslos erlischt": „Selige Sehnsucht." Davon noch in andrem Zusammenhang.

Die Gestalt des Dichter-Weisen und die Gestalt der Spätgeliebten sind die beiden festen Zentren um die Goethe seine Welt- und Gotterfahrung dichterisch ordnete: das Buch Hafis und das Buch Suleika sind die Träger des ganzen Werks. Das Buch Hafis stellt die allgemeine Gesinnung, die Haltung und den Zustand des reifen Goethe, von einem persönlichen Gesamt-sinnbild aus, in lyrischen Einzelmomenten dar, das Buch Suleika das besondre Erlebnis das diesen Gesamtzustand in Bewegung und Gefühl verwandelt hat. Hafis ist das gesteigerte Ich des Dichters, als Mitte und Maß der von ihm beschauten, genossenen oder abgewehrten Welt, Suleika ist das Du in dem er sich verliert, mit dem er sich austauscht, an das er die Welt hingibt, über dem er sie vergißt oder worin er sie findet. Alle Zeichen für die Du-werdung der Welt, welche das Wesen der leidenschaftlichen Liebe ausmachen, werden besungen: das vollkommene Genügen im Besitz, ja im Anblick der Geliebten (Laß den Weltenspiegel..) die weltausschließende Besitzfreude (Komm Liebchen, komm..) der verliebte Größenwahn (Hätt ich irgend wohl Bedenken) die sinnliche Weltvergessenheit, die nichts als die Geliebte sieht und ersehnt (Vollmondnacht) die verzückte Vergeudung, welche alle Schätze der Welt, alle Zier der Geschichte nur als Schmuck der Geliebten zu Füßen legt, die unwillige Wegweisung der buhlerischen Vettel Welt aus dem Bann der Liebenden, welche für sich die Welt ausmachen, die Deutung jeder Erfahrung aus Gesellschaft, Geschichte und

Natur (Gingo biloba, Hochbild) zu Liebesgleichnissen und Liebeszeichen, bis hinauf zur Ver-allung ihres Bundes oder der Geliebten selbst (Wiederfinden, In tausend Formen ..).

Die Goethische Vergottung des schönen Augenblicks welchen die Geliebte verkörpert hat im Buch Suleika ihre lyrische Altersform gefunden. Sie konnte sich nicht mehr, wie beim jungen Goethe, vollziehen im dunklen Gefühl, durch die Einheit des leidenschaftlichen Gesamtzustands, in dessen Bewegung die Welt rhythmisch schwang, mit dem jeweils angeschauten Traum- und Wunschbild: die Allwerdung der Liebe oder der Geliebten vollzog sich jetzt im vollen Licht des Bewußtseins, und vom Bewußtsein ließ sich der mystische Vorgang nur durch zahllose Gleichnisse oder durch Lehre, als Glaubensform ausdrücken.

Auch hier kam der Orient durch sein nicht bildliches, sondern gleichnishaft beziehendes, nicht vereinendes, sondern verknüpfendes, nicht zusammenformendes, sondern auseinanderlegendes, arabeskenhaft wahlloses Sehen dem Gedanken des Dichters entgegen, ebenso wie die enkomiastisch übertreibende, jeden Schmuck wahllos auf den gefeierten Gegenstand häufende östliche Huldigungsart. Die mystische Grunderfahrung daß dem Liebenden die Geliebte zum All wird, ihm das All gibt, vernichtet oder ersetzt, (auch dem jungen Goethe selbstverständlich) bediente sich hier der östlichen Ausdrucksmittel: das All erschien jetzt nicht mehr als eine innere Einheit, als Urgrund, sondern gleichsam zerzupft in seine tausend einzelnen „Außer"ungen, Veräußerungen, und was dem Dichter in den Weg kam, ein merkwürdiges Blatt, oder was ihm widerfuhr, der Verlust eines Rings bei der Flußfahrt, was ihm einfiel oder auffiel, Gewächse, Bräuche, Trachten, konnte nach orientalischer Weise willkürlich auf die allgegenwärtige Geliebte bezogen werden. Um den Dichter her lagen die Schätze der sichtbaren Welt ausgebreitet, er brauchte nur zuzugreifen, einzelne oder einen Haufen auszuwählen, um die Geliebte damit zu schmücken oder darin zu spiegeln: jeden konnte er, durch allegorisch hin- und herwebenden Verstand, mit seinem Assoziationsreichtum ohnegleichen, in einen Repräsentanten des Alls oder der Geliebten um-sehen. Er brauchte nicht mehr diese Fülle von Einzelnem in einem Gefühl umzuschmelzen zum Götterbild, nicht mehr tausend Scheiter in einer Flamme zu verbrennen, nicht mehr durch die Gestaltenmenge hindurch in die gestaltenausströmende Urmitte hinabzudringen, um von da aus das Weltbild zu verwandeln in seinem Erlebnis: er konnte die fertige Welt nehmen, und brauchte sie nur aufzudröseln und durch Beziehung, Verknüpfung, Verschlingung neu zu deuten, um aus jeder ihrer Einzelheiten sie wiederherzustellen mit dem jeweils bedurften Sinn.

An Stelle des unscheidbaren Ineinander von Urgrund und Erscheinungen, das er als Jüngling erfahren, hatte er jetzt ein bewegliches Nebeneinander der Erscheinungen, die er nicht als Einheit fühlte, sang und sah, wie in seiner Jugendlyrik, sondern aus der Einheit herausdeutete, oder auf eine Einheit bezog, oder zu einer Einheit verknüpfte: auch hier allegorisches statt symbolisches Verfahren, Vertretung statt Verkörperung.

Solche Verse wie O du mein Phosphor, meine Kerze,
        Du meine Sonne, du mein Licht —
solche jederzeit beliebig abzubrechende oder fortzusetzende Aufzählungen wie in dem Dulbend-gedicht oder dem Schlußghasel des Buches Suleika, mit ihren launenhaften Griffen aus einer unendlichen Fülle heraus, ihrer arabeskenhaft bequemen Aufreihung beliebiger Dinge die erst durch die Aufreihung, durch die Arabeske die sie bilden ihren Sinn bekommen, sind wohl die weiteste Abkehr Goethes von der zusammenrundenden Plastik, der über- und unterordnenden Architektur und der seelischen Zentrierung seiner früheren Lyrik. Niemals hatte er in seiner Dichtung das Bunte und Vielfache geliebt, wie in diesen östlichen Gesängen, niemals das Gleichnishafte als solches, zumal die Häufung mehrerer Gleichnisse für ein Ding.

Nachahmung der orientalischen Redeweise, gewiß! Aber Goethe hat niemals etwas äußerlich nachgeahmt was nicht in seiner innern Lage gerade vorbereitet war, und wenn er jetzt die orientalische Buntheit mit ihrem spielerischen Nebeneinander, ihrer arabeskenhaft launischen Auswahl aus einem vielheitlichen All zur Feier Suleikas sich aneignete, so entsprach dem bei einer neuen sinnlichen Lockerung seiner gesamten Phantasie, einer neuen Farbenfreudigkeit, die mit der „zweiten Pubertät" zusammenhängt, die gleichzeitige allegorische Weltauffassung des Greises, für welchen Sinn und Erscheinungen auseinandergetreten, und also durch den Geist verknüpfbar waren. Den orientalischen Stil, der aus dem Übergewicht des Vorstellungsvermögens über das Begriffsvermögen kommt, benutzte Goethe, um sein einheitliches Alterswissen in der neuen jugendlich quellenden (aber nicht wie einst mit dem Gedanken identischen) Bilderfülle mannigfaltig auszudrücken, und zugleich mit den hundert Gleichnissen der Einen zu danken für die Erneuerung seiner dichterischen Phantasie.

Das Buch Hafis und das Buch Suleika sind, wie schon ihr Titel besagt, die einzigen Divan-bücher in deren Mitte bestimmte Persönlichkeiten als Sinnbilder Goethischen Gesamt-lebens stehen. Das Buch Timur enthält nur zwei Gedichte, eigentlich nur eins, da das zweite nach Sinn und Ton zum Buch Suleika gehört und wohl nur aus Verlegenheit, um das Timur-buch nicht gar zu dürftig zu machen, wegen der gleichnishaften Anspielung auf

Timur herübergenommen ist. Das andre Gedicht „Der Winter und Timur" ist ein historisches (aus der lateinischen Übersetzung eines persischen Autors geholtes) Gleichnis zu Napoleons russischem Feldzug, das mehr der göttlichen Nemesis als dem historischen Faktum gilt, und im Buch der Parabeln Platz gehabt hätte. Mehr das elementare Ereignis als die Person des Welteroberers bildet seinen Inhalt. Keinesfalls hätte Timur-Napoleon, in dem Sinn wie Hafis und Suleika, als Gleichnis des Goethischen Lebens besungen werden können. Er war nur ein dichterischer Anlaß der schwer beiläufig unterzubringen war und gewichtig genug erschien einem Buch den Namen zu geben, wenn auch nicht dauernd fruchtbar genug um es zu füllen.

Um die Gestalt des Hafis, das Gleichnis für das Ich des Dichters, und die Gestalt der Suleika, das Gleichnis für das Du des Dichters, rundeten sich rasch und leicht ganze Zyklen, für welche die Überschrift ohne weiteres gegeben war. Aber damit war Goethes lyrische Ernte in den Divan-jahren nicht erschöpft. Nicht nur Suleika und Hafis schenkten ihm Gedichte, sondern vielseitige Erfahrungen die zwar alle in der orientalischen Stimmung und der zärtlichen Steigerung lebten, aber — zu Gedichten geworden — nicht in jene beiden Bücher einzureihen waren. Goethe dichtete nicht erst die Titel der Bücher und nachher die dazu passenden Gedichte, sondern von Fall zu Fall wuchsen ihm Gedichte die er nachher als bestimmten Kategorien zugehörig in Bücher verteilte. Da das Erleben und Schaffen sich nicht nach den Kategorien richtete, wurden durch die verschiedene Fruchtbarkeit der Anlässe die Bücher ungleichmäßig, und Goethe hat diese architektonische Unzuträglichkeit zu mildern gesucht, indem er in den Noten die allzudünnen Bücher nur als die noch auszufüllenden Umrisse eines „künftigen Divans" erklärte, und die zu leeren Fächer wenigstens begrifflich umriß durch mögliche weitere zugehörige Motive. Z. B. fielen ihm nur je ein oder zwei Napoleon-Timurgleichnisse ein, oder von dem parsischen Glauben angeregte Bekenntnisgedichte, aber die Buch-fächer waren damit gegeben. Hierbei war noch die Titelfindung leicht durch greifbare Anlässe. Dagegen versammelte er mehrere nicht eindeutige, vor allem nicht nach persönlichen Zentren bestimmbare Gedichte unter vage, fast verlegene Titel nach formalen, d. h. Gattungsfächern, wie die Bücher der Parabeln, der Sprüche und der Betrachtungen, oder nach sachlichen, d. h. Stimmungs- oder Inhaltsfächern, wie die Bücher des Sängers, der Liebe, des Unmuts, des Paradieses.

Eine Stellung zwischen den persönlichen und den sachlichen Büchern, etwa zwischen dem Buch Hafis und dem Buch der Liebe hat das Schenkenbuch, sowohl seinem Gehalt wie seinem Ursprung nach. Es enthält die Mischung zweier ursprünglich getrennter Seelenelemente: der Knabenliebe und der Trunkenheit. Es könnte gerade so gut Buch des Rausches heißen, doch hat Goethe auch hier den persönlichen Titel vorgezogen, wie überall dort wo es irgendwie einer unmittelbar menschlichen Anregung zu danken galt. Beide Motivkreise waren schon in den östlichen Sitten, bei Hafis vorgebildet. Gleichgültig durch welche Person die Schenkenlieder angeregt sind — die eigentliche Frage nach dem Sinn des Schenkenbuchs ist die nach dem Sinn beider Erlebnisarten, der Knabenliebe und des Rausches, in Goethes Alter.

Den sinnlich geistigen Zauber des schönen Menschenleibs, den Eros, der nicht nur als geschlechtlicher Fortpflanzungstrieb, sondern auch als geistiger Zeugungs- und Bildungs-trieb wirkt (zu dem der Geschlechtstrieb sich etwa verhält wie das Blicken zum Schauen, das Tasten zum Gefühl und das Sillabieren zur Sprache) die übergeschlechtliche, wenn auch nicht ungeschlechtliche Liebe, die nichts mit der sexuellen Polarität zu tun hat und also an jeder, auch der männlichen Schönheit, der augenmäßig ergriffenen Ausstrahlung harmonisch gegliederter Lebensfülle, sich entzündet — diese platonische Menschenschau hat auch Goethe als ein vollkommener und als ein heidnisch gerichteter Augen- und Sinnenmensch an sich erfahren .. schon weil dieser geistige Zeugungstrieb aus der gleichen Wurzel stammt wie der plastische Formtrieb. Gerade dem Plastiker ist der männliche Leib als der formhaftere, nicht „reiz"haftere, der durchgestaltete, nicht bloß verheißende, die vollkommenere Offenbarung, wie Goethe selbst einmal gesprächsweise betont hat. Wo es Goethe sein jeweiliger Motivkreis, wie der antike in priapischen Epigrammen, oder der orientalische im Westöstlichen Divan, erlaubt hat er diese Wallung unbefangen ausgesprochen, sie öffentlich indes den europäisch christlichen Sitten annähernd, indem er den sinnlichen Bildnerdrang pädagogisch auslegte — mit vollem Recht, wenn auch nicht ganz ohne leise Ironie mit dem Hintergedanken daß wohl wahre und echte Erziehung mehr erotischen (nicht sexuellen!) Ursprungs und Grundes sein möge als die Schulmeister ahnten. Was die Griechen wußten — zumal Plato, dem Erziehung, d.h. Menschenformung, ohne Eros undenkbar war — das wußte Goethe auch, doch mußte er in verchristlichten Umgebungen, welche den sinnlichen Eros nur als animalischen Geschlechtstrieb und infolgedessen die Knabenliebe nur als schmutziges Laster kannten, dieses Wissen ästhetisch oder pädagogisch motivieren, als geistige Freude an der schönen Form oder als väterliche Zuneigung des Weisen zum Erwachsenden: beides freilich Zeichen und Folgen, wenn auch nicht Ursprung und Wesen jenes Eros.

Durch die Anlehnung an das östliche literarische Vorbild wurde der Ausdruck seiner Knabenliebe noch diskreter und unverfänglicher.

Seinen eigentlich dichterischen Wert erhält das Schenkenbuch nicht durch seine pädagogische Deutung oder Deutbarkeit (zumal von Erziehung des Schenken durch den Dichter in den Gedichten selbst wenig zu merken ist) sondern durch die ruhig-breite Wärme eines nach Jahren und Wesen vollendeten Menschen und die anmutig dreiste, scheu-sinnliche und geweckt schmiegsame eines werdenden. Aus dem Kontakt wie aus dem Kontrast des Herabschauenden und des Hinaufschauenden, des Allwissenden aber nicht Bedürfnislosen und des Vielahnenden aber in seinem engen Kreis Selbstsichern, des gereiften immer noch Jungen und des reifenden, reifewillig Altklugen, dessen der lehren und fordern und dessen der locken und necken darf, der die Vergangenheit und der die Zukunft voraus hat — aus der Spannung zweier entgegengesetzter Reifezustände in einem engumschriebenen Verhältnis, wie es das von Herr und Page ist, ergibt sich die Bewegung, aus ihrem Zusammentreffen bei gemeinsamen Genüssen oder Bedürfnissen, Wein, Weib und Gesang, ergeben sich die Einzelmotive des Schenkenbuchs. Um es schreiben zu können mußte Goethe den griechischen Eros kennen, alt und wieder jung, mit Hafis weise und durch Suleika zärtlich geworden sein. Nur als Ausfluß der Hafis-Suleika-stimmung ist auch das Schenkenbuch möglich.

Das Schenkenbuch ist aber nicht nur einer menschlichen Neigung gewidmet, sondern vor allem die Goethische Feier des Rausches als des gesteigerten, seelenlösenden, ja selbst seherischen Zustandes überhaupt! Goethes frühere Trinklieder galten mehr der Geselligkeit und waren als Rundgesänge für fröhliche Burschen, als Ausbruch einer Tafel- also Sammelstimmung gemeint. Die Lieder des Schenkenbuchs besingen den Rausch des Einzelnen, und der Weinrausch ist nur die Vorform, die sinnliche Lage der göttlichen Trunkenheit in der man, befreit von den Hüllen und Ketten der Logik, dem Bereich des rechnenden, wägenden und zerlegenden Verstandes entrückt „das Rechte weiß". Nicht als geselliger Mischer und Sorgenbrecher, sondern als Steigerer und Offenbarer des wesentlichen Ich, nicht als süßer Verschleierer und Trüber, sondern als Erleuchter gilt hier der Rausch: das Schenkenbuch verherrlicht wie sonst nirgends die „produktiven Kräfte die im Wein liegen" — oder mythologisch gesprochen: die Macht des Dionysos (nicht nur die beschränktere des Silen, wie die Gesellschaftslieder). Das ist die Macht die den Menschen aus der verständigen Vereinzelung und gewohnheitsmäßigen Zweck-verknüpfung hebt und wiedervereinigt mit dem schöpferischen Urgrund aller Sondererscheinungen, aber nicht durch Verdunklung seines Geists (auch das kann ihre Funktion sein) sondern durch Erleuchtung seines Blutes. Dies ist der Hauptunterschied zwischen der Trunkenheit des jungen Goethe und der des alten: damals fand er im Rausch gesteigerte „Dumpfheit" und (gemäß der Hamann-Herderischen antirationalistischen Sturm-und-drang-stimmung, welcher Blut mehr galt als Geist) Blutwerdung des Geistes. Jetzt zur Weisheit gelangt und auf dem Gipfel apollinischer Erhellung, sieht er in jeder Steigerung seiner Kraft auch Steigerung seines Wissens, und auch Dionysos mußte seinem Apollo dienen, durch Geistwerdung des Blutes: auch der Wein ist Geist.

Daß der Mensch bewußt sei
Darauf kommt es überall an.

Eine lyrische Verherrlichung seines Jugendrausches haben wir nicht, und die einzige seines eignen Altersrausches ist das Schenkenbuch. Wohl aber hat er noch eine rhapsodische Darstellung der Rauschkräfte im zweiten Teil des Faust gegeben: nach dem Verschwinden Helenas, als der Chor in die Elemente zurücktaucht. Auch im Schenkenbuch bot übrigens Hafis vielfach die Formen für Goethes Urerlebnis der wissenden Trunkenheit: schon bei Hafis ist der Rausch als Vorstufe für die göttliche Erleuchtung gefeiert.

Das Buch Hafis, das Buch Suleika und das Schenkenbuch sind von den ausgeführten Büchern des Divan die einzigen mit persönlicher, ja selbst sachlicher Einheit, Zyklen im engeren Sinn. Die andren sind Sammlungen, unter einen Begriff gebracht auf den sie sich nachträglich beziehen lassen, aus dem sie aber nicht von vornherein hervorgehen. Diese drei Bücher enthalten einmalige Erlebnisse des Dichters, die andren allgemeine Erfahrungen, Beobachtungen, Gesinnungen. Hier spricht Goethe aus was ihm begegnet unter dem Gesichtspunkt seiner schönen Augenblicke, seines Ich, also von seinem lyrisch bewegten Herzen aus — die Ewigkeit sub specie momenti. In den andren Büchern stellt er seine Momente unter eine von ihm unabhängige, wenn auch freilich von ihm erkannte, ewige Ordnung: die Augenblicke sub specie aeterni. Dort gibt seine Person die Form, die Welt den Stoff der Feier, hier ist es umgekehrt .. freilich eine von ihm erfahrene Welt. Nach der geläufigen Terminologie sind diese drei Bücher lyrisch, die andren didaktisch, wobei nur zu erinnern ist daß bei Goethe auch die Lehren nur der geklärte Niederschlag von Erlebnissen sind, gewissermaßen ein späteres, starreres Stadium der lyrischen Bekenntnisse oder eine bewußte Anwendung und Ausdeutung seiner Erlebnisse für die Allgemeinheit. Zwischen Erlebnis und Lehre steht die Erfahrung: wird sie ausgesprochen zur Entladung des Ich, so ist sie lyrisch .. wird sie ausgesprochen mit Rücksicht auf andre, so ist sie didaktisch. Sie kann als Bekenntnis die Richtung von einer Mitte her angeben, sie kann als Lehre die Richtung nach einer Peripherie hin angeben. Die Inhalte die im Buch Hafis und im Buch Suleika als lyrische Bekenntnisse, als Selbstdarstellung erscheinen finden wir im Buch des Sängers und im Buch der Liebe als Erfahrungssprüche oder als Lehrgleichnisse wieder. Die übrigen Bücher vereinigen Sprüche, Gleichnisse, Lehren und Glaubensregeln als Niederschlag von Erfahrungen die in Goethes Alter nicht mehr im lyrischen Stadium auszusprechen waren, deren Formulierung bereits jenseits der Icherschütterung, jenseits des Beichtbedürfnisses stattfand.

In allen Staats-, Sitten-, Geistes- und Glaubensdingen hatte Goethe bereits die unbedingte Überlegenheit erreicht, wo ihm Erschütterungen und Krisen seiner inneren Ordnung nicht mehr drohten.. und nur solche Erschütterungen konnten sich lyrisch entladen, nicht was in der Sphäre des Geistes schon zu schlichten war. Aus dieser Sphäre heraus redete Goethe als Weiser und Herrscher, das heißt durch Lehren, Winke oder Regeln. Bekenntnisse macht er nicht aus Lust, sondern aus Not, nicht so sehr um andren zu beichten, als um sich zu entlasten, und wo er keine eigne Not mehr kannte da sprach er sich nicht aus, um sich zu entladen, sondern um andre zu füllen, nicht bekennerhaft, sondern lehrhaft. In Dingen der Leidenschaft und der Gesinnung, der Liebe und des Strebens aber war auch der alte Goethe noch nicht über die Erschütterungen unbedingt hinaus und — wie sehr Weiser und Forscher — noch immer vor neues Schicksal und neues Chaos gestellt, d. h. vor neuen Kampf und neue Qual: hier also blieb ihm bis ans End als Not wie als Glück „gegeben zu sagen was er leide". Darum finden wir im Divan zwar keine rein lyrischen Glaubens- und Geistesergüsse mehr wie aus der Zeit da er mit den Göttern rang, als Sänger des Prometheus, oder mit seiner Umwelt, seinem Pflichtenkreis, wie in „Ilmenau" und in der „Zueignung" — wohl aber finden wir noch ethische und pathetische, orgiastische und erotische Lyrik, im Buch Hafis, im Buch Suleika, und im Schenkenbuch, weil alle Weisheit und aller durchdringende Überblick, aller umfassende Rückblick, alle endgültige Ordnung seiner sachlichen Erfahrungen in Welt- und Menschenkunde ihn nicht des Strebens, des Liebens und des Trinkens überhob .. d. h. derjenigen Züge seines Wesens die mit seinem Blut gegeben waren, mit seiner bloßen Natur. Hier freilich war er bedürftiger, gefährdeter und erdenhafter als in seinen Geistes- und Kulturbereichen, aber dafür auch bis zuletzt im höchsten Sinn schöpferisch. Die Goethische Altersweisheit mochte die weitere Folge und Blüte seines Schöpfertums sein: nur hier in seiner Alterslyrik fassen wir ihren Grund — hier sehen wir in seinem Leiden den Ursprung seiner Lehre.

in seinem Müssen den Ursprung seines Wissens, in seiner tieferen Not den Ursprung seiner Höhe. Nur wer als Hafis strebt und sich behauptet kann sein Wissen als Buch des Sängers verkünden, nur wer für Suleika geglüht kann die Lehren des Buchs der Liebe geben! Die Lehren der andren Bücher sind spätere Ernten von Saaten aus einem Frühling der nicht mehr im Divan selbst gegenwärtig blüht.

Wir haben also den Gehalt des Buches Hafis und des Buches Suleika in zwei Fassungen, oder wenn man will, in zwei Stadien: lyrisch und didaktisch. Das Buch des Sängers ist die Lehre aus dem Bild des Hafis, dem Gleichnis Goethes, und das Buch der Liebe ist die Lehre aus den Bekenntnissen des Buches Suleika, mehr noch die Forderung: dem »so bin ich« oder „dies erlebte ich" entspricht in den beiden didaktischen Büchern ein »so ist der Dichter überhaupt« »so muß er sein« »so laßt ihn sein«. Statt des in seinem Ich oder in seiner Liebe konzentrierten Ergebnisses zeigt er die Elemente und die Wege dazu, die nicht gerade seiner einzigen Person, sondern der Außenwelt angehören oder den über ihn selbst hinausweisenden Gesetzen des Singens und Liebens, ja des Sänger- und Liebhaber-seins, wie des Alt- und Weise-seins bei solcher Gesinnung.

Auch hier sieht er nicht ganz von den Augenblicken seines Ich ab, aber sie sind hier nur beiläufige Gleichnisse und Beispiele für überpersönliche Gesetze und Lehren, während in den lyrischen Büchern die Dinge, auch die Gesetze der Welt Gleichnisse, Schmuck oder Ausflüsse s e i n e r Zustände sind. Nicht die Abwesenheit des Lyrismus oder der Lehre macht den Unterschied aus, sondern die Vorherrschaft des einen über das andre. Was in dem einen Grund ist im andren Folge oder Funktion (um nicht von Zweck und Mittel zu reden). Beide Büchergruppen unterscheiden sich daher auf den ersten Blick in Ton und Anlage so wenig, daß man, abgesehen von dem Bezug auf bestimmte Namen wie Hafis und Suleika, einen Wesensunterschied kaum bemerkt und die Bücher Hafis und Suleika zunächst für verselbständigte Unterabteilungen von Moganni Nameh und Uschk Nameh halten möchte: hier wie dort liedhaft leichte oder sinnig breite Sentenzen, hier wie dort bunte Gleichnisse aus Natur, Sage und Alltag, ausgeführt oder eingestreut, zentral oder schnörkelhaft, insbesondere im Buch der Liebe die Erwähnung oder Lobpreisung der legendären Liebespaare, als Zeichen für Phasen, Grade und Schicksale der Liebe. Erst der genauere Vergleich zeigt daß dieselben Form- und Stoff-elemente in beiden Büchergruppen verschieden verwendet und geordnet sind und demgemäß verschiedenes bedeuten, ähnlich wie bei zwei Figuren eines Kaleidoskops dieselben Splitter sich zu etwas Neuem zusammensetzen. [Das Kaleidoskop ist übrigens das deutliche Gleichnis für die orientalische Poesie, und deren Nachahmungen, deren Wesen nicht Neuschöpfung, d. h. Neugestaltung bisher ungestalten Urstoffs, sondern Neuordnung, unermüdliche und fast unerschöpfliche Variation schon gegebner, geformter Elemente ist. Sie wandelt sich, aber sie wächst nicht. Ebenso mag das arabische Zahlenstellensystem aus verwandter Anlage kommen. Diesem kaleidoskopischen Prinzip dankt auch jene besonders östliche Kunstform, das Ghasel, seinen Ursprung: die dekorative Wiederholung desselben Reimworts in bestimmtem Abstand nach dem sich der Sinn zu richten hat, nicht umgekehrt: denn das Reimwort ist hier nicht durch seinen Sinn, sondern durch seinen Klang der Träger des dichterischen Gerüsts. Wo Goethe das Ghasel im Divan angewandt hat sorgte er freilich dafür (im gesunden Gegensatz zu Platen und Rückert) daß der tragende Klang zugleich das Sinnzentrum des Gedichts ward: in dem Schlußgedicht des Suleika-buchs ist das allbeherrschende „Dich" zugleich Seele und Leib der Wiederkehr, und ebenso der „Eilfer" in dem bekannten Weinlied.] Die gemeinsamen Elemente selbst aus denen sowohl das Buch Hafis und das Buch Suleika als das Buch des Sängers und das Buch der Liebe bestehen sind erwähnt worden: Freiheit, Trunkenheit, Gott- und Weltsinn des Hafis, Jugendlichkeit des Reifen, wechselseitiges Liebeswissen und -wünschen, Vergottung und Verallung der Geliebten in jedem weltlich-einzelnen Gleichnis — all das findet sich mehr vom Dichter aus oder mehr nach dem Leser hin, mehr als Bekenntnis oder mehr als Lehre in den vier Büchern. Ins Einzelne zu gehen wäre, zumal bei der auseinanderlegenden und launig willkürlichen Art dieser Gelegenheitsdichtungen, Sache eines ausführlichen Kommentars. Hier ist nur auf Gesamtart und -richtung jedes Buchs hinzuweisen.

Die notwendige Ergänzung des Sänger-buchs und des Hafis-buchs, worin die bejahende Gesinnung des freien Weisen und des sinnlich vollen Menschen als Forderung und als Bekenntnis sich ausspricht, bildet das Buch des Unmuts. Zwischen Bekenntnis und Lehre, naivem Ausbruch und bewußter Hinwendung wechselnd, geht es hervor aus der Gegenwirkung des Dichters gegen die Schranken und Widerstände seiner Freiheit oder Überlegenheit und behandelt die Gegenwirkungen der Menge gegen seine Art des Seins. Von einem doppelten Nein ist das Buch erfüllt, welches freilich sein starkes Ja als gegeben voraussetzt (das Ja selbst steht im Buch Hafis, im Buch des Sängers, im Buch Suleika, im Buch der Liebe, im Schenkenbuch) vom Nein Goethes gegen Pfaffen und Philister — in diesen beiden Menschengruppen sah Goethe alle bösen und dummen, alle klugen und trägen Widerstände gegen seine geistige Übermacht und seine sinnliche

Freiheit zusammengefaßt — und vom Nein der Philister und Pfaffen gegen Goethe: jenes Nein als Gesinnung mehr lyrisch bekannt und verkündet, dieses Nein als Welterfahrung, als ein unvermeidliches Kultur- ja Naturphänomen mehr lehrspruchartig festgestellt.

Daß Goethe unter dem Nörgeln der staatlichen oder religiösen Mucker, unter dem Neid der an Geist oder Gut Schlechter-weggekommenen, unter der Beschränktheit der Nur-verständigen, der Dumpfheit und Verworrenheit der Menge, und der Denkfaulheit oder Seichtheit der Gebildeten, als ein Mann der wirken und doch in der Gesellschaft leben und gelten wollte, gelitten hat, wie jede expansive und jede vornehme Natur an der Welt leidet (abgesehen von Werdeschmerzen und Herzenskrisen) das macht den dunklen lyrischen Untergrund des Unmut-buchs aus. Nicht nur Unmut, sondern selbst Haß, freilich weniger gegen Einzelne, als gegen' den Widergeist überhaupt, ist das seelische Element dieses Buchs, wie ja Goethe selbst den Haß neben der Liebe, dem Rausch, dem Heldenlob als Element der Poesie gefordert hatte:

>   Zuletzt ist unerläßlich
>   Daß der Dichter manches hasse.

Das geistige Element desselben Buches, der heitre didaktische Glanz der drin waltet durch allen lyrischen Unmut hindurch, ist außer dem sichern Wissen der eignen Überlegenheit die Einsicht in die gesetzmäßige Notwendigkeit jener Gegenwirkungen, die ja eben nur Gegenwirkungen seines Seins, nicht Ursachen, nur Grenzen seiner Gestalt und Widerstände seiner Strahlung und als solche unabweisbar sind. Ihre Wirklichkeit machte ihn bös, aber ihre Notwendigkeit und seine Einsicht in ihre Notwendigkeit machte ihn frei und heiter. Aus beiden Stimmungen, der des wirkenden und der des wissenden Goethe, nähren sich die Sprüche des Rendsch Nameh. Und wenn jene oben zitierten Verse das Leitwort seiner Unmut-lyrik sein können, so wäre das Leitwort seiner Unmut-weisheit etwa dies:

>   Was klagst du über Feinde?
>   Sollten solche je werden Freunde,
>   Denen das Wesen, wie du bist,
>   Im stillen ein ewiger Vorwurf ist!

. . ein „Vorwurf", d. h. ein unausweichliches Maß, eine unerfüllbare Forderung. Dieses sehr Positive steht hinter den Ablehnungen, Zurückweisungen, und Verneinungen des Unmut-buchs, dies Positive hält es zusammen in sich und mit den andren Büchern des Divan, dem Hafisbuch namentlich: die Gestalt des freigewordenen Weisen als ein Anspruch der sich nicht zu betonen brauchte, sondern durch sein bloßes stilles Dasein und Wirken als Anspruch empfunden werden mußte, lästig genug für die zu seiner Erfüllung Unfähigen.

Als eine solche unwillkürlich anspruchsvolle Gestalt hat der alte (nur der alte) Goethe sich gekannt, und dabei kaum gedacht „ich" sondern nur „Goethe". Es war seine Höflichkeit daß er diese Gestalt nicht „Goethe" sondern „Hafis" nannte. Indem er Freiheit für sich selbst beanspruchte, wußte er wohl daß es gar nicht in seiner Gewalt lag andre damit in Ruhe zu lassen: nicht erst was er wollte, schon was er war hinderte die Philister und Pfaffen in ihrem Frieden und zwang sie zum aktiven oder passiven Widerstand gegen sein Dasein.

Übermacht, ihr könnt es spüren
Ist nicht aus der Welt zu bannen.

Diese unausgesprochene Allgegenwart des Anspruchs den Goethes bloßes Sein machte, diese unsichtbare Strahlung der Hafisischen Gesinnung erhebt die Negationen des Rendsch Nameh über bloße Ausfälle, und stellt sie als Gedichte über die Xenien (die von einem Geschmacksniveau, nicht von einem Menschentum aus ablehnten) und durch ihren menschlichen Gesamtgrund über die Stachelverse aus den zahmen Xenien, die mehr vorübergehender Laune als dauernder Gesinnung entsprangen. Nur in diesen drei Fällen hat der reife Goethe sich dichterisch in Bezug gesetzt zu den Gegenwirkungen seines Wesens — in den Xenien als ästhetischer Lehrmeister seiner Nation, in den zahmen Xenien als launiger Privatmann, in dem Buch des Unmuts als Kenner und agressiver Verteidiger des durch sein Wesen nun einmal öffentlich gegebenen Menschenmaßes. Die Polemik des jungen Goethe waren orgiastische Ausbrüche einer überströmenden Seele, die durch ihr bloßes Überströmen schon mit vorhandenen Beschränktheiten zusammenstieß. Die wissenschaftliche Polemik des alten Goethe, besonders in der Farbenlehre, gilt der Sache, nicht der Person, und geht nicht aus von den Forderungen seines gottgegebenen Wesens, sondern von seinem Begriff feststellbarer Wahrheit.

Das Buch des Unmuts wird nach der relativ lyrischen Seite hin erweitert und ergänzt durch das Buch der Betrachtungen, nach der didaktischen Seite hin durch das Buch der Sprüche. Diese sind die diffusesten, lockersten Bücher des ganzen Divan, am meisten bloße Sammlung gelegentlicher Einfälle, nachträglich zusammengestellt, am wenigsten aus einheitlicher Idee oder selbst Stimmung oder als fortlaufende Reihe entstanden, wie sie denn auch, neben dem Buch der Parabeln, den unverbindlichsten Titel haben. In ihnen ist untergebracht was stofflich in kein andres Buch paßte, oder nur in das Buch des Unmuts .. doch dies wäre dann ungebührlich, selbst über das Buch Suleika hinaus, aufgeschwellt worden, und gerade das Buch des Unmuts empfand Goethe als das negative Stück des Divan, das keinesfalls eine zentrale Stelle einnehmen, nur als mäßige Beigabe positiver Bücher wirken müsse und selbst dann noch einer gewissen Entschuldigung bedürfe. Er verteilte also, was ihm noch an Ablehnung, Rüge, Spott und mephistophelischen Glossen beim erhabenen Überblick über das Treiben der Menschen, der Deutschen und der Literaten einfiel, in zwei weitere Bücher und mischte es hier zwischen gereimte Spruchweisheit allgemeiner Art, Abschnitzel vielleicht seiner größeren Werke, Reaktionen auf Lektüre, Ereignisse, Begegnungen — kurz, mehr oder minder beiläufige, knapper oder lockerer gefaßte, bald rein lehrhafte, bald gleichnisartig bildhafte, bald stimmungsmäßige „Einfälle", woran es ihm bei seinem Blick über die Reiche der Welt und ihre Herrlichkeiten oder Ärmlichkeiten nie fehlen konnte. Die Bücher der Sprüche und der Betrachtungen sind die Vorernte zu den zahmen Xenien. Die Lage aus der sie seelisch kommen ist dieselbe die wir beim Buch des Unmuts charakterisierten, nur der Umblick ist noch weiter, die Aufreihung lockerer und zufälliger: alle drei Bücher sind Glossen eines erhabenen Zuschauers zum Weltlauf, dem gegenüber er seine Person als eigene autonome Welt behauptet.

In der Sphäre der Betrachtung und der Lehre bleiben auch die drei letzten Bücher des Westöstlichen Divan: das Buch der Parabeln, das Buch des Parsen und das Buch des Paradieses. Die Betrachtung gilt hier nicht mehr dem zeitlichen Weltlauf, sondern dem ewigen Walten der Gottheit, für welches der Weltlauf Gleichnisse bieten oder von welchem er Ausfluß, Erscheinung, Wirkung sein kann. Diese drei Bücher handeln von Gott, wie die andren von der Welt — und vom Glauben, wie die andren vom Leben und Lieben handeln, nicht ausschließend, aber vorherrschend. Goethe hat selbst einen Teil seiner Altersdichtung unter der Überschrift „Gott und Welt" vereinigt und damit eine Doppeleinheit bezeichnen wollen. Das „Und" zwischen beiden Worten, deren jedes für sich das All des Pan-Theisten faßt, bedeutet zugleich ihre Einheit und die Zweiheit der Form unter der man sie erfahren kann: als selbstgenugsame Fülle von Erscheinungen, als Welt, oder als gesetzmäßigen einheitlichen Urgrund, der Erscheinungen schafft und sich in ihnen auswirkt: als Gott. So handeln auch im Divan die letzten drei Bücher ausdrücklich von dem Göttlichen im Menschen und im Weltlauf, der in den andren als menschliches Erlebnis oder Erfahrung eines Erd-frommen gegeben war unter stillschweigender Voraussetzung seines göttlichen Ursprungs.

Wenn Goethe im Westöstlichen Divan Glaubenslehren oder Bekenntnisse vortrug, so mußte er sich der orientalischen Mythen bedienen. Der Legendenkreis, das Erd- und Himmelsbild des Islam und des Parsismus, nicht ihre Dogmatik oder Ethik, haben ihn vermocht sich als Parse oder Muselmann zu verkleiden, und den Dichter, nicht den Denker, zogen diese Glaubenswelten als ein neuer fruchtbarer Motivbereich an — ihm nicht so vertraut und natürlich wie der antike Olymp, aber für sein weniger plastisches als weithinschauendes, sinnendes, weise spielendes und verknüpfendes Alter gerade durch ihre Ferne und Farbe von ähnlichem dichterischen Wert wie der Olymp für den Goethe der Römischen Elegien. Auch den Olymp hat Goethe dort nicht eingeführt wegen seiner Wahrheit, sondern wegen seiner Schönheit, wenngleich freilich sein Glauben und seine Gesinnung ihn den griechischen Olymp schön finden ließ. So ist im Westöstlichen Divan das Paradies mit seinen Huris und sinnlich beschaulichen Freuden von Ewigkeit zu Ewigkeit der gemäße Schauplatz für die hafisische Gesinnung, und das „Jenseits" ist auch im Westöstlichen Divan nicht das Gebiet der Strafen und Belohnungen, nicht die sittliche Ergänzung des sinnlichen Diesseits, sondern die Verewigung, die Steigerung, das verklärte Gegenbild des Diesseits selbst. Goethes Glauben ist, in den Sinnbildern des östlichen Mythus, nur die Verklärung seiner irdischen Gesinnung und Triebe, und wenn in seinem westöstlichen Paradies Allah waltet, wenn es östlicherweise als Wille und Schöpfung des Ein-Gotts und nicht als Wirkungskreis und Wohnsitz der Viel-Götter erscheint, so ist es für Goethe doch genau wie der Olymp nur die Ewigkeit seiner schönen Augenblicke, die Seligsprechung seines Erdenseins als eines gottgefüllten und gerechten, die Projektion der hafisischen Daseinsform in Gott hinein, nicht der Richtspruch eines überweltlichen Gottes über ein weltlich-ungöttliches Leben.

Goethes Paradies ist nur ein neues Gleichnis für seinen Pantheismus, für seine Anbetung des Lebens in seiner begrenzten Erscheinung als der göttlichen Offenbarung selbst. Zum Buch Hafis, welches die Gesinnung, und zum Buch Suleika, welches das Erlebnis, und den andren Büchern, welche die Erfahrung seiner damaligen Erdenform ausdrücken, kurz seine Gegenwart und seine Vergangenheit, fügt das Buch des Paradieses ihre Zukunft, die aber — das ist der wesentliche Unterschied vom Islam, in dessen Bildern Goethe redet — nicht geschaffen oder vorbereitet wird durch jene, sondern mit, ja in ihnen gegeben ist, wie das Licht mit der Sonne: es sind drei verschiedene Zustände der Ewigkeit, die Goethes Sinnen, Goethes Wissen und Goethes Glauben sich offenbaren. Daß er sie gesondert darstellen konnte, daß er den „Augenblick" als sinnlich Vergängliches, als geistig Gegenwärtiges, und als göttlich Ewiges — als Punkt, als Kreis und als Kugel fassen konnte, ist eine Fähigkeit erst seines Alters: der junge Goethe konnte die Ewigkeit nur als und im sinnlich durchgelebten Augenblick erfahren, der klassische Goethe nur als geistig geschaute Gestalt deuten, für den alten Goethe waren Augenblick und Idee auseinandergetreten und verknüpfbar, sinnliche Gleichnisse einer übersinnlichen und überbegrifflichen, aber nur mit den Mitteln der Sinne und des Denkens vorstellbaren Ewigkeit. Er konnte sich daher gerade als alter Mann erst der Mythen der transzendenten Religionen bedienen, des christlichen Himmels und des mohammedanischen Paradieses, weil sie jetzt Chiffern wurden für sein Geheimnis: die Ewigkeit der Augenblicke, seiner Augenblicke. In der Jugend hatte er solche Chiffern nicht nötig gehabt, weil Erlebnis und Bedeutung für ihn noch nicht auseinandergetreten waren, der sprachgewordne Augenblick zugleich bedeutete was er war: intensive Ewigkeit. In seiner klassischen Zeit hatten ihm solche Sinnbilder genügt welche den unendlichen Gehalt der begrenzten Welt als Gestalt vergegenwärtigten, da er damals nichts ausdrücken mußte was über das augenmäßig Faßbare hinausging: der Olymp stellt das All als ein Seh-erlebnis grenzhaft dar. Der alte Goethe aber, nach wie vor durch die Art seiner Begabung auf Versichtbarung seiner Erlebnisse angewiesen, erfuhr, über Gefühl und Gestalt hinaus, die Ewigkeit als ein übersinnliches (d. h. bei Goethe nicht: über-natürliches) Gesetz oder Geheimnis, welches weder im „Augenblick" selbst lyrisch auszusprechen, noch in begrenzter Gestalt sinnbildlich darzustellen war: er konnte nur mit den Mitteln dieser seiner gestalthaften oder lyrischen Welt darauf hindeuten, nur durch Zeichen, Gleichnis, Allegorie. Darum entsprachen ihm die Mythen der transzendenten Religionen, welche ja in ähnlicher Lage waren wie er, jetzt mehr als der griechische Olymp: der christliche Himmel oder das mohammedanische Paradies: auch hier galt es, ein übersinnliches Mysterium (das freilich dem seelischen Inhalt nach ganz verschieden war von dem Goethischen Jenseits-erleben) der in den Sinnen nun einmal verhafteten Vorstellungskraft der Menschen faßbar zu machen. Während der Olymp faktisch die griechische Erlebnisart gesteigert darstellt, ja ist, geben Himmel und Paradies nur eine hienieden nicht zu verwirklichende Richtung ihrer Gläubigen gleichnishaft an, ein wirkliches Jenseits, nicht ein traumhaft gesteigertes Diesseits.

In der Form, nicht im Inhalt des Erlebnisses hat also der alte Goethe sich von seinem fast rein griechisch-heidnischen Standpunkt der italienischen Zeit aus den positiven Religionen genähert, insofern er ein Jenseits des bloß menschlich-grenzhaft Ausschöpfbaren nicht nur anerkannte, sondern bedurfte.

Aber dies sein Jenseits war nicht, wie das christliche und das mohammedanische, außer oder über dem Menschen, als Forderung oder Verheißung, sondern im Menschen, im Augenblick selbst lag das Ewige, und der Mensch stand nicht unter dem Gesetz, er **war** es zugleich: der Unterschied zwischen dem Ewigkeits-, Gesetzes-, Natur-, Gotteserlebnis des früheren und des alten Goethe (oder wie man sein Verhältnis zum Überselbstigen formulieren mag) bezog sich also nicht so sehr auf den Inhalt dieses Überselbstigen, als auf die Form unter der er es erfahren und darstellen konnte. Seine Organe des Fühlens, Sehens, Wissens wandelten sich im Lauf der Jahre, und damit freilich auch das Bild des Gegenstands für diese Organe, sobald er ihn nach außen warf. Goethe konnte sein All in der Jugend völliger, in der klassischen Zeit runder darstellen als im Alter: daher wirkt seine eigentliche Künstlerkraft dort mächtiger als bei den Altersdichtungen, die allegorisch sind, d. h. seinen Gehalt mehr durch Zeichen andeuten als ihn verkörpern. Aber wir ahnen daß der alte Goethe ein unendlicheres All erfahren hatte, das sinnbildlich überhaupt nicht auszudrücken war, dessen völlige Offenbarung, wie die göttlichen Mysterien, Menschenkraft überstieg, das er entweder in Allegorien, strengkünstlerisch also unzulänglich, als Seher oder Weiser andeuten, oder verschweigen mußte: gerade die höchsten Kundgebungen des alten Goethe sind von einer fühlbaren Zone des verschwiegenen All-Wissens umlagert das sie unheimlicher und erhabener macht als seine klassischen Kunstwerke.

Das All des alten Goethe konnte, aus Gründen die man in Goethes Bildkraft oder in sein All legen mag, nicht mehr Bild werden im reinen Kunstwerk: seine großen Alterswerke sind höchste Offenbarungen, aber zugleich Mittelformen zwischen Gestaltung und Lehrspruch: Allegorien.

Die rein dichterische Bildwerdung eines Alls ist vielleicht nur solchen Zeiten und Menschen möglich die noch naiv jedes Erlebnis versichtlichen und somit auch das Unendliche nur nach Analogie des sichtbaren Raums erfassen, bei denen Anschauungsvermögen und Begriffsvermögen noch nicht getrennt sind. Shakespeare ist der letzte dem es ganz geglückt ist, als der letzte in dem gefühlsmäßig noch das geschlossene Weltbild des Mittelalters nachwirkte, und dem die aufgeschlossene Welt noch nicht sich unumfaßbar zerästelt hatte: der Mensch war für ihn nicht nur der Mittelpunkt, sondern noch der Beherrscher der Welt, er konnte mit Blick und Wille soweit reichen, daß auch das „Jenseits" seiner sinnlichen Phantasie nicht entzogen war, nicht bloßer Begriff oder Forderung bleiben mußte.

Das Buch des Paradieses ist mit dem gleichen Stoff gefüllt wie das Buch Hafis und das Buch Suleika, seine Gedichte sind etwa in der gleichen Tonhöhe und im gleichen Tempo verfaßt und strahlen die gleiche seelische Temperatur aus wie jene Verherrlichung irdischer Zustände. Goethes Jenseits ist nicht dem Wesen nach von seinem Diesseits unterschieden, sondern durch seine Beziehung: die Gedichte aus dem Paradies bedeuten noch etwas über die Hafis- und die Suleika-gedichte hinaus und gewinnen ihren Sinn nicht aus dem Dargestellten selbst, sondern aus dem ausgesprochenen oder unausgesprochenen Wissen: dies irdisch schön und rund gelebte Sein selbst ist der ewige Wert um dessentwillen es gelebt werden durfte, diese Augenblicke bedeuten die Ewigkeit — eine Ewigkeit freilich die nicht bloß Doktrin, sondern innere Erfahrung ist, die man gehabt hat oder nicht, die begrifflich nicht lehrbar, aber aus Zeichen zu ahnen ist. „Alles Vergängliche ist nur ein Gleichnis" — dieselbe Lehre wie der Himmel im Faust gibt das Paradies im Westöstlichen Divan. Dieser Satz aber hat einen mehrfachen Sinn. Er besagt daß Vergängliches nur unsre sinnlich beschränkte Wahrnehmungsform für ein transzendentes Unvergängliches ist. Man kann sich mit der Wahrnehmungsform begnügen, und das Vergängliche als solches sinnlich erschöpfen, in ihm die Ewigkeit finden, ohne zu transzendieren:

> Denn es ziemt des Tags Vollendung
> Mit Genießern zu genießen.

> Das Herz legt die Gewohnheit nicht ab,
> Es begehrt lieber des Paradieses nicht.

Das ist die Haltung der irdischen Bücher Hafis-, Suleika-, Schenkenbuch. Man kann aber seine mystisch-übersinnliche Erfahrung, die kein eignes Sinnenbild haben kann, unter dem Gleichnis jener Vergänglichkeiten kundgeben: das hat Goethe im Buch des Paradieses getan. Was in den Erdenbüchern Sinnbild seiner Vergänglichkeit ist wird im Paradiesbuch Allegorie seiner Ewigkeit, was dort Ausdruck seines sinnlichen Seins, hier Zeichen seines übersinnlichen Glaubens. In den irdischen Büchern ist ein einfaches, rein sinnliches und sinnlich ausdrückbares Erlebnis als solches Dichtung geworden, im Buch des Paradieses ist jenes sinnliche verbunden mit einem übersinnlichen, ein Sehen, Schmecken, Fühlen mit einem Glauben oder Wissen um den tiefsten Wert dieser Leiblichkeit, um ihren ewigen Sinn. Während die sinnlich schönen Augenblicke auf Erden selbstgenugsam sind, sind sie im Paradies nur Gleichnisse und Beziehungen.

Darin liegt weder eine Entwertung der Sinne noch ein bloßer Sensualismus. Nur durch die volle Sinnlichkeit, das resolute Leben im Augenblick ist dem Menschen das Erlebnis der Ewigkeit überhaupt zugänglich — darin unterscheidet sich Goethes Transzendenz von der christlichen grundsätzlich: aber — und darin erhebt er sich über den Sensualismus — der „Augenblick" ist, wenn auch notwendige Voraussetzung der Ewigkeit, nicht ihr ganzer Inhalt: die Sinne führen zu ihr, aber erschaffen sie nicht, sind in ihr enthalten, aber umfassen sie nicht. Wie aus dem Erlebnis des Augenblicks dem alten Goethe als ein davon getrenntes eignes das Erlebnis der Ewigkeit sich entwickelte ist ein Mysterium das er niemals ausgedrückt, nur angedeutet hat: als sein Zeichen ehren wir, neben den Schlußteilen des Faust, das Buch des Paradieses. Einige der Verse die begrifflich am nächsten an jenes Mysterium rühren und als Lehre formulieren was als Sinnbild nicht darstellbar war sind folgende:

> Wenn jeder Augenblick mich durchschauert,
> Was soll ich fragen wie lang es gedauert!
> Huri: Abwesend bist denn doch auch einmal,
> Ich merk es wohl, ohne Maß und Zahl.

> Ist somit dem Fünf der Sinne
> Vorgesehn im Paradiese,
> Sicher ist es, ich gewinne
> Einen Sinn für alle diese.

> Auf meinem Schoß, an meinem Herzen halt ich
> Das Himmelswesen, mag nichts weiter wissen;
> Und glaube nun ans Paradies gewaltig,
> Denn ewig möcht ich sie so treulich küssen.

Die Gedichte über die Ausstattung des Paradieses (Vorschmack, Berechtigte Männer, Auserwählte Frauen, Begünstigte Tiere) die erste Gruppe des Paradies-buches, geben nicht nur die sinnliche Schau des Jenseits, der Ewigkeit, nach dem Gleichnis des Diesseits, sondern auch die seelische Wertordnung, die Ansprüche Gottes an den Menschenkreis welche erfüllt sein müssen, damit das Diesseits als Jenseits erfahren und gesteigert werden kann. Durch die immanente Wertordnung der Bilder unterscheiden sie sich allein schon von den irdischen Büchern des Divan. Die zweite Gruppe des Buches, die Wechselgespräche zwischen dem Dichter und der Huri (Einlaß, Anklang, Deine Liebe, dein Kuß mich entzückt.., Wieder einen Finger schlägst du mir ein..) handeln vom göttlichen Wert des zentralen Erdenerlebnisses — nicht nur des Erdenlebens überhaupt: vom Anspruch der Liebe auf das Paradies, vom ewigen Sinn der irdischen Liebe. Auch hier ist das Sinnlich-Vergängliche ein Gleichnis nicht nur für das unvergängliche Erlebnis, sondern auch für den ewigen Wert. Gerade als lyrisch-bewußte Wertsetzung ergänzt das Buch des Paradieses die Bücher Hafis und Suleika, und zwar die erste Gruppe das Buch Hafis, die zweite Gruppe das Buch Suleika. Das Paradies ist nicht nur ein Reich des Seins, sondern auch ein Reich der Werte.

Die drei letzten Gedichte des Buches bilden keine innere Einheit. „Höheres und Höchstes" ist eine poetische Begründung und Deutung des ganzen Buches, ein Ausdruck des seelischen Bedürfnisses nach Ausmalung eines Paradieses und ein Hinweis auf den höheren Gedanken aller sinnlichen Bilder. Das Schlußgedicht „Gute Nacht" ist ein Abschied des auf Erden schon Verewigten an seine noch unverewigten Erdengenossen. Die Legende von den Siebenschläfern gehört eigentlich in das Buch der Parabeln und ist wohl nur wegen ihrer Länge in das Buch des Paradieses aufgenommen: es handelt sich hier weniger um das Paradies selbst als um eine Verewigung „berechtigter" Menschen hienieden, um die Aufhebung (noch nicht die Verewigung) der Zeit, um ein einmaliges Wunder, nicht um das ewige Gesetz der Vergottung: aber die Vereinigung von Wertung und Gleichnis rechtfertigt die Aufnahme auch dieses Gedichts in das Buch des Paradieses.

Das Buch der Parabeln selbst verhält sich ähnlich zum Buch der Sprüche und dem Buch der Betrachtungen, wie das Buch des Paradieses zu den Büchern Hafis und Suleika: es enthält in Gleichnissen die Metaphysik zu den Erfahrungen die dort als Sittenspruch oder Erkenntnis gegeben sind: den göttlichen Sinn des irdischen Seins und Scheins. Auch hier wird derselbe Gehalt in eine neue Beziehung gebracht, in die Beziehung auf Gott. Auch diese Gleichzeitigkeit der Bücher ist möglich geworden durch des alten Goethe doppelte Haltung zu seinen schönen Augenblicken, in welcher die Haltung des jungen und die des klassischen Goethe nicht aufgehoben, sondern eingeschlossen war: den schönen Augenblick als All zu nehmen, oder bewußt in ihm zu resignieren und ihn als vergängliches Gleichnis der Ewigkeit zu deuten .. wie ja auch der Faust die Lehre enthält „Er stehe fest und sehe hier sich um" und die Gegenlehre „Alles Vergängliche ist nur ein Gleichnis" Ergebnisse der ersten sind im Buch der Sprüche und im Buch der Betrachtungen, Anwendungen der zweiten im Buch der Parabeln niedergelegt — beide Male nur gelegentlich und zufällig, nicht einmal mit dem Willen zur Zentrierung und Abrundung.

Warum der metaphysische Gehalt der irdischen Erfahrungen, die als Lehre und Gesinnung in den Sprüchen und Betrachtungen sich formulieren ließen, nur im Gleichnis und Zeichen andeutbar war haben wir schon beim Buch des Paradieses gesehn. Wie das ganze Paradies notgedrungenes Gleichnis

für ein Gesamt=wissen von Gott war, so sind die einzelnen Parabeln Gleich=
nisse für einzelne Bezüge der Gottheit zur Erfahrungswelt. Auch hier wer=
den wir daran erinnert daß der orientalische Blumen= Bilder= und Schnör=
kel=stil im Westöstlichen Divan nicht nur die zufällige Folge der literarischen
Begegnung und Anregung ist, sondern Goethes damaliger innerer Lage not=
wendig entspricht. Wie er im Ganzen den Orient erst ergriff, als der Orient
ihm Gleichnis seiner Welt werden konnte, ja mußte, so auch im Einzelnen,
als ihm sein Wissen und sein Schauen nicht mehr nach griechischer Weise
identisch, sondern nach östlicher Weise auseinandergetreten waren. Der
orientalische Stil, von der höchsten Dichtung bis zur Teppichwirkerei hin=
unter, ist durch das Bedürfnis nach Verknüpfung mitbestimmt, und gerade
dies Bedürfnis, das dem Sturm=und=drang=Goethe wie dem plastischen
Goethe fremd war, kam dem alten Goethe.

Zu den drei Glaubensbüchern im Westöstlichen Divan gehört das Buch
des Parsen, mit seinem Vermächtnis altpersischen Glaubens. Während Goe=
the dem Mythus des Islam die Gleichnisse für das Jenseits der einzelnen
Seele und ihrer Erlebnisse als göttlicher Wesenheiten entnahm, bot ihm
der sittliche Naturkult des Parsismus, Zarathustras aus der Anschauung der
Natur abgeleitete oder in die Natur hineingelegte kosmische Ethik, den An=
halt für eine religiöse Feier der Natur, welche innerhalb des eigentlichen
Islam wohl als Szenerie, als Schmuck und Stoff, aber nicht als Kraft, Ge=
setz oder Eigenwert erschien. Wie im Islam, so ist auch in den islamischen
Büchern des Divan nur von dem und den Menschen, von Leib und Seele
und von Gott die Rede .. die Welt ist die von Menschen bewohnte, er=
fahrene, bebaute Region, die Natur spielt nur als Nutz oder Schmuck, als
Gleichnis oder Stimmung herein. Merkwürdig genug, wenn Goethes Pan=
theismus in solch einem Erntebuch sich damit begnügt hätte, als Pananthro=
pismus oder Panpsychismus zu erscheinen, als eine Vergottung des Lebens
in nur menschlichen Formen, da ihm ja der Mensch vor allem Sinnbild der
Natur, die Natur Sinnbild, nicht nur Stätte und Stoff, des Menschen war!
Die persische Religion, so östlich wie der Islam ihrer Stimmung nach, kam
ihrem Inhalt nach dem Glauben Goethes mehr entgegen, und wenn er Pa=
radies und Himmel nur als Gleichnis brauchen konnte: die Erde und die
Sonne des Parsen war Welt aus seiner eigenen Welt, und das einzige Ge=
dicht des Divan womit er, durch gemäßen Mythus berechtigt, der Natur
als der Offenbarung seiner Gottheit und dem Gesetz seiner Seele huldi=
gen durfte, strömt voller und stärker als die Paradiesesgedichte. Er mußte
freilich den parsischen Dualismus zwischen einer radikal=guten Lichtwelt
und einer radikal=bösen Nachtwelt umdeuten zu einem Kampf zwischen

der schöpferisch erleuchteten Kraft mit dem dumpf widerstehenden Stoff. Doch hier sprach er nicht allegorisch und mußte ein mythisch gegebenes Jenseits nicht als Gleichnis für den ewigen Wert seines Diesseits benutzen: die Zusammenschau der schöpferischen Erdkräfte mit den sittlichen Kräften des Menschen, des Naturgesetzes mit dem Sittengesetz, die Ableitung des Guten, des Sein-sollenden, des zu Tuenden aus der Natur war Goethe überhaupt gemäß, und dem alten Goethe, dem Goethe der Wahlverwandtschaften, zu Bewußtsein, zu aussprechbarer Lehre geworden. Das Vermächtnis altpersischen Glaubens ist so sehr pantheistische Verherrlichung der Natur wie nur je die Ganymedes-hymne, aber die göttliche Natur ist nicht nur dunkle Macht die uns umfängt und durchdringt, sie ist zugleich klares Gesetz das uns fordert und beherrscht. Wissen wir wie sie ist, so wissen wir nicht nur wie wir sind und müssen, sondern auch was wir sollen.

Wenn das mohammedanische Paradies die Allegorie für den metaphysischen Wert des menschlichen Daseins ist, so ist die parsische Natur, Erde und Sonne, das Symbol für sein Gesetz. Das Gedicht ist eine Kult-hymne, keine Mythen-schilderung. Aus einer fiktiven Situation — Abschied eines armen Parsen an seine letzten Pfleger — entwickelt Goethe sein Evangelium: die Weihung der Erde durch menschliches Wirken. Der feierliche Schwung dieser Botschaft ist schon mit dieser im ganzen Divan einzigen Situation gegeben: aus dem Blick über Menschtum und Erde vor dem Tode, auf der Brücke in die Ewigkeit, da der Mensch mit Bewußtsein ins All, bekanntes oder unbekanntes, auf- oder untergeht, da ihm „Gedanken kommen, bisher nicht zu denkende, die sich gleich seligen Dämonen auf den Gipfeln der Vergangenheit leuchtend niederlassen." Es ist der Moment der Entrückung ohne Ekstase, des Hellwerdens ohne Traum, des Leichtwerdens ohne Rausch. die wahre Lage für das Vermächtnis eines Propheten dem sich Gott als leises tägliches Wirken und Erscheinen, nicht durch jähe übernatürliche Inspiration offenbart.

Auch hier bewährt sich Goethes Religion in der Auswahl des Augenblicks aus dem er sein Vermächtnis gibt und in der Abschieds-gesinnung dem Leben gegenüber. Das Sterben selbst ist ihm zugleich der Augenblick der Erleuchtung und der Lebens-verherrlichung. Der Scheidende — und dazu ein armer, kranker, bedürftiger, der hienieden nichts hatte als das Leben und den Blick auf die Schöpfung — segnet das Dasein und die Erde selbst. Nichts von irdischem Jammertal, nichts von himmlischer Seligkeit, nichts von Maja, nichts von Nirwana — nein, dieses Leben in seiner Wirksamkeit und Sichtbarkeit ist göttlich, „wie es auch sei, das Leben, es ist gut", und der es durchgelebt ist ewig und weiß seinen Brüdern nichts Heiligeres

zu künden als die Botschaft von der Weihe des Irdischen:
Schwerer Dienste tägliche Bewahrung,
Sonst bedarf es keiner Offenbarung.

Das Evangelium Nietzsches „Bleibt der Erde treu" ist hier vorweggenommen aus einer ähnlichen Wertung des Lebens und mit ähnlicher Umdeutung parsischer Motive, aber aus der seligen Ruhe des Besitzes, nicht aus der leidenschaftlichen Spannung der Sehnsucht. Goethes „Vermächtnis" ist der klassische Ausdruck dieser Weltfrömmigkeit, Zarathustras Rede der romantische, und wenn diese erschütternder ist, eine ungeheure Forderung und Verheißung für die gefährdete, verarmende Welt, so gibt Goethe mit seiner Heilswahrheit zugleich die holde Gewähr und das Bild ihrer Verwirklichung. Das „Vermächtnis" feiert den Kultus der Goethischen Religion, deren Mythus im Buch des Paradieses unter islamischen Zeichen allegorisiert wird. Wenn Welt und Leben als Erscheinung so schön sind wie im Buch Hafis und im Buch Suleika, und als Geist so göttlich wie im Buch des Paradieses, dann ist jede ihrer Wirkungen und ihr Wirkungsraum geweiht: die irdischen Augenblicke sind dann nicht nur einmalige Erlebnisse, sondern auch ewige Kult-bilder und wiederholbare Kult-akte. Das Buch des Parsen feiert freilich nicht die einzelnen schon gesonderten Momente die in den Büchern Hafis und Suleika als irdische Erlebnisse und Gesinnungen, im Buch des Paradieses als göttliche Werte erscheinen, sondern die gemeinsame Quelle alles Einzelschönen und -göttlichen.. nicht nur ihre Gabe, auch ihren Anspruch: die Goethische Religion ist nicht nur hedonistische Schau der göttlichen Offenbarung, d. h. des menschlichen Lebens und der Natur, sondern auch tätige Feier, damit die Offenbarung sich erhalte, erneure, steigre aus sich selbst, dem Menschtum.

Die Glaubens-bücher des Divan umschließen den Gehalt seiner Lebens-, Liebes-, Trink- und Glossen-bücher, aber eben dadurch daß sie ihn umschließen, überwölben, geben sie ihm ein andres Aussehen und einen andren Sinn: sie erst runden den Westöstlichen Divan ab, und was dort strahlenartig aus einer Mitte nach außen strebt, wird durch sie zu einer Kugel zusammengefaßt. Goethes Erde und Goethes Himmel gehören zusammen, sie haben dasselbe Zentrum, und bedingen sich gegenseitig wie Inhalt und Umfang einer Kugel. Das Buch des Parsen bezeichnet den Übergang von Goethes Erde in seinen Himmel, ja ihre Einheit.

Wie der Gehalt des Westöstlichen Divan eine Einheit aus Mannigfaltigem ist, so auch sein dichterischer Stil, dessen Hauptmerkmale — die unterscheidenden Merkmale seiner Altersdichtung überhaupt und die besondren seines Orientalismus — wir kurz überblicken wollen. Kraft welcher inneren Lage

DRITTER TEIL: ENTSAGUNG UND VOLLENDUNG

Goethe sich orientalisierte und warum ihm die allegorisch verknüpfende östliche Bildersprache eigenes Gut werden konnte ist anderswo gezeigt. Goethe hat selbst in den Noten zum Westöstlichen Divan unter dem eingeschalteten Abschnitt über die orientalische Poesie, besonders wo er den „Übergang von Tropen zu Gleichnissen" behandelt, die Grenze angegeben bis zu welcher etwa die östliche Bildersprache einem westlichen Dichter möglich sei: nämlich nur soweit das Bild noch von dem Auge ausgeht, solange zwischen dem Gleichnis und dem Verglichenen ein allenfalls vorstellbarer Bezug waltet, solange das Gleichnis nicht selbständig ohne Rücksicht auf das zu Vergleichende verwendet wird, als sinnloser Farbenklecks oder als unanschaubare Maschinerie. Er führt dort einige Beispiele an, die aus der orientalischen Fähigkeit kommen die Begriffe und die Anschauungen willkürlich zu sondern und zu verknüpfen, jede Anschauung mit jedem Begriff beliebig zu verbinden, weil dort die Phantasie nicht vom Auge und das Denken nicht von der ordnenden Vernunft kontrolliert wird.

Niemals entfernte sich Goethes Einbildungskraft soweit von seinem Sehvermögen und seiner Vernunft, um in die orientalischen Gleichnis-orgien zu verfallen. Aber die Verwendung von Bild-vorstellungen als Begriffschiffern ohne genaue Rücksicht auf die Anschaubarkeit ist im Westöstlichen Divan mehr östlich als westlich, und war nur möglich bei dem allegorischen Denken des alten Goethe. Östlich ist die — freilich spärliche — Verwendung des Ghasels, die vielfachen Anspielungen auf orientalische Gegenstände, Bräuche, Ereignisse, Menschen und die Verwendung östlicher Namen und Überschriften. Damit aber ist der stilistische Einfluß der östlichen Dichtung auf den Divan erschöpft, und zumal die Anspielungen und Namen sind weniger formal als stofflich. Der durch Europäer vermittelte Orient war übrigens schon verwestlicht und ließ eine stilistische Einwirkung über formale Einzelheiten hinaus kaum zu. Erst Rückert gab, soweit es in andrer Sprache möglich ist, als Übersetzer ein einigermaßen verläßliches Bild vom Ton der östlichen Dichter, und auf den kommt es an. Der Stil des Westöstlichen Divan ist demnach nicht so sehr durch das orientalische Bildungserlebnis Goethes bestimmt, als durch die seelische Lage seines Alters, wovon die östlichen Velleitäten nur eine Begleiterscheinung sind.

Allen Gedichten des Westöstlichen Divan, von den hingeworfenen halb prosaischen Knittelversen der Spruchbücher bis hinauf zu den allumspannenden himmelhohen Hymnen, gemeinsam ist, mit zwei Ausnahmen die noch erklärt werden, die Distanz zwischen dem Erlebnisgehalt und dem darstellenden Bewußtsein, die Helle oder „Heiterkeit" des Geistes die noch den dunkelsten Gefühlsgrund hier beleuchtet bis zur Aufhebung, Heraufhebung.

Fast kein Gedicht worin, wie in Goethes Morgen- und Mittagslyrik, das Gefühl selber Sprache, Sprachleib wird: die Empfindungen müssen erst Erkenntnisse des überblickenden Geistes, erst gedeutet, eingeordnet und verknüpft sein, eh er sie als Sprache herausläßt. Gefühl, Vorstellung, Geist sind hier nicht gleichzeitig oder entwickeln sich auseinander, sondern sie stehen sich gegenüber und vereinigen sich nachträglich. So erklärt sich die bald lyrische Didaktik, bald didaktische Lyrik dieser Gedichte, deren keines unmittelbarer Gefühlsausdruck, keines aber auch, etwa einige Sprüche oder Betrachtungen ausgenommen, abstrakte Lehre ist. So erklärt sich jene allegorische Verknüpfung von Gefühl und Bild, von Gefühl und Lehre, von Bild und Lehre. So erklärt sich die größere Nähe von Goethes poetischem Altersstil zur Prosa: fast alle diese Gedichte sind ebensosehr gesagt als gesungen, und haben keine eigene Dichtersprache, sondern bedienen sich höchst unbefangen der Elemente der Umgangssprache, ja der Amtssprache („dies zu deuten bin erbötig") nicht nur der Worte, nein geradezu der Satzfügung, welche ja eben auf deutlichem Abstand zwischen dem Redenden und dem Hörenden beruht, auf der Anerkennung einer gefühlsfreien Zone zwischen dem auszudrückenden Inhalt welcher Art auch immer und der Ausdrucksform. Enthalten auch die Bücher der Sprüche und der Betrachtungen in der Tat Verse die geradezu Reim-Prosa sind, so ist Metrum und Rhythmus bei den übrigen weder zufällig noch willkürlich. Wie der Divan trotz der darin selbständig und souverän waltenden Bewußtheit gehaltlich kein Rückfall in die rationalistische Lehrpoesie ist, so ist er formal kein Rückfall in die rationalistische Metren-stopferei. Goethes Altersdichtung ist die geistige Durchdringung, Überschau, Auswahl, Deutung eines dunklen Lebensgrundes: die rationalistische Lehrpoesie kommt gerade aus der Nichtanerkennung, dem Nichtsehen eines solchen und nährt sich nur von Erkennbarem, Denkbarem, während noch Goethes Denken ehrfürchtig sich speist aus dem Lebensgrund selbst, auch nachdem es ihm selbständig gegenübergetreten ist. Und aus eben diesem Lebensgrunde, aus den Wellen dieses dunklen Meers kommt auch Goethes notwendige Altersrhythmik und -metrik, während beim Fehlen eines solchen unwillkürlichen Grundes jede Metrik zur Maskerade der Prosa wird, wie beim Rationalismus.

Die Prosa ist Mitteilung ohne den rhythmischen Zwang der aus der Selbstbewegung der Gefühle, des über- oder unterpersönlichen, über- oder unterrationellen Lebens kommt. Die vor-goethisch rationelle Poesie ist metrischer Zwang ohne den einzig zureichenden Grund: eben jenes dunkel-bewegte Leben. Das Eigentümliche von Goethes Alterspoesie, insbesondere im Divan, ist das Gegenspiel, das Gleichgewicht zwischen unwillkürlich rhythmischer, überprosaischer Bewegtheit und Getragenheit, welche aus dem Gefühl kommt, und der prosaischen Starre, die aus dem lehrhaft festlegenden, zweckmäßig anwendenden Bewußtsein kommt. Denn wie jede echte Poesie im tiefsten Grunde zweck- und anwendungslos ist, so ist jede echte Prosa nur mit Hörern, also mit Zweck und Hinwendung denkbar. Der Divan ist aus einer tiefen Notwendigkeit bewegten Lebens geschrieben, erst für einen Hörer, nämlich Goethes eignen erleuchteten sinnenden Geist, im weiteren Sinn für ein ideales Publikum. Nicht nur weil Goethe sich entladen, ausdrücken, sondern auch weil er sich hören wollte, weil er dunkles Leben und heller Geist — nicht mehr wie einst in einem, sondern zugleich, aber zwiefältig — war, sind die Verse seines Divan zugleich unwillkürliche Poesie und willkürliche Prosa: der erste Hörer seines Lebens, sein Geist, belauschte die Ergüsse seines Lebens und prägte ihnen sein Zeichen, sein Vidit auf, eh er sie hinausließ. Einst dichtete er unbeaufsichtigt von diesem Hörer, jetzt durchlief all sein Leben die bedingende Zensur seines Geistes.

Daher die einzige Verbindung von heilig-dunklem, kühn-lockrem Schwung und marmorner, gezwungner, fast preziöser Starre, die Goethes poetischen Alterstil ausmacht — nur ein weitres Zeichen seines jugendlichen Alters — die Verbindung (nicht die Einheit) von rauschhaft wallender Freiheit und lehrhaftem Zeremoniell, von lyrischer Einsamkeit und rhetorischer Geselligkeit, von unbewußter Selbstentladung und bewußter Mitteilung, von Sprachwerdung und Sprachbenutzung. Alle Grade des Lyrismus (d. h. unwillkürlichen Selbstausdrucks) vom leichten Trällern, Knurren und Schmunzeln des Behagens bis hinauf zum tönenden Einswerden mit der Sphärenharmonie, begegnen sich hier in vielfachen Kreuzungen mit allen Graden der Rhetorik (d. h. Zweck-rede für Hörer) vom onkelhaften Schulterklopfen und autoritären Wink bis hinauf zum weihevollen Prophetenspruch, und aus dieser unendlichen Kombination an sich schon zahlreicher Grade zweier verschiedener Ausdrucksreihen ergibt sich die stilistische Fülle und Buntheit dieses Werks. Mehr als bei andren Gedichten Goethes braucht man hier das zweite Ohr für die Untertöne. Während in Goethes Jugendlyrik, bei noch ungesonderter Einheit von Eros und Logos, jedes Erlebnis seine Schwere und Tiefe im Ton und Stil selbst offenbart, hat Goethe hier, aus absichtlichem Geheimnis oder Freude am Spiel und an erlangter, souverän mit Sachen und Formen schaltender Meisterschaft, oft das Schwere leicht gesagt und unter glitzernd glatter Fläche seine Tiefen verborgen. Das gilt besonders vom Schenkenbuch, vom Buch des Unmuts und von den Parabeln. Zu den „rhetorischen" Wirkungen (nicht im populären, sondern im terminologischen Sinn) gehört gerade bei vielen Gedichten die Leichtigkeit, ja Leichtfertigkeit des Vortrags, der parodische Ton, als spiele der Dichter unbekümmert mit seiner unverlierbaren Autorität, ja als mute er dem Leser zu ihn zu nehmen wie er sei, auch wenn er sich gehn lasse. Das Bewußtsein seiner unantastbaren Würde, die er durch nichts zerstören könne, die sokratische Ironie und selbst das Mephisto-lächeln gegenüber dem Schüler schweben leise über vielen Gedichten, und ermächtigen ihn zu andren zu reden, als wären sie nicht oder nur zu seinem Vergnügen da: so daß dasselbe was ihn aus der Einsamkeit des reinen Lyrismus heraustreten läßt, die Gegenwart von Hörern, ihn zugleich wieder in die Einsamkeit des den Hörern überlegenen und im tiefsten unzugänglichen Geistes zurückführt. Aus dem einsamen Geheimnis heraus muß er reden und in das einsame Geheimnis hinein muß er wieder schweigen. Dazwischen liegt das Wort, das bald Lehre, bald Ausbruch, bald Spiel, bald Maske, ist, und durch heilige Scheu des Herzens und heiteren Spott des Geistes dem klugen Hörer die Gegenwart eines Geheimnisses verrät, ohne ihn einzuweihen. Gerade weil Dichter umsonst verschwiegen sind und Dichten selbst schon Verrat ist, sorgt der Dichter dafür daß sein Verrat selbst wieder ein Geheimnis wird, daß jeder nur soviel vom Geheimnis erfährt als ihm fruchtbar sein kann, und daß er die Ehrfurcht vor dem ganzen Geheimnis nicht verlernt: denn sie zu bewahren gehört ebensosehr zu den Bildungspflichten des Sehers als die Aufklärung der Geister.

So waltet fast durch den ganzen Divan die Spannung zwischen dem was Goethe singen muß und dem was er sagen, oder verschweigen, will. Nur in zwei Gedichten ist diese Spannung aufgehoben, der Eros und der Logos wieder eins und der Geist zu Blut (nicht wie in Goethes Jugendlyrik das Blut zu Geist) geworden, die Erleuchtung zur einsamen Erschütterung die keinen Hörer mehr kennt und nur singen muß: „Selige Sehnsucht" und „Wiederfinden". Hier sind alle rhetorischen Elemente, alle Rücksichten und Umblicke vernichtet im reinen Anschauen der beiden Urgeheimnisse des Ich: wie es sich durch den Tod erneuert und wie es durch die Liebe Welt wird. Beide Gedichte sind entzündet durch einen vernichtenden Schmerz und durch eine beseligende Freude und doch vollkommene Weisheit, aber eine die nicht mehr aus dem Einzelerlebnis als Strahlung hervorbricht wie in Goethes Jugend, oder über ihm schwebt als ein selbständiges All-wissen, sondern wieder in die Erschütterung eingeht bis zur unscheidbaren Einheit. Die Heftigkeit der Jugend lebt wieder in ihnen auf, ein reiner Erlebnis-lyrismus wie nur je in der Ganymed- und Werther-zeit, und doch könnten sie nicht von einem jungen Menschen verfaßt sein. Ihr Dichter muß das All durchmessen und erkannt haben: und wenn uns dort die Ausdehnung eines Ich zur Welt erhebt, so ergreift uns hier das Zurückstreben eines schon weltweiten und weltklaren Geistes in die beginnliche Dunkelheit aus der er emporstieg. In der Jugend offenbart sich ein großes Herz dem seine Erschütterung zur All-erschütterung wird.. die Welt wird im schöpferischen Gefühl ahnend vorweggenommen: aber hier ist sie schon durchdrungen vom wissenden Auge eines Greises, und all sein Wissen wirft er nun zurück als Brennstoff in den glühenden Augenblick. Das Gefühl treibt hier nicht mehr Sprache aus dem Chaos, die Schöpfung ist schon da, und die Sprache möchte aus ihrer Vollendung wieder zurück zu ihrer Werdung. Der Zauber und der Schauer kommt hier nicht mehr aus der Ahnung morgendlich werdender Welt, sondern aus der Erschütterung einer durchleuchteten, geordneten, völlig erworbenen.. das Geheimnis hat hier alle Weisheit schon in sich und hinter sich, während dort das Geheimnis sie noch vor sich sieht und sie entwickelt oder auf sie hindeutet. Der Wiedereinbruch des dunklen Lebens in die befestigte Lichtwelt oder das Zurücktauchen der Lichtwelt in das schöpferisch urtümliche Chaos durch Tod und Liebe macht diese beiden Gedichte, zusammen mit der Marienbader Elegie, zu den drei drohenden Wundern von Goethes Alterslyrik. Der äußersten Gefährdung seines Kosmos durch einen letzten Ansturm des Chaos verdanken wir inmitten seines bildenden, ordnenden, sammelnden, allegorischen Alters noch einmal jugendlich schöpferische Augenblicke. Denn nur als Schöpfer konnte Goethe wieder zum Kosmos machen was schon Chaos zu werden drohte, nur durch die volle Kraft seines Blutes, die das Reich seines Geistes bedrohte, es auch sichern. Im Kampf fanden sich hier Jugend und Alter zusammen und hoben sich auf! Im übrigen Divan begleiten sich eine temperierte, der äußersten Spannungen und Sprengungen nicht fähige oder willige Steigerung der Lebenskräfte und eine gelockerte, breite, läßliche Weisheit, der alles erreichbar ist, die aber ihre tiefsten Geheimnisse nicht anrührt. In diesen beiden Gedichten aber dringen beide in der höchsten nur denkbaren Wucht gegeneinander an und ineinander ein: nur mit seinem letzten Wissen selbst kann Goethe sein letztes Leben bannen, seine Welt bewahren vor der Zersprengung, sein Ich vor der Verschüttung. Beide Gedichte sind darum zugleich die Höhepunkte der Divan-weisheit und ihre Erfüllung, mag man sie nun ansehen als Wiedereinswerdung von Jugend und Alter, Ich und Welt, oder dunklem Drang und hellem Wissen: auf dem Gleichgewicht dieser Gegensätze, Gegengesetze (Antinomien) beruht der Divan, auf ihrem friedlichen Bund oder gefährlichen Kampf, und Bund wie Kampf vollenden sich in der Einung, die eben in dem Moment erfolgt da nur völlige Vernichtung des einen oder ewige Zerreißung möglich schien. Durch seine Feier des Tods und der Liebe, des Ich- und des Welt-aufhebenden Mysteriums, behauptet Goethe nochmals sein Ich und seine Welt und vereinigt sie.

ALTERSLYRIK

DIESE beiden Gipfel des Westöstlichen Divan, in dem fast Goethes ganze Alterslyrik zwar nicht der Masse nach umschlossen, aber der Art nach vorgebildet ist — nur die Marienbader Elegie erobert über ihn hinaus noch ein neues Gebiet des Gehalts und der Form — sind zugleich die Gipfel der kosmischen Lehr-lyrik die er unter »Gott und Welt« zusammengefaßt und worin er ja Wiederfinden, als auch in dieser Reihe unentbehrlich, nochmals aufgenommen hat. Wiederfinden allein unter den hierhin gehörigen Gedichten gibt die rhythmische Selbstdarstellung des Erlebens woraus die Weisheit der übrigen stammt: die andren setzen es voraus und geben den gedanklichen, gleichnis- oder spruchhaften, Niederschlag der seelischen Vorgänge wodurch Goethe das All als ein menschlich sinnvolles Gefüge göttlicher Kräfte, beweglicher Gesetze, ausgewirkter Einheit oder vielfältiger Erscheinungen schauen lernte. Die Gegenstände des Lichts, nicht die Erleuchtung selbst, die Ergebnisse, nicht den Akt der Offenbarung, wie Selige Sehnsucht oder Wiederfinden, vermitteln sie.

Nicht alles was Goethe in »Gott und Welt«, einem absichtlich all-geeigneten Titel, bei der Schlußanordnung seiner Werke untergebracht hat, gehört in dieselbe Lage und Höhe oder auch nur nach Ton und Form in eine Gattung: es ist ein Verlegenheitstitel, aus zufälligen Redaktor-pflichten und nicht aus einer inneren Zusammenschau gewählt, und so läßlich wie die andren stofflich, biographisch, metrisch oder sogar buchtechnisch begründeten Einteilungen, bei der Aufgabe die unermeßliche Ernte mehr als sechzigjährigen Dichtens einigermaßen einzuheimsen.

Eine einheitliche Gruppe bilden diejenigen Gedichte die das Gott-All selbst (nicht einzelne auf Gott oder Welt bezogene Kräfte und Erscheinungen — und seien es so umfassende wie Natur und Leben) feiern als sinnlich umgreifbares und geistig deutbares Ganzes, worin der Mensch lebt und west: Prooemion, Weltseele, Eins und Alles, Urworte. In denselben Kreis etwa gehören, von Goethe nicht hierhergestellt, außer Wiederfinden, noch die Engel-chöre im Prolog zum Faust, Vermächtnis, und das Xenion „Wenn im Unendlichen dasselbe..." Sie sind die knappsten Formeln für Goethes Weltanschauung, das Wort in ursprünglichem Sinn genommen, als Weltbild, als Weltvorstellung, oder im abgeleiteten (wie es heute papiernes Allerweltswort geworden ist) als Weltbegriff, als Summe derjenigen Urgedanken (Prinzipien) woraus man das Dasein und das So-sein der Welt zu verstehen sucht.

Der größere oder geringere Grad von Abstraktion unterscheidet diese Gedichte: Weltseele, Wiederfinden, auch die Engel-chöre im Faustprolog, geben mehr Weltbild, die andren mehr Welterklärung, wobei freilich eine strenge Grenze nicht gezogen werden kann. Denn Goethes Schau schließt Deutung und Ordnung schon mit ein, sein Raum und Bild ist nicht nur passiver Eindruck den seine Sinne von außen empfangen, sondern eine schöpferische Aktion und Funktion seines Geistes. Aber ebensowenig sind seine Begriffe Konstruktionen, unabhängig von seinen Sinnen und ihren Eindrücken, vielmehr extrahierte, abstrahierte Anschauungen, ganz vergeistigte und schließlich verselbständigte Zeichen, Bedeutungen für die sinnenschweren Anschauungsinhalte.. wie sich die Buchstaben aus Bildern allmählich zu bildlosen Zeichen entwickelt haben, wie selbst das Wort Sinn, welches abstrakten Zweck, Grund, Wert einer Sache bedeutet, noch seinen Ursprung aus den Sinnen mitträgt. Goethes Begriffe und Lehren sind die Verselbständigung der geistigen Aktion und Funktion welche in jeder Anschauung, in jedem Bild als das Raumschaffende beschlossen ist, ja kraft welcher erst aus sinnlichen Eindrücken Anschauung und Bild entsteht.

„Weltseele" enthält denselben Gedanken wie „Wiederfinden" und Goethe hat deshalb beide Gedichte in „Gott und Welt" nebeneinandergestellt. Ihr Gegenstand ist die Weltwerdung durch die Liebe, die erotische Kosmogonie. Die Vereinigung von Mann und Weib, ein seelisches Erlebnis, ist zugleich das Zeichen, der Anfang und die Vollendung des kosmischen Geschehens wodurch die Welt wird und sichtbar wird, d. h. wodurch das menschliche Weltbild entsteht. In der Liebe schließt sich der Kreis des Lebens, in ihr kommt die lebendige Weltseele, welche ungeschaffen-schaffende Urkraft ohne Gestalt, Wissen und Bild ist, zum Bewußtsein, zum Bilde, zum Sinn-Bild ihrer selbst. In Wiederfinden hat Goethe diese Weltzeugung, die Weltbild-werdung (und Welt-bildwerdung) aus der menschlichen Liebe an den Anfang, d. h. in die Mitte gestellt, als ein offenbarendes Erlebnis, von dem aus er die Weltwerdung entwickelt, die Kugel aller Erscheinungen ausstrahlt, die Weltseele in der menschlichen, in der eigenen erschütterten, sehnenden Seele fühlt und feiert: am Anfang war die Liebe die er jetzt erlebt, und durch sie wird das All, das in den Liebenden sich vollendet und erneuert.

In „Weltseele" ist das All mit seinen Regionen schon da, Raum und Umfang der Kugel schon gegeben, und die sie durchdringende, aber noch nicht menschliche Weltseele begleitet der Seher von dem äußersten Umfang her durch immer engere, dichtere, wärmere Zonen bis zur Mensch-Mitte, in der sie sich vollendet und verewigt. In „Wiederfinden" feiert Goethe die Raum-werdung des liebenden Menschen, in „Weltseele" die Mensch-, ja die Liebe-werdung des beseelten Raums. Dort ist der Kosmos als ein seelisches Prinzip, hier die Seele als ein kosmisches Prinzip, wie der Titel schon sagt, verherrlicht. „Wiederfinden" geht lyrisch von einer seelischen Erschütte-rung, „Weltseele" didaktisch von einer erhabenen Schau aus. Beide durch-messen den Raum zwischen Ich und All, aber auf entgegengesetztem Weg. „Wiederfinden" ist die Ausbreitung eines Glutkerns in Erleuchtung, „Welt-seele" die Verdichtung eines Lichtmeers zum Brennpunkt. In „Wieder-finden" waltet daher die Schwingung des Werdens als ein mitreißender Flug, in „Weltseele" ist die erhabene Gewißheit des gesicherten Alls und der mild ruhevolle Herabblick von der unfehlbaren Überwölbung. Dort ist die menschliche Sehnsucht leidenschaftlich ins All hinausgeworfen, hier ist die Ruhe des göttlich bewegten Alls bis in die menschliche Liebe hin-eingebreitet, welche nicht mehr als Seelenvorgang, sondern als Naturge-schehen erscheint.

In beiden Gedichten ist das All im Werden gezeigt, sei es als ein Wer-den vom Umfang nach der Mitte oder umgekehrt. In dem Xenion „Wenn im Unendlich dasselbe .." gibt Goethe die Vorstellung der Kugel selbst, „das tausendfältige Gewölbe" als ein Sein, aber als ein bewegtes Sein, die sinnbildliche Anschauung der einen Substanz mit ihren beiden Attributen extensio und cogitatio, die Aufhebung des Widerspruchs zwischen ewigem Werden und ewiger Ruhe derselben Einheit: „Und alles Drängen alles Ringen ist ewige Ruh in Gott dem Herrn." Die Goethische Umdeutung, Umsehung der Spinozistischen extensio ist die Gottwelt als Werden, seine Umdeutung der Spinozistischen cogitatio ist das Schauen. Extensio, bei Spinoza zugleich statischer und mechanischer Raum, ist für Goethe nur als organisches Werden vorstellbar, und cogitatio, für Spinoza wesentlich ma-thematisch-logisch, ist für Goethe sinnlich geistiges Schauen. Das Werden, die eine Form des Gott-Alls, ist die ewige Bewegung .. das Schauen, die andre, ist die ewige Ruh.

Das kosmische Ringen und Drängen das ewige Ruh in Gott ist findet sein menschliches Gleichnis an der Dauer im Wechsel des menschlichen Lebens, und nur als solches Gleichnis mag das Gedicht „Dauer im Wechsel", das ein Gelegenheitslied ist, in „Gott und Welt" aufgenommen worden sein. Es ist eine lyrische Betrachtung über die Relativität der Vergängnis, und dadurch ein tröstliches Gegenstück zu den elegischen Jugendliedern die die Relativität des schönen Augenblicks beklagen.

Was in „Wiederfinden" „Weltseele" „Wenn im Unendlichen..." als Bild eines zwiefachen Werdens oder Seins erscheint, das geben „Prooemion" „Eins und Alles" „Vermächtnis" als Gesetz, und zwar Gesetz in dem doppelten Sinn dessen was erkanntermaßen sein muß und was sittlichermaßen sein soll. Sie sind Lehre und Anwendung, nicht Lyrismus und Bild, darum schon fast dogmatisch formelhaft. Sie stehen am Ende des Wegs der vom glühenden Erlebnis über die warme Schau zum klaren („abgeklärten") Begriff führt, am Ende des Wegs der mit „Wiederfinden" beginnt. Auch in diesen Gedichten ist die Doppel-einheit von Menschen-ich und Gott-all der Gegenstand, aber nicht das Wesen beider in ihrer Einheit, mag es als Werden oder als Sein erscheinen, sondern die Beziehung beider. „Prooemion" ist die Anrufung des All-gottes als des im farbigen Abglanz dem Menschen offenbarten, unbegreiflichen Geheimnisses, des in ihm wirkenden, doch ihm verschlossenen Sichtbaren, aber nicht Erkennbaren. „Eins und Alles" gilt dem Gesetz des Ich und jedes Sonder-wesens: ins Werdende All einzugehen, drin unterzugehn, nur als vergängliche Form des unvergänglichen Werdens zu wirken, das sich durch einzelne Erscheinungen bekundet, aber nur durch deren Vernichtung und Erschaffung west und behauptet. Das Gedicht enthält den lehrhaften Extrakt aus dem Erlebnis der Vergänglichkeit, d. h. der Relativität des schönen Augenblicks (welcher nicht nur Ereignis sondern auch Bild, Form, Gestalt ist) gegenüber dem wandelnden All.

Sein Widerruf, das „Vermächtnis" ist der lehrhafte Extrakt aus einem andren Goethischen Erlebnis, dem wir ebensooft begegnet sind: dem absoluten Wert, d. h. der sinnbildlichen Ewigkeit jedes schönen Augenblicks. Die klassischen lyrischen Formulierungen der beiden Erlebnisse die wir hier vom alten Goethe als metaphysische Lehrweisheit erfahren gab der junge in „Grenzen der Menschheit" und „Ganymed".. wir fanden sie in den inneren Spannungen Fausts, ja in der Spannung zwischen Fausts Streben und Mephistos Verstand. Die metaphysische Erkenntnis der Relativität oder Vergänglichkeit des Einzelnen, und seines absoluten Werts, seiner Ewigkeit, ergibt zugleich die sittliche Forderung: das Ich aufzugeben, hinzugeben ins All oder es zu behaupten als gestaltetes, als intensiv ewiges All. Die Lehre aus beiden Erlebnissen kann gefaßt werden als Naturgesetz und als Sittengesetz, und wirklich enthält jedes der beiden Gedichte zugleich ein „du mußt" und ein „du sollst".

Die Selbstaufhebung der Persönlichkeit im All und die Selbstbehauptung im All, ja als All, sind vielleicht ein logischer Widerspruch, aber so wenig ein erlebnisartiger oder dichterischer wie die Doppelkonzeptionen »Gott und Welt« »Eins und Alles« »Dauer im Wechsel« »Ewiges Drängen und ewige Ruhe«: sie alle entstammen dem nämlichen Erlebnis und bezeichnen nur verschiedene Gesichtspunkte von denen aus die Welt angeschaut, verschiedene Formen unter denen sie dargestellt werden kann. Das All selbst ist ja in Logik nicht einzufangen, und wenn sich die Formeln, soweit sie logisch gedeutet werden, widersprechen, weil die Logik enger und starrer ist als die Wirklichkeit und für unendliche Erlebnisse nur endliche Zeichen hat, so vertragen sich die Erlebnisse und die Bilder aus denen sie abgezogen sind durchaus.

Die Orphischen „Urworte" handeln von überpersönlichen Mächten die das Leben bestimmen, von kosmischen Gottheiten der menschlichen Seele. Nicht das Bild des Alls und nicht die Erkenntnis seiner Gesetze soll hier vermittelt werden, gesehen von der Einheit oder der Allheit, vom Menschen oder von Gott aus, sondern die Kräfte die das Bild bestimmen und woraus die Gesetze abzuleiten sind. In der Mitte zwischen der pantheistischen Lehre des Denkers und dem hellenischen Götterkult des Dichters Goethe, der abstrakten Tiefe der einen wie der anschaulichen Rundung des andren teilhaft, kommen die Urworte aus dem Zwischenreich zwischen philosophischer Spekulation und naivem Mythus woher auch die Sprüche der alten Orphiker stammen, die geschichtlich wie seelisch den Übergang bilden zwischen den Homerischen Göttern und den Platonischen Ideen, oder gar den Aristotelischen Begriffen. Aus dem gleichen Bereich zwischen Denken und Glauben ist die Goethische Idee des Dämonischen. Dämon, Tyche, Eros, Anangke, Elpis sind weder reine Ideen aus Goethes Philosophie noch reine Götter aus Goethes Phantasie, sondern es sind allegorische Dämonen. Daß er ihnen griechische Namen gab, daß er ihre Feier „orphisch" nennt, ist die berechtigte Huldigung für den sagenhaften Begründer dieser Spruch-gattung. Orpheus ist der Typus des Seher-denkers der die Weltkräfte in sinnschweren Kultsprüchen feiert, wie Homer der Typus des Seher-bildners ist der sie in lichten Gestalten verkörpert.. er ist der erste europäische Kultdichter, wie Homer der erste europäische Mythendichter, und er bezeichnet zugleich den Übergang vom Mythus in die Spekulation: das Nachdenken über die Bedeutung des Kultus womit man die Götter ehrt.

Orphische Sprüche sind nicht mehr magisch liturgische, wesentlich durch Klang und Tonfall wirkende Zauberformeln zur Bannung und Verhaftung der Götter, nicht mehr Rituell, sondern bereits Deutung des Kults für die Begehenden. Ihr Sinn ist ebenso wichtig, wenn nicht wichtiger als ihr Rhythmus. Kultsprüche sind auch Goethes Urworte und haben, wie die der alten Orphiker, die Aufgabe den Sinn bestimmter nicht mehr angeschauter, sondern bei bildlosen Mysterien verehrter Gottheiten in klangvoll knappen Formeln zu feiern, nicht durch Kulthymnen (als welche nur die Weiterbildung der Liturgien und Gebete sind) und nicht durch Epigramme (als welche Widmungen dankender oder bittender Gläubigen sind) sondern durch feierliche Lehre, mit der ein Wissender die noch Unwissenden einweiht.

Goethe hat sich moderner Formen zur Feier seiner Dämonen bedient, der Ottave Rime, weil ihm die Antike wohl für das Epigrammatische, Elegische, Epische oder Didaktische, für das rein Plastische oder das rein Sinnhafte, genügen mochte, aber so wenig wie der antike Olymp für den transzendenten Mysteriengehalt seines Alters. Er bedurfte hier einer zugleich geistig straffen, sinnlich schweren und zeremoniösen Form, und die fand er in der ariostischen Stanze, in der er einst Die Geheimnisse geschrieben hatte: sie war zeremoniös durch ihre künstlichen Reimfiguren, sinnlich schwer durch die unantik farbigen Reime, und gedanklich straff durch ihre geschlossene Achtzeiligkeit.

Die Mächte die er kündet sind Dämonen des Schicksals und der Seele, nicht der Natur, die sonst in „Gott und Welt" fast ausschließlich als die überseelische Form Gottes erscheint. Gott war für Goethe Natur-Gott und nicht Schicksals-Gott, ebenso wie das All für ihn Natur-all, nicht Geschichts-all war. Seitdem er Natur und Schicksal zusammenschauen, als ein Gesetz verehren gelernt, hatte das Schicksal selbst die Züge der Natur annehmen müssen, nicht umgekehrt. Wohl aber fühlt er daß nicht alles Geschehen und Erleben restlos in diese ihm gemäße und faßliche Form eingehe, und seine Idee des Dämonischen, die er niemals so rund umschrieben und eindeutig formuliert hat wie seine Idee der Gott-Natur, ist seine Anerkennung des Gott-Schicksals.

Goethe hat selbst einmal bekannt, er sei so in seiner Vorstellungsart bedingt, daß er z. B. den Vulkanismus trotz der Vulkane nicht glauben könne. Ähnlich hat er dem Schicksal als einer außernatürlichen Gottheit nur widerwillig gehuldigt, und die Form seiner Huldigung ist seine Scheu vor dem Dämonischen. Die Orphischen Urworte sind Goethes Versuch soweit als möglich auch das Gott-Schicksal als Weltanschauung, als Weltbegriff zu formulieren, wie er in „Gott und Welt" schon die Gott-Natur formuliert hatte, kraft seiner aus dem Erlebnis abgezogenen Weisheit. Bis zu einer einheitlichen Grundkonzeption des Schicksals, d. h. des Dämonischen, zu einem Gott-bild des Schicksals, das sich hätte umgreifen lassen wie die eine Gott-Natur in „Eins und Alles" oder „Weltseele", war er nicht gelangt.

wohl aber hatte er verschiedene Offenbarungsarten des Schicksals im Menschenbereich, Hereinwirkungen des dämonisch Überseelischen in die Seele erfahren bis zur Bewußtheit: das Schicksalsgesetz nach dem die Entelechie west und wird (verwandt der indischen Idee des Karma, daß das Wesen eines Menschen selbst schon sein Schicksal ist und schafft) hat Goethe schlechthin Daimon genannt.. dann die Summe der nicht mit uns selbst gegebenen Begegnisse, die uns nicht binden und bedingen: Tyche.. dann die über uns selbst hinausreichende schicksalhafte Leidenschaft: Eros.. die Summe der äußeren Bindungen die unser Sein bestimmen: Anangke.. die Vorwegnahme des möglichen Schicksals, die zugleich Aufhebung und Überwindung des gegenwärtigen sein kann: Elpis. Er hätte diesen fünf dämonischen Mächten noch andere anreihen können.. zu ihnen gehört „die Furcht" aus dem Maskenzug im Faust, die grauen Schwestern Mangel, Sorge, Schuld, Not, und ihr Bruder, der Tod selbst.

Fast die gesamte Alterslyrik Goethes ist im westöstlichen Divan vorgebildet, fast jede ihrer Richtungen darin vertreten, wenn auch der Divan eine Einheit für sich ist, durch das östliche Bildungserlebnis welches ihn zur Reife gebracht und zum Sammelbuch gemacht hat. Eine solche Stimmungseinheit fehlt der Jugendlyrik Goethes, und ebenso seinen andren Altersgedichten, so daß sie unter allerlei Zufalls- und Verlegenheitstiteln untergebracht sind. Doch wie „Gott und Welt" dem Urerlebnis nach aus der gleichen Lage stammt wie „Wiederfinden" und als Glaubensbuch sich dem Buch des Paradieses anreiht, so wären die zahmen Xenien ohne weiteres unter die Bücher des Unmuts, der Sprüche und der Betrachtungen zu verteilen, und das Parabelbuch des Divan aus der „Parabolisch" überschriebenen Stoppelernte von Gleichnissen zu ergänzen. Was ich über Ursprung, Absicht, Lage und Höhe jener Divanbücher gesagt, gilt fast durchgehends auch von diesen, nur mit dem negativen Unterschied daß darin der Bezug auf den Orient völlig fehlt, und dem positiven, daß die nachgelassenen zahmen Xenien persönliche Einzelinvektiven enthalten, wie sie Goethe bei Lebzeiten nicht veröffentlichen mochte. Eine neue Seite Goethischen Wesens und Wissens, Goethischer Gesinnung, über die Bücher des Unmuts, der Sprüche, der Betrachtungen und der Parabeln hinaus, offenbaren die zahmen Xenien nicht, ebensowenig die „Epigrammatisch", „Parabolisch" und „Kunst" betitelten Abteilungen. Hier wie dort sind bald knappe, bald bequeme, bald väterlich mahnende, bald ironisch höhnende, mephistophelisch spottende, bald olympisch lächelnde Glossen eines unbedingt überlegenen Beobachters zu der ganzen Breite der Welt: Auseinandersetzungen mit persönlichen Widersachern, mit Zeitrichtungen oder Irrtümern, mit literarischen, künstlerischen, wissenschaftlichen, philosophischen Lehrmeinungen, mit Ereignissen der Zeit und mit dem Weltlauf, mit Menschenart und -unart schlechthin, mit Sitten, Ständen, Einzel- und Gesamtheiten bis hinauf zum göttlichen Walten in Mensch und Welt.. wie Tag und Stunde sie gab, bald durch Lektüre bald durch Beobachtung angeregt, anspruchslos und mit Absicht läßlich gesagt, lockere Knittelverse, bald Gleichnisse, bald bloße Lehrsprüche, flüchtige Randbemerkungen zum Buch der Welt, vom gründlichsten Leser und tiefsten Begreifer aus dem Handgelenk hingeworfen als unverbindliche, aber nachdenkliche Winke für spätere minder fleißige Leser, ohne andere Einheit als die der überlegenen und von Freund wie Feind als überlegen anerkannten, allwissenden Person.

Die äußere Form dieser Sprüche wird vielfach bestimmt durch das deutsche Reimsprichwort, wie es sich von den mittelhochdeutschen Lehrdichtern über die Knittelverse der Hans-Sachs-zeit entwickelt hatte — auch die Tonart des Glossators Mephisto, die spöttisch unbeteiligte Distanz, ist merkbar. Der Knittelvers war die lockerste und dabei derbste, halb prosaische und durch den Reim mnemotechnisch günstigste Form für Merksprüche. Diese Xenien wollten weniger Dichtung als Weisheit bringen, aber sich zugleich gefällig und nett einprägen, wie es der prosaische Sinnspruch nicht konnte. Zwischen Prosa und Poesie in der Mitte, aber der Prosa ihrem Zweck nach näher als der Dichtung durch ihren Ton, mehr um des Leser-gedächtnisses als um des Dichtergefühls willen in Versmaß und Reim gebracht, sind die Xenien, Parabeln, Epigramme auf ihrer untersten Stufe harmlose Klugheit oder heitre Bosheit, auf ihrer höchsten tiefe Weisheit und weiter Umblick. Über Glossierung freilich gehen sie nirgends hinaus, d. h. sie enthalten keine Welt, sondern setzen sie voraus und begleiten sie. Sie sind durchaus Parerga und Paralipomena eines großen Lebens und Leistens und empfangen nur durch dessen Dasein und unser Wissen davon ihren Wert, als Splitter und Abfälle eines aus dem kostbarsten Stoff hergestellten Bildwerks, das wir besitzen. Sie sind nicht denkbar ohne den Blick auf den Mann der sie sich leisten durfte, der sich in ihnen so läßlich geben durfte: selbstgenugsam sind sie nicht, d. h. sie würden uns ohne anderswoher gewonnenes Wissen über Goethe als eigene Gebilde nicht befriedigen, und Goethe selbst hat sie nur im Zusammenhang mit seinem ganzen Werk und Bild lesen lassen wollen. Sie gehören insofern mehr zu seinem Lebenslauf als zu seinem Werk.

In noch weit höherem Grad gilt dies von den „Inschriften, Denk- und Sendeblättern". Goethe, auch als Weltdichter und Genie nicht mehr außerhalb der Gesellschaft, hat seine Dichtergabe, oder wenigstens sein dichthandwerkliches Können, vielfach benutzt um zu schmücken, zu danken oder zu huldigen, um Gönner zu erfreuen oder Damen zu beglücken, Geschenke zu begleiten und ihren Wert zu erhöhen. In den meisten Fällen handelt es sich dabei um rein gesellschaftliche Akte, um Höflichkeitspflichten, bestenfalls um halb-zärtliche Herablassungen, die sein Gemüt nichts angingen. Der alte Goethe hatte sich für solche Fälle ein allgemeines Schema herausgebildet, bei dem Spender und Empfänger auf ihre Kosten kamen, ohne daß er aus der unpersönlichen Distanz herauszutreten brauchte. Er brachte eine sinnvolle, halb allegorische halb lehrhafte Ausdeutung des jeweiligen konkreten Anlasses — Fest, Begegnung, Geschenk — in Reime: so unbeträchtlich war ja nichts, daß er es nicht unter einem höheren Zusammenhang hätte sehen und dadurch steigern können. Die allegorische Alters-anlage seines Geistes, welche ja Kombination von Konkretem und Abstraktem, geistige Deutung von Gegenständlichem forderte, kam ihm dabei zustatten. Da freilich diese Gefälligkeitspoesien aus Distanz, Weisheit, Absicht und Anschauung, aber nicht aus Gefühl und Drang stammen, so sind sie fast durchgehends gereimte Amtsprosa, und stehen der Art und Gattung nach nicht höher als die Gelegenheitsverse der Barock-poeten, wenngleich die weit überwiegende Person Goethe einen größeren Vorrat von bildlichen und geistreichen Einfällen zur Verfügung hatte als jene engeren Hirne. Seine größere Seele und sein volleres Erleben sprachen dabei nicht mit, und da wir, aus Kenntnis Goethes, selbst in diesen Produktionen unwillkürlich danach suchen und sie schlechterdings nicht finden können, erscheinen sie uns hie und da bis unter ihren anspruchslosen Zweck hinab dürftig. Dichter an die wir solche Forderung nicht stellen erscheinen uns in dergleichen Sachen weit liebenswürdiger und selbst freier, ja geistvoller als Goethe, z. B. Voltaire, dem man liebenswürdige Flachheit von vornherein zubilligt, weil sie in seiner Richtung liegt.

Einige Ausnahmen in dieser Gesellschaftspoesie sind die wenigen Gedichte deren äußere Anlässe bis an Goethes Seele rührten. Aus seinem Alter sind hier die Logengedichte eine Gruppe für sich. „Symbolum" und „Zwischengesang" wenigstens, wenn auch bestellte Festgesänge, enthalten doch in Ton und Sinn etwas von der feierlichen Weltüberschau aus der die Orphischen Urworte stammen, obwohl sie als Ganzes trockner und schematischer sind, weil eben nicht jener Anhauch, sondern die festliche Gelegenheit die Verse veranlaßt hat: der äußere Zweck hat zuviel Prosa mitgebracht als daß Goethe sie völlig hätte entspröden können. Dazu kommt noch daß diese Gesänge von vornherein nur als Unterlage für Musik, nicht als selbständige Sprachgebilde gedacht waren.

Auch die letzte große Ballade oder episch-lyrische Dichtung die Goethe geschrieben hat, der Paria, stammt aus dem gleichen Bereich wie die Parabeln des Divan und wie die Legende von den Siebenschläfern im Buch des Paradieses: sie ist ein irdisch Gleichnis göttlichen Geschehens, ein Mysterium, als legendäre Begebenheit offenbart, und unterscheidet sich, der Altersstufe Goethes entsprechend, von früheren Balladen Goethes, zumal von „Der Gott und die Bajadere" dadurch daß die Lehre, nicht das Geschehen, überwiegt, daß das Mysterium nicht nur, wie dort, in einem Schlußvers ausgesprochen, sondern ausgedeutet und selbständig herausgelöst wird. Auch hier ist nicht die Anschauung, sondern das Wissen zuerst da, und die Legende wird erzählt nur als Gleichnis für dies Wissen von der Göttlichkeit selbst des Niedrigen, vom Hinabwalten der göttlichen Gnade, das heißt: des ewigen Werts (denn auch diese Legende ist wie die des Paradies- und des Parabel-buchs vor allem eine Wertsetzung, nicht nur ein Bild) bis in die Verwirrung, von der Erlösungsfähigkeit auch des Verlassensten – nur als Gleichnis für eine Lehre gilt das Wunder, nicht als außerordentliche Begebenheit.

Um die Heiligsprechung alles Menschlichen handelt es sich in diesem Gedicht, so gut wie im Buch des Paradieses und im Vermächtnis altpersischen Glaubens. „Des Paria Gebet" stellt die Frage nach dem Wert seines irdisch niedrigen Daseins vor Gott. Die „Legende" gibt die gleichnishafte Antwort von der Vermischung des Göttlichen und Menschlichen, des Höchsten und des Niedrigsten im Menschen selbst, der „Dank des Paria" zieht die Lehre und Folgerung daraus. Daß das Gleichnis indischem Mythenkreis entnommen ist, hat seinen Grund in der extremen Zuspitzung die durch das Kastenwesen die Wertfrage dort gewinnt. Nur wo es Parias mit solcher metaphysischen Entwertung gibt wird die Heilig-sprechung zum Wunder, und Goethes Lehre steigert sich durch die höchstgesteigerte Spannung zwischen Gott und dem Paria zum erhabensten Nachdruck.

Als Lehre ist der „Paria" eine Steigerung von „Der Gott und die Bajadere", als Ballade ist es flacher behandelt, eben weil es mehr auf die Lehre als auf das Geschehen ankam. Die Lehre ist bis zur Durchbrechung des Bildnerischen hier transparent geworden. Und gerade die Gleichartigkeit der Lehre zeigt um so deutlicher wie Goethe sich seitdem vom Bildnerischen zum Lehrhaften weiter entwickelt hat: was dort aus der Legende, aus dem Vorgang sich ergibt

   Unsterbliche heben verlorene Kinder
   Mit feurigen Armen zum Himmel empor

das erzwingt hier den Vorgang, treibt ihn als Gleichnis aus sich hervor, trägt ihn und umschließt ihn:

> Aber du, du sollst uns achten,
> Denn du könntest alle schelten.
>
> — — — — — — — — — —
>
> Auch wir andern, dich zu loben,
> Wollen solch ein Wunder hören.
>
> — — — — — — — — — —
>
> Ihm ist keiner der geringste ...
> Denn du lässest alle gelten ...
> Alle hast du neu geboren ...

Dieser Sinn, dies von Goethe geistig ergriffene Mysterium verdichtet sich zum transparenten Gleichnis (wobei es gleichgültig ist ob Goethe das Gleichnis erfunden oder gefunden hat). Die Mahadöh-ballade ist entweder das gesteigerte Sinnbild eines persönlichen Erlebnisses oder eines visionären mythischen Vorgangs aus dem sich dem Denker eine Lehre ergibt: aber seit jener Zeit war Goethes Bildbereich mehr und mehr aus dem sinnlichen Schauen in das geistige Wissen verschoben worden.

WELTLITERATUR

ENTHÄLT der Westöstliche Divan die Ernte von Goethes Alterslyrik (nur die Marienbader Elegie führt noch über ihn hinaus) so ist er auch das produktive Zentrum der Goethischen Alters-idee die er mit dem Worte »Weltliteratur« zugleich als einen Zustand festgestellt und als eine Forderung aufgestellt hat: sie bedeutet daß die geistige, nicht nur stoffliche Aneignung, die seelische Durchdringung, nicht nur technische Nachahmung der literarischen Schätze aus allen geschichtlich zugänglichen Zeiten und Zonen, die Richtung, aber zugleich die Pflicht des europäischen und namentlich des durch Goethe selbst erhöhten und vertretenen deutschen Geistes sei. Stoffe, Formen, Motive, Vorstellungen und Begriffe waren immer hin und her gegangen, der geistige Austausch zwischen den Völkern ist fast so alt wie ihr materieller, und den antiken Weltreichen ensprach schon eine ökumenische Literatur, die indeß, genau wie die Weltreiche selbst, auf der Vorherrschaft eines Gebietervolks beruhte: was dies Volk an fremden Schätzen vorfand das benutzte es und verwandelte es seinen Zwecken und Gewohnheiten an, ohne das Eigenleben des Fremden selbständig weiterzuentwickeln. Selbst die Griechen, das beweglichste und mischlustigste antike Volk, orientalisierten und ökumenisierten sich durch Hereinziehen des breiten Weltgutes, nicht durch ein entselbstetes Eingehen ins Fremde, und mit Fug heißt die antike Weltliteratur nach dem geistigen Meistervolk hellenistisch oder nach dem weltlichen Herrenvolk römisch.

Eine so unbedingte Weltherrschaft hat es seit dem Mittelalter nimmer gegeben, und statt der römisch-hellenischen Ökumene, die im Mittelalter auch literarisch neben den keimenden National-literaturen noch fortwirkte, finden wir ein System des mehr internationalen als kosmopolitischen Geisteraustauschs unter Vorherrschaft der jeweils reifsten, d. h. ausdruckfähigsten Nation, welche den dumpferen ihre Formen und Stoffe aufdrang oder abnahm, aber immer, genau wie die antiken Herrenvölker, als Gebieter oder als Benutzer, nicht als Begreifer und Durchdringer. Eine solche Vorherrschaft nationaler Literaturen mit eigensinnigem Schalten und gebieterischem Umgestalten auch fremdester Motive haben nacheinander oder nebeneinander besessen Italien, Spanien, Holland, England, zuletzt Frankreich in der Person Voltaires, dem ersten bewußten Weltliteraten, der klug aus allen Reichen zusammensuchte was weit, fremd, neu, anders war, angeblich um die nationalen Vorurteile und Konventionen zu zerbrechen, um durch Erweiterung des Raums „aufzuklären", aber schließlich doch nur, um seinen Geist in den Zeiten zu spiegeln, und was immer er anrührte, von Confucius bis Shakespeare, eng und nett französisch zu machen. Gerade Voltaires Welterweiterung ist reinstes französisches Literatur-konquistadorentum, nicht aus dem Streben nach Durchdringung, nur aus der Gier nach Benutzung entstanden. Dann kamen Lessing, der deutsche Versteher, und Herder, der deutsche Erfühler des Fremden — um der tieferen Erkenntnis der Welt willen, soweit sie Geist und Geschichte ist, mit Vernunft und Sinnen eindringend, sich eindenkend oder einfühlend in das weltweit Andre, damit sie sich zur Welt erweiterten, nicht damit sie die Welt zu ihrer willkürlichen Verfügung hätten. Mit ihnen beginnt die Weltliteratur im Goethischen Sinn. Aber noch war keine Verkörperung der erst werdenden Idee da woran sie sich eindeutig hätte feststellen lassen, noch war „Weltliteratur" ein bloß wissenschaftliches Streben oder ein dumpfer Drang nach einem überpersönlichen, übervölkischen Seelenreich, das durch Begreifer und Vorfühler verkündet, durch Übersetzer, wie die Romantiker — Herders genauere, durch Zahl und Hilfsmittel noch weiter reichende Nachfolger — bereitet werden konnte, das aber, wie jedes politische Weltreich auch, gegründet werden mußte erst von dem zusammenfassenden Schöpfergeist. Der war Goethe.

Freilich, auch Goethe trat der ihm durch Herder vermittelten Weltliteratur in der Jugend nicht als Betrachter, sondern als wählerischer Schöpfer gegenüber, und wenn er sich Fremdes aneignete, so geschah es um seiner Person willen, nicht um der Sache willen oder um der Idee »Weltliteratur« willen. Vollends wird man es nicht als eine weltliterarische Tendenz werten dürfen, daß er die allmenschlichen Weltdichter Shakespeare und die alten Klassiker auf sich wirken ließ, an denen der deutsche Geist sich heraufgebildet hatte oder sich heraufzubilden im Begriff war. Nirgends hat er vor der Bekanntschaft mit den Romantikern das Exotische als solches der Teilnahme oder gar der Aneignung wert gefunden, sondern nur das Menschliche das darin zu Worte kam. Sein Mahomet hat so wenig mit dem Orient zu tun wie sein Prometheus mit archäologischem Griechenland und sein Clavigo mit spanischem Lokalkolorit. Ja selbst so europäische und allmenschliche Dichter wie die der italienischen Renaissance, zumal Dante, haben ihm ein weltliterarisches Interesse erst spät abgewinnen können, während sie ihn vorher gerade durch ihre fremdartige Form und Luft beinah abstießen. Erst nachdem eine spezifisch deutsche Bildung gesichert, ein dichterischer Stil der deutschen Sprache vor allem durch ihn selbst festgestellt, eine deutsche Nationalliteratur als ebenbürtige Macht neben den klassischen neueuropäischen Literaturen aus eigner Fülle gegründet war, und nachdem er selbst seine Gestalt und seine Stellung behauptet und sich zum Gebieter über ein unverlierbares Geistesreich erhöht hatte, kurz, erst nach der Abgrenzung, Reinigung und Sicherung des eigenen Bezirks warf er den Blick über die Grenzen und suchte wie er das Goethetum und das Deutschtum bereichern, erweitern, welthaltiger machen könnte. Denn es hatte keinen Sinn Fremdes, Frühes, Exotisches hereinzulassen, solang die eigenen Stoffe noch mitten in der Gärung, die eignen Kräfte in der Selbstgestaltung befangen waren. Erst wenn das Haus gebaut ist, kann man es innen ausschmücken, und erst wer sein Leben gesichert hat darf sammeln. Erst sein, dann wirken, dann genießen.

Dieser Zeitpunkt des Umblickens, Genießens, Schmückens, Sammelns kam für den deutschen Geist, als er sich bei einer ganzen nachgewachsenen Generation im Vollbesitz einer klassischen Literatur und eines klassischen Weltdichters empfand: die Romantiker sind zugleich der Ausdruck und die Werkzeuge dieses Zeitpunkts. Die ersten welche öffentlich feststellten wer Goethe eigentlich sei und was er als deutscher Weltdichter, als deutscher Klassiker bedeute, die ersten die damit besiegelten daß man eine klassische deutsche Nationalliteratur besitze, und gewissermaßen Goethen selbst durch ihre Huldigung seine überragende Weltstellung (nicht nur seine Begabung, die kannte er, sondern seinen europäischen Platz) zum Bewußtsein brachten, haben auch zuerst die Folgerung aus dem Erreichten gezogen: von der deutschen Warte aus die Fremde zu überblicken, zu werten und mit unruhigen Beutezügen die erreichbaren Schätze heranzuschaffen. Wie sie selbst im Bewußtsein des Geleisteten zu sammeln wagten, so haben sie auch Goethe, den Vollender der ihnen erst die Sammelfreiheit verbürgte, zum Sammeln und Umblicken angeregt, mittelbar dadurch daß sie ihm das innere Reich gesichert zeigten oder ihm das Gefühl seines Reiches wenn nicht erweckten, so doch verdeutlichten und stärkten, und unmittelbar dadurch daß sie ihm die Schätze der Weltliteratur vor seinen Thron schleppten, damit er fast gezwungen den Blick darauf wende.

Von Herders Weltfahrten unterschieden sich die ihren durch ihren rein historischen oder ästhetischen Ursprung und durch die genießerische, fast schmeckerische Gründlichkeit. Herder wollte im Fremden die vielfachen Auswirkungen der einen Gottheit nachleben, und an der spezifischen Einzelform nahm er in seiner fliegenden Ungeduld nur soweit Anteil als er darin des in vielfacher Geschichte allein wahrnehmbaren Gottes Atem fühlte. Weil die Gottheit in tausend Zungen sprach, mußte er tausend Ohren haben, und nur deshalb. Die Romantiker kosteten aber gerade die isolierten Gebilde ihres besonderen geschichtlichen Werts, ihres fremden Dufts und Geschmacks halb. Was bei Herder Mittel oder Folge seines ungeduldigen Geschichts-pantheismus war, der geschichtliche Sinn für das Fremde, Andre, Besondre wurde bei der Romantik*) zum Selbstzweck, derart daß zuletzt das jeweils Entlegenste, Verschnörkelteste, historisch Sonderlichste ihr am willkommensten ward. Aus Suchern wurden sie Sammler und aus Entdeckern Aussteller.

Doch einerlei woher sie kamen und wohin sie gingen: auf ihrem Weg, beladen mit exotischen Wundern, trafen sie Goethe, und er wählte daraus, nachdem er alles geprüft, das was fremd genug war um ihn zu erstaunen, aber nicht zu weit ab von seinem allgemeinen Menschenbegriff, was ihn aufregte ohne ihn abzustoßen, was schmücken konnte ohne zu belasten und was durch ihn schöner werden konnte ohne den Fernzauber zu verlieren. Auch jetzt ging er nicht so weit wie die Romantiker, das Fremde um der Fremdheit willen zu ehren, aber doch nahm er es weder allein um Gottes willen, wie Herder, noch rein als Rohstoff für sein eigenes Feuer, wie in seiner Jugend. In der Mitte zwischen selbstlosem Hineinkriechen und selbstischem Verzehren ehrte er die fremde Eigenart, weil es galt zu fassen und zu durchdringen was Gott hervorgebracht, und weil selbst die Abweichung vom Gesetz des Wahren und Schönen, wie es sich seinem deutschen Menschtum offenbart hatte, dies Gesetz noch reiner herausstellt. Er wollte schauen und zeigen, und die Distanz des vor sich selbst verant-

---

*) Zur Romantik rechne ich hier nicht nur die beiden romantischen Schulen, vor allem die Gebrüder Schlegel, sondern auch ihre Mitläufer und Nachzügler, die Übergänge zwischen romantischer Literatur und den werdenden Literaturwissenschaften.

wortlichen Betrachters wie des vor seinem Volk verantwortlichen Verkün•
ders hielt ihn ab, mit dem unbedenklichen Selbstsinn etwa Voltaires das
Fremde zu enteignen, mit der unbedenklichen Empfänglichkeit Herders
im Fremden zu baden oder mit der unbedenklichen Feinschmeckerei der
Romantik jeder Fremdheit nachzukriechen. Sich selbst zu behaupten und
das klare Bild des Fremden zu behaupten, beides war seine Pflicht, als er
sich und sein Volk reif fühlte für eine „Weltliteratur". Die Weltliteratur
sollte Erweiterung der Grenze nach allen Seiten sein, aber nicht die Ver•
rückung der festen deutschen Mitte, sie sollte vor Enge und Starre im ge•
wohnten, gesicherten Kreis bewahren durch die Verschiebung des Hori•
zonts, aber nicht zur Wahllosigkeit und Desorientierung führen. Sie sollte
Stillung eines berechtigten, jetzt erst berechtigten, Hungers nach Neuem
sein, aber nicht Überladung.

In sich selbst hatte er das sicherste Maß für die Grenzen der Weltliteratur:
was ihn nicht produktiv machte gehörte ins Museum, nicht ins Haus. So
hat er die indische Poesie als Ganzes um ihrer verworrenen Übergliedrig•
keit, ihrer maßlosen und gestaltenverknäuelnden Phantastik willen abgelehnt,
so sehr er die süße Beseeltheit, die morgendlich flaumige Fülle, die durch•
sonnte Sinnenreife der Sakuntala, die er durch Forster kannte, als ein mensch•
liches Wunder begrüßte. So hat er, freilich auch auf verwischende Vermitt•
ler angewiesen, die uralt höfliche Klugheit und fast mikroskopische Sorg•
falt des Blickens, Merkens und Empfindens, die kühlen Tugenden des
Greisentums an chinesischer Spruchweisheit geschätzt und nachgeahmt —
in den chinesisch•deutschen Jahres• und Tageszeiten — um auch einmal im
Zierlich•genauen, in Miniaturtechnik sich zu versuchen: aber chinesische
Geistesart im ganzen blieb ihm fremd und mußte ihm fremd bleiben: denn
was war ihm Weisheit ohne schöne Leiblichkeit, und Maß ohne Pathos,
durch dessen Bändigung Maß erst Tugend wird!

Dem europäischen Menschtum, dem gültigen Menschenmaß, dessen Vol•
lender, ja dessen Gründer und Erfinder die Griechen ihm erschienen,
näherte er sich mit dem vorderen Orient. Die persische Dichtung bildete
die Brücke zwischen der eigentlich östlichen Exotik, welche den Fernzauber
ausübte, und der westlichen arischen Gesinnung, welche die Anpassung er•
möglichte. Weit überwog hier das Fremde, der Fernzauber — soweit daß
erst der alte Goethe den Weg zum Orient als einer fremden Region fand.
Der junge fand hier nur das Bild des Religionsstifters, als eines allgemein
menschlichen Typus, den er nach seinem Bilde umschuf. Die Bibel vollends
war in der europäischen Seele längst ein Urelement geworden, dessen fremde
Herkunft nicht mehr empfunden wurde. Der westöstliche Divan ist die

erste produktive Angleichung Goethes an eine wirklich exotische, wenn auch nicht nur exotische, Welt, über die bloße Benutzung einiger fremder Motive hinaus. Indem er, der deutsche Dichter, zum erstenmal einen ganzen außereuropäischen Bereich in sein Werk aufnahm, sich ihm als Dichter einließ und ihn als Beschauer einführte, hatte er den Orient zu einer produktiven deutschen Kraft (nicht bloß zu einem nutzbaren Stoffkreis) gemacht, und damit die deutsche Literatur zur Weltliteratur erweitert.

Was mit Herders geschichts-pantheistischem Vorfühlen begonnen, mit den historisch-ästhetischen Vermittler-arbeiten der Romantik samt ihren Vor- und Nachläufern weitergeführt wurde, ist vollendet mit dem ersten schöpferischen Akt der fremden Welt im deutschen Geist, mit der ersten Gebild-werdung des Orients durch Goethes Divan. Dies ist, abgesehen von dem dichterischen Eigenwert und der biographischen oder literaturgeschichtlichen Bedeutung des Divan, seine literaturpolitische: er ist das erste große weithin sichtbare Denkmal der deutschen Weltliteratur, die nicht geistige Weltbenutzung oder Weltaustausch sein will, wie alle früheren Weltliteraturen, sondern geistige Weltdurchdringung, Weltausgleich: Bewahrung des Fremden im Eignen, des Eignen im Fremden, Durchleben der fremden Formen mit eigner Seele, fremden Gehalts im eignen Leib.

Den vorderasiatischen Lebenskreis hatte Goethe selbst mit seinem Divan erobert und fast erschöpft. Nur den Übersetzern und den Formenvirtuosen hatte er noch Arbeit gelassen, und was vom persisch-arabischen Orient als deutsche Weltliteratur heute noch lebendig ist ist es wesentlich durch den Westöstlichen Divan. Denn Rückerts wundervolle Übersetzungen sind dem deutschen Geist nicht in Fleisch und Blut übergegangen.. seine Reimspiele sind, so gut wie die Platens, literarische Kuriositäten, aber keine geistesgeschichtlichen Taten und erst recht keine Eroberung über den Divan hinaus. Endlich die zahllosen orientalischen Stoff- und Form-maskeraden der Epigonen sind weder östlich noch westlich, sondern international-bürgerlich, und zumal die einzig populäre davon, Bodenstedts Mirza Schaffi, bleibt ein beschämendes Zeichen wie flach Goethe mißverstanden, wie läppisch der Osten mißbraucht, und wie öd der Westen entseelt werden konnte. Nach dem Ablauf der Epigonenzeit gibt es allerdings zwei Werke die aus der Wiedergeburt deutscher Seele auch eine Wiedergeburt des durch Goethe der deutschen Seele eingelebten Ostens erreichen und dadurch die Reihe des Divan auf gleichem Niveau fortsetzen: Nietzsches Zarathustra und Stefan Georges Buch der Hängenden Gärten. Dabei ist freilich der Zarathustra weit mehr westlich als östlich, und außer dem eigensten „gut europäischen", d. h. tiefdeutschen Erlebnis Nietzsches hat die Luther-bibel hier Stil und Ton mehr bestimmt als die parsischen Offenbarungen. Trotzdem waltet darin auch ein „Fernzauber" aus dem persischen Hochland, eine farbige Weite, Entrücktheit und Fremde, die den Namen Zarathustras nicht als Willkür erscheinen läßt. Bei George ist der Fernzauber noch entschiedener östliche Märchen- und Traumluft, und zwischen der deutschen Seele die sich entrückt und dem östlichen Raum wohin sie sich entrückt steht hier sowenig wie beim Westöstlichen Divan selber historistisch allgemeine Bildung.

Goethe hat den Orient nach seiner Eroberung verlassen und ist nicht mehr dahin zurückgekehrt. Ja, eine orientalische Oper, Feradeddin und Kolaila, die während der Divanzeit geplant, schematisiert und zu kleinen Teilen ausgeführt wurde, gedacht als dramatisch-dekorative Ausbeutung unausgeführter Motive des Parsenbuchs, blieb stecken, als der östliche Traum ausgeträumt war. „Sie wäre auch fertig geworden" meint Goethe, „da sie wirklich eine Zeitlang in mir lebte, hätte ich einen Musiker zur Seite und ein großes Publikum vor mir gehabt..." Doch scheint nach dem Erhaltenen die dekorative Rücksicht hier die östliche Landschaft zur Kulisse vergröbert zu haben: die zarte westöstlich reine Patriarchenluft ist in der Oper nicht zu spüren.

Der Westöstliche Divan hatte Goethes Wort verwirklicht »Orient und Occident sind nicht mehr zu trennen« und wenn man beide Weltkreise in einem Werk vereinigen konnte, so war ja schon damit die Weltliteratur gegeben. Aber die Trennung die durch Weltliteratur überwunden werden sollte bestand nicht nur von Welt zu Welt, sondern auch von Land zu Land. Darum liegt der Goethischen Idee nicht nur die Forderung nach deutscher Weltdurchdringung, sondern auch nach europäischer Bildungseinheit mit deutscher Mitte zugrunde. Da die Spannung von Land zu Land geringer, die Fremde hier selten bis zum vollen Exotismus gesteigert, freilich auch der Fern-zauber deshalb kaum so lockend war, so war, zumal durch die vorhergegangenen italienischen, spanischen, englischen, französischen Weltherrschaften, der europäisch-deutschen Weltliteratur wie sie Goethe vorschwebte schon mehr vorgearbeitet als der exotisch-deutschen, die ja eben Goethe durch den Divan erst richtig begründet hat. Die französische Literatur seit Corneille, ja seit Montaigne, die englische seit Shakespeare, die italienische seit Petrarca waren bereits eingedeutscht und bildeten mit der deutschen zusammen, wenigstens mit der nach Luther lebendig gebliebenen, ein Ganzes von Wechselwirkungen, wobei freilich die Deutschen zunächst mehr als die Empfangenden erschienen. Sie auch als Spender und Führer zur Geltung zu bringen war eben die Aufgabe der deutschen Klassiker und

Romantiker: die Gründung der europäischen Literatur nicht nur für die Deutschen, sondern von den Deutschen, aus den Deutschen, die gesteigerte Zurückerstattung des empfangenen Gutes durch deutsche Vermittlung.

Aber noch blieb die andre Pflicht: die inner-europäische Literatur anzueignen, soweit sie exotische Elemente enthielt die den deutschen Geist noch befruchten konnten, also nicht bloße historische Petrefakten waren. Solche Elemente waren aus der italienischen Literatur Dante, aus der spanischen das nationale Drama, vor allem Calderon. [Slawische und nordische Volkslieder, Naturvölker-dichtung, mittelalterlicher Helden- und Hofgesang aller Nationen, insbesondere auch der deutschen selber, erschienen Goethe wohl der historischen Teilnahme, selbst hie und da des ästhetischen Lobs und der technischen oder stofflichen Wiedergabe würdig, aber als neuschöpferische, zur Weiterbildung deutschen Wesens notwendige oder auch nur wünschenswerte Kräfte empfand er sie nicht und überließ ihre Eindeutschung und Verherrlichung, ohne Widerstand, mit halb beifälligem, halb mißtrauischem, halb ermunterndem, halb dämpfendem Beobachter-blick den Romantikern.] Romantikern überließ er auch den eigentlichen Kult Dantes und Calderons, doch hier zeigt seine Teilnahme wie sein Widerstand eine dichtere Wärme und geht über das bloße Zuschauertum hinaus. Die Aufnahme dieser beiden Weltdichter konnte das Schicksal der deutschen Weltliteratur ganz anders bestimmen als jene vorzeit- und außenseitlichen Erbschaften, und Art und Grad ihrer Aufnahme ging daher Goethe sehr nah an. Exotisch waren sie beide, mindestens für die Empfindung der hellenistisch gebildeten und bürgerlich human aufgeklärten Rokokowelt die Goethe zwar überragte, worin er jedoch wurzelte. Und beide waren unstreitig weltumfassende Begabungen vom seelischen Range, wenn nicht von der schöpferischen Kraft Shakespeares, also zwei Mächte deren Fülle der deutschen Weltliteratur fruchtbar, deren oft „abscheuliche" oder überspannte Großheit ihr aber nicht gefährlich werden sollte, wie Shakespeare es eine Zeitlang gewesen war.

Den Dante hatte Goethe in seiner klassisch-italienischen Zeit schon gekannt, bewundert und abgelehnt. Die Romantiker brachten ihm — erst als Allerweltsvermittler, nachher mit außerhistorischen, Goethe verdächtigen katholisierenden Hintergedanken und Aufdringlichkeiten — die Weltsänger des mittelalterlichen und des Barock-Katholizismus wieder vor Augen. Sofort nahm er auf was sein klassisches Reich stärken, schied er aus was es verwirren konnte. Er huldigte der ungeheuren Natur und der starken Seele Dantes, aber hielt sich und den Seinen die ekstatische Unerbittlichkeit, das steile Zorn- und Fluch-pathos des Verbannten vom Leibe. Er pries mit Nachdruck sein plastisches Vermögen, sein allumreißendes und ›durchdringen‹ des Bildner›auge, aber er wollte nichts zu tun haben mit dem visionären Graun und der überschwenglichen Traumkraft. Er war bis zur Nachahmung empfänglich für den formbändigenden Sprachschöpfer und Versmeister, für den erhaben strengen Baukünstler, aber er blieb verschlossen für sein System und seine gotisch›katholische, logisch›mystische Ordnung. Die Persönlich‹ keit und der Charakter Dantes, einige unausweichlich ergreifende Bilder aus der Hölle, und das kreis›öffnende und kreis›schließende, aus der ge‹ bundenen Dreizahl eine bewegliche Reihe entwickelnde Versmaß der Ter‹ zine — das ist es was Goethe von dem fremden Wunder der Weltliteratur gewonnen wissen wollte und was ihm selbst lebendig, gegenwärtig oder fruchtbar geworden ist.

Er hat, in den Betrachtungen bei Schillers Schädel und im Erwachens‹ monolog des Faust II, die Terzine der deutschen Dichtung, als beseelte Ausdrucksform (nicht nur der deutschen Verskunst als neue Technik des Reimens) und damit ihren Schöpfer als einen formgebenden Geist der deut‹ schen Weltliteratur eingeeignet. Daß er bei der Ausstattung des Himmels im Faust II so von Dantes Bildern mitbedingt war wie bei der Benutzung griechischer Mythen von Homer, ist kaum ein eigentlich literarischer Son‹ der›einfluß: hier wirkt Dante nicht als italienische Person, sondern als eu‹ ropäische Atmosphäre.

Das Interesse für Calderon, gleichfalls durch die Romantiker angeregt und, bei Goethes Unkenntnis der spanischen Sprache, genau wie das orien‹ talische, auf ungenügende und unvollständige Vermittlung angewiesen, galt ebenso sehr dem Theater›dichter wie dem poetisch religiösen Gehalt. Es war für den Leiter der Weimarischen Hofbühne keine Kleinigkeit, unter Umständen einen der fruchtbarsten und überlegensten Dramatiker als völ‹ lig neue Bereicherung dem Repertoire zu gewinnen. Immer wieder entzückte ihn der Bühnenverstand, die bewegliche und breite szenische Einbildungs‹ kraft des Spaniers, der theatralisch›dekorative Motivenreichtum, die nie ver‹ sagende Gewandtheit mit der Calderon auch das Übergeistige und Über‹ sinnliche in Theaterbilder zu bannen wußte. Als theatralischen Genius stellte er ihn neben Shakespeare und hatte hierin mehr von ihm als von Dante, weil das Bühnenwerk des Spaniers für ihn beruflich Zweck und Folge ha‹ ben konnte, während Dante durch sein geistiges Dasein allein Wert für ihn haben mußte oder gar nicht.

Das eigentliche Problem der Erscheinung Calderons lag aber für Goethe nicht in seinem Bühnenwerk, sondern in der barock›katholischen Phanta‹ sie, der Vereinigung einer bewunderungswürdigen Gestalterkraft mit einer überschwenglichen Seele, eines sublimen Verstandes mit einer verstiegenen Mystik, eines westlichen Auges mit einer orientalischen Maßlosigkeit. Ja, auch Calderon ist ein west-östlicher Dichter, eine europäische Form östlicher Phantastik und, wie die östliche Welt außer Hafis, mehr durch seinen sinnlichen Reichtum als durch seine seelische Haltung, mehr durch Fernzauber als durch Verwandtschaft für Goethe anziehend. Vor den Orientalen hatte Calderon das plastische Vermögen voraus, die Fähigkeit, das blumige Wallen und Wirbeln nicht nur zu verknüpfen, sondern zu einem gegliederten Ganzen zu ordnen, und den Sinn für menschliche Besonderheit, für Charakter und Wesen über bloße Beziehungen, Eigenschaften, Handlungen und Zustände hinaus. Aber ebensowenig wie für die Orientalen war der Mensch für Calderon das Maß der Welt, wie für Goethe, für Shakespeare und die Griechen. Wie für die Orientalen war ihm das Menschtum, freilich ein eigener und mannigfaltiger durchgelebtes Menschtum, nur Spiel, Schmuck, Gewebe der Gottheit, und je wichtiger, eigener, selbständiger (verglichen mit dem Orient) bei ihm die Menschen sind, desto umheimlicher und absurder ist ihre rein dekorativ religiöse Verwendung in majorem Dei gloriam. Die Spannung zwischen dem Eigenwert des Menschen (den in diesem Grade der Orient vielleicht denken, aber nie darstellen konnte) und seinem Unwert vor Gott, seinem bloßen Brenn- oder Schmuckwert, die ekstatische Steigerung des Menschen, nicht um der Kraft, Größe, Schönheit, sondern um des Opfers vor Gott willen, die Selbsterhöhung um der Selbsterniedrigung, ja Selbstvernichtung willen, welche dem spanischen Ehrbegriff zugrunde liegt, wie dem echtspanischen Glaubenssatz credo quia absurdum — dieses ständische wie persönliche Würdegefühl, das ein tieferes Menscherleben voraussetzt als es der Orient kannte, das aber nur dazu dient, um ihn erst recht zu zerknirschen, um das Opfer und die Selbstaufhebung tief, grausam und wollüstig auszukosten, die reißende Spannung zwischen Seele und Gott (die mehr calvinisch als urkatholisch und erst als Gegenwirkung gegen die Reformation in den Katholizismus gekommen ist) ist Goethe fremd und instinktiv entgegen. Der Mensch ist ihm nicht das Opfer, sondern das Gleichnis der Gottheit, und selbständiger Menschen-wert ist ihm göttlich.

So sehr Goethe nun den eigentlich religiösen Gehalt, das seelische Erlebnis das dem Werk Calderons zugrunde lag, sich weghielt, und so deutlich er den Romantikern abwinkte, die just diese barocke Ekstatik des Neukatholizismus an dem großen Dichter feierten und propagierten, selbst gegenüber Shakespeare, so nah lag gerade dem alten Goethe die Allegorik des Spaniers, die Verknüpfung sinnlicher Bilder und übersinnlicher Bedeutungen. Wir haben bei der Pandora gesehen warum Goethe zur Allegorik kam, und wie er die Doppelaufgabe löste: zu schmücken und zu lehren. Auch bei Calderon wird, kraft seines religiösen Zustandes, ein reicher Vorrat bunter, glühender, blumiger Anschauungen verwandt, um eine ekstatisch erfahrene aber übersinnliche Idee zu feiern, sie auszudrücken, zu schmücken oder zu sättigen. Der Mensch und sein sinnlicher Bereich wird der übersinnlichen Gottheit zugeeignet, und aus der Beziehung zwischen beiden ergibt sich die dramatische Allegorik Calderons. Die Goethes hat einen andren seelischen Ursprung, aber in der Technik des Dekorierens hat Goethe sich dem überwältigenden Eindruck des spanischen Meisters, eines der größten dekorativen Genien, nicht entzogen.

An zwei Werken finden wir deutliche Spuren von Calderons Einwirkung: mehr unbewußt in einigen Chören, Stichomythien und Dekorationen der Pandora (die indes, wenn sie auch an Calderonischen Apparat erinnern, ohne Calderon wenigstens denkbar und erklärlich sind).. bewußt und nur als Nachahmung Calderons verständlich, in den Bruchstücken einer Tragödie aus der Pandora-zeit. Sie behandeln einen Glaubenskonflikt in romantisch christlichem Milieu, sind in dem Versmaß der Calderonischen Stücke abgefaßt und nähern sich seiner schwellend bunten, barock schwelgenden Diktion, der Vereinigung von wallender Ausdrucks-innigkeit, geistreicher Dialektik und farbiger Rhetorik mehr als irgendeine andre Dichtung Goethes. Die stofflichen Rätsel zu lösen die diese Bruchstücke aufgeben ist hier nicht der Platz, und so fehlt uns auch die Antwort auf die Frage welches Urerlebnis Goethes etwa hier in Calderonischen Formen dramatisiert werden sollte — ob überhaupt ein Urerlebnis zugrunde liegt, oder nur der reproduktive Drang Goethes den übermächtigen Eindruck des Bildungserlebnisses Calderon durch Nachahmung seines Stils zu betätigen und zu erledigen. Ich möchte das letztere annehmen und das Bruchstück zu jenen Bildungspoesien rechnen welche nur angewandte Literaturgeschichte sind, wie die Episteln oder die Achilleïs, ein Mittelding zwischen Übersetzung und eigener Dichtung, das Nachleben einer fremden Technik in eigner Sprache und neuem Stoff, die Probe Goethes darauf daß ihm der Geist jener großen Erscheinung wirklich aufgegangen und zu eigen geworden sei.

Calderons Einfluß auf Goethe ist demnach so gut wie der Dantes eine stofflich-technische Einzelheit in seinem Leben, und hat nicht wie der Shakespeares oder der Antike durchgreifende Wandlungen seines Wesens, oder wie der des Orients eines seiner entscheidenden Werke bestimmt. Für sich selbst wie für die deutsche Weltliteratur begrüßte Goethe in Calderon eine dekorative Bereicherung des europäischen Vorstellungskreises, zumal des deutschen Theaters: mehr ein neues Können als ein neues Wissen, mehr einen technischen als einen seelischen Gewinn. Die Gesinnung Calderons, ja selbst die Persönlichkeit, seine eigentliche Welt, sein Lebensgehalt blieb ihm bei aller Bewunderung fremder als selbst der Dantes, und eine schöpferische Liebe wie Shakespeare, eine unmittelbare bildnerische Erneuerung hat ihm Calderon nicht gebracht. Auch den Bemühungen der Romantiker Calderon den Deutschen wie Shakespeare oder statt Shakespeare als geistigen Vater aufzudrängen, ihn ganz zu naturalisieren, war er nicht gewogen, und es ist ihnen infolgedessen auch nicht geglückt. Nur einer unsrer lebendigen, nicht bloß literarisch imitierenden Schriftsteller ist geradezu von dem spanischen Theater durchgeistet, der habsburgische, d.h. von halb spanischen Traditionen umwitterte Grillparzer, und auch dieser mehr von Lope als von Calderon. Auch Calderon ist im großen Ganzen ein exotischer Autor für die Deutschen geblieben, d. h. kein wesentliches Werk der lebendigen deutschen Dichtung (außer allenfalls Grillparzers Dramen) ist nur durch Calderon-kindschaft denkbar, derart wie ihrer viele nicht ohne Homer- oder Bibel- oder Shakespeare-kindschaft denkbar sind. Dies aber, die zeugende Gewalt eines fremden Geists in heimischen Schöpfergeistern, ist das eigentliche Zeichen seiner endgültigen Eindeutschung, nicht bloß die vereinzelte Nachahmung, Übersetzung, Benutzung. Solange diese Wiedergeburt fremden Wesens in heimischer Sprache nicht erfolgt, ist ein fremder Autor noch exotisch, und was für Goethe exotisch blieb (und in dem Maße als es ihm exotisch blieb) ist es, mindestens für die Dauer seiner unmittelbaren geistigen Herrschaft, für die Dauer des klassisch romantischen Epigonentums geblieben, trotz der romantischen Dolmetsch-mühen und der allanregungsdurstigen allgemeinen Bildung mit ihrer belletristischen Seichtheit oder fachmännischen Gründlichkeit.

Doch die weltliterarische Aufgabe des Deutschtums und Goethes war nicht nur die Aneignung der vergangenen Fremdwelt, sondern auch die Bestimmung der werdenden und künftigen. Wie Goethes Werther das erste deutsche Dichterwerk von europäischer Macht, so ist der alte Goethe die erste deutsche Geistes-Gestalt die, auch ohne unmittelbare Kenntnis, geschweige Verständnis seiner Lebensleistung, eine europäische Weltstellung einnahm, mit dem Recht und der Pflicht einer solchen Führerschaft: über dem geistigen Raum den seine Wirksamkeit erfüllte zu wachen, zu sichten was sich an ihn drängte oder was er überblickte, das Fruchtbare zu fördern und einzuführen durch seine Autorität, das Unfruchtbare fernzuhalten, und zugleich sein eignes Bild für die Fremden zu befestigen, durch Kundgebung und Beziehungen, wie er es als Bildner seiner eignen Nation schon seit dem Bund mit Schiller gewohnt war. Während er also der weltliterarischen Vergangenheit gegenüber nur Empfänger bleiben konnte, war er für Gegenwart und Zukunft auch Spender, und die Ausbreitung der Goethisch-deutschen Bildung war hier gepaart mit der wählerischen Einführung der europäischen fremden. Auch hier traf die von ihm unabhängige Erhöhung seiner Gestalt zur geistigen Weltführerschaft zusammen mit der Reife zum Umblicken und Einsammeln, zum Ausgreifen und Erziehen. Diese Weltführerschaft kam von außen, ohne sein Zutun, erst an ihn heran, als er von innen, auch ohne sein Zutun, sich bereit fühlte ihr zu genügen — der alte Einklang zwischen Tyche und Daimon.

Goethes geistige Weltstellung in Europa datiert (abgesehen von dem Erfolg des Werther, der die stoffliche und fast anonyme Massenwirkung eines Buches, nicht die Bildnermacht einer Persönlichkeit, nicht die Herrschaft eines Geistes über Geister war) von dem Besuch der Madame de Staël in Weimar und seinem literarischen Niederschlag in ihrem Buch de l'Allemagne. Die betriebsame Halbfranzösin, glänzend begabt und seelisch leer, männlich agil und weibisch eitel, und wie alle solche Naturen unruhig über ihre Grenzen fahrend, zum Schaffen, noch mehr zum Wirken (freilich weniger zum Arbeitleisten als zum Effektmachen) gedrängt, durch ihre Abkunft zum Vermitteln zwischen germanischem und romanischem Geist geeignet, als Verbannte zum Reisen veranlaßt, als Angehörige der großen damals immer noch geistig wie staatlich weltbeherrschenden Nation, als genialisch begabtes, abenteuerliches Weib und als freiheitliches Despoten-opfer überall gefeiert und bestaunt, hatte es unternommen das lauschige Genie-land im Herzen Europas mit den vielberaunten und ungesehenen Verfassern des Werther und der Räuber, den idyllischen Urwald von selbstlos deutschem Gemüt, Traum und Geist zu durchstreifen und zu beschreiben. Als Führer und Cicerone hatte sie dabei den allerweltsklugen Vermittler und Kenner A. W. Schlegel sich zugelegt, der ihr die romantischen Werturteile so geschickt zu suggerieren wußte, daß sie sich als eigene Entdeckerin fühlte und die romantischen Einsichten unbefangen in ihre französische Flachheit und Helle übersetzte. Sie sah auch den Goethe, staunte ohne Ehrfurcht, und legte sich zurecht was sie nicht faßte, mehr nach Art von Pflichtvergnügungsreisenden aufs Gesehenhaben aus als auf die innere Aneignung der Eindrücke. Goethe zeigte sich von seiner überlegen mephistophelischen Seite höflich distanziert und imponierte ihr. Der ihm gewidmete Abschnitt ihres französischen Kulturbädekers für Deutschland vermittelte zuerst dem gebildeten Europa das zugleich lockende und unbegreifliche Bild eines allseitigen, tiefsinnigen und überlegenen deutschen Genies mit guten Manieren, imposanter Männlichkeit und geheimnisvollem Innenleben. Sie rationalisierte Goethe genug, um ihn nicht abstoßend zu machen für die immer noch voltairisch erzogene Welt, und ließ doch irgend was Romantisches, Dämonisches, vielleicht gar Satanisches ahnen, was angenehm gruseln machte und die kühneren Seelen anzog: deutsche Tiefe, Wertherische Leidenschaft, und besonders: Faust. Sie zuerst gab einen harmlosen Abriß des unerschöpflichen Werks, aus dem von da an alle Romantik, Dämonik, Phantastik der außerdeutschen Literaturen sich speisen sollte. Noch immer war Frankreich die Zensurstelle des europäischen Geistesverkehrs und der Weg zur Weltgültigkeit führte seit Voltaire noch über Paris. Aber gleichzeitig war man dort der aufklärerischen Enge überdrüssig, wenn auch noch nicht der schöpferischen Weite fähig geworden, und eine junge Generation lugte neusüchtig über die Grenzen des klassizistischen Vernunft- und Zier-reichs hinaus nach Fernzauber, Geheimnis, ahnungsvollem Dunkel und vollerer Farbe. Solch einer Stimmung begegnete Goethes Bild, wie es die Stael hinüberbrachte.

Auf zwei verschiedene Gruppen wirkte es und veranlaßte sie zur Kenntnisnahme seines Werks: auf die jungen Dichter die eine buntere Stoffwelt und eine freiere Form suchten, die Romantiker um und nach Victor Hugo, und auf die jungen Denker die dem französischen Geiste eine universellere Gedankenbasis gründen wollten, eine solidere geschichtliche und philosophische Bildung, als die materialistisch-deistische Aufklärung oder deren katholische Reaktion: die Globisten, Ampère, Stapfer, Merimée u. a. Zu der deutschen Poesie und der deutschen Philosophie führten neue französische Wege und beide begegneten sich in Goethe. Die Poeten suchten mehr Farbe, Stimmung und Freiheit, die Denker mehr Tiefe, Fülle und Weisheit bei ihm. Dem einen war er ein Lockerer, dem andern ein Leiter, beiden aber namentlich ein Neuerer, und wie das bei Franzosen üblich ist, ein Machtmittel für ihre eigenen Zwecke, das jederzeit beiseite geschoben werden mochte, wenn diese Zwecke erreicht waren. Was Goethe im Lauf des Jahrhunderts den Franzosen geworden ist gehört nicht hierher, nur seine erste unmittelbare weltliterarische Wirkung, soweit er sie erfahren und soweit sie seine eigene Haltung noch bestimmt hat.

Macht auszuüben freut jeden, selbst wenn er nicht danach strebt, und auch Goethe nahm mit Genügen und Aufmerksamkeit seinen Einfluß in Frankreich wahr, nicht ohne sofort, frei von selbstiger Eitelkeit, die Zeichen dieses Einflusses als schlechthin weltliterarische Tatsachen zu buchen. Er begrüßte die Huldigungen und Arbeiten der Globisten als Vorbotenschaft beginnender französischer Gründlichkeit, als Überwindung des französischen Mangels an „Fundament und Pietät", er notierte eine platt-kluge Tassokritik ohne Ärger und mit Behagen als Zeichen der französischen Normalgesinnung, die nun doch wohl oder übel sich mit ihm auseinandersetzen mußte. Er nahm teil an den eigenen Werken der von ihm beeinflußten jungen romantischen Generation, zumal Victor Hugos, und freute sich durch die Gabe eines jungen Bildhauers die Persönlichkeiten dieses Kreises sich körperlich verdeutlichen zu können. Es war darunter freilich außer Victor Hugo selbst keine die ihm als literarische Gestalt, unabhängig von ihren persönlichen Beziehungen zu ihm, viel sagte.

Victor Hugo, der einst sein Nachfolger im europäischen (freilich Deutschland selbst nicht einschließenden) Dichterfürstentum werden sollte, fiel ihm auf durch die unerhörte pittoreske Gewalt seiner Phantasie. Eine solche Vereinigung von Maler und Rhetor, wie sie in den Odes et Ballades und in den Orientales sich kundgab, war in der Lyrik noch nicht dagewesen und mußte Goethe faszinieren. Denn Anschaulichkeit und Helle, Eindrücklichkeit der Motive ging ihm damals über alles und er wertete sie an Gedichten höher als „Innerlichkeit" oder „Stimmung". So sah er gern über Theatralik und sogar Verzerrungen hinweg. Die Meisterschaft des Ausdrucks, die in Hugo einen Gipfel nicht nur der französischen Dichtung erreicht, bewunderte er als Fachmann, ohne sich viel um die seelische Art des Ausgedrückten zu kümmern. Dagegen verdroß ihn, als den Wächter der europäischen Kräfte, der Raubbau den Victor Hugo mit seiner Phantasie zu treiben schien, die ehrgeizig rastlose Schriftstellerei — unverständlich für den einsam leisen Selbstbildner — und die nach Technik wie Inhalt brutale Schreckensmalerei, die fratzenhafte Gewaltsamkeit von Hugos großem Geschichtsroman Nôtre-dame de Paris. Der war freilich auf Nerven und Phantasie eines mehr reiz- als bildungshungrigen Geschlechts berechnet, und mußte Goethe nicht nur unschön sondern unedel, ja plebejisch vorkommen. Von großen Franzosen des neunzehnten Jahrhunderts außer Hugo hat Goethe keinen mehr als eigene Gestalt gesehen, wenn er auch gelegentlich ahnungsvolle Blicke auf Werke von Stendhal, Merimée, Balzac und Delacroix warf.

Weniger eine weltliterarische als eine kulturgeschichtliche Gestalt war ihm der Meister des Chanson, Béranger, dessen anmutig dreiste vom Tag für den Tag lebende Gesänge ihn ergötzten, wie er wohlwollend dem Tun und Treiben des Volkes von seiner Höhe herab zusah, seinem Tanz und Gesang, seinen Bräuchen und sogar Unsitten worin Natur und Zivilisation sich kreuzen. Béranger war ihm sozusagen die Volksstimme, das Volkslied einer gebildeten, selbst überbildeten Stadtgesellschaft, die kindliche Selbstpersiflage und Selbstfeier einer altgewordenen Welt, die gute Laune, der gesunde und mit Grazie flache Menschenverstand, die genügsame Freiheit inmitten der geistig und sinnlich abgefeimten überreifen Großstadt.

Inzwischen war, ebenfalls durch den Werther vorbereitet, und wohl auf dem Weg über Frankreich, Goethes Ruhm und Wirkung auch nach England gedrungen und hatte dort zwei europäische Meister ergriffen die, weit mehr als irgendein lebender Franzose, durch Werk und Person ihn seines Einflusses froh werden ließen, und ihm auch abgesehen von seinem Einfluß den letzten großen Zuwachs seines literarischen Pantheon bedeuteten: Scott und Byron. Auch an Scott zogen ihn zunächst weniger seelisch-menschliche als technisch-artistische Tugenden an, und mehr der Leistung als der Persönlichkeit des ruhig festen, gründlich breiten, würdig klaren Fabulierers galt sein Beifall: der durchgearbeiteten Anschaulichkeit seiner Schilderungen, der soliden Führung seiner Geschehnisse und der sorgfältigen Begründung und Rundung seiner Charaktere — der behäbigen Herrschaft über einen weitschichtigen aus Historie und Erfahrung gesammelten, mit Herzensgüte durchwärmten, mit Menschenkenntnis und Weltverstand durchleuchteten Stoff. Was Goethes Götz von Berlichingen, unter Herders Lehre und Shakespeares Wirkung, begonnen: die gebildete Belebung heimischer Geschichte durch dichterische Phantasie, das hat sich in Scott gekreuzt mit den Traditionen des englischen Sittenromans und ein neues Gebild in die Weltliteratur gezeugt, den historischen Roman, der die romantische Ferne und Höhe der Vergangenheit vereint, oder auch vermengt, mit der aus Umwelt und Erlebnis geschöpften gegenwärtigen Menschen- und Sittenkunde. Die geschichtliche Bildung gibt Farben, Zustände und Handlungsmöglichkeiten die dem bloßen Zeitgenossenkreis, der bürgerlichen Welt, versagt sind. Aber die heutige Welt die man durchlebt und kennt, in die Vergangenheit psychologisch übertragen und allenfalls aufgehöht, unter der Voraussetzung daß die Menschen zu jeder Zeit gleich seien, gibt Leben und Wärme, wie sie nie aus bloßer Lektüre zu schöpfen ist. Der historische Roman ist nicht, wie Shakespeares Königsdramen, die Mythisierung einer noch lebendig fortwirkenden und als der Gegenwart gleichartig empfundenen und gedeuteten Vergangenheit, sondern, wie auch Goethes Götz, das Ergebnis einer bildungshaften, bereits literarischen, ja theoretischen Rückschau, die die Vergangenheit gerade als Vergangenheit, um ihrer Ferne, Höhe, „Romantik" willen wiederbeleben (nicht die Gegenwart darin verewigen) möchte, und sich dazu notgedrungen der aus dem Heut geschöpften Seelenkunde bedienen muß. Weniger diese Tendenz als der Motivenreichtum, den Scott aus der Fusion seiner gründlichen Geschichtslektüre mit seiner reichen, englisch tüchtigen Weltkunde zog, sprach Goethe an, sodaß er dabei gern die romantische Verfälschung der Geschichte übersah, die ihn ohnehin nicht interessierte, und die halbechte Maskerade der Menschen, die dadurch farbiger oder prägnanter erschienen.

Auf die Dauer langweilte ihn Scott freilich doch: denn seine Weltart, würdig und tüchtig wie sie ist, seinen Reichtum wie seine Technik lernt man aus einem oder zwei Werken so gut kennen wie aus zwanzigen, und wenn man auch am zehnten noch bewundern kann was man am ersten bewundert, so lernt man dabei doch nichts wesentlich Neues mehr über das Ewige, höchstens zufällig stofflich Neues über das Vergangene, und das war nicht Goethes Wunsch. Bei gleichbleibender Anerkennung der Meisterschaft vermißte er an Scott die sich entwickelnde, ich- und weltverwandelnde Schöpferkraft, die mit jedem Werk dem Chaos einen neuen Bezirk abringt, wie Shakespeare oder er selbst, die frisch-erfahrende zauberhafte Seele die über die abgeschlossene Kunstleistung hinausstrahlt und als eigenes Bild jenseits des Werks sich erhebt.

Diese, und gerade diese fand er an Lord Byron. Auch hier bewunderte er Werk um Werk, die freie, ja verwegene Verskunst, die mit Schwierigkeiten jonglierte, um in ihrer ganzen Schnell- und Spannkraft zu glänzen, die weltmännische Sicherheit und Anmut womit jedes beliebige Thema aufgenommen und fallengelassen wurde, die gewandte Beweglichkeit der Übergänge, die spielende Allgegenwart der Gleichnisse und Realien aus vielen Gebieten, besonders der „Gesellschaft" (woran es den deutschen Genies gewöhnlich fehlte) die kühne und wache Phantasie die Lagen und Landschaften vorrief. Die Bildkraft und die Sprachkraft, der Reichtum an „Welt" und an Natur, die Freiheit und die Leichtigkeit, die Eleganz und die Energie seiner Dichtung waren für Goethe so erstaunlich, daß er ihn als einzigen Zeitgenossen neben sich gelten ließ, ihn neben, ja über seinen verehrten Schiller stellte, jedes neue Werk von ihm begrüßte, glossierte, einführte, mit Stolz jede Spur eignen Einflusses, besonders des Faust, darin feststellte, die Huldigung Byrons, wie keine andre, auf gleicher Höhe erwiderte, und ihn als Meister ehrte wie sonst nur Unsterbliche der Vorwelt.

Doch wie sehr er auch die einzelnen Werke Byrons als Werke bewundern mochte, die ungestüme Gewalt seiner Lyrik, den himmelhohen und tiefen Schwung seiner Mysterien, worin Grübeleien Raum und Landschaft wurden, die sinnreiche Verwegenheit seiner Satiren, die Weltbreite und -buntheit seines Don Juan, die erfrischende Berg- und Meerluft seiner Erzählungen, und überhaupt das aug- und lungenerweiternde, erdnahe und erdkräftige Pleinair seiner Schilderungen — wofür er ihm sogar die herz- und hirnbeklemmende Dumpfheit seiner Probleme und die Eintönigkeit seiner Gestalten verzieh — wie sehr immer Goethe in Byrons Werken Genuß und Anregung fand: darüber hinaus und davon losgelöst erregte, ja berauschte und erschütterte ihn das Sein und Leben dieses Mannes, wie keines seit Napoleon.

Dies ist nicht selbstverständlich, und Goethes fachmännische Bewunderung für Byrons Meisterschaft erklärt keineswegs den Zauber den der Mensch Byron auf Goethe ausgeübt hat. Ja, dieser Zauber möchte eher die Ursache als die Folge jener Bewunderung sein, und wenngleich er, beim Mangel persönlichen Verkehrs, durch das Medium der Werke zu Goethe gelangen mußte, so ist er doch nicht in den Werken beschlossen und nicht aus ihnen allein faßbar. Was hat Goethe an Byrons Gestalt so verlockt, daß sie ihm zum Gedicht, ja zum Mythus werden konnte? Denn Byron war fast das Gegenteil dessen was der alte Goethe als Wunschbild menschlicher Haltung forderte, und Goethe war nicht blind dafür, deutete ihn nicht etwa nach seinem Wunschbild um, erkannte seine Mängel: die schrankenlose Subjektivität, die im All nur sich und ihr verschuldetes oder eingebildetes Leiden wiederfand, die unfruchtbare Selbstbespiegelung und Ichzergrübelung, die absichtlich und fast kokett schiefe, pflichtlose Stellung zur Welt, die unbeherrschte Maßlosigkeit des Temperaments und die kindliche, ja kindische Dumpfheit der Vernunft, der Mangel an philosophischem Sinn, wodurch ihm nur der inspirierte Ausdruck der Zustände, aber keine objektive Reflexion glückte. Gerade was Goethe nach seiner Selbsterziehung von sich und andren zumeist verlangte das fehlte dem Lord: Maß, Ordnung, Helle, Gleichgewicht zwischen Ich und Welt. Goethe hätte ihn, bei aller Bewunderung seines Talents, beurteilen können wie er Heinrich von Kleist beurteilt hat (und wie auch, gerade als Jünger und Verehrer Goethes und nach Goethischen Gründen und Maßen, Carlyle ihn beurteilt hat) als eine Verzerrung des runden Menschenbildes, als eine Störung der werkfroh frommen Welt. Goethe hat es nicht getan, er hat nicht nur seine Ichsucht, und seine Maßlosigkeit, sondern selbst seine Verneinungen (seine „verhaltenen Parlamentsreden") entschuldigt. Warum, um welches belebenden Ja willen, das seine Grundsätze, selbst seine Forderungen aufhob vor diesem neuen Menschen? Byrons „inkommensurable" Erscheinung durchbrach, wie die Napoleons, Goethes „Ratio" und deren Fachwerk, und immer war Goethe nicht nur bereit auf den Trümmern fester Maßstäbe für ein neues Erlebnis umzulernen, sondern auch dem dankbar der ihn dazu nötigte.

Byrons persönliches Verhalten zu Goethe mag den großen Eindruck seiner Gestalt vorbereitet haben. Goethe war nicht unempfänglich für die Huldigungen des gefeierten Dichterlords, der ihn ausdrücklich als seinen geistigen Lehnsherrn anerkannte, und in mehreren weltberühmten Werken seine

Abhängigkeit vom Faust verriet, ein weithin sichtbares Zeichen von Goethes dichterischer Weltherrschaft. Unter allen Folgern und Vasallen Goethes war bisher noch kein Mann von europäischem Ruf gewesen, seine Anhänger im Ausland waren meist Angehörige esoterischer Zirkel oder angefochtene Neuerer deren Opposition gegen die gültigen Autoritäten an dem deutschen Meister Rückhalt suchte. An Byron fand er das erstemal einen Herold der Glanz nicht nur von ihm empfangen, sondern auch auf ihn zurückwerfen konnte. Dazu kam die soziale Stellung Byrons: ein Lord war, so gut wie ein König, für Goethe der Träger einer besonderen Würde, und so wenig ihm der Adel an sich sagen mochte, so sehr fand er ihn einen eigenwertigen Zuwachs wo er sich zu persönlichen Vorzügen gesellte. So brachte schon die Beziehung Byrons zu Goethe, als eines berühmten und adeligen englischen Verehrers, ein günstiges Vorurteil, welches der eigentlichen Magie seines Wesens und Lebens, wie sie von seinen Werken und den Berichten über ihn durch Europa ging, vorarbeitete.

Dies Leben selbst, maßvoll oder nicht, sittlich oder nicht, vernünftig oder nicht, erschien, wie seit Napoleon kein zweites, der zahmgewordenen Welt wild, kühn und mitreißend wie ein Sturm, gefährlich und lockend, empörend und verführerisch wie die aufgerührten Elemente, die edeldüstern Verbrecher und die finstern Titanen oder Dämonen die Byrons Dichtung füllen. Ein wunderbar schöner, noch durch einen Schaden eher reizender als entstellter Mensch von gewaltiger Kraft und unbändigem Naturell, in allen Leibeskünsten erfahren, aus edlem Stamm und mit quellendem Genie, durch Verhängnis oder Schuld aus dem Gleichgewicht gerissen, mit einem dunklen Geheimnis, sei es Fluch sei es Frevel sei es Wahn, sichtbarlich beladen, großmütig, blendend, sinnlich, verschwenderisch, Freund und Verächter der Frauen, Wohltäter und Hasser der Menschen, vielleicht ein großer Sünder, doch keine böse und niedrige Seele, „a man more sinned against than sinning", heimatlos und friedlos, aber auch ungebunden und unverantwortlich die geweihten Stätten Europas durchfahrend und mit neuem Gesang feiernd, nach abenteuerlichen Irren zuletzt heldenhaft gesteigert durch seinen Tod für eine heilige oder heiliggeglaubte Weltsache, für Freiheit und Hellas: so wuchs er allmählich in die freudig oder beklommen staunende Seele des nachnapoleonischen Europa, das zwischen Ermattung und Fieber, Ordnung und Freiheit, Kriegstrümmern und Zukunftsträumen schwankte, nicht mehr fähig einen Welthelden und Herrscher zu ertragen, aber empfänglich wie nie zuvor für den unverpflichtenden Zauber eines genialen Abenteurers und großartigen Schauspielers seiner selbst, wenn das Stück das er aufführte nur so prächtig, aus gewaltiger Selbstsuche und spontaner

Hingabe an Freiheit und Menschheit so spannend geknüpft war wie Byrons Dasein.

Größer als seine Natur war Byrons Fähigkeit sie vorzutragen und auszuladen, und wenn er manchmal, absichtlich oder unabsichtlich, verderbter schien als er war — nie erschien er langweiliger, dürftiger oder harmloser als er wollte, nie blieb das Bühnenbild seines Unglücks oder Frevels oder Geheimnisses hinter seinem eigenen echten Gefühl davon zurück, eher umgekehrt.. von seinem Leid entlastete er sich durch das Schauspiel das er den Augen Europas bot, durch Furcht und Mitleid das er erweckte. Nicht Poseur dessen was ihm mangelte, war er doch Mime dessen was er lebte.. auch Goethe nahm sein Schauspiel für naives Leben, und das Kain- und Satans-tum für das Dämonische, da es doch nur dessen Reflex war. Neben Byron war Napoleon ein Naturkind, Poseur nur zu bewußtem Staatszweck, niemals, wie Byron, wenn er mit sich allein war. Aber auch Goethe empfand beide verwandt, und als dem Träger des Dämonischen in erster Linie gestand er dem Briten die Exemtion von Moral, Gesetz und Maß zu die er dem bloßen Genie niemals zugestanden hätte, keinem Beethoven, geschweige einem Kleist. Das Dämonische aber sah er weit mehr in Byrons Gestalt und Lebenslauf, dem Gejagtsein und Weltwandern, der sinnlich heftigen Körperlichkeit, seinem Alpen- und Inselhauch, seinem fürstlichen Heldentod, als in seinen Werken selbst. Und wie dem dämonischen Kaiser neidete er dem dämonischen Lord den Zwang und die Freiheit sich durchzuleben bis zum Ende, es sei so tragisch es wolle. Goethe hatte entsagt und mußte entsagen in bürgerlicher Welt, der er, wie weit er sie überragte, verwurzelt war. Aber immer noch warf er den sehnsüchtigen und wehmütigen Blick nach der Urheimat der Dichtung jenseits aller Bürgerwelt und begrüßte jeden Boten aus dieser Heimat der seine volle Freiheit mitten im Heute bewahren durfte.

Ein solcher Bote und der einzige unter seinen Zeitgenossen war für ihn Lord Byron. Unbändig und selig- oder unselig-pflichtlos wie Wesen jener Welt, wie Dämonen flog er dahin, fast zeitlos wie ein antiker Jüngling, inmitten der gedämpften Sitten und zahmen Rücksichten oder soliden Egoismen des werdenden 19. Jahrhunderts, unglaublich, aber wirklich genug, ein Zeitgenosse, ja ein allerneuester Geist, Umstürzer und Modeheld, zugleich entrückt wie ein Traum und grell im fahlen Tag. Nicht gerade der aktuelle Freiheitskämpfer, der opponierende Lord, der weltschmerzliche Herold alles europäischen Unbehagens, der das ganze junge Europa um sich scharte als Führer der politisch-literarischen „Moderne", zog Goethe an: aber daß dieser allerheutigste Rattenfänger zugleich die Male eines antikischen Dämons trug, daß der Sohn der Revolution und der Vater der Revolutionäre, das Vorbild der Heine wie im Alexanderzug lebte und starb, das war für ihn ein Staunen und ein Sinnbild. Übersah er das Ganze dieser Erscheinung, so verklärte sie sich ihm zum poetischen Wunder, gezeugt aus der ewigen Schöne, die ist und sein wird wie die Antike, und dem rastlosen Streben nach immer neuer Welt, aus sinnlich süßer Fülle der Idee und friedlos dunklem Drang, aus unvergänglichem Traum und unermüdlicher Tat, aus selig Altem und besessen Neuem: aus Helena und Faust. Als Euphorion, als grenzensprengender Feuergeist, ist ihm Byron in sein Weltbild eingegangen, zwischen Mensch und Dämon gezeugt, zwiespältig, mit dämonischer Macht und menschlicher Unruhe, allverlockend und allverlockt, und bei unsterblichem Trieb zu tragischem Ende vorbestimmt. Damit war er ihm über die bloße Literatur hinausgewachsen und als ein ursprüngliches Lebenselement selbst zur Dichtung geworden, nicht mehr Gegenstand des Urteils, sondern mythische Gestalt. Es ist die höchste Ehre die ein Dichter überhaupt erweisen kann, umso höher als sie nicht aus gutem Willen, sondern aus unwillkürlicher Schau kommt.

Neben Byron verblaßten für Goethe die andren Sterne der neueren zumal der englischen Literatur, Scott und Moore, geschweige die von Byron selbst entwerteten Mitglieder der Seeschule. Byrons eigenen Kreis kannte er kaum, und gegen den dichterisch dem Lord mindestens ebenbürtigen Shelley hatte er infolge eines Mißverständnisses ein ungünstiges Vorurteil. Keats, der reinste und süßeste Dichterkünstler den England nach Shakespeare hervorgebracht hatte, und der einzige halbhellenische Geist in dieser puritanischen, allenfalls libertinen Luft, blieb für ihn im Dunkeln.

Dagegen fand er in England einen Übersetzer und Verfechter, einen Versteher und Porträtisten wie kaum bei den Deutschen, an Thomas Carlyle. Dieser gedrängt feurige, unerbittlich fordernde und ringende, glück- und freudlose, schwergeflügelte, vor Fülle schwerzüngige, aber starke und kühne, wahrhaftige und grundechte Schotte hatte in Goethe sein Licht und seinen Weg zu mutigem Wirken, zu dankbar frommer Weltschau gefunden. Weniger vermöge eines eigentlichen Schönheitssinnes — er war Ethiker und nur Ethiker — als vermöge eines unbeirrbaren Echtheitssinnes drang er quer durch alle ästhetischen, moralischen und politischen Vorurteile, Scheinwahrheiten und Oberflächen zu dem Kraftkern, zur Macht und Wirklichkeit jeder Gestalt und Leistung, einerlei welcher geschichtlichen Herkunft, sofern sie nur lebendiges Ja und selbstlose Wahrhaftigkeit verkörperte. So ward er nicht müde den puritanisch engen, politisch schwatzenden, oder selbstisch spielenden und rechnenden Briten seinen Goethe als frommen

Propheten der Wahrheit, der tätigen Weltbejahung, der freudigen Welt‑ erkenntnis, der Selbstzucht und der Klarheit zu verkünden, durch Über‑ setzungen ihn einzuführen, durch Aufsätze ihn zu erklären und zu verherr‑ lichen. Goethe anerkannte seine Bemühungen mit väterlichem Dank und freute sich des jungen Vorkämpfers, den er ja kaum anders als unter dem Gesichtspunkt seines Vorkämpfers würdigen konnte. Den Ernst und die Kraft Carlyles fühlte er und hoffte von ihm für England entsprechende Wirkungen wie von den Globisten für Frankreich. Die Erfüllung hat er nicht mehr erlebt und wohl kaum geahnt daß sein erster tiefer Versteher über dem Kanal, ja im Ausland überhaupt (denn sonst besaß er nur Be‑ wunderer) zugleich der einzige Seher und Richter war dessen England im 19. Jahrhundert sich rühmen konnte.

Aus aller Herren Ländern kamen in den zwei letzten Jahrzehnten Goethes die jungen Literaten, um den erstaunlichen Mann zu sehen, oder auch ihm unmittelbar im Namen ihres Landes, ihrer Generation, ihrer Richtung zu huldigen, und mancher von ihnen ist später eine europäische oder wenigstens eine nationale Geistesgröße geworden, ohne daß er für Goethe mehr ge‑ wesen wäre als ein individueller mehr oder minder merkwürdiger Besucher, bestenfalls ein Talent oder der Abriß irgendeiner werdenden angegoetheten Nationalliteratur: so kam aus Polen Mickiewicz, aus Rußland Schukowsky, aus Dänemark Oehlenschläger — und viele andre, für die Goethe viel, die für Goethe wenig oder nichts bedeuteten.

Nur noch ein fremder Dichter, den er persönlich nie sah, hat ihm leben‑ dige, ja sogar tätige Teilnahme und unermüdliche Bewunderung durch seine Werke, und Erwiderung seines Huldigens entlockt: der Italiener Alessandro Manzoni. Das in seiner Heimat als Neuerer von dem herr‑ schenden Klassizismus (ähnlich wie Hugo in Frankreich) befehdete Haupt der italienischen romantischen Schule war Goethe nahgekommen durch einige strenge und farbig dichte Tragödien, durch seine anschaulich er‑ habene Ode auf Napoleons Tod und durch seinen großen historischen Roman I promessi sposi. Goethe hat mit empfehlenden Anzeigen, die zu‑ gleich als Verteidigung Manzonis gegen seine heimischen Angreifer ge‑ meint waren und wirkten, Proben aus Adelchi und dem Carmagnola über‑ setzt, er gab eine skizzenhaft flüchtige, aber großartig sichere Verdeutschung der Napoleons‑nänie, und er dachte sogar an eine Bearbeitung des Romans, in der Art von Cellinis Leben. I promessi sposi erweckten in gleichem Maß seine Bewunderung des Könnens und seine Rührung über den Ge‑ halt, der weniger dem Stoff als der wahrhaft schönen Seele des Dichters angehörte. Und wirklich: Scott war hier auf seinem eigensten Gebiet, dem

historischen Roman, von seinem Schüler erreicht, in der poetischen Evokation der Geschichte, in der farbigen Wiedergabe ferner Zustände und
dem harmonischen Aufbau eines weitschichtigen Materials von Begebenheiten, und er war übertroffen durch die Beseeltheit und tiefe Menschlichkeit der Gestalten. Denn Manzoni war mehr als ein großer Erzähler, die
Einbildungskraft war bei ihm mit einer lyrischen Innigkeit durchdrungen
und von einem dramatischen Nerv gespannt, welche dem behäbigen, erfindungsreichen und kräftigen, aber allerdings im Grund trotz aller Romantik prosaischen Schotten fehlten. Manzoni war nicht nur ein tüchtiger
Charakter, sondern eine schöne und innige Seele, und sein Roman wird
durch diese lyrisch dramatischen Tugenden nicht verweichlicht, sondern
gehoben: es ist vielleicht der einzige historische Roman, der in dem Sinne
Dichtung bleibt wie Goethes Romane, dem die Zwitterhaftigkeit zwischen
Geschichte und Poesie nicht anhaftet, und den man nicht nur aus stofflichem Interesse lesen kann, sondern mit Anteil an dem Menschtum des
Dichters. Goethe hat mit sicherem Auge in dem jungen Manzoni den
großen italienischen Dichter seines Zeitalters herausgefunden (den einzigen
außer Leopardi, den er nicht kannte, und den er wohl, als krank und verzerrt, nicht geduldet hätte). Den erhabenen und dabei gefüllten, nicht hohlgeblähten, Schwung der Inni sacri, insbesondere der Napoleonsfeier, diese
weltfreudige und gottinnige, im reinsten Sinn katholische Hymnik hat kein
zweiter Romane erreicht, und Goethe war froh eine solche Meisterschaft
bei so schönem Gemüt zu finden. Und derselbe Mann erstaunte ihn zugleich durch Sachreichtum, Gegenständlichkeit und solide Erdnähe. So
sah Goethe am Abend seines Lebens auch in der Sprache seines gelobten
Landes eine Erneuerung in seinem Zeichen und einen großen Dichter der
sein Jünger war. Von wo er einst auszog, um sich selbst heimzubringen zu
reinerer Bildung, dahin kehrte erjetzt fernwirkend als Fürst der Weltliteratur zurück.

Die Namen Victor Hugo, Scott, Byron, Manzoni bezeichnen die Gipfel
der werdenden Weltliteratur die Goethe übersah oder ahnte, wie ihm die
Namen Hafis, Dante, Calderon die Gipfel der exotischen, die Bibel, Homer und Sophokles, Shakespeare und Molière die Gipfel der klassischen
Weltliteratur bezeichneten. Außer dieser dichterischen gab es noch eine
wissenschaftliche Weltliteratur, welche aber nicht von Goethe erst begründet zu werden brauchte: denn sie beruht auf dem Austausch sachlicher
Wahrheiten und Erkenntnisse, nicht auf der Aneignung des eigentümlichen
Seelenausdrucks der Menschen und Völker, der nationalen Sprachen. Der
Erkenntnisaustausch ist so alt wie der Sachentausch .. der Seelen und

Formenaustausch setzt eine lange Kultur voraus, und es kommt dabei auf die dunklen Kräfte des Menschtums, nicht auf seine Zwecke und seinen Nutzen an. Auch in die Mitte der wissenschaftlichen Weltliteratur, namentlich der naturwissenschaftlichen, hatte sich Goethe gestellt, aber nicht als anerkannter oder wirksamer Herrscher, sondern als Beobachter, und allenfalls mit Widerspruch oder Nachsicht bewundert wegen der Vielseitigkeit die den Verfasser des Werther auch dazu Zeit finden ließ. Seine Naturwissenschaft erhöhte im Ausland den Glanz seiner Person, ohne als solche dort Macht auszuüben. Hatte er doch selbst im Vaterlande als Naturforscher nur vereinzelte Anhänger, und auch diese waren meist nicht anerkannte Fachleute, sondern Naturphilosophen wie er selbst – oder seine unmittelbaren Gehilfen.

Goethes „Weltliteratur" läßt uns einen Blick auf sein Übersetzertum werfen, denn eben auf dem Sprachaustausch der Völker beruht ja diese ganze Idee, und wie jede literarische Weltaneignung ist auch die Goethes mit Übersetzungen eingeleitet und ausgedrückt worden. Er hat sein ganzes Leben lang viel übersetzt, unmittelbar Werke aus Sprachen in der sie geschrieben waren, mittelbar, wenn er die Ursprache nicht kannte aus Sprachen in die sie bereits übersetzt waren. Seine Übersetzer-motive, und demgemäß -methoden, waren verschiedener Art: beim Knaben war es reine Sprachübung, angewandte Grammatik, beim Jüngling der Herder-zeit dichterische Freude am Formen, dem das Original nur als Vorwand und Stoff diente, als überwundener Widerstand, woran die eigene sprachlustige Seele und Zunge ihre formende Kraft erproben könne: so sind die Übersetzungen aus dem hohen Lied, aus den Völkerstimmen zu verstehen. Eine dritte Gruppe von Übersetzungen, aus seinen klassischen Mannesjahren, dankt Goethes Theater- oder Redakteur-tätigkeit ihren Ursprung, seinem Bedürfnis das Repertoire oder die Zeitschriften mit wertvollem Zuwachs von draußen zu bereichern, wenn die heimische Produktion nicht genügte: dahin gehören seine umfangreichsten Übersetzungen, Tancred, Mahomet, Cellini, Rameau, sowie etliche Opernfragmente aus dem Italienischen. Freilich mußte hier dem äußern Bedürfnis innere Teilnahme an dem betreffenden Werk, der Glaube an seine Würdigkeit entsprechen: aber auch in diesem Fall hatte der fremde Autor mehr dem Interesse Goethes zu dienen als umgekehrt. Nicht die Einführung eines fremden Werks als solchen, sondern die Ernährung des Goethischen Publikums durch wertvolle Lektüre, einerlei woher sie grade Goethe in die Hand fiel, war der Grund dieser Dolmetschung. Voltaire, Diderot, Cellini, so wertvoll an sich sie sein mochten – ihr Wert war ja selbstverständliche Voraussetzung – boten doch nur Stoff worin Goethe sich und seine Richtung auslebte, waren nur fremdsprachige Medien Goethischen Geistes.

Eine vierte Gruppe von Übertragungen endlich diente wesentlich der Einführung des fremden Geistes, oder wenigstens dem Hinweis darauf, und nur hier fühlte sich Goethe weniger als Bearbeiter denn als Dolmetsch, Interpret, ja Impresario. Diese stammen alle aus seiner späteren Zeit, und eigentlich nur sie gehören zu seiner bewußt weltliterarischen Tätigkeit. In den andren ist er Schüler, Sprachbildner, Benutzer, unverantwortlich (wenn auch gewissenhaft) gegenüber dem fremden Gebilde, nur hier übersetzt er nicht um seinetwillen, sondern um des Fremden willen, freilich auch hier nicht als Diener am fremden Wort wie Luther, Voß, Schlegel, sondern als sein Herr, als sein Gönner, der künftigen Fachübersetzern rasche Winke gibt was und wie sie etwa zur Erweiterung der Weltliteratur dolmetschen könnten. Dahin gehören fast alle Übersetzungen aus seinem Alter, im Anhang zum Westöstlichen Divan, die Proben aus Byron, Manzoni und der übrigen Weltliteratur.

Niemals ist Goethe ein Übersetzer gewesen der sich in das fremde Original bis zur Selbstaufgabe eingetaucht hat, der hineingekrochen ist, um von innen heraus eins mit ihm zu werden oder auch nur sich mit ihm zu vermählen, wie Schlegel, oder um ganz in seinem Dienste sich zu vergessen, mit wie großem Eigensinn er auch die Arbeit leiste, wie Luther. Übersetzen war für Goethe immer nur eine beiläufige Aufgabe und stand stets im Dienst einer eignen produktiven oder belehrenden Hauptpflicht. Und alle Goethischen Übersetzungen lesen sich zunächst als Goethische Werke mit den eigentümlichen Zeichen des jeweiligen Goethischen Stils — Jugend-, Mannes- oder Altersstils — so daß wer es nicht wüßte Herkunft und Sonderart der Originale nicht ohne weiteres erkennen könnte.

Goethe unterschied drei Arten dichterischer Übersetzungen: die prosaische, welche einfach den fremden Inhalt bekannt macht, die parodistische, welche ihn mit eignem Sinn wieder darzustellen bemüht ist, und die wo man die Übersetzung dem Original auch der Form nach identisch machen möchte. Seine Übersetzungen hat er wohl der dritten Art beizählen wollen, aber auch hier gibt es Grade, je nachdem man den Begriff der Form die man eindeutschen will äußerlicher oder innerlicher faßt. Die äußere Form, d. h. die Metrik, und den Gedanken- oder Bildinhalt, hat Goethe wiedergeben wollen, aber nicht die innere Rhythmik, den Tonfall jedes Verses bis ins Einzelne hinein. Er überblickte einen Vers, eine Strophe, einen Abschnitt, nahm aus einer gewissen Distanz das Ganze seines Inhalts auf und formte diesen in Goethische Sprache um, ohne innerhalb dieser Einheiten

DRITTER TEIL: ENTSAGUNG UND VOLLENDUNG

noch nach Unter- und Nebentönen zu lauschen. „Beim Übersetzen muß man sich nur ja nicht in unmittelbaren Kampf mit der fremden Sprache einlassen. Man muß bis an das Unübersetzbare herangehen und dieses respektieren". Diese Lehre, die Goethe gegen den Kanzler Müller ausspricht, ist richtig und gilt für jeden Übersetzer: nur ist die Grenze zwischen Übersetzbarem und Unübersetzbarem jeder Sprache nicht ein für allemal gegeben, sondern wechselt mit den verschiedenen Sprachzeitaltern, genau wie das Sagbare und das Unsagbare selbst, da jedes neue Zeitalter einen neuen bisher unausdrückbaren Lebensgehalt in den Sagbereich des Geistes heraufhebt — das gehört ja zum Begriff des „Zeitalters". So haben in unsren Tagen Nietzsche und Stefan George in deutscher Sprache Dinge sagbar gemacht die zu Goethes Zeit noch im sprachlosen Chaos ruhten, und damit auch in fremden Sprachen die Grenzen des Unübersetzbaren weiter zurückgeschoben als sie damals lagen.

Übrigens hat Goethe selbst schon als Übersetzer vor der zu seiner Zeit durch Schlegel bereits erreichten Grenze des Unübersetzbaren halt gemacht, nicht aus Mangel an Sprachgewalt, sondern aus Absicht, weil er nur Winke und Skizzen, keine durchgeführten Umdichtungen geben wollte und es vorzog über die fremden Vorlagen Goethisch zu phantasieren. Nur so war es ihm ja auch möglich auf Grund fremder oder sogar deutscher Bearbeitungen, bei Unkenntnis der Ursprache, so meisterliche halb exotische, halb Goethische Annäherungen an ein Original zu schaffen, wie z. B. die Stücke aus dem Moallakat im Anhang des Divan. Wo er aber die fremde Sprache kannte, und nicht nur skizzenhafte, sondern ausgeführte Übersetzungen geben wollte, wie bei Tancred, Mahomet, Cellini und Rameau, da „übersetzte" er das Original in seinen Tonfall, Stil, selbst in das ihm gemäße Metrum. Wir haben so einige halbgoethische Werke erhalten, zu denen er selbst nicht den Stoff zu bringen und zu gestalten brauchte, sondern nur die Sprache als sinnliches Element. Wie er bei dieser Arbeit im einzelnen verfuhr, kann hier ergiebig nicht gezeigt werden und bleibe einer eigenen Untersuchung aufgespart, von der hier nur das Ergebnis festgestellt wird. Alles in allem hat Goethe unmittelbar als Übersetzer keine Epoche gemacht, wenn er auch mittelbar die Sprache bereitet hat in der die epochemachenden Übersetzer seines Zeitalters, Voß und Schlegel, wirken konnten. Er ist als Dolmetsch der Schüler Herders geblieben, und seine Verdeutschungen ziehen ihren Wert nicht so sehr aus ihrer übersetzerischen Treue (wie die Schlegels) als aus ihrer Goethischen Eigenart. Auch war er zu sehr Urgeist, als daß das Übersetzen selbst in seinem Leben eine entscheidende Bedeutung gewonnen hätte: es war für ihn ein Dichten dritten Grades, ein Sprechen aus vorgegebnem Gehalt, oder eine Nebenpflicht seiner weltliterarischen Stellung.

MARIENBADER ELEGIE

WIR wenden uns von dem Blick auf den weltliterarischen Horizont Goethes wieder zurück zu der Mitte auch seines fernsten Betrachtens, dem lebendigen Herzen, aus dem all sein Wissen kam und von dem es seinen Wert, oder auch seinen Unwert, empfing. Zweimal haben wir im Divan die Welt seines Geistes von dem erschütterten Herzen aus bedroht und wiedergesichert gesehen. Zweimal hat er die Trauer oder das Entzücken welches ihm die Lichtwelt zu verschlingen drohte mit dem Geist in das Licht gebannt: „Selige Sehnsucht" und „Wiederfinden". Zweimal zog er aus der Krisis selbst die Kraft sie zu heilen. Ein drittes Mal wankte das All seines Alters unter dem Ansturm des Eros, und diesmal meinte er wenigstens einen Augenblick lang seinen Untergang zu erleben: „Mir ist das All, ich bin mir selbst verloren" — ein schmerzliches Bekenntnis bei jedem Menschen, ein erschütterndes bei einem dessen All und dessen Selbst Goethe war. Auch diesmal ist All und Selbst gerettet worden, aber jenem Augenblick da Eros den Weltbesitzer noch einmal so überwältigte, daß er meinte zu vergehen wie der Jüngling Werther, da die unermeßlichen Reiche die er erobert und geordnet wähnte, ihm nichtig wurden durch die Verweigerung eines Mädchens, da ihm Weisheit schal wurde und Kunst vergeblich, da die brennende Abschiedsstunde ihm sechzig Jahre des fruchtbarsten Wirkens und eine Ewigkeit der Schau verzehrte wie Plunder, da er umsonst gelebt und umsonst entsagt zu haben schien, weil ihm das Eine nicht erfüllt ward, da er die Leere um so tiefer empfand, je tiefer er die Fülle seiner zurücksinkenden Welt begriffen, da ihm nichts geblieben war als das allausfüllende Gefühl des Verlustes und der Drang es zu künden — seiner Sehnsucht nach dem All, der Jugend, der Geliebten als einem überschwenglichen Besitz mitten im überschwenglichen Verlust, dem geistig hellen Bild des höchsten Gutes und dem flammend-dunklen Abgrund der Qual verdanken wir das Wunder der deutschen Lyrik, die Marienbader Elegie.

Ulrike von Levetzow selbst, die der Anlaß dieses Gedichts geworden ist, hatte Goethe zum letztenmal in seiner Alters-jugend das Schöne mit menschlichem Liebreiz sehnsucht-weckend verkörpert und war unerreichbar geblieben, wie die Lotte seiner Werther-jahre. Aber während dem jungen Goethe das ganze Leben noch offen lag, die Leidenschaft das welterneuernde, welteröffnende Schicksal sein konnte und der Abschied nur einen Traum seiner Jugend, der ihm kurze Zeit die Welt verklärt und erfüllt hatte, zerstörte, wußte der greise Goethe daß Ulrike sein letzter Traum sei, und daß mit ihr zugleich alles was sie ihm noch einmal geweckt, gewesen, ersetzt, verherrlicht, gesteigert hatte, von ihm scheide: nicht nur ein begehrenswertes Frauenbild, nein die wieder aufgeglühte, dichterisch beginnliche Welt, das Leben aus Gottes Schöpfung jenseits aller Weisheit, und diesmal endgültig, die Jugend. Die Begegnung mit Ulrike hatte ihn nochmals jung erhoben über den kühlen Kreis von Ordnungen und Sammlungen womit er sich schon notgedrungen weise abgefunden hatte. Diese seine Alterswelt hatte sie ihm zugleich ersetzt, und solange sie da war, entwertet. Nun ging sie, und in die Lücke die ihr Scheiden gerissen konnte seine „Welt" nicht wieder gleichwertig eintreten. Aus dem Willen Ulrike und was sie ihm war festzuhalten, zurückzurufen, und dem Wissen von der Unmöglichkeit sich in seiner fertigen Welt, in seiner Weisheit wieder zurechtzufinden, aus dem herzzerreißenden Hinundher zwischen der verlorenen Geliebten und dem nicht wieder genügenden All ist die Marienbader Elegie entstanden. Sie ist, wie ihr Gattungstitel sagt, ein Klage-gedicht, das von einem gegebenen Augenblick aus rings-umschaut, zurück nach der entschwundenen oder gerade Entschwindenden mit ihren Gaben, Zaubern, Bildern, und voraus zu des Dichters nun „übriger", an sich so reicher, jetzt so armer Welt.

Der Augenblick ist der Abschied selbst, die Stunde nach dem Abschied: von ihr dringt er zurück in die letzten Segnungen, kostet erinnernd das Glück der Gemeinschaft mit tiefen Atemzügen durch, durchmißt den Weg seiner Liebe vom Empfang bis zum Abschiedskuß, und nun, bei diesem Erinnern wieder angelangt, dadurch in die Gegenwart zurückgeführt, aus der ihn lindernd das Erinnern selbst schon entrücken wollte, sinkt er wieder in die schmerzliche Öde zurück. Um aus ihr sich zu erheben, schaut er umher was ihm geblieben „Ist denn die Welt nicht übrig?" Die Natur, in deren Freundesbrust er immer Trost und Rat gefunden, ist noch da, Felder, Berge, Matten, Flüsse, Himmel. Er wendet den Blick empor und verliert sich in der Betrachtung der Wolkenformen. Aber die Seele, erfüllt mit dem Bild der Geliebten, überwältigt den Geist des Natursehers.. was ihn sollte vergessen machen mahnt ihn erst recht an das Verlorne: im Ätherduft sieht er sie, nur immer wieder sie, und die Natur, die ihn von ihr wegführen sollte, führt ihn zurück zu ihr, das Andre wird erst recht zu ihrem Gleichnis, aus jeder Lücke drängt sie wieder ein, und so kehrt er, unentrinnbar von ihr besessen, wieder ganz vom Gleichnis, vom „Luftgebild" zu ihr ins Innere seines ihr gewidmeten Herzens: „Ins Herz zurück, dort wirst du's besser finden".

Dort ist es nicht mehr ihr wechselndes, fließendes Bild, es ist ihre unvergängliche Wirkung, was er sucht, worein er sich bebend, betend ausbreitet, um darin vielleicht nicht nur zeitliche Linderung, sondern ewiges Heil zu finden. Die Geliebte ist mehr als ein berückendes Geschöpf, mehr als eine sichtbare Bezauberung, sie ist — er hat's an sich erfahren — Botin, ja Wirkung des Göttlichen: indem er sie vergottet, sie anbetet, sich ihr in schmerzlich süßer Frommheit unterwirft, eingedenk der beseelenden, befreienden, entstarrenden, entselbstenden, lösenden, erlösenden Kräfte womit sie ihn angestrahlt, erwartet er von ihr auch die Erhebung aus der gegenwärtigen Öde. Sie hat ihn rein, dankbar, fromm, der seligen Höhe teilhaft gemacht durch ihre Gegenwart, ihr Anhauch soll ihn gläubig machen, werkfroh, lebenswillig:

> Es ist als ob sie sagte, Stund um Stunde
> Wird uns das Leben freundlich dargeboten.

Nicht nachtrauern, nicht voraussorgen — all die feste Goethische Lebensweisheit zwingt er sich bewältigt vom Schmerz heran, er will sie aus ihrem Bild erneuern, er will der alte weise Goethe wieder werden und sie soll ihn dazu machen, aus ihrem Mund soll ihm die Mahnung kommen, er selbst zu sein: „es ist als ob sie sagte".

Doch es ist nur „als ob": abermals versagt das Heilmittel. Wie das erste, der Rückblick, wie das zweite, die Naturschau, versinkt auch das dritte, die Erhebung hoffnungslos in dem allgegenwärtigen Schmerz des Verlustes. Dreimal will er aus dieser Qual der Gegenwart, des tödlichen Augenblicks sich erheben, entfliehen in die Zeit, in den Raum, in die Ewigkeit, sich aus dem Drang des Gefühls lindernd ausbreiten in Weite und Ferne durch Betrachtung und Weisheit und Wille, einmal durch Rückschau auf sein Glück, einmal durch Umschau in seine Natur und einmal durch Aufschau zu seinem auch von der Geliebten verwirklichten Gott, und dreimal wird er nur tiefer auf sich zurückgeführt, auf sein Ich, das verloren hat und auf sie, die er nicht gewonnen hat. Dreimal kämpft seine Weisheit mit all ihren Waffen, diesen immer bewährten Waffen — der erlösenden Bildkraft seiner Erinnerung, der beruhigenden Schaukraft seiner Naturforschung und der erhebenden Glaubenskraft seines Gottwissens — gegen die Gewalt des Allerschütterers, Allzerstörers Eros und dreimal sinken sie ihm stumpf, wehrlos und wertlos aus der Hand: dreimal ist die Leidenschaft stärker als die Weisheit, der Verlust unermeßlicher als der Besitz, der schmerzliche Augenblick wirklicher als die heilige Ewigkeit. Mit einer hemmungslosen Unterwerfung der Weisheit unter den Schmerz, mit einer bedingungslosen Anerkennung seiner Allmacht, und mit einer trostlosen Hingabe des Allbesitzers an den Allberauber endet der Kampf. Seine Weisheit dient noch und nur dazu das Trümmerfeld zu überschauen, und sich selbst hell und grausam, mitten in Tränen, Öde und Sehnen, zu bekennen was er besaß und was er verlor: den weiten Wert der eingebüßten Welt, und sein nächstes Glück.

Beraubt ist er, aber nicht gebrochen, verödet, aber nicht verbittert, und vor allem nicht erblindet. Die Welt soll es nicht entgelten daß er sie verlor, und den Freunden vermacht der Scheidende ihre volle Herrlichkeit, wie er sie begriffen. Auch der grausame Schmerz macht ihn nicht zum Hasser und Flucher, und auch der beraubte Goethe ist noch reich und noch fromm genug um zu segnen. In demselben Augenblick da er zu seinem Leben nein sagen muß sagt er zu der erlebten Welt dennoch ja, und die Leidenschaft, die er besiegen wollte und als Sieger über seine Weisheit anerkennt, verherrlicht er mitten im Untergang, durch diese Weisheit selbst. Die Größe des Opfers das er dem dunklen Gotte bringt steigert für ihn und uns diesen Gott selbst. Wenn das Opfer erschütternd und zerreißend ist, so erhebt Goethes dennoch segnender Abschiedsblick auf Opfer und Altar seine Weisheit auf die Höhe seiner Leidenschaft, und so tief das Leid ist so erhaben ist der Geist der es mit solcher Gesinnung trägt. Die Spannung die im Gedicht als unheilbar ausgesprochen wird löst sich durch das Gedicht selbst. Darum begreifen wir die zärtliche Liebe die Goethe nachher für die Marienbader Elegie empfand: sie war ihm das heilige Versöhnungszeichen daß er sich nicht verloren hatte, aber freilich ohne das Erlebnis des Welt- und Selbstverlustes hätte sie nie entstehen können.

Der Kampf zwischen Leidenschaft und Weisheit, zerstörendem Augenblick und gefährdeter Ewigkeit, Sehnsucht nach der Geliebten und Besitz der Welt, der den Bau und Gang des Ganzen bestimmt, das dreimalige Hin und Her von der Geliebten weg und zu ihr zurück, bis schließlich der Schmerz um sie und durch sie siegt und bleibt, als Abschluß, aber nicht als Erfüllung — dies Hin und Her setzt sich auch in die äußere Form der Elegie fort. Eine feierlich kunstvolle, den dekorativ zeremoniösen Ottaverime verwandte Strophe sollte auch hier die Flut von Gefühlen dämmen und binden: aber sie ist hier entspannter, gleich als wenn die spontane Macht des bewegten Gefühls sich durchgesetzt hätte gegen die strengere Fessel die Goethes gewaltsam künstliche und künstlerische Weisheit ihr anlegen wollte. Die gewaltsame äußere Beherrschtheit und eine unbezwingbare innere Wallung, der Wille des alten weisen Goethe sich zu fassen, nicht auszubrechen und zusammenzubrechen, und der brennende Drang des Liebenden halten sich in der Strophenform das Gleichgewicht. Das Übergreifen von Sätzen in die nächste Strophe ist ein Sieg des ausbrechenden Gefühles über die zusammenhaltende Weisheit, das Fluten der unendlichen Bewegung über das enge Gefäß, worin der Weise und Bildner sie fassen wollte. Selbst der Strophenbau wiederholt durch seine Reimverschlingung im kleinen was der Bau der Elegie im großen zeigt: ein Fliehen, ein Ergreifen und Wieder-fliehen und Wieder-ergreifen und zuletzt ein endgültiges Verlieren: mehrmaliges Auf und Ab und schließliches Vorbei das beides erledigt. Wie das Gedicht das einzige ist (vielleicht außer „Warum gabst du uns die tiefen Blicke") das die Spannung, den Kampf, den ungelösten Widerstreit selbst ausdrückt und festhält (statt wie die andren Gedichte Goethes den Augenblick in die Ewigkeit auszudehnen oder die Ewigkeit in den Augenblick zu füllen) so ist es auch in der Sprachbehandlung einzig durch die immer wieder vorbrechende Schöpferfrische des Augenblicks, der Sprache erst erschafft, und die altfeste Meisterschaft, die wägend weise Distanz, die Sprache schon besitzt und anwendet. Auch hier ringen Gefühl und Weisheit miteinander. Dem Gefühl genügt für seine junge schöpferische Wallung keine der hohen, fernen Formeln mehr, und die Weisheit möchte sich nicht überwältigen lassen durch die andrängende Gewalt. So ist dieser rührende Stil entstanden, der die Elemente von Goethes Jugend — der alles hereinziehenden und kühn-mischenden, wahllos und unbewußt, aber instinktiv stilsicher verschmelzenden — vereint mit der wählerischen, kargeren, vorsichtigeren, langsameren, gleichsam tastenden und prüfenden, mehr von oben als von innen kommenden Diktion seines Alters. Leidenschaftlicher Ausbruch des Alleingelassenen und erhabenes Sichzusammennehmen nach außen wechseln miteinander, inniges Ausströmen, Selbstbeschwichtigung und große Abwehr der unwürdigen Qual, schmerzlich weises, fast schmerzverzerrtes Lächeln erzwungener Heiterkeit mit Tränen in den Augen und halberstickter Stimme, süß-selbstvergessenes Weinen, Klagen, Beten, bitter-selbstbeherrschtes Erläutern, Entschuldigen, Überblicken und dann wieder das ergreifende fast verlegene Stammeln zwischen Verzweiflung und Würde, zwischen Selbstaufgabe und Selbstbewußtsein. Aus der Notwendigkeit mit den Sprachformeln, dem Tempo und der Distanz der Goethischen Altersweisheit die überwältigende Gefühlsspannung eines jugendlichen Zustandes auszudrücken ist der Stil der Marienbader Elegie entstanden: er vereinigt die quellende Bewegtheit, die aus dem inspirierten Augenblick schöpfende Spontaneität, das innere Schwingen seiner Jugendlyrik mit der erhabenen Ferne und Weite, der überwölbenden Klarheit seines Alters, die flaumig webende Morgenfrische mit der transparenten dunkel-reinen Glut und Kühle des Abends, wie kein zweites Werk der Weltliteratur, vielleicht die Abschiedsrede Prosperos ausgenommen. Aber einzig ist die menschliche Haltung die hier Sprache geworden ist, die bebend-keusche Würde und gelöste Innigkeit, die heilige

Götterhöhe ganz durchtränkt mit menschlicher, ja kindlicher Süße des Gefühls.

Daß Gott ihm zu sagen gab was er in dem Kampf zwischen Leben und Tod gelitten hat, mag Goethe auch diesmal wieder geheilt haben, aber nach der Heilung konnte er nur mit Schauder auf diesen Zustand zurücksehen, wenn auch mit tiefer Zärtlichkeit auf seine Frucht. Freilich, sein letztes Wort durfte dies liebste Wort nicht bleiben, und er wollte nicht zu diesem Gipfel der Weisheit gelangt sein, um mit einem Wertherischen Bekenntnis zu schließen: „Mir ist das All, ich bin mir selbst verloren". Auch nicht in der Dichtung sollte der grausamste Augenblick als der endgültige dastehn, nachdem er im Leben durch Natur oder Wunder überstanden war. Goethe ertrug keine Tragödien mehr, und die Elegie, für sich betrachtet, umschloß eine Tragödie. Das Bedürfnis nach einem versöhnenden Abschluß, der in jenem Augenblick ihm unmöglich schien, drängte sich ihm auf, als er nach der Genesung, die er kaum erhofft, das tragische Gedicht las, und die Genesung selbst schien ihm recht zu geben. Das poetische Motiv zu dem versöhnenden Ausklang fand er in der Linderung die ihm das Klavierspiel der Madame Szymanowska während der Krise gebracht, als sein ganzes Wesen durch die Erschütterung gelockert und für zerstörende wie für heilende Einflüsse empfänglich war. Aus der linden Rührung in die sich die wogende Leidenschaft unter der Musik und dem weiblichen Atem der schönen Polin allmählich, fast unmerklich auflöste, aus dem Übergang von düstrer Glut zu sanfter Wärme, von Spannung zu Milde, von Qual zu Schwäche, und von furchtbarer Einsicht zu weicher Weisheit, sind die beiden Genesungsstrophen entstanden die als Ausklang der Elegie angehängt sind. Man mag sie als Versöhnung seelisch begreifen und begrüßen, wenngleich sie künstlerisch nach der Elegie, die aus tieferer und höherer Welt kommt, eine Abschwächung sind.

Noch einen Grad ferner von dem Erlebnis der Elegie, und nicht nur Genesender, sondern schon völlig Wiederhergestellter, wieder ganz Herr seiner kühlen Weisheit und fähig selbst diese Krise von weitem zu beschauen wie die ferne Wertherkrise (diese blieb ihm immer noch das Sinnbild des „pathologischen Zustandes", der zerrüttenden Liebesleidenschaft schlechthin) war Goethe, als das Jubiläum seines Werther ihm durch einen sinnigen Zufall die ein Halbjahrhundert getrennten unglücklichen Lieben, die einzigen in denen Tod und Leben um ihn kämpften, vor seinem Geiste zusammenrückte. Das Gedicht das er zur Feier dieses Jubiläums, und mehr noch dieses Zufalls, verfaßt und dann als Einleitung vor die Elegie und ihren Ausklang gestellt hat, ist nicht mehr aus der Leidenschaft, sondern

aus der Weisheit geboren, eine poetische Betrachtung des Geretteten über
das Wesen und die Zeichen der Leidenschaft von sicherer Ferne aus, wie
sie freilich nur dem möglich war der tief in ihr gelebt hat und an ihr fast
zugrunde gegangen wäre. Das Gedicht an Werthers Schatten ist der er‑
klärende, kühl deutende Prolog zu der Tragödie die in der Elegie sich
abspielt und in der „Aussöhnung" verklärt nachzittert. Der Prolog selbst
setzt die Tragödie als ein Außerhalb voraus, er gehört nicht zu ihr, und
gewiß ist das Gedicht an Werthers Schatten so weise wie die Elegie tragisch,
die Aussöhnung empfindsam ist: dieser Gegensatz der drei Tonarten, die
Umlagerung der Elegie mit blasseren und dünnern Vor‑ und Nachklängen
steigert ihre Gewalt womöglich noch, wie die Folie den Glanz des Ge‑
schmeides. Indem Goethe die Elegie zur Mitte einer Trilogie machte, deren
Nebenteile ihr als Folie dienen, hat er künstlerisch ihre Wirkung erhöht
und dabei doch sein seelisches Bedürfnis nach Aufhebung der ausschlies‑
senden Tragik befriedigt: der tragische Augenblick sollte mit aller Kraft
wirken, aber er sollte nicht allein und nicht das letzte Wort sein.

Freilich, auch die beschauliche Einleitung verrät nicht nur den Beobachter,
sondern das Opfer der tragischen Leidenschaft, und es ist ein Vers darin
der — so unscheinbar und fast ironisch heiter er hingesetzt wirkt — in Goe‑
thes Mund ein fast erschreckendes Zeugnis für die gegenwärtige Tiefe seines
Leidens am Leben ist, unmittelbarer als die noch so durchempfundene Symp‑
tomatik vergangener Leiden.

Zum Bleiben ich, zum Scheiden du erkoren,
Gingst du voran — und hast nicht viel verloren.

Wenn der unbedingte Verherrlicher des Lebens seinem Werther diesen
Trost nachruft, so läßt es ermessen bis zu welcher Unerträglichkeit seine
Tragik gestiegen war, um zu solchem — nicht Ausbruch, sondern Urteil
zu kommen. Doch sein letztes Wort war weder die Tragik der Elegie selbst,
noch die tragische Ironie des Prologs über die Leidenschaft, wenngleich es
vielleicht dieser letzten Tragik bedurfte, um ihm den ganzen Wert seines
gefährdeten Daseins noch einmal ins Gefühl zu rufen. Auch die Tiefe
dieses Schmerzes gehörte zu den Gütern seines Daseins und ihr dankte Er,
nicht nur wir, seinen letzten und höchsten lyrischen Ertrag.

Beinah alles was noch folgt ist stille, fast starre, weil gesicherte Betrach‑
tung und Nutzanwendung, oder derb‑kräftiges Zu‑ und Abwinken aus der
Höhe. Nur die Spätsommertage in Dornburg 1828 gönnten Goethe noch
eine lyrische Nachlese, gediehn aus stiller Gartenruh, herbstlicher Einsam‑
keit, gerührtem Rückblick über das Ganze seines bald endgültig abgeschlos‑
senen Lebens und feierlichem Vorblick auf den Heimgang ins Unerforschte.

doch Willkommene. Auch hier dringt Stimmung und Rührung sprachlich nicht mehr ganz durch die Formeln der Betrachtung: Gedachtes und Gefühltes, Gesagtes und Gesungenes mischen sich darin ohne zu verschmelzen. Das bedeutendste darunter ist das visionäre Gedicht Der Bräutigam, aus milder Sehnsucht nach der Geliebten und seliger Entrücktheit geboren: es ist nicht mehr leidenschaftlich, aber auch nicht rein beschaulich, sondern läßt die Wallung des Herzens und die weise Überschau in eine sanft bewegte Feier der Seele einklingen. Der Schlußvers erhebt sich, beinah unvermittelt, über den Anlaß des Gedichtes und über das persönliche Bekenntnis zu dem Weihewort womit Goethe wohl alle seine Bekenntnisse ausläuten durfte: „Wie es auch sei, das Leben es ist gut." Das ist einer der Goethischen Verse in denen die Essenz weiter Lebensräume zusammengedrängt ist und die, aus einem vielleicht gleichgültigen Anlaß und Zusammenhang herausbrechend, uns als Symbola des Goethischen Gesamtdaseins ergreifen — Zaubersprüche die den Wunderberg mit all seinen Schätzen plötzlich öffnen.

WILHELM MEISTERS WANDERJAHRE

„WILHELM Meisters Wanderjahre oder die Entsagenden" ist weit mehr ein Weisheitsbuch als eine Dichtung und nur sehr bedingt als eine Fortsetzung der Lehrjahre anzusehen, wenigstens in einem andren Sinn wie der zweite Teil des Faust Fortsetzung des ersten Teils ist. Im zweiten Teil Faust wird noch immer das Geschehen, die Bilderreihe und der Gedankenkreis dichterisch gespeist von der Hauptgestalt und diese mit all ihren Konflikten ist noch, wenn auch durch neue Welt geführt und gewandelt, der Ausdruck des Gehaltes aus dem der erste Teil konzipiert wurde, nur daß sich um jenen ursprünglichen, verdeckten aber nicht verlorenen Kern neue Gehaltmassen angeschichtet haben. Doch Wilhelm Meister und was noch aus den Lehrjahren in die Wanderjahre hereinspielt, namentlich die lenkende Gesellschaft und ihr Erziehungsplan, ist für die Wanderjahre, für den Lebensgehalt um dessentwillen die Wanderjahre geschrieben sind, nicht mehr wesentlich und nur ein technischer Vorwand um diesen eigentlichen Lebensgehalt bequem zur Sprache zu bringen. Welches war dieser eigentliche Sinn, Grund und Gehalt der Wanderjahre und, wenn er nicht dichterisch aus den Lehrjahren sich entwickelte wie Faust II aus Faust I — warum knüpfte Goethe an den Bildungsroman an? Was wollte Goethe mit den Wanderjahren sagen, und konnte er es nur durch Fortsetzung der Lehrjahre sagen?

Bei den Wanderjahren ist zunächst deutlich daß es kein einheitlich aus

einer Mitte durch eine oder mehrere Schichten hindurchwirkendes, sondern
ein zusammengesetztes, nicht nur dem Stoff, sondern selbst der Form, der
Gattung nach vielfältiges Gebilde ist: ein Sammelwerk sehr verschiedener
lose durch einen Begriff verbundener, kaum durch Anschauung oder Stim‑
mung vereinigter und ausgeglichener Elemente: das Werk umschließt eine
(an die letzten Teile der Lehrjahre anknüpfende) Romanhandlung, welche
als Rahmenhandlung geführt ist, etliche Novellen, eine Utopie, mehrere
platonische Dialoge und fachmännische Abhandlungen, mehrere Apho‑
rismenreihen und Balladen oder Lehrgedichte, und zwar alles dies fast selb‑
ständig, nicht unlösbar oder unentbehrlich in die Gesamthandlung einge‑
arbeitet — wie etwa die Mignonlieder und die Shakespeare-reden in der
Lehrjahre, oder die Geschichte der wunderlichen Nachbarskinder in die
Wahlverwandtschaften, als Träger oder Gegenbilder oder Steigerungen des
einheitlichen Grundthemas. In den Wanderjahren finden sich nur gedank‑
lich, von außen her und nachträglich miteinander verknüpft, bei unbe‑
kümmerter Sichtbarkeit, ja sogar läßlicher Erklärung der Nähte, Werke so
verschiedener Gattungen wie etwa die Unterhaltungen deutscher Ausge‑
wanderter, die Reise der Söhne Megaprazons, der Sammler und die Seinigen,
die Noten zum Cellini, die Maximen und Reflexionen, die Lehrjahre selbst,
von den Gedichten zu schweigen. Dabei ist das eigentliche Romangeschehen
offenbar nicht mehr Zweck und Ursprung, sondern Mittel auch derjenigen
Teile die wenigstens scheinbar noch als Fortsetzung der Lehrjahre gemeint
sind: überall strebt Goethe über die Handlung hinaus zur Lehre, über die
Anschauung hinaus zur Deutung, und auch da wo sich die Lehre noch
nicht selbständig abgelöst hat zu Abhandlungen und Aphorismen, bricht
sie durch die Situationen als sententiöser Dialog, durch die Charaktere als
ausgesprochene Motivierung und durch die Handlung als Nutzanwendung
ad lectores hindurch. So verschieden die einzelnen Teile des Werkes unter
sich ihrer Gattung und ihrem Ursprung nach sein mögen, sie streben alle
ohne Ausnahme von dem Gefühl, der Anschauung, der Bildgestaltung weg
zur reinen begrifflich formulierbaren Lehre, und ihre Ursprungs‑ oder Gat‑
tungsunterschiede stammen aus dem verschiedenen Grad ihrer Sublimie‑
rung zum Gedanken. Einige sind noch im Gefühl, andre noch im Bild ver‑
haftet und nur ihre Enden ragen bereits ins reine Licht der Lehre, während
bei einigen die Loslösung des Geistes vom Gefühls‑ oder Sinnengrunde
völlig erfolgt ist. Am dichtesten Gefühl und Bild ist die Novelle Der
Mann von fünfzig Jahren, am reinsten Lehre sind die aphoristischen An‑
hänge. In jener ist als eine typische Erfahrung erzählt was dann in der
Marienbader Elegie sich als einmaliges Erlebnis aussingt: der Liebes‑

kampf zwischen Jugend und Alter, die Tragik des Alterns überhaupt . . in diesen ist der letztgeklärte Auszug aus Goethes siebten Erkenntnismassen. Aber Gefühl und Bild sind in der Novelle nicht mehr selbstgenugsam, wie auf Goethes früheren Stufen, sie wollen Weisheit werden und als Lehre wirken.

Man verkennt also die Wanderjahre von vornherein wenn man an sie mit den Ansprüchen herantritt die man an einen Roman stellen muß: spannendes Geschehen, durchgefühlte und anschauliche Gestalten, sinnlich wahrnehmbare Luft, und gefüllter Raum. Sie sind, wenn irrig als Roman betrachtet, nicht nur stofflich, sondern auch technisch langweilig, d. h. verfehlt, denn ein Roman muß, als Erzählung, seiner Gattung nach, für das Publikum, für das Niveau an das er sich wendet, spannend sein: der Hintertreppenroman für die nur stofflichen Leser, der Bildungsroman für die geistigen. Die Lehrjahre sind „spannend", die Wanderjahre, als Erzählung im Ganzen, sind es für keine Schicht, so wenig wie der Staat des Plato, oder die Ästhetische Erziehung von Schiller, wohl aber sind sie belebend wie diese durch ihre Weisheit und wirksam durch ihren Willen. Die Wanderjahre stammen bereits zu ihrem größten Teil dem Stoff, durchgehends aber dem Gehalt nach aus einem Geisteszustand Goethes woraus kein Roman, nur ein Weisheitsbuch hervorgehen konnte: nicht mehr aus Drang des erschütterten Gemüts wie Werther, nicht mehr aus dem Bildnersinn, der sich in sattgeschauter Menschenbreite auslebt wie die Lehrjahre, auch nicht mehr aus dem Willen zur Offenbarung von Gesetzen die am Menschengeschehn zu verdeutlichen sind, wie die Wahlverwandtschaften. Sie kommen aus dem Zweck, über die bloße Erkenntnis hinaus, aus einem erzieherischen Willen jenseits der bloßen Schau, für welchen alle Bilder, Gefühle und selbst Einsichten nur Mittel sind die Wert und Gewicht erst durch ihre Beziehung zu jenem Gesamtzweck empfangen. Jener Zweck, also nicht mehr ein im Werk selbst liegendes Erlebnis pathetischer, sinnlicher, geistiger Art das es auswirkt, sondern ein jenseits des Werks von der Absicht des Dichters gestecktes Ziel zu dem es hinstrebt, auf das es sich bezieht, bildet die Einheit der Wanderjahre.

Unter den Werken Goethes die er als Romane bezeichnet hat sind die Wanderjahre allein nicht nur einigen ihrer Mittel, Folgen und Zeichen, sondern ihrem ganzen Ursprung nach didaktisch, d. h. zweckbestimmt, und nicht nur didaktisch, um Erkenntnisse zu vermitteln, sondern pädagogisch, um mittels dieser Erkenntnisse Wirkungen zu erzielen die außerhalb des ästhetischen Bereichs liegen. Wie ihm alle sinnlichen, die eigentlichen Kunst-inhalte, Bilder, Handlungen, Stimmungen nur als Vermittlung von Erkenntnissen dienen sollen, so werden die Erkenntnisse selbst wieder pädagogischen Zwecken untergeordnet. Die Lehrjahre sind ein Bildungsroman in dem doppelten Sinn, daß sie aus Goethes eignem Bildungsakt entstanden sind und Bildung überhaupt als Gegenstand darstellen. Die Wanderjahre sind ein Erziehungsroman, der nicht nur Erziehung als Bild darstellt, sondern darüber hinaus auch Erziehung bezweckt. Wie in den Lehrjahren sich Erlebnis als Schau, als Weltbild auswirkt, so in den Wanderjahren der Zweck mittels Erkenntnis, die Erkenntnis mittels der Schau: das Ganze ist um eine Stufe weiter ins Bewußte hinaufgerückt. Wenn man nach der Lektüre der Lehrjahre eine Reihe von Vorgängen, Zuständen und merkwürdigen Menschen im Gedächtnis behält die an der Bildung des Helden wirken, so behält man aus den Wanderjahren neben verschwindenden, ja ineinander verschwimmenden Menschenschemen und selten haftenden Situationen hauptsächlich eine Fülle unvergeßlicher Gedanken und Forderungen, Einrichtungen und Tätigkeiten, allenfalls beispielhaft warnender oder mahnender Verwicklungen. Alles in den Wanderjahren ist, über Bild oder Wissen hinaus, zugleich Forderung, Wink, Beispiel.

Das Ziel das Goethe bei allen Teilen der Wanderjahre vor Augen hat ist die Erziehung des Einzelnen, oder vielmehr der Einzelnen, zu brauchbaren Gliedern eines nach erkannten Gesetzen der Natur und des Menschtums geordneten Gemeinwesens. Was ein Gemeinwesen sei und wie es sein solle, was der Mensch seiner Natur nach sei, dürfe, müsse, wie die Menschen ihrer Geschichte nach seien und wie man sie vereinige und lenke, das zu erkennen und zu bestimmen erschien Goethe als Recht und Pflicht des Weisen, und er berührte sich hier mit der Forderung Platos, daß der Staat von Philosophen gelenkt werden müsse, von dem erkennenden, überschauenden, zugleich der Sonderwünsche ledigen Herrschergeist, und wie der Plato der Politeia so traute sich auch der Goethe der Wanderjahre die Eignung für solchen gemeinschafterzieherischen Beruf zu. Freilich hatte er nicht, wie Plato, ein Gemeinwesen unmittelbar vor sich auf das er wirken wollte, und er war nicht wie Plato ein ursprünglich politischer Geist: er ging auch hier, seiner Herkunft nach, von dem Einzelnen zur Gemeinschaft, nicht von der Gemeinschaft zum Einzelnen, und von der Schau zum Willen, nicht umgekehrt. Sein Weg zu einer politischen, d. h. gemeinschaftbildenden Zweckdichtung, zu einer pädagogisch-sozialen Utopie (die noch am Ende seines Lebens eine wenn auch nicht dichterisch so doch gedanklich bei ihm unerhört neue Tendenz ist) läßt sich von den Lehrjahren über die Wahlverwandtschaften bis zu den Wanderjahren verfolgen und erklärt uns zugleich warum diese Politeia Goethes an die Lehrjahre anknüpft, warum sie unter der Form, ja unter dem Vorwand einer Fortsetzung des Bildungsromans erscheint.

Wie aus dem leidenschaftlich drängenden, dämonisch getriebenen und schöpferisch strebenden Goethe der durch Tätigkeit, Schau, Forschung, Erfahrung sich bildende Goethe entstand haben wir betrachtet und die Lehrjahre als den dichterischen Niederschlag dieses Bildungsvorgangs gewertet. Wie Goethe über die Menschenschau und die Schilderung der den Einzelnen unwillkürlich bildenden menschlich gesellschaftlichen Wechselwirkungen zur Erkenntnis der überpersönlichen Natur- und Schicksalsgesetze fortging, haben uns die Wahlverwandtschaften bezeugt. Schon hier ist technisch der Schritt vom geistig-sinnlichen Schauen zum vernünftigen Begreifen getan, gehaltlich der Schritt vom Einzelmenschen, von den bildenden oder bildsamen Personen, zu einem Überpersönlichen. Goethes Erkenntnisbereich, nicht nur sein Blick- und Fühl-bereich, ist in den Wahlverwandtschaften ausgedehnt über die Zustände, Bedingungen, Eigenschaften des Einzelnen und seiner menschlichen Umwelt hinaus. Mit den Lehrjahren konnte Goethe sein Erlebnisproblem, wie sich der Einzelne harmonisch in und durch Umwelt, mit und an Menschen bilde, für erledigt halten, und bald tat sich das neue Problem vor ihm auf: welches sind die in ihm waltenden, aber über ihn hinausreichenden, transzendenten Mächte und Gesetze denen er untersteht? Die Wahlverwandtschaften versuchen darauf die Antwort zu geben. Jene Gesetze werden dort, mit Ehrfurcht und Schauer, aus dem Schmerz und der Lust metaphysischer Erkenntnis heraus, festgestellt, ohne eine Forderung an den Menschen, rein als Wissen: so sind sie, und so ist der Mensch, ob willig oder nicht, ihnen unterworfen, zu Gehorsam, Untergang oder Entsagung. Sie werden dichterisch gezeigt als Muß-gesetze, nicht sittlich gefordert als Soll-gesetze, und die Entsagung des Einzelnen erscheint als ihre Folge, nicht als ihr Gebot.

Hatte Goethe Bild und Bildung der Person, und die überpersönlichen Gesetze und Mächte begriffen (zu welch letzteren auch die unwillkürlichen Anziehungen und Abstoßungen im Zusammenleben der Menschen gehören) so hatte seine Erkenntnis des Lebens keine Schranke mehr. Nach einem halben Menschenalter der Selbstzucht, nach einem weiteren Menschenalter der Weltschau — beide bezeichnet durch Selbst- und Welt-darstellung kraft seines dichterischen Bildnertums — durfte er sich ganz als den Weisen empfinden der die Zusammenhänge überblickt, dessen Selbstbehauptung gesichert, dessen Selbstbildung vollendet war, und der auf Grund seines vollkommenen Wissens sich endlich das Königsrecht erworben hatte, an Gesellschaft, Volk und Menschheit Forderungen zu stellen, nicht für sich — denn er war im Besitz — sondern für sie selbst, damit sie der von ihm und nur von ihm erkannten Norm entsprächen, damit die Notwendigkeit sich als sinnlich wahrnehmbare Wirklichkeit äußere. Denn er sah einerseits die wirkliche Menschenwelt mit ihren Zulänglichkeiten und Unzulänglichkeiten, mit ihren Grenzen und ihren Möglichkeiten, und hatte sie in den Lehrjahren gezeigt.. er sah andrerseits die „ewigen beweglichen Gesetze" in und über dieser Menschenwelt, und von ihnen hatte er in den Wahlverwandtschaften Kunde gegeben. Es war eine Forderung des Sehers Goethe, und zwar des Sehers nach der ästhetischen wie nach der ethischen Seite hin, daß die Kluft überbrückt werde zwischen dem tatsächlichen Menschtum und dem gesetzlichen, daß er sein geistiges Schauen und sein sinnliches vereinigen könne, daß die ewigen Ideen, Forderungen, Gesetze sich im Menschenstoff vergegenwärtigten, verleibten. Der Ausdruck dieser Forderung, die natürliche Folge seiner vollendeten Erden- oder Tatsachenschau und seiner vollendeten Gott- oder Gesetzschau, sind die Wanderjahre. Zwischen Erkenntnis des erkannten Wirklichen und des geforderten Ideals, des Notwendigen, in der Mitte, bewegen sie sich im Möglichen — wie alle echte Erziehung, deren Ziel es ist: aus vorhandenem Material einen aus diesem Material selbst abzuleitenden, von ihm zu fordernden oder mit ihm gegebnen Zweck zu erreichen auf Grund vollkommener Kenntnis des Materials und der Mittel zu diesem Zweck.

Es ist wesentlich für Goethe daß er auch hier vom sinnlichen Material, den wirklichen Menschen ausging, und nicht von einem apriorischen, absoluten Ideal. Erst durch sein eigenes wirkliches Leben war er zur Weltkunde gelangt, erst aus der Menschenkunde hatte er die Bildungsprozesse und die Lebensgesetze abgeleitet, und erst die Kenntnis dieser Gesetze ließ ihn zum Forderer, zum Erzieher werden. Und wie sein Erlebnisweg vom Dränger zum Bildner, vom Seher zum Erzieher, war auch sein künstlerischer: auch die Wanderjahre knüpfen an das bereits vorhandene an: nämlich an das Werk worin er die wirkliche Gesellschaft als Weltbild gezeigt, an die Lehrjahre .. und in gewissem Sinn auch an das worin er die ewigen Gesetze des Menschengeschehens gezeigt, an die Wahlverwandtschaften: denn das Kernstück der Wanderjahre, die pädagogische Utopie, um deretwillen das Ganze geschrieben zu sein scheint, ist geradezu die Ausfaltung der pädagogischen Gedanken des Gehilfen in den Wahlverwandtschaften. Vom Einzelnen ging Goethe aus, aber er konnte nicht mehr sein Ziel, weil nicht mehr sein Problem sein. Also nicht um Wilhelm Meisters willen hätte Goethe sein Erziehungsbuch an den Bildungsroman anzuhängen brauchen, aber um der Gesellschaft willen, welche er zum erstenmal und am ergiebigsten in

DRITTER TEIL: ENTSAGUNG UND VOLLENDUNG

den Lehrjahren dargestellt hatte. Dort hatte er ja bereits das Wirkliche das ihm als Gegenstand und Stoff seiner Forderungen diente ins Licht gesetzt und war so einer Neuerfindung überhoben, konnte geradezu unter Voraussetzung dieser Wirklichkeit und Hinweis auf sie (deren Schilderung ja nicht mehr sein Antrieb und seine Aufgabe bei seiner jetzigen Lebensreife war) seine ganze Kraft der Versinnbildung seiner Forderungen widmen. Die Vorausgabe des Handlungs- und Zustandsbereichs aus den Lehrjahren war bei seinem Zweck an sich schon Kraftersparnis.

Aber noch weitere Vorgaben fand er in den Lehrjahren (wobei wir immer davon ausgehn daß nicht die Fortsetzung der Lehrjahre, sondern die Aufzeichnung seiner Erziehungsweisheit der Hauptzweck der Wanderjahre war, und daß nur die günstigen Vorarbeiten für diesen Zweck welche die Lehrjahre bereits geleistet hatten ihn vermochten sein Erziehungsbuch als deren Fortsetzung zu geben). Das war die geheime Gesellschaft, die den unwillkürlichen Bildungsprozeß Wilhelms als ein bewußtes Erziehungswerk fortsetzte, und die am Ende der Lehrjahre Wilhelm selbst durch Aufschluß ihres Verfahrens und Wegs aus einem Gegenstand ihrer Pläne zum Mitglied, aus einem Zögling zum Eingeweihten, aus einem Lernbedürftigen und Bildungswilligen zu einem gebildeten Lehrfähigen machte. Erst mit dieser Gesellschaft traten ja, wie wir sahen, in den Lehrjahren Vernunft, Bewußtsein und überlegenes Wollen als Erziehungsfaktoren an Wilhelm in Kraft, nachdem er die unwillkürlich bildende Macht der dumpferen Kreise, der Leidenschaften, der Stände und der Berufe durchlaufen hatte. Diese letzte Stufe der Lehrjahre war zu brauchen als Ausgangspunkt, als erste Stufe der Wanderjahre. Freilich nicht um Fortsetzung des Erziehungswerks an Wilhelm handelt es sich dabei. In den Lehrjahren sollte nur nach dem Bildungswert sovieler andrer Faktoren auch der Bildungswert bewußter Menschenlenkung, der Bildungswert der Erziehung, für den Einzelnen dargestellt werden.. in den Wanderjahren war Erziehung kein Mittel der Einzelbildung mehr, sondern der Zweck des Ganzen: und der Einzelne, auch Wilhelm, war zum Mittel geworden um daran die Grundsätze der Erziehung zu zeigen. Ferner boten die Wanderjahre außer Gesellschaft und Erziehern noch einen bequemen Handlungsfaden an den sich alles anreihen ließ: das Wandern. In einem Werk das die Erziehungswerte der Welt durchgehen wollte konnten alle unter der Form des Wanderns nach und nach am ungezwungensten herangeführt werden — wenn denn schon das Erziehungsbuch ein Roman und nicht eine pädagogische Systematik sein, durch anschauliches Geschehen, nicht in Paragraphensätzen belehren sollte.

Goethe hat in seinen letzten Jahren sich einmal Wilhelm von Humboldt gegenüber als einen Mann bezeichnet der in der Mitte eines Kreises stehend nacheinander planmäßig alle Sektoren durchzuarbeiten habe. Die Art wie in den Wanderjahren die verschiedensten Lebenserscheinungen von der Leidenschaft bis zur Handarbeit, von der Religion und Kunst bis zum Spinnen unter dem Gesichtspunkt ihres erzieherischen Werts beachtet werden, und wie unter dem Vorwand einer durch Gelübde oder Geheiß veranlaßten Wanderschaft mehrerer eigens begabter oder berufener Personen die Lebenskreise nacheinander abgereist und in Gesprächen, Sentenzen oder geradezu fachmäßigen Abhandlungen auf ihren geistigen und besonders auf ihren erzieherischen Gehalt hin geprüft werden, erinnert sehr an jenes planmäßige Verfahren. Man weiß nicht, hat Goethe die Wanderer nur da und dorthin geführt, um seine Ansichten über dies oder jenes Lebensgebiet äußern zu können, derart also, daß die Handlung erfunden ist zugunsten pädagogischer Zwecke, oder hat er eine aus Phantasie oder Erlebnis (also nicht aus Theorie) entstandene Handlung als günstige Gelegenheit benutzt, um gleichzeitig die theoretischen, außerdichterischen Sach- und Fachkenntnisse anzubringen die ihm in seinem Alter aufgegangen waren. Denn in jeder Romanhandlung und vollends einem Gesellschafts- und Wanderroman müssen ja Anlässe vorkommen, über Temperamente, Gegenstände, Berufe, Landschaften sich auch theoretisch zu äußern, absehend von dem künstlerischen Platz den sie als Erzählungselemente einnehmen. Goethe hat keinen, aber auch keinen dieser Anlässe versäumt, und die bald ironische, bald feierliche, bald anmutige, bald schwerfällige Art wie er jeden Charakter, jede Begebenheit, jede Landschaft oder Räumlichkeit, jedes Tun oder Lassen, jedes Ding und jedes Schicksal das der Roman heranführt, als Roman, glossiert und bezieht auf den pädagogischen Gedankenkreis in dem er sich bewegte, die oft gar nicht bemäntelte Unterordnung des Gebildes unter die Sentenz, der Charaktere unter ihre Bedeutung, die vom künstlerischen Standpunkt aus unzulässige, weil gestaltungswidrige und illusionstörende Aufdringlichkeit des Wissens und Sagens, die allgegenwärtige Transparenz des Zwecks, das Aus-der-Handlung-herausreden, das Über-die-Figuren-hinweg-blicken macht den Roman als solchen so langweilig. Man fühlt daß dem Dichter selbst Handlung und Figuren nur Zeichen, Mittel, Vorwände sind für Einsichten die ihm mehr am Herzen liegen, und man kann nie mehr Wärme für eine Gestaltung aufbringen als der Dichter selbst dafür aufgebracht hat.

Nun sind, wie schon angedeutet, bei der Viel- und Weitschichtigkeit der Wanderjahre, worin Werke verschiedener Gattungen und Schichten nachträglich aufgereiht sind, nicht ein einheitliches Erlebnis durch verschiedene

Gehaltschichten hindurchgegliedert ist, nicht alle Teile gleich sublimiert, gleich stark auf den außerkünstlerischen Zweck bezogen. Einige tragen noch Spuren der reinen Erfindungs- und Bildnerfreude, und die theoretische Transparenz hat sie noch nicht bis zur Entstaltung aufgelöst, wenn auch schon angeglimmt. Ganz dicht und fest, und darum der Anschauung unvergeßlich eingeprägt, ganz ohne nachhelfenden und desillusionierenden Spruchzettel, wie etwa die Mignon, die Philine und der Harfner aus den Lehrjahren, wie noch die Ottilie aus den Wahlverwandtschaften, ist freilich keine Gestalt der Wanderjahre, oder nur ganz untergeordnete wie Fitz, unter den Frauen allenfalls Hersilie, obwohl auch dieser Typus des munterklugen, launig-lebhaften Mädchens in den eingelegten Novellen bis zur Verwechslung ähnlich wiederkehrt. Ja auch die aus den Lehrjahren übernommenen Gestalten, zumal Wilhelm, Montan-Jarno, Friedrich haben an Plastik und Frische eingebüßt was sie an Beziehungsreichtum und Selbstverdeutlichung gewonnen haben. Und was von den Gestalten gilt das gilt auch von den Begebenheiten: es wird jeder die Erfahrung machen daß ihm selbst nach mehrmaliger Lektüre der Wanderjahre wie die Figuren so auch die Motive sich verwirren: wie die edlen, raschen, verliebten oder weltklugen, leichtsinnigen oder schalkigen Jünglinge, die ehrenfesten, geschäftsklugen, gütig gestrengen, harmlos eiteln und weise eigensinnigen Oheime und Väter, die ausgelassen-liebenswürdigen oder die leidenschaftlich-ernsten Mädchen, die seelenvoll-weisen, helfenden, ratenden, lösenden, tröstenden Frauen, die schönen, halbschuldigen halbunschuldigen Sünderinnen, ja die weltüberschauenden, weltdurchblickenden oder weltentrückten Heiligen, die leisen Dulderinnen und die tüchtigen Helferinnen, so auch die gegenseitigen Verwicklungen, Mißverständnisse, Begierden oder Verzichte, die aus dem Verhältnis oder Mißverhältnis verschiedener Temperamente zueinander, zu ihrem Beruf oder zur Gesellschaft sich ergeben — daß alle diese, in sich so rein und silbrig fein gezeichneten Figuren, Vorgänge, Zustände nach kurzer Zeit im Gedächtnis verblassen oder ineinander von ferne übergehen .. ein Zeichen daß sie nicht gestaltet sondern nur berichtet sind, daß sie nicht aus einer ursprünglich dichterischen Vision stammen, wie die unvergeßlichen unverwechselbaren Dichtergestalten Homers, Shakespeares und Goethes selbst, sondern aus dem Gedanken oder wenigstens einem nicht notwendigerweise durch Menschenbild oder Handlung sich ausdrückenden, nur zufälligerweise an ihnen sich bekundenden, ihrer sich bedienenden Erlebnis.

Der neue nach Inhalt wie Ursprung erörterte pädagogische Zweck: in diesem Werk die Grundlagen einer naturgemäßen, menschenwürdigen und gotthaltigen Gemeinschaft zu zeigen und zu fordern, hebt Goethes früheres Wunsch- und Traumbild (sein „Ideal" — was zugleich die sittliche Wertsetzung und die ästhetische Darstellung bezeichnet): die harmonische Ausbildung des schönguten, des adlig-tüchtigen Einzel-Menschen, das Ideal der Lehrjahre nicht auf, sondern setzt es voraus. Eben weil Darstellung des Einzelmenschen und seiner Bildung zur Vorgeschichte der Wanderjahre gehört, treten runde Charaktere als solche, als unvergleichliche Wesenheiten, hier gar nicht mehr auf, sondern nur ihre der Gemeinschaft zugekehrten Seiten, nur ihre für die Gemeinschaft gültigen Eigenschaften und Handlungen werden gezeigt.. nicht mehr die Auswirkung und Ausstrahlung einmaliger menschlicher Entelechien, nur Beziehungen bestimmter, nicht dargestellter, sondern entweder vorausgesetzter oder beschriebener typischer Seinsarten (wozu selbst die Individuen aus den Lehrjahren hier geworden sind) zu einer überpersönlichen Gesamtidee. Schon aus dem Zweck erklärt sich also der Gestaltenmangel. Der freiwillige oder unfreiwillige Verzicht auf das volle Einzel-Menschentum, den sein Zweck Goethe auferlegte und der Technik und Form der Wanderjahre bestimmt, ist auch ein wesentliches Motiv des Stoffs, d. h. der Handlung, setzt sich aus der Seele des Dichters fort in die Gesinnung seiner Figuren, und drückt sich aus in dem Untertitel „Die Entsagenden". Sämtliche Figuren der Wanderjahre entsagen zugunsten der Gemeinschaft — freiwillig oder gezwungen, aus Einsicht in die Lebensgesetze oder aus Gehorsam gegen höheres, bald begründetes, bald geheimnisvoll kategorisches Gebot, sei es durch Lenkung der eigenen oder der fremden Weisheit oder des Schicksals — dem allseitigen Ausleben ihrer selbstigen „Persönlichkeit" in Leidenschaften, Wünschen und sogar Begabungen: freiwillig nehmen sie von der Gemeinschaft durch deren berechtigte, d. h. einsichtige und selbstlose Vertreter geforderte Pflichten auf sich und machen sich bewußt zu Gliedern dieser Gemeinschaft, indem sie nur dasjenige an sich üben, pflegen und werten wodurch sie unabhängig von ihrem Selbstwert der Gemeinschaft dienen können.

Von der Gemeinschaft allein empfangen sie ihren Wert, der bestimmt wird durch besondre angeborene, anerzogene und nur für die Gemeinschaft ausgebildete Begabung, empfangen sie ihr Tun —' denn nur tätig dienen sie — und ihren Beruf. Der Beruf, d. h. die Beziehung zur Gemeinschaft, wird die Mitte, ja der Ersatz der menschlichen Charaktere und um ihn ordnet sich, nachdem er als Anlage erkannt und als Pflicht gewählt ist, alles Sein, Denken, Handeln, ja Schicksal des Betreffenden, unter Verzicht auf ein außergemeinschaftliches Eigenmenschentum. Die Person entsagt zugunsten des Kreises in den sie sich wissend und willig gestellt. Da wo die Gestal-

DRITTER TEIL: ENTSAGUNG UND VOLLENDUNG

ten der Wahlverwandtschaften aufhören fangen die der Wanderjahre an. In den Wahlverwandtschaften ist die Entsagung ein Natur- und Schicksalsgesetz, spät erkannt und tragisch befolgt. In den Wanderjahren ist sie ein bereits aus den Urmächten herausgetretenes, der menschlichen Formulierung und Kodifizierung, der praktischen Ausdeutung und Anwendung fähig gewordenes Wissen, das nicht mehr Tragik und Leiden, sondern „Denken und Tun" veranlaßt. In den Wahlverwandtschaften kennt nur der Dichter selbst das Gesetz der Entsagung und zeigt es als Schicksal seiner dumpfen, erst zuletzt ahnenden und wissenden Personen. In den Wanderjahren kennen es die Personen und sind infolgedessen — auch das macht den Roman als solchen soviel gleichgültiger — immun gegen das Schicksal, wie dort nur die „Berufsmenschen" (siehe Seite 559). Hier sind alle Hauptpersonen Berufsmenschen, und die Vernunft der beruf-verteilenden Gemeinschaft — in ihren Lenkern und Ordnern verkörpert, ihren Mitgliedern eingeflößt — hebt, als Geist des Schicksals, dieses gewissermaßen auf, spielt oder ersetzt selbst das Schicksal. Auch dadurch werden die Wanderjahre zur „Utopie" daß sie nicht das Wirkliche zeigen, sondern nur das Richtige, wie es aus der geistigen Durchdringung der gesamten Wirklichkeit sich der Erkenntnis, nicht dem Leben offenbart. Nicht das Leben und Geschehen selbst, sondern schon die Deutung des Geschehens kommt in den Figuren und Vorgängen der Wanderjahre zur Geltung, wo sie nicht gar schon als Maxime und Reflexion sich verselbständigt. Überall ist hier dem Leben sein Spruchzettel in den Mund gehängt, das Schicksal durch menschliche Vorsehung, die Charaktere durch Berufungen, die Taten durch Leistungen, die Leiden durch Pflichten ersetzt, und das Geheimnis ist hier nicht mehr, wie in den Wahlverwandtschaften, das Unerforschliche, sondern das Verschwiegene, die Offenbarung nicht mehr das Zeichen oder die Gestalt, sondern der Lehrsatz und die Formel.

Zwar auch jetzt noch erkannte Goethe die unerforschliche Gottheit an, und die Ehrfurcht vor ihr gehörte sogar zu den Grund-sätzen seiner Erziehung: aber in den Wanderjahren (einer Utopie, einer Zukunftszweckdichtung, keinem Mysterium) handelt es sich nicht um die göttlichen Mächte, nur um die menschlicherweise zu erkennenden und für Menschenzwecke anzuwendenden Gesetze des menschlichen Zusammenwirkens, und hier durfte also nichts zur Sprache kommen was nicht vom Zweck des Gesetzgebers zu erreichen und zu beherrschen war. Seine Metaphysik hatte Goethe (um die philosophischen Fachausdrücke hier als verdeutlichendes Gleichnis und nur als solches zu gebrauchen) in den Wahlverwandtschaften dichterisch gekündet; in den Wanderjahren beschränkt er sich auf seine Politik und Ethik, welche zwar von der Metaphysik bestimmt wird und sie stillschweigend voraussetzt, aber sich nur mit ihren menschlichen Folgerungen zu befassen hat. Die Wahlverwandtschaften fordern nicht — weil sie von dem handeln an was nichts zu fordern ist: sie zeigen. Die Wanderjahre, menschlich praktisch orientiert, fordern auf Grund ausgesprochener oder verschwiegener Erkenntnis, mit Hilfe von Gründen, Winken oder Beispielen. Ihre besondre Eigentümlichkeit ist daß auch die leblosen und unvernünftigen Dinge, das Milieu, das sich in den früheren Werken Goethes nur als Stimmung, als Wirkung oder als Schicksalsträger zeigt, jetzt mit der früher niedergelegten Kenntnis seiner Eigenschaften und Einflüsse in die Rechnung des Erziehers gestellt und dem großen Gesamtzweck wägend und prüfend untergeordnet wird. Landschaft, Wohnung, Gerät, Kleidung (in den Lehrjahren, mehr noch in der Theatralischen Sendung lediglich raum-, bild- und stimmungschaffende Elemente .. in den Wahlverwandtschaften Schicksalsträger und Schicksalsleiter, Organe des Verhängnisses .. in Dichtung und Wahrheit wirkende und bildende Kräfte oder Widerstände) sind in den Wanderjahren geradezu bewußt ausgewählte und angewandte Erziehungsmittel: man denke an den lebenbestimmenden Einfluß der Wandbilder in der Flucht nach Ägypten, an das Gespräch des Montan über die Berge als Erzieher, an das Gewicht das auf Kleidung und Hausrat in der pädagogischen Provinz gelegt wird, an die Sorgfalt womit die Bewohner und ihre Räume zusammengesehen werden.

Die Behandlung der leblosen Dinge macht nur am deutlichsten wie sehr die Wanderjahre durchgehends pädagogische Utopie sind, worin alles Geschehene wie Gesehene, Menschliches wie Dingliches, auch bei scheinbar rein poetischer, selbst phantastischer Technik dem praktischen Zweck dient. Die Charaktere die auftreten, so gut in der Haupthandlung wie in den mehr oder minder willkürlich mit ihr verknüpften Einlagen, bilden eine Reihe aller erdenklichen Temperamente, Alters- und Bildungsstufen. Mit dieser Reihe kreuzt sich eine zweite aller erdenklichen inneren Zustände, äußeren Umgebungen, menschlicher Verhältnisse, und aus den Begegnungen der Personen mit Personen, Dingen oder Mächten gewinnt Goethe seine Romanhandlung wie seine pädagogischen Musterbeispiele. Es ließe sich fast ein Schema solcher Begegnungen aufstellen, eine Tafel in deren Quadrate man jeden einzelnen symptomatisch in den Wanderjahren behandelten Fall eintragen könnte, nach der Frage: was entsteht daraus, wenn diese Art Mensch in diese Art Verhältnis gerät? Diese ausgedehnte Symptomatik ist gleichsam eine Vorarbeit zur pädagogischen Provinz (wenn sie auch nicht nur als Vorarbeit entstanden ist) und ermöglicht ihm sich in der Provinz rein auf

Gesetz und Begründung zu beschränken ohne vorbereitende Menschenkunde: auf Ethik und Logik ohne Psychologie. Das gewöhnliche und das richtige Verhalten der verschiedenen Menschensorten in den verschiedenen Lebenslagen, die möglichen Verhältnisse von Kindern zu Eltern, Geschwistern, Verwandten, Erziehern, Fremden, von jungen Menschen zu Freunden, Geliebten, Obern, von Männern zu Geschäfts- und Berufsgenossen, kurz alle Formen der Familie, der beruflichen, gesellschaftlichen und staatlichen Schichtung, alle Äußerungen von Leidenschaft, Streben, Besitz, Herrschaft und Dienst mit besondrer Rücksicht auf die Wechselwirkung zwischen Person und Gesellschaft kommen hier als Roman- oder Novellenmotive nacheinander vor, und zwar mit (meist ausgesprochener) pädagogischer Tendenz, indem neben den pathologischen wie den normalen Fall der Hinweis auf das Gesetz gestellt wird. Dadurch unterscheiden sich die eingelegten Novellen von den nach Art und seelischer Lage verwandten aus den Unterhaltungen deutscher Ausgewanderter, die zwar lehrhaft, aber nicht geradezu pädagogisch sind, mehr von einem Sein als einem Sollen reden und vom Einzelnen, nicht von der Gemeinschaft ausgehen. Aus diesem pädagogischen Zweck und Ursprung erklärt sich auch die künstlerisch unzulässige Technik womit der Verfasser selbst hineinredet, erläutert und verknüpft. Da die Handlung nur Lehrmittel ist, nicht Vision, nur Gleichnis und Musterbeispiel, so hat der Verfasser das Recht zu solchem unbildnerischen Reden. Denn der Lehrer darf, ja muß, was dem Bildner versagt ist, erklären wie ers meint. Auch hier der Primat des Erziehers vor dem Dichter!

Neben der Symptomatik der Räume, der Temperamente und Verhältnisse und ihrer Kreuzungen geht eine Beispielsammlung für den erzieherischen Wert der verschiedenen Berufe, Wissenschaften, Künste und Tätigkeiten, ebenfalls bald novellistisch verkleidet, bald als Maxime offen ausgesprochen. Was macht aus dem Menschen und was bedeutet für den Menschen soweit er Glied der Gemeinschaft werden will, was bedeutet für die Gemeinschaft selbst Poesie, Theater, Musik, Architektur, Plastik, Malerei? Antwort auf diese Fragen geben bald Sätze, bald Gleichnisse. Was bedeutet Geschichte, Naturkunde, Anatomie, Medizin, Astronomie, Mathematik usw.? Was bedeutet das Wandern, das Bleiben, der Ackerbau, der Handel, das Spinnen, Weben, Schneidern, Schreiben usw.? Jeder wird sofort die Fragen und Antworten im Roman finden, besonders in dem Tagebuch Lenardos mit der beinah wissenschaftlichen Abhandlung über die Weberei, in der Erzählung des anatomischen Proplastikers, in der Rede des Lenardo über den Sinn des Wanderns und in Wilhelms Ausbildung zum Wundarzt.

Aus dem neuen pädagogischen Ideal Goethes, das nicht mehr den Einzelnen sondern die harmonische Gemeinschaft vorsieht, ergibt sich das oft pedantische Eingehen ins Fachliche. Wenn der Einzelne nur als Glied einer Gemeinschaft das Ganze verwirklicht, nicht mehr in sich selbst das Ganze darstellt, so wird er nur als Fachmann seinen Zweck erreichen, dem neuen Menschtum genügen um dessentwillen er da ist. Der Universalismus des freien Einzelnen muß einem Spezialismus des eingeordneten Einzelnen im Dienste der Gemeinschaft Platz machen, in deren Totalität jede fachliche Einseitigkeit ergänzt und ausgeglichen wird. Die einzelnen Tätigkeiten sind nur die selbständigen Glieder eines Leibes der von der Gemeinschaft gebildet wird, und als solche Glieder des Gemeinschaftsleibes mußte Goethe sie in seinem pädagogischen Gesamtwerk betrachten.

Von dem Augenblick ab da „der Mensch" „der Gesellschaft" Platz macht, da ihm sein Zweck nicht aus seiner Natur sich ergibt, sondern von der Gemeinschaft gesetzt wird, gewinnen auch die Mittel zur Erreichung des Zwecks eine andre Macht, und die Ausbildung des Fachwesens hat die Ausbildung des Maschinenwesens im Gefolge. Jede einseitige Tätigkeit im Dienste eines Zwecks führt zu einer Vervielfältigung wenn nicht Verselbständigung der Mittel zu diesem Zweck, und die Maschine ist das notwendige Ergebnis und Sinnbild einer Gesellschaft die vom Zweck gelenkt wird. Der allseitig ausgebildete Einzelne als Selbstwert bedarf keiner Sondermittel für Fachzwecke. Lenardos Tagebuch, welches die Details der Weberei, von ihren handwerklichen Vorbedingungen bis zu ihrer maschinellen Vollendung aufzeichnet, hat die Absicht an einem bis ins Kleinste fachlich entwickelten Typus die Gesetze des Fachkönnens von Anfang bis zu Ende darzulegen, den Anspruch der Gemeinschaft an ein bestimmtes Gewerbe, die Wirkung dieses Anspruchs auf seine Technik, die Rückwirkung der Technik auf die Lebensweise, und die Ausbildung der Mittel für die wechselseits gegebnen Bedürfnisse. In dem großen Erziehungswerk durfte ein solcher Typus des Gewerbs als eines menschenformenden Gemeinbedürfnisses, als ein Bild der Gesellschaft im Kleinen nicht fehlen, da ja nach Goethes eigner Ansicht jedes einzelne vollkommen beherrschte Fach, jede bestimmte Tätigkeit ihrem Könner ein Gleichnis aller übrigen sein kann, jeder Beruf in nuce den Gang des Lebens überhaupt enthält.

Indem Goethe also von den Mitgliedern seiner Idealgesellschaft berufliche, zweckliche, gegebenenfalls maschinelle Ausbildung fordert, meint er sie nicht der Weltkenntnis zu entziehen und in spezialistische Beschränktheit zu bannen, sondern ihnen, freilich nur gleichnishaft, trotz der Entsagung das ganze Leben im Abriß wenn nicht für ihr Wissen so doch für ihr

Leisten zu geben. Aber trotz dieser Ausdeutung ist die Antwort des alten Goethe auf die Frage Wilhelm Meisters nach möglichst fruchtbarer Betätigung bei möglichst harmonischer Selbstauswirkung — welches die Frage jedes wohlgeratenen Jünglings und auch die des jungen Goethe war — problematisch genug, einerlei ob wir sie als mittelbares Goethisches Bekenntnis ansehen, ob wir sie als künstlerischen Abschluß des Wilhelm Meisterromans mit den Antworten und dem Aufwand der Lehrjahre vergleichen, oder über das Werk hinaus der Gültigkeit und Anwendbarkeit dieser letzten, oder vielmehr einzigen Forderung unsres größten Weisen nachsinnen (früher hatte er nur Lehren gegeben, aber keine Forderung an die Gesamtheit aufgestellt). Die Antwort heißt: das Sein abdanken zugunsten der Leistung, die selbständige Persönlichkeit zugunsten der Gemeinschaft. Die Frage »Wie werde ich vollkommen?« erhält den Bescheid »Werde nützlich!« Die Frage »Wie gestalte ich mein Leben?« erhält den Bescheid »Entsage und tue im Dienst der Gemeinschaft!« Wilhelm Meister, der vielseitigst Angeregte, durch alle Stufen Hindurchgeführte und von allen Lebenskräften Gebildete, der Elastischste, Eindruckswilligste bannt sich in den engsten, konkretesten Beruf, er wird Wundarzt.. und diese Schar freier, ja lockrer, schöner und vielbegabter Menschen endet als ein Zweckverband von Fachleuten in einem zukunftsstaatartigen Amerika.

Was bedeutet dieser Weg von Arkadien nach Amerika? Was bedeutet vor allem „die Entsagung" in diesem Werk? Sie ist vieldeutiger als es auf den ersten Blick scheinen möchte. Sie ist, zunächst biographisch betrachtet, nur ein Gleichnis für eine innere tragische Erfahrung Goethes, daß er nicht ans Ende gekommen sei, sich nicht nach seinem Titanentraum ausgelebt habe. Sein Blick auf Napoleon und Byron, sein gelegentliches Bekenntnis, daß er imstande sei seine ganze Umwelt zu zertrümmern, wenn er sich ausleben wolle, sein Nachruf an Werther „und hast nicht viel verloren" deuten auf den tragisch-elegischen Untergrund seiner heitren Entsagungslehre hin. Ist „die Entsagung", als dichterischer Abschluß des Romans betrachtet, die Erfüllung von Wilhelms Ideal? Heißt sie daß er gerade durch Entsagen im nützlich-engen Kreis die Vollkommenheit und Menschen-ganzheit erreiche die er vergeblich durch Welt-wandern, Werben und hundertfältige Anregung erstrebt, daß er den Sinn des Lebens gerade in der Beschränkung des Berufs endlich erfahre? Oder ist Entsagung nur ein Ersatz jener vielleicht überhaupt, mindestens innerhalb der Gesellschaft unerreichbaren Fülle? Verschafft sie ihm den höchsten Lebenswert, oder nur das Lebensglück? Und ist Entsagung — als Lehre, als erzieherischer Anspruch schlechthin betrachtet, losgelöst von dem Roman und seinem Helden — eine ewig gültige

Forderung, oder nur eine zeitliche, für ein bestimmtes, Goethen gerade gegenwärtiges Geschlecht, als Heilung bestimmter Zeittendenzen gemeint.. richtet sie sich an alle Schichten und Arten Mensch, oder nur an Durchschnittswesen? All diese Fragen wirft schon der Untertitel auf, und zu ihrer Lösung ist es nötig die Erlebnisse des Dichters und die Ansprüche des Pädagogen in den Wanderjahren abzugrenzen, das Gleichnishafte und das Wörtliche, den Grund und den Zweck darin zu sondern.

Wie Goethe zur Entsagung gelangt ist haben wir gesehen, von der Theatralischen Sendung bis zu den Wanderjahren. Für ihn selbst bedeutete die Anerkennung der Grenzen, also auch der Gesellschaft, ein Opfer seiner überströmenden Natur, doch auch die einzige Rettung und Sicherung dieser Natur.. und das Opfer das er hierbei bringen mußte war der schmerzliche Verzicht auf unbedingtes Sichausleben des leidenschaftlichen Herzens, aber nicht auf die allseitige Ausbildung seiner Geisteskräfte. Seine Persönlichkeit hatte er gegenüber der Gesellschaft gerettet. Seinen Romanhelden aber führte er über den Verzicht auf das Ausleben — worin er nur Gleichnis Goethes ist — bis zum Verzicht auf die allseitige Bildung die sein Ideal war, und über die Anerkennung der Gesellschaft bis zur Unterordnung unter sie. Hier hört die Entsagung im Roman auf, Gleichnis für des Dichters Erlebnis zu sein, und bedeutet entweder ein romantechnisches Erfordernis oder einen aus dem Werk herausweisenden Erzieher-anspruch. Hier gabeln sich Bekenntnis und Forderung. Die eine Seite der „Entsagenden" ist Goethe zugewandt und empfängt ihr Licht nur von seiner Schau des vergangenen eigenen Lebens, die andre ist nach außen gewandt und wirft die Strahlen seines Willens in fremdes, künftiges, zu gestaltendes Leben. Die Doppelseitigkeit des alten Goethe zwischen reiner Schau und erzieherischem Willen, die ihn neben den alten Plato, und seine Wanderjahre als halb-dichterische, halb gesetzgeberische Utopie neben die Politeia stellt, wird hier dem Leser zum Problem bei der Deutung und Anwendung des Werks. Dazu kam noch folgender engere Zwiespalt: die Lehrjahre waren vor allem Dichtung und Bekenntnis.. die Wanderjahre knüpften, wie wir sahen, nur aus bestimmten Opportunitätsgründen an den Bildungsroman an, trotz ihres andersartigen, nicht mehr bekenntnishaften Ursprungs, und Goethe mußte die Bekenntnis-elemente in dem fremden Zusammenhang mitschleppen und mit ihm ausgleichen, zumal Wilhelms Charakter und Schicksal.

Wilhelm Meister war ursprünglich entstanden als Gleichnis der Goethischen Richtung und Bildung, wenn auch nicht gerade der Goethischen Kraft, und war dann, durch jene außerdichterische Rücksicht, in den Wanderjahren beibehalten worden, nachdem Goethe längst die Stufe überschritten hatte da Wilhelm noch Gleichnis für ihn selbst sein konnte. Wilhelm ist in den Lehrjahren, die ja mit und um seinen Lebenslauf als Goethisches Weltgleichnis konzipiert wurden, die sinnbildliche Mitte, das allseitige Reagens für sämtliche Bildungskräfte. In den Wanderjahren ist er ein fast lästiges Erbstück, und da dies Werk von der Gemeinschaftserziehung, nicht von der Einzelbildung — Goethes früherem an dem Reagens Wilhelm zu zeigenden, aber jetzt erledigten Problem — handelte, ist er hier mindestens als aktive oder passive Hauptperson unnötig, und bestenfalls einer von vielen, ein Mitglied, nicht das zentrale Versuchsobjekt, nicht das Ziel oder das Ergebnis der Gesellschaft. Goethe konnte ihn hier fast nur noch als Korrespondenten, sozusagen als Reiseführer, aber nicht mehr als Hauptperson brauchen.. wie z. B. Faust im ersten und im zweiten Teil die Hauptperson, d. h. das Gegenbild des Goethischen Menschtums und der eigentliche Träger der Goethischen Probleme ist, als die sich aus diesem Menschtum selbst, nicht nur aus einer jeweiligen Lage Goethes ergaben. Faust ist Gegenbild des Goethischen Genius, des Goethischen Wesens..Wilhelm war in den Lehrjahren nur Gegenbild gewisser Goethischer Lebenszustände und -richtungen die sich geändert hatten, und darum konnte Faust als Gleichnis Goethes selbst auch im zweiten Teil Bekenntnis bleiben und Goethes Wendung vom Sein zum Leisten vollzieht sich dort dichterisch, d. h. übergesellschaftlich, in einer Form die auch Goethes Person entspricht: nicht als Unterordnung, sondern als Herrschaft. Aber Wilhelm, schon in den Lehrjahren nur seiner Lage, nicht seinem Wesen, geschweige seinem Genie nach ein Gleichnis Goethes, war in den Wanderjahren, als die aus jener Lage kommenden und zum dichterischen Gleichnis drängenden (d. h. Wilhelms Gestalt hervortreibenden) Probleme längst abgetan waren, nur noch da, weil Goethe nun einmal aus sekundären, aus Bequemlichkeitsgründen beinah, seine Erziehungs-utopie als eine Fortsetzung seines Bildungsromans gab.. er war ohne Bekenntnis- ja fast ohne Problemwert, keinesfalls mehr der Held — wie denn Goethe jene Inkonvenienz durch den Untertitel: die Entsagenden angedeutet und zugleich verschleiert hat.

Wilhelm ist also einer der Entsagenden, aber nicht mehr gerade das einzige oder wesentliche Gleichnis für die Entsagungsform des Goethischen Genius, wie er in den Lehrjahren das Gleichnis für die Sucheform des Goethischen Genius war, und wie der alte Faust das Gleichnis für die Entsagungsform des Goethischen Genius ist. Er wird als Wundarzt ein nützliches Glied der Gesellschaft, weil er denn doch mit den übrigen Mitgliedern des Romans aus den Lehrjahren übernommen war und einem Gemeinschaftszweck wie diese zugeführt werden mußte. Das Ende seiner Laufbahn ist also nicht mehr als symbolische Antwort auf die Fragen zu verstehen die er in den Lehrjahren als Gleichnis des allsuchenden, zur Harmonie der Persönlichkeit mit sich und Gesellschaft strebenden Goethe gestellt hat, sondern als pädagogische Antwort des jenen Fragen entrückten Weisen (nicht Dichters, nicht Bekenners) Goethe an die vielen durchschnittlichen tüchtigen und ernsten, aber nicht schöpferischen Menschen der ihn umgebenden Gesellschaft die in ihm ihren Führer verehrten, und deren heilbringende Lebensleitung eine Aufgabe des verantwortlichen, gesetz-wissenden und gesetz-gebenden alten Führer-denkers Goethe war.

Um diese Antwort recht zu begreifen, müssen wir achten auf die besondre Zeit-sorte von Zöglingen welche Goethe bei der Abfassung seines Erziehungswerks vorschwebte, und welche auf seine Erziehungs-mittel, auf die Formulierung seiner Sätze, auf die Gewichtsverteilung seiner Winke und Ansprüche ebensoviel Einfluß hatte wie seine eigne Natur und der Gang seines Lebens. Denn jeder Pädagog dem es ernst ist und der nicht bloß erzieht, um seine Grundsätze anzubringen, sondern um wirkliche Menschen zu formen, richtet sich nach den Zöglingen, um sie auf Grund der in ihrem Charakter gegebenen Möglichkeiten dem Ideal zuzugestalten. Das Ideal selbst ist ihm erwachsen aus den Forderungen seines Seins und den Erfahrungen seines Werdens. So sind auch hier die Wanderjahre Anwendung eigenen vergangenen, dichterisch bekennbaren, denkerisch deutbaren Erlebens auf fremdes, künftiges, mit allen Mitteln des Dichters wie des Denkers zu erziehendes Leben. Nach Ursprung, nach Zweck und nach Gattung sind die Wanderjahre eine dichterisch pädagogische Utopie.

Erziehung ist zugleich Entwicklung der dem Erzieher-ideal gemäßen Kräfte im Zöglings-material (sei es ein Einzelner, sei es ein ganzes Geschlecht) und Gegenwirkung gegen die ihm ungemäßen. Nur an Edle, Einsichtige, Ernsthafte konnte Goethe sich von seiner Höhe herab unmittelbar wenden und mußte die stufenweise Hinab-verbreitung und -verbreiterung seines Wirkens zu den Mittleren und den Massen den bereits Erzogenen überlassen, genau wie die Befehle eines Königs erst durch befugte und bewährte Zwischenglieder die Gesamtheit stufenweise erreichen: die weltliche Herrschaft ist nur ein Gleichnis der geistigen. Der Königs-Weise erzieht erst die Erzieher und so hinab bis zur Masse. Denn jeder kann unmittelbar nur auf den wirken mit dem er irgendein Wesentliches geistig gemein hat, jede Stufe nur auf die nächstanschließende, und die Anerkennung einer seelisch geistigen Hierarchie (die freilich nicht mit der ständischen oder blutlichen zusammenzufallen braucht — ihr Zusammenfallen wäre eben das eigentliche Ideal einer Politeia) ist der Grundzug jedes wirklichen Erziehers seit

Plato gewesen.

In den deutschen Menschen der dritten nachwachsenden Generation auf die Goethe wirken konnte und wollte sah er für seinen Samen als günstigen Boden: Seelenfülle, Geist, Wahrhaftigkeit, treudeutschen Ernst, Fleiß, Genügsamkeit.. als Gefahren gegen die er sich vor allem zu wenden hatte: schweifende Romantik, unfruchtbares Träumen und Grübeln, Mangel an freiem Weltsinn und offnem Blick, hemmungslosen Gefühlsüberschwang oder Geistes- und Seelenkult, schwelgenden Subjektivismus, Mangel an praktischer Ordnung und Einordnung, Eigenbrötelei und Sondergrillen, Originalitätssucht, kurz alle diejenigen Eigenschaften die er seit dem Sturm und Drang nur allzunah kannte, die durch die deutsche Romantik und Spekulation gewissermaßen legitimiert, ja idealisiert waren oder schienen, begünstigt durch die deutsche Kleinstaaterei, begründet in den tiefsten Tugenden des deutschen Gemüts.. es sind Krankheitserscheinungen desselben Organismus welcher Luther Kant Novalis Fichte Hegel hervorbringen konnte. Mit jenen deutschen Grundeigenschaften als gutem Stoff und gegen diese geschichtlichen, zumal zeitgenössischen Ausartungen hatte Goethe also sein Erziehungsideal zu formulieren, zu dem er durch die Kräfte, Segnungen und Nöte seines Wesens und Schicksals gelangt war — wir sahen wie. Als Goethes Gegenwirkung gegen das überschwengliche Gemüt, das absolute Ich, die bild- und tatlose Spekulation und den pflichtlosen Traum, also gegen spezifisch deutsche Auswüchse seiner Zeit, ist seine unterstrichene Verherrlichung des nüchternen Tuns, der sachlichen Unterordnung, der begrenzten Werklust und des Berufs im Dienst der Gemeinschaft zu begreifen. Er gibt die Heilmittel gegen die deutschen Erbübel, und um auch nur das runde und gesunde Menschenmaß zu bewirken, mußte er das Gegenteil dessen rufen was das Maß nach einer Seite hin verschoben hatte. Was schon da ist braucht man nicht zu fordern, und drum wäre Goethes pädagogisches Wunschbild, bei völlig gleichem Streben von seiner Seite, nach außen hin anders formuliert worden, wenn er es unter Franzosen oder Engländern oder den Deutschen der Bismarckzeit zu verkünden gehabt hätte: es hätte dann wahrscheinlich mehr romantische oder individualistische Züge getragen. Aber dadurch daß er schon manches von dem forderte, aus seinem Lebensweg und Bedürfnis heraus, was den Deutschen nachher von ganz andrer Seite her erfüllt wurde, und anders als er es sich dachte, erscheint er als Prophet des künftigen Deutschland, ja als Prophet eines sozialen, technischen und werktätigen Zeitalters das weit über seine rein hygienisch gedachten Winke nach der Gegenseite hin weitergeschritten ist.

Das Amerika das es heute gibt hat er weder geahnt noch gewünscht, und was er in den Wanderjahren als Arzenei verschrieben hatte würde er mit Staunen als einziges Nahrungsmittel verwendet sehen. Er, im Vollbesitz des harmonischen Menschtums und erfüllt von dem Ideal eines Volkstums und Staats in dem der tüchtige Mensch Zweck und Mittel zugleich sein könne, sah vor Augen als bösen Schaden nur die Überspannung des Ich, nicht die der Gemeinschaft. Gegen diese hatte er keine Mittel nötig und ahnte nicht daß die Heilmittel gegen die Ichsucht, einst verselbständigt, zum entgegengesetzten Übel führen würden, das einen so furchtbaren Arzt wie Nietzsche benötigte. Die Pädagogik der Wanderjahre, so gewiß sie höchste Weisheit ist, ist also nicht absolute aus ihrem Zeitraum herauszulösende und beliebig anwendbare Weisheit: sie ist für eine bestimmte immer wiederkehrende Krankheit, aber nicht für alle Krankheiten und nicht für jede Gesundheit das Heilmittel. Sie verlangt Pflicht, soziale Einordnung, Leistung als ein notwendiges Element, nicht als einzige Form des Gemeinwesens und des Einzelnen, sie gibt den zeitlichen Weg zu einem ewigen Ziel. Das ewige Ziel, dem Dichter Goethe offenbart, ist der gesunde Mensch als Glied des gesunden Volks.. der zeitliche Weg, vom Erzieher Goethe zwischen dem romantischen und dem politischen Deutschland gewiesen, ist Stärkung aller praktischen Gemeinschafts- und Berufskräfte, gegenüber allen schwärmerischen Sonder- und Ichtrieben. Dabei nahm er vieles als möglich voraus was heute wirklich und allzuwirklich ist, und wenn seine Wegweiser hie und da gerade heute veraltet sind — das Ziel das er gesteckt ist es nicht und wird es nie.

Auf der pädagogischen Weisheit beruht der Wert der Wanderjahre, nicht auf ihrer dichterischen Gestaltung, und ihr Kern und Hauptstück ist die pädagogische Provinz, worin die Dichtung, als die Kraft Unwirkliches durch Sprache zu vergegenwärtigen, in den Dienst eines gesetzgeberischen Zwecks gestellt wird und Goethe durch Bild vorwegnimmt was ihm durch Tat zu verwirklichen nicht gegeben war.

Wir wollen kurz einige der Erlebnisschichten des Romans und seiner Einlagen zu sondern suchen, und dabei die größere oder geringere Nähe zeigen einerseits zum ursprünglich dichterischen Gefühl Goethes, andrerseits zu dem pädagogischen Gesamtzweck auf den alles in diesem Werk sich bezieht. Denn wie die theoretischen Elemente der Wanderjahre noch, wie fern auch immer, aus Goethes dunklem Leben gespeist und abgezogen sind, so sind ihre dichterischen Elemente, wie locker auch immer, noch bezogen auf seinen Zweck. Der Zweck selbst aber hält alles, auch das untereinander Verschiedenste, das noch Dichterisch-gefühlte und das schon Theoretisch-formulierte zusammen, und ihn allein müssen wir uns immer gegenwärtig halten, um weder die Menschen noch die Handlungen noch die Fortsetzung der Lehrjahre als Selbstzweck zu nehmen, da er aller Wert entweder ausmacht oder bedingt. Einige Motive sind nur um dieses Zwecks willen, nur aus dem Zweck entstanden, andre haben zwar einen eignen Ursprung, mußten sich aber dann, im Gefüge der Wanderjahre, nach diesem Zweck richten: ganz freies Walten der Phantasie, des reinen Dichtertums, unabhängig vom Zweck, gibt es in diesem Roman nicht, wenngleich Goethe sein Dichtertum nicht abgedankt hatte, sondern es benutzte.

Ihrem **dichterischen** Ursprung, nicht ihrem pädagogischen Zweck nach, sind, mit einigen Übergängen im großen Ganzen folgende Schichten zu unterscheiden, nach dem Grade wie darin das Dichterische, der Drang Erlebtes, Erfahrenes zu gestalten, überwiegt über den das Werk durchwaltenden, didaktisch-pädagogischen **Zweck**. (In der Dichtung ist die Schau, die Form das Maßgebende, in der Weisheit der Gedanke.)

Zuerst: die eingelegten Novellen, vor allem Der Mann von fünfzig Jahren, ferner (Beabeitung einer französischen Novelle) Die pilgernde Törin, Wer ist der Verräter, Die gefährliche Wette, Nicht zu weit, das Märchen Die neue Melusine. Sie sind alle aus derselben Lage, und handeln von den Zeichen und Wirkungen der Leidenschaft, des Temperaments und all den aus dem Blut kommenden Gefahren mit ihren erzieherischen Wirkungen und Gegenwirkungen. In diesen Novellen wird der erste Grad der Entsagung in anmutigen Handlungen gezeigt und gefordert: der bald siegreiche, bald vergebliche Kampf des leidenschaftlichen Menschen gegen die **Leidenschaft**. Überall fühlen wir hier die fernere oder nähere Nachwirkung von Goethes eignem langjährigem Kampf gegen seine überströmende Natur.. im Mann von fünfzig Jahren meint man ein Nachzittern der Divanliebe zu verspüren, den Konflikt zwischen Jugend und Alter, den Abschied von der Jugend, freilich nach völliger Überwindung mit ironischer Wehmut und fast schalkhafter Erfahrung betrachtet. Innerhalb der gesamten Wanderjahre sind diese Novellen der einzige Bereich in dem die Leidenschaft, die Wallungen des Bluts, die unwillkürlichen Regungen des Menschen überhaupt noch erscheinen. Überall sonst herrscht bereits, wie in den Schlußteilen der Lehrjahre, der bewußte Wille und die strebende Vernunft. Nur durch die eingelegten Novellen kommt in das Werk überhaupt noch ein spezifisch-dichterisches Leben, welches ja ohne den Kampf zwischen „Blut und Urteil" nicht denkbar ist, unter lauter Vernunftgeschöpfen, in der schon ganz durch-geisteten Sphäre vollendeter Erzieher und bereiter Zöglinge.

Die Gegenwart der dunkleren Seelenkräfte ist der dichterische Kompositionswert der Novellen, und die bloße Gegenwart eines solchen erdnahen, bluthaften Lebenskreises ist dichterisch wichtiger als die Verknüpfung ihrer Handlung mit der Haupthandlung, die wenigstens stellenweise versucht wird. Daß auch von dem pädagogischen Zweck aus in einem Werk das den ganzen Kreis der erzieherischen Faktoren und Objekte behandeln sollte der Bereich der Leidenschaft nicht fehlen durfte, sei hier nur beiläufig erwähnt. Liebe, Leichtsinn, Neugier, Übermut, jede Hybris des Charakters welche die Harmonie des Einzelnen mit sich und der Gemeinschaft stört, den Menschen gefährdet oder gefährlich macht, führt in diesen Novellen zu dichterisch fruchtbaren Konflikten, Wirrnissen, Abenteuern und zu moralisch wirksamen Exempeln.

Übrigens sind diese sämtlichen Novellen die Fortsetzung der ersten Goethischen Novellenreihe, welche ebenfalls in einen didaktischen Rahmen eingeschlossen war: in die Unterhaltungen deutscher Ausgewanderter .. nur daß jetzt die Didaxis bis zur Pädagogik gesteigert, nicht bloß der Erkenntniswert, sondern geradezu der Warnungs- und Mahnungswert der Vorgänge bezweckt ist. Nach Ton, Lage, Stoff- und Motivkreis sind die Novellen der Wanderjahre denen aus den Unterhaltungen nah verwandt: Berichte eines bis zur Erschütterung mitfühlenden und bis zur Ironie darüberstehenden erfahrenen Menschenkenners über merkwürdige Fälle die aus dem Kompetenzstreit zwischen Blut und Gesetz, zwischen Pflicht (sei es gewählte, sei es gegebene) und Neigung, zwischen Daimon und Tyche entstehen, innerhalb einer gefügten, unangezweifelt gültigen guten Gesellschaft.

Nirgends wird die Gesellschaft selbst in Frage gestellt, sogar nicht in dem Märchen Die neue Melusine, und die Wohlanständigkeit waltet mit dem Anspruch eines ewigen Sittengesetzes. Die Natur erscheint nur als ein bereits durch die Gebote der guten Gesellschaft modifizierter Bereich, mächtig genug um sie reizvoll zu bedrohen, niemals mächtig genug um sie zu durchbrechen oder zu verwandeln. Das gilt von der Menschennatur, die selbst an der Grenze des Wahnsinns und Verbrechens noch gesittet bleibt, wie von der elementaren, welche nur als menschlich gepflegte Stadt- und Landschaft, als Garten, Park, Acker oder Baumschlag ausgemalt wird. Trotz der äußersten schmerzlichen Spannungen kommt eine eigentliche Tragik in diesem Bezirk nicht auf .. alles wirkt wie ein vorher abgekartetes Spiel zwischen den gesellschaftbedingten Menschen und den übergesellschaftlichen Mächten, bei dem beide von vornherein gewiß sind die von der guten Gesellschaft gegebenen Spielregeln nicht zu verletzen. Weder das Dämonische noch das Tragische übt hier seine Macht bis ans Ende, wie in den Lehr-

736 DRITTER TEIL: ENTSAGUNG UND VOLLENDUNG

jahren oder den Wahlverwandtschaften — ein Schicksal wie das Ottiliens oder Gestalten wie der Harfner und Mignon könnten in dieser gesitteten Luft nicht mehr entstehen und atmen.

Das Dämonische verknüpft, verwirrt und droht, aber es zerstört und zersprengt nicht, es zerdrückt und entrückt nicht.. vor dem Gefüge der Gesellschaft macht es halt und es verhängt nicht den Tod, nur die Warnung. Das Tragische wird überall durch Verzicht und Entsagung vor dem Innersten zurückgescheucht, und keine noch so heftige Erschütterung reißt den Menschen aus dem Bann des geformten Lebens.

Die zweite Schicht der Wanderjahre sind diejenigen Teile die unmittelbar an den Gestaltenkreis der Lehrjahre anknüpfen, und die dort noch Lernenden als Ausgelernte durch die Welt führen. Hier überwiegt das Pädagogische schon weit mehr. Die Leidenschaft und alle daraus hervorgehenden Verwicklungen sind völlig ausgeschieden: nur das Streben und das Leisten bestimmen die Handlung, und anstelle der Konflikte finden wir Aufgaben, anstelle der Gefahren Hindernisse, anstelle der dunklen Schicksale geheimnisvolle Anstalten, alle aber für die Vernunft als lösbar gedacht. Alle Personen in diesem Bereich, einerlei welchen Temperaments, sind mehr oder minder wissend, auch die noch nicht gereiften wenigstens willig und lenkbar — von dem Musterzögling Felix und seiner mutwilligen und einsichtigen Freundin Hersilie bis hinauf zu Makarie. Diese anerkennt nicht nur die Gesetze und Pflichten, sondern lebt bewußt in den ewigen Naturgesetzen selbst, gleichsam im Reich der Ideen, im Überpersönlichen, und ist über den praktischen Berufsverstand wie über die Weisheit hinaus bis zur Erleuchtung gelangt vor welcher die Trübungen der Materie und des Zufalls, der Empirie wie der Theorie verschwinden. Sie sieht quer durch alle Lebensverflechtungen, subjektiven Gründe und objektiven Beschränkungen der Menschen die geistigen Prinzipien des Geschehens und Handelns, wie astronomische oder mathematische Gesetze. Die „schöne Seele" ist hier erhöht bis zur vollkommen reinen Schau nicht mehr der Erscheinungen, der Kräfte und der Gründe, sondern der Seelengesetze selbst. Alle andren Figuren sind mit der Menschenlenkung zu praktischen Zwecken beschäftigt, Makarie reicht darüber hinaus und redet und rät aus der zwecklos-reinen Gottesschau. Mit gutem Grund hat daher Goethe seine Weisheit, seine überpraktische Kenntnis der Gesetze, als Bruchstücke aus Makariens Archiv gegeben. Nur Makarie lebt in der Sphäre derselben Einsicht kraft welcher Goethe sich zum Erzieher endlich reif fühlte. Die anderen Figuren sind die vernünftigeren Exekutoren der aus Goethes Gottesschau abgeleiteten Winke, Makarie ist die Vertraute dieser Gottesschau selbst, seine eigentliche „Eingeweihte".

Auch hier haben wir die Erklärung dafür daß er seine damalige Idee der heiligen Weisheit als Frau verkörpert in dem mehrfach erwähnten Prinzip seiner Natur, das durch die Schlußverse des Faust besiegelt wird. Makarie gehört in die Reihe der Seherfrauen die im europäischen Schrifttum mit Platos Diotima anhebt. In dem Erziehungsroman, der den Gesetzen der werktätigen und entsagenden Gemeinschaft gewidmet ist, ist sie zugleich inmitten der verschiedenen Fach- und Führergestalten, der Spezialisten, Kenner und Ordner, der Zöglinge und Erzieher, die ruhende Mitte der alldurchdringenden Schau die jedem vernünftigen Tun vorangehen muß, und durch völlige Kontemplation der Allempfindenden, daher Leidenden, zugleich der Gipfel der Entsagung. Sie allein wandert nicht sondern ruht, wirkt nicht sondern schaut, und will nicht sondern empfindet, durch alles Einseitige hindurch. Ihr physisches Leiden hat einen ähnlichen Sinn wie Ottiliens Kopfschmerzen, und sie muß in ihrer Jugend ein Ottilien-artiges Geschöpf gewesen sein .. wie Ottilie, wenn man sie sich als überlebend denken dürfte, zu einer Makarie reifen müßte. Das körperliche Leiden ist bei Goethe ein Zeichen für das wehrlos wissende Mitschwingen eines einzelnen gebrechlichen Organismus mit den Gesetzen des Weltganzen. Wo viel Weisheit ist viel Leiden, und die Überwindung des seelischen Leidens durch passive Weisheit läßt dem Körper die Empfindlichkeit zurück.

Im „Mann von fünfzig Jahren" erscheint Makarie nicht nur um die Novelle aus technischen Gründen mit der Haupthandlung zu verflechten, sondern weil die zweite Sphäre des Romans, die Vernunft-sphäre, mit der ersten, der Leidenschaft-sphäre unmittelbar verbunden werden kann nur durch sie, die allein in beide zugleich, als Wissende in die Vernunft-sphäre, und als Allempfindende, Allmitschwingende in die Leiden-sphäre hineinreicht, obwohl sie über beide hinausreicht in die Erleuchtung, worin Vernunft und Leben, cogitatio und extensio, keine Gegensätze mehr sind. Makarie ist Gipfel und Überwindung, Treffpunkt und Gleichungspunkt beider Sphären.

Was sonst aus den Lehrjahren übernommen wird, ist durchweg aus dem Bereich der Leidenschaft, der Irrnis und des Abenteuers in den Bereich der vernünftigen Pflicht, des Berufs, des Strebens gehoben (was gewiß keine eigentlich dichterische Hebung ist) .. selbst der Schelm Friedrich und die Sünderin Philine sind Pflicht- und Berufsmenschen geworden. Dem Theater, dem sinnlichen Bereich des Abenteuers und der Leidenschaft, dem pflichtlosen Zauber, wird in den Wanderjahren geradezu eine Absage erteilt, mit wehmütiger doch entschlossener Strenge. Und die dämonischpoetische Welt Mignons spielt nur als ferner matter Abglanz, als landschaftlicher Schimmer noch herein, bei der (nicht sehr glücklich, weil allzu absichtlich um der Vollständigkeit willen) in die Mignon-gegend verlegten Begegnung der schönen Witwe, des Malers und Wilhelms. Das Bedürfnis die selbständige Novelle Der Mann von fünfzig Jahren, die zu umfangreich und zu gewichtig war um wie die anderen bloß als erzählende Einlage behandelt zu werden, mit der Haupthandlung zu verflechten, und Mignon, jenes zauberhafte, schon mythisch gewordene Element der Lehrjahre, welches dort wesentlich und unentbehrlich, hier aber der ganzen Anlage nach nicht unterzubringen war, für die Wanderjahre zu retten, hat dadurch gleichzeitig befriedigt werden sollen. Ein Wilhelm Meister-roman ohne Mignon schien undenkbar, aber Goethe konnte nicht mit seinem technischen Vorsatz ein Leben wieder bannen das diesem Kreis schon entrückt war. Mignon, das Schicksals-geheimnis, hatte im Bereich der Erziehung keine Stelle mehr.

Die dritte Schicht der Wanderjahre hat, obwohl sie den eigentlichen Sinn des Werks enthält, wozu das andre mehr Rahmen und Beispiel ist, mit Dichtung fast nichts mehr zu tun: sie stammt völlig aus dem erzieherischen Zweck und bedient sich der Phantasie nur, um theoretische Erkenntnisse und praktische Forderungen einigermaßen im Zusammenhang mit einer Romanhandlung zu veranschaulichen: die pädagogische Provinz. Sie gehört zu Goethes Weisheit, nicht zu seiner Dichtung, und ihren Platz haben wir bestimmt durch unser Urteil über die Wanderjahre als Erziehungsbuch.

Nicht einmal mehr die Mühe einer gleichnishaften Einkleidung der Erkenntnisse und Forderungen gibt Goethe sich bei der vierten Schicht der Wanderjahre: bei den Maximen, Reflexionen oder Lehrgedichten die Anhang oder Einlage des Werkes bilden. Hier ist der Weg von Erlebnis zu Bild, von Bild zu Gleichnis, von Gleichnis zu Lehrsatz, die drei-stufige Sublimierung und Extrahierung des geistigen Zwecks aus dem sinnlichen Stoff, der theoretischen Formel aus der dichterischen Schau, vollendet. Aus dem breiten Unterbau der Wanderjahre, der dichterische Elemente enthält, über die kaum noch dichterische Utopie, erhebt sich zuletzt die körper- und gewandlose Spruchweisheit welche die Mitte und der Grund des Werkes ist. Denn die Weisheit ist in Goethes Alter früher da als die dichterische Einkleidung. Handlung und Charaktere sind jetzt eigens erfunden, oder in früheren Jahren rein dichterisch konzipierte sind benutzt worden, um einem schon selbständig gewordenen, aus Goethes Gesamtdasein losgelösten Wissen und Wollen als allegorisches Gleichnis und Schmuck, als gefälliges Vehikel zu dienen. Während Goethe früher in Gestalten und Bildern lebte und dachte aus denen dann sich der Geist entwickelte, der Sinn gleichsam herausstrahlte oder sprühte in Spruchweisheit, während die Weisheit also nur eine Begleitung, eine Folge, eine Funktion seines ursprünglich dichterischen Erlebens und Schauens war, ist es jetzt umgekehrt, und das dichterische Vermögen, das Bedürfnis nach Bild und Bau — noch immer mächtig und dringlich genug um Goethe bis zum letzten Atem zu beschäftigen — steht doch im Dienst seiner verselbständigten Weisheit, als Allegorie und Dekoration.

So sind die Wanderjahre von einem Weisen geschrieben der dichten kann, nicht von einem Dichter der weise ist: sie sind durchaus ein reines Alterswerk Goethes, d. h. ihre Gesamtkonzeption, nicht nur ihre Ausführung, gehört schon derjenigen Stufe Goethes an auf der er vor allem Weiser, und als Bildner ein reiner Allegoriker und Dekorateur war. Auch das unterscheidet sie sehr vom zweiten Teil des Faust, dessen Konzeption noch in die dichterisch-symbolische Stufe Goethes fällt, wenn auch die Ausführung im Einzelnen sich in die allegorische Zeit hineinzieht und deren vielfache Spuren trägt. Faust ist ein Gesamt-lebenswerk des Dichters Goethe an dem auch seine Altersweisheit mitgearbeitet hat, und mindestens die beiden Hauptgestalten und Träger auch des zweiten Teils sind dichterische Sinnbilder und nicht Allegorien, nicht bloß herübergenommen und benutzt zu neuen, ihrem Ursinn fremden, nur der Altersweisheit gemäßen Zwecken, wie der Wilhelm Meister der Wanderjahre. Diese sind nur scheinbar, nicht wie der Faust wirklich, die Weiterbildung eines dichterisch entstandenen Gebildes. Im Faust II gehören Einzelheiten, nicht die Grundzüge, dem Alter an, in den Wanderjahren ist es umgekehrt. Darum bleiben die Wanderjahre das eigentlich bildnerische Alterswerk Goethes, das umfassende Ganze worin wir Goethes Altersart am selbständigsten, am wenigsten durch „zweite Jugend" verwandelt und durchglüht (wie im Divan) und am wenigsten durch das alterlos Goethische Gesamtwesen getragen und gehoben (wie im Faust II) begreifen können: vor allem ist die Prosa der Wanderjahre das vollkommenste Beispiel für den prosaischen Altersstil Goethes.

Der wird bestimmt durch die fast übersichtige Helligkeit des Durchblickens, den Willen zur Distanz von den Gegenständen um jeden Preis und die entrückte Höhe seines Standpunktes bei dem Bedürfnis nach eindringlicher, lehrhafter, erzieherischer Deutlichkeit. Als Nebenfaktoren mögen noch an dieser Prosa mitgewirkt haben: die langjährige Amtspflicht einer nicht vom Menschlichen sondern vom Sachlichen bedingten formelhaften, umständlich abwägenden, gemessen kühlen Sprache .. die Notwendigkeit sich gegen den immer häufigeren Andrang der Außenwelt bei wachsendem Ruhm und zunehmender innerer Vereinsamung durch seelisches Zeremoniell zu sichern .. und die Gewohnheit des Diktierens. Begriffliche Klarheit, da es sich nicht mehr um Gefühlsausdruck sondern um Mitteilung, Belehrung und Ordnung handelte, da Goethe nicht für sich sondern für andre seine Einsichten veröffentlichte .. dabei gehaltene Kühle, da es nicht galt Fremde ins Vertrauen zu ziehn, zu überwältigen, zu gewinnen, sondern von oben herab innerhalb ihrer Grenzen aufzuklären, da der alte Goethe als Meister und nicht als Seelenfreund sprach, und (als natürliches Ergebnis von Deutlichkeit und Distanz) zeremoniöse Umständlichkeit sind schon aus der Einstellung Goethes bei seinen Alterswerken erklärlich. Denn wer eindringlich wirken will, ohne das Gegenüber bis an die eigene Seele heranzulassen, ohne sich ihm als verwandtes Ich aufzuschließen oder sich in die fremde Seele hinzugeben, ihr nah- und nachzugehen: der muß durch feierliche und bedeutsame Haltung, durch Autorität und Zeremoniell die Geister beeindrucken, die er nicht erwärmen oder umwerben mag. Und wer deutlich werden will, ohne Glut, Spannung und Lebhaftigkeit der Sprechweise, rein durch das Gesagte selbst, der muß auseinanderlegen, darlegen, durch Extensität einholen was ihm an gesammelter Intensität abgeht.

Jeder Stil, jeder Tonfall entspricht einer körperlichen Haltung und Gebärde und verrät nicht nur das Wissen, die Gefühle oder Gedanken des Urhebers, sondern auch sein Gehaben und darüber hinaus die Herkunft und Seelenschicht, Adel oder Niedrigkeit jenseits seiner Begabung oder seines Umfangs. Was sieht man für einen Menschen vor sich als Erzähler der Wanderjahre? Einen hohen Herrn der sich herabläßt, der uns in respektvoller Ferne hält, manchmal leutselig, nie vertraulich, manchmal lebhaft, nie warm, niemals aus dem Stegreif sprechend, sondern stets nach reiflicher Überlegung und beim Beginn jedes Satzes den ganzen Zusammenhang fast pedantisch vorausmessend .. einen Mann der weiß was seine Hörer nicht wissen können und nur durch ihn (aber auch nicht ganz) erfahren können, der viel für sich behält, der sich scheut sich etwas zu vergeben oder Perlen vor die Säue zu werfen, aber zu höflich, zu vornehm und zu gütig zugleich um seine Überlegenheit auszunützen oder geradezu fühlen zu lassen, vielmehr bereit soweit als möglich entgegenzukommen, und seine Macht, sein Geheimwissen, mehr als Reiz seiner Mitteilungen nutzend denn als Schranke. Er behandelt den Hörer nicht als Luft und zeigt daß er Wert darauf legt von ihm verstanden zu werden, wenn er auch nicht ganz verhehlen kann daß der Hörer vielleicht noch nicht ganz dafür reif ist. Er gibt sich eine Haltung die ihm nicht gemäß ist wann er mit sich allein ist, und die Höflichkeit, leise Starre, betontes Würdegefühl und erzwungene Beweglichkeit und Heiterkeit vereinigt: kurz, man merkt daß dieser Sprecher nicht zu seinesgleichen sondern zu Tieferstehenden spricht, über Dinge die ihn bewegen, die er aber doch in der Sprache der Hörer künden muß, ohne zugleich zu verraten wie sehr sie ihn bewegen. oder wie sehr sie sein Eigenstes angingen.

Die Zwiefalt der Wanderjahre, daß sie Bekenntnisse eines einsamen Herzens und Lehren eines verantwortlichen Gemeinschaftsbildners zugleich sind, beherrscht auch ihren Stil: sein dämonisches Wissen soll er anwendbar machen, erzieherisch ausdrücken in der Sprache der Gesellschaft zu der er redet. Seine Weisheit reicht weiter als die gesellschaftlichen Sprachmittel deren er sich als Erzieher notgedrungen bedienen muß, und so erleben wir auch und grad an Goethes Alters*prosa (also wo er nicht als Seher und Sänger übergesellschaftlich*rhythmisch reden darf oder kosmisch*bewegt sich zweckelos ausdrücken muß) das zugleich rührende und manchmal ungeduld*weckende Schauspiel, daß der geheimnisvolle Zeus sich in den Galarock des Geheimrats zwängt, um überhaupt vor seinem Publikum gesellschaftlich erscheinen zu können. Die Geheimrätlichkeit ist halb freiwilliger Zwang, halb willkommner Vorwand (der schließlich ihm zur zweiten Natur geworden) um sein eignes Unantastbares mit einer gesellschaftlichen Schranke zu sichern und doch innerhalb der Gesellschaft sich nötigenfalls mit*teilen zu können, nachdem er nun einmal zugunsten der Gesellschaft auf das sprengende Titanentum verzichtet hatte, und zugunsten seines expansiven und sympathetischen Menschtums auf die einsam nackte Göttlichkeit verzichten mußte. Den Zeus konnte die Gesellschaft weder verstehen noch ertragen, den Geheimrat mußte sie schließlich ehren und konnte sie zur Not begreifen, und drum bediente er sich der Geheimratsmaske gern auch da wo es Übergeheimrätliches zu künden oder wenigstens ahnen zu lassen galt. Das ist seine Altersprosa: gesellschaftliche Distanz als Vor*wand einer übergesellschaftlichen, die er nicht mehr geltend machen durfte wenn er überhaupt auf Verständnis rechnete, und widerum gesellschaftliches Entgegenkommen und Herablassen als Form eines übergesellschaftlichen Mitteilungsbedürfnisses für das er keine Herzensvertrauten, keine Mit*fühler mehr um sich sah. Zu göttlich um seinesgleichen zu finden, zu menschlich um selbstgenugsam zu schweigen, zu vornehm um unter seinem Niveau zu reden, schuf er sich eine künstliche Sprache aus Elementen seines Dichtertums und den vornehmsten Formen gesellschaftlicher

Mitteilung, aus geistiger und sozialer Entrücktheit.

Ein wichtigstes grammatisches Zeichen dieses Zustandes ist zunächst der Gebrauch bestimmter Lieblingsworte als Chiffern: sie werden in Goethes Altersprosa eingesetzt wo er bestimmte typische Erfahrungen bekunden will für deren individuellen Gefühlsausdruck ihm die Sprache nicht genügt oder fehlt. Solche Worte sind: „heiter", die schon erstarrte Formel für jede Art optisch-seelischen Glücks.. „geistreich", die Formel für die Durchdringung der Materie durch die Vernunft, ungefähr was wir heute durchgeistigt, beseelt, genial nennen.. „angenehm", die Formel für jede Art sinnlicher Anziehung, ebenso sehr unsrem „reizend" „verlockend" „hold" „süß" als unsrem „freundlich" „gefällig", selbst „entzückend" verwandt.. „behaglich", die Formel für alles Genügen im gegebenen Zustand, die breite Ruhe im eignen Sein und seiner Umgebung, endlich „bedeutend".. die Formel für jeden die sinnliche Gegenwart überragenden, vertiefenden Eindruck, für das Ahnungsvolle, Sinnbildliche, Typische wie für das Wichtige, Auffallende, Erstaunliche.

An solchen Lieblingsformeln wird nur besonders klar was fast dem gesamten Wortgebrauch des alten Goethe eignet: der typische, chiffernhafte, uneigentliche Gebrauch der geistigen Wendungen, die Kluft zwischen dem Gesagten und dem Gedachten, die Erstarrung der lebendig geprägten Sprache zu Zeichen für nicht mehr unmittelbar Auszudrückendes, zur „Koteriesprache". Der Leser muß es hinnehmen daß die und die Wendung bei Goethe auf einen eignen Hintersinn weist den er verschweigt, daß Goethe bestimmte Dinge nicht einmalig ausdrückt sondern durch Chiffern andeutet als vorhanden, wie es ja das Wesen jeder Amtssprache, jeder Kultsprache und jeder Konventionssprache ist: fast alle Titel, Anreden, Gruß- und Unterschriftsphrasen, wie alle Liturgien sind erstarrte Formeln in denen nicht mehr die Vorstellung, Geste, Gesinnung die ihren Wortinhalt bildet eingefangen, ausgedrückt, gefühlt ist, sondern eine andere vorgerufen wird: z. B. „Durchlaucht" oder „Geheimer Hofrat" oder „ihr ergebenster", oder im Mund deutscher Beter „ora pro nobis".. das sind feste Zeichen, keine unmittelbaren Sprachbewegungen mehr — wie das Kreuz, die Svastika oder die Planetenzeichen keine Bilder, sondern Erkennungsmarken sind. Diesen zeichenhaften Charakter hat Goethes Altersprosa überhaupt, besonders in den Wanderjahren. Auch seine Sprache ist also allegorisch.

Damit verwandt ist die Freude an schnörkelhaften Umschreibungen, Hilfszeitworten und Hilfskonstruktionen, die nichts Eigenes und Neues enthalten, nur zwischen Vorstellung und Darstellung eine Art Puffer legen, damit Erzähler und Hörer sich nicht zu nah auf den Leib rücken: ein Zeremoniell des Sagens, ein weiteres Zeichen für Goethes Entrücktheit, für die Spannung zwischen Göttlichkeit und Geheimrätlichkeit. Selten wird der Inhalt einer Bemerkung hingesetzt ohne die Präambeln „ich bemerkte" „ich glaubte zu bemerken" „mir schien" „es war nicht zu leugnen" „ich ward aufmerksam" „es drängte sich auf" „es ist bekannt" usw. Hilfs=verben als Würde=schnörkel, breite Ausladungen mit „dürfte" „möchte" „pflegte" „sollte" „suchte" und behagliche Umstandsworte wie „völlig" „endlich" „besonders" „entschieden" „tätig" „trefflich" legen sich vor das entschei= dende Verb.. unbestimmte, mehr wertende, deutende als bezeichnende, ma= lende, aktivierende Adjektive schieben sich vor die entscheidenden Haupt= worte. Überall mußte Goethe den Leser zugleich festhalten und fernhalten, gegenständlich beschreiben und umständlich vermitteln, und seine Alters= grammatik bedient sich der Mittel der distanzierenden Amts= und Höflich= keits=sprache, um sein unsagbar Eigenes hinter Formeln zu verbergen, sein Mitteilbares durch Formeln gewichtiger zu machen.

NOVELLE

IN den Bereich der Wanderjahre, und zwar ihrer novellistischen Einlagen, gehört dem Stil, wenn auch nicht ganz dem pädagogischen Zweck nach, die letzte Novelle Goethes, neben der früheren „Die guten Weiber", einer dialogischen Anekdotenreihe wie die aus den Unterhaltungen deutscher Ausgewanderter, die einzige welche außerhalb eines Rahmenwerks als selb= ständige Erzählung veröffentlicht worden ist. Die Konzeption der Novelle fällt in viel frühere Jahre als ihre Ausführung und daher hat das Werkchen mehr den pittoresken Charakter der nach=italienischen und den mystischen der Wahlverwandtschaften=zeit als den pädagogischen der Wanderjahre= novellen. Sie gehört, mehr als diese, zu den absoluten Bildungs=poesien die aus der ästhetischen Freude an der gattungsmäßigen Ausfaltung eines Motivs, nicht aus einer seelischen Erschütterung oder einem Zweck stam= men. Schon der abstrakte Titel, Novelle, verrät daß Goethe hier das Mu= ster einer Gattung hat aufstellen wollen, nicht ein Erlebnis gestalten. Un= ter Novelle verstand er die Erzählung einer in sich abgeschlossenen wun= derbaren, aber menschenmöglichen Begebenheit, und eine solche fand er, einerlei ob durch Lektüre, eine Tagesnotiz oder durch ein Bild angeregt, in dem Jahrmarktsbrand, der Raubtierjagd und der Tierbändigung. Unver= kennbar ist darin die malerische Betrachtungsart, wie sie am Eingang der Wanderjahre, in der „Flucht nach Ägypten" sich auslebt: die moderni= sierende geheimnisvolle Wiederkehr biblischer Bildmotive, hier des Daniel= motivs, angewandt auf dieselbe innere Erfahrung die dem Wunder in den

Wahlverwandtschaften Eingang verschafft hat. Auch die Technik, übermenschliches Geschehen menschlich vorzubereiten, die persönliche Motivierung des Wunders als der geheimnisvollen Folge von menschlichen Bedingtheiten, die Hereinziehung des Unbelebten in die Aktion des Wunders ist dieselbe wie in den Wahlverwandtschaften und entstammt demselben Sinn, demselben Natur- und Schicksalsgesetzes-erlebnis welches dort zum Wunderhaften führt, nur daß hier das Wunder nicht, wie dort, von vornherein die allmähliche Kunstwerdung eines inneren Zustandes ist, sondern von vornherein vor Goethes Seele als Kunstmotiv steht, zu dem er die Gattung und die Technik sucht. Dazu kommt noch die spätere, starrere, mechanische Ausführung. Die „Novelle" ist als Musterbeispiel, als abstraktes Schema einer Novelle gemeint, als technisch vorbildliche Behandlung eines gefundenen oder erfundenen Stoffs in einer bestimmten gattungshaft abgegrenzten Technik, und ist als solche auch gelungen, ein Meisterstück bewußten Goethischen Könnens mit allen Feinheiten der ausgespitzten Technik, mit allen Ateliergeheimnissen, und selbst mit einem nachträglichen Abglanz des Wunder-erlebnisses das in den Wahlverwandtschaften noch seine spontane Bildwerdung zum erstenmal erfahren hat. Als solche Probe seiner Meisterschaft im Handwerk war die Novelle dem alten Goethe besonders ans Herz gewachsen, wie ja die durch Wissen und Können überwundene Schwierigkeit von den großen Künstlern oft als eigne Leistung höher gewertet wird denn eine schwere Geburt aus innerer Not oder die glückliche Eingebung eines fruchtbaren Moments. Uns aber, denen Kunst notwendige Bildwerdung neuen Lebens, nicht willkürliche Anwendung fertigen Könnens und Wissens, nicht praktische Kunstwissenschaft ist, haben solche Musterstücke weniger zu sagen als ihrem Verfasser, und wie die Achilleïs, die Episteln, die Sonette und der größere Teil der Goethischen Balladen geht uns auch die Novelle nur historisch etwas an: als letztes Muster für Goethes alexandrinische Gattungspoesie, wie sie seit seiner Rückkehr aus Italien neben seinen ursprünglichen Lebensgebilden und seiner Zweck- und Erziehungsweisheit oder -dichtung ihr Recht behält. Nicht das Technisch-lernbare, und sei es noch so meisterhaft, nur das Unbegreifliche an Goethes Werken, das jenseits unsrer wie seiner Willkür steht, führt uns weiter.

ECKERMANN

DIE Wanderjahre sind das bezeichnendste Greisen-werk Goethes, für sein Wissen wie für seinen Willen, mehr als seine späte Lyrik und der Faust, die, um ein Scherzwort hier umzukehren, mehr den alten Goethe als den alten Goethe bekunden. Aber die eigentliche Gestalt des erhabenen Greises lebt in uns doch weniger durch diese breite und ferne, bis zur Gestaltlosigkeit unübersehbare Leistung als durch die Form die er selbst, halb willentlich halb unwillkürlich, mit Wort und Gegenwart in der Seele eines empfänglichen Jünglings eingedrückt und aufbewahrt hat: Eckermann's Gespräche mit Goethe sind das mythische Bild des alten Goethe, gleichsam von ihm selbst geformt in dem weichen Thon dieses Hörers. Von allen Gesprächen Goethes kann man nur die mit Eckermann zu seinen eigenen Werken rechnen, der Art ihrer Entstehung und Abrundung nach. Schon bald nach der Begegnung mit dem bescheidenen bildungswilligen und ehrfürchtigen jungen Mann, der geistig reif genug war um Goethes Wesen zu ahnen, untergeordnet genug um willig zu dienen, und strebsam genug um sich in Goethes Dienst zu entwickeln, hatte Goethe in ihm einen Musterjünger erkannt und ihn nicht nur zum mechanischen Hilfsarbeiter, wie er deren mehrere hatte, sondern zum verläßlichen, aber beseelten Vertrauten, um nicht zu sagen Phonographen seiner überpersönlichen Altersweisheit ausersehen. Er empfand Eckermann als den idealen Hörer, als leibhaftigen Repräsentanten des „idealen Publikums" für das er seine Gedanken veröffentlichte, und das man als Schreibender so selten zu empfinden bekommt: den empfänglichen, nicht durch Eigensinn verwirrten, nicht durch Hintergedanken und Nebenzwecke abgelenkten, selbständig nachdenkenden aber nicht eigensüchtig fordernden, unbefangenen aber vertrauenden, gebildeten aber ehrfurchtsfähigen Leser, der ganz Ohr ist während er liest und nur den einen Willen hat: sich zu bilden, indem er dem überlegenen Geist sich hingibt, offenbare sich ihm dieser als gedrucktes oder gesprochenes Wort, als tote Autorität oder gegenwärtige Gestalt.

Die ganze Generation welcher seine „Wanderjahre" zugute kommen sollten sah Goethe in Eckermann als einem guten Durchschnittsexemplar, einem bildsamen Muster vor sich, und zog ihn mit der Güte und dem Selbstsinn des überschwenglich Reichen in seinen Bezirk, mit demselben Entgegenkommen und derselben Distanz, so vertrauend und so verbergend wie er sich in den Wanderjahren dem unsichtbar idealen Publikum mitgeteilt hatte. Hier hatte er einen Zögling vor sich den er förderte, wenn er ihn nutzte (einerlei ob Eckermann dies immer einsah, da er sich manchmal zu produktiv vorkam um ganz als Goethes Geschöpf sich zu genügen) und Goethe nutzte ihn nicht nur zu Privatzwecken sondern behandelte ihn als Anlaß zu einem großen Altersweisheitswerk, zu einem über seinen Tod hinausreichenden Evangelium. Und soviel beweglicher, wärmer, leichter, spontaner das an einen lebendigen Menschen gerichtete Wort ist, sei es immerhin als Kundgebung an die Ewigkeit über den Hörer hinaus gemeint, verglichen mit dem schon abstrakt und druckreif geborenen Zweck- und Lehrwort für ein nicht gegenwärtiges Publikum*): soviel sind die Eckermann-gespräche gegenwärtiger, soviel näher an Goethe selbst, soviel seiner unverlierbaren Gestalt und Gebärde teilhaftiger als die pädagogischen und didaktischen Teile der Wanderjahre. Hier lebt der Augenblick, der Anlaß, und der weise hohe Zweck belebt sich durch die sinnliche Gegenwart, die sinnliche Gegenwart verewigt sich durch den erhaben überschauenden Sprecher. Eckermanns Gespräche gönnen uns Goethes letzte Weisheit als augenblickliche Gebärde, als unmittelbaren Ausdruck seiner atmenden Gestalt, wie wir sie sonst nirgends mehr finden, es sei denn in einigen Stellen seiner höchsten Alterslyrik und des Faust. Überall sonst ist sie durch absichtliche Distanzen, Stil, Diktat, Druck, abstrakter, ferner, starrer geworden.

Die Gespräche mit Eckermann sind kein gedrucktes Lehrbuch und keine gesammelte Weisheits-ernte sondern ein Evangelium, d.h. die von der Gegenwart des Verkünders selbst unmittelbar hervorgebrachte, mit ihr durchdrungene, von ihr untrennbare Stimme einer heiligen Gestalt. Daß sie Stimme, nicht Schrift sind, und doch die Unvergänglichkeit der Schrift mit der Spontaneität der Stimme, die Festigkeit des Buchs mit dem Atmen der Person vereinigen, bildet ihren Zauber, über ihren Inhalt hinaus. Die Gedanken die in den Gesprächen vorkommen (mindestens die Gedankenkreise) kennen wir auch aus Goethes Altersbüchern, sie sind dort sogar zum Teil entschiedener, endgültiger formuliert: aber die Gestalt zu diesen Gedanken bewegt sich nirgends so geheimnisvoll offenbar vor unsren Sinnen wie hier, nirgends sonst war Goethe so bedacht für den gegenwärtigen Hörer und für die dahinter horchende Ewigkeit zu sprechen, und beide haben ihn vernommen wie er vernommen werden wollte. Das bleibt Eckermanns unsterbliches Verdienst daß er so rein-empfängliches Ohr für Goethes Stimme sein konnte.. und der leise Hauch von Komik über seiner Figur, der stärker wurde, als er nur noch leeres Ohr ohne die erhaben füllende Stimme war, nach Goethes Tod, sein verdrießliches Überleben, da er nur zum empfänglichen Jüngling und nicht, wie er manchmal wähnte, zum produktiven Mann geboren war, das fröstelnde Nachwandeln und Nachzehren im göttlichen Schatten des entrückten Meisters — das war der hohe Preis den er für seine Evangelisten-unsterblichkeit zahlen mußte. Aber nicht uns kommt es zu ihn wegen dieses hohen Preises zu belächeln: wir danken dieser seiner be-

---

*) Nachteil fast aller gedruckten neueren Zweck- und Lehrrede, gegenüber der antiken markt-geborenen, der französischen salon-geborenen, und allenfalls der Lutherischen kanzel-geborenen.

scheidenen Tugend, seiner Beschränktheit und seiner Tragikomik eines der
schönsten Bücher und mehr, eines der erhabensten Bilder.

FAUST II

GOETHE konnte sein Werk und seine Gestalt als abgeschlossen betrachten, seine sichtbare Wirksamkeit und den Raum den sie erfüllte, sobald oder sooft er den jeweiligen Zustand seines Lebens, sei er Gefühl, Schau oder Erkenntnis des Alls, im Einzelnen oder im Ganzen, mit seinem Ausdrucksmittel, der Sprache, verewigt hatte. In diesem Sinn war er jederzeit fertig und zum Aufbruch bereit, sein Leben mochte mit dem Werther oder mit den Wanderjahren aufhören. Was ihm zum Bilde werden konnte galt ihm als vollendet, und alles zum Bild, oder wenigstens zu Zeichen und Formel, zu machen, zur Helle und Gestalt zu gelangen war Trieb und Streben seines ganzen Lebens. Dies Leben selbst, nicht in seinen sukzessiven Zuständen, sondern als Trieb, Streben und Werden, das Ganze des Stroms, das Strömen, nicht seine einzelnen Wellen und Wendungen, festzuhalten, zum Bild zu machen und damit zu vollenden: das war die einzige, als solche von vornherein unlösbare Aufgabe die Goethe mit dem Faust zu lösen gedrängt war. Unlösbar, weil sein Leben selbst, sowohl wie er es führte als wie er es empfand (als Gelebtes und als Erlebtes) solang es dauerte, ein Werden war, und er schon einen Standpunkt jenseits dieses Lebens hätte haben müssen, um es vollendet anzuschauen. In dem Augenblick da er es als Bild empfand (das heißt als Ruhendes „Verweilendes") hatte er es bereits gefälscht, in dem Augenblick da Faust dem ewigen Werden und Drängen Stillstand gebot, um es als Schönheit jenseits seiner selbst zu betrachten, hörte er auf Faust zu sein, hörte er auf zu sein, also für ihn: zu werden, zu streben. Denn Faust ist nicht nur ein strebender Mensch der zu dieser oder jener Form, zu diesem oder jenem Ziel gelangen will, er ist die Menschwerdung des Strebens (seelisch gesprochen) oder des Werdens (kosmisch gesprochen). Zum Begriff des Werdens gehört daß es sich der Bildwerdung als Ganzes widersetzt, wie zum Begriff des Goethe-Faust gehört daß er, solang er lebt, ein menschgewordnes Werden bleibt.

Dies kosmische Werden, dem begrenzten Menschen einverleibt, droht ihn zu zersprengen und wirkt in seinem Bewußtsein als Drang nach Erlösung und als Streben nach den Mitteln oder Zielen der Erlösung, die je nach Art und Stufe des Erlösungsbedürftigen wechseln, und immer nur vorläufige Illusionen sein können, da ja eben der kosmische Grund des menschlichen Strebens, das unendliche Werden, die endlichen, d. h. menschlich zeit- und raumbedingten Mittel, wie er sie erschafft so auch vernichtet und überdauert. Goethes Drang nach Erlösung äußerte sich als Drang des Ichs nach Weltwerdung, nach Erweiterung seiner raum=zeitlichen Menschen= kraft zu der ihn spannenden und sprengenden Allkraft, welche er ja eben als ewiges Werden erfuhr. Die Mittel dazu wechselten mit seinen Jahren: bald sah er im Wirken, bald im Schauen, bald im Erkennen den Weg zur erlösenden Einswerdung mit der Werde=Gottheit .. aber unabhängig von seinen wechselnden Deutungen des Erlösungswegs, von seinen Illusionen, blieb seinem Streben das Bedürfnis und die Kraft eingesenkt zu sagen was er leide, von dem Druck im Anschauen seiner Zustände, im Gestalten seiner Wirkungen für Augenblicke auszuruhen, und so auch das allüberdauernde Werden, den kosmischen Grund seines menschlichen Lebens, zu offenbaren, soweit Unendliches mit endlichen Zeichen oder Sinn=bildern sich offen= baren läßt.

Daß es sich nicht ganz ins Bild, d. h. in Ruhe bannen ließ, daß sein menschliches Streben mit dem kosmischen Werden nie — weder in der Tat noch im Bild — eins, also nicht erfüllt, hienieden nicht erlöst werden könne, das hatte Goethe von Illusion zu Illusion immer wieder erfahren müssen, das ist der letzte Grund seiner Entsagung, die mit zunehmender Höhe und Helle immer endgültiger wurde. Die ihm gemäße Art der Erlösung, Einheit seines menschlichen Lebens mit dem kosmischen Leben, welches ewiges Werden ist, scheiterte an der menschlichen Bedingtheit, von der die soziale Einschränkung des Allerweiterungswillens nur ein Zeichen ist — das ist sein sittlicher Verzicht: bewußte Einordnung in die zu engen Grenzen. Und die ihm gemäße Art der gestalterischen Entladung, die Wiedergabe des kosmischen Werdens und des unendlichen Strebens in einem mensch= lichen Sinnbild, scheiterte an der Unzulänglichkeit der menschlichen Aus= drucksmittel und Zeichen, die nur für Gewordenes und Werdendes aus= reichen, aber nicht für das ganze Werden selbst — das ist sein ästhetischer Verzicht: daß er sich begnügen mußte mit allegorischer Andeutung, statt symbolischer Gestaltung des ewigen Problems dessen Gestaltung seine Lebensaufgabe war, daß er das in sich Unendliche doch nur vorläufig äußer= lich, nicht innerlich abschließen mußte, daß er das ewige Werden nur als eine Bilder=reihe, das unsterbliche Streben nur als einen strebenden Sterb= lichen zeigen mußte. Das vielleicht unbewußte Denkmal dieses ästhetischen Verzichts ist der Faust durch seine Form, wie er das bewußte Denkmal des sittlichen Verzichtes ist durch seinen Inhalt.

Es ist (und zwar gerade von Goethes, nicht von unsrem Anspruch aus) sittlicher Verzicht und nicht Erfüllung des ursprünglichen Fausttums, wenn er, der sich zum All erweitern wollte, wenn der kosmische Titan nach un=

befriedigter Weltdurchfahrung den höchsten Augenblick erlebt in einem ob auch noch so fruchtbaren Staatsdienst*), und es ist ästhetischer Verzicht, wenn wir das Schlußwerk Fausts als vollgültiges Sinnbild für die seelische Weltdurchdringung und Weltbeherrschung nehmen sollen: Faust endet, der sinnlich dichterischen Gestaltung nach (auf die alles ankommt, mag der allegorische Hintersinn sein welcher er wolle) als Spezialist, wie Wilhelm Meister, nur mit höherer Haltung und Stellung, und er war angelegt als Allumfasser, wie seine Brüder Mahomet und Prometheus. Es ist hier nicht die Frage ob eine andre Lösung dieses Problems möglich war — wir wissen seiner Natur nach keine bessere: aber die vorliegende Lösung ist eben Verzicht. Es ist metaphysischer Verzicht, sobald man den Schluß im Himmel wörtlich nimmt, wenn der Prometheus, der Gott trotzen oder Gott werden mußte, emporgezogen und entsühnt wird durch das Ewig-Weibliche, d. h. das ewige Sehnen, in den Schoß der göttlichen Liebe, und statt durch Vergottung sich durch Verzückung, also Entselbstung erlöst, und durch Entweltlichung statt durch Weltwerdung. Und es ist ästhetischer Verzicht, falls man ihn allegorisch nimmt, wenn Goethe sich dieses christlichen Gleichnisses, des Himmels, bedienen muß um ein nichtchristliches Erlebnis zu vergegenwärtigen.

Wenn wir Fausts Ende als einen Verzicht Goethes empfinden, als Zeichen wie als Bekenntnis eines Verzichtes, so heißt das nicht daß wir etwas daran zu vermissen haben, ebenso wenig wie an Goethes Leben überhaupt, wenn wir es als entsagendes verstehen, laut Goethes Bekennen und — Verschweigen: es heißt nur daß das von Goethe mit Werk und Wesen Erreichte, so unerreichbar hoch es uns bleibt, seiner eignen ursprünglichen Idee vom Erreichbaren, welche Verzicht ausschloß, nicht genügte, daß er seine große Leistung empfand als sei sie durch das Opfer noch größerer dem Schicksal, den Gesetzen, dem tragischen Untergang abgekauft, als hätte er sich seiner ganzen angebornen Fülle nach auswirken können, wenn er die Grenzen gesprengt und dadurch dem tragisch-heroischen Untergang sich ausgesetzt hätte, oder wenigstens in die ganze tragische Hölle deren Grauen er ahnte eingedrungen wäre wie Dante und Shakespeare, auch ohne die Vorgewißheit ob er heil wieder herauskommen werde. Da er das nicht wußte, hat er es nicht getan und lieber seine gottgegebene Kraft innerhalb der menschlichen Grenzen genutzt, ohne bis ans Ende der Leistung zu gehen die nur mit dem Weg bis ans Ende des Leidens zu erkaufen war. Er hat dafür die Qual der Entsagung auf sich genommen, die jede höchste Kraft

---

*) Wie es Verzicht und nicht Erfüllung ist, wenn Wilhelm Meister, nach Absolvierung seines Weltkursus zu harmonischem Menschtum, ein Wundarzt wird.

als Preis an Eros und Daimon zahlen muß, wenn sie nicht mit ihrem Leben oder mit dem Tod zahlen will, mit Martyrium oder Untergang, wie die Heiligen und die Helden.

Der Faust ist das Gleichnis seines Lebens das mit dem Anspruch auf völlige Auswirkung seiner selbst um jeden Preis bis zum heroischen oder tragischen Untergang anhebt und das mit dem Verzicht zugunsten der begrenzten, aber menschlich nutzbaren Auswirkung schließt: er ist das nicht durch eine einmalige Konzeption die von innen her sich planmäßig entwickelt und etwa das Schicksal dieses Verzichts als einen tragischen Fall darstellt, wie der Tasso oder die Wahlverwandtschaften, vielmehr grad seine Geschichte durch zwei Menschenalter hindurch mit den Wandlungen der ursprünglichen Konzeption macht ihn zum Gleichnis. Nicht nur die Erlebnisse die es behandelt, sondern das Leben das dieses Werk als selbständiges Gebilde führt, gibt die Kunde von Goethes Verzicht. Während Goethes andre Werke die jeweiligen Probleme seiner Lebensaugenblicke oder Lebensstufen darstellen, ist der Faust das Gesamtzeugnis des Daseins kraft dessen überhaupt jene Probleme bestehen und sich wandeln .. nicht nur Probleme seines Lebens — nein, sein Leben als Problem, als Problemreihe, ja die Abwandlung der Augenblicke und Stufen mit ihren Einzelproblemen gibt ihm den Inhalt, ist seine Geschichte und bestimmt seine Form.

Der Ur-faust war entstanden, als Goethes Welterweiterungsdrang, sein mit ihm selbst einfürallemal gegebenes Streben nach Allheit, Unendlichkeit, Ewigkeit, zum erstenmal in tragischen Konflikt geriet mit seinem Wunsch auszuruhen im menschlich beschränkten und beschränkenden „schönen Augenblick" den ein geliebtes Mädchen verkörperte: die Gretchen-tragödie, der Kern der Fausthandlung, keimt aus dem Gefühl der Schuld über die (kraft seines Alldrangs, seines Lebensgrundes) notwendige Zerstörung oder Entwertung jedes schönen Augenblicks worin er die sprengende Ewigkeit vergebens zu fassen oder zu vergessen suchte. Damals konnte Goethe sein ganzes Leben sehen als eine einzige Spannung zwischen seinem unendlichen Streben und seinen endlichen Augenblicken, zwischen dem ewigen Trieb und den zeitlichen Werten des Menschen, und das Gretchen wuchs aus dem bürgerlichen Trauerspiel heraus zum Sinnbild für des titanischen Goethe Opfer: daß er das jeweils Liebste, was ihm das Leben erst lebenswert machte, von Augenblick zu Augenblick zerstören mußte kraft dieses Lebens selber. Mephisto war ihm damals vor allem der Zerstörer der schönen Augenblicke, d. h. der dem irdisch bedingten Menschen in ihm ebenso notwendigen als dem ewigkeitsdurstigen unendlich strebenden Menschen in ihm unerlaubten Illusion, er finde je im Augenblick die Ewigkeit.. Mephisto war der Entwerter jeden Glücks worin er sich verewigen wollte und wiederum die stets drohende Gefahr: im bedingten Glück das der arme Teufel bieten konnte, im Verzicht sich selbst, sein unsterbliches Wesen und seinen göttlichen Wert, zu verlieren: das bedeutet der Pakt.

Diese tragische Spannung zwischen seinen Bedürfnissen und seinen Kräften, seinem Lieben und seinem Streben, seinen Wünschen und seinem Wissen, seinen Augenblicken und seiner Dauer ließ nach, sobald Goethe seinen Drang nach Allwerdung nicht mehr im gefühlsmäßig leidenschaftlich ergriffenen Augenblick ausleben, das All nicht mehr umsonst und enttäuscht oder zerstörend im einzelnen Seelenerlebnis ungeduldig erfahren wollte, sondern als geordneten Kosmos allmählich zu schauen und zu durchdringen bereit war.. sobald die Relativität der schönen Augenblicke für ihn keine Erschütterung, Qual, Tragik mehr bedeutete und ihr repräsentativer Wert ihm genügte. Mit der italienischen Reise war der Tragik des Ur-faust die Spitze abgebrochen: diese Tragik hatte den Titanismus Goethes zur Voraussetzung, die Ungeduld, das Ungenügen am Wissen und Forschen, die Alles- oder -Nichts-stimmung des Gefühlsüberschwanges, dem alle Weisheit Seele und Selbstgefühl werden soll, alle Seele Wirkung und Welt. Diese Voraussetzung hatte die weimarisch-italienische Enttitanisierung Goethes aufgehoben. Sein Streben nach Allwerdung und seine Bedingtheit im Irdischen waren geblieben, aber die Mittel zur Verwirklichung hatten sich gewandelt und konnten ihn nicht mehr zu Gretchentragödien führen. Faust und Mephisto, die verkörperten Pole seines Lebens, waren noch nicht ausgeschöpft, aber ihre Spannung und der Raum zwischen ihnen war nach der italienischen Reise anders geworden. Was Goethe in und hinter Italien noch am ersten Teil des Faust gearbeitet hat, außer dem stilistischen Umguß, war nicht nur die nachträgliche Ausfüllung von Umrissen die ihm seit der Konzeption der Gretchentragödie vorgeschwebt hatten, Voraussetzungen und Ergänzungen der Gretchentragödie, sondern vor allem Erweiterungen der Gretchentragödie zum Faustdrama, der Fausttragödie zu seinem Lebensgleichnis, seines Lebensgedichtes zum Weltmysterium.

Erst in der Zeit zwischen dem Ur-faust und dem Fragment 1790 ist Goethe die ganze Fruchtbarkeit der Faustidee, ihre Sinnbildlichkeit nicht nur für eine Krise seines Lebens, sondern für dies sein Leben selbst, voll bewußt geworden, und jetzt erst arbeitet er am Faust mit dem vorausschauenden, langatmigen, durchhaltenden Willen darin sein ganzes Leben auszudrücken. Denn der Ur-faust ist noch die einmalige Beichte einer Herzenskrise wie der Werther und enthält nur den tragischen Seelenzustand des jungen Titanen. Das Friederike-Gretchen-erlebnis war für den Dichter des Ur-faust wenn nicht der Hauptgrund und Inhalt seines Faustgedichtes so doch der Antrieb zur Beichte und der Gegenstand woran ihm seine Fausttragik als Schuld und Lebensfluch erst deutlich ward. Einmal herausgestellt ward ihm freilich die Gretchentragödie — ursprünglich das Sinnbild seiner Lebensfluchs, — zu einem Gleichnis unter anderen und zog nicht mehr die ganze Problematik Fausts allein auf sich: die Schuld Fausts an Gretchen wird eingeordnet einer umfassenden Weltschau in der alles auf Faust, wenig mehr auf Gretchen ankommt.

Schon die Zusätze die das Fragment über den Ur-faust hinaus enthält sind Verselbständigungen des Faustproblems gegenüber dem Gretchenstück, in dessen dramatischen Dienst fast die ganze Szenenführung des Ur-faust steht. Das Gespräch zwischen Faust und Mephistopheles „Und was der ganzen Menschheit zugeteilt ist" enthält zum erstenmal die bewußte Ausfaltung des Ur-gegensatzes der beiden, ohne Rücksicht auf das Gretchenstück, der Höhlenmonolog zieht die Naturschau des Faust in den dumpferen Bereich seiner bloßen Leidenschaft herein und erweitert die dramatische Beichte einer Schuld zum philosophischen Bekenntnis eines Glaubens.

Überhaupt erst im Fragment wird aus dem Ur-faust der geistige Grund von Goethes Leidenschaft, sei sie Weltschmerz oder Liebe, dichterisch herausgehoben, der dramatische Ausbruch als Ausdruck von Seelenkräften, als Weltgefühl, als Glaube begriffen und gezeigt, die einmalige Krise zum ewigen Sinnbild, dramatisch gesprochen: verblaßt, philosophisch gesprochen: verklärt — kurz, der Faust wird zum bewußt-philosophischen Gedicht. Denn erst in den Jahren zwischen Ur-faust und Fragment war Goethe von der gefühlsmäßigen Vorwegnahme seines Welt- und Lebens-sinnes zur bewußten Deutung, vom Weltgefühl zur „Welt-schau", über den naiven Selbstausdruck hinaus zur Selbstschau und Selbstwertung gelangt.

Dieser Prozeß, dessen Anfänge wir in den Zusätzen des Fragments schon erkennen, ist vollendet beim Abschluß des ersten Teils. Was im Ur-faust dumpf keimhaft in den Gestalten angelegt war, was zum erstenmal im Fragment als Bewußtsein hervorgeholt wird, die eigentliche Idee des Faust als philosophisches Weltgedicht und Selbstdarstellung des Goethischen Gesamt-Seins, ist im I. Teil entfaltet, ausgesprochen, abgerundet: Die Einordnung der ursprünglich selbständigen Gretchentragödie ins Ganze der ewigen Spannung deren dumpfes Symptom sie war, die allseitige Durchbildung und Durchleuchtung des Kampfs zwischen Faust und Mephisto, die Erhebung des Seelendramas, des Menschengeschehens, zum kosmischen

Mysterium. Faust und Mephisto sind jetzt erst als Weltkräfte gedacht und gedeutet, und ihr Gegensatz — ursprünglich das Sinnbild einer leidenschaftlichen Seelenspannung des jungen Goethe — hat sich ausgeweitet zum Weltgeschehen, wie ja jedes Weltbild die Projektion einer menschlichen Erfahrung ins All, jede Weltdeutung nur die Ausstrahlung einer Erlebnisart ist. Diese Erhöhung des Faust zum Mysterium (einer Dichtung die nicht nur von der menschlichen Seele sondern von den göttlichen Mächten handelt) wird vollzogen und sichtbar durch den philosophisch weitaus wichtigsten Zusatz des vollendeten ersten Teils: den Prolog im Himmel. Die andren Zusätze, der zweite große Monolog, der Osterspaziergang, der Fluch und der Pakt, die Walpurgisnacht, sind nur weitere philosophische Vertiefungen oder sinnliche Füllungen des Fragments, ändern aber dessen Grundanlage nicht mehr, wie die Zusätze des Fragments zum Ur-faust Anlage und Sinn verändert hatten. Es sind, für sich betrachtet, weitere entscheidende Bekenntnisse aus dem einen Grundkonflikt, die verschiedenen Wendungen der all-durstigen Seele gegen die Erscheinungsformen der Welt die jetzt nicht mehr in Bausch und Bogen als Ganzes genommen oder verworfen, sondern eben — kraft des neuen in Italien erlangten Verhältnisses zum Augenblick — am Einzelnen geprüft und von dem absoluten Streben gerichtet wird: die Natur als Schöpfung und als Landschaft, der Glaube, Ruhm, Reichtum, Macht, Schönheit, der Rausch, Traum, Zauber und Wahn, kurz alle Güter, Verführungen, Betäubungen, Erhebungen, alle Formen und alle Surrogate des schönen Augenblicks werden jetzt im ersten Teile als Erlebnisse wie als Werte, vom Wunsch wie vom Wissen und Streben aus herangeführt, als Stoffe, Bilder und Opfer des Faust-wesens, während im Ur-faust noch das enttäuschte Suchen und die geopferte Liebe fast die einzigen Repräsentanten des ungenügenden Alls, die zwei Grundformen des Weltschmerzes erschienen waren .. und erst im Fragment erweitert der Sinn für die Natur und für die Gottheit den Bereich dieses Weltschmerzes. Doch während jene neuen Szenen, Ergebnisse des italienischen Objektivierungs-prozesses, nur den im Fragment eroberten Bereich erweitern und füllen, dadurch zugleich die Symbolik verdeutlichend und die sinnlich-seelischen Keime des Faust entfaltend, verändert der Prolog im Himmel die ganze Perspektive dieses Bereichs selbst, und ist nicht ein einzelner Zusatz zum Vorhandnen, sondern eine Umdeutung des Ganzen.

Mit dem Prolog im Himmel hat Goethe einen archimedischen Punkt jenseits des ursprünglichen Faustproblems erreicht und schaut die seelische Spannung als einen kosmischen Vorgang. Sein eignes Leben, dessen innerer Druck, dessen äußerer Gang ihn zu Beichte und Bild drängte, wird hier gleichsam mit den Augen Gottes betrachtet .. was ihm die Welt bis zum Rand ausgefüllt hat wird eingereiht in einen göttlichen Plan, das menschliche Leiden, Streben, Irren wird überwölbt von der göttlichen Vor-sehung (Voraus-sehung) und der Bekenner selbst ist es der sich den göttlichen Blick über all seinem menschlich zu Bekennenden errungen, der den ewigen Sinn seiner Erdenbahn sich erschlossen hat.

Die erhabenen Engel-chöre vernehmen zu können, in die Wette zwischen Gott und dem Teufel, dem Schöpferischen und dem Begrenzenden, dem unbedingten Ja und dem bedingenden Nein, eingeweiht zu sein, den Plan und den Sinn des faustischen Drängens und Ringens in ewiger Ruh vorauszuwissen: das setzt bereits die Entrücktheit Goethes über die tragische Grundspannung voraus aus welcher der Ur-faust empfangen, in welcher das Fragment fortgesetzt, zu deren Verewigung der erste Teil vollendet wurde. Hätte der Prolog im Himmel, so wie er dasteht, auch nur gedacht werden können vor dem Abschluß des ersten Teils, so wäre die ganze Gretchentragödie und das Fragment als Bekenntnis, als dramatische Selbstgestaltung, weil als Erlebnis, nicht möglich gewesen. Der Prolog und der Ur-faust als gleichzeitige Konzeptionen schließen sich gegenseitig aus, weil nur aus dem absoluten Gefühl seines faustischen Leidens und Fluchs, aus dem all-ausfüllenden, allartigen Druck der Ur-faust, nur aus der überlegenen Einsicht in die Relativität dieses Drucks der Prolog entstehen konnte. Aus dem suchenden Blick von innen nach außen ist das Weltbild des Ur-faust entstanden, und das allmähliche Hell-und-weitwerden, die raumöffnende Gewalt dieses Sucherblicks erkennen wir an den Erweiterungen des Fragments und des ersten Teils. Mit dem Prolog im Himmel ist der Blick von außen nach innen, von oben herab erreicht, und das Faustdrama aus dem Ausdruck eines unvergänglichen, d. h. als allhaft empfundenen Menschen-erlebens zum Gleichnis eines göttlichen Geschehens, zu dem vor Gott vergänglichen Gleichnis, geworden. Der Prolog im Himmel ist künstlerisch die verklärende Überwölbung des bewegten Faustdramas, das Paradiso des Goethischen Inferno, der ruhevolle Regenbogen über oder vor dem tosenden Wasserfall der faustischen Tragik. Er ist philosophisch die endgültige Maßgebung von der ewigen Gottesidee aus, die Wertung des Faustproblems von den göttlichen Gesetzen, vom unbedingten Ja aus[*]).

Das Faustische selbst war freilich mit dem ersten Teil so wenig erledigt wie Goethes Leben, dessen Abdruck er ist. Doch wie sein Raum, seine Gegenstände und Äußerungsarten sich enttitanisiert, objektiviert, auseinander-

---

[*]) Wie im Westöstlichen Divan das Buch des Paradieses die Wertung der Hafis-haltung und der Suleika-erlebnisse enthält.

gelegt, panoramisiert hatten, so mußte der Faust als Sinnbild des neuen Goethe jetzt nicht nur eine andre Welt um sich her suchen, finden oder schaffen als der titanische, sondern dieser Welt selbst auf eine neue, durch das Relativnehmen des schönen Augenblicks bedingte Weise begegnen. Das metaphysische Zeugnis für diesen Relativismus ist der Prolog: schon er verkündigt einen Zustand und eine Gesinnung welche den Faustgedanken, das wenn auch verwandelte so doch unverminderte Streben nach Allwerdung, nicht mehr als einmaligen tragischen Vorgang, sondern nur als vielfältige Bilderreihe, als Maskenzug würde auswirken können. Wir haben aber auch noch ein ästhetisches Zeugnis für diesen Relativismus gegenüber dem schönen Augenblick, gegenüber dem eignen Faustgedicht als dem Bekenntnis des nun überwundenen tragisch-titanischen Weltgefühls: das Vorspiel auf dem Theater.

Den Blick von außen und oben den Goethe im Prolog auf sein Fausterlebnis, auf das faustische Problem wirft, tut er im Vorspiel auf die Gestaltung dieses Problems, auf die Faustdichtung, auf das von ihm losgelöste, aus ihm herausgestellte Werk. Wie er im Prolog, als Gott über und als Mephisto außer dem Fausttum in dem er einst gesteckt, den kosmischen Wert seiner einst absolut erlebten Zustände mit dem absoluten und dem relativen Maße prüft, so verteilt er sich hier in drei Gestalten: den absoluten Dichter, dem das Werk Selbstzweck, notwendiger Ausdruck seines vollen Lebens ist, den Theaterdirektor, dem es nur Mittel für irgendeinen außerhalb des Dichters und des Werks liegenden (an sich gleichfalls berechtigten) Nutz- Lehr- oder Unterhaltungszweck ist, und die lustige Person, der es weder Zweck noch Mittel sondern bloße Erscheinung ist, ein Außerhalb zum unverantwortlichen Glossieren. Der Prolog im Himmel handelt vom Wert des Lebens, insbesondre der Goethisch-faustischen Form des Lebens, das Vorspiel auf dem Theater handelt vom Wert des Dichtens, insbesondre der Goethischen Art des Dichtens, als seines unwillkürlichen Lebensausdrucks, als seines Beichtens. Es ist nur folgerichtig, wenn Goethe gerade der Dichtung welche das Ganze seines Lebens ausdrückte die beiden wertsetzenden, einordnenden Prologe vorangeschickt hat, von denen der eine Antwort gibt auf die metaphysische Frage: was bedeutet dein Leben vor Gott? was ist der Wert deines Strebens? und der andre auf die ästhetische Frage: was hat es für einen Sinn dein Leben dichterisch auszudrücken? vor wem und für wen bist du Verkünder deines Lebens? Da für Goethe Leben und Dichten nebeneinander und untrennbar gegeben waren, so hat er die Fragen nach ihrem Wert gleichzeitig gestellt und beantwortet, und wo konnte dies sinnvoller und endgültiger geschehen als bei der Erscheinung seines Gesamtgedichts, welches das Material für die metaphysische wie für die ästhetische Wertfrage am vollständigsten darbot!

Die Stellung und die Beantwortung beider Wertfragen setzt bereits den Überblick über die Problemmasse, die Relativität der Beichte, und wenn nicht den Abschluß mit der Welt überhaupt, so doch den Abschluß mit einer bestimmten Art des Welterlebens voraus. Der Faust der den Untergang Gretchens überlebte war in Goethes Geist bereits, wie uns der Prolog im Himmel schon durch sein Dasein, durch seine Möglichkeit zeigt, aus dem subjektiven Weltempfinden in den objektiven Weltraum entrückt. Wenn er noch weiter lebte (und sein Dasein war mit Goethes Dasein gegeben) so mußte er, um unendlich zu werden, im anerkannten Endlichen nach allen Seiten gehen: denn erst für diesen Faust gab es ein Endliches als positiven Wert, ein Relatives das er ertragen konnte, einen Verzicht der kein Teufelswerk war. Und erst der Goethe der neben dem absoluten Anspruch des Dichters den relativen des Theaterdirektors und den ironischen der lustigen Person gegenüber seinem eignen Lebensausdruck fassen und formen konnte war geduldig und resigniert genug um sein Stück in Stücken fortzusetzen, d. h. als Bilderreihe, als Maskenzug, mit dem Verzicht auf unbedingte Allheit zugunsten einer relativen gleichnishaften Vollständigkeit. Der Prolog im Himmel bezeugt die seelische Bereitschaft Goethes für den neuen Gehalt des Faust als eines Gedichts von seiner Weltwerdung, und das Vorspiel auf dem Theater die Bereitschaft Goethes für die neue Form des Faust als einer nur gleichnishaften Wiedergabe einer ganzen Schöpfungsbreite. Beide Prologe gelten weniger dem bereits vollendeten ersten Teil als dem Zustand aus dem heraus er fortgesetzt werden mußte: sie sind Vorzeichen des geforderten zweiten Teils.

Goethe hat später das vom titanischen Ich erlebte All, das im ersten Teil dargestellt war, nicht mehr als objektive Welt sondern als subjektive, selbst „fratzenhafte" Zustände empfunden, und so sehr auch das Gesamtbild seines Lebens diese ihn einst ausfüllenden Zustände festhalten mußte: wichtiger war es ihm die Überwindung dieser Stufe zu vergegenwärtigen, die „höheren Zustände" welche zugleich die Mittel, die Zeichen, der Vorgang und das Ergebnis der Überwindung, d. h. der wirklichen Weltwerdung Fausts waren. Goethes ganze Entwicklung seit dem Ruf nach Weimar hat uns diese Mittel gezeigt, und beinah jedes dichterische Einzeldenkmal der sukzessiven erzieherischen Krisen, Erfahrungen oder Umgebungen wird ergänzt und erläutert durch entsprechende Teile des Gesamtdenkmals. Wie auch immer anderweit die verschiedenen Schichten der Goethischen Reife sich abgesondert haben: in Faust II finden wir sie alle zusammen wieder, nebeneinander und nacheinander, und wenn auch kein in sich einfaches Gebild, so doch ein einheitliches Bild der vielfachen Wandlungen. Die zeitliche Einheit des Faust II ist nicht mehr die des Erlebnisses (wie es noch die des ersten Teils war, mochte dies Erlebnis sich auch auf das ganze Sein, auf die Tatsache, nicht nur auf einen Inhalt des Lebens erstrecken) sondern des Lebens selbst, d. h. der Gesamtreihe und Fülle aller Erlebnisse. Die räumliche Einheit des Faust II ist jetzt erst, wie das Vorspiel versprach, die Welt als ein selbständig äußerer Schauplatz, nicht nur als Ausstrahlung von Fausts Seele. Jetzt erst wird ihm die Welt Aufgabe und Wirkungsraum, Schau‑platz und Gegen‑stand, nicht nur Spiegel, Brennstoff oder Gegenwirkung seines Ich. Jetzt erst ist die Natur ausgefaltet zu malerisch, ja geologisch gesehener Landschaft, die ihre Formation nicht erst von der Stimmung des Beschauers empfängt, sondern selbständiges Werk gesetzlich waltender Kräfte ist. Der Erdgeist — Verdichtung der nur gefühlten Schöpferkraft der Natur — ist verdrängt durch die Werkmeister der erkannten Gesetze, wie Seismos, oder durch die Elementargeister die den ausgebreiteten Raum beleben: das Leben der Natur ist im zweiten Teil unabhängig von dem Erleben des Beschauers, ist vor ihm da. Seismos und die Elementargeister der klassischen Walpurgisnacht wären auch ohne Faust: der Erdgeist ist ein Anspruch von Fausts Seele an die Natur. Die Landschaft beim Osterspaziergang, die Höhle, selbst der Brocken sind Projektionen von Fausts Wesen in die Natur, gehören mit ihm zusammen, er sucht sie nicht, er findet, ja schafft sie, und wie sein Studierzimmer, wie Gretchens Garten, Kammer und Kerker bewirken und stimmen nicht sie ihn, sondern er sie: sie sind der Raum den er mit sich trägt, oder der entsteht wo er hinkommt, oder den er mit seinem Schicksal verwandelt und sprengt: „der Raum den seine Wirksamkeit erfüllt" und überfüllt.

Erst im zweiten Teil ist er der all‑suchende, all‑besuchende Mensch, in den verschiedenen gegebenen Räumen zu Gast, wandelt darin umher, und empfängt in, ja von ihnen seine jeweiligen Schicksale — Linderung, Erhebung, Erkenntnis, Liebe, Pflicht, Tätigkeit, Tod, Erlösung, ohne sein mitgebrachtes Schicksal ihnen aufzudrängen, in sie hineinzuleben.

Wir sehen an Fausts neuer Stellung im sinnlichen Raum den Weg des vorweimarischen Naturerwühlers Goethe zum späteren Naturbetrachter und Naturforscher sinnbildlich abgedrückt. Die vorwegnehmende Ungeduld die sich im ersten und zweiten Monolog des ersten Teils ausspricht, die versunkene Natur‑innigkeit des Höhlenmonologs, das Hereinreißen oder Eintauchen oder Überfließen der bewegten Seele in die bewegte Natur, ist einem ruhigen Verweilen, Beschauen, Durchmessen des nach ewigen beweg‑

lichen Gesetzen waltenden kosmischen Raumes gewichen, und selbst die seelische Wirkung, die Natur als Stimmungselement, als Trösterin und Heilerin, Ariel mit seinem Elfenkreis ist unabhängig von seinen Ansprüchen, kommt im Schlaf zu ihm, und der Erwachte betrachtet die einzelnen Erscheinungen mit dem gelassenen Blick des Malers. Nie wieder wäre dem neuen Faust die verzweifelte Frage möglich »Wo faß ich dich, unendliche Natur«, das leidenschaftliche Drängen nach dem Widerhalt der Überseele. Schon im Höhlenmonolog ist dieser Drang gestillt, die Seele in die Natur eingesenkt, aber erst im zweiten Teil ist die Natur ausgefaltete Eigenwelt geworden, entfausteter Kosmos, der ihm Gesetze gibt, nicht von ihm seine Bewegung und Farbe empfängt. Sie unter dem Bild einer einmaligen Personifikation, als All-nährerin, oder als Erdgeist, zusammengedrängt in die ungeduldige Geburt eines heischenden Augenblicks, zu beschwören, ist dem neuen Faust nicht mehr möglich, wohl aber sie in tausend Einzelformen, Gewächs- und Elementargeistern aller Arten und Befugnisse ringsum verteilt und wohnhaft, lokalisiert und spezialisiert zu verehren, als Landschafter, Naturkenner und Mytholog.

Dieselbe Vergegenständlichung welche die Natur durchgemacht hat vollzog sich an der menschlichen Gesellschaft, am menschlichen Umkreis. Wir kennen Goethes Sozialisierung und ihre Spuren in andren Werken. Im Faust hat sie nicht nur, wie Goethes verändertes Naturerleben, den vorhandenen Kreis des ersten Faust verwandelt, sondern einen ganz neuen Kreis angeschichtet. Die Natur war auch dem Seelentitanen eine Wesenheit und ein Bedürfnis und so waltet sie im ganzen ersten Teil. Die Gesellschaft war ihm nur Schranke oder Verneinung, und tritt als Eigenwert überhaupt nicht im ersten Teil auf: Faust ist ein einsamer Übermensch und steht jenseits des sozialen Gefüges, welches nur als harmloses Volksgewimmel, als dumpfer Zunft- oder Massengeist, als lästige Polizei tief unter ihm erscheint. Seinen Lehrberuf und -betrieb verachtet er, sein Ruhm und der Menge Beifall ist ihm lästig, die Sittenvorschriften und die Gesetze übertritt, ja überfliegt er. Das bürgerliche Dasein spielt nur als Folie, als Gespött oder als Opfer in seinen titanischen Bereich hinein, und sein sichtbares Leben spielt sich ab im Außersozialen, als Monologe im einsamen Gemach, in der Landschaft vor dem Tor, in den Armen der Geliebten, in der Wildnis oder im Verkehr mit Dämonen, also den eigentlich ungesellschaftigen Wesen .. in der Einsamkeit, im Dunkel, im Traum, im Rausch oder im Zauber — überall dort wo die Gesellschaft nicht ist oder nicht gilt: das Wirken an ihr, mit ihr, für sie, von ihr und durch sie kennt er nicht, oder nur als Wahn, Lug und Last. Wenn er von Welt und All spricht, so sind damit kosmische Kräfte gemeint,

Natur, Gott, allenfalls die Menschheit als Inbegriff der seelischen Aus≠ wirkung jener Kräfte, das Rollen der Zeit, der Herderische Geschichte≠Gott, niemals „monde", Staat, Kultur oder Kirche, keinerlei menschlich gefügtes, immer nur göttlich≠bewegtes, wenn auch in Menschen bewegtes All.

Erst im zweiten Teil begegnen wir, als dem Zeugnis derselben Wandlung welche zwischen dem Werther und dem Wilhelm Meister liegt, einer sol≠ chen menschlich gefügten Welt, ja sie erscheint hier als eine notwendige Stufe von Fausts eigner Weltwerdung. Diese Welt (in dem Mysterium freilich weniger als selbständiges Milieu denn als Bereich faustischen Stre≠ bens behandelt, doch als Bild und Raum, nicht nur als Stimmung und Schranke) wird vertreten durch die Szenen welche Faust am Hofe und im Dienste des Kaisers zeigen, den Festordner, den Heerführer, den Kolonisator. Sie sind, was auch Goethe sonst mit ihnen beabsichtigt und ausgedrückt haben mag, zunächst durch ihr bloßes Dasein Zeugnis und durch ihren In≠ halt Darstellung der sozialen Einordnung des Titanen. An sie vor allem denkt Goethe, wenn er von der Notwendigkeit spricht, Faust durch höhere Zustände nach dem fratzenhaften Ich≠ und Zauberwesen hindurchzuführen. Bei der Vorstellung der höheren Welt war er durch die Faustfabel (an die er sich hielt und von deren Grundmotiven er bei freiester Umbildung und Er≠ weiterung sich nie ganz lösen wollte) auf die ihm ursprünglich nicht gemäßen, weil historisch maskenhaften, Szenerien eines deutschen Renaissance≠hofs angewiesen, und sowohl diese stoffliche Bedingtheit als das Alter in dem er zur Ausführung dieser lang mitgetragenen Pläne gelangte ließen ihn statt einer symbolischen nur eine allegorische Sozietät als Fausts „Berufs"kreis zeigen.

Faust am Kaiserhof geht auf dasselbe Schicksal Goethes zurück wie die Lehrjahre Wilhelm Meisters, nur sind sie eine spätere Stufe der Ausgestal≠ tung und an einen vorher festgelegten Stoff gebunden. Zudem handelt der Faust als Mysterium von den Mächten und als Altersdichtung von den Ge≠ setzen des Menschentums, während die Lehrjahre von seinen Formen und Äußerungsarten handeln. Aber hier wie dort tritt das eigenwillige und welt≠ suchende Ich als beteiligtes Glied ein in die bedingende, verpflichtende, aufgabe≠stellende, verantwortung≠ und leistung≠fordernde, durch Wür≠ denträger und Stände, durch Vertreter und Gruppen gekennzeichnete, dort mehr als Sitte, hier mehr als Institution, als Staat wirkende und fordernde Gesamtheit.

Im Faust II gäbe es überhaupt keine Menschen≠welt ohne den Kaiserhof. Innerhalb des Gesamt≠Faust ist es die eigentliche Funktion dieser Szenen, ihr Ursprung, das Bedürfnis dem sie entstammen: nach der Naturwerdung seine Staats-, seine Gesellschafts-werdung zu zeigen (wobei Natur und Staat sowohl geistige Bereiche der gesamten Wirklichkeit als menschliche Formen ihrer Schau, Gesichtswinkel, Deutungs-methoden sind. Denn jede allgemein menschliche Art die Welt zu sehen wird selbst wieder Welt). Dabei hat Goethe, wie es seine Altersart war, den aus dramatischen oder Bekenntnisgründen, d. h. mit Rücksicht auf das Faustdrama und das Faustproblem einmal ergriffenen Motivkreis benutzt um darin selbständig seine Gedanken über die Bedingungen, Normen, Typen des staatlichen Gefüges, überhaupt des menschlichen Zusammenwirkens allegorisch zu verkleiden oder sententiös auszusprechen. An den Hof kommt Faust, um zu einem weltlich weiten Wirkungskreis zu gelangen, und die alte Faustfabel wird dabei insofern zur dramatischen Verknüpfung geschickt benutzt, als die Beschwörertätigkeit, seine Legitimation am Prunkhof, handlungsmäßig die Brücke schlägt zur Helena-welt, welche abermals ein neuer All-bezirk des Faust und ein neuer Bekenntnis-bezirk Goethes ist. Doch über den ursprünglichen Faustzweck reicht die Ausdehnung der Kaiser-szenen hinaus: insbesondre der Mummenschanz ist eine unabhängige, nur lose mit dem Anlaß verknüpfte Einlage — wie denn jede Szene im Faust betrachtet werden kann biographisch als unwillkürliches Zeugnis einer Goethischen Lebensstufe, technisch als dramatisches Mittel der Fausthandlung (Förderung, Retardation, Übergang, Verknüpfung) ästhetisch als dichterische Funktion des Faustproblems, philosophisch als selbständige Goethische Lehre oder Forderung, und schließlich (was aber den Rahmen dieses Buchs überschreitet) stoffgeschichtlich als Weiterbildung der Faust-fabel.

Das Treiben um den Kaiser ist der allegorische Niederschlag von Goethes Erfahrungen aus Geschichte und Zeit über die mit den Eigenschaften der Menschen gegebenen Grundlagen des staatlichen Zusammenhalts. Wie die verschiedenen natürlichen Eigenschaften, Herrschsucht, Genußsucht, Leichtsinn, Habgier usw. sich im Gemeinschaftsleben äußern .. wie sie durch gegenseitige Einschränkung, Kompromisse, Übergriffe zu ständischer Gliederung, Institution, Tradition und Zustand gerinnen.. wie Triebe und Kräfte zu Ansprüchen und Leistungen, Ansprüche zu Rechten, Leistungen zu Gütern, Güter zu Last und Gefahr werden .. welche Eigenschaften den Staat erhalten und bedrohn .. wie zum Gemeinschafts-zustand erstarrte Menschlichkeiten unter der Bindung und dem Pomp sich äußern und gelegentlich vorbrechen, kurz wie das Gemeinmenschliche als staatliche, ständische, höfische Norm sich äußert — das soll in den Kaiserszenen der seelisch-freie Weltsucher Faust durchleben: die Staatswerdung der Menschennatur, die Wechselwirkung zwischen Einzelwünschen die zu Gesinnungen, und Gemeinschaftsbedürfnissen die zu Zwecken werden, die Rückwirkung des gewordenen Sachlichen auf das immer werdend Menschliche, die Versachlichung neuer Wünsche oder Einfälle zu dauernden Zwecken und Einrichtungen. Ein besonders deutliches Beispiel für die Art wie Goethe diese Wechselwirkungen sah ist die Papiergeldszene, mit den Reaktionen der verschiedenen ständischen Gesinnungen auf dies Teufelswerk. Auch diese Welt ist übrigens von drei Seiten aus gezeichnet: von Faust, der zugleich drin und drüber steht wie Goethe selbst, von Mephisto, der sie in ihrer Bedingtheit von außen beschaut, und von den ganz drin befangenen Mitgliedern, den allegorischen Vertretern, Opfern, Bekennern der verstaatlichten Menschtümer. Staat, Wirtschaft, Stände und Hof, Krieg, Handel und Piraterie: all diese sachlichen Ordnungen des Gemeinschaftsdaseins werden in dem Mysterium zurückgeführt auf ihre menschlichen Ursprünge. Das Sachliche ist Ableitung, Erstarrung oder Projektion des Menschlich-Natürlichen, und dies hat der Dichter durch alle Sach-krusten oder -hüllen hindurch wieder herauszuholen. Staat, Wirtschaft, Technik, Kultur, usw., als selbständige Systeme, d. h. Sachordnungen mit eignem Apparat und Betrieb, gibt es für die Wissenschaft und die Geschichte, nicht für den Dichter, so wenig es für den Dichter als solchen Mathematik gibt: dem Dichter gilt nur das menschliche Leben. Dies kann er freilich zurückverfolgen bis in die scheinbar entmenschlichten Sachordnungen (es sind diejenigen die man gemeinhin als „unpoetisch" bezeichnet) er kann darin noch ein Eigenleben des natürlichen Menschtums fühlen und zeigen das dem Forscher verborgen oder gleichgültig bleibt. Das Papiergeld z. B. ist für die Wissenschaft eine sachliche Einrichtung jenseits der Menschennatur. Der Dichter Goethe zeigt selbst in ihr den seelisch-leiblichen, ja naturhaften Grund ihres Daseins und ihrer Wirkungen: die Allgegenwart des Menschtums, welches immer poetisch ist, im Sachtum, welches nie poetisch ist.

Wenn die sämtlichen Kaiserszenen die dichterische Beseelung der sachlichen Ordnungen anstreben, so ist der allegorische Mummenschanz der Einordnung der unstaatlichen und unsachlichen, nur seelisch-natürlichen Triebe und Zustände in diesen sozialen Bezirk gewidmet. Wird durch den Kaiser-hof selbst gezeigt wie die Natur überall die Ordnungen durch-waltet und durchscheint, so gibt der Mummenschanz ein Spiel und ein Bild der bewußt hofmäßigen, rein spielerischen, rein bildhaften, rein dekorativen Verwendung des Natürlichen oder Dämonischen, des schlechthin Unsozialen, von den Seelenzuständen, Begierden und Geblüten bis zu den Gewächsen, Elementen und Dämonen: er ist die Verhöflichung, Anwendung, Sozialisierung der einst so gefährlichen, sprengenden Natur oder Dämonie, das äußerste Widerspiel zu der Erscheinung des Erdgeistes. Das Wachstum zu Sträußen und Beeten benutzt und verniedlicht, die Leidenschaften und Temperamente, die Dämonen der Seele (wozu außer Furcht, Hoffnung, Neid, Furien, Grazien usw. auch die Poesie, der Knabe Lenker gehört) zu allegorischen Masken mit Spruchzetteln gezähmt, lediglich als gesellige Ergötzung, die Faunen, die Elementargeister, Plutus, ja der große Pan selbst in den hellerleuchteten Festsaal gebannt, das dunkle All-leben als eine niedliche, sinnfällige und sinnvolle „heitere" und „bedeutende" Abendunterhaltung verwandt, die Urmächte zu freundlichen Friesen gereiht, zu lebenden Bildern gestellt, zu bequemer Augenweide herabgewürdigt und zu leichter Belehrung genötigt — und Faust selbst als williger Mitspieler dieser weisen Maskenscherze: das bezeichnet den äußersten Sieg der Geselligkeit, der flachsten Form von Gesetzlichkeit, über den titanischen oder dämonischen Überschwang des vorsozialen Faust, seine vollkommene Bereitung zu und Geduld mit der Gesellschaft, sei es selbst die glänzend nichtige dieses Prunkhofes, dem die Geheimnisse der Schöpfung eben gut genug sind um sich die Langeweile zu vertreiben.

Goethe hat die Leere des sozialen Treibens, dem hier die Fülle der unsozialen Welt als Spaß dienen muß, nicht ohne Ironie geschildert, und gerade der Gegensatz zwischen dem Streben Fausts und seiner Verwendung als Festordner, zwischen dem Wesen der Urkräfte und ihrem höfischen Zierwert und Zierzweck, zwischen den Erlebnissen und den Sinnsprüchen, macht den dramatischen Reiz des Mummenschanzes aus und bestimmt seinen ironisch ernsthaften Stil. Will Faust auch diese gesellige Welt durchleben, so muß er mit allen Gewichten spielen, die Natur in den Festsaal und die Dämonen in Kostüme stecken können, und nicht nur den großen Werken der Gemeinschaft mit seiner Kraft, sondern auch ihren leichten Stunden mit seinem Wissen dienen. Goethe selbst hatte es getan, und seine Singspiele und Maskenzüge sind nur das Vorleben zum Mummenschanz des Faust. Aber freilich, wenn auch die Teilnahme Fausts an einem geselligen Masken-spiele (gerade mit denjenigen Gewalten die ihn einst der Gesellschaft entrückt hatten) begründet ist durch die dramatische Notwendigkeit Faust und seine Urwelt zu sittigen und einzuordnen, so ist die Art wie es geschieht ein bedenkliches Zeichen wie weit in Goethe selbst der gesellige Dekorateur und Cicerone über den ursprünglichen Genius Herr werden konnte. Gewiß ist es nicht Goethes einzige Haltung: aber daß sie ihm überhaupt möglich war, daß er überhaupt so spielerisch mit den Tiefen umgehen konnte, als habe er sie nie ermessen, als sei er nicht Goethe sondern Voltaire .. daß er die Natur- und Geisterwelt derart, sei es auch nur zum

Schein, der Gesellschaft preisgeben, in einen leichten Mummenschanz bemühen konnte; das ist vielleicht das schmerzlichste Zeichen seines Verzichts und berechtigt einigermaßen das Kopfschütteln der Schwerfälligen, der Grundsätzlichen und der Rigorosen. Faust als Festordner und der große Pan als weiser Fest-Hanswurst sind zwar nur relative Formen des Goethischen Strebens nach Einfügung um der Welt-werdung willen, aber sie bezeichnen doch die tiefste Demütigung von Goethes Genius vor der einst verachteten und zersprengten, vor der auch jetzt noch weit übersehenen Welt.

Genau das Umgekehrte hat Shakespeare getan: er, seinem Beruf nach angewiesen darauf eine gemischte oder vornehme Gesellschaft zu unterhalten, benutzte die Mittel und den Raum seiner äußeren Stellung, um sie zum Gleichnis des ungeheuren Lebens zu machen das seinen Geist erfüllte. Bei ihm bedeuten wirklich die Bretter die Welt, die Spiele den Ernst und das Geheimnis, und jeder Zuschauer mochte darin sehen was zu sehen er fähig war, das lockre Schaugepräng einer Stunde oder die Kunde von Schöpfung und Tod, eine Abendunterhaltung oder eine zeitlose Offenbarung: jedenfalls war bei Shakespeares höchsten Leistungen der ganze dekorative Apparat, seine gesellige Aufgabe, das „Theater" in den Dienst seiner einsamen Seele gestellt, die reich genug war diese Aufgabe restlos zu erfüllen und noch einen unermeßlichen Überschuß, Rückhalt, Geheimschatz über sie hinaus zu behalten. Er hat den sozialerseits überlieferten und aufgenötigten Apparat umgewandelt zum Raum seines eignen Wesens. Goethe-Faust aber, als übergesellschaftlicher Genius geboren, hat beim Mummenschanz seine Welt in den Dienst des dekorativen, geselligen Apparats gestellt, sie künstlich und freiwillig spielerisch in die Formen dieses Apparates zurückgeengt, hat als Spiel behandelt was für ihn kein Spiel war, als Spiel für Andre, Geringere, schlechthin Spielerische — und dies ist der unleugbar peinliche Eindruck des Mummenschanzes trotz der darüberschwebenden Ironie, trotz sinnlich prachtvoller Stellen und durchscheinenden Goethischen Eigenwissens. Shakespeare hätte sich nicht erniedrigt, wenn er leere anmutige Masken für den Hof Elisabeths verfaßt hätte, wie seine Zeitgenossen: denn es war sein irdischer Beruf.. daß er diesen Beruf selbst zum Seheramt erhöht und seinen Apparat zum Weltraum erweitert hat, gab dem Theater eine neue Weihe. Aber daß Goethe von dem Platz den er einnahm herabstieg, um die Schau seiner Höhe den Talbewohnern blickgerecht zu machen, ist von ihm aus gesehen Verzicht, von uns aus gesehen Entstellung.

Der ganze Kaiserhof ist ersonnen oder benutzt, um Faust in die „Menschenwelt" einzuführen, worin es gilt für andre zu wirken, hinauf bis zur Beherrschung, hinab bis zur Belustigung. Über diese Welt des geselligen Wirkens hinaus, in die er zur Selbstbedingung eingetreten, führen den Faust zwei Wege zu seinem eigentlichen Niveau: die königliche Tat, als der eine Versuch sein Streben zu vollenden, und die klassische Schau, als der andre: Macht oder Schönheit als mögliche Endziele des unendlichen Dranges nach Welt, der sich im Wissen, im Genuß und in der Liebe nicht erfüllen konnte. Fausts Feldherrndienst beim Kaiser verschafft ihm — das ist der dramatische Sinn dieser Szenen, neben ihrem gedanklichen Eigengehalt — den Raum für seine Macht, Fausts Festordnerdienst motiviert seine Beschwörung und Eroberung Helenas. Der Kaiserhof und die Helena-beschwörung waren schon aus der alten Faustfabel genommen und dem Goethischen Sinn zugesteigert und eingedeutet worden. Das Herrschertum Fausts, seine letzte irdische Form und der Abschluß seines Strebens, war Goethes eigener Gedanke, entwickelt aus seiner Konzeption von Fausts Wesen als dem Sinnbild seines eigenen — wie denn auch die Ausstattung der Welten durch welche Faust hindurch muß den dürftigen Boden der vorgefundenen Fabel unendlich erweitert .. ja gerade bei Goethe erst hat die Absicht den Faust in verschiedene „Welten" einzugeisten zu einer selbständigen Ausstattung jedes in der Faustsage angedeuteten bloßen Abenteuer-motivs, über seinen dramatischen Handlungszweck hinaus, geführt.

[Auffallend ist es daß Goethe neben der Helena-zauberei ein so fruchtbares Motiv der Faustfabel wie die Beschwörung Alexanders gänzlich vernachlässigt hat — wohl die einzige Anregung seiner Quelle der er nicht nachgegangen ist, es sei denn daß man einige dürftige Nachlaß-splitter auf dies Motiv beziehen darf. Wahrscheinlich hat die Notwendigkeit den Faust selbst in die heroische Laufbahn zu lenken die Vorwegnahme des großen Tätertums im Bilde untunlich erscheinen lassen: derart hätte er das Alexander-motiv ausbeuten können. Die andere Möglichkeit: die klassische Welt um Alexander zu gruppieren, war durch die unentbehrliche und Goethe gemäßere Helena-vision versperrt, so daß auch von dieser Seite her das Alexander-bild pleonastisch geworden wäre. Zuletzt mag Goethes Abneigung gegen das Geschichtliche ihn genötigt haben Fausts Machtwelt und Fausts Schönheitswelt mit seelischem und rein mythischem Material zu füllen. Da auch Goethes Schweigen vor fruchtbaren und zudringlichen Motiven aufschlußreich ist, und da er außer der Alexander-beschwörung fast sämtliche Keime der Faustsage bis zu den Eulenspiegeleien hinunter wenigstens der Art nach benutzt hat, da er vieles erweitert und fast nichts ausgelassen hat, so mußte diese Ausnahme hier gelegentlich der „Welten"

Fausts erwähnt werden].

Es liegt eine Analogie zwischen Fausts Weg zur Helena und Goethes eignem Gang zur klassischen Schönheit. Im Dienst eines Hofes, als Hexenmeister soll Faust das unsterblich Schöne beschwören, und die Sehnsucht nach dem eignen Zauberbild vernichtet sein Spiel und entrückt ihn dem Kreis für den er es weckte. Er muß den Schein ins Leben ziehen, den lockenden Vorspuk zu dauerndem Besitz in Wirklichkeit verwandeln. So hat es den Goethe der ersten Weimarer Jahre, den Festordner der lustigen Zeit, den Singspiel-dichter und Bühnenleiter, nach Italien getrieben und die Schönheit die er dort fand hat ihm zunächst seine Mummenschanz-welt zerstört, das ewige Maß der klassischen Gestalten hat ihm die dekorative Spielerei ebenso entwertet, ja unleidlich gemacht wie seinen maßlosen Titanismus. Zum Mummenschanz verhält sich die Erscheinung und erst recht die Eroberung der Helena im Faust, wie zu den Singspielen und Maskenzügen der ersten Weimarer Jahre, als Goethe bewußt sein Titanentum zum Hofdienst gezwungen hatte, die Iphigenie und der Tasso, die Elegien und die Achilleïs. Ob diese biographische Analogie ihm bewußt war ist gleichgültig. Daß auch im Faust die Helena-welt als ein Fortschritt über die Hofwelt hinaus, als Erfüllung des Drangs nach Helle und Weite, zugleich als Linderung des titanischen Fiebers gemeint ist (welchem das Hoftreiben nur als vorläufiges Antidot verschrieben ward) daß die Helena, genau wie Italien, durchgelebter Ernst, nicht nur ironisch und entsagend mit gemachtes Spiel wie der Mummenschanz sein sollte, das ist gewiß .. und ebenso wie das erste Weimar für Goethe nur das Sprungbrett nach Italien, in die durch Italien zu erlangende Bildungswelt, so ist der Kaiserhof im ersten Akt nur Anlaß und Weg zur Helena. Wie Früh-Weimar zugleich Goethes erste Schule war für das ernsthafte Weltwirken, so bereitet sich auch im ersten Akt am Hof die Herrschertätigkeit des fünften Akts vor, in der spielerischen Einordnung die königliche Macht. Und noch weiter: zum Helenaphantom muß Faust aus der Mummenschanz-welt durch das gefährliche Reich der Mütter, durch das gestaltenträchtige Chaos des maßlosen Bildermeers, wie Goethe selbst Grauen und Unmaß durchlaufen mußte, um das Schöne im Schein, als Wunschbild zu beschwören. Um es zu besitzen, mit ihm zu zeugen und leibhaft zu wandeln, dazu bedurfte er der Wanderung in ihre geschichtlich-mythische Heimat selbst: Hellas oder Italien. Das sehnsüchtige Wissen um das schöne Maß, um das Kalokagathon oder die sinnlich vollendete Form hatte Goethe schon vor der Fahrt nach Italien, und Faust schon vor der klassischen Walpurgisnacht.. Goethe schon durch die Sehnsucht nach Italien, Faust schon durch die Geisterszene am Hof die ihn paralysiert. Aber ihre Verkörperung, Gestaltwerdung, die Anleibung und Einleibung des bloß beschworenen und geschauten Wunschbildes verlangte von ihm das Verlassen des nordisch romantischen Bereichs, den Übergang in südlich-helle Gesinnung und Luft. Diese Analogie, ob bewußt oder nicht, ergibt sich daraus daß im Faust unwillkürlich die Goethische Lebensschichtung sich abdrückt.

Die eigentliche Helena-welt gehört zu Fausts Leben in der Schönheit, als einer möglichen Erfüllung seines Strebens, und ist als unumgänglicher Bereich in dem Mysterium seiner All-werdung schon früh konzipiert. Der Kern des dritten Akts mit dem Helena-spiel selbst entstammt der streng klassizistischen Zeit, in der allein der griechische Zauber für Goethe unbedingt und ausschließlich genug war um zu einem Zentrum seiner Faustdichtung werden zu können. Nur damals war der Übergang vom nordischen Ritter- und Bürgerwesen zum südlichen Gestaltenmaß Problem und Erregung genug für ihn um sich bis zum poetischen Geschehn zu verdichten, und nur damals konnte auch die antikisierende Form der Helena entstehen, in dem Klima worin die Elegien, Hermann und Dorothea und die Pandora gediehen. Die Einordnung der eigenwüchsig klassizistischen Helena-dichtung in das Faustdrama (mit dem sie zur Zeit ihrer Konzeption, der Faustsage gemäß, zwar gedanklich, aber zur Zeit ihrer Gestaltung nicht stimmungshaft im Zusammenhang stand) veranlaßte Goethe zu Übergangs- und Ergänzungsszenen die wiederum zur eigentlichen Fausthandlung, zum Faustproblem nicht von vornherein nötig waren, die aber der Ausweitung des Helena-geschehns zur Helena-welt dienten oder die Helena-handlung mit der übrigen Fausthandlung inniger verknüpften. Bei dem maskenzugartigen Charakter des zweiten Teils, bei Goethes mehr episch weilendem als dramatisch drängendem Alterstempo, bei seiner Überfülle von Einfällen und seinem Bedürfnis nach Unterbringung des unermeßlichen Bildungsschatzes verselbständigten sich die Mittel- und Brückenszenen zu eigenen Allegorien worin sein Schauen und Wissen auch unabhängig vom ursprünglichen Faustproblem sich ergeht. Der zweite Teil wird, ähnlich wie »Pandora«, nur in größerem Maßstab, eine Lade für Einlagen, ja ein Gedicht aus Einlagen — die allegorischen Einlagen überwiegen fast das dramatisch sinnbildliche Geschehen um dessentwillen das Gesamtwerk erst Dasein und Vollendung heischte.

Solch eine Einlage, aus Mittelgliedern der eigentlichen Fausthandlung entwickelt, zu selbständigen Bilderreihen ausgeweitet, war am Kaiserhof, der zum Faust-geschehen als notwendige Staffel seiner Weltwerdung gehört, der Mummenschanz. Die Helena-welt selbst mag man, so zentrifugal auch immerhin schon die Lynkeus-lieder und die Euphorion-szene darüber hinausdrängen, noch zum Faust-mysterium notwendig rechnen. Als selbständige Einlage gedacht und ausgeführt ist dagegen der Weg zur Helena: die klassische Walpurgisnacht. Wie sich Faust in die Helena-welt mit ganzer Sehnsucht und Leidenschaft, mit dem Ernst seines Strebens einläßt, während er den Festordner am Kaiserhof nur spielte.. wie Helena ihm ein absoluter Wert erscheint, während er das Hofleben nur als relativen, als Vorstufe schätzte und mitmachte: so soll auch die klassische Walpurgisnacht, welche in die Helena-welt so eingelegt ist wie der Mummenschanz in die Kaiser-welt, kein vorwegnehmendes Weisheitsspiel mit den antiken Bildern mehr sein, sondern ihre mythisch wahre Schau. Wie Faust die Helena aus dem Schein in die Wirklichkeit zieht, so dringt er jetzt in den Kreis der Natur- und Schicksalsmächte, den er spiegelnd und spielend zu geselligen Zwecken mißbraucht hatte, mit freiem Herzen ein, atmet ihre Luft im freien, ihnen eigenen Raum und empfängt ihren Sinn und ihre Geschichte von ihnen selbst, ihres Anschauens wert, und ernst und reif genug für sie, durch ihre Belehrung und ihren Anhauch stufenweise zureifend dem Ideal, sich würdigend, kräftigend, läuternd für die Umarmung der vollkommenen Schönheit, in der dieser mythische Kreis gipfelt. Wesentlich ist daß Faust die Welt Helenas in ihrem eigenen Raume, nicht mit dem Geist und der Phantasie, sondern mit Seele und Sinnen, die Zusammenschau ihrer Geschichte mit ihrer Landschaft, ihrer Gestalten mit ihren Elementen, ihres Treibens mit ihren Bedingungen erfährt. Dieselbe Erlösung die Goethe durch Italien erhoffte einerseits von der nordisch dumpfen Natur im Anschauen einer schon maßvoll gegliederten, formhaft bildnerischen Natur, und andrerseits von dem abgezogenen, sinnenfernen, zu Wortschällen verblasenen Spintisieren oder zu Fakten verkrümelten Wissen, durch gegenständliches Denken: die Erlösung vom naturlosen Geist und von der geistlosen Natur verschafft sich Faust in der klassischen Walpurgisnacht — sie ist die Überwindung des magisch dumpfen Zauberwesens, in dem der Teufel herrscht, der widergöttlich triebhaften form-, tag- und maßfeindlichen Natur, die am Brocken ihre Orgien feiert.. aber auch die Überwindung der begrifflich maskierten, höfisch zurechtgestutzten Natur des Mummenschanzes, sie ist weder Trieb noch Spiegelung, sondern beseeltes Sinnengebild.

Der antike Mythus ist anschaubarer Geist und durchgeistigte Natur.. die Versammlung der hellenischen Sagenlegion auf den Pharsalischen Feldern ist die günstige Gelegenheit zur Heerschau über die Kräfte des antiken, d. h. für Goethe bildnerisch gegliederten und geistig geordneten Natur- und Seelenkreises der durchlaufen werden mußte, um zum Besitz der Schönheit zu gelangen. Was der antike Mythus für ihn bedeutete haben wir schon gelegentlich der Elegien und der Pandora gesehen, besonders welchen Gewinn der alternde Allegoriker aus dem plastischen Motivwert und dem Lehrwert der mythischen Überlieferung zu ziehen wußte. Erst im Faust, bei dem es sich um Ausstattung einer ganzen klassischen Schönheitswelt, nicht bloß um ein olympisches Gegenbild zu römischen Abenteuern wie bei den Elegien, nicht bloß um Allegorie der menschlichen Seelenmächte handelte wie bei der Pandora, konnte Goethe sich in sinnfälligen antiken Mythenmotiven breit und satt ausleben .. als Kunstfreund und versetzter Maler in mannigfachen Gebärden und Gruppen hellenistisch geschauter Elementargeister oder in heroisch-einfachen, monumental gegliederten Poussinischen Landschaften .. als Archäolog in der Glossierung und Ergänzung eines unermeßlichen Trümmerstoffs, der seinem Geschichts- und Naturdenken erst eine anmutige und vieldeutige Zeichensprache bot .. als Geschichts- und Naturphilosoph in der mythisch weiten oder farbig reinen Verdichtung, wohl auch Einkleidung und Verhüllung seiner Gedanken über die Gesetze des Entstehens und Vergehens, des Wachsens und Werdens. Bildnerfreude bis zum Schnörkel- und Zierbehagen der Rokokomaler, Wissen und Lektüre bis zum Polyhistoren- und Sammlergeist, bis zum Miszellen- und Glossenkult der Humanisten, und geheimnisvoller Forscher- und Denkertiefsinn bis zur systematischen Konstruktion haben hier, manchmal vereint, manchmal bloß vermischt, aus unübersehbarem mythischen Trümmerstoff der antiken, meist der spätantiken Autoren, zumal Plutarchs, ein alt-neues Sprachganze geschaffen worin Goethes jugendliches Naturgefühl und Seelenfeuer, das Urelement seines reinen Dichtertums, manchmal mühsam, manchmal freier fortglimmt unter der Masse seiner Bildung.

Für eine Einzeldeutung der Walpurgisnachts-motive ist hier nicht der Platz .. als Ganzes bedeutet sie für Faust den Weg zu Helena durch alle Vorstufen der klassischen Natur hindurch, wo selbst das Widerwärtige Kraft, Charakter und Gesetz hat, und noch Gewimmel, Kampf und Verführung sich sinn-, ziel- und stilvoll äußern. Von den Helden und Halbgöttern, den Geschöpfen und Ungeschöpfen des belebten Raums gelangt Faust an der Hand antiker Führer und Deuter immer tiefer in die Urelemente dieser formenträchtigen Welt, bis am Schluß in einem ungeheuern Zusammenklang, einer „Apotheose" sich ihm das kosmische Prinzip offenbart dem diese Welt entstammt und das sie beherrscht, das die Elemente belebt, das in ihnen die ganze Reihe der dumpfen und hellen Geschöpfe zeugt hinauf bis zur Schönheit selbst die er sucht, die ihn treibt, um deretwillen er kommt: dies Prinzip, nicht mehr als dunkler Seelendrang, sondern als

überseelische Weltkraft und als offenbarte Gottheit ist Eros, die Mitte und
der Urgrund der klassischen Welt deren menschlicher Gipfel Helena ist.
Durch die Offenbarung des antiken Eros, des Weltenschöpfers, wird der
nordische Wandrer reif für Helena, die vollkommene Schönheit. Der Weg
zur vollkommenen Schönheit führt durch ein Reich der dumpfen Mächte
und Kräfte, nicht durch eine schon vollendete Gestaltenreihe: darum
erscheint in der klassischen Walpurgisnacht kein homerischer oder tragischer
Gott und Heros, keine der klassischen und olympischen Berühmtheiten,
nur die elementarischen, unteren, abseitigen Halb- und Zwischenwesen.
Seismos (nicht Pluto) Nereus (nicht Poseidon) Chiron (nicht Herakles)
Eros (nicht Dionysos oder Aphrodite) sind die mythischen Vertreter dieses
vorgestaltlichen Kräfte-reiches: erst mit Helena selbst, als dem gestalthaften Gipfel und zugleich der Überwindung des bloßen Kräftereiches,
sind wir im klassischen, im Homerischen Bezirk der antiken Mythenwelt.

In die klassische Walpurgisnacht, die im ganzen weniger Fausthandlung
als Einlage zur Unterbringung Goethischer Bildungsschätze und Erkenntnisse ist, hat Goethe auch die Homunkulus-idee verwoben. Sie ist die Ein-
passung eines von der Faustsage wie von Goethes Faustproblem ursprünglich unabhängigen, als Alchimisten- und Humanisten-traum überlieferten
Motivs in den Faust-gedanken, nicht so sehr das Ergebnis geheimnisvoller
Erfahrung als eines geistreichen Einfalls. Homunkulus west, strebt und vergeht als ein genaues Gegenbild des Faust: Faust ist der durch Raum, Zeit
und Leib zu seiner Qual bedingte Mensch, der nach dem Unbedingten, aus
den Bedingnissen heraus strebt. Homunkulus ist der nur gedachte, unbedingte Mensch, der um jeden Preis bedingt, d. h. wirklich, lebendig werden, in Raum und Zeit und die Elemente der Leiblichkeit eingehen möchte.
Das Denken — Goethe hat es öfter betont — ist absolut, d. h. es gibt nichts
was sich nicht erdenken ließe, und so kann auch Wagner, der Nur-kopf-
mensch, seinen Homunkulus in die Welt setzen. Das Leben dagegen, die
Wirklichkeit ist immer bedingt, und nur durch Bedingtheit läßt sich das
Vollkommene erreichen, und nach dieser Vollkommenheit sehnt sich das
Geistmännlein, welches alle Einsicht und Durchsicht, allen Sinn der Welt
in sich hat und dennoch, genau wie das absolute Denken, kein eigentliches
Dasein besitzt. Danach strebt es durch alle Elemente und Gestaltenreiche
hindurch, um zu entstehen, um sich zu beleiben, um Fleisch und Blut, Geschlecht, Stoff und Raum zu seiner abstrakten Idee, der Idee Mensch zu
gewinnen — und muß schließlich, als nur gedachtes, nicht lebendiges Ge-
mächte vergehen an der eigentlich leben-, leib-, gestalt- und daseinschaffen-
den Gewalt des Eros. Zu dieser drängt er sich, im Besitz der vollkommenen

Einsicht, mit gutem Grunde, aber alle richtige Einsicht hilft nichts zum Leben, und so wenig man mit der Einsicht in die Gesetze des Zeugens ein Kind machen kann, wenn man nur Denken und kein Leben hat, so wenig kann man mit der bloßen Einsicht in die Gesetze der Menschwerdung ein Mensch werden. Das Gehirnprodukt zerschellt tragisch infolge seiner sterilen unbedingten Weisheit selbst an der höchsten Wirklichkeit.

Faust aber hat an dem Bild des unbedingten Homunkels ein warnendes Beispiel für seinen wahnhaften Drang nach Unbedingtheit, sei es des Denkens, welche möglich, aber unvollkommen, unfruchtbar und verderblich ist, sei es des Lebens, welche an sich unmöglich ist, da Leben nur durch Bedingtheit in Raum, Zeit, Stoff überhaupt „Leben" ist.

Die Gestalt des Homunkulus konnte von Goethe erst konzipiert werden, nachdem ihm die notwendige Bedingtheit des Menschen aufgegangen, also nachdem ihm sein ursprünglicher Unbedingtheitsdrang, aus dem die Faustgestalt stammt, als ein Wahn offenbart war. Freilich mit der Einsicht in die Unmöglichkeit der Erreichung eines Zieles erlischt das Streben nach diesem Ziel noch nicht, wenn es wie bei Faust aus dem Leben selbst stammt, und nicht aus dem Denken. Fausts Streben nach Unbedingtheit, das ihm mit seinem Dasein selbst gegeben ist, kann durch keine Belehrung, auch durch das Beispiel des Homunkulus nicht, beschwichtigt werden — auch durch die Einsicht in seine Fruchtlosigkeit nicht, sowenig wie eine Krankheit geheilt wird durch das Wissen daß sie Krankheit ist. Das Leben hat seine eigenen Mittel uns zu gestalten, und zu diesen Mitteln gehören auch die vielleicht unerreichbaren Ziele, Träume, Ideale die es in unsrem Denken als Leuchten anzündet. So ist Homunkulus als Idee zwar ein Urteil über den Unbedingtheitsdrang.. sein Schicksal und Streben (denn auch Homunkulus ist gerade als Gegenbild des Faust wesentlich „Streben") ist ein warnendes Beispiel für Faust, nicht die Widerlegung und Aufhebung des faustischen Strebens nach Unbedingtheit, welches ihn zwar nicht zu seinem Ziel führen und von seinem Leiden erlösen kann, aber ihn gerade das erreichen läßt wozu er vom Leben, jenseits seines Wissens um sich, geformt ward: die vollkommene Menschwerdung d. h. die allseitige Bedingtheit von der durchdrungenen Welt.

Homunkulus ist ein Zwischenspiel der klassischen Walpurgisnacht, und zwar eine gedankliche Ergänzung der Faustidee, kein selbständiger Ausdruck Goethischen Erlebens. Homunkulus will sich eben dort bedingen, um zu entstehen, wo Faust sich einem neuen Ziel des unbedingten Strebens zu nähern hofft: der Helena — und nicht zufällig suchen sie beide ihre Vollendung im Reich des Eros, der gestaltenden Weltkraft, wo Homunkulus für Leib, Raum und Zeit.. Faust für die ewige, zeitlose Idee, für die Schau des Schönen reifen will. Die klassische Walpurgisnacht ist in der Gesamtökonomie des Faust II das Vorspiel der „Helena". Diese gilt nicht der Liebesleidenschaft (etwa als bloßes klassisches Gegenstück zur Gretchentragödie) sondern der Anbetung der objektiven Schönheit: die Leidenschaft Fausts ist im Besitz Helenas gestillt, und Helena ist für Faust nicht ein Weib das ihm Zeit und Raum verdrängt, sondern eine Göttin, d. h. das Sinnbild einer Welt, eine verkörperte Weltkraft. Um sie wird für ihn Welt, zeitloser Raum: Arkadien, wo die „Natur im reinen Kreise waltet", wo „alle Welten sich ergreifen" d. h. ineinander übergehn, ausgeglichen im göttlichen Menschenbild. Das Reimen der Helena bedeutet ihre Angleichung an Faust wie Fausts Rede in antiken Metren seine Reife für sie. Das Schauen und Zeugen, nicht das Begehren und Opfern ist die Aufgabe die ihre Gegenwart ihm stellt, und sie ist nach ihrer Vermählung nicht, wie Gretchen, die zufällige Illusion der vorstürmenden Seele, die sich eben Illusionen erschaffen, Helena in jedem Weibe sehen muß, um sich überhaupt auszuhalten, sondern die notwendige Erfüllung des ruhenden Geistes. Das „arkadisch freie Glück" ist nicht Genuß, nicht Betäubung, nicht Schwelgerei, nicht dunkel-drangvolles Erlöschen des Seins im raumlos schönen Augenblick, sondern die bewußte Helle der Sinne vor dem schönen Leib im schönen freien Raum, die Ausbreitung des Geistes im Reich der reinen Formen: es ist Goethes italienische Befriedigung, und für die Zeit seiner Dauer die Aufhebung des eigentlichen Fausttums. Dadurch daß das Verweilen auch hier, auch im arkadischen Raum nicht möglich ist tritt Fausts Wesen wieder in seine verhängnisvollen Rechte ein, und eben durch Fausts Wesen ist auch hier das Verweilen unmöglich. Was er besitzen kann muß er auch überwinden, und sein Gesetz (darum versinkt die Helena-welt) ist nicht das ruhige selbstgenugsame Sein im Raum — Helena und Arkadien — sondern das Werden und Wirken in der Zeit: das selbstgenugsame Sein kann er wohl begehren, mit ihm zeugen, aber nicht behalten. Die Schönheit ist ein Gut, keine Form seines Lebens.

Ist Faust nach der klassischen Walpurgisnacht der ruhige Eigner der Schönheit, so ist Lynkeus als ihr Besessener, als ihr Begehrer, als ihr Opfer in die arkadische Welt ihm gegenübergestellt, als der den der Zauber der „Schönheit" (im Faust I gab es keine objektive Schönheit, nur Liebe und Illusion der Schönheit) aus dem Gleichgewicht bringt, seiner Pflicht entzieht. In Lynkeus' Strophen hat Goethe die überwältigende Macht der wirklichen Schönheit, die Blendung des Augenmenschen durch das erste Gewahrwerden des leibhaften Ideals ausgedrückt. Lynkeus ist nicht wie

Faust allmählich durch Leben und Streben ihr langsam entgegengereift: er ist der einfach Blickende, Empfängliche, und das Erscheinen des vollkommen Schönen ist ihm ein erschütterndes Übermaß. Ein früherer Goethischer Zustand, eine Vorstufe der faustischen Bereitschaft für Helena ist in Lynkeus Stimme (nicht eigentlich Gestalt) geworden: die Wirkung der Schönheit die man nicht aktiv erobert sondern passiv erfährt, die wir nicht, geheimnisvoll zu ihr hinaufgetrieben, suchen, sondern die uns begegnet. Die Schönheit nicht als Natur und Geist sondern als Schicksal, nicht als Gesetz sondern als Zufall, als Überfall, als Überraschung, nicht als durchdrungene Form sondern als Zauberkraft, nicht als Sonne sondern als Blitz: all das, mehr Erfahrungsart des werdenden, des Übergangs-Goethe als des vollendeten Goethe, klingt aus dem Munde des Lynkeus, der als der schlichte, unbefangene, rein empfängliche, aber nicht gebildete, nicht vorbereitete Sinnenmensch, als der reine Jüngling zu verstehen ist. Seine Ausbrüche sind Einlagen, wie die des Phileros in der Pandora, und gehören als Lebensausdruck (unbeschadet der begrifflichen Beziehung seiner allegorischen Figur zum Faustdrama) in denselben Bereich wie diese, genährt aus dem sprengenden Glücks- und Spannungsgefühl das Goethe immer empfand wo ihm die Wirklichkeit mit neuem Zauber als Mensch oder Idee sich plötzlich offenbarte. Goethe war ja nicht nur wie Faust Sucher der Wirklichkeit, sondern oft auch überraschter Finder wie Lynkeus, nicht nur zum Streben und Wirken, auch zum Staunen geboren. Faust staunt nicht. Das helle Zeichen dieses staunenden Goethe ist als Lynkeus in seinem Lebenswerk untergebracht. Des Lynkeus' Hymnus ist die Verherrlichung des seelischen Erlebnisses „Schönheit", wie des Faust Umgang mit Helena die Darstellung der Welt- und Lebensform „Schönheit" ist.

Zur Ergänzung der Helena-welt, nicht zur Fausthandlung, gehört die Gestalt des Euphorion, ebenfalls nicht eine Auswirkung des Faust- oder auch nur des Helena-problems, sondern eine nachträgliche Einlage aus anderweitigem Goethischen Bildungs- oder Erlebnisstoff, etwa so im Faust als dem großen Sammelraum untergebracht, wie in den Wanderjahren Novellen oder Aphorismen. Ursprünglich ist die Figur rein ersonnen und nicht geschaut, als Allegorie des Gedankens daß Faust mit Helena, der allstrebende Mensch mit der ewigen klassischen Schönheit zeugt: das notwendige Zeichen des völligen Besitzes. Die Frucht dieser Vermählung erscheinen zu lassen und zugleich zu bedingen war die Aufgabe welcher Euphorion sein dichterisches Dasein verdankt. Was Goethe unter diesem Dämon aus menschlichem Sehnen und arkadisch selbstgenugsamer Fülle, aus Gewaltsamkeit und Grazie ursprünglich gedacht haben mag (etwa die Frucht aus romantischem und klassischem Geist) wag ich nicht auszumachen: genug, entstanden ist Euphorion als notwendige Denkfolge einer Ehe zwischen Faust und Helena, nachträglich bezogen wurde er auf und gefüllt durch den Lord Byron. Was er ohne den entscheidenden Eindruck dieser Gestalt für Züge angenommen hätte wissen wir nicht . . daß auch ohne Byron eine Frucht aus der Ehe zwischen Faust und Helena vorgesehen war ist anzunehmen: aber wie sie endgültig geformt wurde läßt sie sich ohne Byron gar nicht denken, derart daß die ganze Figur nur der Vorwand scheint für den Totengesang auf Lord Byron, worin Goethes Verehrung transparent wird und fast den Rahmen des allegorischen Gefüges zugunsten einer lyrischen Huldigung ad spectatores durchbricht. Dem Untergang des Kindes aus Faust und Helena, welcher ebenso denknotwendig war wie seine Geburt, kam allerdings Lord Byrons mythisches Ende derart entgegen, daß seine Hereinziehung sinnvoll und nicht gewaltsam erscheint.

Das Versinken der Helena-welt, zu dem Euphorions Untergang das Zeichen gibt, war durch das Faustproblem dann gefordert. Auch dieser schöne Augenblick, der durch eine magische Aufhebung der „Zeit" gewonnen war und daher in sich als zeitlose Ewigkeit ohne Streben gelten durfte, wird zerstört, sobald sein Zauberkreis überschritten wird. Das geschieht diesmal nicht durch Faust selbst sondern durch seinen Sohn: in Euphorion wirkt Faust, das Faustische, weiter und sein Sohn wirft ihn aus der arkadischen Ewigkeit wieder in die menschliche Zeit, in das Element des unbefriedigten Strebens zurück. Auf Euphorion wie auf Lynkeus sind Goethische Züge verteilt. Aber es ist ein Ausdruck der Goethischen Wandlung daß nicht mehr Faust selber kraft seiner Natur der arkadischen Fülle satt wird, sondern daß sein Schicksal ihn wider Willen herausreißt. Genau genommen ist mit der Helena-episode schon jener Augenblick erreicht zu dem Faust sagt „verweile doch, du bist so schön" — und nur weil die Helena-welt als ein abgeschlossener magisch zeitloser Traum inmitten der Mensch- und Teufelswelt gelten kann, macht Mephisto hier noch keinen Anspruch: die Träume Fausts sind von seinem Pakt nicht betroffen, und das Erwachen aus dem Traum, das diesmal nicht freiwillig erfolgt, stellt den alten Zustand wieder her. Die Helena-welt, welche nur die Gestaltwerdung, die mythische Bildwerdung der zeit- und schicksallosen Urkräfte und dumpfen Elemente war, die Natur als Schönheit und Götterkreis, löst sich wieder ins gestaltlose Stoffliche zurück aus dem sie durch Traum und Zauber (durch Apollo und Dionysos könnten wir heute sagen) emporgerufen und verwirklicht war. Helena und die Ihren werden wieder Schatten und Urstoff, und der Mensch tritt aus dem selbstgenugsamen Traum wieder zurück in die bedürftige Zeit, die er seit der Vision der Helena verlassen, seit dem Besitz der Helena vergessen hatte.

Der vierte Akt und der fünfte bis zum Tod des Faust führen ihn aus der Traumwelt der „klassisch romantischen Phantasmagorie" wieder in den eigentlichen Welt-raum den er mit seiner Wirksamkeit erfüllen soll. Es ist der uns schon bekannte Bereich des Kaisers, in dem sich die irdische Weltwerdung Fausts durch Tat und Leistung vollenden soll, wie sie mit Schau und Spiel darin begonnen. Der vierte Akt bereitet Faust den letzten Schauplatz seiner Erdentage vor, der fünfte führt ihn hinein und heraus: aus dem Reich der Wirklichkeit, das er erobert, soweit es der endlichen Kraft möglich war, in das Reich der Werte.

Da den Dichter selbst kraft seiner Entwicklung die Welt beim Fortgang des Faustdramas weit mehr beschäftigte als der Ur-charakter und das Ur-problem Fausts, welche einer überwundenen Epoche entstammten, und da er doch die Gestalt Fausts beibehalten mußte auch für seine neuen Probleme, so legte er mehr und mehr den Nachdruck von der Weltwerdung Fausts auf die Welt-werdung Fausts: die Welten durch die Faust geführt werden, in die er eingehen soll, ursprünglich Mittel, verselbständigen sich aus Mangel von neuem Interesse Goethes am eigentlich Faustischen, am titanischen Ich, mehr und mehr. Die Fausthandlung wurde für Goethe zu einem Vorwand um Weltarten darzustellen, und Faust verschwand in den verschiedenen Räumen beinah so wie Wilhelm Meister in den Bezirken seiner Wanderung. Wir konnten bisher den zweiten Teil charakterisieren durch die verschiedenen „Welten" in denen Faust sich umtreibt, und vergaßen darüber fast daß wir es mit einer Faust-handlung, mit den Auswirkungen jenes strebenden Titanen und seines Gegenspielers Mephistopheles zu tun haben, mit der Fortsetzung des ersten Teils: so sehr wird Faust selbst verdeckt durch seine Welten oder überwuchtet durch die Mittel zu seiner Weltwerdung.

Wir bemerken bei der Gestaltung des Faust II dieselbe zentrifugale Tendenz die schon die Wanderjahre zu einem Sammelbecken Goethischer Bildung und Weisheit gemacht hatten, unter notdürftigem Bestand der Fiktion eines einheitlichen Helden mit einheitlichem Geschehen. Die zur Handlung benötigten Schauplätze wurden selbständig ausgemalt, benutzt zur Einschichtung von Erkenntnissen oder zum Ausladen bildnerischer Sondermotive, als Ablagerung aller erdenklichen Seelen- und Geistesgüter, die mit dem Faust ursprünglich nichts zu tun hatten .. abgesehen von nachträglichen Einlagen, weitschichtigen Hilfs- und Motivierungs-szenen, die wiederum zum Sondergeschehen auswuchsen, und Zwischenspielen.

Ausmalung der „Welten" Fausts, Motivierung der Wege Fausts in diese Welten durch Brücken-szenen, selbständige nachträglich untergebrachte Einlagen — diesen drei Schichten des Mysteriums sind wir begegnet. Was hat Goethes zentrifugale Tendenz im zweiten Teil vom eigentlichen Faust-charakter, dem Träger des ursprünglichen faustischen Problems und der von diesem Charakter ausgehenden Fausthandlung übriggelassen? Welche Elemente des ursprünglichen Faustplans sind im zweiten Teil erhalten? wo-durch ist der zweite Teil Fortsetzung und Abschluß des ersten und be-wahrt die Kontinuität des Faustsymbols als Ausdruck des Goethischen Ge-samtlebens?

Nur in wenigen Szenen wird der Charakter Fausts selbst sprachlich ver-gegenwärtigt, der titanische Bruder des Prometheus mit dem expansiven Drang nach Wirkung und Wirklichkeit — in allen andren wird er still-schweigend vorausgesetzt und seine Ausbreitung in die Welt nur durch die Welt selbst gezeichnet worin er sich, wie ein empfänglicher Reisender oder Einwohner bewegt. Nur im Gespräch mit Mephistopheles am Beginn des vierten Akts und in den Auftritten des fünften Akts bis zu seinem Tod er-innert sein eigenes Wort, Gebaren und Tun wieder daran daß er der Faust ist den sein Allstreben zum Teufelspakt trieb, den keine Lust sättigte, kein Glück begnügte, und nur hier wirkt sich sein Charakter selbst wieder als Handlung und Schicksal aus, nur hier füllt er wieder den umgebenden Raum selbst mit seiner Seele, mit seiner Wirksamkeit, nur hier ist seine Welt wieder bloßes Mittel, um seinen Charakter, sein Schicksal zu zeigen. Überall sonst gerät er zwar in die verschiedenen Welten, weil er der all-strebende Faust ist, er gibt das Motiv oder auch nur den Vorwand ab für diese Welten: aber das wissen wir nur, hie und da wird es auch gesagt, je-doch nicht gestaltet. Wir sähen in dem Faust des I—IV. Akts, wenn wir es nicht wüßten, weder den Beschwörer des Erdgeists, noch den Flucher, noch den Opferer Gretchens — nicht nur sein Umkreis, auch seine Gebärde ist anders. Erst in diesen beiden Szenenreihen (sie sind eigentlich eine und beziehen sich auf Fausts Wirken) erwacht wieder die heroische Ungeduld, das ausgreifende und übergreifende Kraftgefühl und der titanische Trotz gegen Welt und Überwelt. Sonst ist er, durch Ungeduld vielleicht hinge-führt, an jedem Platz beruhigter Mit-macher, Beschauer, selbst Genießer, sofern er sich überhaupt geltend macht.

Nur hier kommt auch die Handlung wieder empor die seit der Flucht aus Gretchens Kerker gleichsam unterirdisch verlief, die eigentliche Faust-handlung: das Ringen zwischen Faust und Mephistopheles. Denn nur aus Fausts Charakter selbst kann diese Handlung sich nähren, und wo dieser

Charakter suspendiert oder neutralisiert erschien, wie bei dem Mummenschanz, der klassischen Walpurgisnacht und der Helena-phantasmagorie, da gab es auch keinen Boden für die Faust-handlung, höchstens für eine worin Faust vorkam.

Nur in diesen Faustszenen tritt daher auch Mephistopheles wieder in sein altes, durch den Pakt verbrieftes Recht, als notwendiger Gegenspieler, als Treiber und Hemmnis, als Versucher und Verführer, als das wachsame und lauernde Nein dieses strebenden und wirkenden Ja. Erst hier hat sich Goethe wieder entsonnen daß der Faust nicht nur sein allumfassendes Lebensgedicht, sondern auch ein Drama mit einem bestimmten, von bestimmten Charakteren getragenen oder verkörperten Geschehen ist, zu welchem der Pakt zwischen Faust und Mephisto gehörte. Jetzt erst knüpft er, da das Ende Fausts naht, und die Lösung vor der Tür steht, wieder an die Voraussetzungen des Pakts an: an Mephistos Absicht auf Fausts Seele, an Fausts Unersättlichkeit, an Mephistos Teufelsgeist wie er sich im ersten Teil bekundet und Fausts Menschen-drang. Denn auch Mephisto hatte als Teufel nichts zu tun, solange Faust nicht als Faust erschien: beide sind Korrelate und nur Fausts Grenzenlosigkeit ruft den Mephisto als Grenzensetzer, Fausts Ja sein Nein, Fausts Aufflug seinen Ab- und Hinabzug, Fausts Himmel seine Hölle hervor. Solange also Faust neutral blieb, war auch Mephistopheles neutral, und fast während des ganzen Stücks zum ironischen Berater, Glossator, Vertrauten, Helfer, zu Epilog oder Parabase geworden, mehr eine Kritik der durchlaufenen Welten ad spectatores als ein mitwirkender Faktor. Das Mephistophelische äußert sich mehr als intellektuelle Gesinnung denn als moralisch aktive Kräft. Dem beteiligten Betrachter Faust konnte er nur als unbeteiligter Krittler, aber nicht als Zerstörer gegenüberstehen, der klassischen Schönheitswelt vollends nur als der Verteidiger der Häßlichkeit, aber nicht als ihr Vernichter. ·Überall war er in die Defensive gedrängt, und da Faust im zweiten Teil ja die Grenzen, die abgeschlossenen Endlichkeiten, nicht wie im ersten, oder mindestens wie der Ur-faust, als teuflisch, als widergöttlich empfindet, die „Schranken" und „dauernden Gedanken" selbst als gottgegeben anerkennt, im Verzicht nicht, wie der Paktierer Faust, schon das höllenwürdige Verbrechen sieht, so ist Mephisto dort seines eigentlichen Berufs beraubt, den er vom Ur-faust mitgebracht hatte. Dieser Beruf war ja gerade das Relativmachen, die Verendlichung, der eigensinnige Krittel, das Beschränkende, Beschwerende, zum Ausruhen im sinnlich oder verständig Begrenzten Lockende, die Versuchung zum Niedren. Faust erlebte den Teufel ja zuerst unter diesem Aspekt, als den Gegensatz seiner Unendlichkeit. Wie sollte der form-, maß- und raumwillige Faust der klassischen Walpurgisnacht und der Eigner der Helena den Teufel erleben? Mephisto hatte sein Dräuen für ihn verloren, sie konnten sich an den Grenzen und über die Grenzen verständigen. Mephisto war als Satan, als Widergott überflüssig, solange Faust Gott in Maß und Grenzen ehrte, ja als kritischer Kommentator ganz willkommen.. und erst als der unendliche Faust wieder emportaucht, ist auch der Teufel wieder als solcher da.

Über dem Grab Fausts erhebt er sich dann selbständig als Satan, nicht mehr Seelen-gegensatz Fausts, sondern Wert-gegensatz Gottes, im offenen Kampf um die vermeintliche Beute. Sein eigentlich kosmisches Wesen (im Prolog schon ausgesprochen) verdeutlicht sich hier noch einmal durch seine Reaktion auf die alldurchdringende himmlische Liebe. Er ist nicht das Radikal-Böse (welches Goethes Glaube nicht kennt) nicht eine absolute dem Guten entgegengesetzte Potenz, sondern nur die Negation, das Aufhören, das Nachlassen, der dumpfe Widerstand, die Kritik, das Ende des absoluten Guten. Es beginnt mit ihm kein neues Reich nach eigenen Gesetzen in dem er herrschte: nur wo Gottes Gesetze, die allein positiven und gültigen, schweigen, da ist Mephisto. Gottes Werte gelten überall, und auch Mephisto untersteht ihnen, aber nicht überall wirken sie. Ihre Nichtwirkung ist das Teufelsreich: die Finsternis als das Nichtwirken des Lichts, die Lüge als das Nichtwirken der Wahrheit, der Unglaube als das Nichtsehen der Gottheit, der Tod als das Aufhören des Lebens.. überall ist Mephisto die Schranke welche die unendliche Kraft sich setzt, eine Funktion der Gottheit selbst, wie sogar das Nichts bereits das All voraussetzt, wie jede Negation logisch und metaphysisch nur durch ihre Position west. Erst durch Gott ist der Teufel möglich.

Diese Abhängigkeit des Teufels von Gottes ewigem Ja und gültigem Wert, die der Prolog im Himmel ausspricht, wird eben in seinem Kampf mit den Engeln dramatisch gezeigt: der All-liebe setzt er nicht einen positiven Haß entgegen, wie etwa Satan bei Dante, Milton, Byron, die ein Radikal-Böses kennen, sondern nur seine Ohnmacht.. ja er erfährt sie selbst auf seine Weise, als stofflichen Reiz, d. h. durch Umkehrung ihres eigentlichen Wesens, der geistigen Kraft. Und Faust entgeht ihm, weil oder vielmehr dadurch daß sein Drängen der positiven Unendlichkeit Gottes angehört, sein Irren nur Gottes selbst gesetzte Grenzung war, wie das Teufelsreich überhaupt.. und das Irren endet von selbst, wenn das ewige Drängen durch den Tod wieder ewige Ruh in Gott dem Herrn wird. Das Irren Fausts, das für Mephisto wirklich erscheint (denn der Negation muß das Negative wirklich erscheinen) und seinen Anspruch an Fausts Seele laut

Pakt begründet, west für Gott und in Gott überhaupt nicht mehr .. und ist an Faust nur etwas Positives gewesen, wie sein „Streben" es ja war, so gehört er gerade dadurch Gott und hebt die Grenzung auf. Ja der Pakt selbst gilt nur für Faust und den Teufel, nicht für Gott: denn er bezieht sich auf „den schönen Augenblick" welcher in Gott, d. h. mit dem Tod erlischt. Für Gott gilt nur die Wette, nicht der Pakt.

Mit dieser Schlußszene, da Mephisto betrogen wird, ist also der unmittelbare Zusammenhang mit dem ersten Teil und dem Prolog im Himmel, der durch die Kaiserhof-, Walpurgisnachts- und Helena-szenen unterbrochen war, wieder hergestellt, das eigentliche Faustproblem, der seelische, mehr noch der kosmische Sinn Fausts und Mephistos in der Handlung und in ihren Charakteren wieder wach geworden. Hier und nur hier wird nicht bloß Goethes Lebensweisheit in das Faustmysterium eingefüllt, sondern das ursprüngliche Faustdrama selbst im Sinn und fast wieder im Stil des ersten Teils abgeschlossen. Der fünfte Akt des zweiten Teils könnte ohne weiteres (vom Faust-drama, nicht von der Lebensdichtung aus betrachtet) an den ersten Teil angeschlossen, der erste bis vierte Akt beinah erzählt werden, ohne daß man die Lösung des Faust-problems als solche unvollständiger empfände. Nur hier sind die Menschen und Schicksale noch wirksam aus denen der Urfaust konzipiert wurde. Denn Wagner ist im zweiten Teil nur Hilfs-konstruktion, um dem Homunkulus-einfall in das Faustdrama zu verhelfen, und die Schüler-szene ist nur eine Einlage mit Benützung des gelegenen früheren Motivs, um Goethes Stellung zu typischen Altersgegensätzen zu bezeugen. Alle Gestalten des zweiten Teils außer Faust und Mephisto sind bloße Allegorien, um Weltarten, unabhängig vom Faustproblem, aus Goethes Bildung zu verkörpern, auszustatten, auszusprechen.

Hölle und Himmel sind nicht, wie die romantische oder klassische Landschaft, wie Kaiserhof oder Arkadien, Elemente der Weltwerdung Fausts sondern (schon im Prolog) das Urteil über den Wert dieser Laufbahn, die Anerkennung oder Verwerfung der Welt die er geworden ist und des Lebens wodurch er es geworden ist. Die eigentliche Fausthandlung schließt mit dem Tod des Faust, und die Szenen in der Hölle und im Himmel handeln nicht mehr von seinem Streben, sondern vom Sinn dieses Strebens. Sie sind nur zu allegorischen Bildern ausgeweitet das Gericht, das Nein und Ja das der erste Teil in die zwei Schlußsätze preßt »sie ist gerichtet, sie ist gerettet«. Wollte Goethe den Faust als Mysterium beschließen, wie er angelegt war, so mußte er wohl oder übel einen Raum oberhalb der Erdenwirklichkeit, außerhalb des Lebens schaffen von dem aus der kosmische oder metaphysische Blick auf Faust geworfen werden konnte: einfache Stimmen aus der Höhe oder Tiefe wie bei dem ersten Teil konnten für den zweiten nicht mehr genügen, weder der Idee des Werks nach, welches sich um Welt, nicht mehr um Ich drehte, noch dem Altersbedürfnis Goethes nach, welches Raum heischte. Denn im ersten Teil vollzieht sich auch das Ja und das Nein als Seelenzustand Fausts, und die Stimmen am Schluß sind Stimmen seines Innern, sind Ich, nicht Welt, so gut wie Gretchens böser Geist. Der alte Goethe verlangt selbst von den Werturteilen die Verräumlichung, und der zweite Teil, der ganz auf die objektive Welt-werdung, nicht nur auf das Allstreben, sondern auf die Verwirklichung Fausts den Nachdruck legte, konnte weder mit einem Gemütszustand noch mit einer epilogartigen „Moral" schließen, ganz abgesehen davon daß das Urteil über den toten Faust nicht in seine Seele hinein, auch nicht aus seiner Seele herausprojiziert werden konnte. Die urteilsprechende Instanz mußte versichtbart werden, d. h. in und mit ihrem über- oder außer-weltlichen Raum, ihrem moralischen Bereich, ihrem Reich der Werte dargestellt werden. Schon als Schau-spiel forderte das Mysterium daß auch das geistige Geschehen seine Szene habe, sich abspiele, und das Urteil über Faust ist geistiges Geschehen.

Die christliche Mythologie hatte das Reich der Werte bis ins Kleinste als sinnlichen Schauplatz, als Raum ausgestattet. Himmel und Hölle, wie sie vom Christentum überliefert, von dem größten christlichen Dichter unausweichlich vergegenwärtigt waren, in den alten Mysterien als zwei feindliche Mächte gegeben waren, boten also für Goethe ohne weiteres den Schauplatz für das Reich der Werte den er brauchte. Goethes Himmel, zu dem ihm Dantes Bildkraft die Umrisse bot, zeigt die stufenweise gesteigerten Wirkungen der göttlichen Liebe, an Medien in denen sie ihr eines unteilbares Licht bricht, von den Teufeln bis zu den Engeln, von den dumpfen Kindern bis zu den eingeweihten Heiligen, von den sinnlichen Sündern bis zu den geistigen Suchern. Das Urteil über die Menschen, also auch über Faust, wird gesprochen von der Gottheit, die hier nicht als All-weisheit oder Allmacht sondern als All-liebe erscheint, und es vollzieht sich in verschiedenen Graden der Durchdringung, der Anziehung. Diese Durchdringung hat sich schon im irdischen Dasein als größerer oder geringerer Drang ins Höhere, Weitere, Hellere bekundet. Fausts Streben nach dem Unbedingten, nach dem Göttlichen (einerlei wie er ihm genugzutun glaubte) und Gretchens Hingabe an Faust sind beides schon Wirkungen, Formen und Zeichen dieser alldurchdringenden, von Materie getrübten, aber nicht erstickten Liebeskraft (wie das Gebet, das Betenkönnen selbst schon Zeichen der Gnade) vergängliche und unzulängliche Gleichnisse des Sinns der erst jenseits der Erdentrübung, im Himmel rein ausgesprochen wird, als ihr Urteil. Fausts Streben und Gretchens Hingabe sind schon auf Erden Gewähr und Zeugnisse der Erlösung, nämlich ihrer Füllung mit göttlicher Liebe, und nach Goethes Glaube ist ja Streben und Hingabe — wie sehr immer irdisch getrübt, bedingt, beschwert — schon göttlicher Art, nicht nur Weg zur Gnade, auch Weg der Gnade. Bloß die dichterische Allegorie legt das zeitliche Erdenleben und das ewige Urteil darüber räumlich und zeitlich auseinander, da sie das übersinnliche Mysterium nur in sinnlichen Gleichnissen aussprechen kann, sich der Formen von Raum und Zeit bedienen muß, als Nacheinander und Nebeneinander dem Menschen zeigen muß was in Gott raum- und zeitloses Ineinander wirkender Kraft ist. Wir haben schon beim Westöstlichen Divan gezeigt was die Mythen der transzendenten Religionen für den alten Goethe bedeuteten und wie er dahin gelangte sie zu benutzen.

Bloß endliches, annäherndes, unzulängliches Gleichnis ist es auch, wenn Goethe die allanziehende alldurchdringende göttlich-geistige Liebeskraft das Ewig-Weibliche nennt. Er hat damit das empfangende, aufnehmende, lösende, erlösende Weltprinzip gemeint welches dem bindenden, zeugenden, plastischen, schaffenden als der andere Pol alles Seins entgegengesetzt ist, und sich für den Mann überhaupt (und für den Plastiker Goethe insbesondre) am eindringlichsten kundgibt in der Sehnsucht und Liebe zum Weib: diese ist nur menschliches Zeichen für ein kosmisches Prinzip. Der Gegenpol dieses Ewig-Weiblichen als der anziehenden, erlösenden Weltkraft ist als schaffende ebenfalls im Faust gepriesen: Eros, der alles begonnen. Aber Eros ist nicht der Erlöser sondern der Schöpfer, als solcher Bändiger, Gestalter, Grenzer.. Eros herrscht im Reich der Leib-Wirklichkeit und hat daher im Himmel nichts zu suchen, welcher das Reich der Werte ist. Im leiblos reinen Seelenreich das Goethe am Schluß über der Welt des Faust wölbt wird das Urteil über den Fausts Wirklichkeit immanenten Wert gesprochen von der ewig-weiblichen Liebe, von der Caritas, von der Madonna.

Das „Hinanziehen" ist die Form des Urteils über Faust. Fausts ganze Wirklichkeit, der Vorgang des ganzen Faustdramas war aber bisher schon nur die Darstellung dieses Hinangezogen-werdens, also das vergängliche Gleichnis des unvergänglichen d. h. ewig zeitlosen Zustands den uns die Schlußszene im Himmel vorführt: die Erlösung Fausts. Sein Leben war als Irren, Suchen, All-streben und Weltwerdung selbst der Erlösungsprozeß der im Himmel als Erlösungsergebnis gezeigt wird. Sein Leben war die

Wirklichkeit die im Himmel als ein Wert offenbart wird .. wie im Divan die Wirklichkeit der Hafis- und Suleika-bücher als Wert im Buch des Paradieses abermals erscheint.

Daß die Erlösung Fausts durch das Ewig Weibliche, durch die All-liebe erfolgt, ist in der Fausthandlung, ja im Faustproblem selbst nicht angelegt, widerspricht der Haltung und Gesinnung des titanischen und prometheischen Menschen, ist keine immanente Lösung des Strebens und Werdens, und biegt sogar den Sinn des Prologs im Himmel um. Man hätte erwartet daß Gott Vater, der Weltschöpfer und Weltrichter, das Urteil über die schöpferische Seele fällen würde. Das Ewig Weibliche, mag es in Goethes Gesamtleben eine der großen Potenzen sein, kommt im Faust einigermaßen ex machina. Zwar theologisch läßt sich begründen daß nicht Gott Vater selbst Faust im Himmel empfängt: Fausts Aufnahme im Himmel sollte ja eine Erlösung darstellen, und Erlösung ist nicht mehr Gott Vaters Amt, sondern das der Göttlichen Liebe, welche in seinem Sohn und dessen Kreis verwirklicht wird.

Das Ewig Weibliche gilt aber ursprünglich gar nicht der Erlösung Fausts, des strebenden Titanen, sondern der Erlösung Gretchens, der liebenden Sünderin. Nur Goethes Tendenz das gesamte Werk abzurunden und auch den ersten Teil noch nachträglich versöhnend zu enden, die tragische Dissonanz von Gretchens Untergang, von Fausts ungesühnter Schuld, zugleich mit der Dissonanz von Fausts Streben aufzulösen, den Ur-faust, die Gretchen-tragödie, und den zweiten Teil, die Fausttragödie, gemeinsam zu krönen, — nur dieser mehr gedachte als gewachsene Abschluß führt auch Faust mit Gretchen und durch Gretchen in die Arme der ewig weiblichen Erlösung, der Madonna. Daß für Gretchens Fehl die Madonna und nicht der Weltschöpfer zuständig ist leuchtet ohne weiteres ein. Auch hat es einen tiefen Sinn daß die einzige wirkliche Schuld, der einzige Fall (nicht nur Wahn) Fausts, die Opferung Gretchens, in seiner Erlösung noch einmal ausdrücklich mit aufgehoben, das Grundmotiv des Urfaust im Schlußchor wiederangeschlagen wird. So hat Goethe die ihm gedanklich notwendige Erlösung Gretchens, deren einzig gemäße Form der Empfang durch göttliche Liebe, das Ewig-Weibliche, die Madonna war, mit übernommen für Faust, der eigentlich vor eine andere Instanz gehörte, dem aber auch diese nicht geradezu ungemäß war, da man ja die Eine Gottheit fassen mochte als schöpferische Allmacht, als richtende und ordnende Allweisheit oder als erlösende All-liebe. Daß aber Goethe selbst noch eine ausdrückliche begriffsmäßige Motivierung dieser gretchen-artigen Erlösungsform für Faust nötig gefunden hat, zeigt die allzu deiktische, fast als entschuldigende Moral

wirkende Strophe womit die Engel Fausts Unsterbliches emportragen:
> Und hat an ihm die Liebe gar
> Von oben teilgenommen.

Die Liebe von oben wird hier als ein Überschuß*) über das zur Erlösung Fausts genügende, ihm selbst immanente Prinzip empfunden und bezeichnet. Die Identifikation seines eigenen Gesamtwesens mit der Faustgestalt, welche das Sinnbild Goethes unter dem Aspekt des Ewig‑Strebenden war, mag ihm diese Verwischung und Vermischung des faustischen Erlösungsproblems am Schluß gestattet haben. Denn Goethe selbst, nicht Faust, war außer dem Ewig‑Strebenden auch der Ewig‑liebende, und so durfte er wenigstens als Bekenner (nicht gerade als Dramatiker) die Rettung Fausts unter einer Form vollziehen die besser einer Rettung des erotischen Titanen Don Juan angestanden hätte. Diese Transparenz Goethes in der Faustgestalt bis zur Durchbrechung ist vielleicht der biographische Grund für das Eingreifen der ewigen Liebe: der dramatisch‑künstlerische dafür bleibt das Bedürfnis nach Rettung Gretchens und gemeinsamem Schlußeinklang, nach Wiederbringung aller Motive.

Die Einheit der Faustdichtung ist die Einheit von Goethes Person, die durch den Helden, und die Einheit eines philosophischen Gedankens, der durch die verknüpfende Handlung bezeichnet wird, nicht eines künstlerischen Gedankens der die unmittelbare Verkörperung eines Erlebnisses wäre und dieses Erlebnis versprachlichte. Der zweite Teil hat keinen einheitlichen Sprachstil, wie er dort wächst wo der Gedanke des Werks als Bild und Sprache, als Kunstform entsteht, nicht erst sich Bilder zu seiner Verkörperung sucht oder ersinnt. Der Ur‑faust und der erste Teil entstammen einem Kunstgedanken der ihren Ursprung, ihr Wachstum und ihre Gliederung durchwirkt, reich und nachhaltig genug um dem schöpferischen Keim durch langjährige Ausfaltung die beginnliche Lebenskraft in Bild und Sprache zu sichern. Nach der Vollendung des ersten Teils stand der Kunstgedanke von Goethes Faust losgelöst vor ihm, als Faustidee: jetzt erst konnte er den Begriff, den philosophischen Gedanken des Werks verselbständigen das ihn bis dahin lebendig künstlerisch erfüllt und besessen hatte. Der ursprüngliche Sinn des Faust, den er nur lebte und formte, erstarrte in seinem Bewußtsein zum philosophischen Gehalt, das Sinnbild seines Lebens zur Allegorie seines Lebens.. und an dieser Allegorie, die ihm ein unentbehrliches Gleichnis geworden war, dichtete er, mit dem Wissen um ihre Gleichnishaftigkeit weiter, wie er früher aus dem Sinnbild heraus, ja wie das Sinn‑

---
*) Freilich nicht unkatholisch (als ein Gnadenschatz) aber sehr ungoethisch und unfaustisch.

bild sich aus ihm gedichtet hatte. Das heißt nicht daß es im zweiten Teil keinen Kunst-gedanken gebe: nur die Einheit, die durch die Fausthandlung als das Gleichnis Goethischen Lebens hergestellt wird, ist philosophisch, nicht künstlerisch, ist gewollt, nicht gewachsen. Dagegen sind die einzelnen Teile, welche zur Fausthandlung verknüpft werden, vielfach selbständige, in sich abgeschlossene künstlerische Gedanken, und nur ihr Bezug auf die Faust-idee ist philosophisch. Z. B. ist die klassische Walpurgisnacht an sich der künstlerische Niederschlag eines bestimmten Lebensverhältnisses zum antiken Mythus, und nur als „Welt" Fausts bedeutet sie nachträglich noch etwas jenseits ihrer Entstehung. So hat Goethe mehrere Sondererlebnisse mit eignem Entstehungsklima und daher eignen Ausdrucksgesetzen nachträglich denkerisch auf Faust bezogen, und diese Beziehung genügte nicht, um die Stileinheit herzustellen: denn diese kommt aus der ursprünglichen Einheit, nicht aus der nachträglichen Verknüpfung der ausgedrückten Gehaltmassen.

Der erste Teil, so weit er greift, so mannigfaltigen Stoff er in die Schwingung seiner Sprache hereinzieht, hat ein einheitliches Gesetz dieser Schwingung, und von den Flegeleien der trunkenen Studenten bis zu dem Glaubensbekenntnis der Gartenszene ist es dieselbe Art, seelische Wallung in optische Eindrücke, optische Eindrücke in Wortfall und Wortgefüge umzusetzen — mögen die Wallungen, die Eindrücke und die Tonfälle selbst weltenweit verschieden sein. Im zweiten Teil sind die Distanzen zwischen Gefühl und Auge, zwischen Gedanke und Auge, zwischen Gefühl und Gedanke bei den einzelnen Szenen verschieden: nicht nur die Gegenstände, sondern die Arten sie zu zeigen, ihre Versprachlichung. Stil wird nicht von Stoffen sondern von Seharten bestimmt:
    Sind auch der Dinge Formen abertausend
    Ist dir nur Eine, Meine, sie zu künden
und nicht die größere Buntheit der Stoffe, sondern die ungleichmäßigen Seharten verhindern die Stil-, die Spracheinheit im zweiten Teil des Faust. Im ganzen ersten Teil, mit Ausnahme der rudimentären Prosa-szene, geht die Sprachwerdung aus von einer gefühlsmäßigen Wallung die sich entweder im sichtbaren Raum derb, innig, ungestüm oder gelassen entlädt, sich in die geschauten Gegenstände, Landschaften und Weiten einläßt oder in ihnen ausbreitet oder am Gedanken bricht und erstarrt. Das letztere bestimmt z. B. fast überall die Diktion des Mephistopheles im ersten Teil .. aber auch Mephisto ist seiner sprachlichen Herkunft nach ein augenblicklich erregter Gefühlsmensch, der es nur nicht wahr haben kann, der seine Wallungen reflektiert, kritisiert, glossiert. Seine Herkunft aus Goethes Wesen

kann auch er nicht verleugnen, und seine dramatische Bedeutung wird schon in seiner Sprache laut: der gedanklich gebrochenen (reflektierten) Affektsprache eines Cholerikers.

Die Mannigfaltigkeit der Töne die in den rhythmisch gegliederten Knittelvers des ersten Teils gebannt sind ergibt sich einmal aus der Mannigfaltigkeit des optischen Materials worein sich die Wallungen ergießen und die ihre Tempi wie ihre Weite bestimmt: ob Auerbachs Keller, ob die mit Urväter Hausrat vollgestopfte Studierstube, Gretchens Garten oder die Osterlandschaft, ob die Hexenküche oder die Himmelwölbung der Spielraum einer Erregung ist, ob sie bei ihrem Heraustreten aus dem Ich, bei ihrer „Außer"ung zuerst an Wänden oder an Wolken, an Instrumenten oder Sternen anstößt und sich verbildlicht, verkörpert: davon hängen, nächst ihrer ursprünglichen Stärke und Stoßkraft, ihre Raschheit und ihre einzelnen Schwingungsweiten ab. Diese wiederum muß sie für das Ohr erfahrbar machen auf Grund des Klangmaterials der betreffenden Sprache, zu welchem auch deren konstante oder variable prosodischen Bedingungen gehören. Goethe hat im ersten Teil des Faust die deutsche Sprache durch die Fülle seiner überströmenden Seele, die Breite und die Mannigfaltigkeit der optischen Räume worin sie sich äußerte: durch die neue Stärke, die neue Weite und die neue Beweglichkeit ihrer Schwingung unermeßlich bereichert, derart daß neue Klangmassen von ihm erst entdeckt, die prosodischen, zumal die Reim-bedingungen innerhalb deren sie bisher waltete aufgehoben schienen. Was seine Lyrik für den deutschen Ausdruck des einzelnen Gemüts geleistet hatte das ist im Faust für die dramatisch-dialogische Auswirkung der bewegten Seele im bildhaft gegliederten Raum vollbracht: die Lautwerdung der Seele durch bewegte Anschauungen unmittelbar vom Ich zur Welt oder vermittelt durch gebärdete Gestalten — der Durchbruch der Seele zur sichtbaren Welt ohne intellektuelle Zwischenglieder, die Seelewerdung der Welt, und dadurch die Welt-werdung der Seele ohne den Umweg über die Geist- oder gar bloße Begriffswerdung. Mit seiner Lyrik und dem ersten Teil des Faust hat Goethe für Deutschland getan, was Dante als sein Neues für Italien mit den Worten bekundet:

    Ein solcher bin ich daß, derweile
    Die Liebe haucht, ich klinge..

Der lyrische Durchbruch des unmittelbaren Lebens zur Sprache, den Goethes Lyrik zugleich erzwingt und darstellt, hat sein einziges und zugleich allumfassendes dramatisches Denkmal in der Bildlichkeit, in der Rhythmik und in der Melodik des ersten Faust.

Der grundsätzliche Unterschied zwischen der Sprache des ersten Teils

und der des zweiten ist: daß Goethe im letzteren nicht mehr als Sprach=
schöpfer sondern als Sprachmeister, d. h. als Besitzer und bewußter Anwen=
der der dichterischen, freilich von ihm selbst erschaffenen Ausdrucksmittel
redet. Nicht mehr die Sprachwerdung des Lebens selber sondern die be=
wußte Verwendung des bereits sprachgewordenen zu malerischen, lehrhaf=
ten oder sogar musikalischen Zwecken, nicht seine Auswirkung aus Seele
und Geist, sondern seine gesonderten, oft berechenbaren Wirkungen auf den
Geist. Der einheitliche Lyrismus der sich aus Goethes Lebensmitte in den
näheren oder ferneren Raum ausbreitete, ihn erschaffend oder verwandelnd,
ist im zweiten fast durchgehends, selbst in den lyrischen Einlagen, ersetzt
durch eine vom Geist, vom Bewußtsein zwar nicht gemachte, aber kontrol=
lierte, reflektierte Diktion. Die gefühlsmäßig entstehenden Rhythmen wer=
den in eine vom Geist vorgezeichnete Metrik, die sich aufdrängenden Bil=
der in die vom Geist nach malerischen oder architektonischen Gründen vor=
gezeichneten Räume eingeordnet, das Klangmaterial wird mit musikalischen
Absichten und Kenntnissen verteilt. Besonders die Schlußszenen bieten da=
für Beispiele. Was über die Sprachgebung der Pandora und die des West=
östlichen Divans gesagt ist gilt auch für den Faust II: nur der Umfang des
Raums, der technischen Mittel und des Anschauungsmaterials ist noch
größer, die Polyphonie bewußter und reicher .. aber im zweiten Teil findet
sich kaum ein sprachschöpferischer Urton aus der noch unbewachten Seelen=
fülle wie sie im ersten Teil vom ersten bis zum letzten Verse Fausts laut wird
— ausgenommen vielleicht die Lynkeus=lieder, die Elfenlieder am Eingang
oder der Schlußchor der klassischen Walpurgisnacht. Denn überall ist im
Faust II der Plan, der auszufüllende Raum, schon vor den Bildern da, die
Metren oder Strophenformen schon vor den Tonfällen, die vom Bewußt=
sein gegebenen Motiv=umrisse vor ihrer durch das Leben zu spendenden
Ausfüllung .. und all diese Metren, Räume, Motive entstammten wiederum
nicht einer Grundspannung des Goethischen Herzens, welche sich dann
durch alle Zonen seines Wesens in wechselnden Tempi und Wellen weiter=
geleitet hätte, sondern bereits verschiedenen, getrennten und trennbaren, in
sich abgeschlossenen Bezirken und Schichten seines Geistes, woraus er sie
nach einzelnen Bedürfnissen oder Anlässen holte und nutzte.

Praktische Weltweisheit, wissenschaftliche Aperçus, metaphysische Er=
leuchtung, künstlerische Schaufreude, leidenschaftliche Sehnsucht, dekora=
tiver Spieltrieb, idyllisches Behagen, landschaftliche Stimmung usw. — all
diese Goethischen Lebensmomente waren jetzt auseinander getreten und
hatten ihre eigenen Räume und Wirkungsarten, und für den Ausdruck je=
der Wirkungsart kannte Goethe die notwendigen Stilmittel. All diese Mo=

mente wurden im Faust II reihenweise verbunden, nachträglich aufeinander abgestimmt, die verschiedenen Lebensbilder mehr auf den Faust bezogen, um ihn gruppiert, als aus ihm entwickelt.

Wie die Faustidee, als Geburt und Leib mit dem ersten Teil gegeben, für Goethe beim zweiten Teil zum bewußten zusammenfassenden Gedanken verdünnt, zum Faust-Raum ausgeweitet wurde worin er seine einzelnen Lebensbilder unterbringen konnte, so wurde auch die Sprache beim zweiten Teil aus dem räume-, bilder- und töne-schaffenden Akt das Arsenal für die schon bereiten Räume, Bilder und Töne. Aus seiner eignen Faustheit holte Goethe sich nachträglich die Faustidee auf die er seine Einzelheiten wieder bezog.. aus dem Expansions-akt seines eigenen Lebens entstand nach-her die Welt in der er wiederum seine lebendigen Schätze mit geistigem Überblick verteilte.. aus der unwillkürlichen Lautwerdung seines Wesens entstand das Sprachmaterial das er nachher mit bewußter Kunst zur Vermittlung seines Ich oder zur Verzierung seiner Welt verwendete. Auch hierin ist der Faust das Gleichnis für die Weltwerdung von Goethes Wesen. Die faustische Fülle war Weite geworden, aber freilich dadurch dünner, sein Drang Bild, aber freilich dadurch starrer, seine Glut Helle, aber freilich dadurch kühler.. und so steht Goethes größtes Werk am Schluß seines Lebens da als das Bild seiner Vollendung, die doch zugleich ein Verzicht ist. Hier schließt sich im Bilde sein Dasein, das mit dem Streben nach Unendlichkeit anhob und mit dem Verzicht auf Unendlichkeit sich erfüllte, voll-endete. Wie der Kreis als bewegte Linie das Gleichnis der Unendlichkeit, als ruhende Figur das Gleichnis der in sich geschlossenen Endlichkeit selbst ist, so gibt dies in sich zurückkehrende Werk das Gleichnis von Goethes Leben, der unendlichen Bewegung, und von Goethes Gestalt, der ruhigen nach innen gefüllten, nach außen abschließenden, d. h. entsagenden Vollendung: all sein Drängen, all sein Ringen als ewige Ruh in Gott dem Herrn dem die Bewegung Bild, das Bild Gleichnis der Bewegung ist.

REGISTER

I. PERSONEN

Abschatz 36.
Aeschylus 17. 386. 505. 583. 597.
Alexander 17. 33. 252. 320. 337. 403. 541. 764.
Alfieri 428.
Alkäus 442.
Alkibiades 25..
Amalie, Herzogin 256. 279. 582.
Ampère 694.
Anson 35.
Antonius 478.
Ariost 19. 77. 294. 438. 448.
Aristophanes 493.
Aristoteles 308. 463.
Arndt 542.
Arnim s. Bettina
Augustinus 40. 43. 612. 618. 628.

Balzac 24. 345. 556. 695.
Basedow 218. 624.
Beethoven 252. 546 ff. 700.
Behrisch 77.
Béranger 695 f.
Bergson 264.
Bernhard von Weimar 604.
Besser 36.
Bettina 32. 38. 39. 544 ff. 549. 577. 642.
Bismarck 251. 274. 622. 732.
Boccaccio 489.
Bodenstedt 686.
Bodmer 216.
Böhme, Frau 624.
Boie 216. 218.
Brentano s. Bettina
Brentano, Clemens 252.
  „   Maximiliane 544.
Brion s. Friederike
Brockes 61.
Bruno 86. 532.
Brutus 95. 110. 122. 173. 309. 477. ...
Buckle 407.
Büchner, G. 122.
Buff s. Lotte
Bunyan 338.
Burckhardt 382. 616.
Bürger 209. 218.
Byron 24. 46. 434. 438. 447. 483. 541. 697 ff. 703. 728. 773. 777.

Caesar 3. 17...
Cagliostro 55. 387 390.
Calderon 688. 689 ff. 703.
Campanella 490.
Carlyle 698. 701 f.
Cato 173.
Catull 448.
Cellini 621. 628. 634 f. 704.
Cervantes 19. 152 f. 338.
Chardin 637.
Chateaubriand 537.
Christiane 194. 422 ff. 439. 448. 509. 642.
Christus 111. 222. 542.
Corneille 108. 687.
Cuvier 413 f.

Dannecker 531.
Dante 18. 19. 23 ff. 50. 93. 94. 99. 101. 102. 160. 162. 176. 395. 435. 442. 506. 532. 579. 683. 688 ff. 703. 749. 777. 779. 784.
David (Maler) 428.
Defoe 35.
Delacroix 695.
Descartes 414. 480.
Dickens 560.
Diderot 630. 633 f. 636. 704.
Diez 637.
Dilthey 411.
Domenico Feti 91.
Dostojewsky 556. 560.
Dschelaleddin 641.
Dürer 110. 155. 385.

Eckermann 38. 388. 744 ff.
Erasmus 470.
Erwin von Steinbach 110.
Euripides 308 f. 315. 317 f. 386. 448. 505 f.
Everdingen 367.

Fahlmer, Johanna 213.
Fénélon 35.
Fernow 577.
Fichte 532. 732.
Filangieri 390.
Franz, Kaiser 548.
Freiligrath 432.
Friederike 58. 97. 123. 140 ff. 193. 200. 234. 235. 255. 273. 275. 276. 279. 334. 391. 392. 571. 610 f. 613. 626.

Friedrich der Große 54. 60. 172. 251. 403.
541. 596. 607. 618. 622.

Galilei 414.
Gärtner 73.
Gautier 382.
Gellert 37. 56. 57. 73. 614. 617. 624.
Geoffroy de Saint-Hilaire 413f.
George 25. 176. 442. 686f. 706.
Gerning 33.
Gerstenberg 209.
Geßner 77.
Goethes Mutter 31. 38. 51ff. 213. 422. 544.
Goethes Schwester 31. 38. 52. 53. 56.
Goethes Vater 31. 51ff.
Goetz von Berlichingen 123. 129.
Gottsched 36. 37. 60. 614. 617. 624.
Goué 625.
Grabbe 122.
Gretchen (Frankfurt) 47. 49. 626.
Grillparzer 692.
Grimmelshausen 338.
Grotius 532.
Günther 59. 617.

Hackert 388.
Hafis 639. 641ff. 690. 703.
Hagedorn 60.
Haller 37. 59. 60. 61.
Hamann 214. 254. 617.
Hamilton 390.
Hammer-Purgstall 637. 641.
Hans Sachs s. Sachs
Hasenkamp 218.
Hebbel 122. 503.
Hegel 266. 267. 268. 379 411. 732.
Heine 701.
Heinse 211. 217. 293. 438. 478. 511.
Herder 84. 88ff. 94ff. 104. 105. 106. 109. 113.
120. 122. 123. 124. 125. 128f. 155. 157f.
187. 197. 198. 201. 211f. 215. 220. 234f.
252f. 253. 276. 281. 411. 412. 460. 462f.
477. 478. 482f. 511. 525. 604. 607. 610f.
613f. 617f. 624. 682. 696. 706.
Herodot 604.
Herzlieb, Minna 276. 546. 550. 571. 577. 578.
Heyse 340.
Hölderlin 8. 22. 160. 252. 327. 437. 451.
Homer 86. 89. 92. 93. 95f. 97. 99. 306. 386.
393f. 427. 435. 464. 484. 498. 500f. 675.
703. 722.
Horaz 93. 94. 458. 493.

Hugo, Victor 432. 694f. 702. 703.
Humboldt, W. 720.

Jacobi, Geschwister 214f. 216. 217. 218. 219.
220. 478f. 511.
Jagemann (Maler) 251.
Ibsen 75. 553. 556.
Jean Paul 22. 350. 479. 554. 576. 607f.
Jerusalem 165. 173f.
Iffland 486.
Josef II 467.
Jung-Stilling 625.

Kalidasa 685.
Kanitz 36. 617.
Kant 264. 267. 280. 281. 465. 479f. 732.
Karl August 234ff. 237. 255ff. 272. 276. 279.
477. 482f. 525. 532. 537. 538. 608.
Karl der Große 251.
Kaufmann 624.
Kaufmann, Angelika 388. 389.
Kayser 389.
Keats 701.
Keller 340. 345.
Kepler 414. 532.
Kleinjogg 218.
Kleist, Ewald 61.
Kleist, Heinrich 327. 542. 698. 700.
Klettenberg, Susanne 85. 86. 213. 624.
Klinger 211. 213. 215. 217. 218. 624.
Klopstock 22. 59. 60. 61ff. 65ff. 77ff. 87. 100.
104. 110. 113ff. 173. 209. 213f. 258. 281.
437. 470. 478. 614. 617. 624.
Knebel 217. 477.
Kniep 389.
Kolbe 252.
Körner, Th. 543.

Labruyère 70. 223.
Lamprecht 407.
Lavater 157. 189. 210. 215. 218. 219. 220ff.
234. 263. 479. 614. 624.
Leibniz 414.
Lenbach 274.
Lenz 211. 213. 215. 218. 219. 479.
Leopardi 703.
Lesage 338.
Lessing 60. 89. 90f. 125ff. 128. 130. 161. 173.
308. 319. 341. 453. 462f. 478. 617. 618. 682.
Leuchsenring 157. 624.
Levetzow, Ulrike 276. 642f. 707ff.

I. PERSONEN

Lili 193. 197 ff. 209. 234. 235. 239. 255. 275. 276. 279. 392. 626.
Lingg 294.
Lionardo 370. 535.
Livius 604.
Locke 414.
Lope de Vega 692.
Lotte 13. 183. 193. 200. 255. 275. 276. 279. 326. 626.
Luden 404.
Ludwig XIV. 340.
Lukrez 381.
Luther 40. 43. 80. 90. 105. 108. 123. 313. 687. 705. 732. 746.

Mailänderin, die 387. 391 ff.
Manso 326.
Mantegna 370. 535.
Manzoni 702 f. 705.
Marco Polo 637.
Marlowe 130.
Martial 453. 578.
Marx 407.
May (Maler) 251.
Mendelssohn, M. 88.
Merck 211 f. 220. 361. 624.
Merimée 694. 695.
Meyer, H. 373. 385. 388 f. 403. 477.
Michelangelo 251. 369. 385.
Mickiewicz 702.
Mieding 530.
Milton 77. 532. 777.
Mirabeau 402.
Molière 73. 75. 108. 556. 703.
Mommsen 305. 629.
Montaigne 687.
Moore 701.
Moritz 389. 395.
Morus 490.
Mozart 252.
Müller, Johannes von 537. 619.
Müller, Kanzler 10. 12. 388. 536.
Müller, Maler 211.
Muratori 326.

Nagel, Lotte 196.
Napoleon 3. 33. 55. 57. 145. 174. 257. 402. 403. 483. 485. 536 ff. 582. 628. 647. 698. 699. 700. 728.
Neri 390.
Neumann, Christiane 447.
Newton 264. 414 ff.

Niebuhr 403. 404.
Nietzsche 112. 226. 264. 306. 665. 686. 706.
Nikolai 153.
Novalis 22. 336. 732.

Oehlenschläger 702.
Oeser 81 f. 83. 84. 617. 624.
Oeser, Friederike 60. 84.
Opitz 36. 60. 61. 462.
Orpheus 675.
Ossian 94. 95 f. 108. 110. 618.
Ovid 91.

Palladio 374.
Paracelsus 86. 92. 110. 130. 769.
Pascal 532.
Passavant 216.
Pater 382.
Paulus 40.
Percy 93.
Petrarca 19. 93. 442. 577 f. 579. 687.
Pindar 93. 104. 105. 108. 110. 113 f. 119 ff. 306. 442. 447 f. 600 f.
Platen 22. 653.
Plato 17. 50. 58. 263. 480. 488. 490. 507. 532. 590 f. 648. 716. 717. 728.
Pompejus 122.
Properz 448. 578. 639.

Rabelais 19. 338. 490.
Racine 340.
Raffael 252. 369. 373. 384. 385.
Raimund 256.
Ranke 305. 410. 604. 613. 616.
Rauch 251.
Rembrandt 385.
Richardson 337.
Richelieu 622.
Richter s. Jean Paul.
Riemer 388.
Roos 368.
Rousseau 43. 109. 167. 179 f. 204. 214. 280. 281. 338. 350. 612. 618. 622. 628.
Rückert 653. 666. 686.

Saadi 641.
Sachs 110. 123. 154 f.
Saint-Germain 55.
Saint-Simon 621. 628.
Scarron 338. 339.
Scharnhorst 552.
Schelling 268. 379. 532.

Schiller 12. 80. 122. 147. 150. 191. 258. 267.
276. 305. 310. 319. 322 f. 336. 341. 379. 421.
425. 447. 453. 458. 460 f. 462. 464. 466. 467.
473. 475 ff. 489. 494 ff. 503. 509. 511. 520. 521.
525 ff. 567. 580. 609. 629. 693. 697. 716.
Schlegel, A. W. 682 ff. 688. 693. 705.
Schlegel, F. 575. 682 ff. 688.
Schlosser 216.
Schmidt-Werneuchen 429.
Schönemann s. Lili.
Schönkopf, Käthchen 626.
Schopenhauer 267. 573.
Schöpflin 617. 624.
Schubarth 581.
Schukowsky 702.
Scott 560. 696 f. 701. 702 f.
Serassi 327. 328.
Shaftesbury 130.
Shakespeare 2. 19. 23 ff. 45. 81 f. 86. 89. 92.
93. 94 ff. 99. 100. 101. 102 ff. 105. 108 f. 110.
119 ff. 125. 126 ff. 133. 152 f. 157. 160. 161.
162. 176. 188. 204. 242. 243. 273. 277 f.
309. 319. 340. 342. 354. 361. 438. 442. 447.
496. 505 f. 533 f. 556 f. 574. 583. 596. 597.
602. 618. 629. 683. 687. 688. 689 ff. 696.
703. 711. 722. 749. 763.
Shelley 532. 701.
Sophokles 94. 321. 353. 386. 505 f. 507. 553.
703.
Spinoza 89. 106. 156. 263. 266. 269 ff. 295.
369. 414. 479. 480. 618. 673.
Staël 693 f.
Stapfer 694.
Steffens 379.
Stein, Charlotte v. 12. 156. 192. 234 ff. 237.
239. 245. 255. 269. 272 ff. 291 f. 295. 308 f.
326. 334. 362. 393. 420. 421 ff. 483. 525.
571. 608 f. 642. 644.
Stein, Freiherr 542.
Stendhal 382. 695.
Sterne 179. 338.
Stieler 251.
Stolberg, Auguste 197 ff. 215.
Stolberg, C. 214 f. 217. 218 ff. 220.
Stolberg, F. 214 f. 218 ff. 220.
Sulla 122.
Swift 490.
Szymanowska 712.

Tacitus 604.
Taine 382.
Talleyrand 536. 537.

Tasso 19. 327.
Tauler 86.
Theophrast 70. 233.
Thorwaldsen 428.
Thukydides 604.
Tibull 448. 578. 639.
Tieck 240. 350.
Timur 541.
Tischbein 388.
Turra 390.

Uhland 93.

Vergil 386.
Voltaire 54. 110. 204. 241. 281. 436. 453. 490.
538. 539. 618. 634. 636. 679. 682. 694. 704.
Voß 429. 500 f. 503. 705. 706.
Vulpius s. Christiane.

Wagner, H. L. 211. 213. 215. 218.
Wagner, R. 12. 154. 547.
Watteau 204.
Werner, Z. 567.
Wieland 57. 60. 76. 81 f. 83. 84. 110. 126.
155. 157. 159. 256. 293. 436. 438. 470.
Willemer, Marianne 192. 276. 639. 642 ff.
Winckelmann 90. 281. 384. 390. 403. 409.
511. 618.

Young 77.
Ysenburg 54.

Zarathustra 663.
Zelter 12. 477. 547.

II. GOETHES WERKE

Achilleïs 393. 428. 473. 484. 498. 500. 504.
577. 691. 744. 765.
Alexis und Dora 428. 440. 444 f.
Amyntas 425 f. 428. 440. 447. 498. 507. 509.
An Belinden 201.
An den Mond (Leipzig) 59. 246.
An den Mond (Weimar) 246. 248.
An Lida 278.
Annalen 630.
Annette 59.
An Schwager Kronos 247. 395.
An Werther 712 f.
Auf dem See 101.
Aufgeregten, die 471. 484 ff.
Aussöhnung 712 f.

II. GOETHES WERKE

Belinden, an 201.
Betrachtung von Schillers Schädel 225. 689.
Bildung und Umbildung organischer Naturen 378.
Bräutigam, der 713 f.
Braut von Korinth 418. 500. 504. 508. 511 ff.
Bürgergeneral 471. 484 ff.

Caesar 111. 112 ff. 121. 129. 131. 169. 176. 188. 298. 394. 403. 539 f. 604.
Cellini 374. 605. 630. 633. 634 ff. 702. 704. 706. 715.
Chinesisch-deutsche Jahres- und Tageszeiten 685.
Christliches Trauerspiel 691.
Claudine von Villa Bella 132. 146. 148. 149 f. 202. 204 f. 396.
Clavigo 132. 161. 298. 392. 683.

Dauer im Wechsel 673.
Dichtung und Wahrheit 4 f. 31. 33. 35. 41 f. 47 ff. 51. 344. 383. 408 f. 410. 575 f. 602. 603 ff. 636.

Egmont 149. 172. 184 ff. 253. 282. 299. 326. 396. 403. 472. 604.
Einer Einzigen angehören... 277 f.
Einfache Nachahmung der Natur usw. 373.
Eins und Alles 671. 674. 676.
Elegie auf den Tod des Bruders meines Freundes 71 f.
Elpenor 282. 319 ff. 394.
Elysium 114. 259.
Epigrammatisch 677.
Epilog zu Schillers Glocke 482. 528 ff. 582.
Epimenides' Erwachen 20. 485. 585.
Episteln 428. 458 f. 493. 578 f. 691. 744.
Erlkönig 507 f.
Erwin und Elmire 202 ff. 299. 396.
Euphrosyne 428. 440. 446 f. 529 f.
Ewige Jude, der 111.

Farbenlehre 374. 377. 410 f. 413. 415 ff. 528.
Faust 20. 25. 46. 50 72. 121 ff. 129 ff. 161 f. 163 ff. 184 ff. 193. 236. 242. 243. 253. 282. 296. 298. 347. 392. 397 f. 435. 436. 486. 495. 498 f. 509. 520 f. (Helena). 561. 568. 570. 571. 584. 586. 597. 598 f. (Lynkeus). 602. 603. 629. 650. 660. 662. 671. 674. 677. 689. 694. 701. 714. 739. 744. 746. 747 ff. (Faust II).
Felsweihegesang 114. 115.
Feradeddin und Koleila 687.

Fischer 507 f.
Fischerin 299.

Ganymed 78. 101. 114 ff. 132. 136 f. 161. 168. 184. 246. 669. 674.
Gefährliche Wette 734.
Geheimnisse 55. 236. 301. 302 f. 448. 517. 676.
Genuß, der wahre 71.
Geschichte meines botanischen Studiums 262.
Geschwister, die 239 ff.
Glück der Liebe 59.
Götter, Helden und Wieland 110. 157. 159.
Göttliche, das 246. 280.
Gott und Bajadere 498. 500. 504 ff. 680 f.
Gott und Welt 656. 671 ff.
Götz von Berlichingen 53. 97. 111. 121 ff. 129 f. 134. 146. 154 f. 161 f. 172 f. 176 f. 186 ff. 211 ff. 236. 282. 289. 296. 306 f. 347. 393. 396. 403. 447. 493. 584. 604. 696.
Gränzen der Menschheit 246. 280. 674.
Großkophta 55. 484. 487.
Guten Weiber 743.

Hackert 374. 605. 630. 632 f.
Hans Sachsens poetische Sendung 154. 530.
Hanswursts Hochzeit 151.
Harfenlieder 314. 351 f.
Harzreise im Winter 77. 78. 246 ff. 258.
Helena 520 f.
Herbstgefühl 101.
Hermann und Dorothea 53. 236. 296 f. 347. 428. 471. 498. 500 ff. 767.
Hochzeitslied 59.
Hohelied der Liebe 108.
Höllenfahrt Christi, poetische Gedanken über die 36. 78.

Jahrmarktsfest von Plundersweilern 50. 51.
Jery und Bätely 299.
Ilmenau 245. 248. 257 ff. 482. 530. 532. 651.
Inschriften, Denk- und Sendeblätter 678.
Iphigenie 20. 149. 236. 242. 253. 282. 296 f. 299. 301. 304 ff. 319 ff. 324 ff. 335. 362. 389. 391. 393 f. 396. 448. 473 ff. 475. 554. 570. 571. 572 f. 595. 765.
Italienische Reise 367. 376. 386 f. 630. 637 f.
Jude, der Ewige 111.

Kampagne in Frankreich 630. 637 f.
Kunst 677.
Künstlers Apotheose 398 f.

Künstlers Erdenwallen 398 f.
Künstlers Morgenlied 151.
Kunst und Altertum 373.

Laokoon 293. 370. 371. 535.
Laune des Verliebten 72 ff.
Leipziger Liederbuch 59. 62 ff. 69.
Leonardo da Vincis Abendmahl 370. 535.
Lida, an 278.
Liebhaber, die 71.
Lila 299.
Lilis Park 201.
Logenfeier 679.

Mahomet (Mahomets Gesang) 111. 112 ff. 121. 134. 136. 149. 151 ff. 161. 163. 170. 176. 184. 298. 394. 448. 683.
Mahomet (nach Voltaire) 539. 704. 706.
Mailied 140.
Mann von fünfzig Jahren 715. 734. 737 f.
Mantegnas Triumphzug 370. 535.
Märchen 490.
Marienbader Elegie 461. 507. 642. 670. 681. 707 ff. 715.
Metamorphose der Pflanzen 378. 381 (s. auch Bildung und Umbildung).
Metamorphose der Tiere 378. 381 (s. auch Bildung und Umbildung).
Miedings Tod 530.
Mignon-lieder 245. 351 f. 355 ff. 715.
Mitschuldigen, die 72 ff. 97. 236.
Mond, an den (Leipzig) 59. 246.
Mond, an den (Weimar) 246. 248.
Musen und Grazien in der Mark 429.

Nacht, die 59.
Natur, die 270 ff.
Natürliche Tochter 471 ff. 498. 580. 587.
Nausikaa 149. 391 ff.
Neue Melusine 734. 735.
Neue Paris, der 36.
Neue Pausias, der 440. 445 f.
Nicht zu weit 734.
Novelle 743 f.

Oden an Behrisch 76 ff.
Orphische Urworte 15. 671. 675 ff.

Palaeophron und Neoterpe 577. 582 f. 585.
Pandora 149. 577. 579 ff. 603 f. 690. 691. 766. 772. 785.
Parabolisch 677.
Paria 680 f.
Pater Brey 151. 157. 158. 240. 298.

Physiognomische Fragmente 189. 223 ff.
Physiognomischen Zeichners, Lied des 229.
Pilgernde Törin, die 734.
Pilgers Morgenlied 114.
Poetische Gedanken, s. Höllenfahrt.
Prometheus 46. 78. 110. 111. 112 ff. 121. 129 f. 132 f. 134 ff. 149. 151. 163. 165 f. 169 f. 176 f. 186 f. 246. 280. 298. 306 f. 394. 584. 589 ff. 651. 683.
Prooemion 671.
Propyläen 373.
Proserpina 241 f. 306 f.

Rameaus Neffe 605. 630. 633 ff. 704. 706.
Rede zum Shakespeares-tag 96 f. 108 f. 110. 533 f.
Reineke Fuchs 428. 484. 493 f.
Reise am Rhein, Main und Neckar 630. 637. 638.
Reise der Söhne Megaprazons 484. 490 f. 715.
Reise in die Schweiz 630. 637. 638.
Rochusfest in Bingen 383. 638.
Römische Elegien 236. 259. 283. 285. 399. 426 ff. 451 ff. 461. 578. 638. 639. 657. 765. 766.
Römisches Karneval 383. 638.

Sammler und die Seinigen 715.
Satyros 151. 157 ff. 240. 298.
Scherz, List und Rache 298.
Schillers Schädel, bei Betrachtung von 225. 689.
Schwager Kronos, an 247. 395.
See, auf dem 101.
Seefahrt 285 ff.
Sehnsucht 185.
Selige Sehnsucht 284. 644. 669 ff. 707.
Shakespeares-tag, s. Rede.
Shakespeare und kein Ende 534.
Sokrates 111. 112 f. 121. 129. 152. 189.
Sonette 440. 576 ff. 638. 744.
Stella 132. 149. 161. 202. 206 f. 298. 486.
Symbolum 679.

Tagebuch, das 438.
Tankred 704. 706.
Tasso 27. 77. 149. 191. 236. 253. 279. 282. 296 f. 299. 301. 322. 323 ff. 362. 391. 392. 393. 397. 420. 461. 473 f. 475. 484. 486. 507. 554. 595. 597. 603. 750. 765.
Trilogie der Leidenschaft s. Marienbader Elegie.
Triumph der Empfindsamkeit 240 ff.

Unbeständigkeit 59.
Unterhaltungen deutscher Ausgewanderter 297. 472. 484. 488ff. 498. 713. 743.
Urworte orphisch 15. 671. 675ff.

Venezianische Epigramme 439. 451ff. 471. 577. 578. 638.
Vermächtnis 671. 674.
Vermächtnis altpersischen Glaubens 663ff.
Versuch als Vermittler 267. 416f.
Vier Jahreszeiten 457f.
Vögel, die 240. 493.

Wahlverwandtschaften 76. 149. 236. 347. 461. 486. 546. 548ff. 605. 616. 629. 715ff. 743f.
Wanderer, der 114.
Wanderers Nachtlied 314.
Wanderers Sturmlied 114. 247. 448.
Warum gabst du uns die tiefen Blicke .. 282ff. 644. 711.
Weissagungen des Bakis 440. 457f. 490.
Weltseele 671ff. 676.
Wenn im Unendlichen dasselbe .. 673f.
Wer ist der Verräter 734.
Werther 13. 20. 27. 47f. 95. 134. 149. 161. 162ff. 193. 209. 211ff. 219. 236. 240. 282. 296. 298. 300. 307. 324f. 336ff. 347. 391. 392. 396. 461. 486. 501. 503. 520. 550f. 574. 576. 581. 584. 594. 603. 669. 692. 707. 712. 716. 752.
Werther, an 712.
Westöstlicher Divan 236. 284. 285. 440. 461. 602. 605. 638ff. 677. 680. 681. 685ff. 705. 739. 750. 754. 780. 781.
Westöstlichen Divan, Noten zum 605. 630. 633. 635ff. 666. 705. 706. 785.
Wiederfinden 644. 669ff. 671ff. 707.
Wiedersehn, das 447. 484.
Wilhelm Meister: Theatralische Sendung: 50. 236. 239. 296. 301. 335ff. 362. 468. 493. 513ff. 566.
  Lehrjahre: 50. 96. 149. 236. 253. 344. 346. 362. 391. 397f. 468. 498f. 513ff. 551f. 554f. 560. 561. 568. 580. 581. 597. 603. 607. 4f. 616. 626. 628. 714ff.
  Wanderjahre: 236. 347. 468. 561. 574f. 576. 586. 616. 714ff. 743. 744ff. 749. 774.
Willkommen und Abschied 140. 245.
Winckelmann 374. 409. 605. 630ff.
Wunderlichen Nachbarskinder, die 715.

Xenien 440. 457f. 498. 655.

Zahme Xenien 454. 655. 656. 677.
Zueignung 285ff. 438. 651.
Zueignung zu Faust 556.

www.ingramcontent.com/pod-product-compliance
Lightning Source LLC
Chambersburg PA
CBHW021216300426
44111CB00007B/337